JN411449

[제 3 판]

民 法 總 則

朴 鍾 斗 著

三 英 社

3판을 내면서

이 책을 개정한 지 1년 남짓하지만 다시 손질하여 출간할 수 있게 된 것은 다행한 일이다. 이번 제3판에서는 내용이 크게 달라진 것은 없다. 지난 1여년의 판례를 몇개 추가하여 반영한 것과, 민법 관련 실정법의 개정에 따른 수정이다.

다만, 이번 판에서도 여전히 확정된 민법 개정내용을 담지 못하고 개정이 예정된 부분에서는 역시 개정(안)으로 표시하여 수록하였으므로 참고하여 학습하기 바란다.

2010. 中夏

연구실에서　著者 씀

개정판을 내면서

오래 동안 뜨거운 논쟁의 대상이 되어 왔던 로스쿨 문제가 전격 시행됨으로써 앞으로의 우리나라 법학교육에 많은 변화가 예상된다. 부디 성공적인 법학교육제도로 정착할 수 있게 되기를 기대한다.

개정판에서는 특기할 것은 없으나 지난 1년간의 판례와 새로운 학설을 반영하고 체제를 수정하면서 다소 분량이 증가되었다. 무엇보다 특기할 것은 그 동안 학계에서 모처럼 마련한 민법 개정안이 아직 확정되지 못하고 있지만 개정판에서도 이를 삭제하지 않고 그대로 반영하였다는 점이다. 염두에 두고 학습하여야 할 것이다.

또한, 개정판에서는 한자의 어려움을 호소하는 독자의 의견을 받아 내용은 전면 한글로 하면서도 강조되는 부분은 한자로 표기하였으므로 학습하는데 보다 편하리라 생각하며 많은 질책을 바란다.

2008. 2. 立春을 맞으면서

저자 씀

머 리 말

물권법, 채권법 총·각론에 이어 민법총칙을 출간한다. 이로써 민법 중 재산법의 기본서를 마무리하는 셈이다. 필자가 민법총칙의 출간을 뒤로 미룬 것은 우리의 학습과정과는 달리 민법총칙은 주로 채권법과 연결된 법리이어서 먼저 재산법을 이해하고 이를 정리하는 것이 보다 충실할 것이란 생각에서이다. 학습하는 데에도 참고할 필요가 있을 것이다.

이번 재산법개정에서는 민법총칙도 예외가 아니다. 그 개정의 주요한 것으로는 사적자치원칙으로서 인간의 자율권 및 인격권 신설, 성년연령 19세로 인하, 선박침몰, 항공기추락의 실종기간 단축, 법인설립의 허가주의에서 인가주의로의 변경, 법인출연재산의 귀속시기에 대한 등기주의 채택, 법인감사의 성명과 주소의 등기주의, 법인의 임시이사에 관한 등기준용, 법인 이사·감사 또는 청산인에 대한 과태료의 현실화, 법률행위해석의 준칙규정 신설, 동기착오 및 착오자 과실에 대한 배상책임 신설, 무권리자처분행위에 대한 본인의 동의·추인권 신설, 재산명시신청, 본안에 관한 응소 그 밖의 재판상 권리행사로의 소멸시효중단사유 추가 등을 들 수 있다.

아직 개정이 확정된 것은 아니지만 몇 가지 내용을 제외하고는 이미 있는 조항을 정비하거나, 다수설·판례로 정착된 것들을 명문화한 것이어서 개정된 내용으로 학습하여도 무방할 것이어서 이 책에서는 이를 모두 반영하였다.

항상 결실의 뒤에는 숨은 노력이 있기 마련이다. 이번 민법총칙에서도 원고작성에서 교정에 이르기까지 저자를 도와 이 책을 완성케 한 후학 김대규 박사의 노고에 감사와 새로운 발령을 축하하며, 아울러 독일에서 수학 중인 아들의 한 발짝 다가선 결실에 큰 희망을 건다.

끝으로 최근 출판계의 불황으로 사실상 신간 기획이 어려운 현실에도 불구하고, 무명한 저자를 믿어 감히 민법 전반에 걸친 교과서 출간을 마무리 해 주신 高德煥 사장님의 고마움과 편집자 제위의 노고에 진심으로 감사드린다.

2005. 初夏

연구실에서 著者 씀

차 례

제 1 편 私法의 基礎

제 1 장 民法一般

제 1 절 民法의 意義 ······ 2
[1] Ⅰ. 民法의 實體的 概念 ······ 2
1. 사법으로서 민법 ······ 2
2. 실체법으로서 민법 ······ 4
[2] Ⅱ. 民法의 存在論的 概念 ······ 5
1. 실질적 의미의 민법 ······ 5
2. 형식적 의미의 민법 ······ 6
3. 형식적 의미의 민법과 실질적 의미의 민법과 관계 ······ 6

제 2 절 民法의 生成 ······ 7
[3] Ⅰ. 法源의 概念 ······ 7
1. 법원의 의의 ······ 7
2. 법원의 순위 ······ 8
[4] Ⅱ. 民法의 法源 ······ 8
1. 민법의 성문법원 ······ 8
2. 민법의 불문법원 ······ 11

제 3 절 民法의 體系 ······ 19
[5] Ⅰ. 民法典의 構成과 內容 ······ 19
1. 민법전의 구성 ······ 19
2. 민법전의 내용 ······ 20
[6] Ⅱ. 民法總則의 構成과 地位 ······ 20
1. 민법총칙의 구성 ······ 20
2. 민법총칙의 지위 ······ 22

[7] Ⅲ. 民法의 基本原理 ······ 25
1. 근대민법의 성격과 기본원칙 ······ 25
2. 근대민법의 수정과 현대민법에의 반영 ······ 27
3. 우리 민법의 실천이념 ······ 31

제 4 절 民法의 解釋·適用 ······ 33
[8] Ⅰ. 民法의 解釋 ······ 33
1. 민법해석의 의의 ······ 33
2. 민법해석의 방법 ······ 34
3. 민법해석의 이념 ······ 35
[9] Ⅱ. 民法의 適用 ······ 36

제 5 절 民法의 效力 ······ 36
[10] Ⅰ. 民法效力의 意義 ······ 36
[11] Ⅱ. 民法效力의 範圍 ······ 37
1. 민법효력의 시적 범위 ······ 37
2. 민법효력의 인적 범위 ······ 37
3. 민법효력의 장소적 범위 ······ 38

제 2 장 私法上 權利

제 1 절 法律關係 ······ 39
[12] Ⅰ. 法律關係의 槪念 ······ 39
1. 법률관계의 의의 ······ 39
2. 법에 의하여 규율되는 생활관계 ······ 40
[13] Ⅱ. 法律關係의 構成 ······ 42
1. 권리·의무관계 ······ 42
2. 단일 또는 복합적 법률관계 ······ 42
[14] Ⅲ. 法律關係의 變遷 ······ 43

제 2 절 私法上 權利 ······ 44
[15] Ⅰ. 私權의 槪念 ······ 44

1. 권리와 의무 ······ 44
2. 사권의 의의 ······ 46
[16] Ⅱ. 私權의 分類 ······ 46
1. 사권의 일반적 분류 ······ 46
2. 기타 사권의 분류 ······ 50

제 3 절 私法의 衝突 ······ 52
[17] Ⅰ. 私權의 衝突과 順位 ······ 52
1. 사권충돌의 의의 ······ 52
2. 사권의 순위 ······ 52
[18] Ⅱ. 私權의 競合 ······ 53
1. 사권경합의 의의 ······ 53
2. 사권경합의 태양 ······ 54
3. 사권의 경합관계 ······ 54

제 3 장 私權의 行使와 制限

제 1 절 私權의 行使 ······ 59
[19] Ⅰ. 私權行使의 概念 ······ 59
1. 사권행사의 의의 ······ 59
2. 사권행사의 태양 ······ 59
3. 사권행사의 주체 ······ 60
[20] Ⅱ. 私權行使自由와 制限 ······ 60
1. 권리행사자유의 원칙 ······ 60
2. 사권행사의 사회성 · 공공성 ······ 61

제 2 절 私權行使의 制限 ······ 62
[21] Ⅰ. 信義誠實의 原則 ······ 62
1. 신의칙의 의의와 연혁 ······ 62
2. 신의칙의 적용 ······ 64
3. 신의칙의 일반원칙으로서 적용 ······ 71
[22] Ⅱ. 權利濫用禁止의 原則 ······ 84
1. 권리남용의 개념 ······ 84

2. 권리남용의 판단기준 ………… 87
3. 권리남용의 효력 ………… 95

제 4 장 私權의 保護와 拋棄

제 1 절 私權의 保護 ………… 97
[23] Ⅰ. 私權의 保護槪觀 ………… 97
[24] Ⅱ. 私權의 保護制度 ………… 97
1. 사권의 국가적 보호 ………… 98
2. 사권의 사법적 보호 ………… 99
3. 사권의 자력구제 ………… 101

제 2 절 私權의 拋棄 ………… 103
[25] Ⅰ. 私權拋棄의 槪念 ………… 103
1. 사권포기의 의의 ………… 103
2. 사권포기의 동기 ………… 103
[26] Ⅲ. 私權의 拋棄性과 拋棄權의 行使 ………… 104
1. 사권의 포기성 ………… 104
2. 사권포기권의 행사 ………… 105
[27] Ⅳ. 私權拋棄의 制限 ………… 105
1. 민법 제103조에 의한 제한 ………… 105
2. 제3자권리에 의한 제한 ………… 106

제 2 편 權利의 主體와 客體

제 1 장 權利能力總說

제 1 절 權利能力의 槪念 ………… 108
[28] Ⅰ. 權利能力의 意義 ………… 108
1. 권리능력의 법률적 개념 ………… 108

2. 권리능력의 사회적 개념 ········ 109
[29] Ⅱ. 權利能力規定의 性格 ········ 109

제 2 절 權利能力關係 ········ 110
[30] Ⅰ. 權利의 主體 ········ 110
1. 권리·의무능력 ········ 110
2. 권리·의무능력자 ········ 110
[31] Ⅱ. 權利의 客體 ········ 112

제 2 장 自 然 人

제 1 절 自然人의 權利能力 ········ 113
[32] Ⅰ. 權利能力始期와 終期 ········ 113
1. 권리능력의 시기 ········ 113
2. 권리능력종기 ········ 114
[33] Ⅱ. 胎兒의 權利能力 ········ 115
1. 태아보호의 필요성 ········ 115
2. 태아의 보호입법 ········ 115
3. 태아의 법률상 지위 ········ 118
[34] Ⅲ. 外國人의 權利能力 ········ 120

제 2 절 自然人의 行爲能力 ········ 122
[35] Ⅰ. 行爲能力의 概念 ········ 122
1. 행위능력의 의의 ········ 122
2. 행위능력과 타능력의 관계 ········ 122
[36] Ⅱ. 無能力者制度 ········ 127
1. 무능력자제도의 개념 ········ 127
2. 무능력자제도의 적용범위 ········ 130
[37] Ⅲ. 民法上 無能力者와 그 補充機關 ········ 132
1. 민법상 무능력자 ········ 132
2. 무능력자의 보충기관 ········ 136
[38] Ⅳ. 無能力者의 能力範圍 ········ 141

1. 무능력자의 재산행위능력 …… 141
2. 무능력자의 신분행위능력 …… 147
3. 무능력자의 소송행위능력 …… 149
[39] V. 無能力者의 相對方保護 …… 150
1. 상대방보호의 필요성 …… 150
2. 법률행위일반에 의한 보호 …… 151
3. 무능력자상대방보호를 위한 특별제도 …… 152

제 3 절 自然人의 住所 …… 159
[40] I. 住所의 意義와 機能 …… 159
[41] II. 民法上 住所 …… 160
1. 주소결정의 표준 …… 160
2. 주소와 구별개념 …… 161
[42] III. 住所의 法律上 效力 …… 162
1. 주소의 사법상 효력 …… 162
2. 주소의 공법상 효력 …… 163

제 4 절 不在와 失踪 …… 165
[44] I. 不在者에 대한 民法上 處理制度 …… 165
1. 생존과 사망의 의제 …… 165
2. 자연인의 사망의제 …… 165
[44] II. 不在者財産管理制度 …… 166
1. 부재자의 의의와 적용범위 …… 166
2. 부재자의 재산관리인 …… 168
3. 부재자재산관리권의 범위 …… 169
4. 부재자재산관리권의 종료 …… 171
[45] III. 失踪宣告制度 …… 172
1. 실종선고제도의 의의와 성질 …… 172
2. 실종선고의 요건 …… 173
3. 실종선고의 효과 …… 175
4. 실종선고의 취소 …… 177
[46] III. 기타의 死亡制度 …… 183
1. 인정사망제도 …… 183
2. 동시사망제도 …… 186

3. 부재선고제도 ········· 187

제 3 장 法 人

제 1 절 法人制度總說 ········· 188
[47] Ⅰ. 法人制度概念 ········· 188
1. 법인의 의의와 존재이유 ········· 188
2. 법인제도의 본질 ········· 189
[48] Ⅱ. 法人의 分類 ········· 194
1. 공법인과 사법인 ········· 194
2. 영리법인과 비영리법인 ········· 196
3. 사단법인과 재단법인 ········· 197
4. 내국법인과 외국법인 ········· 199

제 2 절 法人의 設立 ········· 199
[49] Ⅰ. 法人設立의 立法主義 ········· 199
1. 법인의 설립주의 ········· 199
2. 민법상 법인의 설립 ········· 201
3. 설립중인 사단법인의 법률적 지위 ········· 201
[50] Ⅱ. 非營利社團法人의 設立 ········· 202
1. 비영리사단법인의 목적 ········· 202
2. 비영리사단법인의 설립행위 ········· 202
3. 비영리사단법인의 설립절차 ········· 204
[51] Ⅲ. 非營利財團法人의 設立 ········· 205
1. 비영리재단법인의 목적 ········· 205
2. 비영리재단법인의 설립행위 ········· 205
3. 비영리재단법인의 설립절차 ········· 206
[52] Ⅲ. 法人定款의 補充・變更 ········· 209
1. 법인정관의 보충 ········· 209
2. 법인정관의 변경 ········· 210

제 3 절 法人의 能力 ········· 213
[53] Ⅰ. 法人能力概說 ········· 213

[54] Ⅱ. 法人의 權利能力 ………… 213
1. 법인의 권리능력범위 ………… 213
2. 법인의 권리능력제한 ………… 214
[55] Ⅲ. 法人의 行爲能力 ………… 219
1. 법인행위능력의 인정 여부 ………… 219
2. 법인행위능력의 범위 ………… 219
3. 법인행위의 주체 ………… 220
[56] Ⅳ. 法人의 不法行爲能力 ………… 220
1. 법인의 본질론과 불법행위능력 ………… 220
2. 법인불법행위의 성립 ………… 222
3. 법인불법행위의 책임 ………… 225
[57] Ⅴ. 外國法人의 能力 ………… 229
1. 외국법인의 의의 ………… 229
2. 외국법인의 능력 ………… 229

제 4 절 法人의 機關 ………… 230
[58] Ⅰ. 法人機關槪說 ………… 230
1. 법인기관의 의의와 성질 ………… 230
2. 법인기관의 종류 ………… 231
[59] Ⅱ. 法人의 代表機關 ………… 231
1. 이 사 ………… 231
2. 법인의 임시적 대표기관 ………… 231
3. 이사회 ………… 237
[60] Ⅲ. 法人의 監督機關 ………… 239
1. 감 사 ………… 240
2. 법인의 외부적 감독 ………… 240
[61] Ⅳ. 法人의 意思決定機關 ………… 242
1. 사원총회 ………… 243
2. 사원권 ………… 245

제 5 절 法人登記와 住所 ………… 249
[62] Ⅰ. 法人의 登記 ………… 249
1. 법인등기의 의의와 필요성 ………… 249
2. 법인등기의 종류 ………… 249

[63] Ⅰ. 法人의 住所 ········ 251
1. 법인주소의 개념 ········ 251
2. 법인주소의 효과 ········ 251

제 6 절 法人의 消滅 ········ 252

[64] Ⅰ. 法人消滅槪說 ········ 252
1. 법인소멸의 의의 ········ 252
2. 법인소멸의 사유 ········ 252
[65] Ⅱ. 法人의 淸算 ········ 253
1. 법인청산의 의의 ········ 253
2. 청산법인의 능력 ········ 253
3. 청산법인의 기관 ········ 254
4. 법인의 청산절차 ········ 255

제 7 절 權利能力없는 社團과 財團 ········ 257

[66] Ⅰ. 權利能力없는 團體 ········ 257
1. 권리능력없는 사단의 유형 ········ 257
2. 사단과 조합의 비교 ········ 258
[67] Ⅱ. 權利能力없는 社團 ········ 259
1. 권리능력없는 사단의 의의 ········ 259
2. 권리능력없는 사단의 성립 ········ 259
3. 권리능력없는 사단의 법률관계 ········ 266
4. 권리능력없는 사단의 소멸 ········ 275
[68] Ⅲ. 權利能力없는 財團 ········ 276
1. 권리능력없는 재단의 의의 ········ 276
2. 권리능력없는 재단의 법적지위 ········ 276
3. 권리능력없는 재단의 법률관계 ········ 276

제 4 장 私權의 對象

제 1 절 私權의 客體 ········ 279

[69] Ⅰ. 私權客體의 槪念 ········ 279
1. 사권객체의 의의 ········ 279

2. 사권의 객체에 대한 민법규정 …… 280
[70] Ⅱ. 私權의 客體로서 物件 …… 280
1. 물건의 의의 …… 280
2. 물권의 대상인 물건 …… 280

제 2 절 私權의 分類 …… 286
[71] Ⅰ. 民法上 物件의 分類 …… 286
1. 부동산과 동산 …… 286
2. 주물과 종물 …… 292
3. 원물과 과실 …… 296
[72] Ⅱ. 기타 物件의 分類 …… 302
1. 단일물·합성물 및 집합물 …… 302
2. 융통물과 불융통물 …… 303
3. 가분물과 불가분물 …… 304
4. 대체물과 불대체물 …… 304
5. 특정물과 불특정물 …… 305
6. 소비물과 비소비물 …… 305

제 3 편 權利의 變動

제 1 장 權利變動總說

제 1 절 權利變動關係 …… 308

제 2 절 權利變動의 原因과 態樣 …… 309
[73] Ⅰ. 權利變動의 原因 …… 309
1. 법률요건 …… 309
2. 법률사실 …… 310
[74] Ⅱ. 權利變動의 態樣 …… 313
1. 권리의 취득·상실 …… 313
2. 권리의 변경 …… 314

제 2 장 權利變動의 法律行爲

제 1 절 法律行爲總說 ······ 316
[75] Ⅰ. 法律行爲概觀 ······ 316
1. 법률행위의 의의 ······ 316
2. 법률행위와 구별개념으로서 준법률행위 ······ 317
[76] Ⅱ. 法律行爲要件 ······ 320
1. 법률행위의 성립요건 ······ 321
2. 법률행위의 유효요건 ······ 322
[77] Ⅲ. 法律行爲의 瑕疵 ······ 325
1. 법률행위요건과 하자 ······ 325
2. 법률행위하자의 태양 ······ 325
3. 하자있는 법률행위의 효력 ······ 327
4. 법률행위하자의 치료 ······ 328

제 2 절 法律行爲의 種類 ······ 329
[78] Ⅰ. 法律行爲의 一般的 分類 ······ 329
1. 단독행위 · 계약 · 합동행위 ······ 329
2. 요식행위 · 불요식행위 ······ 333
3. 생전행위 · 사후행위 ······ 334
4. 재산행위 · 신분행위 ······ 335
5. 출연행위 · 비출연행위 ······ 336
[79] Ⅱ. 기타 法律行爲의 分類 ······ 338
1. 독립행위 · 보조행위 ······ 338
2. 주된 행위 · 종된 행위 ······ 338
3. 부담행위 · 처분행위 ······ 338

제 3 절 法律行爲의 目的 ······ 340
[80] Ⅰ. 法律行爲目的의 意義 ······ 340
[81] Ⅱ. 法律行爲目的의 確定 ······ 340
1. 법률행위이행요건으로서 목적의 확정 ······ 340
2. 목적확정의 표준 ······ 341
[82] Ⅲ. 法律行爲目的의 可能 ······ 341

1. 법률행위실현요건으로서 목적의 가능 …… 342
2. 불능의 분류 …… 342
[83] Ⅳ. 法律行爲目的의 適法 …… 346
1. 강행법규와 목적의 적법성 …… 346
2. 강행법규와 임의법규 …… 347
3. 강행법규위반의 모습 …… 353
[84] Ⅴ. 法律行爲目的의 社會的 妥當性 …… 356
1. 반사회질서행위의 개념 …… 356
2. 반사회질서행위의 유형과 판단 …… 359
3. 사회질서위반행위의 효력 …… 366
[85] Ⅵ. 不公正한 法律行爲 …… 369
1. 폭리행위의 개념 …… 369
2. 폭리행위의 성립요건 …… 373
3. 폭리행위의 효력 …… 382
4. 폭리행위의 추인 …… 383
[86] Ⅵ. 法律行爲動機의 不法 …… 384
1. 법률행위동기의 의의 …… 384
2. 불법인 동기 …… 384

제 5 절 法律行爲의 解釋 …… 389
[87] Ⅰ. 法律行爲解釋의 槪念 …… 389
1. 법률행위해석의 의의 …… 389
2. 법률행위해석의 기능 …… 392
3. 법률행위해석의 법률적 성질 …… 393
[88] Ⅱ. 法律行爲解釋의 主體와 對象 …… 395
1. 법률행위해석의 주체 …… 395
2. 법률행위해석의 대상 …… 395
[89] Ⅲ. 法律行爲解釋의 方法 …… 397
1. 자연적 해석 …… 397
2. 규범적 해석 …… 400
3. 보충적 해석 …… 403
[90] Ⅳ. 法律行爲解釋의 標準 …… 406
1. 법률행위해석에 관한 민법규정 …… 406
2. 해석의 표준 …… 407

[91] V. 法律行爲解釋과 錯誤와 關係 ······ 411
1. 자연적 해석과 착오 ······ 411
2. 규범적 해석과 착오 ······ 411
3. 보충적 해석과 착오 ······ 411

제 3 장 意思表示

제 1 절 意思表示總說 ······ 413
[92] Ⅰ. 意思表示의 槪念 ······ 413
1. 의사표시의 의의 ······ 413
2. 의사표시와 법률행위의 관계 ······ 414
[93] Ⅱ. 意思表示의 構成要素 ······ 415
1. 의사적 요소 ······ 416
2. 행위적 요소 ······ 420
[94] Ⅲ. 意思表示의 立法主義 ······ 421
1. 의사표시의 심리적 과정과 입법주의 ······ 421
2. 입법주의의 검토 ······ 425
3. 민법상 태도 ······ 427
[95] Ⅲ. 意思表示의 여러 모습 ······ 428
1. 명시적 의사표시와 묵시적 의사표시 ······ 428
2. 의제된 의사표시 ······ 430

제 2 절 非正常的 意思表示 ······ 431
[96] Ⅰ. 非正常的 意思表示의 槪念 ······ 431
[97] Ⅱ. 意思와 表示가 不一致한 意思表示 ······ 432
1. 진의아닌 의사표시 ······ 432
2. 허위표시 ······ 440
3. 착오로 인한 의사표시 ······ 456
[98] Ⅲ. 詐欺·强迫에 의한 意思表示 ······ 482
1. 사기·강박에 의한 의사표시의 개념 ······ 482
2. 사기·강박에 의한 의사표시의 성립 ······ 484
3. 사기·강박에 의한 의사표시의 효력 ······ 489
4. 사기·강박에 의한 의사표시의 적용범위 및 타제도와 관계 ······ 495

제 4 절 意思表示의 效力發生 ………… 497
[99] Ⅰ. 意思表示의 效力發生槪觀 ………… 497
1. 상대방있는 의사표시의 효력발생 ………… 497
2. 상대방없는 의사표시와 효력발생 ………… 498
[100] Ⅱ. 意思表示의 效力發生時期 ………… 499
1. 유체적 의사의 효력발생시기 ………… 499
2. 무체적 의사의 효력발생시기 ………… 500
3. 상대방없는 의사표시의 효력발생 ………… 501
[101] Ⅲ. 意思表示의 到達 ………… 501
1. 도달의 요건 ………… 501
2. 의사표시의 수령능력 ………… 504
3. 도달의 효과 ………… 506
4. 도달주의의 적용 ………… 508
[102] Ⅳ. 意思表示의 公示送達 ………… 509
1. 공시송달의 의의 ………… 509
2. 공시송달의 요건 · 절차 ………… 510
3. 공시송달의 효력 ………… 511

제 4 장 法律行爲의 代理

제 1 절 代理制度總說 ………… 512
[103] Ⅰ. 代理制度의 槪念 ………… 512
1. 대리제도의 의의와 구별개념 ………… 512
2. 대리제도의 기능 ………… 516
[104] Ⅱ. 代理制度의 本質 ………… 517
1. 대리의 본질론 ………… 517
2. 대리본질론의 결과 ………… 519
[105] Ⅲ. 代理의 種類 ………… 520
1. 임의대리와 법정대리 ………… 520
2. 기타 대리의 분류 ………… 522
[106] Ⅲ. 代理의 成立範圍 ………… 523
1. 대리가 인정되는 범위 ………… 523
2. 대리가 인정 또는 적용되지 않는 행위 ………… 523

3. 대리가 성립되는 범위 ······ 525

제 2 절 代理의 法律關係 ······ 526

[107] Ⅰ. 代理權關係 ······ 526

1. 대리권의 의의와 성질 ······ 526
2. 대리권의 발생 ······ 528
3. 대리권의 범위 ······ 540
4. 대리권의 제한 ······ 542
5. 대리권의 소멸 ······ 550

[108] Ⅱ. 代理行爲關係 ······ 554

1. 대리행위의 성립 ······ 554
2. 대리행위의 방법 ······ 556
3. 대리행위의 하자 ······ 561
4. 대리권을 남용한 대리행위 ······ 564

[109] Ⅲ. 代理의 效果關係 ······ 571

1. 대리효과의 귀속 ······ 571
2. 계약체결상 과실의 효과 ······ 572
3. 불법행위·사실행위에 대한 본인의 책임 ······ 573

제 3 절 複 代 理 ······ 574

[110] Ⅰ. 複代理의 槪念 ······ 574

1. 복대리제도의 취지 ······ 574
2. 복대리의 의의와 성질 ······ 574

[111] Ⅱ. 複代理人選任과 代理人의 責任 ······ 576

1. 복임권의 행사 ······ 576
2. 복임권행사와 대리인의 본인에 대한 책임 ······ 577

[112] Ⅲ. 複代理人의 地位 ······ 578

1. 대리인에 대한 지위 ······ 578
2. 상대방에 대한 지위 ······ 578
3. 본인에 대한 지위 ······ 579

[113] Ⅳ. 複代理權의 消滅 ······ 580

1. 복대리권의 소멸사유 ······ 580
2. 복대리권소멸의 효과 ······ 580

제 4 절 無權代理 ······ 581
[114] Ⅰ. 無權代理의 槪念 ······ 581
1. 무권대리의 의의 ······ 581
2. 무권대리의 태양 ······ 582
3. 협의의 무권대리와 표현대리의 관계 ······ 584
[115] Ⅱ. 表見代理 ······ 587
1. 표현대리의 의의와 본질 ······ 587
2. 표현대리의 태양과 요건 ······ 588
3. 표현대리성립의 효과 ······ 605
[116] Ⅲ. 狹義의 無權代理 ······ 612
1. 협의의 무권대리의 의의 ······ 612
2. 계약의 무권대리 ······ 613
3. 단독행위의 무권대리 ······ 620
4. 무권대리행위와 본인의 상속 ······ 621

제 5 장 法律行爲效力의 留保

제 1 절 法律行爲效力이 不完全한 態樣 ······ 628

제 2 절 法律行爲의 無效와 取消 ······ 629
[117] Ⅰ. 法律行爲의 無效 ······ 629
1. 무효행위의 개념 ······ 629
2. 무효의 원인과 태양 ······ 635
3. 무효인 법률행위의 효력 ······ 639
4. 무효행위의 추인 ······ 643
5. 무효행위의 전환 ······ 645
[118] Ⅲ. 法律行爲의 取消 ······ 649
1. 법률행위취소의 개념 ······ 649
2. 법률행위취소의 유형 ······ 651
3. 취소권의 행사 ······ 652
4. 취소권행사의 효과 ······ 656
5. 취소할 수 있는 법률행위의 추인 ······ 659
6. 취소권의 소멸 ······ 662

제 3 절 法律行爲의 附款 ······ 666
[119] Ⅰ. 附款付法律行爲槪念 ······ 666
1. 부관의 개념 ······ 666
2. 부관부법률행위 ······ 667
[120] Ⅱ. 附款付法律行爲의 條件 ······ 668
1. 조건부법률행위의 개념 ······ 668
2. 조건의 종류 ······ 669
3. 조건부법률행위의 성립 ······ 671
4. 부관부법률행위의 효력 ······ 673
[121] Ⅲ. 附款付法律行爲의 期限 ······ 678
1. 기한부법률행위의 개념 ······ 678
2. 기한의 종류 ······ 678
3. 기한부법률행위의 성립 ······ 679
4. 기한부법률행위의 효력 ······ 680
5. 기한의 이익 ······ 680

제 6 장 期間의 經過와 權利消滅

제 1 절 期間의 經過 ······ 684
[122] Ⅰ. 期間의 槪念 ······ 684
1. 기간의 의의 ······ 684
2. 기간과 구별개념 ······ 684
3. 기간의 법률적 성질 ······ 685
[123] Ⅱ. 期間의 計算方法 ······ 685
1. 기간의 순차적 계산 ······ 685
2. 기간역산의 계산 ······ 686
[124] Ⅲ. 期間計算法의 適用範圍 ······ 687

제 2 절 期間經過와 權利消滅 ······ 688
[125] Ⅰ. 時效制度槪觀 ······ 688
1. 시효제도의 의의 ······ 688
2. 시효제도의 태양 ······ 688
3. 시효의 법률적 성질 ······ 690

4. 권리소멸로서의 제척기간 …… 690
[126] Ⅱ. 消滅時效의 槪觀 …… 694
1. 소멸시효제도의 의의 …… 694
2. 소멸시효제도의 존재이유 …… 694
3. 소멸시효제도의 특질 …… 696
[127] Ⅲ. 消滅時效의 要件 …… 697
1. 소멸시효의 목적물 …… 697
2. 권리의 불행사 …… 701
3. 소멸시효기간의 경과 …… 707
4. 시효의 원용 …… 711
[128] Ⅲ. 消滅時效의 中斷 …… 712
1. 시효중단제도의 의의 …… 712
2. 시효중단사유 …… 712
3. 시효중단의 효력 …… 722
[129] Ⅲ. 消滅時效의 停止 …… 723
1. 시효정지제도의 의의 …… 723
2. 소멸시효정지사유 …… 723
3. 소멸시효정지의 효력 …… 724
[130] Ⅳ. 消滅時效의 效力 …… 725
1. 권리소멸의 의미 …… 725
2. 소멸시효완성의 의미 …… 725
3. 소멸시효완성의 효력 …… 729
4. 소멸시효이익의 포기 …… 732

찾아보기 …… 737

[主要参考文獻]

郭潤直, 民法總則(新訂版)(박영사, 1989)

高翔龍, 民法總則(법문사, 1999)

______, 民法判例解說 I [民法總則](경세원, 1990)

金基善, 韓國民法總則(三改訂增補版)(법문사, 1985)

金玟中, 民法總則(두성사, 1995)

金相容, 民法總則(改訂版)(법문사, 1995)

______, 民法判例評釋(1)(법원사, 1995)

金容漢, 民法總則論(全訂版)(박영사, 1986)

金疇洙, 民法總則(제2판)(삼영사, 1988)

______, 民法概論(삼영사, 1999)

______, 論点民法判例演習(삼영사, 1999)

金曾漢 · 金學東, 民法總則(제9판)(박영사, 1995)

金顯泰, 民法總則(교문사, 1973)

金俊鎬, 民法總則(법문사, 2000)

______, 民法講義(법문사, 1999)

______, 民法判例演習(新版)(법문사, 1998)

金亨培, 民法學研究(박영사, 1989)

朴鍾斗, 概說民法總則(강남대학출판부, 1999)

______, 民法講義(上 · 下)(박문각, 1997)

朴泰信, 民法總則(법문사, 2009)

梁彰洙, 民法研究 第2券(박영사, 1991)

李英燮, 新民法總則講義(박영사, 1959)

李英俊, 民法總則(박영사, 1987)

李銀榮, 民法總則(박영사, 1996)

張庚鶴, 民法總則(법문사, 1985)

池元林, 民法講義(홍문사, 2003)

黃迪仁, 現代民法論 I [總則](增補版)(박영사, 1985)

제 1 장 民法一般

제 1 절 民法의 意義

[1] Ⅰ. 民法의 實體的 概念

1. 私法으로서 民法

(1) 私的 生活規範으로서 民法

(가) 사람의 행위는 비록 그것이 일상생활에 관한 것이라고 할지라도 사회적으로는 반드시 어떤 의미를 가지는 것이며 모두가 사회규범에 의하여 규율된다. 그 중 가장 강력한 규범이 법규범이며, 사회적 당위를 규정한다.

(ㄱ) 법규범을 공법적 규범과 사법적 규범으로 분류할 때 민법은 사법적 규범, 즉 私法이며, 시민사회에서 개인이 영위하는 보통생활관계를 규율한다.[1]

공·사법 구별에 대한 국내 학설은, 먼저 公法은 구속적인 결정을 내용으로 하는데 대하여, 私法은 자유로운 결정을 내용으로 하므로 전자에는 이유강제의 원칙이 적용되나 후자에는 그 적용이 배척되는 법, 즉 사적자치의 원칙이 적용되는 것이 사법이고 그렇지 아니하는 법이 공법이라고 하거나(신성질설; 이영준 4면), 권리·의무의 귀속주체를 기준으로 공법은 공권력의 담당자에게만 부여하는데 대하여, 사법은 일반 누구에게나 귀속시키는 법이라고 한다(신귀속설; 김남진, 행정법 101면).

다수설은 主體說을 토대로 공법은 국가 기타 공공단체와 개인간의 관계인 수직관계·불평등관계를 규율하는 법이지만, 사법은 私人 상호간의 관계인 수평관계·평등관계를 규율하는 법이나, 이들에 의하여도 그 구별이 어려운 경우에는 그 보호하려는 법익을 따라 정해야 할 것이라고 보며(복수기준설), 판례 또한 대체로 동일한 태도를 취한다(대판 1992.4.28, 91다46885; 1990.11.23, 90다카3659 참조). 그러나 이들의 학설에 의하여서도 그 구별이 명확한 것은 아니며, 더욱 오늘날은 공·사법 중간적 영역의 법(사회법·경제법)이 속출함에 따라 그 구별을 어렵게 한다.

---

1) 판례는 국가나 지방자치단체도 사경제적 주체로서 타인과 거래하는 경우에는 독점규제 및 공정거래에 관한 법률 소정의 기업자에 포함하는 것이라고 한다(대판 1990.11.23, 90다카3659).

제 1 편
私法의 基礎

제 1 장 民法一般 / 2
제 2 장 私法上 權利 / 39
제 3 장 私權의 行使와 制限 / 59
제 4 장 私權의 保護와 抛棄 / 97

(ㄴ) 민법은 私法으로서 任意法性에 바탕한다. 그러나 민법전의 규정이 모두 임의법성을 가진 것은 아니며, 구체적·개별적으로는 공법적 규정과 사법적 규정이 혼재하고 있다. 그 중 민법전의 公法的 規定의 대표적인 것으로는 법인의 이사·감사·청산인에 대한 벌칙규정이다(§97).

(나) 사람의 생활관계 중 사적 생활관계는 재산거래관계와 가족생활관계로 대별되며, 사법 중 민법은 이들의 생활관계를 규율하는 법규범으로 구성한다.

재산거래관계로서 재화의 소유, 물건의 인도 등에 관한 규정은 민법전의 주된 내용을 이루며, 그 외에 친족·상속 등 가족생활관계의 규율을 포함한다.

(2) 一般私法으로서 民法

(가) 法은 일반법(보통법)과 특별법으로 나누어진다. 생활관계를 비영리적 일상생활관계와 영리적 기업생활관계로 분류할 때, 민법은 비영리적 일상생활관계를 규율하는 일반사법이며 영리적 기업집단을 규율하는 특별사법인 상법과 구별된다.[2)]

(나) 민법은 대표적인 일반사법이지만 예외 없이 모든 사람과 사항에 적용되는 것은 아니며 특별법이라고 하여 언제나 일반성을 배척하는 것도 아니다. 예컨대 혼인·부양 등은 전자의 예이고, 모든 사람이 상인 또는 노동자가 될 수 있는 지위는 후자의 예이다.

(다) 民法에 대한 특별사법으로서의 商法은 기업의 조직·활동과 이에 관련된 특별생활관계를 정한 법이지만 경제생활관계를 규율하는 점에서는 민법과 동일하다. 그러나 상법의 규제대상으로서 기업은 자본주의적 생산양식 아래서 계획적 경제생활을 영위하는 독립된 유기체로서 기업의 행위는 영리추구를 위한 합목적성·반복성·집단성을 가진다. 그 결과 기업의 행위는 곧 개성의 상실, 행위의 정형화라는 성질을 갖게 되며, 이로써 개성의 존중, 행위의 개별성에 바탕을 두는 일반사법인 민법과 구별된다.[3)]

---

2) 상법 외에도 경제법은 기업경제에 관한, 노동법은 종속적 근로관계에 관한, 지적재산권은 특허와 상표보호 및 저작권에 관한 각각 특별사법이다.

3) 特別私法은 필요한 모든 규정을 완비하여 독자적인 법체제를 이루지 않고 민법의 모든 규정을 전제로 하여 그 수정이 필요한 사항에 관하여만 보충적으로 규정함이 일반적이다. 예컨대 매수인의 목적물검사와 하자통지의무에 관한 상법 제69조는 매도인의 하자담보책임에 관한 민법 제580조의 규정을 전제로 한 것으로서, 특히 민법 제582조(하자담보책임의 행사기간)가 규정하는 권리행사기간을 수정하는 의미에 불과하다.

한편, 경제사회의 발전에 따라 민법과 상법 간에는 교류현상이 나타난다. 이를 民法의 商化現象이라고 하며, 민법과 상법이 통합되는 현상을 가져온다.[4)]

또한, 經濟法은 민·상법과 더불어 경제생활관계를 규율하는 전형적인 법이지만, 그 구체적 내용은 국가의 특정 경제적 목적을 위하여 거래관계의 규제를 수반한다. 따라서 경제법은 일반 또는 기업거래관계를 불문한 소위 공법적 제한을 내포한 민·상법의 특별법이며, 노동법과 더불어 사회법으로 분류된다.

[민법과 상법의 관계]

	일 반 법	특 별 법
공통점	경제생활관계를 규율	
차이점	일반시민생활관계를 규율	기업생활관계를 규율
	윤리적 색체가 강한 법으로서 개별적·구체적 타당성이 존중	집단적·반복적 거래를 대상으로 하는 법으로서 기술적·획일적으로 규율
양자관계	민법의 상법화 현상이 초래(민상법통일론)	

(3) 私法의 社會法化

민법은 순수한 개인간의 행위를 규율하면서 동시에 사적자치를 전제로 한 임의법성이 지배된다. 그러나 현대 자본주의사회에서 대두된 경제적 강자와 약자간의 갈등은 전자를 제한하고 후자를 보다 보호하기 위한 새로운 입법적 규제를 요청하며, 이러한 입법은 私權, 특히 개인의 소유권보장과 계약자유가 지배되는 영역에서 본의 아닌 공법적 제한으로 나타난다.

그 결과 때로는 전형적인 사법적 관계로 처리되어야 할 법률관계가 사회법적 또는 공법적 법률관계로서 파악되는 경우가 있다. 이러한 현상을 소위 공·사법의 융화현상, 즉 이른바 私法의 社會法化 또는 私法의 公法化라고 하며, 근대 자유방임적 법으로부터 현대 사회법적 법으로 전환되는 과정에서 나타난다.

2. 實體法으로서 民法

(1) 個人의 權利·義務關係規律로서 민법

(가) 法을 실체법과 절차법으로 나누는 경우, 전자는 직접 개인의 권리·의무

4) 民商二法統一論에 의한 입법례로는 1911년의 스위스채무법, 1925년 태국민법, 1929년 중국민법, 1942년 이태리민법전 등이다.

관계를 정하는 법을 의미하고, 후자는 실체법상의 권리를 실행하거나 의무를 실현시키기 위한 절차를 정하는 법을 의미한다.

(나) 民法은 사람의 권리·의무관계를 규정한 실체법이며, 그 실현절차를 규정한 민사소송법과 구별된다. 그러나 현대 법치국가에서는 권리가 침해되거나 법률관계의 다툼이 생기면 일정 절차에 따른 국가권력에 의하여 보호받게 되며, 이로써 실체법이 정하는 내용도 궁극적으로는 절차법을 통하여 그 실효를 거둘 수 있게 된다.

결국, 실체법과 절차법은 동일한 법체제에 속하는 것이지만, 우리 민법은 편의상 이를 별개의 법전으로 구성한다.

(2) 行爲規範과 裁判規範으로서 민법

민법은 私人이 일상생활을 영위하는데 있어서 지켜야 할 준칙이며, 불특정 일반인을 대상으로 하는 법이다. 즉 그것은 일상생활에서 개인이 지켜야 할 규범, 곧 행위규범이다.

다만, 민법이 行爲規範이라고 할 때 이것은 제1차적으로 개인행위의 준칙인가, 아니면 재판의 준칙인가. 다수설은 규범의 본질상 이를 엄격히 한정할 것은 아니지만, 민법은 제1차적으로 개개인에 행하여진 규범인 동시에 私人간의 다툼에 관한 法官에 행하여진 준칙이라고 한다.[5] 따라서 민법은 개인간의 법률관계에 분쟁이 생긴 경우 당사자가 訴를 제기하여 법원의 판결을 청구할 수 있는 준칙자의 행위기준, 즉 私人 각자에게 주어진 행위규범인 동시에 구체적 법관에게 주어진 재판규범으로서의 성격을 가진다.

[2] Ⅱ. 民法의 存在論的 概念

1. 實質的 意味의 民法

(1) 民法을 실질적 의미로 이해하면 그것은 私法의 일부로서 민사관계를 규율하는 원칙적인 법, 즉 성문·불문을 불문한 일반사법규범의 총칭이며, 민법

5) 곽윤직 10면, 이영준 7면.

학의 대상으로서 민법의 존재형식 자체를 의미한다.

(2) 民法典과 그 부속법규로서의 民事特別法律은 실질적 민법의 주요한 것이다. 그러나 실질적 의미의 민법은 일반사법만을 의미하므로 사법 가운데서 상법 기타 특별사법은 물론, 특히 공·사법의 중간적 영역의 법으로서 사회법·경제법·국제사법 등은 제외된다.

2. 形式的 意味의 民法

(1) 民法을 형식적 의미로 이해하면 민법이라는 이름을 가진 성문의 법전, 즉 1958년 2월 22일 공포되고, 1960년 1월 1일 시행된 법률(제471호)인 民法典을 말한다. 따라서 각종 민사특별법률, 예컨대 부동산등기법, 집합건물의 소유 및 관리에 관한 법률, 가등기담보 등에 관한 법률, 주택임대차보호법, 상가건물임대차보호법 등은 성문 법률인 부속 민법이지만 형식적 의미의 민법은 아니다.

(2) 성문주의하의 民法典은 민사관계에 관한 기본적 사항을 규정한 법이며, 실질적 의미의 민법의 주된 내용을 이룬다. 그러나 형식적 의미의 민법이 언제나 실질적 의미의 민법과 일치하는 것은 아니다.

[각국 민법의 법원]

국 가	제정연대	약 어	어 원
독일민법	1896	BGB	Das Bürgerliche Gesetzbuch
스위스민법	1907	ZGB	Schweizerisches Zivilgesetzbuch
스위스채무법	1881	OR	Schweizerisches Obligationsrecht
오스트리아 민법	1811	ABGB	Allegemeines Gesetzbuch für die gesamten Erbländer österreichischen Monarchie
프로이센 보통법	1794	ALR	Allegemeines Landrecht für die Preussischen Staaten

3. 형식적 의미의 民法과 실질적 의미의 民法과 관계

민법을 형식적 의미의 민법과 실질적 의미의 민법으로 구별할 때 形式的 意味의 民法은 그 본질상 실질적 의미의 민법 법규를 집대성한 것이기는 하지만,

그렇다고 하여 실질적 의미의 민법에 관한 규정을 전부 포함한다거나, 순수한 사법적 규정으로만 구성하는 것은 아니다.[6)]

한편, 實質的 意味의 民法은 성문 · 불문을 불문한 실질적 민사관계를 규율하는 것으로서, 이것은 주로 민법전과 그 부속법령(특별사법 제외)에서 규정할 것이지만 이것에 국한하지 않고 때로는 공법적 규정 가운데에서도 존재하고 있는 것이어서 양자는 반드시 일치하지 않는다.

제 2 절 民法의 生成

[3] Ⅰ. 法源의 槪念

1. 法源의 의의

(1) 法의 淵源을 짧게 법원이라고 한다.

法源(source of law, Rechtsquellen)이라는 의미는 통상 권리 · 의무자가 인식할 수 있는 법의 존재형식을 가리킨다.[7)] 그러나 이를 파악하는 영역적 관점에서 시각을 달리하며, 法史學에서는 法의 인식원천을, 法社會學에서는 法의 성립원천을, 法哲學에서는 法의 평가원천을 의미하는 것으로 파악한다.[8)]

(2) 法源은 일면 법적 규범성 또는 법적 구속력으로 民法의 法源은 일반사법적 법률관계에 一般的 拘束力이 부여되는 규범 전체를 의미하며 실질적 민법 자체를 뜻한다.

---

6) 민법전 속에는 소위 공법적 규정이라고 할 수 있는 것도 있다. 예컨대 법인의 이사 · 감사에 대한 벌칙규정은 대표적인 공법규정에 속한다(§97).

7) 견해에 따라서는 법원의 의미를 법의 생성연원과 법의 인식연원의 두 가지로 보고, 민법 제1조에서 말하는 법원이란 법의 인식연원의 의미로 사용된 것이라고 하거나, 국민이 무엇이 법인가를 인식할 수 있는 출처를 가리키는 것이라고 한다(인식연원설; 곽윤직, 주석민법 (1) 26-7면; 이은영 27면).

8) 김학동, 민법의법원, 고시연구(1993.12) 85면.

2. 法源의 順位

민법 제1조는 "민사에 관하여 법률에 규정이 없으면 관습법에 의하고 관습법이 없으면 조리에 의한다."라고 규정하여, 명문으로 법원의 적용순위를 정함과 동시에 그 법원성을 밝히고 있다.

따라서 우리 민법은 원래 不文法主義를 취하였다고 볼 수 있으나, 오늘날은 민법전과 그 부속 법률을 제정 · 공포하고, 그 적용에도 民事에 관하여 제 1 차적으로 제정법을 적용하고 제 2 차적으로 관습법과 조리를 적용토록 하였다. 그러나 불문법원의 대표적인 判例法에는 그 적용의 언급을 회피함으로써 민사법 법원의 成文法主義를 선명히 한다.

[4] Ⅱ. 民法의 法源

1. 民法의 成文法源

(1) 憲 法

(가) 憲法은 광의의 성문민법의 법원에 포함되며, 헌법 중 특히 국민의 기본권보장에 관한 규정은 민사규범의 근본이념이 된다.

민법의 기본원칙인 사적자치의 원칙은 헌법상 인간의 존엄과 가치 · 행복추구권에 바탕하고, 경제생활과 가족생활의 구현은 평등권의 실현과 재산권보장에 근거한다. 또한 개정 민법(안) 제1조의 2 제1항은 "사람은 인간으로서 존엄과 가치를 바탕으로 자신의 자유로운 의사를 좇아 법률관계를 형성한다." 제2항은 "사람의 인격권은 보호된다."라고 하고, 제2조 제1항 내지 제2항의 신의성실 · 권리남용금지, 제103조의 선량한 풍속 · 사회질서, 제104조의 불공정한 법률행위 및 제750조의 불법행위 등의 규정은 개인의 지위보장을 위한 헌법정신을 반영한다. 따라서 이와 같은 헌법이념에 어긋난 私人간의 법률행위는 선량한 풍속 · 사회질서위반의 법률행위로서 무효로 되고(§103), 타인의 신체나 사생활의 침해는 민법상 불법행위로서 손해배상책임을 진다(§750, §751).

(나) 憲法상 보장된 基本權은 사법상 직접 개인의 권리로 되는가. 영미법과는

달리 대륙법은 추상적 권리의 선언이라는 점에서 문제된다.

판례는 헌법 제35조 제1항은 환경권을 기본권의 하나로 승인하고 있으나, 사법상 권리로서 환경권이 인정되려면 그에 관한 명문 규정이 있거나 관계법령의 취지나 조리에 비추어 권리의 주체·대상·내용·행사방법 등이 구체적으로 정립될 수 있어야 하는 것이라고 하여 원칙적으로 직접적 권리의 성립을 부정한다.[9]

⑵ 法 律

(가) 민법전 민법전은 민법의 법원 가운데에서 가장 중요한 것이며, 민법규범의 대부분을 규정한다. 그러나 그 전부가 실질적 의미의 민법인 것은 아니며, 법인에 있어서 이사의 벌칙규정(§97)과 같은 광의의 형벌법규, 또는 채권의 강제집행방법(§389)과 같은 민사집행법규도 포함한다.

우리 民法典의 制定은 구 일본민법을 바탕으로 1958.2.22.제정·공포(법률 제471호)되고 1960.1.1.부터 시행되었다.

民法典의 構成은 독일식 법체계(Pandekten편별법)를 취하여 민법을 총칙·물권·채권·친족·상속의 제5편, 전문 제1118조, 부칙 제28조로 구성한다. 또한 그 性格은 근대민법의 지도원리인 자유·평등이념의 실현을 위한 계약자유·소유권존중·과실책임의 원칙을 근간으로 하고 그 수정원리로서 20세기 지도이념인 공공복리·신의성실·권리남용금지원칙을 제한개념으로 한 수정·전화된 원칙을 확립한다. 따라서 우리 民法의 根本理念은 근대민법의 기본원리에 인간의 존엄과 공공복리를 추가하고 그 실천원리로서 신의성실, 권리남용금지, 사회질서·선량한 풍속 등을 민법의 제한적 상위원리로 채택한다.

(ㄱ) 民法인 法律은 강행규정과 임의규정으로 구성된다. 여기서 强行規定은 그 성격상 당연히 일반적인 구속력을 갖는 법원이 된다.

(ㄴ) 民法의 任意規定도 법원으로 되는가. 임의규정은 당사자간의 의사에 의하여 그 적용이 배척되므로 일반적 구속력으로서의 법원성을 가진다고 볼 수 있는가. 먼저 任意規定은 크게 해석규정과 보충규정으로 나누어지며, 양자는 모두 당사자 의사에 의하여 적용이 배척된다. 그러면서도 解釋規定은 표의자가 통상 의욕하였으리라고 여겨지는 것을 내용으로 하는 점에서 그 법률효과는 표의자의 의사에 소급한다. 그러나 補充規定은 당사자간에 공평한 결과를 낳게 하기 위한 것으로써 그 효과는 법률 자체에 소급하게 된다. 따라서 양자의 차

---

9) 대결 1995.5.23, 94마2218.

이는 당사자들이 본래 의욕한 의사와 일치하지 않는 해석 또는 의사에 보충이 이루어진 때 표의자는 의사의 하자 등을 이유로 취소할 수 있는가 문제로서 전자는 이를 취소할 수 있는데 반하여, 후자는 취소하지 못한다. 이러한 의미에서 보충규정은 당연히 법원성을 가진다.

그렇다면, 解釋規定도 법원성을 가진다고 할 수 있는가. 다수설은 이러한 해석규정도 당사자의 의사가 불명한 경우에는 재판의 준칙이 된다는 점에서 이를 긍정한다. 그러나 소수설은 단순히 재판의 준칙이 된다는 것만으로는 부족하고 당사자의 의사에 불문하고 구속력을 가져야 법원이 된다는 점을 들어 법원성을 부정한다. 만약 그렇지 않으면 불특정다수인에게 행하여진 사단의 정관도 법이라고 하여야 한다는 부당성을 지적한다.[10)]

(나) 민사특별법률 민법전은 민사관계의 대부분을 규율하고 있지만, 그 전부를 망라하는 것은 아니다. 이것은 성문주의의 당연한 한계이며, 또한 비록 그것이 가능하더라도 사회의 변천에 따른 새로운 법률의 제정을 부단히 요구하게 된다. 따라서 사회변천에 따라 민법전과 별개로 제정되는 법률은 민법전과 더불어 대표적인 성문법원이 되며 민법전을 수정·보완하는 역할을 한다.

민사에 관한 특별법률로서 민법에 관한 附屬法的 性質의 法律, 즉 민법 규정의 내용을 보다 구체화·상세화한 법률로서 부동산등기법·호적법·공탁법·유실물법 등이 있고, 민법에 대한 特別法的 性質의 法律, 즉 민법 규정의 내용과는 다르게 규정한 법과 법규정으로서 민법보다 사실상 우선 적용되는 법 또는 법규정으로 국가배상법, 신원보증법, 외국인토지법·국토의 계획 및 이용에 관한 법률, 신탁법, 실화책임에 관한 법률·제조물책임법·자동차손해배상보장법, 약관의 규제에 관한 법률, 방문판매 등에 관한 법률, 할부거래에 관한 법률, 부동산실권리자명의등기에 관한 법률, 가등기담보등에 관한 법률, 집합건물의 소유 및 관리에 관한 법률, 입목에 관한 법률, 공장·광업재단·자동차·건설기계·항공기저당법, 공유토지분할에 관한 특례법, 장애인고용촉진 및 직업재활법, 주택임대차보호법 및 상가건물임대차보호법 등이 있다.

(3) 命令·規則

(가) 입법형식에서 국회의 결정을 거치지 않고 다른 국가기관에 의하여 제정

10) 김학동, 전게논문 87면.

된 법규에는 명령 또는 규칙이 있고, 이들 명령 또는 규칙도 그 실질이 민사에 관하여 규정하고 있으면 민법의 법원이 된다.

(나) 命令은 위임명령과 집행명령이 있고, 법률인 민사법원에 보충적 효력을 가진다. 그러나 명령 중 긴급명령은 법률과 마찬가지의 효력을 갖고 법률로 된 민사법규를 일시적이지만 변경할 수 있는 점에서 언제나 민법 법규에 보충적 효력을 가지는 위임명령과 구별된다.

또한, 規則은 위임명령과 동일한 효력을 가지는 법원이지만, 특히 판례는 일반국민이 알고 있거나 알 수 있어야 그 효력이 생기는 것이라고 한다.[11]

(4) 條 約

條約은 문서에 의한 국가간의 합의이며, 특히 헌법에 의하여 체결·공포된 조약과 일반적으로 승인된 국제법규는 국내법과 동일한 효력을 가진다(헌법 §6 ①). 그러므로 비준·공포된 조약으로서 민사에 관한 것은 법률과 동일한 효력을 가지는 민법의 법원이 된다.

(5) 自治法規

自治法規의 법원성에 관하여 견해가 대립한다. 소수설은 법원으로 인정할 만한 법적 확신이 주어질 수 없는 경우가 허다한 점을 들어 부정하나,[12] 다수설은 민사법규를 포함하는 경우 성문의 여러 민법법원에 보완적 효력을 갖는 것이라고 한다. 따라서 다수설에 의하면 지방자치단체가 법률의 범위 내에서 정하는 조례에 민사관계에 속하는 법규를 포함하는 경우(그러나 대단히 드물다.)에는 보충적으로 민법의 법원이 된다.

2. 民法의 不文法源

(1) 慣習法

(가) 관습법의 의의 慣習法이란 사회에서 스스로 발생하는 관행이 단순히 예의적 또는 도덕적인 규범으로서 지켜질 뿐만 아니라, 사회의 법적 확신 내지 법적 인식을 수반하여 다수인에 의하여 지켜질 정도의 것을 말하며, 어떤 거래

---

11) 대판 1993.11.23, 93도662.
12) 김용한 31면.

나 가족관계와 관련하여 상당한 기간동안 사람들이 같은 행동을 반복하게 될 때 형성된다.

(ㄱ) 현행 민법질서 속에서 관습법으로 되기 위해서는 관행이 존재할 것, 관행이 법규범이라고 일반에 의하여 인식될 정도의 법적인 것일 것, 관행이 선량한 풍속 기타 사회질서에 반하지 않을 것이어야 한다.

그리하여 판례는 사회의 거듭된 관행으로 생성한 어떤 사회생활규범이 법적 규범으로 승인되기에 이르렀다고 하기 위해서는 그 사회생활규범은 헌법을 최상위 규범으로 하는 전체 법질서에 반하지 아니하는 것으로서 정당성과 합리성이 있다고 인정되는 것이어야 하는 것이라고 한다.[13)]

(ㄴ) 관습법의 성립에 國家承認이 요구되는가. 견해가 대립한다.

國家承認要求說은 국가에 의한 명시적·묵시적 승인이 필요하며 판례에서 관습법의 존재를 인정하여 사건에 적용된 경우 그 관습이 법적 확신을 얻어 사회에서 행하여지게 된 때 소급하여 성립한다고 한다(곽윤직 18면, 이영준 20면).

法力內在說 또는 法的確信說은 관습 그 자체에 내재하는 힘에 의하여 법으로 되는 것이라고 한다.

위 학설에서 法力內在說에 의하면 국가적 법질서에의 연결 또는 국가라는 법공동체에의 연결을 간과하고 있다는 결점이 지적되고, 國家承認要求說에 의하면 결국 궁극적으로는 관습법을 부인하게 되며, 실제로는 법원의 판결에서 관습법의 존재를 발견한다고 보면 판례법과 동일한 결과가 된다는 결점이 지적된다.

또한, 慣習法의 成立時期에 관하여도 法力內在說에 의하면, 사실인 관행이 사회적 법적 확신이 확립된 때부터 당연히 법원인 관습이 되나, 國家承認說에 의하면 국가가 승인하는 규범인 관습이 성립한 때, 즉 법원의 판결에서 관습법의 존재가 인정된 때이지만 그 성립은 역시 관습이 법적 확신을 얻어 사회에서 행해진 시기에 소급하여 성립한다.

다수설은 민법 제1조의 규정에 비추어 관습이 사실상 법적 확신 내지 법적 인식을 가지므로 성립하는 것이지 개개의 법 원칙에 대한 국가의 승인은 요구되지 않는 것이라고 하고, 또한 그 성립시기에 관하여도 그 생성과정을 살펴 판단할 것이지 국가의 승인시로 볼 것은 아니라고 한다.

판례는 명확하지 않으나, "관습법이란 사회의 거듭된 관행으로 생성된 사회

---

13) 대판(전) 2003.7.24, 2001다48781.

생활의 규범이 사회의 법적 확신과 인식에 의하여 법적 규범으로 승인·강행되기에 이른 것을 말하고 … 당사자의 주장·입증을 기다릴 것이 없이 직권으로 확정해야 하는 것"이라고 하고,[14] 또한 "사회의 거듭된 관행으로 생성한 어떤 사회생활규범이 법적 규범으로 승인되기에 이르렀다고 하기 위해서는 그 사회생활규범은 헌법을 최상위 규범으로 하는 전체 법질서에 반하지 아니하는 것으로서 정당성과 합리성이 있다고 인정될 수 있는 것이어야 하는 것"[15]이라고 함으로써 관습 그 자체에 내재하는 힘에 의하여 법으로 되는 것이라고 이해한다.

(나) 관습법의 효력 관습법의 법원성은 민법 제1조에 의하여 부정할 수 없다. 그러나 성문의 법률과 관계에서 그 효력이 문제된다.

補充的效力說은 민법 제1조의 문리에 비추어 민사에 관하여 법률에 규정이 없는 경우에만 관습법이 보충적으로 적용될 것이라고 한다.[16]

變更的效力說은 관습법에 의한 성문법을 개폐할 수 있는 것이라고 한다. 그 근거로서 성문법과 관습법이 저촉하는 경우에 성문법이 경화하여 사회실정에 적응할 수 없고, 사회의 수요에 따라서 자연적으로 발생하는 관습법의 성립과 적용을 민법 제1조에 의하여 저지한다는 것은 사실상 불가능하며, 민법 제106조에 의하면 해석상 관습은 당사자의 의사가 명확하지 않는 경우에 법률행위의 내용이 되는 규범으로서 임의법규에 우선 적용되어 법률행위 해석에 관한 한 임의법규를 개폐하는 효력을 가지며, 또한 민법은 제185조에서 명문으로 전통적인 물권법정주의를 지양함으로써 관습법상 물권을 인정해 관습법의 성문법에 대한 대등적 효력을 부여하고 있다는 점을 든다(김증한 52면, 장경학 53면, 김용한 21면).

對等的效力說은 성문의 법률과 대등적 효력을 인정하여 관습법에 의하여 성문법을 개폐할 수 있고, 또한 성문법에 의하여 성문법을 개폐할 수 있는 것이라고 한다. 그 근거로서 최근의 법사상은 관습법의 지위를 더욱 중요시하여 보충적 효력에서 진보하여 성문법과 대등한 효력을 인정하려는 경향은 부정할 수 없는 것이라고 하고, 또한 민법 제185조의 물권법정주의는 관습법에 제정법과 대등적 효력을 부여하고 있을 뿐만 아니라, 관습법은 제정법에서 보다 자율성이 높으므로 관습법을 단지 보충적 효력을 인정하려는 입법자의 의도만으로는 그 효력을 제한할 수 없다는 점에서 민법 제1조에 불문하고 제정법을 개폐할 수 있어야 할 것이지만 그 우열관계는 신법우선의 원칙에 의하여 정하여 질 것이라고 한다[김용한 22면, 백태승 19면; 김학동 14면 동 민법의법원, 고시연구(1993. 12) 89면].

---

14) 대판 1983.6.14, 80다3231.

15) 대판 2003.7.24, 2001다48781.

16) 민법 제1조는 법률 또는 관습법이 존재하지 않는 경우에는 조리에 의하여 재판할 것을 명문으로 규정하고 있다. 이러한 조리의 보충적 적용은 오늘날 일반적으로 인정되는 것으로 스위스민법 제1조는 "자기가 입법자라면 법률로 정립하였을 것에 좇아서"라고 규정하고, 또한 오스트레일리아 민법 제7조는 "자연법칙에 따라서 재판할 것"을 규정하고 있다.

慣習法의 效力에 관하여 종래 통설은 민법 제1조에 근거하여 補充的 效力을 가진데 불과한 것이라고 보며(성문법주의의 결과),[17] 판례 또한 가정의례준칙 제13조의 규정과 배타되는 관습법의 효력을 인정할 것인가에 관하여, 동법 규정에 배타되는 관습법의 효력을 인정하는 것은 관습법의 제정법에 대한 열위적·보충적 성격에 비추어 민법 제1조의 취지에 어긋나는 것이라고 함으로써 보충적효력설을 지지한다.[18] 그러나 對等的 效力說이 민법 제185조는 "물권은 법률 또는 관습법에 의하는 외에는 임의로 창설하지 못한다."라고 규정하여 物權에 관하여 관습법에 성문법과 대등한 효력을 부여하고 있으므로 그 범위에서 민법 제1조가 배척됨은 명백하고, 또한 판례가 종래 관습적으로 행하여져 온 동산의 양도담보, 지상물의 변동에 대한 명인방법 등 일련의 제도에 대한 유효성을 인정함으로써 제정법과 동일한 권리 또는 권리변동의 관습법상 효력을 밝힌 것이라고 한다.[19] 또 다른 견해는 법의 자율성과 수규성을 중심으로 파악하여 관습법은 제정법에서보다 자율성이 높다는 점과, 또한 관습법을 단지 보충적 효력만을 인정하려는 입법자의 의도만으로는 관습법의 효력을 제한할 수 없다는 점에서 관습법은 민법 제1조에도 불구하고 제정법을 개폐할 수 있어야 하나 그 우열관계는 신법우선의 원칙에서 정하여질 것이라고 한다.[20]

결국, 관습법의 효력은 통설에 따라 보충적 효력을 취하는 경우에도 언제나 그런 것은 아니며, 민법 제185조는 "물권은 법률 또는 관습법에 의하는 외에는 임의로 창설하지 못한다."라고 규정하여 관습법에 성문법과 대등한 효력을 인정하므로 그 범위에서는 민법 제1조의 적용이 배제된다.

(다) 관습법의 형성　현행 관습민법으로 볼 수 있는 것으로는 관습상 법정지상권, 동산의 양도담보, 미분리 과실과 수목의 소유권이전에 대한 명인방법, 분묘기지권 등을 들 수 있다.

① 관습민법의 형성 – 관습상 법정지상권·분묘기지권, 동산의 양도담보, 명인방법에 의한 공시 등

17) 특히, 對等的效力說이 주장하고 있는 관습법에 의한 성문법 개폐의 효력은 관습법에 의한 효력이라기보다 판례법으로 이해할 수 있을 것이라 보며, 입법론적으로는 몰라도 현행법상 해석론으로는 불가능한 것이라고 한다(곽윤직 19면).

18) 대판 1983.6.14, 80다3231.

19) 이영준 21면, 김상용 23면, 이은영 45면.

20) 김학동, 전게논문 89면.

ㄴ ② 민법에 우선하는 관습 – 경계표·담의 설치, 공유하천용수권, 수류변경권 등

민법시행 전에 존재한 상속회복청구권은 "상속이 개시된 날로부터 20년이 경과하면 소멸한다."는 내용의 관습은 관습법으로서 효력을 인정할 것인가.

판례는 이를 적용하게 되면 20년이 경과한 후 상속권을 침해하면 침해행위와 동시에 진정상속인은 권리를 잃게 되어 불합리하고 또한 헌법을 최 상위규범으로 하는 법질서 전체의 이념에도 부합하지 아니하여 정당성이 없는 것이라고 하여 부정한다 [대판(전) 2003.7.24, 2001다48781].

(2) 條 理

(가) 조리의 의의와 기능　條理란 사물의 도리 또는 사물의 본질적 법칙을 의미한다. 따라서 條理는 일반인이 보통 인정한다고 생각되는 객관적인 原理 또는 法則으로서 經驗則을 포함하며, 경우에 따라서는 경험법칙·사회통념·사회적 타당성·신의성실·사회질서, 정의·형평·이성, 법의 체계적 조화, 법의 일반원칙 등으로 표현되기도 한다.

條理와 法의 관계로서, 먼저 모든 법은 조리에 적합할 것을 전제로 존재할 수 있게 된다. 그러므로 조리는 실정법의 내용을 해석·결정하는 표준이 되며, 또한 어떤 사항에 관해 성문법도 관습법도 없을 때에는 조리에 의하여 재판하게 된다. 이와 같이 조리는 법과 관계에서 적어도 법의 내용을 결정하는 표준이 되며, 또한 법의 보충적 기능을 갖게 된다.

(나) 조리의 법원성　성문법 국가에 있어서는 재판의 준칙으로서 성문법과 관습법을 취할 것은 당연하지만, 어떤 사항에 관하여 성문법·관습법도 존재하지 않는다면 법원은 이에 적용할 법규범이 없다는 이유로 재판을 거부할 수 없다. 그러므로 결국 성문법주의 하에서 조리는 재판의 준칙으로서 규범이 될 수 있다는 점은 부정할 수 없지만, 다만 法源을 법의 존재형식이라고 이해할 때 재판의 준칙이 된다는 것만으로 조리가 법원이라고 할 것인가.

積極說은 재판을 함에 있어서 법관은 헌법과 법률에 의하여 독립하여 심판한다는 헌법 제103조와 민법 제1조를 근거로 조리의 법원성을 당연히 인정한다.

消極說은 조리를 재판의 준칙으로 인정하는 것은 그것이 법이기 때문이 아니라, 성문법주의에서는 법의 결함이 불가피한데다가 법관은 재판을 거부할 수 없으므로, 조리는 법원이 아니지만 법관에 의하여 적용되는 것이라고 한다(곽윤직 23면, 이영준 23면, 김학동 21면, 고상룡 12-3면, 백태승 24면, 김상용 27면, 송덕수 민법강의 15면).

다수설·판례는 오늘날 대부분의 국가는 성문법주의를 원칙으로 하며 동시

에 법치주의 원리를 채용하고 있을 뿐만 아니라, 근대 법치주의국가에서는 그 법치주의의 한 내용으로 개인의 권리·의무를 판단함에 있어 실정법 또는 관습법상 법이 없다는 이유로 법관의 재판거부를 금지하고 있는 점(프랑스민법 §4)과 무엇보다 법은 재판을 통하여서만 존재하는 것은 아니지만 법이 법으로서 존재는 판례를 통하여 명백히 나타내는 것이므로 이때 법관이 준거할 조리는 법관의 주관적인 의사가 아니라, 객관적인 법에 준거하여 재판할 책무를 지고 있는 점을 들어 조리는 적어도 법관을 구속할 준칙으로서 의미를 가지는 보충적 법원성을 인정한다.[21] 그러나 소수설은 법률행위해석의 표준이나 재판의 준칙이 된다고 하여 구체적·개별적 사항에 대하여 법관을 구속할 일반적 구속력을 갖는 것은 아니란 점을 든다. 또한 대부분의 성문입법은 조리를 裁判의 準則으로 규정하지만 그것은 法이기 때문이 아니라 성문법주의의 흠결에 따른 法官이 재판을 거부하지 못함을 규정한 것뿐이라고 하여 법원성을 부정한다.[22]

생각건대, 條理는 일종의 자연법적 존재이며 조리가 법과 관련을 가지는 것은 실정법 및 법률행위 해석의 표준이 된다는 점이고 또한 法의 흠결시에 재판의 준거가 된다는 점이다. 그러나 법원성을 구체적·개별적 사항에 대한 一般的 拘束力의 여부에 따라 결정할 취지에서 보면 의문점이 없는 것은 아니지만 성문법주의 하의 필연적 법의 흠결지대에 법관을 구속할 일반준칙이 조리라고 한다면 조리의 법원성을 단호히 배척할 것은 아니다.

결국, 조리의 법원성 문제도 법철학적 문제이고 민법의 해석·적용에서는 양자에 큰 차이가 있는 것은 아니다.

(다) 조리의 인정근거와 효력　조리의 법원성을 긍정할 경우, 그 근거는 실정법의 보충 및 해석기준으로서 법의 흠결시 재판의 준칙으로 삼으려는데 있다. 따라서 조리의 법원성은 다음의 두 가지로 집약된다.

(ㄱ) 成文法에의 補充 : 조리는 법원성을 가지나 모든 성문법(제정법)은 물론 관습법과의 관계에서도 보충적 효력을 가지는데 불과하다(§1 참조).

(ㄴ) 法規의 欠缺에 대한 裁判의 準則 : 법규의 흠결시 법관을 일반적으로 구속하는 재판의 준칙으로서 효력을 가지며, 오늘날 조리는 주로 신뢰보호(Vertrauensschutz)·비례원칙·평등원칙으로 표현된다.

---

21) 대판 2001.12.24, 2001다30469; 2000.6.9, 98다35037; 1965.8.31, 65다1156.
22) 이영준 23면.

┌ 스위스민법 — 자기가 입법자라면 법규로서 설정하리라는 바에 좇아서 재판함을 규정
└ 오스트리아 — 자연의 법칙으로 규정

⑶ 判 例

㈎ 判例法은 법원의 재판(판결·결정)을 통하여 형성되는 규범이다. 법원은 구체적인 사건에 대하여 판결을 주는 것이며, 이때 재판은 그 재판에서 밝혀진 구체적 사실에 대하여만 구속력을 가진다. 그러나 재판이 구체적인 사실에 관한 판결이라고 하더라도 그 판결은 단순한 사실의 판단이 아니라 그 사실에 관한 법률적 판단을 하는 것이다. 그러므로 그 판결에는 약간의 추상적인 논리 또는 법칙이 표시되고, 더욱 비슷한 사건에 대한 판결이 쌓이면 점차로 일반적인 법칙이 밝혀질 뿐만 아니라, 그 자체에서 스스로의 추상적 규범이 정립되게 된다. 이것이 판례법이며, 최고법원의 판결에서 특히 현저하다.

㈏ 판례의 법원성을 인정할 것인가. 견해가 대립한다.

肯定說은 대법원의 심판에서 판시한 법령의 해석은 그 사건에 관하여 하급심을 구속하고 대법원이 판결을 변경할 필요가 있는 경우에는 신중을 기하기 때문에 상당한 정도의 확실성을 인정할 수 있으며, 그 후 판결들은 사실상 선례에 따르고 있고(김기선 22면, 김상용 26면, 고상룡 13면), 또한 판례에 의한 법적 확신의 취득을 든다(김학동 18면).

否定說은 법원조직법 제8조에 의하여 대법원의 법령에 관한 판결이 하급심을 구속하는 것은 오직 당해 사건에 한정되는 것이고, 또한 사법부는 입법권을 갖는 것은 아님을 든다.

다수설은 상급법원의 판결이 하급심을 구속하는 것은 당해 사건에 국한하므로 개별적 구속력은 가지지만, 일반적 구속력을 갖는 것은 아니란 점을 들어 판례의 법원성을 부정한다. 그러나 판례가 법원성을 갖는 것이 아니라고 하여 사실상 구속력이 배척되는 것은 아니며, 현실 사회에서 최소한 '살아 있는 법'으로서 기능한다. 그리하여 판례는 적어도 추상적 법규에 대한 보충적 법리로서 사실상 구속력을 줄뿐만 아니라, 법의 예측가능성·일관성을 꾀하기 위하여 법원은 스스로 자신의 선례에 구속된다.

또한, 판례는 법원은 아니지만 장기간에 걸쳐 판례가 누적되면 사회일반의 구속력에 의해 관습법으로서 법원이 된다.[23]

---

23) 이영준 22면; 지원림, 민법강의 16면.

(다) 헌법재판소의 결정은 법률과 같은 효력을 가지며, 민사에 관하여 민법전은 수정・개폐하는 효력을 가진다.

민사에 관한 헌법재판소의 결정 예로서 민법 제746조(불법원인급여)(헌재결 1991. 4.1, 89헌마160), 제778조(호주제) 및 제781조 제1항 본문 후단(자의 입적) (2005.2.25. 2004헌가5, 2001헌가9). 제809조 제1항(동성혼의 금지)(헌재결 1997.7.16, 95헌가6내지13), 제999조 제2항(상속회복청구권의 제척기간)(헌재결 2001.7.9, 99헌바9・26・84, 2000헌바11, 2000헌가3, 2001헌가23), 제1026조 제2호(법정단순승인으로의 제척기간)(헌재결 1998. 8.27, 96헌가22, 97헌가2・3・9, 96헌바81, 98헌바24・25), 및 구국유재산법 제5조 제2항(국유재산의 취득시효적용 배제)에 대한 한정위헌 결정(헌재결 1991.5.13, 89헌가97), 부동산실권리자명의등기에 관한 법률 제5조 제1항 및 제12조 제2항 중 제5조 제1항 적용(과징금의 부과내용)의 위헌결정(헌재결 2001.5.31, 99헌가18, 99헌바71・111, 2000헌바51・64・65・85, 2001헌바2) 등이 있다.

다만, 민사에 관한 憲法裁判所의 決定은 법원의 법률해석을 구속하는가. 헌법재판소의 위헌결정의 효력은 당해 사건에는 물론, 그 결정 이후에 제소된 사건에도 미치는 것이지만,[24] 한정위헌결정에 표현되어 있는 헌법재판소의 법률해석의 효력에 관하여 대법원은 법률의 의미・내용과 그 적용범위에 관한 헌법재판소의 견해를 일단 표현한 데 불과하며, 법원에 전속되어 있는 법령의 해석・적용권한에 대하여 어떤 영향을 미치거나 기속력도 가질 수 없는 것이라고 하여 부정한다.[25]

(3) 學 說

(가) 학설의 의의 學說이란 주체적 법규정을 해석함에 있어서 法學의 학리적 입장에서 행하는 법해석을 말하며, 학설의 집약도에 따라 통설・다수설 등으로 분류된다.

(나) 학설의 법원성 學說의 法源性을 인정할 것인가. 통설은 통상 법의 학리적 해석의 일반원칙이라고 할 것이므로 법원성이 문제된다. 그러나 학리상 일반원칙이 법원으로서 의미를 갖기 위해서는 실천적・현실적 구속력을 가져야 할 것이므로 이러한 점에서 보면 학설의 법원성을 인정하기 어렵다.

24) 대판 1995.11.7, 95다33948; 판례는 헌법재판소의 위헌결정의 효력은 위헌결정 이후에 제소된 사건에도 미치므로 잡종재산인 개간지에 대하여는 헌법재판소의 결정으로 이미 그 효력을 상실한 구지방재정법 제74조 제2항의 규정은 효력이 없는 것이라고 한다.

25) 대판 1996.4.9, 95누11405.

제 3 절 民法의 體系

[5] Ⅰ. 民法典의 構成과 內容

1. 民法典의 구성

민법전의 편별에는 로마식 편별(Institutiones System)과 독일식 편별(Pandekten System)이 있다. 전자는 민법전을 인사법 · 물건법 · 소송법으로 구성하는 데 반하여, 후자는 총칙 · 물권법 · 채권법 · 가족법으로 구분한다. 따라서 전자는 민법전의 구성을 실체법과 절차법을 동일체제로 하는데 반하여, 후자는 양자를 구별하여 원칙적으로 민법전을 실체법 체계로만 구성한다.

우리 민법전의 구성은 독일식 편별을 취하여 제1편 총칙, 제2편 물권, 제3편 채권, 제4편 친족, 제5편 상속으로 구성한다.

- 제 1 편 총칙(§1-§184) — 민법 전반에 걸치는 통칙
- 제 2 편 물권(§185-§372), 제 3 편 채권(§373-§766) — 재산관계법
- 제 4 편 친족(§767-§996), 제 5 편 상속(§997-§1118) — 신분관계법(가족법)
- 부 칙(§1-§28)

[우리 民法의 로마법적 요소와 게르만법적 요소]

Rome적 요소 (개인주의)	① 개인주의적 소유권(포괄적 · 전면적 지배권) ② 소유권과 제한물권의 엄격한 구별 ③ 물상청구권, 점유회수, 점유보호청구권(Possessio) ④ 지역권, 소멸시효 ⑤ 점유자의 과실취득권 ⑥ 점유권의 소와 본권의 소의 분리 ⑦ 공동소유로서의 공유
German적 요소 (단체주의)	① 동산과 부동산의 구별(토지 중시) ② 부동산등기제도(형식주의) ③ 사실상 지배만으로서 점유권인정(Gewere), 권리추정력 ④ 선의취득 ⑤ 자력구제권 ⑥ 간접점유 ⑦ 점유의 상속 ⑧ 공동소유로서의 총유 · 합유

2. 民法典의 內容

(1) 民法典의 실질적 내용은 크게 재산법관계와 가족법관계로 나누어지며, 전자는 주로 사람의 자기 보존을 위한 재화를 획득하고 이를 지배하는 관계, 즉 물권관계(물권법)와 채권관계(채권법)를 규정한 것으로서 민법전의 근간을 이룬다. 그러나 후자는 남녀의 성적결합에 의하여 자손을 증식하고, 집단을 이루어 그의 존속·발전을 꾀하는 이른바 친족관계(친족법)와 상속관계(상속법)를 규정한 것으로서 가족관계의 기본원리를 정한다.

(2) 재산법관계와 가족법관계는 그 지배원리를 달리한다. 재산법관계는 거래의 안전을 원칙으로 하는데 반하여, 가족법관계는 거래안전은 고려하지 않고 오로지 당사자의 진정한 의사 보호를 목적으로 한다.

[6] Ⅱ. 民法總則의 構成과 地位

1. 民法總則의 구성

(1) 민법총칙은 제7장 제184개조로 구성한다. 그 구체적 구성으로 제1장 통칙 제2장 인(人), 제3장 법인, 제4장 물건, 제5장 법률행위, 제6장 기간, 제7장 소멸시효로 구성하고, 다시 제2장 人은 제1절 능력, 제2절 주소, 제3절 부재와 실종, 제3장 法人은 제1절 총칙, 제2절 설립, 제3절 기관, 제4절 해산, 제5절 벌칙, 제5장 法律行爲는 제1절 총칙, 제2절 의사표시, 제3절 대리, 제4절 무효와 취소, 제5절 조건과 기한으로 구성한다.

[제1편 총칙(§1-§184)]

- (1) 제1장 통칙(§1-§2, §2-1)
- (2) 제2장 인(人)
  - 제1절 능력(§3-§17)
  - 제2절 주소(§18-§21)
  - 제3절 부재와 실종(§22-§30)
- (3) 제3장 법 인
  - 제1절 총칙(§31-§39)
  - 제2절 설립(§40-§56)
  - 제3절 기관(§57-§76)
  - 제4절 해산(§77-§96)
  - 제5절 벌칙(§97)
- (4) 제4장 물건(§98-§102)

(5) 제5장 법률행위
- 제1절 총칙(§103-§106)
- 제2절 의사표시(§107-§113)
- 제3절 대리(§114-§136)
- 제4절 무효와 취소(§137-§146)
- 제5절 조건과 기한(§147-§154)

(6) 제6장 기간(§155-§161)

(7) 제7장 소멸시효(§162-§184)

(2) 민법전의 제정 이래 총칙개정은 6차에 걸쳐 있었다. 그 주요한 것으로는 민법 제6차 개정에서 제10차 개정에 이은 특별실종기간의 단축과 항공기실종 신설, 계리사·사법서사 명칭개정, 법인이사직무집행정지 등 가처분등기의무 신설 및 법인이사직무집행가처분에 의한 직무대행권한범위제한, 11차 개정에서는 벌칙규정의 현실화, 공휴일 등과 기간의 만료점에서의 토요일 추가 등으로 비교적 경미한 것이었다. 그러나 최근에는 전면적인 민법 개정안을 마련하여 총칙규정을 현실화를 마련하고 있다.

그 구체적인 내용으로는, 통칙규정으로서 인간의 존엄과 자율권 및 인격권을 신설하는 외에 성년연령 19세로 인하, 특별실종기간의 단축, 법인설립의 허가주의에서 인가주의로의 변경, 법인출연재산의 귀속시기 및 법인감사의 성명과

[총칙의 개정과정]

제6차 개정 (1984.12.31.제3723호)	특별실종기간 단축과 항공기실종 신설(§27 ②)
제8·9차 개정 (1997.12.13.제5431,5454호)	계리사·사법서사 명칭개정(공인회계사·법무사: §163)
제10차 개정 (2001.12.29.제6544호)	① 법인이사직무집행정지 등 가처분등기의무 신설(§52의 2) ② 법인이사직무집행가처분에 의한 직무대행권한범위제한(§60의 2)
제11차 개정 (2007.12.21.제8720호)	① 법인 벌칙규정의 현실화(§97) ② 공휴일 등 기간의 만료점에 대한 토요일 추가(§161)
전면 개정안	① 사적자치원칙으로서 인간의 자율권 및 인격권 신설(§1의 2 ①②) ② 성년연령 19세로 인하(§4) ③ 선박침몰, 항공기추락의 실종기간 6월 단축(§27) ④ 법인설립의 허가주의에서 인가주의로의 변경(§32) ⑤ 법인출연재산의 귀속시기에 대한 등기주의 채택(§48) ⑥ 법인감사의 성명과 주소의 등기주의 채택(§49 ② 10호) ⑦ 법인의 임시이사에 관한 등기준용(§52의 2) 신설(§63 ②) ⑧ 법인 이사·감사 또는 청산인에 대한 과태료의 현실화(§97) ⑨ 법률행위해석의 준칙규정 신설(§106 ①②) ⑩ 동기착오(§109) 및 착오자 과실에 대한 배상책임 신설(§109의 2) ⑪ 무권리자처분행위에 대한 본인의 동의·추인권 신설(§139의 2 ①②) ⑫ 재산명시신청, 본안에 관한 응소 그 밖의 재판상 권리행사로의 소멸시효중단사유 추가(§170 ②③)

주소의 등기주의 채택, 법률행위해석의 준칙규정신설, 동기착오의 명문화 및 착오자의 과실에 대한 배상책임규정 신설, 재산명시신청, 본안에 관한 응소 그 밖의 재판상 권리행사로의 소멸시효중단사유의 추가 등이다.

2. 民法總則의 지위

(1) 民法通則으로서 총칙

(가) 형식적 의미의 총칙　　형식적 의미의 총칙규정은 원칙적으로는 민법 전체는 물론, 사법 전체의 총칙규정으로서의 지위를 가진다. 그 중 특히 민법 제2조 제1항·제2항에서의 규정(신의성실·권리남용금지 규정)은 私法 전체를 지배하는 민법총칙 중 통칙규정으로서의 성질을 갖는다.

(나) 실질적 의미의 총칙　　형식적 의미의 총칙과는 달리 실질적 의미의 민법총칙은 민법 전체에 적용되는 것은 아니며, 주로 재산법관계에서 통칙규정성을 가진다.

(ㄱ) 민법총칙의 규정은 재산법 영역의 통칙을 정한 규정이지만, 한편 재산법 영역이라고 하여 별개의 통칙규정이 없는 것은 아니다. 따라서 재산법, 즉 물권법에서는 제185조 내지 제191조에서, 채권법은 제373조 내지 제526조에서 각각 별도의 총칙규정의 장을 두고 있어 이들의 규정과 민법총칙과의 관계가 문제된다. 그렇지만 독일법체계(Pandekten)에서 민법총칙은 그 체계의 본질상 이들에 관하여도 당연히 적용되는 소위 屋上屋의 지위로 이해하며, 이로써 이들 규정에 상위적 지위를 부여한다.

(ㄴ) 신분법 영역에서는 본질상 그 적용이 제한된다. 그렇지만 이들의 규정이 전적으로 배척되는 것은 아니며, 일정 범위에서 그 적용이 제한되는데 불과하다. 그러므로 민법총칙의 지위는 신분법 영역에서도 원칙적 통칙규정성은 갖는다.

(1) 신분법 관계에서도 통칙적으로 적용되는 규정

규정	
제1장 통 칙(§2)	민법 전체의 통칙적 규정
제3장 주소(§18-§21), 부재·실종(§22-§30)	
제4장 물건(§98-§102)	
제6장 기간(§155-§161)	

⑵ 신분법 관계에 특칙이 있거나 성질상 적용이 제한되는 규정

규정	
제2장 행위능력(§3-§17)	재산법관계에 통칙규정
제5장 법률행위(§103-§154)	
제7장 소멸시효(§162-§184)	

⑵ 他法律과 民法總則의 관계

(가) 상법과 관계 민법총칙의 규정은 商法과 관계에서도 원칙적 통칙규정성을 가진다. 예컨대 商法은 민법의 특별법으로서 동법에 의한 특별규정, 즉 회사·상행위·상사시효 등에 관한 규정을 두고 있지만 이들에 관한 특별규정이 없는 때에는 민법상 법인·법률행위·소멸시효 등의 규정이 적용된다.

(나) 공법과 관계 공법상 행위에 관한 민법 규정은 원칙적으로 적용이 배제된다. 그러나 전적으로 배척되는 것은 아니며, 민법 제2조 제1항·제2항의 규정은 물론, 그 외에 공법상 주소·기간의 계산에는 동법상 특별규정이 없는 한 민법 중 주소·기간의 계산법이 그대로 적용된다.

이와 같이 민법총칙의 규정은 공법상 행위에도 예외적·한정적으로 적용되며, 이로써 공법과 관계에서도 예외적 통칙규정성이 확보된다.

[민법총칙의 가족법관계에의 적용]

권리능력	민법 제3조의 예외로서 제1000조 제3항의 태아의 재산상속순위 인정, 제1064조 수증에 대한 태아의 권리능력이 준용된다.
행위능력	① 피입양자의 연령 여하를 불문한 부모 등의 동의(§870) ② 한정치산자에 대한 가족법상 일반적 제한규정 배제 ③ 의사능력 있는 금치산자의 가족법상 행위로서의 약혼(§802)·혼인(§808)·이혼(§835)·입양(§873)·파양(§902)·유언(§1063) 등에 대한 부모나 후견인의 동의에 의한 유효한 법률행위를 할 수 있다.
주소·실종	원칙적 통칙규정성
법률행위	원칙적 적용이 없으나, 민법 제103조는 통칙적 규정으로서 적용
의사표시에 관한 규정	① 신분행위에서의 비진의표시·허위표시·착오는 무효이다. ② 통정한 가장혼인신고나 입양신고는 무효이지만 이는 민법 제108조에 의한 효과가 아니라 제815조 제1호, 제883조 제1호에 의한 무효의 효과이다. 또한 다른 사람의 子를 잘 못하여 인지한 경우는 제862조(인지이의의 소)에 의해 무효가 되며, 제109조에 의해 취소가 되는 것은 아니다. 그 외에 선의의 제3자에게도 대항할 수가 있고, 특히 표의자의 중과실 유무도 묻지 않는다.

사기・강박	① 사기・강박에 의한 신분행위는 취소할 수 있음이 원칙이나 이것은 민법 제110조에 의한 효과가 아니다. 혼인의 경우에도 제110조가 아니라 제816조 제3호(혼인의 취소)가 적용된다. 또한 민법 제110조 제2항 제3항의 제한을 받지 않는다. ② 취소권은 민법 제146조에 의해 3년 또는 10년의 시효에 의해 소멸하는 것이 아니고, 제823조(혼인의 취소청구권 소멸)에 의한 3월의 기간 경과로 소멸한다. 이것은 혼인 외에도 이혼・친생자승인・인지・입양에 있어서도 동일하다(§839, §854, §861, §904).

대리・부관	① 신분행위는 대리하지 못한다. ② 조건・기한의 규정도 거의 신분행위에는 적용되지 않는다.
법률행위의 추인	① 무효인 행위의 추인을 인정하지 않는 민법 제139조의 규정은 신분행위의 요식성에 의해 적용되는 것으로 해석되어 왔다. 그러나 기성사실에 대한 신분상 안정을 도모함이 가족법의 정신이란 이유로 판례는 무효인 신분행위의 추인을 인정한다(대판 1965.12.28, 65므61). ② 취소의 소급효에 관한 규정인 민법 제141조는 혼인(§824)・입양(§897)에는 적용되지 않는다.
기 간	통칙성을 가지나 예외로는 민법 제844조의 친생자추정기간의 규정에서 초일을 기산점으로 삼는다.
소멸시효	부부간의 권리, 상속재산상 권리에 대해 민법 제180조 제2항, 제181조의 시효규정이 적용되나 이것은 원래 재산권의 소멸시효이며, 가족법상 권리의 시효가 아니다.

[7] Ⅲ. 民法의 基本原理

(1) 根本原理(理念) — 인간의 존엄과 자율(§2의 1)
(2) 實踐原理
- 상위원리
  - 사적자치(私的自治)
  - 공공복리--신의성실 · 권리남용금지(§2), 선량한 풍속 · 사회질서(§103)
- 하위원리
  - ① 소유권존중의 원칙 — 소유권의 상대성
  - ② 계약자유의 원칙 — 계약의 공정성
  - ③ 과실(자기)책임의 원칙 — 무과실책임의 개별적 적용

1. 近代民法의 性格과 基本原則

(1) 近代民法의 성격

근대민법의 이념은 개인의 자유와 평등에 바탕한 개인주의 · 자유주의 사상을 지도원리로 한다.

역사적으로 자유 · 평등의 이념은 18세기 봉건사회에서의 신분적 비속관계로부터 인간을 해방하여 개인의 독립된 인격을 승인하는데 공헌한 혁명이념이며, 이러한 이념은 곧 시민사회의 특질을 담은 민법에서 당연한 원리로 반영된다. 따라서 18~19세기에 걸친 자유주의 아래에서 민법의 특성은 자유 · 평등 · 독립의 원칙을 전제로 한 소위 사적자치의 이념으로 집약되며, 그 구성면에 있어서도 개인의 권리본위로 하고 있다.

(2) 近代民法의 基本原則

(가) 사유재산권존중의 원칙　　개인은 자기책임으로써 생활을 영위하며, 그 생활의 최종적 근거는 자기재산에 근거한다. 따라서 개인이 갖는 모든 재산에 대하여는 완전한 배타적 지배를 인정하는 한편, 소유자에게는 원칙적으로 처분의 자유를 허용하였다. 이것이 소위 *私有財産權尊重*의 原則이며, 개인이 갖는 재산권을 절대적이며 불가침의 것으로 하였다.

(나) 사적자치의 원칙　　근대법, 특히 자본주의사회 초기 개인간의 법률관계(물물교환을 위한 계약관계)는 이른바 자유방임주의를 취하여 국가는 이에 개입하거나 간섭하지 않고, 다만 당사자로부터 보호를 요청받은 경우에 한하여 이

를 조력하는데 불과하였다. 따라서 개개인은 자기의 자유의사에 의하여 사법상 권리·의무를 취득하거나 행동하여야 하며, 또한 법률은 그 목적이 명백히 위법하지 않는 한 보호하여야 한다는 원칙을 확립하였다.

이를 私的自治의 原則이라고 하고,[26] 개인인격평등의 원칙과 결합하여 다음의 원칙을 파생시킨다.

(ㄱ) **法律行爲自由의 原則** : 사적자치의 원칙은 넓게 자기의사결정의 자유와 자기의사결정에 따른 자기행위의 자유로 나타나지만, 그 중 진정한 의미에서 사적자치는 자기 일은 스스로의 결정에 의한다는 소위 자기의사결정의 자유에 있다. 이를 法律行爲自由의 原則이라고 하며, 사법관계에서 사적자치의 달성에 중요한 의미를 가진다. 그리하여 법률행위자유의 원칙은 비단 계약자유에 국한하지 않고, 널리 유언행위 및 단체설립의 자유 등에서도 인정된다. 그러나 그 실질은 재산법 분야에서 주로 작용하며, 이로써 법률행위자유는 통상 계약자유의 원칙으로 표현된다.

① 계약을 체결하느냐, 않느냐의 자유 — 체결의 자유
② 계약체결의 상대방을 선택하는 자유 — 상대방선택의 자유
③ 계약내용을 결정하는 자유 — 내용결정의 자유
④ 계약의 방식을 결정하는 자유 — 방식결정의 자유

(ㄴ) **自己責任의 原則** : 개인은 자기행위에 의하지 않고는 어떠한 불이익도 입지 않는다는 원칙, 즉 누구도 타인의 일방적 행위에 의하여 의무를 부담하거나, 타인의 행위에 대하여 책임을 지지 않고, 더욱이 자기의 고의·과실로 인한 가해행위가 아니면 책임을 지지 않는다.

이것을 自己責任 또는 過失責任의 原則이라고 하며, 전술한 자기의사결정의 원칙과 더불어 사적자치의 중요한 내용을 이룬다.

[책임의 요건으로서 故意·過失]

故意는 자기행위로부터 일정한 결과가 생길 것을 인식하면서 감히 그 행위를

---

26) 私的自治原則은 개인이 자기의 법률관계를 자기의사에 따라 스스로 형성한다는 원칙, 즉 개인인 자기의 법률관계는 자기 스스로의 의사에 의한 自己決定(Selbstbestimmung)에 의하고 자기결정에 따라 형성된 법률관계는 自己責任하에 自己支配(Selbstherrschaft)하는 원칙이며, 인간 개인의 행위 내지 행동의 자유에 따를 自己決定의 原則(Prinzip der Selbstbestmmung)인 한 부분으로서 인간의 인격적·이성적 존재에 바탕한 行爲의 自由(Handlungsfreiheit)에 바탕한다[Flume, Allgemeiner Teil des Bügerlichen Rechts, 2. Bd; Dieter Medicus, Allgemeiner Teil des BGB(1982), S. 70f].

하는 것을 의미하고, 過失은 그 일정한 결과발생을 인식하여야 함에도 불구하고 부주의로 인하여 인식하지 못한 것을 의미한다.

故意·過失은 이론상 이와 같이 구별되지만 사법상 책임요건으로서는 양자를 구별하지 않고 또한 그 책임에도 경중의 차이 없이 평가되는 점에서 형법상 책임요건으로서 고의·과실과 구별된다.

2. 近代民法의 수정과 現代民法에의 반영

(1) 私的自治原則의 공적과 변질

(가) 근대 민법의 근본원칙으로서의 사적자치의 원칙은 무엇보다 개인을 봉건적인 여러 구속으로부터 해방시킴으로써 자유로운 사회·경제적 활동을 보장하였고, 나아가 근대 물질문명의 발달에 원동력이 된 것은 부정할 수 없는 공적이다. 그러나 이것에 못지않게 19~20세기에 걸친 산업자본주의로부터 금융자본주의로의 이행과, 지나친 자유경쟁에 의한 이윤추구는 그 당연한 귀결로서 독점형태의 경제사회를 도입하게 되는 폐단을 초래하게 되었고, 이로써 근대민법에서 사적자치의 원칙은 이제 그 본래의 본질과는 다른 형식적인 이념으로 변질되었다. 그리하여 현대법에서 私的自治는 사회적 정의를 실현하기 위한 법질서 내에서 사적자치, 즉 자기결정으로 이해한다.[27)]

(나) 현대 경제사회에서 정의는 평균적 정의로부터 배분적 정의로, 형식적 평등으로부터 실절적 평등의 실현이 강력히 요청되고, 그 실천이념으로서 공공복리이념의 대두는 근대 사적자치에 대한 새로운 조명을 불가피하게 한다.

신의성실·권리남용금지, 거래안전, 선량한 풍속, 사회질서에 의한 일반적 제한은 물론, 경제적 약자보호, 토지소유권의 적절한 규제·조정을 위한 구체적 제한의 필요에서 편면적 강제법규(노동법 등)의 증가와 각종 거래의 신고·허가제 채택 등은 물론, 보통거래약관에 의한 계약의 체결 등은 사적자치의 직접적인 제한이 되고 있다.

따라서 오늘날 사적자치는 사회정의의 실현과 관계에서 적어도 긴장관계에 있고, 양자가 서로 조화될 수 있는 범위에서 주어지는 한계성을 가진 원칙이며, 공공복리로서 사회정의의 실현과 관계에서 우월적 지위를 가진다고 보기는 어려운 실정에 있다. 그러나 사적자치는 공공복리의 원칙으로부터 하위적 지위에

---

27) Flume, a.a.O., S. 17f.

있다고는 보기 어렵고 법률행위 형성의 영역에서는 적어도 동의적 지위로서 영역을 가지는 것은 부정할 수 없는 원칙이라고 할 것이다.

(2) 私的自治原則의 적용범위

사적자치는 자기결정에 의한 자기책임의 지배원리로서 그 적용범위가 법률관계의 형성은 물론이나, 그 외에 소유권행사의 자유라든가, 불법행위법상의 자기책임의 원칙에도 적용되는가. 이것은 사적자치의 현대 민법에서의 지위결정과 더불어 중요한 문제이며, 견해가 대립한다.

民法最高原理說은 사적자치의 원칙은 자기 일을 자기결정에 의하여 자기책임으로 지배한다는 당위를 말하는 것이고, 이로부터 법률행위자유의 원칙, 소유권행사자유의 원칙 및 자기책임의 원칙이 도출되는 것으로서 민법의 최고원리로서 지위를 가지는 것이라고 한다(이영준 13면, 김학동 29-30면, 이은영 67-74면, 백태승 43-49면, 김준호 34면).

法律行爲(契約)自由原則說은 사적자치는 법률행위를 수단으로 하고 법률행위 중에서도 계약이 중요한 것이므로 사적자치의 원칙은 법률행위자유의 원칙 내지 계약자유의 원칙으로 본다. 따라서 사적자치의 원칙은 근대 민법의 기본원칙의 하나로서 소유권절대원칙, 과실책임의 원칙과 동위에 있는 것이라고 한다(곽윤직 36-8면, 김용한 49면, 김상용 29-30면, 고상용 22-9면).

이에 대한 독일의 전통적 견해는 私的自治를 인간행위자유의 한 부분으로서 行爲할 수 있는 自由(예컨대, 소유물의 이용·주소설정 등)와 法律關係形成의 自由(예컨대, 계약체결·유언 등)로 나누고, 이들 중 사적자치는 좁게는 법질서의 범위 내에서 법적인 효과를 지향하는 개인의 의사표시에 의한 자기형성의 원칙으로 이해하고 넓게는 의사의 표시에 의하여 법적 결과를 발생케 하거나 변경·소멸케 할 수 있는 가능성의 법적 승인으로 이해한다.[28] 따라서 사적자치가 지배되는 영역은 법률행위에 의한 법률관계형성의 자유로 이해하고 법률관계의 형성인 이상 널리 적용될 것이지만, 다만 채권법영역에서는 일반적으로 적용되나 물권법이나 가족법영역에서는 제한적으로 적용한다.

또한, 法律行爲形成의 自由는 의사표시를 요소로 하는 것에 한정하지 않고, 널리 최고·추인 등과 같은 의사통지에 의한 법률관계의 형성에도 적용한다.[29]

생각건대, 사적자치는 근대 민법의 기본원칙 중 하나로서 개인의 의사에 의

28) Medicus, a.a.O., S. 70f.

29) 김상용, 사적자치원칙의 향후과제, 고시연구(1990.8) 91면.

한 자기결정의 원칙이며, 법률행위를 가장 중요한 원칙으로 하지만 이것에 한정하지 않고 널리 의사표시에 의한 법률관계의 형성에 확장·적용되는 것이라고 보아야 한다. 그리하여 사적자치의 원칙은 계약자유, 유언의 자유, 단체설립의 자유 기타 의사표시에 의한 법률행위형성의 자유로서 채권은 물론, 물권 및 가족법에서도 법정의 범위 내에서 개인의사에 의한 법률관계 형성의 가능성이 있는 한 적용되는 원칙이라고 이해하여야 한다.

(3) 현대 民法上 반영

(가) 소유권행사의 제한　현대 민법상에 있어서도 개인의 소유권은 보장되나 그 행사는 절대적 자유가 아니며 사회적·정책적 견지에서 제한을 받는 상대적 권리에 불과하다.

헌법 제23조 제1항은 "모든 국민의 재산권은 보장된다. 그 내용과 한계는 법률로 정한다."라고 하여 사유재산권을 보장하고, 동조 제2항은 "재산권의 행사는 공공복리에 적합하게 하여야 한다."라고 하여 재산권행사에 한계를 부여하고 있다. 또한 민법 제211조는 이러한 헌법정신을 받아 "소유자는 법률의 범위 내에서 그 소유물을 사용·수익·처분할 권리가 있다."라고 함으로써 이제 소유권은 법률의 범위 내에서만 허용되고 그 내용이 결정됨을 명백히 하고 있다. 따라서 오늘날 개인이 갖는 재산권은 그 소유와 행사에 대한 당연한 한계가 주어짐으로써 근대 소유권의 절대성은 현대 소유권의 상대성으로 전락한다.

그 결과 소유권존중의 원칙에는 다른 원칙에서 보다 특히 강한 공공복리·권리남용금지원칙이 작용하게 된다.

(나) 사적자치의 제한

(ㄱ) **契約公正性의 확보 :** 사적자치는 사법상 기본원칙이며, 우리 민법의 당연한 원칙으로 확보된다. 그러나 그 실천적 원리에서 계약의 구체적 공정성을 요구하며, 이러한 요구는 주로 거래의 안전을 위한 목적에서 때로는 계약체결을 강제하고, 계약내용을 변경하거나 또는 그 효력을 부인하기도 한다.

그리하여 개별적 법률에서는 계약자유의 원칙을 제한하는 강행규정을 두어 개인의사자치를 수정하며, 그 구체적 제한으로 보통거래약관·부합계약·집단적 계약의 등장과 더불어 사실적 계약관계론이 출현한다.

(ㄴ) **無過失責任의 擴大 :** 개인이 행한 행위는 자기의 과실 있는 행위에 대

하여만 책임을 부담하며, 자기의 과실 있는 행위 아닌 타인행위에 대하여는 책임을 부담하지 아니함이 원칙이다. 그러나 근대 산업사회에서 대규모적 기업시설은 경영 자체에 위험을 내포하고 있는 동시에 기업자는 기업경영의 이익을 독점하고 있다. 그러면서도 기업의 책임도 고의·과실의 엄격한 증명에 의한다는 것은 가해자 측의 자기책임 회피의 정당화 논리에 불과한 동시에, 손해분담의 공평성과 사회적 연대성에 대한 침해로 된다. 따라서 현대 민법은 그 수정원리로서 무과실책임의 이론을 출현시키고, 또한 과실책임이론의 전통적 법리에서도 그 적용상 입증책임의 전환·무과실책임의 확장해석이 이루어지고 있을 뿐만 아니라, 절차상으로도 원고적격의 확대·개연성이론·수인한도론이 적용된다.

이와 같은 현상은 현대 공해소송에서 가장 뚜렷한 경향을 보이나, 이것에 국한하지 않고 일반불법행위영역에 있어서도 반영한다.

[민법상 무과실책임의 반영]

(1) 絶對的 無過失責任

① 공작물·수목의 설치(식재)·보존의 하자로 인한 소유자책임(§758 ①②)
② 금전채무불이행에 대한 채무자책임(§397)
③ 대 리
- ㉠ 법정대리인의 복임권과 그 책임(§122)
- ㉡ 표현대리에 있어서의 본인의 책임(§125, §126, §129)
- ㉢ 무권대리인의 상대방에 대한 책임(§135 ①)

④ 인지사용의 청구자(§216), 주위토지통행권자(§219)의 손해배상책임
⑤ 전세권자·질권자·임차권자의 전전세권자·전질권자·전차인에 대한 책임(§308, §336)
⑥ 매매목적물에 대한 매도인의 하자담보책임(§570 이하)
⑦ 수임인이 위임사무처리로 과실 없이 받은 손해에 대한 위임인의 책임(§688 ③)
⑧ 임치인의 임치물의 성질·하자로 인한 수치인에의 배상책임(§697)
⑨ 사무관리에서 관리자의 과실 없이 받은 손해에 대한 현존이익의 한도에서의 본인의 배상책임(§740)

(2) 相對的 無過失責任(입증책임의 전환, 과실의 추정)

① 책임무능력자의 행위에 대한 감독자의 책임(§755 ①)
② 피용자의 행위에 대한 사용자의 책임(§756 ①)
③ 공작물·수목의 설치(식재)·보존의 하자에 대한 점유자책임(§758 ①②)
④ 동물의 점유자의 책임(§759)

3. 우리 民法의 實踐理念

(1) 民法의 基本理念

민법은 그 지도이념으로서 근대 민법의 기본이념인 개인주의·자유주의에 바탕을 둔 사적자치를 기본원칙으로 하면서 이에 현대 실질적 의미의 평등을 실현하기 위한 그 수정원리로서의 공공복리를 추가·강조하고, 그 구체적 실천원리로서의 거래안전·사회질서·신의성실·권리남용금지의 원칙을 확립한다. 따라서 우리 민법은 한마디로 말하여 현대 실질적 평등의 실천적 원리와 조화된 한도 내에서 근대 민법의 원리를 반영한다.

우리 憲法은 前文에서 "안으로는 국민생활의 균등한 향상을 기하고 …" 라고 선언하고 구체적으로는 헌법 제34조의 사회권보장, 제119조의 사회적 시장경제 질서규정은 제10조의 기본권보장규정, 제37조의 기본권제한규정과 더불어 자유민주주의와 사회민주주의의 조화적 실현을 그 이념으로 하며(그 연결점이 바로 제37조 제2항의 공공복리이다), 또한 우리 민법 개정(안)도 제2조의 2에서 인간의 존엄과 자율을 선언하고, 제3조에서 모든 사람에게 법인격(권리주체성)을 인정함으로써 인격절대주의 이념에서 출발을 하여 제105조, 제750조, 제211조 등에서 근대 민법의 전통적 3대원리에 입각한 의미를 부여하고 있으나, 한편으로는 이에 대한 수정이 입법 또는 법률행위해석과 법의 적용 및 일반적 거래의 관행과 제도에 의해 이루어지고 있다.

다만, 私的自治의 원칙과 公共福利의 원칙과의 관계에서 어느 것을 상위원리로 둘 것인가. 견해가 대립된다.

公共福利를 민법의 최고이념으로 보는 견해는 사적자치가 지배되는 영역을 법률행위에 의한 법률관계형성의 자유로 이해한다(곽윤직 37-8면, 김용한 49면).

私的自治를 민법의 최고이념으로 보는 견해는 우리 민법의 기초이념을 사적자치·사회적 형평·구체적 타당성의 원칙으로 파악하고 그 중 사적자치의 원칙으로부터 계약자유·소유권존중·과실책임의 원칙이 도출되며, 신의성실·권리남용금지·사회질서·거래안전의 원칙은 예외적으로 사적자치를 제한하는 규정에 불과한 것이라고 한다(이영준 16-7면).

생각건대, 근대에서와는 달리 현대에 있어서의 사적자치는 적어도 사회정의 실현과의 관계에서 긴장관계에 있고, 공공복리 또한 사적자치를 외면할 수 없는 소위 양자가 서로 조화된 범위에서 작용할 한계가 주어진다. 따라서 양자는 실로 그 우위를 정하기 어렵다고 할 것이며, 이로써 재산권행사의 영역에서는 물론 법률행위형성의 영역에서도 양자는 상호보완적 지위를 가지는 것이라고 할 것이다. 그리하여 개정 민법(안)은 제2조의 1을 신설하여 동조 제1항은 인간의 존엄과 자율을 선언한다.

⑵ 우리 民法의 실천이상

(가) 진정한 권리자와 거래안전의 보호 민법은 당사자의 진정한 의사와 권리관계를 보호함을 원칙으로 하는 동시에 거래관계에 임하는 제3자의 이익을 보호하기 위하여 당사자의 이익을 희생시키는 예외를 인정한다.

예컨대, 계약당사자가 착오에 의하여 의사표시를 한 경우에는 그 의사표시를 취소할 수 있게 하고, 부동산물권에 관하여 비록 그 표상을 갖춘 경우에도 그 표상이 진정한 권리관계에 일치하지 아니하는 때에는 제3자 권리취득을 부인하여 진정한 권리자를 보호하는 한편, 법률행위의 무효·취소의 효과를 선의의 제3자에 대항하지 못하게 하고(§108 ②, §109 ②), 특히 동산에 관하여는 선의취득을 인정할 뿐만 아니라(§249), 채권의 준점유자에 대한 변제의 효력을 인정하여 거래안전을 꾀하고 있다(§470).

(나) 구체적 타당성의 확보 민법은 합리적·이성적 인간을 표준으로 삼아 자기결정·자기책임의 법리를 기틀로 한다. 그러나 구체적 개인은 모두가 동일한 능력을 가진 것은 아니므로 그 보충의 원리로서 구체적 타당성 확보를 위한 제도를 마련하고 있다. 예컨대 민법상 행위능력에 대한 무능력자제도를 두어 거래의 상대방으로부터 무능력자를 보호하고(§5), 불법행위책임에 있어서는 변식능력이 없는 미성년자·심심상실자의 책임을 면제한다(§753, §754).

더욱, 이러한 제도는 재산법에는 보충적 원리로만 작용하지만, 가족법에서는 경제적 능력 없는 자를 배려한 부양·친권·후견제도와 더불어 강하게 작용한다.

(다) 사회적 형평의 실현 우리 민법은 개인주의·자유주의를 기초이념으로 하면서 다른 한편에서는 사회적 형평의 이념을 가미한다. 예컨대 민법은 당사자 일방이 상대방의 궁박·경솔·무경험을 이용하여 계약을 체결함으로써 급부와 반대급부간의 현격한 차이가 있는 불공평한 재산적 이익을 취득하는 경우에는 그 계약을 무효로 하고(§104), 遺言行爲自由의 原則도 원래 법정상속인의 생존을 위협하지 않는 범위 내에서만 허용한다.

또한, 所有權行使自由에도 타인이 비록 소유권을 침해하더라도 현재의 급박한 위난을 피하기 위한 것인 때에는 위법성을 배척하고(§761) 침해를 받는 자의 손해에 비하여 침해자의 이익이 현저히 적은 때에는 그 행사를 금지할 수 있게 한다(§2 참조).

이와 같은 일련의 민법 규정은 사적자치에 대한 사회형평의 원칙을 반영한 대표적인 규정으로 이해된다.

⑶ 家族法의 指導原理

(가) 우리 민법상 가족법의 지도원리는 개인의사존중을 바탕으로 하는 자기의사의 실현과 양성평등을 바탕으로 하는 가족관계의 구성을 그 이념으로 한다.

개인의 존엄, 양성평등 ┌ 개인의사자치 ─┐ 자기실현
└ 진의의 확보 ─┘

(나) 민법 중 가족법상 지도원리와 관련하여 헌법 제36조 제1항은 "혼인과 가족생활은 개인의 존중과 양성평등을 기초로 성립되고 유지되어야 하며, 국가는 이를 보장한다."라고 하여 양성평등을 바탕으로 한 가족관계의 기본이념을 선언한다. 따라서 민법 중 가족법상 이념은 개인의사 자치를 본질적 바탕으로 하면서, 특히 양성평등의 이념에 따른 자기실현의 원리를 선언한다.

제 4 절 民法의 解釋·適用

[8] Ⅰ. 民法의 解釋

1. 民法解釋의 의의

⑴ 民法의 解釋이란 각종의 민사법원에 관하여 그 법규가 가지는 의미와 내용을 확정하는 것을 말한다. 민법의 해석이 필요한 것은 원래 法規의 定立이 일반적·추상적인데 대하여, 個人의 私法上 行爲는 구체적·개별적으로 행하여지므로 이 구체적·개별적 사실이 일반적·추상적 법규에 부합할 것인가 여부를 명백히 할 필요에서이며, 사법작용의 본질에 속한다.

(2) 民法의 解釋에는 널리 유권해석과 학리해석을 포함한다. 그러나 민법해석은 법원이 행하는 해석 또는 재판을 예측하거나 지도하려는 의도에서 행하는 해석을 의미하므로, 결국 민법의 해석은 주로 학리해석을 의미한다.

2. 民法解釋의 방법

(1) 民法의 有權解釋

민법 제98조가 "본법에서 물건이란 유체물 및 전기 기타 관리 가능한 자연력을 말한다."라고 규정한다. 따라서 동조는 입법적으로 법규의 의미를 밝힌 소위 민법의 有權解釋이다. 그러나 동조의 의미는 민법 규정의 해석이라기보다 오히려 입법 그 자체로서 다시 동 규정에 대한 해석이 필요하게 된다.

(2) 民法의 學理解釋

학리해석은 문리·문구에 의한 해석이며. 民法의 學理解釋은 민법 규정의 의미를 학문적으로 정의하는 것을 의미한다.

법의 해석은 원칙적으로 규정 그 자체의 문리적 해석에 충실함을 이상으로 한다. 그러나 文理解釋은 때때로 구체적 타당성을 해치기 쉬우므로 그 구체적 타당성 확보를 위한 물리적 해석으로부터 논리적인 법규해석이 요청되며, 그 대표적인 방법의 하나가 類推解釋이다. 그러나 구체적 타당성을 확보하기 위한 법해석에는 이것에 국한하지 않고 확장해석·축소해석 및 변경해석·물론해석 등을 동원한다.

(3) 民法의 專門用語의 해석

(가) 준용과 유추 準用은 법률의 간결을 위하여 비슷한 사항에 관하여 유사한 다른 법규를 유추 적용할 것을 규정한 것을 말하고, 類推는 유사한 두개의 사실에 관하여 다른 사실도 동일하게 다루는 것을 말한다.

결국, 양자는 서로 유사한 사항을 하나로 묶는 다는 점에서 동일한 것이지만, 전자는 입법기술상 방법인데 반하여, 후자는 법해석상 방법인 것이다.

(나) 추정과 간주 推定은 어떤 사항에 관하여 단순히 미루어 법률상 효력을 부여하는 것을 말한다. 따라서 추정은 개별적 사항에서 반대의 증거가 제출되면 법규의 적용이 배척된다.

이에 대하여 看做는 어떤 사항에 관하여 단정하여 법률상 효력을 부여하는 것을 말한다. 따라서 반대의 증거제출을 허용하지 않고 당연히 법률이 정한 효력이 부여되며 일반적으로는 '…으로 본다.' 라고 표현된다.

(다) 선의와 악의　善意란 어떤 사정을 알지 못한 것, 즉 그 법률관계의 흠(하자)을 알지 못한 것을 말하고, 惡意란 어떤 사정을 알고 있는 것, 즉 그 법률관계의 흠을 이미 알고 있는 것을 말한다.

민법은 행위자의 선·악을 구별하여 원칙적으로 선의의 자를 보호한다.

(라) 제3자　당사자 이외의 자를 제3자라고 한다. 여기서 當事者란 그 법률관계를 직접 맺은 자와 그들의 포괄적 승계인을 의미하므로 제3자란 당사자 이외의 모든 자를 가리킨다. 그러나 민법이 지칭하는 제3자에는 그 범위가 축소되는 경우가 있다.

예컨대, 허위표시에서 "선의의 제3자에 대항하지 못한다."라고 할 경우 '선의의 제3자'에는 당사자 이외의 모든 자를 지칭하지 않고 제3자 중 허위표시를 바탕으로 새로운 이해관계를 가진 자만을 지칭한다.

(마) 대항하지 못한다　법률행위 당사자로부터 제3자에 대하여 법률행위의 효력을 주장할 수 없지만, 그 효력을 인정하는 것은 무방한 경우가 있다. 이를 對抗禁止規定이라고 하며, 효력규정이 어느 당사자에게나 다같이 효력이 발생하지 못하는 것과 구별된다.

예컨대, 통정허위표시의 표의자는 무효임을 선의의 제3자에 주장하지 못하지만 제3자가 허위표시의 당사자에 무효임을 주장하는 것은 무방하다.

3. 民法解釋의 理念

민법의 해석에 있어서도 법 일반의 해석이념에서와 같이 법의 일반적·추상적 규정으로부터 개인의 개별적·구체적 타당성을 확보하고 또한 일반적 확실성에 따른 법적 안정성을 확보할 것을 목적으로 한다.

따라서 민법의 해석은 민법 규정에 대하여 사람·사건·시간에 따라서도 불변하는 일반적·확실성을 부여하는 것이고, 또한 개개 민법 규정에 적용되어 타당한 결과를 가져오는 구체적 타당성을 확보하는 것이다(법적 안정성과 구체적 타당성의 확보를 위한 양면성이 요청). 그러나 이들은 서로 배타성을 가지므로 결국 이상적인 민법의 해석은 이들을 적절히 조화하는데 있다.

[9] Ⅱ. 民法의 適用

(1) 法의 適用은 추상적 법규를 대전제로 하고 구체적 생활관계를 소전제로 하여 3단 논법에 따른 추론 또는 단정으로서 법적 가치판단을 내리는 작용을 말한다.

그러므로, 결국 法의 適用過程은 먼저 사실을 확정하고 그 사실을 구체적 개념으로 확정한 법규에 적용하는 과정으로 나타난다.

법의 적용과정 = 사실의 확정 → 법규해석 → 법규적용

(2) 민법의 적용은 구체적인 법률관계(민사관계)를 法規(민법)에 의하여 평가・판단하는 것을 말하며, 민법 법규를 대전제로 하고 개인의 구체적 사실을 소전제로 하여 적용된다.

제 5 절 民法의 效力

[10] Ⅰ. 民法效力의 意義

(1) 법의 효력이란 규범적 측면과 해석적 측면으로 나누어 파악할 수 있다. 여기서 법의 규범적 측면, 즉 規範的 效力이란 법의 실현 근거를 의미하는 것으로써 법의 본질적 효력 또는 실질적 효력을 의미한다.

그러나 법의 해석적 측면, 즉 解釋的 效力이란 법이 적용되는 범위를 중심으로 파악하는 개념이며, 일명 적용상 효력 또는 형식적 효력을 의미한다.

(2) 민법의 규정은 원칙적으로 임의규정이다. 따라서 민법의 효력은 통상 해석적 측면에서 형식적 의미의 효력을 의미하고, 일반사법의 특질상 시간・장

소·사람을 중심으로 제한 없이 적용된다.

[11] Ⅱ. 民法效力의 範圍

1. 民法效力의 時的 範圍

(1) 法律不遡及의 原則

모든 법률은 그 효력이 생긴 때로부터 그 후에 발생한 사항에만 적용되는 것이 원칙이다. 이것을 法律不遡及의 原則이라고 하며, 법률의 효력을 소급시킴으로써 일어나는 사회생활상 혼란을 피하여 법적 안전을 유지하고 구법 하에 발생한 권리를 가능한 존중하여야 한다는 데에서 요구되는 원칙이다.

(2) 민법상 遡及主義와 旣得權不可侵의 原則

민법 부칙 제2조는 "본법에 특별한 규정이 있는 경우를 제외하고는 민법시행일 전의 사항에 대해서도 이를 적용한다."라고 규정함으로써 소급주의를 원칙으로 한다. 그러나 동조 단서는 "이미 구법에 의하여 생긴 효력에는 영향을 미치지 아니한다."라고 하여 기득권을 보호한다.

따라서 민사관계에서는 원칙적 소급주의를 적용하고 있지만 그 실질에 있어서 불소급의 원칙을 채용한 것과 크게 다르지 않다.

2. 民法效力의 人的 範圍

민법은 모든 韓國民 또는 法人에 대하여 적용된다. 여기서 韓國民, 즉 우리나라 국민은 한국의 국적을 가진 자이며, 그 취득·상실에 대하여는 국적법이 정한다. 따라서 한국민이면 국내·국외 거주 여부를 묻지 않고 민법이 적용된다.

또한, 法人에 관하여도 우리나라 법에 의하여 설립되고 국내주소를 가진 법인이면 모두 제한 없이 적용된다.

한편, 민법은 우리나라 영토 내에 있는 外國人에게도 적용함을 원칙으로 한다.

이와 같이 민법은 사람을 중심으로 미치는 효력에 속인주의·속지주의를 동시에 채용한다. 그러나 특히 속지주의의 관철에는 적지 않게 민법의 규정이 외국의 법률과 충돌하게 되고, 또한 필요를 넘어서 민법을 적용하는 경우가 생기게 되므로 이러한 폐단을 조정하기 위하여 제정된 것이 소위 섭외사법이다.

3. 民法效力의 場所的 範圍

법률은 그 법률 중 특별한 정함이 없는 한 한국의 모든 영토에 적용된다. 그러므로 일반사법으로서 민법은 우리나라의 전 영토에 걸쳐 효력이 미친다.

제 2 장 私法上 權利

제 1 절 法律關係

[12] Ⅰ. 法律關係의 概念

1. 法律關係의 의의

(1) 법률관계를 어떻게 파악할 것인가. 즉 법률관계를 법적 연계관계로 파악할 것인가, 법적 생활관계로 파악할 것인가. 견해가 대립한다.

法的生活關係說은 법에 의하여 규율되는 생활관계(rechtlich geregeltes Lebensverhältnis), 즉 사회관계를 사회규범에 의하여 규율되는 것과 법규범에 의하여 규율되는 것으로 나누어 그 중 법에 의해 규율되는 생활관계를 법률관계라고 한다.

法的連繫說은 사람간의 법적 연계(rechtliche Band unter Personen)라고 한다(Larenz, §12. Ⅰ).

결국, 양설의 차이는 法律關係를 생활관계에서 찾을 것인가, 인적 관계에서 찾을 것인가 문제이다. 法的生活關係說이 법에 의하여 규율되는 생활관계라고 정의하는 것은 生活이라고 하는 사실(faktisches)과 法이라고 하는 규범(fakt/Norm)을 혼동한 것이라는 비판을 받게 된다.[1)]

또한, 法的連繫說은 채권관계, 즉 채권자와 채무자간의 급부의무관계를 설명하기에는 편리하지만 물권관계를 설명하는데 난점이 지적된다. 예컨대 소유권자와 제3자간에는 아무런 법적 연계가 발생하지 않음에도 불구하고 모든 사람은 소유권을 침해하여서는 아니 된다는 법률관계가 존재하는 점이 문제된다.

통설은 法的生活關係說을 취하여 법률관계를 생활관계에서 찾고 있다. 그리하여 각종 사회규범 중에서 法에 의하여 規律되는 생활관계를 가리켜 특히 법률관계라고 한다. 그러나 법적생활관계설이나 법적연계설 모두 法에 의하여 規

1) Medicus, RdNr. 54.

律되고 법의 강제력에 의해 이를 실현하는 것을 의미한다는 점에서 구별의 의미는 사실상 없다.[2)]

(2) 법률관계는 法律制度와 구별된다. 법률제도는 법에 의하여 규율되고 있는 조직 내지 설비로서 추상적인 것이나, 법률관계는 그러한 관계가 특정한 사람 등에 의하여 구체화 된 것이다.

예컨대, 매매계약에서 당사자의 약정에 의한 효력은 법률관계로 인한 것이지만 당사자가 약정하지 아니한 담보책임의 효력은 매매제도의 효력인 것이다. 따라서 법률행위의 효력은 구체적 법률관계에서 발생하는 것이지만 반드시 그런 것은 아니며, 법률관계를 매개로 법률제도에서도 일정한 효력이 부여된다.

2. 法에 의하여 規律되는 생활관계

法律關係는 그 생활관계에서 당사자가 의도하는 효과가 법의 힘에 의하여 보장되고 실현된다. 따라서 법률관계는 법의 규제를 받는 관계로서 인간관계나 호의관계가 단순한 도덕 또는 종교 등에 의하여 보장되는 것과 구별된다.

예컨대, 우정·애정·예의관계, 친구간의 단순한 약속 등은 법률관계가 아니므로 법이 적용되지 아니한다. 그러므로 법률관계냐 아니냐는 그 권리실현의 면에서 중요한 의미를 가지며 상대방의 법익 보호와 사회적 연대의식과 관계에서 획일적으로 정하여 진다.

(1) 法律關係와 紳士協定

紳士協定(gentlemans agreement)란 당사자가 어떤 약정을 하면서도 그 약정에 대한 법적 구속을 배제하기로 특약하는 것을 말한다.

紳士協定이 법률관계인가. 당사자간에 법적 구속을 배제하기로 특약한 경우에는 상대방이 그 약정에 기한 의무를 이행하지 않는다고 하더라도 그 급부를 청구하거나 불이행으로 인한 손해배상을 청구할 수는 없다. 그러나 일단 당사자 쌍방이 의무를 이행한 경우에는 그 약정이 법적 구속이 없다는 것을 이유로 그 이행한 것의 반환을 청구하지는 못한다. 따라서 법적 구속을 받지 않는 약정이라고 하더라도 이미 이행된 급부는 일단 보유할 수 있게 한 점에서 법률관

---

2) 이영준 30면; 대판 1994.3.25, 93다32668.

계성을 배제할 수 없고, 더욱이 이러한 약정 자체가 법률관계임은 명백하다.[3] 그러므로 신사협정으로서 구속관계는 단순한 인간관계나 호의관계와 다르고, 특히 공정거래법 분야에서 중요한 기능을 담당한다.

(2) 無效事由를 알고 한 계약체결

당사자가 無效事由가 있음을 알면서 체결하는 契約도 법률관계인가. 예컨대 당사자가 약정내용이 강행법규 또는 선량한 풍속 기타 사회질서에 반하여 무효라는 것을 알면서도 체결한 약정도 법적 구속관계에 있는가.

견해 중에는 이러한 약정은 법적 구속을 배제하는 약정과 성질을 달리하는 것으로서 그 법적 구속을 포기하는 것이 아니라 오히려 무효가 되는 것을 회피할 것을 의욕하고 있는 것이므로 대체로 신사협정과 같이 취급하여야 할 것이라고 한다.[4] 그리하여 당사자가 무효사유가 없음에도 불구하고 있다고 잘못 알고 있는 경우에도 동일하게 해석하여야 할 것이라고 하며, 다만 당사자 중 일방만이 강행법규에 반하여 무효라고 생각하는 경우에는 비진의표시의 문제로 되는 것이라고 한다.

(3) 好意支給한 賞與金

법적 청구권을 배제하면서 지급하는 금전, 예컨대 사용자가 근로자에게 호의로 특별상여금 또는 휴가비 등을 지급하면서 향후 어떠한 청구권도 행사하지 않을 것을 명백히 한 경우 그 의사표시는 어떤 법적 의미를 가지는가.

견해는 이러한 賞與金 또는 休暇費는 실질적으로 근로의 대가이고, 특히 그 지급이 반복되면 이에 대한 기대를 갖게 되므로 이러한 근로자의 임금지급의 기대는 보호되어야 할 것이란 점을 들어 정상적인 법률관계가 발생하는 것이라고 한다.

생각건대, 상여금 또는 휴가비는 일단 임금과 구별되어 지급되는 이상 획일적으로 처리할 것은 아니고 구체적 사안에 따라 결정하여야 한다.

예컨대, 근로기준법상 법정범위 내에서의 상여금·휴가비 등 지급은 정상적 법률관계가 성립할 것이지만, 그 밖에 지급되는 금전은 특별한 관행이 없는 한

3) 이영준 34면; 대판 1999.11.26, 99다43486 참조.

4) 이영준 35면.

그 지급청구권은 발생할 수 없는 것이라고 보아야 한다.

(4) 好意同乘關係

호의로 동승한 경우에도 법률관계로 되는가. 예컨대 호의로 동승시켰으나 운전자의 과실로 부상한 경우 동승자의 손해배상청구권이 발생하는가.

불법행위책임은 행위자의 고의·과실 있는 행위로 그 피해자에 대하여 당연히 부담하는 책임이므로 비록 호의동승관계라고 하더라도 책임이 배척되는 것은 아니다. 따라서 호의동승관계라고 하여 법률관계를 배척할 것은 아니다.

다만, 사고가 발생하는 경우 그 책임을 지지 않기로 하고 동승시킨 경우 그 사고발생에 따른 책임을 부담하는가.

면책특약은 불법행위 성립 전에 당연히 예상된 사고에 대한 특약이라고 볼 수 없으므로 그 특약에 의하여 언제나 책임을 배척할 수 있는 것은 아니다. 따라서 면책특약의 효력은 당사자의 의사와 신의칙, 거래관행 등을 고려하여 구체적으로 정할 것이고, 판례 또한 '자초한 손해' 등의 표현을 통하여 과실상계의 법리를 적용한다.

[13] Ⅱ. 法律關係의 構成

1. 權利·義務關係

법률관계는 대체로 法에 의하여 규율되는 생활관계로 이해되며, 法律制度가 추상적 개념인데 대하여 法律關係는 그 구체적 개념이며, 이들은 결국 권리·의무관계, 즉 법에 의하여 拘束되는 者(Verpflichteten)와 법에 의하여 庇護되는 者(Begünstigten)로 나타난다.

2. 單一 또는 複合的 法律關係

법률관계의 구성은 주로 사람과 사람의 관계(친족관계·채권관계)로 나타나지만, 이에 국한하지 않고, 사람과 물건 기타 재화와 관계(물권관계·무체재산관계), 또는 사람과 장소와 관계(주소·사무소·영업소)로도 나타난다. 즉 법률관계는 주로 채권관계 · 물권관계 · 주소관계(부재 · 실종)로 요약된다. 그러나 이들의 관계도 궁극적으로는 사람과 사람의 관계에 귀착하며, 그 구체적 요소로서 권리 · 의무관계는 단일 또는 복수관계로 형성될 뿐만 아니라 이들로부터 부수적 권리 · 의무와 이익의 기대 가능성이 확보된다.

법률관계 ┌ 人 대 人의 관계 — 채권관계 · 친족관계
│ 人 대 物의 관계 — 물권관계 · 무체재산권관계
└ 人 대 場所와의 관계 — 주소관계

[14] Ⅲ. 法律關係의 變遷

당사자간의 권리 · 의무관계인 법률관계에서 구체화되는 법은 역사적으로 의무본위에서 권리본위로 발전해 왔다.

원래, 法은 개인을 구속하는 의식에서 의무가 본래적인 것이고, 동시에 이러한 법률관계는 의무본위로 규율되었다. 그러나 근대에서는 모든 사람이 봉건적 신분으로부터 해방되어 보다 개인의 자유로운 인격과 의사를 존중하게 됨으로써 이제 개인의 지위는 의무보다는 권리개념이 강하게 표현되는 동시에 그 법률관계도 의무보다는 권리의 면에서 파악하였다.

그리하여 오늘날 법의 구성도 대체로 권리본위로 파악되고 구성되나. 다만 차이점은 근대법이 권리중심으로만 구성된데 반하여, 현대법은 권리본위에서 다시 의무가 강조되는데 있다.

제 2 절 私法上 權利

[15] Ⅰ. 私權의 概念

1. 權利와 義務

(1) 權利의 의의

(가) 권리의 본질 權利의 本質이 무엇인가는 법철학의 근본적인 문제로서 일찍부터 학자들의 논의의 대상이 되어 왔으나, 지금도 보편타당한 견해를 찾지 못하고 있다.

전통적 학설로서 意思說은 권리는 법에 의하여 주어진 의사의 힘 또는 의사의 지배라고 하고(Savigny, Windscheid), 利益說은 권리를 법에 의하여 보호되는 이익이라고 하며(Jhering), 權利法力說은 권리를 일정한 이익을 향수케 하기 위하여 법이 인정하는 힘이라고 하였다(Enneccrus).

위 학설에서 意思說은 의사능력이 없는 자(유아·정신병자)도 권리를 가지는 이유를 설명하지 못하고, 利益說 또한 권리자에게 아무런 이익이 없는 권리(친권)도 있다는 비난을 면치 못한다. 그러나 權利法力說은 일명 이익을 향유할 수 있는 利益의 支配라고 하는 의사설과 이익설의 절충설로서 권리의 목적을 강조함으로써 권리남용이론의 구성에 편리할 뿐만 아니라, 권리의 본질을 비교적 올바르게 설명한다. 그리하여 통설은 권리법력설에 바탕하여 '법에 의하여 주어진 힘'이라고 파악한다. 그러나 새로운 견해는 권리를 독립된 실체로 파악하지 않고 法律關係나 法律制度의 한 構成要素로 파악하는 방법론을 제기한다.

여기서 法律制度說은 개개의 구체적 권리보호, 예컨대 소유권자나 채권자를 보호하는 것은 동시에 소유제도나 계약제도의 기능을 갖게 하는 한편 소유제도나 계약제도 없이는 소유권자나 채권자를 보호할 수 없는 것이라고 하여 권리보호와 동시에 법률제도의 보호를 강조한다(Raiser). 이에 대하여 法律共同體構成說은 법질서는 개개인의 법적 지위를 보호하는 것뿐만 아니라 법률공동체의 구성원이 공동의 목적을 실현하기 위하여 공동기능을 할 수 있는 기구라고 한다(Coing).

결국, 이들의 견해는 私權을 사법의 중심개념으로 파악하여 독립된 실체로 보는 고전적 방법론을 비판하고 사권을 권리 대신 법률제도나 법률관계를 사법의 중심개념으로 함으로써 당사자의 권리뿐만 아니라 의무도 동시에 파악할 수 있는 장점을 확보한다.

(나) 권리와 구별개념 권리의 본질을 권리법력설에 의하여 법률상 주어진 힘으로 파악할 때 그 권리로부터 파생되는 권한·권능, 반사적 이익과 구별된다.

(ㄱ) **權限과 權能**: 權限이란 타인을 위하여 그 자에 대하여 일정한 법률효과를 발생케 하는 법률상 자격이며, 대리권·대표권, 사단법인의 사원결의권, 선택채권의 선택권 등이다.

또한, 權能이란 권리내용을 이루는 각개의 법률상 힘(力)이며, 사용권·수익권·포기권 등이다.

(ㄴ) **反射的 利益**: 권리의 反射的 利益이란 법률이 특정인에게 어떤 행위를 명함으로써 다른 특정인이 어떤 이익을 누리는 것을 말한다.

예컨대, 민법이 선량한 풍속 또는 사회질서에 반하는 행위를 무효라고 규정함으로써 이러한 법률행위에 의하여 의무자가 의무를 면하는 이익을 얻는 것이다. 따라서 권리가 법률관계로부터 권리자가 가지는 지위인데 반하여, 반사적 이익이 법률관계 자체와 무관한 법률상 효력인 것에 불과하다.

(2) 義務의 의의

(가) 의무의 본질 義務란 권리에 대응하는 개념이며, 자기의사를 불문하고 일정 작위 또는 부작위를 행할 것을 요구당하는 법률상 구속을 말한다.

(ㄱ) 법은 당위를 내용으로 하는 사회규범이므로 의무의 부과는 명령 또는 금지와 같은 발현 형식을 취하는 것이 일반적이다. 따라서 義務란 주관적으로는 법률적 구속으로 나타나고, 객관적으로는 명령 또는 금지로 나타난다.

(ㄴ) 義務는 權利에 대응하는 개념이나 언제나 그런 것은 아니다. 예컨대 形成權은 권리만 있고 의무가 존재하지 않는 권리이며, 또한 민법상 권리는 없고 의무만 존재하는 경우가 적지 않다. 예컨대 법인 理事의 의무가 이것이다.

(나) 의무의 이행 義務履行이란 의무내용의 실현을 의미하며, 의무내용에 따라 그 행사방법을 달리 할 것이지만, 의무의 이행도 신의에 좇아 성실히 행사함이 요구된다.

(ㄱ) 義務履行에는 의무이행자가 최소한 의사능력을 가져야 하고, 특히 의무이행을 법률행위 또는 재판상 행위로 하는 때에는 행위능력을 가져야 한다.

(ㄴ) 義務履行의 方法에는 그 의무의 내용에 따라 달리한다. 따라서 그 이행은 의무의 내용에 따라 정하여 질 것이지만, 대체로 법률행위(예컨대, 소유권이전) 또는 사실행위(예컨대, 그림을 그려 주는 것)에 의한 이행으로 행한다.

┌ 의무자의 일방적 행위에 의한 의무이행의 경우 — 불가침의무
└ 권리자의 협력을 요하는 경우 — 권리자의 협력이 있으므로 이행

2. 私權의 意義

권리를 전통적 개념을 따라 파악하면 私權이란 사생활관계에서 특정이익을 향수할 수 있는 특정인에게 주어진 법률상 힘을 말한다. 따라서 私權은 특정의 생활이익이므로 반사적 이익은 제외되며, 또한 법률상 힘(力)을 말하므로 법의 테두리 안에서만 인정된다. 그러나 私權을 권리의 새로운 관념, 즉 권리를 法律制度로 파악하는 견해에 따르면 私權이란 사법상 법률관계인 한 구성요소라고 파악된다. 따라서 그 권리에 대체할 당연한 의무관계로 된다.

[16] Ⅱ. 私權의 分類

1. 私權의 일반적 분류

(1) 內容에 의한 분류

(가) 인격권 　人格權은 권리자인 주체와 분리할 수 없는 인격적 이익의 향수를 내용으로 하는 권리이다. 예컨대 생명권·신체권·자유권·명예권·성명권·정조권·신용권 등이며, 권리주체자 자신이 권리객체가 됨이 특색이다.

특히, 개정 민법(안)은 "사람의 인격권은 보장된다."라고 하여 인격권 보장을 강조한다(§1의 2 ② 신설안).

(나) 재산권 　財產權은 시민적 사회생활관계에서 가장 기본적인 권리이며, 권리자의 인격이나 신분과는 관계없이 금전적 가치를 목적으로 하고, 권리 자체도 금전적 가치를 지니는 권리이다.

재산권의 주요한 것으로는 물권 · 채권 · 무체재산권을 들 수 있다.

(ㄱ) **物 權 :** 물권은 권리자가 직접 물건을 지배해서 이익을 얻는 권리이다.

민법상 기본적 물권으로서 소유권과 점유권을, 용익물권으로서 지상권 · 지역권 · 전세권을, 담보물권으로서 유치권 · 질권 · 저당권을 규정한다.

또한, 지배권에 속하나 광업권(동법 §12) · 어업권(수산업법 §24)과 같이 물건을 직접 지배하지 않고 물건을 전속적으로 취득할 수 있는 권리를 準物權이라고 하여 물권에 준한다.

(ㄴ) **債 權 :** 채권은 특정인이 다른 특정인에 대하여 일정한 행위를 요구하는 권리, 즉 채권자가 채무자에게 일정한 급부를 요구하는 권리이며, 근대 사법에서 가장 중요한 지위를 가지는 권리라고 할 수 있다.

채권관계에는 법률행위자유의 원칙이 지배되므로 채권의 목적은 원칙적으로 법률에 구애됨이 없이 당사자 임의로 정할 수 있다.

(ㄷ) **知的財産權 :** 지적재산권은 정신적 · 지능적 창조물을 이용할 것을 목적으로 하는 독점적이고 배타적인 권리이며, 특허권 · 실용신안권 · 의장권 · 상표권 · 저작권 등이며, 이들에 관하여는 모두 특별법이 있고, 국제적으로 보호되는 특색이다.

(다) 가족권 家族權(신분권)에는 친족권과 상속권이 있다. 親族權은 가족관계에 있어서의 일정한 지위에 따르는 권익을 향수할 것을 내용으로 하는 권리이며, 친권 · 후견인이 가지는 권리, 배우자가 가지는 권리, 부양청구권 등이다. 그러나 相續權은 상속개시 후 상속인이 가지는 권리이며, 재산상속권이다.

(라) 사원권 社員權은 단체의 구성원이 그 구성원이라는 지위에 기하여 단체에 대하여 가지는 모든 권리이다. 사단법인 사원의 권리 · 주식회사 주주의 권리 등이며, 재단법인은 公益權이, 사단법인은 自益權이 중심을 이룬다.

┌ 공익권 — 의결권, 소수사원권 등 사원의 전속적 권리
└ 자익권 — 이익배당청구권, 시설이용권 등 재산적 수익을 내용으로 하는 권리

⑵ 作用(효력)에 의한 분류

(가) 지배권 支配權은 타인의 행위를 개입시키지 않고서 일정한 객체에 대하여 직접 지배력을 미칠 수 있는 권리이다. 물권은 가장 전형적인 지배권이며, 무체재산권 · 인격권도 이에 속한다. 친권 · 후견권도 사람을 대상으로 하는 권

리이나 상대방의 의사를 제한하고 권리내용을 직접 실현하는 점에서 역시 지배권이라고 하는 것이 보통이다.

(나) 청구권 請求權은 특정인이 다른 특정인에 대하여 일정한 작위 또는 부작위를 요구하는 권리이다.

청구권은 그 작위가 물건의 인도를 내용으로 하는 경우라도 권리자는 그 물건을 직접 지배할 수 있는 것이 아니고, 다만 의무자의 지배에서 그 물건의 인도를 요구하는 권리를 갖는데 불과한 점에서 지배권과 본질적으로 다르다.

(ㄱ) **債權과 請求權 :** 청구권 중 가장 전형적인 것은 채권이며, 債權은 청구권 자체와 동일한 외관을 가진다.

(a) 채권에는 청구권 이외의 여러 권능, 예컨대 급부수령권·거절권, 해제권 등이 포함되어 있는 한편, 채권 이외의 권리에서도 청구권이 발생한다. 그러므로 채권은 청구권을 본질로 하지만, 그렇다고 청구권이 곧 채권인 것은 아니다.

예컨대, 물권에서의 물권적 청구권, 가족권에서 부부간의 동거·부양청구권·상속회복청구권 등은 청구권이나 순수한 채권적 청구권과 구별된다.

(b) 請求權은 채권과 구별되지만 청구하는 권리라는 점에서 양자는 속성을 같이 한다. 그러므로 채권에 관한 규정은 널리 청구권에도 유추 적용된다.[5)]

다만, 청구권은 성질상 그가 기초하는 권리와 분리 처분할 수 없으므로 채권양도에 관한 규정(§449 이하)은 적용되지 않는다.

(ㄴ) **債權의 物權化 :** 청구권은 特定人에 대한 권리이므로 상대성을 가진다. 따라서 당사자 아닌 第3者의 債權侵害가 不法行爲를 구성할 것인가.

소수설은 채권의 상대성을 강조하여 부정하고 불법행위의 효력으로 보호되는 것이라고 하나, 다수설은 채권의 상대성에 의한 제한에서 예외적으로만 불법행위의 성립을 인정하여 제3자의 채권침해가 불법행위법상 특히 위법성을 갖추는 범위에서 긍정한다.

또한, 법률은 채권이지만 절대성과 상대성의 중간적 성질 또는 그 이상의 효력을 가지는 권리를 규정한다. 예컨대 등기된 임차권·환매권, 특별법률상 대항력이 확보된 주택 및 상가건물임차권 등이며 이를 債權의 物權化라고 한다.

(다) 형성권 形成權은 권리자의 일방적 의사표시에 의하여 법률관계의 발

---

5) 독일의 통설, Larenz, Allgemeiner Teil des BGB §14 I, S. 216f.

생 · 변경 · 소멸을 일어나게 하는 권리이며, 일명 권리자가 일방적으로 법률관계를 변동시킬 수 있는 가능성을 가진다는 의미에서 可能權(Kannrecht)이라고도 한다.

(ㄱ) 形成權에는 권리자의 의사표시만으로써 효과를 발생시키는 것과 법원의 판결에 의하여 비로소 효과를 발생하는 것이 있다. 전자를 意思表示에 의한 形成權이라고 하고, 후자를 裁判上 形成權이라고 하나, 그 효력에는 차이가 없다.

(ㄴ) 形成權은 새로이 법률관계를 형성하는 점에서 지배권과 다르고, 타인의 행위를 개재하지 않는 점에서 청구권과 구별된다.

또한, 형성권은 권리에 대한 의무가 수반하지 않는 점이 특색이다.

[형성권의 분류]

의사표시에 의한 형성권	① 동의권, 취소권, 추인권, 계약해제 · 해지권, 상계권, 매매의 일방예약완결권 ② 약혼해제권, 상속포기권, 인지권 ③ 무능력자의 최고권 · 철회권 · 거절권 ④ 각종 항변권(동시이행의 항변권, 최고 · 검색의 항변권)
청구권으로 호칭되나 실질이 형성권인 것	① 공유물분할청구권 ② 지상권설정자의 지상권소멸청구권 ③ 부속물매수청구권 ④ 매매대금감액청구권 ⑤ 지상권자의 지상물매수청구권 ⑥ 전세권설정자의 전세권소멸청구권 ⑦ 지료증감청구권 ⑧ 임차인 · 전차인의 매수청구권
신분상 청구권에 불과한 것	인지청구권, 부양청구권, 부부동거청구권
재판상 형성권	① 채권자취소권 ② 친생부인권, 혼인취소권, 입양취소권, 재판상 이혼권 · 파양권

(라) 항변권 抗辯權은 청구권의 행사를 거부할 수 있는 청구거부권 또는 반대권을 행사하는 권리이다. 항변권은 상대방의 청구를 거절할 권리인 점에서 청구권의 성립을 방해하거나 소멸케 한 사실의 주장 등과 구별된다.

(ㄱ) 抗辯權에는 청구권의 작용을 일시적으로 멈추게 하는, 이른바 연기적 또는 일시적 항변권과 상대방의 청구를 영원히 배척하는 항구적 항변권이 있다. 그러나 민법은 일반적 항구적 항변권을 인정하지 않는다. 따라서 민법상 항변권은 주로 연기적 항변권, 예컨대 최고의 항변권 · 검색의 항변권이며, 개별

적으로 상속의 한정승인권(§1028)은 항구적 항변권으로 이해한다.

- 영구적 항변권
  - 원 칙 — 민법상 일반적으로는 부인
  - 예 외 — 상속의 한정승인권(§1028)
- 연기적 항변권
  - ㉠ 보증인에 인정되는 권리 — 최고·검색의 항변권(§437)
  - ㉡ 유치권에 인정되는 권리 — 동시이행의 항변권(§536)

(ㄴ) 抗辯權의 行使는 상대방의 청구를 거절하는 형식으로 행사한다. 다만 실체법적 항변권은 반드시 소송절차에서 행사해야 하는가.

항변권은 원래 소송절차에서 권리자의 권리옹호기능을 가지는 점에서 보면 마땅히 소송절차에서 행사하여야 한다. 그러나 채무자가 채권자의 최고에 대한 동시이행을 주장하는 것과 같은 경우에는 채무자의 의사가 소송절차에 이르러 변경되었다고 인정할 특별한 사정이 없는 한 별도로 소송상 행사를 요하지 않는다.[6] 따라서 항변권은 주로 소송절차에서 행사되는 권리이지만 반드시 재판상 행사만을 요하는 것은 아니다.

[私權의 분류]

내용에 따른 분류	재산권	물권, 준물권, 채권, 무체재산권
	인격권	생명·신체권, 자유권, 명예권, 초상권 인격권침해에 따른 방해예방·제거청구권, 비방광고 등에 대한 중지청구권
	신분권	친족권, 상속권.
	사원권	공익권(의결권 등), 자익권(이익배당청구권 등)
작용에 따른 분류	지배권	물권, 준물권(광업권, 어업권 등), 인격권, 친권·후견권
	형성권	의사표시에 의한 형성권(동의권·추인권 등) 재판상형성권(채권자취소권, 이혼청구권 등)
	항변권	연기적 항변권(동시이행의 항변권, 최고·검색의 항변권) 항구적 항변권(상속인의 한정승인권)

2. 기타 私權의 분류

(1) 絶對權과 相對權

(가) 절대권과 상대권은 권리에 대한 의무자의 범위를 표준으로 한 분류이다.

6) Medicus, RdNr. 98; Larenz a.a.O., §14 II.; 이영준 44면.

(나) 絶對權은 특정의 상대방이 없고 일반인을 의무자로 하여 모든 사람에게 주장할 수 있는 권리로서, 일명 對世權이라고도 한다.

相對權은 특정인을 의무자로 하여 그 자에 대해서만 주장할 수 있는 권리이며, 이른바 대인권이라고도 한다. 예컨대 물권·지적재산권·친권·인격권 등의 지배권은 전자에 속하고, 채권 등의 청구권은 후자에 속한다.

(2) 一身專屬權·非專屬權

(가) 일신전속권과 비전속권은 권리와 그 주체의 긴밀도를 표준으로 한 분류이다. 一身專屬權은 권리의 성질상 타인에게 귀속할 수 없는 것, 즉 양도·상속 등으로 타인에게 이전할 수 없는 권리이고, 非專屬權은 타인에게 양도성과 상속성이 있는 권리이다.

(나) 專屬權·非專屬權의 구별은 원칙적으로 비재산권·재산권의 구별과 일치한다. 그리하여 가족권·인격권은 대부분이 일신전속권이고 재산권은 비전속권이다. 또한 一身專屬權은 다시 행사상 전속권과 귀속상 전속권으로 분류하며, 전자는 후자에서 보다 양도성·상속성이 완화된다.

(3) 主된 權利와 從된 權利

(가) 다른 권리에 대하여 종속관계에 서는 권리를 종된 권리, 종속시키는 권리를 주된 권리라고 한다. 예컨대 이자채권은 원본채권에, 질권·저당권은 그 피담보채권에, 보증채무는 주채무자의 채무에 각각 종된 권리이다.

(나) 주·종관계이론은 物件에 관한 이론이나 權利關係에 준용한다. 따라서 양자의 구별은 종된 권리를 주된 권리의 처분에 따르게 하는데 실익이 있다.

主·從의 권리관계
- ① 원본과 이자
- ② 피담보채권과 담보물권
- ③ 주채무자와 보증인
- ④ 혼인과 부부재산계약

(4) 旣成權과 期待權

(가) 旣成權은 현재 완전한 것으로서 행사되는 권리이고, 期待權은 권리의 발생요건 중 일부만이 실현되고 있어서 남은 요건이 장차 실현되면 완전한 권리로의 취득이 가능한 현재 상태를 보호받는 권리로서 조건부·기한부권리, 상속개시 전 추정상속인의 지위 등이다.

(나) 期待權은 현재 현실적 권리는 아니나 장차 완전한 권리로서 성립할 과정에서의 권리로서, 권리일반에 따라 보호됨이 원칙이다.

┌ 소극적 보호 — 침해의 금지(불법행위 성립)
└ 적극적 보호 — 양도·상속·담보제공의 가능

제 3 절 私法의 衝突

[17] Ⅰ. 私權의 衝突과 順位

1. 私權衝突의 의의

동일한 객체에 대하여 수개의 권리가 존재하는 경우, 그 자체가 모든 권리를 만족시킬 수 없는 현상이 일어날 수 있다. 이것을 權利의 衝突(Kollision der Rechte)이라고 한다.

예컨대, 도난의 경우에는 소유자와 점유자간에 점유회수청구권과 소유물반환청구권 및 불법행위로 인한 손해배상청구권이 경합하고, 임대차관계가 종료한 경우에는 임대인과 임차인간의 소유권에 기한 반환청구권과 임대차계약상의 반환청구권이 경합한다.

2. 私權의 順位

(1) 권리가 충돌하는 경우에는 원칙적으로 수개의 권리 간에 순위가 있게 된다. 예컨대 物權과 債權간에는 언제나 물권이 우선하나, 채권이지만 대항력을 갖춘 때에는 그 대항력의 범위에서 물권에 우선하는 효력을 가진다.

物權 상호간에는 선 성립주의가 지배되나, 물권 그 자체의 본질상 제한이 주어진다. 예컨대 소유권과 제한물권이 충돌한 경우 제한물권이 언제나 우선하나, 동 종류의 물권 간에는 먼저 발생한 권리가 우선한다.

(2) 債權 상호간에는 평등의 원칙이 지배된다. 그러나 파산의 경우 별제권의

행사에는 사실상 선 성립주의가 지배한다.

여기서 別除權이란 파산재단에 속한 특정재산에 대하여 다른 채권자에 우선하여 채권의 변제를 받을 권리로서 담보채권을 존중하여 파산되어도 그 효력을 목적물에 미치게 하려는 취지이다.

① 물권과 채권과의 충돌 — 물권이 우선(등기된 임차권·환매권 제외)
② 물권 상호간의 충돌
  ㉠ 소유권과 제한물권과의 충돌 — 제한물권이 언제나 우선
  ㉡ 동종의 물권간의 충돌 — 선 성립주의가 지배
③ 채권 상호간의 충돌
  ㉠ 채권자평등의 원칙이 지배되나, 사실상 먼저 행사한 권리가 우선한다. (선성립주의 지배)
  ㉡ 파산채권은 일반채권에 우선한다(파산법 §31).
  ㉢ 등기된 부동산임차권과 환매권은 다른 채권에 우선한다.
  ㉣ 대항력을 갖춘 주택임차권의 소액보증금 중 일정액 및 확정일자를 갖춘 보증금은 일반채권에 우선한다(동법 §3의 2, §8).

[18] Ⅱ. 私權의 競合

1. 私權競合의 의의

권리가 충돌하는 경우 채권과 물권 또는 선 성립주의가 지배하는 권리관계에서는 권리의 경합관계는 발생하지 않지만 채권 상호간에는 평등의 원칙이 지배되므로 동일채무자에 대한 수개의 채권은 그 발생순위에 관계없이 병존한다. 따라서 채권은 원칙적으로 권리가 경합하게 되며, 그 외에 형성권에 있어서도 권리가 경합한다.

여기서 權利의 競合(Konkurrenz von Rechten)이란 하나의 법률사실로부터 수개의 권리가 존재하는 경우 이들 각개의 권리는 서로 독립하여 존재하며 서로 무관계하게 행사할 수 있고 또한 소멸하지만 수개의 권리가 모두 동일한 이익을 목적으로 하므로 이들 중 어느 하나를 행사하여 목적을 달성함으로써 나머지 권리는 당연히 소멸하는 법률관계를 말한다.

2. 私權競合의 태양

(1) 請求權과 形成權의 경합

權利의 競合은 원칙적으로 청구권·형성권에 관하여 발생한다. 따라서 권리의 경합이 문제되는 것은 주로 請求權에 관한 것이고, 특히 청구권은 하나의 청구권에 관하여 수개의 항변권이 존재하게 된다.

예컨대, 盜難의 경우 소유권과 점유권간에 경합하고, 賃貸借의 경우 임차권과 소유권간의 경합이 발생한다.

(2) 支配權에의 경합

물건의 사실적 지배를 목적으로 하는 支配權 그 자체는 원칙적으로 권리경합은 성립하지 않는다. 다만 지배권이지만 물건의 지배 자체가 본질이 아니라 그 물건의 지배로부터 교환가치를 파악함을 목적으로 하는 권리에는 예외적으로 권리의 경합이 발생한다.

예컨대, 담보물권의 경우 담보물권 상호간에 교환가치가 경합하고, 다수당사자 채권관계가 담보목적을 갖는 경우 다수당사자 채권·채무가 경합한다.

3. 私權의 競合關係

(1) 請求權競合關係

(가) 청구권경합의 의의 請求權競合(Anspruchskonkurrenz)이란 하나의 법률관계에 관하여 수개의 권리가 발생한 경우 권리자가 이를 선택적으로 행사할 수 있고 권리자의 권리행사로 목적이 달성되지 않는 한 다른 권리가 소멸되거나 배척되지 않는 법률관계를 말한다.

예컨대, 당사자가 개별적 결합관계(특별결합관계)로서 계약을 체결하고 그 일방이 이를 위반하게 되면 계약위반으로 인한 채무불이행에 기한 손해배상청구권이 발생하게 되고, 한편 이와는 관계없이 불법행위를 해서는 아니 된다는 일반적인 위무위반으로서 민법 제750조에 의한 손해배상청구권이 발생하게 된다.

이 경우 권리자가 이들 권리 중 하나 또는 전부를 선택적으로 행사하여 목적이 실현되면 이들의 권리는 모두가 소멸하게 되지만 그렇지 않는 한 잔존하는 다른 권리는 소멸하지 않게 된다.

(나) 청구권경합의 인정여부 청구권경합은 하나의 동일한 다툼이 여러 개의 상이한 법적 관점, 즉 복수의 법규범에 의해 실현될 수 있고 그 행사는 권리자의 선택적 관계에 있다는 것으로서 단순히 청구목적이 복수인 경우와는 구별된다. 그렇다면 이와 같은 **청구권경합을 인정할 것인가. 견해가 대립한다.**

請求權規範統合說은 청구권경합의 경우에도 소송물이론과 관련하여 피해자가 상호관련 있는 두개 이상의 책임을 추궁할 수 있는 경우에도 그것은 각각 무관계한 권리가 아니라 상호간에 영향을 미치는 것이므로 각 책임의 효과를 선택적으로 취할 수 있는 것이 아니라, 실질적으로 볼 때 한 개의 분쟁에 불과한 것인 때에는 권리자에게 가장 유리한 종합적 권리(효과규범)로 통합되는 것이라고 한다(이은영, 민법강의 545면).

規範統合制限說은 당연히 권리자에 유리한 종합적 권리로 통합되는 것이 아니라 그 청구권규범통합이 이루어지기 전에 먼저 사안의 성질판결이 이루어져야 하고 이로써 그 통합은 결국 효과규범통합에 국한하여야 할 것이라고 한다(김형배, 채권법 228-9면).

新訴訟物說은 구소송물이론에서와 같이 권리주장의 내용을 실체법상 개개의 권리를 기준으로 하지 않고 단지 소송법상 지위를 고려하여 청구내용을 정해야 할 것이라고 한다.

다수설은 대체로 이들 간에 경합을 긍정한다. 그리하여 채무불이행과 불법행위의 형식상 성립요건을 동일하게 봄으로써 어떤 계약관계에 바탕하여 채무불이행이 성립하면 동시에 불법행위도 성립하게 되고, 사기·강박으로 인한 취소권과 물건의 담보책임, 불법행위로 인한 손해배상청구권과 부당이득반환청구 등에 관하여도 법률에 특별규정이 존재하지 않는 한 원칙적으로 청구권경합관계에 있는 것이라고 하고 하여 선택적 행사를 인정한다.

또한, 판례는 해상운송인이 운송 중 운송인이나 그 사용인 등의 고의 또는 과실로 인하여 운송물을 감실·훼손시킨 경우, 선하증권소지인은 운송인에 대하여 운송계약상 채무불이행으로 인한 손해배상청구권과 아울러 소유권침해의 불법행위로 인한 손해배상청구권을 취득하며 그 중 어느 쪽의 손해배상청구권이라도 선택적으로 행사할 수 있는 것이라고 하고,[7] 나아가 운송약관상 채무불이행책임과 불법행위로 인한 책임이 병존하는 경우 상법상 소정의 단기소멸시효나 고가물 불고지에 따른 면책 등의 규정 또는 운송약관규정은 운송계약상 채무불이행으로 인한 청구에만 적용되고 불법행위로 인한 손해배상청구에는

7) 대판(전) 1983.3.22, 82다카1533.

그 적용이 없는 것이라고 하여 청구권경합을 긍정한다.[8]

결국, 위 학설은 청구권이 경합하는 경우 사실상 하나의 권리로 통합되어 행사되는 것을 의미할 뿐이고 권리 그 자체의 경합을 배척하는 것은 아니다. 그러므로 규범적 의미에서는 청구권경합설과 구별의 실익은 없다.

(다) 청구권경합의 태양

(ㄱ) 債務不履行과 不法行爲로 인한 손해배상청구 : 채무불이행과 불법행위로 인한 손해배상청구권은 청구권경합관계에 있는가.

다수설은 채무불이행에 의한 손해배상청구권과 불법행위에 의한 손해배상청구권은 각기 그 요건·효과가 다르므로 전자는 후자의 특별규정이라고 할 수 없는 청구권경합관계라고 한다.

또한, 판례는 선하증권에 기재된 면책약관은 특별한 사정이 없는 한 운송계약의 채무불이행뿐만 아니라 그 운송물의 소유권침해로 인한 불법행위책임도 적용되어야 할 것이지만, 故意 또는 重大한 過失로 인한 불법행위책임을 추궁하는 경우에는 적용되지 않는 것이라고 하여 청구권경합을 원칙적으로 긍정한다.[9]

그 외에도 다수설은 채무불이행 또는 불법행위에 기한 손해배상청구권과 부당이득반환청구권은 청구권경합관계에 있는 것이라고 한다.

[불법행위책임과 채무불이행책임의 관계]

	불법행위책임	채무불이행책임
입증책임	피해자(채권자 : §750)	채무자(§390)
연대책임	공동불법행위(부진정연대책임)	연대책임을 질 경우는 없다.
시효기간	불법행위성립시로부터 3년	채무불이행시로부터 10년
상계여부	상계금지(§496)	상계 가능
특별법적용	실화에 관한 특례	운송인에의 특칙

(ㄴ) 詐欺·强迫과 物件의 담보책임 : 타인의 물건을 사기·강박으로 매수한 경우 매수인은 사기·강박을 이유로 취소할 수 있는 동시에 매매로 인한 담보책임을 청구할 수 있는가.

다수설은 사기·강박으로 인한 취소권 요건과 매도인의 담보책임은 그 성립

8) 대판 1977.12.13, 75다107.
9) 대판 1991.8.27, 91다8012 ; 1983.3.22, 82다카1533.

요건을 달리하는 별개의 것이라고 보아 청구권경합관계에 있는 것이라고 한다.

판례 또한 민법 569조가 타인권리의 매매를 유효로 한 것은 선의매수인의 신뢰이익을 보호하기 위한 것이므로, 매수인이 매도인의 기망에 의하여 타인물건을 매도인의 것으로 잘못 알고 매수한다는 의사표시를 한 것이고 만일 타인의 물건인 줄 알았더라면 매수하지 아니하였을 사정이 있는 경우 매수인은 민법 110조에 의하여 매수의 의사표시를 취소할 수 있는 것이라고 한다.10)

(ㄷ) 不完全履行과의 담보책임 : 불특정물매매에서 계약체결 후 그 특정 전에 목적물에 하자가 생긴 경우 불완전이행과 담보책임이 경합하는가.

담보책임의 법적 성질을 법정책임으로 이해하는 통설에 의하면 민법 제581조의 담보책임만을 물을 수 있는 것이라고 하고, 다만 특정물의 경우라도 계약당시에는 하자가 없었으나 채무자가 보관 또는 운송방법 등의 잘못으로 하자가 생긴 경우나 확대손해가 발생한 경우에는 불완전이행의 문제가 생기는 것이라고 한다. 그러나 판례는 물건의 하자에 대한 매도인의 책임에 원심이 채무불이행을 원인으로 한 손해배상책임을 인정하고 있는 이상 구태여 하자담보책임의 성립을 따져 볼 필요도 없고, 또한 원심이 적극적 채권침해의 성립을 부정한 것인지 여부는 판결 결과에 아무런 영향이 없다고 할 것이라고 하여 양자의 경합을 긍정한다.11)

(ㄹ) 債務不履行과 不當利得返還請求權 : 채무불이행에 기한 손해배상청구권과 부당이득반환청구권은 성질상 계약이 유효히 존속하는 한 부당이득은 성립하지 않고 계약이 해제된 경우에만 부당이득이 성립되게 된다. 따라서 양자는 성질상 경합이 배척된다.

(2) 法條競合關係

(가) 법조경합의 의의　동일한 생활사실이 수개의 法規가 정하는 요건을 충족하지만 그 중 하나의 法規가 다른 법규를 배척할 때에는 우선적 효력을 가지는 법규만이 적용된다. 이를 法條競合(Gesetzeskonkurrenz)이라고 하며, 수개의 법규가 특별법과 일반법의 관계에 있는 때에 발생한다.

---

10) 대판 1973.10.23, 73다268.

11) 대판 1993.11.23, 93다37328; 1992.4.28, 91다29972; 1970.12.29, 70다2449.

(나) 법조경합의 태양

(ㄱ) **國家賠償法과 民法상 손해배상청구권 :** 공무원이 직무상 고의·과실로 위법하게 타인에 손해를 가한 경우 국가 또는 공공단체의 책임에 관한 민법 제756조와 국가배상법 제2조가 경합하며, 국가배상법이 우선한다.

(ㄴ) **無償受置人의 自己注意義務와 有償受置人의 善管注意義務 :** 무상임치에 있어 수치인은 임치물을 자기재산과 동일한 주의의무(구체적 경과실)로써 보관하였으나 선량한 관리자의 주의(추상적 경과실)를 다하지 못하여 임치물을 멸실·훼손한 경우에는 임치계약상 채무불이행의 책임을 지지 아니한다.

(ㄷ) **錯誤와 擔保責任 :** 착오로 하자있는 물건을 매수한 경우 착오로 인한 취소권의 행사와 물건의 하자담보책임의 청구는 법조경합관계인가.

통설은 민법상 담보책임에 관한 규정을 법률행위 일반의 착오에 관한 규정의 특칙으로 이해한다. 그 결과 매매목적물의 하자에는 민법상 착오에 관한 규정의 적용이 배척되고 오직 담보책임의 규정만이 적용되는 것이라고 한다.

판례는 민법 569조가 타인권리의 매매를 유효로 한 것은 선의의 매수인의 신뢰이익을 보호하기 위한 것이므로, 매수인이 매도인의 기망에 의하여 타인물건을 매도인의 것으로 잘못 알고 매수한다는 의사표시를 한 것이고 만일 타인의 물건인 줄 알았더라면 매수하지 아니하였을 사정이 있는 경우 매수인은 민법 110조에 의하여 매수의 의사표시를 취소할 수 있다고 할 것이라고 하여 민법 제109조의 직접적 적용을 회피한다.[12)]

(ㄹ) **物權的 請求權과 不當利得返還請求權 :** 물권적 청구권과 부당이득반환청구권이 경합하는가. 다수설은 부당이득반환청구권의 내용은 利得이 物件인 경우에는 원칙적으로 원물반환을 내용으로 하므로 원물반환이 가능한 경우에는 그 회복에 관한 민법 제201조 내지 제203조에 관한 특칙이 존재하므로 결국 부당이득반환에 관한 규정이 적용되지 않고 물권적 청구권으로 행사된다.

또한, 物權的 請求權의 경우에도 원물반환이 불가능한 경우에는 가액반환을 청구하게 되고, 이때에는 제201조 내지 제203조의 적용이 배척되고 부당이득의 반환에 관한 제747조의 규정이 적용되므로 양자는 사실상 경합 적용할 수 없고, 결국 법조경합관계로 된다.

---

12) 대판 1973.10.23, 73다268.

제 3 장 私權의 行使와 制限

제 1 절 私權의 行使

[19] Ⅰ. 私權行使의 槪念

1. 私權行使의 의의

私權의 行使(Rechtsausübung)란 권리의 내용을 실현화하는 과정을 말한다. 권리는 그 자체로서의 의사지배 또는 이익의 향수를 위한 수단으로서의 잠재적인 힘에 지나지 않으므로 권리가 목적으로 하는 이익을 실제로 향수하기 위해서는 그 잠재적인 힘을 실현화하는 과정이 필요하게 된다.

이와 같이 권리의 내용을 실현화하는 사법상 과정이 곧 사권의 행사이다.

2. 私權行使의 태양

(1) 私權의 行使는 사권의 내용에 따라 달리한다.

(가) 支配權은 권리의 객체를 사실상 지배함으로써 이루어진다. 따라서 지배권은 목적물의 사용·수익·처분 등 통상 사실행위에 의하여 행사되며 법률행위 또는 준법률행위에 의한 경우는 많지 않다.

(나) 請求權은 상대방에 대하여 어떤 행위(급부)를 요구하는 것, 즉 이행을 청구(최고)함으로써 행하여진다.

청구권의 행사에는 특별한 방식을 필요로 하지 않으므로, 서면 또는 구두에 의하거나 재판상 또는 재판 외에서 행사하거나 불문한다. 그러나 증권적 채권의 행사에는 증권에 의하여야 한다.

(다) 形成權은 권리자의 일방적 의사, 일방적 행위에 의한다. 형성권행사로서의 一方的 行爲에는 취소권·추인권·선택권·상계권·해제권 등과 같이 법률행위인 경우도 있고, 최고권과 같은 준법률행위인 것도 있다.

또한, 어업권·채광권과 같은 사실행위도 있다.

(라) 抗辯權은 상대방의 청구를 거절(의사통지)함으로써 행사된다. 거절권의 행사에는 상대방의 청구를 항구적으로 배척할 수도 있으나 우리 민법은 상대방의 이행에 관련시켜 일시적으로만 행사함을 원칙으로 한다. 즉 우리 민법상 항변권은 연기적 항변권을 원칙으로 한다.

(2) 私權의 行使가 권리내용에 적합한 때에는 그 권리 본래의 효과가 權利者에 귀속하나, 그러지 못한 때에는 그 행사가 제한되거나 상대방에 손해를 발생케 한 때에는 손해배상책임을 지게 된다.

3. 私權行使의 主體

사권의 행사는 權利者 自身이 직접 행사함이 원칙이다. 그러나 권리의 성질상 일신전속권이 아닌 경우에는 代理人에 의한 행사가 가능하고, 그 효과는 직접 권리자 본인에게 귀속한다.

[20] Ⅱ. 私權行使自由와 制限

1. 權利行使自由의 원칙

(1) 權利와 行使義務

권리자의 權利行使는 권리자의 자유의사에 의하고, 권리행사의무가 권리 속에 포함된 것은 아니다. 따라서 권리는 본래 그 행사의 자유가 인정된다.

다만, 가족법상 권리, 예컨대 親權과 같이 권리 그 자체가 당초부터 타인의 이익을 위하여 존재하는 경우에는 예외적으로 권리 그 자체에 행사의무가 수반한다.

(2) 權利行使의 절대성

權利의 行使가 비록 타인에 손해를 주는 경우에도 원칙적으로 不法行爲로 되지 않는다. 로마법은 "자기의 권리를 행사하는 자는 그 누구를 해하는 것도 아니다(qui iure suo utitur, neminem laedit)."라고 하여 권리행사의 절대성을 규정한다.

다만, 身分上 法律行爲(예컨대 친권의 행사)에는 제한이 주어지며, 권리 그 자체가 타인의 이익을 위하여 존재하는데 근거한다.

2. 私權行使의 社會性 · 公共性

(1) 權利行使의 정당성 요청

近代私法은 개인주의 · 자유주의를 기조로 하여 법의 구성은 권리본위로 구성되며, 그 행사는 권리자의 자유에 맡겨져 있는 것을 원칙으로 한다. 더욱이 권리자의 정당한 권리행사의 결과 비록 타인에 불이익을 주는 일이 있더라도 그 행사가 당연히 불법한 것으로 된다거나, 책임을 부담할 것은 아니라고 보았다.

이와 같이 근대 사법상 이념은 권리자보호에 치중하여 구성되고 그 행사는 권리자의 절대적 자유로 이해하였다. 그러나 현대사회에 대두된 공공복리의 이념은 사법상 개념에도 절대적 영향을 주고 있다.

1919년 Weimar헌법 제153조 제2항은 "소유권은 의무를 진다. 소유권의 행사는 동시에 공공의 복리에 봉사하여야 한다."라고 규정하고, 우리 헌법 제23조 제2항은 "재산권의 행사는 공공복리에 적합하도록 행사하여야 한다."라고 규정하여 사법상 권리개념 그 자체에 대한 내용과 한계를 명백히 제시함으로써 권리행사의 정당성을 요청한다. 따라서 오늘날 권리는 사회성 · 공공성에 입각하여 파악하여야 하고, 이로써 현대 사법에 있어서 권리의 내용과 그 행사는 사회적 정당성을 가져야 하는 동시에 다른 권리와 관계에서 어떤 일정한 한계가 내포된 것으로 이해한다.

권리행사자유원칙의 수정은 권리행사에 권리자에게 아무런 이익을 주지 아니한 채 오로지 타인을 해하기만 하는 경우 '악의의 항변'으로 이를 금지토록 하는 로마법의 원칙인 '시카아네(Schikane)의 금지'에서 연유한다.

(2) 私法의 基本原理와 公共福利

현대 권리행사의 정당성 요청으로서 공공복리이념은 사법의 기본원칙으로서 사적자치의 원칙과 어떠한 지위를 가지는가. 즉 오늘날 20세기 헌법에서 요청된 公共福利의 原則은 그 내용으로서 신의성실, 권리남용, 선량한 풍속 · 사회질서원리와 더불어 사법의 최고원리로서의 지위를 가지는가, 아니면 사적자치를 최고원리로 한데 대한 그 제한의 원리에 불과한 것인가.

결론이 어떻든 공공복리의 원칙은 사법의 기본원칙인 사적자치와 더불어 적어도 상위 또는 동위적 원리로서 중요한 지위를 가짐을 부정할 수 없다(민법의 기본원리 참조).

제 2 절 私權行使의 制限

[21] Ⅰ. 信義誠實의 原則

1. 信義則의 의의와 연혁

(1) 信義則의 의의

민법 제2조 제1항은 "권리의 행사는 신의에 좇아 성실히 하여야 한다."라고 규정하여 신의성실의 원칙을 선언한다. 여기서 신의성실(Treu und Glauben)이란 통상 사람은 사회공동생활인의 일원으로서 "상대방의 신뢰를 헛되이 하지 않도록 성의를 가지고 행동하여야 한다는 것"을 말한다. 그러나 구체적으로 무엇이 신의성실이냐는 획일적으로 말할 수 없고, 각 경우에 따라 결정된다.

이와 같이 신의성실이란 추상적·윤리적인 색채가 농후한 규범에 불과한 것이지만 그러나 분명한 것은 인간 개인의 사회적인 신뢰규범을 신의성실이란 이념의 형식으로 규제한 것이라고 할 것이다.[1)]

본래 誠實(Treu)이란 의무준수에 관한 無私한 準備를 의미하고, 信義(Glauben)란 상대방의 성실에 대한 신뢰를 의미한다. 그러나 이를 문언적 의미로써 정의할 수는 없고, 오히려 법률관계 내지 권리본질 자체로부터 규범적의미로 파악하여야 할 것이므로 그러한 의미에서 신의칙은 결국 법률관계에 참여한 모든 사람은 상대방의 정당한 이익을 고려하여 행할 의무를 부담한다는 원칙을 의미한다

---

1) 신의성실의 원칙은 로마법 이래 주로 채권법의 영역에서 주장되어 오던 것인데, 근대법에서 처음으로 규정한 것은 프랑스민법이 "계약은 신의에 따라 이행하지 않으면 안된다."라고 규정한데서부터이며, 그 이후 독일민법은 채권법 전부를 지배하는 대원칙으로 삼았으며, 더 나아가 현대 스위스민법이 사권에 있어서 최고원리로 선언한데 있다. 그리하여 우리 민법도 스위스민법을 본받아 동법 제2조가 이를 규정하였다.

(Soergel, Kommentar zum BGB, §242 RdNr. 2f.; 이영준 49-50면).

타당근거 ┌ 사권의 사회성 · 공공성에 근거한다고 본다(곽윤직 61면).
└ 법률관계, 즉 권리의 속성에서 당연히 도출되는 원칙이라고 본다(이영준 49면).

(2) 信義則의 연혁

(가) 信義則은 로마법이 法을 선과 형평의 기술로 보고, 소송절차에서는 一般的惡意의 抗辯(eceptio doli generalis)과 誠意訴訟(bonae fidei judicia)을 인정한다. 따라서 신의성실의 원칙은 로마법상의 소위 '일반적 악의의 항변과 성의소송'에서 기원한다.

(나) 근대법상 신의칙의 최초 입법은 프랑스민법에서이다. 동법 제113조는 "계약은 신의에 따라서 이행하여야 한다."라고 규정한다. 또한 독일민법 제157조는 "계약은 거래의 관행을 고려하여 신의성실의 요구에 좇아서 이행하여야 한다."라고 하고, 나아가 동법 제242조는 "채무자는 거래상 관행을 고려하여 신의성실을 따라 행사할 의무를 진다."라고 규정한다. 따라서 프랑스민법과 독일민법은 주로 채권법상 원칙으로 하여 채권편에서 규정한다. 그러나 스위스민법 제2조 제1항은 "모든 사람은 권리의 행사와 의무의 이행에 있어 신의성실에 따라 행동하여야 한다."라고 규정하여 민법 전체의 최고원리로서 총칙편에서 규정한다. 우리 민법은 스위스민법을 본받아 민법의 통칙으로 반영한다.

이와 같이 信義則을 어떻게 반영할 것인가는 각국의 입법태도에 따라 달리한다. 그러나 신의칙이 가장 강조되는 영역은 결국 任意法性이 가장 강하게 적용되는 법역이 될 것이므로 독일 · 프랑스민법은 채권법상 원칙으로 규정한데 불과하다. 따라서 신의칙이 지배되는 영역은 각국의 입법태도와 관계없이 사법전반에 적용되는 일반원칙으로서 의미를 가진다.

[禁反言의 原則]

(1) 禁反言則의 의의

금반언(estoppel)의 원칙이란 자신의 선행행위와 모순되는 후행행위는 허용되지 아니한다는 원칙을 말하고, 영미 판례를 통하여 "자기행위에 모순되는 태도를 취한 경우에는 허용되지 아니한다"는 법언에서 비롯하였다.

그러므로 금반언의 원칙에 의하면 어떤 자가 일정한 법률관계에서 자기의 선행행위를 통하여 상대방으로 하여금 신뢰를 가지게 한 경우 후에 이와 모순되는 선행하는 행위와 다른 후행행위를 위하여 상대방의 신뢰를 저버리는 때에는 신의에 어긋나는 후행행위의 효력을 인정하지 아니한다.

(2) 禁反言則의 반영

(가) 민법은 금반언의 원칙을 일반원칙으로 규정하고 있지는 아니한다. 그러나 민법 제452조는 채권양도통지의 금반언, 즉 "양도인이 채무자에게 채권양도를 통지한 때에는 아직 양도하지 아니하였거나 그 양도가 무효인 경우에도 선의인 채무자는 그 양수인에게 대항할 수 있는 사유로 양도인에 대항할 수 있다." 라고 하여 개별규정으로는 반영한다.

(나) 이에 대하여 판례는 대체로 신의칙에 관련지어 반영한다. 그리하여 판례가 금반언칙을 적용한 대표적인 것으로는 甲이 乙소유의 건물을 보증금 15,000,000원에 임차하여 입주하고 있던 중 乙이 丙을 위하여 은행에 당해 건물을 물상담보로 제공함에 있어 乙의 부탁으로 甲이 은행직원에게 보증금 없이 입주하고 있다고 말하고 그와 같은 내용의 확약서까지 만들어 줌으로써 은행으로 하여금 건물에 대한 담보가치를 높게 평가하도록 하여 丙에게 계속 대출하도록 하였다면, 은행의 당해 건물의 명도청구에 있어 甲이 이를 번복하면서 임차보증금의 반환을 내세워 그 명도를 거부하는 것은 금반언 및 신의칙에 위반되는 것이라고 하고(대판 1987.5.12, 86다카2788), 또한 경매목적이 된 부동산의 소유자가 경매절차가 진행 중인 사실을 알면서도 그 경매의 기초가 된 근저당권 내지 채무명의인 공정증서가 무효임을 주장하여 경매절차를 저지하기 위한 조치를 취하지 않았을 뿐만 아니라, 배당기일에 자신의 배당금을 이의 없이 수령하고, 경락인으로부터 이사비용을 받고 부동산을 임의로 명도해 주기까지 하였다면 그 후 경락인에 대하여 근저당권이나 공정증서가 효력이 없음을 이유로 경매절차가 무효라고 주장하여 그 경매목적물에 관한 소유권이전등기의 말소를 구하는 것은 금반언의 원칙 및 신의칙에 위반되는 것이어서 허용될 수 없는 것이라고 한다(대판 1993.12.24, 93다42603).

그 외에도 농지의 명의수탁자가 적극적으로 농가이거나 자경의사가 있는 것처럼 하여 소재지관서의 증명을 받아 그 명의로 소유권이전등기를 마치고 그 농지에 관한 소유자로 행세하면서, 한편으로 증여세 등의 부과를 면하기 위하여 농가도 아니고 자경의사도 없었음을 들어 농지개혁법에 저촉되기 때문에 그 등기가 무효라고 주장함은 전에 스스로 한 행위와 모순되는 행위를 하는 것으로 자기에게 유리한 법적 지위를 악용하려 함에 지나지 아니하므로 이는 신의성실의 원칙이나 금반언에 위배되는 행위로서 법률상 용납될 수 없는 것이라고 하여 금반언칙을 적용한다(대판 1990.7.24, 89누8224).

2. 信義則의 適用

(1) 信義則의 性格

신의성실의 원칙은 강행법적 성질을 가진다. 그러므로 당사자의 주장이 없는 경우에도 법원은 직권으로 판단하여 적용할 수 있다.

판례는 신의성실의 원칙에 반하는 것 또는 권리남용은 강행규정에 위배되는 것이므로 당사자의 주장이 없더라도 법원은 직권으로 판단할 수 있는 것이라고 하여 이를 명백히 한다.[2)]

⑵ 信義則의 적용요건

민법 제103조, 제750조의 위법성과 같은 행위기준은 사회 일반인으로서 구성원과 상황에 요구되는 최소한의 윤리적 요청인데 대하여, 신의칙은 특별한 신뢰관계가 있는 자 간에 요구되는 높은 행위기준이다. 따라서 신의칙은 이러한 특별결합관계가 존재하는 영역이면 공법·사법관계를 불문하고 적용된다.[3)]

(가) 신의칙의 일반적 적용 　신의칙은 법률행위해석의 표준, 권리행사·의무이행의 적법 여부 판단의 기준이 된다.

(ㄱ) 一般條項으로의 성격 : 민법 제2조 제1항은 '권리행사와 의무이행'이라고 하여 권리의 행사와 의무이행의 단계에서 적용함을 규정한다. 그러나 이것에 국한하지 않고 법률과 법률행위해석에 의해 당사자의 권리·의무를 확정하는 단계에서도 역시 신의칙이 적용된다. 따라서 사법관계에서 신의칙은 민법 전체에 대한 일반원칙으로서 채권·물권·가족관계에 모두 적용된다. 그러나 실용성이 가장 큰 것은 채권법분야이다.

(ㄴ) 法律行爲解釋의 기준 : 보통 법률행위해석의 기준으로 드는 것은 당사자가 기도한 목적·관습·임의법규·신의칙이다. 우리 민법은 법률행위해석의 기준으로 신의칙을 명문으로 규정하고 있지는 않지만 독일민법 제157조는 "계약은 거래관행을 고려하여 신의성실의 요구에 따라 해석해야 한다."라고 규정한데 근거하여 이를 긍정하는데 이설이 없다. 그리하여 학설·판례는 조리와 신의칙을 기준으로 하는 법률행위해석의 예로 例文解釋을 든다.

(나) 신의칙의 구체적 적용

(ㄱ) 權利行使面에서 적용 : 權利의 行使란 권리자와 타자의 관계에서 어떤 법률관계의 변동을 가져오게 하는 작용이다. 그러므로 그 행사에는 오늘날 공공복리의 원칙상 상당한 규제를 가하게 되며, 그 이념의 형식으로 신의성실의

---

2) 대판 1995.12.22, 94다42129; 1989.9.29, 88다카17181.

3) Berner Kommentar/Hans Merz Rn. 34 zu Art. 2 ; Laranz, Lehrbuch des Schuldrechts, Bd. 1, 14 Aufl., '1987,, S. 127f.

원칙이 등장하였다. 그리하여 권리행사가 신의칙에 반하면 곧 권리남용으로 되고 이로써 그 법률행위의 효력이 부정되므로 결국 신의칙에 반한 권리행사는 그 권리행사 본래의 효과를 거둘 수 없게 된다.

문제는 이와 같은 권리자의 권리행사가 어떠한 형식을 결한 때 소위 신의칙에 반한 행위로서 그 효력이 부정될 것인가. 신의칙의 윤리이념상 일의적으로 단정할 수는 없지만, 판례는 신의성실의 원칙에 위배된다는 이유로 그 권리행사를 부정하기 위해서는 상대방에게 신의를 공여하였다거나 객관적으로 보아 상대방이 신의를 가짐이 정당한 상태에 이르러야 하고 이와 같은 상대방의 신의에 반하여 권리를 행사하는 것이 정의 관념상 비추어 용인될 수 없는 정도의 상태에 이르러야 하는 것이라고 한다.[4)]

(ㄴ) 義務履行面에서 적용 : 의무이행에서의 신의칙은 구체적으로 채무이행에 관한 규정(특히 제460조)과 그 해석과정에서 나타난다. 그것은 권리행사와 의무이행은 권리자와 의무자가 상호 협력하여 창조해 나가는 유기적 관계란 점에서 양 당사자 모두에게 사회일반에서 요구되는 신의칙이 적용되며, 특히 계속적 채권관계에서 강하게 나타난다.

그 외에도 민법은 신의칙의 직접적 반영으로 과실상계의 법리에 의한 배상액의 결정(§396), 수령지체의 경우 채권자책임(§400-§403), 신의칙에 반하는 조건의 성취와 불성취에 대한 효과의제(§150), 계약체결상 과실책임(§535) 등을 규정한다.

- (1) 직접적 반영
  - ① 사정변경(지료·차임 등 증감청구)의 인정
  - ② 상린관계에 관한 제규정(§215-§249)
  - ③ 이행보조자의 고의·과실(§391), 채권자지체(§400-§403)
  - ④ 계약체결상 과실(§535), 임대인의 유지의무(§623)
  - ⑤ 계속적 채권관계 규정(§691)
  - ⑥ 공평실현을 위한 규정(폭리행위 규제, 동시이행항변권, 담보책임 등)
- (2) 간접적 반영
  - ① 거래의 안전을 위한 여러 규정
  - ② 경제적 약자 보호를 위한 여러 규정

특히, 판례는 지하실의 소유지분권을 직접 매도한 후 집합건물의 소유관리에 관한 법률이 시행됨으로써 그 지분권이전등기철차의 이행이 불가능하여지자 그 매매가 실효되었다는 등의 이유로 매도인이 매수인을 상대로 그 지하실부분의 명도를 구하는 행위(즉, 의무부담자가 자신의 상대방에 대한 의무와 상충되는 권리를 주장하는 경우; 대판 1999.1.15, 98다43953), 자기소유의 대지상에 자신의 친딸이 건물을 신

4) 대판 2007.11.29, 2005다64552; 1995.12.12, 94다42693.

축하도록 승낙한 자가 그 건물이 친딸인 채권자의 경매신청에 따라 경락되자 경락인에 대하여 철거를 구하는 행위(대판 1991.6.11, 91다9299)는 신의칙에 반하는 권리행사라고 하였다.

(ㄷ) **適用上 注意點 :** 법의 이상은 일반적 확실성과 구체적 타당성의 조화에 있다. 라드브르흐(Radbruch)는 法은 法理念에 봉사하는 의미 있는 실체이며, 법이론은 법적 안정성과 정의 및 합목적성의 복합적 조화에 있다고 하였다.

결국, 신의성실의 원칙은 엄격한 법의 강행적·기술적 적용과 집행에서 야기되는 정의와 형평의 파괴에 대한 전보로서 그 회복을 목적으로 하는 것이므로 그것은 필요하고 최소한이란 補充의 原則에 의해 유보되어야 할 것이다. 즉 신의칙의 남용도 위법이며 신의칙은 강행법적 성질을 가진 것이므로 당사자가 주장하지 않을 경우에도 이를 법원이 직권으로 판단할 수 있음은 물론이다.[5)]

(3) 信義則違反의 판단기준

(가) 요건의 추상성 신의칙위반에 대한 일반적·추상적 기준은 없다. 구체적인 경우에 있어서의 실질적 정의·형평을 바탕으로 하여 무엇이 사회적 타당성 내지 공공의 복지에 적합한가를 판단하여 결정할 일반조항의 의미를 가진다. 따라서 신의칙은 적어도 그 시대의 정의관·윤리관과 관련지어 요구되는 탄력성·영속성을 가진 부단히 살아있는 법으로서 실질을 가진다.[6)]

판례 또한 민법상 신의성실의 원칙은 법률관계의 당사자가 상대방의 이익을 배려하여 형평에 어긋나거나 신의를 저버리는 내용 또는 방법으로 권리를 행사하거나, 의무를 이행하여서는 아니 된다는 추상적 규범을 말하는 것이라고 선언한다.[7)] 그리하여 신의성실의 원칙에 위배된다는 이유로 그 권리행사를 부정하기 위해서는 상대방에게 신의를 공여하였다거나, 객관적으로 보아 상대방이 신의를 가짐이 정당한 상태에 있어야 하고, 이러한 상대방의 신의에 반하여 권리를 행사하는 것이 정의 관념에 비추어 용인될 수 없는 정도의 상태에 이르러야 할 것인 바, 특별한 사정이 없는 한, 법령에 위반되어 무효임을 알고서도 그

5) 대판 1961.12.7, 4294민상741.

6) 다만, 신의칙의 적용이 자유재량행위인가 기속재량행위인가에 관하여 다수설은 기속재량행위라고 보며, 더욱 그 적용에 있어서는 개개의 사례를 유형화하여 경험적인 것으로부터 규범적인 것으로 승화시킬 것이라고 한다(곽윤직 61면, 이영준 56면, 김상용 123면).

7) 대판 2003.4.22, 2003다2390·2406; 2003.8.22, 2003다19961; 1995.12.12, 94다42693; 1991.12, 10, 91다3802.

법률행위를 한 자가 강행법규위반을 이유로 무효를 주장한다고 하여 신의칙 또는 금반언의 원칙에 반하거나 권리남용에 해당한다고 볼 수는 없는 것이라고 하고,[8] 법정대리인의 동의 없이 신용구매계약을 체결한 미성년자가 그 동의 없음을 이유로 위 계약을 취소하는 것은 행위무능력자제도의 입법취지에 비추어 신의칙에 반하는 권리행사라고 볼 수 없는 것이라고 한다.[9]

(나) 고의 · 과실의 문제 신의칙위반으로서의 행위이기 위해서는 권리행사와 의무의 이행이 고의 · 과실 있는 행위이어야 하는가. 견해가 대립한다.

制限的肯定說은 신의칙위반으로서의 행위이기 위해서는 원칙적으로 고의 · 과실 있는 행위이어야 하나, 다만 상대방의 권리보호가 절실한 때에는 행위자의 고의 · 과실이 없더라도 신의칙위반으로 다루어져야 할 것이라고 한다(이영준 56면).

否定說은 신의칙의 적용은 일반적으로 문제되는 것이 아니고 구체적 당사자간의 관계에서 문제되며, 그 규범의 성격 역시 법률관계 당사자가 상대방의 이익을 배려하여 형평에 어긋나거나 의무를 이행하여서는 아니 된다는 추상적 규범을 의미하는 것으로 그 판단은 구체적인 법률관계와 상대방에 대한 신뢰의 타당성 등 모든 구체적인 사정을 고려하여 정할 것이므로 행위자의 고의 · 과실은 직접적인 요건이 되는 것은 아니라고 한다(Kommentar zum Bürgerlichen Gesetzbuch, 12. Aufl. Bem. 14.).

다수설은 制限的肯定說을 취한다. 그리하여 신의칙위반으로서 행위로 되기 위해서는 위법행위의 일반론에 따라 원칙적으로 권리의 행사와 의무의 이행이 행위자의 고의 · 과실 있는 행위이어야 하겠지만, 상대방의 권리보호가 절실한 때에는 행위자의 고의 · 과실이 없더라도 신의칙 위반으로 다루어져야 할 것이라고 한다.

판례 또한 민법상 신의성실의 원칙은 법률관계의 당사자는 상대방의 이익을 배려하여 형평에 어긋나거나 신뢰를 저버리는 내용 또는 방법으로 권리를 행사하거나 의무를 이행하여서는 아니 된다는 추상적 규범을 말하는 것인바, 이를 구체적인 법률관계에 적용함에는 상대방 이익의 내용, 행사하거나 이행하려는 권리 또는 의무와 상대방 이익과 상관관계 및 상대방 신뢰의 타당성 등 모든 구체적인 사정을 고려하여 그 적용 여부를 결정하여야 하는 것이라고 하여 그

8) 대판 2007.11.29, 2005다64552; 2003.4.22, 2003다2390 · 2406; 2003.8.22, 2003다19961.; 판례는 그 근거로서 강행법규를 위반한 자가 스스로 그 약정의 무효를 주장하는 것이 신의칙에 위배되는 권리의 행사라는 이유로 그 주장을 배척한다면, 이는 오히려 강행법규에 의하여 배제하려는 결과를 실현시키는 셈이 되어 입법취지를 완전히 몰각된다는 점을 든다(대판 2007.11.29, 2005다64552).

9) 대판 2007.11.16, 2005다71659 · 71666 · 71673.

판단에 행위자의 고의·과실을 직접적인 요건으로는 하지 아니한다.[10)]

그 외에도 판례는 농지명의수탁자가 적극적으로 농가이거나 자경의사가 있는 것처럼 하여 소재지관서의 증명을 받아 그 명의로 소유권이전등기를 마치고 그 농지에 관한 소유자로 행세하는 자가 다른 한편 증여세를 면하기 위하여 농가도 아니고 자경의사도 없는 농지개혁법에 저촉의 무효인 등기라는 주장(대판1990.7.24, 89누8224), 기존회사의 채무면탈을 목적으로 기업의 형태와 내용이 실질적으로 동일하게 설립된 신설회사가 기존회사와 별개의 법인격임을 내세워 그 책임을 부정하는 것(대판 2004.11.12, 2002다66892), 목적건물에 보증금을 지급하고 입주한 채권적 전세권자가 건물주(임대인)의 담보제공에 있어 임대차계약을 체결하거나 보증금을 지급한 바가 없다는 각서까지 작성해 주어 담보가치를 높게 평가하도록 하여 대출하도록 하고, 후일 은행의 명도청구에 이를 번복하면서 위 전세금반환을 내세워 그 명도를 거부하는 행위(대판 1987.11.24, 87다카1708), 당연 무효인 수용결정에 대하여 아무런 이의 없이 보상금을 수령하고 수용자의 점유를 12년간 용인하여 온 자가 새삼 그 수용결정의 하자를 이유로 한 그 소유권이전등기의 말소청구(대판 1995.9.26, 94다54160), 경매목적부동산의 소유자가 경매절차가 진행 중인 사실을 알면서도 그 경매의 기초가 된 근저당권 내지 채무명의인 공정증서가 무효임을 주장하여 경매절차를 저지하기 위한 조치를 취하지 않고 배당기일에 자신의 배당금을 이의 없이 수령하여 경락인으로부터 이사비용까지 받아 부동산을 임의로 명도해 준 후 경락인에 대하여 위 근저당권이나 공정증서가 효력이 없음을 이유로 한 경매절차의 무효주장(대판 1993.12.24, 93다42603), 의사무능력자나 소유자가 근저당권설정의 무효를 주장하면서 당해 임의경매절차에서 배당금을 수령하는 등 경매절차가 유효한 것이라는 객관적 신뢰를 주고 그 후 다시 경매권자에 무효를 주장하는 행위(대판 2006.9.22, 2004다51627), 의사무능력자가 사실상 후견인인 父의 도움을 받아 자기명의로 대출과 자기부동산에 근저당권을 설정하고 그 후 여동생이 특별대리인으로 선임되어 그 무효를 주장하는 행위(2006.9.23, 2004다51627), 사용자로부터 해고된 근로자가 아무런 이의의 유보나 조건 없이 퇴직금 등을 수령하고 오랜 기간이 지난 후 그 해고의 효력을 다투는 소의 제기(대판 1992.8.14, 91다29811), 채권자가 채권을 확보하기 위하여 제3자의 부동산을 채무자에게 명의신탁 하도록 한 다음 동 부동산에 대하여 강제집행을 하는 행위(대판 1981.7.7, 80다2064), 저당권자가 담보로 제공된 건물에 대한 담보가치를 조사할 당시 대항력을 갖춘 임차인이 그 사실을 부인하고 임차보증금에 대한 권리행사를 하지 않기로 확인서를 작성해 주고 경매절차에서 배당을 요구하는 행위(대판 1997.6.27, 97다12211), 보증인이 채권자에 대하여 보증채무부담을 거절할 수 있었음에도 이를 주장하지 아니한 채 면책행위를 하고 다른 연대보증인에 구상권을 행사하는 행위(대판 2006.3.10, 2002다1321)는 특별한 사정이 없는 한 신의칙이나 금반언의 원칙에 위배되어 허용될 수 없는 것이라고 한다.

한편, 판례는 甲소유 농지가 乙·丙에게 순차 매도되고 그 중 乙이 재일동포로서 농지매매증명을 받을 수 없음을 甲이 잘 알고 매도하면서 중간생략등기의 약

10) 대판 1989.5.9, 87다카2407.

정을 한 다음 대금까지 모두 받고나서 농지매매증명을 구비하지 못하였음을 내세워 그 매매계약이 무효라고 한 항변(대판 1991.9.10, 91다19432), 구국토이용관리법(1993.8.5. 법률 제4572호로 개정되기 전의 것) 제21조의 3 제1항 및 제7항을 위반한 자가 스스로 무효임을 주장하는 것(대판 1997.11.11, 97다133218), 상법 제731조 제1항(타인의 사망을 보험사고로 하는 보험계약체결에 대한 그 타인의 서면동의)을 위반하여 보험계약을 체결한 자가 스스로 무효를 주장하는 것(대판 1996.11.22, 96다37084), 혼동으로 소멸할 권리를 상속포기 함으로써 소멸하지 않게 된 경우(대판 2005.1.14, 2003다38573 · 38580), 구증권투자신탁업법(1995.12.29. 법률 제5044호로 전문개정되기 전의 것) 제6조 제2항(수익보장약정금지)을 위반한 투자신탁회사 스스로가 그 약정의 무효를 주장하는 것(대판 1999.3.23, 99다4405)은 이를 신의칙위반의 권리행사라는 이유로 그 주장을 배척하면 오히려 강행법규에 의하여 배제하려는 결과를 실현시키는 셈이 되어 입법취지를 완전히 몰각하게 되므로 달리 특별한 사정이 없는 한 위와 같은 주장이 신의칙에 반하는 것이라고 할 수 없는 것이라고 한다.

생각건대, 신의성실은 일반적 적용으로 문제되는 것이 아니고 구체적 당사자간의 관계에서 문제되며, 법률관계의 당사자가 상대방의 이익을 배려하여 형평에 어긋나거나 의무를 이행하여서는 아니 된다는 추상적 규범을 의미하는 것이고, 이를 구체적인 법률관계에 적용함에는 행사하거나 이행하려는 권리 또는 의무와 상대방 이익과의 상관관계, 상대방 신뢰의 타당성 등 모든 구체적인 사정을 고려하여 판단할 것이므로 행위자의 고의 · 과실은 직접적인 요건이 되는 것은 아니다.[11]

(4) 信義則適用의 효과

신의칙의 적용은 권리행사 면에서 뿐만 아니라 의무이행 면에서 적용되며, 그 위반의 효과는 각각 달리 나타난다. 즉 權利의 行使가 신의칙에 반하여 행사된 때에는 권리남용이 되어 그 권리남용의 태양에 따라 구체적으로 정하여지는데 반하여, 義務履行이 신의에 반하여 행사된 때에는 의무불이행의 효력이 생긴다. 그러나 구체적인 계약관계에서는 이미 이행된 급부 자체는 불이행이 되는 것이 아니라 불완전이행으로 된다.

① 권리행사의 신의칙위반 — 권리남용의 효과
② 의무이행에서의 신의칙위반 — 의무불이행 또는 불완전이행의 효과
③ 불법행위를 구성한 경우 — 손해배상책임의 효과

11) 대판 1989.5.8, 87다카2407 참조.

(5) 信義則適用의 한계

(가) 민법의 상위 기초이념에 의한 제한　권리행사가 비록 신의칙에 위배되더라도 신의칙보다 상위에 있는 민법의 기초이념, 예컨대 강행법규의 취지, 무능력자제도, 기판력제도 등에 배치되지 아니하는 때에는 권리행사에 제한받지 아니한다.

(나) 법적 안전성을 위한 제한　적용 가능한 법률의 규정이 있는 경우 신의칙에 의존하는 것은 일반조항으로의 도피가 되므로 적용이 제한된다.

또한, 신의칙에 의한 법률의 흠결 보충은 다른 보충수단이 없는 경우 최후적으로만 행하여져야 하고, 더욱 신의칙에 의한 법률의 수정은 법률 그대로 적용하게 되면 지극히 부당한 결과가 야기되는 특수한 경우에만 인정되어야 한다.

3. 信義則의 일반원칙으로의 적용

信義則은 하나의 추상적인 윤리적·도덕적 규범으로서, 개별적 법규범의 내용을 구체화하여 법의 형성적 기초로서 기능, 즉 실존하는 법률제도의 미비점을 보충·수정하는 살아 있는 법으로서 기능을 가진다. 따라서 신의성실의 원칙은 법률행위를 해석하여 그 내용을 확정하는 기능을 갖는 외에 권리의 발생·변경·소멸의 기능을 갖는다.

(1) 權利의 創設的 適用

채권관계는 하나의 채권·채무관계로 구성되는 것이 아니라 그 채권관계의 목적 달성을 위한 유기적 관계로 파악한다. 따라서 어떤 계약관계에서 채무관계는 주된 급부의무 외에 신의칙에 의한 부수적 관계가 성립하므로, 채무자는 여러 급부의무를 부담하는 동시에 이에 상응한 권리가 발생한다. 이것은 곧 신의칙이 급부의무 또는 명시적으로 규정된 종된 의무에 작용하여 이를 확장함으로써 발생하는 효과로 파악하며, 학설은 이를 신의칙상 권리의 창설적 효과라고 한다.

예컨대, 매매계약에서 매도인은 제1차적 급부의무로서 재산권이전의무 외에 제2차적 급부의무로서 목적물을 인도시까지 선량한 관리자의 주의로써 보관하여 이행기에 급부할 의무(§374)를 부담하는데 이러한 제2차적 급부의무는 바로 신의칙에 의하여 제1차적인 급부의무로부터 도출되는 부수의무라고 한다.[12)]

12) 이영준 58면.

또한, 이와 같은 부수의무는 계약관계가 성립된 때부터 발생함이 원칙이지만 때로는 계약체결 이전의 단계에서 발생하는 경우가 있다. 통설은 이를 계약체결상 과실책임으로써 신의칙상 책임이라고 한다.[13] 그러나 최근의 유력설은 계약체결상 부수의무위반의 채무불이행책임으로 이해하려고 한다.

신의칙상 발생하는 附隨義務는 채권관계를 하나의 채권·채무관계로만 구성되는 것이 아니라 그 목적달성을 위한 유기적 관계로 파악할 때 발생하는 급부의무에 관련된 여러 의무, 즉 배려의무·설명의무·교시의무·협동의무·보호의무·부작위의무 등을 의미하며, 그 위반에 대하여는 급부의무위반과 더불어 채무불이행책임이 발생하는 것이라고 한다.

그렇다면, 이와 같은 계약관계로부터 발생하는 부수의무는 채무 본래의무인 급부의무와 어떠한 관계를 가지는가.

대체로 附隨義務는 채권자·채무자가 동시에 부담하고 그 본래의 채권관계로부터 활동적이며, 그 불이행에 대하여는 원칙적으로 계약 자체의 해제권행사는 불가능하고 단지 손해배상청구권만을 가지는 것이라고 한다.

(2) 權利의 變更的 適用

甲회사는 乙은행으로부터 1993.8.16.부터 1994.8.15.까지로 하는 대출금한도액 금 30,000,000원을 대출을 받으면서 A신용보증기금과 신용보증계약을 체결하고 甲회사 이사 B는 A신용보증기금의 구상금채무를 연대보증하였다.

한편, 甲회사 이사 B는 1993.9.9. 이사직을 사임하였고 1994.3.14. A보증기금회사에 사직으로 인한 연대보증계약의 해지를 통고하고 같은 달 18.일에 도달하였다. 다른 한편, 甲회사는 1994.5.21. 당좌가 부도되었고 A신용기금은 1995.5.16. 甲회사가 乙은행에 부담하는 채무금 29,186,048원을 변제하였다.

A신용보증기금은 B에 대하여 구상금채무의 이행을 청구할 수 있는가.

(가) 사정변경칙의 의의와 연혁

(ㄱ) 事情變更則의 의의 : 법률행위의 성립에 있어서 그 기초가 된 사정이 그 후 당사자가 예견하지 못한 또는 예견할 수 없었던 사정으로 중대한 변경을 받게 되어 당초에 정하였던 행위의 효과를 그대로 유지하거나 강제한다면 현저히 부당한 결과가 생기는 경우 당사자는 그러한 행위의 효과를 신의칙에 맞도록 적당히 변경할 것을 상대방에게 청구하거나, 또는 계약을 해제·해지할 수

---

13) 계약체결 이전의 단계에서 신의칙상 일정한 책임이 발생하는 경우로서는 기간내 도달할 수 있는 승낙에 대한 청약자의 통지의무(§528 ②③), 계약의 목적불능·착오 등으로 효력을 발생하지 못하는 경우의 상대방에 신뢰이익의 배상책임(§535) 등이 이것이다.

있는 것이라고 한다. 이것을 事情變更의 原則(clausula rebus sic stantibus)이라고 하며, 신의칙상 권리변경적 효과이다.

(ㄴ) **事情變更則의 연혁 :** 사정변경의 원칙은 원래 교회법(canon)에서 유래한 원칙으로서 사정이 변경되면 계약의 구속력은 없게 된다는 것인데, 19세기에 들어와 계약준수이론(pacta sunt servanda)의 위세에 눌려 배척되었다. 그러나 오늘날은 급격한 사회·경제적 발달에 대한 법적 부응 혹은 법적 안전에 대한 변론으로서 승인되어 가는 경향이며, 그 승인형식은 크게 판례를 통한 승인(독일·영국·미국), 입법(민법전의 편입)에 의한 승인(이태리·그리스·오스트리아)이 있다.

또한, 사정변경의 기초이론으로 영미법은 계약목적불도달의 법리(the doctrine of frustration of contract), 프랑스법은 불예견론(la theorie de imprēvision), 독일법은 행위기초론(die Lehre von der Geschäftsgrundlage)이 있다.

- 不豫見論 — 계속적 계약에서 이행이 계약체결 당시에 채무자가 예견한 것보다 훨씬 큰 부담인 경우 계약을 수정·해지케 하는 이론
- 行爲基礎論
  - 주관적 행위기초론 — 착 오
  - 객관적 행위기초론 — 사정변경(객관적 행위기초의 부존재 또는 소실)

우리나라 압도적 다수설은 불예견론에 바탕하여 사정변경칙의 일반적 적용을 주장한다. 그러나 판례는 소극적 태도를 취할 뿐만 아니라 견해에 따라서는 사정변경칙을 독일의 행위기초이론과 같은 것으로 이해하고, 주관적 행위기초이론의 문제를 착오이론으로, 객관적 행위기초이론의 문제는 이행불능의 문제로 해결할 수 있다고 보아 종국적으로는 사정변경칙을 부정한다.

이에 대한 최근의 판례는 사정변경을 제도 자체로서 인정하거나 독일의 행위기초이론을 정면으로 또는 부수적 행위라는 의제적 법률행위해석론으로 수용하고,[14] 더욱 개정 민법(안)은 사정변경에 의한 계약해제·해지권을 명문화한다(§544의 4, 신설안).

(나) 사정변경칙적용의 요건　사정변경의 원칙이 적용되기 위해서는 다음의 요건을 갖추어야 한다.

(ㄱ) 법률행위 당시의 사정이 변경될 것이어야 한다. 여기서 事情이란 당사자가 법률행위를 하였을 때 일체의 정황으로서 객관적 사실을 의미하며, 주관

14) 1991.12.10, 90다9728; 1991.2.26, 90다19664; 1991.9.24, 91다9756·9763.

적 인식을 제외한다.[15)]

견해에 중에는 계산 기초에 대한 당사자의 공통한 착오, 급부장애의 부존재 또는 소멸에 대한 당사자 인식의 잘못 등은 당사자 신뢰보호가 문제되지 않고, 또한 계약을 체결하지 않았을 것인데도 민법의 착오 또는 불능이론에 의해 해결함은 불합리하므로 당사자의 잘못된 주관적 인식의 경우에도 사정변경의 원칙을 적용할 것이라고 한다.[16)]

(ㄴ) 사정변경이 법률행위성립 후 그 效果完了前에 생긴 것일 것이어야 한다. 왜냐하면 법률행위가 성립하지 않고 또한 존속하지 아니하면 고려할 사정이 존재하지 않기 때문이다. 다만 이를 절대적 요건으로 할 것인가.

견해 중에는 당사자가 기초한 사정이 처음부터 존재하지 않았으나 이를 채무이행 후 발견하였거나 또한 당사자가 공통으로 추구한 계약목적이 채무이행 후 좌절된 경우에는 비록 채무가 이행되어 채권이 소멸되었을지라도 예외적으로 사정변경을 고려할 여지가 있을 것이라고 한다.[17)]

(ㄷ) 사정변경을 당사자가 豫見하지 않았고 또한 豫見할 수 없는 성질의 것일 것이어야 한다. 당사자가 예견하였음에도 채무를 부담하였다면 그 위험에 따른 손해를 감수함이 위험부담의 원칙상 당연하기 때문이다. 그러나 계약에서 인수한 위험을 초과하여 심한 불공평을 초래할 때에는 설사 당사자가 예견하였더라도 예외적으로 사정변경을 고려할 것이다.[18)]

(ㄹ) 사정변경이 당사자의 責任없는 事由로 생긴 것일 것이어야 하고, 사정변경의 결과 당초의 법률효과를 그대로 유지하고 발생케 하는 것이 심히 신의칙과 공평의 원리에 반할 것이어야 한다.

(ㅁ) 당사자가 사정의 변경을 원하고 있을 것이어야 한다.

(다) 사정변경칙의 적용　사정변경칙의 일반적 적용을 긍정할 것인가. 민법은 그 적용에 관한 개별적 규정(§218 · §286 · §311 · §557 · §628 · §661 · §689)을 두고 있으나, 일반적 규정은 두고 있지 않다. 그러나 학설은 민법의 위 규정을 신의칙에 근거한 일반적 적용을 예정한 구체적 규정으로 해석하여 그 적용을 긍정한다.

---

15) 김용한, 사정변경의원칙, 사법행정(1971.1) 17면.

16) 백태승, 사정변경원칙의문제점, 사법행정(1993.10) 6면; Larenz, Geschäftsgrundlage und Vertragserfüllung, 1963, S. 20 ff. 50.

17) Larenz, a. a. O., S. 134 ff.

18) 백태승, 전게논문 7면.

이에 대하여 종래 판례는 민법상 직접 적용할 근거 규정이 없다는 점을 들어 일반적 적용을 배척하고, 개별적으로 지료증감청구권에 관하여만 인정하였다. 그러나 최근 판례는 임대차에 관하여 차임불증액의 특약이 있더라도 그 특약을 유지시키는 것이 신의칙에 반한다고 인정될 정도의 사정변경이 있다고 보이는 경우에는 형평의 원칙상 임대인에게 차임증액청구권을 인정해 주어야 할 것이라고 하고,[19] 더욱이 계속적 채권관계에는 사정변경칙의 적용을 확대한다.[20]

다만, 사정변경칙의 적용으로 契約解除權을 인정할 것인가. 학설은 긍정하나, 종래 판례는 부정하였다. 그러나 최근의 판례는 특히 계속적 법률관계에 있어서 당사자가 예견하지 못한 사정의 변경으로 본래급부가 신의·형평의 원칙상 심히 부당하게 된 경우에는 그 급부내용을 적당히 변경할 것을 청구할 수 있고, 또한 상대방이 이를 거절할 경우에는 계약을 해소(해지)할 수 있는 법률규범으로 이해한다.[21] 그리하여 개정 민법(안)은 사정변경에 의한 계약해제·해지권을 명문화함으로써 사정변경에 의한 계약해제를 규정한다(§544의 4 신설안).

[민법상 사정변경권의 규정]

① 수도시설권의 시설변경(§218 ②)
② 지료증감 청구(§286)
③ 계약해제·해지권의 일반규정(§544의 4)
④ 임차물의 일부멸실과 차임감액(§627 ①②) 및 차임증감청구(§628)
⑤ 증여자의 재산상태 변경과 증여해제(§557)
⑥ 부득이한 사유와 고용계약 해지(§661)
⑦ 부득이한 사유로 인한 여행계약의 해지(§674조의 4)
⑧ 위임계약의 해지 제한(§689)
⑨ 기간의 약정있는 임치해지(§698)
⑩ 조합원의 임의탈퇴와 부득이한 사유로 인한 조합해산청구(§720)

위 사례에서 판례는 회사의 이사의 지위에서 부득이 회사와 제3자 사이의 계속적 거래로 인한 회사의 채무에 대하여 보증인이 된 자가 그 후 퇴사하여 이사의 지위를 떠난 때에는 보증계약 성립 당시의 사정에 현저한 변경이 생긴 경우에 해당하므로 이를 이유로 보증계약을 해지할 수 있고, 보증계약상 보증한도액과 보증기간이 제한되어 있다고 하더라도 위와 같은 해지권의 발생에 영향이 없는 것이라고 하였다(대판 1998.6.26, 98다11826; 1992.11.24, 92다10890; 1996.12.10, 96다27858;

19) 대판 1996.11.26, 96다34061.
20) 대판 2002.5.31, 2002다1673 등 참조.
21) 대판 2000.3.10, 99다61750; 1996.12.10, 96다27858; 1992.5.26, 92다2332; 1990.2.27, 89다카1381.

1992.5.26, 92다2332).

그 구체적인 이유로서 대법원은 회사 이사의 지위에서 부득이 회사와 제3자 사이의 계속적 거래로 인한 회사채무에 대하여 보증인이 된 자가 그 후 퇴사하여 이사의 지위를 떠난 때에는 보증계약 성립 당시의 사정에 현저한 변경이 생긴 경우에 해당하므로 이를 이유로 보증계약을 해지할 수 있고, 보증계약상 보증한도액과 보증기간이 제한되어 있다고 하더라도 위와 같은 해지권발생에 영향이 없고, 한편 계속적 보증계약의 보증인이 장차 그 보증계약에 기한 보증채무를 이행할 경우 피보증인이 계속적 보증계약의 보증인에게 부담하게 될 불확정한 구상금채무를 보증한 자에게도 사정변경이라는 해지권의 인정근거에 비추어 이를 긍정할 것이라고 한다(대판 1992.11.24, 92다10890; 1996.12.10, 96다27858).

(3) 權利의 消滅的 適用

甲은 乙에게 독일제 복사기 1대를 500만원에 매도키로 하고 견본품 2대 중 1대를 乙에게 인도하였다. 乙은 복사기를 인도 받아 사용하던 중 약간의 하자가 있음을 발견하였으나 3개월이 경과하기까지 아무런 말이 없고 또한 甲도 별다른 책임을 묻지 않을 것으로 보아 나머지 한 대를 반품 정리하였다. 그러던 어느 날 乙이 갑자기 복사기의 하자를 이유로 복사기의 교환을 요구하여 왔다.

이때 甲이 거절할 수 있는가. 만약 거절할 수 있다면 그 이론을 구성하라(단, 乙의 하자담보책임의 기간은 물건의 하자를 안 날로부터 6월이다).

(가) 실효원칙의 의의와 발전　신의칙 위반으로 권리가 소멸하는 효과가 발생한다. 신의칙상 파생의 효과로서 실효의 원칙이 적용된다.

(ㄱ) 失效原則의 의의 : 실효(Verwirkung)의 원칙이란 권리자가 그의 권리를 장기간 행사하지 아니함으로 인하여 상대방에 이제 권리를 행사하지 아니할 것으로 믿을 만한 신뢰를 갖게 한 경우, 후일 권리자가 새삼스럽게 그 권리를 행사하는 것이 신의칙에 반한다고 생각되는 경우에는 이를 권리남용으로 다루어, 그 권리행사가 제한되거나 항변할 수 있는 원칙을 말한다.

權利失效와 消滅時效는 다같이 시간의 경과를 요건으로 하여 권리를 소멸케 하는 점에서는 유사한 면이 있다. 그러나 消滅時效는 법정기간의 경과만을 요건으로 하나, 權利失效는 기간이 법정되어 있는 것은 아니지만 권리자가 비교적 장기간 권리를 행사하지 아니하여 이제 더 이상 권리를 행사하지 아니할 것으로 믿게 하는 신뢰를 상대방에 주는 것을 요건으로 한다.

또한, 소멸시효에 걸리지 아니하는 권리, 예컨대 법률관계의 무효확인을 구하는 권리도 그 대상이 되는 점에서 차이가 있다.

(ㄴ) **失效原則의 발전 :** 失效理論은 원래 제1차 세계대전 후 독일의 판례에서 나타나 그 후 신의칙을 바탕으로 한 矛盾行爲禁止原則(benire contra factum proprium)적용에 따른 이론적 확립[22]과 더불어 오늘날은 사권일반에 적용된다.

우리나라 학설은 失效의 原則을 권리자가 그의 권리를 장기간 행사하지 않는 경우 그 장기간 행사하지 않았다는 시간적 요소에 초점을 맞춘 제도라기보다는 신의칙의 내용을 이루는 矛盾行爲禁止原則의 한 범주에 속하는 것으로 보면서도 독자적인 법리로 인정하였다.[23] 그러나 종래 판례는 주로 매매목적물을 인도받아 사용·수익하고 있는 매수인의 소유권이전등기청구권이 소멸시효에 걸리지 않는 이론적 근거로서 원용한데 불과하였으나 최근 판례는 권리자가 권리행사를 현실적으로 기대할 수 있었음에도 불구하고 장기간 행사하지 아니함으로써 권리를 행사하지 아니할 것이라고 믿을 만한 정당한 사유를 갖게 되거나 행사하지 아니할 것으로 추인하게 된 때에는 실효의 법리에 따라 권리행사가 허용되지 않는다고 함으로써 일반적 적용을 긍정한다.[24]

(나) 실효원칙적용의 요건 권리가 失效되기 위해서는 권리자 측면과 의무자 측면을 함께 고려하여 정한다.

판례는 失效의 法理에 따라 그 권리행사가 허용되지 않기 위해서는 권리자가 장기간에 걸쳐 그의 권리를 행사하지 아니하여 의무자인 상대방으로서도 이제는 권리자가 그 권리를 행사하지 아니할 것으로 믿을 만한 정당한 사유를 갖게 되거나 행사하지 아니할 것으로 시인하게 되고, 또한 새삼스럽게 그 권리를 행사하는 것이 신의성실의 원칙에 반하는 결과가 되는 경우이어야 하고, 특히 여기서 권리자의 權利不行使를 문제 삼는 것은 비록 권리자의 주관적인 동기가 고려되지 않는다고 하더라도, 적어도 권리행사를 현실적으로 기대할 수가 있었음에도 이를 행사하지 않은 경우에 한하는 것이라고 한다.[25] 따라서 판례에 따

---

22) Flume, a. a. O. §10.

23) 양창수, 주석민법(1) 143면; 그러나 견해 중에는 권리의 불행사가 아무리 장기간에 걸치더라도 그 권리불행사 자체가 신의칙에 반하는 것은 아니지만, 다만 권리자가 상당한 기간 권리를 행사하지 아니함으로 인하여 이에 의하여 의무자가 권리행사가 없을 것으로 믿게 되므로 받은 신뢰, 즉 「전의 권리불행사가 신의칙에 반하는 것이 후의 권리행사가 신의칙에 반한다는」 소위 우리 민법 제2조가 규정한 신의성실의 원칙의 한 내용으로서 자기모순금지원칙의 적용이라고 한다(이영준 678면).

24) 대판 2002.1.8, 2001다60019; 1996.7.30, 94다51840; 1994.11.25, 94다12234; 1992.1.21, 91다30118; 1991.8.13, 91다11261; 1991.3.22, 90다9797; 1990.8.28, 90다카9619; 1988.4.27, 87누915.

른 실효의 원칙이 적용되기 위해서는 다음의 요건을 갖추어야 한다.

(ㄱ) **權利者側의 行爲評價 :** 권리자의 권리행사가 현실적으로 기대할 수 있음에도 불구하고 이를 행사하지 아니함으로써 의무자가 권리자의 권리불행사로부터 더 이상 권리행사를 하지 않을 것이라는 사실을 객관적으로 인정할 수 있는 것이어야 한다.

(a) 권리자 측의 행위평가로서 권리자의 주관적 동기는 고려하지 않는다. 그러나 권리자의 권리행사가 현실적으로 기대할 수 있는 것이어야 한다.

판례는 권리행사가 이른바 신의칙에 반하는 결과가 되어 허용되지 않는 경우라는 것은 권리자의 주관적인 동기가 고려되지 않는다고 하더라도 그에게 권리행사의 기회가 있어 이를 현실적으로 기대할 수가 있었음에도 불구하고 행사하지 않은 경우에 한하는 것인바, 조건부 징계해임처분을 당한 원고가 퇴직금을 수령하였다고 하여 징계해임결의절차에 하자가 있어 그 결의 자체가 무효라는 것까지 알면서 이를 승인한 것으로 단정하기 어려운 것이라고 신의칙 적용을 배척한다.[26)]

(b) 권리자의 권리불행사가 상당한 기간을 경과함으로써 권리자가 더 이상 권리를 행사하지 아니할 것으로 믿을 만한 정당한 기대를 주었어야 한다.

그리하여 판례는 조건부징계해임결의에 따라 사직원을 제출하여 의원면직으로 처리된 사람이 피고를 상대로 제기한 소송에서 승소로 확정되자 곧바로 이 사건 소를 제기한 것이 징계처분일로부터 10년 남짓 경과된 후인 경우 원고의 권리행사 지체가 그의 단순한 주관적인 동기에 비롯된 것으로 보기 어렵고 상대방인 피고로서도 이제는 원고가 그의 권리를 행사하지 아니할 것이라고 신뢰할 정당한 사유가 있었다고 볼 수 없으므로 원고의 권리행사가 신의성실에 반하여 그 권리가 실효되었다고 단정할 수는 없는 것이라고 하였다.[27)]

(ㄴ) **義務者側의 行爲評價 :** 의무자는 권리자에 의하여 야기된 권리불행사

---

25) 대판 2002.1.8, 2001다60019; 1990.8.28, 90다카9619; 1988.4.27, 87누915; 판례는 권리자가 장기간에 걸쳐 권리를 행사하지 아니하여 새삼스럽게 그 권리를 행사하는 것이 신의성실의 원칙에 위반되어 허용되지 아니한다고 하려면, 의무자인 상대방이 더 이상 권리자가 그 권리를 행사하지 아니할 것으로 믿을 만한 정당한 사유가 있어야 하는 것이라고 한다(대판 2002.1.8, 2001다60019).

26) 대판 1990.8.28, 90다카9619.

27) 대판 1990.8.28, 90다카9619.

의 예상을 구체적으로 인식하고 있어야 하며, 나아가 이 예상을 의무자행위의 기초로 만들었어야 한다. 즉 의무자 측의 행위평가로서 권리자가 자기권리를 행사하지 않는다는 예상에 부응하여 의무자가 일정한 행위를 행함으로써 권리자의 권리행사 허용이 의무자로부터 보아 기대 불가능한 것이어야 한다.

(ㄷ) **不行使信賴의 정당한 사유** : 실효의 원칙이 적용되기 위한 필요 요건으로서 실효기간(권리를 행사하지 아니한 기간)과 의무자인 상대방이 권리가 행사되지 아니하리라고 신뢰할 만한 정당한 사유가 있었는지의 여부는 일률적으로 판단할 수 있는 것이 아니라, 구체적인 경우마다 권리를 행사하지 아니한 기간의 장단과 함께 쌍방의 사정 및 객관적 사정 등을 모두 고려하여 사회통념에 따라 합리적으로 판단하여야 한다.

판례는 계쟁 토지가 학교의 교사부지 등으로 사용되는 사정을 알면서 양수한 후 20년 가까이 인도청구를 하지 않았다면 부당이득반환청구는 몰라도 토지 자체의 인도청구는 신의성실의 원칙상 허용할 수 없는 것이라고 하였고,[28] 해제의 의사표시가 있은 무렵을 기준으로 볼 때 무려 약 1년 4개월 전에 발생한 해제권을 행사하지 아니하고 오히려 매매계약이 여전히 유효함을 전제로 잔존 채무이행을 최고함에 따라 상대방으로서는 그 해제권이 더 이상 행사되지 아니할 것으로 신뢰하였고, 또한 매매계약상의 매매대금 자체는 거의 전부가 지급된 점 등에 비추어 보면 그와 같이 신뢰한 데에는 정당한 사유도 있었다고 봄이 상당하여 그 후 새삼스럽게 그 해제권을 행사한다는 것은 신의성실의 원칙에 반하여 허용되지 아니한다고 할 것이므로, 이제 와서 다시 매매계약을 해제하기 위해서는 다시 이행제공을 하면서 최고를 할 필요가 있다고 하였다.[29]

또한, 판례는 징계해임처분의 효력을 다투는 분쟁에서 징계사유와 그 징계해임처분의 무효사유 및 징계 해임된 근로자가 그 처분이 무효인 것을 알게 된 경위는 물론, 그 근로자가 그 처분의 효력을 다투지 아니할 것으로 사용자가 신뢰할 만한 다른 사정(예를 들면, 근로자가 퇴직금이나 해고수당 등을 수령하고 오랫동안 해고에 대하여 이의를 하지 않았다든지 해고된 후 곧 다른 직장을 얻어 근무하였다는 등의 사정), 사용자가 다른 근로자를 대신 채용하는 등 새로운 인사체제를 구축하여 기업을 경영하고 있는지의 여부 등을 모두 참작하여 그 근로자가 새삼스럽게 징계해임처분의 효력을 다투는 것이 신의성실의 원칙에 위반하는 결과가

28) 대판 1992.11.10, 92다20170; 1978.11.28, 78다254·255; 1978.2.14, 77다2324·2325; 1968.1.31. 67다2534·2535.

29) 대판 1994.11.25, 94다12234.

되는지의 여부를 가려야 할 것이라고 하고(대판 1992.1.21, 91다30118), 의원면직처분이 무효인 것임을 알고서도 2년 4개월 남짓한 동안이나 그 처분이 무효임을 주장하여 자신의 권리를 행사하지 않았다는 점을 고려하여 보면, 甲이 의원면직처분으로 면직된 때로부터 12년 이상이 경과된 후에 새삼스럽게 그 처분의 무효를 이유로 乙과 사이에 고용관계가 있다고 주장하여 소를 제기하는 것은 노동분쟁의 신속한 해결이라는 요청과 신의성실의 원칙 및 실효의 원칙에 비추어 허용될 수 없는 것이라고 하였다(대판 1992.1.21, 91다30118).

그 밖에도 회사의 자신에 대한 징계면직처분에 대하여 재심청구를 하였으나 기각되자 회사가 자신의 급여구좌에 입금한 해고예고수당을 반환하기 위하여 이를 공탁까지 하였다가 그 후 아무런 이의 없이 회사로부터 퇴직금을 수령하고 그 후로는 부당노동행위구제신청을 하는 등으로 징계면직처분을 다툼이 없이 다른 생업에 종사하여 오다가 징계면직일로부터 2년 10개월가량이 경과한 후 제기한 해고무효확인의 소는 노동분쟁의 신속한 해결이라는 요청과 신의성실의 원칙 및 실효의 원칙에 비추어 허용될 수 없는 것이라고 하였다(대판 1996.11.26, 95다49004).

그러나 한편 판례는 토지소유자가 10여 년간 송전선설치에 관하여 이의를 제기하지 않았다거나 철탑부지에 대한 사용승낙이 있었다는 사정만으로는, 그 권리가 실효되었다거나 부당이득반환청구가 신의칙에 위배된다고 할 수 없는 것이라고 하였다(대판 1995.11.7, 94다31914).

위 사례에서 甲과 乙의 매매계약에서 甲은 乙에게 견본품 중 1대를 乙에게 인도하고 대금을 지급받았으나 그 복사기에 약간의 하자가 있으므로 乙은 甲에게 하자담보책임을 물을 수 있고, 매매목적물이 종류물(불특정물)이므로 다른 목적물의 인도청구가 가능하며 그 기간은 하자를 안 날로부터 6월이 된다.

그러나 사안에서 乙은 그 하자를 발견하였으면서도 3개월이 경과하기까지 담보책임을 묻지 않음으로써, 이에 매도인은 적어도 다른 물건으로의 교환을 요구하지 아니할 것으로 믿고 나머지 1대의 복사기를 반품 정리하였음에도 느닷없이 乙이 그 담보책임을 물어 복사기의 교환을 요구하는 것이 과연 신의칙에 반한다고 할 것인가.

결국, 失效의 法理적용의 문제이며, 이때 乙의 권리불행사의 주관적 의사는 문제 삼지 아니하나, 다만 乙의 권리불행사가 상대방에 이제는 더 이상 행사하지 아니할 것으로 믿을 만한 객관적 신뢰를 주었는가 여부가 문제의 핵심이 된다.

(ㄷ) 실효원칙이 適用되는 權利에는 특별한 제한이 없다. 그러나 소유권이나 친권 등 배타적 권리는 물론, 일신전속적 권리로서 포기가 제한되는 권리는 실효의 법리는 적용되지 않는다.

판례는 인지청구권은 본인의 일신전속적인 신분관계상의 권리로서 포기할 수도 없으며 포기하였더라도 그 효력이 발생할 수 없는 것이고, 이와 같이 인지청구권의 포기가 허용되지 않는 이상 거기에 실효의 법리가 적용될 여지도

없는 것이라고 한다.[30)]

(다) 실효원칙적용의 효과 권리실효의 효과는 권리 그 자체의 소멸인가. 권리소멸의 항변권에 불과한 것인가. 다수설은 권리 그 자체의 소멸로 이해하고 그 여부는 법원의 직권에 의해 판단할 것이라고 한다.

(ㄱ) **權利行使의 소멸 또는 제한 :** 실효원칙적용의 결과 외형상(형식적)으로는 권리가 존재하나, 실질적으로는 권리가 소멸하여 그 행사가 제한된다. 따라서 신의칙에 반하는 권리자의 권리 불행사는 사실상 권리소멸의 효과로 설명된다. 그러나 권리 그 자체가 언제나 모두 소멸하는 것은 아니며, 그 법률관계로부터 다른 수개의 권리가 존재하는 경우에는 신의칙에 반하는 범위에서의 권리행사가 제한되는 것으로 나타난다.

예컨대, 빈번한 거래에서의 하자담보책임은 상당한 기간 불행사로 소멸하는 것이 아니라 신의칙에 반하는 범위에서 다른 급부청구나 계약해제권의 행사가 제한될 뿐이며, 하자 부분에 대한 수선 또는 보완청구는 가능하다.[31)] 따라서 失效의 法理가 적용되는 권리가 유일한 것인 때에는 그 행사가 제한됨으로써 사실상 失效의 결과로 될 것이지만 수개의 권리로 실현되는 때에는 그 신의칙에 반한 범위에서 행사가 제한될 뿐이고 신의칙에 반하는 것으로 평가되지 않는 범위에서의 다른 권리의 행사는 가능하다.

(ㄴ) **權利濫用으로서 효과 :** 권리행사가 실효의 요건을 충족하면 권리남용이 되어 허용되지 않는다. 따라서 그 구체적인 효과는 권리남용의 효과가 그대로 적용된다.

(라) 실효법리의 적용 실효의 법리는 사법관계는 물론 公法關係에도 적용된다.[32)] 판례는 1년 4개월 전에 발생한 해제권을 행사하지 아니한 사안에서 실효의 원칙을 적용하고,[33)] 항소권과 같은 소송상 권리에도 적용하였다.[34)] 그러나 다음의 경우에는 실효법리의 적용이 제한된다.

---

30) 대판 2001.11.27, 2001므1353.

31) 대판 1992.11.10, 92다20170 참조; 판례는 토지가 학교의 교사부지로 사용되는 사정을 알면서 양수한 후 20년 가까이 인도청구를 하지 않는 경우에 부당이득반환청구는 몰라도 토지 자체의 인도청구는 신의성실의 원칙상 허용될 수 없는 것이라고 하였다.

32) 대판 1988.4.27, 87누9151.

33) 대판 1994.11.25, 94다12234.

34) 대판 1996.7.30, 94다51840.

(ㄱ) 失效理論은 청구권·형성권·항변권뿐만 아니라, 물권·친권·상속권에도 원칙적으로 적용된다. 다만 所有權이나,[35] 親權 등과 같이 배타적·항구적인 권리는 그 권리의 본질에 반하지 않는 범위 내에서 인정할 것이라고 한다.

(ㄴ) 強行法規 또는 善良한 風俗 기타 社會秩序에 반하여 무효인 경우에는 실효법리의 적용이 제한된다. 따라서 법률행위가 강행법규나 선량한 풍속 기타 사회질서에 반하여 무효인 경우에는 언제나 이를 주장할 수 있고 실효의 법리는 적용되지 않는다.

다만, 법률행위가 상대방의 동의를 요함에도 불구하고 이를 결여한 경우, 예컨대 법률행위가 조합원이나 이사·총회의 결의를 요하나 이를 결함으로써 상대방이 이를 즉시 주장하여 법률행위의 효력발생을 저지할 수 있음에도 이를 방치하였다가 후에 뒤늦게 주장하는 것은 일단 실효에 문의할 수 있을 것이라고 한다.[36]

[사례연구] 신의칙과 권리의 실효

매도인 甲과 매수인 乙은 부동산매매계약을 체결하고 매도인은 매매대금의 7분의 1에 해당하는 금원을 지급받아 목적부동산의 점유를 이전하였으나, 잔대금 7분의 6은 지급받지 않고 있는 상태에서 19년이 경과하였다.

(1) 매수인 乙은 대금지급채무의 시효소멸을 주장하여 그 소유권의 반환을 청구할 수 있는가.

(2) 매도인 甲은 대금지급채무불이행을 이유로 계약해제를 주장하고 그 소의 제기에 신의칙위반을 주장할 수 있는가.

위 사례에서 매매계약체결 후 매수인이 비록 목적부동산의 점유이전을 받았다고 하더라도 이미 19년이 지났고 매수인이 매매대금의 7분의 6이나 미지급하고 있으면서도 그 소유권이전등기이행을 청구하는 것이 과연 신의칙에 적합한 것인가.

양 채무는 쌍무계약상 동시이행의 관계에 있으므로 소멸시효의 기산점이 문제되지만 사안의 경우 이미 19년이나 경과되었으므로 매도인은 대금지급청구권을 행사할 수 있고 또한 매수인은 소유권이전등기청구권을 행사할 수 있는가.

등기청구권은 채권적 청구권이지만 매수인이 점유이전을 받았을 때에는 소멸시효에 걸리지 않는다고 함이 판례의 태도(대판 1976.11.6, 76다148 ; 1980.1.15, 79다1788)이므로 등기청구권이 존속하고 있음이 명백하다. 따라서 매도인은 대금지급은 청구하지 못하지만 소유권은 이전하여 주어야할 법리로 된다.

그렇다면, 이와 같은 결과는 공평의 이념에 적합한 것인가, 즉 공평이념의 실

35) 판례는 소유물반환청구권에는 권리남용의 적용을 배제한다(대판 1968.6.25, 68다758).

36) 이영준 682면.

현에서 매도인의 대금지급청구권이 시효소멸(동시이행의 항변권소멸)하는 날에 매수인의 소유권이전등기청구권도 失效의 法理에 따라 소멸 또는 그 행사가 제한된다고 볼 수는 없는가. 문제의 해결책이 된다.

한국전력공사 乙은 수금원으로 근무하던 甲이 수용가로부터 금품을 받은 사실과 관련하여 사직을 권고하고 스스로 사직원을 제출하면 의원면직을 처리하되 불응하는 경우에는 징계해임토록 하였다. 이에 甲은 사직원을 제출하고 한국전력 乙은 의원면직하였다.

그 후 甲은 한국전력 乙의 조건부해임결의는 징계대상자인 본인의 참여 없는 상태에서 이루어진 것이라는 이유로 무효임을 주장하여 이를 확인 받았다. 그러나 甲은 이를 주장하지 않고 방치하다 면직 후 12년이 경과한 지금 고용관계의 존재를 주장하여 소를 제기하였다. 甲의 청구는 인용될 수 있는가.

판례는 실효원칙이 적용되기 위하여 필요한 요건으로서 실효기간(권리를 행사하지 아니한 기간)의 장단과 의무자인 상대방이 권리가 행사되지 아니하리라고 신뢰할 만한 정당한 사유가 있었는지 여부는 일률적으로 판단할 수 있는 것이 아니라, 구체적인 경우마다 권리를 행사하지 아니한 기간의 장단과 함께 권리자 측과 상대방 측 쌍방의 사정 및 객관적으로 존재하는 사정 등을 모두 고려하여 사회통념에 따라 합리적으로 판단하여야 할 것이라고 한다.

그리하여 징계해임처분의 효력을 다투는 분쟁에 있어서는 징계사유와 그 징계해임처분의 무효사유 및 징계 해임된 근로자가 그 처분이 무효인 것을 알게 된 경위는 물론, 그 근로자가 그 처분의 효력을 다투지 아니할 것으로 사용자가 신뢰할 만한 다른 사정(예를 들면, 근로자가 퇴직금이나 해고수당 등을 수령하고 오랫동안 해고에 대하여 이의를 하지 않았다든지 해고된 후 곧 다른 직장을 얻어 근무하였다는 등의 사정), 사용자가 다른 근로자를 대신 채용하는 등 새로운 인사체제를 구축하여 기업을 경영하고 있는지의 여부 등을 모두 참작하여 그 근로자가 새삼스럽게 징계해임처분의 효력을 다투는 것이 신의성실의 원칙에 위반하는 결과가 되는지의 여부를 가려야 할 것이라고 전제한다.

그 결과 위 甲에 대한 의원면직처분의 기초가 된 조건부징계해임처분의 사유는 甲이 수용가로부터 금품을 받았다는 것이고, 위 징계해임처분의 무효사유는 사용자인 乙이 인사위원회의 심리기일에 결석한 甲에 대하여 심리기일을 1회 연기하지 아니하고 막바로 징계결의를 하였다는 것인 바, 이러한 사정들과 甲이 이 사건 의원면직처분이 무효인 것임을 알고서도 2년 4개월 남짓한 동안이나 그 처분이 무효인 것이라고 주장하여 자신의 권리를 행사한 바 없다는 점을 함께 고려하여 보면, 甲이 의원면직처분으로 면직된 때로부터 12년 이상이 경과된 후에 새삼스럽게 그 처분의 무효를 이유로 乙과의 사이에 고용관계가 있다고 주장하여 소를 제기하는 것은 노동분쟁의 신속한 해결이라는 요청과 신의성실의 원칙 및 실효의 원칙에 비추어 허용될 수 없는 것이라고 하였다(대판 1992.1.21, 91다30118).

[22] Ⅱ. 權利濫用禁止의 原則

(1) A철도회사는 노선확장을 위하여 용지매수를 B에게 요구하였지만 B가 응하지 않아 궤도부설공사를 강행하여 완공하였다. 이에 B는 A회사에 대하여 소유지상 궤도의 철거를 청구하였다. B의 청구는 인정될 수 있는가. 또한 만일 B의 청구가 권리남용이 된다면 B는 어떤 구제방법이 있는가.

(2) A는 인접한 토지를 매입하여 기존 병원건물의 확장공사를 하는 한편, 대로변에 위치한 B의 2층 건물이 병원의 전면에 위치하고 있어 이를 매수하려고 하였으나 성사되지 아니하였다. 그런데 B의 2층 건물이 A의 토지 중 0.3평방미터를 침범한 사실이 발견되었다. 이에 A는 B에 대하여 그 침해부분의 철거를 청구하는 소를 제기하였다. A의 청구는 인용될 수 있는가(다만 B건물 1층은 식당, 2층은 사무실로 사용하고 있다).

1. 權利濫用의 개념

(1) 權利濫用의 의의

權利濫用이란 외형상 권리가 법률상 인정되어 있는 사회목적에 반하여 부당하게 행사되는 것, 즉 외형상으로는 권리행사로 보이지만 실질적으로 보면 그 권리 본래의 목적을 벗어난 것이어서 정당한 권리행사로 볼 수 없는 행위를 말한다.

민법 제2조는 "권리의 행사는 신의에 좇아 성실히 하여야 하고, 권리는 남용하지 못한다."라고 규정하고, 민사소송법 제1조도 "법원은 소송절차가 공정, 신속하고 경제적으로 진행되도록 노력하여야 하며, 당사자와 관계인은 신의에 좇아 성실하게 이에 협력하여야 한다."라고 규정하여, 권리의 사회성과 적법성을 명백히 규정한다. 이것은 사람의 사회생활에서는 공동생활자 상호간에 이해관계가 서로 경합되므로 모든 권리행사에는 필연적으로 일정한 한계를 갖는데 기인한다.

결국, 권리남용의 금지는 곧 권리행사의 정당성의 요청이며, 권리행사의 한계를 의미한다.

(2) 權利濫用의 연혁

로마법에서는 타인에 대한 加害目的을 가진 권리행사(Schikane Verbot)의 경우에만 권리남용으로 인정하였고, 더욱이 근대 초기에는 권리행사의 자유가 인정되어 권리남용이란 생각할 수 없었다. 그러나 그 후 프랑스판례와 독일민법(동법 §226)은 시카네금지를 선언하여 시카네적인 권리남용을 인정하였고,[37]

이를 일반원칙으로 명문화한 것은 스위스민법에서이다.

스위스민법 제2조 제1항은 "권리의 명백한 남용은 법의 보호를 받지 못한다."라고 규정하고, 이를 주로 임밋시온(immission)과 소유권행사를 중심으로 적용하였다. 따라서 권리남용은 곧 害他目的 權利行使의 금지로부터 출발하여 주로 소유권 중심의 한계이론으로 전개되었다.

그러나 현대법상 권리남용은 그 규정의 위치나 권리의 해석상 사권일반에 적용되며, 또한 訴權 등의 공권도 이 원칙에서 자유로울 수 없을 뿐만 아니라, 나아가 일정한 법적 지위의 남용(이른바 규범남용으로서의 법인격 남용)에도 적용되는 소위 일반원칙으로 확립한다.

(3) 權利濫用과 信義則의 관계

신의칙은 권리행사와 의무이행의 양면에 적용된다(§2 ①). 따라서 신의칙이 權利行使에 적용될 때 권리남용금지원칙과의 관계가 문제된다. 즉 권리남용은 신의칙과 별개로 적용되는 원칙인가. 아니면 신의칙과 중복 적용되는 원칙인가. 견해가 대립한다.

適用範圍區別說은 신의칙은 채권법분야에 적용되고, 권리남용은 물권법분야에 적용되는 것이라고 하거나, 신의칙은 법적 특별결합관계, 예컨대 계약당사자·부부·친자 등 관계에 있는 자 간의 권리행사는 먼저 신의칙을 적용하여 권리남용 여부를 판단할 것이고, 그렇지 않은 자 간에는 바로 권리남용 문제로 취급해야 할 것이라고 한다(Larenz, Lehrbuch des Schuldrechts, Bd. I, 14. Aufl., 1987, S. 1285).

또한 신의칙은 대인관계에만 적용되고 권리남용은 대사회관계에만 적용되는 것이라고 한다(고상룡 65면, 김주수 109면).

重複適用說은 권리행사가 신의칙에 반하는 경우 권리남용이 되고 신의성실이라는 사회적 제약은 권리행사와 관련해서는 권리남용금지라는 모습으로 나타나므로 신의칙과 권리남용은 같은 것을 다른 방면에서 고찰할 뿐인 것이라고 한다. 즉 법적 결합관계를 구별하지 않고 심한 신의칙에 반한 권리행사를 곧 권리남용으로 파악한다(곽윤직 62면, 김상용 117면, 김용한 68면, 김학동 81면).

派生原則說은 신의칙은 그 적용범위가 민법 전반에 걸친 기본원칙이고 권리남용금지원칙은 권리행사에 관한 가치판단에 의해 부분적 권리소멸 또는 권리행사저지의 효과를 가져 오는 경우에 한정되어 적용되지만, 양자는 공통의 가치관에 바탕을 둔 것이므로 서로 대립적인 것이 아니라 그 적용범위의 광협에 차이가 있을 뿐이므로 권리남용금지의 원칙을 신의칙의 파생의 원칙으로 이해할 것이라고

---

37) 독일민법의 시카네금지(동법 §226)는 오로지 他人을 害할 목적에서의 권리행사를 말하며, 권리남용의 전형적인 것이나 권리남용은 이보다 넓은 개념으로서의 의미를 가진다.

한다(이은영 88면, 지원림, 민법강의 50면).

통설은 重複適用說을 취하여 신의칙은 권리남용인가의 가치판단을 하기 위하여 종종 원용되며, 나아가 권리를 박탈하거나 그 존재 자체를 부정할 정도로 중대한 효과를 가져 오는 경우에 적용되는 것이라고 한다.

판례 또한 "권리의 행사가 … 신의칙에 위배된다고 보일 때에는 권리남용이 되는 것이라고 하거나,[38] … 신의칙에 위반하여 권리남용이라고 볼 수 없다.[39] … 신의칙에 반하거나 권리남용이라고 볼 것은 아니다.[40] 권리남용이 되려면 신의칙에 위배되고 사회적 한계를 벗어난 것이어야 하는 것이다."라고 하여 양자의 구별을 부정한다.[41]

그리하여 판례는 채무자가 시효완성 전에 스스로 채권자의 권리행사나 시효중단을 불가능 또는 현저히 곤란하게 한 결과, 채권자가 그러한 조치를 할 수 없었던 경우에 채무자가 소멸시효의 완성을 주장하는 것은 신의성실의 원칙에 반하는 권리남용으로서 허용될 수 없는 것이라고 하였다(대판 2003.7.25, 2001다60392).

또한, 토지취득 당시 초등학교 교사가 세워져 있었고 현재 교사로 사용되고 있다는 사실을 알면서도 이를 취득한 후 이에 대한 권리행사로서 학교교사 철거청구는 신의성실의 원칙과 국민의 건전한 권리의식에 반하는 행위로서 권리남용에 해당하는 것이라고 하였다(대판 1978.2.14, 77다2324).

한편, 판례는 건물소유를 목적으로 한 토지임차인이 임대차계약을 체결하거나 임차인으로서의 지위를 승계할 당시 임대인과의 사이에 건물 기타 지상시설 일체를 포기하기로 약정하였으나 실질적으로 임차인에게 불리한 것으로써 임차인이 위 약정에 위반하여 행사하는 매수청구권의 행사는 신의칙에 위반하여 권리를 남용하는 것으로 볼 수 없는 것이라고 하고(대판 1993.6.22, 93다16130), 또한 사립학교 경영자가 사립학교법 제28조 제2항, 같은 법 시행령 제12조가 매도나 담보제공이 무효라는 사실을 알고서 매도나 담보제공을 하였다고 하더라도 매도나 담보제공을 금한 관련 법규정의 입법취지에 비추어 강행규정위반을 이유로 한 무효주장(대판 2000.6.9, 99다70860), 상속인 중의 1인이 피상속인의 생존시에 피상속인에 대하여 상속을 포기하기로 약정하였으나 상속개시 후 민법이 정하는 절차와 방식에 따라 상속포기를 하지 아니한 것이라고 하여 상속개시 후에 행사하는 상속권의 행사(대판 1998.7.24, 98다9021)는 정당한 권리행사로서 신의성실의 원칙에 반하거나 권리남용이라고 볼 것은 아니라고 하였다.

그러나 유력한 견해는 신의칙은 그 적용범위가 민법 전반에 걸친 기본원칙

38) 대판 1978.2.14, 77다2324 · 2325; 1964.11.24, 64다803.
39) 대판 1993.6.22, 93다16130.
40) 대판 2000.6.9, 99다70860; 1998.7.24, 98다9021.
41) 대판 1966.3.15, 65다2329.

이고 권리남용금지의 원칙은 권리행사에 관한 가치판단에 의해 부분적 권리소멸 또는 권리행사 저지의 효과를 가지고 오는 경우에 한정되어 적용되는 소위 광협에 차이가 있을 뿐이므로 신의칙상 파생의 원칙이라고 한다.

생각건대, 권리남용의 원칙은 원래 시카아네금지에서 출발한 것으로 신의칙과 독립적으로 발달한 것이지만 오늘날에서는 권리남용의 적용을 확대함으로써 이와 같은 문제가 일어나는 것이다. 그렇다면 결국 권리남용의 원칙은 신의칙의 파생의 원칙이라든가 독립의 원칙이라기보다 신의칙에 반하는 권리행사가 권리남용으로써 평가되는 범위에서 그 신의칙위반의 행위는 권리남용을 경유하여 효력이 배제 또는 권리가 박탈되는 것이라고 보며, 판례 또한 그러한 의미를 밝힌 것이라고 본다.

2. 權利濫用의 판단기준

(1) 權利濫用의 客觀的 要件

권리남용의 客觀的 事由로는 권리의 행사가 그 권리가 인정되는 사회적 필요에 반하는 것, 즉 신의칙위반·사회질서위반·정당하지 못한 이익의 취득, 권리의 사회적·경제적 목적에의 위반, 사회적 이익균형의 파괴 등을 들 수 있다. 그러나 이들 객관적 현상은 추상적 기준에 지나지 않으며, 구체적인 사안에 따라 상대적·개별적으로 결정된다. 따라서 적어도 권리남용이 되기 위해서는 다음의 요건을 갖추어야 한다.

(ㄱ) 權利行使로 볼 수 있는 행위가 존재할 것이어야 한다.

(a) 권리남용으로서의 權利의 行使에는 엄격한 의미의 권리에 국한하지 않고, 넓은 의미의 법적 지위남용을 포함한다.

다만, 契約上 效力을 주장하는 행위와 같은 것도 포함할 것인가. 예컨대 후발손해의 발생에 대한 상대방의 화해계약효력의 주장, 표의자의 동기착오를 상대방이 악용하는 경우 등도 권리남용으로서 권리행사에 포함할 것인가. 이를 구별하여 주장하는 견해가 있으나,[42] 넓은 의미의 권리 또는 법적 지위문제로서 특별히 구별할 것은 아니다.

(b) 權利의 不行使도 권리남용으로 되는가. 민법이 규정한 친권행사의 경우

42) 송덕수, 민법강의(상) 56면.

를 제외하고는 이를 부정하는 견해가 있다.[43] 그러나 다수설은 긍정하고 권리의 성질상 權利인 동시에 義務인 경우, 예컨대 子의 양육에 관한 권리·의무 또는 혼인동의권의 경우 정당한 이유 없는 동의권의 불행사 또는 토지소유권과 같이 권리의 정당한 행사가 법적으로 강제된 경우(국토의 계획 및 이용에 관한 법률 등)에는 권리의 불행사 자체가 권리남용이 될 수 있고 그 효과로서 실효를 생각할 수 있는 것이라고 한다.

(ㄴ) 權利가 인정되는 社會觀念에 반할 것이어야 한다. 예컨대 권리를 행사할 만한 이익 내지 필요가 없는데도 불구하고 한 경우, 부당한 이익의 취득을 목적으로 한 경우, 사회적 타당성이 없는 경우 등은 그 대표적인 것이다.

① 권리를 행사할 만한 이익 내지 필요가 없는데도 불구하고 행사한 경우 (대판 1982.9.14, 80다2589)
② 부당한 이익의 취득을 목적으로 한 경우(대판 1965.12.21, 65다1910).
③ 사회적 타당성이 없는 경우(대판 1978.2.14, 77다2324·2325).
④ 경제적·사회적 목적에 반하는 경우.
⑤ 일반적으로 허용된 정도를 넘은 경우(대판 1978.2.14, 77다2324·2325)
⑥ 행위자가 얻는 이익과 상대방이 입은 손해가 현저한 불균형이 생긴 경우

(2) 權利濫用의 主觀的 要件

(가) 상대방을 害할 의사나 목적으로 행사된 권리는 당연히 권리남용이 된다. 다만 권리남용에 권리행사자, 즉 가해자의 가해의사는 필요적 요건인가.

민법 제2조 제2항은 "권리는 남용하지 못한다."라고 규정하고 있으므로 그 해석상 객관적 요건만 충족되면 권리남용이 될 것인가. 견해가 대립한다.

主觀說은 가해의사 혹은 가해목적을 가진 권리행사, 즉 타인에게 손해를 가할 목적 이외의 다른 목적을 가지지 않는 권리행사만을 의미하는 것이라고 한다.

客觀說은 오로지 객관적 요건만을 고려하여 권리남용의 여부를 판단할 것이라고 한다.

다수설은 주관설을 취하는 입법례로 독일민법의 시카아네금지를 들 수 있으나 권리남용의 주관적 요건은 외부에서 판단하여 증명하기 어려우므로 단지 객관적 권리남용을 평가하기 위한 보조요건으로만 이용될 뿐이고 또한 권리남용의 주관적 요건을 강조하는 것은 권리남용금지이론의 변천과정이나 그 현대적 의의를 간파하지 못한 것이란 점을 지적하고 객관설을 취한다.

---

43) 송덕수, 민법강의(상) 56면.

(나) 권리남용의 요건으로서 권리행사의 主觀的 意思는 그 요건으로 되지 아니한다. 따라서 권리남용의 기준은 권리행사자의 이러한 주관적 의사와 관계없이 권리자의 권리행사로써 받는 이익과 상대방이 이로부터 받은 손해를 비교·교량하여 결정된다. 그리하여 권리행사가 도저히 사회적으로 용인될 수 없는 때, 권리행사가 사회적 한계를 초과한 때, 형식적으로는 정당한 권리행사로 되나 그 행사로서 사회적 관념과 권리의 감정으로는 도저히 허용할 수 없는 정도의 막대한 손해를 상대방에 입히게 한다거나 또는 권리자에게는 아무런 이익이 없음에도 불구하고 오로지 상대방에 손해와 고통을 주기 위한 경우에는 권리남용이 되는 것이라고 한다.

이에 대하여 판례는 획일적이지 못하여 권리행사가 원고에게는 이득이 없으며 오직 피고에게 손해만을 주기 위하여 소송에 이른 사정이 인정되는 경우에만 권리남용이 되는 것이라고 하거나,[44] 중혼 성립 후 10여년 동안 혼인취소청구권을 행사하지 아니하였다고 하여 권리가 소멸되었다고 할 수 없으나 그 행사가 권리남용에 해당하는 것이라고 하고,[45] 외국에 이민하여 주택에 입주하지 않으면 안 될 급박한 사정이 없는 딸이 고령과 지병으로 고통을 겪고 있는 상태에서 달리 마땅한 거처도 없는 아버지와 그를 부양하면서 동거하고 있는 남동생을 상대로 자기소유 주택의 명도 및 퇴거를 청구하는 행위가 인륜에 반하는 행위로서 권리남용에 해당하는 것이라고 하여[46] 객관적 요건만을 고려하여 판단하고, 다른 한편 판례는 "권리남용이 되려면 주관적으로는 그 권리행사의 목적이 오직 상대방에게 고통이나 손해를 주는데 그칠 뿐이요, 권리를 행사하는 사람에게도 아무런 이익이 없는 경우라야 될 것이며, 아울러 객관적으로는 권리행사가 사회질서에 위반된다고 볼 수 있는 경우라야 할 것"이라고 하여 권리남용의 주관적 요건과 객관적·주관적 요건을 병립적으로 들기도 하였다.[47]

그 외에도 판례는 일반적으로 당사자 사이에 상계적상이 있는 채권이 병존하고 있는 경우에는 이를 상계할 수 있는 것이 원칙이고, 이러한 상계의 대상이 되는 채권은 상대방과 사이에서 직접 발생한 채권에 한하는 것이 아니라, 제3자로부터 양수 등을 원인으로 하여 취득한 채권도 포함한다 할 것인바, 이러한 상계

44) 대판 1980.5.27, 80다484.
45) 대판 1993.8.24, 92므907.
46) 대판 1998.6.12, 96다52670.
47) 대판 2010.2.25, 2009다58173; 1962.3.8. 4294민상 934 ; 1962.4.18, 4294민상1512.

권자의 지위가 법률상 보호를 받는 것은 원래 상계제도가 서로 대립하는 채권·채무를 간이한 방법에 의하여 결제함으로써 양자의 채권채무관계를 원활하고 공평하게 처리함을 목적으로 하고, 상계권을 행사하려고 하는 자에 대하여는 수동채권의 존재가 사실상 자동채권에 대한 담보로서 기능을 하는 것이어서 그 담보적 기능에 대한 당사자의 합리적 기대가 법적으로 보호받을 만한 가치가 있음에 근거하는 것이므로 당사자가 상계대상이 되는 채권이나 채무를 취득하게 된 목적과 경위, 상계권을 행사함에 이른 구체적·개별적 사정에 비추어 그것이 위와 같은 상계제도의 목적이나 기능을 일탈하고, 법적으로 보호받을 만한 가치가 없는 경우에는 그 상계권행사는 신의칙에 반하거나 상계에 관한 권리를 남용하는 것으로서 허용되지 않는다고 함이 상당하고, 상계권행사를 제한하는 위와 같은 근거에 비추어 볼 때 일반적인 권리남용의 경우에 요구되는 주관적 요건을 필요로 하는 것은 아니라고 하였다(대판 2003.4.11, 2002다59481).

그러나 오늘날 일반적 판례는 "권리행사가 권리의 남용에 해당한다고 할 수 있으려면, 주관적으로 그 권리행사의 목적이 오직 상대방에게 고통을 주고 손해를 입히려는 데 있을 뿐 권리를 행사하는 사람에게 아무런 이익이 없는 경우이어야 하고, 객관적으로는 그 권리행사가 사회질서에 위반된다고 볼 수 있어야 하는 것이며, 이와 같은 경우에 해당되지 않는 한 비록 권리의 행사에 의하여 권리행사 자가 얻는 이익보다 상대방이 잃을 손해가 현저히 크다 하여도 그러한 사정만으로는 이를 권리남용이라고 할 수 없다."라고 하여 주관적 요건과 객관적 요건을 함께 요구하고 있다.[48]

그리하여 판례는 한국전력공사가 정당한 권원에 의하여 토지를 수용하고 그 지상에 변전소를 건설하였으나 토지 소유자에게 그 수용에 따른 손실보상금을 공탁함에 있어서 착오로 부적법한 공탁이 되어 수용재결이 실효됨으로써 결과적으로 그 토지에 대한 점유권원을 상실하게 된 경우, 그 변전소가 철거되면 61,750가구에 대하여 전력공급이 불가능하고, 그 변전소 인근은 이미 개발이 완료되어 더 이상 변전소 부지를 확보하기가 어려울 뿐만 아니라 설령 그 부지를 확보한다고 하더라도 변전소를 신축하는 데는 상당한 기간이 소요되며, 그 토지의 시가는 약 6억 원인데 비하여 위 변전소를 철거하고 같은 규모의 변전소를 신축하는 데에는 약 164억원이 소요될 것으로 추산되며, 그 토지소유자는 그 토지가 자연녹지지역에 속하고 개발제한구역 내에 위치하고 있어서 토지를 인도받더라도 도시계획법상 이를 더 이상 개발·이용하기가 어려운데도 그 토지 또는 그 토지를 포함한 그들 소유의 임야 전부를 시가의 120%에 상당하는 금액으로 매수하겠다는 한국전력공사의 제의를 거절하고 그 변전소의 철거와 토지의 인도만을 요구하고

---

48) 대판 2003.11.27, 2003다40422; 2002.9.4, 2002다22083·22090; 1994.11.24, 94다5458; 1991.6.14, 90다10346; 1987.10.26, 87다카1279; 1987.3.10, 86다카2472; 1986.7.22, 85다카2307.

있는 점에 비추어, 토지소유자가 그 변전소의 철거와 토지의 인도를 청구하는 것은 토지소유자에게는 별다른 이익이 없는 반면 한국전력공사에게는 그 피해가 극심하여 이러한 권리행사는 주관적으로는 그 목적이 오직 상대방에게 고통을 주고 손해를 입히려는데 있고, 객관적으로는 사회질서에 위반된 것이어서 권리남용에 해당하는 것이라고 한다(대판 1999.9.7, 99다27613).

한편, 농지 위로 지나가는 송전선의 철거를 구하는 청구가 권리남용에 해당하는가에 대하여 판례는 피고가 설치한 이 사건 송전선은 지상 30m의 높이로 이 사건 토지 중 북서쪽 모서리의 51㎡ 면적인 직각삼각형 부분만을 침범하고 있을 뿐이며, 이 사건 토지의 감정가격은 ㎡당 37,000원으로서 위 51㎡ 부분의 가격은 1,870,000원이고, 같은 부분의 구분지상권에 상응하는 월임료는 630원 정도에 불과한 점, 피고가 송전선설치 직후 감정평가기관의 평가에 따라 보상금을 제시하고 보상협의를 하려고 하였으나 원고가 거부하고 송전선설치로 인하여 주변 지가가 하락하였다는 이유로 7억 8,000만원 가량의 보상금을 요구하다가 피고가 응하지 않자 이 사건 소송을 제기한 점, 이 사건 송전선이 국가기간시설의 일부로서 이를 철거하고 이설하는데 막대한 비용과 손실이 예상되는 반면, 이 사건 송전선이 존속하더라도 원고가 토지를 이용하는데 별다른 지장을 받지 않는 점 등에 비추어 원고의 이 사건 송전선철거청구는 권리남용에 해당한다고 볼 여지가 충분하다고 하였다(대판 2003.11.27, 2003다40422).

뿐만 아니라, 판례는 권리의 행사가 주관적으로 오직 상대방에게 고통을 주고 손해를 입히려는데 있을 뿐 이를 행사하는 사람에게는 아무런 이익이 없고 객관적으로 사회질서에 위반된다고 볼 수 있으면 그 권리행사는 권리남용으로서 허용되지 아니한다고 할 것이고, 권리의 행사가 상대방에게 고통이나 손해를 주기 위한 것이라는 주관적 요건은 권리자의 정당한 이익을 결여한 권리행사로 보여 지는 객관적인 사정에 의하여 추인할 수 있는 것이라고 하여 객관적 요건으로부터 주관적 요건을 추인한다.[49)]

생각건대, 다수설과 같이 객관적 요건만을 내세울 경우는 기본적으로는 타당하지만, 정당한 권리자의 권리행사를 제한할 우려가 있을 뿐만 아니라 공공의 이익을 너무 강조하게 되면 불법한 행위라도 기성사실을 먼저 만든 자가 승소판결을 받게 되므로 거대한 기업의 횡포(이른바 공해소송의 경우)를 법적으로 승인할 염려가 없지 않고, 반면 판례와 같이 주관적 가해목적을 요건으로 할 경우 권리행사자의 가해의사의 입증이 곤란하여 객관적으로 보면 권리남용이 명

---

49) 대판 2003.11.27, 2003다40422; 1993.5.14, 93다4366; 판례는 건물철거소송에 이른 사정, 계쟁토지가 0.3㎡에 불과한 점, 철거에 상당한 비용이 들고 철거 후에도 잔존 2층건물의 효용이 크게 감소되리라는 점 등에 비추어 권리남용에 해당하지 않는다는 원심판결(대구지판 1992.12.11, 92나9584)을 심리미진을 이유로 파기하였다.

백한 경우에도 이를 인정하지 못하는 모순이 있게 된다.

이러한 점을 고려하면 그 구체적인 해결방법으로는 양자를 요건으로 하면서 권리남용의 주관적 요건을 제거시키는 방법, 이를 병립적으로 달고 상대방이 입증케 하는 방법, 이를 추정하고 상대방이 권리남용의 객관적 요건을 입증하면 권리자가 가해의사의 부존재를 입증케 하는 방법을 들 수 있고 그 중 최근의 판례는 양자를 병립적으로 달면서 상대방에 그 입증책임을 주고 있는 것으로 이해된다.

결국, 권리남용의 판단기준은 통상 객관적 요건으로 판단될 것이지만 그렇다고 하여 주관적 요건 내지 표식이 완전히 배척되는 것은 아니다.

위 사례 (2)에서 판례는 권리행사가 주관적으로 오직 상대방에게 고통을 주고 손해를 입히려는 데 있을 뿐 이를 행사하는 사람에게는 아무런 이익이 없고 객관적으로 사회질서에 위반된다고 볼 수 있으면 그 권리의 행사는 권리남용으로서 허용되지 아니한다고 할 것이고, 권리의 행사가 상대방에게 고통이나 손해를 주기 위한 것이라는 주관적 요건은 권리자의 정당한 이익을 결여한 권리행사로 보여지는 객관적인 사정에 의하여 추인할 수 있는 것이라고 하고 나아가 건물철거소송에 이른 사정, 계쟁토지가 0.3㎡에 불과한 점, 철거에 상당한 비용이 들고 철거 후에도 잔존 2층 건물의 효용이 크게 감소되리라는 점 등에 비추어 권리남용에 해당하지 않는다는 원심판결(대구지판 1992.12.11. 92나9584)을 파기하였다(대판 1993. 5.14. 93다4366).

신축 중인 건물부지를 경락받은 자가 완공된 건물의 철거를 구하는 것이 권리남용에 해당하는가.

원심(대구고판 2002.10.4. 2001나9022, 9039)은, 원고(반소피고, 이하 '원고'라고만 한다) 乙과 소외 丙은 1992.12.31. 주식회사 갑을상호신용금고에게 그들의 공유인 이 사건 토지에 관하여 채권최고액을 금 2억원으로 한 근저당권설정등기를 경료해 주었고, 당시 이 사건 토지는 나대지 상태였던 사실, 원고 乙은 1993.4.경 관할관청으로부터 이 사건 토지에 지상 4층 건물의 건축허가를 받고 1993.7.23. 신축공사에 착공하여 1999.4.경 건물을 완공한 사실, 원고 甲은 1994.10.말경(신축 중이었던 것으로 보인다.) 원고로부터 이 사건 건물 중 1층을 분양받아 그 대금을 납부한 다음 그 이래 현재까지 점유·사용하여 오고 있는 사실, 한편 피고(반소원고, 이하 '피고'라고만 한다)는 이 사건 근저당권자의 신청에 의하여 진행된 임의경매절차에서 1994.11.28. 이 사건 토지를 금 2억 1,000만원에 낙찰 받아 그 무렵 낙찰대금을 완납하였고, 1995.2.6. 그 명의로 소유권이전등기까지 마친 사실을 인정한 다음, 피고가 임의경매절차에서 그 지상에 막대한 비용이 투입된 건물이

신축중인 사실을 알면서도 이 사건 토지를 낙찰 받은 다음 특별한 사정도 없이 건물의 철거를 구하는 것은 토지의 소유자가 얻을 수 있는 이익보다 건물의 손실이 월등히 많을 뿐만 아니라, 사회경제적인 손실을 초래하는 것이므로 권리남용에 해당하여 허용될 수 없다는 원고들의 항변에 대하여, 원고들의 주장과 같은 사정만으로는 피고가 그 소유 토지 지상의 건물철거를 구하는 것이 권리남용에 해당된다고 볼 수 없다고 판단하여 배척하고, 피고의 이 사건 토지인도 및 건물철거의 반소청구를 받아들였다.

이에 대하여 대법원은 권리행사가 권리의 남용에 해당한다고 할 수 있으려면, 주관적으로 그 권리행사의 목적이 오직 상대방에게 고통을 주고 손해를 입히려는 데 있을 뿐 행사하는 사람에게 아무런 이익이 없는 경우이어야 하고, 객관적으로는 그 권리행사가 사회질서에 위반된다고 볼 수 있어야 하는 것이며, 이와 같은 경우에 해당하지 않는 한 비록 그 권리의 행사에 의하여 권리행사자가 얻는 이익보다 상대방이 잃을 손해가 현저히 크다 하여도 그러한 사정만으로는 이를 권리남용이라고 할 수 없고(대판 2002.9.4, 2002다22083, 22090 등 참조), 어느 권리행사가 권리남용이 되는가의 여부는 각 개별적·구체적인 사안에 따라 판단되어야 할 것인바(대판 1991.10.25, 91다27273 참조), 기록에 의하면, 이 사건 건물의 시가는 금 7억원정도인 데 비하여 이 사건 토지의 낙찰가는 금 2억 1,000만원에 불과하고, 이 사건 건물의 철거에 상당한 비용이 소요되며 그 철거는 사회적·경제적으로 큰 손실이 될 것이기는 하나, 건물의 철거로 인한 피고의 이익과 원고들의 손해 간에 현저한 차이가 있다는 사정만으로 권리남용이라고 볼 수는 없고, 기록에 나타난 여러 가지 사정, 즉 이 사건 토지는 도시계획도로에 편입된 106㎡를 제외하고는 아무런 법적 규제가 없어 피고가 이를 다른 용도에 사용할 수 있는 점, 원고가 피고의 경락사실을 알고서도 건물의 신축공사를 중단하지 않고 아무런 대책도 없이 강행한 점, 이 건물의 철거가 사회일반의 공공적 이익에 중대한 영향을 미치지는 않는 점, 원고 乙이 건물철거 이외의 방법으로 피고의 피해회복을 위하여 성의 있는 노력을 하였다고 볼 만한 자료가 없는 점, 피고가 부당한 이익의 획득을 목적으로 철거청구를 한다거나 원고들에게 토지를 부당한 가격으로 매수할 것을 요구하고 있다거나 또는 피고가 원고들에게 고가에 매각할 목적으로 경락받았다고 볼 만한 자료가 없는 점 등에 비추어 볼 때, 원고들이 주장하는 사정만으로는 피고의 이 사건 반소청구가 권리남용에 해당한다고 볼 수는 없다고 할 것이므로, 같은 취지의 원심 판단은 정당하고, 거기에 권리남용에 관한 법리오해의 위법이 없는 것이라고 하였다(대판 2003.11.27, 2003다40422).

(3) 權利濫用의 태양

권리남용의 태양은 다양하다. 판례를 통한 권리남용이 행하여지는 주요한 모습을 보면, 상대방에게 손해를 줄 의사 또는 목적, 권리를 행사할 실익이 없는 권리 행사, 부당한 이익을 취득할 목적, 상대방이 인용할 수 있는 일반적인 정도를 넘은 권리행사, 쌍방간 이해관계의 심한 불균형, 사회적 타당성의 상실,

권리행사가 권리의 경제적 · 사회적 목적에 반하여 행해진 경우 등으로 나타난다.

특히, 판례는 재판권의 행사도 상대방 보호 및 사법기능의 확보를 위하여 신의성실의 원칙에 의하여 규제된다고 할 것인바, 최종심인 대법원에서 수회에 걸쳐 같은 이유를 들어 재심청구를 기각하였음에도 이미 배척된 이유를 들어 최종 재심판결에 대하여 다시 재심청구를 거듭하는 것은 법률상 이유 없는 청구로 받아들일 수 없음이 명백한데도 계속 소송을 제기함으로써 상대방을 괴롭히는 결과가 되고, 나아가 사법 인력의 불필요한 소모와 사법기능의 혼란과 마비를 조성하는 것으로서 이는 소권을 남용하는 것에 해당하여 허용될 수 없는 것이라고 하였다.[50] 그러나 토지 상공에 송전선이 설치되어 있는 사정을 알면서 그 토지를 취득하였다고 하여 그 취득자가 그 소유토지에 대한 소유권행사가 제한되는 것을 용인키로 하였다고 볼 수 없으므로 다른 사정이 없는 한 그 취득자의 송전선철거청구 등 권리행사가 신의성실의 원칙에 반한다고 할 것은 아니라고 하였다.[51]

다만, 强行法規를 違反한 者가 스스로 無效라고 주장하는 것이 신의성실의 원칙, 특히 모순행위금지의 원칙에 반하거나 권리남용에 해당하는가. 판례는 사립학교 경영자가 사립학교법 제28조 제2항, 같은 법시행령 제12조가 학교법인이 학교교육에 직접 사용되는 학교법인의 재산 중 교지 · 교사 등은 이를 매도하거나 담보에 제공할 수 없다고 한 규정을 위반하여 행함으로써 그 매도나 담보제공이 무효라는 사실을 알고서 매도나 담보제공을 하였다고 하더라도 매도나 담보제공을 금한 관련법 규정의 입법취지에 비추어 강행규정 위배로 인한 무효주장을 신의성실 원칙에 반하거나 권리남용이라고 볼 것은 아니라고 하였다.[52]

또한, 確定判決에 의한 强制執行이 권리남용으로 되는가. 판례는 소송당사자가 허위의 주장으로 법원을 기망하는 등 부정한 방법으로 실체의 권리관계와 다른 내용의 확정판결을 취득하여 강제집행을 하는 경우, 취소의 원인이 있으나 취소되지 아니한 확정판결에 기한 강제집행으로 취득한 재산을 법률상 원인 없는 이득으로 반환을 구하는 행위는 정의관념에 반하거나 기판력에 저촉되는 주장으로 권리남용이 되는 것이라고 한다.[53]

---

50) 대판 2002.9.24, 2002재다487; 1997.12.23, 96재다226.
51) 대판 2002.5.31, 2002다17494.
52) 대판 2000.6.9, 99다70860.

4. 權利濫用의 효력

(1) 權利行使의 제한

권리행사가 권리의 남용이 되는 경우 권리행사가 제한된다. 권리남용으로서의 權利行使制限의 根據를 권리내부에서 파악할 것인가, 아니면 외부적 규정에 의한 제한이라 볼 것인가.

특히 우리 민법 제2조 제2항은 "권리는 남용하지 못한다."라고만 규정하였을 뿐이고, 구체적으로 어떤 경우에 어떤 요건 또는 표식으로 권리남용이 성립하는가를 정하고 있지 않는 점에서 문제된다.

학설·판례가 일치하지는 않으나 대체로는 권리 자체에 내포하는 내재적 한계로 파악한다. 따라서 권리는 그 자체에 내재하는 한계에서 그 행사에 정당성을 갖는 범위 내에서만 법의 보호를 받는 것으로 이해한다.[54]

(2) 權利本來效果의 배제

권리행사가 권리 본질에 반하여 남용이 되는 경우에는 권리 그 본래의 효과가 발생하지 않는다. 따라서 남용되는 권리의 행사가 청구권인 때에는 법은 이에 조력하지 않고, 형성권(예컨대, 계약해제권·취소권 등)인 때에는 목적한 법률효과는 발생하지 않는다.

또한, 권리는 그 자체의 권능에서 침해를 배제할 수 있는 것이지만, 그 침해의 배제가 권리남용이 되는 경우에는 그 행사가 제한된다(주로 토지소유권방해배제청구에 관하여 발생한다).

(3) 損害賠償責任 및 權利의 박탈

권리자의 권리남용이 특별히 상대방에 불법행위를 구성하는 경우에는 민법 제750조에 의한 손해배상청구권이 생긴다.

또한, 권리남용이 심한 경우에는 권리 자체가 박탈되는 경우가 있다. 예컨대 대리권남용에 따른 대리권박탈, 친권남용에 대한 친권의 박탈 등이 이것이며, 법률이 특별히 규정하고 있을 때 한한다(§924 참조).

---

53) 대판 2001.11.13, 99다32905.
54) 대결 1992.6.9, 91마500.

위 사례에서 자기의 정당한 권리행사는 권리남용이 아니라 함이 근대법의 태도이지만, 다만 오늘날은 주관적 요소를 불문하고 공익과의 관계에서 자기의 권리행사이익과 상대방에 미치는 손해를 객관적으로 비교하여 권리남용을 정한다.

설문 (1)에 관한 과거 일본판례는 철도노선의 철거청구에 대하여 강제로 이를 제거하게 된다면 그 지방에 있어서 중요 교통로에 장기에 걸쳐 현저한 불편과 위험을 초래하여 일반 공공의 이익을 저해할 뿐만 아니라, 당해 공사 또한 기술상 지극히 어려워 적지 않은 시일과 비용을 요하게 된다고 볼 수 있다고 하여 원상회복을 부정하였다(일대판 1938.10.26, 민집17권, 2057면).

설문 (2)의 B의 청구권행사가 권리남용이 되는 경우 그 행사가 제한됨은 물론이다. 그러나 권리존재 자체에 영향을 미치는 것은 아니므로 A의 B에 대한 불법행위 자체가 배척되는 것은 아니다. 따라서 A는 불법행위성립에 위법성조각이 없는 한 손해배상책임이 성립되고, 다만 A의 B토지에 대한 시설물은 지상권 또는 임차권으로서의 토지이용권을 취득하게 된다.

제 4 장 私權의 保護와 拋棄

제 1 절 私權의 保護

[23] Ⅰ. 私權의 保護概觀

(1) 私權의 事前保護制度
- 각종 담보제도
  - 인적담보 — 연대채무 · 보증채무, 중첩적 채무인수 등
  - 물적담보
    - 민법상 담보물권 — 유치권 · 질권 · 저당권
    - 변칙담보 — 양도담보 · 가등기담보
    - 채권계약에 의한 담보 — 환매 · 재매매예약 등
- 권리보전제도 — 채권자대위권 · 채권자취소권, 압류 · 가압류 등

(2) 私權의 事後救濟制度
- 공력(公力)구제 — 재판제도 · 조정제도
- 사력(私力)구제 — 자력구제제도

(1) 私權의 保護制度란 사권의 침해 또는 침해의 위험을 예방하거나 구제하는 제도를 말한다.

私權을 구제하기 위한 제도에는 그 침해에 대한 사전 또는 사후구제제도로 대별된다. 그 중 더욱 중요한 것은 사전구제제도이고, 그 대표적인 것이 민법상 각종 담보제도이다.

이와 같이 사권침해로부터 보호하기 위하여 권리자가 사전구제제도를 마련한 경우에는 이들의 권리에 의하여 보호될 것이지만 그렇지 못한 경우에는 그 침해에 대한 사후구제에 의할 수밖에 없게 된다.

(2) 사권의 사후구제의 방법에는 공력구제와 사력구제가 있다.

公力救濟는 권리자의 사권보호청구권을 통한 국가기관의 협력을 요하는 것이고, 私力救濟는 국가기관에 협력을 기다릴 것 없이 스스로 자기의 힘으로 권리를 보호 · 구제하는 제도이다. 그러나 민법은 공력구제를 당연한 것으로 하고 사력구제는 원칙적으로 인정하지 않는다.

[24] Ⅱ. 私權의 保護制度

1. 私權의 國家的 保護

(1) 裁判制度

재판제도란 권리가 침해된 경우에 법률이 정하는 절차에 따라 국가기관, 즉 법원에 대하여 그 보호를 구하는 제도이다.

법원은 권리자의 청구에 의하여 이를 판결하고 판결내용에 따라 강제집행을 하게 되나, 이것에 국한하지 않고 널리 장래의 강제집행을 보전하거나 권리관계에 따른 현재 위험의 방지 또는 그 현상을 유지하기 위하여 가압류·가처분을 인정한다.

- 권리의 현실적 실행 — 강제이행
- 권리보전제도
  - 강제집행의 보전제도
  - 현존권리관계의 위험방지·예방 — 가압류·가처분

(2) 調停制度

조정제도는 판사 및 특별한 지식·경험이 있는 자로써 구성되는 조정위원회가 분쟁당사자를 중재해서 그들의 주장을 서로 양보케 하고, 필요한 경우 중재자의 의견을 제시하여 당사자를 설득하여 합의케 함으로써 분쟁을 원만한 방법으로 이끄는 절차이다.

이러한 調停制度는 분쟁을 간이·신속하게 해결하여 시간과 경비를 절약하고, 엄격한 법규의 적용에 의한 불합리한 점을 제거하며, 당사자간의 상호 양보를 통하여 감정의 대립을 방지케 함으로써 영속적인 법률관계의 분쟁해결에 적합한 장점을 가진다. 그러나 조정제도는 재판에 의한 구제와 같은 확실성이 없는 단점도 없지 않다.

- 장점
  - ㉠ 신속한 해결로 시간과 경비를 절약
  - ㉡ 엄격한 법규적용의 불합리 제거
  - ㉢ 영속적 법률관계의 분쟁해결에 적합
- 단점 — 확실성이 결여

2. 私權의 私法的 保護

⑴ 民法上 擔保制度

사권침해에 대한 사전 예방 또는 구제제도로서 담보제도에는 크게 인적 담보와 물적 담보로 나누어진다.

㈎ 인적 담보 　人的擔保는 채무자 또는 제3자의 일반재산으로 채권을 담보케 하는 제도로서 보증채무와 연대채무가 그 대표적인 것이다. 그러나 이것에 국한하지 않고, 약정불가분채무 · 중첩적 채무인수 · 채권담보를 위한 채권양도 등도 이에 속한다.

人的擔保制度는 채무자 또는 제3자의 일반재산을 신용하여 채권을 담보케 함으로 담보권의 범위가 넓고 설정이 용이하지만 확실성이 없는 단점이 있다.

(ㄱ) **保證債務 :** 보증채무는 주채무자가 그의 채무를 이행하지 아니한 경우 이를 대신 이행하기 위하여 보증인이 종된 채무를 부담하는 제도이다(§428).

보증채무는 인적 담보의 전형적인 것이나, 주된 채무자에 대한 보충성을 가지고 보증인에의 항변권이 주어지므로 담보력이 약하다. 그러나 連帶保證債務의 경우에는 부종성은 있으나 보충성이 없으므로 보통보증채무에서 보다 강한 담보력이 확보된다.

(ㄴ) **連帶債務 :** 연대채무는 수인의 채무자가 동일한 내용의 급부를 하여야 할 채무를 부담하는 채무이며(§413), 인적 담보로서 가장 강한 담보제도이다. 그러나 연대채무자 각자가 직접 채무자라는 점에서 담보로서 의미가 적으나 다만 연대차무자 중 어느 특정채무자에 실질적 자력을 고려하여 성립한 때에는 인적 담보로서 실질을 가진다.

(ㄷ) **約定不可分債務 :** 약정불가분채무는 채무자가 다수인 경우 급부목적물이 성질상 可分임에도 불구하고 당사자의 약정으로 不可分給付로 이행할 것을 목적으로 한 채무로서 전채무자의 총자력에서 담보되므로 담보력이 강화된다.

(ㄹ) **重疊的 債務引受 :** 중첩적 채무인수는 구채무가 채무자로부터 이탈하지 않은 채 이와 병존하여 인수인이 동일채무를 부담하는 채무인수이다.

채무인수는 원칙적으로 면책적 채무인수로 되나 당사자약정에 의하여 중첩적 채무인수로 한 때에는 실질이 채권담보로 활용된다.

(ㅁ) **債權擔保를 위한 債權讓渡 :** 채권담보를 위한 채권양도는 채권자가 채무자에 대하여 가지는 채권을 자기채권의 담보를 위하여 양도하는 것이다.

(나) 물적 담보 物的擔保는 채무자 또는 제3자의 특정재산에 대하여 담보권을 설정하고 후일 채무자가 채무를 이행하지 않는 경우에는 채권자가 직접 그 목적물로부터 교환가치를 파악하여 자기채권에 충당하는 제도이다.

物的擔保制度에는 민법상 인정된 유치권·질권·저당권 외에 변칙적 담보로서 양도담보·가등기담보·환매·재매매예약 등이 있다.

물적 담보제도는 담보권으로 제공된 특정재산에 대하여만 행사되므로 담보권의 범위가 좁고, 설정이 복잡한 것이 단점이나 확실성이 주어지는 점은 우수하다.

(ㄱ) **法定擔保物權 :** 약정담보물권은 타인물건에 관하여 생긴 채권의 변제를 받을 때까지 그 물건을 유치하는 留置權과 일정한 채권에 관한 채무자의 일정 재산(임차권에서의 임차인소유의 건물 또는 부속물)으로부터 우선변제를 받는 法定質權·法定抵當權이 있다.

(ㄴ) **約定擔保物權 :** 약정담보물권은 질권·저당권이 있다.

質權은 채권자가 목적물을 점유하여 그 물건으로부터의 우선변제를 받는 권리(§329)로서 동산과 권리상에 성립하는 약정담보물권이다.

抵當權은 물건의 교환가치만을 파악하여 목적물상 우선변제를 받는 가장 전형적 담보물권이며 부동산과 그 외에 공시방법이 확보된 동산 및 지상물에 성립한다.

(ㄷ) **權利移轉의 형식에 의한 물적 담보**

(a) 讓渡擔保 : 양도담보는 채권담보를 위하여 법률적 수단으로서 목적물의 소유권을 이전하는 담보제도이며 판례가 인정한 담보제도이다.

양도담보가 행하여지는 것은 동산에 저당권설정의 실질을 가지게 하거나(기업재산의 담보화) 채권자의 담보권설정 또는 실행절차의 간이화를 위하여 인정된다. 그러나 탈법적 수단의 의미를 가질 뿐만 아니라, 특히 부동산의 경우에는 가등기담보법의 적용으로 그 실익이 감소된다.

(b) 還 買 : 환매란 매매계약체결당시 특약으로 매수인이 유보한 환매권을 행사함으로써 일단 목적물을 반환받는 일종의 해제조건부매매를 말한다.

환매는 전형적인 매도담보이지만 민법상 그 설정과 행사기간 등에 제한이 있으므로 그 실질에서는 널리 활용되고 있지 않다.

(c) 再賣買豫約 : 재매매예약은 환매의 법률적 제약을 피하기 위하여 이용되는 일종의 환매담보를 말한다.

재매매예약은 환매계약과는 달리 반드시 매매계약체결의 내용으로 하여야 하는 것은 아니고 그 대금도 처음부터 결정되는 것이 아니므로 대체로 환매에서보다 담보설정의 범위가 넓고 용이하다.

(2) 物權 또는 債權상 권리행사

(가) 물권적 청구권의 행사 침해된 사권의 내용이 소유권이나 점유권과 같은 물권인 경우에 그 내용을 적극적으로 실현시키는 보호·구제제도이며, 현재의 침해는 물론이고 장래의 방해 또는 침해를 예방하기 위하여도 인정된다.

(나) 현실적 이행 및 손해배상의 청구 침해된 사권의 내용이 채권인 경우에 그 내용을 적극적으로 실현시키는 보호·구제제도, 즉 채무불이행이 있는 경우 채권자가 강제이행을 청구하는 것(§389 참조)과 사권의 실현을 방해한 자를 위법행위로 다루어 그 발생한 손해의 원상회복 또는 배상을 청구하는 제도이며, 민법 중 채권편에서 손해배상만을 규정한다(§390·§750 이하 참조).

3. 私權의 自力救濟

乙이 점유하는 자전거를 甲이 부정히 침탈하였는데 그것을 후일 乙이 자력으로 이를 탈환하였다. 이 경우 甲과 乙은 어떠한 지위에 놓이는가.

(1) 최초의 침탈자 甲에게 점유물반환청구권이 인정되는가.

(2) 만일 甲에게 점유물반환청구권이 부정된다면 乙은 어느 때까지 甲으로부터점유물을 탈환할 수 있는가.

---

(1) 自力救濟의 의의와 민법태도

自力救濟란 사권의 보전을 위한 국가기관의 구제를 기다릴 수 없는 긴급한 사정이 있는 경우에 권리자 자신의 자력으로써 구제하는 행위이며, 자력행위 또는 자구행위라고도 한다.

自力救濟는 정당방위·긴급피난과 더불어 사력구제행위이지만, 민법은 정당방위와 긴급피난이 불법행위를 구성하지 않는다는 규정을 두고 있을 뿐이고(§761 참조), 이에 대한 일반규정은 두고 있지 아니한다.

다만, 민법 제209조 제1항은 "점유자가 점유를 부정히 침탈 또는 방해하는 행위에 대하여 자력으로 이를 방위할 수 있다."라고 규정하고, 제2항은 "점유물이 침해되었을 경우, 점유자는 부동산일 때에는 침탈 후 直時 가해자를 배제하여 이를 탈환할 수 있고, 동산일 경우에는 현장에서 또는 추적하여 가해자로부터 탈환할 수 있다."라고 하여 점유침탈의 경우 예외적으로 자력구제를 인정한다. 그러므로 점유권의 침해에는 동조 규정의 범위에서 자력구제가 인정됨은 의문이 없지만, 그 외에 권리일반에 관하여도 자력구제를 인정할 것인가.

학설·판례는 권리보전을 위한 필요에서 일반적으로 이를 긍정한다. 그러나 그 이론적 근거에 관하여 형법상 정당방위·긴급피난의 규정을 유추 적용할 것인가. 아니면 형법 제23조가 청구권일반에 관한 자력구제를 인정하여 위법성 조각사유의 하나로 하고 있는 점에 근거할 것인가.

최근의 학설은 민법이 정당방위·긴급피난행위로 인한 가해행위에 위법성을 조각하여 손해배상책임을 배척하고 있는 점에 근거하여 전자의 의미로 해석하는데 대체로 견해가 대체로 일치한다.

(2) 自力救濟權의 행사범위

점유권 이외의 권리에 자력구제를 인정할 때 그 행사범위를 청구권보전의 범위로 볼 것인가. 아니면 널리 권리보전의 범위로 볼 것인가. 강제이행절차와 관련하여 견해가 대립한다.

소수설은 자력구제가 사후구제란 점에서 청구권보전에 국한해야 할 것이라고 하나,[55] 다수설은 자력구제를 인정하는 취지를 고려하여 권리보전을 위한 일반적 범위에서 인정해야 할 것이라고 한다.

위 사례에서 통설·판례에 의하면 甲이 乙로부터 자전거를 침탈한 경우에 乙이 즉시 그 자전거를 자력으로 탈환하면 민법 제209조의 자력구제권의 행사로서 합법적으로 행사한 것이 되고, 즉시는 아니지만 점유를 침탈당한 날로부터 1년 내 탈환하면 乙의 위법한 행사로서 甲은 이에 대한 점유자의 자력구제권을 가지지만 이로 인한 점유보호의 소를 제기할 수는 없는 것이 된다.

왜냐하면, 乙이 점유소권을 가지는 동안에는 소송경제상 甲의 청구를 부정하기 때문이다. 그러나 乙의 점유침탈이 1년이 지난 경우에는 甲은 乙의 탈환에 대한 자력구제권은 물론 점유보호청구의 소를 제기할 수 있게 되고 乙은 이에 대한 반소로는 거절할 수 없지만 別件의 訴로서 청구하는 것은 가능하다.

---

55) 곽윤직 70면, 130면(1995).

제 2 절 私權의 抛棄

[25] Ⅰ. 私權抛棄의 槪念

1. 私權抛棄의 의의

(1) 私權의 抛棄는 권리자가 일방적인 의사표시에 의하여 자기권리를 타인에게 양도함이 없이 처분하는 단독행위이다.

(2) 私權의 抛棄는 사권행사 부인과는 구별된다. 私權行使否認의 意思는 권리의 소멸을 의미하지 않고 상대방에게 항변권을 가지게 하는데 불과하나, 私權의 抛棄는 권리자의 일방적 의사에 의한 상대방 없는 단독행위로서 권리의 소멸원인이 된다.

2. 私權抛棄의 동기

(1) 私權抛棄의 자유

私權은 권리행사자유의 원칙이 지배된다. 따라서 私權은 자기에 정당한 이익이 있는 범위 내 행사로 비록 타인에게 손해를 가한 경우에도 불법행위를 구성하지 아니함이 원칙이다.

또한, 그 私權의 抛棄도 권리자의 자유의사에 의함이 원칙이다. 그러나 오늘날에서는 권리의 행사가 그 권리의 사회성·공공성의 요청에 의한 제한을 받는 것과 같이 권리의 포기에도 성질상 일정한 제한이 가하여지고 있다.

(2) 私權抛棄의 사회적 의의와 동기

(가) 권리자의 이익보호　권리자가 권리를 가지는 것보다 포기함으로써 오히려 유익한 경우에는 권리를 포기함이 필요하다. 예컨대 상속에 있어서의 피상속인의 채무가 과대한 경우에는 이를 포기함으로써 상속인에 유리하게 된다.

(나) 사권포기의 다양성　포기권자의 포기동기는 다양하다. 따라서 권리자의 권리포기에 대한 동기는 불문한다.

[26] Ⅲ. 私權의 抛棄性과 抛棄權의 行使

1. 私權의 抛棄性

(1) 支配權의 포기

支配權 중 물권·무체재산권 등 재산권적 성질의 지배권은 포기가 가능하나 인격권·신분권으로서의 지배권은 포기하지 못한다.

또한, 物權의 抛棄에 물권의 성질 또는 공시제도로 인하여 다음의 요건을 갖춤으로써 효력이 생긴다.

① 동산물권의 포기 — 권리포기의 물권적 의사표시와 점유의 포기
② 부동산물권의 포기 — 물권적 의사 + 등기(말소등기)
③ 점유권의 포기 — 점유포기의사와 사실적 지배의 포기
④ 담보물권의 포기 — 피담보채권의 포기로 소멸
⑤ 유치권과 동산질권의 포기 — 점유의 포기만으로 소멸

(2) 請求權의 포기

청구권은 재산권이므로 원칙적으로 포기할 수 있다.

債權的 請求權의 포기는 일종의 채무면제이며 채권자의 일방적 의사표시로 효력이 생기고, 物權的 請求權은 청구권의 일종이지만 물권에 의존하는 권리이므로 그 물권과 분리하여 포기하지 못한다.

또한, 가족법상 청구권이나 부양청구권 등은 성질상 포기하지 못한다.

(3) 形成權의 포기

형성권은 재산권이며 원칙적으로 포기할 수 있고, '해제권의 포기'는 그 전형적인 예이다.

또한 취소할 수 있는 법률행위의 추인은 취소권의 포기이며, 상대적소멸설에 의한 소멸시효이익의 포기는 형성권의 포기이다.

(4) 抗辯權의 포기

抗辯權의 포기는 상대방의 청구에 대한 주장권의 포기, 즉 원용권의 포기이며, 항구적 또는 연기적 항변권의 포기로 권리는 소멸한다.

2. 私權拋棄權의 행사

(1) 사권의 포기는 권리자의 단독적 의사표시에 의함이 원칙이다. 그러나 권리에 일정한 공시방법을 갖추고 있는 경우에는 그 공시방법을 제거하여야 한다. 따라서 動產의 경우에는 점유의 포기, 不動產의 경우에는 말소등기를 하여야 한다.

(2) 사권의 포기는 권리의 소멸원인이다. 또한 권리소멸의 효력은 비소급적 소멸이 원칙이지만, 상속의 포기에는 소급효를 가진다.

[27] Ⅳ. 私權拋棄의 制限

1. 民法 제103조에 의한 제한

(1) 人格權의 포기제한

인격권은 권리의 주체와 분리할 수 없는 인격적 이익을 내용으로 하는 권리로써 모든 권리의 단체적 권리라고 하여 포기를 제한한다.

다만, 屍體에 대한 권리는 그 성질상 특수소유권설과 관습상관리권설이 대립되나 어느 설에 의하든 그 권리를 포기할 수 없다는데 견해가 일치한다.

(2) 身分權의 포기제한

신분권은 당사자의 이익을 위한 것보다 국가·사회의 신분적 질서유지를 목적으로 한 권리이므로 포기할 수 없음이 원칙이다.

또한, 身分權은 그 자체의 특질에서 양도 또는 포기가 제한될 뿐만 아니라, 특히 권리 그 자체가 타인의 이익을 목적으로 하는 때에는 그 행사의무가 권리 그 자체에 내재하게 된다.

- ① 보호·양육의 권리·의무(§913, §945)
- ② 부양청구권의 포기 제한(§979)
- ③ 인지청구권 — 명문 규정은 없으나 포기할 수 없는 권리라고 본다.

2. 第三者權利에 의한 제한

(1) 포기하려는 권리가 제3자 권리의 목적이 된 때에는 그 권리자의 동의 없이는 포기하지 못한다.

① 임대차의 건물상에 저당권자가 있는 경우의 그 임차권의 포기(§642)
② 채권이 압류되거나 질권의 목적으로 된 경우
③ 소유권상 질권 · 저당권 · 전세권 · 지상권 등 제한물권이 설정된 경우

(2) 제3자 권리의 목적인 권리에 그 권리자의 동의 없이 포기하지 못하게 한 것은 그 권리자의 권리를 신뢰하여 성립한 목적물상 제3자의 권리를 보호하기 위한 당연한 제한이다.

제 2 편
權利의 主體와 客體

제 1 장 權利能力總說 / 108
제 2 장 自然人 / 113
제 3 장 法 人 / 188
제 4 장 私權의 對象 / 279

제 1 장 權利能力總說

제 1 절 權利能力의 概念

[28] Ⅰ. 權利能力의 意義

1. 權利能力의 法律的 概念

(1) 權利能力(Rechtsfähigkeit)이란 권리와 의무의 주체가 될 수 있는 법률상 지위 또는 자격을 말하고 단순히 인격(Persönlichkeit)이라고도 한다.

민법은 법률상 일정한 사항에 관한 사람의 지위 내지는 자격을 能力이란 말로 표현한다. 예컨대 권리의 주체가 될 수 있는 능력을 權利能力, 유효한 법률행위를 할 수 있는 능력을 行爲能力이라고 하고, 특히 불법행위로 인한 책임을 질 수 있는 능력을 責任能力 또는 不法行爲能力이라고 한다.

(2) 권리능력은 권리주체가 될 수 있는 추상적 · 잠재적인 법률상 지위이며, 구체적 권능인 권리 및 당사자능력 등과 구별된다.

(가) 權利란 法에 의하여 주어진 力(권리법력설)이며, 권리능력을 가진 자만이 권리를 가지나 권리능력 자체가 권리인 것은 아니다.

(나) 當事者能力(Parteifähigkeit)이란 민사소송상 당사자가 될 수 있는 일반적 지위 또는 자격이며, 누구를 당사자로 하는 것이 분쟁해결에 가장 적절한가를 기준으로 정함으로 권리능력과 반드시 일치하는 것은 아니다.

민법상 권리능력자인 自然人과 法人은 원칙적으로 당사자능력을 가지나(민소법 §47) 이것에 한하지 않고 法人아닌 社團 또는 財團도 대표자 또는 관리인이 있으면 당사자가 될 수 있다(동법 §48).

2. 權利能力의 社會的 槪念

모든 自然人은 평등한 권리능력을 가진다. 사람에 대한 권리능력을 인정하는 것은 개인의 존엄과 가치로부터 당연히 도출되는 것이며(생존기능화설) 권리능력은 사적자치의 대전제이므로 사람의 권리능력은 헌법이나 법률로도 이를 제한할 수 없다. 따라서 우리 憲法 제10조는 "개인의 존엄과 가치를 보장"하고, 나아가 제11조는 "모든 국민은 법 앞에 평등하다. 누구든지 성별 · 종교 · 신분에 따라 차별대우를 받지 아니함"을 선언한다. 뿐만 아니라, 개정 민법(안) 제1조의 2는 "인간의 존엄과 자율"을 선언하고, 제3조는 "사람은 생존하는 동안 권리 · 의무의 주체가 된다."라고 규정하여 권리능력평등의 원칙을 선언한다.

이와 같이 近代法이 모든 사람에게 인간의 존엄과 권리능력평등의 원칙을 선언하고 있으나, 다만 권리능력제도의 사회적 기능을 어떻게 파악할 것인가. 종래 학설은 인간의 존엄과 가치권에 바탕한 生存能力槪念으로 파악하거나,[1] 行爲能力槪念으로 파악하였다.[2] 그러나 최근의 유력설은 生存機能化說이 인간의 생존능력 이전에 권리능력개념을 파악해야 할 것이란 점에서 또한 行爲能力機能化說은 권리능력이 행위능력과 구별된 개념이란 점에서 각각 비판하고, 전통적인 권리능력개념은 선언적 기능과 권리귀속의 위치확정기능을 갖는 소위 사적자치원칙의 대전제인 불가변적 가치요소라고 한다.[3]

[29] Ⅱ. 權利能力規定의 性格

(1) 權利能力에 관한 민법규정은 强行規定이다. 따라서 민법상 권리능력에 관한 제도는 자연인이나 법인을 묻지 않고 그 시대의 사회적 · 경제적 또는 법률적 사상에 입각할 뿐만 아니라, 일반 거래관계에 직접적인 영향을 미치는 것이

---

1) 곽윤직 73면, 135면(1995); 그 근거로서 법인격의 본체가 신분으로부터 인격으로, 다시 인격으로부터 인간으로 전환되어 왔고, 나아가 인간으로부터 제도로 전환되고 있음을 든다.

2) 行爲機能化說은 권리능력을 「유효한 행위를 할 수 있는 법적 능력」으로 정의하고, 다만 嬰兒는 스스로 유효한 행위를 할 수 없으므로 사자나 대리인에 의하여 행할 뿐이라고 한다(권리능력상대성이론).

3) 이영준 721면, 이은영 126면; Medicus, RdNr, p.1040.

므로 그 유효·광협·시종에 관한 규정은 모두 강행규정이다.

(2) 權利能力은 이를 抛棄하거나 制限하지 못한다. 이는 권리능력개념의 천부인권성에 근거하며, 입법례에 따라서는 권리능력과 행위능력의 전부 또는 일부를 포기 또는 제한할 수 없음을 명문으로 규정하기도 한다(스위스민법 §27 참조).

제 2 절 權利能力關係

[30] Ⅰ. 權利의 主體

1. 權利·義務能力

(1) 권리는 본질상 그 귀속권자 없이 존재할 수 없다. 일반적으로 권리가 귀속하는 주체를 권리주체(Rechtssubjekt), 의무가 귀속하는 주체를 의무주체(Pflichtssubjekt)라고 하고, 권리와 의무의 주체가 될 수 있는 지위 또는 자격을 지칭하여 권리능력 또는 의무능력이라고 한다.

(2) 權利能力者는 동시에 義務能力者로서 양자는 상호 대립적 개념이지만, 오늘날 법의 구성은 의무본위에서 권리본위로 구성되어 있다. 그러므로 통상 권리·의무의 귀속주체를 권리능력자라고 한다.

권리주체(Rechtssubjekte) — 권리능력자
의무주체(Pflichtssubjekte) — 의무능력자

2. 權利·義務能力者

(1) 自然人과 法人

(가) 민법상 권리·의무의 귀속자, 즉 權利能力者는 자연인과 법인에 한정된다.
(ㄱ) 自然人은 생체를 가진 자연적 인격체(natürliche Person)로서 평등한 권리·의무의 주체가 된다. 따라서 자연인은 출생한 이상 예외 없이 권리능력을

갖게 되고 또한 권리능력의 범위에도 제한이 없다. 즉 자연인은 권리능력평등의 원칙이 지배된다.

(ㄴ) 法人은 일정한 목적을 위하여 결합된 목적적 인격체(juristische Person)이다. 따라서 법인은 자연인과는 달리 예외적·한정적 인격체이므로 법인에는 자연인에서와 같은 권리능력평등의 원칙은 적용되지 않는다.

┌ 자연인 — 모든 사람에 인정(§3 ; 권리능력평등의 원칙)
└ 법 인 — 법에 의하여 예외적으로 인정(예외적·목적적 인격체)

(나) 法人아닌 社團과 財團도 권리능력을 갖는가. 통설과 판례는 부정한다. 따라서 법인 아닌 단체는 권리능력을 갖는 것은 아니지만 실정법상 형식적 당사자능력이 인정되는데 불과하다. 그러나 견해 중에는 실정법상 당사자능력 및 등기능력이 인정되므로 그 반사적 효과로서 권리능력을 갖는 것이라고 하고,[4] 종래의 판례 또한 법인 아닌 단체에 당사자능력 또는 독립한 사회생활단위를 인정하여 권리능력을 인정하였다.[5]

(2) 能力의 範圍

(가) 자연인 모든 自然人은 권리능력평등의 원칙이 지배되고 또한 무제한적 권리능력의 주체가 된다. 민법은 자연인에 권리능력을 제한하는 일반적 규정은 두고 있지 아니하므로 자연인은 재산권뿐만 아니라 신분권·인격권 등을 망라한 모든 권리의 귀속주체가 된다. 다만 특별법상 일정한 자격을 가진 자에만 권리능력을 부여하는 경우가 있지만 이는 공법상 제한에 불과하다.

또한, 權利能力平等의 原則에 관하여도 민법 제3조는 “사람은 生存하는 동안 권리와 의무의 주체가 된다.”라고 하여, 근대법제에서와 같이 모든 사람은 출생에서부터 사망에 이르기까지 평등하게 권리·의무의 주체가 됨을 선언한다.

(나) 법 인 法人은 일정한 목적을 위해 결합된 목적체로서 각개 法人의 目的이 정한 한정된 범위에서 권리능력의 주체가 된다. 따라서 法人은 목적적 인격체로서 자연인에서와 같이 권리능력평등의 원칙에 지배되지 않고, 또한 무제한적으로 권리능력을 가지는 것도 아니다.

---

4) 고상룡 263면, 김상용 284면.

5) 대판 1964.6.2, 63다856; 1962.5.10, 4294행상102.

[31] Ⅱ. 權利의 客體

(1) 권리의 주체와 객체는 서로 대립하는 개념으로서 權利의 客體는 곧 권리의 대상을 의미한다.

권리의 주체와 객체는 구별된다. 따라서 권리주체는 권리의 주체일 뿐이지 권리의 객체로는 되지 않음이 원칙이다.

(2) 권리의 대상인 客體는 권리의 종류에 따라 구체적으로 정하여 진다. 따라서 권리의 객체는 권리의 종류만큼 있게 된다.

그러나 사람의 생활관계는 주로 재화의 취득을 대상으로 하므로 권리의 객체라고 하면 통상 物件을 지칭한다.

제 2 장 自 然 人

제 1 절 自然人의 權利能力

[32] Ⅰ. 權利能力始期와 終期

1. 權利能力의 始期

(1) 出生에 의한 취득

自然人의 권리능력은 出生으로 발생한다. 민법 제3조는 "사람은 생존한 동안 권리와 의무의 주체가 된다."라고 규정하여 이를 명백히 하고 있다. 따라서 사람은 出生한 때로부터 권리능력을 취득하고, 아직 출생하지 않은 태아에는 권리능력이 인정되지 않는다.

(가) 출생의 시기 자연인의 출생시기에 관한 결정은 태아가 사람이 되어서 권리능력을 취득하는 始期를 정하는데 있어서 뿐만 아니라, 死産인지 살아서 출생한 후 사망한 것인지를 결정하는데도 대단히 중요하다.

自然人의 出生始期를 결정하는 학설에는 진통설・일부노출설・전부노출설・독립호흡설이 있다. 그러나 진통설이나 일부노출설은 민법상 그 출생의 시점을 정하는데 적절하지 못하고 또한 독립호흡설 역시 독립호흡의 인정기준이 애매할 뿐 아니라, 뇌파나 심장의 박동이 있는데도 호흡이 없다는 이유로 死亡으로 다루는 것은 부당한 점을 들어 전부노출설을 취하는데 견해가 일치한다. 그러므로 자연인의 민법상 권리능력 취득시기는 출생의 완료, 즉 태아가 모체로부터 전부노출한 때를 기준으로 정하며, 출생으로 당연히 권리능력을 취득한다.

(나) 출생의 신고 출생은 1월내 이를 신고하여야 하고(호적법 §49, §51) 이를 지체할 때에는 과태료의 처분을 받는다(동법 §130).

권리능력은 出生이라는 사실로 취득한다.[1] 따라서 출생신고에 의한 호적의

---

1) 판례는 호적부에 기재된 사실은 사실에 부합되는 것으로 추정받으나 그 기재사실에 반하는

기재는 출생의 사실을 증명하는 자료일 뿐이며, 권리능력의 취득요건은 아니다.

⑵ 權利能力平等의 原則

자연인의 권리능력은 出生만에 의하여 취득되고 출생한 이상 모두 평등하게 제한 없이 권리능력을 취득한다. 이를 自然人의 權利能力平等의 原則이라고 하며, 불가변적 원칙이다.

2. 權利能力終期

⑴ 死亡에 의한 소멸

사람은 생존하는 동안 권리·의무의 주체가 된다(§3). 그러므로 자연인의 권리능력은 사망으로 인하여 소멸한다. 여기서 死亡이란 인간생명체의 절대적 소멸을 의미하며, 사망이라는 사실만으로 권리능력이 당연히 소멸한다.

자연인의 死亡時期는 상속·유언의 효력발생·잔존 배우자의 재혼·보험금청구권의 발생·연금 등 관계에서 출생의 시기보다 중요하다.

㈎ 사망의 시기　자연인의 사망시기에 관하여 心臟搏動停止說은 호흡과 심장의 박동이 정지한 때를 기준으로 정할 것이라고 하나, 현대 의학상 장기이식과 관련하여 腦死說이 주장된다. 그러나 뇌사의 판단은 전문의학적 판단이 요구되므로 일반적 사망의 시점으로 정하기는 어렵고, 또한 인간의 존엄과 가치권을 침해할 소지가 있어 자연인의 사망은 호흡의 정지로 인한 심장의 박동이 정지한 때, 즉 심장의 기능이 회복 불가능한 상태로 정지된 때로 한다. 따라서 뇌사는 특별한 사정에 의한 전문의학적 판정에서만 사망으로 다루어진다.

㈏ 사망의 신고　사망은 1월내 이를 신고하여야 하고, 이를 해태한 때에는 과태료의 제재를 받는다(호적법 §130).

⑵ 死亡의 의제

㈎ 死亡의 증명은 일단 호적부의 기재로써 행하여지지만, 반증에 의하여 전복될 수 있는 점은 출생신고의 경우와 같다.

㈏ 死亡은 자연인의 권리능력을 소멸케 하는 유일한 원인이지만, 때로는 그 증명이나 확정이 곤란한 경우가 적지 않다. 민법은 이러한 경우를 대비하여 특

증거에 의하여 그 추정은 전복할 수 있는 것이라고 한다(대판 1978.11.1, 78다1670·1671).

별한 사망제도, 즉 동시사망의 추정, 인정사망, 실종선고제도를 두고 있다.

이들 중 失踪宣告制度는 일정기간 동안 생사불명인 자의 권리관계를 확정하기 위하여 일정범위 내에서 사망으로 의제하는 제도이고, 認定死亡制度는 호적상 특례제도이나 어느 것도 자연인의 권리능력을 박탈하는 것은 아니다.

① 동시사망의 추정(§30) —— 본래 의미의 사망(권리능력의 박탈)
② 인정사망(호적법 §90) ┐ 법률상 의제사망(권리능력박탈 불가능)
③ 실종선고(§27, §29) ┘

[33] Ⅱ. 胎兒의 權利能力

甲의 처 乙은 건널목을 지나다 만취한 A회사 운전기사 丙의 자동차에 치어 사망하였다. 그런데 당시 乙은 임신 8개월이었고 태아 또한 사산되었다. 이 경우 甲은 처 丙의 사망으로 인한 위자료 및 재산상 손해와 태아사망에 따른 위자료 및 재산상 손해배상을 청구하였다. 甲의 청구는 인용될 수 있는가.

1. 胎兒保護의 필요성

사람은 생존하는 동안 권리능력을 가지므로(§3) 출생 이전의 상태에 있는 태아로서는 권리능력을 갖지 못한다. 따라서 태아에는 대리인을 둘 수 없고, 설사 母를 태아의 대리인으로 한다고 하더라도 모가 대리한 법률행위의 효력은 태아에 귀속하지 못한다.

또한, 태아인 동안에 父가 사망하더라도 태아는 상속권이 없고, 父가 살해당하거나 기타 태아 자신이 불법행위를 받은 경우에도 출생 후 태아는 손해배상을 청구할 수 없게 된다. 이러한 결과는 출생하는 태아에 매우 불이익할 뿐만 아니라, 사회통념에도 반한다. 따라서 각국의 입법은 장래 출생할 태아의 보호를 위하여 약간의 예외를 주고 있다.

2. 胎兒의 保護立法

(1) 胎兒保護의 입법주의

(가) 胎兒의 保護立法에는 일반적 보호주의와 개별적 보호주의가 있다.

一般的 保護主義는 태아의 권리능력이 문제되는 경우 일반적으로 태아를 출생한 것으로 다루는 주의이고, 로마법·스위스민법 등이 이를 취한다.

個別的 保護主義는 일정 법률관계에서만 개별적으로 출생한 것으로 다루는 주의이고, 독일민법·프랑스민법 등이 이를 취한다.

(나) 양 입법주의 중 一般的 保護主義는 태아의 이익을 망라하여 보호하는 점에서 좋으나 구체적인 경우에 과연 어떤 범위에서 출생한 것으로 볼 것인가라는 어려운 해석문제를 남기는 단점이 있다.

또한, 個別的 保護主義는 입법상 불비(필요사항의 누락)가 있는 경우 태아보호에 불완전한 느낌을 주지만 적용범위가 명확하여 법조적용에 편리한 점이 있다. 따라서 대개의 입법례는 전자에서 보다는 후자를 따른다.

⑵ 民法의 태도

(가) 개별적보호주의 우리 민법은 태아의 보호입법에 대한 다수의 입법례에 따라 個別的 保護主義를 채택하고 있다. 따라서 민법이 규정한 태아의 권리능력은 다음의 범위에 한정된다.

(ㄱ) 不法行爲에 기한 損害賠償請求權 : 태아는 불법행위로 인한 손해배상청구권에 대하여 이미 출생한 것으로 본다(§762).

판례는 불법행위로 인한 손해배상청구권 중 직계존속의 생명침해에 대한 위자료청구권(§752)과 모체에 대한 위법한 약물투여로 인한 태아가 기형으로 된 경우와 같이 태아 자신이 입은 불법행위에 대한 손해배상청구권을 의미하는 것으로 본다.[2)]

다만, 이때 損害賠償請求權은 불법행위로 인한 손해배상청구권에 한정되고 그 외에 위법행위, 즉 채무불이행으로 인한 손해배상청구권에는 적용되지 않는다.

(ㄴ) 相續에서의 상속순위 및 代襲相續 : 태아는 상속순위에 관하여 이미 출생한 것으로 본다(§1000 ③, 유류분 포함).

또한, 피상속인의 직계비속·직계존속·형제자매로서 상속인이 될 자의 직계비속 또는 형제자매가 상속개시 전에 사망하거나 결격이 된 경우에 그 직계비속이 있는 때에는 그 직계비속이 사망하거나 결격이 된 자의 순위에 갈음하여 상속인이 되고, 이때 직계비속에는 태아를 포함한다(§1001).

---

2) 대판 1967.9.26, 67다1984 ; 1968.3.5, 67다2869.

(ㄷ) **遺 贈** : 상속의 순위(§1000)와 상속인의 결격(§1004)에 관한 규정은 수증자에 준용한다(§1064에 의한 §1000 ③준용). 따라서 태아는 이미 출생한 것으로 보아 유증을 받을 수 있다.

(ㄹ) **死因贈與** : 태아의 死因贈與에 권리능력을 인정할 것인가. 다수설은 유증과는 달리 사인증여는 상속재산에서 출연되는 점에서 유증과 공통되고 민법은 유증에 관한 규정을 준용하고(§562) 있는 점에서 긍정한다. 그러나 소수설은 遺贈은 무상의 단독행위지만 死因贈與는 사후 효력발생을 요건으로 하는 증여계약이므로 성질을 달리하고 또한 태아에 법정대리제도를 두지 않는 현행 민법에서는 그 실익이 없을 것이라고 하고.[3] 판례 또한 사인증여는 계약이고, 유증은 단독행위이므로 유증에 관한 규정이 빠짐없이 사인증여에도 그대로 적용될 수 없는 것이라고 하여 부정한다.[4]

① 불법행위로 인한 손해배상청구권(§762)
② 재산상속권(§1000 ③) 및 대습상속(§1001, §1000 ③)
③ 유증(§1064에 의한 §988, §1000 ③ 준용)
④ 사인증여(§562에 의한 §1064 준용)

(나) 능력범위의 확장　태아의 認知請求權과 受贈能力을 인정할 것인가. 민법은 胎兒의 인지청구권과 수증능력에 관하여 규정하고 있지 아니하므로 견해가 대립한다.

肯定說은 우리 민법은 태아의 보호입법에 관하여 개별적 보호주의를 취하므로 그 보호가 망라적이지 못한 것이 단점이고, 이것은 입법상 한계라고 한다. 따라서 민법상 보호규정은 원칙규정에 불과하므로 이를 기초로 유추 적용할 것이라고 한다(곽윤직 76면, 이은영 134면; Enneccerus-Nipperdey, §84.Ⅱ3).

否定說은 우리 민법은 태아의 보호입법에 개별적 보호주의를 취하고 있는 취지에서 이들에 명문의 규정이 없는 이상 인정될 수 없는 것이라고 한다(김학동 102면, 김용한 106면, 이영준 725면, 김상용 142면, 백태승 126면; Larenz, §11.Ⅱ).

다수설은 민법은 태아의 보호입법에 개별적 보호주의를 취하고 있는 점을 들어 부정한다. 판례 또한 원심이 어머니가 태아를 대리하여 태아의 父로부터 수증능력을 인용한데 대하여 대법원은 증여에 관하여 태아에 수증능력을 인정할 구법상 근거가 없다는 점을 들어 배척하고,[5] 특히 태아인 동안에는 법정대리인

---

3) 이영준 725면.
4) 대판 1996.4.12, 94다37714·37721.
5) 대판 1982.2.9, 81다534.

이 있을 수 없으므로 법정대리인에 의한 수증행위도 할 수 없다고 하였다.[6)]

생각건대, 태아의 인지청구권과 수증능력인정 여부는 결국 태아의 보호에 치중할 것인가, 아니면 실정법의 규정에 충실할 것인가 문제이며, 우리 민법이 태아의 보호입법이 개별적 보호주의를 취한 관점과 태아는 원칙적 인격체가 아니란 점에서 보면 이를 긍정하기 어렵다.

3. 胎兒의 法律上 地位

(1) 胎兒의 權利能力取得의 이론구성

(가) 胎兒는 아직 출생 이전의 상태이면서 일정한 경우 법률적으로 이미 "출생한 것으로 간주된다."라고 할 때, 그 태아의 지위에 관한 법률적 이론을 어떻게 구성을 할 것인가. 견해가 대립한다.

停止條件說(인격소급발생설)은 태아로 있는 동안에는 아직 권리능력을 취득하지 못하지만 일단 살아서 출생한 이상 그 권리능력취득시기가 과거 문제된 사건의 발생시에 소급하는 것이라고 한다(이영준 725면, 김주수 126면, 김상용 145면 김준호 86면, 백태승 128면).

解除條件說(인격소급소멸설)은 법률상 출생한 것으로 간주되는 개별적 사항의 범위 내에서 태아는 이미 권리능력을 가지며, 후일 만일 死產한 때에는 그 권리능력취득시기가 과거 문제된 사건시에 소급하여 소멸하는 것이라고 한다. 즉 죽어서 출생한 시기가 과거에 소급한다는 것이라고 한다[곽윤직 77-8면, 김용한 97면, 고상룡 78면, 김학동 103면, 이은영 136면: 송덕수, 민법강의(상) 305면]

위 학설에서 停止條件說에 의하면 태아는 아직 권리능력이 없으므로 법정대리인을 인정할 수 없고, 동시에 태아가 취득 또는 상속할 재산을 가진 경우에도 이를 태아인 동안에는 취득하거나 보존·관리할 수 없게 되므로 비록 태아가 죽어서 출생하더라도 타인에게 예측하지 않은 손해를 줄 염려가 없게 된다.

그러나 解除條件說에 의하면 태아는 이미 권리능력을 가지므로 태아로 있는 동안에도 법정대리인에 의하여 재산을 취득하고 기타 관리·보전할 수 있게 되어 태아의 보호에 두터운 한편, 만일 태아가 출생하지 못하게 되면 그 동안에 법정대리인의 행위가 소급해서 무효가 되기 때문에 상대방 또는 제3자에게 불측의 손해를 주게 된다. 따라서 양설 중 어느 견해를 취할 것인가는 결국 태아

---

6) 대판 1982.2.9, 81다534.

의 보호냐, 거래의 안전보호냐의 문제로 된다.

(나) 다수설은 解除條件說을 취할 경우 거래안전이 침해되는 것은 태아가 출생하지 못하고 死産하는 경우이지만, 현대 의학적 수준에 비추어 볼 때 사실상 사산은 흔하지 아니하므로 태아의 사산으로 인한 거래안전을 침해하는 일은 극히 예외적인 것이란 전제로 보다 태아보호에 치중하여 해제조건설을 취할 것이라고 한다. 또한 立法論으로서도 태아의 이익보호, 즉 태아에게 재산관리인 제도를 두어 상속재산관리의 공백을 메꾸어야 할 강력한 요청에 따라서도 해제조건설을 취할 것이라고 한다.

그러나 판례는 태아가 권리를 취득한다고 하더라도 현행법상 이를 대행할 기관이 없으므로 태아로 있는 동안은 권리능력을 취득할 수 없고, 살아서 출생한 때 출생시기가 문제의 사건발생시에 소급하여 태아가 출생한 것으로 법률상 의제함이 거래안전을 위하여 필요한 것이라고 하여 정지조건설을 취한다.[7]

생각건대, 현행 민법의 해석론으로는 특히 상속에 관련하여 解除條件說을 취하면 태아가 언제 포태하였는지는 母 자신도 모르는 경우가 있으므로 母가 포태를 알지 못하여 태아를 제외하고 상속하면 결국 출산 후 상속회복청구의 문제가 일어날 뿐만 아니라, 태아는 반드시 夫의 子라고는 볼 수 없고(§844, §847), 쌍생아 또는 사산될 경우도 있으며, 더욱 현대법상 제3자 보호, 신뢰보호, 거래안전이란 법적 안정성의 요청에 더 부응해야 한다는 실천적 사명에 의하면 정지조건설이 타당하고,[8] 또한 그것으로 족하다.

위 사례에서 판례는 태아가 특정한 권리에 있어서 이미 태어난 것으로 본다는 것은 살아서 출생한 때에 출생시기가 문제의 사건의 시기까지 소급하여 그 때에 태아가 출생한 것과 같이 법률상 보아 준다고 해석하여야 상당하므로 그가 모체와 같이 사망하여 출생의 기회를 갖지 못한 이상 배상청구권을 논할 여지는 없는 것이라고 하였다(대판 1976.9.14, 76다1365).

그 구체적 논거로서 설사 태아가 권리를 취득한다고 하더라도 현행법상 이를 대행할 기관이 없어 태아로 있는 동안은 권리능력을 취득할 수 없으므로 살아서 출생한 경우 출생시기가 문제의 시기까지 소급하여 그 때에 태아가 출생한 것으로 법률상 보아준다고 해석하여야 상당하고(대판 1949.4.9, 4281민상197 참조), 원심(대구고판 1976.4.29, 76나104)이 이와 같은 취지에서 원고의 처 소외인이 사고로 사망할 당시 임신 8개월 된 태아가 있었음과 그가 모체와 같이 사망하여 출생의 기회를

7) 대판 1976.9.14, 76다1365; 1949.4.9, 4281민상197.
8) 김주수 16면, 이영준 725면.

갖지 못한 사실을 인정하고 살아서 태어나지 않은 이상 배상청구권을 논할 여지 없다는 취의로 판단하여 청구를 배척한 조치는 정당하다고 하였다.

⑶ 胎兒의 權利能力範圍

태아의 권리능력에 관하여 다수설인 解除條件說에 따를 때 사산·쌍생 등의 가능성에 대비하여 권리관계가 확정된 것이 아니므로 태아의 법정대리인의 권한은 현재의 권리관계를 보전하는 범위에 한정되며, 이로써 대리권의 행사는 재산관리 기타 권리보존을 위한 행위만을 할 수 있다고 해석한다.[9)]

그러나 停止條件說을 따르게 되면 태아의 법정대리인은 존재할 수 없고 또한 이와 같은 제한은 불필요하게 된다.

[胎兒의 권리능력과 設立중 法人의 권리능력]

설립 중의 법인은 법인의 전신이며 자연인의 태아에 비교할 때 통설은 '권리능력 없는 사단'으로 본다. 다만 이 설립 중인 법인의 행위로 인하여 생긴 채권·채무는 후에 설립되는 법인에 당연히 귀속한다고 한다.

왜냐하면, 설립 중의 법인과 설립 후의 법인은 법인격 유무문제에만 구별될 뿐 실질적으로 동일한 것으로 보아야 하는 까닭이다. 그러나 판례는 설립 중인 법인의 행위에 대해 설립된 후의 법인이 책임을 지는 것은 그 법인의 '설립 자체를 위한 행위'에 한하는 것이라고 한다(대판 1965.4.13, 64다1940).

[34] Ⅲ. 外國人의 權利能力

⑴ 外國人은 한국의 국적을 갖지 않은 자연인을 말하며, 국적의 득실은 국적법이 정한 바에 의한다.

⑵ 外國人은 원칙적으로 내국인과 평등한 지위를 가진다. 외국인의 권리능력에 관하여 민법은 아무런 규정을 두고 있지 않지만, 헌법 제6조 제2항은 "외국인은 국제법과 조약이 정하는 바에 의하여 그 지위가 보장된다."라고 하여 외국인의 지위를 명백히 한다. 따라서 이와 같은 헌법정신에 비추어 우리 민법상 외국인의 권리능력도 내국인과 평등한 지위를 보장하는 것으로 해석한다.

---

9) 독일민법도 필요한 경우 태아의 장래권리를 위하여 친권자 또는 관리인이 관리를 할 수 있는 것으로 규정한다(동법 §1912).

(3) 外國人의 권리능력은 국가의 경제적 · 군사적 등의 이유에서 그 제한이 불가피하며, 개별적 특별 법률에 의하여 외국인의 권리능력은 절대적 또는 상호주의적으로 제한된다.

외국인의 토지소유는 상호주의에 입각한 특별법에 의한 제한(외국인토지법)을 받으나, 다만 최근의 개정법은 외국인 토지취득을 용이하게 하기 위하여 종전의 토지취득 제한에 관한 토지취득계약 체결 전 시 · 도지사의 허가를 받도록 한 것을 개정하여 군사시설보호구역 · 문화재보호구역 · 생태계보전지역 등 일정지역을 제외하고는 토지취득계약체결 후 시장 · 군수 · 구청장에 신고하도록 하고(동법 §4 ①), 또한 토지취득자 범위 및 면적의 제한을 폐지하여 국내거주 여부, 용도 · 면적을 불문하고 비교적 자유롭게 취득토록 하여 외국인의 권리능력 제한을 완화한다.

또한, 이 경우 외국인의 권리능력 제한은 토지소유권의 제한에 불과하고, 건물소유에는 제한되지 아니한다.

[외국인의 권리능력제한]

절대적 제한	㉠ 조광권(광업법 §53) ㉡ 선박소유권(선박법 §2) · 항공기소유권(항공법 §6) ㉢ 도선사 · 변리사 · 공증인이 되는 권리(동법 §6, §3, §12)
상호주의적 제한	㉠ 무체재산권상 권리(특허권 ; 특허법 §25) ㉡ 공법상 손해배상청구권(국가배상법 §7) ㉢ 외국인의 토지소유에 관한 권리(동법 §2) ㉣ 공인회계사(동법 §4) ㉤ 변호사가 되는 권리(법무부장관의 인정 ; 변호사법 §6)
기타 제한	㉠ 국회동의나 정부의 인가 · 허가를 요하는 사항 — 광업권(동법 §6), 어업권(동법 §5) ㉡ 특별법에 의한 제한 — 상공회의소 회원이 되는 권리

제 2 절 自然人의 行爲能力

[35] Ⅰ. 行爲能力의 槪念

1. 行爲能力의 의의

(1) 行爲能力이란 타인의 조력을 받지 않고 스스로 의사를 결정하여 상대방과 재산상 법률관계를 맺고 그 법률관계에서 정한데 따라 효력을 발생시키고 또한 책임을 질 수 있는 능력을 의미한다.

(2) 본래 법률행위는 의사표시를 전제로 하므로 의사능력을 갖추지 못한 자는 법률행위를 할 수 없을 뿐만 아니라, 이를 비록 행한 경우라고 하더라도 법률상 아무런 효과가 발생하지 않는다.

이와 같이 意思能力은 법률행위가 성립 또는 유효하기 위한 필요불가결적 요건이지만, 민법은 이와 같은 의사능력개념을 별도로 규정하지 않고, 다만 일정 기준과 요건에 달하지 못한 자의 행위에 대하여만 그들의 자유의사에 의하여 그 효력을 좌우토록 한다. 이를 학문상 소위 行爲無能力者라고 하며, 이를 역으로 표현하여 행위능력개념을 정한다.

2. 行爲能力과 他能力의 관계

(1) 自然人의 意思能力

(가) 의사능력의 개념　意思能力이란 개개의 행위를 행함에 있어 자기의 행위의 의미나 결과를 정상적인 인식력과 예기력을 바탕으로 합리적으로 판단할 수 있는 정신적 능력 내지 지능을 말한다.[10)]

意思能力의 유무는 구체적인 법률행위와 관련하여 개별적으로 판단한다. 근대법은 개인의 평등권을 전제로 사적자치를 인정하여 개인의 사법상 권리·의무의 변동은 그들의 요구·승인 또는 예측되는 경우에만 인정함으로써 의사무능력자 개인의 안전을 보호한다. 그러나 구체적인 의사능력 유무를 무능력자 측에

---

10) 대판 2006.9.22, 2004다51627; 2002.10.11, 2001다10113.

서 입증한다거나 상대방이 확인하기도 어려우므로 민법은 무능력자제도 혹은 행위능력제도를 두고, 획일적·객관적 기준에 의해 처리케 함으로써 무능력자에의 입증곤란을 구제하고, 나아가 이들에 대한 외부에서의 인식과 표식을 갖게 함으로써 제3자에의 예방·예지의 기회를 주게 하여 거래안전을 보호한다.

(나) 의사능력개념의 인정여부　意思能力을 권리능력·행위능력과 나란히 독자적인 자격으로 인정할 필요가 있는가. 독일민법(§105)과 스위스민법(§18)은 이를 규정하고 있으나, 우리 민법은 행위무능력자만을 규정하고 의사능력에 관하여 명문 규정을 두고 있지 않는 점에서 문제된다.

資格說은 의사능력을 자기행위의 결과를 인식·판단하여 정상적인 의사결정을 할 수 있는 정신능력이라고 하거나(곽윤직 84면, 이영준 732면, 고상룡 114면), 행위의 결과가 아닌 행위 자체를 인식하고 규율할 수 있는 능력이라고 하여(김학동 108면), 의사능력을 갖지 못한 자의 법률행위는 무효이므로 행위능력과 동시에 의사능력을 인정할 것이라고 한다.

狀態說은 표의자의 정상적인 인식과 판단력이 의사표시의 요건으로서 필요하며, 무의식 판단력의 결핍은 행위시의 상태로서 이해하여야 할 것이라고 한다(이은영 156면).

다수설은 資格說을 취하여 이들의 개념을 독립적으로 인정할 것이라고 한다. 그러나 종래 판례는 표의자의 법률행위 당시 심신상실이나 심신박약상태에 있어 금치산 또는 한정치산선고를 받을 만한 상태에 있었다고 하더라도 그 당시 법정으로부터 금치산 또는 한정치산선고를 받은 사실이 없는 이상 그 후 금치산 또는 한정치산선고가 있어 그의 법정대리인이 된 자는 금치산 또는 한정치산자의 행위능력규정을 들어 그 선고 이전의 법률행위를 취소할 수 없는 것이라고 하여 의사무능력자제도를 독립된 제도로 인정하고 있지 아니한 듯한 태도를 보였다.[11] 그러나 최근의 판례는 의사능력이란 자신의 행위의 의미나 결과를 정상적인 인식력과 예기력을 바탕으로 합리적으로 판단할 수 있는 정신적 능력 내지는 지능을 말하는 것으로서, 의사능력의 유무는 구체적인 법률행위와 관련하여 개별적으로 판단되어야 할 것이라고 하여 의사능력개념을 인정한다.[12]

(다) 의사능력자의 판단　意思能力의 기준에 관하여 독일민법은 7세 미만의

11) 대판 1992.10.13, 92다6433.
12) 대판 2002.10.11, 2001다10113.

자에 법률행위의 무효를 규정하여 의사능력을 획일적으로 정한다. 그러나 우리 민법상 의사능력을 정한 규정은 없다. 따라서 의사능력의 유무는 행위자의 구체적인 법률행위와 관련하여 구체적 · 개별적으로 판단하여 정하여야 한다.[13)]

그리하여 판례는 불법행위의 책임능력과 관련하여 대체로 13세 미만의 자이면 의사능력, 즉 책임능력을 갖지 못한다고 한다. 그러나 획일적 태도를 취하는 것은 아니어서 13세 3개월 또는 6개월 된 남자에 책임능력이 있다고 하고,[14)] 때로는 13세 5개월, 14세 2개월 된 중학생에 책임능력을 배척한 것도 없지 않다.[15)]

(라) 의사무능력자행위의 효력 의사무능력자의 법률행위는 無效이다. 독일민법과 스위스민법은 이를 명문으로 규정하고 있으나 우리 민법은 규정하고 있지 아니하므로 주로 행위무능력자의 의사무능력상태에서 행한 법률행위와 관련하여 논의된다.

絶對的無效說은 의사무능력자가 행한 행위의 무효는 절대적 무효라고 한다(곽윤직 84면, 김용한 100면, 이영준 732면, 김상용 154면).

相對的無效說은 의사무능력에 의한 행위를 절대무효로 한다면 무능력자 측에서 무효를 주장할 의사가 없는데도 상대방 측에서 무효를 주장하는 것을 막을 수 없는 불합리한 점이 생기므로, 그 무효의 주장은 의사무능력자보호를 위하여 의사무능력자 측에서만 인정할 것이라고 한다(장경학 190면, 김주수 117면).

통설은 의사능력은 법률행위 성립의 요건인 점에 치중하여 絶對的無效說을 취한다.

생각건대, 의사무능력에 의한 무효를 표의자만이 주장할 수 있고 또한 무효인 법률행위에 이행을 청구할 수 없으나, 만일 그 이행이 이루어진 경우 반환을 청구할 수 있기 위한 수단으로 이해하면 취소와 거의 같은 기능을 할 수 있게 된다. 따라서 의사무능력으로 인한 무효의 경우에도 금치산선고를 원인으로 한 취소를 유추 적용하는 것이 타당할 것이다. 그리하여, 예컨대 무능력을 이유로 취소한 경우 그 반환의 범위(현존이익의 범위에서의 반환)를 규정한 규정은 의사무능력에 의한 무효를 주장하는 경우에도 유추 적용할 것이다.

---

13) 대판 2002.10.11, 2001다10113.
14) 대판 1969.7.8, 68다2406; 1971.4.6, 71다187.
15) 대판 1978.7.11, 78다729; 1978.11.28, 78다1805.

(2) 意思能力과 行爲能力의 관계

금치산자 甲은 법정대리인의 동의를 얻어 乙과 부동산에 관한 매매계약을 체결하였는데 계약당시 甲은 의사능력이 없었다. 이 사안에서 甲·乙간에 발생할 수 있는 법률관계를 논하라.

동일인이 의사무능력상태이었음과 동시에 행위무능력자인 경우에 무효 또는 취소의 법률효과를 선택적으로 행사할 수 있는가.

전통적 無效理論에 의하면 무효인 행위를 취소한다는 것은 불가능할 것이지만, 문제는 행위무능력자가 법률행위를 할 당시 의사무능력상태였음을 입증한 경우에는 그 법률행위는 취소권의 행사를 기다리지 않고 무효를 주장할 수 있는가. 소위 무효·취소 이중효 문제이며, 견해가 대립된다.

二重效肯定說은 행위무능력자가 의사무능력 상태에서 행한 법률행위에 관하여 심신상실 중의 행위인 것을 입증하면 무효로서 효력을 주장할 수 있다고 하고, 그 이론적 근거로서 금치산선고를 받지 않은 정신병자나 만취자의 행위취소는 의사무능력을 이유로 하는 무효로서만 보호되나 동일한 의사무능력자이면서 금치산선고를 받아 행위무능력자로 된 자에게 무효를 주장할 수 없게 함은 상호 권형을 잃게 되어 부당한 점을 든다[곽윤직 85면,127면(1995), 이영준 737면, 고상룡 95면, 이은영 698면, 백태성 147면].

二重效否定說은 원래 행위무능력자제도는 의사무능력을 객관적으로 획일화한 제도이고, 또한 때로는 의사무능력자이고 행위무능력자인 자가 우연히 유리한 계약을 취소하지 않고 있는데 상대방이 의사무능력을 이유로 한 무효를 주장한다면 무능력자제도를 둔 취지에 반한다는 점을 든다.

折衷說은 무효 또는 취소를 주장할 수 있으나, 다만 관계자의 의사능력 유무를 문제삼을 수 없는 거래분야에는 의사무능력 또는 행위무능력으로 인한 무효·취소의 주장을 전적으로 배제할 것이라고 한다(김주수 104면, 장경학 192면).

다수설은 二重效否認說이 법률개념을 물체화하여 형이상학적으로 해석함은 불합리할 뿐만 아니라, 또한 折衷說이 거래분야를 따라 구별하는 것은 획일적이지 못하여 어려운 점을 지적하고, 二重效肯定說을 주장한다.

이에 대하여 판례는 넓은 의미에서 무효·취소의 경합을 널리 인정하나 행위무능력과 의사무능력을 직접 다룬 것은 발견되지 않는다.

결국, 행위무능력자에게 취소권소멸 후에도 의사무능력에 기한 무효를 주장할 수 있다고 하면 표의자 측을 더욱 두텁게 보호할 수 있는 점으로도 二重效肯定說이 합리적이라고 주장된다. 또한 의사능력자제도는 민법상 규정은 없으나 개인의 존엄과 가치보장을 위한 사적자치에 따른 사물의 본성으로부터 당연히 인정되는 제도이므로 행위능력제도에 흡수되어 실정법상 존재하지 않는 제도라고 봄은 부당하고 이로써 양자가 경합하는 경우에는 법률행위의 무효를 주장할 수 있고 이 경우에는 민법상 무효에 관한 규정이 적용된다.[16)]

위 사례에서 금치산자 甲이 법정대리인의 동의를 얻어 행한 법률행위는 유효한 법률행위로 되는가. 또한 甲이 의사능력 없는 상태에서 매매계약을 체결한 경우 민법 제13조에 의한 취소할 수 있는 법률행위 외에 의사능력의 흠결을 이유로 무효를 주장할 수 있고 이를 인정한다면 無效의 법적 효과는 어떻게 되는가. 문제의 중심이 된다.

- ① 금치산자 甲이 행한 법률행위의 취소 여부
  - 소수설 — 유효한 법률행위로 되어 취소 불가능
  - 다수설 — 언제나 취소할 수 있는 법률행위
- ② 甲·乙간의 법률관계
  - ㉠ 甲의 주장
    - 이중효부정설 — 취소권만 인정
    - 이중효긍정설 — 취소권 및 의사무능력에 의한 무효주장 가능
  - 절대적무효설 — 아무런 제한이 없다(취소권소멸 후 무효주장도 가능)
  - 상대적무효설 — 甲만이 주장할 수 있고, 현존이익의 범위에서 반환
  - ㉡ 乙의 주장
    - 이중효부정설 및 긍정설 중 절대적무효설 — 乙의 주장 불가능
    - 이중효긍정설 중 절대적무효설의 경우 — 乙의 무효주장 가능

(3) 意思能力과 責任能力의 관계

(가) 意思能力과 責任能力은 구별되는가. 민법은 책임능력에 관한 획일적 규정을 두지 않고, 다만 개별적 규정에서 책임을 변식할 지능이 없으면 불법행위 책임이 없음을 규정(§753 참조)한 점에서 견해가 대립한다.

區別肯定說은 불법행위능력은 단순한 의사능력보다 고도의 능력이 요구되는 것이지만, 어디까지나 책임의 면에서 능력이라고 하여 의사능력과 책임능력을 구별할 것이라고 한다(이영섭 70면).

區別否定說은 법률행위와 불법행위가 법률상 효과를 가지려면 반드시 그 행위자가 인식하기에 충분한 정신적 능력을 가지는 경우가 아니면 안 된다고 하거나(김증한 108면), 책임능력은 자기행위의 법률상 책임을 인식함에 충분한 지능을 가리키는데 이것은 의사능력을 책임의 면에서 본데 지나지 않는 것이라고 한다(곽윤직 151면, 김용한 100면).

다수설은 區別否定說을 취하여 책임능력은 의사능력을 책임의 면에서 본 것

---

16) 이영준 802면.

에 불과한 것이라고 한다.

결국, 양자는 동일한 개념이지만, 責任能力은 민법상 과실책임주의와 관련하여 불법행위법 영역에서 적용되는 개념이고, 意思能力은 사적자치의 원칙과 관련하여 법률행위 영역에서 작용되는 개념에 불과하다.

(나) 責任能力이란 법률상 책임을 변식할 수 있는 정신적 능력 내지 지능으로 이는 곧 불법행위능력을 의미한다. 민법 제753조는 "미성년자가 타인에게 손해를 가한 경우에 그 행위의 책임을 변식할 지능이 없는 때에는 배상의 책임이 없다."라고 규정하고 또한 제754조는 "심신상실 중에 타인에게 손해를 가한 자는 배상의 책임이 없다. 그러나 고의 또는 과실로 인하여 심신상실을 초래한 때에는 그러하지 아니하다."라고 규정하여 심신상실자에 대한 책임을 배제한다. 따라서 민법상 미성년자의 책임능력은 연령으로 획일적으로 정하여지는 것이 아니라 개개의 행위에 관하여 구체적 사정의 유무에 따라 판단하는, 소위 지능주의를 취한다.

[36] Ⅱ. 無能力者制度

1. 無能力者制度의 개념

(1) 無能力者制度의 의의

(가) 無能力者란 타인의 조력을 받지 않고는 스스로 의사를 결정하여 상대방과 법률관계를 맺거나 그 정한 법률관계에 따라 효력을 발생시키고 책임을 질 수 없는 자를 의미한다.

(나) 행위능력제도는 意思能力을 객관화·획일화한 제도인가, 구체적 타당성 확보를 위한 제도인가, 견해가 대립한다.

意思能力劃一化制度說은 행위능력제도를 의사능력의 객관화·획일화한 제도라고 한다(장경학 194면, 곽윤직 86면).

具體的妥當性確保說은 행위능력제도를 의사능력의 객관화·획일화제도로 이해하면 행위무능력자제도에 의사무능력자제도는 당연히 흡수되므로 양자가 경합되는 경우에는 의사무능력의 입증에 의하여 무효주장은 불가능하게 된다는 점을 들어 이를 부정하고 행위능력제도는 연역적으로 정신능력에 결함이 있는 자에게 친권자 또는 후견인과 같은 감독자를 두어 보호하려는 구체적 타당성확보를 위한 제도라고 한다(이영준 739면).

다수설은 민법이 무능력자를 정할 표준에 관하여 구체적인 경우 표의자의 정신 상태나 행위의 난이를 묻지 않고서 일정기준에 따라 획일적으로 의사능력이 불충분한 것으로 하고 있는 점을 들어 의사능력을 획일화하여 거래로부터 무능력자를 보호하려는 제도로 파악한다.

즉, 사람의 의사능력의 정도를 객관적으로 획일화한 제도가 행위능력자 또는 무능력자제도이며, 민법은 이들의 의사에 의하여 법률행위의 효력을 좌우토록 한다.

⑵ 無能力者制度의 성격

(가) 무능력자제도는 무능력자 자신을 보호하기 위한 제도이다.

원래, 意思能力이 없는 자는 책임무능력자이므로 법률행위 당시에 의사능력이 없었음을 입증하면 그 법률행위는 무효로 된다. 그러나 행위자의 과거 심신 상태를 입증함은 용이한 것이 아니므로 의사무능력자에 불이익할 뿐만 아니라, 또한 이를 입증하면 무효가 되므로 거래의 상대방에게도 불측의 손해를 주게 된다. 따라서 무능력자제도는 이들을 객관화・획일화함으로써 행위자나 상대방을 보호한다.

(나) 무능력자제도는 개인의 의사능력 정도에 따른 법률관계에 구체적 타당성을 확보하기 위한 제도이다. 무능력자제도는 개인본위의 제도에서 출발한 것으로 무능력자 자신을 보호하는데 일차적인 목적이 있다. 그러나 다른 한편으로는 거래의 상대방이나 제3자로 하여금 객관적 기준에 의하여 무능력자를 구별・견제케 함으로써 무능력자와 법률관계로부터의 상대방이 받을 손해를 미연에 방지하려는 반사적 기능도 가진다.

① 원 칙 ┌ 무능력자 개인본위제도
　　　　　└ 민법상 구체적 타당성 확보를 위한 제도의 일종
② 예 외 — 거래안전, 거래 일반의 이익보호(반사적 효과)

(다) 무능력자제도는 有產者를 전제로 한 것이다. 그러나 무산자인 무능력자의 보호에 관하여는 사회 정책적 입법에 의하게 됨으로 그 한도에서 무능력자제도의 적용이 제한되는 경향이 있다.

(라) 무능력자제도에 관한 규정은 强行規定이다. 즉 민법상 무능력자제도는

사회일반의 거래관계에 직접적인 영향을 미치는 것이므로 강행규정이며, 이로써 행위능력을 제한하는 당사자간의 계약은 그 효력이 없다.

⑶ 無能力者制度에 관한 입법론적 고찰

(가) 무능력자제도는 의사무능력자의 법률행위가 無效로서 효력을 갖기 위하여 행위 당시 행위자의 심리상태를 입증하여야 한다는 점에서 이를 한 단계 발전시켜 획일화한 제도이다.

따라서 無能力者制度는 미성년자 또는 법원으로 하여금 금치산선고나 한정치산선고를 받은 자에 대하여는 법률행위 당시 의사무능력상태이었다는 입증이 없이도 취소할 수 있게 함으로써 일단 행위자를 보호하고, 타면 상대방을 보호하는 제도이다. 그러나 그 취소에 절대적 효력을 부여함으로써 거래의 안전과 관련하여 입법적 타당성이 논의된다.

(ㄱ) **無能力者制度懷疑論 :** 무능력자제도는 자기의 자의적 의사에 의하여 상대방과 맺은 법률행위를 단지 무능력자란 이유만으로 취소할 수 있게 하면서도 그 취소의 소급효에 따른 선의의 제3자 보호는 배려하지 않는 순수한 개인본위사상에서 출발한 것이라고 한다(다만, 무능력자 상대방을 보호하는 규정을 두고 있으나 적극적인 제도는 아니다).

또한, 민법은 특별보호 무능력자로서 한정치산자와 금치산제도를 두고 있지만 그 실익은 매우 저조할 뿐만 아니라, 무엇보다 무능력자제도는 有產의 무능력자를 보호하기 위한 제도이어서 無產인 무능력자에는 불이익한 역기능을 가지는 것이라고 하여 무능력자제도의 사회적 기능에 대한 회의적 시각을 제기한다.[17] 그리하여 견해 중에는 비록 무능력자제도 자체를 배척할 수는 없더라도 무능력자를 획일적으로 정하여 행위능력을 박탈하지 않고 그들의 다양한 판단능력 또는 필요한 보호의 정도에 따른 탄력적 보호를 할 수 있도록 독일법의 감호제도 또는 일본법의 성년후견제도를 도입하거나, 보호자 없는 미성년자의 사실적 계약이나 필수계약에서는 그 적용을 제한할 입법을 마련하여야 할 것이라고 한다.[18]

(ㄴ) **無能力者制度維持論 :** 행위능력제도는 사적자치의 원칙, 특히 자기책

17) 곽윤직 86면, 장경학 199면.
18) 고상룡 100면, 김주수 120-1면, 백태승 150면.

임의 원칙을 실현케 하는 제도이며, 근대 민법이 그 실천이념으로써 구체적 타당성과 객관적 획일성보호라는 두 이념 중 무능력자제도는 '구체적 타당성확보'에 치중한 것으로서 '객관적 획일성확보'는 상법에서 관철하면 족하고 적어도 민법 영역에서는 개인의 존엄과 가치를 보장하는 이념실현이 필요하고 이러한 결단은 민법 제141조 단서가 무능력을 이유로 취소된 경우 무능력자에 현존이익의 범위에서 반환토록 한 것은 이를 잘 반영한 것이라고 한다.[19]

그리하여 오늘날 특히 자기책임의 실현을 퇴색케 하는 이른바 사실적 계약론이나 필수계약론 등은 받아들일 수 없는 것이라고 한다.[20] 그 이유로써 미성년자가 스스로 법률행위를 할 수 없게 하는 것이 반드시 미성년자를 보호하는 결과로만 되는 것은 아니며, 민법은 미성년자가 단독으로 할 수 있는 많은 예외규정을 두고 있을 뿐만 아니라, 특히 근로계약이나 임금청구는 개별적 법률(근로기준법 §54)에 의하여 대리를 제한하고 있으므로, 미성년자를 각별히 보호할 필요가 있는 경우에는 이들의 규정을 유추 적용하여 보완할 것이라고 한다.

(나) 생각건대 무능력자제도는 사적자치의 획일적 원칙으로부터 소외되는 구체적 타당성확보를 위한 제도로서 그 보호에 지나치게 무능력자에 치중한 나머지 거래안전을 도외시하고 있을 뿐만 아니라, 無產者인 무능력자에게는 오히려 불편한 제도로서 역기능을 가지며, 또한 한정치산자나 금치산제도는 법원의 선고에 의한 공시를 수반함으로써 가족의 정서에 부합하지 못한 점이 없지 않다.

그러나 다른 한편에 보면 무능력자제도가 이러한 역기능만 가진다거나 무익한 제도라고 평가할 것은 아니며, 더욱 오늘날은 한정치산이나 금치산의 실체적 요건을 갖춘 자가 증가하고 있을 뿐만 아니라, 현대 고령화 사회에 따른 성년후견제도가 절실히 요구되는 점을 고려하면 오히려 이를 더욱 보완할 필요가 있는 것이다.

2. 無能力者制度의 적용범위

(1) 財產上 行爲能力

(가) 민법상 무능력자에 관한 규정은 財產法上 法律行爲에만 적용된다. 따라

19) 이영준 739면, 이은영 152면, 동 민법학강의 169면.
20) 이영준 740면, 이은영 153면, 김학동 116면.

서 무능력자의 재산상 행위는 원칙적으로 무능력자의 단독적 행사가 제한된다.

(나) 재산법상 행위지만 일정 행위에는 무능력자제도의 적용이 제한된다.

(ㄱ) 거래유통이 강조되는 유가증권상 행위나 대량적·집단적·정형적 행위 또는 외관이 존중되는 거래에서는 그 적용이 제한된다.

다만, 사실적 계약(faktische Schuldverhältnis) 또는 필수계약(contract for necessary)에 관하여도 행위능력규정을 적용할 것인가. 견해가 대립한다.

> 適用肯定說은 사실적 계약관계란 법률행위에 의하여 사실상 이익을 향수하거나 조직체 내부에 편성된 경우에는 유효한 법률행위가 있었던 것으로 의제한다는 법원칙을 말하고, 무능력자제도는 이와 같은 사실적 계약관계에는 적용이 배제되는 것이라고 한다(곽윤직 87면, 장경학 199면, 고상룡 100면, 김주수 120-1면, 백태승 150면).
> 適用否定說은 영미법에서의 필수계약의 법리는 보호자 없는 미성년자보호를 위하여 필요한 것이지만 우리 민법은 법정대리인제도가 완벽히 마련되어 있고, 또한 민법 제6조의 '처분이 허락된 재산'의 법리로 미성년자 단독의 생필품계약은 확정적으로 유효한 행위로 된다고 한다(이영준 740면. 이은영 154면).

다수설은 무능력자의 생필품 구입에 대한 장애 기능을 감안하여 독일법학의 사실적 계약론이나, 영미법학의 필수계약의 법리를 도입하여 그 적용을 제한할 것이라고 하고, 그 외에 의료혜택, 교육을 받는데 필요한 행위 등 미성년자라도 보호자가 없는 때에는 단독으로 유효한 계약을 체결할 수 있는 것이라고 하며, 견해 중에는 이를 입법화하여야 할 것이라고 한다. 그러나 否定說은 우리 민법하에서 미성년자에 필수계약을 거절하는 것은 선량한 풍속 기타 사회질서에 반하는 것으로서 불법행위가 되며, 이로써 거절한 자는 손해배상책임을 질 것이지만, 이 경우에는 금전배상이 아니라 원상회복이며, 이 원상회복의 방법에 의하여 필수계약의 이행을 청구할 수 있는 것이라고 한다.

어쨌든, 현대 생필품계약에는 거래계약의 일반화·정형화 등과 관련하여 무능력자의 보호영역이 점차 축소되고 있는 것을 부정할 수 없다.

(ㄴ) *勞動立法*(근로기준법 §65, §66) 기타 사회 정책적 입장에서 적용이 제한된다. 다만 이 규정은 限定治産者에도 적용되는가. 동법이 미성년자만을 규정하고 있으므로 한정치산자는 제외된다는 견해가 있다. 그러나 본래 민법이 양자의 능력범위를 동일하게 다루고 있는 입법취지에 비추어 보면 한정치산자를 제외할 것은 아니다.

(ㄷ) 어떤 조직체의 구성원으로서 *法律行爲*에는 적용이 제한된다.

(ㄹ) 不法行爲에는 적용되지 않는다. 불법행위는 개별적·구체적으로 책임능력 유무를 판단하여 결정하게 되기 때문이다.

(나) 無産인 無能力者에도 그 적용의 실익이 문제된다.

민법상 무능력자제도는 有産의 무능력자를 전제로 한 것이나 無産의 무능력자에 그 실익이 문제되며, 현대입법은 정책적 견지에서 그 적용을 제한하는 경향을 보이고 있다.

(2) 身分上 行爲能力

무능력자제도에 관한 민법 규정은 신분상 법률행위에는 적용되지 않는다.

신분상 행위에는 본인의사의 존중, 개개행위의 진실성이 요구되므로 무능력자라고 할지라도 구체적 행위에 의사능력만 있으면 원칙적으로 유효한 신분행위를 단독으로 행사할 수 있다(§1062, §1063).

[37] Ⅲ. 民法上 無能力者와 그 補充機關

(1) 無能力者
- ① 미성년자 — 19세에 달하지 아니한 자로서 혼인하지 아니한 자
- ② 한정치산자 — 심신박약 또는 낭비자 + 가정법원의 선고
- ③ 금치산자 — 심신상실의 상태자 + 가정법원의 선고

(2) 法定代理人
- ① 미성년자
  - 제1차— 친권자(계모·적모제외) — 동의권·대리권
  - 제2차— 후견인(지정·법정·선임후견인)
- ② 한정치산자 — 후견인(1인에 국한) — 동의권·대리권
- ③ 금치산자 — 후견인(1인에 국한) — 대리권만 존재

1. 民法上 無能力者

(1) 未成年者

(가) 만 20세로 성년이 되며(§4), 성년에 이르지 않은 자를 미성년자라고 한다. 따라서 未成年者는 연령에 의하여 획일적으로 정하여지며 개별적 의사능력의 정도는 고려되지 않는다.

(나) 未成年者制度는 사람의 판단력이나 거래능력의 점진적인 발달 또는 그

과정에 있어서의 개인적 차이를 고려하지 않고 일정한 연령으로 획일적으로 행위능력의 유무를 결정토록 하여 법률행위의 효력을 명확히 하려는 제도이다. 그러므로 未成年者의 개별적 능력의 정도는 원칙적으로 고려되지 않는다. 그러나 개별적 능력(정신적 능력) 또는 거래상 특수한 사정이 있는 경우에는 미성년의 규정을 완화하는 제도가 필요하게 된다.

그리하여 독일민법(동법 §3 이하)과 스위스민법(동법 §15)에서는 일정한 조건과 절차에 의하여 미성년자에게 성년자와 동일한 능력을 주는 成年宣告制度를 두고, 프랑스민법(동법 §477)은 自治產(解放)制度를 두고, 또한 혼인을 할 수 있는 연령은 일반적으로 성년기보다 빠르므로 혼인을 한 미성년자를 성년자로 하는 입법례가 많다. 우리 민법도 종래 관습을 살려 미성년완화제도로서 婚姻成年擬制制度를 성문화하고("Heirat macht mündig" 정신의 반영). 또한 개정 민법(안)은 그 연령을 낮추어 19세로 하였다.

결국, 현행 민법상 미성년자는 "20세에 달하지 아니한 자로서 혼인하지 아니한 자"로 된다.

① 성년선고제도 — 독일민법(§3)·스위스민법(동법 §15)
② 자치산(해방)제도 — 프랑스민법(§477 이하)
③ 혼인성년의제제도 — 프랑스민법(§476), 스위스민법(§14 ②), 일본민법(§753)

또한, 연령의 계산에는 출생일을 산입하고(§158), 성년자인가 아닌가는 보통 호적부의 기재를 자료로 삼는다(추정적 효력).

⑵ 限定治產者

---

(1) 사실상 혼인관계에 있는 甲은 낭비가 심하여 가족의 생계를 돌보지 않고 재산을 탕진함으로 처 乙의 청구에 의하여 한정치산을 선고받았다. 그러나 甲은 그가 소유하는 임야 3,000평을 처의 동의를 얻어 인감증명을 발급받아 소지하고 있다고 하면서 丙에게 처분하였다.
(a) 사실상 처 乙의 한정치산선고청구는 정당한가.
(b) 丙은 甲에 대하여 임야의 소유권이전을 청구할 수 있는가.

(2) 甲은 18세의 미성년자이나 평소에 낭비가 심하여 한정치산선고를 청구하려고 한다. 가능한가. 또한 18세인 甲은 乙과 혼인하였으나 정신이 박약한 상태에 있다면 한정치산선고를 청구할 수 있는가.

㈎ 한정치산자의 의의　한정치산자란 금치산자와 같은 정도의 정신장애는 아니지만 통상인 보다는 상당히 정신능력이 뒤떨어지거나, 낭비벽이 있는

자로서 법원에 의하여 한정치산선고를 받은 자이다.

(나) 한정치산의 선고 한정치산을 선고하기 위해서는 다음의 요건을 구비하여야 하고, 이들의 요건이 갖추어지면 가정법원은 반드시 선고하여야 한다.

(ㄱ) 심신이 박약하거나 또는 자기나 가족의 생활을 궁박하게 할 염려가 있는 낭비자이어야 한다. 여기서 心身薄弱이란 금치산선고의 요건인 심신상실의 상태까지는 아니지만, 보통 평균인보다 판단력이 불완전한 것을 말하고, 또한 浪費者란 가족의 생계를 궁박히 할 낭비자, 소위 가산의 탕진자를 말한다.

(ㄴ) 본인·배우자·4촌 이내의 친족·후견인 또는 검사의 청구가 있어야 한다(§9).

청구권자에 檢事를 포함한 것은 다른 청구권자가 없거나, 있다고 하더라도 청구를 하지 않는 경우 본인의 이익과 거래안전을 보호하려는데 있다.

- 실질적 요건
  - 심신박약자
  - 자기나 가족의 생활을 궁박케 할 재산의 낭비자
- 형식적 요건 — 본인·배우자·4촌 이내의 친족·후견인 또는 검사의 청구

위 사례 설문 (a)에서 무능력자제도는 무능력자 본인의 보호를 위한 제도이나, 특히 限定治產者의 경우에는 한정치산자 본인의 이익보호는 물론, 그 가족의 생계보호를 위한, 즉 가족의 생활보호를 위한 제도이므로 사실상 처 乙의 甲에 대한 한정치산의 선고청구는 정당하다.

또한, 설문 (b)에서 甲이 처의 동의를 얻어 인감증명을 발급 받아 소지한 것이라고 한 것이 詐術에 해당되는가. 만약 이를 단순한 거짓말로서 詐術에 해당한다고 볼 수 없어 취소할 수 있는 것이라면 그 등기는 어떻게 되는가.

無能力者의 詐術에 관하여 다수설은 적극적임을 요하지 않으나, 판례는 '적극적인 기망수단'을 요한다.

사안에서 丙은 甲이 한정치산자임을 알고 있는 것으로 볼 수 있으므로 그 동의 여부에 관하여는 보다 적극적인 확인이 필요할 것이나, 단순히 인감증명을 보관하고 있다고 한 말만을 믿고 매수한 것은 甲의 사술에 빠져 매수한 것이라고 보기 어렵다. 따라서 甲과 乙은 丙에 대하여 그 계약을 취소할 수 있다.

(ㄷ) 한정치산의 실체적·절차적 요건을 갖춘 未成年者에게 다시 限定治產을 선고할 수 있는가. 견해가 대립한다.

肯定說은 성년을 앞둔 미성년자에게 한정치산의 원인이 있는 경우 미리 한정치산선고를 받게 함으로써 보호의 공백을 메울 수 있는 것이라고 한다.

否定說은 한정치산자와 미성년자의 능력상 차이가 없는 것이라고 한다(곽윤직 95면, 이은영 164면).

다수설은 한정치산의 원인을 가진 成年을 앞둔 미성년자보호의 공백을 막을

필요를 들어 긍정한다.

생각건대, 청구권자의 청구가 있는 경우 그 요건을 갖춘 이상 선고는 배척할 것은 아니라고 보지만 미성년자와 한정치산자의 능력범위를 전혀 동일하게 보면 미성년자인 이상 한정치산선고의 실익은 없을 것이므로 사실상 배척될 것이다. 그러나 양자에 근로능력(근로계약, 임금의 청구)에 차이를 긍정하는 견해에 의하면 그 범위에서 선고의 실익이 있게 된다.

또한, 다수설과 같이 미성년자가 성년자로 전환되는 시점에서 공백상태를 방지할 필요 상당의 범위에서는 어느 경우에나 한정치산을 미리 선고할 실익이 있고, 더욱이 미성년자에 대한 혼인성년의제를 취하는 점에서 선고의 실익이 있게 된다. 따라서 그 범위에서 미성년 상태에서 한정치산선고는 가능하다.

(다) 한정치산선고의 취소　한정치산자에 대하여 한정치산의 원인이 소멸한 때, 즉 심신박약의 상태를 벗어나거나 낭비의 버릇이 없어짐으로써 자기 또는 가족의 생활을 궁박하게 할 염려가 없게 된 때에는 한정치산선고 청구권자의 청구에 의하여 가정법원은 이를 취소하여야 한다.

한정치산선고가 취소되면 본인은 완전한 능력자로 복귀되며, 선고취소의 효과는 성질상 장래에 향하여만 발생한다.

(3) 禁治産者

甲은 배우자 乙이 정신이 박약한 상태에 있어 한정치산선고를 받았으나 최근에는 악화되어 심신상실의 상태가 초래되고 있어 다시 금치산선고를 청구하려고 한다. 甲의 청구는 가능한 것인가.

(가) 금치산자의 의의　禁治産者란 정신능력이 극도로 빈약한 상태에 있는 자로서 법원에 의하여 금치산선고를 받는 자이다.

(나) 금치산의 선고　금치산을 선고하기 위해서는 다음과 같은 요건을 갖추어야 하고, 이들의 요건이 갖추어지면 가정법원은 반드시 선고하여야 한다.

(ㄱ) 본인이 심신상실의 상태에 있어야 한다(§12). 여기서 心神喪失이란 의사능력이 없는 상태로서 법률상의 개념이며 의학상의 개념은 아니다.

또한, 心神喪失의 常態에 있다는 것은 계속적으로 심신상실의 상태에 있어야 한다는 것은 아니며, 때로는 의사능력을 회복하는 경우가 있더라도 심신상실을 보통의 상태로 하고 있으면 족하다.

(ㄴ) 본인·배우자·4촌 이내의 친족·후견인 또는 검사 등의 청구가 있어야 하고(§12 후단), 다만 본인이 청구하는 경우에는 본인이 의사능력을 회복하고 있는 상태이어야 한다.

禁治產宣告節次는 한정치산선고의 경우와 완전히 동일하다. 또한 금치산자는 한정치산자나 미성년자에 비하여 훨씬 그 능력의 범위가 좁으므로 한정치산자 또는 미성년자에 대하여 금치산의 실체적 요건을 갖추고 있는 이상 법원은 당연히 금치산을 선고하여야 한다.

┌ 실질적 요건 — 심신상실의 상태(常態) 자
└ 형식적 요건 — 본인·배우자·4촌 이내 친족·후견인 또는 검사의 청구

위 사례에서 甲은 한정치산자 乙에 대하여 심신상실을 이유로 금치산을 선고할 수 있는가. 禁治產者의 能力制限의 정도는 미성년자 또는 한정치산자의 경우보다 크므로 이미 한정치산선고를 받은 경우라고 하더라도 금치산선고의 요건을 갖추고 있는 이상 다시 금치산선고를 청구할 수 있고, 법원은 이를 반드시 선고하여야 한다. 따라서 사안에서 甲의 乙에 대한 금치산선고는 정당하고 乙은 이로 인한 금치산선고를 받게 된다.

(다) 금치산선고의 취소　금치산자에 대하여 금치산의 원인이 소멸하였을 때, 즉 심신상실의 상태를 벗어난 경우에는 금치산선고청구권자의 청구에 의하여 가정법원은 그 선고를 취소하여야 한다.

取消節次와 效果 등은 한정치산선고취소의 경우와 완전히 동일하다.

2. 無能力者의 補充機關

(1) 未成年者의 보호기관

(가) 보호기관　미성년자의 보호기관은 제1차로 친권자이고, 제2차로 후견인이 되며, 이 양자를 합쳐서 법정대리인이라고 한다.

(ㄱ) 未成年者의 제1차적 보호기관은 親權者이다. 친권자는 부·모가 되고, 미성년인 子를 보호·교양권을 행사하기 위하여 그 父母에게 인정되는 권리 의무를 총칭하여 親權이라고 한다(§913). 친권자는 그 친권의 작용으로서 미성년자의 법률행위에 대하여 동의나 허락을 주고 또한 그것을 대리한다.

(a) 親權은 父母가 공동으로 행사하는 것이 원칙이지만, 父母의 의견이 일치

하지 않을 때에는 당사자의 청구에 의하여 가정법원이 행사한다(§909 ②).

(b) 친권행사자로서 生母와 嫡母가 있는 경우 嫡母가 친권행사자이나 혼인 외의 출생자가 그의 생모와 함께 살아왔고 적모와 왕래가 없었던 경우에도 적모는 친권의 행사자로 되는가.

구민법은 이를 직접 규정하지 아니하여 판례는 "민법 제909조 제3항에서 규정한 生母가 친권자가 되는 경우는 친권을 행사할 부와 적모가 없거나 그 부 또는 적모가 친권을 행사할 수 없을 때를 말하고, 혼인 외의 출생자가 그의 생모와 함께 살아 왔고 적모와 왕래가 없었다고 하더라도 이를 적모가 친권을 행사할 수 없는 경우라고 할 것은 아니라고 하여" 적모의 친권행사를 긍정한다.[21] 그리하여 개정민법은 "양자의 경우에는 양부모가 친권자가 된다."라고 하여 이를 명문화하였다.

(ㄴ) 未成年者의 제2차적 보호기관은 後見人이 된다.

(a) 후견인은 친권자가 없거나 친권자가 법률행위의 대리권 및 재산관리권을 행사할 수 없는 경우(§924 내지 §927 참조) 법정대리인으로 된다(§928).

(b) 미성년자의 後見人이 되는 순위는 지정후견인·법정후견인·선임후견인의 순위에 의한다.

指定後見人은 최후로 친권을 행사하는 자가 유언으로 지정할 수 있고(§931), 친권자의 지정으로 법정대리인이 된다.

法定後見人은 지정후견인이 없는 경우 직계혈족, 3촌 이내의 방계혈족의 순위로 후견인이 된다(§932). 血族은 모계혈족·법정혈족을 포함하며, 법정후견인이 될 직계혈족 또는 방계혈족이 수인인 때에는 최근친을 선순위로 하고, 동순위의 자가 수인인 때에는 연장자를 선순위로 한다(§935 ①). 또한 養子인 경우 생가혈족과 양가혈족의 촌수가 동순위이면 양가혈족을 선순위로 한다(동조 ②).

選任後見人은 지정후견인·법정후견인도 없는 때에는 피후견인의 친족 또는 이해관계인의 청구에 의하여 법원이 선임한 자가 후견인이 된다(§936 ①).

(나) 보호기관의 권한 미성년자의 법정대리인은 미성년자의 재산을 관리하고, 재산적 법률행위에 대하여 동의·대리한다.

(ㄱ) **同意權 :** 법정대리인은 미성년자 스스로 행하는 법률행위에 대하여 동

---

21) 대판 1989.9.12, 88다카28044.

의를 줌으로써 미성년자의 행위능력을 보충한다.

同意의 方式에는 특별한 방식을 요하지 아니하고, 명시적으로는 물론 묵시적으로도 할 수 있다.[22)]

同意權의 行使에는 일정한 제한이 있다. 즉 친권자는 미성년자의 이익과 상반되는 행위에는 동의권을 갖지 못하고(법원에 의한 특별대리인 선임을 요함), 후견인의 일정행위(§950 참조)에 대하여는 친족회의 동의를 얻어야 한다.

(ㄴ) **代理權**: 법정대리인은 미성년자를 대리하여 재산상의 법률행위를 할 수 있다. 이때 대리권은 동의권과 양립할 수 있고 동의권의 행사로 대리권이 소멸하는 것은 아니다. 그러나 미성년자에게 의사능력이 없으면 동의권에 의한 유효한 법률행위를 할 수 없으므로 이 경우에는 대리권만 있게 된다.

(a) 미성년자의 法定代理人이지만, 이익상반행위의 친권행사, 중요한 재산상 행위, 피후견인에 대한 권리양수 및 근로계약·임금청구 등에는 그 동의권 및 대리권의 행사가 제한된다.

① 친권자의 대리·동의권의 공동행사(§909)
② 이해상반행위에 대한 대리권의 제한(§921)
③ 중요한 일정 사항의 대리에 대한 대리권의 제한(§950, §951)
④ 미성년자의 근로계약·임금청구의 제한(근로기준법 §65 ①, §66)

(b) 민법 제921조의 利害相反行爲란 행위의 객관적 성질상 친권자와 자 사이 또는 친권에 복종하는 수인의 자 사이에 이해의 대립이 생길 우려가 있는 행위를 가리키는 것으로서 친권자의 의도나 그 행위의 결과 실제로 이해의 대립이 생겼는가의 여부는 묻지 않는다.[23)]

다만, 成年인 자와 未成年인 자와 사이에 이해가 상반되는 경우에도 친권자는 미성년자를 위하여 특별대리인을 선임하여야 하는가.

판례는 민법 제921조 제2항의 경우 이해상반행위의 당사자는 쌍방이 모두 친권에 복종하는 미성년자일 경우이어야 하고, 이때에는 친권자가 미성년자 쌍방을 대리할 수는 없는 것이므로 그 어느 미성년자를 위하여 특별대리인을 선

22) 대판 2007.11.16, 2005다71659·71666·71673.: 판례는 미성년자의 법률행위에 법정대리인의 묵시적 동의나 처분허락이 있다고 볼 수 있는지 여부의 판단에는 미성년자의 연령·지능·직업·경력, 법정대리인과의 동거 여부, 독자적인 소득의 유무와 그 금액, 경제활동의 여부, 계약의 성질·체결경위·내용 기타 제반 사정을 종합적으로 고려하여야 할 것이라고 한다.

23) 대판 1993.4.13, 92다54524; 1971.7.27, 71다1113; 1976.3.9, 75다2340.

임하여야 한다는 것이지 성년이 되어 친권자의 친권에 복종하지 아니하는 자와 친권에 복종하는 미성년자인 자 사이에 이해상반이 되는 경우가 있다고 하여도 친권자는 미성년자를 위한 법정대리인으로서 그 고유의 권리를 행사할 수 있으므로 그러한 친권자의 법률행위는 같은 조항 소정의 이해상반행위에 해당한다고 할 수 없는 것이라고 하여 배척한다.[24]

(c) 공동상속재산분할협의는 행위의 객관적 성질상 상속인 상호간에 이해의 대립이 생길 우려가 있는 행위라고 할 것이므로 공동상속인인 친권자와 미성년인 수인의 자 사이에 상속재산분할협의를 하게 되는 경우에는 미성년자 각자 특별대리인을 선임하여 각 특별대리인이 각 미성년자인 자를 대리하여 상속재산분할의 협의를 하여야 한다.

그리하여 판례는 친권자가 수인의 미성년자의 법정대리인으로서 상속재산분할협의를 한 것이라면 이는 민법 제921조에 위반된 것으로서 이러한 대리행위에 의하여 성립된 상속재산분할협의는 피대리자 전원에 의한 추인이 없는 한 무효라고 한다.[25]

(ㄷ) 取消權 : 법정대리인은 미성년자가 동의를 얻지 않고서 행한 법률행위를 취소할 수 있고, 취소로 그 법률행위의 효력이 소급적으로 소멸한다.

⑵ 限定治産者와 禁治産者의 보호기관

(가) 한정치산자의 보호기관　한정치산자의 보호기관은 후견인이며, 1인에 국한한다. 후견인에는 법정후견인과 선임후견인이 있다.

後見人이 法定代理人이 되는 순위는 배우자, 직계혈족, 3촌 이내의 방계혈족의 순위에 의하고(§933, §934), 法定後見人이 될 직계혈족 또는 방계혈족이 수인인 때에는 최근친을 선순위로 하고, 동순위의 자가 수인인 때에는 연장자를 선순위로 한다(§935).

다만 旣婚者가 限定治産宣告를 받은 때에는 배우자가 법정대리인이 된다. 그러나 한정치산자의 배우자가 금치산 또는 한정치산선고를 받은 때에는 직계혈족, 3촌 이내의 방계혈족의 순위로 후견인이 된다(§934).

(나) 금치산자의 보호기관　금치산자는 후견인 1인을 두어야 한다. 누가 후

---

24) 대판 1989.9.12, 88다카28044.
25) 대판 1993.4.13, 92다54524; 1993.3.9, 92다18481; 1987.3.10, 85므80.

견인이 되는가에 관하여는 역시 민법 제933조 내지 제939조의 규정에 의한다. 따라서 금치산선고가 있는 때에는 그 선고를 받은 자의 직계혈족, 3촌 이내의 방계혈족의 순위로 후견인이 된다(§933).

다만, 旣婚者가 禁治産宣告를 받은 때에는 배우자가 후견인이 되나, 배우자도 금치산 또는 한정치산선고를 받은 때에는 직계혈족, 3촌 이내의 방계혈족의 순위로 후견인이 된다(§934). 그러나 다음의 자는 후견인이 되지 못한다(§937).

① 미성년자 · 한정치산자 · 금치산자
② 파산자
③ 자격정지 이상의 刑의 선고를 받고 형집행 중에 있는 자
④ 법원에서 해임된 법정대리인 또는 친족회원
⑤ 행방이 불명한 자
⑥ 피후견인에 대하여 소송을 하였거나, 하고 있는 자 또는 그 배우자와 직계혈족

(다) 보호기관의 권한　後見人은 한정치산자 및 금치산자의 재산을 관리하고 재산적 법률행위에 대하여 동의 · 대리한다.

(ㄱ) 한정치산자의 법정대리인인 후견인의 권한은 미성년자를 위한 법정대리인의 그것과 대체로 같다. 따라서 한정치산자의 後見人은 동의권 · 대리권을 가지고, 또한 한정치산자가 행한 행위의 취소권을 갖는다.

(ㄴ) 금치산자의 후견인은 금치산자의 요양 · 보호 및 재산을 관리하고 재산적 법률행위를 대리한다. 따라서 금치산자의 後見人은 동의권은 없고, 대리권만 가진다. 그러나 일정한 신분법상 행위에는 금치산자도 후견인의 동의를 얻어 유효한 법률행위를 할 수 있으므로 그 범위 내에서는 동의권을 갖는다.

또한, 금치산자의 행위는 언제나 취소할 수 있으므로 후견인은 금치산자가 행한 행위의 취소권을 갖는다.

[38] Ⅳ. 無能力者의 能力範圍

(1) 財産行爲能力
- ① 미성년자
  - 원 칙 – 대리인의 동의 또는 대리
  - 예 외 – 일정 경우 단독행사
- ② 한정치산자 – 미성년자와 전적으로 동일
- ③ 금치산자 – 언제나 대리인이 대리함으로 행사

(2) 身分行爲能力
- ① 미성년자 – 17세에 달하면 언제나 단독으로 행사
- ② 한정치산자 – 언제나 단독으로 행사
- ③ 금치산자
  - 17세에 달하고 심신회복 – 단독유언 가능
  - 기타 행위 – 후견인의 동의를 받아 행사

1. 無能力者의 財産行爲能力

(1) 未成年者의 行爲能力

미성년자 甲은 부모로부터 받은 잡비로서 복권을 구입하여 그 중 한 장이 1,000만원에 당첨되었다. 이에 甲은 임의로 일부를 소비하고 그 중 일부인 500만원으로 乙의 자동차를 매수하였다. 이를 알게 된 부모 丙은 이를 취소하려고 한다. 乙은 그 자동차대금을 반환하여야 하는가.

(가) 未成年者가 법률행위를 하기 위해서는 원칙적으로 법정대리인의 동의를 얻어 행하거나 대리인이 대리하여야 하고, 이에 위반한 행위는 미성년자 본인이나 그의 법정대리인이 취소할 수 있는 것으로 된다(§5).

(ㄱ) 法定代理人의 同意를 얻어 행사하거나 法定代理人이 代理하여 행한다. 그러나 다음의 경우에는 미성년자 단독으로 할 수 있다.

(a) 權利만 얻거나 義務만을 면하는 행위 : 예컨대 부담 없는 증여를 받는 경우, 채무면제청약에 대한 승낙을 하는 행위가 이것이다. 따라서 미성년자가 단독으로 할 수 있기 위해서는 權利만 얻거나 義務만을 면하는 행위이어야 하고(§5 ① 단서), 權利를 얻는 동시에 義務를 부담하는 행위, 예컨대 부담부증여를 받는 행위, 변제수령, 의무를 부담하게 되는 경제적으로 유리한 매매계약의 체결, 상속의 승인 등은 하지 못한다.

① 부담 없는 증여의 수락
② 제3자를 위한 계약에서 행하여진 부담 없는 증여계약에서 수익의 의사표시

③ 서면에 의하지 아니한 증여계약의 해제
④ 담보물권의 설정 또는 보증의 취득
⑤ 의무만을 부담하는 계약(무상수치 · 무상수임 등)의 해약
⑥ 채무의 면제를 받는 계약의 체결

(b) 處分이 허락된 財産의 處分行爲 : 법정대리인이 범위를 정하여 처분을 허락한 재산은 미성년자가 임의로 처분할 수 있다(§6). 여기서 '범위를 정하여'라고 할 때 그 범위, 예컨대 使用目的을 정한 것과 處分할 財産의 범위를 정한 것을 구별할 것인가. 견해가 대립한다.

區別肯定說은 처분의 범위를 정하는 방법에는 사용목적을 정하는 것과 사용목적을 정하지 않고 다만, 處分할 財産의 범위만 정하는 것이 있다고 하고, 전자의 경우에는 그 사용목적의 범위에서만 처분할 수 있고, 후자의 경우는 임의로 처분할 수 있는 것이라고 한다(방순원 49면, 김증한 · 안이준 94면, 김상용 165면).

區別否定說은 비록 처분을 허락한 재산에 사용목적이 정하여진 경우에도 그 목적과 상관없이 임의로 처분할 수 있는 것이라고 한다.

위 학설에서 소수설은 未成年者의 보호에 치중한 견해이고, 다수설은 去來安全을 중시한다. 그리하여 다수설은 비록 처분이 허락된 재산에 그 사용목적이 정하여져 있을지라도 그 사용목적이란 전적으로 주관적인 것이어서 외부의 제3자가 알 수 없는 것임에도 사용목적 이외 처분이란 이유로 미성년자의 행위를 취소하게 함은 거래안전을 해한다는 이유로 처분의 범위를 財産의 範圍로 본다. 따라서 처분할 재산의 범위와 그 사용목적을 정한 경우에도 그 처분이 허락된 재산의 범위에서는 그 정하여진 사용목적에 관계없이 처분할 수 있는 것이라고 본다. 또한 동조는 '재산의 처분'이라고 하나, 이에 국한하지 않고 사용 · 수익을 포함한다.

문제는 처분이 허락된 재산으로부터 增加額은 역시 처분이 허락된 재산의 범위로 되는가. 예컨대 미성년자가 부모로부터 받은 용돈으로 복권을 구입하여 그 복권이 당첨된 경우 그 복권당첨금은 역시 처분이 허락된 재산으로 되는가. 처분이 허락된 재산의 범위를 그 특정한 재산권의 범위를 중심으로 한정하면 부정할 것은 명백하다. 그러나 동조 규정에서 재산의 처분에는 사용 · 수익을 포함하는 점에서 보면 처분이 허락된 재산의 범위를 그 특정한 재산을 뜻하는 것이 아니라 처분할 재산의 범위로 보아 처분권이 허락된 재산권의 범위 내 증가액은 역시 처분이 허락된 재산권으로 다루어야 할 것이다.

위 사례에서 甲의 부모로부터 받은 잡비로 복권을 구입한 행위가 처분이 허락된 처분행위에 해당함은 의심의 여지가 없다. 다만 문제는 여기서 복권당첨금 자체가 처분이 허락된 財産의 範圍로 볼 것인가. 만약 복권당첨금이 처분을 허락한 범위의 재산이라고 본다면, 甲의 자동차매입행위는 사용목적범위 내 행위이여서 취소할 수 없는 것으로 되나, 처분의 범위를 財産의 範圍로 보면 복권당첨금을 처분의 범위를 초과한 재산의 처분행위로 되어 취소 가능한 것으로 된다.

그러나 그 당첨된 복권당첨금에 의한 자동차의 매수행위가 처분이 허락된 재산에서 생긴 재산이라고 할지라도 재산에 대해 처분을 허락한다는 의미는 미성년자 재산의 양적 범위에 중점을 두고 허락하는 것을 의미하므로 복권당첨금은 여기서 처분이 허락된 재산이라고 할 수는 없고, 마치 미성년자가 재산을 증여받은 경우와 같이 그 재산은 법정대리인의 관리 하에 있는 것이라고 본다. 따라서 甲의 자동차매입행위는 법정대리인의 동의를 얻지 않고 행해진 것이므로 부모는 계약을 취소하고 대금을 회수할 수 있게 된다.

(c) 許諾된 特定의 영업에 관한 行爲 : 미성년자가 법정대리인으로부터 특정영업을 허락받은 경우 그 영업행위는 성년자와 동일한 효력을 가진다(§8 ①). 여기서 營業이란 상업에 한하지 않고 널리 영리를 위한 사업을 말하며, 법정대리인이 영업을 허락할 때에는 반드시 영업의 종류를 특정해야 한다.

또한, 營業許諾의 方式에는 특별한 방식은 없으나 상업일 때에는 상업등기를 요하고, 허가에 대한 입증책임은 영업허가가 있었음을 이유로 법률행위의 유효를 주장하는 자가 부담한다.

(d) 他人의 代理行爲 : 미성년자의 행위능력제한은 무능력자 본인을 위한 것이므로, 타인의 대리인으로서 행위에는 능력자임을 요하지 않는다(§117).

代理行爲란 임의대리·법정대리를 불문하지만, 법정대리에는 개별적 법률에서 제한하고 있으므로 그 범위에서는 대리인이 되지 못한다.

(e) 遺言行爲 : 만 17세에 달한 미성년자는 유효한 유언을 단독으로 할 수 있다(§1061). 그 외에 가족법상 행위에도 대리가 제한된다.

(f) 社員資格에 기한 行爲 : 법정대리인의 허락을 얻어 회사의 무한책임사원이 된 미성년자가 그 사원자격에 기한 행위는 단독으로 할 수 있다(상법 §7).

(g) 勤勞契約과 賃金請求 : 미성년자의 근로계약과 임금청구는 대리하지 못한다(근로기준법 §65, 66). 따라서 근로계약과 임금청구는 언제나 미성년자 본인에 의한다.

(h) 婚姻한 未成年者의 行爲 : 민법상 婚姻에 의한 성년의제를 취하므로 혼인한 미성년자는 단독으로 유효한 재산상 처분능력을 가진다. 여기서 婚姻이란

법률상 혼인을 의미하고 사실혼은 제외된다.

다만, 혼인 후 離婚한 경우에도 처분능력을 가지는가. 다수설은 "한번 성년이면 영원히 성년이 된다."는 법언과 거래안전을 보호할 필요에서 계속하여 행위능력을 갖는 것으로 본다.

(나) 법정대리인의 同意 또는 許諾은 미성년자가 법률행위를 하기 전 취소할 수 있다(§7). 또한 법정대리인은 그가 준 營業許諾을 취소 또는 제한할 수 있고(§8 ②), 취소의 상대방은 동의나 허락을 받은 미성년자 또는 그 상대방이 된다.

(ㄱ) 取消 또는 制限權의 行使는 親權者인 경우에는 제한이 없으나, 後見人인 경우에는 친족회의 동의를 받아야 한다(§945, §912).

또한, 법정대리인의 영업허락의 취소·제한은 남용하지 못한다(§922, §956 참조). 그리하여 민법 제922조는 친권자의 자기재산에 관한 행위와 동일한 주의의무를, 제956조는 후견인의 선관주의의무를 규정한다.

- 취소 및 동의권의 행사
  - 친권자인 경우 — 제한이 없다.
  - 후견인인 경우 — 친족회의 동의(§945, §912)
- 법정대리인의 영업허가 취소 또는 제한의 남용 금지(§922, §956 참조)

(ㄴ) 취소로 善意의 第3者에 대항할 수 있는가. 이 경우 취소는 撤回의 일종으로서 미성년자가 법률행위를 하기 전 취소하는 경우에는 선의의 제3자에 대항하지 못함은 의문이 없다.[26] 또한 법률행위 후 영업허락의 취소 또는 제한은 미성년자와 거래한 선의의 제3자에 대항하지 못한다.

(다) 法定代理人의 同意없이 한 미성년자의 법률행위는 이를 취소할 수 있다(§5 ②). 이 경우 법정대리인의 동의가 있었다는 입증책임은 그 동의가 있었음을 이유로 법률행위의 유효를 주장하는 자에 있다.[27]

(ㄱ) 취소할 수 있는 者는 미성년자 본인을 포함한 그 법정대리인 또는 승계인(다만, 취소권만의 승계는 제외된다)이다(§5 ②, §140).

(ㄴ) 取消는 소급효가 있다(§141 본문). 무능력을 이유로 한 취소의 소급적 무효의 효과는 선의의 제3자에 대하여도 주장할 수 있다(§109 ②, §110 ②와 구별). 즉 절대적 무효로서의 효력을 가진다.

(ㄷ) 未成年者가 한 법률행위에 의하여 부담한 채무 등은 전혀 이행할 필요

26) 김용한 116면, 곽윤직 94면, 장경학 148면.
27) 대판 1970.2.24, 69다1568.

가 없고, 이미 행하여진 급부는 부당이득으로서 그 반환의무가 발생하고(§741 이하). 그 반환범위는 부당이득의 법리에 따라 반환하게 된다. 그러나 민법 제141조 단서는 그 특칙을 두어 "무능력자는 그 행위로 인하여 받은 利益이 現存하는 한도에서 상환할 책임이 있다."라고 규정한다. 따라서 동 규정에 의하여 무능력자가 악의인 경우에도 현존하는 이익만을 반환하면 족하다(§748 ② 참조).

결국, 無能力을 이유로 한 取消로써 부당이득의 반환은 무능력자의 선·악을 불문하고 현존이익의 범위로 된다.

(ㄹ) 取消의 결과, 법률행위의 당사자가 서로 이득반환의무를 부담하는 경우에는 계약해제로 인한 원상회복의무에 관한 민법 제549조를 유추하여 양자의 의무는 동시이행의 관계에 선다.

(ㅁ) 취소권은 추인·법정추인, 취소권의 단기소멸, 취소권의 배제 등으로 소멸한다.

(2) 限定治産者의 行爲能力

한정치산자 甲은 후견인 乙의 동의 없이 자기소유 보석반지를 입질하고 丙으로부터 500만원을 받아 그 중 200만원은 유흥비로, 200만원은 丁에 증여하고 나머지 100만원은 戊에게 이자부로 빌려주었다.

(1) 乙은 500만원의 借金에는 동의하였으나 보석반지의 입질에는 동의하지 않았던 경우 乙은 취소할 수 있는가.

(2) 丁이 증여받은 200만원에 대하여 乙은 그 반환을 청구할 수 있는가.

(3) 甲이 戊에 대여한 100만원을 乙은 취소할 수 있는가. 또한 이때 丙은 어떠한 권리를 가지는가.

(가) 限定治産者의 行爲能力은 미성년자의 그것과 동일하다(§10). 따라서 한정치산자의 법률행위는 원칙적으로 법정대리인의 동의를 받아 한정치산자가 행하거나 법정대리인이 대리하여야 한다.

(나) 미성년자의 근로계약과 임금청구에 관한 대리권제한은 한정치산자에도 적용되는가. 동법상 한정치산자를 규정하고 있지 않는데서 견해가 대립한다.

適用肯定說은 근로계약과 임금청구에 미성년자는 보호하면서 한정치산자는 보호하지 않을 이유가 없다는 점에서 근로기준법 제65조와 제66조를 유추 적용할 것이라고 한다.

適用否定說은 근로기준법의 해석상 법정대리인의 동의를 면제하는 규정이 없다는 점을 든다(김용한 115면, 장경학 219면).

다수설은 근로계약과 임금청구에 한정치산자를 보호하지 아니할 이유가 없고, 한정치산자의 행위능력에 관하여 민법이 특별히 규정하고 있지 않는 점은 한정치산자의 능력을 미성년자와 동일한 것으로 할 입법취지로 해석하여 이를 긍정한다.

위 사례 설문 (1)에서 借金과 入質은 법률상 전자는 금전의 대차계약, 후자는 질권설정계약이므로 별개의 독립계약으로 취급된다. 따라서 甲의 대차계약은 유효하게 성립하고, 丙은 변제기에 대여금 500만원의 지급청구를 할 수 있으나, 入質에 관하여 동의가 없으면 甲은 취소할 수 있고, 보석의 반환을 청구할 수 있다.

설문 (2)의 경우 丁이 甲에 대하여 증여받은 200만원은 乙이 차용금 500만원의 차용에 대하여 허락한 것이라면 그 재산권에 관하여 처분을 허락한 것이라고 볼 수 있고 이로써 乙은 그 반환을 청구하지 못한다.

설문 (3)의 경우에도 甲의 戊에 대한 이자부 대여행위가 처분이 허락된 재산의 처분행위의 범위로 보면 유효한 대여가 된다. 다만 戊의 대여금 100만원에 대하여 丙은 어떠한 권리를 가질 수 있는가.

설문 (1)의 보석반지의 入質은 동의하지 않은 것에 의하여 취소할 수 있는가 여부에 따라 효력을 달리한다. 즉 甲 또는 乙이 취소권을 행사하지 않은 경우에는 丙은 채권자대위권에 의하여 甲·戊간의 대차행위를 취소할 수 있지만, 그 전에 甲·乙이 丙과의 소비대차를 취소하게 되면, 그에 의하여 丙은 채권자의 지위를 상실하게 되므로 결국에 취소할 수 있는 방법은 없게 된다.

(3) 禁治産者의 行爲能力

(가) 禁治産者의 법률행위는 언제나 취소할 수 있다(§13). 따라서 금치산자가 후견인의 동의 없이 행한 행위는 언제나 취소할 수 있는 행위로 된다.

다만, 금치산자가 법정대리인의 동의를 받아 법률행위를 한 경우에도 언제나 취소할 수 있는 행위로만 되는가. 견해가 대립한다.

肯定說은 민법 제13조는 금치산자의 법률행위는 취소할 수 있다고 규정하고 있으므로 법정대리인의 동의가 있느냐의 여부에 관계없이 취소할 수 있는 것이며, 이때 동의는 의미가 없는 것이라고 한다.

否定說은 법정대리인이 금치산자에게 일정한 행위를 하게 하더라도 무방할 것이라고 생각하여 동의한 것이고 또한 상대방도 법정대리인의 동의가 있으므로 취소되지 아니할 것이라고 생각하는 것이 보통일 것이라는 점을 든다.

통설은 법정대리인의 사전 동의를 받아 법률행위를 하게 하여도 기대한 대로 의 법률행위를 할 것인지 불확실하고, 동의가 있으면 취소하지 못한다고 해석하는 것은 의사능력이 없는 자를 정형화하여 무능력자를 보호하고 거래의 상대방을 경계하도록 하는 무능력자 취지에 비추어 부당하므로 취소를 인정해야 할 것이라고 한다.

생각건대, 否定說은 법정대리인의 동의가 구체적인 것이라면 상대방의 신뢰를 보호하여 취소할 수 없는 것이라고 하나, 肯定說과 같이 비록 구체적 행위에 대한 동의권이라고 하더라도 그 문제의 법률행위를 실제로 할 때에는 반드시 의사능력을 상실하지 않고 있었다는 것을 보증할 수 없는 한 법정대리인의 사전 동의는 무의미하고 이를 고려한 것이 민법의 입법태도로 보면 취소를 긍정함이 타당하다. 따라서 금치산자의 법률행위는 후견인의 동의 여부를 묻지 않고 언제나 취소할 수 있는 행위로 되고, 이로써 금치산자의 법률행위는 언제나 법정대리인이 대리하여 행하여야 한다.

(나) 금치산자가 의사무능력 상태에서 행한 행위는 무효로서의 효과도 발생하는가. 無效·取消二重效 인정여부 문제이며, 견해가 대립한다.

통설·판례는 대체로 긍정하는 태도를 취하여 행위무능력자가 특별히 의사무능력 상태에서 행한 행위임을 입증한 때에는 무효의 효력도 주장할 수 있는 것이라고 한다. 그러나 견해에 따라서는 전적으로 긍정할 것은 아니지만 관계자의 의사능력 유무를 문제 삼을 수 없는 거래분야에 있어서는 의사무능력·행위무능력으로 인한 무효·취소 주장을 배제할 수 없을 것이라고 한다.[28]

2. 無能力者의 身分行爲能力

만 25세인 금치산자 甲은 부모와 상의 없이 乙과 재산취득관계를 정하고 혼인하여 이를 신고하였다.

甲과 乙의 혼인 또는 부부재산계약의 효력은 어떻게 되는가.

---

(1) 無能力者와 신분행위

(가) *身分行爲*란 무능력자의 신분상 변동을 가져오는 법률행위를 말하며, 신분행위에 있어서는 민활·합리적 처리가 요구되는 재산거래행위와는 달리 본인의 의사가 특히 존중되어야 하므로 비록 무능력자라도 구체적인 경우 의사능력만 있으면 원칙적으로 *有效한 身分行爲*를 단독으로 할 수 있다. 따라서 신분

---

28) 김주수 104면, 장경학 192면.

행위에는 무능력자제도의 적용이 배제된다.

(나) 민법은 무능력자에 관한 규정(§5, §10, §15)을 대표적으로 유언에서 그 적용을 배척하여(§1062), 구체적으로는 미성년자라도 17세에 달하면 유효한 유언행위를 할 수 있게 하고(§1061), 금치산자에 대하여도 17세에 달하고 의사능력을 회복한 때에는 유효한 유언행위를 할 수 있음을 규정한다(§1063).

(2) 未成年者와 限定治産者의 신분행위

(가) 미성년자의 신분상 법률행위, 예컨대 약혼·혼인·이혼·입양·파양·분가 등은 신분행위의 특질상 구체적 행위에서 법률이 정한 요건을 갖추고 있는 이상 단독으로 유효한 신분행위를 할 수 있다.

(나) 한정치산자의 신분행위, 예컨대 약혼·혼인·이혼·입양·파양·분가, 특히 유언능력에 관한 연령상 제한규정을 두고 있지 아니하므로 미성년자의 신분상 행위능력에서와 같이 단독으로 유효한 신분행위를 할 수 있는가. 즉 미성년자의 신분행위와 구별할 것인가. 견해가 대립한다.

區別肯定說은 한정치산자는 미성년자와 달리 신분행위의 제한을 받지 않는 것이라고 한다.

區別否定說은 미성년자와 한정치산자의 능력범위를 동일한 것으로 다룬 입법취지로 해석하여 한정치산자의 신분행위능력도 미성년자와 동일하게 다루어야 할 것이라고 한다(곽윤직 96면, 김주수 157면).

다수설은 區別肯定說을 취하여 한정치산자의 신분상 행위는 완전한 능력자로 취급하여 능력상 제한을 받지 않고 언제나 단독으로 할 수 있는 것이라고 한다. 그러나 區別否定說 중에는 한정치산자 중에서 낭비자에 대하여는 가족법상 행위에 제한할 이유가 없고 또한 한정치산선고를 받으면 그 원인을 가려서 능력을 제한할 수도 없는 것이라고 한다.[29]

생각건대, 미성년자가 미성년인 동안은 한정치산선고를 받을 실익이 없다는 점을 고려하면 한정치산자에 신분능력을 각별히 규정하지 아니한 것은 당연하다. 따라서 한정치산자의 신분상 행위는 미성년자와 구별되어 언제나 단독으로 유효히 할 수 있다는 것이 아니라, 한정치산자의 신분행위는 한정치산선고의 실정상 미성년자의 신분상 행위의 제한을 받지 않는 것이라고 보아야 할 것이다.

29) 김주수 157면.

⑶ 禁治產者의 身分行爲

금치산자라도 정신능력을 회복한 때에는 유효한 신분행위를 할 수 있다. 그러나 미성년자 또는 한정치산자와 달리 금치산자의 유언행위는 17세에 달하고 의사능력을 회복한 때에는 단독으로 유효한 유언행위를 할 수 있으나(§1063), 그 외에 신분상 법률행위, 예컨대 약혼·혼인·이혼·입양·파양 등에는 후견인의 동의를 받아 유효한 신분행위를 할 수 있다. 따라서 금치산자의 신분행위는 유언을 제외하고는 언제나 후견인의 동의를 받아야 하는 점에서 미성년자와 한정치산자의 신분행위능력과 구별된다.

위 사례에서 未成年者와 禁治產者의 혼인은 부모 또는 후견인의 동의를 얻어 할 수 있고, 限定治產者는 단독으로 혼인할 수 있다(§808 ①②). 그러므로 부모 또는 후견인의 동의 없는 혼인은 수리하지 못하며(§813), 만일 수리된 경우에는 이를 취소할 수 있다(§819).

설문에서 甲은 부모의 동의 없이 임의로 乙과 혼인한 것이므로 유효한 혼인으로 성립하지 못한다. 따라서 그 혼인 자체도 수리되지 못하나, 다만 수리된 경우에는 민법 제819조에 의하여 그 취소를 청구할 수 있다.

또한, 금치산자는 夫婦財產契約을 유효히 체결할 수 있는가. 부부재산계약은 혼인 전에 당사자간의 자유로운 의사에 따라 체결할 수 있지만 그 체결에 당사자의 行爲能力을 요하는가.

독일민법은 일반재산법적 능력을 요한다고 하고, 스위스민법은 판단능력을 요하는 것으로 하고 있으나, 우리 민법은 명문 규정을 두고 있지 않다. 이에 관하여 다수설은 부부재산계약의 특수성을 인정하여 혼인의 체결능력과 동일한 능력이면 족한 것이라고 한다. 따라서 사안의 경우에는 甲의 혼인 자체가 성립하지 못하므로 甲·乙간의 부부재산계약은 그 능력 여부에 불문하고 무효로 될 것이지만, 이미 혼인으로 수리되어 있고 수리가 취소되지 않는 한 유효한 혼인으로서 존속하게 되므로 이 점에서 甲·乙간의 부부재산계약의 유효성이 문제된다.

그러나 이 경우에도 부모의 동의를 요하게 되므로 甲·乙간에 임의로 체결한 부부재산계약은 무효로 된다.

3. 無能力者의 訴訟行爲能力

⑴ 未成年者의 訴訟行爲能力에 관하여 민사소송법에서는 규정하고 있지 아니한다. 그러므로 미성년자의 소송상 능력은 인정되지 아니하며 법정대리인이 대리하여 행한다.

⑵ 미성년자라도 단독으로 유효히 할 수 있는 재산행위의 범위에서는 소송

행위능력도 가지는 것으로 해석한다. 그러나 소송행위는 고도의 지식과 기술이 요구되는 일종의 공법적 성질의 능력인 점과 특히 혼인성년의제와 관련하여 의문의 여지가 있다.

[무능력자의 비교]

무능력자	능력의 범위	법정대리인	대리인의 권한
미성년자	① 법정대리인의 동의를 받아 하거나 또는 대리인이 대리한다. ② 특정행위 단독행사 가능	친권자 후견인	동의권 대리권 취소권
한정치산자	미성년자와 동일	후견인	미성년자와 동일
금치산자	단독으로 할 수 있는 행위는 없고 동의를 받아서도 행사하지 못한다.	후견인	대리권 취소권

[39] Ⅴ. 無能力者의 相對方保護

(1) 상대방보호의 필요성 – 공평이상의 실현, 거래의 안전보호

(2) 상대방보호제도
- ① 민법상 고유제도
  - ㉠ 상대방의 최고권
  - ㉡ 철회권(계약)·거절권(단독행위)
  - ㉢ 취소권의 배제
- ② 법률행위 일반의 제도 — 취소권 단기소멸·법정추인

1. 相對方保護의 必要性

無能力者의 *法律行爲*는 취소할 수 있다. 취소할 수 있는 법률행위란 일방적 의사표시에 의해 그 효력이 좌우되는 것이며, 취소권자가 취소하면 법률행위효력이 소멸하지만 취소하지 않고 그대로 방치하면 유효한 행위로 된다.

이와 같이 무능력자의 행위는 취소할 수 있을 뿐만 아니라 취소권은 무능력자 측만이 가지고, 그 행사 또한 자유이므로 무능력자와 거래한 상대방은 스스로 거래행위의 구속으로부터 벗어나지 못하고 전적으로 무능력자 측의 의사에 좌우되는 불안전한 지위에 놓이게 된다. 이러한 상태는 특히 상대방에게 심한 불이익을 줄 뿐만 아니라, 거래의 안전까지 해칠 우려가 있게 된다. 그리하여

민법은 공평의 견지에서 일정한 제도를 마련하고 있다.

2. 法律行爲一般에 의한 보호

민법은 취소할 수 있는 행위 일반, 즉 사기·강박·착오에 의한 행위 일반에 관하여 취소권의 단기소멸기간을 정하고, 또한 법정추인제도를 둔다. 전자는 취소할 수 있는 행위를 추인할 수 있는 날로부터 3년 내, 법률행위를 한 날로부터 10년 내 취소하지 않으면 취소할 수 없게 한 것이고, 후자는 일정한 사유가 있는 때 추인이 있는 것으로 간주하여 취소할 수 없는 행위로 다루는 제도이다(§145).

이와 같은 취소권일반의 규정은 무능력자의 행위라고 하더라도 민법은 그 적용을 배척하고 있지 아니하므로 무능력자와 거래한 상대방은 동법 규정에 의하여 무능력자와의 구속으로부터 벗어날 수 있음은 물론이다.

(1) 取消權의 短期消滅

취소할 수 있는 법률행위는 취소원인이 존재하는 한 언제나 취소할 수 있음이 원칙이나 이를 언제나 취소할 수 있다면 법률관계를 확정할 수 없고 이로써 거래의 안전을 해하게 되므로 민법은 법률관계의 신속한 확정과 거래안전을 보호하기 위하여 취소권의 단기소멸제도를 두어 "법률행위를 한 날로부터 10년, 취소권을 행사할 수 있는 날로부터 3년 내 행사"하지 아니하면 다시 이를 취소할 수 없게 한다(§146).

(ㄱ) 동조 규정의 법률적 성질은 제척기간인가 소멸시효기간인가. 학설·판례가 일치하여 민법 제146조의 문언이 구민법과는 달리 '時效로 인하여'라는 문언을 쓰지 않았다는 점을 들어 이를 제척기간이라고 한다.[30]

또한, 동조 규정의 취소권행사로 발생하는 原狀回復請求權이나 現存利益의 返還請求權은 위 기간의 경과로 소멸하는가. 아니면 이와는 별개로 소멸시효의 적용을 받는가. 다수설은 행사기간을 취소권의 행사기간과 분리하여 따로 생각하여야 한다면, 이들 청구권은 취소권을 행사한 때로부터 다시 소멸시효기간을 만료할 때까지 존속하게 되므로 이와 같은 결과는 법률관계를 신속히 확정시키려는 제척기간제도의 취지에 부합하지 못한다는 점을 들어 민법 제146조는 이

30) 대판 1964.3.21, 63다214.

들 청구권의 행사기간을 아울러 규정한 것이라고 하나, 판례는 부정한다.

(ㄴ) 무능력자 本人의 취소권과 法定代理人의 취소권이 경합하는 경우 그 기간은 별개로 진행되는가. 원래 無能力者의 行爲에 대하여는 무능력자 본인은 물론 그의 法定代理人도 취소권을 갖게 되지만, 이때 法定代理人의 취소권이 소멸하면 무능력자 본인의 취소권도 소멸한다. 그러나 수개의 취소원인에 의한 취소권경합, 즉 무능력자가 詐欺를 당하여 법률행위를 한 경우와 같이 법률행위의 일방 당사자에게 두 개 이상의 취소원인이 있는 경우 그 취소권의 소멸기간은 각개의 취소권에 관하여 별개로 진행한다.

(2) 法定追認制度

법률행위의 追認이란 취소할 수 있는 법률행위에의 取消權의 拋棄를 말하고, 취소권자의 적극적 의사표시에 의함이 본래적이나, 민법은 법률이 규정한 일정한 행위가 있는 때에는 당연히 추인한 것으로 인정한다. 이를 法定追認制度라고 하며, 무능력자 상대방이 이를 주장함으로써 무능력자의 취소권을 봉쇄한다.

(ㄱ) 민법 제145조가 열거하는 법정추인의 경우로는 전부나 일부의 이행, 이행의 청구, 경개, 담보의 제공, 취소할 수 있는 행위로 취득한 권리의 전부나 일부의 양도, 강제집행을 든다.

(ㄴ) 법정추인 사유인 여러 행위가 추인할 수 있는 후, 즉 취소원인이 종료한 후에 행하여져야 하고(§145 본문), 취소권자가 위 행위를 함에 있어 異議를 保留하지 않았어야 한다(동조 단서).

다만, 法定追認이 되기 위해서는 취소권자에게 추인의 의사가 있어야 하고, 또한 취소권의 존재를 알고 있어야 하는가. 학설은 이를 부정한다.

(ㄷ) 법정추인으로 추인한 것으로 간주되어 이제는 취소할 수 없고 법률행위는 유효한 것으로 확정된다(§143 ① 참조).

3. 無能力者相對方保護를 위한 특별제도

무능력자와 거래한 상대방을 법률행위일반의 취소제도에 의하여 보호한다고 하더라도 무능력자가 그 기간 내 취소한 경우는 물론이고, 또한 취소권의 소멸에 의한 경우에도 상대방의 지위는 상당히 오랫동안 불안정한 상태에 있게 될 뿐만 아니라, 더욱이 법정추인제도는 예외적인 현상에 불과하기 때문에 그렇게 실효성 있는 것은 아니다.

이러한 점을 고려하여 민법은 이들 규정에서 나아가 직접 무능력자의 상대방보호를 위한 특별규정을 마련하고 있다. 즉 무능력자와 거래한 상대방에게 최고권(§15)과 철회권·거절권(§16)을 인정하고, 또한 일정한 경우에는 무능력자 측의 취소권을 박탈(§17)하는 특례를 둔다.

(1) 催告權

일반적으로 催告란 어떤 자에 대하여 어떤 행위를 요구하는 것을 가리키며, 법률의 규정이 없더라도 필요하면 얼마든지 할 수 있다. 그러나 법률이 특별히 최고를 규정하고 있는 경우에는 그 규정에 의하여 직접 법률상 일정한 효과가 발생한다(의사통지로서의 형성권). 따라서 민법은 무능력자 상대방이 하는 최고에 대하여도 무능력자 측에서 아무런 답변을 하지 않고 있는 경우에는 법률상 일정한 효과가 당연히 발생하는 것으로 하여 무능력자 상대방을 보호한다.

(ㄱ) 催告의 方法 : 무능력자 상대방이 최고권을 행사하려면 문제의 취소할 수 있는 행위를 표시하고, 1월 이상의 유예기간을 정하여, 추인할 것인가, 취소할 것인가에 대한 확답을 요구하는 의사표시로 하여야 한다.

또한, 최고의 상대방은 최고를 수령할 능력이 있고(§112), 취소 또는 추인을 할 수 있는 자에 한한다. 그러므로 능력자가 되지 못한 무능력자에 대한 최고는 아무런 효과도 발생하지 않는다.

(ㄴ) 催告의 效果 : 최고의 상대방이 최고를 받고 그 유예기간 내 추인 또는 취소의 확답을 하면 각각 그 의사표시에 따른 효과가 생기게 된다. 따라서 이것은 상대방의 의사표시에 의한 효과에 불과하고, 최고 자체의 효과는 유예기간 내 확답하지 아니하는 경우에 발생한다.

催告의 效果로서 민법은 최고기간의 경과로 追認한 것으로 간주하나(§15 ① ②), 다만 그 확답에 일정한 절차, 예컨대 친족회의 동의를 요하는 경우에는 추인을 거절한 것으로 본다(동조 ③).

- ① 최고의 확답
  - 단독으로 할 수 있는 경우 — 추인 간주
  - 친족회동의 등 특별절차를 요하는 경우 — 거절 간주
- ② 최고기간 확답의 의사표시 — 발신주의를 채택
- ③ 최고 자체에 효력이 생기는 경우 — 기간 내 확답이 없는 경우

⑵ 撤回權 · 拒絶權

무능력자 상대방의 최고는 1월 이상의 유예기간을 두어야 하고, 또한 그 효과의 확정은 역시 무능력자 측에 의하여 좌우된다. 따라서 무능력자 상대방이 적극적으로 행위의 효력발생을 원하지 않는 경우에는 유용한 제도가 되지 못한다. 그리하여 민법은 이것에서 나아가 상대방이 스스로 효력발생을 부인하여 그 구속으로부터 벗어날 수 있도록 하고 있다. 이것이 철회권과 거절권이며, 전자는 계약에 관한 것이고, 후자는 단독행위에 관한 것이다.

(ㄱ) **撤回權 :** 무능력자와 체결한 계약은 무능력자 측에서 추인하기 전에는 상대방이 그 의사표시를 철회할 수 있다(§16 ①). 그러나 상대방이 계약 당시 무능력자임을 알았을 때에는 그러하지 못한다.

철회의 의사표시는 법정대리인뿐만 아니라, 무능력자에 대하여도 유효하게 할 수 있다(§16, §112 참조).

(ㄴ) **拒絶權 :** 무능력자의 단독행위에 대하여 무능력자 측의 추인이 있기 전에는 상대방이 이를 거절할 수 있다(§16 ②).

여기서 단독행위란 상대방 있는 단독행위, 예컨대 채무면제 · 상계 등을 가리키며, 재단법인설립행위와 같은 상대방 없는 단독행위는 문제되지 않는다. 또한 거절의 의사표시는 법정대리인이나 무능력자에 할 수 있다(§16 ③).

다만, 拒絶權은 무능력자의 상대방이 의사표시를 수령할 당시에 무능력자임을 알고 있었던 경우에도 행사할 수 있는가.

[무능력자 상대방의 최고권 · 철회권 · 거절권의 비교]

	최고권(§15)	철회권(§16 ①)	거절권(§16 ②)
법률적 성질	준법률행위(의사통지) 형성권적 성질	법률행위(의사표시)	준법률행위(의사통지)
상대방	법정대리인 및 능력자로 된 본인	법정대리인 및 무능력자 본인	
선의 여부	선의에 불문	선의에 국한	선의에 불문
행사방법	취소할 수 있는 행위를 적시한 1월 이상 유예기간을 두어 행사	본인의 추인이 있기 전에 행사	
행사효과	확답여부에 따라 법정효과 발생	취소와 동일한 계약의 소급적 소멸	단독행위의 소급적 소멸효과

통설은 계약에서는 무능력자의 의사표시뿐만 아니라 상대방의 의사표시도 있으므로 책임이 있게 되어, 그 철회를 금하는 것이지만 단독행위의 경우에는 무능력자의 의사표시만이 있고 상대방은 다만 그 의사표시를 수령하는데 지나지 않으므로 무능력자임을 알고 있었다고 해서 책임을 물을 수는 없을 것이라고 하여 긍정한다.

(3) 取消權의 배제

---

(1) 미성년자인 甲은 법정대리인의 동의 없이 乙과 임야에 대한 매매계약을 체결하였다. 그런데 계약을 체결할 때 甲은 스스로 중앙전선주식회사 사장이라고 행세하고 동석한 丙 또한 사장이라고 호칭하였다. 甲은 매매계약이 법정대리인의 동의 없이 체결된 것임을 들어 취소할 수 있는가.

(2) 재산을 낭비할 염려로 한정치산선고를 받은 乙은 약 100만원의 자산 중 10만원 상당의 보석을 보석상 丙에게 팔려고 하자 丙은 乙에게 한정치산자가 아니냐고 반문하였으나 乙은 아니라고 대답하였다. 이에 丙은 乙을 능력자로 믿고 금 8만원에 매수하였다. 乙은 취소할 수 있는가.

무능력자가 상대방으로 하여금 자기가 능력자임을 오신케 하거나 또는 법정대리인의 동의가 있는 것으로 믿게 하기 위하여 詐術을 쓴 경우에는, 詐欺에 관한 일반 규정에 의하여 책임을 지게 될 것이므로 그 범위에서 무능력자의 상대방은 보호받을 수 있게 된다. 그러나 이들 방법으로는 무능력자 상대방의 보호에 충분하다고 볼 수 없으므로 민법은 그러한 무능력자로부터 상대방을 강력히 보호할 조치로서 무능력자에 취소권을 박탈하여 상대방이 예기한 대로의 효과를 주고 있다(§17 ①②).

(ㄱ) 詐術에 의한 무능력자 측에의 취소권이 상실되기 위해서는 다음의 요건을 갖추어야 한다.

(a) 능력자임을 믿게 하려고 하였거나, 법정대리인의 동의가 있는 것으로 믿게 하였을 것이어야 한다.

(b) 詐術을 썼을 것이어야 한다. 다만 여기서 어떠한 欺罔手段을 詐術로 볼 수 있는가. 견해가 일치하지 않는다.

積極說은 무능력자 본인의 보호를 위할 필요에서 이 경우 사술은 상대방에게 능력자라고 믿게 하기 위한 적극적 수단이라고 해석하여 사술의 인정 여부를 엄격히 할 것이라고 한다(방순원 67면, 이은영 184면).

消極說은 사술이라는 개념을 넓게 해석하여 적극적으로 부정한 기망수단을 쓰는 경우는 물론, 오신을 유발하거나 강화하는 것도 포함하는 것이라고 한다.

다수설은 消極說을 취하여 가적등본이나 또는 법정대리인의 동의서를 위조하는 것과 같은 적극적인 기망수단은 물론이지만, 이것에 국한하지 않고, 자기를 단순히 능력자라고 칭하거나 단순한 침묵이나 묵비도 무능력자의 다른 언동과 관련하여 상대방을 오신하게 하거나 또는 이미 오신하고 있는 경우 그 오신을 더욱 강화케 하는 경우에는 사술이 될 수 있는 것이라고 한다.

그러나 판례는 '무능력자가 사술로써 능력자로 믿게 한 때'에 있어서의 詐術을 쓴 것이라고 함은 적극적으로 사기수단을 쓴 것을 말하는 것이고 단순히 자기가 능력자라고 사언함은 사술을 쓴 것이라고 할 수 없는 것이라고 하고,[31] 나아가 가적등본을 위조하여 상대방에게 제시 또는 타인으로 하여금 자기가 능력자라는 것을 위증케 하는 것과 같이 무능력자가 상대방으로 하여금 능력자임을 믿게 하기 위하여 적극적으로 기망수단을 사용함을 말하는 것이고 단지 자기의 연령을 '21세라고 詐言한 경우'나 성년자로서 '군대에 갔다 왔다'고 하는 경우는 해당하지 않는다고 하여 적극설을 취하고 있다. 따라서 단순히 자기를 능력자라고 칭한 것만으로는 사술을 쓴 것이라고 볼 수 없는 것이라고 하여 대체로 적극설의 태도를 취하고 있다.[32]

생각건대, 소수설의 주장에서와 같이 단순히 상대방의 오신을 방임·강화하는 사정으로 취소권을 박탈하면 대부분의 경우 사술이 인정되어 무능력자의 취소권이 배제될 것이므로 이러한 결과는 민법상 무능력자보호를 위한 취지에 어긋날 여지가 없지 않다. 그러나 한편 무능력자의 상대방을 보호하려는 취지도 아울러 고려하면 무능력자의 행위가 소극적이든 적극적이든 상대방의 의사결정에 결정적 영향을 미친 것이라면 이를 외면할 것도 아니다.

이러한 의미에서 보면 결국 취소권이 배제되기 위한 무능력자의 사술은 무능력자의 적극적 또는 소극적 행위의 여부에 의하여 판단할 것이 아니라, 무능력자의 사술과 상대방의 오신과 인과관계의 성립 여부와 상대방의 과실의 유무 등 사정을 사회통념에 따라 객관적으로 판단할 것이다.

위 사례 (1)에서 판례는 원고가 피고와 본건 임야에 대한 매매계약체결 당시 미성년자로서 법정대리인의 동의 없이 매매계약을 체결한 사실이 인정되므로 미

---

31) 대판 1971.12.14, 71다2045.

32) 대판 1971.12.14, 71다2045; 1955.3.31, 1954민상77.

성년자인 원고는 그 매매계약을 취소할 수 있고, 상대방인 피고가 미성년자인 원고의 취소권을 배제하기 위하여 민법 제17조 소정의 미성년자인 원고가 사술을 썼다고 주장하는 때에는 그 주장자인 피고 측에 그 입증책임이 있다고 할 것인바, 본건에서 피고가 그 입증의 하나로서 원고가 성년으로 된 인감증명서를 제출하였으나 원고는 그 성년이라는 년의 숫자 부분이 변조된 것과 또한 원고 자신이 변조한 사실이 없다는 반증을 제출한 이상, 피고는 입증책임의 원리 원칙에 되돌아가 그 변조가 원고 또는 원고와 공모한 제3자가 변조한 것이라는 점에 대하여 입증책임이 있다고 할 것이므로 같은 취지에서 원고가 본건 임야에 대한 이전등기의 소요서류인 임감증명서를 변조하였음을 전제로 사술을 썼다는 피고의 주장에 대한 입증이 없다는 이유로 배척한 원심판결(서울고판 1971.7.30, 70나2085) 조처는 정당하고 거기에는 입증책임을 전도하였거나 채증법칙을 위배한 잘못은 없는 것이라고 하였다.

또한, 민법 제17조에 이른바 '무능력자가 사술로써 능력자로 믿게 한 때'라고 함은 무능력자가 상대방으로 하여금 그 능력자임을 믿게 하기 위하여 적극적으로 사기수단을 쓴 것을 말하는 것으로서 단순히 자기가 능력자라고 사언함은 동조에 이른바 사술을 쓴 것이라고 할 수 없다고 할 것이므로(대판 1955.3.31, 1954 민상77 참조) 미성년자인 원고가 본건 매매계약 당시 원고 본인이 스스로 사장이라고 말하였다거나 또는 동석한 소외인이 상대방인 피고에 대하여 원고를 중앙전선주식회사의 사장이라고 호칭한 사실이 있었다고 하더라도 이것만으로는 이른바 사술을 쓴 경우에 해당되지 아니한다고 할 것이므로 이와 같은 견해의 취지에서 판단한 원판결은 정당하고, 원판결에는 법률의 해석적용을 그릇한 위법은 없는 것이라고 하여 원심판결을 인용하였다(대판 1971.12.14, 71다2045).

(c) 무능력자의 欺罔行爲에 의하여 상대방이 능력자라고 믿었거나 또는 법정대리인의 동의가 있는 것으로 믿었을 것이어야 하고, 상대방이 그러한 誤信에 기하여 무능력자와 법률행위를 하였을 것이어야 한다. 그러나 이 요건은 성질상 未成年者와 限定治産者에만 적용되고 禁治産者에는 적용되지 않는다. 따라서 금치산자는 법정대리인의 동의가 있는 것으로 믿게 한 때에는 적용되지 아니하나, 능력자로 믿게 한 경우에만 적용된다.

(ㄴ) 取消權喪失의 效果로 무능력자 본인은 물론이고, 그의 법정대리인이나 기타 취소권자의 취소권이 배척된다. 따라서 그 법률행위는 처음부터 확정적인 유효한 행위로 된다.

(ㄷ) 무능력자 상대방은 민법 제17조에 의하여 우선 구제받게 된다. 즉 民法 제17조와 제110조 제750조와의 관계, 예컨대 무능력자가 詐術을 써서 능력자 또는 법정대리인의 동의가 있는 것처럼 하여 상대방과 법률행위를 한 경우에는 민법 제17조의 취소권의 배제 외에도 사기를 이유로 취소하거나(§110), 불법행

위를 이유로 손해배상을 청구할 수 있다(§750). 그러나 이들 간에는 법리나 입법취지는 비슷하지만 그 요건과 효과가 다르다. 즉 형식적 면에서 보아 가장 광의를 내포한 것이 제750조이고 그 다음으로 제110조, 제17조의 순이 된다. 그러므로 여기서 가장 철저하게 상대방을 보호해 주는 것이 제17조이므로 무능력자 상대방은 제110조 및 제750조에 의한 취소 및 손해배상청구권행사에 앞서 취소권의 배제에 의하여 보호받게 된다.

위 사례 (2)에서 먼저 乙은 보석매매에 앞서 후견인의 동의를 요하는가. 乙·丙간의 보석매매계약은 그 성질상 권리만을 얻거나 의무만을 면하는 행위가 아님은 분명하므로 후견인의 동의를 받아야 할 것임은 해석상 의문의 여지가 없다. 그러나 설문의 취지로 보아 乙은 후견인의 동의를 받지 아니한 것으로 보여 지므로 乙의 보석매매계약은 일응 이를 취소할 수 있는 행위로 된다.

다만, 乙이 한정치산자이냐는 질문을 받고 단순히 '아니오'라고 대답한 것이 무능력자의 詐術에 해당하는가. 한정치산자의 법정대리인 동의 없이 행한 법률행위이더라도 한정치산자의 詐術에 의한 행위인 때에는 그 취소권행사가 제한된다. 따라서 이 경우 한정치산자의 詐術로 되기 위해서는 적극적 행위임을 요하는가.

사안의 경우에 적극설을 취한다면 당연히 詐術로 되지 않고, 소극설을 취하는 경우라고 하더라도 乙이 단지 '아니오'라는 대답에 丙이 그를 능력자로 믿은 것은 통상의 주의의무를 다하였다고 보기 어렵고 또한 乙의 대답과 丙의 오신 사이에 인과관계가 성립한다고 보기 어려우므로 詐術로 보기 어렵다.

그렇다면, 乙은 丙에 대하여 보석매매계약을 취소할 수 있게 된다.

위 사례에서 乙은 대금 8만원을 처 甲에게 주고 그 후 乙은 다시 丙에게 그 보석의 반환을 요구하였다. 丙은 이를 반환하여야 하는가.

위 사례에서 취소한 경우 乙은 보석대금의 반환의무를 부담하는가. 乙의 처 甲에게 증여한 것은 현존이익이 있다고 할 것인가.

또한, 취소의 경우 그 반환채무의 성질과 乙·丙 상호간의 반환채무 간에 동시이행의 항변권 및 유치권의 성립 여부는 어떻게 되는가. 문제된다.

(1) 무능력자의 法律行爲取消와 현존이익의 반환

(가) 한정치산자 乙의 보석상 丙에 대한 보석매각이 취소된 경우는 처음부터 무효인 것으로 간주된다. 민법은 취소의 효과에 부수하여 무능력자의 반환범위에 관한 특칙을 두어 무능력자는 그 행위에 의하여 받은 利益이 現存하는 한도에서 상환할 책임을 규정하고 있다(§141 단서).

여기서 '현존이익'은 취소되는 행위에 의하여 사실상 얻은 이익 그대로 현존할 필요는 없고 변형되어서 잔존하고 있어도 무방하다. 또한 현존이익의 입증책임은 무능력자 측에서 현존이익이 없음을 입증하여야 하므로 일응 무능력자가 취득한

이득은 현존하는 것으로 추정한다.

(나) 사안의 경우 보석매각대금 8만원이 乙측에 현존하는가의 여부는 乙측에서 입증책임을 지는 것으로서 乙이 그 현존하지 아니함을 입증하여야 한다.

위 사례에서는 乙이 대금을 받아 처에게 주었으므로 乙이 그와 같은 사실을 주장·입증하면 乙의 수중에는 그에 대체할 아무런 물건도 남아 있지 않게 되어 현존이익이 있다고 보기 어렵게 된다.

(2) 其他의 관련문제

(가) 채권자대위권의 행사 여부 丙은 乙의 甲에 대한 증여계약의 취소권을 대위할 수 있는가. 乙측에 현존이익이 남아 있다는 견해에 의하면 가능하지만, 乙측에 현존이익이 없다고 보는 이상 대위권행사의 여지는 없다.

(나) 부당이득반환청구 여부 丙으로부터 중간의 乙을 거쳐 8만원의 증여를 받은 甲에 대하여 그것을 부당이득이라고 보아 반환을 청구할 수 있는가. 부당이득이 성립하려면 이득이 법률상 원인 없는 것이어야 하는바 여기서 甲·乙사이에는 일응 유효한 증여계약이 성립하고 있으므로 甲의 이득에 법률상 원인이 없다고 할 수 없다.

(다) 불법행위에 의한 손해배상청구권행사 여부 丙이 乙의 불법행위를 이유로 해서 손해배상을 청구할 수는 있는가. 한정치산자인 乙에게는 책임능력은 있으므로 乙에게 고의·과실이 있을 경우 불법행위의 성립이 가능하다. 그러나 이러한 경우 불법행위에 의한 손해배상책임을 인정한다면 무능력자의 상환의무를 현존이익에 한하여 상환토록 한 민법상 의미가 상실하게 된다. 따라서 학설·판례는 무능력자의 불법행위에 의한 손해배상책임을 부정한다.

제 3 절 自然人의 住所

[40] Ⅰ. 住所의 意義와 機能

(1) 사람의 사회활동은 특정의 토지, 즉 장소를 중심으로 하여 행하여지는 것이 보통이며, 법률생활의 안정을 위해서는 일상생활에서 일어나는 법률관계에 관하여 어느 정도 고정적인 장소를 정하여 처리한다는 것이 요구된다.

(2) 민법은 住所와 居所에 관하여 일반적 규정을 두고, 그 밖의 장소, 예컨대 본국·본적지·주민등록지·현재지, 자산소재지·법률행위지, 주소·거소·사

무소 소재지 · 영업소 등에 관하여는 개별적으로 규정하여 이것에 일정한 법률상 효과를 부여한다.

[41] Ⅱ. 民法上 住所

1. 住所決定의 표준

(1) 住所決定에 관한 입법주의

(가) 住所의 立法主義로서 먼저 사람과 장소의 실질적 관계의 존재 여부를 따라 정하는 형식주의와 실질주의, 주소의 설정 · 유지 · 변경은 어떤 장소가 생활의 중심을 이루고 있는 객관적 사실, 즉 定住事實만으로 정하는가, 아니면 객관적 사실 외에 주관적 요소, 즉 定住意思를 요하는가에 따른 의사주의와 객관주의, 주소의 개수를 중심으로 하는 단수주의와 복수주의가 있다.

(ㄱ) **形式主義와 實質主義**: 사람과 장소와의 실질적 존재 여부를 따라 주소의 표준으로 정하는 구별이며, 形式主義란 형식적 표준에 의해서 획일적으로 住所를 정하는 주의(예컨대 본적지)이며, 법률관계를 명확히 하는 장점을 가지나, 오늘날 생활관계의 변동에 수급하기 어렵다.

또한, 實質主義란 생활의 실질관계에 기인하여 구체적으로 住所를 정하는 주의이며, 현실생활관계의 수급에 적절하다.

(ㄴ) **主觀主義와 客觀主義**: 주소의 설정에 당사자의 주관적 의사를 요하는가 여부에 의한 구별이며, 主觀主義란 정주의 사실(체소)+정주의 의사(심소)로 주소를 정하는 주의이나 정주의 의사를 외부에서 인식하기 어렵고 또한 반드시 존재하는 것도 아니다.

또한, 客觀主義란 정주의 사실만으로 주소를 정하는 주의이며, 주소의 인식이 객관적으로 명확한 장점을 가진다. 프랑스 · 독일 · 스위스 등이 이를 취한다.

(ㄷ) **單數主義와 複數主義**: 주소의 개수를 중심으로 한 구별이며, 單數主義란 주소를 1개로만 정하는 주의이며, 주관주의에 의하면 단일주의에 따르므로 법률관계의 단일화를 취할 수 있는 장점을 가진다(스위스민법).

또한, 複數主義란 주소를 2개 이상 둘 수 있는 주의이며, 오늘날 생활관계의 수급에 적절하다.

(2) 民法上 住所決定

우리 민법 제18조 제1항은 '生活의 根據가 되는 곳'을 주소로 규정하고, 또한 法人住所에 관하여도 제36조는 "주된 사무소소재지에 있는 것으로 한다."라고 하여 민법상 주소에 관하여 실질주의·복수주의를 취하는데 이설이 없다. 따라서 주민등록지는 특별한 반증이 없는 한 주소로 추정될 뿐이다.

- ① 민법상 실질주의를 취하는 근거
  - 민법상 주소에 정주의 의사를 요한다고 할 근거가 없다.
  - 의사무능력자를 위한 법정주소제가 없다.
- ② 주민등록지 — 특별한 반증이 없는 한 주소로 추정된다.

※ 法人의 住所 : 주된 사무소소재지에서 주소의 효력이 생긴다.

한편, 意思主義를 취하는가, 客觀主義를 취하는가. 직접적 규정이 없지만, 민. 법의 문언상 의사주의로 해석할 근거가 없고, 또한 주소의 수에 관하여도 복수주의를 취하고 있는 점 등으로 보아 객관주의로 해석한다.

결국, 우리 民法上 住所는 실질주의·객관주의·복수주의를 취한다.

2. 住所와 구별개념

(1) 住所와 구별되는 것으로는 거소·현재지·가주소가 있다.

居所란 사람이 다소의 기간 계속하여 거주하는 장소로서 그 장소와 밀접한 정도가 주소만 못한 곳을 말하고, 現在地란 여행자가 일시적으로 체재하는 곳과 같이 장소와 관계가 거소보다도 더 밀접하지 못한 곳을 말한다.

또한, 假住所란 사람과 장소의 관계가 현실로 존재하지 않는 곳을 거래의 편의를 위하여 당사자 의사로 정한 주소이며, 민법은 가주소를 인정한다.

(2) 민법은 居所 자체에 관하여는 원칙적으로 법률효과가 발생하지 않지만 예외적으로, 주소를 알 수 없을 때와 국내에 주소가 없는 자에 대하여는 각각 거소를 주소로 본다(§19, 20). 그러나 現在地에 대하여는 법률상 특별한 효과를 주고 있지 않다. 따라서 현재지에 주소로서의 효과가 발생하는 경우는 없다.

또한, 假住所를 정한 경우 그 정한 사항에 관하여는 그 가주소를 주소로 보고 주소에 관한 법률효과는 모두 가주소에 발생한다(§21). 즉 가주소에서 주소의 효력이 생긴다. 예컨대 甲이 乙에 대하여 소를 제기하면서 그 소장에서 송달할 장소를 특별히 정하여 기재한 경우 소송에 관한 사항은 그 기재된 곳이 송달의 장소로 된다.

다만, 이때 "가주소에서 주소의 효력이 생긴다."는 뜻은 그 정한 사항에 관하여 주소의 효력이 생긴다는 것을 의미하고, 정한 사항 이외의 것에까지 가주소에 관하여 효력이 생기는 것은 아니다. 따라서 비록 가주소를 정한 경우라고 하더라도 그 정한 사항 이외의 것에 대하여는 여전히 본래 주소지를 중심으로 효력이 생긴다.

[42] Ⅲ. 住所의 法律上 效力

1. 住所의 私法上 效力

(1) 住所의 民法上 效果

(가) 부재와 실종의 표준 　민법 第22조는 "종래의 주소나 거소를 떠난 자가 재산관리인을 정하지 아니한 때에는 법원은 이해관계인이나 검사의 청구에 의하여 재산관리에 관한 필요한 사항을 명하여야 한다."라고 하고, 또한 제27조는 "不在者의 生死가 5년간 분명하지 아니한 때에는 법원은 이해관계인이나 검사의 청구에 의하여 실종선고를 명하여야 한다."라고 규정한다.

따라서 민법상 주소나 거소는 부재자나 실종의 표준이 된다.

(나) 변제의 장소 　민법 제467조 제1항은 "채무의 성질 또는 당사자의 의사표시로 변제장소를 정하지 아니한 경우 특정물의 인도는 채권성립 당시에 그 물건이 있었던 장소에서 하여야 한다."라고 하고, 동조 제2항은 "전항의 경우에 특정물인도 이외의 채무변제는 채권자의 현주소에서 하여야 한다.

그러나 영업에 관한 채무의 변제는 채권자의 현영업소에서 하여야 한다."라고 규정하여 변제장소의 표준을 주소에 의한다.

(다) 상속의 개시지 　재산상속은 피상속승계인의 주소지에서 개시한다(§998).

(2) 民法 이외의 효과

(가) 준거법을 정하는 표준 　섭외사법상 국적이 없는 자에 대하여는 그 주

소지법을 본국법으로 본다. 그 주소를 알 수 없는 때에는 거소지법에 의하고(동법 §2 ②), 당사자의 주소지법에 의하여야 할 경우 그 주소를 알 수 없는 때에는 그 거소지법에 의한다(동법 §3).

외국인이 국내에서 법률행위를 한 경우 본국법에 의하면 무능력자라고 할지라도 우리나라 법률에 의하여 능력자인 때에는 능력자로 본다(동법 §7 ②).

계약의 성립 및 효력은 그 청약의 통지를 한 곳을 행위지로 본다. 그 청약을 받은 자가 승낙을 한 경우 그 청약의 발신지를 알지 못하는 때에는 청약자의 주소지를 행위지로 본다(동법 §11 ②).

(나) 어음행위의 장소　어음법상 지급지의 기재가 없는 때에는 지급인의 명부에 부기한 지가 지급지이며 지급인의 주소지로 본다(어음법 §2 ③).

환어음은 지급인의 주소지 또는 다른 지에 있음을 불문하고 제3자방에서 지급할 것으로 할 수 있다(동법 §4). 환어음의 소지인 또는 단순한 점유자는 만기에 이르기까지 인수를 위하여 지급인에게 그 주소에서 어음을 제시할 수 있고(동법 §21), 다른 표시가 없는 한 발행지가 지급지로 되고 발행인의 주소지로 본다(§76 ③).

또한, 手票는 지급인의 주소지에 있거나 다른 지에 있음을 불문하고 제3자방에서 지급할 것으로 할 수 있다. 그러나 제3자는 은행이어야 한다(수표법 §8).

(다) 부가기간을 정하는 표준　소송법상 법원은 불변기간에 대하여 주소 또는 거소가 원격지에 있는 자를 위하여 부가기간을 정할 수 있다(민소법 §172 ②).

(라) 재판관할의 표준　소송법상 사람의 보통재판적은 주소에 의하여 정한다. 단 대한민국에 住所가 없거나 住所를 알 수 없는 때는 居所에 의하고, 거소가 없거나 거소를 알 수 없을 때에는 최후의 주소에 의한다(민소법 §3).

2. 住所의 公法上 效力

(1) 歸化 및 國籍回復의 요건

외국인이 법무부장관의 허가를 얻어 귀화하기 위해서는 5년 이상 계속하여 대한민국에 주소가 있을 것이어야 한다(국적법 §5 1호). 외국인으로서 부 또는 모가 대한민국의 국민이었던 자, 처가 대한민국의 국민인 자, 대한민국에서 출생한 자로서 부 또는 모가 대한민국에서 출생한 자는 대한민국에서 3년 이상 계속하여 주소가 있는 때에는 법무부장관의 허가를 얻어 귀화할 수 있다(동법 §6).

또한, 외국인이 부 또는 모가 대한민국의 국민인 자, 대한민국에 특별한 공로가 있는 자, 대한민국의 국적을 취득한 자의 처로서 대한민국의 국적을 취득하지 못한 자가 현재 대한민국에 주소가 있는 때에는 법무부장관의 허가에 앞서 대통령의 승인을 받아 귀화할 수 있다(동법 §7).

⑵ 住民登錄의 요건

시장・군수(또는 구청장)는 외국인을 제외하고 30일 이상 거주할 목적으로 그 관할구역 안에 주소 또는 거소를 가진 자는 주민등록법에 의하여 등록하여야 한다(동법 §6 ①).

⑶ 徵稅의 기준

국세기본법 또는 세법에 규정하는 서류는 그 명의인의 주소・거소・영업소 또는 사무소에 송달한다(국세기본법 §8 ①). 상속이 개시된 경우에 상속재산관리인이 있는 때에는 그 상속재산관리인의 주소 또는 영업소에 송달한다(동조 ③). 납세관리인이 있는 때에는 납세고지와 독촉에 관한 서류는 그 납세관리인의 주소 또는 영업소에 송달한다(동조 ④).

또한, 세무서장은 납세자의 국세・가산금 또는 체납처분비를 제2차납세의무자로부터 징수하고자 할 때에는 제2차납세의무자에게 징수하고자 하는 국세・가산금 또는 체납처분비의 과세연도・세목・세액 및 그 산출근거・납부기한・납부장소와 제2차납세의무자로부터 징수할 금액 및 그 산출근거 기타 필요한 사항을 기재한 납부통지서에 의하여 고지하여야 한다. 이 경우 제2차납세의무자의 주소 또는 거소를 관할하는 세무서장과 납세자에게 그 뜻을 통지하여야 한다(국세징수법 §12). 세무서장은 국세기본법 제42조(양도담보권자의 물적 납세의무) 규정에 의하여 양도담보권자로부터 납세자의 국세・가산금 또는 체납처분비를 징수하고자 할 때에는 양도담보권자에게 제12조(제2차납세의무자에 대한 납부고지)의 규정을 준용하여 납부의 고지를 하여야 한다. 이 경우 양도담보권자의 주소 또는 거소를 관할하는 세무서장과 납세자에게 그 뜻을 통지하여야 한다(동법 §13 ①).

그 밖에 거주자에 대한 소득세의 납세지는 그 주소지로 한다. 다만 주소지가 없는 경우에는 거소지로 한다(소득세법 §6 ①). 비거주자에 대한 소득세의 납세지는 국내사업장의 소재지로 한다. 다만 국내 사업장소가 없는 경우에는 납세원천소득이 발생하는 장소로 한다(동조 ②).

제 4 절 不在와 失踪

(1) 재산관리(財産管理)제도 ┌ 생존(生存)의 사실이 명백한 부재자
　　　　　　　　　　　　　 └ 생사불명인 부재자
(2) 실종선고(失踪宣告)제도 — 생사불명(生死不明) + 장기간의 부재자

[44] Ⅰ. 不在者에 대한 民法上 處理制度

1. 生存과 死亡의 의제

사람이 그의 주소지를 떠나서 단시일 내 돌아올 가망이 없는 경우에 그의 잔류재산의 후폐(朽廢)를 방지하거나 또는 잔존 배우자나 상속인의 이익을 보호하기 위하여 어떠한 조치를 강구한다는 것이 필요하게 된다. 더욱이 사람의 권리능력은 오직 사망에 의하여서만 소멸한다는 원칙을 관철한다면 부재자의 생사불명의 상태가 아무리 장기간에 걸치더라도 사망의 증명이 없는 한 부재자를 중심으로 하는 법률관계는 언제까지나 확정되지 못하게 되고, 이로써 특히 친족·상속관계에 중대한 영향을 미치게 된다.

여기서 민법은 약간의 조치로써 종래 주소를 떠나 당분간 돌아오지 못하는 자에 대한 상태를 2단계로 나누어, 먼저 제1단계로 부재자가 아직 생존하고 있는 것으로 추측하여 그 자가 남겨둔 재산을 관리해 주고 일단 돌아오기를 기다리는 단계와 제2단계로는 부재자의 생사불명한 상태가 장기간 계속하고 있을 뿐만 아니라, 또한 생존의 가능성이 희박하게 된 때에는 일단 사망한 것으로 보아, 그 자를 중심으로 한 법률관계를 확정·종결케 하는 제도를 마련하고 있다. 전자가 부재자의 재산관리제도이고, 후자가 실종선고제도이다.

2. 自然人의 死亡擬制

자연인의 권리능력 소멸원인으로서의 死亡에 관한 우리 법제는 실종선고·

동시사망의 추정・인정사망의 제도를 두고 있다.

그렇다면, 위와 같은 자료나 제도에 의하지 아니하는 경우에는 사망으로 다루어질 수는 없는가. 판례는 수난・전란・화재 기타 사변에 편승하여 타인의 불법행위로 사망한 경우에 있어서는 확정적인 증거의 포착이 손쉽지 않음을 예상하여 법은 인정사망, 위난실종선고 등 제도와 그밖에 보통실종선고제도를 마련해 놓고 있으나 그렇다고 하여 위와 같은 자료나 제도에 의함이 없는 사망사실의 인정을 수소법원이 절대로 할 수 없다는 법리는 없는 것이라고 하여 개별적 사안에 따른 법원의 사망의제를 인정한다.[33)]

[44] Ⅱ. 不在者財産管理制度

법원은 부재자 甲의 재산관리인으로서 乙을 선임하였고, 乙은 법원의 허가를 얻어 甲명의 임야를 丙에게 매도하였다. 그런데 甲은 이 매매계약이 있기 이전에 이미 사망했으며, 乙도 이 사실을 알고 있었다. 이 경우 매매계약의 효력은 어떻게 되는가.

---

1. 不在者의 의의와 적용범위

(1) 不在者의 의의

(가) 不在者란 종래의 주소나 거소를 떠나서 당분간 돌아올 가망성이 없는 자를 가리킨다.

不在者에는 생존하고 있는 것이 명백하여 돌아올 가망이 있는 자와, 생사가 불명이어서 돌아올 가망성이 없는 자가 있다. 이와 같이 부재자는 반드시 생사불명이어야 하는 것은 아니지만, 생사불명의 자도 실종선고를 받을 때까지는 역시 부재자로 된다.

다만, 부재자는 종래의 주소와 거소를 떠난 자 이어야 하는가. 판례는 부재자

---

33) 대판 1989.1.31, 87다카2954; 1985.4.23, 84다카2123; 판례는 갑판원이 시속 30놋트 정도의 강풍이 불고 파도가 5-6미터 가량 높게 일고 있는 등 기상조건이 아주 험한 북태평양의 해상에서 어로작업 중 갑판위로 덮친 파도에 휩쓸려 찬 바다에 추락하여 행방불명이 되었다면 비록 시신이 확인되지 않았다 하더라도 그 사람은 그 무렵 사망한 것으로 확정함이 우리의 경험칙과 논리칙에 비추어 당연한 것이라고 한다(대판 1989.1.31, 87다카2954).

는 아니라 하더라도 특정한 사정이 있어 자기 재산을 관리할 수 없는 상태에 있는 경우에도 부재자의 개념에 포함하는 것이라고 한다.34)

- 민법상 부재자
  - 생존하고 있는 것이 명백하나 돌아올 가망이 없는 자
  - 생사가 불명이어서 돌아올 가망이 없는 자
- 판 례 - 특정사정으로 재산을 관리할 수 없는 자 포함(대판 1960.4.21, 4292민상252).

(나) 부재자재산관리제도는 원칙적으로 不在者自信의 保護를 위한 제도이나 그렇다고 不在者의 利益만을 위한 제도는 아니다. 따라서 부재자제도는 추정상속인 또는 채권자의 이익보호를 위하여서도 인정된다.

(2) 不在者의 적용범위

민법상 부재자제도는 그 재산을 관리하기 위하여 두는 것이므로 부재자가 무능력자이어서 법률상 당연히 관리할 자가 있는 경우와 부재자가 스스로 관리인을 둔 경우에는 제외된다.

(ㄱ) 不在者의 재산관리에 관한 규정은 부재 이외의 이유로 재산을 관리할 자가 없어 법원이 관리인을 선임할 때에도 준용된다(§918, §1023, §1047, §1053 참조).

(ㄴ) 부재자는 성질상 자연인에 한하고 법인은 제외된다.35)

(ㄷ) 부재자재산관리인에 관한 민법 규정(§22, §25)은 친족상속법상 재산관리에도 준용된다.

[부재자재산관리인규정의 준용]

① 무상으로 타인의 子에게 재산을 증여한 제3자가 친권자에 의한 재산관리를 원하지 아니할 경우 재산관리인의 지정·개임(§918 ①)
② 상속재산의 보존을 위하여 法院이 필요한 처분을 하거나 재산상속인의 존재여부가 불분명하여 법원에서 상속재산의 관리인을 선임하는 경우(§1053 ②)
③ 재산상속의 승인·포기 등 고려기간 중 법원이 관재인을 선임하는 경우(§1023 ②)
④ 상속포기에 있어서 상속재산관리인(§1044 ②)
⑤ 상속재산분리 후 상속재산의 관리(§1047 ②)

---

34) 대판 1960.4.21, 4292민상252; 판례는 부재자라 함은 종래의 주소나 거소를 떠나 용이하게 귀래할 수 있는 가망이 없는 자를 말하며, 반드시 그 생사가 불분명한 자에 한하지 않는 것이다. 다만 그 용이하게 귀래할 수 있는 가망의 유무는 제반사정을 종합하여 고찰하여야 할 것인 바, 당사자가 외국에 가 있다고 하여도 그것이 정주의 의사로서 한 것이 아니고 유학의 목적으로 간 것에 불과하고 현재 그 국의 일정한 주거지에 거주하여 그 주소가 분명할 뿐만 아니라 계쟁 부동산이나 기타 그 소유재산을 국내에 있는 사람을 통하여 직접 관리하고 있는 사실이 인정되는 때에는 부재자라 할 수 없는 것이라고 한다.

35) 대결 1965.2.9, 64스9.

2. 不在者의 財産管理人

(1) 任意管理人

(가) 任意管理人은 부재자 자신이 둔 경우의 관리인으로 부재자의 수임인이며, 임의대리인의 일종이다. 이에 대하여 選任管理人은 부재자 자신이 관리인을 두지 않는 경우, 법원은 이해관계인 또는 검사의 청구에 의하여 법원이 선임한 관리인이며, 일종의 법정대리인이다.

다만, 청구권자로서의 이해관계인은 부재자 재산의 보존에 이해관계를 가지는 자이나, 무능력자의 법정대리인은 당연히 부재자 본인의 재산관리인이 되므로 선임관리인의 청구권자는 되지 못한다.

(나) 부재자가 스스로 관리인을 둔 때에는 사적자치의 원칙상 법원은 이에 관여하지 아니한다. 그러나 부재자가 스스로 관리인을 둔 경우에도 다음의 일정 경우에는 법원이 선임관리인에 대하여 개입·간섭한다.

재산관리인의 권한이 본인의 부재 중 소멸한 때에는 선임관리인의 경우와 동일한 조치를 취하고(§22 ① 후단), 또한 부재자의 생사가 불명한 때에는 본인의 감독이 미치지 못하므로 법원이 개임·감독한다(§23, 가소규칙 §41).

여기서 법원의 개입·간섭권은 결국 법원의 개입·간섭으로 관리인의 선임 또는 개임을 의미할 것이지만(§23), 다만 부재자의 생사불명의 경우에는 재산관리인을 선임하지 않고 법원이 감독권을 행사하는 것도 가능하다. 이 경우 가정법원은 재산관리인에 대하여 재산목록의 작성, 재산보존에 관한 필요한 처분을 명하고(§24 ③), 재산관리인의 관리권의 범위를 넘은 행위에 대한 허가(§25 후단) 또는 관리인으로 하여금 상당한 담보를 제공하게 하거나, 부재자의 재산으로 상당한 보수를 지급할 수 있다(§26 ③).

(2) 選任管理人

(가) 選任管理人은 부재자 자신이 관리인을 두지 않는 경우, 법원은 이해관계인 또는 검사의 청구에 의하여 재산관리인을 선임하고(가소규칙 §41), 재산관리에 관한 필요한 처분(예컨대, 잔류재산의 봉인·경매 등)을 명하여야 한다(§22 ① 단서).

이때 법원에 의하여 선임된 관리인은 일종의 법정대리인이다.

(나) 선임관리인은 부재자 본인의 의사에 의하여 선임된 것이 아니므로 관리

인은 언제든지 사임할 수 있고, 또한 법원도 언제든지 개임할 수 있다(가소규칙 §42 ①②).

3. 不在者財産管理權의 범위

(1) 選任管理人의 권한

(가) 選任管理人의 권한의 범위는 관리행위에 한하고, 그 이상의 필요한 사항은 법원의 허가를 요한다(§25 전단).

(ㄱ) 법원의 허가 없는 관리인의 처분행위는 무효이다. 허가의 방법은 장래 처분행위뿐만 아니라 기왕의 처분행위를 추인하는 방법으로도 할 수 있다.

판례는 관리인이 비록 허가 없이 부재자소유부동산을 매각한 경우에도 사후에 법원의 허가를 얻어 이전등기절차를 경료 하였다면 추인에 의하여 유효한 처분행위로 되는 것이라고 하고,[36] 또한 재산관리인이 법원의 허가 없이 재산을 처분하였다는 이유로 패소판결이 확정되었다고 하더라도 후일 허가요건을 보완하는 경우에는 재소할 수 있는 것이라고 한다.[37]

(ㄴ) 관리인이 법원이 허가한 범위를 넘어 처분행위를 한 때에는 무권대리행위로 된다.[38] 따라서 부재자의 재산관리인이 비록 권한초과행위를 한 경우에도 상대방은 그 이행을 소구할 수 있다.[39]

또한, 비록 법원의 허가를 받은 행위라고 하더라도 그 처분은 부재자의 이익을 위한 것에 한정되고 부재자의 이익을 위한 정당한 관리행위가 아닌 때에는 그 권한범위를 일탈한 것으로서 역시 무권대리로 되고 표현대리는 성립하지 않는다. 예컨대 관리인이 법원의 매각처분의 허가를 얻은 재산이라고 하더라도 부재자와 아무런 관계없는 타인의 채무담보를 위하여 부재자재산에 근저당권을 설정한 때에는 달리 권한이 있다고 믿을 만한 정당한 이유가 없는 한 상대방은 선의·무과실이라고 볼 수 없고 본인은 책임을 부담하지 않는다.[40]

---

36) 대판 1982.12.14, 80다1872·1873

37) 대판 2000.12.26, 99다19278.

38) 따라서 특별한 사정이 없는 한 이 경우 상대방의 선의·무과실이라 할 수 없으므로 권한을 넘은 표현대리는 성립할 여지는 없다(대판 1976.12.21, 75마551).

39) 대판 2000.12.26, 99다19278; 판례는 부재자의 재산관리인이 권한초과행위에 대하여 허가신청절차를 이행하기로 약정한 경우 상대방은 그 절차이행을 소구할 수 있는 것이라고 한다.

40) 대판 1976.12.21, 75마551.

(ㄷ) 법원의 허가를 얻어 권한초과행위를 한 후에는 비록 그 허가결정이 취소되더라도 그 효력은 소급하지 않는다. 따라서 그 취소전의 처분행위는 유효하다.[41]

(ㄹ) 법원이 선임한 재산관리인이 권한을 초과하여 체결한 부동산매매계약에 관하여 허가신청절차를 이행할 것을 약정하는 것은 관리행위에 속하는가. 판례는 긍정한다.[42]

(나) 관리인의 직무집행에는 수임인에 관한 규정이 준용된다. 그러므로 관리인은 선량한 관리자의 주의로써 직무를 집행해야 하는 등 모든 면에서 수임인과 동일한 지위에 선다. 민법은 관리인에 여러 의무, 예컨대 재산목록 작성(§24 ①)·재산보전을 위한 법원의 명령·처분의 집행(§24 ②), 담보제공(§26 ①) 등의 의무를 부담시키고 있는 동시에, 법원은 부재자의 재산으로 상당한 보수를 지급할 수 있게 하고 있다(§26 ②). 즉 관리인은 보수청구권을 가지며, 관리를 위하여 지출한 필요비와 그 이자 및 과실 없이 받은 손해의 배상 등을 청구할 수 있다.

(다) 법원에 의해 일단 부재자재산관리인의 선임결정이 있었던 이상 부재자가 그 이전에 사망하였음이 판명되더라도 재산관리인이 적법하게 행한 법률행위의 효력은 그 부재자의 상속인에도 미친다.

⑵ 任意管理人의 권한

(가) 任意管理人의 권한과 관리권의 행사방법 등은 부재자와 관리인간의 계약에 의하고, 계약이 없는 때에는 민법 제118조(대리권의 범위)의 적용을 받는다. 또한, 관리인의 보수와 권리도 선임관리인과 동일하다(§26 ③).

(나) 부재자 사망한 후 임의관리인의 재산처분행위는 무효이다. 다만 이 경우 제3자는 보호될 수 있는가. 견해 중에는 위임종료로 인한 긴급사무처리권에 관한 민법 제691조를 유추 적용할 것이라고 한다.

⑶ 不在者의 사망과 選任決定取消의 효력

(가) 선임결정취소의 효력　법원이 명한 처분명령을 취소하는 경우 보통의 취소와 달리 소급효가 생기지 않는다. 따라서 재산관리인의 선임결정이 후에

41) 대판 1960.2.4, 4291민상636.
42) 대판 2002.1.11, 2001다41971.

이르러 취소되어도 그 취소의 효력은 장래에 향하여서만 생기고, 취소 전에 관리인이 행한 그의 권한 내 행위는 그대로 유효하다.

(나) 선임결정취소 전 행위의 효력 任意財産管理人의 경우 부재자의 사망시에 관리인과 부재자 사이의 위임계약은 효력을 잃게 되므로(§127) 재산은 그 때부터 상속인에게 귀속된다. 그러나 임의재산관리인도 부재자의 사망 후 상속인이 위임계약을 취소할 때까지는 관리인으로서 권한을 보유한다고 해석되므로 부재자의 사망 후 위임계약의 취소시까지 관리인이 한 행위는 유효하다.

또한, 選任財産管理人의 경우에도 부재자 사망으로 법원이 선임결정을 취소할 때까지는 관리인으로서의 권한이 계속 유지되므로 부재자 사망 후 선임결정의 취소시까지 관리인이 한 행위도 역시 유효한 행위로 된다.[43]

4. 不在者財産管理權의 종료

(1) 관리인의 관리권은 부재자가 후일 관리인을 정하거나, 스스로 관리하게 된 때 또는 본인의 사망 및 실종선고로 종료한다.

(2) 가정법원은 일정 경우 본인 또는 이해관계인의 청구에 의하여 그가 명한 처분명령을 취소하여야 한다. 이 경우 가정법원의 처분명령취소는 소급효가 발생하지 않는다.

- ① 부재자가 후에 재산관리인을 정한 때(§22 ②)
- ② 본인이 스스로 그의 재산을 관리할 수 있게 된 때
- ③ 本人의 사망이 분명하게 되거나 실종이 선고된 때

재산관리인의 선임이 있은 이상 부재자가 사망한 사실이 판명되었다고 하더라도 그 결정이 취소되지 않는 한 재산관리인의 권한이 당연히 소멸하는 것은 아니다.[44]

위 사례에서 부재자 자신이 재산관리인을 선임한 경우 그 재산관리인이 부재자의 사망 후 처분한 재산처분행위의 효력과 법원이 선임한 재산관리인의 재산처분행위효력이 문제된다.

(1) 대리인이 권한을 정하지 않는 경우 대리권의 범위를 규정한 민법 제118조에 의하면 "권한을 정하지 아니한 대리인은 관리행위만을 할 수 있다"고 규정하

43) 대판 1970.1.27, 69다719 ; 1971.3.23, 71다189.

44) 대판 1991.11.25, 91다11810; 1971.3.23, 71다189; 1967.2.21, 66다2352.

고(동조 제1 · 2호 참조), 나아가 민법 제25조는 재산관리인에게도 이를 준용하고 있다. 따라서 동조가 정한 관리권의 범위는 保存行爲와 물건이나 권리의 성질을 변경하지 않는 범위에서 利用 또는 改良하는 행위만이 허용된다. 그러므로 동조 범위를 넘는 處分行爲와 性質을 변하게 하는 관리행위는 법원의 허가를 얻어야 하고(§25), 만약 가정법원의 허가 없이 처분 · 관리한 경우 그 처분은 무효가 된다(대판 1970.1.27, 69다1820).

(2) 부재자 사망의 경우 任意財産管理人은 부재자의 사망시에 관리인과 부재자 사이의 위임계약은 효력을 잃게 되므로(§127) 재산은 그때부터 상속인에게 귀속된다. 그러나 임의재산관리인도 부재자의 사망 후 상속인이 위임계약을 취소할 때까지는 관리인으로서 권한을 계속 보유한다고 해석된다. 따라서 부재자의 사망 후 위임계약의 취소시까지 관리인이 한 행위는 유효하다.

또한, 選任財産管理人의 경우에도 부재자 사망으로 법원이 선임결정을 취소할 때까지는 관리인으로서의 권한을 계속 유지되므로 부재자 사망 후 선임결정의 취소시까지 관리인이 한 행위도 역시 유효한 행위로 된다(대판 1970.1.27, 69다719 ; 1971.3.23, 71다189).

(3) 위 사안에서 丙의 매매계약은 재산의 처분행위로서 민법 제118조의 범위를 초과한 것이지만 부재자 甲의 재산관리인 乙이 법원의 허가를 얻은 것이므로 이에 대하여는 특별한 문제는 없다. 다만 乙의 매매행위는 甲의 사망 후에 이루어진 것이 문제되지만 乙의 선임결정은 취소되지 않은 상태임이 명백하므로 乙의 매매행위는 유효하다(대판 1971.3.23, 71다189 참조).

[45] Ⅲ. 失踪宣告制度

1. 失踪宣告制度의 의의와 성질

(1) 失踪宣告制度의 의의

不在者의 생사불명의 상태가 장기화함으로써 사망에 대한 적극적 증명도 세울 수 없거나 認定死亡으로 처리할 만한 상황도 아닌 경우, 그 자를 언제까지나 생존자로 다루어 그를 중심으로 한 재산관계나 신분관계를 오랫동안 방치한다는 것은 주변의 이해관계자에 극히 불리한 결과로 된다.

따라서 민법은 일정한 요건 아래 사망한 것으로 다루어 그 자를 둘러싼 재산상 · 신분상 문제를 정리할 수 있게 한다(§27, §29). 이것이 실종선고제도이며 법률상 가정사망제도이다.

⑵ 失踪宣告制度의 性質

(가) 실종선고제도는 民法上 假死制度이다.

민법이 이를 인정한 것은 사람의 권리능력이 死亡에 의하여 만 소멸한다면 부재자의 생사불명 상태가 아무리 장기간에 걸치더라도 사망의 증명이 없는 한 언제까지나 부재자를 중심으로 한 법률관계는 확정될 수 없게 되기 때문이다.

(나) 실종선고제도는 사망으로 간주하지만 권리능력을 박탈하는 것은 아니다. 우리 民法은 不在者가 돌아올 가망이 적어짐에 따라서 점차 잔존자의 권리를 늘리기는 하지만 끝까지 死亡의 선고를 하지 않는 소위 프랑스민법주의와 달리 일정한 조건 하에 사망을 선고하는 독일민법주의(스위스민법도 동일하다)를 채택한다. 그러면서도 그 효과에 관하여는 '死亡한 것으로 본다'라고 하여 독일실종법과 스위스민법의 추정주의를 배제하고 간주주의를 채택한다. 그러나 그 효과를 번복할 수 있는 점에서 사망과 구별된다.

2. 失踪宣告의 요건

⑴ 失踪宣告의 실체적·절차적 요건

(가) 실체적 요건 　실종선고를 청구하기 위해서는 다음의 요건을 갖추어야 한다(§27 ①).

(ㄱ) **不在者가 生死不明 :** 생사불명이란 생존이나 사망에 대한 증거를 세울 수 없는 상태를 말하고, 청구권자와 법원의 불명이면 족하다. 따라서 생사불명의 상태가 객관적임을 요하지 않는다.

(ㄴ) **失踪期間이 經過 :** 생사불명의 상태가 일정기간 동안 계속하여야 하고, 그 기간은 실종의 종류에 따라 다르다.

(a) 普通失踪期間은 5년이다(§27 ①). 그 기간의 기산점에 관하여는 명문 규정이 없으나 부재자의 생존을 증명할 수 있는 최후의 시기, 즉 최후의 소식이 있었던 때를 기산점으로 하는데 학설이 일치한다.

(b) 特別失踪은 선박실종·항공기실종·전쟁실종·위난실종이며, 이들의 기간은 선박실종은 선박의 침몰한 때, 항공기실종은 항공기가 추락 때, 전쟁실종은 전쟁이 종지된 때, 위난실종은 위난이 종료 후 1년이다(§27 ②).

그러나 개정 민법(안)은 특별실종의 현실을 고려하여 이들 중 특히 선박실종·항공기실종은 선박의 침몰 또는 항공기의 추락 후 6월로 하였다(§27 ② 개정안).

- 보통실종 — 부재자가 생존하고 있다고 알려진 최후의 시점에서 5년
- 특별실종
  - ㉠ 선박실종 — 선박이 침몰한 때, ㉡ 항공기실종 — 항공기가 추락한 때: 로부터 6월
  - ㉢ 전쟁실종 — 전쟁이 종지한 때, ㉣ 위난실종 — 위난이 종료한 때: 로부터 1년

(c) 失踪期間의 經過는 청구권행사의 필요적 요건인가, 즉 실종선고청구권자의 청구권의 행사는 실종선고기간이 만료한 후에만 행사할 수 있는가. 견해 중에는 실종기간 만료 후에만 청구할 수 있게 하는 것은 민법 제27조의 취지에 어긋나는 것이므로 동조 규정은 법원의 선고요건에 불과한 것이라고 한다.[45] 그러나 동조는 생사불명의 상태가 일정한 기간의 경과를 요건으로 하여 감히 사망을 논할 것으로 한 점을 보면 실종기간의 경과는 청구권행사의 필요요건이라고 할 것이나, 다만 그 기산점에 잘못이 있었다고 하여 그 청구권행사가 무효라고 할 것은 아니다.

(나) 절차적 요건 일정자의 청구와 일정기간의 공시를 거쳐 법원이 선고하여야 한다.

(ㄱ) **一定者의 請求** : 이해관계인이나 검사의 청구가 있어야 한다.

여기서 利害關係人이란 배우자·추정상속인·유증의 수증자·연금채무자·추정상속인의 채권자·법정대리인·부재자의 재산관리인·생명보험금수취인 등과 같이 실종선고를 청구하는데 법률상 이해관계를 가지는 자, 즉 실종선고에 의하여 권리를 얻거나 의무를 면하게 될 자이나 신분상 또는 재산상 이해관계에 한정된다.[46] 따라서 추정상속인이 아닌 친족, 추정상속인의 내연의 처, 부재자의 친구 등 사실상 이해관계인은 포함하지 않는다.

다만, 제2순위의 推定相續人은 이해관계인으로서 지위를 가지는가. 판례는 부재자의 종손자로서, 부재자가 사망할 경우 제1순위의 상속인이 따로 있어 제2순위의 상속인에 불과한 청구인은 특별한 사정이 없는 한 위 부재자에 대하여 실종선고를 청구할 수 있는 신분상 또는 경제상 이해관계를 가진 자라고 할 수 없는 것이라고 하여 배척한다.[47]

45) 김주수 181면.
46) 대결1992.4.14, 92스4·5·6.

또한, 不在者의 債權者 및 債務者는 이해관계인으로 되는가. 견해 중에는 재산관리인의 선임을 청구하면 족할 것이라는 이유로 배척할 것이라고 하나,[48] 법률상 이해관계인의 지위를 가지는 이상 특히 채무자를 배척할 것은 아니다.

(ㄴ) **法院의 公示催告**： 실종선고청구의 실체적 요건을 갖추어 일정자가 실종선고를 청구하면 법원은 6월 이상의 기간을 정하여 공시최고를 하여야 한다. 따라서 실종선고를 청구 받은 가정법원은 가사소송규칙 제53조 이하의 규정에 따라 부재자 또는 부재자의 생사를 알고 있는 자에 대하여 신고할 것을 6월 이상의 기간을 정하여 공고하여야 한다.

⑵ 法院의 필요적 선고

실종선고청구의 실체적 요건과 절차적 요건이 갖추어지면 법원은 실종을 선고한다(§27 ①). 또한 가정법원은 위 요건을 갖추는 이상 반드시 이를 선고하여야 한다.

[민법상 각종 청구권자]

부재자재산관리인	이해관계인	상속인 · 배우자 · 채권자 · 보증인 · 검사 (친권자 제외; 당연 재산관리인이므로)
실종선고	이해관계인	상속인 · 배우자 · 친권자 · 법정대리인 · 재산관리인 · 검사
한정치산선고		본인 · 배우자 · 후견인 · 4촌 이내 친족 · 검사
금치산선고		배우자 · 후견인 · 4촌 이내 친족 · 검사

3. 失踪宣告의 효과

⑴ 死亡의 의제

㈎ 실종선고를 받은 자, 즉 실종자는 실종기간이 만료한 때에 사망한 것으로 간주된다(§28). 따라서 법원의 선고로 실종자는 법률상 사망으로 간주되지만, 이때 사망의 간주는 본래 사망제도와 구별된 법률상 假死制度로서 권리능력 자체가 박탈되는 것은 아니다.

실종선고로 인한 死亡의 效力이 발생하는 시기에 관하여 입법례가 다양하나,[49] 민법은 "실종기간이 만료한 때 사망한 것으로 본다."라고 함으로써 실종

47) 대결 1992.4.14, 92스4 · 5 · 6.
48) 송덕수, 민법강의(상) 318면.

기간만료시주의를 취한다(§28). 따라서 실종선고의 효과는 적어도 선고시로부터 실종기간이 만료된 때에 소급하여 사망의 효과가 생긴다.

판례는 실종선고를 받은 자는 실종기간이 만료된 때 사망한 것으로 간주하고 있으므로 실종선고로 인하여 실종기간 만료시를 기준으로 하여 상속이 개시된 이상 이후 실종선고가 취소되어야 할 사유가 생겼다고 하더라도 실종선고가 취소되지 않는 한 임의로 실종기간이 만료하여 사망한 때로 간주되는 시점과 달리 사망시점을 정하여 미리 개시된 상속을 부정하고 이와 다른 상속관계를 정할 수는 없는 것이라고 한다.[50]

(나) 민법이 실종선고로 실종기간 만료시 이후에는 사망으로 간주하므로 그 결과 실종자가 최후의 소식이 있었던 때로부터 실종기간이 만료하는 때까지는 생존으로 의제됨은 명백하다. 그렇다면 실종선고가 없는 경우에도 실종자는 실종선고가 있었다면 사망이 의제 되는 시점까지는 생존한 것으로 추정되는가.

肯定說은 실종선고로 실종기간이 만료하는 때 실종자를 사망한 것으로 본다는 민법규정은 일반적으로 생사불명의 부재자는 실종기간의 만료시까지는 생존하는 것이 보통이라는 취지를 포함한 점을 든다(김용한 139면, 김증한 145면, 김현태 137면, 이영준 767면, 고상룡 102면, 이은영 199면, 김주수 184면).

否定說은 민법 제28조는 일정한 시기를 표준으로 해서 부재자의 사망을 의제한 것이고 일반적 추정을 전제한 것이 아니란 점을 든다[곽윤직 114면, 김상용 199면, 송덕수 민법강의(상) 321면].

다수설은 기간에 관계없이 생존을 추정할 것이라고 하거나, 견해 중에는 적어도 사망한 것으로 추정되는 시기까지는 생존으로 추정되는 것이라고 한다.[51] 그러나 판례는 실종선고가 없는 한 사망이나 생존도 추정되는 것은 아니고 사실문제로 다루어지는 것이라고 한다.[52] 그리하여 실종선고의 효력이 발생하기 전에는 실종기간이 만료된 실종자라도 소송당사자능력이 상실되는 것은 아니라고 하고, 또한 실종자를 상대로 한 판결이 확정된 후 실종선고가 확정된 경우에 사망간주시점이 소급하더라도 판결 당시 사망자로 보아 판결이 무효로 되지 않는 것이라고 한다.[53]

---

49) 입법례로는 선고시를 표준으로 하는 것, 최후의 소식 또는 위난의 발생시를 표준으로 하는 것, 실종기간의 중간시를 표준으로 하는 것, 실종기간의 만료한 때를 표준으로 하는 것이 있다.

50) 대판 1994.9.27, 94다21542.

51) 백태승 183면.

52) 대판 1960.9.8, 4292민상885 ; 1992.7.14, 92다2455 ; 1994.9.27, 94다21542.

생각건대, 실종자의 실종선고로 인한 실종기간 만료전의 생존추정은 실종선고의 반사적 효과로 주어지는 효력이므로 비록 실종자이지만 실종선고가 아직 없음에도 생존한 것으로 추정한다거나, 적어도 실종기간 만료시까지 생존한 것으로 추정한다는 실정법상 근거가 없고, 또한 실종자에 생존추정을 배척하려는 자에 사망의 입증책임을 부담시켜야 할 근거도 없는 점을 고려하면 판례의 태도와 같이 사실의 입증문제에 불과한 것으로 보아야 할 것이다.

(2) 死亡으로 간주되는 범위

(가) 선고지를 중심으로 하는 효력 실종선고의 효력은 선고지를 중심으로 과거의 법률관계에 대하여만 효력이 생긴다. 따라서 실종선고의 효력은 실종자의 종래 주소를 중심으로 하는 과거의 법률관계에만 미침으로 실종자가 돌아온 후의 법률관계나 다른 곳에서의 새로운 주소를 중심으로 하는 법률관계에는 사망의 효과가 미치지 않는다.

(나) 사법상 법률관계의 효력 실종선고의 효력은 사법상 법률관계에만 미친다. 따라서 공법상 법률관계, 예컨대 공법상 선거권·피선거권의 유무, 실종자의 그에 의한 범죄의 성부 등은 실종선고와는 관계없이 결정된다.

또한, 사법상 법률관계인 이상 재산법관계 또는 가족법관계를 불문하고 사망의 효과가 생긴다. 즉 실종선고로 사망자를 중심으로 하는 재산관계는 상속이 개시되고 또한 피상속인의 잔존배우자는 혼인관계가 해소된다. 따라서 피상속인의 재산은 그 상속인에 상속되고 잔존배우자는 재혼할 수 있게 된다.

4. 失踪宣告의 取消

甲은 처 乙과 子 丙을 남겨두고 중동으로 취업하였으나 폭동으로 인하여 行方不明이 되었다. 이로 인하여 甲이 乙의 청구로 실종선고를 받고 甲의 동산은 乙이, 부동산은 丙이 상속하고, 丙은 그 부동산을 선의자 丁에 매각하고, 丁은 戊에 전매하였다. 또한 乙은 A와 재혼하였다. 그 후 甲은 귀국하여 실종선고의 취소를 받았다.

이 경우에 법률관계는 어떻게 되는가.

---

53) 대판 1992.7.14, 92다2455.

(1) 失踪宣告取消의 의의

실종선고를 받은 자가 생존하거나 선고로 사망으로 본 시기가 다른 경우 법원은 본인·이해관계인 또는 검사의 청구에 의하여 실종선고를 취소하여야 한다.

이와 같이 실종선고에 의하여 실종자는 死亡한 것으로 看做되므로 실종자의 생존 기타 반증이 있어도 그것만으로 사망이라는 선고의 효과를 뒤집지 못한다. 이 점에서 사망의 추정주의와 달리 사망의 획일적 처리라는 장점을 가진다. 따라서 실종선고의 효과를 뒤집기 위한 간주주의로서 우리 민법체계에서는 법원에 의한 선종선고취소의 심판절차를 필요적 요건으로 한다(§29, 가소법 §2 참조).

(2) 失踪宣告取消의 요건·절차

(가) 실종선고취소의 요건 실종선고는 생사불명의 상태에서 법원이 사망으로 의제한 것이므로 다음의 요건으로 그 선고를 취소할 수 있다.

(ㄱ) 실종선고의 취소를 청구하는 자는 실종자의 생존한 사실, 실종기간이 만료한 때와 다른 시기에 사망한 사실을 입증하여야 하고(§29 ①), 또한 명문 규정은 없으나 실종기간의 기산점 이후의 어떤 시기에 생존하고 있었던 사실을 입증하는 경우를 포함한다.

(ㄴ) 절차상의 요건으로서 본인·이해관계인 또는 검사의 청구가 있어야 한다(§29 ② 본문). 다만 실종선고에서와 달리 공시최고는 요하지 않는다.

(나) 실종선고취소의 절차 실종선고의 취소절차는 선고절차와 같다. 즉 가정법원의 관할에 속하고 그 절차는 가사소송법과 가사소송규칙에 의한다(가소법 §2 ① 나 (1) 3호). 즉 취소절차는 소의 형식에 의하여 실종선고의 신청인 또는 검사를 상대방으로 하여 제기한다.

이와 같은 요건이 구비되면 법원은 반드시 실종선고를 취소해야 한다.

(3) 失踪宣告取消의 효과

(가) 사망의 소급적 소멸 실종선고취소로 실종선고의 효과는 소급적으로 소멸한다. 그러나 그 소멸의 효과는 실종선고취소의 원인에 따라 달리한다.

(ㄱ) 실종자의 生存을 이유로 取消된 때에는 실종자를 중심으로 하는 신분관계와 재산관계는 선고 전의 상태로 회복된다.

(ㄴ) 선고에 의한 死亡始期와 다른 始期에 사망하였음을 이유로 하는 경우

에는 그 시기를 표준으로 하여 다시 사망에 기인한 법률관계가 확정된다. 즉 실종선고로 사망한 것으로 다루어지는 때와 다른 시기에 사망하였음을 이유로 취소된 때에는 법률관계의 환원은 없으나, 사망시기가 다름으로써 상속인의 재산의 귀속관계가 다시 정하여진다. 즉 그 확정된 사망시기를 표준으로 하여 다시 사망에 기한 법률관계가 확정된다.

(ㄷ) 실종기간기산점 이후의 生存을 이유로 하는 경우에는 당연히 선고 전의 상태를 회복하고 만일에 이해관계인이 원하면 다시 새로운 실종선고를 청구하여야 한다.

(나) 소급적 소멸의 제한　실종선고 후 그 취소 전에 선의로 한 행위의 효력에는 영향을 미치지 않는다(§29 ① 단서). 예컨대 상속인의 상속재산 처분행위나 잔존 배우자의 재혼 등은 선고가 취소되어도 그대로 유효하다. 따라서 선의로 상속인이 상속재산을 처분하였더라도 그 처분행위는 유효하고, 또한 잔존배우자가 재혼하면 실종선고가 취소되더라도 배우자와 실종자간의 종전 혼인관계는 회복되지 않는다.

여기서 善意란 실종선고가 사실에 반하는 것, 즉 실종자의 생존 또는 다른 시기에 사망함을 알지 못하는 것을 의미하는 것으로 거래 또는 신분관계의 안전과 실종자의 이익보호라는 상반된 요청에서 그 적용범위가 문제된다.

(ㄱ) 실종선고취소의 財産的 效力制限으로서 선의에는 당사자 쌍방의 선의를 요하는가. 견해가 대립한다.

(a) 契約인 경우 : 예컨대 실종선고를 받은 甲의 부동산을 乙이 상속한 후 이를 丙에게 양도하고 丙은 다시 丁에게, 丁은 戊에게 전전 양도하였는데 그 후 甲의 실종선고가 취소된 경우 그 재산권의 회복제한에 관하여 견해가 대립한다.

絶對的要件說은 계약과 같이 당사자가 있는 경우 또한 제29조의 문리적 해석상 당사자 모두의 선의를 요하는 것이라고 한다(곽윤직 116면, 이영준 769면, 김상용 204면, 김학동 152면).

最初讓受人基準說은　실종선고를 직접원인으로 하여 재산을 취득한 자로부터 최초로 양수한 자가 선의이기만 하면 동항 단서가 적용되어 최초의 양수인은 확정적으로 소유권을 취득하고 그 후의 전득자가 비록 악의인 경우라도 유효하게 권리를 취득하는 것이라고 한다. 그러나 전례에서 丁이 악의로 선의의 丙을 개입시킨 경우에는 신의칙상 그 적용을 배제하는 것이라고 한다[고상룡 106면, 김주수 138면, 김준호 154면; 양창수, 실종선고의취소, 월간고시(1988.6) 20면].

相對的要件說은 일방의 선의, 즉 실종선고취소의 소급효제한으로 신분상 행위와 달리 재산행위에는 당사자 모두에 법률관계를 획일적으로 정할 필요는 없고, 선의인 때에는 물권이전 등 처분의 효력을 유효로 하고, 악의인 때에는 무효로 하여, 관련당사자에 따라 개별적·상대적으로 정할 것이라고 하고(김용한 143면, 김현태 140면, 이태재 113면), 또한 전득자가 선의인 때에는 민법 제29조 제1항 단서에 의하여 보호받는 것이라고 한다(이은영 205면).

다수설은 絶對的要件說을 취한다. 그러나 절대적 요건설에 의하면 어느 1인이라도 악의이어서 생존실종자 甲이 재산권의 반환을 청구하게 되면 타방의 선의에 불문하고 반환하게 되어 상대방보호 또는 거래의 안전을 해하게 된다. 그러나 相對的要件說에 의하면, 예컨대 甲의 실종으로 재산권을 전득한 선의자 丁이 악의자 戊에게 양도하여 戊가 악의이어서 甲에 반환 당하고 丁에게 책임을 묻는 것은 담보책임일 것이지만, 악의자 戊가 丁에게 담보책임에 의하여 손해배상을 물을 수 있는가 의문이고, 또한 해제권은 있을 것이지만 그 후 부당이득의 반환청구는 현존이익에 한하게 되어 문제된다.

그리하여 最初讓受人基準說은 쌍방의 선의를 요하지만 상대방이 악의이더라도 전득자가 선의이면 민법 제29조 제1항 단서의 적용을 받아 보호받을 것이라고 한다.[54]

생각건대, 절대적요건설은 실종자의 이익보호에는 충실하지만 악의자로부터 양수한 선의자가 불측의 손해를 입을 염려가 있는 반면, 상대적 요건설과 최초양수인기준설은 거래의 안전은 꾀할 수 있으나 실종자의 보호가 미흡하다.

결국, 어느 입장을 취할 것인가는 가치평가의 문제이지만 실종선고 자체가 실종자 측의 사정에 의해 발생한 것이고 또한 실종선고가 가지는 고도의 신뢰성을 고려할 때 실종자의 보호보다는 거래안전에 더욱 역점을 둘 필요가 있다. 따라서 절대적요건설 보다 상대적요건설이 더욱 설득력을 갖는 것으로 평가된다.

(b) 單獨行爲의 경우 : 단독행위에도 상대방의 선·악을 고려할 것인가. 상대방이 악의인 때에는 악의의 수익자로서 책임을 진다는 견해가 있다.[55] 그러나 다수설은 단독행위의 성질상 행위자의 선의·악의를 따라 결정하여야 하고 상대방을 고려할 것은 아니라고 본다. 따라서 비록 상대방의 수령을 요하는 단독행위라고 하더라도 그 상대방은 의사표시의 상대방이 아니므로 행위자가 선의이면 비록 상대방이 악의라고 하더라도 그 행위는 유효한 것으로 된다.

---

54) 양창수, 실종선고의 취소, 월간고시(1988.6) 20면.
55) 김상용 202면, 김학동 151면; 지원림, 민법강의 92면.

(ㄴ) 취소선고의 소급효 제한이 身分上 行爲인 경우에는 쌍방의 선의이어야 함에는 이설이 없다. 따라서 특히 잔존배우자가 재혼한 경우 당사자 중 어느 일방이 악의이면 전혼관계가 부활하여 이혼원인이 되고(§840 1호), 재혼은 중혼이 되어 취소혼으로 되는 것이라고 한다(§816 1호, §818). 그러나 쌍방이 선의이면 재혼이 유효한 것은 의문의 여지가 없지만 전혼관계도 부활하는가.

否定說은 전혼관계는 부활하지 않고 재혼관계만 유효하다고 본다.

肯定說은 전혼관계가 부활하고 유효한 재혼관계와의 중혼상태가 생겨 전혼에 관하여는 이혼원인이 되고 재혼관계는 취소원인이 된다고 한다.

통설은 법률관계를 간편히 하기 위하여 전혼관계는 부활하지 않고 재혼관계만 유효한 것이라고 한다. 그러나 前婚關係復活說은 민법 제29조 제1항 단서가 가족법상 법률행위에는 적용되지 않는다는 전제로 실종선고의 취소로 전혼은 부활하고 재혼은 선·악을 불문하고 중혼이 되며, 그 법률관계는 가족법상 중혼의 법리에 따라 해결할 것이라고 한다.

그리하여 먼저 재혼 배우자가 선의인 경우에는 제29조 제1항 단서에 의하여 재혼에 영향을 미치지 못하여 재혼은 중혼이 되지 않고 전혼만 취소되고, 악의인 경우에는 재혼이 취소의 대상이 되는 것이라고 한다.

생각건대, 민법 제29조 제1항 단서는 가족법상 법률행위에는 적용되지 않으므로 실종선고의 취소로 일단 전혼관계는 부활하여 중혼관계로 되는 것이라고 보아야 하고, 이로써 쌍방이 선의인 때에는 이혼원인이 되는데 불과하나, 어느 일방이 악의인 때에는 재혼이 취소되는 것이라고 보아야 할 것이다.

(다) 재산권반환의 범위　실종선고를 원인으로 재산을 취득한 자의 반환의 범위는 그 선·악에 따라 달리한다. 다만 쌍방이 선의이어서 소급효가 제한되는 경우에도 실종선고를 직접 원인으로 하여 재산을 취득한 자는 언제나 이를 반환하여야 한다.

(ㄱ) 실종선고를 직접원인으로 하여 재산을 취득한 자가 선의인 때에는 그가 받은 이익이 현존하는 한도에서 반환할 의무를 진다(§29 ②). 그러나 악의인 때에는 그가 받은 이익에 이자를 붙여서 반환하고 손해가 있으면 이를 배상해야 한다. 여기서 실종선고를 '직접원인으로 하여 재산을 얻은 자'란, 예컨대 상속인·수유자·생명보험수익자 등을 가리킨다.

다만, 그 轉得者를 포함할 것인가. 견해 중에는 전득자가 당사자의 쌍방 또는 일방의 악의로 영향을 받는 경우 반환의 범위에 관하여 반환자의 선의·악의에 따라 제29조 제2항을 준용할 것이어서 긍정할 것이라고 한다. 그러나 다수설은 전득자가 악의인 경우에는 보호할 필요가 없고, 또한 전득자가 선의이나 직접 취득자가 악의인 경우에는 점유자와 회복자간의 관계에 관한 민법 제201조 내지 제203조에 의한 현존이익을 반환하면 되므로 동조 규정을 준용한 것과 동일한 결과가 된다. 그러므로 굳이 제29조 제2항을 준용할 것은 아니라고 본다.

(ㄴ) 직접수익자 반환의무의 법률적 성질은 부당이득반환의무이고 그 반환의 범위는 부당이득의 일반 수익자의 반환범위와 같다(§748 이하). 그러나 재산취득자에게 취득시효(§245. §248) 등의 다른 권리취득원인이 있을 때에는 실종선고 취소의 영향은 미치지 않는다.

(라) 청구권의 행사기간 민법 제29조 제2항의 이득반환의무는 10년의 소멸시효에 걸린다. 다만 실종선고취소로 인하여 상속인이 달라지는 경우에 진정상속인이 표현상속인에게 재산회복청구를 하는 것은 상속회복청구가 되므로 상속회복청구권의 제척기간이 적용되어 그 침해를 안 날로부터 3년, 상속이 개시된 날로부터 10년 내 행사하여야 한다(§999).

위 사례는 실종선고취소의 재산상 효과와 신분상 효과에 관한 민법 제29조의 적용문제이다.

(1) 失踪宣告取消의 재산관계

(가) 甲과 직접수익자 乙·丙간의 관계 실종선고의 취소로 선고전의 상태로 회복되나, 실종선고 후 실종선고취소 전 선의로 행한 행위에는 영향을 미치지 아니한다(§29 ①). 그러나 실종선고를 직접원인으로 하여 취득한 실종선고의 취소의 재산적 효과는 수익자가 선의인 경우에는 현존이익의 반환, 악의인 경우에는 이자를 붙여서 반환하여야 한다(동조 ②). 그러나 여기서 乙·丙은 실종선고를 직접원인으로 하여 이익을 얻은 자이므로 반환의무를 지고 선악에 따라 반환의 범위를 달리하지만, 사안에서의 乙·丙은 일단 선의로 보여 지므로 현존이익의 범위에서 반환하면 된다.

乙·丙이 선의인 경우 — 현존이익의 범위에서 반환
乙·丙이 악의인 경우 — 받은 이익에 이자를 붙혀 반환

(나) 甲과 전득자 丁·戊와의 관계 실종선고취소로 인한 재산권반환의 의무는 실종선고를 직접원인으로 하여 재산을 취득한 자를 의미하고 그 전득자는 포함되지 아니한다. 따라서 실종선고 후 실종선고취소 전에 행하여진 선의의 행위에는 영향을 미치지 아니한다(§29 ①).

다만, 선의와 관련하여 丁·戊가 모두가 선의인 경우 다수설에 따라 그 반환을

청구할 수 없고 담보책임을 부담하지만, 어느 一方이 악의인 때에는 취득한 재산권은 반환하여야 한다.

사안에서 丁은 선의가 명백하지만 만일 戊가 악의인 때에는 학설에 관계없이 甲은 戊에게 그 부동산의 반환을 청구할 수 있다.

(2) 失踪宣告取消의 신분관계

(가) 실종선고취소의 신분상 효과에 관하여 학설은 민법 제29조 제1항 단서는 신분행위에는 적용이 없으므로 선고취소로 구혼은 당연히 부활되고 후혼은 당사자의 선의·악의에 관계없이 중혼이 되어 취소할 수 있게 된다는 소수설과, 민법 제29조 제1항 단서의 身分行爲에의 적용을 긍정하는 다수설이 대립한다.

(나) 다수설에 따라 乙·A가 모두 선의인 때에는 후혼은 실종선고의 취소로 영향을 받지 아니한다. 그러나 "영향을 받지 아니한다."는 의미에 관하여 第1說은 후혼은 유효하나 실종선고의 취소로 실종자와 관계에서는 구혼관계가 부활되므로 중혼상태가 되어 전혼관계는 이혼원인이, 후혼은 취소원인이 된다고 하나, 第2說은 후혼만이 유효한 것으로 되고 전혼은 부활하지 못한다고 하며 다수설이다. 따라서 다수설에 따라 乙·A는 유효한 혼인으로 된다. 그러나 乙·A의 어느 일방이 악의인 때에는 전혼은 당연히 회복되므로 후혼에 영향을 미친다.

다만, 후혼에 영향을 미친다는 점에 관하여도 第1說은 후혼은 당연히 무효로 된다고 하나, 第2說은 구혼의 부활로 전후 양혼의 중혼관계가 생겨 후혼은 영향을 받아 취소할 수 있는 혼인으로 된다. 그러므로 第2說에 의하면 乙·A의 쌍방이 악의인 때에는 물론 어느 일방이 악의인 경우에도 甲은 乙·A의 혼인을 중혼으로 취소할 수 있게 된다.

甲은 실종자로서 처 丁의 청구에 의하여 실종선고를 받고 그 소유부동산을 子 乙·丙과 처 丁이 공동상속 하였다. 그 후 乙·丙·丁은 그 상속부동산을 戊에게 매도하고, 그 매매대금을 나누어 가졌으나, 그 중 乙은 탕진하고 丙은 잔존하고 있으나 丁은 생활비로 소비하였다.

후일 甲이 생환하여 실종선고가 취소된 경우 법률관계를 구성하라.

---

[46] Ⅲ. 기타의 死亡制度

1. 認定死亡制度

(1) 認定死亡制度의 의의

(가) 수난·화재 기타 사변으로 사망한 자가 있는 경우에는 이를 조사한 관계공무원은 지체 없이 사망지의 시·읍·면장에게 사망의 신고를 하여야 하며,

이 신고에 기하여 호적에 사망의 기재를 하게 된다.

이를 認定死亡이라고 하며, 실종자의 주변사정으로 보아 사망의 사실이 명확함에도 시체의 확인이 없다는 것만으로 민법상 실종신고를 받아 사망으로 다루게 한다면 시간적·절차적으로 보아 불합리하므로 이를 신속·간편히 처리하기 위하여 마련한 제도이다.

(나) 인정사망제도는 호적법상 특례제도로서, 강한 사망추정제도이다.[56]

실종선고제도는 사망의 확율이 높다고 할 수 있는 경우 생사불명인 채로 제도적으로 사망으로 의제하는 제도로써 민법상 제도이며 사망간주제도이나 認定死亡制度는 사망의 확정은 없으나 주위의 사정으로 보아 사망이 확실하다고 인정될 경우 호적상 사망으로 기재하는 강한 사망추정제도인 점에서 양자는 구별된다.

⑵ 認定死亡의 요건

인정사망의 요건으로서 특히 事變이란 사망의 증명은 얻을 수 없으나 사망의 확률이 대단히 높고 생존을 예측할 수 없는 사고를 말하며, 수난·화재를 비롯하여 전쟁·해난·탄광폭발·홍수·사태 등이 그 예이다. 이러한 사실이 있는 때에는 관계공무원은 그 사실을 조사하여 보고하여야 하고 그 사실을 조사한 관계공무원의 보고에 기하여 사망으로 취급된다.

⑶ 認定死亡의 효과

認定死亡에 의한 호적상 기재는 그 기재된 死亡日에 死亡한 것으로 추정된다. 따라서 항공기의 추락·선박의 침몰·전쟁·지진·화재·홍수 등으로 屍體를 발견할 수 없으나 주위사정으로 비추어 死亡이 확실하다고 인정되는 경우에는 관계공무원의 사망보고에 기하여 호적부에 死亡으로 기재되며, 이로써 '강한 死亡推定'의 효력을 가진다.

그러나 死亡의 效果는 추정에 불과하므로 개별적 반증으로 死亡을 번복할 수 있고 그 효력도 상대적 효력에 불과하다.

56) 프랑스민법과 스위스민법은 명문으로 규정하고 있으나 우리 민법은 실체적 규정을 두고 있지 아니하고, 단지 호적법에서 규정한데 불과하다.

[失踪宣告와 認定死亡의 비교]

(1) 양자의 공통점

	失踪宣告	認定死亡
법률상 가정 사망제도	양 제도는 법률상 死亡만으로 의제하는 제도인 점에서 본래 사망제도와 구별된다. 그러므로 권리능력 박탈제도는 아니며, 단지 사법상 법률관계를 정리하는데 불과하다.	
오류의 가능성	양자 모두 사망의 확정이 없는 경우에만 인정되고 사망의 확정이 있는 경우에는 불가능하다. 따라서 양자는 모두 생사불명인 채로 사망으로 의제되는 제도이므로 사실에 반할 여지가 있다.	

(2) 양자의 차이점

(가) 요건상 비교

	失踪宣告	認定死亡
생사불명	사망의 개연성을 요하지 않고 生存의 증명이나 사망의 증명도 할 수 없는 것으로 족하다.	사망의 개연성이 확실하고 높은 경우(수난·화재·사변 등)에 호적상 死亡으로 기재하는 제도를 말한다.
기간의 경과	보통실종 5년, 특별실종 6월 또는 1년을 요한다.	기간의 경과에 불문한다.
청구절차	이해관계인 또는 검사의 청구를 요하고 법원의 선고에 의한다.	경찰관서의 인지에 의하여 이를 사망지의 시, 읍, 면장에게 사망보고를 함으로써 행한다.

(나) 효과상 비교

	失踪宣告	認定死亡
생사의 정도	사망간주제도(사망으로 본다)	사망추정제도(강한 사망추정)
사망으로 인정되는 시기	실종기간만료시에 사망으로 간주된다(실종선고시에서 실종기간만료시에 사망의 소급적 효과가 발생한다) 다만, 독일실종법은 위난실종인 경우 위난발생시에 사망한 것으로 추정한다.	호적법상 사망신고서에 사망연월일을 기재토록 한 것(호적법 §87 ② 2호)과 인정사망제도의 취지가 사망이 거의 확정적인 경우 호적부에 사망으로 기재토록 한 점 등으로 보아 실재로 화재·수난 등 사실이 발생한 일시에 사망한 것으로 추정한다.
사망효과가 미치는 범위	실종선고는 실종자의 종래의 주소를 중심으로 하는 사법적 법률관계만을 종료케 한다. 즉 실종선고는 실종자의 권리능력을 박탈하는 제도는 아니며, 認定死亡의 경우에도 마찬가지로 해석하여야 할 것이라고 한다. 이것은 실종선고와 달리 인정사망이 추정주의를 취하기 때문에 더욱 이러한 적용범위의 제한이 필요하기 때문이다	

(다) 사실에 반한 경우의 효과

	失踪宣告	認定死亡
절차상 비교	실종선고가 사실에 반한 경우에는 민법상 실종선고취소제도가 있다(§29, 가소법 §2).	엄격한 취소절차는 없으나 호적법이 정한 일정한 절차에 따라 정정시킬 수 있고, 또한 구체적 소송에서 누구든지 호적기재와 다른 사실을 주장·입증하여 호적상 추정력을 전복할 수 있다.
효과상 비교	실종선고취소로 처음부터 실종선고가 없었던 것으로 회복되나, 민법은 선의자보호를 위한 일정한 제한을 가하여 실종선고 후 그 취소 전에 선의로 한 행위의 효력에는 영향을 미치지 않게 하고(§29 ① 단서), 또한 실종선고를 직접원인으로 하여 재산을 취득한 자가 선의인 경우에는 그 이익이 현존하는 한도에서, 악의인 경우에는 그가 받은 이익에 이자를 붙여서 반환해야 하고, 만일 손해가 있으면 이를 배상케 한다(§29 ②).	실정법상 특별한 규정이 없으므로 실종선고에 관한 규정이 적용되는가. 견해가 대립된다. 다수설은 인정사망에 있어서의 死亡의 확률은 실종선고의 경우보다도 더 클 뿐 아니라, 행정관청의 보고에 대한 일반인의 신뢰도가 비교적 높다는 점을 고려한 데 있다는 점을 들어 긍정한다.
입증방법	선고취소절차에 의한 사실의 입증	개별적 소송에서 사실의 입증

2. 同時死亡制度

(1) 同時死亡制度의 의의

(가) 동시사망제도는 2인 이상이 동일한 위난을 당하여 사망하였으나 그 사망의 선·후가 입증되지 않는 경우 동시사망으로 추정케 하는 제도이다.

민법은 "2인 이상이 동일한 위난으로 사망한 경우에는 동시에 사망한 것으로 추정한다."라고 하여 동시사망의 추정을 규정한다(§30).

(나) 동시사망제도는 사망의 시기가 상속관계에 커다란 영향을 미치므로 법률관계를 간명히 하기 위한 것이다. 예컨대 甲에 그 자 乙, 처 丙, 부 丁이 있는 경우 甲과 乙이 동일한 위난으로 사망하였으나 甲이 乙보다 먼저 사망하였다면 甲의 재산은 일단 乙과 丙에 상속되고, 다시 乙의 사망으로 乙의 상속분이 丙에 상속되지만, 반대로 乙이 먼저 사망하였다면 乙의 재산은 甲과 丙이 공동상속 하였다가 다시 甲의 사망으로 丙·丁이 공동상속 하게 된다.

따라서 사망의 선·후는 상속관계에 중요한 영향을 미치게 되고, 이로써 민법은 그 상속 등 의 법률관계를 간명히 하기 위하여 규정하며, 동시사망의 추정으로 同死者의 사이에는 상속이 생기지 않고, 또한 유증의 효력도 생기지 않는다(§1089).

⑵ 同時死亡의 효과

(가) 同時死亡은 법률상 추정에 불과하므로 반증을 들어 번복할 수 있으나 실제로는 반증이 쉽지 않은 점에서 사실상 간주에 가까운 결과가 된다.

종래 민법은 2인 이상이 '동일한 위난'으로 사망한 경우 동시사망을 추정하였다. 따라서 수인이 각각 다른 위난으로 사망하여 그들의 사망시기를 확정할 수 없는 경우에도 이를 유추 적용할 것인가. 견해가 대립하였다.

그러나 개정 민법(안)은 "수인의 사망자 중 어느 한사람이 다른 사람의 사망 후에도 생존한 것이 분명하지 아니한 경우에 이들은 동시에 사망한 것으로 추정한다."라고 하여 입법적으로 해결하고 있다.

(나) 민법 제30조의 同時死亡의 추정은 상속뿐만 아니라 대습상속·유증에도 적용된다. 따라서 상속은 물론 수유자가 동시에 死亡하면 유증의 효력은 생기지 않는다(§1089 ① 참조).

3. 不在宣告制度

⑴ 부재선고제도는 실종선고제도에 대한 특례제도이며, 미수복지구에 남아 있는 것으로 호적상 표시되어 있는 자에 대하여 일정한 요건 하에 법원이 부재선고를 함으로써 실종선고에 있어서처럼 그 자를 사망한 것으로 보아 잔존배우자와 가족에게 재혼·상속의 길을 열어주려는 제도이다.

⑵ 가족·검사는 미수복지구의 잔류자에 대하여 부재선고를 청구할 수 있고, 이들의 청구가 있으면 가정법원은 1월 이상 공시최고를 한 후 미수복지구 이외의 지역에 거주한다는 사실의 신고가 없으면 부재를 선고하고(부재신고등에관한특별조치법 §8 ①), 부재선고로 사망이 간주된다(동법 §4).

제 3 장 法　　人

제 1 절　法人制度總說

[47]　Ⅰ. 法人制度概念

1. 法人의 의의와 존재이유

(1) 法人의 의의

(가) 법률상 인격체　　法人이란 자연인 이외의 것으로서 법인격(권리능력)이 인정되는 것, 즉 자연인이 아니면서 법률상 권리·의무의 주체가 될 수 있는 단체를 말한다.

(나) 목적적 인격체　　法人이란 일정목적의 범위에서 법률상 인격이 부여된 예외적·목적적 인격체이며 일정한 단체 또는 재산에 부여된다.

현행법상 일정 단체에 법인격을 부여하는 것은 일정한 목적과 조직으로 결합한 인적 단체(사단 또는 조합)와 일정한 목적에 바쳐진 재산(재단)의 실체이다. 전자를 사단법인, 후자를 재단법인이라고 한다.

따라서 社團法人은 단체구성원에 대하여 독립된 법인격을 부여하여 그들의 법률관계를 간편히 취급하기 위한 법 기술이고, 財團法人은 동일한 목적으로 제공된 재산의 집단에 독립된 인격을 부여하여 영속성을 확보한다.

社團法人은 사람의 집단에 인격이 부여된 단체로서 영·미에서 발달하였고, 財團法人은 재산의 집단에 인격이 인정된 단체로서 대륙국가에서 발달하였다. 따라서 영·미에서는 재단법인을 두지 않고 대신 신탁제도를 활용하였다.

영·미에서 발달한 信託制度는 재산의 집합에 대해 독립한 인격을 인정하지 않고 특정 관리인(수탁자)에 귀속케 하지만 그 재산의 유지·관리를 특정한 방법으로 행사케 하여 재산의 독립성과 관리의 영속성을 확보함으로써 사실상 재단법인의 기능을 담당하였다.

⑵ 法人制度의 존재이유

(가) 인격의 독립성·영속성확보 법인제도는 自然人의 有限性을 탈피할 목적에 있다. 즉 自然人은 생명 또는 능력에 한계를 가지며, 그 결과 개개의 자연인은 방대하고 영속적인 법률관계의 실현이 불가능하다. 그러나 사회적 법률관계는 개인의 유한성과 관계없이 무한성·영속성을 갖는다.

따라서 법인제도는 인간의 시간적·능력적 유한성을 탈피하여 법률관계 영속성·무한성을 실현하려는 데 있다. 전자가 財團法人의 존재이유이고, 후자가 社團法人의 존재이유이다.

┌ 인간생명의 유한성(영속적 사업의 경영이 불가능) — 주로 재단법인
└ 인간능력의 유한성(대규모 사업의 경영이 불가능) — 주로 사단법인

(나) 단체조직의 통제력강화 법인제도는 현실적으로 존재하여 사회적 기능을 발휘하고 있는 단체를 방치할 수 없는데 있다.

사람의 사회생활은 크고 작은 각종 단체 속에서 영위하고 때와 곳에 따라 정도의 차이는 있지만 현대와 같은 이익사회에서도 인격의 주체로서 자연인 외에 일정한 목적에 따라 결성된 단체가 존재하게 된다.

법은 이들 단체의 활동을 보호 또는 통제하여 단체의 통일성을 유지하게 함으로써 단체와 교섭하는 자의 이해와 거래안전을 보호한다. 이러한 기능은 특히 재단에서 보다 사단에서 요구된다.

2. 法人制度의 本質

⑴ 法人의 本質論에 관한 학설

(가) 법인, 즉 社團이나 財團이 그것을 구성하는 개인 또는 재산으로부터 떠나서 단체로서의 독자적 실체를 가지는 것인가. 법인의 능력(행위능력·불법행위능력)개념과 관련하여 견해가 대립한다.

(ㄱ) Romanisten(**法人擬制 또는 否認說**) : 법인제도를 부인한 로마법의 개인주의 사상에 바탕하여 권리의 주체는 자연인에만 인정되는 것이라고 하고 법인은 자연인에 의제 또는 부인되는 것이라고 한다.

法人擬制說(Fiktionstheorie)은 개인의사 절대라는 법리에서 권리·의무의 주체는 자연인인 개인에 한하여야 하며, 자연인이 아니면서 권리·의무의 주체가 될 수 있는 것은 법률의 힘에 의하여 자연인에 의제된 것에 한정되는 것이라고 한다. 즉 법률이 법인을 자연인으로 가정하고 법인격의 면에서 자연인으로서 의

제하는 것으로 법인 자체의 독립성을 부인한다(Savigny, Windscheid, Puchta, 이영준 774면, 이은영 234면).

法人否認說은 법인격뿐만 아니라 단체의 존재 자체를 부인하는 의제설에서 나아가, 그 본체를 법인을 구성하는 개인 또는 재산에서 찾으려는 학설이다.

目的財產說은 법인의 주체는 일정한 목적에 바쳐진 재산이라 보며(Brinz), 여기서 목적재산이라고 함은 특정한 목적에 의해 결합되고, 그 소유자의 다른 재산으로부터 어느 정도까지 독립한 통일적 존재를 갖는 재산, 예컨대 신탁재산·조합재산·영업재산·기업재산·상속재산 등을 의미하는 것이라고 하고, 受益者主體說은 법인의 실질적 주체는 법인재산의 이익을 향수하는 다수의 개인이고 법인으로 생각되는 것은 단지 형식적인 권리의 귀속자에 불과하다고 한다(Jhering).

또한 管理者主體說은 法人의 주체는 현실적인 법인재산의 관리자에 불과한 것이라고 한다(Hölder, Binder)

위 학설에서 法人擬制說은 Rome법의 개인주의사상에 그 바탕을 두고 정치적으로는 18세기 말에서 19세기 초 근대국가에서 지배된 절대주의사상에 입각하여 중앙집권을 취한 법인금압시대에 주장된 이론이며, 권리의 주체는 자연인에만 인정되고 예외적으로 단체를 권리주체로 인정하는 것은 국가 또는 법률이 許可(또는 특허)하는 경우에만 성립할 수 있다고 하였다. 그러나 권리주체는 自然人만이 될 수 있다고 하지만 자연인도 법률을 떠나서 당연히 권리주체가 되는 것은 아니므로 法人과 다른 것은 아니며, 또한 법인의 실체도 해명되지 않는다.

또한, 法人否認說은 개인주의가 강조된 시대에 주장된 것이면서도 실증적 고찰을 시도했다는 점에서 法人擬制說보다는 한걸음 발전한 것이지만, 이 견해 역시 法人이 본질적 권리주체로서 사회적 활동과 작용을 하고 있음을 무시하고 있을 뿐만 아니라, 주로 財團을 대상으로 하는 것으로서 社團에는 무력하다.

(ㄴ) Germanisten(**法人實在說**): German법의 초개인적 내지 단체적 사상에 입각하여 단체는 공허물이 아니라 실재물이며, 법인은 하나의 사회적 실체라고 하였다. 그러나 그 사회적 실체가 무엇인가에 관하여 다시 유기체설·조직체설·사회적가치설로 나누어진다.

有機體說은 단체는 부분의 다수성과 전체의 단일성이 조직적으로 결합한 통일적 구성의 유기체로서, 단체 고유의 생명과 의사(단체의사)를 가지는 사회적 실재체이며, 그것은 고유의 의사주체이므로 당연히 법인격을 가진다고 한다(Gierke).

組織體說은 법인격 실체를 권리주체임에 적합한 법률상 조직체라고 한다(Michoud, Saleilles; 김기선 132면, 장경학 282면, 김상용 216면).

制度說은 법인을 하나의 사회적 제도라고 한다(Reuard, Hauriou, Delos 프랑스일반학설)

社會的價値說은 법인은 자연인과 같이 사회적 작용을 담당함으로써 권리능력의 주체임에 적합한 사회적 가치를 가지는 것이라고 한다. 그러나 어떠한 것이 사회적 가치를 가지는가는 사회학·경제학 등의 사회과학의 힘을 빌려서 사회생활의 실체를 고찰하고 이를 그 시대의 법률사상에 비추어 비판함으로써 연구해야 할 것이라고 한다[곽윤직 179면(1995), 김증한 169면, 김현태 153면, 이영섭 164면]

위 학설에서 有機體說은 전통적인 게르만법과 독일고유법의 단체사상에 입각하여 당시 프랑스에서 발달한 집단설에 사회학적 근거를 두고 제창한 이론으로서 법인은 통일적 의사를 갖는다는 점을 강조하고 법인을 자연적·사회학적 측면에서 파악하려고 하였다. 그리하여 법인이론을 실재적 단체인격설에서 유기체설로 발전시켜, 법인은 자연인이 자연적 유기체로서 개인의사를 갖는 것과 마찬가지로 결합된 통일적 전체로서 고유의 생명을 갖고 사회적 유기체로서 단체의사를 갖는다고 하였다. 이에 대하여 Heinrich Rehmann은 1인 회사, 즉 모든 주식의 지분이 1개인에 귀속하는 회사인 경우에는 단체가 아니므로 타당하지 않고, 특히 물적 회사인 경우에는 구성원의 공동체적 성격이 희박하고 또한 비록 이를 인정한다고 하더라도 극히 가공적임을 지적하여 비판한다.[1)]

組織體說은 법인을 하나의 법률적 조직체라고 하여 유기체설보다 법학적으로 한걸음 발전시킨 공적은 있으나 유기체설의 고유한 생명이라든가 단체의사와 같은 능력은 인정되지 않는다.

또한 社會的價値說은 법인의 본질을 법인이 담당하는 사회적 작용면에서 파악하려는 견해로서 법인을 법률의 범위 내에서 파악하려고 한 점에서 높이 평가된다. 그러나 사회적 작용을 담당하기 때문에 사회적 가치를 갖는다는 것은 어떤 조직이 법인으로 될 수 있는 이유를 말하는 것에 불과하며, 법인의 실체 내지 본질을 밝히지 못하는 결점을 가진다.

(나) 法人의 本質論에 관한 우리나라 학설은 法人實在說을 취함이 압도적이며 그 중 社會的價値說이 지배적 다수설이다. 그러면서도 사회적 가치설은 법인조직체설이 법인이 사회적 유기체로서 실재하는 것으로 보지 않고 법에 의하여 조직된 법적 실체라고 보는 것은 결국 법 이전에는 자연인인 실체만이 있다고 하는 의제설에 가깝다고 비판하고 사회적가치설은 법 이전의 단체적 존재를

---

1) 이와 같은 Rehmann의 이론은 사단을 조합에 대립시켜 조합에는 단체성을 배척하여 법인격을 부정함으로써 실질적으로 조합인 합명회사에는 법인격을 부여하지 않는 독일법에 바탕한 것이다. 그러나 우리나라와 일본에 있어서는 합명회사에도 법인격을 인정하고 있으므로 합명회사에의 법인격을 설명하지 못하는 결점이 지적된다.

인정할 수 있게 되어 한걸음 앞선 것이라고 한다.[2)]

또한, 法人擬制說은 오늘날 법인이 독립된 경제주체로서 중요한 사회적 기능을 담당하고 있는 것은 부인할 수 없지만, 이러한 기능은 권리능력 없는 사단에서도 가지므로 법인의 인격부여이론과는 직접 관계가 없을 뿐만 아니라, 법인이 설사 법인격을 갖더라도 자연인인 기관에 의하여 행할 수밖에 없어 법인의 실체에는 스스로 한계가 있고 또한 민법은 법인의 기관에 관하여 대리에 관한 규정을 준용하게 하고 있는 점 등을 들어 법인은 권리주체임에 적합한 조직체에 대하여 法이 법인격을 부여한 것으로서 법률관계를 간명하게 처리하기 위한 법기술에 불과한 것이라고 한다.[3)]

결국, 위 법인학설은 각각 그 시대의 사회적 배경에 따라 주로 법인의 어떤 측면을 분석・연구한 것이므로 그 시대적 배경을 떠나 일의적으로 파악할 것은 아니다. 또한 어떤 종류의 단체에 법인격을 부여하는 것은 특히 그 단체를 둘러싼 대내적・대외적 법률관계를 간명하고 합리적으로 처리하기 위한 법 기술에 불과하므로 오늘날 법인학설을 비록 사회적가치설에서 파악한다고 하더라도 사회적 작용이 곧 법인의 사회적 가치를 결정하는 유일한 기준은 될 수 없는 것은 명백하다.

⑵ 法人制度의 실익과 法人格의 부인

(가) 법인의 본질론은 먼저 법인의 권리능력을 엄격히 제한할 것인가. 아니면 사회적 작용에 근거하여 확대할 것인가. 법인 이사의 불법행위에 관하여 법인 자신의 불법행위를 인정할 것인가. 또한 법인격을 갖지 못한 사단・재단에 관하여 독자적인 법적 지위를 부여할 것인가 문제와 관련하여 논의되며, 결국 법인의제설에 의하면 제한 또는 부정되지만, 법인실재설에 의하면 확대 또는 긍정하게 된다.

① 법인의제설의 경우
- 법인의 목적범위 — 목적달성의 범위로 엄격히 제한
- 법인 자신의 행위와 불법행위능력 — 부정
- 법인의 권리취득 — 자연인인 이사의 대리행위에 의한 효과귀속에 불과

2) 곽윤직 217면(1995).

3) 김주수 164면; 동견해는 법인은 권리주체임에 적합한 조직체에 대하여 법률이 법인격을 부여한 것으로써 법률관계를 간명히 처리하기 위한 법기술로 보아 법인을 실체적인면과 기술적인면의 양면성을 고려한다.

│ └ 법인의 불법행위 책임 — 이사의 불법행위에 대한 대위책임
└ ② 법인실재설의 경우 ┌ 법인의 목적범위 — 목적에 위배되지 않는 범위
　　　　　　　　　　　└ 법인의 행위능력 및 불법행위능력 — 긍정
┌ 법인 이사의 행위 — 법인 자신의 행위
└ 법인 이사의 불법행위 — 법인 자신의 불법행위

그러나 법인본질론의 실익은 무엇보다 법인의 불법행위능력에서이며, 민법 제35조 제1항은 "법인은 이사 기타 대표자가 그 직무에 관하여 타인에게 가한 손해를 배상할 책임이 있다. 이사 기타 대표자는 이로 인하여 자기의 손해배상 책임을 면하지 못한다."라고 하여, 동항 전문은 법인의 불법행위책임을, 후문은 대표기관 개인의 책임을 규정하는 한편 제59조 제2항은 법인의 대표기관에 관하여 민법 중 대리에 관한 규정을 준용하게 하고, 또한 제34조는 법인의 목적에 의한 능력제한을 규정함으로써 위 법인학설의 법인실재설 또는 법인의제설의 근거를 동시에 주고 있어 문제된다.

통설은 법인 본질을 단지 법인이 권리주체임에 적합한 조직체를 중심으로 일어나는 법률관계를 보다 간편하게 처리할 수 있는가 라고 하는 법 기술적 측면에서 찾고 있다. 그리하여 법인과 제3자관계에서는 법인실재설을, 법인의 내부관계에서는 법인의제설을 따른다.

(나) 法人本質論은 분명한 역사적 의미를 가지면서 발전하였고 또한 법인기능의 어떤 측면을 중시하느냐에 따라 각기 정당성의 근거를 가진다. 예컨대 法人의 法技術的 側面을 강조하면 법인의제설과 법인부인설이 타당하지만, 法人을 사회적·경제적 주체로 實存的 側面을 강조하면 법인실재설이 타당하게 된다.

그러나 오늘날 法人은 이 두 측면을 모두 강조하면서 法人本質論에 대한 새로운 검토가 시도되고 있다.[4] 그리하여 오늘날 法人格이란 결국 어떤 사회적 목적을 달성하기 위한 수단에 지나지 않는다고 강조한다. 예컨대 어떤 단체가 법인격이 있다고 하였을 때 그 단체 자신이 권리·의무의 주체가 되고, 단체명의로의 등기, 소송의 주체 또는 단체에 대한 채권자는 단체의 재산만을 압류할 수 있고, 반면 구성원에 대한 채권자는 그 구성원 개인의 재산만을 압류할 수 있는 효과가 발생한다고 할 것이지만 이러한 효과는 모든 종류의 법인에 주어지는 효과는 아니며(예컨대, 무한책임사원에 대한 압류의 효과), 또한 법인격이 없

4) 고상룡, 법인본질론의재검토소고(월간고시 1989.8) 20면 이하.

는 단체라고 하여 배척되는 것은 아니라고 한다. 이러한 점에 터 잡아 문제의 해결은 그 법인의 법인격 배후에 있는 실체를 탐구하여 그 실체에 적합한 모색을 하여야 한다고 한다. 이것이 法人格否認論이며[5] 법인의 독립성 그 자체는 인정하나, 다만 부당한 목적에 관련된 특정 사안에는 일시적으로 법인격을 부정하여 그 실체를 이루는 개인 또는 다른 법인과 동일시하여 그 배후에 있는 실체에 법적 처리를 함으로써 법인격을 남용하여 부당한 결과를 초래하는 것을 방지하려는데 의미를 가진 것으로 우리나라에서도 최근의 학설·판례가 이를 수용하고 있다.[6]

그리하여 판례는 기존회사의 채무면탈을 목적으로 기업의 형태와 내용이 실질적으로 동일하게 설립된 신설회사가 기존회사와 별개의 법인격임을 내세워 그 책임을 부정하는 것, 또는 "甲과 丙은 외형상 별개 회사로 되어 있으나 甲은 이 사건 선박의 실제소유자인 丙이 편의치적[7]을 위하여 설립한 회사로서 실제로 사무실과 경영진이 동일하므로 이러한 지위에 있는 甲이 법률적용을 회피하기 위하여 별개의 법인격을 가지는 회사라는 주장을 내세우는 것은 신의성실의 원칙에 위배하거나 법인격을 남용하는 것으로서 허용되어서는 아니 되는 것"이라고 하여 甲의 독립된 법인격의 주장을 배척하였다.[8]

[48] Ⅱ. 法人의 分類

1. 公法人과 私法人

(1) 公·私法人의 구별

公法人과 私法人을 구별할 것인가. 구별의 실익과 관련하여 견해가 대립한다.

---

5) 일명 法人格濫用論 또는 法人格形骸化論이며 19세기 말 미국의 판례(Leadingcase, United States v. Milwaukee Refrigirator Transit Co., 142. F. 247)로 형성된 이래 독일에서는 전자는 透視理論(Durchgriffslehre)으로 후자는 道具理論(Instrumentheory)으로 발전하였다.

6) 정동윤, 법인부인론의적용요건과근거(법률신문 1989.5.22) 11면; 고상룡, 전게논문 참조.

7) 便宜置籍이란 국제외항해운에 종사하는 선박소유자나 기업이 자신의 소속국가 또는 실제로 선박의 운항에 관한 편의를 위하여 기업의 중추가 되는 회사가 존재하는 국가와 별개의 국가에 회사를 설립하여 선적을 두는 제도를 말한다.

8) 대판 2004.11.12, 2002다66892; 1988.11.22, 87다카1671.

區別否定說은 공·사법인의 구별은 사실상 어려울 뿐 아니라, 이를 구별할 사실상 실익이 없는 것이라고 한다.[9] 그러나 통설은 법인의 준거법이 공법인가 사법인가, 법인의 설립이 강제적인가 임의적인가, 향유하는 권리가 공법인가 사법인가, 법인의 목적이 공익인가 사익인가, 또는 국가적 사무 내지 통치작용인가 여부에 의하여 구별되는 것이라고 한다.

그리하여 법인의 설립이나 가입이 강제되고 법인의 임원을 국가가 임명하거나 또는 임원이 국가공무원이 되는 것 등 법인의 설립이나 관리에 국가공무원이 관여하는 것이 공법인이고, 그 밖의 법인이 사법인이라고 한다. 그러나 이와 같은 公·私法人의 구별을 위한 노력에도 불구하고 오늘날은 점차 그 구별의 곤란성이 초래된다. 즉 공·사법의 구별이 곤란함과 같이 공·사법인에도 중간적 법인이 출현함에 따라 그 구별이 더욱 곤란하다.[10]

그리하여 견해 중에는 한국은행·한국토지공사·대한주택공사·농업협동조합 등 中間的 法人에는 이를 택일적으로 정할 것이 아니라 법인에 관하여 문제되는 법률관계를 개별적으로 고려하여 공법 또는 사법관계인가를 정할 것이라고 한다.[11]

⑵ 公·私法人의 구별실익

(가) 公法人은 국가·지방자치단체·공공단체 등 공익목적의 법인이며, 그 외에 영조물법인이 공법인이라는데 이설이 없다.

私法人은 사적자치의 원칙이 지배되는 법인이며, 민법상 사단법인·재단법인은 대표적인 예이다.

[공·사법인의 구별]

	공 법 인	사 법 인
법인의 쟁송	행정소송	민사소송
부담금징수	세법상 강제징수	민사소송법상 강제징수
불법행위의 적용	국가배상법 적용	민법 적용(§750 이하)
문서위조·변조	공무서 위조·변조	사문서 위조·변조
독직죄성립 여부	성 립	불성립

9) 김증한·안이준 161-2면.

10) 공·사법인의 중간적 법인으로서는 한국은행·대한주택공사·석탄공사·상공회의소·농업협동조합·수출조합 등 특수법인이 이것이다.

11) 이영섭 166면, 김증한 119면, 곽윤직 122면.

(나) 공법인은 사적자치의 원칙이 제한되는 법인으로서 국가에 의하여 설립되고 법인의 조직 등 기본적 사항이 법정되며, 기관 및 구성원에 국가가 참여하거나 해산의 자유가 제한된다.

또한, 공・사법인은 법인에 관한 쟁송, 부담금의 징수방법, 불법행위의 적용법규 등에서도 구별의 실익이 나타난다.

2. 營利法人과 非營利法人

(1) 營利法人과 非營利法人의 구별

(가) 영리법인 영리목적의 법인, 즉 주로 구성원의 私益을 꾀하고 法人의 기업이익을 구성원 개인에게 분배하여 경제적 이익을 주는 法人을 말한다. 여기서 가장 전형적 영리법인은 상법상 각종 會社이다.

(ㄱ) 교통・통신・보도 등 공익사업을 목적으로 하여도 사원의 이익을 목적으로 그 利益의 分配가 가능한 법인이면 영리법인이 된다.

(ㄴ) 사단법인은 영리사단법인과 비영리사단법인이 존재하나, 財團法人은 구성원에 이익분배가 불가능하므로 실제로 영리법인이 될 수 없다(§32, §39 참조). 따라서 財團法人은 언제나 비영리재단법인으로만 존재한다.

(ㄷ) 현행법상 영리법인은 社團法人으로만 구성하고 상법상 회사설립규정에 의하여 법인격을 취득한다. 따라서 영리를 목적으로 하는 민법상 사단법인은 인정되지 아니한다.

통상, 營利法人 중에서 상행위를 목적으로 하는 사단법인을 商事會社라고 하고, 상행위 이외의 영리행위를 목적으로 하는 것을 民事會社라고 한다.

민법 제39조 제1항은 "영리를 목적으로 하는 사단은 상사회사 설립의 조건에 좇아 이를 법인으로 할 수 있다."라고 하고, 동조 제2항은 "사단법인에는 모두 상사회사에 관한 규정을 준용한다."라고 하고 있으므로 그 구별의 실익은 없다.

(나) 비영리법인 학술・종교・자선・사교 기타 영리 아닌 사업을 목적으로 하는 사단법인 또는 재단법인을 말한다.

(ㄱ) 目的이 비영리목적이면 족하므로 手段의 營利性은 인정되나 어떠한 이유로도 구성원에게 利益의 分配가 불가능한 법인이어야 한다.

(ㄴ) 公益을 目的으로 함이 보통이나 반드시 공익을 요하는 것은 아니다. 민

법상 법인은 非營利法人에 한정된다(§31).

비영리법인은 학술·종교·자선·기예·사교 기타 영리 아닌 사업을 목적으로 하는 단체로서 주무관청의 허가를 얻어 설립된 비영리사단·비영리재단을 가리킨다(§32).

(ㄷ) 民法上 法人은 반드시 非營利法人이어야 하고 그 외 特別法에 의하여 성립하는 특수 비영리법인이 존재한다.

⑵ 營利法人과 非營利法人의 구별실익

영리법인은 영리를 목적으로 하는 모든 법인(상사회사·민사회사)을 말하고, 비영리법인은 영리 아닌 목적, 즉 비영리 목적(비공익을 목적으로 하는 법인 포함)의 법인을 말하므로 그 구별은 법인의 설립절차, 법인의 대내·대외관계, 감독의 기관 등의 차이에 있다. 즉 영리법인은 상법의 규정에 의하여 설립되고 비영리법인은 민법의 규정에 의하여 설립된다.

또한, 감독기관으로서 감사는 영리법인에서는 필수기관이나 비영리법인에서는 임의기관에 불과하다.

3. 社團法人과 財團法人

⑴ 社團法人과 財團法人의 구별

민법은 비영리법인을 그 구성요소가 사단이냐 재단이냐에 따라서 사단법인·재단법인으로 나눈다.

(ㄱ) **社團法人**: 일정한 목적을 위하여 결합한 사람의 단체, 즉 社團을 실체로 하는 법인을 말하며, 구성원을 실체로 하므로 영리사단법인과 비영리사단법인으로 설립된다.

(ㄴ) **財團法人**: 일정한 목적을 위하여 바쳐진 재산의 단체, 즉 財團을 실체로 하는 法人을 말하며, 財產을 실체로 하므로 구성원에게 이익분배가 불가능하고 언제나 비영리재단법인으로만 존재한다.

⑵ 社團法人과 財團法人의 구별실익

社團法人은 단체의사(Gesamtwille)에 기하여 자율적으로 활동하는데 대하여, 財團法人은 설립자의 의사에 의하여 타율적으로 구속되는 점이 강하다.

이것은 전자가 人的 結合을 본체로 하는 자율적 법인인데 대하여, 후자는 일정한 목적에 바쳐진 財産을 본체로 하는 타율적 법인인데 있다.

사단법인 — 2인 이상의 사원으로 구성 → 자율적 법인
재단법인 — 일정한 목적에 바쳐진 재산 → 타율적 법인

이러한 본질적 차이로부터 양자 사이에는 설립행위 · 의사기관 · 목적 내지 정관의 변경 · 해산사유 등에서 차이가 생긴다.

[사단법인과 재단법인의 비교]

	사 단 법 인	재 단 법 인
본질적 차이	① 2인 이상의 사원으로 구성 ② 자율적 법인	① 일정한 목적에 바쳐진 재산 ② 타율적 법인
설립행위	① 2인 이상의 정관작성 ② 정관의 필요적 기재사항으로서의 사원자격의 득실에 관한 규정, 법인의 존립시기나 해산사유를 정한 경우 그 시기 · 사유	① 설립자의 정관작성+재산출연 ② 존립시기나 해산사유를 정한 경우의 임의적 기재사항 ③ 유언으로 설립할 수 있고, 출연재산이 수반하는 점에서 증여 · 유증에 관한 규정이 준용(§47).
설립행위성질	합동행위	단독행위(또는 단독행위의 경합)
정관보충 정관변경	① 정관보충의 자유 ② 정관변경의 자유(§42; 사원총회결의와 주무관청의 허가)	① 필요적 기재사항을 모두 기재하고 있는 때에만 유효, 다만 설립자가 필요적 기재사항 중 가장 중요한 목적과 자산만을 정하고 그 밖의 명칭, 사무소의 소재지, 이사의 임면방법과 같은 비교적 경미한 사항을 정하지 않고서 사망한 경우에 이해관계인 또는 검사의 청구에 의하여 법원이 보충(§44). ② 설립자가 정관에 변경방법을 정한 때(§45), 목적변경은 목적달성 불능의 경우 주무관청의 허가를 받아 변경할 수 있고 또한 재산의 보전을 위해 적당한 때에는 명칭이나 사무소소재지와 같이 비교적 법인의 본질에 관계가 적은 사항은 이를 변경할 수 있다(§45 ②).
의사결정	사원총회의 결의	정관으로 정한 목적(설립자의 의도)
해산사유	사원이 없게 되거나 총회의 결의(§77 ②)	정관에 정한 사유, 법인의 목적달성 또는 달성불능
기 타	설립절차(§32), 등기(§33), 주무관청의 검사 · 감독권(§37), 해산과 청산절차(§77 이하) 등은 모두 양자에 동일하다.	

4. 內國法人과 外國法人

(1) 外國法人이란 내국법인이 아닌 법인을 말하며, 內外國法人을 정하는 규정이 없으므로 그 표준에 관하여 준거법설, 주소지법설, 설립자국적기준설이 있다.

外國法人에 관한 우리나라 학설은 주로 準據法說과,12) 合一說(설립준거법주의+주소지법주의)13)이 주장되나, 법인의 감독을 감안하면 국내주소가 없는 법인은 사실상 내국법인으로서 취급이 어려울 것이나, 다만 현행법은 한국법에 준거하여 설립하는 경우에도 법인설립의 요건상 국내의 주된 사무소소재지에서 등기하도록 하고 있으므로 양설은 결과적으로 차이가 없다. 따라서 내・외국법인의 판단은 설립준거법설로 충분하다.

(2) 內外國法人은 헌법상 평등권의 원칙에 따라 특별히 法律이나 條約 등에 의하여 정하는 바가 없는 한 내・외국법인 평등원칙이 적용된다.

따라서 外國法人의 能力은 법률 또는 조약에 의하여 제한할 수 있다. 그러나 우리 민법상 외국법인의 능력을 제한하는 일반적 제한규정은 없다.

제 2 절 法人의 設立

[49] Ⅰ. 法人設立의 立法主義

1. 法人의 設立主義

(1) 법인의 설립은 일정한 절차에 따라 설립되고 그 설립의 형태는 각 국의 입법정책에 따라 다양하다.

(가) 자유설립주의 법인의 설립에 관하여 아무런 제한을 두지 않고 법인으로서 실질만 갖추면 법인격을 인정하는 주의이다. 그러나 이 설립주의를 취하

---

12) 김기선 131면, 장경학 290면(1992), 김현태 211면, 곽윤직 166면, 김주수 200면, 백태승 277면, 이은영 224면, 송덕수 민법강의(상) 625면.

13) 이영섭 231면, 김증한 235면, 김상용 221면, 김용한 206면, 김학동 228면.

는 입법례는 거의 없고, 다만 1907년 스위스민법이 비영리사단법인에서 취하고 있을 뿐이다. 우리 민법 제32조도 "법인은 법률의 규정에 의하지 않으면 성립하지 못한다."라고 규정함으로써 자유설립주의를 배척한다.

(나) 준칙주의 법인설립에 관한 요건을 미리 법률로 정하여 놓고, 그 요건이 충족되는 때에 당연히 성립되는 것으로 하는 주의이다. 이 설립주의는 그 조직을 공시하기 위하여 등기를 성립요건으로 하는 것이 보통이며, 영리법인·노동조합 등에 채용된다.

(다) 허가주의 법인의 설립에 주무관청의 자유재량에 의한 허가를 필요로 하는 주의이다. 따라서 법인설립이 크게 제한되며, 민법상 비영리법인 및 특별법에 의한 학교법인·증권거래소 등에 관하여 이 주의를 취한다.

(라) 인가주의 법률이 정한 요건을 갖추고 주무관청 기타 소관 행정관청의 인가를 얻음으로써 성립하는 주의, 즉 개별적 설립주의이다.

이때 인가는 허가와 달리 법률이 정하는 요건만 갖추면 반드시 인가하여야 하며, 의사회·치과의사회·한의사회·조산원 및 간호사회·상공회의소·농업협동조합·중소기업협동조합·수산업협동조합·자동차운수사업조합·수출조합·해운조합 등 각종 조합법인이 이에 의한다.

(마) 특허주의 특별한 행정목적을 달성하기 위하여 설립되는 법인의 설립주의로 각개의 법인을 설립할 때마다 특별한 법률의 제정을 필요로 하는 주의이며, 한국은행·한국산업은행 등 각종 은행법인과 대한석탄공사·대한주택공사 등 각종 공사 및 한국마사회 등이 이에 속한다.

(바) 강제주의 법인의 설립을 국가가 강제하는 주의이며, 변호사회·약사회·수의사회 등이다.

민법은 일정 법인에 대하여 인가주의를 취하면서 동시에 그 설립을 강제함으로써 대부분의 인가주의 법인은 곧 강제설립주의로 된다.

(2) 프랑스혁명 전·후의 개인주의·자유주의를 최고원리로 주장하던 시대에는 社團은 개인의 자유를 구속하는 것이라고 하여 그 설립을 원칙적으로 부인하고 개인 이외의 권리의 주체로서는 국가만을 인정하였다. 그 결과 부득이 어떤 단체에 인격을 부여할 필요가 있는 경우에는 입법 또는 특허에 의하여 그 설립을 허용할 정도이고, 법인에 관한 사항은 민법이 규정할 사항은 아니었다.

그러나 19세기 중엽 세계적인 통상에 의한 신흥기업의 진출은 민간자본의 집중을 위한 법인설립의 자유와 법인격의 자유로운 취득이 요청되었고, 이로써 국가는 법인정책을 변경하지 아니할 수 없었다.

그리하여 오늘날 법인제도에 관한 각국의 입법은 그 설립의 준칙주의 혹은 인가주의를 취할 뿐만 아니라, 나아가서는 자유설립주의를 채택하고 있는 국가도 없지 않다. 따라서 우리 민법도 당초부터 허가주의를 취하고 있으나 개정 민법(안)은 인가주의로 변경하고 있다.

2. 民法上 法人의 設立

민법상 법인의 설립은 許可主義를 취한다.

본래, 민법상 법인에는 영리법인과 비영리법인을 들 수 있고 그 중 영리법인의 설립은 준칙주의, 비영리법인의 설립은 허가주의를 취하나, 민법상 영리법인의 설립은 인정되지 아니하므로 준칙주의는 사실상 적용이 배척되며, 이로써 민법상 법인의 설립은 비영리법인의 설립주의로서의 허가주의만이 채용된다.

그러나 개정 민법(안) 제31조는 "법인은 법률의 규정에 의하지 아니하면 성립하지 못한다."라고 하고, 제32조는 "학술·종교·자선·기예 그 밖에 영리 아닌 사업을 목적으로 하는 사단 또는 재단은 주무관청의 인가를 얻어 법인으로 할 수 있다."라고 하여 인가주의를 취한다.

3. 設立중인 社團法人의 법률적 지위

법인설립은 제1단계에서 설립자 상호간의 법인설립을 목적으로 하는 법률관계가 성립하고, 제2단계에서 그 이행으로서의 정관의 작성·구성원의 결정 등 법인설립의 여러 요건의 충족, 제3단계에서 法人이 성립한다.

여기서 제1단계가 設立者(발기인)組合, 제2단계에 있는 것을 設立중의 法人이라고 하며, 이들의 성질과 법률관계가 문제된다.

(1) 設立者組合

설립자조합은 민법상 조합으로 본다. 또한 설립자조합의 행위는 법인설립의 준비행위이며 설립 중의 법인행위와 구별하여 조합 자체의 책임으로 해석한다.

⑵ 設立 중의 法人

설립 중의 법인은 법인성립의 전신이나 법인격이 인정되지 않으므로 권리능력 없는 사단이며 설립 중 법인의 행위는 당연히 성립 후 법인에게 귀속한다.

그러나 판례는 설립 중 법인의 행위로 법인이 책임을 지는 것은 그 법인의 설립 자체를 위한 행위에 한정할 것이라고 한다.[14)]

[50] Ⅱ. 非營利社團法人의 設立

1. 非營利社團法人의 目的

⑴ 目的의 非營利性

비영리법인은 학술·종교·자선·기예·사교, 그 밖에 영리 아닌 사업을 목적으로 하여야 한다(§32). 營利아닌 事業이란 구성원 각자의 이익을 목적으로 하지 않는 사업을 말하며, 반드시 공익을 요하지 않는다.

⑵ 受益의 分配制限

비영리법인의 영리 아닌 사업은 절대적 요건이 아니다. 따라서 비영리사업의 목적을 달성하기 위한 취소한의 범위에서(그의 본질에 반하지 않는 정도)의 영리행위는 무방하다. 그러나 그 수익은 어떠한 형식으로든지 그 구성원에는 분배하지 못한다.

2. 非營利社團法人의 設立行爲

⑴ 設立行爲의 의의

社團法人을 설립하기 위해서는 2인 이상의 설립자가 법인의 내부조직에 관한 근본규칙을 정하여 서면에 기재하고, 기명날인하여야 한다(§40). 이 서면을 定款(Satzung)이라고 하고, 이러한 정관작성을 위한 일련의 행위를 설립행위

14) 대판 1965.4.13, 64다1940.

또는 정관작성행위라고 한다.

⑵ 設立行爲의 성질

사단법인의 설립행위의 법률적 성질은 계약인가 합동행위인가.

> 合同行爲說은 설립자간의 법인설립의 공동목적을 가진 합동행위라고 한다.
> 契約說은 수인이 공동으로 구성원의 변동에도 영향을 받지 않는 조직체를 창설하고 표의자는 스스로 그 조직체의 구성원으로 되는 것을 내용으로 하는 특수계약이라고 한다(김학동 175면, 장경학 306면, 이영준 797면, 이은영 175면).

다수설은 법인설립행위에는 의사표시에 관한 민법 제108조(통정허위표시)와 대리에 관한 제124조(자기계약 대리)가 단체설립행위에는 적용되지 않는다는 실익을 들어 合同行爲라고 하고, 소수설은 계약자유의 원칙상 계약만으로 족하고 合同行爲라는 개념을 증설하여 법률행위에 단체관계 면을 부당하게 끌어들이는 결과가 될 뿐이라고 하여 이를 배척한다.[15]

그렇지만, 합동행위를 계약과 구별하여 실익이 인정되는 이상 부정할 것은 아니며, 그러한 의미에서 사단법인설립행위의 법률적 성질을 합동행위라고 보아도 무방하다.

(ㄱ) 사단법인의 설립행위가 合同行爲라면 민법 제124조(자기계약 대리)는 적용이 없고, 의사표시의 일부가 흠결이나 하자로 인하여 무효·취소되는 경우에는 다른 의사표시에는 영향을 미치지 아니한다.

(ㄴ) 민법 제108조(통정허위표시)는 합동행위인 설립행위에 적용되는가.

다수설은 민법 제108조의 통정허위표시에 관한 규정은 성질상 법인설립의 합동행위에는 적용되지 않는 것이라고 하거나, 합동행위를 가장하는 경우에는 유추 적용할 것이라고 한다.[16] 그러나 견해에 따라서는 민법 제108조와 제124조의 적용부정설은 합동행위개념의 실익을 찾으려는 것이고 합동행위개념을 인정하지 않더라도 무효·취소, 자기계약, 쌍방대리금지의 목적 자체로부터 도출될 수 있는 것이라고 하여 법인설립에의 합동행위개념 자체를 부정한다.[17]

그러나 어느 설에 의하더라도 법인설립행위에 민법 제108조(통정허위표시)는 정면으로 적용되지 않는다.

15) 이영준 155, 797면.
16) 김주수, 민법개론 80면.
17) 이영준 155, 797면.

3. 非營利社團法人의 설립절차

(1) 定款의 作成

(가) 필요적 기재사항 정관에 반드시 기재해야 할 사항, 즉 하나라도 빠지면 정관으로서 효력이 생기지 않는 사항이며, 목적·명칭, 사무소소재지, 자산에 관한 규정, 이사의 임면에 관한 규정, 사원자격의 득실에 관한 규정, 존립시기나 해산사유를 정한 때는 그 시기 또는 사유 등이다.

① 목적·명칭, 사무소소재지
② 자산에 관한 규정(자산의 종류·구성·운용방법·회비 등),
③ 이사의 임면에 관한 규정,
④ 사원자격의 득실에 관한 규정,
⑤ 존립시기나 해산사유를 정한 때는 그 시기 또는 사유

(나) 임의적 기재사항 필요적 기재사항 이외에 정관에 사단법인의 근본원칙이 될 수 있는 사항, 예컨대 총회소집절차·임원회의 조직·감사의 임면 등을 기재할 수 있다. 이를 임의적 기재사항이라고 하고 특별한 제한이 없다.

그러나 임의적 기재사항이라도 일단 정관에 기재되면 필요적 기재사항과 동일한 효력을 가지며, 그 변경도 정관변경 절차에 따라야 한다.

(2) 主務官廳의 認可

(가) 주무관청이란 법인이 목적으로 하는 사항을 관할하는 중앙행정관청을 가리킨다. 다만 두 개 이상의 행정관청이 법인의 목적과 관련되는 경우 관련기관 모두의 허가를 받아야 하는가.

다수설·판례는 긍정하고 그 중 어느 하나인 행정관청의 허가를 얻지 못하면 법인은 설립되지 못하는 것이라고 한다.

(나) 許可의 여부는 행정관청의 자유재량권에 속한다. 따라서 허가관청의 허가 여부에 대하여는 다투지 못한다.

(3) 社團法人의 設立登記

사단법인의 설립등기는 사단법인의 성립요건이며, 주된 사무소소재지에서 설립등기를 하여야 한다(§33).

法人의 設立登記는 설립허가가 있는 때로부터 3주내 주된 사무소소재지에서

법인의 목적, 명칭, 사무소, 설립허가년월일, 존립시기나 해산사유를 정한 때에는 그 시기 또는 사유, 자산의 총액, 출자방법을 정한 때 그 방법, 이사의 성명 주소, 이사의 대표권을 제한하는 때에는 그 제한은 등기하여야 한다.

監事의 성명·주소는 등기사항이 아니다. 그러나 개정 민법(안)은 감사의 직무를 중시하여 법인이 감사를 둔 때에는 그 성명 및 주소를 설립등기사항으로 하고 있다.

[51] Ⅲ. 非營利財團法人의 設立

1. 非營利財團法人의 목적

財團法人의 目的은 언제나 영리 아닌 목적이어야 하고, 공익목적이 대부분일 것이지만 공익에 국한하지 않음은 비영리사단법인에서와 같다.

2. 非營利財團法人의 설립행위

(1) 재단법인의 설립자는 일정한 재산을 출연하고 정관을 작성하여야 한다(§43). 이 점에서 사단법인의 설립행위와 근본적으로 다르다.

(2) 재단법인설립의 법률적 성질은 설립자 1인인 경우에는 상대방 없는 단독행위라는데 의문이 없다.

다만, 2인 이상이 설립하는 경우에도 단독행위로 되는가.

학설은 단독행위설과 합동행위설·계약설이 대립하나, 다수설은 單獨行爲의 競合이라고 한다. 그러나 합동행위설에 의하더라도 사단법인의 설립행위가 필요적 합동행위인 것과는 다른 임의적 합동행위에 불과하다.[18]

(3) 재단법인의 설립행위는 생전행위는 물론 유언(사후행위·사후처분)으로도 할 수 있다.

---

18) 방순원 101면, 김기선 145면.

3. 非營利財團法人의 설립절차

亡祖父, 亡父가 소유하여 오던 대지를 원고가 상속하였고 선대에서 그 대지를 처분하거나 매매한 일이 없는데도 불구하고 피고인 등이 위조사문서 등을 이용하여 부동산소유이전등기를 하였다고 하여 그 말소등기절차이행청구를 하였다.

이에 독립당사자로 참가한 재단법인은 亡祖父가 생존 당시 재단법인설립을 위하여 부동산을 기부하였고 그가 사망하자 亡父가 상속인으로써 亡父의 기부승낙으로 재단법인설립허가를 받아 설립등기까지 경료한 것이므로 민법 제48조와 동법 제187조에 의해 그 대지등기 여부를 불문하고 대지소유권을 취득한 것이므로 원고 등은 소유이전절차의 이행을, 피고 등은 무권리로 인한 말소등기절차를 이행하라는 청구를 하여왔다. 이 청구는 정당한가.

---

(1) 財産의 出捐

(가) 설립자는 일정 재산을 출연하여야 하고, 재산의 종류는 이를 묻지 않고 확실한 것이면 채권이라도 무방하다.

(나) 법인의 성립시기는 설립등기를 한 때이고, 유언의 효력이 발생하는 시기는 원칙적으로 유언자가 사망한 때이므로, 출연재산은 결국 생전처분인 때에는 설립등기시, 유언의 경우에는 유언자 사망시에 법인에 귀속하게 된다.

다만, 민법이 물권변동에 관한 형식주의를 취하여 부동산인 경우에는 등기, 동산인 경우에는 인도를 요하고, 또한 지시채권의 양도에는 증서의 배서·교부를, 무기명채권에는 증서교부를 효력발생 요건으로 하는 채권양도의 원칙과 관계에서 그 귀속이 문제되며, 당초 민법은 이를 규정하지 아니하여 학설이 대립하였다.[19]

이에 대하여 판례는 생전처분으로 인한 출연재산이 물권인 경우 재단법인의 설립등기를 한 때 당연히 법인에 귀속한다고 하였다.[20] 그러나 최근의 판례는 태도를 바꾸어 재단법인을 설립함에 있어서 출연재산은 그 법인의 성립된 때로부터 법인에 귀속된다는 민법 제48조의 규정은 출연자와 법인과의 관계를 상대

---

19) 物權的歸屬說은 민법 제48조를 제187조가 말하는 '기타 법률의 규정'으로 보아 등기나 인도 없이 물권은 당연히 설립등기한 때 또는 설립자의 사망시에 법인에 귀속되고, 또한 채권인 경우에도 지시채권과 무기명채권의 경우에서도 배서나 교부 없이도 당연히 귀속하는 것이라고 하고, 債權的歸屬說은 등기나 인도를 갖춘 때 귀속하고, 지시채권의 경우에는 배서·교부, 무기명채권의 경우에는 교부하여야 귀속하는 것이라고 한다. 김학동 180면, 이영준 802면, 백태승 230면, 이은영 267면.

20) 대판 1976.5.11, 75다1656; 1973.2.28, 72다2344·2345.

적으로 결정하는 기준에 불과하여 출연재산이 부동산인 경우 출연자와 법인 사이에는 법인의 성립 외에 등기를 필요로 하는 것은 아니지만, 제3자에 대한 관계에서 출연행위는 법률행위이므로 등기가 필요한 것이라고 하여 법인재산에의 귀속시기를 획일적으로 취하지 않고 法人과 出捐者간에는 그 공시 여부를 묻지 않고 법인의 성립시에 귀속한다고 하는데 반하여, 法人과 第三者간에는 제186조를 적용하여 공시방법을 확보한 때 대항할 수 있게 함으로써 법인재산에의 귀속을 관계적으로 해결하였다.[21)]

그 근거로서 민법 제48조를 이처럼 출연자와 재단법인, 재단법인과 제3자관계로 나누어 상대적인 기능으로 받아들이는 것은 출연자의 의사에 합치할 뿐만 아니라, 이로써 거래안전에 기여하는 결과가 되고 아울러 법인으로 하여금 성립 후 출연재산에 대해 제3자에 대한 관계에서 권리확보에 필요한 조치를 취하도록 유도함으로써 법인재산의 충실을 기대할 수 있게 되어 출연자와 법인, 제3자간의 이해관계가 적절히 조화될 수 있다는 점을 든다.

그러나 이에 대한 소수의견은 이와 같은 다수의견을 따르면 민법 제48조의 입법취지를 몰각하여 거래안전은 커녕 오히려 거래의 혼란을 초래하고, 재단법인의 출연재산의 일탈을 방지하기 보다는 제3자에게 일탈의 길을 터놓게 되어 형해법인(形骸法人)의 발생을 야기하며, 민법 제186조나 동법 제187조 중 어느 한편에 따를 수밖에 없는 현행법제도하에서 대내적으로는 의사주의이요, 대외적으로는 형식주의라는 法에 근거 없는 예외를 인정하게 되어서 재단법인의 성립과 기능에 혼란을 초래하는 것이라고 비판한다.

그리하여 개정 민법(안)은 이러한 논리적 모순을 해결하기 위하여 제48조 제3항을 신설하여 "생전처분 또는 유언으로 설립하는 경우에 그 권리변동에 등기·인도 등이 필요한 출연재산은 이를 갖추어야 법인재산이 된다."라고 하고, 동조 제4항은 "생전처분 또는 유언으로 설립하는 경우에 설립자의 사망 후에 재단법인이 성립된 때에는 설립자의 출연에 관하여는 그 사망 전에 재단법인이 성립한 것으로 본다."라고 하여 어느 경우이든 출연재산의 귀속은 등기·인도 또는 기타 요건을 갖추어야 귀속 또는 대항할 수 있는 것으로 하였다.

사안에 대한 판례의 다수의견은 이 사건 토지는 위 재판법인설립시 이미 법인

21) 대판 1981.12.22, 80다2762·2763.

에 귀속된 당사자참가인 소유라고 할 것이므로 법인설립 후 경료한 피고명의의 소유권이전 등기는 원인무효의 등기이고, 원고의 피고에 대한 청구는 이를 판단할 실익이 없는 것이라고 하여 배척하고 재단법인의 주장을 인용하였다(대판 1979.12.11, 78다481 · 482).

(2) 定款의 作成

(가) 재단법인의 설립자는 정관을 작성하고 기명날인하여야 한다(§43).

정관의 기재사항에는 사단법인의 경우와 같이 필요적 기재사항과 임의적 기재사항이 있으나 사원자격의 득실에 관한 규정(§40, 6호)과 법인의 존립시기나 해산시기(동조 7호)가 필요적 기재사항이 아닌 점에서 사단법인의 경우와 다르다. 그러나 설립자가 유언으로써 설립하는 때에는 정관 자체의 형식요건을 구비해야 할 뿐만 아니라, 유언에 필요한 법률상 방식까지 구비하여야 한다(§47 ②).

그러므로 財團法人의 設立行爲는 일정한 재산을 출연하고 서면으로 정관을 작성하는 요식행위이며, 그 실질은 재단에 법인격취득의 효과를 발생시키려는 법률행위이다.

(나) 재단법인설립행위의 법률적 성질에 관하여 1인이 설립하는 때에는 단독행위라는데 이설이 없으나, 2인 이상이 설립하는 때에는 견해가 대립된다.

單獨行爲競合說은 재단법인의 설립은 성질상 합동행위에 의하여야 할 것은 아니므로 단독행위의 경합이라고 한다.

合同行爲說은 재단법인의 설립도 2인 이상이 설립하는 때에는 일종의 합동행위이나, 재단법인의 설립은 합동행위이어야 하는 것은 아니므로 그것은 이른바 임의적 합동행위이며, 이 점에서 사단법인의 설립행위와는 성질이 다른 것이라고 한다(방순원 101면, 김기선 138면).

다수설은 소수설이 주장하는 임의적 합동행위라는 것은 결국 설립행위가 본질적으로 단독행위라는 것을 의미하는 것이라고 한다.

생각건대, 재단법인을 2인 이상이 설립하는 때에는 그 설립의 합의는 합동행위적 성질을 갖는다고 하더라도 재단법인의 실체인 재산의 출연은 상대방 없는 단독행위로서 그 설립행위의 법률적 성질은 단독행위의 경합이라고 보아야 할 것이다.

(3) 主務官廳의 許可와 設立登記

재단법인의 설립으로서 주무관청의 허가와 설립등기는 비영리사단법인의 경우와 같다.

[52] Ⅲ. 法人定款의 補充 · 變更

(1) 社團法人(自律的 法人) — 정관의 보충 · 변경의 자유
- 정관보충 — 설립자의 의사
- 정관변경 — 총회의 결의(총사원 2/3, 총회의 전권사항; 동일성 유지)

(2) 財團法人(他律的 法人) — 정관보충 · 변경의 원칙적 금지
- 정관보충 -- 법인의 본질과 관계없는 사항
- 정관변경
  - ㉠ 정관에서 변경절차를 규정하고 있는 경우(§45 ①)
  - ㉡ 목적달성 또는 재산의 보전을 위한 적당한 범위(§45 ②)
  - ㉢ 목적달성불능의 경우(§46, 설립자와 이사에 국한)

1. 法人定款의 補充

(1) 定款補充의 의의와 필요성

(가) 法人定款의 作成은 법인설립의 필요적 요건이고, 법인의 정관에는 일정한 사항을 정하여 반드시 기재하여야 한다.

법인정관의 필요적 기재사항이 하나라도 누락된 정관은 원칙적으로 무효이다. 그러나 법인정관에 누락된 사항이 있는 경우라도 社團法人은 자율적 법인이므로 설립자의 자율적 의사에 의하여 언제나 보충할 수 있으나, 財團法人은 타율적 법인이므로 문제된다.

(나) 定款補充이란 법인설립의 필요적 기재사항을 누락한 경우 일정한 자 또는 일정한 절차에 의하여 정관을 보충하여 법인설립의 요건을 충족시키는 것을 말하며, 法人의 자율성 여부에 따라 그 보충 여부와 범위를 달리한다.

(2) 社團法人의 定款補充

사단법인은 사원을 구성단위로 하는 자율적 법인이므로 법인의 설립 당시 정관의 필요적 기재사항을 누락한 경우 그 설립발기인의 의사로 언제나 누락된 사항을 정하여 보충할 수 있다.

이것은 사단법인의 자율성에 근거하며, 그 보충범위에도 제한이 없다.

(3) 財團法人의 定款補充

재단법인은 사단법인과 달리 일정한 목적에 바쳐진 재산을 실체로 하는 法

人이므로 설립자의 의도에 의하고 설립자가 설립행위로 정관의 필요적 기재사항을 누락한 때에는 그 정관의 보충이 불가능함이 원칙이다. 따라서 설립자가 법인의 목적이나 자산에 관한 사항을 정하지 아니한 때에는 그 설립행위는 무효임이 명백하다.

다만, 재단법인의 설립자가 정관의 가장 중요한 사항인 목적과 자산에 관하여만 규정하고, 명칭이나 사무소소재지 또는 이사의 선임방법 등 비교적 가벼운 사항을 정하지 않고 사망한 경우 이를 무효로 할 것인가. 재단법인의 비영리성·공익성에 바탕하여 문제된다.

민법 제44조는 "재단법인의 설립자가 그 명칭·사무소소재지 또는 이사의 임면방법을 정하지 아니하고 사망한 때에는 이해관계인이나 검사의 청구에 의하여 법원이 이를 정한다."라고 하고 있다. 따라서 재단법인은 법인의 본질에 관계되는 目的·資產에 관한 규정은 보충이 불가능하지만, 명칭·사무소소재지·이사의 임면방법 등 법인의 본질과 관계가 적은 경미한 사항은 이해관계인·검사의 청구에 의한 법원이 보충함으로써 유효한 것으로 할 수 있다.

2. 法人定款의 변경

⑴ 定款變更의 의의와 필요성

法人의 定款變更이란 그 법인의 동일성을 유지하면서 조직을 변경하는 것을 말하며, 그 변경의 허용 여부는 사단법인·재단법인에 있어서 사정이 다르다. 그러나 우리 민법에서는 양자 모두 정관의 변경을 가능하게 하고 있다.

⑵ 社團法人의 定款變更

㈎ 사단법인은 인적 결합을 그 실체로 하며, 그 조직이나 활동은 모두 구성원의 단체적 의사결정에 의하여 정하여진다. 그러므로 그 실체가 동일성을 상실하지 않는 한 원칙적으로 변경을 할 수 있다.

(ㄱ) 사단법인의 정관변경은 사원총회의 전권사항으로 정관에 다른 규정이 없는 한 총사원 3분의 2 이상의 동의를 요하며(§42 ①), 주무관청의 허가를 받아야 한다(§42 ②). 이는 효력요건이며, 허가의 여부에 관한 주무관청의 자유재량이다.

이상의 요건을 구비하면 정관변경의 효력은 생기나, 다만 그 변경사항이 등기사항인 경우에는 등기하여야 제3자에 대항할 수 있다(§54).

(ㄴ) 원칙적으로 정관변경의 자율성이 인정되는 사단법인에 있어서는 목적변경은 물론 정관의 모든 사항에 관하여도 가능하다.

(나) 정관의 目的變更은 법인의 동일성을 유지하는 범위 내에서 가능하다. 따라서 동일성을 상실한 영리법인으로의 변경 및 법인의 본질에 반하는 정관변경은 무효이다.[22] 그러나 다수설은 이와 같은 동일성을 상실한 법인의 목적변경도 전사원의 동의를 얻은 경우 변경할 수 있는 것으로 본다. 이것은 법인설립절차와 비용절약 등의 필요성을 고려한 것이다.

(다) 정관변경을 할 수 없다는 취지를 정관으로 정하고 있는 경우에도 정관을 변경할 수 있는가. 자율적 법인인 사단법인의 성질상 그 구속력이 문제된다.

다수설은 그 정관변경금지규정은 총사원의 동의에 의하여 변경할 수 있다고 보아야 할 것이므로 그 규정의 개정에 의하여 변경할 수 있는 것이라고 한다.

(3) 財團法人의 定款變更

(가) 설립자가 정한 근본규칙에 따라 운영되는 재단법인은 그 활동을 자주적으로 결정하는 기관을 가지고 있지 않으므로 그 정관변경은 원칙적으로 금지된다. 그러나 정관의 변경을 전혀 인정하지 않는다면 오히려 재단법인 본래목적을 달성하지 못할 것이므로, 이 점을 고려하여 예외적으로 허용한다. 그러나 定款變更의 效力은 주무관청의 허가를 얻어야 하고, 또한 등기사항이면 등기하여야 대항력이 생긴다.

(ㄱ) 定款에서 變更方法을 정하고 있는 경우 : 설립자가 정관 중에 미리 그 정관변경의 방법을 정하고 있는 때에는 그 타율적 의사의 실현에 불과하므로 변경할 수 있다. 민법 제45조 제1항은 "재단법인의 정관은 그 정관변경방법을 정관에 정한 때에 한하여 변경할 수 있다."라고 규정하여 이를 명백히 한다.

(ㄴ) 目的達成 또는 財產의 保全 : 정관에 그 변경방법을 정하고 있지 않는 경우에도 재단법인의 목적달성 또는 재산의 보전을 위하여 적당한 때에는 명칭 또는 사무소소재지를 변경할 수 있다(§45 ②).

(ㄷ) 目的達成의 不能 : 그 외에도 재단법인의 목적을 달성할 수 없는 때에는 설립자나 이사는 주무관청의 허가를 얻어서 설립취지를 참작하여 그 목적 그

22) 대판 1978.9.26, 78다1435.

밖의 정관을 변경할 수 있다(§46).

目的變更의 경우 그 설립자의 취지를 참작한다는 것은 반드시 종전의 목적과 비슷한 목적으로 변경하여야 한다는 것을 의미하는가.

긍정하는 견해가 있으나,[23] 다수설은 목적변경의 경우 동일성을 유지하는 범위의 변경은 목적변경의 성질상 어려울 것이라고 한다.

(나) 재단법인의 基本財産의 處分에는 정관을 변경하여야 한다. 재단법인의 기본재산에 관한 사항은 정관에 기재사항으로서 기본재산의 변경은 정관변경을 초래하므로 주무부장관의 허가를 받아야 하고, 정관의 변경 없는 이사의 기본재산 처분행위는 무효이다.

판례는 재단법인의 기본재산에 관한 사항은 정관에 기재사항으로서 기본재산의 변경은 정관변경을 초래하기 때문에 주무부장관의 허가를 받아야 하고, 따라서 이미 기본재산으로 되어 있는 재산을 처분하는 행위는 물론, 새로이 기본재산에 편입하는 행위도 주무부장관의 허가가 있어야만 유효하다고 할 것이므로 어떤 재산이 재단법인의 기본재산에 편입되었다고 인정하기 위해서는 그 편입에 관한 주무부장관의 허가가 있었음이 먼저 입증되어야 하는 것이라고 한다.[24]

┌ 정관변경 없는 이사의 기본재산의 처분—무효(대판 1966.11.29, 66다1668)
└ 주무관청의 허가 없는 기본재산의 처분—무효(대판 1976.1.9, 76다486)

[재단법인정관과 사단법인정관의 비교]

정관작성의 차이	㉠ 사원자격의 득실에 관한 규정이 없다. ㉡ 법인의 존립시기나 해산사유: 임의적 기재사항(§43) ㉢ 임의적 기재사항은 동일(§44) ㉣ 유언으로 재단법인을 설립하는 경우에는 다시 유언의 방식을 따라야 한다(§47 ②).
정관보충의 차이	㉠ 필요적 기재사항의 누락은 원칙적으로 설립이 불가능하다. ㉡ 다만 경미한 사항은 보충이 가능하다(명칭 · 사무소소재지 · 이사의 임면 등).

23) 김기선 167면.
24) 대판 1982.9.28, 82다카499; 1969.7.22, 67다568; 1966.11.29, 66다1668.

제 3 절 法人의 能力

[53] Ⅰ. 法人能力概說

(1) 法人은 사회활동의 주체로서 법률에 의하여 법인격이 부여된 것이라고 한다면, 법인도 자연인과 동일한 권리능력뿐만 아니라 일정한 범위의 활동능력이 인정되어야 할 것은 당연하다. 그렇지만 법인의 능력은 자연인의 능력과 본질적으로 다르다. 예컨대 모든 자연인은 당연히 권리능력을 가지지만, 행위능력과 불법행위능력에 관하여는 일정한 판단능력 내지 의사능력이 없거나 현저히 결하고 있는 경우에는 책임을 면제하거나 경감한다.

또한, 법인의 경우에는 自然人과 달리 완전한 관념적 존재이고 일정한 목적하에 설립된 목적체라는 점에서 어떤 범위의 권리능력을 향유할 수 있고, 어떠한 종류의 행위를 누가 어떤 형식으로 할 것인가. 또한 누구의 어떠한 不法行爲에 관하여 법인 자신이 배상책임을 부담할 것인가. 문제된다.

(2) 法人의 能力은 法人에 대한 입법정책, 특히 法人本質論과 밀접한 관계를 가진다. 즉 法人學說이 의제설·부인설에서 실재설로 발전하고, 法人에 대한 立法主義가 제한적 태도에서 긍정적 태도로 변천함에 따라 법인의 권리능력 또한 확장되었으며, 그 활동능력에 관하여도 법인 자신의 행위능력을 인정한다.

[54] Ⅱ. 法人의 權利能力

1. 法人의 權利能力範圍

法人은 자연인과 더불어 권리능력을 가짐은 명백하다. 그러나 법인은 일정한 목적 아래 부여된 인격체이므로 어떠한 범위와 사항에 대하여 권리를 가지며 의무를 부담하는가.

민법 제34조는 "법률의 규정에 좇아 정관으로 정한 목적의 범위 내에서 권리와 의무의 주체가 된다."라고 규정함으로써, 법인의 권리능력은 목적 자체에서 한계가 있을 뿐만 아니라, 그 밖에도 법인의 성질·법률에 의한 제한을 받게 된다.

2. 法人의 權利能力制限

X사단법인은 영리법인으로서 목적사업의 추진을 위하여 자금의 압박을 받고 있던 중 이사 甲의 일방적 행위로 모 정당에 정치자금 1,000만원을 헌납하였다. 이에 대하여 주주들은 이사의 헌금행위를 법인의 목적범위 외의 행위라고 하여 이사와 법인을 상대로 손해배상을 청구하였다. X법인과 이사는 주주들에 대하여 책임을 부담하는가.

(1) 性質에 의한 제한

법인은 자연인과 같은 생체적 존재가 아니므로 이러한 생체적 성질을 전제로 하는 권리를 향유할 수 없음은 당연하다. 따라서 법인은 생명권·호주권·친권·부권·정조권 및 육체상 자유권 등은 누릴 수 없다.

(2) 目的에 의한 制限

(가) 법인은 정관으로 정한 목적의 범위 내에서 권리능력을 가진다. 따라서 법인은 그 목적의 범위 내에서 제한을 받음은 명백하다.

다만, 민법 제34조의 目的의 範圍內란 구체적으로 法人의 무엇을 제한하는 것인가. 즉 목적범위 내에서 제한은 권리능력제한인가, 행위능력제한인가.

權利能力 및 行爲制限說은 민법 제34조의 목적범위 내를 법인의 권리능력을 제한한 것이라고 한다. 즉 법인은 그 목적범위 내에서 존재하는 것이므로 그 범위 밖에서는 권리·의무를 가질 수 없는 것이라고 하고, 또한 법인실재설에 입각하여 법인 자신의 행위를 인정하고 민법 제34조는 행위능력도 제한하는 한계를 둔 것이라고 한다.

權利能力制限說은 민법 제34조는 법인에게 권리능력을 부여함과 동시에 법인이 취득할 수 있는 권리·의무의 범위를 한정하는 것이라고 한다(김용한 174면).

行爲能力制限說은 법인의 불법행위가 법인의 목적범위 내 행위라고 보기 어려운 점을 지적하여 동조 규정의 목적범위 내라는 것은 법인의 행위능력을 제한한 것이며, 좀더 정확하게는 대표기관의 대표권제한이라고 한다[Palandt, Kurz Kommentar zum BGB, 43. Aufl., 1984, §26, S. 28; 고상용 200면, 동 법인의능력과목적범위. 고시계(1988.1) 108면].

위 학설에서 법인의 대표자(이사)가 목적범위 외의 행위를 한 경우 그 효과에 관하여 권리능력제한설과 행위능력제한설에 의하면 절대무효가 되는 반면에, 대표권제한설에 의하면 권한 밖의 행위로서 무권대리가 되고, 표현대리 또는 추인 등에 의해 법인에 그 효과가 발생하기도 한다.

통설은 민법 제34조에 “法人은 법률의 규정에 좇아 정관으로 정한 목적의 범위 내에서 권리와 의무의 주체가 된다.”라고 하며, 그 목적의 취지를 法人의 目的範圍 내에서 권리능력이 제한되는 취지로 해석한다. 그러면서도 법인은 자연인과는 달리 목적체이므로 법인에는 행위능력개념을 특별히 다룰 필요가 없다는 점을 들어 권리능력과 행위능력을 동시에 제한한 것이라고 한다.

결국, 민법 제34조에 의하여 제한되는 능력은 권리능력과 행위능력을 동시에 제한하여 법인은 목적의 범위로 권리능력이 제한되는 동시에, 법인의 이사는 법인의 목적범위 내에서 행위능력을 제한 받는 것이라고 한다.

이에 대해 유력한 견해는 원래 法人의 目的範圍內라는 제한규정은 법인의제설에 바탕한 영미법의 ultra vires이론에서 연유한 것이라고 하고,[25] 권리능력·행위능력개념은 이와 별개의 독일민법을 받아들인 것이어서 독일 민법상 법인의 능력과 정관의 목적과 관계는 우리 민법과 달리 법인에 정한 정관의 목적은 권리능력을 제한한 것이 아니며, 법인 이사의 대리권도 당연히 제한되는 것이 아니라 정관으로 제한할 수 있을 뿐이라고 한다.[26] 그리하여 우리 민법상 통설이 제34조에 의하여 제한되는 능력이 權利能力과 行爲能力이라고 해석하는 것은 부당하고 더욱이 권리능력제한이란 어떤 종류의 권리를 가질 수 없다는 것을 의미하는 것으로 이와 같은 제한은 自然人도 같으므로(예컨대, 외국인의 소유권제한) 그 제한을 法人의 目的과 관계에서 가질 수 있는 권리의 종류를 제한하는 것은 무리라고 하고, 더욱 민법 제35조 제1항 전단은 법인은 “理事 기타 代表者가 타인에 손해를 가한 경우에 법인이 손해배상책임이 있다.”라고 규정하고 있으나, 이때 타인에게 가한 행위가 法人의 목적범위 내 행위라고 할 수 없는 것이어서 부당하다고 한다.

---

25) 영미법상 ‘ultra vires의 이론’에서 Ultra Vires는 ‘beyond the powers’, 곧 권능 외의 권한유월을 의미하는 것이나 반드시 권리능력범위의 제한과 일치하지 않는다. 이에 따르면 법인은 정관에 정한 범위 내에서만 능력을 갖고 이를 넘은 행위는 능력 밖의 행위로서 무효로 된다.

26) Palandt, KurzKommentar zum BGB, 43. Aufl., 1984, §26. S. 28 ; 고상용, 법인의능력과목적의범위(고시계 1988.1) 108면.

결국, 동 견해는 정관의 목적범위 내에서 법인의 권리능력이 제한되는 것은 아니며, 단지 제34조의 '목적의 범위 내'라는 것은 행위능력을 제한한 것이며, 좀더 정확하게 말하여 대표기관의 대표권을 제한한 것이라고 한다.[27]

영국법원에 의하여 확립된 Ultra Vires이론은 회사의 권능은 회사정관에 목적을 기재하고 그 목적에 합리적으로 부수되는 것만을 수행할 수 있고, 비록 그 자체가 합목적이더라도 정관이나 법규정에서 목적조항에 의하여 승인 받지 않는 행동이나 거래는 회사의 권능을 벗어난 Ultra Vires로서 무효라고 한데에서 비롯한다. 그러나 오늘날 영국의 판례나 입법에서는 이 이론의 적용을 포기하고 있다. 더욱이 독일민법에 바탕한 권리능력·행위능력을 취하고 있는 우리 민법태도에서 이를 계속 고수해야 하는가에 대해 의문을 제기한다[이주홍, 법인의불법행위책임, 사법행정(1991.4) 60면]. 그리하여 Ultra Vires이론을 실재적기관론을 취하는 우리 민법에 적용하면 대표기관의 목적범위 외의 행위는 법인의 행위가 아니므로 그 행위의 효과가 법인에 귀속할 수 없고, 다만 외형책임론에 의한 직무와 외형상 관련 있는 범위에서 책임을 지는데 불과하게 된다. 그러나 민법은 法人 대표자의 행위가 목적범위를 벗어난 것이라고 하여 그 행위를 무효로 하고 있지 아니하고, 더욱이 우리 민법 제35조 제2항은 이와 같은 Ultra Vires이론이 적용되는 경우를 예상하여 공동불법행위 여부를 따지지 않고 연대책임을 지게 한 것이라고 한다(이주홍, 전게논문 61면).

생각건대, 행위능력 또는 대표권제한설은 민법 제34조의 목적범위를 권리능력의 범위로 해석하면 법인의 불법행위책임을 규정한 민법 제35조 제1항 전단을 설명하기 어렵다는 점이다. 그러나 민법 제34조는 법인의 능력범위에 관하여 "정관으로 정한 목적의 범위 내에서 권리와 의무의 주체가 된다."라고 한 이상 권리능력이 목적의 범위에서 제한된다는 것은 부정할 수 없다. 다만 동조 규정을 제35조 제1항과의 관계를 어떻게 조화할 것인가 문제이나, 소수의 견해에서와 같이 제34조는 법률행위에 관한 법인의 능력범위를 정한 것이고 제35조 제1항 전단은 불법행위에 관한 법인의 능력범위를 정한 것이라고 이해할 수밖에 없을 것이다.[28]

(나) 법인의 목적범위는 법인정관에 열거된 사항에 한정하는 것이 아니라는 데에는 견해가 일치한다. 그러나 그 목적의 범위를 정하는 기준에 관하여는 다시 견해가 대립한다. 즉 法人의 目的範圍에 관하여 이와 같이 법인의 목적달성을 위한 적극적 범위에서 가진다고 볼 것인가, 아니면 소극적으로 법인의 목적

27) 고상룡, 전게논문 110면.
28) 김용한 174면 참조.

에 위배되지 아니한 범위에서 가진다고 볼 것인가. 학설이 대립된다.

狹義說은 정관에 정한 목적달성을 위한 범위라고 한다(김증한 143면, 이영섭 198면, 김주수 227면, 이은영 239면).

廣義說은 법인의 목적달성에 위배되지 않는 범위에서 가지는 것이라고 한다.

다수설은 법인에도 자연인에서와 같이 가급적 넓게 권리능력을 인정할 취지에서 법인의 목적달성에 위배되지 않는 범위로 해석한다.

그러나 판례는 목적사업에 필요한 행위가 법인의 목적범위 내의 행위라고 하거나, 목적을 수행하는데 있어 직접 또는 간접으로 필요한 행위가 목적범위 내의 행위라고 하여 대체로 목적달성을 위한 범위로 해석한다.[29] 그러면서도 판례는 회사의 권리능력은 회사의 설립근거가 된 법률과 회사정관의 목적에 의하여 제한되나, 그 목적범위 내 행위란 정관에 기재된 목적 자체에 국한하는 것이 아니라 그 목적을 수행하는데 있어 직접 또는 간접으로 필요한 행위는 모두 포함되고, 목적 수행에 필요한지 여부도 행위의 객관적 성질에 따라 추상적으로 판단할 것이지 주관적 · 구체적 의사에 따라 판단할 것은 아니라고 하여 다소의 해석상 신축성을 보여주고 있다.[30]

위 사례에서 X영리법인의 특정 정당에 대한 정치자금 헌납이 법인의 목적범위 내의 행위로 볼 수 있는가.

학설은 법인의 목적범위 내에 관하여 정관소정의 목적과 상관없는 행위라고 하더라도 사회통념상 기대 내지 요청되는 법인에 원활을 꾀하는 상당한 효과가 있는 행위는 법인의 목적범위로 해석함이 보통이다. 그렇다면 정치자금의 헌납도 그들과 동일시할 수 있는가. 정치자금의 헌납과 공익사업에의 기부는 다른 것이라고 하여 부정하는 견해도 있으나 다수의 견해는 정치헌금도 법인의 사회적 역할을 다하기 위하여 정당히 행하여진 것이라고 인정되는 한 법인의 목적의 범위 내에 속한다고 해석한다.

다만, 문제는 어느 정도의 헌금이어야 상당할 것인가. 법인의 규모, 경제실적, 그 외에 사회적 · 경제적 지위 및 기부의 상대방 등 제반 사정을 고려하여 합리적 범위를 벗어나는 경우에는 대표이사의 직무위반으로 되어 손해배상책임의 문제가 생긴다고 해석한다.

(다) 법인의 목적 범위 내 행위인가 판단은 법인목적의 외형에 의한다. 따라

---

29) 대결 2001.9.21, 2000그98; 1999.10.8, 98다2488; 1991.11.22, 91다8821; 1987.9.8, 86다카1349; 1974.11.26, 74다310.

30) 대판 1987.12.8, 86다카1230.

서 비영리법인은 영리 아닌 목적이면 족하고 반드시 실질이 비영리이어야 하는 것은 아니다. 그러나 견해 중에는 비록 외형상 법인의 목적범위 내 행위라고 하더라도 실질이 목적 외의 행위로 행하여지고 또한 그 행위가 법인의 본래목적을 수행하는 데는 아무런 도움이 되지 않는 때에는 법인의 목적범위 외의 행위라고 해석할 것이라고 한다.[31]

⑶ 法律에 의한 제한

인격의 주체로서 권리능력은 궁극적으로 법률에 의거하는 것이므로 권리능력의 범위에 관해서도 법률에 특별한 제한이 있는 경우에는 이에 따라 제한을 받는 것은 당연하다. 그러나 현행법상 법인의 권리능력을 일반적으로 제한한 규정은 없고, 다만 특별한 경우 개별적으로만 제한한다.

예컨대, 민법 제81조는 "해산한 법인은 청산의 목적범위 내에서만 권리가 있고 의무를 부담한다."라고 하고, 상법 제173조는 "회사는 다른 회사의 무한책임사원이 되지 못한다."라고 규정한다.

[사례연구] 법인의 불법행위능력

X사단법인 이사 甲은 자기 채무변제를 위하여 乙에게 금액 500만원의 약속어음을 X법인대표이사 甲의 명의로 하여 발행하였다.

이 경우 X법인은 乙에게 그 지급의 책임을 부담하는가.

법인의 기관이 자기 또는 제3자의 이익을 위한 목적으로 대표행위를 행한 경우 그 행위가 외형상 법인의 행위능력에 속하고, 한편 이사의 권한에 속하는 이상 원칙적으로 법인의 행위로 된다고 해석된다. 다만 乙의 선의·악의의 유무에 따라 책임을 달리하게 되나, 특히 乙이 악의는 아니지만 과실이 있는 때가 문제이다. 그러나 X법인은 그의 과실을 입증하여야 하고 과실이 입증되면 책임을 면한다고 할 것이다.

이때 만약 甲이 X법인의 대표이사라고 기명하였으나 X법인의 인장을 사용하지 않고 이사 개인의 인장으로 발행한 경우는 어떻게 될 것인가.

어음 발행행위의 형식 자체로서는 대리의사의 표시는 있다고 할 수 있으나 대리인의 내심에 있어서는 본인의 이익을 위하는 의사가 없는 것이 된다. 따라서 이에 관하여 학설이 대립하나, 대표자명의 인장이 이사 개인의 인장인 때에는 법인의 과실은 인정할 수 없지만, 적어도 과실이 있는 때에는 경과실과 중과실에 따라 결론을 달리하게 된다.

31) 고상용, 법인의능력(고시연구 1989) 8면.

[55] Ⅲ. 法人의 行爲能力

1. 法人行爲能力의 인정 여부

法人은 자연인과 달리 일정한 의사능력을 바탕으로 하지 않고 일정한 목적의 범위에서 인정된 목적체이므로 무능력자 여부는 문제될 여지가 없으나 法人은 당초 관념적 존재에 불과하므로 自然人에서와 같이 자유로운 의사활동에 의한 법률행위를 할 수 있는가. 만일 긍정한다면 누가 어떠한 행위를 하였을 때 이를 法人의 行爲로 인정할 것인가. 결국 法人本質論에 따른 이론구성의 문제로 된다.

法人擬制說에 의하면, 법인은 권리·의무의 주체로서 법에 의하여 자연인에 의제된 것으로서 법인은 대리인인 자연인의 행위만이 존재하고 대리인에 대한 본인으로서 법률효과를 받는데 불과하므로 法人의 行爲能力은 인정되지 않는다. 따라서 법인은 권리능력의 주체이지만 행위능력은 없으므로 法人의 行爲란 있을 수 없고 법인이 현실적으로 권리·의무를 취득하는 것은 법인 외부의 대리인의 행위에 의존할 수밖에 없게 된다. 그러나 法人實在說에 의하면 법인도 단체의사 내지 조직체의사를 가지고, 그 의사에 의거하여 행동하게 되므로 법인 이사의 행위는 곧 법인의 행위이므로 법인 자신의 행위를 가지게 된다. 즉 법인의 인격은 그 실체를 이루는 사단 또는 재단이 하나의 사회적 단위로 인정된 것이므로 법인 대표기관의 행위는 법인 자신의 행위로서의 의미를 가진다.

2. 法人行爲能力의 범위

(1) 法人의 行爲能力範圍는 그의 권리능력범위와 일치한다.

민법은 자연인의 능력에 있어서와 같이 적극적으로 법인의 행위능력을 규정하고 있지 않지만, 반면 행위능력을 제한하는 규정도 없으므로 학설은 법인의 목적에 위배되지 않는 범위 내에서 권리능력과 행위능력을 가지는 것으로 해석한다. 따라서 법인의 행위능력범위는 결국 그의 권리능력 범위 내에 속하는 권리·의무를 현실적으로 취득하기 위한 모든 행위에 미치며, 또한 권리능력범위를 벗어난 대표기관의 행위는 있을 수 없다.

⑵ 法人의 行爲能力範圍를 벗어난 대표기관의 행위는 法人의 行爲로써 인정되지 아니하고 그 대표기관 개인의 행위에 불과하다. 따라서 行爲者(대표기관) 그 자신이 책임을 진다(§35 ②).

3. 法人行爲의 主體

⑴ 법인의 행위능력 인정 여부는 법인의 본질론에 따라 달리할 것이지만, 법인실재설에 의하여 법인에 행위능력이 인정된다고 하더라도 법인이 현실적으로 행위를 하는 것은 불가능하고, 그 대표기관인 자연인이 행한다.

누가 法人의 代表機關인가는 법인의 내부조직에 의하여 정하여진다. 비영리법인에 있어서는 이사·임시이사·특별대리인·청산인 등이며, 그러한 기관을 법인의 대표기관이라고 한다.

⑵ 法人의 代表機關과 法人과의 관계는 대리인과 본인과의 관계보다 훨씬 밀접하나 민법은 法人의 代表에 관하여는 대리에 관한 규정을 준용한다(§59 ②). 따라서 대표기관의 행위는 代理의 形式에 의한다.

즉, 법인의 대표기관인 이사는 법인의 행위를 행함에 있어 법인을 위한 것임을 표시하여야 하고(§115), 그 행위의 효과는 직접 법인에 귀속한다.

[56] Ⅳ. 法人의 不法行爲能力

자선사업을 목적으로 하는 X재단법인의 이사 甲과 乙은 법인의 공동대표로 되어 있으나 이사 甲은 법인재산을 확장할 목적으로 丙을 기망하고 단독으로 법인을 대표하여 丙으로부터 그의 소유부동산을 현저히 염가로 매수하였다. 이 경우 특히 丙이 사기를 이유로 취소한 경우 그 책임의 귀속을 설명하라.

---

1. 法人의 本質論과 不法行爲能力

⑴ 민법 제35조 제1항에 의하면 “법인은 이사 기타 대표자가 그 직무에 관하여 타인에 가한 손해를 배상할 책임이 있다. 이사 기타 대표자는 이로 인하여

자기의 손해배상책임을 면치 못한다."라고 규정한다. 그러나 자연인이 아닌 법인에 대하여 법인 자체의 불법행위능력을 인정할 것인가. 법인의 본질론에 따라 달리한다.

法人擬制說에 의하면 법인 자체에 행위능력을 인정하지 아니하므로 법인의 불법행위능력을 인정하지 않음은 당연하다. 원래 법인은 아무런 실체가 없는데도 마치 법인에 실체가 있는 것처럼 법적으로 의제한데 불과하므로 독자적인 법인의 행위란 있을 수 없고 오직 대리인에 의하여만 행위할 수 있게 된다.

또한, 대리인행위의 효과가 법인에게 귀속하는 것은 법률행위에 국한되고, 불법행위는 대리에 적합하지 못하므로, 결국 법인에는 불법행위능력은 인정될 수 없는 것이라고 한다.

이에 대하여 法人實在說에 의하면 법인은 기관에 의하여 독자적인 행위를 하는 실체이므로 기관의 행위는 곧 법인의 행위로서 기관의 행위에 의하여 당연히 법인의 불법행위가 성립한다.

(2) 양설의 입장에서 민법 제35조 제1항의 의미를 어떻게 볼 것인가. 법인의 불법행위능력을 부인하는 法人擬制說의 입장에서는 법인의 불법행위능력을 규정한 것이 아니고 단지 정책적 입장에서 손해배상책임에 관하여 규정한 것이라고 보나, 법인의 불법행위능력을 인정하는 法人實在說은 동조를 법인이 가지는 불법행위능력에 관한 당연한 규정이라고 본다.

한편, 法人實在說의 입장에서도 피해자 보호를 두텁게 하려는 취지에서 기관개인의 행위는 한편 법인의 행위로서의 성질을 가지는 동시에 또 다른 한편으로는 기관개인의 행위로서 성질을 겸한다고 보아 전자의 관계에서 法人의 責任이 생기고, 후자의 관계에서는 기관개인의 책임이 생긴다고 한다. 따라서 민법 제35조 제1항 후단의 "이사 기타 대표자는 이로 인하여 자기의 손해배상책임을 면하지 못한다."라고 한 것은 이를 뒷받침한 것이라고 한다.[32] 그러므로 피해자는 法人과 機關 양쪽에 선택적으로 손해배상을 청구할 수 있고, 어느 한쪽으로부터 배상을 받으면 타방에 대한 청구권은 소멸하나, 이때 법인과 기관은 주관적 관련성이 없는 부진정연대채무가 성립한다.

법인의 不法行爲能力에 관하여 독일민법은 면책 없는 법인 자신의 불법행위능

32) 김현태, 불법행위능력(사법행정 1964.12) 42면.

력을 인정하고, 프랑스민법(§1384)은 대리인의 행위에 대한 탈법행위책임을 규정한다. 그러나 판례는 기관의 과실은 업무집행관련성이 있는 한 직접 법인에 귀책사유가 있는 것으로 하여 바로 불법행위로 파악한다[Murad Ferid, Das Französische Zivilrecht. 1971, ID 138a ; 이주흥, 법인의불법행위책임, 사법행정(1991.4) 59면 참조].

이에 대하여 英美法상 법인은 단순한 법적 의제에 지나지 않기 때문에 법인 스스로는 행위할 수 없고 대리인이나 사용자에 의하여 행하는데 불과하므로 불법행위효과를 법인에 귀속시키기 곤란하다. 그러나 오늘날은 타인행위에 대하여 인정하는 대위책임의 법리를 피용자책임과 법인의 불법행위책임 양자에 공히 적용한다.

2. 法人不法行爲의 성립

(1) 法人代表機關의 行爲

(가) 법인의 행위로서 인정되는 것은 그 대표기관의 행위에 한하므로, 불법행위책임도 당연히 대표기관의 행위이어야 한다.

(나) 법인의 대표기관은 이사이지만, 그 외에 임시이사 · 특별대리인 · 청산인을 포함한다.

(ㄱ) 辭任理事의 加害行爲도 법인의 불법행위로 성립하는가.

판례는 민법상 법인과 그 기관인 이사와의 관계는 위임자와 수임자의 법률관계와 같아서 이사가 사임하면 일단 위임관계는 종료됨이 원칙이나 후임 이사를 선임할 때까지 이사가 존재하지 않는다면 기관에 의하여 행위를 할 수밖에 없는 법인으로서는 당장 정상적인 활동을 중단하여야 할 상황에 놓이게 되고 이는 민법 제691조에 규정된 위임종료의 경우에 급박한 사정이 있는 때와 같으므로 사임한 이사라도 임무를 수행함이 부적당하다고 인정할 만한 특별한 사정이 없는 한 후임 이사가 선임될 때까지 이사의 직무를 계속 수행할 수 있는 것이라고 하여 긍정한다.[33]

---

33) 대판 2003.3.14, 2001다7599; 한편 판례는 법인의 자치규범인 정관에서 법인을 대표하는 이사인 회장과 대표권이 없는 일반이사를 명백히 분리함으로써 법인의 대표권이 회장에게만 전속되도록 정하고 회장을 법인의 회원으로 이루어진 총회에서 투표로 직접 선출하도록 정한 경우 일반이사들에게는 처음부터 법인의 대표권이 전혀 주어져 있지 않기 때문에 회장이 궐위된 경우에도 일반이사가 법인을 대표할 권한을 가진다고 할 수 없고, 사임한 회장은 후임 회장이 선출될 때까지 대표자의 직무를 계속 수행할 수 있으나, 사임한 대표자의 직무수행권은 법인이 정상적인 활동을 중단하게 되는 처지를 피하기 위하여 보충적으로 인정되는 것이라고 한다.

(ㄴ) 特定行爲의 代理人이 이사에 갈음하여 법인의 직무를 행하는 경우에는 그 대리인의 권한 범위는 당연히 법인을 위한 법률행위로 한정될 것이므로 대리인이 행한 불법행위는 법인의 불법행위로는 되지 않는다. 따라서 특정행위를 위한 대리인이 행한 불법행위에 대한 법인의 책임은 민법 제756조에 의한 사용자책임을 지는 경우에 이사는 동조 제2항의 '사용자에 갈음하여 그 사무를 감독하는 者'로서 책임문제로 된다.

(ㄷ) 總會 및 監事도 법인의 기관이지만 외부에 대하여 대표하는 기관은 아니므로 그들의 행위로 법인의 불법행위는 성립하지 않는다.

⑵ 법인대표기관의 職務上 行爲로 인한 他人에 가한 손해

㈎ 법인의 代表權限範圍內 行爲이어야 한다.

(ㄱ) 법인의 권리능력범위 내 행위라고 하더라도 법인 대표기관의 대표권범위 내 행위이어야 한다.

(ㄴ) 법인의 대표기관이 그 대표권의 범위 내에서 행한 행위는 비록 그것이 법인을 위한 것이 아니라 자기 또는 제3자의 이익을 위한 대표권을 남용한 것이라도 일단 법인의 행위로 귀속한다.

다만, 상대방이 그 사실을 알고 있는 경우에도 상대방은 법인에 그 책임을 물을 수 있는가. 종래 판례는 민법 제107조 제1항 단서(진의 아닌 의사표시)를 유추 적용하여 배척하였으나,[34] 최근의 판례는 민법 제2조의 신의칙에 문의하여 그 적용을 배척한다. 그리하여 판례는 대표이사의 대표권의 범위를 벗어난 행위라고 하더라도 그 것이 회사의 권리능력범위 내 속한 행위이기만 하면 대표권의 제한을 알지 못한 제3자가 그 행위를 회사의 대표행위라고 믿은 신뢰는 보호되어야 하는 것이라고 하고,[35] 또한 주식회사의 대표이사가 그 대표권의 범위 내에서 한 행위는 설사 대표이사가 회사의 영리목적과 관계없이 자기 또는 제3자의 이익을 도모할 목적으로 그 권한을 남용한 것이라고 할지라도 일응 회사의 행위로서 유효하고 다만 그 행위의 상대방이 그와 같은 정을 알았던 경우에는 그로 인하여 취득한 권리를 회사에 대하여 주장하는 것이 신의칙에 반하므로 회사는 상대방의 악의를 입증하여 그 행위의 효과를 부인할 수 있을 뿐

34) 대판 1975.3.25, 74다1452.
35) 대판 2004.1.29, 2001다1775.

이라고 한다.[36)]

(나) 법인의 職務上 行爲로 他人에 損害를 가하였을 것이어야 한다.

(ㄱ) 法人職務에 관한 行爲이어야 한다. 따라서 법인의 불법행위가 성립하기 위해서는 **대표기관의** 직무행위만이 法人의 行爲가 되며, 기관의 행위가 직무행위의 범위를 벗어나면 그 행위는 기관의 행위가 되지 못하고 동시에 법인의 행위로 되지 않는다.

(a) '職務에 關하여'란 행위의 외형상 기관의 직무수행행위라고 볼 수 있는 행위 및 직무행위와 사회통념상 견련성을 가지는 행위를 포함하는 것으로 새기는 것이 일반이다. 비록 그것이 부당하게 행하여진 것이라도 행위의 외형상 직무행위라고 인정되면 역시 직무에 관한 행위에 해당한다.

(b) 法人의 대표기관이 자신의 개인적 이익을 꾀할 목적으로 권한을 남용해서 不正한 代表行爲를 한 경우 문제된다. 즉 이 경우에도 민법 제35조를 유추적용하여 법인의 불법행위책임을 인정할 것인가. 아니면 그러한 행위는 法人에 대하여 무효라고 하고, 무권대리로서 표현대리의 규정(§126)의 적용을 인정할 것인가 문제되나 法人과 제3자의 관계를 정한 민법 태도로 보아 적어도 표현대리를 적용할 것은 아니다.

(c) 대표자의 행위가 職務에 해당하지 아니함을 피해자가 重過失로 알지 못한 경우에 법인에 대한 손해배상책임을 물을 수 있는가.

판례는 비법인 사단의 대표자의 행위가 대표자 개인의 사리를 도모하기 위한 것이었거나 혹은 법령의 규정에 위배된 것이었다고 하더라도 외관상, 객관적으로 직무에 관한 행위라고 인정할 수 있는 것이라면 민법 제35조 제1항의 직무에 관한 행위에 해당한다고 할 것이나, 다만 그 경우에도 대표자의 행위가 직무에 관한 행위에 해당하지 아니함을 피해자 자신이 알았거나 또는 중대한 과실로 인하여 알지 못한 경우에는 비법인 사단에게 손해배상책임을 물을 수 없는 것이라고 한다.

또한, 여기서 重大한 過失이란 거래의 상대방이 조금만 주의를 기울였더라면 대표자의 행위가 그 직무권한 내에서 적법하게 행하여진 것이 아니라는 사정을 알 수 있었음에도 만연히 이를 직무권한 내의 행위라고 믿음으로써 일반인에게

36) 대판 1987.10.13, 86다카1522.

요구되는 주의의무에 현저히 위반하는 것으로 거의 고의에 가까운 정도의 주의를 결여하고, 공평의 관점에서 상대방을 구태여 보호할 필요가 없다고 봄이 상당하다고 인정되는 상태를 말하는 것이라고 한다.[37]

(ㄴ) 타인에 손해가 발생하였어야 한다. 다만 손해의 발생에서 손해는 間接損害를 포함하는가.

판례는 구도시재개발법에 의하여 설립된 재개발조합의 조합원이 조합 이사 기타 조합장 등 대표기관의 직무상 불법행위로 직접 손해를 입은 경우에는 구도시재개발법 제21조, 민법 제35조에 의하여 재개발조합에 대하여 그 손해배상을 청구할 수 있으나, 재개발조합의 대표기관의 직무상 불법행위로 조합에게 과다한 채무를 부담하게 함으로써 재개발조합이 손해를 입고 결과적으로 조합원의 경제적 이익이 침해되는 손해와 같은 간접적인 손해는 민법 제35조에서 말하는 손해의 개념에 포함되지 아니하므로 이에 대하여는 위 법 조항에 의하여 손해배상을 청구할 수 없는 것이라고 한다.[38]

⑶ 不法行爲의 一般成立要件의 충족

법인의 불법행위로 성립하기 위해서는 不法行爲에 관한 일반적 요건을 갖출 것이어야 한다.

민법 제35조 제1항은 일반불법행위에 관한 민법 제750조의 특별규정이므로, 법인의 불법행위는 제750조가 요구하는 일반불법행위의 요건을 갖추어야 한다. 즉 대표기관의 책임능력, 고의 또는 과실, 위법행위, 피해자에 손해의 발생, 행위와 손해의 발생 사이에 인과관계 등이다.

3. 法人不法行爲의 책임

(1) 機關個人의 책임

(가) 법인의 불법행위가 성립하는 경우 대표기관의 불법행위가 법인의 불법행위로 성립하는 경우에는 법인이 피해자에 대한 책임을 진다(§35 ① 전단). 그러나 민법은 이 경우에도 "이사 기타 대표자는 이로 인하여 자기의 손해배상책임을 면하지 못한다."라고 하여(동항 후단), 법인과 개인의 책임을 아울러 인정한다.

37) 대판 2003.7.25, 2002다27088.
38) 대판 1999.7.27, 99다19384.

그 이론구성에 관하여 法人擬制說에 의하면 대표기관의 행위는 그 기관개인의 행위이므로 개인은 당연히 불법행위의 책임을 져야 하며, 법인은 정책적인 견지에서 책임을 규정한 것에 불과하고, 法人實在說에 의하면 기관의 행위는 법인의 행위가 되므로 기관개인의 책임은 있을 수 없으나, 다만 피해자를 두텁게 보호하기 위한 행위 자체의 개연성을 고려하여 양자에 책임을 지게 하는 것으로 이해한다.

法人이 賠償한 경우 법인은 그 기관개인에 대하여 求償할 수 있는가.

민법 제65조는 "이사가 그 임무를 해태한 때에는 그 이사는 법인에 대하여 연대하여 손해배상책임이 있다."라고 규정한 점에 근거하여 이를 긍정한다.

왜냐하면, 법인과 기관의 내부관계에서 기관은 선량한 관리자의 주의로 그 직무를 행할 의무가 있으므로 대표기관이 그 직무에 관하여 타인에게 손해를 가하여 법인으로 하여금 배상책임을 지게 한 것은 선량한 관리자의 주의를 다한 것이라고 할 수 없는 것이기 때문이다.

(나) 법인의 불법행위가 성립하지 않는 경우 대표기관의 가해행위가 법인의 목적범위를 벗어난 것이어서 법인의 불법행위로 인정하지 않는 경우에는 법인이 책임을 지지 않고 代表機關인 理事만이 책임을 지게 된다. 그러나 민법 제35조 제2항은 피해자의 보호를 두텁게 하기 위하여 "그 사항의 의결에 찬성하거나 그 의결을 집행한 사원, 이사 및 대표자가 연대하여 배상하여야 한다."라고 하여, 이들 간의 공동불법행위의 성립 여부를 묻지 않고서 언제나 연대하여 배상책임을 지는 것으로 규정한다.

다만, 法人은 被用者의 不法行爲에 대한 使用者責任을 부담하는가.

민법 제756조 제1항에는 "타인을 사용하여 어느 사무에 종사하게 한 자는 피용자가 그 사무집행에 관하여 제3자에게 가한 손해를 배상할 책임이 있다."라고 규정하고, 동조 제2항은 "사용자에 갈음하여 그 사무를 감독하는 자도 전항의 책임이 있다."라고 규정한다. 따라서 비록 법인의 불법행위로 성립하지 않는 경우에도 法人이 사용자로서 지위에 있는 때에는 피용자에 대한 사용자로서 책임은 부담하게 되고, 또한 理事는 사용자에 갈음하여 그 사무를 감독하는 자로서 책임을 부담하게 된다. 그러나 使用者나 監督者가 책임을 부담한다고 하더라도 被用者의 책임이 면제되는 것은 아니다. 被用者는 사용자 등과 같이 부진정연대채무를 부담하며, 이때 사용자 등이 피해자에 대하여 손해를 배상한 때에 사용자는 피용자에 대하여 구상권을 행사할 수 있다(§756 ③). 또한 이 구상권은 손해배상이 아니므로 그 소멸시효기간은 10년이다.

⑵ 대표기관 이외의 行爲에 의한 책임

(가) 피용자의 불법행위로서 책임　민법 제756조는 "타인을 사용하여 어느 사무에 종사하게 한 자는 사용자가 그 사무집행에 관하여 제3자에 가한 손해를 배상할 책임이 있다."라고 하고 있다. 따라서 법인의 피용자가 법인의 직무를 집행하는 과정에서 제3자에 대하여 손해를 가한 경우에도 면책사유가 있는 경우를 제외하고는 법인은 손해배상의 책임을 진다. 그러므로 法人擬制說에 의하여 법인 자신의 불법행위가 성립하지 않는 경우는 물론이고, 法人實在說에 의하더라도 법인 대표기관의 행위가 법인의 직무 밖의 행위로써 법인의 불법행위가 성립하지 않는 경우에도 동조의 사용자와 피용자의 관계로서 책임을 지는 것은 별개문제로 된다.

(ㄱ) 법인에 사용자 책임을 인정하는 이유는 타인의 노동력을 사용하여 이윤을 획득하는 과정에서 타인에 발생한 손해에 대한 공평분담의 이상(보상책임의 원리)과 무자력의 피용자로부터 피해자를 두텁게 보호하려는데 있다(정책적 이유).

(ㄴ) 법인의 대표기관의 행위에 대하여 사용자책임이 성립하기 위해서는 다음의 요건을 갖추어야 한다.

① 타인을 사용하여 어느 사무에 종사하게 할 것
② 피용자가 제3자에게 손해를 가할 것
③ 피용자가 사무집행에 관하여 가한 손해일 것
④ 사용자에게 면책사유가 없을 것(무과실의 입증이 없을 것)

피용자의 불법행위가 외견상 직무집행의 범위 내에 속하는 것으로 보이는 경우에도 피용자의 행위가 사용자나 사용자에 갈음하여 그 사무를 감독하는 자의 사무집행 행위에 해당하지 않음을 피해자 자신이 알았거나 또는 중대한 과실로 알지 못한 경우에는 사용자책임을 묻지 못한다(대판 2005.12.23, 2003다30159; 2002.2.11, 2002다62029; 2002.12.10, 2001다58443; 2000.3.28, 98다48934).

(ㄷ) 사용자책임이 성립하면 사용자 및 감독자는 피용자의 불법행위로 가한 모든 손해에 대하여 피해자에게 직접 배상할 책임을 진다. 그러나 피용자 자신의 책임은 면하지 못한다(사용자와 부진정연대책임).

또한, 피용자의 불법행위로 배상한 사용자와 감독자는 피용자에 대한 구상권을 가지며, 그 행사는 10년 내 행사하여야 한다.

(나) 이사 및 이행보조자의 채무불이행책임 법인의 채무에 대하여 이사 또는 이행보조자가 그의 고의 또는 과실에 기하여 채무의 본지에 따른 이행을 하지 않는 경우에는 법인은 채권자에 대하여 손해배상책임을 부담한다(§391 참조).

위 사례에서 X재단법인의 공동대표이사 甲의 사기행위로 인한 丙과 체결한 부동산매입행위에 대한 X재단법인의 책임문제는 근본적으로 甲의 사기에 의한 부동산매입이 法人의 목적범위내의 행위로 되는가. 통설은 권리능력제한의 의미로 보며, 또한 그 범위를 비교적 넓게 해석하여 목적에 위배되지 않는 한 법인의 권리능력범위로 해석하므로, 이렇게 보면 甲 이사의 행위는 법인의 목적범위 내 행위로 성립됨은 의문의 여지가 없다.

(1) 법인이사의 목적범위 내에서 제3자에 가한 불법행위는 법인 자신의 불법행위로 되는가. 법인본질론의 문제이고 법인실재설에 의할 때 법인 자신의 불법행위로 되므로, 이사의 불법행위가 법인 자신의 행위로 성립되면 법인과 이사는 연대하여 丙에 대하여 당연히 책임을 부담한다. 또한 법인 자신의 불법행위로 성립하지 아니하는 때에는 법인은 사용자로서 책임을 별개로 부담함은 물론이다.

- 法人의 不法行爲가 성립하는 경우 — 법인과 이사의 연대책임(부진정연대책임)
- 法人의 不法行爲가 성립되지 않는 경우
  - 대표기관인 이사만의 책임(의결에 찬성하거나 집행사원의 연대책임)
  - 법인의 책임 — 피용자의 행위에 대한 사용자로서 책임(§756)

사안에서 이사 甲의 행위가 법인의 목적범위 내인 경우 이사 甲의 행위는 곧 법인 자신의 행위로 되므로 甲이 그 목적범위 내의 행위를 하는 과정에서의 기망행위는 법인 자신의 사기행위가 된다. 따라서 제3자 丙은 법인에 대하여 甲과의 계약상 사기를 이유로 취소할 수 있다(§110). 다만 그 取消로써 선의의 제3자에 대항하지 못한다. 또한 이사 甲의 사기행위에 의하여 丙과 사이에 체결된 계약이 취소되어 법인이 손해를 받은 경우에는 甲은 법인에 대하여 선관주의 위반(§61 참조) 또는 임무를 해태로 인한 배상책임을 부담한다(§65).

(2) 제3자 丙이 이사의 권한 외의 행위를 이유로 無效를 주장하는 경우에는 어떻게 되는가. 예컨대 이사 甲은 乙과 공동대표이므로 甲의 대표권은 제한되어 있다. 이 경우에 그 대표권의 제한이 등기되어 있으면 법인은 제3자 丙에 대하여 甲의 단독행사는 권한 밖의 행위이므로 法人의 行爲가 될 수 없다고 주장할 수 있으나 그것이 등기되어 있지 않는 한 그 행위가 법인의 목적범위 내의 행위인 경우 그 행위는 법인 자신의 행위가 되며, 제3자 丙에 대하여 법인의 행위가 아니라고 주장할 수 없게 된다. 따라서 법인의 공동대표권위반은 결국 그 등기 여부에 따라 결정된다.

만일 대표권제한이 등기되어 있지 아니한 경우 법인이 그 대표권 위반을 이유로 효력을 배척할 수 없으나, 다만 상대방 丙이 선의임을 이유로 무효임을 주장하는 것은 무방하다.

X사단법인의 이사 甲은 법인소유의 토지를 염가로 매수하여 이것을 乙은행에 매각하였다. 이 경우 X법인은 甲·乙간의 토지의 매매계약의 무효를 이유로 乙은행에 대하여 소유권의 확인 및 이전등기의 말소를 청구할 수 있는가.

만일 X법인의 정관에 甲만이 대표이사로서 대표할 수 있는 것으로 정하고 있는 경우 丙이사가 자의로 법인을 대표하여 그 소유의 토지를 매각한 경우에 그 효력은 어떻게 되는가.

사안은 理事의 利益相反行爲로서 대표권제한의 문제이다. 따라서 문제의 해결을 위한 민법 규정의 적용으로서는 이사의 이익상반행위에 관련한 민법 제681조(수임인의 선관의무), 제64조(특별대리인의 선임), 제130조(무권대리), 제135조(무권대리인의 상대방에 대한 책임) 및 이사의 대표권제한에 관한 민법 제60조 및 제59조 제1항 등이 적용된다.

[57] Ⅴ. 外國法人의 能力

1. 外國法人의 의의

外國法人이란 내국법인이 아닌 법인이다. 자연인에 대한 내·외성을 결정하는 통일된 법률이 없는 점에서 내·외 법인의 구별표준에 관하여 준거법설, 주소지법설, 설립자국적기준설 등이 있다.

현재 우리나라에서는 설립준거법에 의하여 구별하는 견해(준거법설)와 병합설, 즉 한국법에 의하여 설립될 뿐만 아니라, 그 주된 주소가 국내에 있는 것이 한국법인이라 하는 설(설립준거법주의와 주소지주의)이 대립하고 있다. 그러나 한국법에 준거하여 법인을 설립하는 경우에도 법인설립의 요건상 국내의 주된 사무소소재지에서 등기하므로, 양설은 결과적으로 차이가 없고, 설립준거법설로 충분하다.

2. 外國法人의 能力

外國法人을 어떻게 다룰 것인가에 관해서는 민법에 아무런 규정도 없다(그러나 상법 제614조에서는 외국상사법인의 활동에 관하여 자세한 규정을 두고 있다). 따라서 민법은 자연인의 경우와 같이 내·외국 법인의 평등주의를 당연한 것으로 해석한다.

이것은 오늘날 공익사업의 국제적 활동을 고려한 것이지만, 원칙에 불과하고 외국법인의 능력은 외국인의 권리능력의 경우와 같이 법률 또는 조약에 의한 제한은 불가피하다.

제 4 절 法人의 機關

(1) 이사(理事) ┌ 법인의 대표기관 - 모든 법인의 필수·상설기관(등기 요)
└ 업무집행기관 - 이사 과반수에 의한 법인의 업무집행
(2) 감사(監事) - 법인의 감독기관 - 민법상 모든 법인에 임의기관
(3) 사원총회 - 최고의사결정기관 ┌ 이사와 이사회에 위임한 이외의 사항
└ 전권사항 - 정관변경·임의해산

[58] Ⅰ. 法人機關槪說

1. 法人機關의 의의와 성질

(1) 法人機關의 의의

法人이 자연인과 같이 독립한 인격자로서 활동하기 위해서는 법인의 의사를 결정하고 그 의사를 외부적으로 표시하거나, 또한 내부적으로 법인의 사무를 처리하는 조직을 필요로 한다. 이기서 법인의 조직을 法人의 機關이라고 한다.

(2) 法人機關의 성질

法人機關의 법률적 성질은 법인의 본질론에 따라 달리한다.

法人擬制說에 의하면 법인과 기관을 별개로 취급하며, 기관이란 개념을 부인한다. 따라서 법인의 기관은 法人의 代理人에 불과한 것이 된다. 그러나 法人實在說에 의하면 법인과 기관을 일체로 파악하며, 법인의 기관은 법인의 구성분자로서의 의미에 불과하므로 法人의 理事는 法人의 내부에서 활동하는 구성원에 불과하다.

2. 法人機關의 종류

(1) 法人의 機關에는 의사결정기관 · 의사집행기관 · 감독기관으로 구성되나 법인의 종류에 따라 달리한다.

(2) 法人의 機關은 실정법상 이사 · 감사 · 사원총회로서 구성한다. 여기서 理事는 모든 法人에서의 필수 상설기관이며, 監事는 모든 민법상 기관에서의 임의적 기관이다. 그러나 社員總會는 사단법인에서만이 필수적 의사결정기관이지만 재단법인에서는 존재하지 아니한다.

이 사	대표기관, 업무집행기관	① 모든 法人에 필수 상설기관 ② 이사의 주소 · 성명의 등기
감 사	법인의 감독기관	모든 민법상 法人에 임의적 기관이나, 상법상 주식회사에서는 필수기관
사원총회	최고의사결정기관	사단법인에서만이 필수적 기관

[59] Ⅱ. 法人의 代表機關

1. 理　事

(1) 理事의 地位

(가) 理事(Vorstand)는 대외적으로 법인을 대표하고(대표기관), 대내적으로는 법인의 업무를 집행하는(업무집행기관) 상설적 필수기관이다.

(나) 이사는 法人의 代表機關이다. 법인의 대표기관은 이사 · 임시이사이나 그 외 특별대리인 · 청산인이 이에 속한다.

다만, 법인의 復代理人(복임이사)은 이사에 의하여 선임되고 대리권이 부여된 자이므로 법인의 기관이 아니다.

법인의 본질에 관한 法人擬制說에 의하면 법인은 스스로 행위할 수 없고 법인의 외부에 존재하는 대리인의 행위에 의하여 권리 · 의무를 취득하는 결과가 되므로, 이때 법인의 이사는 법인의 외부에 있으면서 그와 대립하는 별개의 인격, 즉 법인의 대리인이라는 지위를 가질 뿐인데 대하여, 法人實在說은 법인은 하나의 독립된 사회적 실체로서 일정한 범위 내에서 스스로 행위능력을 가지므로 이 경우 이사는 법인의 한 구성분자로서의 지위, 즉 법인의 대표기관으로서의 지위를 갖는다.

(ㄱ) 이사는 법인의 必須的 機關이다. 법인의 이사는 사단·재단법인을 불문한 필수적 기관이고 또한 상설적 기관이다.

(ㄴ) 이사는 모든 法人에서의 代表機關이자 業務執行機關이다. 이사의 업무집행권한은, 법인의 업무전반에 미치며 또한 총회에서 위임받은 사항을 결정하고 집행하는 권한을 가진다.

(2) 理事의 임면

(가) 모든 법인에는 理事를 반드시 두어야 하고, 이사의 수에는 제한이 없으나 이사가 될 수 있는 것은 자연인에 한한다.

(ㄱ) 理事의 選任은 정관의 정함에 의하고(§40 ②, §43), 정관에 정함이 없는 때에는 민법 중 위임에 관한 규정을 준용한다(§127, §689). 따라서 이사의 선임은 위임유사계약에 의하여 기관의 지위를 취득한다.

또한, 이사의 解任 및 退任에 관해서도 원칙적으로 정관에 의하여 정하여지나 정관에 규정이 없거나 불충분한 경우에는 민법상 위임에 관한 규정을 준용한다.

(ㄴ) 이사는 自然人에 한하며 자격상실·자격정지의 형을 받은 자는 제외된다.

(ㄷ) 이사의 수는 1인 이상 제한이 없다(§58 ②).

(나) 理事의 姓名과 住所는 등기사항이며, 등기하지 않으면 제3자에 대항하지 못한다(§54 ①).

(3) 理事의 職務權限

甲법인의 정관은 3인의 이사를 두어야 하고 또한 대표권의 행사는 이사 전원이 공동으로 하도록 규정하고 있다. 그러나 이사 A는 단독으로 법인을 대표하여 이를 알고 있는 B로부터 금 3천만원을 차용하였다.

(1) 甲법인은 B에 대하여 차용금채무를 부담하는가.

(2) 만약 정관에는 대표권제한에 관한 규정이 없었으나 총회의 결의에 의하여 대표권을 제한하고 이를 아직 정관에 그 변경을 기재하지 않고 있는 동안 A이사가 단독으로 B와 금전을 차용하였다면 어떻게 되는가.

(가) 법인의 대표권　　이사는 법인의 사무에 관하여 각자 법인을 대표한다(§59 ① 본문). 대표하는 사무에는 제한이 없고 법인의 모든 사무에 미친다.

(ㄱ) **代表權의 制限 :** 이사가 대표하는 사무에 관하여는 원칙적으로 제한이

없고 법인의 행위능력 전반에 미친다. 그러나 다음의 경우에는 예외적으로 그 대표권이 제한된다.

(a) 定款에 의한 制限 : 이사의 대표권은 제한할 수 있으나(§59 ① 단서), 그 제한은 반드시 정관에 기재하여야 하며, 정관에 기재하지 않은 대표권의 제한은 무효이다(§41). 그리고 정관에 기재한 경우에도 이를 등기하여야만 제3자에 대항할 수 있다(§60).

다만, 이때 제3자에는 선의에 한하지 않고 악의의 제3자도 포함하는가.

다수설은 제3자 보호를 위한 입법상 악의의 제3자까지를 보호할 필요는 없는 것이라고 하여 制限說을 취하고, 종래 판례 또한 구민법 제54조가 "이사의 대표권에 대한 제한을 선의의 제3자에 대항할 수 없다."라고 한 점에 근거하여 등기되어 있지 않는 경우에도 악의의 제3자에는 대항할 수 있는 것이라고 하였다.[39] 그러나 최근의 판례는 법인의 정관에 법인대표권 제한에 관한 규정이 있으나 이와 같은 취지가 등기되어 있지 않는다면 법인은 그와 같은 정관의 규정에 대하여 선의냐 악의냐에 관계없이 제3자에 대항할 수 없는 것이라고 한다.[40]

그리하여 法人의 定款에 법인재산의 처분에 사원총회의 결의를 요한다는 취지가 기재되고 있어도 이는 내부관계에서 효력을 가짐에 불과하고 대외적 관계에 있어 정관에 정한 절차를 밟지 않았다고 하여 그 효력에 지장이 있는 것은 아니고 이를 대외적으로 주장하려면 그러한 취지의 대표권제한을 등기함으로써만 가능하다고 할 것이라고 하고, 나아가 그러한 등기가 없는 이상 총회결의를 필요로 하는 정관규정이 있음을 알거나 알 수 있었다고 하여 그 효력에는 영향이 없는 것이라고 한다.[41]

이에 대하여 개정 민법(안)은 "이사의 대표권에 대한 제한은 등기하지 아니하면 선의의 제3자에 대항하지 못한다."라고 하여 입법적으로 해결하고 있다.

위 사례 설문 (1)은 이사의 대표권제한과 등기와 관계문제이며, 종래 민법 제60조는 "이사의 대표권에 대한 제한은 등기하지 아니하면 제3자에 대항하지 못한다." 라고 규정함으로써 이사의 대표권제한이 정관에 규정되어 있으나 이를 등기하지 아니한 경우 상대방의 선·악에 따라 이를 구별할 것인가. 논의되었으나 개정 민법은 이와 같은 논란을 불식하기 위하여 "……선의의 제3자에 대항하지 못한다."라

39) 대판 1962.1.11, 4294민상473.
40) 대판 1992.2.14, 91다24564.
41) 대판 1975.4.22, 74다410.

고 함으로써 입법적으로 해결하고 있다.

따라서 이사의 대표권제한을 등기한 때에는 상대방 B의 선·악을 불문하고 대항하지 못하지만 이를 등기하지 아니한 경우라도 이를 알고 있는 B에 대하여는 법인 甲은 책임을 부담하지 아니한다.

(b) 總會決議에 의한 제한 : 사단법인의 정관은 정관 자체나 총회의 결의에 의하여 변경할 수 있다. 그러나 민법 제41조는 "이사의 대표권제한은 이를 정관에 기재하지 아니하면 효력이 없다."라고 규정한다.

그렇다면, 사단법인의 경우 사원총회의 결의는 있으나 아직 정관에 기재되지 아니한 이사의 대표권제한은 과연 유효한 효력을 가지는가. 의결정족수가 사원총회의 일반의결정족수와 정관변경의결의 정족수를 달리하는 점과 또한 정관변경은 주무관청의 허가사항이란 점에서 문제된다.

否定說은 이사의 대표권을 대내적 제한과 대외적 제한으로 구분하여 이해하고 정관에 기재되지 아니한 이사의 대표권제한은 효력을 갖지 못하는 것이라고 한다[이호정, 사원총회결의에의한이사의대표권제한(고시계 1986.8) 103·108면]

肯定說은 이사의 대표권제한은 내부적 업무집행의 지침에 불과한 것으로 보아 정관의 기재는 효력요건은 아니라고 한다[양창수, 민법제60조의제3자범위(고시연구 1987.3) 156면].

결국, 사단법인은 자율적 법인이므로 정관변경이나 이사의 대표권제한은 모두 총회의 결의에 의할 수 있음은 물론이지만, 민법 제41조가 "이사의 대표권제한을 정관에 기재하지 아니하면 효력이 없다."라고 한 것은 법인은 다수인으로 구성된 조직체란 점에서 내부적 획일성을 기하기 위하여 정관에 기재를 획일화하고 외부적으로는 거래의 안전을 고려하여 등기를 대항요건으로 한 점에 바탕한 규정인 점으로 보아 총회의 결의에 의한 제한은 이를 정관에 기재하지 아니하면 효력이 없다고 할 것이다.

(c) 利益相反으로 인한 제한 : 법인과 이사 간에 이익이 상반하는 사항에 관하여는 대표권이 없다(§64). 그러므로 이 경우 이사가 1인인 때에는 이해관계인이나 검사의 청구에 의하여 법원이 선임한 특별대리인으로 하여금 법인을 대표하게 하여야 한다(동조 단서).

(d) 復任權의 제한 : 민법 제62조에 의하여 이사의 복임권은 인정되지만 포괄적인 복임권은 인정하지 않고, 또한 이때 복임된 자는 법인을 위한 보통의 임의대리인이며 법인의 대표기관은 아니다.

(ㄴ) **代表權의 行使 :** 이사가 수인 있는 경우에도 각 이사의 대표권행사에는 제한이 없다. 따라서 법인의 이사는 수인을 둘 수 있으나 법인의 행위에 대하여 각자 법인을 대표한다. 즉 단독대표가 원칙이다. 그러나 이사의 대표권을 제한한 때에는 이를 정관에 기재하여야 유효하고, 또한 등기하여야 제3자(선의)에게 대항할 수 있다(§60).

법인 理事의 行爲에 관하여는 대리에 관한 규정이 준용된다(§59 ②). 따라서 이사의 대표권행사의 형식에는 민법상 대리에 따른다.

판례는 대표이사의 대표권한 범위를 벗어난 행위라고 하더라도 그것이 회사의 권리능력범위 내에 속한 행위이기만하면 대표권의 제한을 알지 못하는 제3자가 그 행위를 회사의 대표행위라고 믿는 신뢰는 보호되어야 하고, 대표이사가 대표권범위 내에서 한 행위는 설사 대표이사가 회사의 영리목적과 관계없이 자기 또는 제3자의 이익을 도모할 목적으로 그 권한을 남용한 것이라고 하더라도 일단 회사의 행위로서 유효하고 다만 그 행위의 상대방이 대표이사의 진의를 알았거나 알 수 있었을 때에는 회사에 대하여 무효로 되는 것이며, 이는 민법상 법인의 대표자가 권한을 남용한 경우에도 마찬가지라고 한다(대판 2004.2.27, 2003다15280).

(나) 법인의 업무집행권　理事는 법인의 모든 내부적 사무를 집행할 권한이 있다(§58 ①). 민법상 이사의 업무집행권제한에 관한 규정은 없으나 정관 또는 총회의 의결로 제한할 수 있고, 이사가 수인인 경우에는 정관에 다른 규정이 없으면 이사 과반수로 결정한다(동조 ②).

(ㄱ) 理事가 집행해야 할 업무 중 중요한 것은 다음과 같다.

(a) 財産目錄의 作成 : 재산목록이란 법인의 적극·소극의 총재산을 명세한 서면이다. 이사는 법인이 성립되면 기본재산의 목록을 작성하고 또한 매년 초의 3월 이내 지난해 말 현재의 재산목록을 작성하여야 하고, 또한 작성된 재산목록을 사무소에 비치하여 열람할 수 있도록 하여야 한다(§55 ①).

(b) 社員名簿의 작성·비치 및 變更事項의 기재 : 법인은 사원명부를 비치하고, 사원의 변경이 있는 때에는 이를 기재 작성하여야 한다(§55 ②).

(c) 社員總會의 소집 : 사단법인의 이사는 매년 1회 이상 통상총회를 소집해야 하고(§69), 필요하다고 인정하는 경우 또는 일정 수인 사원의 청구가 있는 때에는 임시총회를 소집할 수 있다(§70 ①).

(d) 總會議事錄의 작성 : 총회의 의사에 관하여 의사록을 작성하여야 한다(§76 ①). 의사록은 의사의 경과·과정 및 결과를 기재하고, 의장 및 출석한 이사

가 기명날인하여 주된 사무소에 이를 비치하여야 한다(§76 ②③).

(e) 破產의 申請 : 법인의 채무초과로 법인이 채무를 완제하지 못하게 된 경우에는 지체 없이 파산을 신청하여야 한다(§79).

(f) 清算業務의 집행 : 이사는 법인이 해산하면 원칙적으로 청산인이 된다. 그러나 법인이 파산한 경우나 정관 또는 총회의 결의로 달리 정한 바가 있는 때에는 그에 의한다(§82).

(g) 登記事項의 登記 : 이사는 법인에 관한 각종의 등기를 하여야 한다.

(ㄴ) 이사가 각 업무집행사항에 관하여 이를 위반·해태 또는 부실기재를 한 때에는 과태료처분을 받는다(§97 참조).

⑶ 理事의 職務執行停止와 職務代行者의 선임

(가) 선임된 理事가 정당하지 아니한 때에는 이사의 직무집행을 정지하거나 직무대행자를 선임하는 가처분을 할 수 있다.

법인이 이사의 직무집행을 정지하거나 그 직무대행자를 선임하는 가처분을 하거나 그 가처분을 변경·취소하는 경우에는 주된 사무소와 분사무소가 있는 곳의 등기소에서 이를 등기하여야 한다(§52의 2).

(나) 이사의 직무집행의 정지와 직무대행자 선임의 가처분에 의하여 지정된 직무집행대행자는 가처분명령에 다른 정함이 있거나, 법원의 허가를 얻은 경우 외에는 법인의 통상 사무에 속하지 아니한 행위를 하지 못한다(§60의 2 ①).

또한, 직무대행자가 이를 위반한 행위를 한 경우에도 법인은 선의의 제3자에 대하여 책임을 진다(동조 ②).

⑷ 辭任 또는 任期滿了된 理事의 직무집행권

辭任 또는 任期滿了 된 理事의 직무집행은 정당한 법인의 직무집행행위로 되는가. 민법상 법인과 그 기관인 이사와의 관계는 위임자와 수임자의 법률관계와 같아서 이사가 사임하면 일단 위임관계는 종료됨이 원칙이나 후임 이사의 선임시까지 이사가 존재하지 않는다면 기관에 의하여 행위를 할 수밖에 없는 법인으로서는 당장 정상적인 활동을 중단하여야 할 상황에 놓이게 되고 이는 민법 제691조에 규정된 위임종료의 경우에 급박한 사정이 있는 때와 같으므로 사임한 이사라도 임무를 수행함이 부적당하다고 인정할 만한 특별한 사정이 없

는 한 후임 이사가 선임될 때까지 이사의 직무를 계속 수행할 수 있다고 해석한다. 다만 사임한 이사의 職務執行權은 법인이 정상적인 활동을 중단하게 되는 처지를 피하기 위한 보충적 범위에서 인정되는데 불과하다.

그리하여 판례는 임기가 만료되거나 사임한 구이사로 하여금 법인의 업무를 수행케 함이 부적당한 경우, 구이사가 다른 이사를 해임하거나 후임 이사를 선임한 이사회결의의 무효확인을 구할 법률상 이익이 없는 것이라고 한다.[42]

2. 法人의 臨時的 代表機關

(1) 臨時理事

(가) 法人이 일시적으로 이사가 없게 되거나 결원이 생김으로써 법인 또는 타인에게 손해가 생길 염려가 있는 경우, 법원은 이해관계인이나 검사의 청구에 의하여 臨時理事(provisiorischer Vorstand)를 선임하여야 한다(§63).

(ㄱ) 理事의 缺員이 있는 경우란 정관에 정한 이사의 정원수에 부족이 생긴 경우를 말한다.[43] 또한 利害關係人이란 법률상 이해관계인으로서, 예컨대 다른 이사・사원・채권자 등은 물론이지만 사실상 이해관계인을 포함하는가.

판례는 법인의 정당한 최후 이사이었다가 퇴임한 자, 이사선임신청 당시 등기부상 이사로서 당해 법인의 업무처리를 담당해 온 자를 포함하는 것이라고 한다.[44]

(ㄴ) 임시이사의 선임 후 事情變更으로 그 선임결정이 부적당한 경우 그 선임을 취소 또는 변경할 수 있는가.

판례는 행정청이 의료법인 이사승인취소처분을 직권으로 취소한 경우 그 이사는 소급하여 이사로서의 지위를 회복하게 되고 이로써 법원에 의하여 선임된 임시이사들의 지위는 법원의 해임결정이 없이 당연히 소멸되는 것이라고 한다.[45]

(나) 임시이사는 정식 이사가 선임될 때까지의 일시적 기관이란 점을 제외하고 이사와 동일한 권한을 갖는 법인의 기관이다.

또한, 정식 이사가 선임되어 취임하면 임시이사의 권한은 당연히 소멸한다.

---

42) 대판 2005.3.25, 2004다65336; 2003.3.14, 2001다7599.
43) 대결 1975.3.31, 74마562.
44) 대결 1976.12.10, 76마394.
45) 대판 1997.1.21, 96누3401.

(다) 임시이사의 주소·성명은 등기하여야 하는가. 민법은 이를 규정하지 아니하나, 개정 민법(안)은 "임시이사의 주소·성명은 등기하여야 하고, 임시이사의 등기에 관하여는 민법 제52조의 2를 준용한다."라고 하여 등기사항으로 하고 있다(§63 ② 신설안).

(2) 特別代理人

(가) 특별대리인(besonderer Vertreter)은 법인과 이사간의 이익이 상반되는 사항에 관하여 법인을 대표하는 자로서, 이해관계인이나 검사의 청구에 의하여 법원이 선임한다(§64).

수인의 이사 중 일부 이사와 법인의 이익이 상반되는 경우, 이해관계가 없는 다른 이사가 법인을 대표하게 될 것이지만, 다른 이사가 없는 경우에는 특별대리인을 선임하게 된다. 다만 어떤 행위가 利益相反行爲로 되는가.

판례는 어느 사단법인의 이사장의 직무대행자가 그 법인을 상대로 소송을 제기하는 것은 민법 제64조의 이익상반사유라고 한다.[46]

(나) 特別代理人은 문제된 특정 사항에 관해서만 대표권을 가지며, 그 한도 내에서는 이사와 동일한 법인의 기관이 된다.

(다) 법인과 이사의 이익상반사항이 종료되면 특별대리인의 지위는 소멸한다.

(3) 職務代行者

(가) 법인에서 이사의 선임행위에 어떤 흠이 있는 경우 이해관계인 등의 신청에 의하여 법원이 가처분으로 선인하는 임시적 기관이다.[47]

(나) 직무대행자는 법인의 통상 사무에 속하는 행위에 관하여 법인의 직무를 대행한다. 그러나 가처분명령에 다른 정함이 있거나 법원의 허가를 얻은 때에는 예외가 인정된다(§60의 2 ①).

(4) 法人의 選任代理

(가) 법인의 업무집행에 관련하여 이사의 신임에 의하여 선임되는 법인의 복대리인이다. 이사는 원칙적으로 자신이 대표권을 행사하나, 다만 정관 또는 총회의 결의로 금지하지 아니하는 사항에 관하여 타인으로 하여금 특정한 행위를

---

46) 대판 2003.5.27, 2002다69211.

47) 곽윤직 150면.

대리하게 할 수 있다(§62). 따라서 이사는 특정사항의 처리를 위한 복임권행사가 가능하다. 그러나 포괄적 복대리권은 인정되지 아니한다.

(나) 법인의 複代理人은 법인의 대표기관은 아니다. 따라서 복대리인의 행위에 대하여는 언제나 이사가 책임을 진다. 그러나 복대리인(선임대리인)의 不法行爲에 대하여 법인도 책임을 지는가. 견해가 대립한다.

否定說은 복대리인은 이사에 의하여 선임되고, 대리권이 부여되는 선임대리인은 법인의 대표기관이 아니므로 그 행위에 의하여 법인의 불법행위가 성립하지 않고 단지 법인은 사용자로서의 책임을 질뿐이라고 한다.

肯定說은 개개의 대리행위에 관하여 민법 제35조를 유추 적용하여 법인의 불법행위 성립을 긍정하고, 법인은 이것과 병행하여 사용자책임 내지 계약체결상 과실책임을 지는 것이라고 한다[이영준 808면(1995), 이은영 286면].

다수설은 법인의 복대리인은 법인의 대표기관이 아니므로 법인의 불법행위는 성립하지 않고 또한 민법은 법인의 이사에 관하여 대리에 관한 규정을 준용토록하고 있지만(§59 ②), 법인의 불법행위가 성립하는 것은 아니라고 한다.

생각건대, 민법은 법인의 이사가 선임한 선임대리인에 법인의 복대리를 인정하고 있으므로 상대방의 입장에서는 표현적 또는 비록 알고 있는 경우라고 하더라도 법인의 행위를 신뢰하고 있는 점을 고려하면 법인의 복대리인의 행위에 민법 제35조를 유추 적용하여 상대방을 보호할 필요가 있다. 그러나 복대리인의 행위가 법인 자신의 불법행위로 성립하는 것은 아니라고 하더라도 법인의 사용자로서 책임은 부담하므로 결국 양자에 구별의 실익이 큰 것은 아니다.

3. 理事會

(1) 理事會의 의의

理事會(Vorstandsversammlung)는 법인의 업무집행에 관한 의사를 결정하기 위하여 이사 전원으로 구성된 법인의 기관이며, 법인의 당연기관이 아니나 상사회사는 필수상설기관이 된다(상법 §390 이하).

민법은 “법인의 이사가 수인인 경우 정관에 다른 규정이 없으면 법인의 사무집행은 이사회의 과반수로 결정한다(§58 ②).” 라고 하여 이사회를 간접적으로 규정한다.

⑵ 理事會의 권한

이사회의 권한에 관하여 민법은 법인의 사무집행에 이사회의 결의를 요건으로 하고 있을 뿐이고 그 제한에 관한 특별한 규정을 두고 있지 아니한다. 따라서 정관에 특별한 제한이 없는 한 법인의 사무집행 전반에 미친다(§58 ②).

또한, 이사의 권한행사는 정관에서 정한 취지에 반할 수 없으므로 법인 이사의 대표권제한에 이사회 결의를 요건으로 한 때에는 그 범위에서 권한을 행사한다.

⑶ 理事會의 議事

이사회의 議事에 관하여는 정관에 특별한 규정이 없는 한 사원총회의 규정(§71-§76 참조)을 준용한다.[48]

판례는 개최 이전에 일정기간을 두고 회의 안건을 기재한 소집통지서를 발송하여야 하고, 이러한 통지를 하지 아니한 채 일부 이사들만이 모여 이사회를 개최하였거나, 정당한 소집권자가 아닌 자에 의하여 소집된 이사회의 결의는 이사회결의부존재 또는 무효에 해당하는 것이라고 한다.[49] 그러면서도 정관의 규정에 위반하여 소집되었더라도 이사 전원이 출석하여 소집절차의 적법성을 문제 삼지 아니하였다면 유효한 것이라고 한다.[50]

[60] Ⅲ. 法人의 監督機關

(1) 내부적 감독기관 — 감사(監事) — 모든 법인에서의 임의적 감독기관
(2) 외부적 감독기관 ┌ 업무감독 — 주무관청(법인설립 허가관청)
　　　　　　　　　 └ 청산감독 — 법원(法院)

1. 監　事

⑴ 監事의 地位

㈎ 감사(Aufsichtsrat)는 정관 또는 사원총회의 의결로 둘 수 있는 민법상

48) 김증한 213면, 김용한 187면, 곽윤직 149면, 이영준 875면.
49) 대판 1992.7.24, 92다749; 1992.11.24, 92다428.
50) 대결 1992.7.3, 91마730.

법인의 감독기관이다.

(나) 감사는 민법상 법인, 즉 사단법인·재단법인을 불문한 법인의 임의적 기관이다(§66). 그러나 실제로는 정관에서 감사를 두는 것이 보통이고, 「공익법인 설립운영에 관한 법률」은 2인의 감사를 두도록 하고 주무관청의 허가를 얻어 그 수를 증감하게 하고 있다(동법 §5 ①).

또한, 상법상 주식회사에서는 필수상설기관으로 한다.

⑵ 監事의 任免

(가) 監事의 자격·선임방법·선임행위의 성질·해임·퇴임 등에 관하여는 이사에 관한 규정이 전적으로 적용된다. 따라서 監事의 任免에 관하여도 민법상 위임에 관한 규정이 준용된다.

(나) 監事의 住所·姓名은 登記事項이다.

종래 민법은 감사가 법인의 대표기관이 아닌 것을 감안하여 등기사항으로 하지 않았으나, 개정 민법(안)은 법인의 보호와 거래의 안전을 고려하여 등기사항으로 하고 있다.

(다) 감사는 法人의 解散으로 당연히 퇴임되지 않는다.

⑶ 監事의 職務權限

(가) 監事는 법인의 감독기관이며, 민법이 규정하는 감사의 중요한 직무에는 법인의 재산상황 및 이사의 업무집행상황 감독, 이사의 부정·부패에 대한 총회 또는 주무관청에의 신고, 위 보고를 위한 필요한 때의 총회소집 등이다(§67 각호).

그 외에도 監事가 이사의 감독기관으로서의 직무를 다하기 위하여 필요한 범위의 직무를 포함하는 것이라고 본다.

[이사와 감사의 직무사항 비교]

이사의 직무사항	감사의 직무사항
① 재산목록의 작성·비치(§55 ① 전단) ② 사원명부의 작성·비치(§55 ②) ③ 사원총회의 소집(§69) ④ 총회의사록의 작성·비치(§76) ⑤ 파산신청(§79) ⑥ 청산인이 되는 것(§82) ⑦ 각종 법인등기(§97 1호 참조)	① 법인의 재산상황 감사(§67 1호) ② 이사의 업무집행상황 감사(§67 2호) ③ 재산상황 또는 업무집행에 관한 부정·불비한 것이 있음을 발견한 경우 이를 총회 또는 주무관청에의 보고(§67 3호) ④ 전호의 보고를 위하여 필요한 경우 총회소집(§67 4호)

(나) 監事도 직무를 집행함에 있어 선량한 관리자의 주의의무를 부담하며, 또한 감독기관이란 성질상 언제나 단독으로 직무를 집행하고 책임을 부담한다. 따라서 이사의 임무해태에 대한 연대책임에 관한 민법 제65조의 규정은 감사에는 적용되지 않는다.

2. 法人의 外部的 監督

(1) 法人의 一般監督

(가) 非營利法人은 영리법인과 달리 광범위한 行政監督이 인정된다.

(나) 외부적 감독으로 법인은 그 설립에서 허가주의를 취하여 국가적 감독을 받고, 그 이후에도 법인의 목적에 따라 업무가 적정히 행하여지도록 하기 위하여 주무관청의 감독, 즉 법인의 사무 및 재산상황의 검사, 설립허가의 취소 등의 방법에 의하여 감독한다(§37, §38).

또한, 법인은 내부적 기관으로 監事는 법인의 내부사항을 감독하여 주무관청에 보고할 의무를 진다(§67 3호).

(2) 法人의 淸算監督

法人의 解散 및 淸算에 관하여는 법원이 검사·감독한다(§95).

이와 같이 법인의 업무감독과는 달리 해산 및 청산에 대하여 법원에 감독권을 부여한 것은 해산과 청산사무는 제3자의 이해관계에 중대한 영향을 미치므로 특히 엄격·공정한 사무처리가 필요하고, 일단 법인이 해산단계로 들어가면 그 법인의 목적은 모두 청산사무로 통일되는데 있다.

(3) 罰 則

(가) 法人에 대한 법적 규제와 업무감독의 실효를 거두기 위한 일련의 제도로서 法人은 외부적 감독으로서의 주무관청의 業務監督으로 인한 설립허가의 취소와 淸算監督으로서 법원의 청산인의 선임·해임 이외에 일정한 과태료처분제도를 둔다(§97).

(나) 罰則의 處分은 法人의 이사·감사·청산인 등이 직무를 게을리 한 경우 법원이 명하는 과태료처분으로 일종의 질서벌이다.

[과태료처분을 행할 경우]

- ① 법인등기의 해태
- ② 재산목록, 사원명부작성・비치의무위반 또는 부정기재
- ③ 주무관청 또는 법원의 심사・감독의 방해
- ④ 주무관청 또는 총회에 대하여 사실 아닌 신고 또는 사실의 은닉
- ⑤ 총회의사록의 작성・비치의무위반, 청산인의 채권신고기간 내 변제
- ⑥ 파산신고・신청의 해태
- ⑦ 청산인의 채권신고・공고나 파산선고신청・공고를 게을리하거나 부정공고를 한 때

(다) 처분의 명령은 비송사건절차법에 따라(§324 이하), 결정의 형식으로 재판하며, 즉시항고가 가능하다.

또한, 過怠料는 5천만원 이하에 처하고(§97), 검사의 명령으로 집행한다.

[61] Ⅳ. 法人의 意思決定機關

1. 社員總會

(1) 社員總會의 의의

사단법인의 社員으로 구성되는 최고의 의사결정기관을 사원총회라고 한다. 재단법인에서는 사원이 없으므로 사원총회가 없으나, 사단법인에 있어서는 필수기관이며, 사원으로 구성된다.

(2) 社員總會의 종류

(가) 통상총회　적어도 매년 1회 이상, 일정한 시기에 소집되는 사원총회이다(§69). 召集時期는 정관에서 정하는 것이 보통이나, 정관에 정함이 없으면 총회의 결의에 의하고, 총회의 결의도 없는 때에는 이사가 임의로 정한다.

(나) 임시총회　통상총회 이외에 이사가 필요하다고 인정하는 때(§70 ①), 감사가 필요하다고 인정한 때(§67 4호) 또는 총사원의 5분의 1 이상으로부터 회의의 목적 사항을 제시하여 청구하는 때(§70 ②) 소집되는 총회이다.

여기서, 특히 총사원 5분의 1 이상의 청구에 의하여 개최되는 사원총회를 사원의 少數社員權이라고 하며, 어떠한 경우에도 박탈하지 못하나, 그 정족수에

관하여는 정관으로 달리할 수 있다.

(3) 社員總會의 소집절차

(가) 총회의 소집은 1주 전에 그 회의의 목적사항을 기재한 통지를 발송하고, 기타 정관에 정한 방법에 의하여야 한다(§71).

다만, 1주의 기간은 단축하지 못하고, 通知는 개별적 서신 · 광고 등이 고려될 것이지만 정관에 정함이 없으면 이사가 모든 사원에 알릴 수 있는 적당한 방법에 의한다.

(나) 총회의 소집은 취소, 철회 또는 변경할 수 있다.

다만, 그 취소, 철회 또는 변경절차는 총회의 소집과 동일한 방식으로 하여야 한다. 그러나 판례는 반드시 총회의 소집과 동일한 방식으로 할 필요는 없고 총회의 구성원들에게 소집의 취소, 철회 또는 변경이 있었음을 알릴 수 있는 적절한 조치를 취하는 것으로 족한 것이라고 한다.[51]

(다) 적법한 소집권자에 의하여 소집되지 아니한 사원총회 결의는 효력이 없다.[52]

(4) 社員總會의 권한

(가) 사원총회 의결권은 정관으로 理事 기타 任員에게 위임한 사항을 제외하고는 법인사무의 전반에 미친다(§68). 그러나 강행법규 · 사회질서에 반하는 사항 또는 법인의 본질에 반하는 사항은 의결하지 못함은 물론이다.

(나) 정관의 변경 및 임의해산은 총회의 전권사항이며, 정관에 의하여서도 박탈하지 못한다.

또한, 社員의 固有權은 사원총회의 의결만으로 박탈하지 못한다. 여기서 사원의 고유권(Sonderrecht)이란 사원의 자격에 기한 기본적 권리(예컨대, 소수사원권 · 사원의 의결권)로서, 그 사원의 동의 없이는 정관의 규정 또는 총회의 의결로써도 박탈하지 못한다.

(5) 社員總會의 議決

(가) 사원총회의 성립　사원총회는 일정의 절차에 따라 적법하게 소집되어야 하며, 민법 또는 정관이 정하는 바에 의한다.

---

51) 대판 2007.4.12, 2006다77593.
52) 대판 1992.11.27, 92다34124.

사원총회의 성립정족수에 관하여는 민법에 규정이 없다. 그러므로 정관에서 정한 바에 의할 것이나, 다만 정관에서 특별히 정한 바가 없는 경우 2인 이상의 사원의 출석으로 성립하는가. 소수설은 민법 제75조 제1항을 근거로 총사원의 과반수 출석으로 성립하는 것이라고 하나.[53] 다수설은 정관에 규정이 없는 이상 2인 이상의 출석으로 성립하는 것이라고 한다.

(나) 사원총회 결의사항　총회에서 결의할 수 있는 사항은 정관에 다른 규정이 없는 한 그 총회를 소집할 때 미리 통지한 사항에 한한다(§72). 그러나 사회질서·강행법규에 반하는 사항이나, 법인의 본질에 반하는 사항은 결의하지 못한다.

社員의 議決權은 원칙적으로 평등하다(§73 ①). 그러나 의결권을 박탈하지 않는 범위에서 이를 정관으로 변경할 수 있고, 정관으로 달리 정한 때에는 그에 의한다. 따라서 결의권평등의 원칙은 정관으로 변경할 수 있다(§73 ③).

또한, 법인과 어느 사원의 관계에 관한 사항을 의결하는 경우에는 그 사원의 의결권은 배척된다(§74).

(다) 사원총회결의의 성립　총회결의의 성립에 필요한 정족수는 정관에 다른 규정이 없으면 사원 과반수의 출석과, 출석사원 결의권의 과반수이다(§75 ①). 그러나 定款變更과 任意解散은 정관에 다른 규정이 없는 한 총사원 3분의 2(§42 ①), 또는 4분의 3 이상(§78)의 다수를 요한다.

┌ 정관변경 — 총사원 3분의 2 이상(§42)
└ 임의해산 — 총사원 4분의 3 이상(§78)

議決權의 行使는 정관에 다른 규정이 없는 한 직접 출석하여 행사하거나 서면 또는 대리인에 의하여 행사할 수 있다(§73 ②).

(라) 총회의사록의 작성　總會議事에 관하여 이사는 의사록을 작성하고 이를 사무소에 비치하여야 한다(§76).

2. 社員權

(1) 社員權의 의의

社員은 법인의 기관은 아니지만 사단법인이 존립하는 기초가 되고, 또한 최고의 의사결정기관인 사원총회를 구성한다. 이러한 지위를 일반적으로 사원권

53) 김증한 162면.

(Mirgliederschaft)이라고 하고, 법인의 활동에 참여할 권능을 중심으로 하는 일종의 포괄적 권리이다.

이와 같이 社員權이란 社員이 그가 구성하는 社團法人에 대하여 社員이라는 자격에서 가지는 지위로서, 즉 社員으로서 가지는 권리와 의무를 통일적으로 파악함이 통설이나, 다만 그 개념의 구성방법에 견해가 대립된다.

單純權利義務說은 사원으로써 가지고 부담하는 권리·의무의 단순한 집합물에 불과한 것, 즉 사원권은 사원의 권리·의무를 포괄하는 하나의 단순한 권리이며, 자익권·공익권에 속하는 각종 권리는 이들 하나의 권리로부터 발생하는 단순한 권능에 불과한 것이라고 한다(김상용 257면).

法的地位自體說은 社員의 권리·의무 발생의 기초가 되는 사원과 사단간의 법률관계, 즉 사원의 사단에 대한 법적 지위 그 자체라고 한다.

다수설은 사원권을 社員의 社團에 대한 法的 地位로 파악함이 논리적이란 점에서 사원의 사단에 대한 법적 지위 그 자체라고 본다. 그러나 그 지위의 내용은 법인의 형태에 따라 달리한다. 따라서 영리법인에서는 자익권이 강하지만 비영리법인에서는 공익권이 강한 것이 보통이다.

(2) 社員權의 內容

(가) 사원권은 내용상 공익권과 자익권으로 분류된다.

(ㄱ) **共益權 :** 공익권이란 법인의 관리·운용에 참가하는 권리, 예컨대 결의권·소수사원권·사무집행권·감독권 등이며, 비영리법인의 중심이 된다.

(ㄴ) **自益權 :** 자익권이란 사원 자신의 이익을 향수할 것을 내용으로 하는 권리이며, 영리법인에서의 이익배당청구권·잔여재산분배청구권, 비영리법인에 있어서의 설비이용권 등이며, 영리법인의 중심이 된다.

(나) 社員의 固有權은 그 사원의 동의 없이 어떤 경우에도 박탈하지 못한다.

(3) 社員權의 양도와 상속

영리법인의 자익권은 양도할 수 있음이 원칙이다 그러나 비영리법인의 사원권은 그 양도·상속성이 없다. 민법 제56조는 "사단법인의 사원의 지위는 양도하지 못한다."라고 하여 사원권의 양도성·상속성을 금지한다.

다만, 社團 또는 非法人社團에서 사원의 지위는 규약이나 관행에 의하여 양도 또는 상속될 수 있는가. 사단법인 사원의 지위는 양도 또는 상속할 수 없다고 규정한 민법 제56조의 규정은 강행규정이라고 할 수 없으므로, 비법인 사단에서도 사원의 지위는 규약이나 관행에 의하여 양도 또는 상속될 수 있는 것이라고 보아야 하고, 판례 또한 동일한 태도를 취한다.[54]

(4) 社員의 義務

사원은 일정한 의무를 부담한다. 社員이 그 단체에 대하여 부담하는 의무로는 출자의무와 그 외의 일정한 의무, 즉 사단법인의 목적달성의 범위에서 정관 또는 총회의 결의에서 부담하는 각종 의무를 부담한다.

[법인의 대표권과 대리권의 비교]

1. 양자의 유사점

	대 표	대 리
의 의	법인 또는 단체기관이 어떤 행위를 한 것이 법률상 법인 또는 단체행위와 동일한 효과를 발생하게 하는 관념.	본인으로부터 독립한 지위를 가지는 대리인의 의사표시에 의하여 그 법률적 효과가 직접 본인에 귀속하게 하는 제도
권한의 근거	法人의 대표기관이 가지는 대외적 직무권한을 代表權이라고 하고, 대리인이 본인을 위하여 할 수 있는 지위 또는 자격을 代理權이라 한다. 따라서 대표권이나 대리권은 특정한 이익을 향수케 하는 권리는 아니라 타인을 위하여 일정한 법률효과를 발생케 하는 지위 또는 자격인 권한이라는 점에서 양자는 동일하다. 그러나 代理權은 대리인이 본인과 대립되는 지위에서 가지는 자격(이원적)이고, 代表權은 기관이 법인의 한 구성부분으로서 가지는 권한(일원적)이라는 점에서 양자는 구별된다.	
효과귀속	代表나 代理나 모두 행위자와 그 행위의 효과가 귀속되는 자가 다르다는 점에서 보면 실질적으로 같다. 그리하여 민법 제59조 제2항은 代表에 관하여는 代理에 관한 규정을 준용한다.	
권한행사	기관이 法人을 代表하는 형식은 대리행위에 있어서와 같이 본인, 즉 법인을 위한 것임을 표시하여서 해야 한다(§115 참조). 또한 무권대리·표현대리에 관한 규정도 준용된다. 즉 이사가 그 명의를 위용하여 사리(私利)를 꾀하는 경우에는 대리인의 권한남용과 동일하게 다루어진다.	

2. 양자의 차이점

(1) 본질적 차이점

법인실재설의 경우 代理는 서로 대등·독립한 법률적 인격자인 2개 인격자간의 관계로 이원적이며 대리인의 행위로는 되지 않는데 반하여, 代表의 경우 기관은 법인과 대립하는 지위에 있는 것이 아니고 기관의 행위 그 자체가 법인의 행

54) 대판 2003.7.8, 2001다19097; 1992.4.14, 91다26850.

위로 되는 일원적 관념을 취한다.

다시 말하여 代表의 경우는 자연적 생활체가 아닌 법인이 독립한 인격자로서의 활동, 즉 법인의 의사를 결정하고 그 의사에 기하여 외부에 대하여 행동할 수 있기 위하여 단체법적 원리상 인정되는 것이지만 代理의 존재이유는 사적자치의 확장 내지 보충에 있다. 그러나 법인의제설 또는 법인부인설에 의하면 기관은 法人의 외부에서 법인과 대립되는 별개의 인격이며, 따라서 代表의 개념은 부정된다.

(2) 구체적 차이점

	대 표	대 리
인정범위	① 법률행위, 즉 의사표시를 하거나, 또는 의사표시를 받은 것에 한한다(§114 참조). 법률행위 이외의 행위, 즉 사실행위나 불법행위에는 대리는 인정되지 않는다. ② 민법 제35조 제1항은 법인대표의 불법행위를 규한 것이고, 불법행위의 대리를 인정하는 것은 아니다.	
권한의 개념	기관이 법인의 구성부분으로서 가지는 권한에 불과하다.	대리인이 본인과 대립되는 지위에서 가지는 지위·자격
권한의 발생	법인과 이사의 특수위임계약에 의해 선임되고 법률에 의하여 법인을 대표(§59 ①)하므로 별도 대표권의 수권행위는 요구되지 않는다.	법률의 규정 또는 본인의 수권행위에 의하여 발생한다.
권한의 범위	이사의 대표권제한은 총회결의 또는 정관에 정함이 없는 한 원칙적으로 법인의 권리능력범위에 의한다. 그러나 임시이사·특별대리인·청산인의 대표권은 일정범위에 한정된다.	법률의 규정 또는 수권의 범위에 의한다.
권한의 제한	① 정관과 총회결의에 의한 제한 및 이익상반에 의한 제한 ② 포괄적 복임권의 제한	자기계약·쌍방대리, 공동대리에 의한 제한
권한의 소멸	이사의 해임 및 퇴임사유는 정관에 의하고, 또한 보충적으로는 민법의 위임에 관한 규정을 준용한다(§127, §689). 다만, 이사의 대표권소멸의 경우는 잔여사무처리의무가 있다(§691 참조).	① 법정·임의대리 공통으로 본인·대리인의 사망, 대리인의 금치산 또는 파산으로 소멸한다. ② 임의대리에 특별소멸원인으로 원인된 법률관계종료, 수권행위철회로 소멸하고, 또한 법정대리는 법률이 각개로 규정한다(§22 ②, §23, §924, §925. §927. §937 .§939. §957 등).

제 5 절　法人登記와 住所

[62]　Ⅰ. 法人의 登記

1. 法人登記의 의의와 필요성

법인은 사법상 권리능력의 주체로서 존재하며, 다수의 인적 또는 물적 조직으로 구성된다. 따라서 법인과 거래하는 일반 제3자는 법인의 내부조직·재산상태 등 거래상 필요한 사항을 공시하는 방법을 갖추지 아니하면 불측의 손해를 입을 염려가 있게 된다. 그리하여 민법은 법인에 관한 일정한 사항을 공부에 기재하여 공시하도록 한다(§33). 이것이 곧 법인등기제도이다.

일반적으로 민법상 비영리법인에 관한 등기를 法人登記라고 하고, 상법상 회사에 관한 등기를 商業登記라고 한다.

법인등기에는 다시 설립등기·변경등기·분사무소설치 및 이전등기·해산등기 등이 있고, 그 절차에 관하여는 비송사건절차법에서 상세히 규정한다.

2. 法人登記의 종류

(1) 設立登記

법인설립허가가 있는 때에는 3주 내 주된 사무소의 소재지에서 등기하여야 하며, 이를 법인의 設立登記라고 한다(§49 ①). 법인의 설립등기는 법인의 성립요건이며, 여기서 3주의 기간은 주무관청의 허가서가 도달한 날로부터 기산된다.

법인의 설립등기에는 다음의 사항을 등기하여야 한다.

① 목적, 명칭, 사무소
② 설립인가 연월일
③ 존립시기나 해산사유를 정한 때 그 시기 또는 사유
④ 자산의 총액 또는 출자방법을 정한 때 그 방법
⑤ 이사의 성명·주소 및 대표권을 제한한 때 그 제한
⑥ 감사를 둔 때 감사의 성명·주소

(2) 分事務所設置 및 移轉登記

(가) 분사무소설치등기　　법인이 분사무소를 설치한 때에는 주된 사무소소

재지에서 3주 내 분사무소설치의 등기를 하여야 하고, 새로이 설치된 분사무소 소재지에서도 설립등기와 동일한 사항을 등기하여야 한다.

또한, 이미 다른 분사무소가 있는 경우에는 그 소재지에서도 역시 3주 내 분사무소가 신설되었음을 등기하여야 하며(§50 ①), 이를 등기하지 아니하면 제3자에 대항하지 못한다(§54 ①). 그러나 주된 사무소 또는 기존의 분사무소소재지를 관할하는 등기소의 관할구역 내에서 분사무소를 신설하는 경우에는 3주내 그 분사무소설치만을 등기하면 되고, 그 밖의 사항은 등기사항이 아니다(§50 ②).

이러한 모든 경우에 있어서 3주의 기간은 등기사항이 주무관청의 허가를 필요로 하는 것이면 그 허가서가 도달한 날로부터 기산한다(§53).

(나) 사무소이전등기 법인이 그 사무소를 이전하는 때에는 구소재지에서 3주 내 이전등기를 하고, 신소재지에서 3주 내 설립등기사항을 등기하여야 한다(§51 ①). 그러나 동일한 등기소의 관할구역 내에서 사무소를 이전한 때에는 그 이전한 것만을 등기하면 족하다(§51 ②).

등기기간의 기산과 등기의 효력은 분사무소설치의 경우와 같다.

(3) 假處分登記

理事의 직무집행을 정지하거나 직무대행자를 선임하는 가처분을 하거나 그 가처분을 변경·취소하는 경우에는 주사무소와 분사무소가 있는 곳의 등기소에서 이를 등기하여야 한다(§52의 2).

(4) 變更登記와 解散登記

(가) 변경등기 설립등기 사항에 변경이 있는 때에는 3주 내 변경등기를 하여야 한다(§52). 등기기간의 기산과 등기의 효력은 사무소이전등기와 같다.

(나) 해산등기 청산인은 파산의 경우를 제외하고 그가 취임한 후 3주내 해산사유와 연월일, 청산인의 성명과 주소, 청산인의 대표권을 제한한 때에는 그 제한 등을 주된 사무소와 분사무소의 소재지에서 이를 등기하여야 하고, 그 후 등기사항에 변경이 생긴 때에도 3주내 변경등기를 하여야 한다(§85 ①②).

登記期間의 起算과 登記의 效力은 변경등기의 경우와 같고, 법인이 파산한 경우에는 별도로 파산등기에 관한 규정이 적용된다.

[63] Ⅰ. 法人의 住所

1. 法人住所의 개념

(1) 法人住所의 의의

법인도 자연인과 같이 주소의 설정이 필요하다. 법인의 주소에 관하여 민법 제36조는 "법인의 주소는 그 주된 사무소의 주소지에 있는 것으로 한다."라고 하여, 그 주된 사무소 소재지를 법인의 주소로 하고 있다. 따라서 法人의 住所란 법인의 事務所所在地를 뜻한다.

법인의 사무소가 수개 있는 경우 그 주된 사무소의 소재지가 법인의 주소로 된다. 여기서 主된 事務所란 그 중추가 되는 사무소, 즉 법인의 최고자(대표이사)가 있는 사무소를 말한다. 또한 법인의 주소에 관하여도 실질주의를 취하므로 정관에 기재된 장소와 현실로 주된 사무소로서의 기능하는 장소가 일치하지 않는 경우에는 주된 사무소가 후자로 이전되었다고 봄이 통설이다.

(2) 法人住所의 公示主義

法人의 住所는 등기사항이다. 따라서 法人의 設立登記는 주된 사무소소재지에서 하여야 하고(§49 ①), 사무소를 이전한 경우에도 이를 등기하지 않으면 제3자에 대항하지 못한다.

2. 法人住所의 효과

법인주소의 효과는 自然人의 住所效果와 동일하다. 따라서 법인의 주소는 보통재판적을 결정하는 표준이 되고, 그 외에 법인과 장소를 중심으로 일어나는 법률상 효과는 자연인과 같이 사실상 법인의 주된 사무소를 중심으로 발생한다.

제 6 절 法人의 消滅

[64] Ⅰ. 法人消滅概說

1. 法人消滅의 의의

⑴ 法人의 權利能力喪失

法人의 消滅이란 법인이 권리능력을 상실하는 것이며, 자연인의 사망에 해당한다. 法人消滅의 效果도 자연인의 사망과 대체로 동일하다. 그러나 법인은 그 소멸의 경우에도 상속이 개시될 수 없고, 단지 법인 자신의 재산관계를 정리하기 위한 해산, 즉 청산절차를 밟게 된다.

⑵ 淸算終了에 의한 소멸

法人은 解散으로 소멸한다. 그러나 自然人과 달리 일시적으로 소멸하지 않고 단계적으로 소멸하므로 법인의 해산으로 당연히 소멸하지 않고 淸算節次를 거쳐 청산이 종료됨으로써 소멸한다.

2. 法人消滅의 事由

⑴ 法人의 공통소멸사유

(가) 존립기간의 만료 및 정관에 정한 사유발생 존립시기 및 해산사유는 社團法人에서는 정관의 필요적 기재사항이나 財團法人에서는 정관의 임의적 기재사항이며 이들 사유의 발생으로 법인은 소멸한다(§77 ①).

(나) 법인의 목적달성 또는 달성불능 법인은 목적달성 또는 달성이 불능하게 된 때 소멸하고(§77 ①), 그 여부는 사회통념에 따라 결정된다.

(다) 파 산 법인의 재산상태가 이른바 채무초과의 상태에 빠지게 되면 理事는 파산을 신청하여야 한다(§79). 여기서 '채무초과'란 단순히 소극재산이 적극재산을 넘는 상태를 말하며, 자연인과 같이 지급불능임을 요하지 않는다.

민법은 파산신청자로서 理事(청산인)만을 규정하고(파산법 제122조는 채권자도 포함시킨다), 법원의 직권에 의한 파산선고는 인정하지 않는다. 또한 법인소멸을 정한 파산법상 규정은 강행규정이며, 이를 登記(파산등기)하여야 한다.

(라) 설립허가의 취소　법인목적 이외의 사업을 하거나, 법령을 위반하여 공익을 해하는 행위를 한 때 주무관청의 설립인가취소로 법인은 소멸한다(§38).

법인설립인가의 취소로 법인은 장래 향하여 소멸한다. 따라서 법인설립인가 취소의 법률적 성질은 철회의 일종이다.

(2) 社團法人에 특유한 소멸사유

(가) 사원이 없게 된 때　사단법인은 사원을 실체로 하므로 사원이 없게 된 때에는 소멸한다(§77 ②). 여기서 '사원이 없게 된 때'란 사원이 1인도 없게 된 때이며, 사원이 1인이란 이유로는 소멸하지 않는다. 따라서 사원 2인 이상의 요건은 사단법인의 성립요건이나 존속요건은 아니다.

(나) 총회의 결의　사단법인은 총회의 결의에 의하여 소멸하며(§77 ②), 총회의 전권사항이다. 법인해산의 총회결의는 법인의 任意解散이며, 정관에 다른 규정이 없는 한 총사원 4분의 3 이상의 다수에 의한다. 그러나 제3자를 해할 염려가 있는 기한부 또는 조건부해산은 결의하지 못한다.

[65] Ⅱ. 法人의 清算

1. 法人清算의 의의

法人의 清算이란 해산한 법인이 그 잔무를 처리하고 재산을 정리하여 완전히 소멸할 때까지의 절차이다. 청산절차에는 파산법이 정하는 절차와 민법이 정하는 절차가 있으나, 민법상 법인의 청산은 후자에 속한다.

法人의 清算에 관한 규정은 모두 강행규정이므로 정관에 다른 규정을 두어도 언제나 무효이다.

2. 清算法人의 능력

(1) 清算法人은 청산의 목적 범위 내에서 권리・의무를 부담한다(§81). 즉 해산한 법인은 그 능력이 청산의 목적범위 내로 한정된다. 그러나 청산법인의 능

력범위는 본래 법인능력에 관한 목적 범위에 준하여 해석하여야 하므로 엄격히 청산목적에 직접 관련된 것에만 국한하지 않는다.

(2) 清算法人은 清算의 목적범위 내에서 권리·의무를 부담하나, 해산 전의 法人과 동일성이 상실되는 것은 아니다. 따라서 目的의 영리·비영리성 등은 청산법인에서도 동일하나 법인소멸의 소극적 범위에서만 권리능력을 가진다.

3. 清算法人의 기관

(1) 清算人

(가) 청산인(Liquidation)은 법인이 해산하면 이사에 갈음하여 청산법인의 집행기관이 된다. 즉 법인의 청산으로 이사는 당연히 그 지위를 잃고 청산인이 법인 본래의 이사에 해당하는 기관이 된다.

(ㄱ) 清算人이 되는 자는 먼저 정관에서 정한 자이고, 정관에서 정하고 있지 않으면 총회의 의결로써, 총회가 결의하지 않으면 청산 전의 이사가 당연히 청산인이 된다(§82). 그러나 이들 순위에 의한 청산인이 될 자가 없거나 결원으로 손해가 생길 염려가 있는 때에는 법원의 직권 또는 이해관계인이나 검사의 청구에 의하여 청산인을 선임한다(§83).

(ㄴ) 중요한 사유가 있는 때에는 법원의 직권 또는 이해관계인이나 검사의 청구에 의하여 청산인을 해임할 수 있다(§84).

여기서 '중요한 사항'이란, 예컨대 清算人이 法人 財産을 횡령하거나 일부 채권자에 이익을 꾀하는 행위, 기타 직무를 수행할 수 없는 중대한 사유 등이 이에 속한다.[55]

(나) 清算人의 職務執行 또는 代表權의 行使에는 법인 이사에 관한 규정을 준용한다.

(2) 기타의 機關

清算人 이외의 기관은 변동이 없으며, 계속하여 청산법인의 기관으로서 권한을 갖는다. 즉 監事는 청산인의 직무를 감독하고, 總會도 그대로 최고의사결정기관으로서 지위를 갖는다.

---

55) 대결 1967.6.2, 66마872 참조.

4. 法人의 淸算節次

(1) 解散登記와 신고

청산인은 그 취임 후 3주내 해산사유 및 연월일, 청산인의 성명과 주소, 청산인의 대표권을 제한할 때에는 그 제한을 주된 사무소와 분사무소소재지에서 이를 등기하고, 같은 사항을 주무관청에 신고하여야 한다(§86 ①). 또한 청산 중 취임한 청산인은 그 성명과 주소를 주무관청에 신고하여야 한다(§86 ②).

그 외에 법인의 청산 중 등기사항이 생기면 3주내 이를 등기하여야 한다. 그러나 파산에 의한 해산에서는 법원의 직권에 의하므로 제외된다.

(2) 現存事務의 종결

법인은 청산으로 현존사무를 종결하여야 하고(§87 ① 1호), 이미 해산 전에 결정된 사항이 있는 경우에도 아직 착수되지 아니한 것은 시작하지 못한다.

청산법인의 종결사무는 채권의 추심·변제·잔여재산의 인도·파산의 신청이다.

(가) 채권의 추심 청산인은 청산법인의 채권을 추심하여야 하고(§87 ① 2호), 이때 채권은 법인 외부의 채권뿐만 아니라 법인 내부채권, 예컨대 사원의 회비 등을 포함한다. 또한 변제기도래 전의 채권, 조건부채권은 적당한 방법에 의하여 환가하여야 한다.

(나) 채무의 변제 청산인은 취임한 날로부터 2개월 이내에 2개월 이상 기간을 정하여 3회 이상 채권자에 그 채권을 신고할 것을 최고하여야 한다(§88 ①).

채권신고의 공고는 법원의 등기사항의 공고와 동일한 방법이어야 하고, 채권자가 기간 내 신고하지 않으면 청산으로부터 제외될 것을 표시하여야 한다(동조 ②). 그러나 청산인이 알고 있는 채권자에 대하여는 개별적으로 신고할 것을 최고하여야 한다(§89 전단).

(ㄱ) 채권신고기간 내에는 채권자에 변제하지 못한다. 따라서 변제기가 도래한 채권자에 대하여는 지연배상을 하여야 한다(§90). 그러나 채권신고기간 경과 후 청산 중 법인은 아직 변제기에 도래하지 않는 채권도 변제할 수 있다(§91 ①).

(ㄴ) 채권신고기간 내 신고하지 아니한 채권자는 청산에서 제외된다. 그러나 청산에서 제외된 채권자라고 할지라도 법인이 채권을 완제한 후 귀속권리자에

인도하지 아니한 재산에 대하여는 그 변제를 청구할 수 있다(§92).

(ㄷ) 청산인이 알고 있는 채권자에 대하여서는 비록 그가 신고하지 않았더라도 청산에서 제외하지 못한다(§89 단서). 만일 채권자가 변제를 수령하지 않으면 공탁하여야 한다.

(다) 잔여재산의 인도 　채권의 변제로 잔여재산이 있는 때에는 이를 귀속권자에게 인도하여야 한다(§87 ① 3호).

(ㄱ) 잔여재산의 귀속권자는 정관에서 정한 자이고(§80 ①), 정관으로 지정한 자가 없거나 또는 지정방법을 정관이 규정하고 있지 않는 때에는 이사 또는 청산인이 주무관청의 허가를 얻어서 그 법인의 목적과 비슷한 목적을 위하여 처분할 수 있다(동조 ②). 그러나 어느 방법으로도 처분할 수 없는 경우의 잔여재산은 국고에 귀속한다(동조 ③).

(ㄴ) 해산한 법인이 잔여재산의 귀속자에 관한 정관규정에 반하여 잔여재산을 처분할 경우 그 처분행위는 유효한가. 민법 제80조 제1항, 제81조 및 제87조 등 청산절차에 관한 규정은 모두 제3자의 이해관계에 중대한 영향을 미치는 것으로서 강행규정이다. 그러므로 해산한 법인이 잔여재산의 귀속자에 관한 정관규정에 반하여 잔여재산을 처분한 경우 그 처분행위는 청산법인의 목적범위 외의 행위로서 특단의 사정이 없는 한 무효이다.[56]

또한, 잔여재산 귀속권리자의 대표인 법인의 청산인에 의하여 잔여재산의 소유권이전등기가 경료된 경우 이는 쌍방대리금지의 원칙에 반하는 것인가.

해산한 법인이 해산시 잔여재산이 지정한 자에게 귀속한다는 정관규정에 따라 구체적으로 확정된 잔여재산이전의무의 이행으로서 잔여재산인 토지를 그 귀속권리자에게 이전하는 것은 채무이행에 불과하므로 이를 들어 쌍방대리금지의 원칙에 반하는 것은 아니다.[57]

(라) 파산의 신청 　청산 중 법인의 재산이 그 채무를 완제하기에 부족한 것

---

56) 대판 2000.12.8, 98두5279; 한편 판례는 민법 제58조, 제59조, 제87조 및 제96조 등에 의하면 이사 또는 청산인은 법인의 사무에 관하여 정관에 규정한 취지에 위반할 수 없으므로, 정관에 법인 재산의 처분에 관하여 이사회 또는 청산인회의 심의의결을 거치도록 규정되어 있는 경우에도, 해산한 법인이 잔여재산의 귀속자에 관한 민법 및 정관의 규정에 따라 구체적으로 확정된 잔여재산이전의무의 이행으로서 그 귀속권리자에게 잔여재산을 이전하는 것은, 위 이사회 또는 청산인회의 심의의결을 요하는 재산의 처분에 해당한다고 볼 수 없는 것이라고 한다.

57) 대판 2000.12.8, 98두5279.

이 분명하게 된 경우 청산인은 지체 없이 파산선고를 신청하고 이를 공고하여야 한다(§93 ①). 이때 공고는 법원의 등기사항의 공고방법을 준용하고, 청산인이 파산신청 또는 공고를 해태하거나 부정공고를 하면 과태료의 처분을 받는다.

법인의 파산으로 파산관재인이 정해지고 이로써 파산재단에 관한 청산인의 임무는 종료한다(동조 ②).

⑶ 淸算結果의 登記와 申告

청산이 종결되면 청산인은 3주일 내 등기하여야 하고, 이를 주무관청에 신고하여야 한다(§94).

제 7 절 權利能力없는 社團과 財團

[66] Ⅰ. 權利能力없는 團體

1. 權利能力없는 社團의 유형

⑴ 社團型團體

(가) 사단형 단체는 다수인이 모여서 단체를 조성하는 하나의 단체로서 단일성이 뚜렷하게 나타나고, 구성원의 존재는 단체적 단일성에 의하여 제한된다. 따라서 단체의 행위는 그 기관에 의해서 행하여지고, 또한 그 법률효과는 단체 자체에 귀속한다.

(나) 단체구성원은 총회의 다수결원리에 의하여 기관의 행위를 감독하며, 운영에 참여할 수 있을 뿐이다. 또한 단체의 자산과 채무도 모두 단체 자체에 귀속하고, 구성원 개인은 단체에 대하여 책임을 지지 않는다.

⑵ 組合型團體

(가) 조합형 단체는 구성원의 독립적 존재가 뚜렷하고, 그들을 단체적으로 구속하는 유대가 전혀 없거나 있더라도 표면에 나타나지 않는 형태이다. 즉 團體

의 行爲은 구성원 전원 또는 전원으로부터 대리권이 수여된 자에 의하여 행하여지고, 그 법률효과는 전원에게 귀속한다.

또한, 團體의 資産과 債務는 전원이 공동으로 소유하고 부담한다. 다만 단체의 구성원은 공동목적에 의해 결합되어 있으므로 전원의 의견이 일치하지 않을 때에는 다수결에 의하여야 할 경우가 있고, 또한 그 자산의 공동소유와 채무의 공동부담도 단체적 구속을 받는다.

(나) 민법은 組合을 法人으로 하지 않고 구성원간의 계약으로 규정한다(§703 이하). 따라서 조합은 2인 이상이 상호간에 금전 기타 재산 또는 노무를 출자하여 공동사업을 경영할 것을 약정하는 계약관계로서 일종의 동업조합이다. 그러므로 주택건설촉진법에 의하여 설립된 재건축조합은 민법상 비법인 사단에 해당하고, 조합은 아니다.[58]

2. 社團과 組合의 비교

(1) 社團과 組合은 그 단체성에 강약의 차이가 있을 뿐이고 단체라는 점에서는 공통한다. 그러므로 社團인가 組合인가는 단체의 실체에 관한 구별에 지나지 않는다. 또한 組合을 法人으로 할 것인가 여부는 입법정책에 불과하다.

(2) 비법인 단체 중 組合型은 사단형에 비하여 통상 단체의 구성원이 적고, 구성원 각자의 개성이 그 단체 내에서 강하게 나타나는 경우가 많을 뿐만 아니라 비교적 단기간에 걸쳐 존속하게 된다.

그리하여 판례는 민법상 조합은 법인격은 없으나 사단성이 인정되는 비법인 사단을 구별함은 일반적으로 그 단체성의 강약을 기준으로 판단하여야 하는바 組合은 계약관계에 의하여 어느 정도 단체성에서 오는 제약을 받게 되지만 구성원의 개인성이 강하게 드러나는 인적 결합체인데 비하여, 非法人社團은 구성원의 개인성과는 별개로 권리·의무의 주체가 될 수 있는 독자적 존재로서 단체적 조직을 가지는 특성이 있는 것이라고 한다.[59]

58) 대판 2003.7.22, 2002다64780.
59) 대판 1992.7.10, 92다2431.

[권리능력없는 사단과 組合의 비교]

	권리능력 없는 사단	조 합
결합형태	사단으로서의 실체	채권계약
대표형식	권리능력없는 사단의 대표	조합의 업무집행자
법규적용	사단에 관한 규정 준용	사단에 관한 규정 준용배제
권리능력	소송능력 및 등기능력 유	소송능력 및 등기능력 무
소유형태	사단의 총유	전 조합원의 합유

[67] Ⅱ. 權利能力없는 社團

1. 權利能力없는 社團의 의의

(1) 權利能力없는 社團이란 일반적으로 사단으로서 실체를 가지면서도 법인격이 없는 단체를 말하며, 법인격 없는 사단 또는 비법인 사단이라고 한다.

따라서 人格없는 社團 또는 非法人 社團이기 위해서는 단체로서의 조직을 갖추고 대표방법, 총회운영, 재산의 관리 기타 사단으로서 주요한 점이 규칙(정관)에 의하여 확정되어 있어야 한다.

(2) 권리능력 없는 사단이 存在하는 理由는 민법이 사단법인의 설립에 관하여 허가주의를 취하고 있는 점과, 단체의 구성원이 주무관청의 사전 허가와 사후감독 기타 법적 규제를 받는 것을 달갑지 않게 생각하는데 있다. 따라서 이러한 경우에는 법인의 설립이 강제되어 있지 않는 이상 권리능력 없는 사단으로 존속하게 된다.

2. 權利能力없는 社團의 성립

(1) 權利能力없는 社團의 성립요건

(가) 權利能力없는 社團이기 위해서는 사회적 실체로서 社團型이라고 할 수 있는 단체이어야 하고, 형식적 요건으로서의 주무관청의 허가와 등기를 제외하고는 사단으로서의 실체적 요건을 구비하고 있어야 한다. 따라서 비록 어떤 단체가 외형상 목적·명칭·사무소 및 대표자를 정하고 있다고 하더라도 사단의

실체를 인정할 만한 조직, 재정적 기초, 총회운영, 재산관리 기타 단체로서 활동에 관한 입증이 없는 이상 이를 법인 아닌 사단이라고 하지 못한다.[60)]

(ㄱ) 宗中에는 예외가 인정된다. 따라서 종중으로서의 권리능력 없는 사단은 특별한 조직행위 없이도 자연적으로 성립한다. 종중은 자연발생적 종족집단이므로 반드시 특별한 조직행위를 요하지 아니하며, 종중의 결성행위나 성문의 규약제정이 있어야 성립하는 것은 아니다.[61)]

(ㄴ) 自然部落이 권리능력 없는 사단이기 위해서는 일정 조직을 가져야만 하는가. 판례는 원고가 스스로 자연부락에 거주하는 계원들을 구성원으로 하는 단체임을 내세워 그 규약을 정하고 있으나 고유재산도 없고 회의를 열고서도 회의록도 만들지 않고 있으며 대표자의 선임이나 교체과정에 있어서도 이렇다 할 절차를 갖추지 못하였을 뿐만 아니라, 그 사업내용도 회원의 직계존속의 장례에 금품증여, 용구이용 등에 불과하였다면 이는 단순한 친목모임에 불과할 뿐 비법인 사단이라고 볼 수 없는 것이라고 하여 실체적 조직을 요한다.[62)]

(2) 權利能力없는 社團의 형태

권리능력 없는 사단의 형태는 다양하지만, 판례상 나타난 대표적인 것으로는 宗中이 그 전형적인 것이고,[63)] 교회,[64)] 사찰[65)] 동·리의 행정구역 내 있는 주민의 단체[66)]·자연부락[67)]·아파트주민단체,[68)] 주택조합,[69)] 도시의 계획 및 정

---

60) 대판 2003,10, 2003다9353; 1999.4.23, 99다4504; 1992.7.10, 92다2431.

61) 대판 1989.11.28, 89다카14127.

62) 대판 2003,10, 2003다9353.

63) 대판 1985.10.22, 83다카2396·2397; 1992.2.14, 91다1172; 1992.4.14, 91다46533; 판례는 宗中을 공동선조의 분묘수호와 제사 및 종중원 상호간의 친목 등을 목적으로 하는 자연발생적 관습상 발생하는 종족집단 단체로써 종중 유사의 단체와 구별하여 전형적인 권리능력 없는 사단이라 보았고, 종중은 공동 선조를 정함에 따라 大小宗中으로 구분할 수 있는 것이라 한다(대판 1992.4.14, 91다46533).

64) 대판 1962.7.12, 62다133; 1991.11.26, 91다30675; 1994.10.25, 94다28437.

65) 대판 1991.6.14, 91다9336; 1994.10.28, 94다2442.

66) 대판 2004.1.29, 2001다1775; 1999.1.29, 98다33512; 1991.11.26, 91다20999; 1994.2.8, 93다173; 1995.9.29, 95다32051; 판례는 里의 행정구역 내에 거주하는 주민들이 주민의 공동편의와 공동복지를 위하여 주민 전부를 구성원으로 한 공동체를 구성하고 행정구역인 리의 명칭을 사용하면서 일정 재산을 공부상에 그 이름으로 소유해 온 경우에 이러한 공동체는 비법인 사단으로서 그 재산은 里주민의 총유에 속하는 것이라 하고(대판 1995.9.29, 95다32051), 또한 지방자치법이 1949.7.4. 법률 제32호로 제정되어 시행되기 이전의 洞·里는 그 동·리 자체가 관습법상 인정되는 법인으로서 독자적으로 재산권의 주체가 되었고, 동·리의 소유재산이 바로 그 주민의 공유 혹은 총유재산이 되었던 것은 아니나, 동·리의 주민들이 특

비에 관한 법률(구주택건설촉진법)상 재건축조합[70] 등 폭넓게 권리능력 없는 사단의 실체를 인정한다.

(ㄱ) **宗 中 :** 종중이란 공동선조의 후손 중 성년 이상의 남자를 구성원으로 하여 공동선조의 분묘수호, 제사, 종원 상호간의 친목을 목적으로 하는 종족의 자연적 집단을 말한다.[71] 그러므로 宗中은 자연발생적 집단으로써 특별한 조직을 요하지 아니한다.[72]

또한, 구성원에 관하여도 자기의사와 무관하게 종중의 구성원이 되고, 또한 종중에서 탈퇴하거나, 종중이 종원을 축출할 수도 없다. 따라서 일부 종원에 대하여 그 자격을 박탈하는 규약은 종중의 본질에 반하는 것으로서 무효이다.[73]

(ㄴ) **教 會 :** 교회는 기독교 교도들이 신교의 목적으로 구성된 단체로서 일종의 권리능력 없는 사단에 속한다.[74]

(ㄷ) **洞 · 里나 部落 :** 洞이나 里 또는 自然部落도 권리능력 없는 사단의 일종이다.[75] 그러나 판례는 권리능력 없는 사단으로서 자연부락이 존재하고 나아가 자연부락이 그 고유재산을 소유하고 있다는 사실을 인정하려면 먼저 그 자연부락의 구성원의 범위와 자연부락의 고유업무, 의사결정기관인 부락총회와

별히 주민의 공동편익과 공동복지를 위하여 주민 전부를 구성원으로 하는 공동체를 구성하고 일정한 재산을 공부상 동·리의 명칭으로 소유하여 온 경우에는 그와 같은 주민공동체가 그 재산의 소유주체라고 한다(대판 1999.1.29, 98다33512).

67) 대판 1980.3.25, 80다156; 1981.9.8, 80다2810; 1987.3.10, 85다카2508; 1991.7.26, 90다카25765; 1993.3.9, 92다39532; 판례는 법인 아닌 사단이나 재단도 대표자 또는 관리인이 있으면 민사소송의 당사자가 될 수 있으므로 자연부락이 부락주민을 구성원으로 하여 고유목적을 가지고 의사결정기관과 집행기관인 대표자를 두어 독자적인 활동을 하는 사회조직체라면 비법인 사단으로서 권리능력이 있는 것이라고 한다(대판 1993.3.9, 92다39532).

68) 대판 1991.4.23, 91다4478.

69) 대판 1994.6.28, 92다36052; 1998.4.23, 95다26476; 1999.11.9, 99다34420.

70) 대판 1995.2.3, 93다23862; 1996.10.25, 95다56866; 1997.1.24, 96다39721; 1997.5.30, 96다32887; 1999. 1.29, 98다33512; 1999.10.22, 97다49398; 1999.12.10, 98다36344; 판례는 주택건설촉진법에 의하여 설립된 재건축조합은 민법상의 비법인 사단에 해당하고, 비법인 사단이 준총유관계에 속하는 비법인사단의 채권·채무관계에 관한 소를 제기하기 위해서는 달리 특별한 사정이 없는 한 민법 제276조 제1항이 정하는 바에 따라 사원총회의 결의를 거쳐야 하는 것이라고 한다(대판 1999.12.10, 98다36344).

71) 대판 1995.9.15, 94다49007; 1992.2.14, 91다1172; 1985.10.22, 83다카2396·2397.

72) 대판 1989.11.28, 89다카14127; 1980.9.24, 80다640.

73) 대판 1983.2.8, 80다1194.

74) 대판 2006.4.20, 2004다37775; 1962.7.12, 62다133.

75) 대판 1981.9.8, 80다2710; 1980.3.25, 80다156.

대표자의 존부 및 조직과 운영에 관한 규약이나 관습이 있었는지 여부, 그 고유재산을 소유하게 된 경위와 관리형태 등에 관하여 심리·확정하여야 하는 것이라고 한다.[76]

그 외에도 판례는 어촌계(대판 1996.12.10, 95다57159)·수리계(1962.10.4, 62다273), 보중(대판 1995.11.21, 94다15288),[77] 동민회(대판 1954.4.27, 4286민상33; 1991.5.28, 91다7750; 산재치성 목적을 위한 마을주민의 결합체), 제전회(주산제를 거행해 온 자연부락의 주민조직; 대판 1987.4.28, 85다카1300), 친목계(대판 1996.6.10, 96다254), 대한불교조계종총무원(대판 1967.7.4, 67다549; 1992.1.23, 91다581), 불교신도회(대판 1991.10. 22, 91다26072), 사단으로서 실체를 갖춘 민법상 조합(대판 1994.4.26, 93다51519)은 비법인 사단이라고 한다.

그러나 학교(비법인 학교; 대판1957.5.25, 4289민상612·613), 학교비(대판1991.4.23, 91다3987), 동백홍농계(대판 1974.9.24, 74다573)·노인상포계(대판 1992.3.31, 91다41101)[78]는 비법인 사단이 아니라고 한다.

[宗中(門中)의 法的 地位]

1. 宗中의 의의와 법적 성질

(1) 宗中의 의의

(가) 공동선조의 분묘수호, 제사, 종원 상호간의 친목을 목적으로 하는 것으로서, 공동선조의 후손 중 성년 이상의 남자를 구성원으로 하는 종족의 자연적 집단을 종중이라고 한다(대판 1996.7.30, 95다14794; 1995.9.15, 94다49007).

(나) 宗中은 공동선조를 정하는 방법에 따라 상대적으로 大宗中(본관과 성씨로써 특정된다)과 小宗中(파조의 관직명, 별호 등으로 특정)으로 구별되며(대판 1997.2.28, 95다44986; 1992.4.24, 91다18965) 宗中 중에서 유복친의 범위 내의 작은 宗中을 門中이라고 하나, 실제로는 宗中과 門中이 혼용되고 있으며 엄밀히 구별할 실익은 없다.

(2) 宗中의 법적 성질

---

76) 대판 1991.7.26, 90다카25765.

77) 보중(洑中)이 그 몽리민을 구성원으로 하여 고유 목적을 가지고 매년 정기적으로 총회를 개최하여 그 보중을 대표하고 업무를 집행할 대표자를 선출하여 보중을 운영하는 한편, 특정한 재산을 소유하고 있는 경우에는 비법인 사단으로서 당사자능력이 있다(대판1995.11.21, 94다15288).

78) 만 60세 이상의 고령자를 계원으로 하고 그 가족을 보호자로 하는 회원으로 하여 회원이 상을 당할 때마다 매회 금 1,000원씩의 계금을 일정회수 한도 내에서 불입하게 하고, 상을 당한 회원에게는 그 동안 불입한 계금의 액수에 관계없이 가입기간에 따라 일정액의 상포금을 지급하기로 하는 내용의 계로서 조직 및 운영은 전적으로 계주(회장)가 책임지며 그 회원들은 상호간에 잘 알지 못한 채 다만 계주로부터 계금을 불입하라는 통지가 오면 계주가 지정하는 우편대체계좌를 통하여 계금을 불입하고 가입한 계원이 사망하면 계주에게 연락하여 소정의 상포금을 지급 받으면서 위 계에서 탈퇴하게 되는 노인상포계는 비법인 사단에 해당하지 않는다(대판 1992.3.31, 91다41101).

종중의 법률적 성질에 관하여 권리능력 없는 재단 또는 조합관계로 보는 설이 있으나 통설은 권리능력 없는 사단이라고 한다.

판례 또한 宗中은 공동선조의 후손들이 선조의 분묘를 수호하고 친목을 도모하기 위한 사회조직체로서 그 고유재산을 소유・관리하면서 독자적인 활동을 하고 있어 그 단체로서의 실체를 부인할 수 없는 것이라면, 종중은 권리능력 없는 사단으로 봄이 상당한 것이라고 한다(대판 1982.11.3, 81다372 ; 1993.5.27, 92다34193; 1991.8.27, 91다16525).

2. 宗中(門中)의 구성과 조직

(1) 宗中의 구성원

(가) 공동선조와 성과 본을 같이하는 후손은 성별에 관계없이 성년이 되면 당연히 종중의 구성원이 된다(대판 2007.9.6, 2007다34982; 2002. 4.12, 2000다16800; 1993.5.27, 92다34193). 즉 종중은 관습상 당연히 발생하는 것으로 성년 이상의 宗人의 자손은 당연히 그 宗員이 되고 탈퇴가 인정되지 않는다. 그러나 미성년의 자 또는 공동선조의 후손이나 특정지역의 거주자나 특정지역의 범위 내의 자들만으로 구성하는 종중은 인정되지 아니한다(대판 1999.8.24, 99다14228; 1993.5.27, 92다43193; 다만 소종중은 가능하다).

(나) 종중규약으로 일부 종원의 자격을 임의로 제한하거나 확장하는 것은 종중의 본질에 반하는 것으로써 무효이다(대판 1997.11.14, 96다25715; 1995.9.15, 94다49007).

다만, 여성의 종중원 자격을 제한할 수 있는가. 판례는 공동선조의 분묘수호와 봉재사 등 종중의 활동에 참여할 기회를 출생에서 비롯되어 온 성별만에 의하여 생래적으로 부여하거나 원천적으로 박탈하는 것은 우리 전체 법질서에 반하는 것으로서 이와 같은 종래 우리 관습은 더 이상 유지될 수 없는 것이라고 하고(대판 2005.7.21, 2002다1178).더욱 최근의 판례는 여성의 종중원 자격과 종중총회에서의 의결권을 제한하는 내용의 종중규약은 무효라고 한다(대판 2007. 9.6, 2007다34982).

(2) 宗中의 組織

(가) 법인 아닌 단체로서 종중이기 위해서는 일정한 조직을 가져야 하는가. 宗中은 공동선조의 후손 중 성년 이상의 자를 宗員으로 하는 집단이 그 선조의 분묘수호와 제사의 봉행, 종중원 상호간의 친목 등을 목적으로 하는 자연발생적인 관습상 종족집단체로서 특별한 조직행위를 필요로 하는 것은 아니다(대판 2007.9.6, 2007다34982; 2002.4.12, 2000다16800; 1998.7.10, 96다488). 따라서 종중의 성립을 위하여 반드시 특정한 명칭의 사용 및 서면화 된 종중규약이 있어야 하는 것은 아니다.

또한, 종원의 수에는 제한이 없다. 판례는 종중원이 10여명에 불과하다고 하여 그 성립에 영향을 주는 것은 아니라고 한다(대판 1992.2.14, 91다1172; 1992.4.14, 91다46533).

(나) 宗員 중에서 연고행존자(항렬・연령이 다같이 가장 높은 남자)를 宗長 또는 門長이라 하고, 이 宗長은 대내적으로 종중을 대표하는 자이지만 종중재산에 관하여는 아무런 권한이 없다. 종중의 대내적 행위, 즉 종중재산의 관리처분을 맡는 사람은 종회에서 따로 선출된 종중대표자이다.

또한, 종원 중 장자손의 남자로서 장자인 자를 종손이라고 하고 宗孫은 제사에 한해서 종중을 대표할 권한이 있다.

3. 宗中(門中)의 능력

(1) 宗中의 권리능력

宗中(門中)은 권리능력을 갖지 못하지만, 실정법상 당사자능력 · 등기능력이 인정되므로 그 반사적 효과로서 주어진다는 견해가 있다(고상룡 263면, 김상용 284면). 또한 종래 판례도 법인 아닌 단체에 당사자능력 또는 독립한 사회생활단위를 인정하여 권리능력을 인정하였다(대판 1964.6.2, 63다856; 1962.5.10, 4294행상102) 그러나 종중에 권리능력이 주어지지 못하므로 실정법상 인정되는 당사자능력도 형식적 당사자능력에 불과하다.

(2) 宗中의 실정법상 능력

(가) 당사자능력 　민사소송법 제52조는 "법인 아닌 사단이나 재단으로서 대표자 또는 관리인이 있으면 그 이름으로 당사자가 될 수 있다."라고 규정하여 비법인 사단의 당사자능력을 인정하므로 종중도 독자적인 당사자능력을 가진다.

(ㄱ) 宗中이 소송상 당사자능력을 갖기 위해서는 일정한 조직체로서 계속적 성질을 갖추어야 하고(대판 1957.12.5, 4290민상244), 대외적 행위를 할 수 있는 대표자가 있어야 한다(대판 1967.11.21, 67다2013). 그러나 이 대표자는 항상 선임되어 있어야 하는 것은 아니고, 특정법률관계에 관련하여 별개로 선임되어도 무방하다(대판 1973.7.10, 72다1918).

(ㄴ) 宗中은 소송상 法人아닌 社團으로 취급되므로 당사자표시는 宗中 또는 門中으로 하고, 대표자에 의해 소송이 수행되며, 이 대표자에 대해서는 민사소송법상 법정대리인에 관한 규정이 준용된다(민소법 §60).

특히, 종중을 상대로 제소하는 경우 대표자가 정해져 있지 않으면 민사소송법 제60조, 제58조에 의하여 특별대리인에 의하여 대표하게 된다. 또한 판결의 기판력은 당사자인 宗中에만 미치고 宗員에는 미치지 않으며, 집행력도 단체를 구성하는 재산에만 미친다.

(나) 종중의 등기능력 　부동산등기법 제30조는 宗中 또는 門中을 등기권리자 또는 등기의무자로 한다."라고 명시하여 종중의 등기능력을 인정한다(대판 1970.2.10, 69다2013). 판례는 종중소유부동산의 소유권이전등기에 필요한 종중원의 승낙서는 부동산등기법 제55조 제2호에 해당하는 것이 아니라 동조 제8호에 해당하므로 승낙서가 없이 경료된 이전등기라도 등기공무원이 직권 말소하지 못하는 것이라고 한다(대판 1969.3.4, 68마861).

4. 宗中의 재산귀속관계

(1) 不動産取得 여부

종중의 취득재산은 종중명의로 취득할 수 있고 그 취득재산은 종중 총유에 속한다(대판 2000.10.27, 2000다22881; 1994.9.30, 93다27703), 또한 종중도 그 명의로 취득시효 할 수 있다(대판 1983.4.12, 82누4214; 1970.2.10, 69다2013).

판례는 宗中과 같은 법인 아닌 사단명의의 소유권취득행위일지라도 무효라고 볼 수 없는 것이라고 한다(대판 1963.1.31, 62다860). 그러나 종중명의의 농지취득은 종중이 농지개혁법상 농가가 아니므로 불가능하다고 하고(대판 1976.5.11, 75다1427), 法人아닌 社團이 귀속재산을 그 명의로 불하받은 경우 법률상 불하받은 자는 대표자로 표시된 자 개인이라고 한다(대판 1969.1.21, 68다211).

宗中財産은 종중의 총유에 해당하므로 그 관리처분은 종중규약에 정한 바가 있으면 그에 따르고 없으면 종중의 결의에 의하고, 종중총회의 결의 없는 종중재산처분은 무효이다(대판 2000.10.27, 2000다22881; 1996.8.20, 96다18656; 1994.9.30, 93다27703).

(2) 債權・債務의 귀속

法人아닌 社團의 재산이 사원의 총유가 된다는 규정(§275)은 소유권 이외의 재산권에 준용되므로(§278), 채권・채무 역시 종중 자체에 귀속하고 종중명의의 농지취득에 대하여는 원칙적으로 인정되지 않지만 기존 위토가 없는 분묘를 수호하기 위한 位土로 하기 위해서는 예외적으로 묘 1위당 600평 이내의 농지를 취득할 수 있다고 해석한다.

5. 宗中의 召集 등

(1) 종중의 대표기관은 특약이 없는 한 종원 중에서 行列이 가장 높고 가장 연장자인 사람이 宗長이 된다.

종중총회의 소집권자는 종장 또는 문장이나 평소 이들을 정하고 있지 않고 또한 그 선임에 관한 규약이나 특별한 관습이 없으면 현존하는 연고 항존자가 종장이나 문장이 되어 총회를 소집하고(대판 1993.3.9, 92다42439; 1990.11.13, 90다카11971), 또한 이들의 동의를 받아 소집한 총회도 유효하다(대판 1996.6.14, 96다2729; 1985.10.22, 83다카2396・2397).

(2) 종중의 소집은 사단법인의 총회소집에 관한 규정이 준용되며, 이에 반한 총회결의는 원칙적으로 무효이다.

(가) 총회의 소집방법은 반드시 직접 서면에 의하여야 하는 것은 아니고 구두 또는 전화는 물론, 다른 종중원이나 세대주를 통하여 전달하여도 무방하다(대판 2001.6.29, 99다32257; 2000.2.25, 99다20155). 그러나 판례는 소집권자가 지파 또는 거주지별 대표자에게 총회소집을 알리는 것만으로는 부족한 것이라고 하고(대판 1994.6.14, 93다45244), 한편 종중의 규약이나 관행에 의하여 매년 일정한 날에 일정한 장소에서 정기적으로 종중원들이 집합하여 종중의 대소사를 처리하기로 되어 있는 경우에는 별도의 소집절차를 요하지 않는 것이라고 한다(대판 1994.9.30, 93다27703; 1991.10.11, 91다24663).

(나) 종중총회 자체가 종중규약에 따르지 않고 정당한 소집권자에 의하여 소집되지 않거나 일부 종중원에게 소집통지를 하지 아니한 채 개최된 경우에는 그 종중총회의 결의는 무효이다(대판 2001.6.29, 99다32257; 2000.2.25, 99다20155).

판례는 종중총회는 특별한 사정이 없는 한 족보에 의하여 소집통지 대상이 되는 종중원의 범위를 확정한 후 국내에 거주하고 소재가 분명하여 통지가 가능한 모든 종중원에게 개별적으로 소집통지를 함으로써 각자가 회의와 토의 및 의결에 참가할 수 있는 기회를 주어야 하고, 일부 종중원에게 소집통지를 결여한 채 개최된 종중총회의 결의는 효력이 없으나, 그 소집통지의 방법은 반드시 직접 서면으로 하여야만 하는 것은 아니고 구두 또는 전화로 하여도 되고 다른 종중원이나 세대주를 통하여 하여도 무방한 것이라고 한다(대판 2007.9.6, 2007다34982).

다만, 소집절차를 결하여 무효인 총회결의를 후일 적법하게 소집한 종중총회에서 추인하면 처음부터 유효한 것으로 되는가. 무효인 결의가 유효한 결의로 되는 것은 아니지만 새로운 결의에 의하여 그 효력을 소급시킬 수 있는 것이라고 보아야 하고, 판례 또한 긍정한다(대판 1995.6.16, 94다53563).

(다) 적법한 소집절차에 의하여 소집되지 않고 대표자를 선임한 총회의 결의 무효라고 하고(대판 1990.11.13, 90다28542), 또한 일부 종원에게 소집통지를 하지 않고 개최된 종중총회결의는 물론, 종중의 족보에 종중원으로 등재된 성년 여성들에게 소집통지를 함이 없이 개최된 종중 임시총회에서의 결의는 무효이다(대판 2007. 9.6, 2007다34982).

(라) 종중총회의 결의는 특별한 규정이나 종친회의 관례가 없는 한 과반수의 출석에 출석자 과반수로 정한다(대판 1994.11.11, 93다40089). 그러나 종중대표자의 선임이나 종중규약의 채택을 위한 종중회의 의결은 출석자과반수로 족하다(대판 1994.11.11, 94다17772).

또한, 결의권의 행사는 서면 또는 대리인에 의하여 행사할 수 있고, 이로써 일부 종원이 총회에 직접 출석하지 않고 다른 출석 종원에 대한 위임장의 제출방식에 의한 것도 무방하다(대판 2000.2.25, 99다20155; 1991.11.8, 91다25383).

6. 宗中의 소멸

宗中은 극히 드문 일이겠지만 종원이 모두 사망하고 후사가 없을 때 소멸한다.

3. 權利能力없는 社團의 법률관계

X사단은 법인의 설립등기를 하지 않고 비영리목적의 사업을 영위하는 단체로서 甲을 대표로 선임하였다.

(1) 甲이 X사단을 대표하여 사단명의로 丙으로부터 사무용비품을 구입하였다. 그 대금지급의 채무는 누가 부담하는가.
(2) 甲은 사단의 직무를 행함에 제3자 丙에 손해를 가한 경우 丙은 누구에 대하여 손해배상을 청구할 수 있는가.
(3) X사단이 사업상 매수한 토지를 甲의 명의로 등기한 경우 甲이 이를 무단히 丙에게 매각하여 丙의 명의로 소유권이전등기를 경료한 경우 丙의 지위와 X사단과 甲과의 관계는 어떻게 되는가.

---

(1) 權利能力없는 社團의 적용법규

(가) 민법 제275조 제1항은 "法人이 아닌 사단의 사원이 집합체로서 물건을

소유할 때에는 총유로 한다."라고 규정하여 권리능력 없는 사단의 소유관계를 總有라고 함으로써 合有인 組合과 구별한다(§704 참조).

또한, 권리능력 없는 사단에 대하여는 조합에 관한 규정을 적용할 것인가. 통설·판례는 組合에 관한 규정을 적용하지 않고 社團에 관한 규정을 준용할 것이라고 하며, 이들 규정 가운데서 법인격을 전제로 하는 것을 제외하고는 모두 이를 유추 적용할 것이라고 하였다.[79]

그리하여 개정 민법(안)은 제39조의 2를 신설하여 "법인 아닌 사단과 재단에 대하여는 그 성질이 반하지 아니하는 한 본장의 규정을 준용한다."라고 하여 사단법인에 관한 규정을 준용토록 한다.

독일민법과 스위스민법은 인격 없는 사단에 관하여는 민법 중 조합에 관한 규정을 준용하게 하였으나 본질적 차이를 고려하여 사단에 적합하지 않는 조합에 관한 임의규정은 정관에 의하여 묵시적으로 배제되어 있다고 해석하여 독일민법상 권리능력 없는 사단은 실질적으로 社團과 마찬가지로 다루고 있다. 그러나 우리 민법은 당초 人格없는 社團의 소유형태를 總有임을 규정함으로써 組合과 본질적으로 적용을 달리하였다.

(나) 권리능력 없는 사단에는 사단법인에 관한 규정이 원칙적으로 준용된다.

준용권리능력 없는 사단에 준용될 社團法人에 관한 규정은 주로 총회의 소집과 결의,[80] 정관 및 대표자의 업무집행권[81]에 관한 것이고, 그 외에 법인의 등기, 임시이사나 특별대리인의 선임, 청산인의 선임과 해임, 법인의 해산 및 청산에 관한 법인의 감독 등 규정은 준용할 것은 아니다. 그리하여 판례는 정관에 정한 이사의 대표권제한의 등기에 관한 민법 제60조는 비법인 사단에는 준용되지 않는 것이라고 한다.[82]

또한, 權利能力 없는 社團에는 사단법인의 법인격을 전제로 하는 규정은 준용될 여지가 없다.[83] 이것은 단체 자체가 사법상 권리·의무의 주체로서 다루어지는 것, 즉 단체 자체의 이름으로서 권리를 취득하고 의무를 부담하는 것으로 법률상 다루어지는 것을 말하며, 권리능력이 배척되는 이상 당연하다. 그러나 법률은 실체법상 권리능력 없는 사단에 대하여 일정 범위에서 사법상 주체

79) 대판 1997.1.24, 96다39721; 1996.10.25, 95다56866; 1992.10.9, 92다23087; 1967.7.4, 67다549.
80) 대판 1996.10.25, 95다56866; 1992.9.14, 91다46830.
81) 대판 2003.7.22, 2002다64780; 1997.1.24, 96다39721.
82) 대판 2003.7.22, 2002다64780.
83) 대판 1992.10.9, 92다23087; 1996.9.6, 94다18522 참조.

성을 인정하는 규정을 두고 있다.

⑵ 權利能力없는 社團의 내부관계

(가) 權利能力 없는 社團의 내부관계로서 그 단체의 규칙(정관)에 다른 정함이 없는 한 법인격을 전제로 한 것을 제외하고는 사단법인에 관한 규정이 준용된다. 그러나 사단법인에 관한 민법의 규정도 정관으로 달리할 수 있는 여지를 두고 있으므로 민법이 사단법인의 규정보다 구성원의 개성을 더욱 존중하는 단체규약의 설정은 가능하다.

(나) 권리능력 없는 사단의 의사결정은 정관에 따라 總會의 결의로 정하고 민법상 사단법인에 관한 규정이 준용된다.[84)]

(ㄱ) 총회는 최고의사결정기관이고, 구성원총회의 다수결은 모든 구성원을 구속하며, 정관에 특별한 규정이 없는 한 그 과반수로 성립한다.

(ㄴ) 업무집행기관은 총구성원의 수임자로서 위임에 의한 대리인이며 업무집행에 관하여 선량한 관리자의 주의의무를 부담한다(§681).

(ㄷ) 권리능력 없는 사단의 사원이 없는 경우에는 법인의 청산규정을 준용한다. 판례는 사단법인에 있어서는 사원이 없게 된다고 하더라도 이는 해산사유가 될 뿐 바로 권리능력이 소멸하는 것이 아니므로 법인 아닌 사단에 있어서도 구성원이 없게 되었다고 하여 막 바로 그 사단이 소멸하여 소송상의 당사자능력을 상실하였다고 할 수는 없고 청산사무가 완료되어야 비로소 그 당사자능력이 소멸하는 것이라고 하고,[85)] 또한 비법인 사단인 교회의 교인이 존재하지 않게 된 경우 청산법인에 관한 민법 규정이 준용되는 것이라고 한다.[86)]

⑶ 權利能力없는 社團의 외부관계

(가) 당사자능력　권리능력 없는 사단도 그 대표자가 있으면 소송상의 당사자능력을 가진다(민소법 §48). 또한 재산귀속관계의 공시방법에 관하여도 부동산

84) 대판 1996.10.25, 95다56866; 1992.9.14, 91다46830.
85) 대판 1992.10.9, 92다23087.
86) 대판 2003.11.14, 2001다32687; 판례는 교회의 교인이 존재하지 않게 된 경우 그 교회는 해산하여 청산절차에 들어가서 청산의 목적범위 내에서 권리·의무의 주체가 되며, 이 경우 해산 당시 그 비법인 사단의 총회에서 향후 업무를 수행할 자를 선정하였다면 민법 제82조 제1항을 유추하여 그 선임된 자가 청산인으로서 청산 중의 비법인 사단을 대표하여 청산업무를 수행하게 되는 것이라고 한다.

등기법에 특별규정을 둔다(부등법 §30 ①).

(ㄱ) 제3자는 권리능력 없는 사단에 대한 채무명의로써 단체재산에 대하여 집행을 할 수 있다. 판례는 민사소송법 제48조가 비법인의 당사자능력을 인정하는 것은 법인이 아닌 사단이나 재단이라도 사단 또는 재단으로서의 실체를 갖추고 대표자 또는 관리인을 통하여 사회적 활동이나 거래를 하는 경우 그로 인하여 발생하는 분쟁은 그 단체의 이름으로 당사자가 되어 소송을 통하여 해결할 수 있는 것이라고 하여 소송상 능력을 인정한다.[87)]

(ㄴ) 권리능력 없는 사단의 대표자가 행한 타인에 대한 업무의 포괄적 위임과 그에 따른 포괄적 수임인의 대행행위는 비법인 사단에 미치는가. 판례는 비법인 사단에 대하여는 사단법인에 관한 규정 가운데서 법인격을 전제로 한 것을 제외하고는 이를 준용할 것인 바,[88)] 민법 제62조의 규정에 비추어 보면 비법인 사단의 대표자는 정관 또는 총회의 결의로 금지하지 아니한 사항에 한하여 타인으로 하여금 특정행위를 대리하게 할 수 있을 뿐 비법인 사단의 제반 업무처리를 포괄적으로 위임할 수 없는 것이라고 하여 비법인 사단에는 그 효력이 미치지 아니하는 것이라고 한다.[89)]

또한, 권리능력 없는 사단의 대표자가 정관에서 사원총회의 결의를 거쳐야 하도록 규정한 대외적 거래행위에 관하여 이를 거치지 아니한 경우 그 거래행위가 당연 무효로 되는가. 비법인 사단의 경우에는 대표자의 대표권제한에 관하여 등기할 방법이 없어 민법 제60조의 규정을 준용할 수 없고, 비법인 사단의 대표자가 정관에서 사원총회의 결의를 거쳐야 하도록 규정한 대외적 거래행위에 관하여 이를 거치지 아니한 경우라도, 이와 같은 사원총회 결의사항은 비법인 사단의 내부적 의사결정에 불과하다고 할 것이므로, 그 거래 상대방이 그와 같은 대표권제한 사실을 알았거나 알 수 있었을 경우가 아니라면 그 거래행위는 유효하고, 이 경우 거래의 상대방이 대표권제한 사실을 알았거나 알 수 있었음은 이를 주장하는 비법인 사단이 입증하여야 하는 것이라고 한다.[90)]

(나) 불법행위의 책임 권리능력 없는 사단의 불법행위에 관하여는 법인에

87) 대판 1999.4.23, 99다4504.
88) 대판 2003.11.14, 2001다32687; 1996.9.6, 94다18522.
89) 대판 1996.9.6, 94다18522.
90) 대판 2002.7.22, 2002다64780.

준하여 적용된다.

(ㄱ) 불법행위책임에 관한 민법 제35조 제1항의 규정이 준용된다. 따라서 권리능력 없는 사단의 대표자가 그 집무행위를 행함에 있어 第三者에게 不法行爲를 가한 때에는 그 사단과 대표자의 행위에 의한 불법행위책임을 부담한다.

판례는 조합과 같은 비법인 사단의 대표자가 직무에 관하여 타인에게 손해를 가한 경우 그 사단은 민법 제35조 제1항을 준용하여 그 손해를 배상할 책임을 지는 것이라고 하고, 다만 대표자의 행위가 직무에 관한 행위에 해당하지 아니 함을 피해자 자신이 알았거나 중대한 과실로 알지 못한 경우에는 책임을 물을 수 없는 것이라고 한다.[91]

(ㄴ) 권리능력 없는 사단의 대표자가 권한을 남용하여 부정한 대표행위를 한 경우에도 단순히 민법 제35조 제1항을 준용하여 불법행위책임을 인정할 것인가, 아니면 社團에 대해서는 무효 또는 효과귀속을 배척하고 무권대리로서 표현대리규정인 제126조를 적용할 것인가. 문제된다.

表見代理(第126條)適用說은 제35조 제1항의 규정은 대표기관의 불법행위에 대한 법인의 배상책임을 규정한 것으로, 거래관계로 인한 법률행위의 상대방을 동조에 의해 보호하는 것은 규정의 취지에 반할 뿐만 아니라 동조의 적용을 인정한다면 상대방의 선의를 요구하지 않으므로 상대방을 제126조에 비하여 지나치게 보호하게 되므로 민법 제35조 적용은 없고 민법 제126조를 우선 적용하여야 하나. 어떠한 이유로 제126조의 적용이 허용되지 않는 경우(예컨대, 제126조의 요건을 충족하여도 당해 행위를 유효로 할 수 없는 법규상 제한이 있는 경우)에 한하여 제35조 제1항을 적용할 것이라고 한다.

選擇的適用說은 민법 제126조를 법인의 불법행위 중에서도 대표자의 월권행위를 규율하려는 별개의 규정으로 보고 상대방은 손해배상책임이든 이행책임이든 임의로 선택하여 추궁할 수 있는 것이라고 한다.

다수설은 권리능력 없는 단체의 일반거래관계로부터 제3자에게 가한 손해란 점에서 表見代理適用說을 주장한다. 그러나 제126조의 적용은 법령에 의해 당해 행위를 무효로 할 수 없는 경우에 대처할 수 없고, 제35조 제1항의 '직무에 관하여'란 의미의 해석상 악의라든가 중과실이 있는 경우에는 그것에 해당하지 않는다든가 과실상계를 적용한다면 상대방을 지나치게 보호하는 불균형이 초래될 수 있다는 비판을 면치 못한다.

---

91) 대판 2003.7.25, 2002다27088.

또한, 選擇的適用說은 표현책임과 불법행위책임은 효력상 차이가 크므로 상대방의 선택에 따라 임의로 적용된다는 것은 불합리하다는 비판이 가능하다. 판례는 행위의 외형상 법인대표자의 직무행위라고 인정할 수 있는 것이라면 설사 그것이 대표자 개인의 사리(私利)를 도모하기 위한 것이거나 법령에 위배된 것이라도 위 직무에 관한 행위에 해당되는 것이라고 하여 표현대리의 법리에 의하지 않고 법인의 불법행위책임을 인정한다.[92]

생각건대, 이는 법인제도의 본질에 관한 문제로서 오늘날 법인제도는 法人과 理事를 법인의 내부관계에서는 실질을 대리로 파악하면서 법인과 제3자간의 외부관계에서는 法人의 機關으로 파악하여 법인이사의 불법행위는 법인 자신의 불법행위로 처리한다. 뿐만 아니라 개정 민법(안)은 권리능력 없는 사단에 대하여 민법상 組合에 관한 규정을 준용하지 않고 社團法人에 관한 규정을 준용하게 한 점으로 보면 단체대표의 권한남용행위에 대하여 대리이론을 적용하는 것 보다 불법행위책임에 의하여 해결함이 타당하다.

(ㄷ) 대표자의 행위가 職務에 해당하지 아니함을 피해자가 重過失로 알지 못한 경우에 법인의 불법행위로 인한 손해배상책임을 부담하는가.

권리능력 없는 사단의 대표자의 행위가 대표자 개인의 사리를 도모하기 위한 것이었거나 혹은 법령의 규정에 위배된 것이었다고 하더라도 외관상, 객관적으로 직무에 관한 행위라고 인정할 수 있는 것이라면 민법 제35조 제1항의 직무에 관한 행위에 해당한다고 할 것이지만 그 경우에도 대표자의 행위가 직무에 관한 행위에 해당하지 아니함을 피해자 자신이 알았거나 또는 중대한 과실로 인하여 알지 못한 때에는 제외된다.

또한, '중대한 과실'에 대하여 판례는 거래의 상대방이 조금만 주의를 기울였더라면 대표자의 행위가 그 직무권한 내에서 적법하게 행하여진 것이 아니라는 사정을 알 수 있었음에도 만연히 이를 직무권한 내의 행위라고 믿음으로써 일반인에게 요구되는 주의의무에 현저히 위반하는 것으로 거의 故意에 가까운 정도의 주의를 결여하고, 공평의 관점에서 상대방을 구태여 보호할 필요가 없다고 봄이 상당하다고 인정되는 상태를 말하는 것이라고 한다.[93]

---

92) 대판 2003.7.22, 2002다27088; 1969.8.26, 68다2320; 1975.8.19, 75다666.

93) 대판 2003.7.25, 2002다27088.

위 사례 설문 (2)에서 민법 제35조 제1항은 법인격 취득유무의 형식적 요건에 불구하고 실질적으로 조직체의 본질론에 관한 규정이므로 권리능력 없는 사단에도 유추 적용된다. 즉 그 대표자가 직무상 행한 제3자에의 불법행위에 대하여 대표자와 사단이 함께 손해배상책임을 부담한다(부진정연대채무). 따라서 배상권리자는 X사단의 대표 甲을 상대로 선택적으로 또는 연대하여 그 손해배상을 청구할 수 있다.

(다) 단체채무와 구성원개인의 책임　權利能力없는 社團이 법률행위에 관하여 채무를 지는 것은 사단의 대표기관이 사단을 대표하여 행한 경우에 한정됨은 사단법인의 경우와 동일하다.

다만, 이와 같이 해석하여 사단이 부담한 채무는 단체 자체의 재산이 집행의 대상이 된다고 하더라도 이와 더불어 구성원 각자도 직접 책임을 지는가. 즉 사단이 부담한 채무에 대하여 구성원의 책임은 유한책임인가, 무한책임인가.

통설은 사단의 내부조직을 물적 결합으로 보아 단체 자체의 유한책임으로 본다.

(4) 權利能力없는 社團의 재산귀속관계

(가) 민법은 법인 아닌 사단의 사원이 집합체로서 물건을 소유할 때에는 總有로 한다(§275).

또한, 소유권 이외의 재산권에 관하여는 총유에 관한 규정을 준용하므로, 채권·채무를 비롯한 각종의 재산권도 이를 준총유로 된다(§278).

┌ 구성원이 집합체로서 물건을 소유할 때 — 총유로 귀속(지분을 부정)
└ 채권·채무를 비롯한 각종 재산권 — 준총유(§278)

(ㄱ) 법인 아닌 사단의 사원이 집합체로서 물건을 소유할 때에는 總有로 하고(§275) 지분권은 존재하지 않는다.

이에 대한 통설은 이를 총유로 보는 것이 전통적 견해이지만 최근의 유력한 학설은 合有로 보고 지분권이 있다는 견해가 있고, 또한 권리능력 없는 사단을 사단법인형 사단과 조합형 사단으로 나누고 후자에는 잠재적 지분권과 탈퇴의 경우에 지분반환청구권이 있다고 주장하기도 한다.

이에 대한 판례는 우계공박수서를 공동선조로 하는 우계공파 함양박씨 문중의 종원이 모두 사망하고 후사가 없다고 하여 그 재산이 박수서의 부주부공 박지를 공동선조로 하는 상위 종중에 귀속한다고는 볼 수 없는 것이라고 하고,[94] 또한 하나의 교회가 2개의 교회로 분열되고 교회건물의 등기명의가 한쪽 교회 명의로 되어 있는 경우 다른 정한 바가 없으면 종전 교회재산은 분열 당시 교인들의 총유에 속하는 것이어서 그 명도를 구할 수 없는 것이라고 한다.[95]

그러면서도 한편 판례는 종중 토지에 대한 수용보상금을 종원에게 분배하기로 결의하였다면 종원은 직접 종중에 대하여 분배금을 청구할 수 있는 것이라고 하고, 또한 교회의 교인이 탈퇴하면 종전 교회는 소멸하고 이로서 탈퇴 교인의 분배를 청구할 수 있는가에 대하여 종래 판례는 공정하였으나,[96] 최근 판례는 이를 변경하여 종전 교회는 잔존 교인들 구성원으로 하여 실체의 동일성을 유지하면서 그대로 존속하여 그 재산 또한 교회소속 잔존교인의 총유로 되는 것이라고 한다.[97]

어쨌든, 우리 민법은 명문 규정을 두고 있으므로 권리능력 없는 사단의 소유관계는 전형적인 總有이며, 따라서 구성원의 지분권이란 인정되지 않는다.

(ㄴ) 債權에 대하여는 구성원은 持分權을 갖지 않고, 다만 구성원 각자가 총회를 통하여 그 관리에 참여할 따름이다. 그러나 債務는 달리한다.

(a) 권리능력 없는 사단의 법률행위로 채무[책임]를 지는 것은 그 사단의 대표기관이 사단을 대표하여 행위를 한 경우에 한한다. 따라서 권리능력 없는 사단의 대표자가 단체의 이름으로 체결한 법률행위로 부담한 채무는 그 구성원에게 총유적으로 귀속한다. 즉 총사원이 준총유 한다.

(b) 구성원의 책임은 有限責任이다. 즉 단체의 채무는 그 단체의 총유재산만으로 책임을 지고 구성원은 특별히 규약에서 달리 정하지 않는 한 회비 기타 일정한 부담 외에는 제3자에 대하여 책임을 지지 않는다.

그러나 최근의 유력한 학설은 권리능력 없는 단체에도 실질적으로 여러 가지 유형의 것이 있으므로 단체의 목적이 비영리이면 유한책임, 영리이면 무한책임이며, 단체 수익활동의 결과인 이익이 구성원에게 분배되는 요소가 약하면 유한책임, 강하면 무한책임이이라고 하고, 또한 구성원 탈퇴의 경우 지분반환

94) 대판 1999.2.23, 98다56782.
95) 대판 1993.1.9, 91다1226.
96) 대판 1993.1.19, 91다1226.
97) 대판 2006.4.20, 2004다3775.

청구권이 인정되지 않는 경우에는 유한책임, 인정될 때에는 무한책임으로 보아야 하는 것이라고 한다.

(ㄷ) 總有物의 管理 및 處分行爲는 규약이나 총회결의에 의한다. 여기서 총유물의 관리 및 처분행위란 총유물 그 자체에 관한 법률적·사실적 처분행위와 이용·개량행위를 말하는 것으로서 규약 또는 총회의 결의에 의하지 아니한 총유물의 관리 및 처분행위는 무효이다.[98]

위 사례 설문 (1)에서 대표자가 권리능력 없는 사단의 명의로 채무를 부담한 경우 그 대금지급채무는 그 사단의 구성원 전원에게 총유적으로 귀속한다.

다만, 권리능력 없는 사단의 채무가 사단에 총유적으로 귀속할 때 대표자 자신의 책임은 어떻게 되는가.

해석론적 문제이나 사단법인의 채무에 관한 해석론에 준용할 것으로 본다. 결국 대급지급채무는 X사단이 부담하며 임의로 이행하지 않으면 채권자는 X사단만을 피고로 하여 소송을 제기할 수 있다(민소법 §48).

또한, 강제집행상 책임재산은 사단의 고유재산에 국한된다.

(나) 宗中·門中 기타의 대표자 또는 관리자 있는 法人아닌 사단·재단은 등기권리·의무자로서 지위를 가진다. 부동산등기법 제30조 제1항은 "종중·문중 기타의 대표자나 관리인 있는 법인 아닌 사단이나 재단에 속하는 부동산의 등기에 관하여는 그 사단 또는 재단을 등기권리자 또는 등기의무자로 한다."라고 하고, 동조 제2항에서는 "전항의 등기는 그 사단 또는 재단의 명의로 그 대표자 또는 관리인이 이를 신청한다."라고 규정하여 권리능력 없는 사단도 직접 단체의 명의로 등기를 할 수 있게 하고 있다. 그러나 권리능력 없는 사단이 독립한 책임재산의 주체로 인정된다면 어떤 구체적 재산이 당해 주체에 속한다는 공시를 요하고 또한 공시방법이 가능해야 한다.

(ㄱ) 부동산에 관하여는 登記能力이 있다. 종중·문중 기타 대표자나 관리인이 있는 법인 아닌 사단이나 재단에 속하는 부동산의 등기는 그 사단 또는 재단을 등기권리자 또는 등기의무자로 한다. 그리고 이 등기는 그 사단 또는 재단의 명의로 그 대표자 또는 관리인이 신청한다(부등법 §30 ①②).

(ㄴ) 動産에 관해서는 그 공시방법인 점유(§188)는 직접으로는 단체의 대표자

98) 대판 2003.7.22, 2002다64780; 판례는 재건축조합이 재건축사업의 시행을 위하여 설계용역계약을 체결하는 것은 단순한 채무부담행위에 불과하여 총유물 그 자체에 대한 관리 및 처분행위라고 볼 수 없는 것이라고 한다.

에 의해 행해지나 총구성원도 그를 통해 간접점유하게 된다.

(다) 權利能力없는 社團의 이름으로, 즉 代表하여 행한 법률행위에 행위자 자신은 개인적인 책임을 지는가.

견해 중에는 권리능력 없는 사단이 영리사단인 경우에는 무한책임을 져야 할 것이라고 하나,[99] 다수설은 우리 민법이 社團에 관한 규정을 준용할 것으로 한 점에서 有限責任이라고 한다. 그러나 구성원의 개인책임에서와 같이 거래의 상대방이 어느 정도 행위자의 개인재산으로부터 지급 받을 것으로 예상하고 거래를 하는가에 따라 상대방에 어느 정도 법적 보호를 해 줄 것인가를 고려하여 결정할 것이다.

4. 權利能力없는 社團의 소멸

권리능력 없는 사단은 해산사유의 발생 및 총회의 결의로 소멸한다.

권리능력 없는 사단에 해산사유가 발생하였다고 하더라도 곧바로 당사자능력이 소멸하는 것이 아니라 청산사무가 완료될 때까지 청산의 목적범위 내에서 권리·의무의 주체가 되고, 이 경우 청산 중의 권리능력 없는 사단은 해산 전의 사단과 동일한 사단이고 다만 그 목적이 청산 범위 내로 축소된 데 지나지 않는다.[100]

위 사례 설문 (3)에서 X사단과 대표 甲간의 판례법상 명의신탁관계에 속한다. 이때 수탁자인 甲은 외관상으로는 소유자로 되어 있으나 대외적 관계에 있어서 명의신탁의 목적의 범위를 벗어나서 권리를 행사할 수 없는 채권적 제한을 부담하고 있다. 다만 명의신탁 자체를 인정할 것인가에 관하여 통정허위표시로서 무효란 견해도 있으나 판례는 그 유효성을 인정하며, 그 신탁행위의 성질에 관하여는 절대적권리이전설·형식적권리이전설·해제조건부권리이전설 등이 있으나, 다수설·판례는 상대적권리이전설을 취한다. 즉, 제3자에 대한 대외관계에 있어서는 수탁자인 甲이 완전한 소유권자로 되므로 비록 내부적 채권적 제한에 위배하여 처분한 행위라도 유효한 처분행위로 되며, 다만 내부적관계로서 채무불이행의 문제만 남을 따름이다. 따라서 사안에서 丙은 그의 선의·악의를 불문하고 적법하게 그 토지의 소유권을 취득하게 된다(대판 1963.9.19, 63다788).

특히, 명의신탁관계는 사안에서와 같이 공부상 신탁자명의로 등기·등록된 사실이 없더라도 유효하게 성립한다는 것이다(대판 1970.2.24, 69다2163 참조). 그러므로

99) 김주수 153면.

100) 대판 2007.11.16. 2006다41297.

X재단법인은 대표자 甲에 대하여 불법행위로 인한 손해배상청구를 행사하거나 채무불이행책임 또는 부당이득의 반환 등을 청구할 수 있을 뿐이다.

권리능력 없는 사단 A는 그의 재산인 부동산을 A의 대표자 중의 한 사람인 B의 소유명의로 등기하고 있었다. B는 私利를 꾀하여 그 부동산을 제3자인 C에게 매도하고 이전등기를 경료하였다. 이 경우 A·B간의 법률관계에 관하여 B가 A의 대표자로서 매도한 경우와 자기 이름으로 매도한 경우와를 나누어 논하라.

---

[68] Ⅲ. 權利能力없는 財團

1. 權利能力없는 財團의 의의

권리능력 없는 사단과 같이 權利能力없는 財團도 없지 않다. 여기서 權利能力없는 財團이란 재단으로서 실체를 가지면서도 인격 없는 재단, 즉 주무관청의 허가를 받지 않거나 등기하지 아니한 단체를 말하고, 종교재단, 유치원, 한정승인한 상속재산이나 상속인 없는 상속재산, 특수재단(파산재단, 광업재단) 등이다.

2. 權利能力없는 財團의 법적 지위

權利能力없는 財團에 관하여도 대체로 권리능력 없는 사단에서와 같다.

특히, 개정 민법(안) 제39조의 2는 "법인 아닌 사단과 재단에 관하여는 그 성질이 반하지 아니하는 한 법인에 관한 장을 준용한다."라고 규정한다. 따라서 권리능력 없는 재단을 둘러싼 법률관계, 즉 민사소송법상 당사자능력, 부동산등기법상 등기능력 등은 모두 그것이 사실상 재단인 것을 전제로 하여 대체로 권리능력 없는 사단의 경우와 동일하게 적용된다.

다만, 사단에 관한 구성원이나 대표자에 관하여는 권리능력 없는 재단의 대표자·관리자의 문제가 되고, 기본적 재산의 제공자(사실상 출연자)에 관하여는 사단의 구성원에 유사한 문제가 될 것이다.

3. 權利能力없는 財團의 법률관계

(1) 權利能力없는 財團의 設立은 설립자의 단독행위의 성질을 가지며, 증여·

유증에 관한 규정이 준용된다(§47).

또한, 그 내부관계에 관하여는 재단법인에 관한 규정을 준용한다.

(2) 社團에서와는 달리 구성원이 없으므로 總有나 合有關係를 부정한다. 따라서 법인 아닌 재단의 재산권취득은 어떤 형태로 귀속하게 되는가.

권리능력 없는 재단의 부동산취득에 관하여는 부동산등기법상 법인 아닌 재단의 명의로 등기할 수 있게 하고 있으므로(부등법 §30) 법인 아닌 재단의 명의로 등기한 경우 그 재단의 단독소유로 된다.

다만, 공시방법이 없는 기타 재산권에 관하여는 법인 아닌 財團의 單獨所有에 귀속할 것인가. 견해가 대립한다.

信託法理說은 공시방법이 없으므로 재단의 단독소유로는 불가능하고(관리자 개인명의로 보유되는데 불과), 따라서 부동산 이외의 형식적인 귀속관계는 신탁의 법리로 구성할 것이라고 한다. 즉 재산은 관리자의 개인명의로 보유되며 법률행위도 이 관리자의 개인명의로 보유되는데 불과할 것이라고 한다(곽윤직 129면, 김학동 169면, 김주수 208면).

財團單獨所有說은 공시방법이 없는 것은 권리능력 없는 사단도 동일하며, 권리능력 없는 사단이 단독소유에 의하는 것과 같이 권리능력 없는 재단의 단독소유에 속하는 것이라고 한다(고상룡 264면, 이영준 795면, 이은영 251면, 김상용 284면, 백태승 216면).

다수설은 법인 아닌 재단도 독립한 실체라는 점을 들어 財團單獨所有說을 취한다. 판례 또한 종래부터 존재하여 오던 사찰의 재산을 기초로 구 불교재산관리법(1987.11.28. 법률 제3974호 전통사찰보존법 시행으로 폐지)에 따라 불교단체 등록을 한 사찰은 권리능력 없는 재단으로서의 성격을 가지고 있다고 볼 것이므로, 비록 신도들이 그 사찰의 재산을 조성하는데 공헌하였다고 할지라도 그 사찰의 재산은 신도와 승려의 총유에 속하는 것이 아니라 권리능력 없는 사찰 자체에 속하는 것이라고 한다.[101]

생각건대, 입법정책의 문제이지만 권리능력 없는 사단에 대하여는 사단에 관한 규정을 준용하면서 그 소유형태에 대하여는 총유로 한다. 그러나 권리능력 없는 재단에 대한 그 소유형태를 규정하지 않지만, 권리능력 없는 재단에 관하여는 재단법인에 관한 규정을 준용할 것이므로 역시 그 소유 형태도 당연히 그 재단의 단독소유로 귀속할 것이나, 다만 실정법상 이를 공시할 방법이 없는 점

101) 1994.12.13, 93다43545.

에서 보면 사실상 신탁의 법리가 적용될 것이다.

(3) 법인 아닌 財團의 債務는 재단에 귀속하고 유한책임을 진다. 견해 중에는 재단채무의 변제에 재단의 책임재산으로 부족한 때에는 대표자에 담보책임을 인정하여야 할 것이라는 견해가 있다.[102] 그러나 실정법상 규정이 없는 점에서 인정하기 어렵다.

102) 장경학 301면, 김상용 284면.

제 4 장　私權의 對象

제 1 절　私權의 客體

[69]　Ⅰ. 私權客體의 概念

1. 私權客體의 의의

⑴ 모든 권리는 일정한 사회적 이익을 그 내용 또는 목적으로 한다. 이러한 내용 또는 목적이 성립하기 위하여 필요한 일정한 대상, 즉 권리내용을 실현하기 위하여 법률상 힘이 미칠 수 있는 일정한 대상을 '권리의 객체'라고 한다.

⑵ 權利의 客體는 권리의 종류에 따라 상이하다. 즉 물권은 물건, 채권은 특정인의 행위(급부), 권리상 권리는 그 권리, 형성권은 법률관계, 지적재산권은 정신적 산물, 인격권은 권리의 주체자 자신, 친족권은 친족법상의 지위, 상속권은 상속재산 등이 각각 권리의 객체가 된다.

① 채권 - 특정인(채무자)의 행위(작위・부작위)
② 무체재산권 - 저작・발명 등의 정신적 산물
③ 친족권 ┌ 친족법상 지위로 보는 설(다수설)
　　　　　└ 일정한 친족관계에 있는 자라고 보는설(김증한 187면).
④ 상속권 - 상속재산
⑤ 인격권 - 권리주체자 자신
⑥ 형성권 - 법률관계(예 : 계약에 기한 해제권)
⑦ 권리상 권리 - 그 권리(예 : 전세권상 저당권)

⑶ 권리의 객체 중 物件은 물권이란 배타적 지배권의 객체로서 대부분 채권의 객체와 관련되어 물권행위의 목적을 이루므로 권리의 객체 중 특히 중요한 의의를 가진다. 그러므로 권리의 객체란 대체로 物件을 의미하며, 민법 제98조는 물건의 정의를 입법적으로 명확히 하고 있다.

2. 私權의 客體에 대한 민법규정

(1) 物件에 관한 규정은 독일민법 제1초안과 스위스민법은 물권편에서 규정하나 우리 민법은 총칙편에서 이를 규정한다.

(2) 민법은 총칙편에서 권리의 객체에 관한 제98조(물건의 정의)와 제102조(과실취득)에서 物件에 관한 통칙적 규정만을 두고 있을 뿐이고 권리객체 전부에 걸치는 일반적 규정은 두고 있지 아니한다.

왜냐하면, 권리객체 전부에 걸치는 일반적 규정을 둔다는 것은 사실상 어렵고, 또한 物件은 물권의 객체일 뿐만 아니라 債權·形成權 기타 권리에도 간접적으로 관계되기 때문이다.

[70] Ⅱ. 私權의 客體로서 物件

1. 物件의 의의

(1) 物件이란 유체물 및 전기 기타 관리 가능한 자연력을 말한다(§98). 따라서 유체물·전기는 물론 무체물이나 관리 가능한 것이면 물건으로 된다.

(2) 민법은 有體物이든 無體物이든 권리의 대상으로서의 物件이기 위해서는 관리 가능한 것이어야 함을 요한다. 따라서 有體物이지만 관리가능하지 아니한 것은 物件이 아니며, 또한 성질상 권리주체 밖의 것이어야 한다.

2. 物權의 대상인 물건

민법 제98조는 "본법에서 물건이라고 함은 유체물 및 전기 기타 관리할 수 있는 자연력을 말한다."라고 하여 물건에 관한 정의와 요건을 명시한다. 따라서 사권의 객체로서 物件이기 위해서는 다음의 요건을 갖추어야 한다.

(1) 有體物

(가) 물건에는 유체물과 무체물이 있다. 여기서 有體物이란 공간의 일부를 차지하고 사람의 감각에 의하여 지각될 수 있는 형태를 가진 물질, 예컨대 고

체 · 액체, 경우에 따라서 기체을 말한다.

(나) 私權의 대상인 물건이 물권의 대상이기 위해서는 원칙적으로 유체물이어야 한다.

(ㄱ) 無體物도 物件에 포함하는가. 로마법 · 프랑스민법 · 스위스민법은 무체물도 물건에 포함시키고 있으나 독일민법과 우리 구민법(§85)은 유체물에 한정하였다. 그러나 현행 民法은 스위스민법을 본받아 관리 가능한 자연력을 물건에 포함시키고 있다. 따라서 권리의 객체로서 물건에는 전기 · 열 · 빛 · 음향 · 향기 · 에너지 등과 같이 일정한 형태가 없고 그 존재를 감지할 수 있는데 불과한 물질(무체물)을 포함한다.

(ㄴ) 有體物은 물건의 전형적인 것이지만, 유체물 모두가 권리의 대상인 물건이 되는 것은 아니다. 왜냐하면 유체물이라도 민법상 물건이기 위해서는 관리 가능한 것이어야 하기 때문이다.

(ㄷ) 상품권 · 주식 등 권리는 물건이 아니다. 그러나 질권 · 권리저당 · 준점유로서의 대상은 될 수 있다.

(2) 管理可能한 物件

(가) 법률상 물건은 사람이 관리할 수 있는 것에 한한다.

管理가 可能하다는 것은 지배가 가능한 것이며, 법률상 사용 · 수익 · 처분할 수 있음을 의미한다.

(나) 민법상 유체물은 물론, 무체물인 自然力도 관리 가능하면 물건이 된다.

(ㄱ) 日 · 月 · 星辰은 유체물이지만 관리할 수 없으므로 물건의 개념에서 제외되고, 공기 · 에너지는 무체물이지만 인간에 의하여 관리되는 상태에 있으면 물건이 된다. 그러나 이것은 상대적 개념이어서 시대에 따라 변천한다.

(ㄴ) 대기 속에 발사된 電波와 같이 배타적 지배의 범위를 벗어난 무체의 자연력도 역시 물건이 아니다. 또한 海洋(바다)은 소유권의 객체는 아니지만 어업권과 공유수면매립권의 객체로서 물건이 될 수 있다.

(3) 外界의 一部인 物件

(가) 근대법은 인격을 가진 사람에 대해서는 배타적 지배를 인정하지 않는다. 따라서 사권의 대상으로서 물건이기 위해서는 권리주체자 밖의 일부, 즉 비인

격적인 것이어야 한다.

(ㄱ) 人體 또는 그 一部는 물건이 아니다. 그러나 인체의 일부가 인체로부터 분리된 것, 예컨대 머리털·이·손톱·혈액 등은 물건이며, 분리당한 사람의 소유에 속한다. 그 외에 인위적으로 인체에 부착한 물건이라도 신체에 고착하고 있는 한 신체의 일부이며 물건은 아니다.

(ㄴ) 屍體의 物件性에 관하여 견해 중에는 시체가 미라나 학술용 골격으로 되어 인간의 존엄과 가치에 대한 인식을 잃게 된 경우라면 몰라도 그렇지 않는 한 물건으로 볼 수 없다는 견해가 있다.[1] 그러나 우리나라 학설은 대체로 일치하여 시체의 물건성을 긍정한다.

다만, 屍體는 소유권의 객체가 되는가.

> 特殊所有權說은 시체는 보통 소유권과 같이 사용·수익·처분할 수 없고, 오직 매장·제사 등을 위한 권능과 의무를 내용으로 하는 특수소유권이라고 한다.
> 慣習上管理權說은 시체에 대한 권리는 소유권이라고 볼 수 없고 매장·제사하는 권리에 지나지 않으며, 양도·포기할 수도 없는 것이므로 관습법상 관리권에 불과한 것이라고 한다(방순원 138면, 백태승 282면).

다수설은 特殊所有權說을 취한다. 그러나 특수소유권설을 취한다고 하더라도 시체에 대한 임의적 처분은 반사회질서행위로서 무효이고, 비록 死者가 미리 처분의 방법을 정한 경우라도 사회질서에 반하지 않는 범위 내에서만 그 처분이 허용된다. 그러나 屍體의 소유권 객체성 여부는 사자 자신의 신체처분에 대한 유언과 관련하여 특수소유권설을 취할 실익이 있지만 그 귀속주체를 고려하여 보면 오히려 관습상관리권설이 타당한 결과가 된다.

(ㄷ) 屍體 또는 遺骨은 특수소유권설에 의하면 시체소유권은 제사를 주제하는 자, 즉 상주에게 귀속한다고 하거나,[2] 호주승계인에게 귀속하게 되나,[3] 관습상관리권설에 의하면 관습상 관리권만이 상주 또는 제사를 주제하는 제사손에 귀속한다. 따라서 제사를 주제하는 자는 분묘에 속한 일정범위의 금양임야와 묘토인 농지 및 제구를 소유하고 시체와 유골을 관리하는 것이라고 한다 (§1008의 3 참조).

---

1) 김상용 316면 ; 이영준 895면; 또한 독일에서는 견해의 대립이 있으나 이를 부정함이 일반적이다.

2) 곽윤직 169면, 김용한 216면, 김주수 270면.

3) 김학동 233면.

(4) 獨立된 物件

권리의 객체인 물건은 하나의 독립한 존재를 가지는 것이어야 한다. 민법은 물건의 집단위에 하나의 물권을 인정할 필요나 실익이 없다는 점과 공시의 관철이 어렵다는 점에서 하나의 물건에 하나의 물권을 인정하는 소위 一物一權主義를 취한다. 따라서 어떤 것을 하나의 물건으로 할 것인가.

물건의 독립성은 물권관계에 있어 대단히 중요한 문제이다. 예컨대 임대차관계에서 임차인의 부속물매수청구권(§646)과 유익비상환청구권(§626)의 발생 여부는 가치증대의 결과 독립성을 인정할 것인가 문제로 되며, 대체로 거래통념에 따라 정하여진다.

(가) 단일물 형체상 단일한 일체를 이루고 그 구성부분이 개성을 잃은 물건으로서 당연히 1개의 물건으로 된다.

다만, 土地는 분필하여 개물성을 정하는 것이지만 지적법상 분필절차를 거치지 아니하고 분할 등기한 경우 단일물로서 유효한 효력을 가지는가.

토지의 개수는 지적공부상 토지의 필수를 표준으로 하여 결정되는 것으로 1필지의 토지를 수필의 토지로 분할하여 등기하려면 먼저 지적법이 정하는 분할절차를 밟아 지적공부에 각 필지마다 등록이 되어야 하고 지적법상 분할절차를 거치지 아니한 것은 1개의 토지로서 등기의 목적이 되지 못한다.

그리하여 판례는 지적법상 분필절차를 거치지 아니한 토지가 설사 등기부에만 분필등기가 실행되었다고 하여도 이로써 분필의 효과가 발생할 수 없는 것이므로 결국 이러한 분필등기는 1부동산 1등기용지의 원칙에 반하는 등기로서 무효라고 하여 독립성을 부정한다.[4)]

(나) 물건의 구성부분 物件의 構成部分(Bestandteil)은 일물일권주의의 결과 원칙적으로 권리객체성이 부정된다. 독일민법은 물건의 구성부분이 어느 부분을 파괴하거나 그 본질을 변경시키지 않고서는 분리할 수 없는 부분을 본질적 구성부분이라고 하고 비본질적 구성부분과 구별하여 다른 권리의 목적으로 될 수 없음을 규정한다(BGB §93).

또한 판례는 1필인 토지의 일부라도 사실상 분필되어 독립된 권리의 목적물이 될 수 있는 상태에 있으면 당사자간에 그 양도의 효력이 있는 것이라고 하

4) 대판 1990.12.7, 90다카25208.

고,[5] 1필의 토지에 대한 소유권이전등기 중 일부의 말소는 특정하여 허용할 것이라고 한다.[6]

(ㄱ) 물건의 독립성 여부를 결정하는 표준은 물리적 형태에 의하여 결정될 것이지만 그 밖에 거래실태 또는 사회통념에 따라서 결정하게 된다.

(a) 建物은 그 자재・구조・양식 여하를 막론하고 옥개 없이는 구성할 수 없는 것이므로 건물의 옥개부분은 당연히 건물의 구성부분에 불과하다.

다만, 원체인 住宅에 따른 附屬建物은 독립된 건물로 되는가. 판례는 1동의 건물은 그 전체를 경락허가의 대상으로 삼아야 하고, 그 일부분을 분리하여 따로 경락허가를 받을 수 없는 것인데 경매법원이 위 등기된 건물 중 원채인 주택 및 창고와 부속건물 중 1동을 제외한 부속건물 3동을 따로 떼어 경락허가한 것은 2동은 그것이 위 등기된 건물의 부속물이라면 같은 이유로 위법하고, 따로이 독립된 건물이라면 경매신청이 없는데 경락을 허가한 허물이 있는 것이라고 하여 그 독립성 여부는 소유자의 의사에 의하여 정하도록 한다.[7]

(b) 논(畓)의 유지보호를 위하여 절대적으로 필요불가결한 '둑'과 같은 것은 그 논의 구성부분에 불과하다. 따라서 농지매매에서 둑은 논의 평수에 포함시켜서 거래하는 것이 관행이다.[8]

(ㄴ) 集合物은 단일물 또는 합성물인 수개의 건물이 집합하여 경제적으로 단일한 가치를 가지고 있는 물건이지만 특별법이 공시방법을 마련하므로 법률상 하나의 물건으로 다루어진다.

다만, 일정한 財産과 企業도 물권의 대상이 되는가.

보통 財産(Vermögen)이란 어떤 주체를 중심으로 또는 일정 목적 하에 결합한 금전적 가치 있는 물건 및 권리・의무의 총체를 말한다. 이들 중 주체를 중심으로 하는 것, 예컨대 부재자의 재산, 채무자의 재산, 피상속인의 재산은 그 독립성이나 일체성이 약하여 의미가 적다. 그러나 어떤 목적을 중심으로 결합한 재산, 예컨대 재단법인의 출연재산・조합재산・신탁재산・파산재단・재단저당 등은 보다 독립성이 강하다. 그러나 근대법은 특별한 규정(예컨대, 법인격

5) 대판 1960.7.21, 4290민상683.
6) 대판 1962.2.15, 4294민상663.
7) 대판 1990.10.11, 90마679.
8) 대판 1962.6.23, 62다120.

이 부여되는 재단법인의 출연재산 · 재단저당)이 없는 한 財產에 대하여 독립성이나 일체성을 인정하지 않는 것이 원칙이다.

또한, 企業(Unternehmen)이란 영리를 목적으로 계속적으로 경제행위를 행하는 하나의 독립한 경제적 주체로서 企業財產은 주체를 떠난 객관적으로 독립한 일체로서의 존재를 취득하며, 매매 · 대차 · 담보 등 거래의 객체가 된다. 즉 기업재산에 대하여 독립성 · 일체성을 인정하는 것이 일반적 경향이다.

(다) 물건의 일부　物件의 一部는 원칙적으로 물권의 객체로 되지 못한다. 그러나 不動產의 일부는 용익물권의 객체가 되고(부등법 §136-139) 1동의 建物의 일부는 구분소유권의 객체가 된다.

또한, 未分離果實과 樹木의 集團은 명인방법에 의해 독립한 부동산으로서 소유권의 객체가 된다.

(ㄱ) 시설부지에 정착된 '레일'은 사회통념상 그 부지에 계속적으로 고착되어 있는 상태에서 사용되는 시설의 일부에 해당하는 물건이다.[9]

(ㄴ) 1동의 건물 중 구분된 각 부분이 구조상 · 이용상 독립성을 가지고 있는 경우에 그 각 부분을 1개의 구분건물로 하는 것도 가능하고, 그 1동 전체를 1개의 건물로 하는 것도 가능하므로 이를 구분건물로 할 것인가 여부는 특별한 사정이 없는 한 소유자의 의사에 의하여 결정된다. 따라서 건물이 구분건물로 되기 위해서는 객관적 · 물리적인 측면에서 구분건물이 구조상 또는 이용상 독립성을 갖추어야 하고, 그 건물을 구분소유권의 객체로 하려는 의사표시, 즉 구분행위가 있어야 한다.

판례는 소유자가 기존건물에 증축을 한 경우에도 증축부분이 구조상 또는 이용상 독립성을 갖추었다는 사유만으로 당연히 구분소유권이 성립된다고 할 수는 없고, 소유자의 구분행위가 있어야 비로소 구분소유권이 성립할 것인 바, 소유자가 기존건물에 마쳐진 등기를 증축한 건물의 현황과 맞추어 1동의 건물로서 증축으로 인한 건물표시변경등기를 경료하였다면 이를 구분건물로 하지 않고 그 전체를 1동의 건물로 하려는 의사였다고 봄이 상당할 것이라고 한다.[10]

---

9) 대판 1972.7.27, 72마741.
10) 대판 1997.7.27, 98다35020.

제 2 절 私權의 分類

[71] Ⅰ. 民法上 物件의 分類

1. 不動産과 動産

(1) 不動産 ┌ 토지(土地) — 공시 여부에 불문한 언제나 독립된 부동산
└ 토지의 정착물(定着物)
┌ 건물 · 입목 -- 언제나 독립된 부동산
└ 수목의 집단 · 미분리과실 -- 명인방법을 갖춘 때 독립된 부동산
(2) 動 産 ┌ 부동산 이외의 물건(금전 포함)
└ 무기명채권 — 채권법상 특별히 규정하므로 동산에서 제외

(1) 不動産

土地와 그 定着物은 부동산이다(§99 ①). 土地에 부착하는 물건이라도 정착물이 아니면 동산이 된다. 따라서 土地는 당연히 부동산이 되며 土地상의 물건도 정착물이면 부동산이 된다.

독일민법과 스위스민법은 動産과 土地를 대립시키고 건물 · 수목 등 정착물은 토지의 본질적 구성부분으로 보아(프랑스도 대체로 동일), 건물 기타 정착물은 토지의 일부로 되며 부동산으로 다루지 아니한다. 그러나 우리 민법은 토지의 정착물도 독립된 부동산으로 한다.

(가) 토 지　土地는 언제나 독립된 부동산이 된다. 土地란 일정한 범위의 지면에 정당한 이익이 있는 범위 내에서 그 수직의 상 · 하(공중과 지하)를 포함시킨 것이다(§212 참조). 따라서 토지의 구성물은 토지와 별개의 독립한 물건은 아니며, 토지소유권은 당연히 그 구성물에도 미친다.

다만, 未採掘鑛物이 그 토지로부터 독립된 부동산인가.

헌법 제120조는 "광물 기타 중요한 지하자원, 수산자원, 수력과 경제상 이용할 수 있는 자연력은 법률이 정하는 바에 의하여 그 채취 · 개발 또는 이용을

특허할 수 있다."라고 규정함으로서 견해가 대립한다.

소수설은 국유에 속하는 독립된 부동산이라고 하나,[11] 다수설은 토지의 구성물에 불과하지만 국가의 배타적 채굴취득허가권의 객체가 되는 것이라고 한다.

(ㄱ) 土地는 등기부상에 1필마다 지번을 붙이고 그 개물의 범위를 정함으로써 동일성을 식별한다. 따라서 土地는 연속적인 토지에 인위적으로 그 지표에 선을 그어서 경계로 삼고 구획되며 토지대장에 등록된다.

등록된 각 區域은 독립성이 인정되며 지번으로 표시되고 그 개수는 筆로서 계산된다. 또한 一筆의 土地를 합병하려면 분필 또는 합필절차를 밟아야 한다.

(ㄴ) 一筆의 土地의 일부만을 분필절차를 밟기 전에 물권거래의 객체로 할 수 있는가. 구 민법하의 판례·통설은 이를 긍정하였다. 이것은 물권변동의 의사주의의 결과이며, 물권변동의 형식주의로 전환한 현행 민법 하에서는 분필절차를 밟기 전에는 토지의 일부를 양도하거나 제한물권의 설정 또는 시효취득하지 못한다. 그러나 용익물권의 설정은 분필절차를 밟지 않더라도 1필인 토지의 일부 위에 설정할 수 있는 예외가 인정된다(부등법 §139 ②).

(나) 토지의 정착물　土地의 定着物이란 토지에 고정적으로 부착하여 용이하게 이동할 수 없는 물건으로서 그러한 상태로 사용되는 것이 그 물건거래의 성질상 인정되는 것을 말한다.

(ㄱ) 土地의 定着物은 모두 부동산이지만 그 취급에는 차이가 있다. 즉 토지와는 별개의 독립한 부동산이 되는 것과 토지에 부합하여 토지의 일부에 지나지 않는 것이 있다.

(a) 建 物 : 건물은 土地로부터 구별되며 언제나 법률상 토지에서 독립된 별개의 부동산이다. 따라서 건물이 토지의 일부 내지 그 구성부분이 되거나 토지와의 사이에 부합이 생기는 일은 없다. 또한 건축할 정당한 권리 여부 또는 현재의 공시 여부를 불문하고 언제나 독립된 부동산이 된다.

築造 중인 建物은 어느 단계에서 독립한 부동산으로 되는가. 즉 건물의 성립시기는 사회적 통념에 따라 결정된다. 그리하여 종래 판례는 4개의 나무기둥을 세우고 유지로 만든 지붕을 얹고, 벽이라고 볼만한 시설이 되어 있지 아니한 것은 이를 건물이라고 일컬을 수 없는 것이라고 하고,[12] 최근의 판례 또한 독

11) 곽윤직 175면, 김상용 297면, 송덕수 민법강의(상) 378면.
12) 대판 1966.5.31, 66다551.

립된 부동산으로서 건물이라고 하기 위해서는 최소한 기둥과 지붕 그리고 주벽이 이루어지면 되는 것이라고 하여 동일한 태도를 취한다.[13]

建物의 個數는 사회통념 또는 거래관념에 따라 정하고 물리적 구조에 따라 정하는 것은 아니다.

판례는 건물의 개수를 판단함에는 물리적 구조뿐만 아니라 거래 또는 목적물 이용을 관찰한 건물의 상태도 그 개수 판단기준의 중요한 자료가 될 것이라고 하고,[14] 또한 건물의 개수를 정함에는 물리적 구조와 같은 객관적 사정을 참작할 것은 물론, 건축하여 소유하는 자의 의사도 고찰할 필요가 있는 것이라고 한다.[15] 그리하여 신축된 건물의 지상층 부분이 골조공사만 이루어진 상태에서 지하층 부분만으로도 독립된 건물을 인정할 것인가에 관하여 판례는 지하층만의 구조물에 대한 구분소유권의 성립을 긍정한다.

또한, 건물의 동일성 여부, 즉 건물을 개축하였거나 그 위치를 이동한 경우 등도 동일하다.[16]

建物의 一部도 소유권의 객체가 될 수 있다. 민법은 이른바 구분소유를 규정함으로써 건물의 일부도 소유권의 객체가 되나(§215), 토지에서와 같이 구분 또는 분할등기를 하기 전에는 양도하지 못한다. 그러나 전세권 등 용익권의 설정에는 그 예외가 인정된다.

(b) 立 木 : 수목 중 「입목에 관한 법률」에 의하여 소유권보존등기를 한 立木은 수목의 집단과 구별되며, 언제나 토지로부터 독립된 부동산이 된다. 따라서 입목은 토지와 분리하여 양도할 수 있고 저당권의 목적이 될 뿐만 아니라(동법 §3 ②), 그 生立한 토지의 소유권이나 지상권의 처분에 영향을 받지 않는다(동조 ③).

(c) 樹木의 集團 · 未分離果實 : 樹木은 토지의 구성물이므로 독립성이 인정될 수 없고, 未分離果實 또한 수목의 일부에 지나지 아니하므로, 역시 토지의 정착물로서 그 독립성이 부정된다. 그러나 수목의 집단이나 미분리과실이라도 이른바 명인방법으로서 공시방법을 갖춘 때에는 그 토지와 분리된 독립된 부동

13) 대판 2003.5.30, 2002다21592; 2002.4.26, 2000다16350; 2001.1.16, 2000다51872.
14) 대판 1997.7.8, 96다36517; 1961.11.23, 4293민상624.
15) 대판 1964.11.28, 64마678.
16) 대판 1993.4.23, 93다1527; 1961.11.23, 4293민상623 · 624.

산으로 거래의 목적이 된다.[17] 따라서 土地상에 植栽되어 있는 하나하나의 수목은 독립한 거래 내지 처분의 대상으로 하기 위하여 특별한 방법을 강구하거나 특별한 의사표시가 없는 이상 그가 생립되어 있는 토지와 일체가 되어 거래 내지 처분된다. 그리하여 판례는 수목이 생립되어 있는 토지가 환수된 것인 이상 수목도 환수된 것이라고 한다.[18]

樹木의 集團은 토지의 정착물로서 토지의 일부임이 원칙이나 관습법상 공시방법인 명인방법을 갖춘 때에는 독립한 부동산으로 거래의 목적이 된다. 그러나 소유권의 객체에 불과하고 타 권리의 목적으로는 하지 못한다.

또한, 農作物은 토지의 일부에 지나지 않고 독립한 물건, 즉 부동산으로 다루어지지 못한다. 그러나 정당한 권원에 의거하여 타인의 토지에 경작·재배한 경우 그 농작물은 토지에 부합하지 않고 독립된 부동산으로 다루어진다(§256 참조). 따라서 농작물이더라도 권원 없이 경작·재배한 때에는 독립된 물건에서 제외된다. 그러나 판례는 권원 없이 타인의 토지에서 경작·재배한 경우에도 그 농작물의 소유자는 언제나 그 경작자가 독립한 소유권을 가질 뿐만 아니라, 위법하게 토지소유자나 점유자를 배제하여 경작한 경우에도 그 소유권은 경작자에 있는 것이라고 하여 耕者有田의 原則을 고수한다.

未分離果實, 즉 과수의 열매·엽연초·상엽·입도 등은 수목의 일부이나 명인방법을 갖추게 되면 독립한 물건으로 거래의 목적이 된다.

다만, 明認方法을 갖춘 未分離果實이 독립된 부동산이 되는가.

動產說은 부동산으로 보는 것을 의문시 하고 동산으로 보아야 한다고 하거나(곽윤직 179면) 동산에 준하여 다루어야 한다고 한다(김주수 282면. 고상룡 283면).

또한, 선의취득의 인정을 위하여 동산으로 다루어야 하는 것이라고 한다(이은영 물권법 304면).

不動產說은 토지로부터 분리 전에는 부동산이라고 하거나(이영준 848면). 성질상 아직 토지의 정착물이므로 부동산이라고 한다(김용한 226면, 김현태 228면, 김학동 243면, 김상용 300면, 백태승 295면).

다수설·판례는 토지에 정착성을 고려하여 독립된 부동산이라고 한다.

생각건대, 미분리과실은 수목과는 달리 성숙기 내지 수확기에 달한 때에는 독립하여 거래의 객체가 될 수 있고, 수목과 성격의 차이에 기한 거래상 또는

17) 대판 1998.10.28, 98마1817; 1976.4.27, 76다72.

18) 대판 1967.3.7, 66다353·354.

점유의 공시성 차이, 입도에 대한 선의취득의 인정은 물론 특히 그 집행은 민사집행법상 유체동산으로 취급되는 점(동법 §189 ② 2호) 등에 비추어 보면 동산에 준하는 것이라고 볼 여지가 없지 않다. 그러나 한편, 동산과 부동산의 구별에서 토지의 정착물을 부동산으로 하고 있음은 그 경제적 효용가치를 생각하여 그 토지로부터 분리를 제한함에도 그 실익이 있으므로 비록 수목에 따른 미분리과실이지만, 그 분리 전에는 수목과 함께 독립된 부동산으로 보아야 할 것이다.

(ㄴ) 토지에 부합하여 土地의 一部에 지나지 않는 것, 예컨대 터널 · 교량 · 돌담 · 도로의 포장 · 구거(도량) 등은 토지와 별개로 되지 않고 토지소유자의 소유권에 속하고(§256), 또한 부속시킨 자의 소유로 되기 위해서는 독립성과 권원이 있을 것을 요건으로 한다.

판례는 부동산에 부합된 물건이 사실상 분리복구가 불가능하여 거래상 독립한 권리의 객체성을 상실하고 그 부동산과 일체를 이루는 부동산의 구성부분이 된 경우에는 타인이 권원에 의하여 이를 부합시킨 경우에도 그 물건의 소유권은 부동산의 소유자에게 귀속하는 것이라고 한다.[19]

(ㄷ) 動產이지만 등기 · 등록제도를 갖춤으로써 부동산으로 취급하는 것, 즉 선박 · 자동차 · 항공기 등은 準不動産이라고 하여 부동산에 준하여 취급된다.

(2) 動 産

(가) 부동산 이외의 물건　부동산 이외의 물건은 動産이다(§99). 민법은 土地 및 그 定着物을 부동산이라고 하고(§99 ①), 부동산 이외의 物件을 동산이라고 한다(동조 ②).

(ㄱ) 토지에 정착물이 아니면 모두 동산이다. 土地의 밀착해 있는 물건(부착물)이라도 정착물이 아니면 동산이며, 가식 중의 수목 · 교량 · 방파제 · 돌담 · 도랑 · 터널 등은 그 대표적인 예이다.

(ㄴ) 전기 기타 관리 가능한 자연력은 물론, 선박 · 자동차 · 항공기 등은 비록 그 경제적 가치에서나 법률상 취급에서 부동산과 동일하게 다루어지는 경우가 있지만, 동산임은 명백하다.

(ㄷ) 無記名債權은 부동산은 아니지만 채권편에서 별도로 규정하고 있으므로 동산에서 제외된다.

---

19) 대판 1985.12.24, 84다카2428.

(나) 금전의 동산성 　금전은 민법이 별개로 정하고 있지 아니하므로 동산임은 명백하다. 따라서 수집목적에서 특정금전을 거래하는 경우는 동산과 동일하게 취급된다. 그러나 통상의 금전은 보통인 물건에서처럼, 물질적 사용이 아닌 가치 그 자체의 양도인 점에서 일반 동산과 달리 취급된다.

(ㄱ) 개성이 없고 價値 자체만 실재된 동산에 불과하다. 따라서 그 취득은 금전에 의하여 표상되는 일정수액의 취득에 지나지 않는다.

(ㄴ) 物의 支配로부터 생기는 지배권과 물권적 청구권이 부정된다. 따라서 타인의 점유에 들어간 금전인 경우에는 소비대차·사용대차에 기한 동종·동량의 반환청구권(채권적 청구권)이 인정되거나 부당이득반환청구권이 인정된다.

(ㄷ) 所有와 占有가 일치한다. 금전의 점유는 언제나 소유의 권원이 된다. 따라서 선의취득이 문제될 여지가 없고, 나아가 도품·유실물에 관한 특례가 인정되지 않는다.

(ㄹ) 금전에는 間接占有가 인정되지 않는다.

⑶ 不動產과 動產의 구별실익

현행법상 動產·不動產을 구별하는 실익으로 공시방법의 차이, 공신력의 유무, 동산·부동산에 따른 부합의 법률적 효과, 무주물의 귀속, 용익물권의 성립, 그 외에 재판관할·강제집행의 절차나 방법을 달리하는데 있다. 그러나 이와 같은 구별의 실익은 절대성을 갖는 것은 아니며 시대에 따라 달리한다.

즉, 종래에는 부동산을 경제상 가장 중요한 재화로 취급하였으나 오늘날은 유가증권·기업설비 등과 같이 부동산 이상의 가치를 갖는 동산재화의 출현으로 그 의미를 상실하고, 공시방법의 차이에 관하여도 상품의 집단이나 기업설비는 반드시 장소를 전전하지 않는다.

또한, 일정 동산에 관하여는 등기·등록의 방법에 의하여 파악한다.

이것은 이른바 財貨의 不動產化現像이며, 그 구체적 기능은 재단저당법 등 입법에 의한 동산의 저당권설정과 동산의 양도담보에서 발휘된다.

[동산과 부동산의 비교]

(1) 양자의 차이점

	동 산	부 동 산
취득 · 변경의 난이	① 공시방법 -- 점유 ② 공신력 인정(선의취득이 인정)	① 공시방법 -- 등기 ② 공신력 부정
경제적이용 방법	① 용익권의 설정불가능 ② 질권 · 유치권의 성립가능	① 용익권의 설정가능 ② 담보권의 설정 가능(질권 제외)
소유권취득	① 소유권이전 요건으로서 인도 ② 취득시효 -- 5년 또는 10년 ③ 무주의 동산 -- 선점의 대상 ④ 부합 -- 주된 동산의 소유자	① 소유권이전 요건으로서 등기 ② 취득시효 -- 10년 또는 20년 ③ 무주의 부동산 -- 언제나 국유 ④ 부합 -- 부동산소유자
강제이행	① 재판관할권에 특칙없음 ② 강제집행 -- 압류 (민사집행법 §188 이하)	① 재판관할권에 특칙 ② 강제경매 · 강제관리 (민사집행법 §78 이하)
기타 차이	① 상린관계적용 없음 ② 환매기간 -- 3년의 제한 ③ 이행장소 -- 특약이 없는 이상 동산소재지	① 상린관계적용 ② 환매기간 -- 5년의 제한 ③ 이행장소 -- 언제나 부동산소재지

(2) 양자의 접근

(가) 가치의 접근 오늘날 자본주의의 발달과 상품경제의 실현은 부동산 이상의 가치를 갖는 화폐자본 · 유가증권 · 기업설비 등을 출현시킴에 따라 부동산만을 중요한 경제적 가치를 갖는다고 하여 특별보호를 할 합리적 이유는 상실된다.

(나) 성질의 접근 재화의 부동산화현상으로 인한 상품집단 · 기업설비 등의 장소 고정적 동산을 출현시키고 또한 이들을 등기 · 등록 등 공시제도로 파악할 수 있게 함으로써 이로 인한 재단저당법 등의 입법에서 나아가, 선박 · 자동차 · 항공기 · 건설기계 등에 대한 등록제도를 확보함에 따라 이들에 대한 저당권설정을 가능하게 한다.

2. 主物과 從物

(1) 主物 · 從物의 의의

(가) 물건의 소유자가 그 物件의 常用에 제공하기 위하여 자기 소유인 다른 물건을 이에 부속시킨 경우, 그 부속시킨 물건을 主物이라고 하고, 주물에 부속된 물건을 從物이라고 한다. 따라서 主物이란 다른 물건을 보조적으로 이용함이 없이 독립적으로 경제적 가치를 가지는 물건이며(§100 ①), 從物은 경제적으

로 독립적 가치를 가지지 못하는 물건으로 주물에 부속함으로써만 가치를 가지는 것, 즉 물건의 소유자가 그 물건의 상용에 공하기 위하여 자기의 물건을 다른 물건에 부속시켰을 때 이 부속물로서, 예컨대 배와 노·자물쇠와 열쇠·시계와 시계 줄 등의 관계가 이것이다.

補完財(協同財)는 종물과 구별된다. 보완재란 커피와 설탕에서와 같이 다른 물건의 효용가치를 높이거나 다른 물건에 보조적으로 이용되나 그 물건만으로도 독립된 효용가치를 가지므로 종물과 구별된다.

(나) 민법이 주·종물관계를 인정한 것은 물건이 각각 경제상 독립적 존재를 가지나 객관적 관계에서 보면 각각 경제상 상호 效用을 더하는 관계이거나 또는 서로 운명을 같이 하는 관계이어서 이들을 각각 분리하면 사회·경제상 기능을 다하지 못하거나 불이익하므로 물건의 경제상 효용을 다하기 위하여 법률상 운명을 같이 하려는데 주종관계법리의 의의가 있다.

(2) 從物의 성립요건

(가) 주물과의 관계적 요건

(ㄱ) 主物의 常用에 提供된 것이어야 한다. 從物은 사회통념상 계속하여 주물의 경제적 효용을 돕는 것이어야 한다. 따라서 일시적으로 어떤 물건의 효용을 돕거나 주물의 효용에 직접적인 관계가 없는 것은 종물이 아니다.

(a) '常用에 供한다'라고 함은 사회통념상 계속해서 주물의 경제적 효용을 돕는 것을 말하고, 일시적으로 효용을 돕는 것은 종물이 아니다.

(b) 주물소유자의 常用에 제공되고 있어도 주물 그 자체의 효용과 직접 관계가 없는 물건(예컨대, 침구·난로 등)은 종물이 아니다.

판례는 주물의 상용에 이바지 한다고 함은 주물 그 자체의 경제적 효용을 다하게 하는 작용을 하는 것을 말하는 것으로서 주물의 소유자나 이용자의 상용에 공여되고 있더라도 주물 그 자체의 효용과는 직접 관계없는 물건은 종물이 아니라고 한다.[20]

(ㄴ) 주물과 場所的 關係가 있어야 한다. 주물·종물의 관계로 성립하기 위해서는 적어도 종물을 주물에 부속시킨 정도의 장소적 관계가 있어야 한다.

특정의 主物에 부속한다고 인정될 정도의 장소적 관계가 있어야 한다. 따라

20) 대판 2000.11.2, 2000마3530; 1997.10.10, 97다3750; 1994.6.10, 94다11606; 1985.3.26, 84다카269.

서 '常用에 供한다.'라고 함은 사회통념상 계속하여 主物의 收用을 완성시키는 작용을 한다고 인정되는 종류의 물이고 또는 특정의 주물에 부속된다고 할만한 장소적 관계가 있어야 한다.[21]

(ㄷ) 獨立된 별개의 物件이어야 한다. 종물은 주물의 구성부분은 아니고 법률상 독립물이어야 한다. 또한 독립물이면 족하고, 동산·부동산에 불문한다.

판례는 주유소의 주유기가 비록 독립된 물건이기는 하나 유류저장탱크에 연결되어 유류를 수요자에게 공급하는 기구로서 주유소영업을 위한 건물이 있는 토지의 지상에 설치되었고 그 주유기가 설치된 건물은 당초부터 주유소영업을 위한 건물로 건축되었다는 점 등을 종합하여 볼 때 그 주유기는 계속해서 주유소건물 자체의 경제적 효용을 다하게 하는 작용을 하고 있으므로 주유소건물의 상용에 공하기 위하여 부속시킨 종물이라고 한다.[22]

또한, 백화점건물의 지하 2층 기계실에 설치되어 있는 전화교환설비가 건물의 원소유자가 설치한 부속시설이며, 당해 건물은 당초부터 그러한 시설을 수용하는 구조로 건축되었고, 위 시설들은 볼트와 전선 등으로 위 건물에 고정되어 각 층, 각 방실까지 이어지는 전선 등에 연결되어 있을 뿐이어서 과다한 비용을 들이지 않고도 분리할 수 있고, 분리하더라도 독립한 동산으로서 가치를 지니며, 그 자리에 다른 것으로 대체할 수 있는 것이라면 위 전화교환설비는 독립한 물건이기는 하나 그 용도, 설치된 위치와 그 위치에 해당하는 건물의 용도, 형태, 목적, 용도에 대한 관계를 종합하여 볼 때 당해 건물에 연결되거나 부착하는 방법으로 설치되어 건물인 10층 백화점의 효용과 기능을 다하기에 필요불가결한 시설들로서 건물의 상용에 제공된 종물이라고 한다.[23]

그 외에도 판례는 농지에 부속한 양수장시설(대판 1967.3.7, 66누176; 그 시설은 주물인 몽리농지의 수분배자의 소유가 된다), 횟집으로 사용할 점포건물에 거의 붙여서 횟감용 생선을 보관하기 위하여 신축한 수족관건물(대판 1993.2.12, 92도3234), 낡은 가재도구 등의 보관 장소로 사용되고 있는 방과 연탄창고 및 공동변소(대판 1991.5.14, 91다2772) 등은 주물의 상용에 제공되는 종물이라고 한다.

한편, 주유소의 지하에 매설된 유류저장탱크는 그 토지로부터 분리하는데 과다한 비용이 들고 이를 분리하여 발굴할 경우 그 경제적 가치가 현저히 감소할

21) 대판 1956.5.29, 4288민상526.
22) 대판 1995.6.29, 94다6345.
23) 대판 1993.9.13, 92다43142.

것이 분명하므로 그 토지의 부합물로 보아야 하고 독립된 종물이 아니라고 한다(대판 1995.6.29, 94다6345).

(나) 소유자적 요건 종물은 주물의 처분에 따르므로 주・종물의 관계가 성립하기 위해서는 원칙적으로 동일소유자의 소유에 속한 것이어야 한다(§100 ①), 다만, 타인의 소유물인 종물이 주물사용의 상용에 제공되어지고 있는 경우에도 그 처분의 종속성을 인정할 것인가. 견해가 대립한다.

一般的否定說은 제3자의 소유에 속하는 물건에 민법 제100조 제2항에 따라 법률적 운명을 같이하게 한다면 제3자의 권리를 부당히 침해한다는 점을 든다.

制限的肯定說은 주물・종물이 모두 동일한 소유자에게 속하여야 하지만 제3자의 권리를 해하지 않는 범위에서 물건 상호간의 경제적 효용을 중시하여 제100조 제1항의 취지를 확장해서 다른 소유자에게 속하는 물건 간에도 주물・종물관계를 인정할 것이라고 한다(곽윤직 181면, 김주수 237-8면, 이영준 850면, 이은영 305면, 고상룡 293면).

다수설은 주・종물관계는 물건 상호간의 효용을 중시함에 있고 종물에 대한 특별한 공시가 확보되지 않는 이상 주종관계이론의 취지와 취득자의 권리보호란 측면에서 소유자를 달리하여 성립한 물건에도 제3자의 권리를 침해하지 않는 범위에서는 동조 제1항의 취지를 확장하여 주물・종물의 관계를 인정할 것이라고 하여 제한적 긍정설을 취한다.

그러나 제3자소유에 속하는 종물이라도 채권관계에 있어서는 주물에 따르게 하여도 타인의 권리를 해하지 않을 것이며, 타인의 소유인 종물도 선의취득의 요건을 갖추는 때에는 주물과 운명을 같이 해도 무방할 것이다.

(3) 從物의 효과

(가) 처분의 수반성 주물과 종물은 그 법률적 운명을 같이 함이 원칙이다. 민법 제100조 제2항은 "종물은 주물의 처분에 따른다."라고 하여 이를 명백히 하고 있다.

여기서 處分이란 권리・의무의 설정・변경・소멸의 법률행위를 의미한다.

(ㄱ) 從物의 隨伴性은 채권계약에서 뿐만 아니라 물권적 처분에 관하여도 당연히 인정한다. 예컨대 주물에 대한 소유권의 양도가 있으면 종물도 당연히 양도됨이 원칙이며, 특히 민법은 주물에 저당권을 설정한 경우 그 저당권의 효력은 종물에도 미침을 명문으로 규정한다(§358). 그리하여 판례는 저당권의 효

력이 저당부동산에 부합된 물건과 종물에 미친다는 민법 제358조 본문을 유추하여 보면 건물에 대한 저당권의 효력은 그 건물에 종된 권리인 건물의 소유를 목적으로 하는 지상권이나 임차권에도 미치게 되는 것이라고 한다.[24)]

또한, 주물의 권리관계가 처분행위 이외에 공법상처분이나 법률의 규정에 의하여 생긴 경우에도 적용된다.

(ㄴ) 占有 기타 事實行爲에 의한 권리의 상실·변경은 처분의 개념에서 제외된다. 예컨대 주물을 점유에 의하여 시효취득 하여도 종물도 점유하지 않는 한 그 효력은 종물에는 미치지 않는다.

(ㄷ) 不法한 手段에 의하여 주물에서 종물을 분리한 경우 抵當權은 분리된 동산은 목적부동산과 결합하여 공시작용이 미치는 한도에서만 저당권의 효력이 미친다. 그러나 소수설은 분리된 물건은 목적물 가치의 일부를 대표하는 것이므로 물상대위의 규정이 준용되는 것이라고 한다.

(나) 임의규정성 주물·종물의 효력에 관한 제100조 제2항의 규정은 강행규정이 아니다. 따라서 당사자간의 합의로 주물·종물의 처분을 각각 달리함은 무방하다.

(4) 權利에 대한 從物理論의 준용

민법 제100조의 주물과 종물의 관계는 물건 상호간의 관계에 불과하다. 그러나 그와 같은 견련관계는 권리 상호간 또는 권리와 물건 간에도 성립할 수 있고, 이들에 이러한 관계가 성립하는 이상 동조 규정이 유추 적용된다.

예컨대, 원본채권의 전부명령이나 양도의 효력은 이자채권에도 미치고, 건물이 양도되면 그 건물을 위한 대지임차권도 건물의 양수인에 당연히 이전된다.

또한, 건물에 대한 저당권의 효력은 그 건물의 소유를 목적으로 하는 지상권에도 미친다.[25)]

3. 元物과 果實

(1) 元物·果實의 의의

(가) 물건으로부터 생기는 경제적 수익을 果實이라고 하고, 과실을 낳게 하는

---

24) 대판1996.4.26, 95다52864; 1993.4.13, 92다24950.
25) 대판 1992.7.14, 92다5527.

물건을 元物이라고 한다.

(ㄱ) 收益은 원래 수취권자의 이익으로 귀속하고 果實은 수익권자의 수익에 속하지만, 과실로 다루어지는 것의 범위 또는 수익권자에 변동이 있는 경우에는 과실수취권의 분배 등에 관하여 다툼이 생길 염려가 있으므로 민법은 그 개념과 귀속의 범위를 정하고 있다.

(ㄴ) 元物로부터 수취되는 果實, 즉 수익에는 원물로부터 산출되는 天然果實과 원물을 타인에게 이용시켜 그 대가로서 수취하는 法定果實이 있다.

양자는 物件으로부터 생기는 경제적 수익이라는 점에서는 공통하지만 그 본질은 같지 않으므로 민법은 양자의 취급을 달리한다.

(나) 민법상 果實은 物件果實(Sachfrüchte)을 인정하나 權利果實(Rechtsfrüchte)은 부인된다. 예컨대 주식의 배당금, 특허권의 사용권 등은 과실이 아니다.

독일민법은 과실의 상위개념으로 수익(Nutzungen)에 관해 규정하고(BGB §100), 과실에 관하여는 따로 규정한다(BGB §99). 또한 동법 제99조 제1항에 물건의 과실을 규정하고 제99조 제2항에 권리의 과실을 규정한다.

(2) 天然果實

(가) 천연과실의 의의 물건의 용법에 의하여 수취하는 산출물을 天然果實(natürliche Früchte)이라고 하고, 민법은 천연과실에 관하여 物件의 用法에 의하여 수취하는 산출물임을 규정한다(§101 ①).

여기서 '物件의 用法에 의하여'란 원물의 정상적인 경제적 기능에 따라서 수취되는 것을 말하고, 産出物이란 원물로부터 유기적으로 생기는 것은 물론, 무기적으로 수취되는 것이더라도 그 수취에 의하여 사회통념상 원물이 곧 소모되지 않고 경제상으로 원물의 수익이라고 인정할 수 있는 것이면 족하다.

┌ 자연적·유기적 산출물 — 가축의 새끼·우유·계란·과실·양모 등
└ 인공적·무기적 산출물 — 광물·토사·목재·석재 등

(ㄱ) 천연과실의 개념을 物件의 用法에 의하여 수취하는 산출물에 한정할 것인가. 예컨대 승마용 말의 새끼, 정원의 낙엽, 역우의 우유 등 물건의 용법 이외의 산출물에 관하여도 과실로 취급할 것인가. 견해가 대립한다.

果實否定說은 물건의 용법에 따라 수취되는 것이 아니므로 과실이 아니라고 한다(김기선 217면, 김증한·안이준 241면).

果實肯定說은 수취권자가 누구냐가 문제되므로 과실로 취급할 것이라고 한다(이영준 851면; 이태재, 과실의귀속, 사법행정(1960.6) 20면).

통설은 민법의 규정에 충실하게 해석하여 용법에 의하여 수취하는 산출물에 한정한다. 그러나 유력한 견해는 천연과실의 개념을 정하는 실익은 그 수취권자를 정하는데 있고, 그 수취권자를 정하는 실익은 부산물의 경우에도 동일한 것이란 점에서 천연과실의 개념을 물건의 용법에 의한 산출물을 강조할 것은 아니라고 한다.[26]

(ㄴ) 天然果實을 정하는 實益은 원물로부터 분리하는 때 그 권리의 귀속자를 정하는데 있다. 따라서 물건의 용법 이외 수취되는 산출물은 천연과실이 아니라 부산물에 불과할 것이라고 하나 副產物 역시 수취권자를 정하여야 할 필요성은 천연과실과 큰 차이가 없는 것으로 보아 양자의 구별은 실익이 없다.

(ㄷ) 天然果實은 원물로부터 분리되기 전에는 원물의 구성부분이며, 분리와 더불어 독립한 물건이 된다.

(나) 천연과실의 귀속 천연과실의 개념을 정하는 실익은 원물로부터 분리하는 때 누구의 권리에 속하느냐를 정하는데 있고, 생산주의(게르만법주의)와 분리주의(로마법주의) 내지 원물주의가 대립된다.

우리 민법은 후자를 취하여 "천연과실은 그 원물로부터 분리하는 때 이를 수취할 권리자에 속한다(§102 ①)."라고 하여 분리주의를 취한다.

(ㄱ) 受取權을 갖는 자는 원물의 소유자인 것이 보통이나, 이에 국한하지 않고 그 외에 정당한 권원에 기한 元物의 占有者 및 善意의 占有者도 과실의 수취권을 가진다. 따라서 선의의 점유자, 지상권자 · 전세권자 · 유치권자 · 질권자 · 매도인 · 사용차주 · 임차인 · 친권자 · 수유자 등은 과실의 수취권을 가진다.

또한, 과실의 수취권자 중 점유자의 수취권은 본권자의 수취권에 우선하고, 또한 각종 용익권자의 수취권은 과실을 수취할 권리이지만, 담보권자의 수취권은 우선변제충당권에 불과한데서 양자는 차이가 있다.

(a) 善意占有者의 果實收取權 : 선의점유자는 점유물의 과실을 취득할 권리가 있다(§201 ①). 민법이 善意의 占有者에 과실의 수취권을 부여한 것은 과실을 수취할 본권을 가지는 것으로 오신하여 점유하는 자는 과실을 수취하여 소비하

---

26) 이영준 851면; 이태재, 과실의귀속, 사법행정(1960.6) 20면.

는 것이 보통이므로 후에 본권자로부터 원물의 반환을 청구 당한 경우에 과실까지도 반환하게 함은 너무 가혹한 결과가 된다는 데 있다.

a) 선의점유자에 과실수취권을 규정한 민법 제201조 제1항은 적극적으로 과실수취권을 인정한 것인가. 아니면 소극적으로 반환의무면제를 규정한 것인가. 견해가 대립된다.

> 果實收取權說은 현행 민법상 선의점유자에 과실수취권을 규정하므로 선의점유자는 적극적으로 과실수취권을 가지는 것이라고 한다(부당이득의 성립 배제).
>
> 返還義務免除說은 선의점유자의 과실수취권은 권리가 아니라 반환의무의 면제에 불과한 것이라고 한다(독일민법 §897 ; 곽윤직, 물권법 249면).

양설의 차이는 결국 부당이득 구성 여부와 점유자의 점유물반환에 따른 필요비상환청구권의 인정 여부에 있다. 즉 선의점유자에 적극적 果實收取權說에 따르면 수취한 과실은 부당이득이 구성되지 아니하나, 返還義務免除說에 의하면 부당이득이 구성되나 소비한 과실의 면제에 불과하므로 잔존하면 반환하여야 한다. 그러나 免除說에 의하더라도 점유자는 그 과실수취에 따른 비용을 지출함이 보통이므로 수취한 과실과 필요비는 상계한 것으로 되어 사실상 잔존과실은 반환하지 않게 되며, 收取權說에 있어서도 수취권자가 과실을 수취한 때에는 점유물을 보존하기 위하여 지출한 금전 또는 필요비는 상환청구를 배제하므로(§203), 결국 양설은 큰 차이가 없게 된다.

b) 善意 여부를 정하는 시기는 과실에 관하여 독립한 소유권이 성립하는 시기이다(§102 ①② 참조). 또한 이때 善意에는 소유권·지상권·임차권 등을 가짐을 오신한 경우를 말하고 질권·유치권 등의 과실수취권을 수반하지 않는 권리는 제외된다.[27]

c) 善意占有者에 취득되는 과실에는 천연과실과 법정과실은 물론, 물건의 이용도 포함된다.

다만, 선의점유자가 취득할 수 있는 것은 수취한 과실의 전부인가. 아니면 소비한 것에 한정되는가. 반환의무면제설에 의하면 소비한 것에 한정되는 것이라고 하나, 다수설인 과실수취권설에 의하면 수취한 과실의 전부라고 한다.

d) 果實을 取得할 수 있는 범위에서 부당이득은 성립하지 않는다. 또한 제201조 제1항(선의점유자의 과실취득)과 불법행위에 의한 손해배상책임의 관계에

---

27) 대판 1981.8.20, 80다2587.

관하여는 양자가 경합적으로 적용된다. 그러나 惡意의 占有者는 과실반환의무 또는 대가보상의무를 부담한다(§201 ②). 즉 악의의 점유자는 수취한 과실을 반환하여야 하며 소비하였거나 과실로 인하여 훼손 또는 수취하지 못한 경우에는 그 과실의 대가를 보상하여야 한다.

(b) 用益權者의 果實收取權 : 용익물권은 사용·수익할 권능을 포함하므로 당연히 지상권자·전세권자에는 과실수취권을 가진다(§279, §303 참조).

또한, 용익적 채권자, 즉 사용차주·임차인은 목적물의 사용·수익권능을 포함하므로 사용차주(§609)나 임차인(§618)에게는 과실수취권이 있다.

(c) 擔保權者의 果實收取權 : 留置權者는 유치물의 과실을 수취하여 이것으로부터 우선변제에 충당할 권리를 가진다(§323 ①). 또한 이 규정은 質權에도 적용된다(§343).

다만, 抵當權者는 과실의 수취권을 가지는가. 저당권은 점유를 수반하지 아니하므로 저당권설정자가 과실을 수취함이 원칙이다. 그러나 저당권의 효력은 저당부동산에 대한 압류가 있은 후에 저당권설정자가 그 부동산으로부터 수취한 과실 또는 수취할 수 있는 과실에도 미치므로 그 범위에서 저당권자도 과실수취권을 가진다. 따라서 저당권이 실행되어 목적부동산이 압류되면 그 이후의 과실은 경락인에게 귀속된다(§359 본문). 그러나 그 부동산에 대한 소유권·지상권 또는 전세권을 취득한 자에 대하여는 압류한 사실을 통지한 후가 아니면 이로써 대항하지 못한다(동조 단서).

(ㄴ) 채권법상 채무자의 목적물인도와 관련하여 그 과실의 귀속에 관한 특별규정을 두고 있다. 즉 매매계약 있은 후에도 목적물의 인도 전 물건으로부터 생긴 과실은 매도인에 귀속한다(§587).

(a) 特定物債權의 現狀引渡義務와 과실의 귀속 : 민법 제462조는 "특정물이 채권의 목적인 때에는 채무자는 이행기에 현상대로 그 물건을 인도해야 한다." 라고 규정한다. 따라서 채무자는 목적물을 이행기에 현상대로 인도하면 되나, 만일 이 특정물채권의 목적물로부터 과실이 생겼을 경우 그 과실을 인도해야 하는가. 견해가 대립한다.

積極說은 특정물채무자가 과실수취권을 가지는 때에는 인도할 이행기까지는 목적물로부터 분리한 과실을 수취할 수 있으나 이행기 이후의 과실은 목적물과 함께 채권자에게 인도해야 하나, 매매에 관한 제587조는 이에 대한 특칙이라고 한다.

消極說은 특정물채무자는 이행기까지에 생긴 과실도 인도하여야 하나, 민법 제587조는 이에 대한 예외 특별규정이라고 한다.

통설은 적극설은 취한다. 그리하여 소극설은 과실이 특정물의 적극적 변화라는 것을 근거로서 들고 있으나 원물로부터 분리하기 전의 천연과실은 원물의 구성부분에 지나지 않지만 분리와 더불어 독립한 물건이 되며, 따라서 그것은 목적물 그 자체가 아니므로 그 이행기를 기준으로 과실취득권을 정할 것이라고 한다.

(b) 賣買에 있어서의 과실의 귀속 : 매매계약이 있은 후 아직 인도하지 않은 매매의 목적물로부터 생긴 과실은 매도인에게 속한다(§587 전단). 이것은 인도시까지 매수인이 代金의 利子를 지급할 의무가 없는 것(동조 후단)에 대응하는 것으로서 매도인과 매수인 사이의 과실과 이자에 관한 복잡한 관계의 발생을 막고 아울러 양자에 이익의 균형을 유지하려는데 있다. 따라서 매도인이 목적물의 인도를 지체한 경우에도 인도할 때까지는 과실을 취득할 수 있다. 그러나 매수인이 이미 代金을 지급하였음에도 불구하고 목적물을 인도하지 않고서 점유하는 매도인은 과실을 수취하지 못한다.

(ㄷ) 親權者·受贈者도 과실수취권을 가진다. 親權者가 재산관리를 한 경우 그 子의 재산으로부터 친권자가 수취한 과실은 그 子의 양육, 재산관리비용과 상계한 것으로 본다(§923 ② 본문).

또한, 受贈者는 유증의 이행을 청구할 수 있는 때로부터, 그 목적물의 과실을 취득한다(§1079 본문). 그러나 유언자가 유언으로 다른 의사를 표시한 때에는 그 의사에 의한다(동조 단서).

[천연과실의 귀속권자]

- 元物의 所有者 — 점유자의 수취권을 침해하지 않는 범위에서의 수취권
- 占有者
  - 본권있는 점유자
    - 용익권자 — 과실의 수취권
    - 담보권자 — 과실로부터의 우선변제권
  - 본권없는 점유자
    - 선의의 점유자 — 과실수취권 인정
    - 악의의 점유자 — 과실수취권 배제

⑶ 法定果實

㈎ 법정과실의 의의 물건의 사용대가로 받은 금전 기타의 물건이 法定果

實(juristische Früchte)이다(§101 ②). 물건의 사용대가는 타인에게 물건을 사용케 하고, 사용 후에 원물 자체 또는 동종·동량의 것을 반환하여야 할 법률관계가 있는 경우에 인정된다. 예컨대 물건의 사용에 있어서의 사용료(집세·지료 등), 금전대차에 있어서의 이자 등이 이에 속한다.

(나) 법정과실의 귀속　법정과실은 수취할 권리의 존속기간 일수의 비율로 취득한다(§102 ②). 이것은 권리의 귀속을 정한 것이라기보다 당사자간의 내부관계를 정한 것이다.

다만, 元物 자체의 使用利益이 과실의 수취에 준하여 다룰 것인가. 예컨대 가옥에 거주하는 것과 같은 원물 그대로를 이용하는 경우 그 사용이익은 법정과실은 아니지만 과실의 수취에 준하여 다룰 것인가.

통설·판례는 일치하여 긍정한다.[28] 따라서 타인의 가옥을 선의로 점유한 때에는 그 점유·사용으로 인한 이익은 반환할 의무가 없게 된다.

(4) 任意規定性

법정과실·천연과실의 귀속에 관한 규정은 당사자의 의사표시로 이를 배제할 수 있다. 따라서 과실의 취득권에 관한 민법 규정은 임의규정이며, 당사자의 특약이 없는 경우 원칙적으로 원물의 소유자에 과실의 소유권이 귀속한다(§211).

[72] Ⅱ. 기타 物件의 分類

1. 單一物·合成物 및 集合物

(1) 單一物은 외형상 단일한 일체를 이루고 각 구성부분이 개성을 잃고 있는 物件이며, 책·도자기·접시 등이 이에 속한다.

(2) 合成物은 외형상 단일한 일체를 이루고 있으나 각 구성부분이 개성을 잃지 않는 물건이며, 건물·선박·차량·보석반지 등이다.

合成物은 법률상 하나의 물건으로 다루어지고 민법상 첨부(부합·혼화·가공)의 법리에 의하여 소유권의 귀속을 정한다.

---

28) 대판 1996.1.26, 95다44290; 1987.9.22, 86다카1996·1997.

(3) 集合物은 도서관의 장서, 목장의 양떼, 상점의 상품 전부 등과 같이 하나 하나가 단일 또는 합성물인 다수의 물건이 집합하여 경제적으로 단일한 가치를 가지고 있는 것이나 거래의 편의를 위해 거래상 일체로서 다루어지는 물건을 말한다. 따라서 집합물은 경제적으로 단일화한 것이고 1개의 물건이 아니므로 1개의 물권의 객체가 될 수 없다. 그러나 특별법(공장저당법, 공장재단저당법, 광업재단저당법 등)이 있거나 특별법이 없는 경우에도 경제적 독립성이 있고 공시방법이 갖추어지면 물권의 객체로 될 수 있다.

판례는 일반적으로 일단의 증감·변동하는 동산을 하나의 물건으로 보아 이를 채권담보의 목적으로 삼으려는 이른바 집합물에 대한 양도담보설정계약체결도 가능하며, 이 경우 그 목적 동산이 담보설정자의 다른 물건과 구별될 수 있도록 그 종류·장소 또는 수량지정 등의 방법에 의하여 특정되어 있으면 그 전부를 하나의 재산권으로 보아 이에 유효한 담보권이 설정된 것으로 볼 수 있는 것이라고 한다.[29)]

또한, 집합물에 대한 양도담보권설정계약이 이루어지면 그 집합물을 구성하는 개개의 물건이 변동되거나 변형되더라도 한 개의 물건으로서 동일성을 잃지 아니 하므로 양도담보권의 효력은 항상 현재의 집합물 위에 미치는 것이고, 따라서 양도담보권자가 담보권설정계약 당시 존재하는 집합물을 점유개정의 방법으로 그 점유를 취득하면 그 후 양도담보설정자가 그 집합물을 이루는 개개의 물건을 반입하였다고 하더라도 그때마다 별도의 양도담보권설정계약을 맺거나 점유개정의 표시를 하여야 하는 것은 아니다.

2. 融通物과 不融通物

(1) 融通物은 사법상 거래의 객체가 될 수 있는 物件이며, 물건은 원칙상 거

---

29) 대판 1990.12.26, 88다카20224; 판례는 성장을 계속하는 어류일지라도 특정 양만장 내의 뱀장어 등 어류전부에 대한 양도담보계약은 그 담보목적물이 특정되었으므로 유효하게 성립하였다고 할 것이라 하고, 양도담보계약서 중 양도물건목록에 소재지, 보관창고명과 목적물이 양만장 내 뱀장어, 수량 약 백만 마리라고 기재되어 있을 뿐이고 특별히 위 양만장 내의 뱀장어 중 1,000,000마리로 그 수량을 지정하여 담보의 범위를 제한한 사실이 인정되지 않는다면 위 양도담보계약서에 기재된 수량은 단순히 위 계약 당시 위 양만장 내에 보관하고 있던 뱀장어 등의 수를 개략적으로 표시한 것에 불과하고 당사자는 위 양만장 내의 뱀장어 등 어류전부를 그 목적으로 하였다고 봄이 당사자의 의사에 합치되는 것이라고 한다.

래의 대상이 되는 융통물에 속한다.

(2) 不融通物은 사법상 거래의 대상이 될 수 없는 물건이며, 공용물·공공용물 및 금제물이 이것이다.

公用物은 정부종합청사·국립초등학교건물 등 공용의 사용에 제공된 물건이고, 公共用物은 도로·하천·공원·항만 등 일반 공중의 사용에 제공된 물건이 이것이다.

또한, 禁制物은 아편·아편흡식기구, 음란한 문서, 위조된 지폐 등 양도 및 소지가 금지된 물건을 말한다.

3. 可分物과 不可分物

(1) 可分物은 물건의 성질이나 가치를 크게 손상하지 않고 분할이 가능한 물권이며, 토지·곡물 등이다.

不可分物은 소·말·시계 등 분할할 수 없는 물건이다.

(2) 가분물과 불가분물의 구별의 실익은 공유물의 분할(§269 참조), 다수당사자의 채권관계(§408 이하 참조)의 성립에 있다.

즉, 共有物이 불가분물이면 공유이지만 사실상 분할이 제한되고, 수인의 채권·채무가 可分物이면 원칙적으로 분할채권·채무로 성립하는데 반하여 不可分物이면 언제나 불가분채권·채무관계로만 성립한다.

4. 代替物과 不代替物

(1) 代替物은 개성이 중요시되지 않는 물건, 예컨대 곡물·금전 등이다. 不代替物은 골동품 등과 같이 개성이 중시되어 대체성이 없는 물건을 말한다.

(2) 대체물과 부대체물의 구별은 소비대차(§598 이하)·소비임치(§702 이하) 등의 성립에서 구별의 실익을 가진다. 따라서 代替物인 때에는 소비대차·소비임치가 성립하나, 不代替物인 때에는 언제나 임대차 또는 사용대차로만 성립한다.

5. 特定物과 不特定物

⑴ 特定物은 구체적인 거래관계에서 당사자가 물건의 개성을 중시하여 같은 종류의 다른 물건과 대체하지 못하게 한 물건을 말한다.

不特定物은 구체적인 거래관계에서 당사자가 물건의 개성을 중시하지 아니하여 같은 종류의 다른 물건으로 대체할 수 있게 한 물건을 말한다.

⑵ 特定物과 不特定物의 구별의 실익은 채권의 목적물보관의무(§374), 채무변제의 장소(§467), 매도인의 담보책임(§580 이하) 등에 있다.

즉, 特定物인 때 채무자는 목적물상 선관주의의무를, 채권자는 物件에 대한 위험을 부담하고, 또한 매도인의 담보책임에 관하여도 不特定物인 때에는 다른 급부를 청구할 수 있는데 반하여 特定物인 때에는 목적물의 인도로 채무불이행은 발생하지 않고 언제나 담보책임의 문제로만 된다.

6. 消費物과 非消費物

⑴ 消費物은 물건의 성질상 그의 용도에 따라 1회 사용하면 같은 용도에 다시 사용할 수 없는 물건을 말한다.

非消費物은 물건의 용도에 따라 반복해서 사용·수익할 수 있는 물건이며, 건물·토지·서적 등이다.

⑵ 소비물·비소비물은 소비대차·소비임치, 사용대차·임대차 등의 성립에 있다. 따라서 消費物은 소비대차·소비임치가 성립하지만, 非消費物에는 소비임차는 성립하지 않고 언제나 임대차나 사용대차로만 성립한다.

제 3 편
權利의 變動

제 1 장　權利變動總說 / 308
제 2 장　權利變動의 法律行爲 / 316
제 3 장　意思表示 / 413
제 4 장　法律行爲의 代理 / 512
제 5 장　法律行爲效力의 留保 / 628
제 6 장　期間의 經過와 權利消滅 / 684

제 1 장 權利變動總設

제 1 절 權利變動關係

(1) 법률관계(法律關係) = 권리 + 의무관계
(2) 권리의 변동(주체를 표준으로)

- 권리의 발생
- 권리의 변경
- 권리의 소멸

권리의 득실변경

(1) 사람은 사회에서 생활을 영위하게 되고, 사회생활을 통하여 여러 가지 생활관계를 맺게 된다. 이러한 사람의 사회생활관계 가운데에서 법의 적용을 받는 것이 곧 法律關係이며, 생활관계의 중심을 이룬다.

따라서 사람의 생활관계는 대부분이 법률관계로 구속되어 있으며, 구체적으로는 권리의 주체자와 다른 주체자(사람 · 법인) 및 물건 · 장소 등의 관계로 연결된다.

(2) 法律關係의 內容은 법률행위내용에 따라 구체적으로 정하여진다. 그러므로 법률관계의 내용은 획일적으로 정하여 말할 수는 없다. 그러나 모든 법률관계는 궁극적으로 사람과 사람의 권리 · 의무관계로 나타나며, 우리의 생활관계와 밀접한 관련을 가지면서 때로는 새로운 관계가 발생 · 소멸하고, 또한 기존의 관계가 주체를 중심으로 변경하는 과정으로 끊임없이 나타난다.

이것을 권리주체를 중심으로 보면, 곧 법률관계의 발생 · 변경 · 소멸, 즉 權利의 得失變更이며, 일정 법률사실을 전제로 일어난다.

따라서 법률관계의 내용은 그 변동을 일으키는 수개의 법률사실이 일정한 법률요건을 충족하여 법률효과를 가짐으로 그 모습을 나타낸다.

제 2 절 權利變動의 原因과 態樣

[73] Ⅰ. 權利變動의 原因

(권리변동 = 법률효과 = 법률요건)
(1) 법률요건(法律要件) — 법률사실의 총체로서 권리변동의 원인
(2) 법률사실(法律事實) — 법률요건을 이루는 개개의 사실

1. 法律要件

(1) 法律要件의 개념

(가) 법률사실의 총체 法律要件이란 일정한 법률효과를 발생케 하는 사실의 총괄을 말하며, 일명 구성요건(Tatbestand)이라고 한다.

권리관계의 변동은 법률효과에 의하여 일어나고, 법률효과는 여러 법률사실이 법률요건을 충족함으로써 발생한다. 따라서 법률효과의 발생은 일정 법률사실을 전제로 하며, 이 법률사실이 법률효과를 발생케 하는 요건을 충족할 때 곧 법률요건이 된다.

(나) 권리변동의 원인 법률관계를 정하는 법규는 언제나 추상적인 일정 요건, 즉 법률요건을 전제로 하여 그 효력을 정한다.

(ㄱ) 法律要件은 그 자체가 법률효과의 발생요건이며 법률효과를 통하여 권리변동을 일으킨다. 따라서 법률요건은 곧 권리변동의 원인이 된다.

구체적 생활관계 + 추상적 법률요건의 충족 = 법률효과
권리변동 = 법률효과 = 법률요건 ≠ 법률사실

(ㄴ) 法律要件은 법률행위의 성립요건·유효요건 그 자체는 아니며, 이들과 구별된 별개의 개념이다.

(2) 法律要件의 태양

(가) 법률요건으로서 가장 중요한 것은 法律行爲이다. 그러나 법률요건이 법률행위에 한정되는 것은 아니며, 준법률행위나 불법행위·부당이득·사무관리

등도 법률요건이 된다.

(나) 법률행위로서의 법률요건은 수개의 의사표시로 구성하나, 법률행위 이외의 법률요건은 일정한 사실행위 또는 사건으로 구성된다.

2. 法律事實

(1) 法律事實의 개념

法律要件이 법률효과를 발생케 하는 원인으로서 필요하고도 충분한 사실의 총체라고 하면, 이를 구성하는 개개의 사실이 法律事實이다. 따라서 법률요건은 법률사실로 구성되며, 그것은 단일한 사실로 성립되는 수도 있고(예컨대, 유언·추인 등), 다수 사실의 결합(예컨대, 계약)으로 구성되기도 한다.

이와 같이 법률요건을 구성하는 사실은 다양한 것이어서 여러 표준에 따라 분류할 수 있으나, 사법상 의미에서는 사람의 정신작용을 중심으로 분류된다.

(2) 法律事實의 태양

(가) 사람의 정신작용에 기한 법률사실　법률요건을 구성하는 개개의 사실 중 사람의 정신작용에 바탕한 법률사실이며, 원칙적으로 외부적 용태에 의하나, 내부적 용태도 예외적으로 법률사실로 된다.

(ㄱ) **外部的 容態** : 의사가 외부에 표현되는 용태로서의 行爲를 말하며, 적법행위가 원칙이지만 위법행위를 포함한다.

(a) 適法行爲는 법률질서에 적합하여 법률상 가치 있는 것으로서 허용되는 행위이며, 일정한 사법상 효과가 발생하게 된다. 민법상 행위의 대부분은 적법행위이며, 의사표시(곧 법률행위)와 법률적 행위(곧 준법률행위)로 나누어진다.

a) 意思表示는 법률효과발생에 향하여진 의사의 표명으로서 법률요건 가운데 가장 중요한 것이다.

또한 의사표시는 법률행위를 이루는 불가결적 요소로서 법률행위가 單獨行爲인 때에는 그 의사표시 자체가 곧 법률행위로 되지만, 契約인 때에는 다시 성립요건을 갖춤으로써 법률행위로 된다.

b) 法律的 行爲, 즉 準法律行爲는 법률상 효과가 발생하는 것은 법률행위와 동일하지만 의사표시와는 달리 의사가 표명되더라도 그것은 직접 법률효과에

향하여진 것은 아니며 그 법률효과는 법률이 평가하여 규정함으로써 발생한다. 따라서 법률행위가 당사자의 의사표시에 의하여 효력을 발생하는 것과 구별되며, 표현행위와 비표현행위로 나누어진다.

① 表現行爲에는 다시 의사통지 · 관념통지 · 감정표시로 나누어진다.

표현행위로서 意思通知는 자기의사를 타인에게 통지하는 행위로서 각종 최고(§15, §88, §89, §131, §387, §540, §552)와 거절(§16 ②, §132)이며, 觀念通知는 어떤 사실(과거 또는 장래 사실)을 알리는 행위, 즉 사실의 통지(§71, §125, §168, §450, §488, §528)를 의미한다. 또한 感情表示는 일정한 감정을 표시는 것이며, 민법은 배우자부정행위(§841)와 수증자망은행위의 용서(§556)에 일정한 법률상 효력을 부여한다.

② 非表現行爲는 사실행위로서 법률은 행위자의 의사와 관계없이 일정 사실에 효력을 부여하며, 사실행위는 순수사실행위와 혼합사실행위로 나누어진다.

純粹事實行爲는 의사적 용태와는 관계없는 순수한 사실적 행위를 의미하며, 주소설정(§18) · 매장물발견(§254) · 가공(§259)이 이것이다. 또한 부합(§256, §257) · 혼화(§258)도 사람의 행위에 의할 경우에는 순수사실행위라는 견해가 있으나,[1] 통설은 사건이라고 한다.

混合事實行爲는 의사적 용태를 가진 사실행위로서 점유의 취득 · 상실(§192) · 무주물선점(§252) · 유실물습득(§253) · 사무관리(§734) · 부부동거(§826) 등이다.

(b) 違法行爲는 법률질서에 위배하여 법률이 허용할 수 없는 것으로 평가하여 행위자에게 불이익한 효과를 발생케 하는 법률사실이며, 민법상 위법행위에는 채무불이행과 불법행위가 있다. 따라서 채무불이행과 불법행위는 다같이 위법행위로서의 법률요건이며, 손해배상인 법률효과를 발생한다.

(ㄴ) **內部的 容態** : 내부적 용태란 외부적으로 표시되지 않는 의사, 즉 내심적 의식을 말한다.

(a) 법은 行爲를 規律하는 규범이므로 행위로서 외부에 나타나지 않는 내심의 의식과정 내지 심리적 상태는 법률상 어떤 의미도 부여되지 않는 것이 원칙이다. 그러나 다른 법률사실과 관련하여 예외적으로 일정한 법률상 의미를 부여하며, 관념적 용태와 의사적 용태로 분류된다.

(b) 觀念的 容態는 소극적 심리상태, 즉 일정한 사실에 관한 관념 또는 인식

---

1) 송덕수, 민법강의(상) 69면.

여부의 내심적 의식을 말하며, 선의·악의, 정당한 대리인의 신뢰(§126) 등이다.

意思的 容態는 적극적인 심리상태, 즉 어떤 자가 일정한 의사를 가지고 있는가 여부의 내심적 과정을 말하며, 소유의 의사(§197), 제3자 변제에 대한 채무자의 허용 또는 불허용의 의사(§469), 사무관리에 관한 본인의 의사(§734) 등이며, 일정한 법률사실과 결합하여 법률요건을 이룬다.

(나) 사람의 정신작용에 기하지 않는 법률사실 사람의 출생과 사망, 실종, 시간의 경과, 물건의 자연적 발생과 소멸, 과실의 분리, 혼화(§258), 혼동(§507), 부당이득, 시효기간·제척기간 등과 같이 사람의 정신작용과는 관계없는 사실로서 법에 의하여 법률상 의미가 인정되는 것을 말하며, 이를 事件(Ereignis)이라고 한다.

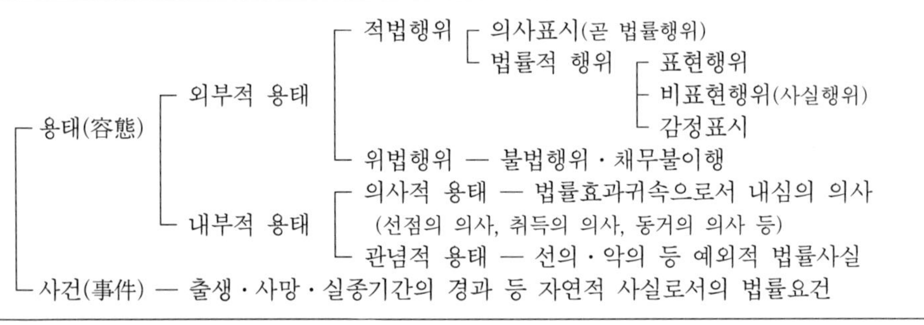

[각종 의사통지와 관념통지]

의사통지(각종 최고·거절)	관념통지(각종 통지·승낙)
① 무능력자상대방의 최고(§15 ①) ② 무권대리인 상대방의 최고(§131) ③ 채권신고의 최고(§88 ①) ④ 시효중단사유로서의 최고(§174) ⑤ 선택채권에서의 선택권행사 최고(§381) ⑥ 채무이행의 최고(§387 ②) ⑦ 해제권행사 여부 최고(§552 ①) ⑧ 무능력자 상대방의 거절(§16 ②) ⑨ 무권대리행위에 본인의 추인거절(§132) ⑩ 변제수령의 거절(§460, §487)	① 사원총회소집통지(§71) ② 대리권수여통지(§125) ③ 채권양도통지(§450) ④ 공탁통지(§488 ③) ⑤ 승낙연착통지(§528) ⑥ 채무승인(§168) ⑦ 채권양도승낙(§450) ⑧ 사무처리상황보고(§683) ⑨ 인지(§855)

[74] Ⅱ. 權利變動의 態樣

1. 權利의 取得·喪失

(1) 權利의 取得

(가) 원시취득 권리의 원시취득은 타인의 권리에 근거하지 않고 시원적으로 취득하는 것, 즉 사회적으로 종래 없었던 새로운 권리가 절대적으로 발생하는 것이며, 선점·시효취득 선의취득, 무주물선점, 유실물습득, 인격권·가족권의 취득 외에 신축건물의 취득, 공용수용에 의한 취득 등이다.

原始取得은 새로운 권리의 취득이므로 비록 前主의 권리에 하자(흠)가 있더라도 그 하자는 승계되지 않는다. 따라서 취득물에 대한 하자담보책임은 문제되지 않고, 또한 취득한 권리의 객체가 타인 물권(각종 제한물권)의 목적으로 된 경우라도 물권의 취득과 동시에 이들 권리는 소멸한다.

(나) 승계취득 權利의 承繼取得은 권리의 상대적 발생, 즉 前主의 권리에 의하여 취득하는 것을 말하며, 매매·증여·상속 등이다. 승계취득은 그 승계되는 형태에 따라 분류된다.

(ㄱ) 移轉的 承繼와 設定的 承繼 : 전주의 권리 존속 여부를 기준으로 한 분류이다.

(a) 移轉的 承繼란 순수승계취득이며, 권리가 동일성을 유지하면서 주체만이 변동하는 경우로서 매매·증여·상속 등에 의한 소유권의 이전이다.

(b) 設定的 承繼란 종전의 권리자가 자기권리를 보유하면서 그 권리를 기초로 새로운 권리를 창설하여 새로운 권리자에게 취득시키는 것을 말한다. 예컨대 전세권·저당권·지상권 등 각종 제한물권의 취득이며, 종전 권리자의 권리는 새로운 권리자가 취득한 권리에 의해 제한됨이 특색이다.

(ㄴ) 特定承繼와 包括承繼 : 권리취득원인에 의해 취득되는 권리의 수를 중심으로 한 분류이다.

(a) 特定承繼는 권리가 개개의 취득원인에 의하여 취득되는 경우이며, 매매·교환 등에 의한 취득이다.

(b) 包括承繼는 1개의 법률요건 또는 사실로 권리의 전부를 포괄적으로 취득하는 것으로서 법률의 규정에 의한 상속과 법률행위에 의한 포괄유증·회사합

병·영업양도 등이 있다.

(c) 法文에서 承繼人이란 포괄승계인과 특정승계인 모두를 지칭하는 것이 원칙이나 때로는 포괄승계인만을 의미하는 경우도 있다.

예컨대, 허위표시의 무효는 선의의 제3자에 대항하지 못한다고 할 때에는 포괄승계인은 포함하지 아니하나, 公用收用에서 환매권행사는 피용자의 승계인도 가능하다. 그러나 환매권행사의 승계인은 포괄승계인에 한하여 허용된다.

⑵ 權利의 喪失

權利의 喪失이란 권리가 주체로부터 이탈하는 것을 말하며, 일명 權利의 消滅을 말한다.

권리의 상실 곧 소멸에는 종전 권리자의 주관적 입장에서 보면 소멸이지만 권리 자체가 소멸하는 것은 아닌 상대적 소멸과, 권리 자체가 어느 누구에도 귀속하지 않고 객관적으로 소멸하는 절대적 소멸이 있다.

예컨대, 소유권의 포기는 전자의 예이고, 목적물의 멸실은 후자의 예이다.

2. 權利의 變更

權利의 變更이란 권리가 동일성을 잃지 않고서 그의 주체·내용과 작용에 관하여 변경을 받는 것을 말한다.

(가) 主體變更은 권리의 승계를 의미하고, 권리의 주체가 상대적으로 변경되는 경우가 대부분이나 이에 국한하지 않고 권리주체의 수의 변경을 포함한다.

┌ 권리의 주체변경 — 이전적 승계
└ 권리주체의 수의 변경 — 공유물의 분할

(나) 內容變更은 권리가 양적으로 변경되는 경우는 물론 권리 그 자체의 성질이 변경되는 경우를 포함한다.

(ㄱ) **數量的 變更** : 권리가 양적으로 변경되는 것, 예컨대 급부의 일부변제에 의한 채권액의 감소, 권리목적물의 증감, 권리존속기간의 연장, 물건의 부합, 각종 제한물권의 설정·소멸 등으로 고찰된다.

(ㄴ) **性質의 變更** : 물건의 인도청구를 목적으로 하는 채권이 손해배상청구권으로 변하는 경우, 물상대위·대물변제 등이다.

(ㄷ) **作用의 變更** : 권리 그 자체가 미치는 범위의 변경을 의미하며, 저당

권의 순위변경, 채권이 일정한 요건을 갖춤으로써 대항력을 갖는 경우, 예컨대 등기된 부동산임차권 · 환매권이 이것이며, 일명 債權의 物權化라고 한다.

[권리변동의 태양]

發 生	① 절대적 발생 — 원시취득이며, 선점 · 습득 · 시효취득 · 매장물발견 등 ② 상대적 발생 ┌ 이전적 승계 - 소유권양도 · 채권양도 └ 설정적 승계(창설적 승계) - 지상권 · 저당권설정 등 ※ 승계취득 ┌ 특정승계 - 매매 · 교환 · 증여 등 └ 포괄승계 - 상속 · 포괄유증 · 회사합병 등
變 更	① 주체변경 — 권리의 승계(새로운 주체 측에서 보면 이전적 취득) ② 내용변경 ┌ 수량적 변경 - 제한물권의 설정 · 소멸, 첨부 └ 성질적 변경 - 물건의 인도채권이 손해배상채권으로 변경, 갱개, 물상대위 · 대물변제 등
消 滅	① 절대적 소멸(객관적 소멸) - 소유권상실(물건의 멸실), 채무변제 등 ② 상대적 소멸(주관적 소멸) - 권리의 이전(취득자 측에서는 승계취득)

제 2 장 權利變動의 法律行爲

제 1 절 法律行爲總說

[75] Ⅰ. 法律行爲槪觀

1. 法律行爲의 의의

(1) 法律要件으로서 법률행위

(가) 의사표시를 불가결의 요소로 하는 법률요건 法律行爲(Rechtsgeschäft)란 일정한 법률효과의 발생을 목적으로 하는 단일 또는 복수의 의사표시를 불가결의 요소로 하는 법률요건을 말한다.

(ㄱ) 법률행위는 適法行爲로서 법률요건 가운데 가장 중요한 것으로서 사적자치의 법률상 수단이 되는 법률요건이다.

(ㄴ) 법률행위는 의사표시를 불가결의 요소로 하며, 법률행위의 본체 내지 본질적 요소로 한다. 그러나 의사표시와 법률행위가 동일한 것은 아니다.

意思表示는 법률요건을 이룸으로써 법률행위가 되고, 또한 法律行爲는 의사표시 외에도 다른 사실, 예컨대 물권변동에서의 등기 · 인도, 혼인에서의 신고 등을 구성요소로 하는 경우가 있다.

(나) 표의자가 의욕한 대로 법률상 효력이 발생하는 법률요건 법률행위는 행위자(표의자)가 원하는 대로의 일정한 사법상 효과를 발생케 한다. 따라서 법률행위가 당사자의 의사표시에 의하여 효력이 발생하는 점에서 당사자의 의사표시가 아닌 법률상 일정한 효과가 수반하는 準法律行爲와 구별된다.

(ㄱ) 法律行爲의 效力은 당사자의 의사에 바탕하므로 유효한 법률행위로서의 의미를 갖기 위해서는 표의자에게 행위능력이 요구된다.

(ㄴ) 私的自治의 원칙상 법률행위는 표의자의 자유의사에 의한다.

(2) 抽象的 槪念으로서의 법률행위

(가) 법률행위는 선험적 법적 개념인가, 구체적인 일정한 행위유형을 추상화한 개념인가. 법률행위개념은 계약과 같이 선험적인 법적 개념(Sinnbegriff)이며 법률효과에 향하여진 개인의 행위를 법률행위라고 하는 견해가 있다.[1] 그러나 법률행위는 통상 법질서에 규정된 모든 행위유형을 추상화한 개념이라고 본다.[2] 따라서 法律行爲는 실존개념이 아니다.

법률행위의 실존형태는 매매계약, 채권양도, 물권의 설정 · 양도, 혼인, 유언 등이며, 법률행위는 이러한 개개인의 행위유형의 공통점을 추출한 추상적 개념(Abstraktionsbegriff)이다.

(나) 法律行爲는 선험적 · 획일적 개념이다. 따라서 획일적 개념으로 실존하는 개개의 행위를 법률행위에 의하여 일률적으로 설명하기는 어렵다. 그러므로 그 타당성 여부는 개별적으로 고찰하여 정하여야 한다.

[法律行爲槪念의 역사]

(1) 법률행위개념은 근세 자연법의 영향 하에 18세기 말 독일보통법이론에 의하여 성립되었다. 그리하여 법률행위(Rechtsgeschäft)란 용어를 만든 것은 Savigny이며, 그는 의사표시와 법률행위를 동일한 것으로 다루었다. 그러나 그 이후의 학자들은 한발 더 나아가 의사표시를 사회적 표시(gesellschaftliche Erklärung)와 의사표시로 나누어 전자는 법률상 무관하여 구속력이 없는 것이고, 후자는 법률상 관계있는 의사표시라고 하였다.

(2) 법률행위개념을 공식적으로 민법전에 규정한 것은 1863년 작센왕국 민법전이다. 그러나 1804년의 프랑스민법과 1811년의 오스트리아 일반민법전은 법률행위나 의사표시에 관한 규정을 두지 않았고, 독일민법 역시 법률행위개념을 기초로 한 민법총칙편을 두고 있으나 법률행위개념은 직접 규정하지 않는다.

2. 法律行爲와 구별개념으로서 準法律行爲

(1) 準法律行爲의 의의

準法律行爲는 외부적 용태로서의 적법행위 중 의사표시 내지 이것을 요소로 하는 법률행위 이외의 것을 말한다.

여기서 適法行爲란 법률이 가치가 있는 것으로서 허용하는 행위, 즉 법률질

1) Larenz, a. a. O., S. 302 f.

2) Flume, Allgem. Teil. 3. Aufl., S. 23f.

서에 적합하기 때문에 일정한 사법상 효과를 생기게 하는 행위로서, 이들 중 의사표시를 제외한 나머지 법률사실로 구성된 행위의 유형을 준법률행위라고 한다.

⑵ 法律行爲와 구별

(가) 준법률행위와 의사표시는 모두 법률이 가치 있는 것으로 허용하고 법률질서에 적합하여 일정한 사법상 효과가 생기는 적법행위에 속한다. 그러나 準法律行爲는 그로 인하여 발생하는 법률효과가 행위자의 효과의사와는 관계없이 발생한다는 점에서 의사표시와는 본질적으로 다르다.

(나) 행위자의 효과의사를 고려하지 아니하는 정도는 純粹事實行爲에서 가장 강하여 의사표시와는 완전히 별개의 것으로 파악된다. 그러나 混合事實行爲와 感情表示는 의사표시와 유사한 정신작용이 포함되고, 觀念通知나 意思通知에서는 의사의 작용 및 의식내용의 표시에 법률이 의미를 인정하는 점에서 의사표시와 매우 비슷하다. 그러나 법률행위와 준법률행위는 다음의 점에서 구별된다.

(ㄱ) **效果發生의 根據**: 法律行爲는 의사표시, 즉 계약의 청약·승낙, 유언 등과 같이 표의자가 일정한 효과를 의욕하는 의사를 표시하여 그 의사표시에 의하여 표의자가 의욕한대로 법률상 효력이 발생하는데 반하여, 準法律行爲는 그 발생하는 법률효과가 행위자의 행위의미와는 직접적인 관련 없이 법률의 규정에 의하여 법률이 정한 대로 효력이 발생한다는 점에서 의사표시 내지 법률행위와 구별된다. 따라서 법률행위에는 행위자의 행위능력을 요건으로 하는데 반하여, 준법률행위에는 행위자의 행위능력은 요구되지 않는다.

(ㄴ) **意思表示의 適用有無**: 준법률행위로서 意思通知는 의사표시에 가장 유사하지만 거기에도 의사내용과 법률효과와 관계에서 이론상 차이를 가진다.

또한, 실제상에서도 민법은 행위능력, 의사와 표시의 불일치, 하자있는 의사표시 등 당사자의 효과의사를 법률상 어떻게 반영할 것인가의 문제로서 결국 법이론의 근거에서는 의사표시가 요소로 된다.

⑶ 準法律行爲의 유형

(가) 표현행위로서의 준법률행위

(ㄱ) **意思通知**: 의사를 외부에 표시하는 점에서는 의사표시와 같으나 그

의사가 법률효과에 향하여진 효과의사가 아닌 점에서 의사표시와 다르며, 각종의 최고(§15, §88, §131, §381, §387, §552), 거절(§16, §132, §487) 등은 그 예이다.

意思通知는 행위자가 법률효과를 원하는가를 묻지 않고서 법률은 직접 일정한 법률효과를 주고 있다.

예컨대, 민법 제15조의 무능력자상대방의 최고는 추인 또는 취소효력을 발생케 하고, 채권관계에 기한 채권자의 채무이행청구는 소멸시효의 중단(§168), 이행지체(§387 ②) 및 해제권(§544)을 발생시킨다.

(ㄴ) **觀念通知**: 관념통지란 표시된 의식내용이 그 어떤 것을 의욕하는 의사가 아니라 어떤 객관적 사실에 관한 관념 또는 표상을 말한다.

예컨대, 사원총회소집통지(§71), 채무승인(§168), 채권양도통지나 승낙(§450), 공탁통지(§488), 승낙연착통지(§528) 등과 같이 어떤 객관적 사실에 관한 관념 또는 표상에 지나지 않는 것을 말하고, 법률의 규정에 의하여 일정한 법률상 효력이 발생한다.

(ㄷ) **感情表示**: 감정표시란 일정한 감정을 타인에게 표시하는 행위, 즉 容恕가 그 예이며, 법률은 일정 경우 법률사실로서 다루어 법률상 효력을 부여한다.

예컨대, 배우자의 일방이 타방에 대하여 부정한 행위를 용서한 때에는 그 이혼청구권을 잃게 되며(§841), 또한 수증자의 망은행위에 대한 용서로 해제권의 소멸(§556 ②)을 규정한 것도 이에 속한다.

(나) 비표현행위로서의 준법률행위　비표현행위는 그 행위에 의하여 표시되는 의식내용이 무엇인가를 묻지 않고서 일정한 행위 또는 그 행위에 의하여 생긴 결과만이 법률에 의하여 법률상 의미가 부여된 사실행위를 의미한다.

(ㄱ) **非表現行爲** 즉 사실행위에는 외부적 사실의 발생만 있으면 법률이 일정한 효과를 주는 純粹事實行爲와 그 밖의 어떤 의식과정에 따를 것을 요구하는 混合事實行爲가 있다.

전자로는 주소설정(§18)·매장물발견(§254)·가공(§259) 등이고, 후자로는 물건의 인도(§192)·무주물선점(§252)·유실물습득(§253)·사무관리(§734)·부부동거(§826) 등이다.

(ㄴ) 事實行爲는 행위자의 의식내용과 관계없이 법률이 일정 의미를 인정하는 것이므로 법률상으로는 **事件**(Ereignis)과 마찬가지로 다루어진다.

그러므로 사실행위는 일정한 외형적인 행위를 본체로 하는 것으로 일정한 의식 내지 정신작용을 요건으로 하는 경우에도 그 정신작용은 종된 지위를 가질 뿐이다.

⑷ 準法律行爲에의 意思表示規定의 적용

(가) 사실행위에의 적용 사실행위에는 의사표시를 전제로 한 민법 규정은 원칙적으로 적용되지 않는다.

왜냐하면, 사실행위는 법률상 사건으로 취급되기 때문이다. 따라서 행위능력이나 의사의 하자는 그 법률효과에 영향이 없고 사실행위의 대리는 인정되지 않는다.

(나) 표현행위에의 적용 표현행위는 의사표시와 마찬가지로 의식내용의 표시라는 점에서 법률이 의미를 인정하는 것이므로 이들에는 법률상 특별한 규정은 없지만 그 성질이 허용하는 한 의사표시에 관한 규정을 유추 적용할 것으로 해석한다.

따라서 행위능력, 의사와 표시의 불일치, 대리에 관한 민법 규정은 의사표시를 전제로 한 것이지만 이들의 규정은 준법률행위에도 적용된다.

[76] Ⅱ. 法律行爲要件

	[法律行爲成立要件]	[法律行爲有效要件]
(1) 一般要件	① 당사자(의사능력)	행위능력자의 행위일 것
	② 목적의 존재	목적의 확정·가능·적법·타당성
	③ 의사의 표시	의사와 표시가 일치하고, 하자가 없을 것
(2) 特別要件	각종 신고(혼인·입양 등)	법인설립의 허가, 조건·기한의 도래, 대리권의 존재, 유언자의 사망 등

법률행위가 법률요건으로서 완전히 그 법률상 효과를 발생하기 위해서는 먼저 법률행위로서의 성립이 있어야 하고, 그것이 유효하다는 평가를 받아야 한다. 즉 법률행위가 유효한 효력을 갖기 위해서는 법률행위의 성립요건과 유효요건을 갖추어야 한다.

또한, 法律行爲는 그 밖에 효력의 시적 범위에서 본 효력발생요건, 대항요건 및 소송요건 등이 문제된다.

1. 法律行爲의 成立要件

(1) 法律行爲의 一般成立要件

법률행위의 실질적 유효 여부를 불문하고 최소한 외형상으로 존재하기 위하여 갖추어야 할 요건이며, 다음의 요건을 갖추어야 한다.

(ㄱ) **當事者의 存在**: 법률행위가 성립하기 위해서는 최소한 법률행위의 당사자가 존재하고 있어야 한다. 법률행위는 의사표시를 요소로 함으로 법률행위 당사자로서 자연인은 최소한 의사능력을 가져야 한다. 따라서 의사능력 없는 당사자의 법률행위는 불성립 또는 무효로 된다.

(ㄴ) **目的의 存在**: 목적이 존재하지 않는 법률행위는 성립하지 못한다. 법률행위의 目的이란 효과의사의 내용을 의미하며, 효과의사 자체가 결여되거나 효과의사의 객체가 현실적으로 존재하지 않는 법률행위는 불성립 또는 무효이다. 따라서 원시적 불능목적인 법률행위는 무효이다. 그러나 민법은 예외를 인정하여 목적불능계약의 체결에 상대방이 알고 있었거나 알지 못한데 대한 과실이 있는 때에는 상대방에 신뢰이익의 배상을 규정한다(§535).

이것은 성립하지 못한 법률행위로서 무효이지만 통설은 쌍무계약상 공평이념을 고려한 특별규정으로 이해한다.

(ㄷ) **意思表示의 存在**: 법률행위는 의사표시를 구성요소로 함으로 의사표시 없는 법률행위는 성립하지 못한다. 따라서 법률행위가 성립하기 위해서는 효과의사가 표시되어야 한다.

(2) 法律行爲의 特別成立要件

일반성립요건을 충족함으로써 성립된 각개의 법률행위에 특별히 요구되는 요건을 말하며, 법률의 규정에 의하여 정하여진다.

(ㄱ) **要物行爲**: 예컨대 대물변제(§466)나 질권설정(§330)에서와 같이 물건의 현실적 인도를 요하는 경우이며, 물건의 인도 없이는 그 법률행위 자체가 처음부터 성립하지 않는다.

(ㄴ) **要式行爲**: 법률행위가 書面 또는 일정한 方式을 갖추므로 성립하는 경우를 말하며, 혼인・입양의 신고, 유언의 일정한 방식이 이것이다.

법률행위는 원칙상 방식을 요하지 않지만 단독행위나 신분상 법률행위는 진실성・명확성을 확보하기 위하여 요식행위를 취한다.

2. 法律行爲의 有效要件

(1) 法律行爲의 一般效力發生要件

성립된 법률행위가 무효 또는 취소되지 않고 확정적으로 유효하기 위한 최소한의 요건이며 다음의 요건을 갖추어야 한다.

(ㄱ) **能力者의 行爲**: 법률행위가 유효하기 위해서는 법률행위 당사자가 행위능력을 가진 것이어야 한다. 민법은 무능력자의 법률행위를 취소할 수 있게 하고 있으므로 성립한 법률행위가 처음부터 확정적인 법률행위로서의 효력이 발생하기 위해서는 당사자가 能力者이어야 한다.

(ㄴ) **目的의 確定・可能, 適法・妥當性**: 법률행위의 목적이 확정・가능하고, 또한 적법 및 사회적 타당성을 가진 것이어야 한다.

법률행위의 목적이 확정・가능 또는 적법하고 사회적 타당성을 갖추지 못한 때에는 법률행위의 성립당초부터 무효이거나 법률행위는 성립하고 있으나 효력을 발생하지 못한다.

(ㄷ) **意思와 表示의 一致 및 瑕疵의 不存在**: 표시된 의사가 내심의 의사와 불일치하거나, 意思表示 자체에 瑕疵가 있는 법률행위는 처음부터 무효이거나 취소할 수 있는 법률행위로 된다. 따라서 표시된 의사표시가 처음부터 유효한 법률행위로서 효력을 발생하기 위해서는 의사와 표시가 일치되고 또한 의사표시에 하자가 없어야 한다.

(2) 法律行爲의 特別效力發生要件

(가) 각개의 법률행위에 특별히 요구되는 법률행위의 효력발생요건을 말하며, 법률이 특별히 규정한 요건을 충족함으로써 효력을 가진다.

(ㄱ) **代理行爲**: 대리인의 대리행위가 본인에 관하여 유효하기 위해서는 대리인에 대리권이 존재하고 있어야 한다(§114 내지 §136).

(ㄴ) **條件 또는 期限附法律行爲**: 조건부법률행위 또는 기한부법률행위가 유효하기 위해서는 그 법률행위에 부가된 조건이 성취되고, 기한이 도래(§147 내지 §154) 하여야 한다.

(ㄷ) **遺 言**: 유언이 유효하게 효력이 발생하기 위해서는 유언자가 사망(§1073)하고, 또한 수증자가 생존하고 있어야 한다(§1089).

(나) 그 외에도 상대방 있는 의사표시가 상대방에 유효하기 위해서는 의사표시가 相對方에 到達하여야 한다(도달주의).

또한, 특별법상 요구되는 요건으로서 농지소재지관서의 증명(농지개혁법 §19), 토지거래허가지역에서 행정관청의 허가, 외국인의 국내 토지소유권취득에 대한 주무관청의 허가(외국인토지법 §5) 등을 갖추어야 한다.

[개별적 意思表示를 유보한 法律行爲의 성립]

1. 事實的 契約理論

의사표시에 관한 의사주의·표시주의이론은 의사표시의 본체가 의사인가 표시인가의 문제로서 어느 경우에나 법률행위의 성립은 의사표시를 전제로 성립함을 인정한다. 그러나 생필품계약, 예컨대 전기·가스의 공급계약 또는 통신·교통기관의 이용계약 등의 경우에는 일일이 개별적 의사표시에 의하지 않고 정형화된 계약내용에 따라 성립되는 소위 사실적 계약론(die Lehre von den faktischen Vertragsverhältnissen)이 대두되고 있다.

이 이론에 의하면 이들의 공급계약은 의사표시의 합치에 의하여 성립하는 것이 아니라, 급부의 수취나 급부의 실현이라는 사실에 의하여 성립하는 것이라고 하고 청약과 승낙에 의해 성립되는 통상계약과 구별한다. 즉 공적으로 제공된 생존배려급부를 수취하는 경우에는 수취자의 개별적 의사표시가 존재하지 않으나 적어도 수취의 효과의사를 가지고 있는 점에서 계약성립을 긍정한다(Larenz, §493).

또한, 이 이론을 더욱 발전시켜 생존배려의 공급계약에 국한하지 않고 일련의 계속적 채권관계, 예컨대 사실적 조합관계, 사실근로관계에도 적용되는 것이라고 한다(곽윤직, 채권각론 66면).

2. 事實的 契約理論과 傳統的 契約理論의 관계

(1) 錯誤理論의 적용배제

착오 등 의사표시에 관한 규정은 사실계약관계에는 적용되지 않는다. 예컨대 甲지행의 버스라고 잘못 알고 乙지행의 버스를 탄 경우의 착오로 인한 취소는 제한된다. 그러나 견해 중에는 이른바 생존배려에 관한 법률관계가 공법관계로 인정되면 행정행위나 공법상 계약의 법리에 따라 규율해야 할 것이므로 사실계약이론의 여지는 없고 또한 전통적인 법률행위이론에 의하더라도 생존배려의 급부관계에 관하여 착오 등 하자있는 의사표시에 관한 규정이 적용될 경우는 많지 않을 것이라고 하여 사실적 계약론의 도입을 부정한다(이영준 131면 이하).

(2) 行爲能力規定의 적용배제

민법상 행위능력에 관한 규정은 사실적 계약관계에는 적용되지 않는다. 그러나 반대설은 민법상 무능력자제도는 소수자보호와 구체적 타당성보호 및 개인의 자유로운 의사에 의해서만 의무를 부담한다는 것을 가능케 한 제도라는 점에서 인간의 존엄과 가치를 지향하는 사적자치원칙의 대 전제이므로 어느 이론에 의하여서도 폐지되거나 양보되어서는 않되는 것이라고 하고, 그 근거로써 독일의 사실적 계약이론의 추종론자들도 행위무능력을 이유로 사실적 계약을 취소할 수 있다고 함을 든다(이영준 130면).

(3) 給付受取만에 의한 契約의 성립

사실적 계약의 성립은 급부를 수취하여야만 계약은 성립되고 급부의 수취가 있는 이상 계약체결을 배척하여 승낙을 거절하여도 계약은 성립된다.

이에 대하여도 부정설은 사실적 계약이론에 의하지 아니하더라도 포괄적 의사표시이론 내지 모순표시이론에 의하여도 충분히 설명될 것이므로 구태여 사실관계이론을 도입할 필요는 없을 것이라고 한다.

그리하여 긍정설이 유료주차장에 주차하여 급부를 수취한 사실에 계약성립을 긍정하는 것은 의사표시의 해석이 아니라 의사의 의제라고 한다. 그러나 긍정설은 일정한 급부수취에 의한 계약성립을 긍정하고 이때 포괄적·추단적 행위자는 그 추단에 의해 성립하는 표시행위를 막기 위하여 이의를 유보할 수 있으나 이는 모순된 것이 아니어야 하며, 이 '모순된 이의'를 주장하는 포괄적·추단적 행위자의 주장은 무효로서 이러한 이의를 정당화할 수 있는 특별한 사정이 없는 한 계약은 성립되는 것이라고 한다(Flume §53, 이영준 133면).

3. 繼續的 債權關係에 관한 事實的 契約理論

사실적 계약론자는 조합계약이 무효라고 하더라도 사실상 조합으로 활동하고 있는 한, 마치 유효히 조합이 성립하였던 것과 같이 다루어 처리되어야 하고, 또한 고용계약·근로계약에 관하여도 사실적 계약이론을 적용하여 이미 제공된 노무관계는 마치 계약이 유효하게 성립된 것과 같이 다루어 그 무효·취소의 주장은 해지와 같은 효력을 가질 뿐이라고 한다(곽윤직, 채권각론 355면).

그러나 견해 중에는 이들의 하자있는 조합계약 및 근로계약에 사실계약이론을 적용하면 마치 사실조합관계, 사실근로관계라고 하는 것이 하나의 실체로 존재하고 그것이 하자있는 조합이나 근로관계인 경우에도 마치 정상적인 법률관계를 규율하는 것과 같은 오해를 불러일으킬 뿐이므로 하자있는 조합이나 근로의 법률행위는 비록 무효이긴 하지만 역시 당사자가 의욕한 법률행위에 기초하고 있는 것이고 이와 유리되어 존재하는 사실에 기초하고 있는 것은 아니라고 한다(Flume §8, 3 : 이영준 135면 참조).

[77] Ⅲ. 法律行爲의 瑕疵

1. 法律行爲要件과 瑕疵

⑴ 法律行爲의 瑕疵란 법률행위가 성립하기 위한 최소한의 요건을 갖춤으로써 법률행위로서는 성립하고 있으나 그 유효요건을 충족하지 못함으로써 효력이 처음부터 발생할 수 없거나, 법률행위로서 일단 효력을 발생하지만 그 효력의 확정 여부가 불완전한 법률행위를 말한다.

전자를 법률행위효력발생의 절대적 하자, 후자를 상대적 하자라고 한다.

⑵ 法律行爲의 瑕疵는 외형적으로는 법률행위로서 일단 성립하였으나 그것이 유효한 요건을 갖추지 못하여 불완전한 것인 점에서, 法律行爲의 不成立은 법률행위의 성립요건 자체의 흠결로 인하여 외형적으로도 법률행위라고 볼 수 있는 행위가 존재하지 못한 것과 양자는 구별된다.

2. 法律行爲瑕疵의 태양

⑴ 當事者에 관한 하자

㈎ 법률행위의 당사자요건으로서 權利能力의 瑕疵, 즉 권리능력 없는 자의 행위는 법률행위의 불성립의 문제가 생길 뿐이고 법률행위의 하자문제는 생기지 않는다. 따라서 법률행위의 당사자요건으로서 하자는 의사능력과 행위능력의 문제로 된다.

(ㄱ) **意思能力의 瑕疵**: 표의자에게 의사능력이 없는 때에는 그 자의 표시내용은 형식적·일반적으로 內心의 意思와 부합하지 못하는 것이라고 봄이 타당하다. 따라서 이러한 경우에는 의사의 흠결이 있게 된다.

(ㄴ) **行爲能力의 瑕疵**: 행위능력이란 행위자가 단독으로 완전·유효한 법률행위를 할 수 있는 능력을 말한다. 그러므로 무능력자가 법률행위를 함에는 민법이 정하는 일정한 요건을 갖추어야 하고, 이를 충족하지 못한 법률행위는 하자있는 법률행위가 된다.

㈏ 법률행위당사자의 하자는 재산상 법률행위와 신분상 법률행위에 적용된다. 그러나 身分法上 行爲에는 이를 경감하는 특별규정을 두는 경우, 예컨대 혼인(§807), 금치산자의 인지(§856) 및 친생부인(§848), 15세 미만의자의 입양승낙

(§869) 및 파양(§899) 등에는 이들 규정이 요구하는 능력만 갖추면 하자 문제는 발생하지 않는다.

⑵ 意思表示에 관한 하자

(가) 불일치한 의사표시 표의자의 의사와 표시가 불일치한 의사표시는 일종의 하자있는 의사표시로 된다.

(ㄱ) 非眞意意思表示(心裡留保): 의사와 표시가 일치하지 않음을 표의자 스스로 알면서 하는 의사표시를 말하며, 표의자를 보호할 아무런 이유도 없으므로 원칙적으로 표시한대로 효력이 발생한다(§107 ① 본문). 그러나 상대방이 표의자의 진의 아님을 알았거나 이를 알 수 있었을 경우에는 상대방을 보호할 필요가 없고 또한 법률행위 자체의 성질상 무효로 된다(동항 단서). 따라서 이 경우에는 하자의 문제가 생긴다.

(ㄴ) 虛僞表示: 상대방과 통정해서 하는 진의 아닌 의사표시이며, 당사자에게 법률적 효력을 부여할 필요가 없으므로 하자있는 의사표시가 된다(§108).

(ㄷ) 錯 誤: 표시내용과 내심의 의사의 불일치를 표의자 자신이 알지 못하고 한 의사표시를 말하며, 법률행위내용의 중요부분에 착오가 있는 경우에 한하여 하자의 문제가 생긴다(§109 ① 단서).

(나) 사기·강박에 의한 의사표시 타인으로부터의 사기·강박에 의한 의사표시는 비록 표시내용에 대응하는 내심의 의사는 존재하나 그 내심의 의사형성과정에 하자가 있는 경우를 말한다.

우리 민법은 하자있는 의사표시로서 사기·강박에 의한 의사표시를 규정하고(§110), 의사와 표시가 불일치한 의사표시(§107 내지 §109)로부터 구별한다. 따라서 통상 하자있는 의사표시란 사기·강박에 의한 의사표시를 말한다.

⑶ 目的에 관한 瑕疵

법률행위가 유효하기 위해서는 목적이 확정·가능·적법하고 또한 사회적 타당성을 가진 것이어야 한다. 따라서 성립한 법률행위의 목적이 확정·가능·적법하지 못하고, 또한 사회적 타당성을 가진 것이 아닌 때에는 하자있는 법률행위로서 효력이 발생하지 못한다.

(ㄱ) 目的의 不確定: 법률행위의 목적은 확정되어 있거나 또는 확정할 수

있는 것이어야 한다. 目的이 不確定한 법률행위는 외형상 법률행위의 모습을 갖추고 있더라도 무효이다. 왜냐하면 법률이 조력해도 법률효과를 발생시킬 수 없기 때문이다. 그러나 어음행위와 같은 요식행위를 제외하고는 엄밀히 확정될 필요는 없고 장차 확정될 수 있는 표준이 정하여져 있으면 충분하다.

(ㄴ) 目的의 不能: 법률행위의 목적은 그 실현이 가능한 것이어야 하며, 확정된 목적의 실현이 불능한 법률행위는 무효이다.

여기서 목적의 가능·불능 여부는 사회통념에 의해 결정되며, 확정적인 것이어야 한다.

(ㄷ) 目的이 强行法規에 반하는 경우: 법률행위가 유효하기 위해서는 그 목적이 적법한 것이어야 한다. 즉 강행법규에 위반하는 내용의 법률행위는 부적법·위법한 것으로서 무효이다. 그러나 강행법규라도 效力規定이 아닌 團束規定(금지규정)의 위반인 때에는 사법상 효력은 부인되지 않는다.

(ㄹ) 目的의 反社會性: 법률행위의 목적이 개개의 강행법규에 위반하지는 않더라도 선량한 풍속 기타 사회질서에 위반하는 때, 즉 사회적 타당성을 잃은 때에는 무효이다(§103, §104 참조).

3. 瑕疵있는 法律行爲의 효력

(1) 當事者間의 효력

(가) 법률행위에 하자가 있으면 법률행위는 원칙적으로 그 본래의 법률효과를 발생하지 못하고 무효 또는 취소할 수 있다.

(나) 어떤 행위를 無效 또는 取消로 하는가는 입법정책의 문제이나, 대체로 공익적 이유로는 무효, 사익적 이유로는 취소로 한다.

다만, 未成年者의 법률행위는 취소할 수 있는 법률행위로 되지만 법률행위 당시 의사능력이 없었던 경우 당사자는 각각 그 요건을 증명하여 무효를 주장할 수 있는가. 무효·취소 2중효 문제이다.

(ㄱ) 無效로서의 效力: 무효는 특정인의 주장을 필요로 하지 않고 당연히 효력이 없으며, 시간의 경과에 의해 효력에 변동이 생기지도 않는다.

현행법상 무효인 것으로는 의사무능력자의 법률행위, 불능목적의 법률행위, 강행법규에 위반하는 법률행위, 반사회질서 법률행위, 불공정한 법률행위, 비진의표시의 예외의 경우, 허위표시가 있다.

(ㄴ) **取消로서의 效力**: 특정인(취소권자)의 취소라는 주장이 있어야 비로소 효력이 없게 되며, 취소를 하기 전까지는 일단 효력이 있는 것으로 다루어진다. 또한 일정기간의 경과로 취소권은 소멸하며 취소에는 소급효를 가진다.

민법상 취소할 수 있는 법률행위 중 本來意味의 取消인 법률행위는 무능력자의 행위, 착오에 의한 의사표시, 사기·강박에 의한 의사표시이다.

⑵ 第3者에 대한 효력

하자가 取消사유에 불과하면 현실적으로 취소가 행해지기까지는 제3자도 그 행위를 유효한 것으로 취급해야 한다.

또한, 無效 또는 取消의 효과는 이로 인하여 선의의 제3자에게 대항할 수 없는 경우가 있다. 예컨대 비진의의사표시(§107 ②), 허위표시(§108 ②), 착오(§109 ②), 사기 및 강박에 의한 의사표시(§110 ②) 등이며, 이는 선의의 제3자를 보호하려는 정책적 목적에 기인한다.

4. 法律行爲瑕疵의 치유

取消할 수 있는 法律行爲는 취소권자가 취소할 수 있는 법률행위를 추인하거나(§143), 법정추인의 사유가 있는 경우(§145) 또는 취소권이 단기시효로 소멸한 경우(§146)에는 하자있는 행위를 취소할 수 없게 되므로 그 하자는 치유된다.

또한, 無效인 法律行爲에 있어서도 일정 경우, 즉 의사의 흠결을 원인으로 하는 무효인 법률행위에는 예외적으로 추인(§139 단서) 및 전환이 인정된다.

제 2 절 法律行爲의 種類

[78] Ⅰ. 法律行爲의 一般的 分類

1. 單獨行爲·契約·合同行爲

(1) 單獨行爲

(가) 단독행위의 의의 단독행위(Einseitiges Rechtsgeschäft)란 행위자 1인의 1개인 의사표시로 성립하는 법률행위로서, 일방행위 또는 일방적 행위라고 한다.

(나) 단독행위의 분류 단독행위는 다시 상대방의 유무에 따라 구별된다.

(ㄱ) **相對方있는 單獨行爲**: 예컨대 동의·면제·취소·상계·추인·해지·해제 등 의사표시가 상대방에 도달하여야 효력이 발생하는 단독행위를 말한다.

다만, 代理權授與行爲가 단독행위인가, 계약인가. 다수설은 상대방의 수령을 요하는 단독행위라고 한다.

(ㄴ) **相對方없는 單獨行爲**: 의사표시의 수령자가 확정되어 있지 않고 의사표시가 있으면 곧 효력이 발생하는 단독행위이며, 유언·재단법인설립행위·권리의 포기 등이다.

(ㄷ) 상대방 있는 단독행위와 상대방 없는 단독행위의 구별은 결국 意思表示의 效力發生始期에 있다. 따라서 상대방 있는 의사표시는 그 의사표시가 상대방에 도달하므로 효력이 발생하나, 상대방 없는 의사표시는 도달할 상대방이 없으므로 의사표시 즉시 효력이 발생한다.

다만, 상대방이 존재하지 않지만 상속의 포기(§1041) 또는 채권자의 공탁승인(§489)은 관할관청의 수령이 있으므로 효력이 발생한다.

(다) 단독행위의 특성

(ㄱ) **效力發生의 法定主義**: 단독행위에도 법률행위자유원칙이 적용되는가. 단독행위라고 하더라도 채무면제와 같이 타인에 이익만을 주거나, 소유권의 포기와 같이 타인의 권리·의무에 영향을 미치지 아니하는 행위는 원칙적으로 법률행위자유의 원칙이 지배된다고 할 수 있다. 그러나 단독행위는 표의자 이외의 타인이 자기행위나 의사에 관계없이 의무를 부담하고 불이익을 받을 염려가

있으므로 원칙적으로 법률에 규정이 있는 경우에만 효력이 발생한다. 따라서 단독행위는 원칙적으로 법정주의가 지배된다.

(ㄴ) **要式行爲性 등**: 단독행위는 특히 意思表示의 진실성·명확성 확보의 필요에서 원칙상 서면의 작성 등 일정 방식을 요한다.

또한, 단독행위는 단독적 의사표시로 효력이 발생하는 것이지만 수인의 재단법인설립행위와 같이 수인의 당사자가 단독행위로 하는 것도 가능하고, 또한 계약당사자가 수인인 때 그 해제 또는 해지권의 행사는 수인으로부터 수인에 대한 의사로 하여야 한다(해제·해지권행사의 불가분성).

(ㄷ) **附款의 制限**: 단독행위는 원칙적으로 附款을 붙이지 못하며, 민법은 相計의 意思表示에 관하여 조건·기한을 붙이지 못함을 규정한다(§493 ①). 그러나 일정한 경우, 즉 상대방에 이익만을 부여하는 행위에 정지조건을 붙이는 것은 무방하다.

(라) 계약의 유추적용　단독행위에 契約에 관한 민법 규정이 준용되는가.

단독행위의 무권대리에서와 같이 민법이 준용규정을 두고 있는 때에는 당연하지만 명문 규정이 없는 경우 문제된다. 그러나 계약성립으로서 청약과 승낙이 법률행위를 구성하는 것은 그 의사표시의 합치인 계약 자체뿐이므로 계약체결에 관한 의사표시의 규정은 단독행위에는 유추 적용할 것은 아니다.[3]

⑵ 契　約

(가) 계약의 의의　契約(Vertrag)이란 매매계약 등 대립하는 두개 이상의 의사표시의 합치로 성립하는 법률행위를 말한다.

契約은 반드시 복수인의 의사표시를 요하는 점에서 단독행위와 다르고, 또한 그 복수인 의사표시의 방향이 평행적·구심적이 아니라 대립적·교환적이란 점에서 합동행위와 구별된다.

(나) 계약의 분류　계약은 계약내용의 대상에 따라 광의의 계약과 협의의 계약으로 나누어진다.

(ㄱ) 廣義의 契約은 널리 법률관계의 변동을 목적으로 하는 계약을 말하며, 채권계약은 물론 그 외에 물권계약·준물권계약·신분상 계약 등을 포함한다. 그러나 狹義의 契約은 광의의 계약 중 채권계약만을 말한다.

---

3) 동지, 이영준 153면.

(ㄴ) 광의의 계약과 협의의 계약의 구별은 채권법상 제3자를 위한 계약의 성립 및 채무불이행에 의한 계약해제권의 발생 여부에 있다. 즉 신분상 계약이나 물권계약은 원칙적으로 제3자를 위한 계약은 성립하지 못하고, 또한 채무불이행으로서의 법정해제권은 채권계약에만 적용된다.

(다) 계약의 성립 계약은 원칙적으로 청약과 승낙의 합치로 성립한다.

청약과 승낙은 명시적으로 존재하고 또한 합치됨으로 성립할 것이지만 이것에 국한하지 않고 일련의 청약과 승낙의 합치로 다루어 질 수 있는 경우이면 계약은 성립한다.

예컨대, 교차청약과 의사실현에 의한 계약의 성립은 승낙은 없지만 청약 또는 의사실현의 사실로 승낙으로 다루어지고, 또한 사실적 계약(필수계약)은 개별적 청약·승낙의 의사표시는 없지만 일련의 사실행위로 계약 성립을 인정한다.

(3) 合同行爲

(가) 합동행위의 의의 合同行爲(Gesamtakt)란 같은 목적을 위한 두개 이상의 의사표시로 성립하는 법률행위이다.

(ㄱ) 합동행위개념은 1892년 독일의 Kuntze에 의하여 주장된 이래 계약과 구별된 별개의 독립된 법률행위유형으로 파악한다. 그렇다면 과연 합동행위를 계약과 구별할 필요가 있는가. 학설이 일치하는 것은 아니다.

區別肯定說은 합동행위는 그 구성하는 의사표시의 일부가 의사의 흠결이나 하자로 무효 또는 취소되더라도 다른 의사표시에 효력을 미치지 않으므로 민법 제108조(허위표시)와 제124조(자기계약·쌍방대리)는 적용되지 않고 그밖에 법인설립에 있어서도 설립 중 한 사람이 다른 설립자를 위하여도 대리할 수 있는 점에서 계약과 구별할 필요가 있으므로 합동행위와 계약은 구별되는 것이라고 한다.

區別否定說은 합동행위를 계약의 일종으로 파악한다. 따라서 사단법인의 설립행위는 수인이 공동으로 구성원의 변동에도 영향을 받지 않는 조직체를 창설하고 표의자는 스스로 그 조직체의 구성원으로 되는 것을 내용으로 하는 계약이라고 하거나(김학동 278면), 법인설립행위를 함에 있어 설립자 중의 한 사람이 다른 설립자를 위하여 대리하는 것이 무방하고 또한 특별히 합동행위개념을 인정하지 않더라도 동일한 결론에 도달할 수 있는 것이라고 한다(이영준 150면, 이은영 338면).

다수설은 합동행위에 계약과 구별된 독특한 성질을 인정하여 독립된 법률행위의 유형으로 인정한다. 예컨대 법률행위가 합치되어야 할 수개의 의사표시 중 어느 하나가 무효·취소 등으로 효력이 생기지 않는 경우에 보통의 契約에서는 나머지 의사표시만으로는 그 효과가 발생하지 않게 되나, 合同行爲에서는 잔여의 의사표시만으로써 소정의 법률효과가 생긴다.

또한, 의사표시의 규정, 특히 민법 제108조(허위표시)와 제124조(자기계약·쌍방대리)는 계약에 관하여만 적용되고 합동행위에는 적용되지 않는다.

(ㄴ) 합동행위개념을 인정하는 경우 社團法人의 設立行爲를 합동행위라는데 견해가 일치한다.

다만, 總會決議를 합동행위라고 할 것인가. 견해 중에는 총회결의는 다수의 결집된 의사를 요하지만 그렇다고 하여 모든 의사표시의 합치를 요하지 않고, 필요한 수를 갖추면 구속력이 발생하는 것인 점에서 합동행위와 구별되는 것이라고 한다.[4] 그러나 이와 같은 견해는 마치 합동행위가 행위자의 만장일치를 의미하는 것으로 보는 것이어서 부당하다.

합동행위는 그 법률행위를 구성한 의사표시의 내용이 서로 동일하다는 것에 있을 뿐이고 그 성립요건에 전원의 의사를 요하는 것은 아니어서 비록 다른 내용의 의사표시를 한 자가 있는 경우에도 이러한 의사는 총회의 결의라는 요건에 의하여 법률행위의 내용을 구성하지 않게 되어 합동행위와 무관하게 된다. 따라서 성립된 총회결의는 그 법률행위내용의 성질상 합동행위라고 봄이 타당하다.

(나) 합동행위의 분류　합동행위의 형태를 결합적 합동행위와 집합적 합동행위로 분류하는 견해가 있다.

結合的 合同行爲는 단체설립행위로서의 합동행위이며, 集合的 合同行爲는 각종 결의·선거행위 등이다.

양자의 구별은 結合的 合同行爲가 다수인 전원의 결합된 의사로서 그들의 각 의사표시가 하나로 결합되어 있으나 그 개개의 의사표시는 거의 독립성을 잃지 않는다고 보는데 반하여, 集合的 合同行爲는 다수결의 원칙에 의하여 이루어지고 각개의 의사표시는 거의 독립성을 잃고 하나의 단일한 의사로 존재하는 것이라고 한다.[5]

(다) 합동행위의 적용　合同行爲를 계약으로부터 구별할 때 민법 제108조(허위표시)가 법인설립행위와 같은 합동행위에도 적용되는가. 견해가 대립하나

---

4) 지원림, 민법강의 158면.
5) 이영준 150면.

합동행위의 성질상 부정함이 다수설이다.

또한, 민법 제124조(자기계약 · 쌍방대리)의 규정도 합동행위에는 적용되지 않는다. 따라서 이것이 곧 합동행위를 계약으로부터 구별하는 실익이라고 할 수 있다.

2. 要式行爲 · 不要式行爲

(1) 要式行爲

(가) 요식행위의 의의　要式行爲(formbedürftiges Rechtsgeschäft)란 법률행위의 성립에 일정한 방식을 요하는 행위, 즉 증서 · 서면 · 공증 · 확인 및 행정관청에의 신청 등이 요구되는 행위를 말한다.

(나) 요식행위의 분류　법률행위방식에는 광의의 방식과 협의의 방식이 있다.

(ㄱ) 廣義의 方式에는 법률행위가 효력을 발생하기 위하여 의사표시 외에 기타 요소를 필요로 하는 경우, 예컨대 소유권이전에서 등기 · 인도, 지시채권에서 증서의 배서 · 교부, 무기명채권양도에서 증서의 교부, 일정한 법률행위에서 허가관청의 허가 등을 포함한다.

(ㄴ) 狹義의 方式에는 의사표시 자체에 일정한 형식이 요구되는 방식이며 본체적 방식과 부가적 방식으로 분류된다.

(a) 本體的 方式 : 방식과 법률행위가 일체를 이루고 있어 일정한 방식이 없으면 법률행위가 존재할 수 없는 경우의 방식이며, 어음 · 수표행위에서의 요건행위가 이것이다.

(b) 附加的 方式 : 방식을 필요로 하는 법률행위가 방식으로부터 독립하여 존재한다고 볼 수 있는 경우의 방식이며, 예컨대 법인설립행위에서 정관작성, 혼인 · 인지 · 입양에서 신고, 유언에서 일정한 방식이 이것이다.

- ① 要式行爲를 취할 경우
  - ㉠ 당사자에 신중성이 요구되는 행위 − 혼인 · 이혼, 입양 등 가족법상 행위
  - ㉡ 법률관계의 명확성이 요구되는 행위 − 법인의 설립행위, 유언
  - ㉢ 외형의 신뢰와 민활성이 요구되는 행위 − 어음 · 수표행위
- ② 法律行爲方式의 種類
  - ㉠ 본체적 방식 — 법률행위와 일체를 이루는 방식(어음 · 수표행위)
  - ㉡ 부가적 방식 — 법률행위와 독립하여 존재하는 방식(법인설립의 정관작성, 혼인의 신고 등)

(다) 요식행위의 적용 민법은 법률행위에 원칙적으로 방식을 요하지 아니하지만, 예외적으로 단독행위나 가족법상 법률행위에 명확성 · 진실성 확보를 위하여 한정적으로 일정한 방식을 요구한다.

다만, 訴訟上 合意도 서면에 의하여야 하는가. 판례는 구체적인 사건의 소송계속 중 그 소송당사자 쌍방이 선고 전에 미리 상소하지 아니하기로 합의하였다면 그 판결은 선고와 동시에 확정되는 것이므로,[6] 이러한 합의는 소송당사자에 대하여 상소권의 사전포기와 같은 중대한 소송법상 효과가 발생하게 되는 것으로서 반드시 서면에 의하여야 하고, 그 서면의 문언에 의하여 당사자 쌍방이 상소하지 아니한다는 취지가 명백하게 표현되어 있을 것이어야 하는 것이라고 하여 요식행위를 취한다.[7]

(2) 不要式行爲

법률행위의 성립에 일정한 방식을 요하지 않는 행위, 즉 당사자의 일방적 의사 또는 당사자간의 의사의 합치만으로 성립하는 법률행위를 말한다.

민법은 법률행위 성립에 방식을 요하는 일반적 규정을 두고 있지 아니하므로 민법상 법률행위는 원칙적으로 방식을 요하지 아니하는 불요식행위이다.

3. 生前行爲 · 死後行爲

(1) 生前行爲

행위자의 사망과 관계없이 법률상 효력이 발생하는 행위, 즉 사인행위 이외의 행위를 生前行爲라고 한다. 통상 법률행위는 생전행위를 지칭한다.

(2) 死後(死因)行爲

死後行爲는 행위자의 사망으로 그 효력이 생기는 법률행위를 말하고 일명 死因行爲라고 한다. 민법상 유언(§1060)은 사인행위의 대표적인 것이며, 표의자의 사망을 정지조건으로 한다.

다만, 사인증여(§562)가 사인행위인가에 대하여 부정하는 견해가 있으나,[8] 다

6) 대판 1980.1.29, 79다2066; 1987.6.23, 86다카2728.
7) 대판 2002.10.11, 2000다17803.
8) 김상용 367면.

수설은 사인행위라고 한다.

또한, 사후행위는 성질상 처분행위의 효력을 사후에 발생케 함으로 일신전속권적 성질을 가진다.

4. 財産行爲 · 身分行爲

(1) 財産行爲

財産關係의 변동을 목적으로 하는 행위로서 法律行爲의 效力에 그 이행의 문제를 남기는가 여부에 따라 채권행위(부담행위)와 물권행위(처분행위) 및 준물권행위로 나누어진다.

(가) 채권행위　채권발생을 목적으로 하는 행위이며, 일명 負擔行爲(Verpflichtungsgeschäft)라고 한다.

(ㄱ) 매매 · 임대차 · 증여 등이 전형적이나 어음행위와 같은 무인행위도 행위로서는 채권행위에 속한다. 또한 채권법상 규정은 대체로 채권행위에 속하지만 반드시 그렇지는 않고 채무면제(§506) · 채권양도(§449)는 채권행위이지만 물권행위 · 준물권행위와 더불어 처분행위에 속한다.

(ㄴ) 債權行爲는 발생한 채권이 이행되어야 비로소 법률행위의 목적이 달성되는 점에서 이행의 문제를 남기지 않는 물권행위 · 준물권행위와 구별된다.

(나) 물권행위　물권행위란 물권의 변동, 즉 물권의 발생 · 변경 · 소멸의 효력을 직접 발생케 하는 행위를 말한다.

(ㄱ) 物權行爲는 소유권의 양도, 지상권 · 저당권설정행위 등과 같이 물권변동의 효력발생을 직접 목적으로 하는 처분행위이다. 따라서 물권행위는 채권행위와는 달리 履行이라는 문제를 남기지 않는다. 그러나 우리 민법은 물권변동이 있기 위해서는 물권행위 외에 등기와 인도를 요하고 이때 登記 · 引渡는 물권행위의 효력발생요건이라고 함이 다수설이다.

(ㄴ) 물권행위에 물권적 의사표시 외에 등기 · 인도를 요하고 이를 물권의 효력발생요건이라고 할 때 물권적 의사표시와 등기 · 인도와의 관계를 어떻게 볼 것인가.

민법이 물권행위에 방식을 요하지 않는 점에서 문제되나, 다수설은 물권행위의 구성요소로 보지 않고 물권적 의사표시의 외장(표상)에 불과한 것이라고 한다. 따라서 물권행위는 불요식행위이고, 단지 물권변동에 형식주의를 취한 결과 물권행위로서의 의사표시에 등기·인도라는 표상을 갖춤으로써 물권변동의 효력이 발생한다.

(다) 준물권행위 準物權行爲란 물권 이외의 재산권의 변동을 직접의 목적으로 하는 행위, 즉 처분행위를 말하고, 채권양도·채무면제·무체재산권의 양도 등이다.

準物權行爲는 권리를 종국적으로 변동시키고 이행의 문제를 남기지 않는 점에서 물권행위에 가깝다. 따라서 준물권행위는 물권행위에 준한 법률행위로서의 의미를 가지므로 이들의 행위에 대하여는 물권의 효력을 준용한다.

(2) 身分行爲

身分行爲란 신분관계의 변동을 목적으로 하는 행위, 예컨대 혼인·입양·유언행위 등을 말하고, 일명 가족법상 행위라고 한다.

身分行爲는 당사자의 진의를 존중하므로 계약(혼인)이나 단독행위를 불문하고 요식행위성을 취함이 원칙이다.

5. 出捐行爲·非出捐行爲

(1) 出捐行爲

(가) 출연행위의 의의 자기재산을 감소시키고 타인의 재산을 증가케 하는 효과를 발생시키는 행위를 出捐行爲라고 한다. 예컨대 매매·임대차·소유권양도 등이 이것이며 법률행위는 원칙적으로 출연행위이다.

(나) 출연행위의 분류 출연행위는 그 출연의 형태에 따라 분류된다.

(ㄱ) **有償行爲와 無償行爲**: 출연행위에 따른 대가의 유무에 의한 분류이다.

(a) 有償行爲란 재산출연을 목적으로 하는 행위 중 대가가 있는 행위, 예컨대 매매·교환·임대차·고용·도급 등이다.

다만, 성질상 단독행위라도 대가적 출연을 조건으로 하면 유상행위이다. 예컨대 부담부유증은 단독행위이지만 대가적 출연을 요하므로 유상행위이다.

無償行爲란 재산출연을 목적으로 하지만 대가가 없는 행위, 즉 증여·사용대차 등의 법률행위가 이에 속한다.

(b) 유상행위 · 무상행위의 구별실익은 有償行爲의 경우에는 매매에 관한 규정이 준용된다. 즉 매매에 관한 위험부담, 하자담보책임, 계약의 해제 · 해지 등의 규정이 준용된다.

또한, 無償行爲에는 민법 중 증여에 관한 규정이 준용된다.

(ㄴ) **有因行爲와 無因行爲**: 출연행위의 원인이 출연행위의 조건 또는 내용이 되어 있는가 여부에 의한 분류이다.

(a) 有因行爲는 그 출연의 원인이 법률상 존재하지 않으면 그 효력이 생기지 않으나, 無因行爲는 그 출연의 원인과 관계없이 효력이 발생하는 행위이다.

(b) 출연행위는 有因行爲가 보통이나 거래의 안전 · 신속을 위하여 일정한 경우 무인행위로 하며, 어음행위가 그 전형적인 것이다.

다만, 物權行爲가 무인행위인가. 종래 다수설은 거래안전보호란 측면에서 무인행위라고 하였다. 그러나 현재의 다수설은 유인행위라고 하고, 판례 또한 유인행위라는데 불변적 태도를 취한다.

(ㄷ) **信託行爲와 非信託行爲**: 일정한 목적에 따라서 재산을 관리 또는 처분할 것을 약속하여 재산권을 이전하거나 기타 처분하는 행위를 信託行爲라고, 그 외의 행위를 非信託行爲라고 한다.

(a) 신탁의 목적은 재산의 관리(관리신탁, 명의신탁) 또는 채권의 담보(양도담보), 채권의 추심인 것이 보통이지만, 공익을 위한 공익신탁도 인정된다.

다만, 신탁법은 재산신탁을 규정하고 있지만 신탁법상 신탁은 재산을 관리 또는 처분할 것을 약속하여 재산을 이전하거나 기타 처분하는 행위, 즉 신탁법상 신탁재산을 수탁자에게 절대적으로 이전하고 신탁설정자는 신탁계약에 따라 이익 교부권만 가지는 점에서 민법상 신탁과 구별된다.

(b) 신탁행위는 계약인 것이 보통이나 유언으로도 할 수 있다

⑵ 非出捐行爲

㈎ 非出捐行爲란 타인의 재산을 증가함이 없이 행위자만의 재산을 감소케 하거나 또는 직접 재산의 증감을 일어나게 하지 않는 행위를 말한다.

예컨대, 소유권의 포기 · 대리권의 수여 등이다.

여기서 소유권포기 · 목적물멸실 등은 타인의 재산을 증가함이 없이 행위자의 재산만을 감소케 하는 행위이고, 대리권수여는 직접 재산의 증감을 일어나

지 않게 하는 행위이다.

(나) 비출연행위는 법률행위로서 재산행위·신분행위와 사실행위를 포함한다.

[79] Ⅱ. 기타 法律行爲의 分類

1. 獨立行爲·補助行爲

법률행위가 직접 실질적인 법률관계의 변동을 일어나게 하는 것이냐 또는 다른 법률행위의 효과를 형식적으로 보충하거나 확정하는데 불과한 것이냐에 의한 구별이며, 보통의 법률행위는 獨立行爲이지만, 동의·추인·대리권의 수여 등은 補助行爲에 속한다. 그러나 보조행위도 의사표시로서 표의자의 의사대로 일정한 법률효과가 발생하므로 법률행위이다.

2. 主된 行爲·從된 行爲

법률행위가 유효하게 성립하기 위하여 다른 법률행위의 존재를 전제로 하는 행위를 從된 行爲라고 하고, 그 전제가 되는 행위를 主된 行爲라고 한다.

예컨대, 담보권설정계약은 피담보채권인 금전소비대차계약을 전제로 성립하는 종된 계약이다.

주된 행위와 종된 행위의 구별실익은 종된 행위는 주된 행위와 법률상 운명을 같이 하는데 있다.

3. 負擔行爲·處分行爲

(1) 負擔行爲

(가) 부담행위는 법률관계를 발생하게 하는 행위, 즉 권리를 발생시키는데 불과한 행위이다.

매매·증여·임대차 등 계약은 그 전형적인 예이나 그 외에 채권법상 규정된 행위는 대체로 부담행위이다. 또한 어음·수표행위와 같은 무인행위도 부담행위에 속한다.

(나) 負擔行爲는 직접 권리를 변경시키는 행위가 아닌 점에서 처분행위와 구별

된다. 따라서 부담행위는 청구권이 발생하고, 이로 인하여 이행의 문제를 남긴다.

⑵ 處分行爲

(가) 처분행위는 권리의 이전·변경·소멸, 즉 권리를 직접 처분하는 행위를 말하며, 법률효과가 곧 발생하는 행위이다.

예컨대, 물권행위, 준물권행위(예컨대, 채무면제·채권포기·무체재산권양도 등), 점유이전 외에 형성권으로서 상계권·해지권의 행사 등은 처분행위에 속한다.

(나) 처분행위는 곧 권리변동의 효과를 가지므로 이행의 문제를 남기지 않는다. 그 외에도 처분행위는 다음의 특질을 가진다.

(ㄱ) 처분의 목적물이 처분행위시에 특정됨을 요하는 특정원칙이 적용된다.

(ㄴ) 권리자의 처분권이 있어야 하고 법정주의가 지배된다.

(ㄷ) 물권행위에는 공시원칙이 적용되나 준물권행위에는 그러하지 아니한다.

[처분권부여행위]

⑴ 處分權附與란 자기물건의 처분권을 제3자에게 부여하는 행위와 같이 제3자에 처분권을 부여하는 행위이며, 사전·사후의 권한부여로 수권자는 자기이름으로 한 법률행위에 의하여 타인의 권리를 유효하게 처분하거나 기타 권리를 행사할 수 있게 된다.

┌ 권리양도와 구별 – 권한부여는 본래 권리자도 처분권을 갖는다.
└ 대리와 구별 ┌ 수권자 자신의 이름으로 법률행위를 한다.
　　　　　　　└ 수권행위는 인적 관계이나 권한부여는 물적 관계

⑵ 우리 민법상 처분권수여행위를 수용할 것인가. 견해가 대립한다.

肯定說은 독일민법의 권한부여(Ermächtigung)에 바탕하며, 우리 민법의 해석론으로 수용할 것이라고 하나(이영준 158면), 否定說은 우리 민법 하에서는 대리의 법리, 명의신탁의 법리, 중간생략등기의 이론으로 해결할 문제라고 한다(이은영 364면).

판례는 타인 권리의 매매에 관한 제569조를 고려하면서 권한부여를 대리의 법리를 유추 적용하여 해결하고 있다. 즉 무권리자의 처분행위를 권리자가 인정한 경우 무권대리에서 본인의 추인 법리를 유추 적용한다(대판 1981.1.13, 79다2151).

제 3 절 法律行爲의 目的

[80] Ⅰ. 法律行爲目的의 意義

目 的 = 행위자가 法律行爲에 의하여 발생시키려고 하는 법률효과 (1) 법률행위의 성립 — 법률행위목적의 존재 (2) 법률행위의 효력 — 목적의 확정 · 가능 · 적법, 사회적 타당성 확보

法律行爲의 目的이란 행위자가 법률행위에 의하여 발생시키려고 하는 법률효과이며, 일명 법률행위의 내용이라고 한다.

행위자의 행위가 법률행위로서 효력을 발생하기 위해서는 그 성립요건과 유효요건을 갖추어야 한다. 따라서 法律行爲가 成立하기 위해서는 적어도 법률행위 목적이 존재하여야 하고 또한 그것이 有效하기 위해서는 그 목적이 확정 · 가능 · 적법 · 사회적 타당성이 있는 것이어야 한다.

[81] Ⅱ. 法律行爲目的의 確定

1. 法律行爲履行要件으로서 목적의 확정

(1) 법률행위가 有效하기 위해서는 目的이 확정되거나 장차 확정될 수 있는 것이어야 한다. 따라서 법률행위의 목적이 이미 확정되어 있는 때에는 물론이지만, 법률행위 당초에는 확정되어 있지 아니하지만 장차 그 이행기에 확정될 수 있는 것이면 족하다.

(2) 法律行爲의 目的이 불확정한 법률행위는 이행이 불가능한 법률행위로서 무효이다. 따라서 법률행위의 목적이 확정되지 않고 성립한 법률행위가 유효한 법률행위로서 효력을 갖기 위해서는 목적이 확정되어 이행 가능한 법률행위로 되어야 한다.

2. 目的確定의 標準

(1) 법률행위 목적의 확정 여부는 보통 당사자의 의사에 의하여 정하여진다. 그러나 이것에 국한하지 않고 때로는 거래관행, 법률의 규정에 의하여도 정하여진다(§375, §376).

(2) 법률행위에 目的物이 있는 경우에는 그 목적물이 확정되면 법률행위도 확정된다. 예컨대 매매계약에서 매매목적물이 확정되면 그 소유권이전청구권의 범위도 확정된다.

[82] Ⅲ. 法律行爲目的의 可能

1. 法律行爲實現要件으로서 목적의 가능

(1) 법률행위가 유효하기 위해서는 법률행위에 의하여 확정된 목적이 實現可能한 것이어야 한다.

법률행위의 해석에 의해 확정된 목적이 사실상 또는 법률상 실현할 수 없는 것이면 법률은 이에 조력할 수 없어 그 법률행위는 무효로 된다.

(2) 법률행위의 목적이 실현가능한 것인가, 불가능한 것인가는 결국 사회통념에 의한다. 즉 물리적으로 절대불능인 것은 물론이고, 비록 물리적으로 가능하더라도 사회통념상 불능이라고 볼 수 있는 것도 불능으로 된다.

또한, 不能은 확정적인 것이어야 하며, 일시적으로 불능이더라도 장래 실현가능한 것이면 불능으로 되지 않는다.

2. 不能의 分類

(1) 原始的 不能과 後發的 不能

(가) 원시적 불능　법률행위를 무효로 하는 불능은 그 행위시에 이미 불능한 것이어야 한다. 예컨대 가옥의 매매계약에 있어서 그 가옥이 계약체결 전에 이미 소실하여 버린 경우와 같이 매매계약의 성립 전에 이미 목적물이 멸실하

여 그 실현이 불능한 경우이다.[9)]

原始的 不能인 法律行爲는 그 목적이 처음부터 실현 불가능하므로 효력이 발생하지 않는다. 따라서 법률행위의 효력이 발생하여 이행을 전제로 하는 행위의 요구나, 손해배상청구의 문제는 발생할 여지가 없다. 그러나 반드시 그런 것은 아니며 구체적 법률행위의 태양에 따라 효과를 달리한다.

(ㄱ) **法律行爲無效로서 효과**: 원시적 불능인 법률행위는 무효이다. 왜냐하면 不能한 내용의 실현을 강제하고 법이 조력한다는 것은 무의미할 뿐만 아니라, 법질서의 취지에도 반하기 때문이다.

구체적인 법률행위가 單獨行爲이거나 片務契約인 경우에는 그 무효인 법률행위로 인하여 별개로 부담 받는 일이 없으므로 상대방에 대하여 특별한 책임을 질 것은 아니다. 따라서 원시적 불능인 법률행위가 단독행위이거나 편무계약인 때에는 언제나 무효이다.

(ㄴ) **契約締結上 過失과 信賴利益의 賠償**: 편무계약에서와는 달리 특히 雙務契約인 경우에는 무효인 목적물에 대한 반대급부(대가지급)를 부담하고 있으므로 그 이행에 따른 일련의 행위를 하게 된다. 그러나 목적이 불능한 계약은 무효이므로 유효를 전제로 하는 계약상 채무의 이행강제나 손해배상청구의 문제는 일어날 수 없다. 따라서 쌍무계약상 일방이 그 계약의 불성립을 알지 못한 때에는 불측의 손해를 입게 된다. 그리하여 민법 제535조는 “목적이 불능한 계약을 체결한 때에 그 불능을 알았거나 알 수 있었을 자는 상대방이 그 계약의 유효를 믿었음으로 인하여 받은 손해를 배상하여야 한다.”라고 규정하여 善意이고 無過失인 상대방에 대하여 일정 계약상 책임을 지운다.

이것을 ‘계약체결상과실책임’이라고 하고 원시적 불능목적의 무효인 법률행위의 상대방보호를 위한 신의칙상 특별규정으로 이해한다.

원시적 불능목적의 법률행위에 대하여 독일보통법에서는 당사자의 책임을 부정하는 것이 통설이었다. 그러나 1861년 Jhering의 논문에서 계약상 과실 이외에 계약체결상 과실(culpa in contrahendo)도 인정해야 함을 주창한 이래 독일민법은 제308조는 이를 명문화하여 원칙적으로 과실자의 신뢰이익의 배상을 인정하였다. 그러나 최근의 독일입법은 원시적 불능과 후발적 불능을 굳이 구별할 실익이 없다는 점에서 이를 삭제하고 후발적 불능으로 통일하였다.

---

9) 판례는 매매계약 체결당시 무허가 미등기건물로서 양성화될 수 없는 건물에 대한 보존등기는 원시적 불능이라고 한다(대판 1992.4.14, 91다43527).

우리 민법 제535조는 독일민법을 계수하여 이를 명문화하고 그 책임내용으로 계약의 불성립에 따른 상대방이 받은 손해, 즉 신뢰이익의 배상을 규정한다.

(ㄷ) **一部不能과 擔保責任** : 계약의 목적인 권리가 타인에게 속하거나 또는 타인의 권리에 의하여 제한 또는 목적물의 수량이 부족하거나 멸실됨으로써 一部不能이 되는 경우에 이행한 당사자는 손해배상 기타의 책임을 지게 된다.

이것이 담보책임이며, 계약 전체로서는 유효하게 성립시키면서 불능부분은 담보책임의 문제로 해결한다.

擔保責任의 법률적 성질에 관하여 통설은 계약당사자간의 공평을 꾀하고 거래의 신용을 보호하기 위하여 법률이 인정한 법정책임이며, 무과실책임으로 이해하고, 민법은 그 책임의 내용으로서 계약해제권·대금감액청구권·손해배상청구권을 규정한다(§571 이하).

(나) 후발적 불능　　법률행위가 성립한 후에 발생한 사유에 의하여 이행이 불능으로 된 경우, 즉 後發的 不能의 경우에는 채권의 발생을 목적으로 하는 법률행위는 유효하게 성립하여 있으므로 불능이 채무자의 책임 있는 사유에 기인한 때에는 이행불능으로써 채무불이행이 되고 그렇지 않은 경우에는 채무가 소멸하나, 다만 쌍무계약에 있어서는 위험부담의 문제가 생긴다. 따라서 후발적 불능은 원시적 불능인 경우와는 달리 무효인 경우는 없다.

(ㄱ) **債務不履行의 효과** : 이행불능이 채무자의 고의·과실 등 귀책사유에 기한 경우에는 상대방은 채무불이행책임이 성립하고, 이로써 상대방은 채무불이행으로 인한 손해배상(§390) 또는 계약해제권(§546)을 가진다.

(ㄴ) **危險負擔의 문제** : 법률행위의 당사자 쌍방에 책임 없는 사유로 목적물이 불능이 된 경우에 일어나는 문제이며, 입법주의에 따라 달리한다.

(a) 給付危險의 경우 : 이행기 전에 쌍방의 책임 없는 사유로 멸실한 경우 민법은 목적물의 특정으로 物件에 대한 危險은 채권자에 이전하게 하고 있다(§374 참조). 따라서 법률행위의 목적이 쌍방의 책임 없는 사유로 멸실하면 그 목적물에 대한 위험은 채권자가 부담하므로 채무자는 채무를 면하고 그 이행에 대한 책임을 부담하지 않는다.

더욱이, 이행기 후 債權者遲滯 중 채무자의 책임 없는 사유로 멸실한 때에는 물론, 그 멸실에 대한 비록 채무자의 輕過失이 있는 경우에도 채무자는 채무를 면한다. 따라서 이때 목적물에 대한 채권자위험부담은 그 범위에서 가중된다.

(b) 代價危險의 경우 : 쌍무계약상 쌍방의 책임 없는 사유로 목적물이 不能이 된 경우 物件의 危險은 채권자에 이전되나, 이 경우 채무자가 채권자에 대하여 가지는 代金支給請求權이 소멸하는가. 소위 쌍무계약상 대가위험의 문제이다.

위험부담의 입법주의로서 채무자주의 · 채권자주의 · 소유자주의가 대립되나 우리 민법은 債務者主義에 입각한다. 따라서 쌍무계약의 당사자 일방의 채무가 당사자 쌍방의 책임 없는 사유로 이행할 수 없게 된 때에는 상대방의 이행을 청구하지 못한다(§537). 그러므로 채무자는 자기물건의 인도책임을 면하는 동시에 상대방에 대하여 가지는 대금지급청구권도 소멸하게 된다. 그러나 쌍무계약의 당사자 일방의 채무가 채권자의 귀책사유 또는 수령지체 중 쌍방의 책임 없는 사유로 이행할 수 없게 된 때 채무자는 상대방의 이행을 청구할 수 있다(§538 ①). 이는 危險負擔의 轉嫁이며, 이 경우 채무자는 자기채무를 면함으로써 이익을 얻은 때에는 이를 채권자에게 상환하여야 한다(동조 ②).

[불능목적인 법률행위의 법률관계]

- (1) 原始的 不能
  - 단독행위 · 편무계약 — 언제나 무효
  - 쌍무계약상 일방의 과실 — 계약체결상 과실책임(신뢰이익의 배상)
- (2) 後發的 不能
  - 이행기전의 불능 — 쌍방의 책임 없는 경우 — 위험부담의 문제
  - 이행기후의 불능
    - 채무자지체 — 채무자의 무과실 책임
    - 채권자지체 — 위험부담의 가중 · 전가(대가위험)

(2) 全部不能과 一部不能

(가) 전부불능 법률행위의 목적의 전부가 불능인 경우이며, 그 법률행위는 당연히 무효이다. 따라서 전부불능은 별도로 이를 논할 실익이 없다.

(나) 일부불능 법률행위의 일부분만이 불능인 경우를 一部不能이라고 한다.

법률행위의 일부가 불능인 경우 불능부분이 무효라는 데에는 의문이 없으나 잔존하는 나머지 부분도 무효로 되는가.

학설은 一部無效의 法理에 따라 일부불능인 법률행위도 원칙적으로 무효이나, 다만 남은 부분으로 그 목적을 달성할 수 있는 경우에는 그 잔존부분에 관하여는 유효할 것이라고 한다. 그러나 이들의 구별에 관한 일반적 원칙이 없으므로 구체적으로 각 법규마다 그 종류 · 성질 · 목적 등을 고려하여 결정할 수밖

에 없다.[10] 그리하여 민법 제137조는 "法律行爲의 일부분이 무효인 때에는 원칙적으로 그 法律行爲의 전부를 무효로 한다. 그러나 그 무효부분이 없더라도 법률행위를 하였으리라고 인정될 때에는 무효부분을 제외한 나머지 부분만은 그대로 유효한 것으로 한다."라고 규정한다.

또한, 개별적 규정, 예컨대 權利의 存續期間에 관하여 당사자가 법정기간 이상의 장기간을 약정한 때에는 법정기간으로 단축되고(§312, §591, §651 등), 解除條件附法律行爲에 있어서 그 해제조건 만이 불능인 때에는 조건 없는 법률행위로 간주하여 법률행위 자체는 완전히 유효한 것으로 한다(§151 ③).

(3) 法律的 不能과 事實的 不能

法律的 不能은 불능의 이유가 법률상 허용되지 않는 것이고, 事實的 不能은 기타의 자연적 · 물리적 이유에 의한 불능이다. 그러나 이 구별은 실익이 없다.

왜냐하면, 법률적 불능이든 사실적 불능이든을 묻지 않고 언제나 무효이기 때문이다. 또한 특히 法律的 不能은 목적의 위법성과 경합하는 경우가 많다.

(4) 客觀的 不能과 主觀的 不能

客觀的 不能은 누구도 법률행위의 목적을 실현할 수 없는 불능을 말하고, 主觀的 不能은 당해 채무자만이 실현할 수 없는 불능을 말한다.

양자의 구별은 종류채권의 원시적 불능의 적용 여부에 그 실익이 있다.

(5) 一時的 不能과 恒久的 不能

一時的 不能이란 잠정적 불능을 말하고 잠정적 불능이 아닌 불능을 恒久的 不能이라고 한다.

恒久的 不能이 불능임에 의문의 여지가 없으나 一時的 不能은 법률적 불능이 아니므로 채무불이행으로는 되지 않는다.

---

10) 판례는 매매계약 목적물의 대부분이 자연녹지지역으로서 이 부분에 대한 관할관청으로부터 토지거래 확인을 받지 못한 경우는 전부불능으로서 무효라 한다(대판 1993.12.14, 93다45930).

[83] Ⅳ. 法律行爲目的의 適法

(1) 團束規定違反	행위자체의 효과 — 언제나 유효(다수설, 판례) 위반행위자 — 처벌의 대상	
(2) 效力規定違反	정면으로 위반한 경우 탈법행위: 목적의 탈법	언제나 무효
	탈법행위: 수단의 탈법 — 예외적으로 유효(판례)	

1. 强行法規와 目的의 適法性

⑴ 법률행위가 유효하려면 적법성을 가져야 한다. 즉 적법성을 결한 강행법규 위반의 법률행위는 무효이며, 법의 보호를 받지 못한다.

여기서 强行法規란 선량한 풍속·사회질서에 관계된 규정이며, 민법 제103조가 일반적·포괄적 금지규정인데 반하여 구체적·개별적 금지규정을 말한다.

⑵ 强行法規에 위반하는 법률행위는 부적법한 법률행위로서 무효이다. 여기서 目的의 適法性과 社會的 妥當性의 관계, 즉 강행법규위반과 민법 제103조의 반사회성과는 어떤 관계에 있는가. 견해가 대립한다.

獨立關係說은 법률행위가 유효하기 위해서는 강행법규에 반하지 않아야 하고, 나아가 선량한 풍속 기타 사회질서에 위반하지 않아야 하는데, 전자가 법률행위 목적의 적법성이고 후자가 법률행위의 사회적 타당성의 문제라고 한다.

反社會性包攝說은 우리 민법상 강행법규란 바로 선량한 풍속 기타 사회질서에 관계있는 규정이므로 강행규정은 선량한 풍속 기타 사회질서의 한 구체적 표현에 불과하며, 양자는 동일한 것으로 강행법규에 비추어 적법성을 띠면 그것으로 사회적 타당성도 인정되는 것이라고 한다. 따라서 이들은 모두 사적자치의 한계를 선언한 것으로서 그 한계를 넘는 행위는 위법한 행위로서 허용되지 않고, 여기서 사회적 타당성은 단지 적법·부적법의 문제로 귀착되는 것이라고 한다(이영준 174면, 김상용 385면).

양설의 차이로서 獨立關係說은 강행법규에 비추어 위법이 아니더라도 반사회성을 띤 경우에는 무효로 될 수 있게 되나, 反社會性包攝說에 의하면 양자의 구별을 부정하여 반사회성에 관한 민법 제103조는 일반규정이고 개개의 강행법규는 그 특별규정이라고 한다. 그리하여 反社會性包攝說은 선량한 풍속 기타 사회질서라는 용어는 민법 제103조가 규정하고 그 외에도 임의규정(§105)과 관련하여 규정한 것에 근거하여 강행규정은 선량한 풍속 기타 사회질서의 한 구체적 표현에 불과한 것이라고 한다.

다수설은 獨立關係說을 취하고, 판례 또한 권리행사가 위법성을 띠는 경우 반정의 내지 반사회질서라는 개념을 사용하고, 그 구체적 적용에서 행위자의 행위가 비록 법에 배치되어도 선량한 풍속 기타 사회질서에 반하지 않으면 민법상 적법한 것으로 유효한 것이라고 하고, 또한 어떤 행위를 금지하는 강행법규가 존재하지 않더라도 그 행위가 선량한 풍속 기타 사회질서에 반하면 민법상 위법한 것으로서 그 법률행위는 무효라고 한다.

생각건대, 反社會性包攝說은 강행법규의 개념에는 선량한 풍속 기타 사회질서의 개념을 포함하는 것이라고 하나 강행법규위반은 반사회성의 한 모습임은 틀림없지만, 광의의 강행법규에는 단속규정을 포함하고, 또한 효력규정으로서의 강행법규위반행위가 반드시 반사회적 행위라고 할 것은 아니므로 강행법규가 반사회성에 언제나 포섭되는 것은 아니다. 따라서 강행법규위반의 법률행위는 반사회성을 띠는 것이 원칙이지만 반드시 그런 것은 아니어서 社會的 妥當性이 目的의 適法性을 언제나 포섭하는 것은 아니다.

2. 强行法規와 任意法規

(1) 强行法規

(가) 강행법규의 태양 　당사자의 의사에 의하여 법률규정의 적용을 배제할 수 없는 규정, 즉 당사자의 의사에 관계없이 적용되는 규정이며, 단속규정과 효력규정이 있다.

(ㄱ) 團束規定은 국가가 일정한 행위를 단속할 목적의 규정이며, 效力規定은 사법상 효력 자체를 부정하는 규정이다.

예컨대, 국가의 일정목적을 달성하기 위한 공법적 제한규정으로서 공무원의 영리행위의 제한, 부동산등기특별조치법의 규정 등은 전자의 예이고, 경제적 약자보호를 위한 대물반환예약의 제한규정이나(§607, §608), 과잉이자제한을 규정한 대부업법 규정은 후자의 예이다.

(ㄴ) 强行法規와 團束法規의 어떤 관계를 가지는가. 즉 강행법규에는 단속규정을 포함하는가. 학설이 대립한다.

團束法規包攝說은 광의의 강행법규에는 단속규정을 포함하는 것이라고 한다. 따라서 단속법규도 강행법규의 일종으로 본다(곽윤직 211면, 김용한 254면, 장경학 436면, 김학동 207면, 김주수 327면).

團束法規排斥說은 강행법규와 단속규정을 구별하여 대치시키고, 이에 위반하는 법률행위를 무효로 하는 效力規定(광업권·어업권대부금지)과 법률행위를 무효로 하지 아니하고 단지 이에 위반하는 행위에 대하여 처벌 등 불이익을 가하는 단순한 단속법규(경찰법규)로 나누어 그 효력을 정할 것이라고 하거나(김기선 236면, 김증한·안이준 275면), 강행법규와 단속법규의 존재적 측면 자체를 달리 파악하여, 전자는 민법 제103조의 정신을 개별적·구체적으로 규정한 것으로서 사적자치의 한계를 선언한 것이나, 단속법규는 사적자치와 관계없이 공권력(형벌권·행정권 등)적 행사를 위한 금지법규라고 한다(고상룡 324면, 김상용 388면, 백태승 337면).

또한, 단속법규는 行爲로서의 법률행위만을 금지하는 것이므로 금지법규에 속하는 것이고, 規律로서의 법률행위까지 금지하는 강행법규와 구별된다고 한다(이영준 180면).

다수설은 단속규정도 강행법규의 일종으로 보며, 강행법규를 효력규정과 단속규정으로 분류한다. 그러나 유력한 견해는 強行法規는 개인이 자기결정에 따라 법률관계를 스스로 형성하는 것을 금지하여 그 효력을 부여하지 않는 것뿐이지 그 행위 자체를 금지하는 것은 아닌데 반하여, 禁止法規는 행위(사실)로서 금지규정과 규율(법률)로서 금지규정으로 나누어 특히 후자를 효력규정이라고 하고, 이 금지법규에 강행법규와 단속법규가 포함되는 것이라고 한다.[11]

(나) 단속법규위반의 효력 團束法規는 국가가 일정한 행위를 단속할 목적으로 그것을 금지하거나 제한하는 규정이며, 일반적으로 강행법규란 널리 단속법규도 포함한다. 그러나 效力規定은 그 규정 자체가 사법상 효력을 정하고 있는 법규이며, 일반적으로 강행법규위반으로서 무효란 효력법규위반의 법률행위를 말한다. 따라서 단속법규의 위반에 지나지 않는 법률행위는 원칙적으로 유효하고, 다만 행위자가 행정상의 제재를 받을 뿐이다. 그러나 이를 획일적으로 정할 것인가. 견해가 대립한다.

絶對的有效說은 효력규정 위반은 당연히 무효이나 단속법규는 법률행위의 목적이 단속법규에 위반하더라도 그 벌칙의 적용이 있을 뿐이고 원칙적으로 행위의 사법상 효과에는 영향이 없다고 한다.

相對的有效說은 절대적 유효설에서와 같이 일률적으로 취급한다면 국가가 그 같은 행위를 조장하는 결과가 되므로 입법취지, 위반행위에 대한 사회 윤리적 비

11) 대판 1992.2.24, 91다44544.

난의 정도, 일반거래에 미치는 영향, 당사자의 신의·공평 등을 고려하여 개별적으로 효력을 정하여야 한다고 하거나(김증한 293면), 단속법규는 規律로서의 법률행위를 금지하는 것이 아니고, 行爲로서의 법률행위를 금지하는 것이므로 단속법규에 위반하는 법률행위는 무효로 되는 것은 아니고 유효한 것이지만, 다만 이와 같은 단속법규위반행위를 유효로 하면 법질서는 특정한 행위를 금지하면서 다른 한편 그 행위자에 대하여 당사자가 기도한 대로 법률효과를 부여한 것이 되므로 이는 법질서의 자기모순(Selbstwiderspruch der Rechtsordnung)을 노정한 것이라고 하고, 이러한 법질서의 자기모순의 정도가 너무 커서 이를 그대로 방치하면 법질서를 해하게 되는 경우에는 단속법규위반의 법률행위도 무효로 할 것이라고 한다(이영준 182-3면).

통설은 絶對的有效說을 취하고, 판례 또한 주택건설촉진법 제38조의 3에 의하면 "국민주택에 관하여 최초로 공급한 날로부터 일정기간 동안 전매행위가 금지되어 있고 이에 위반하여 전매행위를 한 매도인을 처벌하는 규정이 있어도 위 규정에 위반한 전매가 있는 경우 그 매수인에게 국민주택사업주체가 일정한 금액을 지급한 때에는 그 지급한 날에 국민주택사업주체가 당해 국민주택을 취득한 것으로 본다." 라고 규정하고 있는 점 등에 비추어 볼 때 전매금지 규정은 단속규정에 불과하고 효력규정은 아니라고 할 것이어서 전매금지규정을 위반한 매매계약이 무효라고 할 수 없는 것이라고 하여 단속규정을 단순한 행위금지규정으로 이해한다.[12]

생각건대, 단속법규도 법이 금지한 것인 이상 강행법규에 포함할 것은 부정할 수 없다. 그러나 강행법규에 위배된 법률행위가 언제나 전부무효로만 되는 것이 아님은 실정법상 명백하다. 그렇다면 단속법규에 위반한 행위가 그 사법상 효과에 절대적 영향을 줄 것인가. 유력설은 行爲로서의 법률행위와 規律로서의 법률행위로 나누어 단속법규는 행위로서의 법률행위를 규제하는 데 불과한 것이라고 보아 그 사법상 효력에는 원칙적으로 영향을 미치지 아니하는 것이라고 하지만,[13] 이러한 논리는 단속법규가 다같이 사법상 법률행위의 규제를 전제로 한 이상 그 사법상 법률행위의 실현행위인 행위 자체를 금지하면서 그 행위의 효과에는 영향을 미치지 않는다고 함은 그 금지법의 목적 자체에 반하는 것이다.

이러한 결과에서 보면 단속법규는 行爲로서 법률행위든, 規律로서 법률행위

12) 대판 1992.2.25, 91다44544.
13) 이영준 전게

든 사법상 법률행위에는 영향을 미치는 것은 아니지만, 사법상 법률행위가 사회 전체의 공익적 개념에 위배되는 때에는 그 공익위반에 대한 공법적 규제로서 의미를 가지는데 불과한 것이라고 본다. 따라서 단속법규는 일종의 공법영역의 강행법규로서 이는 결국 공·사법의 영역문제이며, 그 법규가 단속법규로 판단되는 이상 사법적 법률행위에는 영향을 줄 수 없고, 이로써 사법상 법률행위에 영향을 미치기 위해서는 별개의 입법근거가 있어야 할 것이다.

또한, 금지법규가 사법상 법률관계에 영향을 미치는 한 이미 그 금지법규는 단속규정이 아니라 효력규정이라고 보아야 한다.

(다) 단속규정과 효력규정의 구별 　團束規定과 效力規定은 어떻게 구별할 것인가. 이를 구별하는 일반적 규정은 없다. 대체로 행정법규 특히 경찰법규는 단속규정이고, 구체적으로는 법률행위를 유효·무효로 함으로써 생기는 사회·경제적 영향을 고려하여 그 법규의 입법취지나 법률행위의 내용 그 자체의 실현을 금지하는 것인가에 따라 결정할 것으로 한다.[14]

그리하여 行政法規, 특히 경찰법규는 단순한 단속규정이며, 그 위반하는 행위는 원칙적으로 무효로 되지 않는다. 또한 法律이 특히 엄격한 표준을 정하여 일정한 자격을 갖춘 경우에만 효력을 인정하는 경우 그 규정은 效力規定이라고 본다. 그러나 견해 중에는 强行法規를 당사자 의사와 관계없이 적용되는 법규를 공익법규 또는 광의의 강행법규라고 하고, 이러한 법규에는 사법영역에 속하는 협의의 강행법규[15]와 일정한 행정상 목적을 달성하기 위한 사실행위 또는 거래행위를 금지·제한하는 공법영역에 속하는 법규가 포함한다고 하고 이러한 행정적 금지·규제법규를 단속규정(광의의 단속법규)이라고 한다.[16] 예컨대 무허가 영업행위(공중위생관리법 §3, §20)·공무원의 영리행위(국가공무원법 §64)·무허가 총포화약류거래행위(총포·도검·화약류등단속법 §6, §9, §21, §71) 등이다.

특히, 판례가 단속규정이라고 한 것으로는 부동산등기특별조치법 제2조 제2항(대판 1993.1.26, 92다39112), 금융실명거래 및 비밀보장에 관한 법률 제3조 제1항(대판 2001.12.28, 2001다17565), 신용협동조합의 업무범위를 조합원으로부터의 예탁금·적금의 수납 등으로 한정한 구 신용협동조합법(1999.2.1 법률 제4739호로 개정되기 전의 것) 제39조 제1항 제1호 (가)목 및 제40조 제1항(대판 2001.6.12, 2001다18940), 투자일

14) 곽윤직 212면, 361면(1995).
15) 법률행위자유의 한계를 의미하는 것이라고 본다(이영준 179면).
16) 고상용, 단속법규위반과사법상효과(고시연구 1987. 11) 99면, 김주수 242면.

임매매약정을 제한하는 증권거래법 제107조(대판 1996.8.23, 94다38199), 외국환관리법상 제한규정(대판(전) 1975.4.22, 72다2161), 동법 제24조 위반의 증권질권설정(대판 1987.2.10, 86다카1288), 국민주택전매를 제한하는 구주택건설촉진법 제38조의 3(대판 1992.2.25, 91다44544) 등이다.

이에 반하여 증권회사의 명의대여행위(증권거래법 §63), 광업권의 대차(광업법 §11, §13), 어업권의 임대차(수산업법 §33), 토지거래허가구역 내에서 관할관청의 허가 없는 토지거래행위(국토의계획및이용에관한법률 §118), 농지취득자격 없는 농지매매(농지법 §8), 관할관청의 허가 없는 학교법인의 기본재산처분행위(사립학교법 §28), 법령의 제한을 초과한 부동산중개수수료약정(공인중개사업무및부동산거래신고에관한법률시행규칙 §20), 비의료인의 의료기관과 의료기관개설에 관한 동업계약(의료법 §30의 2) 등은 효력규정이다.

그리하여 특히 판례는 부동산중개수수료요율을 제한한 공인중개사업무 및 부동산거래신고에 관한 법률 시행규칙 제20조 제1항(대판 2007.11.20, 2005다32159; 2002.9.4, 2000다54406 · 54413), 증권회사 또는 그 임직권의 부당권유행위를 금지한 증권거래법 제52조 제1호(대판 1996.8.23, 94다38199), 비의료인의 의료기관개설금지를 규정한 의료법 제 30조의 2의 규정(대판 2003.4.22, 2003다2390 · 2406)은 효력규정이라고 한다.

(라) 금지법규위반의 효력 금지법위반으로서 허가나 면허를 받은 자가 그 명의를 대여하는 계약은 일반적으로 무효이다. 예컨대 광업권 · 어업권 및 증권회사의 명의대여행위는 그 전형적인 것이며 무효이다. 그러나 名義貸與契約으로 명의를 빌린 자가 제3자와 맺은 계약은 유효하며, 또한 단순한 단속법규에 위반한 행위라도 당사자가 통정하여 위법을 감행하는 경우에는 반사회질서행위로서 무효이다.

(ㄱ) 目的이 不能한 契約을 체결할 때에 그 불능을 알았거나 알 수 있었을 때에는 상대방이 그 계약의 유효를 믿었음으로 인하여 받은 손해를 배상하여야 한다(§535). 이 규정은 계약의 목적이 단속법규위반으로 무효인 경우에도 유추적용할 수 있는가.

견해 중에는 독일민법 제309조가 이를 명문으로 규정하고 있는 점을 들어 우리 민법에서도 계약체결상 과실책임이론에 의하여 신뢰이익의 배상을 인정할 것이라고 한다. 그 이유로서 무엇보다도 민법 제535조 제1항 소정의 目的이 不能한 경우란 사실상 불능인 경우뿐만 아니라 법률상 불능인 경우를 포함한다고 해석할 수 있기 때문이라고 한다.[17] 그러나 동 규정의 적용은 단속법규위반으로서 효과가 아니라 불능의 효과라고 보아야 할 것이다.

(ㄴ) 단속법규위반의 법률행위가 무효인 경우 법률행위 당시 존재하던 단속법규가 법률행위 후에 폐지되었다고 하더라도 그 법률행위는 다시 유효로 되지 않는다. 다만 단속법규가 폐지될 것을 예상하고 이에 대비하여 당해 법률행위를 한 경우에는 처음부터 유효한 것이라고 한다.[18]

(2) 任意法規

任意法規란 당사자가 법률에 규정된 것과 다른 법률효과의 발생을 목적으로 그 규정에 관계없이 자유로이 법률행위를 할 수 있는 규정, 즉 당사자의 의사로 그 법률의 규정을 배척할 수 있는 법규로서 민법 제105조의 법령 중 선량한 풍속 기타 사회질서에 관계없는 규정을 말한다.

판례는 민법 중 해제권에 대한 규정,[19] 제242조의 경계선부근의 건축제한,[20] 조합에 관한 규정[21]은 임의규정이라고 한다.

(3) 强行·任意法規判定의 基準

강행법규·임의법규를 판정하는 일반적 원칙은 없다. 그러므로 구체적인 법규의 내용·성질·법의 목적 등을 참작하여 정하여야 한다. 통상 强行法規로 볼 수 있는 경우로는 다음과 같다.

① 사회의 기본적 윤리관을 반영하는 규정
② 가족관계의 질서유지에 관한 규정(친권·상속순위 등)
③ 법률질서의 기본구조에 관한 규정(권리능력·행위능력·법인제도 등)
④ 제3자나 사회일반의 이해에 직접 중요한 영향을 미치는 것
⑤ 거래안전을 위한 규정(유가증권제도 등)

---

17) 이영준 183-4면.
18) 동지, 이영준 상게
19) 대판 1959.6.18, 4291민상388.
20) 대판 1962.11.1, 62다567; 판례는 민법 제242조(경계선부근의 건축)의 규정은 서로 인접하여 있는 소유자의 합의에 의하여 법정거리를 두지 않게 하는 것을 금지한다고 해석할 수 없고 당사자간의 합의가 있었다면 그것이 명시 또는 묵시라고 하더라도 인접지에 건물을 축조하는 자에 대하여 법정거리를 두지 않았다고 하여 그 건축을 철거하거나 변경시킬 수 없는 것이라고 한다.
21) 대판 1964.12.8, 64다130; 판례는 민법에 규정된 조합에 관한 규정은 소위 임의규정으로서 당사자간에 특별한 의사표시가 없으면 민법의 규정에 우선하여 당사자간의 의사표시에 의하여 규제되는 것이라고 한다.

⑥ 경제적 약자보호를 위한 사회정책적 규정(명의신탁금지 · 유질계약금지)
⑦ 농지개혁법 회피목적의 신탁(대판 1959.12.17, 4292민상665)
⑧ 영조물사용허가권자의 제3자에 임대행위(대판 1964.7.14, 63다1026)

2. 强行法規違反의 모습

(1) 直接的 違反

강행법규 자체를 정면으로 위반하는 경우이며, 언제나 무효이다. 또한 행위의 일부만이 강행법규에 위반하는 경우 그 전체로서 효력은 一部無效의 法理에 따라 해결할 것이다(§137 참조).

(2) 間接的 違反

(가) 강행법규의 법문을 직접 정면으로는 위반하지 않는 형식을 취하지만 실질적으로는 그 강행규정에 의한 금지를 회피하고 그 규정을 면탈하려는 목적으로 행하여지는 법률행위를 脫法行爲라고 한다.

脫法行爲理論은 로마법의 "法이 禁止하는 것을 행하는 자는 法에 위반하는 것이고 법의 문언에는 반하지 아니하나 법의 정신에 반하는 행위를 하는 자는 탈법행위를 하는 것"이라는 원칙에서 독일보통법 이래 법률해석이론과 독립하여 발전하였다. 그러나 견해 중에는 이와 같은 脫法行爲理論을 법률 및 법률행위해석이론과 별도의 체계로 인정하는 것은 부당한 것이라고 한다.[22]

(나) 脫法行爲는 강행법규에 직접적으로 위반하지는 않으나 강행법규가 금지하고 있는 규정을 회피하는 수단에 의하여 실질적으로 실현하는 행위로서 그 형식을 불문하고 무효이며, 이를 입법상 명시하는 경우도 있다(이자제한법, 대부업법 등 참조).

(ㄱ) 行爲의 일부만이 脫法行爲가 되는 경우 그 행위의 전부를 무효로 할 것인가. 학설은 一部無效의 法理에 의해 해결할 것이라고 한다. 예컨대 연금수급권을 담보로 제공한 경우 그 담보계약상 해제제한 또는 해제권포기의 특약만이 무효이고 채무자는 언제든지 위임을 해제하여 연금증서의 반환을 청구할 수 있다.

(ㄴ) 强行法規가 금지하는 것을 회피하는 행위는 모두 탈법행위로서 무효로 할 것인가. 예컨대 특정의 수단 · 형식에 의해 그 결과를 발생케 하는 특정행위

22) 이영준 185면.

자체를 금지하는데 있는 경우에는 금지된 것과 다른 수단으로 동일한 결과를 일어나게 하여도 탈법행위로서 금지되며 이를 무효로 할 것인가. 이것은 탈법행위의 한계 내지 범위문제이며 대체로 다음과 같이 다루어진다.

(a) 法律이 脫法行爲로 인하여 달성되는 목적 자체를 금지하는 경우, 예컨대 이자제한을 규정한 이자제한법 및 대부업법상 이자제한을 초과한 초과이자가 이것이며 무효이다. 그러나 법률이 目的 자체를 금하지 않고 特定의 手段·形式을 금지하는 경우에는 원칙적으로 무효이나 예외적으로 유효성을 인정한다. 예컨대 양도담보는 그 대표적인 것이다.

(b) 그렇다면, 협의의 탈법행위로 볼 수 있는 것 가운데 무효로 되는 것과 그렇지 않는 것은 어떻게 구별할 것인가.

대체로 문제된 강행법규가 어떠한 수단에 의하더라도 일정한 효과 그 자체가 발생하는 것을 금지하고자 하는 경우에는 무효이나, 특정수단에 의하여 그 효과를 발생시키는 것만을 금지하는 취지에 지나지 않는 경우에는 유효하다. 예컨대 양도담보에서 문제되는 제330조(질권설정계약의 요물성)와 제339조(유질계약의 금지)는 담보수단으로서 채권을 설정하는 경우에만 적용되고, 그 밖의 수단에 의하는 경우에는 적용되지 않는다.

이에 대하여 양도담보의 사회적 기능에 비추어 동산양도담보에 이와 같은 점유개정금지, 유질계약금지원칙을 적용하는 것은 부당하다고 하고 탈법행위에 해당하는가를 따질 필요 없이 유효한 것이라는 견해가 있다.[23] 그러나 이러한 해석은 物權法定主義의 정신에 반하는 것으로서 부당하다.

動產讓渡擔保는 채무자 측에서 보면 동산을 그 점유 하에 남겨두면서 이것을 담보로 하는 목적을 달성하고, 채권자 측에서 보면 채무가 이행되지 않은 경우에 유질하는 목적을 달성하는 것이므로 이 두 가지 점은 민법상 질권에 관하여는 모두 금지되어 있다(§332, §339). 즉 이러한 행위는 형식적으로 본다면 動產상에 질권을 설정하려면 목적물을 질권자에게 인도하여야 하고(§330), 질권자는 설정자로 하여금 질물의 점유를 하게 하지 못한다는 민법 제332조와 채무불이행의 경우의 유질계약을 금지하는 제339조의 강행법규를 회피하는 탈법행위로 된다.

또한, 공무원 또는 군인의 年金受給權은 대통령령이 정하는 금융기관 외에는 담보로 제공함이 금지된다(공무원연금법 §32). 그런데 이를 탈피하기 위하여 채권자에게 연금증서를 교부하고 대리권을 수여하여 연금의 추심을 위임하고 추심한

23) 이영준 187면.

연금을 변제에 충당하기로 약정하면서 연금과 이자의 완제가 있을 때까지 추심위임을 해제하지 않겠다는 특약을 하면 연금청구권을 담보로 제공한 것과 동일한 효과를 가지는 것으로 탈법행위의 전형적인 예로 다루어진다.

이에 대하여 견해는 연금청구권의 담보금지는 그 금지의 목적에 비추어 이와 같은 추심위임계약에 의한 담보제공은 당연히 동법 제32조 본문에 배치되므로 이러한 추심위임계약 역시 탈법행위개념을 거칠 필요 없이 당연히 무효라고 한다(이영준 187면).

(다) 탈법행위가 행하여지는 것은 새로운 사회적 환경에 입각한 경제적 필요에 있으므로 때로는 탈법행위 자체가 강행법규와 충돌되는 경우가 생긴다. 따라서 탈법행위의 범위를 확정함에는 본래의 강행법규가 가지는 이상과 새로운 사회적 · 경제적 필요를 비교하여 판정해야 한다.

예컨대, 연금담보를 목적으로 하는 탈법행위는 무효로 다루어지는데 반하여, 동산양도담보는 유효로 하는 것은 그 예이다.

또한, 판례는 "자동차를 소유하는 개인이 그 자동차를 운수회사에 투입하는 이른바 德代契約을 탈법행위에 의한 무효인 계약이라고 할 수 없다."라고 함으로써 자동차운수사업을 법인체에만 허가하는 강행규정을 완화하여 적용한다.[24]

[강행법규의 판정기준]

① 사회의 기본적 윤리관을 반영하는 규정
② 가족관계의 기본질서 유지를 위한 규정(친권 · 상속의 순위 등)
③ 법률질서의 기본규정에 관한 규정(권리능력 · 행위능력 · 법인제도 등)
④ 제3자나 사회일반의 이해에 직접 영향을 미치는 규정
⑤ 거래안전을 위한 규정(유가증권제도 등)
⑥ 경제적 약자의 보호를 위한 사회정책적 규정(유질계약의 금지 등)

- (1) 團束規定違反
  - ① 행위 자체의 효과
    - 언제나 유효(다수설 · 판례)
    - 개별적으로 유효 · 무효를 결정(소수설)
  - ② 위반행위자 — 처벌의 대상(행정상 제재)
- (2) 效力規定違反
  - ① 정면으로 위반한 경우 — 언제나 무효
  - ② 탈법행위
    - 목적의 탈법 — 언제나 무효
    - 수단의 탈법 — 원칙—무효, 예외—유효(양도담보)

---

24) 대판 1962.2.15, 4294민상775.

[84] V. 法律行爲目的의 社會的 妥當性

1. 反社會秩序行爲의 개념

(1) 民法 第103條의 의의와 기능

(가) 확정된 법률행위의 내용이 비록 가능하고, 개개의 강행규정에 위반하지 않더라도 그것이 선량한 풍속 기타 사회질서에 위반되는 사항을 내용으로 할 때에는 무효이다(§103). 즉 그 법률행위가 유효하기 위해서는 사회적 타당성을 가져야 한다. 민법 제103조는 "선량한 풍속 기타 사회질서에 위반한 사항을 내용으로 하는 법률행위는 무효로 한다."라고 규정하여 법률행위자유의 원칙도 법의 근본이념과 모순되지 않는 범위 내에서만 인정되는 내재적 한계를 선언한다.

(나) 민법 제103조의 反社會的 行爲禁止의 原則은 민법 전체질서와의 관계에서 어떠한 지위를 가지는가. 견해가 대립한다.

上位的 行動原理說은 근대 민법에서 사회질서원칙은 법률행위자유원칙에 대한 한계원리에 불과하였으나, 현대 민법에서는 그 수정으로 공공복리가 민법의 최고이념으로 되면서 그 위치가 변경되어 민법상 기본원칙의 실천원리로서 3대원칙(사유재산존중의 원칙, 사적자치의 원칙, 과실책임의 원칙)의 상위에 위치하는 행동원리라고 한다.

法律行爲規範說은 행동원리설이 행동원리라고 하는 막연한 개념을 내세워 부당하게 사회질서의 적용범위를 확장함으로써 사소유권존중의 원칙, 과실책임의 원칙은 물론 계약자유의 원칙을 크게 제한할 위험성이 있다고 비판하고 공공복리이념은 자유민주주의의 하위개념으로서 개인의 존엄과 가치에 조화되는 범위 내에서 허용되어야 한다고 한다(이영준 189-90면).

行動原理批判論은 '선량한 풍속 기타 사회질서'의 개념을 무리하게 확장하는 것은 타당하지 않다고 하고, 공공복리의 실현은 민법 제2조의 신의성실의 원칙과 권리남용금지원칙에 의하여야 하고 또한 이로써 충분한 것이라고 한다. 그러므로 私所有權尊重의 原則이 공공복리에 의하여 제한되어야 하는 경우에는 권리남용금지원칙이 개입함으로써 충분하며, 過失責任의 原則은 개인의 존엄과 가치를 보장하기 위한 최후의 보루이므로 이를 제한하여 무과실책임을 인정하고자 하는 때에는 반드시 법률의 제정에 의하여야 하고 민법 제103조를 적용할 것은 아니라고 한다.[25]

---

25) 이영준 189면.

이에 대한 判例는 소극적인 태도를 취하여 제103조 내지 제104조의 적용은 법률행위에만 적용하며 사소유권을 제한하거나 무과실책임을 인정하는 경우는 찾아보기 어렵다. 또한 法律行爲에 적용하는 경우에도 소수자보호나 구체적 타당성을 확보할 필요가 있는 때에는 제103조나 제104조의 적용을 배척한다.

결국, 민법 제103조는 법률행위자유원칙에 대한 제한의 원리로서 공공복리원칙과 더불어 사적자치에 대한 상위적 행동원리로서 실질을 가진다.

⑵ 善良한 風俗과 社會秩序

(가) 선량한 풍속과 사회질서의 개념 독일민법(§138)과 스위스채무법(§20)은 선량한 풍속만을 규정하고, 프랑스민법(§6, §1133)과 일본민법(§90)은 공공의 질서 또는 선량한 풍속을 규정한다.[26] 우리 민법은 프랑스민법을 본받아 선량한 풍속과 사회질서를 규정한다.

여기서 善良한 風俗(gute Sitten)이란 사회의 일반적 도덕관념, 바꾸어 말하면 모든 국민에게 요구되는 최소한의 도덕률로서 인륜·도덕·정의를 내포한 개념이며, 그 판단은 사실상 사회 전체를 지배하는 평균적 관념을 기준으로 하여 정한다.[27]

또한, 社會秩序(öffentliche Ordnung)란 국가사회의 공공적 질서를 가리키는 것으로 영·미법상 공공의 정책에 해당한다.

- 선량한 풍속
  - 사회의 일반적 도덕관념
  - 인륜·정의를 내포한 개념으로 평균적 관념에 따라 결정
- 사회질서 ― 국가사회의 공공적 질서(국가와 사회의 일반적 이익)

어떻든, 반사회질서행위는 강행법규에 위반하는 행위이지만 이에 한하지 않고 善良한 風俗 기타 社會秩序에 위반한 행위로서 법의 보호를 받지 못함은 물론이다. 따라서 선량한 풍속 기타 사회질서에 위반한 사항을 내용으로 하는 법률행위는 무효이며, 특히 법률행위의 목적이 개개의 강행법규에 위반하지 않더라도 "선량한 풍속 기타 사회질서"에 위반하면 무효이다.

---

26) 독일민법 제1초안에서는 공공질서와 선량한 풍속을 들었으나 후일 선량한 풍속으로 수정하였고, 프랑스민법 제6조는 공공의 질서 및 선량한 풍속(I'ordre public et les bonnes moeurs), 제1133조는 선량과 풍속 또는 공공질서(bonnes moeurs ou I'ordre public)를 규정한다.

27) 그리하여 독일의 판례는 이를 공정하고 정당하게 사유하는 모든 사람의 도의관념이라고 표현하고 있다.

(나) 선량한 풍속과 사회질서의 본질

(ㄱ) **法的 確信이 실현하려는 價值**: 민법 제103조의 요건부분과 효과부분을 종합하여 선량한 풍속, 사회질서를 확정해야 한다(특히, 양자를 병존관계로 파악하는 경우). 이때 법률행위에 의하여 실현하려는 가치가 현행법질서의 법적 확신이 실현하고자 하는 가치에 반함으로써 당해 법률행위의 효력을 인정하면 법의 정신·임무에 위배되어 무효일 수밖에 없는 경우가 곧 선량한 풍속, 사회질서에 반하는 것이 된다. 그러므로 결국 선량한 풍속, 사회질서는 현행법질서의 법적 확신이 실현하고자 하는 가치를 의미한다.[28)]

(ㄴ) **社會의 一般規範**: 선량한 풍속, 사회질서는 사회의 일반규범인가. 법규범인가. 소수설은 이것은 막연한 추상적 일반규범이 아니고 하나의 법규범이라고 하고, 그 개념은 국가에 따라 다를 수 있는 것이라고 한다.[29)] 그러나 다수설은 민법 제103조와 같은 취지의 조항은 개인의사 절대를 존중하는 법원칙에 대한 예외로서 개인의 의사를 제한하는 일반규정이라고 한다.

(다) 선량한 풍속과 사회질서와의 관계　선량한 풍속과 사회질서의 관계를 어떻게 볼 것인가. 견해가 대립한다.

社會秩序優位說은 민법 제103조는 선량한 풍속을 사회질서의 일종으로 들고 사회질서가 이 규정의 중심관념을 이루고 있는 점을 들어 사회질서를 선량한 풍속의 상위개념이라고 한다[곽윤직 215면, 김용한 260면, 송덕수, 민법강의(상) 133면],

對立概念說은 사회질서를 공익개념, 선량한 풍속을 윤리개념이라고 보아 양자는 상호 대립하는 개념이라고 한다(이영준 192면, 김상용 398면).

包括概念說은 양자를 구별하지 않고 일괄하여 사회적 타당성으로 파악한다(고상룡 334면, 이은영 367면, 김학동 310면, 백태승 348면).

학설은 명확하지 않으나 최근의 다수설은 양 개념이 로마법 이래 연혁적으로나 본질적으로 동질의 것으로써 양자를 명백히 구별하기는 어려울 뿐만 아니라, 어느 것에 위반하든 무효이므로 구별의 실익이 없다는 점을 들어, 두 표준을 결합하여 모두 행위의 사회적 타당성으로 표현한다.

결국, 이들의 두 표현은 법의 근본이념인 정의를 표시하는 형식이고, 법률의 본질상 허용할 수 없는 한계를 명백히 한 것이며, 판례 또한 민법 제103조에 의

---

28) Flume, 이영준 192면.

29) 이영준 231면; 예컨대 승소사예금약정은 선량한 풍속에 반하는 것으로 무효라 봄이 확고한 독일의 판례(BGHZ 34·64)이지만 모든 국가가 동일한 태도를 취하는 것은 아니라고 한다.

하여 무효로 되는 행위는 법률행위내용이 선량한 풍속 기타 사회질서에 위반되는 경우뿐만 아니라고 하여 대체로 동일한 태도를 취한다.[30)]

(4) 民法 제103조와 他原則의 관계

(1) 신의칙과의 관계 ┌ 신의칙 – 적극적 요청(계약에 우선)
　　　　　　　　　 └ 선량한 풍속 – 소극적 요청
(2) 제105조(강행규정)와의 관계 ┌ 제105조 – 명문규정이 있는 경우 적용
　　　　　　　　　　　　　　　 └ 제103조 – 명문규정이 없는 경우 적용
(3) 제104조와의 관계 – 제104조가 제103조의 예시규정(대판 1964.5.19, 63다821)

(가) 신의칙과의 관계　　信義誠實의 原則은 구체적인 경우에 '적극적 요청'에 있어서의 판단기준을 정하는 것인데 반하여, 善良한 風俗은 '소극적 요청'에 있어서의 판단기준을 정하고, 특히 양속위반의 법률행위는 무효로 한다.

또한, 양자의 순위는 契約에서는 민법 제2조 제1항이 제103조에 우선한다.

(나) 민법 제105조와 관계　　민법 제103조와 제105조는 그 적용의 순서와 범위에 있어서 다르다. 즉 반사회질서의 법률행위는 항상 무효이지만 그 무효가 되는 근거는 명문 규정(강행법규)이 있는 경우에는 그것에 의하고(§105), 명문 규정이 없는 경우에는 제103조에 의한 무효로 하여, 양 조문은 그 적용의 범위를 분담한다.

(다) 민법 제104조와 관계　　구민법 하에서는 不公正한 法律行爲는 이를 반사회질서행위로 다루었다. 그런데 현행 민법상 불공정한 법률행위 내지 폭리행위를 제103조의 예시규정으로 볼 것인가, 독립규정이라고 볼 것인가.

판례 · 통설은 예시규정이라고 한다.[31)]

2. 反社會秩序行爲의 유형과 판단

(1) 反社會秩序行爲의 유형

반사회질서행위란 사회질서를 위반하는 행위의 총칭으로서 이는 사회의 윤리관과 사회질서가 부단히 변천하는 속성을 갖는 까닭에 그 내용을 구체적으로

---

30) 대판 2001.2.9, 99다38613.

31) 대판 1964.5.19, 63다821; 독일민법은 제138조의 제1항과 제2항의 관계에서 이를 명백히 하고 있다.

열거하는 것은 불가능하다.

판례는 민법 제103조에 의하여 무효로 되는 반사회질서 행위는 법률행위의 목적인 권리·의무내용이 선량한 풍속 기타 사회질서에 위반되는 경우뿐만 아니라, 그 내용 자체는 반사회질서적인 것이 아니라고 하여도 법률적으로 이를 강제하거나 그 법률행위에 반사회질서적인 조건 또는 금전적 대가가 결부됨으로써 반사회질서적 성격을 띠는 경우 및 법률행위의 동기가 반사회질서적인 경우를 포함하는 것이라고 한다.[32] 따라서 판례에 나타난 사회질서위반의 형태를 중심으로 분류하면 대체로 다음과 같이 요약된다.

(ㄱ) **政治的 基本要請 또는 正義觀念에 반하는 행위** : 국가적 또는 사회적 범죄를 감행 또는 이에 조력할 것을 내용으로 하는 행위는 가장 전형적인 것이다.

또한, 범죄와 이에 준하는 부정행위를 할 의무를 부담시키는 계약이나 범죄를 행하지 않을 것을 조건으로 하여 일정한 대가적 급부를 한다는 내용의 계약도 무효이다.

(ㄴ) **正義觀念에 반하는 행위** : 범죄 기타 부정행위를 권유하거나 이에 가담하는 계약, 예컨대 밀수입을 위한 자금의 대여나 출자, 매도인의 배임행위에 적극 가담하여 매수한 부동산이중매매, 경매나 입찰에의 담합행위, 어떤 지위를 금전적 대가를 받고 주기로 한 계약 등이 이에 속한다.

판례는 범죄행위 기타 부정행위를 유발하거나 조장하는 행위(대판 1973.5.22, 72다2249), 증권회사 등이 고객에 대하여 증권거래와 관련하여 발생한 손실을 전보하여 주기로 한 약속이나 그 손실전보행위(대판 2001.4.24, 99다30718), 수사기관에서 참고인으로 진술하면서 허위진술의 대가로 작성된 각서에 기한 급부약정(대판 2001.4.24, 2000다71999), 당사자 일방이 상대방에게 공무원의 직무에 관한 사항에 관하여 특별한 청탁을 하게 하고 그에 대한 보수로 돈을 지급할 것을 내용으로 한 약정(대판 1971.10.11, 71다1645), 법률사무취급단속법 제2조의 규정에 저촉되는 행위로 인한 계약(대판 1969.2.25, 68다2439). 오직 보험금을 취득할 목적으로 체결한 생명보험계약(대판 2000.2.11, 99다49064), 타인으로부터 신탁받은 재산을 매각·횡령한다는 정을 알면서 그 수탁자로부터 이를 염가로 매수하여 폭리를 취한 행위(대판 1963.3.28, 62다862), 부동산의 명의수탁자가 실제소유자 몰래 처분하는 경우 부동산의 취득자가 명의수탁자의 범죄적인 처분행위에 적극 가담하여 처분이 이루어진 행위(대판 1992.3.31, 92다1148)는 민법 제103조의 반사회질서행위로서 무효라고 한다.

또한, 변호사법위반의 소송물양도계약(대판 1990.5.11, 89다카10514), 공무원의 직무에 관한 청탁으로서 금전급부 약정(대판 1995.7.14, 94다51994), 상대방의 배임행위에

32) 대판 1996.4.26, 94다34432.

적극 가담한 부동산의 양수계약(대판 1997.7.25, 97다362)・증여계약(대판 1982.2.9, 81다1134)・근저당권의 설정(대판 2002.9.6, 2000다41820; 1998.2.10, 97다26524)・채무담보를 위한 가등기 및 본등기의 경료(대판 1991.7.26, 91다8104), 공동상속인 중 1인이 상속부동산을 처분한 후 이전등기경료 전에 상속인 전원이 그 부동산을 다른 공동상속인의 단독소유로 협의분할한 경우(대판 1996.4.26, 95다54426・54433), 임대의무기간경과전 임대주택매각행위(대판 2005.6.9, 2005다11046)는 반사회적 행위로서 무효라고 하였다.

犯罪行爲를 구성하는 법률행위라고 하여 모두 선량한 풍속, 기타 사회질서에 반하는 것은 아니다. 그리하여 판례는 상속세를 면탈할 목적으로 피상속인의 사망 후에 피상속인 명의로부터 타인에게 소유권이전을 경료하는 것,[33] 양도소득세를 회피하기 위한 방법으로 부동산을 명의신탁하였거나,[34] 매매계약을 체결한 경우,[35] 의사시험합격을 위한 교제비명목으로 금원을 교부하였던 계약을 해소시키는 동시에 소비대차의 새로운 계약을 체결하는 것[36] 등은 정의 관념에 반하지만 무효라고 할 것은 아니라고 한다.

또한, 판례는 이미 매도된 부동산에 체결한 저당권설정계약이 반사회적 행위로서 무효가 되기 위해서는 매도인의 배임행위와 저당권자가 매도인의 배임행위에 적극 가담한 행위로 이루어진 것으로서, 적극 가담하는 행위는 저당권자가 다른 사람에게 목적물이 매도된 것을 안다는 것만으로는 부족하고, 적어도 매도 사실을 알고도 저당권설정을 요청하거나 유도하여 계약에 이른 정도가 되어야 하는 것이라고 한다.[37]

그 외에도 판례는 반사회적 행위에 의하여 조성된 재산인 이른바 비자금을 소극적으로 은익하기 위한 임치(대판 2001.4.10, 2000다49343), 성립과정에 강박이 사용된 법률행위(대판 2001.10.25, 98다6978), 강제집행면탈을 목적으로 허위의 근저당권설정등기를 경료하는 행위(대판 2004.5.28, 2003다70041), 전통사찰의 주지직을 거액의 금품을 대가로 양도・양수하기로 하는 약정이 있음을 알면서 이를 묵인 또는 방조한 상태에서 행한 종교법인의 주지임명행위(대판 2001.2.9, 99다38613), 단지 법률행위의 연유・동기 또는 수단으로 한 것에 불과한 것(대판 1972.10.31, 72다1271・

---

33) 대판 1964.7.22, 64다554.

34) 대판 1991.9.13, 91다16334・16341.

35) 대판 1992.12.22, 91다35540・35557; 1981.11.10, 80다2475; 판례는 매수인이 주택건설을 목적으로 하는 주식회사를 설립하여 이에 출자형식을 취하면 양도소득세가 부과되지 아니할 것이라고 믿고 이러한 형식의 매매계약을 체결하는 것은 민법 제103조 위반의 반사회적 행위라고 볼 수 없는 것이라고 한다(대판 1981.11.10, 80다2475).

36) 대판 1976.11.23, 76다2138.

37) 대판 1998.2.10, 97다26524 ; 1997.7.25, 97다362.

1272), 불가항력로 인한 손해를 계약당사자의 일방만이 부담한다는 내용의 특약(대판 1963.5.15, 63다111), 소목지서에 어긋나는 사후양자(대판 1991.5.28 90므347)는 민법 제103조의 반사회적 법률행위로서 무효라고 할 수는 없는 것이라고 한다.

(ㄷ) **人間倫理의 기본적 요청에 반하는 행위** : 親子간이나 夫婦간의 人倫을 해하는 행위는 선량한 풍속에 반하여 무효이다. 예컨대 일부일처제에 반하거나 또는 불륜관계를 위한 계약, 부첩계약,[38] 동거생활(부첩계약)의 종료를 해제조건으로 하는 증여계약,[39] 현재 처가 사망하거나 이혼하면 혼인한다는 계약,[40] 子가 부모와 동거하지 않겠다는 계약, 혼인예약 중 동거를 거부하는 경우 금원을 지급키로 한 계약, 子가 부모에 대하여 불법행위에 의한 손해배상을 청구하는 것 등이 이에 속하며, 언제나 무효이다. 그러나 불륜관계를 단절하면서 처의 생활비를 지급하거나 子女의 양육비를 지급하는 계약,[41] 장래 불화가 생겨 이혼할 경우 금전 기타 물건을 교부받기로 한 계약, 즉 이혼하지 아니할 것을 조건으로 한 배상계약은 유효하다.

(ㄹ) **個人의 自由를 극도로 제한하는 행위** : 개인의 신분상・신체상 자유를 지나치게 제한하는 행위는 선량한 풍속 또는 사회질서에 반하는 행위로서 무효이다. 예컨대 인신매매・매춘행위, 일생동안 혼인 또는 이혼하지 않겠다는 계약은 개인의 신분상・신체상 자유를 지나치게 제한하는 것으로서 무효이고,[42] 평생토록 영업하지 않겠다는 계약, 해고 후 일정 영업을 하지 않겠다는 계약, 영업을 양도한 자가 일정기간 동안 같은 종류의 영업을 하지 않겠다는 계약은 개인의 경제활동의 자유를 현저히 제한하는 행위로서 무효이다.

판례는 어떤 경우에도 이혼하지 않겠다고 써 주었다고 하더라도 그와 같은 약정은 신분행위의 의사결정을 구속하는 것으로써 무효라고 하고(대판 1969.8.19, 69므18), 과도하게 무거운 위약벌의 약정도 무효라고 한다(대판 1993.3.23, 92다46905). 그

---

38) 첩계약은 처의 사전 동의 유무를 묻지 않고서 언제나 무효이다(대판 1967.10.6, 67다1134; 1960.9.29, 4293민상302).

39) 판례는 동거생활의 종료를 해제조건으로 하는 증여계약은 부첩계약을 조장하는 행위로서 무효라고 하였다(대판 1966.6.21, 66다530). 그러나 부첩계약의 단절을 정지조건으로 하는 위로금지급계약은 유효하다(대판 1980.6.24, 80다458).

40) 대판 1955.7.14, 4288민상156.

41) 대판 1980.6.24, 80다458.

42) 대판 1969.8.19, 69므18; 특히, 판례는 어떠한 일이 있더라도 이혼하지 않겠다는 각서를 배우자의 한쪽이 다른 한쪽에 교부하였다고 하여도 그것은 신분행위의 의사결정을 구속하는 것으로써 사회질서에 위배되므로 무효라고 한다.

러나 부정행위를 용서받는 대가로 처에게 부동산을 양도하되 부부관계가 유지되는 동안에는 처가 임의로 처분할 수 없다는 제한을 붙인 약정은 반사회질서행위라고 볼 수 없는 것이라고 한다(대판 1992.10.27, 92므204 · 211).

또한, 개인의 신분상 · 신체상 자유를 제한하는 것은 아니지만 經濟的 自由를 지나치게 제한하는 행위도 선량한 풍속 또는 사회질서에 방하는 행위로서 무효이다. 예컨대 동 종류의 영업을 하지 않겠다는 약정이나 당사자 일방이 그의 독점적 지위 내지 우월적 지위를 악용하여 자기가 부당한 이득을 얻고 상대방에게 과도한 반대급부 또는 부담을 과하는 행위는 무효이다.[43] 그러나 해외 파견된 근로자가 귀국일로부터 일정한 기간 소속회사에서 근무하여야 한다는 사규나 약정은 반사회질서행위로서 무효라고 할 것은 아니다.[44]

(ㅁ) 生存의 기초가 되는 財産의 處分行爲: 개인 생활상 생존의 기초가 되는 재산을 처분케 하는 행위는 생존권을 박탈하게 되므로 사회질서에 반하여 무효이다. 예컨대 자기가 장차 취득하게 될 모든 재산을 양도한다는 약정, 사찰이 그의 존립에 필요불가결한 재산인 임야를 증여하는 행위[45]는 반사회질서행위로서 무효이다.

(ㅂ) 지나친 射倖的 行爲: 사람에게는 다소의 사행성이 있으므로 射倖契約이라고 하여 언제나 무효가 되는 것은 아니지만 그 정도가 지나치면 사회질서에 반하여 무효로 된다. 예컨대 지나친 도박행위나 도박자금의 대여행위,[46] 도박채무변제를 위한 토지양도계약 또는 변제약정[47] 등은 무효이다. 그러나 경마투표권(한국마사회법 §6 이하) · 복권(주택건설촉진법 §17) 등은 법률이 허용하고 있으므로 반사회성이 조각된다.

다만, 도박채무의 변제를 위하여 채무자로부터 부동산의 처분을 위임받은 채권자가 그 부동산을 제3자에게 매도한 경우 그 무효되는 범위에 관하여, 판례는 도박채무부담행위 및 그 변제약정이 민법 제103조의 선량한 풍속 기타 사회질서에 위반되어 무효라고 하더라도, 그 무효는 변제약정의 이행행위에 해당하는 부동산을 제3자에게 처분한 대금으로 도박채무의 변제에 충당한 부분에 한

43) 대판 1996.4.26, 94다34432.
44) 대판 1982.6.22, 82다카90.
45) 대판 1970.3.31, 69다2293.
46) 대판 1973.5.22, 72다2249; 1959.7.16, 4291민상260.
47) 대판 1959.10.15, 4291민상262; 1966.2.22, 65다2567.

정되고, 변제약정의 이행행위에 직접 해당하지 아니하는 부동산처분에 관한 대리권을 도박채권자에게 수여한 행위부분까지 무효라고 볼 수는 없는 것이므로 위와 같은 사정을 알지 못하는 거래상대방인 제3자가 도박채무자로부터 그 대리인인 도박채권자를 통하여 부동산을 매수한 행위까지 무효가 된다고 할 수는 없는 것이라고 한다.48)

(ㅅ) **公正性을 잃은 행위**: 법률행위의 목적이 불법한 경우로서 당사자의 일방이 그의 독점적 지위 내지 우월한 지위를 악용하여 자기는 부당한 이득을 얻고 상대방에게는 과도한 반대급부 또는 기타 부당한 부담을 과하는 법률행위는 반사회적인 것으로서 무효이다.49)

(ㅇ) **動機가 不法한 法律行爲**: 표시되거나 상대방에게 알려진 법률행위의 동기가 반사회질서적인 경우는 무효이다. 그러나 단지 법률행위의 성립과정에서 불법적 방법이 사용된 데 불과한 때에는 그 불법이 의사표시의 형성에 영향을 미친 경우에는 의사표시의 하자를 이유로 그 효력을 논의할 수는 있으나 반사회질서의 법률행위로서 무효라고 할 수는 없다.50) (자세한 것은 [86] Ⅵ.2 불법인 동기 참조)

⑵ 反社會秩序行爲의 판단

㈎ 법률행위가 반사회질서행위이기 위해서는 법률행위의 중심목적이 사회질서에 위반하는 것, 어떤 사항 및 그 자체가 사회질서에 위반하지는 않으나 그것이 법률적으로 강제됨으로써 사회질서에 위반하는 것, 법률행위의 내용이 금전적 이익과 관련됨으로써 사회질서에 반하는 것, 사회질서를 내용으로 하는 조건을 붙임으로써 사회질서에 반하는 것, 동기가 불법한 것 등을 내용으로 하나 이들의 행위가 반사회질서행위로서 무효이기 위해서는 다음의 요건을 갖추어야 한다.

(ㄱ) **客觀的 要件**: 법률행위의 내용이 법질서의 법적 확신이 실현하고자 하는 법적 질서에 반하여야 한다.

법률행위가 선량한 풍속 기타 사회질서에 반하는가 여부는 規律(Regelung)

48) 대판 1995.7.14, 94다40147.
49) 대판 1996.4.26, 94다34432.
50) 대판 1996.4.26, 94다34432.

로서의 법률행위를 기준으로 하여야 하고, 行爲(Handlung)로서 법률행위를 기준으로 하여서는 아니 된다.[51]

예컨대, 양속질서에 반하는 사정이 존재하지 아니함에도 착오로 이러한 사정이 있다고 인식한 법률행위는 양속행위에 반하지 않는다.

(ㄴ) **主觀的 要件** : 행위자의 행위가 반사회질서행위로 되기 위해서는 법률행위 당사자가 이를 인식하고 있어야 하는가.

소수설은 사회질서에 반하게 만드는 것은 인식하고 있어야 하는 것이라고 하나,[52] 다수설은 법률행위내용 자체가 사회질서에 반하는 경우에는 당사자의 인식이 문제될 수 없지만 법률행위내용 자체가 사회질서에 반하지 않지만 당사자의 동기 또는 법률행위 당시의 객관적 사정이 사회질서에 반하는 때에는 동기불법의 문제로 다루어져야할 것이라고 한다.[53]

판례는 매매계약체결 당시에 정당한 대가를 지급하고 목적물을 매수하는 계약을 체결하였다면 비록 그 후 목적물이 범죄행위로 취득된 것을 알게 되었다고 하더라도 계약의 이행을 구하는 것 자체가 선량한 풍속 기타 사회질서에 반하는 것으로 볼 만한 특별한 사정이 없는 한 그 사유만으로 당초의 매매계약에 기하여 목적물에 대한 소유권이전등기를 구하는 것이 민법 제103조의 공서양속에 반하는 것이라고 볼 수 없는 것이라고 하여 행위자의 주관적 의사를 부분적으로 고려하고 있다.[54]

그러나 민법 제103조가 반사회질서행위를 규정한 것은 행위자의 행위 그 자체가 객관적으로 반사회질서행위로서 그 효력을 부정한 것이므로 동기가 불법한 경우를 제외하고는 행위자의 주관적 의사는 고려할 것은 아니다.

- 입증책임
  - 법률행위내용이 직접 양속질서에 반하는 경우 - 입증불요
  - 법률행위가 주위사정에 의해 반하는 경우 - 입증 요
- 반사회성 인식
  - 주관적 요건 - 원칙적으로 쌍방에 존재 요
  - 객관적 요건 - 당사자 일방에만 관계되는 경우 불요

(ㄷ) **判斷時期** : 법률행위가 사회질서에 반하는가는 어느 시기를 기준으로 정할 것인가. 행위시설[55]과 효력발생시설[56]이 대립한다. 그러나 반사회질서행

51) 이영준 210면.
52) 김학동 311면, 이영준 210면, 김상용 408면, 김준호 333면.
53) 이은영 364, 윤진수, 주석(총칙 2) 429면; 지원림 민법강의 169면, 송덕수 민법강의(상) 134면.
54) 대판 2001.11.9, 2001다44987.

위로서 위법행위의 본질상 원칙적으로 법률행위 당시를 기준으로 판단하여야 한다.

다만, 법률행위성립 후의 사정변경에 의하여 반사회성이 치유되거나 반사회적 행위로 될 수 있는가. 반사회적 행위에 행위자의 주관적 의사를 요하는가 여부와 관련지어 결정하여야 한다. 반사회질서행위의 성립에 행위자의 주관적 의사를 고려하지 않는 경우는 물론이고, 비록 이를 고려하는 경우라고 하더라도 일단 유효하게 성립한 법률행위가 이행되지 않고 있는 동안에 그 법률행위가 사회질서에 반하는 행위로 평가되면 그 이행은 청구하지 못한다.[57]

(나) 반사회질서행위의 적용은 법률행위에만 적용되므로 법적 절차에 의하여 이루어지는 경매는 법률행위가 아니므로 민법 제103조는 적용의 여지가 없다.[58]

3. 社會秩序違反行爲의 효력

甲은 자기 소유임야를 乙에게 매도하고 중도금을 지급받았으나 이 사실을 알고 있는 丙이 아직 등기명의가 甲에게 있음을 기화로 자기에게 매도할 것을 적극 권유하자 甲은 丙에게 다시 매도하여 丙의 명의로 소유권이전의 등기를 경료하였다. 이 경우 乙의 구제책을 논하라.

---

(1) 法律行爲의 무효

선량한 풍속 기타 사회질서에 반한 행위는 사회적 타당성을 결여한 행위로서 무효이다(§103). 즉 그 법률행위로부터 발생한 의무내용인 급부는 그 실현 등에 법의 보호를 받지 못한다.

(ㄱ) 법률행위가 선량한 풍속 기타 사회질서에 반하여 무효인 경우에는 당사자가 무효임을 알면서 추인하여도 새로운 법률행위로의 효력은 발생하지 않는다.[59] 또한 비록 법률행위의 내용인 액수·수량·기간 등이 과다하여 계약조항이 무효로 된 경우에도 이를 수정하여 유효로 할 수 없다. 그러나 선량한 풍

55) 김상용 408면, 김준호 334면, 송덕수 민법강의(상) 136면.
56) 이영준 214면, 김학동 313면.
57) 동지, 윤진수, 주석(총칙 2) 434-5면; 지원림, 민법강의 169면.
58) 대판 1967.1.27, 66마1258 ; 1967.1.18, 66마1120.
59) 대판 1973.5.22, 72다2249.

속 기타 사회질서에 반하는 내용을 무효로 하고 이에 임의규정을 적용하여 계약 전체의 효력을 유지하는 것은 가능하다.

다만, 이때에는 민법 제137조 단서의 일부무효의 법리에 의하여야 하고, 소유권이전행위가 민법 제607조에 위배되어 무효인 경우에도 담보목적의 범위 내에서 유효하다고 한 것은 그 예이다.[60]

(ㄴ) 반사회질서행위서의 無效는 누구에 대하여도 주장할 수 있다.

판례는 대물변제계약이 불공정한 법률행위로서 무효인 경우에는 목적부동산이 제3자에 소유권이전등기가 된 여부에 불구하고 누구에 대하여도 무효를 주장할 수 있는 것이라고 한다.[61] 즉 무효는 전득자에 대하여도 주장할 수 있는 것이라고 한다. 예컨대 반사회질서로서 이중매매에서 제2매매가 반사회질서로서 무효인 경우 제1매수인은 매도인을 대위하여 등기말소를 청구할 수 있다.[62] 그러나 직접 말소를 청구하는 것은 허용되지 않는다.[63]

이는 결국 반사회질서행위로서 무효인 경우 그 당사자는 제746조 본문에 의하여 반환청구가 제한되나 제3자가 대위행사할 수 있는가 문제이며, 학설은 판례의 태도와 반드시 일치하는 것은 아니다.

⑵ 返還請求權의 제한

반사회질서와 관련하여 이미 이행된 행위는 그 행위의 무효를 원인으로 한 반환청구가 제한된다(§746 참조). 예컨대 일정 법률행위에 의하여 급부가 이루어진 후 그 원인행위가 무효 또는 취소되면 그 급부는 법률상 원인 없는 급부로서 통상 제741조에 의하여 부당이득반환청구권이 발생하지만 그 원인행위가 민법 제103조 내지 제104조의 반사회질서행위로서 무효인 경우에는 제746조의 불법원인급여로서 그 반환청구가 제한된다. 이와 같은 법리는 결과에 있어 급부수령자의 반환거절이 불법성을 들추어 거절하게 된다는 논리적 모순을 가지는 동시에, 수령자만 이득을 취하는 결과가 되어 부당하다. 따라서 학설은 급부자와 급부수령자 또는 제3자간의 이해조정, 특히 불법원인급여에 관련된 제3자 권리보호의 필요에서 반환청구권을 인정할 논거가 활발히 개발되고 있다. 그

---

60) 대판 1968.7.30, 68다88 ; 이영준 252면.
61) 대판 1963.11.17, 63다479.
62) 대판 1980.5.27, 80다565.
63) 대판 1983.4.26, 83다카57.

대표적인 것으로서 불법행위 관련자간의 제746조 단서규정의 확대해석론과 제3자의 사해행위취소권·대위권행사 및 급여자와 급여수령자간의 공동불법행위론에 의한 원상회복론 등을 들 수 있다.

이에 대해 판례는 불법원인급여의 태양과 관련하여 주로 제3자의 詐害行爲取消權 및 代位權行使에 의한 급부자 또는 제3자에의 회복을 인정하였다. 그러나 이와 같은 논거는 당초 급부자의 급부가 불법원인에 의한 급여로서 반환청구가 제한되는 상태에서 제3자의 취소권 또는 대위권을 인정해야 한다는 논리적 모순을 가진다. 따라서 학설은 이를 비판하고 급여자와 급부수령자간의 공동불법행위 성립에 따른 원상회복론 또는 특히 불법행위 관련자간에는 제746조단서규정확대적용론 등이 강력히 주장하고, 최근의 판례 또한 그 중 불법행위 관련자간의 급부회복에는 민법 제746조단서규정의 확대적용론을 적극 반영하는 태도를 보인다. 그리하여 판례는 민법 제746조에 의하면 급여가 불법원인급여에 해당하고 급여자에게 불법원인이 있는 경우에는 수익자에게 불법원인이 있는지 여부나, 수익자의 불법원인의 정도 내지 불법성이 급여자의 그것보다 큰지 여부를 막론하고 급여자는 그 불법원인급여의 반환을 구할 수 없는 것이 원칙이나, 수익자의 불법성이 급여자의 그것보다 현저히 크고 그에 비하면 급여자의 불법성은 미약한 경우에도 급여자의 반환청구가 허용되지 않는다고 하는 것은 공평에 반하고 신의성실의 원칙에도 어긋나므로 이러한 경우에는 민법 제746조 본문의 적용이 배제되어 급여자의 반환청구는 허용된다고 해석함이 상당한 것이라고 한다.[64]

위 사례에서 부동산이중매매가 언제나 반사회성을 가지는 것은 아니지만, 다만 제2매수인이 부동산을 이미 타인에게 매도하였음을 알면서 매도인을 적극 부추겨서 매수한 때에는 반사회성을 갖게 되어 비록 자기소유 명의로 등기한 경우라도 무효로 된다. 이와 같이 부동산이중매매계약이 무효로 되는 경우에도 구체적으로 매매계약이 어느 단계에 이르렀을 때 2중매매로 되며, 또한 甲·丙간의 어떠한 행위가 반사회성을 띠는 행위로 되는가. 문제된다.

64) 대판 1997.10.24, 95다49530·49547; 판례는 급여자가 수익자에 대한 도박채무의 변제를 위하여 급여자의 주택을 수익자에게 양도하기로 한 것이지만 내기바둑에의 계획적인 유인, 내기바둑에서의 사기적 형태, 도박자금 대여 및 회수과정에서의 폭리성과 갈취성 등에서 드러나는 수익자의 불법성의 정도가 내기바둑에의 수동적인 가담, 도박채무의 누증으로 인한 도박의 지속, 도박채무 변제를 위한 유일한 재산인 주택의 양도 등으로 인한 급여자의 불법성보다 훨씬 크다고 보아 급여자로서는 그 주택의 반환을 구할 수 있는 것이라고 한다.

이중매매의 성립에 관한 다수설은 甲·乙간의 매매행위를 乙이 소유권이전등기서류 일체를 교부받고 대금의 완납이 있었으나, 이를 다시 제2매수인 丙에게 매각하여 소유권이전등기를 경료한 경우에 이중매매의 문제로 된다고 보며, 또한 甲의 배임적 행위로 인한 제2의 매매가 반사회질서로서 무효이기 위하여 판례는 공통적으로 제2매수인이 매도인의 이중매매라고 하는 배임행위에 "적극가담"하는 경우라고 하여 단순히 제1매수인이 있다는 것을 알고 있는 것만으로는 성립하지 않고, 이에 나아가 적극 권유 내지 교사한 경우를 요건으로 한다.

따라서 사안의 논점은 부동산이중매매의 반사회성의 요건과 그 반사회성으로 인한 소유권을 이전받은 제2매매계약이 무효로 되는 경우 甲의 丙에 대한 반환청구권의 행사 여부와 乙의 甲·丙에 대한 반환청구권의 행사 여부가 그 구제책의 논점이 된다(자세한 것은 위 본문 참조).

乙은 甲으로부터 甲소유의 A부동산을 매수하고 그 이전등기에 필요한 모든 서류와 함께 그 부동산의 점유이전을 받아 이미 15년을 경과하였으나 아직 소유권이전등기를 하지 아니하였다. 이 사실을 알고 있는 丙은 甲을 설득하여 시가의 반정도의 대금으로 A부동산을 매수하고 자기명의로 소유권이전등기를 경료하였다.

이 경우 甲의 丙에 대한 등기청구권관계와 그 외에 甲·乙에 대한 등기청구권관계를 설명하라.

---

[85] Ⅵ. 不公正한 法律行爲

---

(1) A는 B의 궁박·경솔·무경험을 이용하여 자기소유의 시가 200만원 상당의 골동품과 B소유 시가 약 1,000만원 상당의 서화를 교환하기로 하고 각 이행하였다. 이 경우 제103조와 제104조의 관계에서 무효와 그 반환청구권에 관련하여 언급하라.

(2) 乙은 농촌에 거주하는 무학의 79세 된 노인 甲으로부터 시가의 30%에도 미치지 못하는 가격으로 토지를 매수하면서 계약금으로 대금의 3분의 1 상당을 주고 계약 다음날 중도금을 지급하여 매매대금의 80%를 지급하였다.

이에 乙은 甲의 상속인 丙은 대하여 잔대금을 제공하고 소유권이전을 청구하나 丙은 불공정한 법률행위를 들어 무효를 주장한다. 丙의 주장은 인용될 수 있는가.

---

1. 暴利行爲의 개념

(1) 暴利行爲의 의의

(가) 不公正한 法律行爲란 상대방의 자유로운 의사결정이 곤란한 상태에 편

승하여 자기의 급부에 대하여 현저히 균형을 잃은 반대급부를 하게 하여 부당한 재산적 이득을 얻는 행위, 즉 상대방의 비정상적인 상태를 이용하여 등가교환이라는 법률행위적 정의가 파괴된 행위를 가리킨다. 민법은 금전소비대차에 한하지 않고 모든 재산상 유상행위에 따른 경제적 약자의 궁박・경솔(판단력 부족) 또는 무경험을 이용한 폭리행위를 규제한다.[65)]

(나) 구민법은 불공정한 법률행위 내지 폭리행위에 관하여 별개의 규정을 두지 않고 있었으므로, 반사회질서행위에 의하여 무효로 되는 것으로 해석하는 것이 판례의 태도였다. 그러나 현행 민법 제104조는 독일민법 제138조 제2항을 본받아 이를 규정한다.[66)]

(2) 民法의 他規定과 관계

(가) 民法 제103조와 관계 민법 제103조와 제104조와의 관계에서 제104조는 제103조의 단순한 예시규정인가. 아니면 독립규정인가. 구민법 하에서는 이른바 불공정한 법률행위는 이를 사회질서에 반하는 것으로 다루어졌다. 그러나 현행 민법은 반사회질서행위와 불공정한 법률행위를 각각 제103조와 제104조에서 독립적으로 규정하고 있는데서 그 관계가 문제된다.

獨立規定說은 양자의 제도적 측면과 요건・효과 면에서 볼 때 민법 제103조와 제104조는 별개의 제도라고 하거나(고상용 350면), 민법 제104조는 사회적 형평이념에 기초한 것이라고 한다(김학동 319면).

例示規定說은 반사회질서행위와 불공정한 법률행위를 동일한 개념에 속하는 것으로 파악하여 양자는 서로 독립된 것이 아니라 반사회질서행위에 대한 하나의 예시에 지나지 않는다고 본다.

양설의 구별은 그 원인행위가 폭리행위로서 무효로 되는 경우 제103조 위반의 경우와 같이 전부무효로만 되는가, 아니면 폭리행위자만 무효로 되어 상대방이 받은 급부와의 관계에서 불균형한 부분만이 무효로 되는가. 또한 그 이행으로서 이루어진 급부가 물권인 경우 물권행위의 유인성・무인성과의 관계와 제746조 본문과 단서 적용의 관계에서 문제된다.

통설은 불공정한 법률행위의 성질상 반사회질서행위의 일종으로 본다. 따라서 유효・무효가 문제되는 어떤 법률행위가 제104조의 요건을 갖추지 못하더

---

65) 대판 1997.7.25, 97다15371 참조.

66) 스위스채무법 제21조도 그 표현은 다르지만 역시 폭리행위를 금지하고 있다.

라도 제103조에 해당하여 무효가 되는 경우가 있을 수 있는 것이라고 한다.

판례 또한 민법 제103조나 제104조는 모두 구민법 제90조의 공공의 질서 또는 선량한 풍속에 반하는 사항을 목적으로 하는 법률행위의 범주에 속하는 것이라고 하고,[67] 전자가 행위의 객관적 성질을 기준으로 하여 그것이 반사회질서적인 여부를, 후자는 행위자의 주관적 사항을 참작하여 그 행위가 현저하게 공정성을 잃은 것인 여부를 판단할 것이라는 차이가 있음에 지나지 않는 것이라고 하여 제104조를 제103조의 예시규정으로 이해한다. 그러나 견해에 따라서는 민법 제104조를 제103조의 例示 내지 특별형태로 보면서 그 이행으로 이루어진 물권행위의 효력에는 상대화하려는 견해가 있다.[68]

이들 견해의 공통점은 민법 제104조의 경우 급부행위(물권행위)의 효력을 상대화하는데 있다. 예컨대 법률행위가 제104조에 의해 무효가 되는 경우에는 폭리자에게 행한 급부행위와 상대방에게 한 급부행위로 나누어 그 효력을 정하여야 할 것이라고 한다. 즉 이들의 급부행위는 단일한 행위를 구성하는 것이 아니고 폭리자 측에서는 반사회질서행위로서 제746조 본문의 적용을 받을 것이지만, 그 상대방 측에서는 반사회질서성이 없으므로 동조 단서의 적용을 받게 되어 그 반환을 청구할 수 있는 결과로 될 것이어서 결국 폭리자 측에서는 상대방측이 유효한 행위로 되는 범위에서는 반환의 의무가 없게 될 것이므로 제103조와 같이 전부 무효가 아닌 一部無效의 결과로 될 것이라고 한다.[69] 그러나 이러한 이론구성은 물권행위의 무인성을 인정하는 경우에는 가능할 것이지만 유인성을 취하는 경우에는 상대방의 급부가 유효한 근거로 되는 새로운 근거를 찾아야 할 것이라고 하며, 더욱 채권행위의 효력으로서 권리이전의무의 발생만을 인정하는 것으로 보아야 할 민법 제565조(매매), 제596조(교환)와 조화될 수 없을 것이라고 하여 배척한다.[70]

위 사례 (1)에서 민법 제104조를 제103조의 예시규정으로 보면 설문의 A·B 간의 소유권이전의 효과는 일단 유효하며, 각각 부당이득의 법리에 따라 그 반환을 청구하게 되나 A에게는 불법원인이 있게 되고 B에게는 불법원인이 있다고 보기 어려우므로 A는 제746조 본문의 적용을 받아 반환을 청구하지 못하지만 B

67) 대판 1965.11.23, 65사28; 1964.5.19, 63다821.
68) 이영준 225면, 김주수 297면.
69) 고상용 350면.
70) 안춘수, 불공정법률행위의효과에관한소고, 사법행정 1993.2, 13면.

는 동조 단서에 의하여 반환을 청구할 수 있게 된다. 그러나 그 회복에 관하여서는 물권행위의 유인성론에 의하면 A · B는 각각 소유권을 취득하지 못하고 단지 양자는 점유라는 이득을 법률상 원인 없이 취득하게 되어 부당이득의 반환이나 물권적 청구권을 행사하게 될 것이지만 제746조의 적용 여부에 관하여는 무인성론에서와 동일하게 된다.

또한, 민법 제104조를 제103조의 특별한 형태 또는 독립된 제도로 보는 견해에 의하면 먼저 제104조에 의하여 무효로 되면 그 급부는 법률상 원인 없는 급부로 되든가. 제103조에서와는 달리 폭리행위자에 한 급부행위와 상대방에 한 급부행위로 나누어 효력을 정할 것이라는 견해에 의하면 A는 폭리자로서 소유권을 취득하지 못하지만 B는 유효한 소유권을 취득하게 된다. 즉 민법 제103조에 해당하는 법률행위는 전부무효가 되어 처음부터 소유권을 취득하지 못하고(유인설의 입장), 다만 그 반환청구권은 제746조 적용여부로만 된다. 그러나 제104조 위반의 경우에는 전부무효가 아닌 일부무효의 법리가 적용되어 폭리자에 행한 급부는 소유권이 이전되지 않으나 상대방에 행한 급부는 유효한 급부로 되며 상대방과 관계에서 불균형한 부분에만 반환청구권을 행사하게 된다.

(나) 계약적 정의와의 관계 폭리행위를 무효로 하는 것은 거래당사자간의 법률관계의 구체적 타당성을 추구하는 형평이념의 발로라고 할 것이나, 한편 계약적 정의는 비록 그 계약이 건전한 생활감정에 반한다고 할지라도 엄격히 준수될 것을 요구한다(pacta sunt servanda). 따라서 민법 제104조(또는 제103조)의 적용과 계약의 무효화에는 계약적 정의 내지 법적 안정성의 법리와 끊임없는 상호 억제역할이 기대된다.71)

(3) 暴利行爲의 민법상 규제

폭리행위에 관한 民法상 規制로는 민법 제104조의 일반조항으로서 성격을 갖는 규정과 제339조의 유질계약금지, 제398조 제2항의 손해배상예정액의 감액, 제607조 · 제608조의 대물반환청약의 제한 및 민사특별법으로 이자제한법, 대부업의 등록 및 금융이용자보호에 관한 법률 제8조와 가등기담보 등에 관한 법률 제4조 등이 있다.

또한, 刑法的 規制로는 형법 제349조의 부당이득죄가 있다.

(가) 유질계약의 금지 질권설정자가 채무변제기 전의 계약으로 채권자에게 변제에 갈음하여 질물의 소유권을 취득하게 하거나 법률이 정한 방법에 의하지 않고 질물의 처분을 약정한 계약은 무효이다(§339). 그러나 이와 같은 유질

71) 이영준 226면.

계약의 금지는 민법 제607조에 반하지 아니하는 범위에서는 유효하고, 또한 양도담보에서 의미가 없을 뿐 아니라 금융의 융통을 저해하므로 그 타당성이 문제되고 오히려 구체적인 경우 유질계약이 폭리행위의 해당 여부에 따라 결정해야 할 것이 주장된다.

(나) 대물변제예약에 관한 특별규정 소비대차에 있어서 대물변제예약을 한 경우에는 차주가 차용물에 갈음하여 이전할 것을 예약한 다른 재산권이 예약 당시 가액이 그 차용액 및 이에 붙인 이자의 합산액을 넘지 못하며(§607), 이에 위반한 당사자 약정으로써 차주에 불리한 것은 경매 기타 어떠한 명목이라도 그 효력이 없다(§608). 그러나 동 규정위반으로 민법 제104조의 폭리행위가 성립하려면 피해자의 궁박·경솔·무경험을 이용하여야 하나 제607조의 적용상 주관적 요건은 요구되지 않는다.

또한, 민법 제607조 내지 제608조의 규정은 소비대차성립에 장애로 되어 오히려 신용을 얻은 차주에 불리하고, 특히 양도담보에서 문제되나 종래 판례는 민법 제608조가 양도담보에는 적용되지 않는 것이라고 한다.

(다) 이자제한법 및 대부업법상 이자제한 금전소비대차의 폭리행위를 금지하기 위한 이자제한법 및 대부업법상 제한이율을 두고 그 제한이율에 따라 산정한 금액을 초과한 때에는 그 초과 부분의 이자는 무효이다.

2. 暴利行爲의 成立要件

민법 제104조가 금하는 폭리행위가 성립하기 위해서는, 먼저 객관적으로 급부와 반대급부 사이에 현저한 불균형이 있어야 하고, 주관적으로 상대방의 궁박·경솔(판단력 부족) 또는 무경험을 이용하였어야 한다. 따라서 피해 당사자가 궁박·경솔 또는 무경험의 상태에 있었다고 하더라도 그 상대방 당사자에게 위와 같은 피해 당사자 측의 사정을 알면서 이를 이용하려는 의사, 즉 폭리행위의 악의가 없었다면 불공정법률행위는 성립하지 않는다.[72]

(1) 客觀的 要件

(가) 급부와 반대급부간의 현저한 불균형 민법 제104조는 현저히 공정을

---

72) 대판 1997.7.25, 97다15371.

잃은 법률행위라고 하여 자기의 급부에 비하여 현저히 균형을 잃은 반대급부를 하게 하여 부당한 재산적 이익을 얻는 행위이어야 함을 규정한다. 따라서 동조 위반의 무효이기 위해서는 먼저 급부와 반대급부가 있고 양자 간에 현저한 불균형이 있어야 한다.

(ㄱ) 급부와 반대급부 사이에 불균형이 있어야 한다. 따라서 폭리행위는 재산상 유상행위에만 적용된다.

(a) 증여와 같은 無償行爲에도 폭리행위가 성립할 수 있는가. 否定說은 유상행위에만 적용되고 증여와 같은 무상행위에는 적용이 배척되는 것이라고 하고,[73] 肯定說은 부담부증여와 같이 무상행위이지만 부담이 과도한 경우나 경솔 또는 궁박으로 소유권을 포기하는 경우 등에는 긍정할 것이라고 하거나,[74] 더 나아가 계약의 공정성은 기초 사정 등을 감안하여 실질적으로 판단하여야 함으로 단체설립행위 및 신분행위에도 성립할 여지가 있는 것이라고 한다.[75]

그러나 판례는 불공정한 법률행위에 해당하기 위해서는 급부와 반대급부와의 사이에 현저히 균형을 잃을 것이 요구되므로 증여와 같이 상대방에 의한 대가적 의미의 재산관계의 출연이 없이 당사자 일방의 급부만 있는 경우에는 급부와 반대급부 사이의 불균형의 문제는 발생하지 않는 것이라고 하고,[76] 기부행위(증여)와 같이 아무런 대가없이 일방적으로 급부하는 행위는 그 성질상 공정성 여부를 논할 수 있는 법률행위라고 볼 수 없는 것이라고 한다.[77]

(b) 單獨行爲의 경우 : 채무면제와 같은 單獨行爲에도 폭리행위가 성립하는가. 판례는 채무자인 회사가 남편의 징역을 면하기 위하여 부정수표를 회수하려면 물품 외상대금 중 금 100만원을 초과하는 채권에 대한 포기서를 써야 된다는 강압적인 요구를 하므로 사회적 경험이 부족한 가정부인이 경제적, 정신적 궁박 상태에서 구속된 자기남편을 석방 구제하는 데에는 수표의 회수가 필요할 것이라는 일념으로 회사에 대한 물품잔대금채권이 얼마인지 조차 확실히 모르면서 보관 중이던 남편의 인감을 이용하여 남편을 대리하여 위임장과 포기서를 작성하여 준 채권포기행위는 거래관계에 있어서 현저하게 균형을 잃은 행

73) 곽윤직 220면, 김상용 417면, 김주수 343면, 백태승 361면, 송덕수 민법강의(상) 143면.
74) 이영준 226면, 김학동 320면, 김준호 337면.
75) 이은영 410면.
76) 대판 1993.7.16, 92다 41528 · 41535; 1993.3.23, 92다52238; 1993.10.26, 93다6409.
77) 대판 2000.2.11, 99다56833; 1997.3.11, 96다49650.

위로서 사회적 정의에 반하는 불공정한 불법행위로 보는 것이 상당한 것이라고 하여 단독행위에 성립을 긍정한다.[78]

또한, 판례는 신체침해와 같은 불법행위에 바탕한 손해배상청구권의 화해계약에도 불공정성에 바탕하여 무효라고 하였다.[79] 그러나 민법 제104조는 급부와 반대급부간의 불공정성에 바탕하는 것이라고 보아야 하므로 불법행위에 바탕한 화해계약과 같은 경우에는 민법 제104조를 적용할 것이 아니라 제103조에 의하여 해결하여야 함이 옳을 것이다.

(c) 合同行爲의 경우 : 합동행위라고 하더라도 대가를 산정할 수 있는 경우에는 민법 제104조의 적용이 가능하다. 판례도 동일한 태도를 취하여 어촌계총회의 결의가 폭리행위로서 무효라고 판시한 바 있다.[80]

(ㄴ) 不均衡의 程度에 대한 일정한 표준은 없다. 결국 구체적인 경우에 법관의 재량으로 결정될 것이나 역시 제103조의 선량한 풍속 기타 사회질서가 그 추상적 표준이 된다. 그리고 현저한 불균형의 존재 여부는 당사자의 주관적 가치에 의할 것이 아니라 객관적 가치에 의하여 판단되어야 한다.

판례가 급부와 반대급부 사이에 현저한 불균형이 있다고 한 사례로서 대물변제의 목적물인 부동산의 가격이 채권액의 3배 내지 4배에 달하는 대물변제예약,[81] 시가의 3분의 1에 미달하는 금액을 대금으로 하는 건물매매[82]에 불공정한 법률행위로서 무효라고 하였고, 그 외에도 신체침해로 인한 손해배상청구권에서 예상되는 손해배상액의 8분의 1 정도밖에 미치지 못하는 금액으로 합의한 경우,[83] 1백만원 상당의 물품외상대금채권의 포기[84] 등에도 불공정법률행위로서 무효라고 하였다. 한편 판례는 가옥을 시가의 반값도 안 되는 가격에 매매한 것은 폭리행위라고 한 것도 있다.[85]

이와 같이 판례는 가격의 불공정성에 관하여 획일적으로 판정하지 않고 구체적 사정에 따라 정한다.[86]

78) 대판 1975.5.13, 75다92.
79) 대판 1979.4.10, 78다2457.
80) 대판 1999.7.27, 98다46167; 1997.10.28, 97다27619.
81) 대판 1962.2.8, 4294민상773; 1973.5.22, 73다231.
82) 대판 1973.5.22, 73다231.
83) 대판 1979.4.10, 78다2457.
84) 대판 1975.5.13, 75다92.
85) 대판 1979.4.10, 79다275.

(나) 판단시기 不公正性의 判斷時期에 관하여 다수설은 행위시(계약체결시)를 기준으로 정할 것이라고 하나, 견해 중에는 이행시에 불균형이 없어진 경우에는 무효를 주장할 수 없다고 하거나,[87] 행위시와 이행시 모두에 불균형이 있어야 한다고 한다.[88]

판례는 대물변제예약이 불공정한 법률행위가 되는 요건의 하나인 대차의 목적물가격과 대물변제의 목적물가격에 불균형이 있는가 여부를 결정할 시점은 대물변제의 효력이 발생할 변제기 당시를 표준으로 하여야 함이 원칙이므로 채권액수도 역시 변제기까지의 원리액을 기준으로 하여야 할 것이라고 하여[89] 대체로 이행시를 기준으로 할 것이라고 한다. 그러면서도 환매권양도약정의 경우에는 법률행위시를 기준으로 판단하였다.[90]

생각건대, 폭리행위의 판단 여부는 다수설과 같이 행위시(계약체결시)를 기준으로 정할 것은 의문의 여지가 없지만, 다만 이행시에 폭리성이 없어진 때에는 당초 행위가 폭리행위가 아니라고 할 것은 아니지만 그 주장은 신의칙에 반하는 권리행사로 되고, 또한 역으로 행위시에는 폭리행위가 아니였지만 이행시에 현저한 불균형이 되는 때에도 그 이행의 청구는 신의칙에 반하는 것이라고 할 것이다.

(2) 主觀的 要件

(가) 상대방의 궁박·경솔·무경험한 상태 주관적으로 상대방의 궁박·경솔 또는 무경험을 이용하였어야 한다.

(ㄱ) 窮迫이란 '급박한 곤궁'으로 경제적 궁박을 의미하나 이것에 국한하지 않고 정신적 또는 심리적 원인에 기한 궁박을 포함한다.[91] 경솔, 즉 判斷力不足에 관하여는 선천적 또는 주의사정으로부터 피할 수 없었던 고려의 부족상태라는 견해가 있으나,[92] 다수설은 의사결정에 그 행위의 결과나 장래에 관하여 보

86) 그러나 독일에서는 급부와 반대급부 사이에 2배 이상의 차이가 있는 경우에는 일단 객관적 불공정을 전제로 심사하여야 할 것이라고 한다(Mayer-Maly, a. a. O., Rdner. 119)

87) 이은영 416면.

88) 김주수 345면.

89) 대판 1965.6.15, 65다610.

90) 대판 1984.4.10, 81다239.

91) 대판 1996.6.14, 94다46374; 1974.2.26, 73다673.

92) 이영준 230면, 고상룡 354면, 김학동 321면.

통인이 베푸는 고려를 하지 않는 심리상태를 의미하는 것이라고 한다.

또한, 無經驗이란 거래일반에 관한 경험 및 지식의 결여라고 하거나,[93] 문제되는 법률행위에 관하여 평균의 거래당사자가 가지는 식견이나 경험이 없는 상태라고 한다.[94] 그러나 다수설·판례는 어느 특정영역에 있어서 경험부족이 아니라 거래일반에 대한 경험부족을 뜻하는 것이라고 한다.[95]

(ㄴ) 당사자가 궁박 또는 무경험의 상태에 있었는가의 여부는 그의 나이와 직업 및 사회경험의 정도, 재산상태 및 그가 처한 상황의 절박성의 정도 등 제반 사정을 종합하여 구체적으로 판단하여야 한다.[96]

판례는 민법 제104조의 窮迫은 정신적 또는 심리적 원인에 기할 수도 있으므로 契와 관련된 고소에 따라 다시 삼청교육대에 갈지도 모른다는 급박한 정신적 압박을 받고 있었으며, 고소를 취하시켜서 삼청교육대에 가는 것을 회피할 생각으로 경솔하게 청산합의에 응하여 금 1,000만원 이상인 채권을 포기한 것은 불공정한 행위에 해당하는 것이라고 하였다.[97]

그 외에도 판례는 건물의 매도인이 건물철거소송의 패소확정에 의하여 건물을 철거당함으로써 생업을 중단하게 될 궁박한 상태를 매수인이 이용하고 또한 위 소송의 패소로서 위 궁박한 상태에 이를 것을 속단하여 시가의 3분의 1에 미달하는 금액을 대금으로 하여 이루어진 건물의 매매(대판 1973.5.22, 73다231), 원고 소속 공무원들이 재산가격조사서를 작성할 때 원고 산하 사유재산심의회의 결과에 의하여 사정 확정된 본건 토지의 평당 단가 금 2,100원으로 기재하여야 할 것을 그 10배인 21,000원으로 오기한 것은 경솔한 것이라고 하였다(대판 1977.5.10, 76다2953),

또한, 무학문맹의 67세의 노파가 다른 생활대책도 강구함이 없이 유일한 생활근거인 가옥을 매도한 계약은 시가와 매매계약 사이에 차이가 있다면 無經驗에 해당하는 것이라고 하고(대판 1979.4.10, 79다275), 해외 파견근무 중 교통사고로 사망한 피해자의 父가 별로 교육을 받지 못하고 시골에서 날품팔이로 생계를 유지하는 66세의 노인으로서 원래 아는 것과 경험이 없고 사고 경위도 알지 못한데다가 아들이 사망했다는 비보에 큰 충격을 받아 경황이 없는 상태에서 가해회사의 규모나 신용에 비추어 당해 가해회사 직원들의 말을 진실한 것으로 믿고 위 망인의 사망에 따른 손해배상금으로 지급받을 수 있는 금액보다 훨씬 적은 금액만을 지급받으면서 위 가해회사가 제시한 합의서에 날인한 것이라면 위 합의는 판단

93) 이영준 229면.

94) 이은영 414면.

95) 대판 2002.10.22, 2002다38927; 1993.10.12, 93다19924.

96) 대판 2002.10.22, 2002다38927; 1999.5.28, 98다58825; 1997.7.25, 97다15371; 1992.4.14, 91다23660.

97) 대판 1992.4.14, 91다23660.

력 부족·궁박·무경험 상태에서 이루어진 현저하게 공정을 잃은 법률행위로서 무효라고 하였다(대판 1987.5.12. 86다카1824).

(a) 상대방이 刑事上 拘束되어 있었다면 궁박한 상태에 있었다고 할 수 있는가. 판례는 구속 상태로부터 조속한 해금을 바라고 있던 처지였다고 하여 곧 이를 급박한 곤궁, 즉 민법 제104조 소정의 궁박한 상태에 있었던 것이라고는 보기 어려운 것이라고 한다.[98]

(b) 법률행위의 당사자가 궁박 상태에 있음을 요하나 이에 국한하지 않고 그와 상당한 관계가 있는 타인의 궁박 상태를 포함할 것인가. 이를 긍정하는 견해가 있으나,[99] 획일적으로 정할 것은 아니고 구체적 사안에 따라 판단할 것이다.

(ㄷ) 법률행위가 代理人에 의하여 행하여진 경우 그 법률행위가 불공정한 행위에 해당하는지 여부를 판단함에 있어서 경솔·무경험은 대리인을 기준으로 판단하여야 하고, 궁박은 본인의 입장에서 판단하여야 한다.[100]

또한, 不在者財産管理人이 그 관리재산을 매각한 경우 매도인의 궁박 상태 여부는 부재자 본인을 기준으로 하여 판단되어야 한다.[101]

(ㄹ) 궁박·경솔, 무경험은 모두 구비하여야 하는 것은 아니고, 그 중 일부만을 갖추면 족하다.[102]

다만, 輕率, 즉 판단력 부족을 무효사유로까지 할 필요가 있는가. 의문을 제기하나,[103] 민법은 상대방의 악의와 관련하여 무효로 하고 있다.

(나) 상대방의 궁박·경솔·무경험을 이용할 목적 暴利者의 惡意, 즉 상대방의 궁박·경솔·무경험을 이용할 목적이 있어야 하는가.

肯定說은 폭리자가 상대방의 궁박·경솔·무경험한 상태를 이용할 목적이 있어야 하는 것이라고 한다.

否定說은 상대방의 궁박·경솔·무경험한 상태에 있으면 족하고 이를 이용할 목적까지 있어야 하는 것은 아니라고 한다(김학동 322면, 이은영 415면).

認識說은 피해자의 사정에 편승하거나 이용한다는 인식으로 충분한 것이라고 한다(이영준 231면, 고상룡 357면).

---

98) 대판 1974.2.26, 73다673.
99) 이영준 231-2면.
100) 대판 2002.10.22, 2002다38927; 1970.1.27, 69다719.
101) 대판 1969.1.21, 68다1889.
102) 대판 2002.10.22, 2002다38927; 1993.10.12, 93다19924.;1993.5.25, 93다296; 1992.10.23, 92다29337.
103) 이영준 230면.

통설은 폭리자의 악의가 있어야 하는 것이라고 하고, 판례 또한 피해당사자가 궁박·경솔·무경험한 상태에 있었다고 하더라도 그 상대방 당사자가 이와 같은 사정을 알면서 이를 이용하려는 의사가 없었다면 불공정행위는 성립하지 않는 것이라고 하여 원칙적으로 폭리자의 악의를 요구한다.[104] 그러면서도 판례는 폭리자의 악의에 대하여 '알고 있을 것, 편승할 것, 이용할 것' 등 다양한 표현을 사용한다.

그리하여 판례는 대물변제의 목적물의 가격이 채무액을 초과하여 현저히 불균형하다는 사실만으로써 공서양속에 위반되는 계약이라고 할 수 없는 것이라고 하고,[105] 한편 이미 매도된 부동산에 관하여 체결한 저당권설정 계약이 반사회적 행위로서 무효가 되기 위해서는 매도인의 배임행위와 저당권자가 매도인의 배임행위에 적극 가담한 행위로 이루어진 것으로서, 적극 가담하는 행위는 저당권자가 다른 사람에게 목적물이 매도된 것을 안다는 것만으로는 부족하고, 적어도 매도한 사실을 알고도 저당권설정을 요청하거나 유도하여 계약에 이른 정도가 되어야 하는 것이라고 한다.[106]

또한, 매매인 법률행위가 공서양속에 위반되는가 여부는 매매가격과 당시 매매목적물의 시가와 차이만을 표준으로 하여 판단할 것이 아니라 매도인의 경솔·무경험 또는 급박한 곤궁상태에서 부득이 시가에 비하여 현저히 저렴한 가격으로 매도하였고 또한 매수인이 매도인의 그러한 사정을 지실하면서 매매계약을 체결하였을 경우에 한하여 공서양속에 위반되는 것이라고 한다.[107]

⑶ 立證責任

폭리행위성립의 객관적 요건과 주관적 요건의 입증은 모두 폭리행위를 원인

---

104) 대판 1991.7.9, 91다5907; 1977.5.10, 76다2953; 1979.4.10, 79다275; 판례는 민법 제104조에 규정된 不公正한 法律行爲는 객관적으로 급부와 반대급부 사이에 현저한 불공정이 존재하고 주관적으로 이와 같은 균형을 잃은 거래가 피해 당사자의 궁박·판단력 부족 또는 무경험을 이용하여 이루어진 경우에 한하여 성립하는 것으로서 약자적 지위에 있는 자의 궁박·경솔 또는 무경험을 이용한 폭리행위를 규제하는데 목적이 있으므로 피해 당사자가 궁박·판단력 부족·무경험한 상태에 있었다고 하더라도 그 상대방 당사자가 이와 같은 피해 당사자의 사정을 알면서 이를 이용하려는 의사, 즉 폭리행위의 악의가 없었다면 불공정 법률행위는 성립하지 않는 것이라고 한다(대판 1991.7.9, 91다5907).

105) 대판 1959.9.24, 4291민상762.

106) 대판 1998.2.10, 97다26524; 1997.7.25, 97다362.

107) 대판 1956.2.16, 4288민상401; 1969.1.21, 68다1889; 1948.11.25, 4281민상166.

으로 하여 법률행위의 회복을 주장하는 자가 부담하여야 한다.

판례는 불공정한 법률행위로서 매매계약의 무효를 주장하려면 주장자 측에서 매도인에게 궁박·경솔·무경험 등의 상태에 있었을 것, 매수인 측에서 위와 같은 사실을 인식하고 있었을 것, 대가가 시가에 비하여 헐값이어서 매매가격이 현저하게 불공정한 것을 주장 입증해야 하는 것이라고 한다.[108]

다만, 위 客觀的 要件으로부터 主觀的 要件은 추정되는가.

판례는 법률행위가 현저하게 공정을 잃었다고 하여 곧 그것이 궁박·경솔하게 이루어진 것으로 추정되지 아니하므로 본조의 불공정한 법률행위의 법리가 적용되려면 그 주장하는 측에서 궁박·경솔 또는 무경험으로 인하였음을 증명하여야 하는 것이라고 하여 추정을 부정한다.[109] 그러면서도 한편 판례는 매매계약이 원고의 경솔·무경험에 의한 것이고 이 사실을 피고가 알고 이를 이용함으로써 성립되었다는 원고의 주장·입증이 채증에 관한 우리 생활경험에 비추어 충분히 추인할 수 있다면 무효라고 한다.[110]

이와 같은 판례의 태도에 대하여 견해 중에는 이를 원칙적으로 찬성하나, 다만 민법 제104조의 해석에 있어서 불이익을 받을 측의 입증책임은 항상 요구되는 것이 아니라 사회정의에 허용될 수 없을 정도로 심하게 불공정한 법률행위에는 입증책임이 전환된다고 봄이 상당하다고 주장하고,[111] 한편 판례는 "매매가격이 시가의 약 8분의 1 정도로 현저한 차이가 있고 매도인이 평소 어리석은 사람인 것이 인정되며, 또한 매수인은 이건 부동산을 매수한 후 약 3개월 후에 매수가격이 4, 5배 정도로 전매한 경우 특별한 합리적인 근거를 찾아 볼 수 없는 사정이라면 이는 매도인의 경솔·무경험에 인한 것이며 매수인이 그 사정을 알고 이를 이용함으로써 이루어졌다고 추인할 수 있다."라고 하여 제한적 추정을 주고 있다.[112]

위 사례 (2)에서 원고 乙이 1990.2.11. 피고 丙의 아버지인 망 甲으로부터 이 사건 제1토지(경기 포천군 영중면 양문리 721의 2 전 114평)와 제2토지(같은 리 724 전 647평)를 대금 15,000,000원에 매수하였다고 확정하고, 망인 甲은 학교도 다니

108) 대판 1970.11.24, 70다2065.
109) 대판 1969.12.30 69다1873; 1959.8.28, 4291민상472; 1959.7.23, 4291민상618.
110) 대판 1977.12.13, 76다2179.
111) 정범석, 판례해석, 법전출판사 38면 참조.
112) 대판 1977.12.13, 76다2179.

지 못하여 글자나 숫자도 모르고 오로지 한평생 농사만을 짓고 살아온 사회경험이 없고 망녕의 기색까지 있는 80세의 노인으로서 위 매매계약 당시 이 사건 제1, 2토지의 시가가 금 100,000,000원 이상임에도 판단력 부족으로 위와 같은 저렴한 가격으로 원고에게 매도하였으므로 위 매매계약은 불공정한 법률행위로서 무효라는 피고의 주장에 대하여, 원심(서울지판 1991.9.25, 90나25514)은 망인은 농촌사람으로 위 매매계약 당시 79세의 노인이었으며 그 당시 이 사건 제1, 2토지의 시가는 합계 금 51,430,000원인 사실을 인정할 수 있으나, 망인이 무경험하여 경솔하게 위 매매계약을 체결하였다는 점에 관하여는 이에 부합하는 제1심 증인 A의 일부증언은 믿지 아니하고 달리 증거가 없으며, 오히려 원심 증인 B의 증언에 변론의 전취지를 종합하면, 망인은 1980.경 거주지 단위농협의 이사로 재직하였던 경력이 있으며, 1990.2. 초경 이웃인 위 A에게 이 사건 제1, 2토지의 매도알선을 의뢰하면서 그 전 해에 금 10,000,000원에 이 사건 제1, 2토지를 매수하겠다는 제안을 받았으나 이를 거절하였으므로 현재는 금 15,000,000원 정도는 받아야겠다고 하며 그 대금의 최저한계까지 설정한 사실을 엿볼 수 있다는 이유로 배척하였다.

이에 대법원은 원심은 망인이 궁박·경솔·무경험으로 인하여 위와 같은 균형을 잃은 거래를 한 것이고, 원고가 망인의 위와 같은 사정을 알면서 이를 악용하려는 악의가 있었다고 인정되지 아니한다고 본 것 같으나, 한국감정원의 감정가격의 30%에도 미치지 못하는 가격으로 토지를 매도한다는 것은 극히 이례에 속하는 것으로서 그럴 만한 다른 이유가 있다면 몰라도 그렇지 않다면 농촌에 거주하는 고령의 망인이 무경험으로 인하여 시가를 잘 알지 못하고, 또는 경솔하게 정당한 시가를 알아보지도 아니하고 위와 같은 거래를 하였다고 보는 것이 경험법칙에 합치된다고 할 것인데, 원심판결에는 망인이 왜 그와 같이 저렴한 가격으로 이 사건 토지들을 매도하려고 하였는지에 대한 설명이 없고, 이 사건 부동산매매계약서에 의하면 매매대금은 금 15,000,000원인데 계약금은 금 5,500,000원이고 중도금은 금 6,500,000원을 매매계약 다음날인 같은 해 2.12.지급하고 잔금 3,000,000원은 같은 해 3.11.에 지급하기로 약정되어 있음을 알 수 있다.

더욱이, 원고의 주장에 따른다면 이 사건 제2토지는 미복구토지로서 매매계약 후에 망인이 등기하여 원고에게 이전등기해 주기로 하였다는 것이고, 원고는 계약내용에 따라 계약 다음날인 같은 해 2.12. 중도금을 지급하였다는 것인 바, 매매목적물 중 114평만이 이전이 가능하고 나머지 647평은 언제 등기될 것인지 확정되지도 아니한 상태에서 왜 총 매매대금의 80%에 해당하는 돈을 매매계약일과 그 이튿날에 지급하기로 하였고, 또 그렇게 하였는지, 그렇게 할만한 또는 그렇게 하여야 할 납득할 만한 사정이 있었는지 이유를 알 수 없다. 기록을 살펴보아도 원심이 이 점에 관하여 심리한 흔적이 보이지 아니한다는 점, 만일 망인이 경솔·무경험으로 인하여 위와 같이 극히 저렴한 가격으로 이 사건 토지를 매도하려고 하였고, 원고가 이와 같이 극히 저렴한 가격인 줄 알고 계약의 해제를 곤란하게 하려는 생각으로 이 사건 매매계약의 내용을 위와 같이 이례적인 것으로 정한 것이라면, 원고에게 망인의 경솔·무경험을 이용하려는 악의가 있었다고 볼 여지가 있으므로 원심으로서는 이와 같은 의문되는 바의 이유를 심리하여 이에 터잡아 피고주장의 당부를 판단하여야 할 것인데, 원심이 여기에 이르지 아니한 것은 심리미진 아니면 이유가 불비한 것이라고 아니할 수 없고, 이는 판결에 영향을 미치는 것이므로 논지는 이 범위 안에서 이유 있는 것이라고 하여 원심판결을 파기하였다(대판 1992.2.25, 91다40351).

3. 暴利行爲의 效力

(1) 無效로서의 效果

(가) 상대방의 궁박·경솔 또는 무경험으로 인하여 현저히 공정성을 잃은 법률행위는 폭리행위로서 무효이다(§104).[113]

스위스채무법은 당연 무효로 하지 않고 계약을 체결한 날로부터 1년 내 취소할 수 있는 법률행위로 규정한다. 그러나 우리 민법은 무효임을 규정한다.

(나) 채무이행 전에는 채권의 효력이 발생하지 아니하므로 이행할 필요가 없다.

다만, 法律行爲의 一部만이 暴利行爲가 되는 경우 그 전부를 무효로 하는가.

다수설은 민법 제137조의 적용을 긍정한다. 즉 원칙적으로는 법률행위의 전부가 무효로 되나 그 무효부분이 없더라도 법률행위를 하였으리라는 것이 인정되면 나머지 부분은 무효라고 한다.

판례 또한 채무금의 지급담보의 의미로 부동산의 소유권이전등기에 필요한 서류를 교부한 경우에 채무금을 약정기일까지 지급하지 못하면 부동산을 완전히 채권자의 소유로 한다는 약정은 본조 규정에 의하여 무효라고 할지라도 채무담보를 위하여 소유권이전등기를 하기로 한 채무담보약정은 유효한 것이라고 하여 하나의 법률행위에 유효부분과 무효부분을 가려 판단할 수 있는 것이라고 한다.[114]

(2) 이행된 暴利行爲와 반환청구권의 인정

폭리행위는 무효이므로 폭리행위자가 그 상대방의 채무이행을 청구할 수 없으나, 무효인 폭리행위가 이행된 경우 그 반환을 청구할 수 있는가. 불법원인급여와 관련하여 문제된다.

雙方債務無效說은 양 채무가 모두 무효로 된다는 전제로 폭리행위는 무효이지만 불법원인이 폭리자 측에만 있으므로 민법 제746조 단서가 적용되며, 이로써 피

---

113) 대판 1994.6.24, 94다10900; 판례는 불공정한 법률행위로서 무효인 경우에는 추인에 의하여 무효인 법률행위가 유효로 될 수 없는 것이라고 한다.

114) 대판 1967.9.19, 67다1460.

해자는 급부한 것의 반환을 청구할 수 있으나 폭리행위자는 반환을 청구할 수 없는 것이라고 한다(곽윤직 222면, 김학동 322면, 김상용 422면, 백태승 364면, 이은영 417면).

一方債務無效說은 폭리행위자에게 한 급부행위는 무효이지만 폭리행위의 상대방에게 한 급부행위는 무효가 아니라고 하여 그 반환을 청구할 수 있는 것이라고 한다(이영준 233-4면, 고상용 367면, 김주수 374면; Staudinger, §138 RdNr. 37 이하).

통설은 雙方債務無效說을 취하여 동조 위반에는 민법 제746조 단서가 적용되는 것이라고 한다. 그러나 一方債務無效說은 폭리행위자의 폭리행위와 상대방의 행위를 분리하여 고찰할 수 있고 양자가 결합되어 단일한 행위를 구성하는 것은 아니며, 또한 그렇게 해석하는 것이 공평에 부합하고, 특히 부당이득반환청구권만 가지고는 폭리행위자의 상대방 및 그 채권자 보호에 미흡하기 때문이라고 한다.

그 이유로서 급부물을 상대방 소유로 하여 상대방채권자의 강제집행의 대상으로 되게 하는 것이 보다 타당하고 또한 폭리행위자가 수취한 급부를 선의로 소비한 때에는 그 이익을 반환할 의무가 없기 때문임을 든다. 그러나 불공정행위가 민법 제103조의 예시규정이라고 보면 민법 제746조의 적용을 부정할 수 없을 것이지만, 확대해석하면 동조 단서는 반환청구권의 이론적 근거가 될 수 있을 것이다.

4. 暴利行爲의 追認

불공정한 행위로서 무효인 행위를 追認할 수 있는가.

폭리행위의 반사회성에 비추어 추인할 수 없음은 물론이고 판례 또한 불공정한 법률행위로서 무효인 경우에는 추인에 의하여 무효인 법률행위가 유효로 될 수 없는 것이라고 한다.[115]

115) 대판 1994.6.24, 94다10900.

[86] Ⅵ. 法律行爲動機의 不法

밀수업자인 甲은 밀수품을 수입하기 위한 자금을 물색하던 중 그 사실을 알고 있는 乙로부터 1억원을 차용하고 甲의 소유부동산(시가 약 2억원)에 변제기 6월로 한 양도담보를 설정하였다. 그러나 甲은 밀수입에 실패하고 이로써 변제기에 변제하지 못하자 乙은 그 부동산을 丙에게 양도하였다.

이 경우 甲·乙·丙간의 법률관계를 설명하라.

1. 法律行爲動機의 의의

法律行爲의 動機란 의사표시 또는 법률행위를 함에 있어서 가지는 내심적 의사, 다시 말하면 효과의사를 결정하기에 이르는 원인이 되는 사실을 말한다.

법률행위는 일반적으로 당사자·목적·의사표시를 그 성립요건으로 하며, 그 어느 하나에 하자가 있으면 그 본래의 효력을 발생할 수 없어 무효로 되거나 취소할 수 있게 된다. 그런데 동기는 법률행위를 하게 하는 원인은 되지만, 법률행위의 구성요소는 아니므로 원칙적으로 법률행위효력에는 문제되지 아니한다. 그러나 이것이 법률행위목적의 불법과 의사표시의 착오문제와 관련되어 문제되는 경우가 있게 된다. 따라서 법률행위의 동기는 곧 동기의 착오와 동기불법의 문제로 된다.

2. 不法인 動機

(1) 動機의 反社會性

법률관계 자체를 추상적으로 본다면 사회질서에 위반하지 않으나, 당사자가 의사표시를 하게 된 동기가 불법인 경우, 예컨대 살인에 사용하기 위하여 흉기를 매매한다든가, 도박자금에 충당하기 위하여 금전을 빌린다든가 하는 등 동기가 불법한 경우 법률행위의 효력에 영향을 미치는가. 문제된다.

(2) 學說·判例의 입장

有效說은 동기는 원래 표시되지 않고 의사표시에 선행하는 내심적 효과의사보다 더 깊은 내부에 있는 것이므로 의사표시의 구성요소가 아니고 법률행위의 내용이 될 수 없고 이러한 순수한 내적인 동기에 의해 법률행위의 효력을 부동적 상태에 두는 것은 거래안전 및 상대방보호를 위협하므로 동기의 불법은 언제나 법률행위의 효력에 영향을 미치지 않는다고 한다. 그러나 통설은 불법인 동기는 의사표시의 구성요소는 아니지만 그 원인의 반사회성에 근거하여 법률행위에 영향을 미치는 것이라고 보며, 그 법률행위 자체를 무효로 할 기준에 관하여 견해가 대립한다.

動機條件說은 동기는 이를 조건으로 한 경우에만 법률행위의 내용으로 되고 그 법률행위내용이 불법인가는 그 내용 자체에 의해서만 결정되는 것이므로 불법인 동기를 조건으로 한 법률행위에만 민법 제103조의 적용되는 것이라고 한다(일본의 통설).

動機表示說은 동기는 이를 조건으로 하지 않더라도 표시된 이상 법률행위의 내용이 되는 것이므로 표시된 불법동기는 당해 법률행위의 불법 여부를 결정하는 표준으로 된다고 한다(곽윤직 219면, 김현태 275면).

動機認識說(主觀說)은 동기가 사회질서에 반하는 경우에 그 동기가 표시된 때에는 물론이며 표시되지 않더라도 상대방이 그 동기를 알고 있거나 또는 알 수 있었을 때에도 반사회질서성의 표준이 된다고 한다(김기선 245면, 김용한 266면, 장경학 450면, 백태승 356면).

動機客觀說(비교교량설)은 불법성을 띈 동기가 표시 또는 인식되었느냐는 직접 관계없이 동기를 포함하여 법률행위의 반사회성을 객관적으로 판단할 것, 즉 당사자가 불법동기에 관여한 정도, 태양 등 양당사자에게 존재하는 불법성의 정도, 사법구제 여부에 따른 당사자간의 이익형량, 거래의 안전 등을 고려하여 종합적으로 판단할 것이라고 한다(고상용 344면, 이은영 370면).

相關關係說(유형설)은 동기의 불법을 유형별로 고찰하여, 계약의 해석에 의하여 동기가 계약의 내용으로 되는 경우에는 동기가 반사회성을 결정하는 표준이 된다고 한다. 그리하여 동기가 표시되거나 통상의 주의를 하였더라면 상대방의 동기를 알 수 있었던 경우 또는 계약의 당사자가 동일한 동기를 가지고 동일한 목적을 추구한 경우 등이 이에 해당하는 것이라고 한다(이영준 212면).

다수설은 표시되지 아니한 행위가 반사회성이 있다고 하여 법률행위를 무효로 한다는 것은 거래안전을 해하고 표시되지 아니한 동기가 효과의사의 내용은 될지라도 표시행위의 내용은 되지 못하므로 표시주의이론에 반함을 들어 動機表示說을 취한다. 그러나 動機認識說은 그 법률행위의 동기가 사회질서에 반하는 경우에는, 동기가 표시된 경우는 물론이며 표시되지 않았더라도 상대방이 그 동기를 알고 있거나 알 수 있었을 때에는 무효가 된다고 한다.

그 이론적 근거로서 법률행위의 반사회성은 동기를 참작함으로써 정확한 판단을 할 수 있다는 것과 동기는 의사표시상 효과의사는 아니지만 상대방의 불법동기에 감히 동조한다는 점이 반사회성을 구성하는 요체가 되며 민법 제103조는, 그 요건을 포괄적·일반적으로 규정한 개괄조항(일반조항)으로 한 취지에도 적합하다는 것을 든다.

이에 대한 종래 판례는 법률행위가 선량한 풍속 기타 사회질서에 위반한 사항을 내용으로 한 것이 아니고 단지 법률행위의 연유·동기 혹은 수단으로 한 것에 불과한 것은 이로써 무효라고 할 수 없는 것이라고 하여 동기가 법률행위의 내용이 되어야 한다고 하여 대체로 동기표시설을 취하였다.[116] 그러나 최근의 판례는 민법 제103조에 의하여 무효로 되는 반사회질서행위는 법률행위의 목적인 권리·의무내용이 선량한 풍속 기타 사회질서에 위반되는 경우뿐만 아니라, 표시되거나 상대방에게 알려진 법률행위의 동기가 반사회질서적인 경우를 포함하는 것이라고 하거나,[117] 그 내용 자체는 반사회질서적인 것이 아니라고 하여도 법률적으로 이를 강제하거나 그 법률행위에 반사회질서적인 조건 또는 금전적 대가가 결부됨으로써 반사회질서적 성격을 띠는 경우 및 표시되거나 상대방에게 알려진 법률행위의 동기가 반사회질서적인 경우를 포함하지만, 단지 법률행위의 성립과정에서 불법적 방법이 사용된 데 불과한 때에는 그 불법이 의사표시의 형성에 영향을 미친 경우라면 의사표시의 하자를 이유로 그 효력을 논의할 수는 있을지언정 반사회질서의 법률행위로서 무효라고 할 수는 없는 것이라고 하여 동기인식설에 접근하고 있다.[118]

생각건대, 다수설·판례는 동기의 착오와 같은 맥락에서 동기표시설을 취하고 있다. 그러나 동기의 불법을 동기의 착오와 동일한 맥락에서 파악할 수 있는가 의문이 제기된다. 왜냐하면 동기의 착오는 착오자의 보호란 측면에서 출발한 제도이기 때문이다. 따라서 동기의 불법은 불법한 법률행위를 일반적으로 금지시키려고 하는 민법 제103조와 상대방이나 제3자 보호를 어떻게 조화할 것인가라는 관점에서 판단되어야 하고 이러한 관점에서 보면 動機認識說에서와 같이 동기가 사회질서에 반하는 경우에 그 동기가 표시된 때에는 물론이고 표시되지 않더라도 상대방이 그 동기를 알고 있거나 또는 알 수 있었을 때에도 반사회질서성의 표준이 된다고 하여야 할 것이다.

---

116) 대판 1972.10.31, 72다1271·1272.
117) 대판 1984.12.11, 84다카1402.
118) 1996.4.26, 94다34432.

더욱, 개정 민법(안)은 동기의 착오를 명문으로 규정하여 "동기가 거래의 본질적인 사정에 관한 것인 때"에는 착오를 준용케 함으로써 동기의 착오를 표시와 관계없이 판단토록하고 있어 동기표시설은 설득력을 상실케 한다.

위 사례에서 甲과 乙이 금전을 차용하고 그 담보권설정으로 양도하였으나 그 동기가 불법인 법률행위이므로 乙의 담보권과, 甲이 변제기에 변제하지 못하자 乙은 자기소유명의 부동산을 丙에게 양도한 경우, 丙의 소유권취득이 문제된다.

(1) 먼저 원인행위인 소비대차가 무효인 경우 양도담보도 무효로 되는가. 또한 양도담보로서 급부행위는 민법 제746조의 불법원인급여에 해당되는가. 문제된다.

(가) 양도담보의 유효성 양도담보의 유효성 여부는 소비대차계약의 유효성 여부와 관련한다. 양도담보의 법적 성질에 관해서 종래처럼 신탁적 양도설에 의하면 담보물권의 부종성이 논의될 필요가 없겠지만 현재처럼 가등기담보법 하에서는 담보권의 하나라고 봄이 다수설이므로 담보물권의 부종성에 의해 피담보채권이 유효하여야 양도담보설정도 유효하게 된다. 설문의 경우 동기의 불법에 관한 표시설에 의할 때 甲과 乙간의 양도담보설정은 유효하나, 특히 주관설에 의할 때에는 양도담보는 담보물권의 부종성에 의해 무효이다.

(나) 불법원인급여문제 甲이 乙로부터 받은 금원은 불법원인급여에 해당하고 이로서 乙은 甲에게 부당이득을 이유로 하는 반환을 청구할 수 없다. 문제는 甲이 자기소유 부동산에 양도담보를 설정한 것이 불법원인급여가 되는가. 민법 제746조 본문의 요건 중 給與는 종국적인 급부여야 하고 종속적이어서 수령자가 이를 실현하려면 다시 국가의 협력이나 법의 보호를 기다려야 하는 경우에는 민법 제746조 본문의 급여가 되지 못하고 부당이득의 본칙으로 돌아가서 반환청구를 인정해야 한다고 함이 판례의 입장이다(대판 1974.11.12, 74다960).

양도담보의 법적 성질에 관해 종래처럼 신탁적양도설에 의하면 종국적 급여로 볼 수 있었다. 그러나 현재는 가등기담보 등에 관한 법률 제4조 제2항에 의해 비록 이전등기가 경료되어 있더라도 소유권이전의 효과는 발생하지 않으므로 양도담보의 법률적 성질은 어떻게 파악하든 담보적 청산을 거쳐야 하므로 비록 양도담보가 설정되어도 종국적 급여가 있었다고 볼 수 없게 되고 이로써 민법 제746조 본문적용에 해당할 수 없게 된다.

(2) 결국 사안에서 동기의 불법에 관한 表示說에 의하면 甲과 乙간의 소비대차계약은 유효하고 그에 따라 양도담보설정도 유효하게 된다. 그러나 主觀說에 의하면 甲과 乙간의 소비대차계약은 무효이고 양도담보설정도 담보물권의 부종성에 의해 실효되게 된다.

또한, 양도담보권자인 乙의 처분행위의 유효성 내지 丙의 소유권취득 여부는 동기의 불법에 관한 견해와 가등기담보 등에 관한 법률 제11조 단서에 의해 정해야 한다는 견해가 있을 수 있으나 동법의 입법취지 및 동법 제4조 제2항에서 소유권귀속시기를 정한 규정으로 보아 선의로 제3자가 소유권을 취득하기 위해서는 양도담보 자체가 유효해야 한다.

설문에서 동기의 불법에 관한 表示說에 의할 때 丙이 선의이면 유효하게 소유권을 취득하게 된다. 따라서 甲은 丙에게 소유권이전등기말소청구를 할 수 없게 되고 乙에게만 부당이득반환청구권을 갖는다. 그러나 丙이 악의라면 丙은 소유권을 취득하지 못하게 되고 청산금을 乙이 지급하지 않고 있을 때에 甲은 丙에게 소유권이전등기말소청구권을 갖는다. 그러나 主觀說에 의하면 양도담보설정이 담보물권의 부종성에 의해 무효가 되어 가등기담보 등에 관한 법률 제11조 단서 적용은 불가능하다. 따라서 甲은 소유권이전등기말소를 청구할 수 있다.

甲은 乙에게 도박할 목적으로 금전을 차용하여 이를 탕진하였다. 채권자 乙은 반환을 청구할 수 있는가.

---

(1) 법률행위는 사적자치의 원칙상 법률효과의 발생을 원하는 당사자 의사에 따라 법률효과를 부여한다. 그러나 이와 같은 법률행위도 법률효과의 내용이 사회의 일반질서 또는 도덕개념에 반하는 때에는 그 효력을 부여할 수 없는 것이 당연하다.

설문에서의 도박자금으로 사용할 목적에서 차용한 금전은 선량한 풍속 기타 사회질서에 반하는, 즉 정의 관념에 반하는 행위로서 무효임은 당연하다. 다만 도박자금으로 차용한 금전의 차용이 무효인 경우, 그 무효인 법률행위에 관련하여 이미 이행된 급부행위가 부당이득으로서 채권자 乙은 그 반환을 청구할 수 있는가.

민법 제746조는 선량한 풍속 기타 사회질서에 반하는 행위에 관하여는 일체 보호하지 않는다는 입장을 취하여 그 반환청구를 제한하고, 다만 불법원인에 관련된 급부행위라고 하더라도 불법원인이 수익자에게만 있을 때에는 그 반환을 청구할 수 있게 하고 있다(§746 단서). 그리하여 이에 대한 종래의 태도는 소위 불법행위에 관련된 일련의 행위는 당연히 무효로서 이것에 관련하여 이행된 일체의 급여행위는 제746조 단서의 직접적 적용이 없는 한 그 반환을 부정하였다. 그러나 최근의 판례는 제746조의 적용으로 사실상 그 이익이 불법행위자 일방에 귀속하는 불공평을 초래하므로 그 구체적 공평을 위한 취지에서 상호 그 불법성의 정도를 비교하여 그 일방에 반환청구를 인정하려 함이 새로운 태도이다.

(2) 사안에서의 도박자금의 차용은 불법원인의 급여임은 명백하지만, 다만 민법 제746조의 취지를 근거로 하여 해석하면 동조 단서를 적용하여 채권자 乙은 그 반환을 청구할 수 있게 된다. 그 이유로서 채권자 乙은 단지 금전을 빌려 준 것 뿐이지만 채무자는 도박행위를 현실로 행한 자이므로 채권자와 채무자와의 불법의 정도를 비교하면 채무자의 불법의 정도가 훨씬 클 뿐만 아니라 금전을 차용한 것이 명백하고, 또한 민법 제746조의 취지에는 불법을 행한 자 스스로가 그 불법성을 주장하는 것을 허용하지 않는 취지도 포함되어 있다는 점을 든다. 그러나 사안에서 乙은 甲이 불법행위를 감행함을 알면서 이를 차용한 것이란 점에서 그 반환청구를 인정할 제746조 단서의 적용에는 의문의 여지가 있을 것이다.

甲은 乙이 도박으로 부담한 채무를 변제하게 하기 위하여 100만원을 차용하여 주었다. 후일 甲은 그 반환을 청구하였으나 乙이 채무의 무효를 주장하면서 그 지급을 거절하였다. 甲의 청구는 정당한가.

甲은 乙에게 100만원을 차용함에 있어 "乙이 도박으로 진 채무의 변제를 위하여"라는 동기가 있었고, 이 동기는 묵시적으로 표시되었다고 할 수 있으므로, 결국 甲이 乙에게 한 금전소비대차계약은 무효라고 할 것이다. 즉 채무가 무효인 것은 乙이 도박에 져서 부담한 채무의 변제를 위한 것이라는 동기가 불법하며, 이 동기는 묵시적으로 표현되었기 때문이라는 것이다.

문제는 甲이 乙에게 지급한 금전은 부당이득반환으로 그 반환을 청구할 수 있는가. 민법 제746조의 不法이란 선량한 풍속 기타 사회질서를 말한다(강행법규위반을 포함하지 않는다)는 것이 통설이며, 또한 민법 제103조와 제746조는 표리일체의 관계에 있고, 불법한 법률행위의 처리에 대해서는 어느 방법이든 간에 법적 보호를 하지 않는다는 취지라고 일반적으로 이해되고 있다.

그렇다면, 결국 동기의 불법이 표시되어 무효인 경우와 동일하게 된다. 다만 불법원인급여의 최근의 견해는 비록 제103조에 반한 불법원급여라도 그 구체적 공평을 실현할 취지에서 그 불법성의 정도를 비교하여 일방에 대한 반환청구를 인정하려 함을 주의할 것이다.

제 5 절 法律行爲의 解釋

[87] Ⅰ. 法律行爲解釋의 概念

[당사자 목적]		[표의문서·거래관행·관습법]		[조리 등]
自然的 解釋	———	規範的 解釋	———	補充的 解釋

1. 法律行爲解釋의 의의

(가) 法律行爲의 解釋(Auslegung des Rechtsgeschäfts)이란 법률행위의 목적 내지 내용을 명확히 하는 것을 말하며, 법률행위가 법률행위로서의 유효요건을 모두 갖추고 있는 경우에도 그것에 대하여 어떠한 효과를 줄 것인가를 결정하

기 위해서는 법률행위의 내용을 명확히 한다는 것이 필요하다.

(ㄱ) 법률행위는 의사표시를 불가결의 요소로 하고 또한 이 의사표사에 의하여 법률상 효력이 발생한다. 그렇다면, 여기서 법률행위해석이 법률행위의 목적 내지 내용을 명확히 하는 것이라고 할 때 이것은 곧 意思表示의 解釋을 의미하는가. 다시 말하여 법률행위해석과 의사표시의 해석은 동일한 개념인가.

同一說은 양자는 개념상 구별되지만 법률행위의 해석은 곧 의사표시를 해석하는 것이므로 실제로 양자는 구별할 것은 아니라고 한다(곽윤직 223면, 고상룡 368면).

區別說은 법률효과는 법률행위로부터 생기는 것이므로 궁극적인 해석의 대상은 법률행위가 되어야 한다고 한다(이영준 239면, 이은영 420면).

다수설은 양자를 구별하지 않고 법률행위의 해석을 곧 의사표시의 해석으로 이해한다. 따라서 법률행위의 해석은 곧 법률행위의 효과, 즉 당사자간의 권리·의무관계를 정하는 것이므로 해석의 대상은 법률행위라고 할 것이지만 그러나 어느 견해에 의하더라도 법률행위의 해석에는 의사표시의 해석을 배척할 수 없는 것이므로 양자는 차이가 없다.

결국, 법률행위의 목적이라고 하는 것은 행위자가 이에 의하여 달성하려고 하는 효과인데 행위자가 법률행위에 의하여 일정한 효과를 의욕한다는 것은 곧 법률행위를 구성한 의사표시에 의하는 것이므로 법률행위의 목적은 결국 의사표시의 목적, 즉 의사표시의 내용에 의해 정하여지게 된다. 그러나 의사표시가 그 본체적인 효과를 일으키는 것은 법률행위를 이룸으로써 가능하므로 결국 의사표시해석은 법률행위의 해석으로 이해함으로써 충분하다.

(ㄴ) 法律行爲의 解釋은 당사자의 의사를 밝히는 것이다. 그러나 그것은 당사자의 숨은 진의 내지 내심적 효과의사를 탐구하는 것인가 표시행위가 가지는 의미를 밝히는 것인가. 견해가 대립한다.

表意說은 표시행위의 의미를 밝히는 것이라고 한다(곽윤직 223면, 김용한 269면).

眞意說은 표의자의 내심의 의사를 밝히는 것이라고 한다(이영준 239면, 김상용 429면, 백태승 369면).

折衷說은 법률행위의 유형과 특성을 고려하여 특히 표의자의 진의가 중시되는 경우에는 표의자의 진의를 탐구하고 상대방보호가 요구되는 경우에는 표시의 객관적 의미를 탐구해야 하는 것이라고 한다(김학동 284면).

종래 다수설은 表意說을 취하여 표시행위의 의미를 밝히는 것이라고 하였으나 최근의 다수설은 眞意說을 취한다. 이에 대하여 종래 판례는 계약당사자간에 어떠한 계약내용을 서면으로 작성하였을 경우 당사자의 내심적 의사의 여하를 불구하고 그 서면의 기재내용에 의하여 당사자의 참된 의사를 탐구하도록 합리적으로 해석하여야 할 것이라고 하고,119) 최근의 판례는 법률행위의 해석은 당사자가 그 표시행위에 부여한 객관적인 의미를 명백하게 확정하는 것으로서, 사용된 문언에만 구애받는 것은 아니지만, 어디까지나 당사자의 내심의 의사가 어떤지에 관계없이 그 문언의 내용에 의하여 당사자가 그 표시행위에 부여한 객관적 의미를 합리적으로 해석하여야 하는 것이라고 하여 대체로 표의설을 따르고 있다.120)

이와 같은 학설・판례의 추이는 의사표시의 본질론과 관련하여 어느 한쪽에만 기울어 질 수 없는데서 오는 결과이며, 절충설은 바로 이를 지적한 것이다. 그러나 민법은 의사표시의 본질에 절충주의를 취함으로써 비록 상대방 없는 단독행위라고 하더라도 그 표시가 가지는 의미를 전혀 무시하고 당사자의 진의만을 파악하여 의사로써 확정할 수는 없다. 그런 결과에서 보면 법률행위의 해석은 당사자 의사의 객관적 표현이라고 볼 수 있는 것, 즉 표시행위가 가지는 의미를 밝히는 것이고 당사자의 진의를 탐구한다거나 법률행위의 유형과 특성을 따라서 정하여야 할 것은 아니다. 따라서 당사자의 내심적 효과의사는 법률행위효력의 유무를 좌우하는 일(의사와 표시의 불일치, 하자있는 의사표시의 문제)은 있어도 법률행위내용에 영향을 미치는 일은 없다. 즉 그것은 법률행위의 해석의 문제가 아니라 그 다음 단계인 법률의 적용, 가치판단의 문제이다.

그럼에도 개정 민법(안)은 "법률행위의 해석에 있어서는 표현된 문언에 구애받지 아니하고 당사자의 진정한 의사를 밝혀야 한다."라고 하여 법률행위의 해석은 법률행위상 표현된 문언에 구애받지 아니하고 당사자의 진정한 의사를 밝혀 법률관계의 내용을 정하게 하고 있다(§106 개정안). 이와 같은 개정 민법안의 태도는 찬성하기 어렵다.

(나) 법률행위의 해석은 法의 解釋과 구별된다. 法律行爲의 解釋은 일정한 사항의 당사자간에만 적용되고 그들 간의 개별적 이익만 추구하는 것이므로 '있는 의사' 즉 당사자의 내심적 효과의사를 확정하는 것을 원칙으로 한다. 그러나 法의 解釋은 추상적 사항에 대한 일반적 이익을 추구하므로 '있어야 할 의사',

119) 대판 1962.4.18, 61다1236; 1960.7.7, 4292민상879.

120) 대판 2001.3.23, 2000다40858; 1996.10.25, 96다16049; 1995.3.17, 93다46544; 1992.5.26, 91다35571; 1990.11.13, 88다카15949.

즉 가상적 의사를 확정하는 것을 원칙으로 한다. 따라서 법률행위해석은 당사자의 내심적 효과의사로부터 추단되는 표시상 해석이며, 사적자치의 자기결정의 원칙과 자기책임의 원칙의 조화에서 비롯된다.

2. 法律行爲解釋의 기능

법률행위의 해석이 필요한 것은 당사자가 행한 그대로의 법률행위는 언제나 명확하다고 할 수 없고, 또한 중요한 부분을 언급하지 않고 있는 경우가 많을 뿐만 아니라, 때로는 의사와 표시가 일치되지 않아서 표의자의 의사와 상대방의 이해가 일치하지 않는 경우가 있기 때문이다. 이러한 경우에는 법률행위내용에 관하여 법률적으로 구성하고 이를 명확히 하여 표의자의 의사와 상대방의 이해를 조절한다.

(1) 意思表示 存否 및 內容의 확정기능

법률행위해석은 먼저 당사자가 진정한 표시의사 없이 행한 행위에 상대방이 이를 의사표시로 이해한 경우 과연 그 행위를 의사표시로 평가할 것인가.

표시된 의미가 불분명하거나 또는 그 의미는 명확하지만 표의자가 잘못 기재함으로써 상대방의 이해가 어긋난 경우 그 의사표시의 존재 여부 또는 의사표시내용을 확정하는 기능을 가진다.

다만, 법률행위해석은 법률행위 유효성 여부 판단의 기능도 가지는가. 법률행위해석의 법률적 성질의 문제이며 후술한다.

(2) 錯誤 기타 意思表示欠缺의 확정기능

표의자의 내심의 의사와 표시행위가 불일치한 경우, 즉 착오의 여부는 법률행위 해석에 의하여 확정된다.

또한, 의사표시의 흠결, 즉 허위표시의 여부, 법률행위내용의 실현가능 여부 및 강행법규, 양속질서위반 여부의 판단 역시 의사표시내용의 확정에 의하여 결정된다. 따라서 착오 기타 의사표시의 흠결 여부에 관한 판단도 결국 법률행위 해석에 의한다.

(3) 意思表示上 空白補充機能

법률행위 당사자가 규율되어야 할 법률행위의 내용을 결정하고 있지 아니한 경우 그 구체적인 내용은 법률행위해석을 통하여 확정하게 된다. 따라서 법률행위해석은 구체적 사항에 관하여 당사자 의사를 보충하는 기능을 한다.

3. 法律行爲解釋의 법률적 성질

(1) 법률행위해석의 법률적 성질은 법률문제인가, 아니면 사실문제인가. 소송상 상고이유, 직권조사사항, 자백의 증거능력 문제와 관련하여 중요한 의미를 가지며, 학설이 대립된다.

事實問題說은 법률행위의 해석은 표의자의 실유하는 의사 또는 가상적 의사를 확정하는 것이므로 사실문제라고 한다. 법률행위해석의 방법 중 자연적 해석은 물론이고 규범적 해석·보충적 해석도 당사자의 의사 또는 가상적 의사를 확정하는 것이므로 법률문제가 아니라 사실문제라고 한다(이영준 296면).

法律問題說은 법률행위의 해석은 표시행위가 가져야 할 의미를 결정하는 것이므로 사실의 확정인 것이 아니라 이 사실의 법률적 판단, 즉 여러 객관적 사실을 증거에 의해 확정하고 이 확정된 사실을 기초로 하여 여러 표준(목적·관습·임의법규·신의성실 및 조리)에 좇아서 판단하는 과정을 의미하는 것으로 법률적 사실을 법률적으로 구성하는 것이라고 한다.

折衷說은 법률행위의 해석은 사실확정의 요소와 법률판단의 요소를 겸유하고 있다는 견해[MünchKomm/Mayer-Maly, §133 RdNr. 61, 송덕수 민법강의(상) 107면]와 법률행위의 해석은 사실확정이나 법률적용의 문제가 아니라 제3의 독자적 영역에 속하는 것이라고 한다(Soergel/Siebert-Knopp, §157 RdNr. 127).

(2) 다수설은 특히, 법률행위는 의사표시를 요건으로 하는 법률요건이고 법률요건을 구성하는 것이 법률사실인 바, 법률행위해석은 이러한 법률사실에 대한 법률적 가치를 평가를 하는 것이므로 사실문제가 아니라 법률문제라고 한다. 그리하여 법률행위해석에 법원은 당사자의 주장을 기다리지 않고 직권에 의하여 행사하게 되고, 또한 그 판단의 잘못은 곧 상고사유가 되는 것이라고 한다. 그러나 事實問題說은 의사표시는 효력표시의 의미를 가지므로 비단 의사표시의 해석뿐만 아니라 의사표시의 모든 문제가 법률적 가치판단인 데 이들 중 유독 법률행위의 해석만이 법률적 가치판단이라고 하는 것은 이론적 비약이라고 전제한다. 더욱이 법률행위해석의 방법 중 자연적 해석은 당사자간의 의사와 표시의 불일치 여부 판단이 상대방의 지·부지, 사실인 관습의 존재 여부 등을 확정하는 것이므로 사실문제임이 명백하고 또한 규범적 해석·보충적 해석도 당사자의 의사 또는 가상적 의사를 확정하는 것이므로 법률문제가 아니라 사실

문제라고 한다. 다만 一般去來約款의 解釋은 통일적 해석을 요하므로 이러한 통일적 해석은 상고심에만 가능하고, 또한 그 적용은 불특정다수인에 적용되는 점에서 법률 유사의 성격이 통상의 의사표시에서 보다 강하므로 법률문제라고 한다.[121] 그리하여 법률행위의 해석은 자기에게 유리한 해석을 주장하는 자가 입증하여야 하고, 또한 그 판단의 잘못은 심리미진의 위법으로 상고이유가 되는 것이라고 한다.

생각건대, 양설의 주장은 법률행위의 해석의 법원의 직권에 의한 해석 및 상소사유와 관련하여 논의하나, 事實問題說의 입장에서도 사실의 인정이 심리미진으로 법률에 위배되는 때에는 상고이유가 되므로 권리구제에는 미흡한 것은 아니다. 또한 법률행위해석을 법률문제로 보아 법원이 당사자의 주장을 기다리지 않고 판단할 것이라고 하지만 당사자가 주장하지 않는 효력을 법원이 직권으로 부여함은 오히려 사적자치의 원칙에 반한다.

더욱이 법률행위해석 자체의 법리에서도 법률행위가 효력을 발생하는 것은 당사자의 의사표시에 의하고, 그 효력발생이 배척되는 것은 단지 그 법률행위가 민법 103조에 해당하거나 강행법에 반하는 경우인 점에서 보면, 법률행위해석은 당사자가 표시한 의사의 확정만으로 충분하고, 여기에 법원이 굳이 법률의 적용까지를 고려할 것은 아니다. 따라서 법률행위해석은 당사자의 實有하는 意思의 確定에 불과하고 또한 그것으로 족하다.

[법률문제설과 사실문제설의 구별]

	사실문제설의 입장	법률문제설의 입장
주장, 입증책임	유리한 해석의 주장자가 입증책임을 부담	주장 및 입증책임은 발생하지 않고 법원의 직권으로 확정
상고심 기속	사실심 상고심 기속	사실심의 상고심 불기속
상 고 이 유	원칙적 상고이유 불가능	상고이유 가능
자백의 구속	자백이 당사자 및 법원을 구속	권리자백으로서 당사자 및 법원을 구속

121) 이영준 296면, 김상용 506면.

[88] Ⅱ. 法律行爲解釋의 主體와 對象

1. 法律行爲解釋의 主體

법률행위해석의 주체는 궁극적으로 법원인 것은 의문이 없다. 다만 법관의 법률행위해석권은 당사자의 특약으로 배척할 수 있는가.

판례는 매매계약서에 계약사항에 대한 이의가 생겼을 경우 매도인의 해석에 따른다는 조항은 법원의 법률행위해석권을 구속하는 조항이라고 볼 수 없는 것이라고 하여 긍정한다.122)

2. 法律行爲解釋의 對象

(1) 表示行爲의 解釋인가, 效果意思의 解釋인가.

(가) 법률행위해석을 그 목적 내지 내용을 명확히 하는 것이라고 할 때 그 목적 내지 내용의 확정은 당사자의 표시된 의사를 대상으로 할 것인가. 아니면 당사자의 숨은 진의 내지 내심적 효과의사를 대상으로 할 것인가. 법률행위해석의 본질적 문제와 관련하여 견해가 대립한다.

종래 다수설은 表示意思對象說을 취하여 법률행위의 해석은 표시행위가 가지는 의미를 밝히는 것이라고 하고, 최근의 판례 또한 법률행위해석은 당사자가 그 표시행위에 부여한 객관적인 의미를 명백하게 확정하는 것으로서, 사용된 문언에만 구애받는 것이 아니고 당사자가 표시한 문언에 의하여 그 객관적인 의미가 명확하게 드러나지 않는 경우에는 그 문언의 형식과 내용, 그 법률행위가 이루어진 동기 및 경위, 당사자가 그 법률행위에 의하여 달성하려는 목적과 진정한 의사, 거래관행 등을 종합적으로 고려하여 사회정의와 형평의 이념에 맞도록 논리와 경험의 법칙 그리고 사회일반의 상식과 거래 통념에 따라 합리적으로 해석하여야 하는 것이라고 한다.123)

이와 같은 다수설·판례의 태도에 대하여 內心的 效果意思對象說은 해석의 목표는 1차적으로 표의자의 내심적 효과의사, 즉 표시 뒤에 있는 진의를 밝히는 것이어야 하고, 무엇보다 다수설과 같이 표시행위가 가지는 의미를 밝히는

---

122) 대판 1974.9.24, 74다1057.
123) 대판 2002.4.23, 2001다84794; 2001.1.19, 2000다33607.

것이라고 하면 일반적으로 확립된 이른바 "잘못된 표시는 해가 되지 않는다." (falsa demonstratio non nocet)는 원칙을 설명할 수 없는 것이라고 한다. 그러나 이와 같은 주장은 법률행위해석과 의사표시의 해석을 동일시한 것이고, 더욱 법률행위해석의 목적과 대상을 혼동한 것으로서 잘못이다.

먼저 의사표시의 해석은 의사표시의 실존을 중심으로 의사주의와 표시주의를 대립시킨 것이지만 법률행위해석은 일단 성립된 법률행위의 의미·내용을 확정하는 것이어서 표시행위에 부여한 객관적인 의미를 내심적 효과의사와 관련시켜 명확히 확정하여야 하고 당사자의 내심적 효과의사로서 확정할 것은 아니다.

또한, 법률행위해석의 궁극적 목적은 당사자의 진정한 의사를 탐구하는데 있지만 그 해석의 대상은 표시상 효과의사를 기준으로 탐구하여야 하고 내심의 효과의사를 대상으로 탐구할 것은 아니며, 더욱 위 "잘못된 표시는 해가되지 않는다."는 원칙이라고 하여 법률행위해석에 표시상의 효과의사를 기준으로 탐구·확정함을 배척하는 것은 아니다.

이에 대하여 개정 민법(안)은 "법률행위의 해석에 있어서는 표현된 문언에 구애받지 아니하고 당사자의 진정한 의사를 밝혀야 한다."라고 하여 당사자의 진정한 의사를 밝혀 법률관계의 내용을 정하게 하고 있다(§106 개정안).

⑵ 表示意思當時의 사정

법률행위해석에 표시의사 당시의 사정을 고려할 것인가. 표시행위 당시의 제반사정을 표시행위 자체로 보는 견해가 있다.[124] 그러나 표시행위가 아닌 의사표시의 해석에 표시행위 당시의 사정, 즉 표시의사를 표시행위 자체로 보는 것은 부당하고 법률행위해석의 표준에 표시행위 당시 사정의 고려는 보조적 수단에만 그치는 것이 타당하다.[125]

124) 곽윤직 224면.
125) 이영준 282면, 송덕수 민법강의(상) 103면.

[89] Ⅲ. 法律行爲解釋의 方法

甲은 국유지 부산 동구 수정동 969의 39·71·73의 3필지 A토지 76평방미터를 점유하고 있었다. 그런데 甲이 당해 토지를 불하 받으면서 자신이 점유하는 토지 지번을 같은 동 969의 36으로 잘못 알고 국유지 B토지를 매수신청 불하받아 소유권이전등기를 경료하였다가 乙·丙·丁으로 전전 승계하였다.

한편, 戊는 선대로부터 같은 동 969의 39, B토지상에 건물을 축조하여 40년 이상을 점유하여 왔는데 최근 B토지를 불하받으려는 과정에서 당해 토지가 이미 甲의 명의로 불하되고 같은 동 969의 39,71,73의 3필지는 위 매매계약체결 당시부터 현재에 이르기까지 국유로 남아 있음을 알게 되었다.

이에 丁은 戊를 상대로 건물의 철거를 구하고 토지의 인도를 청구하였다. 丁의 청구는 인용될 수 있는가.

법률행위를 해석함에는 먼저 표시된 행위(표현행위) 뿐만 아니라 그에 존재하는 모든 사정을 고려하여 표의자의 실제의사, 즉 내심적 효과의사를 추구하여 표시의사를 정함을 그 이상으로 한다. 그러나 내심적 효과의사와 표시행위가 일치하지 않는 때에는 상대방의 입장에서 표시행위에 따라 법률행위 성립을 인정하게 된다. 전자를 자연적 해석, 후자를 규범적 해석이라고 하고, 자기결정의 원칙으로부터 자연적 해석이, 자기책임의 원칙으로부터 규범적 해석이 도출된다.

또한, 자연적 해석 또는 규범적 해석에 의하여도 법률행위내용에 틈이 있는 경우에는 이를 보충하여 해석하게 되며, 이를 보충적 해석이라고 한다.

1. 自然的 解釋

(1) 自然的 解釋의 의의

(가) 자연적 해석(natürliche Auslegung)이란 법률행위의 해석에 있어서 표현된 문자적·언어적 의미에 구속되지 아니하고 표의자의 실제의 의사, 즉 내심적 효과의사를 추구하는 법률행위해석을 의미한다.

(나) 자연적 해석, 즉 표의자의 효과의사를 추구함에는 표시행위 뿐만 아니라 그 외에 존재하는 모든 사정을 고려하여 정한다.

예컨대, 계약서에 사용된 문자의 의미는 계약당사자가 기도하는 목적과 계약당시의 제반사정을 참작하여 합리적으로 해석하여야 하고, 또한 계약의 해석은 그 계약서의 문귀에만 구애될 것이 아니라, 그 문언의 취지에 따름과 동시에

논리법칙과 경험칙에 따라 당사자의 진의를 탐구하여 해석하여야 한다.[126]

(2) 自然的 解釋의 적용영역

(가) 虛僞表示에 의한 법률행위는 당사자간에 언제나 무효이며, 이는 자연적 법해석의 전형적인 예이다. 즉 假裝行爲는 무효이지만 그 가장행위 뒤에 숨겨진 은닉행위는 유효이며, 이는 내심적 효과의사의 적용이다.

(ㄱ) 자연적 해석은 표의자 이외의 자가 존재하지 않거나 의사표시의 상대방이 존재하는 경우에도 보호할 필요가 없는 경우에 적용되므로 단독행위 중 상대방 없는 단독행위(유언)는 표의자의 내심적 효과의사를 확정하는 데 있다.

(ㄴ) 의사표시의 당사자가 표시를 사실상 같은 의미로 파악할 경우, 예컨대 표의자의 잘못된 표시에도 상대방이 의사표시의 진의를 올바로 파악한 때에는 誤表示無害의 原則(falsa demonstratio non nocet)에 의하여 표의자의 진의에 따른 법률효과가 주어지게 되므로 자연적 해석이 주어진다.

여기서 誤表示無害의 原則이란 표의자의 상대방이 표시행위를 본래 의미대로 이해하지 않고 다른 의미로 이해한 경우 당사자가 표시행위를 일치하여 이해한 때에는 자연적 해석에 따라서 당사자가 실제상 의욕한 대로의 법률효과가 생긴다는 원칙, 즉 표의자에 의하여 이해된 의미와 동일한 의미에서 상대방이 역시 표시행위를 이해한 때에는 표시행위의 본래 의미가 따로 있다고 하더라도 당사자 쌍방에 의하여 이해된 의미에 따라서 법률행위가 해석된다고 하는 로마법의 법언에 따른 원칙을 말한다. 따라서 이 원칙에 의하면 비록 표의자가 다의적 표현이나 의사에 부합하지 아니한 잘못된 표시를 하더라도 상대방이 그 표시행위를 표의자와 동일한 의미로 이해한 경우에는 다의적 표현이나 오표시가 전혀 표의자에게 불리한 결과를 야기하지 아니하고 의욕한대로 법률행위는 성립한다.

판례는 부동산의 매매계약에 있어 쌍방당사자가 모두 특정의 甲토지를 계약의 목적물로 삼았으나 그 목적물의 지번 등에 착오를 일으켜 계약을 체결함에는 계약서상 그 목적물을 甲토지와 별개인 乙토지로 표시하였다고 하여도 甲토지를 매매의 목적물로 한다는 쌍방당사자의 의사합치가 있은 이상 위 매매계약은 甲토지에 관하여 성립한 것으로 보아야 할 것이고 乙토지에 매매계약이 체

126) 대판 1960.7.7, 4292민상819 ; 1965.9.28, 65민상1519・1520.

결된 것으로 보아서는 안 될 것이며, 만일 乙토지에 위 매매계약을 원인으로 하여 매수인명의로 소유권이전등기가 경료되었다면 이는 원인 없이 경료된 것으로서 무효라고 하여 자연적 해석을 수용한다.[127]

또한, 판례는 계약을 체결하는 행위자가 타인의 이름으로 법률행위를 한 경우 행위자 또는 명의인 가운데 누구를 명의당사자로 볼 것인가에 대하여 우선 당사자와 의사가 일치한 경우에는 그 일치한 의사대로 행위자 또는 명의인을 계약당사자로 확정하여야 하고, 행위자와 상대방의 의사가 일치하지 않는 경우에는 그 계약의 성질·내용·목적·체결경위 등 그 계약체결 전·후의 구체적인 제반사정을 토대로 상대방이 합리적인 사람이라면 행위자와 명의인 중 누구를 계약당사자로 이해할 것인가에 의하여 결정할 것이라고 한다.[128]

(ㄷ) 비록 표시된 바에 의하면 상대방은 표의자가 무엇을 의욕하였는지 명확히 알 수 없으나 기대 가능한 주의를 기울이면 표의자의 진의를 알 수 있는 경우에는 상대방의 신뢰는 보호할 가치가 없으므로 자연적 해석이 적용된다.

(나) 非正常的 意思表示, 즉 착오·사기·강박의 의사표시에도 자연적 해석이 적용되는가. 흔히 내심적 효과의사는 의사와 표시의 불일치, 하자있는 의사표시의 문제로서 법률행위효력에 영향을 미치는 일은 있어도 법률행위해석의 문제가 아니라 그 다음 단계 문제이어서 내심적 효과의사는 법률행위해석의 영역으로부터 배제되는 것이라고 한다.[129] 그러나 이렇게 이해하는 경우에도 예컨대 錯誤에 의한 意思表示로 되기 위해서는 먼저 표시상 효과의사와 내심적 효과의사의 내용이 각각 무엇인가를 먼저 확정하여야 하므로 이 경우에도 역시 자연적 해석이 적용된다.[130]

위 사례에서 이 사건 피고는 소외 甲은 실제로는 이 사건 토지에 인접한 국유지인 같은 동 969의 39, 71, 73의 3필지를 점유하고 있었는데 착오로 이 사건 토지에 관하여 매수신청을 하여 국가로부터 이를 불하받은 후 그 명의로 소유권이전등기를 경료하였으므로 국가의 위 토지불하는 무효라고 주장하였다. 그러나 원

127) 대판 1993.10.26, 93다2629·2636.

128) 대판 2003.12.12, 2003다44059; 그리하여 판례는 일방 당사자가 대리인을 통하여 계약을 체결하는 경우에 계약의 상대방이 대리인을 통하여 본인과 사이에 계약을 체결하려는데 의사가 일치하였다면 대리인의 대리권의 존부와는 관계없이 상대방과 본인이 그 계약의 당사자라고 한다.

129) 곽윤직 386면(1995).

130) 이영준 246면.

심(부산지판 1992.12.4, 92나8924, 92나8931)은 위 甲이 국가로부터 국유재산이던 이 사건 토지를 매수한 사실은 인정되나 위 甲이 연고권 없는 자이면서도 착오로 매수신청을 하여 국가로부터 위 토지를 불하받은 것이라는 사실을 인정할 만한 증거가 없고, 가사 피고의 주장과 같이 목적물에 착오가 있었다거나 연고권이 없는 자에게 이 사건 토지가 불하된 것이라고 하여도 국유재산의 매각행위는 사법상 법률행위로서 그 매각에 관하여 우선매수권에 관한 규정이 없는 이상 연고권자의 우선권은 법률상 인정될 수 없는 것이라고 판단하여 피고의 주장을 배척하고 위 건물의 철거 및 이 사건 토지의 인도를 구하는 원고의 청구를 인용하였다.

이에 대하여 대법원은 일반적으로 계약의 해석에 있어서는 형식적인 문구에만 얽매여서는 아니 되고 쌍방당사자의 진정한 의사가 무엇인가를 탐구하여야 하는 것이므로, 부동산의 매매계약에 있어 쌍방당사자가 모두 특정의 A토지를 계약의 목적물로 삼았으나 그 목적물의 지번 등에 관하여 착오를 일으켜 계약서상 그 목적물을 A토지와는 별개인 B토지로 표시하였다고 하여도 위 A토지에 관하여 이를 매매의 목적물로 한다는 쌍방당사자의 의사합치가 있은 이상 위 매매계약은 A토지에 관하여 성립한 것으로 보아야 할 것이고 B토지에 관하여 매매계약이 체결된 것으로 보아서는 안 될 것이며, 만일 B토지에 관하여 위 매매계약을 원인으로 하여 매수인명의로 소유권이전등기가 경료되었다면 이는 원인 없이 경료된 것으로써 무효라고 하였다(대판 1993.10.26, 93다2629 · 2636).

한편, 피고 주장의 위 甲이 착오를 일으켜 자기가 점유하고 있던 토지가 아닌 이 사건 토지에 관하여 국가에 대하여 매수신청을 하여 이를 매수하였다는 주장 가운데에는 위 매매계약이 무효라는 것뿐만 아니라 이 사건 토지는 위 매매계약의 목적물이 아니어서 국가와 위 甲사이에는 이 사건 토지에 관한 한 매매계약이 성립하지 아니한 것이어서 이 사건 토지에 관한 위 甲명의의 등기는 원인무효라는 취지도 포함되어 있다고 볼 여지가 있고, 원고도 위와 같은 피고의 주장을 적극적으로 다투지는 아니하고 다만 위 甲이나 대한민국이 목적물에 착오를 일으켰다고 하더라도 이는 동기의 착오 내지 목적물의 동일성에 관한 착오에 불과하여 위 매매계약의 효력에는 영향이 없다고만 주장하고 있을 뿐이며, 더욱 이처럼 위 甲이 이 사건 토지가 아닌 그에 인접한 다른 토지를 점유하고 있었다면, 위 각 토지의 소유자인 국가가 위 甲이 점유하고 있던 토지를 제쳐놓고 피고 측이 점유하고 있는 이 사건 토지를 위 甲에게 매도한다는 것은 이례에 속하는 일로서 오히려 위 甲이 점유하고 있던 토지를 그에게 매도할 의사로 이 사건 매매계약을 체결하였다고 봄이 경험칙에 부합할 것이라고 하여 원심판결은 파기하였다.

2. 規範的 解釋

(1) 規範的 解釋의 의의

(가) 법률행위의 해석은 원칙적으로 自然的 解釋에 의하여야 할 것이지만, 때로는 자연적 해석에 의하면 그 표의자의 표시행위와 일치하지 않는 경우에는

부득이 상대방 입장에서의 해석, 즉 規範的 解釋에 의하게 되며, 상대방의 입장에서 지득한 외면적 의미를 객관적·규범적으로 판단하여 해석하여야 한다.

여기서 規範的 解釋(normative Auslegung)이란 내심적 효과의사와 표시행위가 일치하지 않는 경우에 상대방의 입장에서 표시행위에 따라 법률행위 성립을 인정하는 해석, 즉 표시상 효과의사(있어야 할 가상적 의사)가 무엇인가를 확정하는 법률행위 해석을 말하고, 이를 넓게 이해하는 견해에서는 체계적 해석 및 논리적 해석이 적용되는 분야의 해석이라고 한다.

(나) 법률행위의 해석에 규범적 해석이 요구되는 것은 표의자의 표시행위에 따른 상대방의 신뢰를 보호하는 데 있다.

⑵ 規範的 解釋의 적용영역

(가) 규범적 해석은 계약이나 상대방 있는 단독행위와 같이 상대방의 신뢰보호를 하여야 할 법률행위의 경우에 적용된다. 이러한 경우에도 상대방의 신뢰는 정당한 경우에만 보호되므로 상대방이 표의자의 진의를 이해하였거나 이해가 가능하였을 경우에는 자연적 해석에 의하게 된다.

판례는 당사자의 의사표시가 객관적으로 명확하지 않은 경우 당사자의 의도나 표시된 문언에 구애받지 아니하고 문언의 형식과 내용, 동기 및 경위, 당사자가 그 법률행위에 의하여 달성하려고 하는 목적과 진정한 의사, 거래의 관행을 고려하여 사회정의와 형평의 이념에 맞도록 논리와 경험법칙, 그리고 사회일반의 상식과 통념에 의하여 합리적으로 해석하여야 하는 것이라고 한다.[131]

그리하여 판례는 채권자 甲이 채무자 乙로부터 금 36만원을 수령하면서 실제로는 더 받을 금원이 있는데도 영수증에 '총완결'이라는 문언을 부기한 것은 더 받을 금원을 탕감한 것이라고 해석하고(대판 1969.7.8, 69다563), 모든 경우 화재에 대하여 임차인이 그 손해를 부담한 것으로 한다는 특약에서 '모든 경우'가 불가항력인 경우를 포함하는 것이라고 하였다(대판 1979.5.22, 79다508).

또한, 어떠한 의무를 부담하는 내용의 기재가 있는 문면에 '최대 노력하겠습니다'라고 기재되어 있는 경우, 특별한 사정이 없는 한 당사자가 위와 같은 문구를 기재한 객관적인 의미는 문면 그 자체로 볼 때 그러한 의무를 법적으로는 부담할 수 없지만 사정이 허락하는 한 그 이행을 사실상 하겠다는 취지로 해석함이 상당한 것이라고 하였다(대판 1994.3.25, 93다32668).

131) 대판 2002.4.25, 2001다84794.

또한, 판례는 處分文書는 그 진정 성립이 인정되면 반증이 없는 이상 문서의 기재내용에 따른 의사표시의 존재 및 내용을 인정하여야 하며, 의사표시의 해석에서 당사자의 진정한 의사를 알 수 없는 경우에는 당사자의 내심의 의사가 아니라 외부로 표시된 행위에 의하여 추단된 의사를 가지고 해석하여야 한다고 하고,[132] 또한 의사표시의 해석은 서면에 사용된 문구에 구애받을 것은 아니지만, 어디까지나 당사자의 내심적 의사에 관계없이 그 서면의 기재내용에 의하여 당사자가 그 의사표시에 부여한 객관적 의미를 논리법칙과 경험칙에 따라 합리적으로 해석할 것이라고 한다.[133]

(나) 效果意思의 規範的 解釋이 적용되는가.

일반적 견해에 의하면 의사표시의 요소로 되는 효과의사는 이른바 표시상 효과의사이고 내심의 효과의사는 아니므로 표의자의 표시상 효과의사만 존재하면 내심의 효과의사는 존재하지 않더라도 의사표시는 언제나 표시상 효과의사에 따라 표시된 대로 의사표시가 성립한다는 견해에 따르면 내심적 효과의사가 표시상 효과의사와 상이한 경우에는 표시상 효과의사에 의하여 의사표시가 성립하므로 이에 관하여는 규범적 해석이 개입할 여지가 없게 된다.[134]

그러나 이에 관하여도 특히 意思와 表示의 불일치가 표의자의 영역 내에서 표의자에 의하여 야기된 것이므로 표의자가 그로 인해 불이익을 부담하고 표의자의 표시행위를 달리 해석할 자료가 없어 상대방이 표시된 대로 법률효과가 발생한다고 이해할 수밖에 없고, 따라서 이러한 타당성 여부를 판단하는 과정이 바로 의사표시의 규범적 해석이므로 효과의사에 관하여도 규범적 해석이 개입된다.[135]

(다) 表示意思의 規範的 解釋이 적용되는가.

통설에 의하면 표시의사는 의사표시의 요소가 아니라고 한다. 따라서 표시의사가 없는 경우에도 의사표시는 이른바 표시상 효과의사만 있으면 당연히 성립된다(그러나 신의사주의이론에 의하면 관념상 행위의사나 효과의사와 구별되어 존재하는 의사이고 이것은 행위의사나 효과의사와 동일하게 의사표시의 요소를 이루는 의사

132) 대판 1997.6.24, 97다5428.
133) 대판 1990.11.13, 88다카15949.
134) 곽윤직 341면(1995) 참조.
135) 이영준 252면.

라고 한다). 그러므로 표시행위에 상응하는 표시의사가 존재하지 않더라도 아무런 사정이나 다른 자료가 없어 상대방이 표시행위에 의하여 표시의사가 존재한다고 볼 수 없는 경우에는 규범적 해석에 의하여 표시의사가 존재하는 것으로 해석된다.[136]

3. 補充的 解釋

(1) 補充的 解釋의 의의

(가) 보충적 해석(ergänzende Auslegung)이란 법률행위의 내용에 틈(Lücke)이 있는 경우 이를 보충하여 해석하는 것을 말한다.

예컨대, 매매계약의 약정에 하자담보책임에 관한 규정이 없는 때에는 여러 가지 사정을 고려하여 매도인 또는 매수인의 하자담보책임을 인정하는 경우의 해석으로 특히 계약에서 크나큰 기능을 가진다.

(나) 보충적 해석의 법률적 성질은 당사자 의사의 보충인가, 임의법규의 적용인가. 견해가 대립한다.

意思補充說은 법률행위를 해석하는 과정에서 의사표시를 보충하는 것이라고 한다[이영준 258면, 송덕수 민법강의(상) 106면].

法適用說은 당사자의 의사를 탐구하는 것이 아니라 임의규정 등 보충적 규범을 적용하는 것이라고 한다(이은영 429면, 김준호 312면).

법률행위의 어떤 틈에 민법의 임의규정이나 관습 등을 적용하는 것은 법률의 적용문제이고 법률행위해석의 문제는 아니다. 따라서 보충적 해석은 이에 적합한 규범이 없는 경우 이들 법리를 원용하여 당사자의 누락된 의사를 완성하는 것이라고 보아야 한다.

판례 또한 당사자 사이에 계약의 해석을 둘러싸고 이견이 있어 처분문서에 나타난 당사자의 의사해석이 문제되는 경우 그 해석은 그 문서의 내용, 그와 같은 내용이 이루어진 동기와 경위, 그 약정에 의하여 달성하려는 목적, 당사자의 진정한 의사 등을 종합적으로 고려하여 논리와 경험칙에 따라 합리적으로 해석하여야 할 것이라고 하여 의사표시의 보충적 의미로 해석한다.[137]

---

136) 이영준 253면.
137) 대판 1996.4.9, 96다1320.

(2) 補充的 解釋의 적용영역

(가) 보충적 해석은 자연적 해석과 규법적 해석에 의하여 법률행위의 성립이 인정된 후에 비로소 문제된다. 한편 자연적 해석과 규범적 해석의 결과 틈이 드러난 경우 임의규정이 존재하면 그 임의규정이 적용된다. 따라서 법관에 의한 보충적 해석은 임의규정에 의하여도 보충되지 않는 경우에만 문제된다.

(나) 任意法規의 적용에 補充的 解釋이 적용되는가.

법률행위해석과 법률의 적용은 다른 개념이므로 어떤 법률행위에 틈이 있는 경우 그 틈을 규율하기에 적합한 임의법규가 있으면 그 틈은 임의법규가 적용되고 법률행위해석의 문제는 적용되지 않는다. 따라서 법률행위해석의 문제는 어떤 틈에 관하여 임의법규가 존재하지 않거나 존재하더라도 그 임의법규가 당해 틈을 규율하기에 적합하지 아니한 때에만 보충적 해석이 개입된다.

(다) 착오문제는 規範的 解釋이 이루어진 경우에만 적용되고, 自然的 解釋에서는 표의자가 의욕한대로 법률효과가 주어지므로 착오의 문제는 발생하지 않고, 또한 補充的 解釋에서도 양 당사자의 진의가 중시되는 것이 아니라 당사자의 가상적 의사가 중시되므로 진의와 표시의 불일치에 따른 착오문제는 발생하지 않는다.

(3) 補充的 解釋의 한계

(가) 보충적 해석이 탐구하는 것은 실제의 의사가 아니고 가상적 의사이다. 즉 법관은 만약 당사자들이 고려하지 않았던 사정을 고려하였다면 당사자들이 계약시 어떻게 의욕하였을 것인가를 살펴보아야 하고 이에는 신의성실의 원칙 및 거래의 관행이 중요한 해석의 자료가 된다.

(나) 보충적 해석은 사적자치 및 신의성실의 원칙의 존중 하에 행하여져야 하고 그것이 법관에게 자유로운 법 창조적 기능을 부여하는 것은 아니다. 따라서 보충적 해석은 당사자의사와 계약의 내용으로부터 생기는 한계가 주어진다.

(ㄱ) 보충적 해석에 의한 법률관계의 확정은 당사자가 체결한 법률행위내용을 위태롭게 하지 아니할 것이어야 하고, 법률행위내용을 확장·변경(양적·질적 변경)하지 아니할 범위 내이어야 한다.

판례는 분양약정의 해석상 당사자 사이의 분양가격의 결정기준으로 합의하였던 기준들에 의하여 분양가격결정이 불가능하게 되었다면 당사자 사이의 새로운 분양가격에 관한 합의가 이루어지지 않는 한 위 분양약정의 기준에 기하여 당사자 일방이 바로 소유권이전등기절차의 이행을 청구할 수 없는 것이라고 하고, 또한 여기에 법원이 개입하여 당사자 사이에 체결된 계약의 해석범위를 넘어 판결로써 분양가격을 결정할 수는 없는 것이라고 하여 법률행위내용의 확장을 제한한다.[138]

한편, 판례는 친권자 본인이 부상을 입은 손해배상에 관하여 가해자 측과 합의하는 경우 미성년자인 子女들의 고유의 위자료에 관하여도 그 친권자가 법정대리인으로서 합의하였다고 보는 것이 우리의 경험법칙상 상당한 것이라고 하여 법률행위해석에 확장의 여지를 주고 있다.[139]

그 외에도 판례는 母親이 그 아들 소유의 건물과 토지에 관하여 아들을 대리하여 계금채권자들과 저당권설정계약을 체결하였다면 아들은 그 모친의 계금채권자들에 대한 계금반환의무를 담보하기 위한 그의 소유에 속하는 위 부동산을 담보로 제공한 것으로 보는 것이 상당한 것이라고 하고(대판 1969.7.22, 69다785), 또한 소비대차 성립시에 담보목적으로 부동산의 소유권이전등기에 필요한 매도증서·인감증명서·위임장을 주고받았다면 이는 부동산에 관하여 양도담보계약을 체결한 것이라고 한다(대판 1962.6.14, 61다1524).

(ㄴ) 당사자의 공동착오로 인하여 구체적 내용을 정하지 아니한 경우 보충적 해석에 의하여 보충되는 당사자의 의사란 당사자의 실체의사 내지 주관적 의사가 아니라 계약의 목적, 거래관행, 적용법규, 신의칙 등에 비추어 객관적으로 추인되는 정당한 이익조정의 의사를 말한다.[140]

(ㄷ) 보충적 해석은 당사자의 의사를 보충할 뿐이고 이로써 유효한 법률행위를 무효인 법률행위로는 하지 못한다.

---

138) 대판 1995.9.26, 95다18222.
139) 대판 1975.6.24, 74다1929.
140) 대판 2007.11.29, 2005다13288.

[90] Ⅳ. 法律行爲解釋의 標準

A건설회사 사원으로 해외파견 근무 중 교통사고로 사망한 피해자의 父 甲은 별다른 교육을 받은 것이 없이 겨우 한글을 해득하는 실정이고 시골에서 날품팔이로 생계를 유지하는 70세 노인으로서 남달리 아는 것도 없고, 특히 당해 사망사고에 관하여는 사고의 경위도 알지 못한데다가 아들이 사망했다는 悲報에 큰 충격을 받아 경황이 없는 상태에서 A회사의 신용과 회사직원의 말만 진실한 것으로 믿고 가해회사가 일방적으로 제시하는 정형화된 합의서에 날인하였다. 그러나 이때 A회사에서 지급한 보상이 그 회사의 규모나 아들의 직위에 비추어 무려 절반에 미치지 못한 것이었다고 한다면 이 경우 甲이 취할 수 있는 모든 방법을 구상하라.

1. 法律行爲解釋에 관한 민법규정

당초 민법은 법률행위해석의 표준에 관한 명문 규정을 두고 있지 않았다. 그리하여 학설은 민법 제1조와 제106조를 기준으로 법률행위해석의 표준을 정하였다. 그러나 개정 민법(안)은 事實인 慣習에 관한 규정을 삭제하고, 민법 제106조 제2항을 신설하여 "당사자가 의도한 목적, 거래관행 그 밖에 사정을 고려하여 신의성실의 원칙에 따라 해석하여야 한다."라고 규정한다. 따라서 법률행위해석의 표준은 동조 규정에 의하면 당사자가 기도한 목적, 거래관행, 신의성실의 원칙이 된다.

다만, 민법 중 任意法規가 해석의 표준으로 되는가. 민법 제105조는 "법률행위의 당사자가 법령 중의 선량한 풍속 기타 사회질서에 관계없는 규정, 즉 임의규정과 다른 의사를 표시한 때에는 그 의사에 의한다."라고 하여 당사자의 의사를 임의법규에 우선시킨다. 따라서 임의규정은 특별한 의사표시가 없는 경우 또는 의사표시가 분명하지 않는 경우 법률행위 내용을 완성하는 기능을 하게 된다. 그렇다면 이와 같은 임의규정은 법률행위해석의 기준이 되는 것인가.

肯定說은 임의법규를 보충규정과 해석기준으로 나누고, 보충규정(통상 다른 약정이 없는 한이라고 표현된 규정)은 의사표시의 내용에 누락이 있는 경우 이를 보충하는 것인데 대하여, 해석규정(통상 … 추정한다. 라고 표현된 규정)은 의사표시가 있지만 그 의미가 불분명한 경우 이를 일정한 의미로 해석하는 것이라고 한다(이은영 437면, 곽윤직 227면). 그러나 多數說은 임의법규는 해석에 의하여 확정된 법률행위에 적용되는 것이므로 이 경우 법률행위의 해석문제로 되는 것이 아니라 법률적용의 문제라고 한다[이영준 269면, 김주수 234면, 송덕수 민법강의(상) 105면].

생각건대, 법률행위의 효과는 당사자가 의도한 이상의 효과는 발생할 수 없는 것이라고 할 것이므로 비록 당사자의 명시한 의사표시가 없거나 불분명하여 민법의 임의법규를 적용하는 경우라도 그 범위는 결국 당사자가 기도한 효과의사 이내로 한정할 것이어서 임의법규 적용의 한계로서 법률행위해석이 적용될 여지가 있으나 역시 임의법규 자체의 해석이고 법률행위해석의 문제는 아니다.

또한, 任意規定은 그 작용을 표준으로 하여 해석규정과 보충규정으로 나누어지나 구별의 실익이 없다.

2. 解釋의 標準

(1) 당사자가 意圖한 目的

법률행위는 본래 일정한 사회적·경제적 목적을 자체적으로 달성하기 위한 수단이고, 법률은 이에 조력하는데 불과하므로, 법률행위의 해석은 무엇보다 당사자가 달성하려는 목적을 밝히는 것이 중요하다. 그러므로 법률행위를 해석함에는 표시행위에 사용된 문자나 표현에 구애됨이 없이 당사자가 의도한 목적을 가능한 한 달성하도록 하여야 한다. 따라서 법률행위해석은 법률행위 가운데 모순되는 조항은 되도록 통일적으로 해석하고, 행위의 내용 내지 목적은 가능한 한 유효하도록 해석하여야 한다.

판례 또한 의사표시해석에 있어서 당사자의 진정한 의사를 알 수 없다면 의사표시의 요소가 되는 것은 표시행위로부터 추단되는 효과의사, 즉 표시상 효과의사이고 표의자가 가지고 있던 내심적 효과의사가 아니므로 당사자의 내심의 의사보다는 외부로 표현된 행위에 의하여 추단된 의사를 가지고 해석함이 상당한 것이라고 한다.[141]

그 외에도 판례는 당사자가 표시한 문언에 의하여 그 객관적 의미가 명확히 드러나지 않는 경우에는 그 문언의 내용과 그 법률행위가 이루어진 동기 및 경위, 당사자가 그 법률행위에 의하여 달성하려는 목적과 진정한 의사, 거래의 관행 등을 종합적으로 고려할 것이라고 하고(대판 1999.11.26, 99다3486; 1996.10.25, 96다16049), 또한 합의서 및 각서에 의한 원·피고 간에 민·형사상 일체의 소송을 하지 않기로 한다는 기재내용은 위자료만을 다시 청구하지 않는다는 취지로 볼 것이 아니고 사고 발생으로 인한 사건을 완결지은 취지로 볼 것이라고 한다(대판 1970.9.29, 70다992).

또한, 피해자의 치료경과가 호전되어 가해자와 피해자가 치료비 등의 명목으로 금원을 수수하고 민·형사상 일체의 소송을 제기하지 아니하기로 하는 내용의 합의서가 작성되었다고 하더라도 당시 피해자가 전혀 예상할 수 없었던 불측

141) 대판 1996.4.9, 96다1320; 2009.5.14, 2008다90095·90101.

의 후유증 발생으로 영구불구자가 된 경우에는 다른 특별한 사정이 없는 한 그로 인한 손해배상청구권까지 포기한 취지로 합의한 것이라고는 볼 수 없는 것이라고 한다(대판 1970.8.31, 70다1284).

그러면서도 보험계약의 약관은 일반 법률행위와는 달리 당사자가 기도한 목적이나 의사를 기준으로 하지 않고 평균적 고객을 기준으로 하되 보험단체 전체의 이해를 고려하여 객관적·획일적으로 해석할 것이라고 한다.[142]

⑵ 去來의 慣行

(가) 거래관행은 해석의 표준이 되는가. 개정 민법(안)은 거래관행을 법률행위해석의 표준으로 함을 명문으로 규정한다(§106 ② 신설안). 따라서 당사자가 행한 법률행위의 효력이 명확하지 않고 민법의 임의규정과 다른 거래관행이 있는 때에는 관행이 우선 적용된다.

거래관행이 해석의 표준으로 되기 위해서는 민법의 임의규정과 다른 거래관행이 있어야 하고, 당사자의 의사가 명확하지 않을 것이어야 한다. 따라서 법률행위해석에 거래관행이 적용되기 위해서는 민법 중 임의규정의 적용에 앞서 임의법규에 반하는 거래관행이 있고 당사자가 그 적용을 배척할 명백한 의사가 없는 경우에만 적용된다. 그러므로 법률행위를 의도한 당사자의 의사가 명확한 경우에는 거래관행이 적용될 여지는 없다.

다만, 당사자의 거래관행의 적용이 배척되기 위해서는 이를 알고 있어야만 하는가. 법률행위해석의 표준에 민법 제106조가 적용되기 위한 거래관행은 당사자가 그들의 직업이나 계층 등이 공통하는 보편적인 것이어야 하고, 그 관행의 존재를 알지 못한 경우에도 적용할 수 있다는데 견해가 일치한다. 그러나 표의자와 상대방이 다른 지역에 속하고 있어서 거래관행의 적용이 문제된 경우에는 타방 당사자가 그러한 관행을 알거나 알 수 있었는가의 여부가 고려될 것이고, 또한 관행이 일정 지역에 국한되어 행하여지는 것인 경우에도 그 이행이 특정 장소에서 이행되어야 하는 경우나 특히 그 장소가 계약상 중요한 의미를 가지는 때에는 그 곳의 관행을 고려하여야 할 것이다.

⑶ 信義則

신의칙이 법률행위해석의 기준이 되는가. 독일민법 제157조는 "계약은 거래

142) 대판(전) 1991.12.24, 90다카23899.

관행을 고려하여 신의성실의 요구에 따라서 해석해야 한다."고 규정한다. 우리 민법은 이를 명문으로 규정하지 아니하여 견해가 대립하였다.

통설은 법률행위의 해석이 표시행위가 가져야 할 객관적인 의미를 결정하는 것인 이상 그 결정에 있어서 신의성실의 원칙 또는 조리(Natur der Sache)가 작용해야 함은 오히려 당연하고, 또한 사적자치도 합목적성을 추구하는 사법이념의 한 표현에 불과할 뿐만 아니라, 거래사회가 당사자의 성실에 대한 상호 신뢰를 바탕으로 이루어지고 있는 이상 다른 표준이 불명인 때에는 조리가 독립해서 표준으로 되어야 할 것이라고 한다. 그리하여 개정 민법(안)은 "거래관행을 고려하여 신의성실의 원칙에 따라 해석할 것을 명문으로 규정한다(§106 ② 신설안).

(ㄱ) 신의칙이 법률행위해석의 기준이 될 때 그 해석의 방법으로 例文解釋이 적용된다. 여기서 例文解釋이란 조리해석의 전형적인 것으로서 부동산임대차나 전세권 · 금전소비대차 등에서 경제적 강자에게 일방적으로 유리한 계약조항을 부동문자로 찍어서 관용되므로 이러한 조항은 단순히 예문에 불과하여 계약상 구속력이 미치지 않는다고 하거나 신의성실에 반하므로 무효라는 해석이론이며, 일반적 적용을 긍정한다.

이에 대하여 유력한 학설은 원래 법률행위의 해석은 법률행위내용이 명료하지 않은 경우에 개입되는 것으로서 계약조항이 명료한 경우에는 그 조항이 아무리 당사자에게 불리하다고 하더라도 해석이란 이름으로 그 조항을 무시하거나 수정할 수는 없다고 보며, 예문해석이 비록 신의칙에 근거한다고 할지라도 신의칙도 당사자가 기도한 목적 · 관습 등을 고려하여 자연적 · 규범적 · 보충적 해석을 가능하게 할 뿐이고 명료한 내용을 수정하여 다른 내용으로 변경할 근거는 없다고 하여 부정하고,[143] 例文解釋의 代案으로 다음과 같은 원칙 적용을 주장한다.

(a) 嚴格解釋의 原則 : 엄격해석(Prinzip der strengen Auslegung)이란 의사표시는 표의자에게 가급적 불리하게 해석하여야 한다는 원칙을 말한다. 즉 어떤 사항에 관하여 모든 해석기준과 방법을 동원하여도 법률행위의 내용이 다의

143) 특히, 법률행위가 비록 권리남용금지규정, 반사회질서행위, 차주에 불리한 약정금지규정을 위반한 경우에도 법관에 일정한 요건 하에 효력의 전부 또는 일부 부인권은 부여될 뿐이고 그 수정권은 없다는 것과 우리 판례가 원칙적으로 사정변경칙의 적용을 배척하고 있는 점을 들어 예문해석의 적용을 부정한다(이영준 284면).

적이어서 구체적으로 이를 확정할 수 없는 경우에는 이를 무효로 하는 것이 원칙이지만 일반약관이나 관용서식에 의한 계약에서는 그 다의적인 것 중 표의자(또는 관용서식이나 일반약관의 작성자)에게 불리한 해석을 선택하여 계약을 유효로 하는 것이 타당하다고 해석하는 원칙이며 면책약관의 해석에서 적용이다.

(b) 公開統制理論 : 법률행위내용의 공개통제이론(Lehre der offenen Kontrolle des Rechtsgeschäfts)이란 당해 부당조항이 선량한 풍속 기타 사회질서나 신의칙에 위배되어 무효이므로 그 적용이 배제된다고 하는 이론이다. 이것은 해석에 의하여 은밀히 부당조항을 통제하는 것, 이른바 숨은 통제(versteckte Kontrolle)가 아니라 공개적으로 법률행위내용 자체를 과감히 무효화하는 이론이다.

이에 대한 우리나라 판례는 例文을 계약서 서식에 관용되는 인쇄로 삽입된 조항은 당사자가 이에 구속될 의사를 수반하지 않는다는 이유로 구속력을 부인하여 주로 부당약관에 대한 규제로 예문해석을 활용하고 있다. 그리하여 판례는 근저당권설정계약은 처분문서이므로 특별한 사정이 없는 한 그 계약문언대로 해석함이 원칙이지만 그 근저당권설정계약서가 금융기관 등에서 일반거래약관의 형태로 부동문자로 인쇄해 두고 사용하는 계약서인 경우에는 그 계약조항에서 피담보채무의 범위를 그 근저당권설정으로 대출받은 당해 대출금채무 외에 기존의 채무나 장래 부담하게 될 원인에 의한 모든 채무도 포괄적으로 포함하는 것으로 기재하였다고 하여도 당해 대출금채무와 기존채무의 각 성립 경위 및 채무액과의 관계 등 기타 여러 사항에 비추어 인쇄된 계약문언대로 피담보채무의 범위로 해석하면 오히려 금융기관 등의 일반대출관례에 어긋난다고 보여 지고, 당사자의 의사는 대출금채무만을 그 근저당권의 피담보채무로 약정한 취지로 해석하는 것이 합리적인 경우 위 계약서담보채무에 관한 포괄적 기재는 부동문자로 인쇄된 일반거래약관에 불과한 것으로 보아 구속력을 배제하는 것이 타당한 것이라고 한다.144)

그 외에도 판례는 시중은행에서 통상 사용하고 있는 근저당권설정계약서에는 피담보채무의 범위에 관하여 "현재 부담하고 또한 장래 부담하게 될 모든 채무를 담보한다."라고 기재되어 있는 사항에 관하여 위 기재 중 '현재 부담하고 있는 채무'라는 부분은 부동문자로서 인쇄된 예문에 불과하다고 보는 것이 경험칙에 합당한 것이라고 하고(대판 1984.6.12, 83다카2159; 엄격해석의 적용), 또한 이른바 계약

144) 대판 2003.3.14, 2003다2109; 1990.7.10, 89다카12152.

해석권유보조항, 즉 "계약사항에 대한 이의가 생겼을 때에는 매도인의 해석에 따른다."는 조항은 법원의 법률행위해석권을 구속하는 조항이라고 하여 무효라고 한다(대판 1974.9.24, 74다1057, 내용통제에 의한 규율). 그러나 한편 판례는 채무자가 "은행의 본점 또는 지점과 거래하여 현재 또는 장래 부담하거나 부담하게 될 일체의 채무를 근저당권설정자가 연대보증 한다."는 취지의 관용계약서의 조항은 단순한 例文이라고 볼 수 없는 것이라고 한다(대판 1970.9.22, 70다1611).

그러나 이와 같은 例文解釋을 일반적으로 적용하게 되면 사안에 대한 구체적 타당성을 지나치게 강조한 나머지 法的 安定性을 해할 위험이 있으며, 사회에서 널리 통용되는 일반적인 서식을 단지 단순한 例文이라는 이름 하에 문언을 정면으로 무시하는 것은 일종의 법해석을 넘어서는 월권적 해석으로 남용이 될 여지가 있으므로 이는 제한적으로 적용되어야 할 것이다.

[91] Ⅴ. 法律行爲解釋과 錯誤와 관계

1. 自然的 解釋과 錯誤

자연적 해석에서는 표의자가 의욕한대로 법률효과가 주어지므로 표의자가 표시와 진의의 불일치를 이유로 자기의사표시를 무효로 할 근거는 없다(오표시무해의 원칙). 따라서 자연적 해석에서의 착오문제는 발생하지 않는다.

2. 規範的 解釋과 錯誤

표시행위의 객관적 의미 또는 상대방이 그 표시에 부여한 의미를 탐구하는 해석방법이 규범적 해석이므로 그렇게 탐구된 의미가 표의자의 진정한 의사와 어긋나는 결과를 가져올 수 있다. 따라서 착오문제가 발생할 수 있다.

다만, 착오에 의한 의사표시의 취소문제는 법률행위의 성립을 전제로 논의될 수 있으므로 만일 법률행위, 특히 계약의 불합의로 성립하지 않는 경우에는 착오에 의한 취소문제는 논의될 여지가 없다.

3. 補充的 解釋과 錯誤

보충적 해석에 착오가 적용되는가. 다수설은 보충적 해석에서는 양당사자의 진의가 중시되는 것이 아니라 당사자의 가상적 의사가 중시되므로 착오로 인한 취소보다는 계약의 유지가 우선한다는 점에서 착오에 의한 취소를 부정한다.

[법률행위해석과 적용]

	자연적 해석	규범적 해석	보충적 해석
개 념	표의자의 진의를 탐색하는 해석	표시행위가 가진 객관적 의미를 확정하는 해석	법률행위내용의 흠결(틈)을 보충하여 정하는 해석
적용범위	① 단독행위에 적용(표시에 불문한 진의에 따른 법률효과 발생) ② 계약의 경우 오표시무해의 원칙을 적용	표의자가 표시를 잘못하고 상대방도 표시된 대로 이해한 경우 일단 표시된 대로의 효력발생	① 법률행위내용에 흠결이 있는 경우 적용(자연적 해석과 규범적 해석과 구별) ② 흠결부분(틈)에 임의법규나 관습을 보충하나 이것이 없는 때에는 당사자의 가상적 의사를 보충
착오적용	착오는 상대방의 신뢰를 보호할 가치가 있는 경우에만 적용되고 표의자의 진의를 알고 있는 때에는 적용되지 아니하므로 자연적 해석에 착오는 적용되지 않는다.	규범적 해석에 의해 표시된 대로 효과가 발생한 경우 표의자의 착오문제가 발생한다(다만 표의자에 유리하거나 상대방이 동의한 경우에는 취소 제한).	진의와 표시의 불일치문제가 아니라 의사에 흠결(틈)이 있는데 불과하므로 착오문제는 발생하지 않는다.
판 례	오표시무해원칙 적용(대판 93다2629)	① 채권자 총완결표시 영수증(대판 1969.7.8, 69다563) ② 처분문서의 해석	계약당사자 공통의 동기의 착오(화해 후 후발손해배상의 청구; 대판 89다카1968)

제 3 장 意思表示

제 1 절 意思表示總說

[92] Ⅰ. 意思表示의 槪念

1. 意思表示의 의의

(1) 效果發生要素로서의 의사표시

意思表示(Willenserklärung)란 일정한 법률효과의 발생을 바라는 의사의 표시로 법률행위의 불가결의 요소가 되는 법률사실을 말한다. 따라서 의사표시는 법률행위를 이루는 구성요소로서 의사표시가 곧 법률행위는 아니지만 법률행위로서 요건을 갖춘 경우에는 표의자가 의욕한대로의 법률효과가 발생한다.

이 점에서 의사표시에 바탕하지 않고 법률의 규정에 의하여 법률적 효과가 발생하는 준법률행위와 구별된다.

意思表示의 정의에 관하여 일반적으로는 '일정한 법률효과의 발생을 목적으로 하는 意思의 表示'라고 한다. 그러나 견해에 따라서는 이렇게 정의하면 일정한 법률효과라고 함으로써 사적자치가 제한되고 공법상 의사표명과 구별이 어려울 뿐만 아니라 表示라는 용어가 강조되면 묵시적 의사표시(특히, 의사실현)를 포함시키기 어렵다는 점을 들어 의사표시의 정의를 '법률효과 발생에 향하여진 사법적 의사의 표명'이라고 하여야 할 것이라고 한다[Ermam, Handkommentar zum BGB, Band, 7, Aufl., 1981, von §116 Rn.I. : 송덕수, 의사표시의일반원리(고시연구 1991.11) 116면]

(2) 法律事實로서의 의사표시

의사표시는 단독으로 혹은 다른 의사표시 기타 법률사실과 결합하여 하나의 법률행위를 형성한다. 예컨대 單獨行爲는 하나의 의사표시에 의하여, 契約은 청약과 승낙이라는 두개의 의사표시의 합치로 이루어진다.

이와 같이 意思表示는 현대 사법관계에 있어서도 법률행위자유원칙을 취함에 따라 법률행위의 구성요소로서 중요한 의미를 가진다.

2. 意思表示와 法律行爲의 관계

(1) 법률행위의 構成要素로서 의사표시

意思表示는 일정한 법률효과의 발생을 원하는 의사의 표시이며, 법률행위의 불가결의 요소가 되는 법률사실이다. 이 의사표시가 표의자의 단독 또는 다른 의사표시 기타 법률사실과 결합하여 하나의 법률행위를 형성하게 되고, 그 형성된 요건에 따라 일정한 법률효과를 발생케 한다. 따라서 意思表示는 법률행위의 불가결의 요소로 되지만, 그렇다고 하여 의사표시 그 자체로써 법률효과가 발생하는 것은 아니며, 법률행위로서 성립요건을 갖춤으로써 효력을 발생한다. 그러나 법률행위의 효과는 곧 그것을 구성하는 의사표시에 따른 법률효과에 지나지 않는다.

(ㄱ) 法律行爲는 행위자가 자신의 의사에 의하여 법률관계를 형성하는 행위로서 법률효과에 향하여진 意思의 表明, 즉 의사표시를 필요로 한다. 따라서 單獨行爲인 때에는 그 의사표시 자체가 법률행위로 되지만, 契約인 때에는 복수의 의사표시로 성립하므로, 이때 意思表示는 법률행위의 구성부분에 불과하다.

(ㄴ) 法律行爲는 意思表示로 구성되는 것이 원칙이지만 언제나 그런 것은 아니다. 법률행위가 성립하기 위해서는 의사표시 외에 다른 사실, 예컨대 要物契約인 경우에는 물건의 인도, 婚姻에 있어서는 신고 등이 있어야 하며, 법률행위가 성립되는 또 하나의 요건이 된다.

(ㄷ) 법률행위가 효력을 발생하는 요건, 즉 有效要件은 법률행위의 요소가 아니다. 예컨대 미성년자의 법률행위에 대한 법정대리인의 동의, 농지매매에서의 소재지행정기관의 증명, 유언에 있어서의 유언자의 사망 등은 법률행위로부터 독립된 유효요건에 불과하고 법률행위의 일부는 아니다.

(2) 법률행위의 不可缺的 要素로서 의사표시

법률행위는 意思表示 없이도 존재할 수 있는가. 모든 법률행위는 적어도 하나의 의사표시를 포함하고 있어야 하며, 그 예외는 인정되지 않는다.[1] 따라서 法律行爲는 의사표시를 불가결의 요소로 하며, 경우에 따라서는 의사표시 외에 일정한 사실도 필요로 한다. 그러나 그러한 경우에 法律行爲는 구성요건의 총

1) Lange-Köhler, Allgemeiner Teil des BGB, 17. Aufl., 1980, S. 227f.

체이며 의사표시는 그 일부에 불과한 것으로 된다.

법률행위에 관한 고전적 이론을 수립하였던 Savigny는 법률행위와 의사표시를 동의어로 사용하였고(의사표시의 핵심은 의사라고 하였다 : 의사설). 또한 Windscheid는 법률행위는 곧 의사표시(Willenserklärung)라고 하였다. 그러나 최근의 학설은 법률행위는 의사표시 그 자체가 아니라 의사표시를 요소로 하는 법률요건이라고 한다. 즉 Enneccerus-Nipperdey는 "법률행위는 당사자의 의사에 기하여 법률효과를 일으키는 요건이다."라고 설명하고, 법률행위는 의사표시와 일치하거나, 계약인 의사의 합치와 동일할 수도 있으며, 다시 그 밖의 것을 필요로 하는 수도 있다고 한다.

또한, 독일학자들은 의사표명(Willensäusserung)의 방법에 의사표시와 의사실현이 있다고 설명한다.

[93] Ⅱ. 意思表示의 構成要素

효과의사	표시의사	표시행위
(의사주의)		(표시주의)

(1) 意思表示는 효과의사를 바탕으로 하나 효과의사 자체가 의사표시는 아니며 일정한 심리적 과정을 거쳐 외부에 표시되므로 의사표시로 된다. 그렇다면 여기서 의사표시의 심리적 과정을 어떻게 파악할 것인가.

학설은 의사표시를 효과적 요소로서 행위의사 · 표시의사 또는 표시의식 · 효과의사와 표시행위로 나누거나,[2] 의사표시의 심리적 과정을 중심으로 동기 · 효과의사 · 표시의사 · 표시행위의 과정으로 나누기도 하고,[3] 또한 동기 · 효과의사 · 표시의사 · 행위의사 · 표시행위의 과정으로 나누기도 한다.[4] 그러나 다수설은 의사표시가 표시되기 위해서는 먼저 개인의 어떤 동기에 의하여 일정한 법률효과 발생을 목적으로 하는 의사를 결정하고(효과의사), 다음에 이 의사를 외부에 표명하려는 의사(표시의사)에 매개되어 일정한 행위가 외부에 표시(표시행위)된다고 한다. 즉 의사표시의 심리적 과정을 효과의사 · 표시의사 · 표시행

2) 이호정, 사회정형적행위론의연구, 경제논집(제13집) 144면, 이영준 102면.
3) 고상용 431면.
4) 최종길, 법률행위와의사표시, 사법행정 제10권 12호 30면.

위로 분석한다.[5)]

⑵ 이들 요소 중에서 공통적으로 파악되는 것은 효과의사·표시의사·표시행위이고 다만 動機와 行爲意思를 별개로 파악할 것인가.

다수설과 소수설에서 차이에 불과하다. 그러나 비록 소수설을 취하는 경우에도 動機는 의사표시의 구성요소에서 제외될 것이므로 결국 양설의 차이점은 行爲意思를 독립적으로 파악할 것인가 문제에 귀착하며, 비정상적 의사표시와 관련하여 意思와 表示를 서로 독립적인 요소로 파악할 것인가, 아니면 일체로 파악할 것인가, 의사표시의 입법론적 문제로 된다.

1. 意思的 要素

(1) 效果意思

(가) 效果意思(Erfolgswille)는 표의자의 심리상태에서 일정한 법률효과를 의욕하는 의사를 말하며(예컨대 진의), 표시상의 효과의사와 구별하기 위하여 특히 내심적 효과의사라고도 한다. 그러나 이러한 효과의사 자체를 타인이 안다는 것이 불가능하므로, 사회적 관점에서 일단 의사표시로 인정할 만한 표시행위가 있으면 객관적으로 표시행위에 상응하는 효과의사가 표의자의 심리에 존재하는 것으로 추측한다. 이를 表示上 效果意思라고 하며, 의사표시의 중요한 내용을 이룬다.

(나) 效果意思는 구체적인 법률효과를 내용으로 하는 점에서 오직 법률행위적으로만 활동한다고 의식하는 표시의사(표시의지)와 구별되나, 의사표시로서의 효과의사가 무엇인가, 견해가 대립한다.

事實的效果說은 효과의사는 법이 법률효과를 줄 가치가 있다고 인정하는 사실적 효과를 의욕하는 것을 말하며(곽윤직 198면), 나아가 경제적 효과를 의욕하는 것을 포함한다고 한다(장경학 410면).

法律的效果說은 효과의사는 단순한 심리적 사실로서의 의사가 아니라 하나의 규범적인 것이며, 따라서 이러한 의사를 법률적 효과의사라고 한다(이영준 106면).

---

5) 견해 중에는 의사표시의 주관적 요소를 독일 민법학의 입장을 따라 행위자가 의식적인 거동으로서 일정한 행위를 하려고 하는 의사인 행위의사, 자기행위가 그 내용이야 어떠하든 법적으로 의미 있는 표시라는 행위자의 의식인 표시의사, 및 표시에 의하여 구체적으로 특정한 법률효과를 발생시키려는 의사인 효과의사로 나누어 구성한다[이영준 108면 이하; 송덕수, 민법강의(상) 80면 이하, 동 주해(2) 134면 이하; 지원림, 민법강의 190면 이하].

다수설은 效果意思란 법률효과발생을 의욕하는 의사이나 그 효과의사가 법률효과에 향하여진 것이 아니라 사실적 효과에 향하여진 것이며, 다만 그 사실적 효과는 법률효과를 부여할 만한 가치가 있는 것이어야 한다고 한다. 그러나 法律的效果說은 의사표시는 자기결정에 의한 법률관계의 형성행위이므로 표의자의 의사는 법률관계형성에 향하여진 것이어야 한다는 점에서 법률효과에 향하여진 의사이어야 하고, 다만 이 경우 법률적 효과의사가 법규정 및 규범의 의미를 구체적으로 의욕하거나 인식할 필요는 없는 것이라고 한다.[6)]

결국, 양설의 차이는 표의자에 귀속되는 효과의사를 사실적 효과에 둘 것인가 법률적 효과에 둘 것인가 문제이다. 그러나 사실적효과설에 의하는 경우에도 사실적 효과에 향하여진 의사가 법률효과에 부여할 가치 있는 것이어야 한다고 하고, 또한 법률적효과설은 표의자가 법규정 및 규범의 의미를 구체적으로 의욕하거나 인식할 필요는 없는 것이라고 함으로써 양자는 사실상 큰 차이가 없다. 그러나 법리적으로 보면 의사표시로서의 효과의사를 두고 사실적 효과의사라는 말은 적절하지 않고 적어도 규범적 의미를 가진 의사라고 보아야 할 것이다.

(다) 효과의사의 성질이 사실적 효과의 의욕이든 법률적 효과의 의욕이든 효과의사의 본체는 내심의 효과의사인가, 표시상 효과의사인가. 견해가 대립한다.

表示上效果意思說은 표시로부터 추단되는 효과의사가 표시상 효과의사이고, 표의자가 가졌던 실제의 의사가 내심적 효과의사이며, 여기서 의사표시의 요소가 되는 것은 내심적 효과의사가 아니라 표시상 효과의사뿐이라고 한다[곽윤직 198면, 김주수 350면, 이은영 449면, 김준호 344면, 송덕수 민법강의(상) 83면].

內心的效果意思說은 사람의 의사는 사물의 본성상 진의, 즉 內心이어야 하며, 여기서 존재하는 효과의사는 내심적 효과의사뿐이고 표시상 효과의사란 존재하지 않는다고 한다(이영준 106면, 김상용 336면, 백태승 313면).

종래 다수설은 의사표시의 요소가 되는 것은 表示上 效果意思라고 하고, 다만 표시상 효과의사와 내심적 효과의사가 부합하지 않는 경우에는 언제나 표시상 효과의사에 따라 효과를 발생시키면 표의자에 가혹한 결과가 되므로 법률은 일

---

6) 이영준 106면, 김증한 278면, 송덕수 의사표시의일반원리(고시연구 1991.11) 119면; 예컨대, 사실적 계약은 사실에 기하여 성립하는 계약이 아니라 진정한 의사표시에 기하여 성립하는 계약이므로 효과의사가 사실적 효과의 의욕이라고 할 필요는 없는 것이라고 한다(이영준 106면).

정한 경우 그 효과발생을 부인하거나 취소할 수 있는 것으로 한 것이라고 한다.

이에 대하여 內心的效果意思說은 효과의사의 본체는 내심적 효과의사이나 표시행위는 의사를 완성하는 것이므로 표시행위 없이 의사표시는 존재할 수 없고, 따라서 내심적 효과의사와 표시상 효과의사가 일치하지 아니하는 때에는 의사표시가 이른바 표시상 효과의사에 따라 효력이 발생하는 것처럼 보이는 경우가 있지만 이것은 법률행위의 규범적 해석에 따른 결과이고 표시상 효과의사가 의사표시의 요소이기 때문은 아니라고 한다.[7]

또한, 의사표시의 요소가 되는 것은 내심적 효과의사이지만 내심적 효과의사가 없는 경우에도 일률적으로 의사표시의 성립을 부정할 수 없다고 하거나,[8] 내심적 효과의사만이 효과의사이고 표시상 효과의사는 효과의사가 아니라고 한다.[9] 따라서 효과의사가 없는 경우에는 진정한 의미에서 자기결정에 의한 법률관계의 형성은 존재하지 않지만 자기결정에는 자기책임이 포함되어 있으므로 사적자치에 기하고 상대방의 신뢰보호를 위하여 일단 표시된 대로 효력을 발생시키는 것이라고 한다. 이와 같이 민법이 표시된 대로 효력이 발생하지 않거나 효력이 발생하는 경우의 表示는 정상적인 의사표시는 아니지만 궁극적으로는 사적자치에 기한 것이므로 의사표시로 인정해야 할 것이라고 한다.[10]

결국, 양설은 의사표시의 본체를 효과의사에 두는가, 표시행위에 두는가 문제로서 內心的效果意思說은 의사주의에 기울어진 태도임이 분명하다. 그러나 현행 민법의 태도는 표시주의를 원칙으로 관철하고 있는 점에서 보면, 효과의사의 본체를 일단 표시상 효과의사로 봄이 타당하다.

(2) 表示意思

(가) 表示意思(Erklärungswille)란 효과의사를 외부에 표시하려는 의사, 즉 표시행위가 일정한 효과의사의 표현으로 타인에게 이해될 것이란 의식을 말한다.

---

7) 이영준 108-9면; 그리하여 표시상효과의사설이 표시상 효과의사가 있으면 내심적 효과의사가 없더라도 의사표시는 완전히 성립할 것이나, 왜 내심적 효과의사가 결여된 경우에는 착오에 의한 취소를 인정하는지 그 근거를 설명하기 어렵고, 특히 표시상 효과의사와 내심의 효과의사가 일치하지 않는 경우에 표시상 효과의사대로 계약이 성립한다는 것은 효과의사가 존재하지 않는 의사표시의 성립을 인정하는 것이 되어 사적자치에 반한다고 한다.

8) 고상용 431-32면.

9) 송덕수, 민법강의(상) 82면, 의사표시의일반원리(고시연구 1991.11) 119면.

10) 송덕수, 상게

(나) 표시의사는 효과의사와 표시행위를 심리적으로 매개하는 의사 내지 의식이나 이것이 의사표시의 구성요소로 되는가. 학설이 대립된다.

否定說은 표시주의의 이론상 또는 법률적으로는 표시의사로 인정할 실익이 없고(곽윤직 198면; 김용한 278면) 행위자가 추단한 효과에 대응하는 내심의 의사를 가지지 아니할 때에는 언제나 이를 동일하게 다루어야 하는 것이라고 하거나(김학동 266-7면), 표시의사가 효과의사에 일치하지 않는 때에는 효과의사에 포함시키고, 표시행위에 일치하는 때에는 표시행위에 포함시켜 관념하면 무방하고(이태재 212면), 이론상으로는 결론이 다르지만 실제 재판에 있어서는 입증이 곤란하여 결과에는 차이가 없는 것이라고 한다(장경학 410면). 그 밖에도 일상거래에 있어서는 사람의 외관상 행위를 기준으로 할 수 밖에 없고 거래안전이 보다 중요하므로 부정할 것이라고 한다(황적인 146면, 김주수 300면, 이은영 453면).

肯定說은 의사표시는 의사와 표시가 혼연일체로 존재하는 것이므로 의사를 행위의사·표시의사·효과의사로 구분하는 것은 바람직하지 아니하나 관념상 구별하는 이상 표시의사를 의사의 한 요소로 인정하는 것이 논리적이며, 특히 표시의사는 표시상 착오와 내용의 착오를 구별하는 기준이 되며, 표시의사 없는 침묵은 의사표시로 될 수 없으므로 표시의사 없는 표시행위를 의사표시로 인정하는 것은 마치 잠꼬대로 말한 의사표시를 인정하는 것과 동일하게 되어 사물의 본질에 반한 것이라고 한다[이영준 102면, 김상용 336면, 고상용 386면; 송덕수, 민법강의(상) 82면, 동 의사표시의일반이론, 고시연구(1991.12) 114면].

다수설은 표시의사는 법률학상 의사표시를 위한 독립된 구성요소, 즉 의사표시의 본체를 효과의사로 보면 효과의사에, 표시의사로 보면 표시의사에 각각 내포되는 것이므로 의사표시의 독립된 구성요소로 보아야 할 실익이 없다는 점을 들어 부정한다. 그러나 특히 新意思主義를 취하는 새로운 견해는 표시의사를 의사표시의 심리적 과정의 하나로 보는 이상 의사표시의 구성요소로 보아야 하고, 또한 표시의사는 표시상 착오와 내용의 착오의 구별기준이 될 뿐만 아니라, 침묵인 의사표시의 판단기준이 될 수 있는 점을 들어 의사표시의 구성요소로 다룰 것이라고 한다.[11]

그렇다면, 과연 表示意思를 의사표시의 구성요소로 볼 것인가. 그 해결은 먼저 표시의사와 효과의사가 동질의 것인가, 즉 법률행위상 "아무것도 의욕하지 않는 것"(표시의사의 결여)과 "전혀 다른 어떤 것을 의욕하는 것"(효과의사의 결여)이 법적 판단에서 차이를 가지는가. 민법은 표시의사 없는 효과의사의 표시를 직접 명문으로 규정하고 있지는 않지만 표시의사 없는 효과의사의 표시는 효과

11) 이영준 110-1면.

의사 없는 표시행위의 문제로 처리하여 착오에서 포섭하는 것으로 이해된다.

결국, 표시의사 없는 효과의사의 표시 또는 표시행위는 의사표시이론의 의사주의, 표시주의 어느 면에 있어서도 무의미한 것으로 다루어 질 수 없고 또한 다수설과 같이 비록 양 주의의 본체에 내포되어 나타나는 것이라고 하더라도 의사표시에 영향을 미치는 이상 의사표시의 구성요소에서 배척할 수 없을 것이다. 따라서 표시의사는 소수설이 주장하는 바와 같이 표시상 착오와 내용의 착오의 구별기준이 되고, 침묵인 의사표시의 판단기준이 될 수 있는 점에서 실익이 있고 표시의사의 잘못은 입증책임의 문제에 귀착할 것이다.

2. 行爲的 要素

(1) 行爲意思

行爲意思(Handlungswille)란 어떤 행위를 한다는 인식을 말하며, 의사표시라고 할 수 있기 위해서는 意識있는 擧動이어야 하며, 이 意識이 바로 행위의사라고 한다. 따라서 사람의 행위가 의식불명의 상태, 최면상태, 항거할 수 없는 강박상태에서의 행위는 곧 행위의사를 결하고 있으므로 행위자의 행위로는 되지 아니한다. 그러나 이와 같은 행위의사는 존재하거나 않거나 여부만 있을 뿐이며 흠의 문제는 있을 수 없는 것이라고 하고,[12] 행위의사가 없는 경우에는 의사표시는 따로 다룰 필요는 없다고 하여 이것을 표시행위의 문제로 다루고 있다. 따라서 의식 없는 수면 중의 행위나 강제에 의한 거동은 표시행위로서 가치가 없다.

(2) 表示行爲

(가) 表示行爲(Erklärungshandlung)는 효과의사를 표명(표시)하는 행위로서, 일정한 법률효과에 행하여진 의사를 외부에서 인식할 수 있도록 표현하는 행위이다. 그런데 의사표시에 의한 법률효과가 발생하는 것과 관련하여 표시행위가 가지는 의미를 어떻게 파악할 것인가. 견해에 따라 차이가 있다. 즉 의사주의에 의하면 표시행위는 단지 내적인 의사의 표현수단에 불과한데 반하여, 표시주의 또는 효력주의에 의하면 법률효과 본래의 근거 또는 의사의 실현행위가 된다.

---

12) Hübner, AT des BGB, Rn. 385.

(ㄱ) 表示行爲란 의사표시가 있는 것으로 볼 수 있는 소극·적극의 모든 외형적 거동을 말한다. 법률적 의미를 지니는 사람의 행위란 언제나 어떤 외형적 존재를 가져야 하므로 의사표시가 법률효과를 갖기 위해서는 우선 의사표시가 있었음을 인식할 만한 행위가 있어야 하고, 이 표시행위에 의하여 의사표시를 인식하게 된다. 따라서 표시행위는 효과의사의 표현행위이며, 의사표시의 중요한 내용을 이룬다.

(ㄴ) 表示行爲는 표의자의 효과의사가 추단될 수 있는 외부적 행위가 있는 경우에 그 존재가 인정되며, 대부분의 경우에는 표의자의 내심적 의사와 표시행위가 일치할 것이지만 때로는 내심적 효과의사가 없거나 불일치한 경우가 있게 되며 이것이 곧 의사와 표시의 불일치 문제이다.

(나) 인간의 容態(Verhalten)는 모두 표시행위로 될 수 있다.[13] 그러므로 의사표시의 方式 또한 여러 가지 방식에 의하여 행하여 질 수 있다.

意思表示의 表現方式은 명시적 또는 묵시적 의사표시가 그 대표적인 것이나, 이에 국한하지 않고, 포함적 의사표시, 의사실현에 의한 의사표시, 기타 법률이 의제하는 의사표시 형태로도 나타난다.

[94] Ⅲ. 意思表示의 立法主義

1. 의사표시의 心理的 課程과 입법주의

법률행위는 의사표시를 불가결의 요소로 하고 意思表示는 효과의사의 결정, 표시의사의 매개, 표시행위라는 심리적 3단계를 거쳐서 성립하게 된다. 그런데 이 3단계 중에서 意思表示의 본체를 이루는 것은 무엇인가. 의사표시의 입법주의 문제이며 거래의 안전보호이냐, 표의자의 보호이냐에 관련하여 의사주의와 표시주의로 나누어진다.

(1) 意思主義

(가) 意思主義는 법률효과가 부여되는 의사표시를 법률상 행위자의 진실한

13) Staudiger-Dilcher, Kommentar zum BGB, 12. Aufl. Vorbem. zu §116-444, Rn. 11.

의사, 즉 내심적 효과의사(innerer Erfolgswille)를 의사표시의 본체로 보고, 이에 일치하지 않는 의사표시는 모두 법률행위의 불성립 또는 무효로 다루어져야 한다는 주의이다.

현대의 사법제도는 개인 상호간의 법률관계는 원칙적으로 개인 스스로 그가 원하는데 따라 결정하고 자유로이 형성케 하는 것이 합목적적이라는 자유주의, 개인주의적 기초 위에 세워졌다. 따라서 사적자치는 개인의 자유로운 의사의 표시에 의하여 성립하는 법률행위에 관하여 개인이 의욕한대로 효과를 인정함은 당연한 것이라는 데 있고, Savigny에 의하여 주장된다.

(나) 의사주의는 意思表示의 本體를 내심적 효과의사에 둔다. 의사주의는 意思가 의사표시의 본체이고 表示는 수단, 즉 의사를 핵으로 표시를 외피로 본다. 따라서 意思主義는 사물의 본성에 입각하여 내심적 효과의사의 우월적 지위와 의사와 표시의 자연적 관계를 직시한다.

(다) 의사주의 하에서의 意思와 表示가 불일치한 경우에는 無效 또는 不成立으로서 효력이 생기고, 의사무능력・행위무능력은 그 意思의 흠결 또는 하자의 정도에 따라서 법률행위를 무효 혹은 취소할 수 있고, 이때 판단의 기준은 언제나 內心의 效果意思 내지는 眞意(wirklicher Wille)에 둔다.

또한, 의사표시가 효력을 발생하기 위해서는 표의자로부터 상대방을 향하여 발신되어야 하고 상대방에 요지됨으로써 효력을 발생시키는 것이 원칙이다.

(2) 表示主義

(가) 표시주의란 表示行爲를 의사표시의 본체로 보고 내심적 효과의사와 표시된 의사가 일치하지 않더라도 법률행위는 표시된 대로의 효과를 인정하는 주의이다.

(ㄱ) 表示主義는 표시행위에 대응하는 효과의사가 없는 경우에도 표시행위로부터 추단되는 효과의사가 존재하는 것으로 의제하여 표시행위대로 법률효과를 발생케 하려는 주의, 즉 意思의 外樣을 의사로 의제하는 이론이며 Röver와 Bähr에 의하여 주장된다.

(ㄴ) 법률행위자유의 원칙은 의사주의의 주장과 같이 개인의 심리적인 의사의 자유를 의미하는 것이지만 그러한 자유도 사회적 제한과 타협하여 공존한다는 기본 성격에서 면책될 수는 없다. 즉 거래의 안전 내지 동적 안전의 법리는

법률행위 내지 의사표시에 있어서의 표시주의이론, 공신의 원칙 등을 출현시킨다. 그러나 이들 법리나 이념은 결코 법률행위자유의 원칙과 상반적인 것이 아니라 본래 그것에 내재하는 것이며 개인의 진의인 순수한 내심의사의 존중과 조화를 이루면서 법률행위자유의 원칙을 받들고 있다. 따라서 이러한 근대사법의 일면인 합리성·신속성의 요청은 표시주의이론·사실적 계약관계론을 낳고 상법상 거래의 정형화, 엄격한 요식성, 외형의 존중을 산출한다.

(나) 표시주의는 의사표시의 본체를 表示行爲(Erklärungshandlung)에 둔다. 법률행위(의사표시)는 표의자의 의사에 기하는 것이기는 하지만, 그것은 외부에의 표현, 즉 표시행위를 수반하지 않는다면 법률적 의미를 갖지 않는다. 그러므로 표시행위에 대응하는 내심의 의사가 없는 경우에도 표시행위로부터 추단되는 의사가 존재하는 것으로 하여 표시된 대로의 법률효과가 생긴다.

(다) 意思와 表示가 불일치한 경우에는 원칙적으로 유효하나 표의자의 착오문제로 된다. 또한 법률행위의 하자에 관하여도 상대방보호, 거래안전의 측면에서 정한다.

(ㄱ) 無能力에 관한 규정은 본인보호에 치중되어 거래안전을 해하는 것이므로 제한하고, 무효·취소의 원인은 가급적 배제하며 그 효과도 다양화한다.

또한, 瑕疵있는 행위의 치유·전환 등으로 그 효력을 긍정하는 이론이나 입법을 증대한다.

(ㄴ) 法律行爲의 解釋은 당사자의 숨은 진의 내지 내심적 효과의사를 탐구하는 것은 아니며, 당사자 의사의 객관적인 표현이라고 볼 수 있는 것, 즉 표시행위가 가지는 의미를 밝히는 것으로 된다. 따라서 당사자의 내심적 효과의사는 법률행위의 효력에 영향을 미치는 일은 있어도(의사와 표시의 불일치, 하자있는 의사표시의 문제) 그것은 법률행위해석의 문제가 아니라 그 다음 단계인 법률적용 및 법적 가치판단에 있어서의 문제인 것으로 된다.

또한, 의사표시의 효력발생에 관하여도 상대방의 불이익을 불사하고 발신주의를 취하려고 한다(§15, §131, §455, §531 참조).

(3) 效力主義

(가) 효력주의란 의사표시를 효력표시(Geltungserklärung), 즉 법률효과를 객관적으로 표의자에게 귀속시킬 수 있게 하는 표의자의 모든 행위가 의사표시라

고 하는 주의이며, Bülow가 창시하고 Nipperdey, Larenz에 의하여 확립된다.

(나) 효력주의는 意思와 表示를 일체로서 意思表示의 要素로 본다.

효력주의이론은 의사와 표시와의 관계를 법률의 제정과 공포와 관계로 비교하고 의사표시가 구체적 규범으로써 형성되기 위해서는 법률의 공포와 같이 표시됨으로써 규범으로 성립되므로 표시행위는 단순한 수단이 아니라 의사와 같이 의사표시의 본체라고 보아 의사주의·표시주의의 이론이 의사와 표시의 이원적 구별을 배척하고 일체로서의 의사와 표시가 의사표시의 요소라고 한다. 그러므로 의사표시는 效力의 表示, 즉 의사표시는 내심적 의사의 단순한 통지가 아니라 의사의 실현(Willensvollzug)이며, 의사는 그것이 실현되는 표시와 불가분적으로 결합되어 있다고 한다.

(다) 효력주의이론에 의하면 錯誤에 의한 意思表示는 표의자가 표시행위에 의하여 이를 私的 規律로 존재하게 하였고, 이에 상부하는 효력을 부여하였으므로 이에 상응하는 효과의사가 존재하지 않는다고 하더라도 의사표시로서 성립하고 효력을 발생하며 단지 취소사유에 불과한 것으로 된다는 점에서 의사주의와 다르고 표시주의와 같이 한다. 그러나 표시주의는 이때 이론적 근거를 상대방의 신뢰보호에서 구하는 데에서 효과주의이론이 표의자와 표시에 대하여 표시내용과 같이 법률효과를 발생하도록 효력을 부여한데 있다는 점에서 양자는 다르다.

Flume는 의사표시의 성질을 效力主義로 이해하면서도 효력주의가 의사주의에 대립적으로 이해하거나 의사적 요소를 세분화하는 흠 있는 의사표시에만 문제되므로 의사표시이론은 정상적인 의사표시에서는 불필요하고 비정상적인 의사표시에서 출발하여야 한다고 한다(Flume, a. a. O., S. 49-51). 그리하여 Flume는 의사표시는 법률관계의 형성행위로서 표의자에게만 관계되는 것은 아니고 타인과도 관계된 사회적 행위이므로 법률관계의 형성이라는 의사표시의 본질로부터 자기결정의 잘못에 대한 그 위험을 누가 부담하는가. 문제이며, 원래 사적자치에는 자기결정에 대한 자기책임도 포함하지만 그 의사 흠결의 경우 어떤 범위에서 자기책임을 고려할 것인가는 실정법상 문제라고 한다.

결국, 효력주의에서는 意思欠缺의 경우 표시행위의 효력을 정당화할 필요도 없고, 또한 錯誤의 경우 의사와 표시를 승인하지 않기 위하여 효력주의를 취할 필요도 없다. 따라서 표시주의와 같이 의사의 흠결을 부정할 필요도 없고, 또한 의사주의와 같이 무효도그마를 취할 필요도 없다고 한다.

2. 立法主義의 검토

(1) 立法主義의 비교

이상의 견해를 비교하여 보면, 意思主義는 근대법의 대원칙인 개인의사자치 이념에 철저한 주의이며, 주로 표의자의 이익보호를 중심으로 하는 입장이라고 할 수 있다. 이에 반하여 表示主義는 표의자 본인의 이익보다는 선의의 상대방이나 거래의 안전을 더 중요시하는 입장이며, 效力主義 또한 표시행위를 의사표시를 완성하는 요소로 봄으로써 표시주의와 특별히 구별할 것은 아니다.

이들은 모두 정당한 이유와 근거를 가진다. 그러므로 어느 한 쪽만을 취한다는 것은 불합리하고, 또한 양자를 현실적으로 양립시킨다는 것도 반드시 용이한 일은 아니다. 그리하여 대부분의 입법례가 그 정도의 차이는 있으나 양자간의 절충주의를 취하고 있다.

(2) 表示主義의 근거

(가) 절충주의에서 意思와 表示의 불일치문제는 결국 당사자의 귀책사유문제로 되며, 의사표시는 원칙적으로 표시된 대로 효력이 생기지만, 상대방에 귀책사유가 있는 때에는 그 효력이 배제된다.

어떻든 절충주의의 공통점은 의사표시를 意思와 表示라는 독립적인 두 요소로 구성된 것으로 파악한다. 그러나 이에 대한 소수설은 의사표시와 표시를 일체로 파악할 것이란 점에서 效力主義를 취하거나 효력주의에 유사한 이른바 新意思主義를 주장하는 견해가 있다.[14]

新意思主義는 법률효과를 의욕하지 아니한 것이 의사표시일 수 없으므로 내심적 효과의사만이 의사표시일 것이지만, 다만 민법이 표시된 대로 효력을 발생하게 한 것은 의사표시이어서가 아니라 자기가 표시한데 대한 자기책임의 결과에서 발생하는 것이라고 한다. 즉 전통적 의사주의가 의사만을 유일한 효력소로 본 것은 지나친 것이며 표시행위도 효과의사와 동일하게 의사표시의 효력소로 보아야 하나 그 중 우월적 지위를 갖는 것은 의사(내심적 효과의사)라고 한다.

그리하여, 新意思主義는 의사에 하자가 있는 경우 자기책임의 원칙에 의하여 표시된 대로 효력을 발생한다는 점에서 의사주의와 다르고, 자기결정의 원칙에 의하여 이른바 표시상의 효과의사의 실존을 부정하는 점에서 표시주의에 기운 절충주의와 다르다고 한다. 또한 신의사주의는 효력주의에 가깝게 접근되나 개인의 의사를 보다 강조하고 의사의 우월적 지위로부터 출발하고 있는 점에서의 의사주의에 보다 가깝다고 한다(이영준 123면).

---

14) 이영준 118-21면; Flume, a. a. O., S. 49-51.

그리하여 이들은 의사표시의 본질을 비정상적인 의사표시에서 파악할 것인가, 아니면 정상적인 의사표시에서 파악할 것인가 문제로 파악하고, 특히 意思와 表示의 분리는 병리적인 경우에만 발생할 뿐이므로, 이 경우에는 효력발생의 근거를 의사표시의 본질에서 찾을 것이 아니라 실정적 규정에서 찾을 것이라고 한다.

생각건대, 신의사주의는 의사주의이론으로서 의사표시의 본체는 의사이지 표시는 아니며 법질서가 의사표시에 대하여 효력을 부여하고 있는 것은 자기결정에 따라 법률관계에 효력을 부여하는 것이 가장 이상적이기 때문이며, 이때 의사는 표시의사가 아니라 내심적 효과의사이며 이 내심적 의사효과만이 의사표시의 본체라고 한다. 다만 우리 민법이 非眞意表示에서 원칙적으로 표시된 대로 효력을 부여하고 있는 것은 표시행위가 의사표시이기 때문에 효력이 발생하는 것은 아니고 자기결정에 따른 자기책임의 원칙에서 효력이 발생하는 것이라는 데 있다. 이와 같이 신의사주의이론은 사적자치에 근거하여 자기결정에서 효과의사로서 의사표시로 되고 의사표시에 의해서만 효력이 발생할 것이지만, 다만 예외적으로 자기책임의 원리에서도 효력이 발생한다는 데 근거한다. 즉 법률행위의 효과는 원칙적으로 자기결정에서, 예외적으로 자기책임에서 법률효과가 발생한다는 데 있다. 그러나 민법의 실정규정에서 보면 원칙적으로는 표시된 대로 효력이 생기고, 예외적으로 내심의 의사를 참작하게 하고 있다(§107 ② 참조). 이와 같은 태도를 신의사주의이론에 적용하면 원칙적으로 자기책임의 원칙에서, 예외적으로 자기결정의 효과의사에서 법률효과가 발생하는 것이 되어 원칙과 예외가 전도되는 결과를 가져온다. 따라서 이와 같은 결과는 신의사주의가 당초 의도하는 의사와는 다른 결과를 가져오게 된다.

결국, 통설과 같이 표시주의이론을 취하면서 그 이론적 구성으로 표시행위 자체는 진정한 의미의 의사표시라고는 할 수 없지만 상대방과 거래안전보호의 필요에서 법률이 의사표시로 의제한 것이라고 보면 어려운 점이 없게 된다. 즉 표시행위를 의사표시로 보는 근거는 법률상 의제이며, 일단 법률상 의제에 의하여 의사표시로 보는 경우에도 당사자가 특히 달리 의사표시로 볼 수 없는 사정이 있는 때(§107 ① 단서, §108)에는 의사표시로서의 효력이 배척되는 것이라고 보아야 할 것이다.

3. 民法上 態度

(1) 學說의 태도

(가) 우리나라에서의 의사표시이론은 의사흠결의 해결과 관련하여 논의되며 압도적인 견해가 절충주의를 채택한다. 그러나 구체적으로는 표시주의를 원칙적으로 하는가, 의사주의를 원칙으로 하는가에 관하여는 차이가 있다.

(나) 절충주의는 내심의 의사와 표시상 효과의사의 어느 한편을 주로하면서 다른 한편을 가미하는 주의로서 의사주의나 표시주의의 어느 한쪽만을 철저히 관철한다는 것은 비현실적이라고 보아 입법례의 차이는 있으나 양자 사이의 절충을 꾀하여 상호 대립하는 가치를 조정한다. 그리하여 우리 민법이 意思主義를 따른 것으로는 허위표시를 무효로 하고(§108 ①), 비진의표시를 예외적으로 무효로 한 점(§107 ① 단서), 중요한 착오에 취소로서 무효화한 점(§109 ①) 등을 들 수 있고, 表示主義를 따른 것으로는 비진의의사표시를 원칙적으로 유효한 행위로 하고(§107 ①), 중요하지 아니한 착오의 경우와 착오자에게 중대한 과실이 있는 경우 취소할 수 없게 하거나 중요한 착오의 경우에도 취소할 수 있는 행위로 한 점(§109 ①) 등이다.

이렇게 민법이 양 주의를 절충하여 규정함으로서 의사주의·표시주의이론의 다툼은 사실상 입법적으로 해결되었다고 볼 수 있고,[15] 다만 意思表示의 效力근거 문제로만 논의될 실익이 있는데 불과하다. 그러나 이 경우에도 상대적으로 어느 쪽을 보다 강조하느냐에 따라 정도의 차이는 다르다.

(2) 適用의 한계

우리 민법이 折衷主義를 취한다고 할 때 그 적용은 행위의 외형을 신뢰한 상대방을 보호하고 거래의 안전을 도모하려는 것이므로 그 적용은 재산법상 행위(§103, §107-§109, §15-§17 참조)에 국한하고, 당사자의 진의가 절대적으로 존중되는 신분법상행위에는 적용되지 않는다. 따라서 가족관계인 법률관계에서는 의사주의만을 적용한다.

재산법상 행위 ┌ 원칙 — 표시주의를 적용
　　　　　　　 └ 예외 — 의사주의를 적용

15) Flume, a. a. O., S. 56f.; E. Wolf, Allgemeiner Teil des BGB, 3 Aufl., 1982. S. 298, Rn. 8; 송덕수, 전게논문 127면 참조.

└ 가족법상 행위 — 의사주의만을 적용(당사자진의의 절대적 존중)

[민법상 의사주의와 표시주의]

表示主義의 適用	① 법해석 – 사회신뢰, 선량한 풍속 기타 사회질서 ② 의사무능력 · 행위무능력 ③ 의사와 표시의 불일치 – 원칙상 유효 ④ 의사표시의 효력발생시기 – 발신주의의 증가 ⑤ 하자 효과 – 무효 · 취소
意思主義의 適用	① 의사무능력 · 행위무능력 – 정도에 따른 무효 · 취소 ② 법률행위의 해석 – 당사자의 의사에 합치 ③ 의사표시의 효력발생시기 – 도달주의 ④ 의사와 표시의 불일치 – 무 효

[95] Ⅲ. 意思表示의 여러 모습

1. 明示的 意思表示와 默示的 意思表示

(1) 明示的 意思表示

(가) 明示的 意思表示란 표의자의 의사를 상대방이 명확히 알 수 있도록 표시하여 행하는 의사표시를 말하고, 의사표시는 명시적으로 표시됨을 원칙으로 한다.

명시적 의사표시는 의사표시만으로 족하지만 법률이 일정 형식을 요하는 경우에는 방식을 갖추어야 한다.

판례는 민법 제555조에 의하여 해제가 제한되는 서면에 의한 증여에서 증여의 의사표시는 수증자에 대하여 서면으로 표시하여야 하는 것이므로, 甲이 원고에게 이 사건 부동산을 증여하고 그 증여의 의사를 강제집행의 방법으로 실현하기 위하여 스스로 선임료를 지급하고 소송대리인을 선임하여 원고명의로 위 부동산에 가압류신청을 하고, 나아가 자신을 상대로 사실혼 해소에 따른 위자료지급을 구하는 조정신청을 하기로 하였다는 사정만으로는 甲의 증여의 의사표시가 원고에게 서면으로 표시되었다고는 볼 수 없는 것이라고 하여 명시적 의사에 일정한 방식을 요한다.16)

(나) 명시적 표시와 묵시적 표시의 구별에 관하여 견해가 대립한다.

---

16) 대판 1996.3.8, 95다54006.

主觀說은 효과의사가 표시행위에서 직접 표현된 경우에는 명시적 표시이고 간접적으로 효과의사를 추단할 수 있는 경우를 묵시적 표시라고 하는데 반하여,[17] 客觀說은 사용된 표시수단의 의미가 거래관행・법률의 규정 또는 당사자의 약정에 의하여 처음부터 확정된 경우가 명시적 표시이고, 개별적 경우 여러 사정이 결합하여 추단되어 행하여진 표시로 되는 경우를 묵시적 표시라고 한다.[18] 그러나 실제적용에 있어서는 이를 구별할 실익이 없다.[19]

(2) 默示的 意思表示

(가) 默示的 意思表示는 거동에 의해 행해지는 의사표시, 다른 행위에 내포되어 행해지는 포함적 의사표시, 전혀 표시가 없으나 주위사정에 의해 인정되는 의사표시, 즉 의사실현에 의한 의사표시가 이것이다.

(나) 묵시적 의사표시는 명백히 표시되지 않을 뿐 태도에 의하여 표시되는 것이어서 표시행위라고 하기 위해서는 의식적으로 행하여져야 한다. 따라서 무의식적・폭력적 행위에 의한 표시의사는 의사표시라고 할 수 없다.

(ㄱ) 沈默에 의한 意思表示: 침묵에 의한 의사표시는 표의자가 어떤 의사표시를 하지 않았지만 주위사정으로 인하여 일정한 의사표시를 한 것으로 의제되는 의사표시이다. 따라서 침묵이 의사표시로 되기 위해서는 침묵 자체만으로는 부족하고 특별한 사정, 즉 관행 또는 인접 의사표시에 의하여 침묵을 의사표시로 평가하는 사정이 있어야 한다. 다만 침묵자가 이를 認識하고 있어야 하는가.

認識要求說은 침묵자가 인식하지 못하고 한 침묵은 의사표시로 되지 아니하나, 침묵자가 그 침묵의 의미를 인식하지 못한데 대한 과실이 있는 때에는 계약체결상 과실책임을 지는 경우가 있을 것이라고 한다(Flume §5. 2b, 이영준 111면).

認識不要說은 의사표시로 평가되는 객관적 사정의 존재로 족하고, 침묵자에 그러한 특별한 사정의 인식은 요구되지 않는 것이라고 한다(이은영 457면).

다수설은 법률이 침묵을 의사표시로 의제한 것으로는 무능력자(법정대리인)의 최고에 대한 상대방이 기간 내 확답을 하지 아니한 경우의 추인의제(§15 ①②), 상사거래에서의 청약에 대한 승낙해태로 인한 승낙의 간주(상법 §53)를 들 수 있고, 어느 경우나 일정한 기간의 경과로 법률효과를 부여하고 있는 점을 들어 침묵자

17) 백태승 314면. 송덕수 민법강의(상) 84면, 동 주해(2) 144면.
18) 이은영 454면, 이영준 109면, 김준호 345면.
19) 동지, 곽윤직 197면.

에 인식은 불필요한 것이라고 한다. 그러나 認識要求說은 침묵자의 인식은 바로 표시의사를 의미하는 것으로 침묵자가 침묵의 의미를 의식하지 못하고 있는 경우에는 의사표시로 되지 않고 단지 착오침묵으로서 표시상 착오이론에 준하여 규율될 것이라고 한다. 따라서 침묵자가 그 침묵을 인식하지 못하고 한 침묵은 의사표시로 되지 않지만 침묵자가 그 침묵의 의미를 인식하지 못한데 대한 과실이 있을 때에는 계약체결상 과실책임을 지는 경우가 있을 것이라고 한다.[20]

결국, 양설의 차이는 표시의사를 의사표시의 구성요소로 볼 것인가 여부의 차이이며, 이를 긍정하면 침묵이 의사표시로 되기 위해서는 최소한 침묵자에 의사표시로의 인식은 있어야 할 것이다. 그러나 이것이 외부적 요인에 의하여 추단되는 때에는 침묵자의 인식과 무관하게 의사표시로 다루어질 수 있게 된다.

(ㄴ) 包含的 意思表示: 포함적 의사표시는 행위자가 실행행위, 특히 이행행위 또는 이행의 수령행위를 하면서 이에 의하여 어떤 법률관계가 형성된다는 사실을 인식하는 때 성립되는 의사표시, 즉 추단된 의사표시를 말한다. 예컨대 소비대차기간 만료 후 借主의 이자지급과 貸主의 수령행위에의 기간연장의 합의, 임대차의 묵시적 갱신 및 취소할 수 있는 법률행위의 추인 등이 이것이며, 의사표시가 실행행위 내지 이행행위에 내포되어 있다는 점에서 침묵적 의사표시, 침묵에 의한 의사표시와 구별된다.

또한, 包含的 意思表示는 의사표시로서의 의미를 가지나, 제2차적 행위와 모순되지 아니하는 범위에서 이의를 보유함으로써 그 성립을 막을 수 있다.

2. 擬制된 意思表示

(1) 意思實現에 의한 의사표시

意思實現에 의한 의사표시는 소유권의 포기, 취득할 수 있는 법률행위에 의하여 취득한 물건의 소비행위와 같이 직접적인 의사표시는 없었으나 의사표시로 추단하여 그 성립을 인정하는 것이다. 따라서 민법상 계약의 성립(§532), 자기계약·쌍방대리(§124) 등에 명시적 표시행위 없는 의사표시를 인정하고 있다. 그러나 의사실현에 의한 의사표시를 통상의 의사표시와 구별하는 것은 온당하지 않다는 견해도 있다.[21]

---

20) Flume §5, 2b; 이영준 111면.

다만, 自動販賣機를 설치하는 것은 의사표시라고 볼 수 있는가.

통상 자동판매기의 설치행위는 그 설치행위 자체가 청약의 의사표시라고 한다. 다만 승낙의 의사표시는 승낙의 효력발생시기와 관련하여 자동판매기에 돈을 투입하는 것 자체는 아직 승낙의 의사표시를 하였다고 볼 수 없고 자판기에 돈을 넣고 선택버튼을 누름으로서 승낙의 의사표시로 된다.

(2) 法律이 의제하는 의사표시

법률이 의제하는 의사표시는 의사표시가 존재하지 아니함에도 불구하고 민법이 어떤 의사표시의 존재 또는 어떤 약정이 존재하는 것으로 간주하는 경우이다. 예컨대 무능력자 상대방의 최고(§15 ①②), 임대차의 법정갱신(§639 ① 전단) 등이며, 민법은 당사자의 추정적 의사와 관계없이 법정적 간주규정을 둔다.

다만, 이와 같은 法定的 法律關係에 의사표시에 관한 규정을 유추 적용할 것인가. 대체로는 침묵이 추인거절로 의제되는 경우(§131 후단)에는 배척될 것이라고 하나 침묵이 추인 또는 갱신으로 의제되는 경우에는 의사표시의 규정을 유추 적용할 것이다.

제 2 절 非正常的 意思表示

[96] Ⅰ. 非正常的 意思表示의 概念

(1) 민법은 제2절 의사표시(§107 내지 §113)에서 주로 비정상적 의사표시에 관하여 규정하고 개별적 유형에 따라 그 효력을 정하고 있다.

여기서 非正常的 意思表示란 의사의 형성 또는 표시상의 흠결이 있거나 의사의 결여 및 하자있는 의사표시를 총칭하는 것으로서 민법은 그 효력을 획일적으로 정하지 않고 무효 또는 취소할 수 있는 것으로 하거나, 때로는 비정상적 의사표시에도 불구하고 일단 유효한 것으로 한다. 또한 이들 규정의 법률적

21) 이영준 123면.

성질에 관하여도 착오에 관한 규정은 임의규정이지만, 사기·강박에 관한 규정은 강행규정으로 한다.

(2) 非正常的 意思表示의 취급에 관하여 종래 견해는 의사와 표시가 일치하지 않는 의사표시와 하자있는 의사표시로 나누어, 전자는 표의자의 내심적 효과의사가 표시행위로부터 추단되는 표시상의 효과의사와 부합하지 않는 것으로서 비진의 표시·허위표시·착오를 말하고, 후자는 意思가 타인의 위법한 간섭으로 방해된 상태 하에서 자유롭지 못하게 행해진 것으로서 사기·강박에 의한 의사표시를 말한다고 하여 양자를 서로 다른 것으로 분류하였다. 그러나 최근의 견해는 양자 모두 의사와 표시에 흠이 있는 의사표시라고 하는 점에서 병(病)적인 의사표시로서 차이가 없고 또한 구별하여도 방법론적으로 실익이 없다는 점에서 이들을 일괄하여 비정상적 의사표시로 다루고 있다.

더욱, 민법은 사기·강박에 의한 의사표시를 의사와 표시가 불일치한 의사표시와 구별하여 하자있는 의사표시로 표현하고 있었으나 개정 민법(안)은 이를 삭제하여 동일한 법리로 처리한다.

- (1) 意思와 表示의 불일치
  - ① 비진의표시(非眞意表示)
  - ② 허위표시(虛僞表示)
  - ③ 착오(錯誤)에 의한 의사표시
- (2) 사기(詐欺)·강박(强迫)에 의한 의사표시

[97] Ⅱ. 意思와 表示가 不一致한 意思表示

1. 眞意아닌 意思表示

甲은 자주 출입하던 요정의 주석에서 평소에 잘 알고 지내던 乙女에게 진의없이 자기소유에 속하는 아파트 1동을 주겠다고 하였던 바, 乙女는 이를 진의로 믿고 丙에게 매매로 가장하여 다시 증여하고 丙은 다시 丁에게 양도하였다. 이 경우 甲·乙·丙·丁간의 법률관계는 어떻게 되는가.

---

(1) 眞意아닌 意思表示의 의의

(가) 진의 아닌 의사표시는 표시행위가 표의자의 진의와 일치하지 않는 의사

표시, 즉 의사와 표시가 불일치하는 것을 표의자가 스스로 알면서 하는 의사표시를 말하고, 單獨虛僞表示 또는 心理留保라고 한다.

(ㄱ) 비진의 의사표시는 표의자가 거짓말임을 알고 행하는 점에 通情虛僞表示와 같고 錯誤와 구별된다. 그러나 비진의 표시는 표의자가 단독으로 허위표시를 하고 상대방이 있는 경우에도 상대방과 통정하지 않는 점에서 通情虛僞表示와 구별된다.

(ㄴ) 민법은 非眞意表示와 虛言을 구별하지 않고 일괄하여 비진의표시로 규정한다. 법리적으로 비진의표시는 상대방이 진의 아님을 알지 못하리라고 기대하는 경우와 알아차릴 것을 기대하는 경우를 구별하여 원칙적으로 전자는 유효, 후자는 무효로 함이 논리적일 것이지만, 실제적용 면에서 어려운 점을 고려하여 우리 민법은 양자를 구별하지 않고 일률적으로 처리한다.

(나) 非眞意表示에 관하여 민법 제107조 제1항은 원칙적으로 유효함을 규정하고 다만 상대방이 표의자의 진의 아님을 알거나 알 수 있었던 경우에는 예외적으로 무효로 한다. 또한 동조 제2항은 예외적으로 무효인 경우에도 그 무효를 가지고 선의의 제3자에 대항하지 못함을 규정한다.

이와 같은 민법의 태도에 관하여 다수설·판례는 제1항 본문을 표의자를 보호할 필요가 없다는 점에서 표시주의를 규정한 것이라고 한다.[22] 그러나 소수설은 표의자가 진의를 상대방을 모르게 숨기고 그와 다른 표시행위를 하면서 상대방에 표시된 대로 법률효과가 발생한다고 믿도록 하는 것이 표의자의 의사이고 이 의사에 따라 표시된 대로 효력이 발생하는 것이라고 한다.[23]

(2) 眞意아닌 意思表示의 요건

(가) 意思表示가 있어야 한다. 즉 일정한 효과의사로 단정할 가치 있는 행위가 있어야 하고, 상대방 또는 일반 제3자가 진의일 것을 기대하고 있는 의사표시, 즉 虛言 등이 그 예이다. 그러나 법률관계의 발생을 의욕하지 않음이 명확한 경우, 예컨대 사교적 농담·교수의 예시 등은 의사표시가 있었다고 할 수 없으므로 비진의표시의 문제는 생기지 않고, 또한 공법상 의사표시, 예컨대 영업신고·공무원의 사직원·재판상 진술 등에는 적용되지 않는다.[24]

---

22) 대판 1987.7.7, 86다카 1004.

23) 이영준 304면.

24) 이영준 306-7면, 김주수 268면; 대판 1978.7.25, 76누276; 1992.8.14, 92누909; 1992.5.26, 91다

(나) 表示와 眞意가 일치하지 않을 것이어야 한다. 비진의 의사표시이기 위해서는 표시에서 드러난 표시의사가 진의와 일치하지 않을 것이어야 한다.

(ㄱ) 비진의표시에서의 眞意란 특정한 내용의 의사표시를 하고자 하는 표의자의 생각을 말하는 것이지 표의자가 진정으로 마음속에서 바라는 사항을 뜻하는 것은 아니다.[25] 따라서 표의자가 의사표시의 내용을 진정으로 마음속에서 바라지는 아니하였다고 하더라도 당시 상황에서는 그것이 최선이라고 판단하여 그 의사표시를 하였을 경우에는 이를 내심의 효과의사가 결여된 진의 아닌 의사표시라고 할 수 없다.[26]

그리하여 판례는 표의자가 강제에 의하여 나마 증여하기로 하고 그에 따른 증여의 의사표시를 한 이상 내심의 효과의사가 결여된 것이라고 볼 수 없고,[27] 또한 사실상 장애로 자기명의로 대출 받을 수 없는 자를 위하여 대출금채무자로서 명의를 빌려준 자에게 그와 같은 채무부담의 의사가 없는 것이라고 할 수 없으므로 그 의사표시는 비진의표시라고 할 수 없는 것이라고 한다.[28]

또한, 信託行爲나 名義貸與 등에는 비진의 의사표시가 성립할 여지가 없다. 판례는 학교법인이 사립학교법상 제한규정을 피하기 위하여 그 학교의 교직원 명의로 금전을 차용한 경우, 교직원들이 주채무자로서 채무를 부담하겠다는 의사를 가지고 있었다고 해석함이 상당하므로 의사와 표시의 불일치는 존재하지 않는 것이라고 한다.[29] 그러나 근로자가 사용자의 지시에 좇아 일괄하여 사직서를 작성 제출할 당시 그 사직서에 기하여 의원면직처리 될지도 모른다고 인식하였다고 하더라도 그것만으로는 그의 내심에 사직의 의사가 있었다고 할 수 없는 것이라고 하고,[30] 또한 영수증에 '총완결'이라는 문언을 부여하지 않으면 돈을 주지 않겠다고 하므로, 우선 돈을 받기 위하여 거짓 기재하였다면 의사와 표시가 일치하는 것이라고 볼 수 없는 것이라고 하여 효과의사 자체의 존재를 부정한다.[31]

45578.

25) 대판 2001.1.19, 2000다51919・51926; 1993.7.16, 92다41518; 1996.12.20, 95누16059.

26) 대판 2001.1.19, 2000다51919・51926.

27) 1993.7.16, 92다41528; 강제헌납재산의 반환청구사건

28) 대판 1996.9.10, 96다18182.

29) 대판 1980.7.8, 80다639.

30) 대판 1991.7.12, 90다11554 ; 1991.5.24, 90나13222.

31) 대판 1969.7.8, 69다563.

(ㄴ) 意思와 表示의 불일치 여부는 自然的 解釋에 의하여 확정한다. 따라서 비진의 표시로 되기 위해서는 진의와 표시가 불일치함으로 족하고 표시와 다른 표의자의 진의가 전혀 표명되지 않았어야 하는 것은 아니다. 표의자의 진의가 표명된 경우에도 상대방이 이를 알지 못하거나 알 수 없었으면 비진의표시로 되는데 충분하다. 또한 表意者의 眞意는 표현된 법률효과 자체이어야 하고 어떤 효과를 의욕 하면서도 이를 이행하지 아니하려는 경우에는 비진의표시는 성립하지 않는다.[32]

문제는 표의자가 多義的인 表示를 한 경우 비진의표시로 되는가.

대체로는 민법 제107조 제1항을 유추 적용하여 상대방이 이해한 대로 효력이 발생한다고 해석해야 할 것이라고 한다.[33] 그러나 반대설은 객관적으로 다의적인 표시가 어떤 의미로 표시되었지만 실제로 표의자가 다른 의미로 이해한 때에는 비진의표시를 정면으로 적용하여야 하고 상대방이 다른 의미로 이해한 때에는 비진의표시문제가 아니고 무의식적인 불합의 문제라고 한다.[34]

(다) 表意者가 스스로 이와 같은 불일치를 알고 있을 것이어야 한다.

표의자가 진의 아님을 알고 있는 점에서 착오나 사기에 기한 의사표시와 구별되며, 표의자가 상대방이 진의 아님을 알지 못하리라고 기대하는 경우뿐만 아니라 알아차리리라고 기대하는 경우를 포함한다.

(라) 表意者가 그러한 행위를 하게 된 이유나 동기는 묻지 않는다.

예컨대, 상대방이 제3자를 기만할 목적이든, 상대방이 표의자의 진의를 알 것이라고 기대하고 하는 경우이든(허언) 또는 상대방의 표의자의 진의를 알 것이라고 기대하지만 표시된 것이 진실로 받아들여질 수 있다고 생각하는 경우(악의의 허언)이든 불문한다.[35]

(3) 非眞意表示의 效果

(가) 원칙적 유효로서의 효과　　비진의표시는 원칙적으로 意思表示의 效力에 영향을 미치지 않는다(§107 ① 본문). 즉 표시된 대로의 효력이 생긴다.

비진의의사표시가 표시된 대로 효력이 발생하는 근거에 관하여 表示主義的

---

32) 이영준 306면, Flume, §20, I.

33) 이영준 306면.

34) Staudinger-Dicher, §116 Rn. 4 ; 송덕수, 진의아닌의사표시(고시연구 1990.5) 133면 참조.

35) 대판 1992.5.22, 92다2292.

折衷說은 효과의사가 존재하지 아니하고 표시행위만 존재하게 되므로 의사와 표시가 일치하지 않음에 불구하고 표시된 대로 법률효과가 발생하는 것은 민법이 표시주의를 취한 결과라고 하는데 반하여, 新意思主義論은 비진의표시가 표시된 대로 효력이 발생하는 것은 표의자가 이를 의욕하였기 때문이라고 한다. 즉 표의자의 진의를 상대방이 모르게 숨기고 그와 다른 의사표시를 하면서 상대방이 표시된 대로 법률효과가 발생한다고 믿도록 하려는 것이 표의자의 의사이고 비진의표시는 이 의사에 따라 표시된 대로 효력을 발생하는 것이라고 한다. 그러나 신의사주의론의 효력발생근거를 표의자의 의욕에서 구할 경우 표의자가 상대방이 진의 아님을 알 것이라고 기대하는 허언의 경우를 설명하기 어렵게 된다.

(나) 예외적 무효로서의 효력　상대방이 表意者의 眞意아님을 알았거나 알 수 있었을 때에는 무효이다(§107 ① 단서). 따라서 표의자가 無效를 주장하는 경우 악의 또는 과실 있는 상대방은 이를 부정하지 못한다.

판례는 사용자가 근로자로부터 사직서를 제출받고 이를 수리하는 의원면직의 형식을 취하여 근로계약관계를 종료시킨다고 하더라도 사직의 의사 없는 근로자로 하여금 어쩔 수 없이 사직서를 작성·제출하게 한 경우에는 실질적으로 사용자의 일방적 의사에 의하여 근로계약관계를 종료시키는 것이어서 해고에 해당하는 정당한 이유 없는 해고조치는 부당해고와 다름없는 것이라고 하고,[36] 또한 사직서가 진의에 의하여 제출된 것이 아님을 알면서도 의원면직 처리한 것은 부당해고로서 무효라고 한다.[37]

(ㄱ) 여기서 '알거나 알 수 있었을 때'란 과실에 의한 상대방의 비진의라는 사실의 知·不知를 말함이고, 그 결정의 시기에 관하여는 비진의표시가 도달한 때라는 견해가 있으나,[38] 다수설은 非眞意라는 사실의 知·不知나 過失의 유무는 행위 당시, 즉 상대방이 표시를 요지한 때를 표준으로 정할 것이라고 한다.

또한, 相對方의 惡意 또는 過失의 유무는 무효를 주장하는 자(표의자)가 입증하여야 한다.[39] 이는 민법 제107조의 취지가 거래안전 및 상대방의 신뢰를 보

36) 대판 1991.7.12, 90다11554.
37) 대판 1993.5.25, 91다41750.
38) 이영준 311면, 김상용 460면, 이은영 477면.
39) 대판 1992.5.22, 92다2295.

호하려는데 있기 때문이다.

(ㄴ) 표의자의 무효주장을 선의·무과실의 상대방은 이를 긍정할 수 있으나 유효를 주장하는 경우 이를 부정할 수 있는가. 다수설은 민법 제107조 제1항 본문이 "……그 효력이 있다."라고 규정한 점과 제3자에 대한 관계를 들어 부정한다. 또한 표의자가 有效 또는 無效를 주장하지도 않은 경우 상대방이 자기의 악의·과실을 주장하여 이를 거절할 수 있는가. 다수설은 상대방의 무효 기대 또는 무효의 성질과 제107조 단서가 아무런 제한도 두고 있지 아니한 것을 들어 긍정한다.

(ㄷ) 代理人의 背任的 行爲를 상대방이 알거나 알 수 있었던 경우에도 동조 단서의 적용이 있는가. 대리권남용의 문제로서 학설이 대립하나, 판례는 진의 아닌 의사표시가 대리인에 의하여 이루어지고 그 대리인의 진의가 본인의 이익이나 의사에 반하여 자기 또는 제3자의 이익을 위한 배임적인 것임을 그 상대방이 알 수 있었던 경우에는 민법 제107조 제1항 단서의 해석상 그 대리인의 행위는 본인에 관하여 효력이 발생하지 않거나, 무권대리행위로 되는 것이라고 하고, 그 여부는 표의자인 대리인과 상대방 사이에 있었던 의사표시의 형성과정과 그 내용 및 그로 인하여 나타나는 효과 등을 객관적인 사정에 따라 합리적으로 판단하여 정할 것이라고 한다.[40]

(ㄹ) 민법 제107조 제1항 단서에 의하여 비진의표시가 무효로 되는 경우 표의자는 상대방에 대하여 불법행위에 의한 손해배상책임을 지는가. 상대방이 악의는 아니지만 과실이 있는 때와 관련하여 문제된다.

肯定說은 상대방의 신뢰이익의 침해에 대해 배상해야 한다고 한다.

否定說은 우리 민법이 상대방이 알고 있는 경우뿐만 아니라 알고 있었을 경우에도 무효로 한 점으로 미루어 표의자의 손해배상책임은 배척되는 것이라고 한다[곽윤직 232면, 김학동 330면, 장경학 464면, 김준호 356면, 백태승 395면, 송덕수 민법강의(상) 152면].

다수설은 긍정설을 취하며, 실질적 측면에서 甲의 비진의표시에 乙이 알지 못하고 출자한 경우 비록 乙이 알지 못한데 과실이 있었다고 하더라도 甲은 비진의표시에 불법행위의 요건을 충족하는 한 乙에 대하여 배상책임을 부담하고, 다만 乙의 과실과 상계문제로만 처리되는 것이라고 한다. 그러나 견해에 따라

---

40) 대판 1987.7.7, 68다카1004.

서는 계약체결상 과실문제로 해결할 것이란 견해도 있다.[41]

생각건대, 민법 제107조 제1항 단서가 상대방이 '안 경우'와 그에게 '과실 있는 경우'를 동일하게 규정한 것으로 보아 민법은 묵시적으로 손해배상책임을 인정할 취지로 보인다. 그러나 이를 인정하더라도 표의자의 행위가 반드시 불법행위요건을 충족하는가는 의문이며, 또한 긍정설이 계약체결상 과실책임을 인정하기 위한 전제로서 어떤 의미가 표의자에게 있다고 보기도 어려우므로 이를 부정할 것이다.

(다) 제3자에 대한 효력 비진의 의사표시의 무효로 선의의 제3자에 대항하지 못한다(§107 ②). 여기서 善意란 진의 아닌 의사표시임을 알지 못한 것을 말하고, 過失의 유무를 불문한다. 선의・악의의 결정표준은 법률상 이해관계가 성립한 때이고, 그 입증책임은 그 법률행위의 무효를 주장하는 자에 있다.

또한, 第3者란 비진의표시를 기초로 새로운 이해관계를 맺은 자만을 의미하고, 그 입증책임은 제3자에 해당함을 주장하는 자가 부담한다.

문제는 善意의 제3자로부터 다시 전득한 자가 전득시 악의였던 경우 그는 악의의 제3자로 다루어지는가. 이때 전득자는 선의의 제3자인 권리를 승계(하자의 치유)하므로 이를 부정한다.

(4) 第107條의 적용범위

(가) 민법 제107조는 상대방 있는 의사표시에 한하지 않고 상대방 없는 의사표시에도 적용된다. 그러나 상대방 없는 의사표시의 경우에는 동조 제1항 단서 적용의 여지가 없다. 따라서 언제나 유효하다.

또한, 가족법상의 행위(신분행위)와 상법상의 주식인수의 청약에 관하여는 민법 제107조가 적용되지 않는다. 특히 혼인과 입양에 관하여는 이 뜻을 명문으로 규정하고 있다.

(나) 公法上 行爲에도 비진의표시에 관한 민법 규정은 적용되지 않는다.

판례는 귀속재산의 처분행위는 행정처분임이 명백하고 귀속재산처리법에 의한 매수인의 매수신청 또는 임차인의 임차신청 및 그 포기의 의사표시는 공법상 행위이므로 비진의표시에 관한 민법 규정은 적용되지 않는 것이라고 한다.[42]

---

41) 이은영 480면, 이영준 312면.

또한, 私人의 公法行爲에도 민법 제107조는 적용되지 않는다. 판례는 공무원이 사직의 의사표시를 하여 의원면직처분을 하는 경우 그 사직의 의사표시는 그 법률관계의 특수성에 비추어 외부적·객관적으로 표시된 바를 존중하여야 할 것이므로, 비록 사직원제출자의 내심의 의사가 사직할 뜻이 아니었다고 하더라도 그 의사가 외부에 표시된 이상 그 의사는 표시된 대로 효력을 발하는 것이라고 한다.[43]

위 사례에서 사안과 같이 甲이 乙에게 아파트 1동을 무상으로 주겠다고 진의 아닌 의사표시를 하였으나 乙은 이를 진정한 의사로 믿고 그 채권을 제3자 丙과 매매를 가장한 은닉행위를 한 것이므로 甲과 乙은 비진의표시문제이고, 乙과 丙은 은닉행위의 문제이다. 또한 丁은 그 전득자로서의 지위 문제이다.

(1) 설문의 경우에 乙이 甲의 진의아닌 의사표시를 진의로 오신하였다고 하더라도 그 구체적 사정과 경험칙에 비추어 진의 아님을 알 수 있었을 경우라면 민법 제107조 제1항 단서 적용을 받아 甲의 의사표시는 무효로 된다.

여기서 乙이 甲의 비진의를 알 수 있었는가의 문제는 乙의 선의만으로는 부족하고 무과실이어야 한다. 그 과실의 유무는 乙이 甲의 의사표시를 요지한 때를 기준으로 구체적으로 사정과 경험칙에 비추어 판단하게 되고, 그 입증책임은 무효를 주장하는 甲이 부담한다. 그러나 사안의 경우와 같이 酒席에서 甲이 접대부인 乙에게 아파트 1동을 무상으로 주겠다고 한 의사표시는 경험칙에 비추어 특별한 사정이 없는 한 乙이 진의 아님을 알 수 있었다고 추정되므로 乙이 진의로 믿은 특별한 사정을 입증하지 못하면 그 증여는 무효로 된다.

(2) 甲·乙 사이의 증여계약이 제107조 제1항 단서의 적용을 받아 무효라고 하더라도 乙의 채권을 양수한 丙이 선의인 경우에는 甲은 그 무효로서 丙에 대항하지 못한다(§107 ②). 사안에서 명백히 하고 있지는 않지나 사안의 내용을 미루어 보아 일단 丙의 선의는 추정된다.

문제는 丙은 乙의 당해 채권을 무상으로 양수한 자이나 이를 매매한 것으로 통모한 소위 은닉행위를 한 점에 있다. 은닉행위는 민법 제108조의 통정허위표시와는 구별된다고 할 수도 있으나, 일단 통정허위표시의 일종이므로 민법 제108조 제1항의 적용을 받아 乙과 丙 사이의 가장매매계약이 무효로 되면 甲·乙간의 법률관계에서 丙은 이해관계인의 지위를 가지는가.

乙·丙간의 법률관계가 무효이면 丙은 제3자의 이해관계인의 지위에서 제외된다. 그런데 乙과 丙간의 가장매매는 그 실질이 증여인 은닉행위로서 隱匿行爲는 통정허위표시의 일종이지만 그 실질이 법률행위로써 요건을 갖추고 있으면 당사자 사이에 효력이 있고 그 효력은 제3자에 영향을 미치지 못한다는 것이 통설·

---

42) 대판 1968.11.19, 68다1624.

43) 대판 1997.12.12. 97누13962.

판례이므로 乙·丙간의 증여는 일단 유효하다. 그러므로 丙은 매수인의 자격에서는 제3자의 지위를 상실하지만 수증자의 자격으로는 제3자의 지위에 있게 된다. 따라서 丙이 선의이면 甲에 대하여 제107조 제2항의 보호를 받게 된다.

(3) 乙·丙의 은닉행위로부터 전득한 丁의 지위는 어떻게 되는가. 비진의표시로부터의 법률관계와 허위표시인 가장매매 또는 은닉행위로부터의 지위로 나누어 볼 수 있다. 먼저 甲·乙의 비진의표시인 법률관계로부터의 丁은 乙의 악의인 경우에만 문제되고 이때 전득자 丙이 선의인 경우에는 丁의 선·악을 묻지 않고 유효하고, 丙이 악의인 경우에는 丁이 선의인 경우에만 유효한 행위로 보호된다. 그러나 乙·丙의 통정허위표시인 가장매매의 법률관계로부터의 丁은 선의인 때에만 보호되나, 乙·丙의 은닉행위는 유효하고 이로써 丁은 선·악을 묻지 않고 보호된다.

다만, 丁이 乙에 대하여 은닉행위의 채권양수인으로 대항하기 위해서는 민법 제450조가 규정한 대항요건으로서 통지·승낙이 있어야 한다.

A대학 조교수 甲은 대학 내 물의를 일으킨데 대한 그 사태수습을 위하여 사직원이 수리되지 아니할 것으로 믿고 사직서를 학교 당국에 제출하였던바 학교법인 이사회에서는 이를 수리하였다.

甲은 학교법인의 사직수리의 무효를 주장할 수 있는가.

사안의 판례는 물의를 일으킨 사립대학교 조교수가 사직원이 수리되지 아니할 것이라고 믿고 사태수습을 위하여 사직원을 제출하였는데 의외로 사직원이 수리된 경우로서 대법원은 그 사직원이 비진의표시라고 하더라도 학교법인이나 이사회에서 그러한 사실을 알거나 알 수 있었을 경우가 아니라면 그 의사표시에 따라 효력을 발생할 것이라고 하였다(대판 1980.10.14, 79다2168).

2. 虛僞表示

채무자 乙은 채권자 甲으로부터의 강제집행을 피하기 위하여 자기소유 A토지를 丙과 가장으로 매매를 원인으로 하여 소유권이전등기를 경료하였다.

乙은 丙으로부터 토지의 반환을 청구할 수 있는가. 만일 이때 丙이 丁에게 매각하고 丁이 戊에게 다시 전매한 경우라면 어떻게 되는가.

---

(1) 虛僞表示의 의의

(가) 虛僞表示란 상대방과 통정함으로써 하는 진의 아닌 허위의 의사표시, 즉 표의자가 진의가 아니라는 것을 알면서 의사표시를 하는데 상대방과 합의가 있는 경우로서 통정한 허위표시 또는 가장행위라고도 하며, 통상 허위표시라고

하면 통정허위표시를 말한다.

예컨대, 甲이 丙에게 부담하고 있는 채권을 모면하기 위하여 자기소유에 속하는 부동산을 공모하여 乙의 명의로 단순히 이전하여 두는 경우이다.

(나) 허위표시는 隱匿行爲·信託行爲와 구별된다. 예컨대 자기부동산을 처에게 증여하면서 증여세의 면탈을 위하여 매매형식을 취하는 경우 그 외형행위는 가장행위(허위표시)이고, 증여는 은닉행위에 해당한다.

(ㄱ) 隱匿行爲는 허위표시의 일종이나 그것이 숨겨져 있지만 진실로 다른 行爲를 할 의사를 가지므로 언제나 무효로 할 것이 아니고, 그 감추어진 요건의 성립 여부에 따라 그 효력을 정한다.44)

(ㄴ) 信託行爲는 예컨대 추심을 위한 채권양도, 담보목적의 소유권양도 등과 같이 상대방에 그 행위의 경제적 목적을 넘는 권리를 주고 상대방으로 하여금 그 목적의 범위 안에서 권리를 행사케 하는 행위, 즉 일정 경제적 목적을 위한 권리이전의 형식을 취하는 것으로서 당사자간에 진정한 의사가 있었다는 점에서 진정한 의사를 바탕으로 하지 않는 허위표시와 구별된다.

[허위표시의 태양]

① 채무자가 강제집행을 면탈하기 위해 소유권을 이전하는 경우
② 세금면탈을 위해 매매대금을 감액한 계약서를 만드는 경우
③ 은행이 甲의 예금임을 알면서 표면상 乙의 명의로 예치하는 경우
④ 미확정재산에 관하여 증여가 행하여진 경우(대판 1967.2.28, 66다2366)
⑤ 미성년자인 아들과 아내에게 동시에 대가없이 매매형식으로 부동산 소유권이전등기를 경료한 경우(대판 1963.11.28, 63다493)

(2) 虛僞表示의 성립

(가) 비진의표시로서의 의사표시　虛僞表示는 상대방과 통정한 의사표시라는 점을 제외하고는 비진의표시와 대체로 일치한다. 따라서 통정허위표시이기 위해서는 먼저 비진의표시로서의 요건을 갖추어야 한다.

(ㄱ) 의사표시가 있고 그 의사표시가 有效한 意思表示로서의 외관을 가질 것이어야 한다. 즉 허위표시로 되기 위해서는 의사표시로서 외관을 갖추어야 한다. 그러나 당사자가 합의하여 허위의 사실상 진술 내지 기재를 한 것은 허위

44) 본래, 은닉행위는 그 법률행위로써 요건을 갖추고 있으면 당사자 사이에 효력이 있고 第三者에게는 효력이 미치지 못한다는 것이 원칙이다(프랑스민법 §1321, 독일민법 §117 ②).

표시로 다루어지지 않는다. 예컨대 당사자가 합의하여 채권양도일자를 사실과 달리 소급 기재한 때에는 허위표시이론이 배척되는 것은 아니지만, 사실과 달리하므로 그 기재일자가 채권양도일로 되지 않는다.

(ㄴ) 표시로부터 推斷되는 意思와 表示가 일치하지 않을 것이어야 한다. 따라서 信託行爲와 같이 법률효과를 의욕하는 효과의사와 이것에 의하여 달성하려는 경제적 목적을 달리하려는 것만으로는 표시와 의사가 불일치한 것은 아니다.

(ㄷ) 표시와 진의의 불일치를 표의자가 스스로 알고 있을 것이어야 한다.

(ㄹ) 허위표시의 목적이나 동기는 묻지 않는다.

(나) 통정한 허위표시 비진의 의사표시가 통정한 허위표시로 되기 위해서는 진의와는 다른 의사표시를 하는데 상대방과 사이에 양해 내지 합의가 있을 것이어야 한다.

(ㄱ) 상대방과 사이에 諒解 내지 合意란 의사와 표시의 불일치를 스스로 알고 있는 것만으로는 부족하고 진의와 다른 의사표시를 하는데 상대방과 사이에 양해 내지 합의가 있어야 한다.45)

다만, 이 경우 合意는 비진의표시를 한 자가 스스로 그 情을 인식하면서 진의 아닌 의사표시를 하는데 대한 상대방의 양해 하에 하는 것이면 족한 것인가. 판례는 본조 제1항은 진의 아닌 의사표시를 한 자가 스스로 그 사정을 인식하면서 그 상대방과 진의 아닌 의사표시를 하는데 대한 양해 하에 한 의사표시는 그 표시된 바와 같은 효력을 발생할 수 없다는 취지라고 하여 긍정하고,46) 남편의 전 재산을 아내와 미성년의 아들에게 매매하는 형식으로 이전한 것은 제3자에 대한 손해배상채무를 면탈할 목적으로 한 가장된 매매계약이라고 추정하는 것이 경험칙에 비추어 상당한 것이라고 한다.47)

그 외에도 판례는 양도소득세를 회피하기 위한 방법으로 매매계약을 체결한 경우(대판 1992.12.22, 91다35540·35557; 1987.5.12, 86누916; 1989.7.11, 86누8609; 1990.7.13, 90누1991), 구 상호신용금고법상 동일인 대출한도를 회피하기 위하여 상호신용금고의 양해 하에 형식상 제3자명의를 빌려 체결된 대출약정(대판 2001.2.23, 2000다65864; 1996.8.23, 96다18076; 1998.9.4, 98다17909; 1999.3.12, 98다48989), 채권자가 기존채권의 우선변제를 받을 목적으로 주택임대차계약의 형식을 빌려 기존채권을 보증

45) 대판 1998.9.4, 98다17909.
46) 대판 1973.1.30, 72다1703.
47) 대판 1963.11.28, 63다493.

금채권으로 하여 한 주택임대차계약(대판 2002.3.12, 2000다24184 · 24191)은 통정허위표시에 해당하는 것이라고 한다.

그러나 근로자들이 합병으로 소멸하는 회사에서 퇴직금을 정산하여 지급받고 합병회사에 입사하면서 장차 퇴직할 때에는 합병회사의 근무기간만을 기초로 퇴직금을 지급받기로 한 경우(대판 1991.12.10, 91다12035), 모 회사의 기능직사원이 사무직으로 직종변경되면 신설자회사로 가겠다고 하여 모회사에서 퇴직하고 자회사로 입사하는 절차를 밟은 경우(대판 1993.6.11, 92다19316), 근로자들이 자유의사에 기한 선택에 따라 중간퇴직을 하고 퇴직금을 수령한 경우(대판 1996.4.26, 96다25620 · 2579)에는 그 경위 등에 비추어 근로관계를 단절하려는 의사가 없었다고 할 것은 아니므로 허위표시라고 할 것은 아니라고 한다.

(a) 채권담보의 목적으로 동 부동산에 관하여 매매형식을 취하여 채권자에게 인도 내지 소유권이전등기를 하여 주는 법률행위는 허위표시로서 무효라고 할 것은 아니다.[48] 판례는 乙이 甲으로부터 부동산에 관한 담보권설정의 대리권만 수여받고도 그 부동산에 관하여 자기 앞으로 소유권이전등기를 하고 이어서 丙에게 그 소유권이전등기를 경료한 경우, 丙은 乙을 甲의 대리인으로 믿고서 위 등기의 원인행위를 한 것은 아니고 甲도 乙명의의 소유권이전등기가 경료된 데 대하여 이를 통정 · 인용하였거나 이를 알면서 방치하였다고 볼 수 없다면 이에 민법 제126조나 제108조 제2항을 유추할 수는 없는 것이라고 하였다.[49]

(b) 매도인이 형사사건에서 이중매매로 인하여 배임죄로 처벌받았다면 민사사건에서 매매계약이 통정허위표시에 기한 무효의 법률행위라고 할 수 있는가. 판례는 형사사건에서 이중매매로 배임죄로 처벌받았다고 하여 민사사건에서 매매계약이 통정허위표시에 기한 무효의 법률행위라고 판단할 수 없는 것은 아니라고 하여 형사사건과 민사사건을 구별한다.[50]

또한, 强制執行免脫目的의 행위는 허위표시로 되는가. 강제집행면탈죄에서 허위양도란 진실한 양도가 아님에도 불구하고 표면상 진실한 양도인 것처럼 가장하여 재산의 명의를 변경하는 것을 말하므로 진실한 양도라면 강제집행을 면탈할 목적으로 된 것으로써 비록 채권자를 해할 우려가 있는 행위라고 할지라도 허위표시에 해당하는 것은 아니다.[51]

---

48) 대판 1964.6.16, 64다138.
49) 대판 1991.12.27, 91다3208.
50) 대판 1993.4.27, 92다51747.
51) 대판 1983.9.27, 83도1869.

한편, 판례는 강제집행을 면할 목적으로 부동산의 소유자명의를 신탁하는 경우,[52] 토지에 관한 매매계약이 그 토지의 점유시효취득자에 대한 소유권이전등기의무를 면탈하기 위한 목적에서 이루어진 경우[53] 등은 통정허위표시에 해당하는 것이라고 한다.

(ㄴ) 유효한 명의신탁은 은익행위로서 허위표시로 되지 않는다.

판례는 명의신탁부동산을 명의수탁자의 임의처분에 대비하여 행한 가등기(대판 1997.9.30, 95다 39526), 공동매수인에게 명의신탁한 부동산소유지분의 권리확보를 위한 수단으로 경료한 근저당권설정등기(대판 1993.5.25, 93다6362), 甲이 타인의 토지를 매수하면서 乙과 합의하에 乙의 명의로 소유권이전의 등기를 경료한 후 甲의 앞으로 가등기를 한 경우(대판 1995.12.26, 95다29888), 부동산의 명의신탁자가 명의수탁자로부터 그 등기를 회복하는 중간단계로서 제3자에게 소유권이전등기를 경료해 준 경우(대판 1996.9.20, 96다1965)는 허위표시로서 무효라 할 것은 아니라고 한다.

(ㄷ) 通情이 결여되면 이른바 假裝行爲의 未遂가 된다. 예컨대 상대방이 허위표시로 받아들이기를 기대하고 비진의 의사표시를 하였으나, 상대방이 이를 진실한 의사로 받아들인 경우에는 허위표시는 아니지만 민법 제107조 제1항 단서에 따라 무효가 된다.

(3) 虛僞表示의 效果

(가) 당사자간의 효력　허위표시는 당사자간에 언제나 무효이다(§108 ①). 따라서 허위표시의 당사자와 포괄승계인 이외의 자로서 그 허위표시에 의하여 외형상 형성된 법률관계를 토대로 새로운 법률상 이해관계를 맺은 선의의 제3자를 제외한 누구에 대하여나 무효이고 또한 누구든지 그 무효를 주장할 수 있다.[54]

다만, 허위표시가 무효로 되는 근거가 무엇인가. 意思合致說은 당사자가 의욕하였지만 실제로 그에 상응하는 진의가 없기 때문인 결과, 즉 당사자의 무효로 하는 합의에 의해 효력이 부인되는 것이라고 하나,[55] 다수설은 效果意思不存在說을 취하여 당사자가 그 허위표시의 법률효과를 의욕하지 않았기 때문이라고 한다.

---

52) 대판 1994.4.15, 93다61307; 1980.4.8, 80다1.
53) 대판 1994.10.11, 94다16090.
54) 대판 2003.3.28, 2002다72125.
55) 고상용 446면.

(ㄱ) 허위표시에 기한 가장행위도 무효이나, 다만 은닉행위에 대하여는 그 성립요건과 유효요건을 구비하고 있는 한 무효라고 할 것은 아니다.[56]

(ㄴ) 허위표시는 당사자간에는 언제나 무효이므로 이행의 문제는 발생하지 않는다. 또한 통정허위표시에 기한 이행이 이루어진 경우 그 반환을 청구할 수 있는가. 민법 제746조는 "불법의 원인으로 인하여 재산을 급여한 때에는 그 이익의 반환을 청구하지 못한다."라고 규정함으로써 통정허위표시가 동조의 적용을 받는가. 동조의 적용범위에 관하여 이설이 없는 것은 아니지만, 로마법 이래 선량한 풍속 기타 사회질서에 반하는 것에 국한시켜 왔고 또한 그 범위를 확대하여 강행법규위반이나 기타 무효원인에까지 적용하면 강행법규에 위반한 급여이나 무효인 법률행위의 효과를 법이 보호하게 되는 역리적 모순을 초래하게 된다는 점을 들어 모든 강행법규의 위반이나 무효원인에까지 확대하지 아니하고 그 행위의 성질이 선량한 풍속 기타 사회질서에 반하는 경우만이 이에 해당된다고 한다. 그리하여 통설은 通情虛僞表示는 가장된 급여를 하는 것에 불과하고 그 의사와 표시의 불일치 때문에 무효가 되는데 반하여, 불법원인급여는 가장된 것이 아니라 완전한 의사에 일치한 급여이지만, 단지 그 원인이 불법하여 무효가 되기 때문에 허위표시에는 제746조가 적용되지 않는다고 한다. 따라서 통정한 허위표시라고 하더라도 그 내용이 선량한 풍속 기타 사회질서에 반하는 행위로 되지 않는 한 당사자는 언제라도 외형행위의 무효 확인을 구하고 외형행위 및 그에 기하여 이행된 가장 공시방법의 제거를 청구할 수 있다.

(a) 返還請求의 根據는 당사자 사이에 반환의 합의가 있는 것으로 의제한다는 견해가 있으나, 통설은 무효에 기한 물권적 청구권의 행사에 의한 반환 또는 등기말소청구권이라고 한다.

다만, 부당이득에 의한 반환, 즉 所有權移轉을 청구할 수 있는가. 물권적 청구권은 부당이득을 내용으로 한다고 함으로써 통정허위표시는 무효이므로 처음부터 재산권은 이전되지 않는다는 점에서 문제된다. 다수설은 동산의 경우에는 점유가 이전되고, 부동산의 경우에도 등기가 이전됨에 따라 등기에 점유적 효력, 즉 부당이득은 본권의 취득에만 국한하는 것이 아니라 점유권도 재산권이어서 통정허위표시로 점유권 또는 점유에 준하는 효력이 주어지는 이상 부당

56) 대판 1993.8.28, 93다12930.

이득의 반환에 의한 이전등기의 청구도 행사할 수 있는 것이라고 한다. 그리하여 특히 판례는 등기회복의 방법으로서 원래 말소등기에 의하여야 하지만, 이전등기의 청구로도 할 수 있는 것이라고 한다.

(b) 가장양도인의 등기명의회복으로 가장명의인의 채권자에 손해가 생긴 경우 가장양도인의 不法行爲가 성립하는가. 학설은 부정하고, 판례 또한 무효인 법률행위는 그 법률행행위가 성립한 당초부터 당연히 효력을 발생하지 않는 것이므로 무효인 법률행위에 따른 법률효과를 침해하는 것처럼 보이는 위법행위나 채무불이행이 있다고 하여도 법률효과의 침해에 따른 손해는 없는 것이므로 손해배상을 청구할 수 없는 것이라고 한다.[57] 그러나 허위표시 자체가 반사회성을 가지는 때에는 불법행위가 성립하나 그 범위에서 반환청구가 제한된다.

(ㄷ) 허위표시가 반사회성을 띠는 경우 민법 제746조에 의한 불법원인급부로 된다. 다만 어떤 경우 통정허위표시가 반사회적 행위로서 不法原因給付로 되는가. 판례는 허위표시가 불법행위를 구성하고 급부수령자가 이에 적극 가담한 경우, 예컨대 부동산소유자가 자신의 부동산에 대하여 취득시효가 완성된 사실을 알고 이를 제3자에게 처분하여 소유권이전등기를 넘겨줌으로써 취득시효완성을 원인으로 한 소유권이전등기의무를 이행불능에 빠뜨려 시효취득을 주장하는 자에게 손해를 입힌 경우,[58] 취득시효가 완성된 부동산의 소유자가 그 부동산을 시효취득자에 대한 소유권이전등기의무를 회피하기 위한 목적으로 아들에게 증여하여 소유권이전등기를 넘겨 준 경우[59]에는 그들 간에 불법행위가 구성되고, 이에 제3자나 수증자인 아들이 이에 적극 가담한 이상 그 등기의 원인행위가 사회질서에 반하는 것으로서 그 급부는 불법원인의 급여가 되는 것이라고 한다.

양도소득세를 회피하기 위한 방법으로 매매계약을 체결한 경우 비록 통정허위표시라고 하더라도 민법 제103조의 반사회적 법률행위로서 불법원인급여라고 할 것은 아니다.[60] 다만 强制執行의 免脫을 위한 목적에서 허위로 매매계약을 체결하여 소유권을 이전한 것이 불법원인의 급부로 되는가. 다수설은 그것

57) 대판 2003.3.28, 2002다72125.
58) 대판 1995.6.30, 94다52416; 1993.2.9, 92다47892; 1994.4.12, 93다60779.
59) 대판 1995.6.30, 94다52416; 1993.2.9, 92다47892; 1994.4.12, 93다60779.
60) 대판 1992.12.22, 91다35540 · 35557; 1987.5.12, 86누916; 1989.7.11, 86누8609; 1990.7.13, 90누1991.

이 무효로 될 정도의 위법성을 가지는 것은 아니므로 강제집행면탈목적의 가장매매는 민법 제103조의 선량한 풍속 기타 사회질서에 반하는 행위로는 볼 수 없고, 다만 민법상 채권자취소권의 대상이 되는데 불과한 것이라고 하고, 판례 또한 강제집행을 면할 목적으로 부동산의 소유자명의를 신탁하는 것이 반사회적 행위라고 할 것은 아니라고 하여 부정한다.61)

(ㄹ) 반사회적 허위표시로 이행된 급부는 민법 제746조 不法原因給付로 되고 동조 본문에 의하여 허위표시 당사자간에는 그 반환청구가 제한된다. 민법 제746조는 "불법의 원인으로 인하여 재산을 급여한 때에는 그 이익의 반환을 청구하지 못한다."라고 규정함으로써 허위표시에 의하여 이행된 급부는 부당이득이 되나 그 반환을 청구하지 못한다. 따라서 허위표시에 의한 급부자는 그 상대방에 대하여 불법원인에 의한 부당이득반환청구권은 행사하지 못한다.

다만, 이때 이전된 것이 물권인 경우에는 物權的請求權에 의한 반환은 청구할 수 있는가. 한 때 판례는 민법 제746조는 물권적 청구권과 부당이득은 전연 그 근거를 달리 할 뿐 아니라, 물권적 청구권의 주요사실로 위법행위를 한 것을 주장할 필요가 없으므로 소유권반환청구권을 행사할 수 있다고 하였다. 그러나 오늘날 통설・판례는 민법 제746조는 단지 부당이득제도만을 제한하는 것이 아니라, 민법 제103조와 함께 사법의 기본이념이므로 급여자는 부당이득반환을 청구할 수 없음은 물론 소유권에 기한 반환청구도 할 수 없는 것이라고 하여 부정한다.62)

또한, 契約이 不法하여 채무가 무효인 줄 알면서 그 채무를 이행한 경우에는 그 급부는 제746조의 불법원인급여가 되는 동시에 제742조의 비채변제가 되므로 동조 규정에 의한 반환을 청구할 수 있는가. 그러나 제742조는 일반적으로 적용되어야 할 규정이므로 제746조만 적용되고 제742조는 적용되지 않는다.

(ㅁ) 반사회적 허위표시에 의한 급부로 第3者의 債權을 침해한 경우 제3자에 의한 반환청구는 인정되는가. 예컨대 甲이 채권자 X의 강제집행을 면탈할 목적으로 그 소유부동산을 乙과 상의하여 이전한 경우, 또는 甲이 토지의 점유시효취득자 X에 대한 소유권이전등기의무를 일탈하기 위한 목적으로 丙과 가장매매계약을 채결한 경우 그 채권자 또는 취득시효자 X는 그 등기명의인 등

61) 대판 1994.4.15, 93.다61307; 1980.4.8, 80다1.
62) 대판 1979.11.13, 79다 483.

기의 말소를 청구할 수 있는가. 채권자대위권 또는 채권자취소권 등의 문제이며 채권자 X보호와 관련하여 문제된다.

또한, 통정허위표시에 기한 무효인 법률행위에 債權者取消權의 대상이 되는가. 학설은 대체로 이를 부정할 것이지만, 다만 통정허위표시의 무효는 선의의 제3자에 대항하지 못하므로 특히 가장매매의 경우 전득자인 제3자가 허위표시임을 알지 못하였으나 가장양도인(채무자)이 채권자를 해할 목적임을 알고 있는 때에는 채권자취소권의 대상이 되는 것이라고 보며, 판례 또한 강제집행일탈을 목적으로 제3자에 소유권을 이전한 경우, 또는 토지에 관한 매매계약이 그 토지의 점유시효취득자에 대한 소유권이전등기의무를 면탈하기 위한 목적에서 이루어진 경우에는 통정허위표시로서 무효인 행위와는 별개로 사해행위취소권의 대상이 되는 것이라고 하고,[63] 더욱이 최근의 판례는 통정허위표시로서 무효인 행위에 사해행위취소권은 반드시 전득자가 있는 경우에 국한할 것은 아니라고 한다.

또한, 견해 중에는 허위표시로서 무효인 법률행위이지만 외형상으로는 유효한 행위로서 요건을 갖추고 있고, 명의자는 사실상 권리자로서 행세하고 있을 뿐 아니라 사해행위의 채권자를 보호하기 위하여 전득자와 새로운 거래행위가 없는 경우에도 통정허위표시 자체에 사해행위취소권의 대상이 되는 것이라고 한다.[64] 그러나 이와 같은 태도에 대하여 유력설은 채권자취소권은 특정채권의 보전을 위해서는 허용하지 아니하는 것이 학설·판례의 일치된 견해이므로 그 행사에는 債務者의 無資力이어야 할 것인데 강제집행 일탈목적의 허위표시는 허위표시로서 재산권이전 자체가 없어 채무자의 무자력이라고 볼 수 있는가 문제되고, 비록 이를 긍정하는 경우에도 제746조 본문을 적용하면 채무자의 반환청구 자체가 배척되는 것이라고 한다. 그리하여 학설은 강제집행 일탈목적의 소유권이전이 위법성을 가지는 것은 부인할 수 없지만 그렇다고 무효로 될 정도의 위법성을 가지는 것은 아니어서 민법 제103조의 선량한 풍속 기타 사회질서에 반하는 행위로는 볼 수 없고 다만 민법상 채권자취소권의 대상이 되는데 불과하다는 견해와 강제집행일탈 목적 당사자간의 허위표시는 채권자의 채권을 침해하는 행위로서 제3자에 의한 채권침해의 불법행위로 되고, 이로써 채권

63) 대판 1998.2.27, 97다50985; 1984.7.24, 84다카68.

64) 이은영, 채권총론 373면.

자는 침해자에 대한 손해배상을 청구할 것이지만 그 손해배상의 방법으로 그 불법행위가 있기 전의 상태로의 회복을 청구할 수 있다고 하는 견해가 있다.

생각건대, 詐害行爲取消理論은 강제집행일탈 목적의 소유권이전이 언제나 불법행위로 되는 것은 아니므로 고려해 볼 여지는 있겠으나 이와 같은 채권자취소권은 학설・판례가 특정채권의 보전을 위해서는 허용하지 아니하므로 그 행사에는 債務者의 無資力이어야 할 것인데 강제집행일탈 목적의 허위표시는 허위표시로서 재산권이전 자체가 없어 채무자의 무자력이라고 볼 수 있는가. 비록 이를 긍정하는 경우에도 제746조 본문을 적용하면 채무자의 반환청구 자체가 배척되는 점에서 문제된다. 따라서 강제집행일탈 목적의 소유권이전에 따른 채권자보호에는 부동산이중매매에서와 같이 통정허위표시 당사자간의 행위에 대한 제3자 채권침해로 인한 불법행위이론이나 무효인 등기에 대한 이해관계인으로서의 지위에 의한 회복론이 적극 검토되며, 더욱 개정 민법(안)이 손해배상청구권에 갈음한 원상회복을 규정함으로써 제3자 채권침해로 인한 불법행위이론에 무게를 실어 주고 있다(§394 ① 단서, 개정안).

(나) 제3자에 대한 효력 허위표시의 무효는 선의의 제3자에게 대항하지 못한다(§108 ②). 이는 허위표시가 당사자간에 무효로서 아무런 법률적 효력이 발생하지 않는 것이지만, 외부적으로는 유효한 법률행위로서의 외관을 갖고 있는 것이므로(예컨대, 등기이전) 제3자가 이러한 외관을 믿고 거래한 경우에는 불측의 손해를 보게 되므로 거래한 제3자의 이익보호를 위한 취지이다.

독일민법은 등기에 공신력을 인정하여 동산뿐만 아니라 부동산에 관하여도 선의취득을 인정하여 거래의 외형을 신뢰한 자를 보호하는 법제를 취하고 있으므로 민법 제108조 제2항과 같은 규정을 둘 필요가 없다. 그러나 우리 민법은 동산의 점유에 선의취득을 인정할 뿐이고(§249) 부동산등기에는 공신력을 인정하지 않으므로 제108조 제2항은 부동산거래에 있어서 대단히 중요한 의의를 가진다. 그리하여 특히 판례는 허위표시의 무효는 특별한 사정이 없는 한 제3자에 대항하지 못하게 하고 있다(대판 2003.3.28, 2002다72125; 2000.7.6, 99다51258; 1996.4.26, 94다12074; 1970.6.30 70다415・416).

(ㄱ) 허위표시에 있어서의 第3者란 당사자와 그의 포괄승계인 이외의 자 중에서 허위표시행위를 기초로 하여 새로운 이해관계를 맺은 자에 한정된다. 따라서 일반적으로 第三者란 당사자와 그의 포괄승계인 이외의 자를 모두 포함하지만 제108조 제2항의 제3자는 위와 같은 제3자 가운데서 허위표시를 기초로

하여 새로운 이해관계를 맺은 자를 한정하여 가리킨다.

판례는 통정한 허위의 의사표시는 무효이고 누구든지 그 무효를 주장할 수 있는 것이 원칙이나, 허위표시의 당사자와 포괄승계인 이외의 자로서 허위표시에 의하여 외형상 형성된 법률관계를 토대로 실질적으로 새로운 법률상 이해관계를 맺은 선의의 제3자에 대하여는 허위표시의 당사자뿐만 아니라 그 누구도 허위표시의 무효를 대항하지 못하는 것인 바, 허위표시를 선의의 제3자에게 대항하지 못하게 한 취지는 이를 기초로 하여 별개의 법률원인에 의하여 고유한 법률상 이익을 갖는 법률관계에 들어간 자를 보호하기 위한 것이므로, 제3자의 범위는 권리관계에 기초하여 형식적으로만 파악할 것이 아니라 허위표시행위를 기초로 하여 새로운 법률상 이해관계를 맺었는지 여부에 따라 실질적으로 파악하여야 하는 것이라고 한다.[65)]

(a) 가장매매의 買受人으로부터 그 목적물을 다시 매수한 자가 그 대표적인 것이다. 다만 保證人은 허위표시에서의 제3자로 되는가. 판례는 보증인이 주채무자의 기망행위에 의하여 주채무가 있는 것으로 믿고 주채무자와 보증계약을 체결한 다음 그에 따라 보증채무자로서 그 채무까지 이행한 경우, 그 보증인은 주채무자에 대한 구상권 취득에 관하여 법률상 이해관계를 가지게 되었고 그 구상권 취득에는 보증의 부종성으로 인하여 주채무가 유효하게 존재할 것을 필요로 한다는 이유로 결국 그 보증인은 주채무자의 채권자에 대한 채무부담행위라는 허위표시에 기초하여 구상권 취득에 관한 법률상 이해관계를 가지게 되었다고 보아 민법 제108조 제2항 소정의 제3자에 해당하는 것이라고 한다.[66)]

또한, 통정한 허위표시에 의하여 외형상 형성된 법률관계로 생긴 채권을 가압류한 假押留債權者도 허위표시에서의 제3자로 되는가. 가압류채권자는 허위표시에 기초하여 새로운 법률상 이해관계를 가지게 되므로 민법 제108조 제2항의 제3자에 해당함은 당연하다.[67)]

그 외에도 판례는 파산자가 상대방과 통정한 허위표시를 통하여 가장채권을 보유하고 있다가 파산이 선고된 경우 파산자와 독립된 지위에 서게 되는 파산

65) 대판 2003.3.28, 2002다72125; 2000.7.6, 99다51258; 1996.4.26, 94다12074; 1983.1.18, 82다594; 1982.5.25, 80다1403.

66) 대판 2000.7.6, 99다51258.

67) 대판 2004.5.28, 2003다70041.

관재인도 외형상 형성된 법률관계를 토대로 실질적으로 새로운 법률관계를 가지게 된 민법 제108조 제2항의 제3자에 해당하는 것이라고 한다.68)

(b) 채권의 가장양도에 있어서의 채무자 등은 제3자에 속하지 않는다. 다만 가장매매에 기한 損害賠償請求權의 讓受人이 제3자에 해당하는가. 소수설은 채무자가 변제 기타 채무를 소멸시키는 행위를 한 경우에는 제3자에 포함하나 아직 변제행위를 하지 아니한 경우에는 제외되는 것이라고 하거나 대금채권의 양수인과 구별할 것은 아니라고 하여 긍정할 것이라고 한다.69) 그러나 다수설·판례는 부정한다.

생각건대, 특히 긍정설이 손해배상청구권의 양수인을 대금채권양수인과 구별할 것은 아니란 점을 드나 손해배상청구권은 대금채권과는 달리 채무자의 지

[허위표시와 제3자]

第三者에 해당하는 경우	第三者에 해당하지 않는 경우
① 가장매매의 매수인으로부터 매수한 자 또는 저당권을 설정한 자 ② 가장매매의 매수인으로부터 가등기를 취득한 자(대판 1960.9.29, 70다466) ③ 가장매매의 매수인 또는 허위표시에 의해 외형상 생긴 채권의 압류채권자(대판 2004.5.28, 2003마70041) ④ 가장양수인과 목적물상 임대차계약을 체결한 자 ⑤ 가장저당권실행의 경낙자(대판 1957.3.23, 56다580) ⑥ 가장매매에 기한 대금채권양수인 ⑦ 가장소비대차에 기한 채권양수인 ⑧ 허위표시에 의한 타인명의의 예금채권의 양수인 ⑨ 담보목적으로 설정된 전세권에 저당권을 설정한 자(대판 1998.9.4, 98다20981) ⑩ 가장 포기된 전세권상의 저당권권자. ⑪ 가장소비대차의 대주파산의 파산관재인(대판 2003.6.24, 2002다48214) ⑫ 허위의 주채무를 보증하여 이행한 보증인(대판 2000.7.6, 99다51258)	① 가장매매에 기한 손해배상청구권의 양수인 ② 채권의 가장양도에 있어서 채무자 ③ 채권의 가장양도의 경우 가장양수인의 채권자가 양수인에 대해서 채무의 이전등기청구권을 대행하는 경우(대판 1982.5.25, 80다1403) ④ 가장매매의 매수인으로부터 그 지위를 상속받은 자 ⑤ 저당권 등 제한물권이 가장 포기된 경우 기존의 후순위 제한물권자 ⑥ 토지임차인이 자기소유의 건물을 가장양도한 경우의 토지소유자 ⑦ 가장양수인의 일반채권자 ⑧ 가장의 제3자를 위한 계약에서의 제3자 ⑨ 채권의 가장양수인으로부터 추심을 위하여 채권을 양수한 자 ⑩ 주식이 가장 양도되어 양수인 앞으로 명의개서 된 경우의 주식회사

68) 대판 2003.6.24, 2002다48214.
69) 김용한 291면, 송덕수 민법강의(상) 157면.

위와 독립하여 양도가 금지될 것이므로 결국 손해배상청구권의 양수인은 채무자와 동시할 수 있는 자로서 제3자에 해당되지 않는다.

그 외에도 代理人이나 表示機關이 상대방과 허위표시를 한 경우의 본인이나 법인, 채권의 가장양수인으로부터 추심을 위하여 채권을 양수한 자, 자기채권을 보전하기 위하여 재산권을 가장 양도한 채무자의 권리(이전등기청구권 등)를 대위행사 하는 채권자, 가장양수인의 일반채권자(목적물을 압류한 자 제외), 토지임차인이 자기소유건물을 가장으로 양도한 경우의 토지소유자, 주식이 가장 양도된 경우의 회사, 저당권 등 제한물권이 가장 포기된 경우의 기존 후순위 제한물권자, 가장으로 체결한 제3자를 위한 계약에 있어서 제3자 등은 제3자에 속하지 않는다.

(ㄴ) 善意란 그 의사표시가 허위표시임을 알지 못하는 것을 말한다. 다만 허위표시의 무효로서 第三者에 대항하지 못하는 경우의 第三者는 단지 善意이면 족하고 無過失은 요구되지 않는가. 견해 중에는 무과실은 요구되지 않지만 중과실이 있는 경우에는 제외될 것이라고 한다.[70] 그러나 다수설은 민법 제108조 제2항은 직접적으로는 無過失까지도 요구하고 있지 않을 뿐만 아니라. 본래 외형을 신뢰하는 자를 보호하는 제도는 무과실을 요하는 것이 원칙이지만, 이러한 경우는 스스로 외형을 만든 자가 그 외형대로의 책임을 져야 할 경우이므로 무과실을 요하지는 않고 입법은 이를 고려한 것이라고 한다. 판례 또한 선의이면 족하고 무과실은 요건이 아니라고 한다.[71]

선의의 제3자로부터 다시 轉得한 者에 대하여는 그가 전득시에 악의이더라도 허위표시의 무효를 가지고 대항하지 못한다. 왜냐하면 이때 전득자는 선의의 제3자의 권리를 승계하고 있는 까닭이다.

또한, 善意의 여부는 법률상 이해관계를 가진 시점을 기준으로 정하고, 그 주장 및 입증책임은 동조 제2항의 문언상 제3자가 부담할 것이지만 허위표시의 유효를 주장하는 자가 신뢰를 정당화하는 외부적 표상의 존재를 증명하면 선의는 사실상 추정되므로 그 무효를 주장하는 자가 제3자가 악의라는 사실을 입증하여야 한다.[72]

---

70) 고상룡 405면.
71) 대판 2006.3.10, 2002다1321; 2004.5.28, 2003다70041.
72) 김주수, 민법개론 149면; 대판 1978.12.26, 77다907; 1970.9.29, 70다466.

(1) 第三者의 범위 – 허위표시의 당사자와 그 포괄승계인 이외의 자로서 허위표시를 전제로 새로운 법률관계를 맺은 자를 의미
(2) 善意의 의미
  ㉠ 판단 시기 – 법률상 특별관계를 맺었을 때
  ㉡ 무과실은 불필요(비진의표시와의 구별)
  ㉢ 전득자의 경우 – 악의의 경우에도 대항 금지
(3) 第三者의 惡意 – 악의를 주장하는 자의 입증책임(대판 1970.9.29, 70다466)

판례는 가장매매의 매수인으로부터 부동산상 권리를 취득한 제3자는 특별한 사정이 없는 한 선의로 추정할 것이므로 허위표시를 한 부동산매도인이 제3자에 대하여 소유권을 주장하려면 그 제3자의 악의임을 입증할 것이라고 한다.[73]

위 사례에서 민법 제108조 제2항에 의하여 丁·戊가 모두 선의인 때에는 그 반환을 청구할 수 없음은 물론이다. 문제는 이때 丁이 선의이고 戊가 악의인 때에는 어떻게 되는가. 이 경우에 대하여 종래의 견해는 丁이 선의인 한, 甲은 丙에게 무효를 주장할 수 없기 때문에 그에 의하여 甲·丁간의 법률관계는 확정되어 戊가 설사 악의인 경우에도 선의자의 지위를 승계하고, 따라서 甲은 丁에 대하여 당해 부동산의 반환을 청구할 수 없다고 하였다.

그러나 유력한 반대설에 의하면 이때 적어도 戊가 丙·丁간의 양도행위의 시점에 이미 악의이었던 경우에는 丁에 갈음하여 戊가 직접 丙으로부터 양도받았다면 보호되지 않기 때문에, 이때는 선의의 丁이 소유한다고 하여야 함으로써 戊를 보호할 필요는 없다고 한다. 따라서 이러한 경우에는 戊는 선의인 丁의 지위를 승계하지 않는 것으로 해석한다. 다만 戊가 丙·丁간의 양도행위 후에 우연히 乙·丙간의 양도행위가 허위표시인 것을 안 것에 그칠 경우에는 역시 戊를 보호할 필요가 있고, 戊는 丁의 지위를 승계한다고 해석하는 것이 타당하다.

(ㄷ) 허위표시의 無效를 주장할 수 있는 자는 허위표시를 한 당사자와 표의자의 채권자이다.

다만, 善意의 第三者가 스스로 무효를 주장할 수 있는가. 보통은 이를 인정하며, 소위 민법 제108조의 무효는 相對的 無效로 다루어 왔으나 최근에는 이에 관하여도 견해가 대립된다.

肯定說은 민법 제108조 제2항은 제3자 보호를 위하여 허위표시의 당사자와 그 채권자만의 무효주장을 제한한 것이므로 역으로 선의의 제3자가 무효를 주장함은 무방하다고 봄이 해석론적 입장이고 또한 허위표시의 당사자는 착오의 경우와는 달리 이를 보호할 필요가 없음을 든다[곽윤직 235면, 고상룡 407면, 김상용 469면, 이은영 504면, 김준호 363면, 백태승 402면, 송덕수 민법강의(상) 159면].

否定說은 선의의 제3자는 허위표시의 당사자와 법률행위를 한 것이나 민법 제

73) 대판 1978.12.26, 77다907; 1970.9.29, 70다466.

108조 제2항에 의하여 유효한 효과를 부여받게 되므로 그것만으로 족하고 상황에 따라, 예컨대 불리하면 무효를 주장하고 유리하면 유효를 주장할 수 있다고 함은 공평에 반할 뿐만 아니라, 또한 동조 규정은 거래안전을 도모하려는 것이지 허위표시 당사자에 불이익을 가하여 징벌하려는 것은 아니므로 상대적 무효를 주장함은 입법취지에도 반하는 것이라고 한다(이영준 321면, 김주수 364면, 김학동 336면).

다수설은 부정설을 취한다. 생각건대 민법 제102조 제2항은 허위로 무효인 법률행위의 외형을 믿고 거래한 제3자를 보호하여 거래의 안정을 확보하려는 제도임이 명백하다. 따라서 허위표시에 기하여 제3자가 이를 알지 못하고 법률행위를 한 경우 제3자는 일단 자기가 의도한 법률행위의 목적은 달성되고 또한 그것으로 족하다. 그러나 후일 제3자가 원인된 법률관계가 허위의 무효인 법률행위인 것을 알고 그 무효를 주장하는 것은 동조 규정의 취지에 반한다고 볼 수 있는가. 부정설이 주장하는 것과 같이 제3자가 자기행위와 관계없이 상대방의 하자만을 이유로 자유로이 법률적 구속으로부터 이탈할 수 있다고 봄은 불합리한 점이 있지만, 한편 언제나 유효한 것으로만 하는 것은 허위표시의 당사자 또는 제3자의 의사에도 부합한다고 볼 수 없는 것이므로 거래안전을 해하지 아니하는 범위에서 제3자의 무효주장도 가능한 것이다.

(다) 허위표시의 취소·철회 통정한 허위표시는 취소 또는 철회할 수 있는가. 즉 통정허위표시는 민법 제527조가 규정하고 있는 청약의 구속을 받는가. 통정한 허위표시는 당사자간에서는 무효라고 하더라도 선의의 제3자에게는 대항하지 못하는 것과 관련하여 문제된다.

(ㄱ) 虛僞表示에 의하여 무효인 가장행위를 다른 사유, 즉 사기·강박·착오 등을 이유로 取消할 수 있는가. 무효인 법률행위라고 하더라도 법률적으로 無는 아니므로 취소할 수 있고 또한 취소를 인정할 실익이 있는 때에는 허용할 것이다. 그리하여 무효인 법률행위를 다른 취소원인에 의해 취소하거나(무효취소 이중효), 채권자취소권행사에 의한 취소와 원상회복을 구하는 것이 가능하다.

(ㄴ) 虛僞表示는 당사자간에 撤回할 수 있는가. 학설은 대체로 이를 긍정한다. 그러나 철회하더라도 그것으로써 선의의 제3자에게 대항하지 못하는 것으로 해석함이 통설이다.

(4) 第108條의 적용범위

(가) 민법 제108조는 계약에 한하지 않고 상대방 있는 단독행위, 예컨대 채무

면제에도 적용된다.

(ㄱ) 허위표시의 무효는 상대방 없는 단독행위에도 적용되는가.

否定說은 상대방 없는 단독행위의 성질상 허위표시는 적용될 수 없는 것이라고 한다(곽윤직 236면, 김학동 337면, 김준호 314면, 백태승 403면).

肯定說은 이를 부정하면 허위표시에 의하여 다른 특정인이 직접 수익하는 경우 이 수익을 원상에 복구할 수 없는 부당한 결과가 된다는 점을 든다[이영준 323면, 고상용 409면, 김주수 365면, 이은영 496면, 송덕수 민법강의(상) 159면].

통설은 상대방 없는 단독행위의 성질상 부정한다. 그러나 상대방을 필요로 하지 않는 단독행위, 예컨대 공유지분의 포기에서 공유자가 공유자 중 1인을 제외하고 공유지분의 포기를 가장하여 1인의 단독명의로 등기한 경우 직접수익자인 공유자와 통정하여 허위로 한 때에는 제108조를 유추 적용할 필요가 있을 것이므로 긍정할 것이다.[74)]

(ㄴ) 법인설립의 정관작성행위와 같은 合同行爲에도 적용되는가.

否定說은 정관작성행위와 같은 상대방 없는 합동행위에는 적용될 수 없는 것이라고 한다[곽윤직 236면, 김용한 294면, 백태승 403면, 송덕수 민법강의(상) 159면].

肯定說은 정관작성과 같은 이른바 합동행위에도 원칙적으로 적용되고, 특히 합명회사 등 인적 회사설립행위에는 제108조의 적용을 제한할 것은 아니지만 정관작성의 특수성과 소급적 무효의 합목적적 제한에 의하여 반사적으로 동조 적용이 제한되는 것이라고 한다(이영준 323면, 김주수 365면, 김학동 337면, 김상용 470면).

다수설은 합동행위의 본질상 부정한다. 그러나 법인설립행위에도 의사표시의 규정이 적용되고, 또한 통정허위표시의 '상대방'이란 반드시 대립적 의사표시 상호간을 의미한 것은 아니므로 정관작성행위와 같은 합동행위자 상호간에도 통정허위표시를 배척할 것은 아니다.

(나) 본인의 의사를 절대적으로 존중하는 身分行爲는 언제나 무효이다. 뿐만 아니라 동조 제2항의 규정도 신분행위에는 적용되지 않는다. 그러나 재산관계와 밀접한 관계가 있는 신분행위, 예컨대 상속재산분할협의(§1013) · 상속재산의 포기(§1041) 등에는 적용을 긍정한다.[75)]

(다) 公法上 行爲에 관하여도 본조는 적용되지 않는다. 그러나 판례는 경매에 관하여는 임의경매 · 강제경매를 불문하고 제108조 제2항을 적용한다.[76)]

---

74) 고상룡 409면, 김용한 294면 참조.

75) 이영준 323면, 김용한 295면, 고상룡 415면, 김주수 313면, 이은영 496면.

76) 대판 1968.11.9, 68다1624 ; 1957.3.23, 4289민상580; 종래 판례는 경매에 관하여 임의경매 ·

3. 錯誤로 인한 意思表示

(1) 錯誤의 개념

(가) 錯誤에 의한 意思表示, 즉 착오의 개념을 어떻게 파악할 것인가. 종래학설은 동기의 착오와 관련하여 대립한다.

表示로부터 推斷된 意思와 眞意의 不一致說은 표시상 효과의사와 내심의 불일치를 표의자 자신이 알지 못하는 것, 즉 표시로부터 추단되는 의사와 진의가 일치하지 않는 의사로써 그 불일치를 표의자 자신이 알지 못한 것이라고 한다.

表意者意識과 實際事實의 不一致說은 표의자가 의사표시에 이르는 과정 또는 의사표시 자체에서 사실과 일치하지 않는 인식 또는 판단을 하고 이에 의거 의사표시를 한 경우라고 한다(김용한 295면, 장경학 483면, 황적인 177면).

眞意와 表示의 不一致說은 표의자의 진의와 표시가 불일치한 의사표시라고 한다(곽윤직 237면).

效果意思와 表示行爲의 不一致說은 표의자의 효과의사와 표시행위의 불일치라고 한다(이영준 333면, 김주수 367면, 김상용 477면).

위 학설을 크게 분류하면, 결국 錯誤槪念을 표의자의 내심의 효과의사로부터 표시상의 효과의사를 비교하여 정할 것인가. 아니면 표시상의 효과의사로부터 내심의 효과의사를 비교하여 정할 것인가. 즉 진의로부터 표시를 비교할 것인가. 표시된 의사로부터 진의를 비교하여 정할 것인가 문제이다.

前者로 이해하면 동기는 곧 내심의 효과의사를 이루는 것이므로 곧 의사표시의 내용을 이루어서 착오인 행위로 다루어지지만, 後者로 이해하면 동기는 의사표시의 내용을 이루는 것은 아니므로 동기가 법률행위상에 표시되거나 상대방이 이를 알고 있는 때에만 의사표시의 내용을 이루어 취소할 수 있는 행위로 된다.

다수설은 "표시로부터 추단되는 意思와 眞意가 일치되지 않는 意思表示", 즉 표시상 효과의사와 내심의 효과의사의 불일치라고 하고 이때 동기가 표시된 경우에만 의사표시의 내용을 이루고 제109조의 적용을 받게 되는 것이라고 한다. 판례는 획일적이지 못하여 특히 동기의 착오와 관련하여 表示된 內容과 內心의 意思가 일치하지 아니하는 것이라고 하거나,[77] 법률행위 당시 실제로 없는

강제경매를 불문하고 제108조 제2항을 적용하였다(대판 1968.11.9, 68다1624). 그러나 신설 민사집행법(구민사소송법 제727조) 제267조에 의하여 경매에는 본조를 적용할 여지가 없다.

77) 대판 1985.4.23, 84다카890; 1984.4.10, 81다239.

사실을 있는 사실로, 또는 있는 사실을 없는 사실로 잘못 생각하는 경우와 같이 착오는 표의자의 대조사실이 어긋나는 경우라고 하였다.[78] 그러나 유력한 소수설은 착오개념을 다수설과 같이 표시상 효과의사와 내심의 효과의사의 불일치라고 하면 동기의 착오를 포섭할 수 없는 것이라고 하고 착오를 '진의와 표시가 불일치한 것'이라고 하거나,[79] 착오자의 '인식과 실제 사실이 불일치한 의사표시'라고 함으로써 동기는 표시 여부를 묻지 않고 언제나 법률행위 내용의 착오와 동일하게 제109조가 적용되는 것이라고 한다.[80]

그렇다면, 錯誤의 槪念을 어떻게 정의할 것인가. 착오를 다수설과 같이 설명하는 것은 表示上 錯誤에는 적합할지라도 동기의 착오에는 타당하지 않다. 따라서 착오에 의한 의사표시란 "표의자가 의사표시에 이르는 과정 또는 의사표시 자체에 있어서 스스로 알지 못하고 사실과 일치되지 않는 인식 또는 판단을 하고 이에 의거하여 의사표시를 한 경우"라고 정의하는 것이 정확하고 또한 이렇게 정의를 내리면 표시상 착오, 내용의 착오 및 동기의 착오가 모두 포함되는 것이다.

(나) 다수설에 의하면 착오의 개념을 표시상 효과의사에 대응하는 내심의 효과의사의 부존재, 즉 의사의 흠결 또는 의사와 표시와의 불일치라고 봄으로써 심리유보·허위표시 및 착오는 공통성을 가진다. 그러나 차이점은 불일치를 표의자가 의식하지 못한다는 점(의사의 무의식적 흠결)에서 심리유보·허위표시와 구별한다.

다만, 소송에서 패소할 것이라고 믿고 물건을 처분한 경우 사실상 승소한 것이라면 중요부분의 착오로서 이를 취소할 수 있는가.

판례는 민법 제109조의 의사표시에 착오가 있다고 하려면 법률행위를 할 당시에 실제로 없는 사실을 있는 사실로 잘못 깨닫거나, 아니면 실제로 있는 사실을 없는 것으로 잘못 생각하듯이 표의자의 인식과 그 대조사실이 어긋나는 경우라

---

78) 대판 1972.3.28, 71다2193; 그리하여 판례는 의사표시에 착오가 있다고 하려면 법률행위를 할 당시에 실제로 없는 사실을 있는 사실 또는 실제로 있는 사실을 없는 것으로 잘못 생각하듯이 표의자의 인식과 대조사실과가 어긋나는 경우라야 할 터이므로 판결선고 전에 이미 그 선고결과를 예상하고 법률행위를 하였으나 실제로 선고된 판결이 그 예상과 다르다고 하더라도 이 표의자의 심리상태에 인식과 대조사실에 불일치가 있다고는 할 수 없어 착오로 다룰 수 없는 것이라고 한다.

79) 특히, Lehmann은 착오를 表象(Vorstellungsbild)과 眞實(현실 Wirklichkeit)과의 어긋남(Zwiespalt)이며 그릇된 생각 또는 올바른 생각의 결여라고 한다.

80) 김용한 295면, 장경학 483면, 황적인 177면.

야 할 것이므로 표의자가 행위를 할 당시에 장래에 있을 어떤 사실의 발생이 미필적임을 알아 그 발생을 예기한 데 지나지 않는 경우에도 표의자의 심리상태에 인식과 대상에 불일치가 있다고는 할 수 없어 착오로 다룰 수는 없는 것이라고 한다(대판 1972.3.28, 71다2193).

(2) 錯誤에 관한 입법태도

錯誤로 인한 意思表示는 의사와 표시가 불일치한 태양으로서 가장 빈발한 것이며, 법률행위해석을 통하여 확정되는 하자의 개념이다. 그러나 착오인 법률행위를 어떻게 취급할 것인가. 착오로 인한 법률행위 자체는 언제나 무효이고 착오자는 배상의무를 부담하지 않는 무효주의 입법례가 있다. 그러나 우리 민법은 취소주의를 취하고 있다.

또한, 착오자의 과실과 관련하여 배상의무를 규정하지 않았으나, 개정 민법(안)은 제109조의 2를 신설하여 착오자의 배상의무를 규정한다.

(3) 錯誤의 태양

(가) 표시·내용상 착오

(ㄱ) 表示上 錯誤: 표시상 착오(Irrtum über die Erklärungshandlung)는 진의와 효과의사의 불일치가 표시하려고 의도한 내용과 실제 표시된 내용과 다른 데에서 기인한 착오, 즉 표의자의 표시과정의 잘못이며, 오기(기명날인의 잘못)·오담 등은 전형적인 것이다.

(a) 表示上 錯誤는 표시의사를 의사표시의 구성요소로 보는가의 여부에 따라 적용을 달리한다. 表示意思를 의사표시의 구성요소로 보는 견해에 의하면 표시상 착오는 표시의사가 없으므로 의사표시는 언제나 성립하지 않고 무효이므로 착오의 문제는 일어나지 않는다. 그러나 表示意思를 의사표시의 요소로 보지 않는 견해에 의하면 표시상 착오도 의사표시로 되고 제109조가 적용된다.

(b) 表示上 錯誤와 관련하여 표시기관의 착오, 예컨대 중개인을 통한 의사표시를 하는 경우 그 중개인이 잘못하여 표의자의 의사와는 다른 의사표시를 한 경우 착오가 되는가. 학설은 중개인이 본인의 수임인의 지위에 있다는 점을 감안하여 대체로 긍정한다.

① 중개적 표시기관(예 : 사자)이 그릇된 내용을 전달한 경우 - 착오
② 대리인에 의한 의사표시 - 제116조(대리행위의 하자) 적용
③ 완성된 의사표시를 전달기관이 잘못 전달한 경우 - 의사표시의 불도달

또한, 傳達機關이 잘못 전달한 경우에는 의사표시불도달의 문제이며 착오문제는 아니다. 그러나 使者가 임의로 표시한 때는 착오를 일으킨다.

(c) 표시의 착오에 기망에 의한 의사표시의 법리가 적용되는가. 사기에 의한 의사표시란 타인의 기망행위로 착오에 빠진 결과 어떤 의사표시를 하게 된 경우이므로 의사와 표시의 불일치는 없고 단지 의사형성과정, 즉 동기의 착오에 불과하므로 여기에는 민법 제110조 규정은 적용의 여지가 없다.[81]

(ㄴ) **內容의 錯誤**: 내용의 착오(Irrtum über den Erklärungsinhalt)란 표시행위 자체에는 착오가 없으나 표시행위가 가지는 내용을 잘못 이해하는 것을 말하며, 착오의 중심문제로 된다.

① 의미의 착오 – 의사표시에 사용하는 용어의 의미를 잘못 이해한 경우
② 동일성의 착오 – 상대방의 동일성을 잘못 이해한 경우
③ 성질의 착오 – 목적물의 특성을 잘못 이해한 경우
④ 계산의 착오 – 매매대금이나 공사대금을 잘못 계산한 경우
⑤ 서명날인의 착오 – 구두합의와 서면계약이 동일한 것이라 믿고 서명한 경우

(a) 內容의 錯誤는 표시상 착오와 구별된다. Schrever에 의하면 表示上 錯誤는 표의자가 원하지 않는 표시를 한 것이고, 內容의 錯誤는 표의자가 표시한 바를 원하지 않는 것이라고 한다.

또한, Flume는 表示上 錯誤는 표의자가 표시하려는 이외의 표시행위를 함으로써 표의자가 표시된 내용의 효과를 원하지 않는 것이고, 內容의 錯誤는 표의자가 어떠한 표시행위를 하는가는 의식하고 있으나 그 표시행위가 의사표시의 해석원칙에 따라 갖는 의미와는 다른 의미를 부여하고 있는 것이라고 한다. 여기서 內容의 錯誤는 표시의사는 존재하지만 표시상 효과의사에 대응하는 내심의 효과의사가 존재하지 않는 의사 흠결의 한 경우이다.

(b) 내용의 착오는 動機의 錯誤와 구별된다. 내용의 착오는 표시된 내용을 잘못 이해했기 때문에 표시상 효과의사를 가지는 점에서 동기의 착오에 유사하다. 그러나 그러한 오해가 동기가 되어 법률행위가 성립된 것은 아니라는 의미에서 양자는 차이가 있다.

(나) 법률의 착오 · 사실의 착오

(ㄱ) **法律의 錯誤**: 법률의 착오란, 예컨대 연대보증을 보통보증과 같은 것

---

81) 대판 2005.5.27, 2004다43824.

인 줄 알거나, 매매에 하자담보책임이 없는 줄 아는 것과 같이 의사표시의 효력에 관한 법률의 부지 또는 오인한 경우이다.

法律의 錯誤도 착오로 다룰 것인가. 민법 제109조는 법률의 착오를 제외하고 있지 아니하므로 역시 일반이론에 따른다.[82] 그러나 강행법규위반은 물론이고, 그렇지 아니한 경우라고 하더라도 효과의사와 법률적 효과의 불일치로 무효로 되는 경우가 많을 것이다.

(a) 法律動機의 錯誤 : 법률의 규정이 의사표시에 관하여 적용됨으로써 일정한 효과가 발생하는 경우에는 표의자가 이러한 법률효과에 관하여 착오에 빠졌다고 하더라도 의사와 표시의 불일치는 존재하지 아니하고 단순히 동기의 착오만이 존재할 뿐이라고 한다. 예컨대 매도인이 매매계약에 담보책임에 관한 규정을 두지 않았으므로 담보책임을 지지 아니할 것이라고 생각하는 경우가 이것이며.[83] 표시된 동기에만 착오로 된다.

(b) 法律內容의 錯誤 : 법률효과가 표시행위의 내용을 이루는 경우 표의자가 그렇지 아니한 것으로 잘못 안 경우 법률내용의 착오로 된다. 예컨대 매매계약에서 권리의 하자담보책임을 지지 않기로 한 것이 동시에 물건의 하자담보책임도 지지 않는 것으로 생각한 경우이다.

(ㄴ) **事實의 錯誤** : 의사표시의 대상, 표시행위의 잘못의 경우이며 착오의 전형적인 것이다

(a) 同一性·性質의 錯誤 : 사람 또는 물건에 대한 동일성·성질의 착오이다. 특히 사람의 동일성·성질의 착오에는 법률행위의 당사자 및 법률행위에 관계된 제3자도 포함하며, 여기서 性質이란 연령·성별·종교·직업·자산능력 등을 의미한다.

(b) 署名·捺印의 錯誤 : 널리 서명·날인의 착오란 문서를 읽지 못하거나 잘못 읽고 서명·날인하는 경우를 말하며, 증여계약에 관한 문서를 매매계약에 관한 문서로 잘못 생각하고 서명한 경우에는 표시상 착오로 된다.

(4) 錯誤로 인한 取消權의 발생요건

(가) 착오인 법률행위가 취소할 수 있기 위해서는 다음 요건을 갖추어야 한다.

---

82) 대판 1981.11.10, 80다2475 ; 1984.10.23, 83다카1187.

83) 이영준 337면.

(ㄱ) 법률행위를 구성하는 意思表示가 있을 것이어야 한다. 사법상 법률행위로서 계약은 물론, 단독행위를 포함한다. 또한 가족법상 행위에도 특별규정이 있거나 가족법의 기본이념에 반하지 않는 범위에서 적용을 긍정한다.

다만, 입양·혼인과 같은 家族關係形成行爲에도 적용되는가. 소수설은 제한적으로 적용될 것이라고 한다.[84] 그러나 다수설은 제815조(혼인의 무효) 및 제883조(입양의 무효)의 적용으로 무효라고 하고 제109조 적용을 배척한다.

(ㄴ) 의사표시가 錯誤로 인하여 행하여 질 것이어야 한다. 예컨대 오기·오담과 같은 표시상의 착오, 표시기관 및 중개인의 착오, 표의자가 표시하는 내용을 잘못 이해하는 법률행위내용의 착오 등을 포함한다.

다만, 代理人이 본인의 의사와 달리 표시한 경우에도 착오문제로 되는가. 대리제도의 본질상 대리인의 의사는 본인의 의사로 되고 비록 대리인이 본인의 의사와 달리 표시한 경우에도 착오문제는 발생하지 않는다. 따라서 대리인의 착오는 본인의 착오로 된다.

(ㄷ) 法律行爲內容의 錯誤이어야 한다. 법률행위는 의사표시를 내용으로 하므로 법률행위내용의 착오란 결국 의사표시의 착오를 의미한다. 그렇다면 이 경우 意思表示란 내심의 효과의사인가, 외부적 표시의사인가. 결국 의사표시의 본질론의 문제로 된다.

다만, 動機의 錯誤를 포함할 것인가. 당초 민법은 동기의 착오를 규정하지 아니하므로 다수설·판례는 표시된 동기는 법률행위의 내용을 이루는 것이라고 하였다. 그러나 개정 민법(안)은 동기의 착오를 규정함으로써 그 표시여부를 불문하고 착오로 다루고 있다(§109 ② 신설안).

(ㄹ) 법률행위내용의 重要部分의 錯誤일 것이어야 한다. 법률행위내용의 착오이더라도 취소할 수 있는 착오이기 위해서는 법률행위내용의 중요부분인 착오이어야 한다.

(a) 중요부분인 錯誤의 판단기준에 관하여 一元說은 법률행위의 여러 사정을 참작하여 객관적으로 정할 것이라고 하고,[85] 二元說은 표의자의 주관적 의도와 일반인의 객관적 입장을 고려하여 종합적으로 정할 것이라고 한다.

다수설은 二元說을 취한다. 판례는 동기의 착오에 관한 사안에서 객관적 요

84) 이은영 512면.
85) 이은영 521면.

건과 주관적 요건을 동시에 요하는 판례[86]와 객관적 요건만을 언급하는 판례[87]등 획일적이지 못하나 어느 경우에도 주관적 요건을 배척하지는 않는다. 따라서 법률행위의 重要部分의 錯誤란 의사표시에 의하여 달성하려고 하는 효과의 중요한 부분에 착오가 있는 것을 말하며, 그 여부는 주관적으로 표의자가 그러한 착오가 없었더라면 의사표시를 하지 않았으리라 생각될 정도로 중요한 것이어야 하고, 객관적으로 보통 일반인도 표의자의 입장에 섰더라면 그러한 의사표시를 하지 않았으리라고 생각될 정도의 것이어야 한다.

다만, 이와 같은 판단의 기준에는 표의자의 經濟的 不利益을 수반하여야 하는가. 판례는 착오가 법률행위내용의 중요부분에 있다고 하기 위해서는 표의자에 의하여 추구된 목적을 고려하여 합리적으로 판단하여 볼 때 표시와 의사의 불일치가 객관적으로 현저하여야 하고, 만일 그 착오로 인하여 표의자가 무슨 경제적인 불이익을 입은 것이 아니라고 한다면 이를 법률행위내용의 중요부분의 착오라고 할 수 없는 것이라고 하여 긍정한다.[88]

또한, 법률행위 당시 중요부분의 착오가 있었더라도 그 후 표의자에게 유리하게 事情이 變更된 경우에도 중요부분의 착오를 이유로 취소할 수 있는가.

판례는 착오로 인한 불이익이 소멸된 경우 착오를 이유로 한 의사표시의 취소는 신의성실의 원칙에 비추어 허용될 수 없는 것이라고 하여 부정한다.[89]

(b) 착오로 인한 취소의 요건으로서의 법률행위의 중요부분은 법률적 효과의 중요부분인가, 사실적 효과의 중요부분인가. 견해가 대립한다.

事實的效果說은 효과의사 본질을 사실적 효과로 파악하여 당사자가 의사표시에 의하여 달성하려고 하는 사실적 효과의 중요부분을 의미하는 것이라고 한다(곽윤직 240면).

法律的效果說은 본래 착오문제는 의사표시의 법률효과에 관한 것이고 사실적 효과에 관한 것은 아니므로 법률행위의 중요부분의 착오는 의사표시의 법률적 효과의 중요부분의 착오에 관한 것을 말한다고 한다(이영준 344면, 이은영 520면).

다수설은 法律的效果說을 취한다. 따라서 취소할 수 있는 법률행위로서의 중요부분의 착오란 법률적 효과의 중요부분의 착오를 의미하는 것이라고 한다.

---

86) 1997.8.26, 97다6063; 1996.3.26, 93다55487; 1985.4.23, 84다카890.

87) 2000.5.12, 2000다12259; 1999.4.23, 98다45546; 1999.2.23, 98다47924; 1998.2.10, 97다44737; 1997.9.30, 97다26210; 1989.1.17, 87다카1271.

88) 대판 2006다41457; 1999.2.23, 98다47924; 1998.9.22, 98다23706.

89) 대판 1995.3.24, 94다44620.

이에 관하여 판례는 대리인이 매도인이 납부하여야 할 양도소득세 등의 세액이 매수인이 부담하기로 한 금액뿐이어서 매도인의 부담은 없을 것이라는 착오를 일으키지 않았더라면 매도하지 않았거나, 아니면 적어도 동일한 내용으로 계약을 체결하지 않았을 것임이 명백하고 나아가 매도인이 그와 같이 착오를 일으키게 한 계기를 제공한 원인이 매수인 측에 있을 뿐만 아니라, 매수인도 매도인이 납부하여야할 세액에 관하여 매도인과 동일한 착오에 빠져 있었다면 매도인의 위와 같은 착오는 매매계약내용의 중요부분에 관한 것에 해당하는 것이라고 하여 사실적 효과에 바탕하고 있다.[90]

그리하여 중요부분의 착오로 다루어지는 것으로는 사자(使者)가 잘못 전달한 의사, 법률의 규정 및 그 의의를 잘못 인식한 경우, 매매목적물의 동일성 착오(예컨대 매매목적물인 점포를 다른 점포로 오인한 경우; 대판 1997.11.28, 97다32772 · 32789), 임대차를 사용대차로 잘못 이해한 경우, 보통보증을 생각하고 연대보증을 체결한 경우, 권리하자에 담보책임을 지지 않기로 된 경우 동시에 물건의 하자담보책임을 지지 아니할 것으로 이해하고 체결한 매매계약은 중요부분의 착오라고 한다.

그 외에도 토지의 현황 · 경계에 관한 착오(대판 1974.4.23, 74다54; 1968.3.26, 67다2160), 저당권설정계약에서의 채무자의 착오(대판 1995. 12.12, 95다37087), 임대인이 소유자일 것을 내용으로 한 타인소유의 임대차계약(대판 1975.1.28, 74다2069), 귀속재산이 아닌 토지를 귀속재산으로 알고 한 국가에의 증여(대판 1978.7.11, 78다719), 신용보증에 있어 보증제한 기업에 해당하는 기업을 금융기관의 잘못된 통보내용에 따라 보증제한기업이 아닌 것으로 오신하고 한 신용보증(대판 1992.2.25, 91다38419), 과다하게 평가된 토지등급을 기준으로 체결된 매수협의계약(대판 1998.2.10, 97다44737), 세제산출액의 착오(대판 1995.3,24, 94다44620), 전문건설공제조합이 도급금액이 허위로 기재된 계약보증신청서를 믿고서 조합원이 수급할 공사의 도급금액이 조합원의 도급한도액 내인 것으로 잘못 알고 계약보증서를 발급한 것(대판 1997.8.22, 97다13023), 재건축아파트설계용역계약을 체결함에 있어 상대방의 건축사자격유무에 관한 착오(대판 2003.4.11, 2002다70884) 등은 잘못된 동기에 바탕한 중요부분의 착오라고 한다.

이에 반하여 중요부분의 착오가 아니라고 한 사례로서는 특정지번 토지의 전부를 매수하는 경우 그 지적이 실제면적보다 적은 경우(대판 1969.5.13, 69다196), 토지현황의 부지로 시가보다 헐값으로 매도한 착오(대판 1984.4.10, 81다239), 토지매매의 시가의 착오(대판 1985.4.23, 84다카890), 보증의 객체에 대한 착오(대판 1981.9.8, 81다98) 진정한 경계선의 착오(대판 1997.8.26, 97다6063), 목적물의 법령상제한의 착오(대판 1990.5.22, 90다카7026), 강제추행을 강제치상으로 오인한 합의금의 약정(대판 1977.10.31, 77다1562), 부동산매매 계약금으로 교부 받은 수표의 부도(대판 1962.11.29, 62다646) 등은 동기 또는 연유의 착오에 불과한 것이라고 하여 중요부분의 착오에

---

90) 대판 1994.6.10, 93다24810.

서 제외한다.

그 밖에 군유지로 등기된 군립공원 내에 건물 기타 영구시설물을 지어 이를 군(郡)에 기부채납하고 그 부지 및 기부 채납한 시설물을 사용하기로 약정하였으나 후에 그 부지가 군유지가 아니라 이(里) 주민의 총유로 밝혀진 사안에서, 군수가 여전히 공원관리청이고 기부채납자의 관리권이 계속 보장되는 점에 비추어 소유권귀속에 대한 착오가 기부채납의 중요부분에 관한 착오라고 볼 수 없는 것이라고 한다(대판 1999.2.23, 98다47924).

생각건대, 착오인 법률행위이기 위해서는 법률행위 내용의 착오이어야 하므로 여기서 법률행위의 내용이란 곧 의사표시의 내용을 의미하고 의사표시는 법률효과 발생을 의욕하는 의사란 점에서 보면 논리상 결국 법률효과의 중요부분으로 이해함이 타당하다.

(ㅁ) 표의자의 重過失이 없을 것이어야 한다. 착오가 표의자의 重大한 過失에 기인하는 때에는 비록 법률행위내용의 중요부분의 착오가 있더라도 표의자는 그 의사표시를 취소하지 못한다(§109 ① 단서).

(나) 착오자의 錯誤인 法律行爲가 취소할 수 있기 위해서는 상대방이 예견할 수 있었어야 하는가. 소수설은 상대방보호를 위하여 상대방이 알고 있는 때에는 물론이지만 알지 못하는데 과실이 있는 때에만 취소할 수 있는 것이라고 해석한다.[91] 그러나 다수설은 상대방의 예견가능성을 요건으로 하는 것은 명문규정에 반할뿐만 아니라 착오에 의한 취소를 사실상 봉쇄하는 결과가 되어 부당하다고 한다. 종래 판례 또한 법률행위의 요소에 착오가 있을 때에는 표의자는 그의 중대한 과실로 인하여 자신이 무효를 주장할 수 없는 경우를 제외하고는 상대방의 동 사실의 지·부지를 막론하고 또한 누구에 대한 관계에서든지 그 법률행위의 무효를 주장할 수 있는 것이라고 한다.

생각건대, 착오에 관한 민법 태도는 표의자의 입장에서 취소할 수 있는 행위로 하고, 다만 표의자가 중대한 과실이 있는 때에는 취소를 제한한다. 그런데 만약 표의자가 중대한 과실이 있으나 상대방이 표의자의 착오를 알거나 알 수 있었던 때에는 취소할 수 없는 것으로 하면, 다수설에서와 같이 착오에 의한 취소를 사실상 봉쇄하는 결과가 될 것이므로 상대방의 예견가능성을 요건으로 함은 옳지 않다.

(다) 法律行爲의 一部에 착오가 있는 경우 그 일부에 관하여만 취소할 수 있

91) 김용한 300면, 김주수 377면.

는가. 견해 중에는 不可分的 法律行爲인 경우에는 착오부분을 취소하면 법률행위의 전부가 무효로 될 뿐이고, 이로 인하여 수정되지는 못하나, 可分的 法律行爲인 경우에는 일부무효의 법리에 의할 것이라고 한다.92) 그러나 이와 같은 견해는 찬성하기 어렵다. 본래 착오인 법률행위가 취소할 수 있는 법률행위로 되기 위해서는 법률행위의 중요부분에 착오가 있는 것이어야 하므로 법률행위의 일부에 착오가 있는 경우 취소할 수 있는가 여부는 그 착오부분이 법률행위의 중요부분을 이루는가 여부에 의하여 결정되고, 중요부분의 착오를 이루는 한 법률행위 전부가 취소될 뿐이지 그 일부에 대하여 취소할 것은 아니기 때문이다.

(5) 取消權者

取消權者는 착오에 의한 의사표시를 한 자이다. 따라서 취소권자는 항상 착오자이나 표시기관의 착오는 표의자, 즉 본인이다.

取消의 相對方은 취소의 의사표시가 도달하여야 할 자이다. 그러므로 계약에서는 계약의 상대방, 상대방이 있는 단독행위의 경우에는 그 의사표시가 도달할 자이다. 다만 도달을 필요로 하지 않는 일방적 의사표시는 그 법률행위에 의하여 직접 법률상 이익을 취득하게 되는 자에 대한 의사로 하여야 한다.

문제는 錯誤에 의한 意思表示의 상대방도 취소할 수 있는가. 민법상 착오는 표의자 자신의 의사표시에 관한 착오만을 말하고 상대방의 의사표시를 착오로 잘못 이해한 경우는 포함하지 않는다. 그러나 표의자의 의사표시가 상대방의 의사표시에 대한 동의에 불과하여 법률행위내용이 상대방의 의사표시에 의하여 정하여지는 경우에는 상대방의 의사표시에 관한 착오는 자신의 의사표시에 관한 착오로 된다.

(6) 取消權의 제한

(가) 표의자의 중과실에 의한 제한　착오가 표의자의 重大한 過失에 기인하는 때에는 비록 법률행위내용의 중요부분의 착오가 있더라도 표의자는 그 의사표시를 취소하지 못한다(§109 ① 단서).

(ㄱ) 중대한 과실의 여부는 표의자의 직업·행위의 종류·목적 등에 비추어 보통 요구되는 주의를 현저히 결한 것을 말하고,93) 부동산매매에 있어서 현장

92) 지원림, 민법강의 226면.

을 조사하지 않는 것, 주식매매를 영업으로 하는 자가 주식을 양도제한하고 있는 회사의 정관을 조사하지 않는 것, 대기업이 근로자들과 일정한 협의약정을 하면서 퇴직금지급규정개정시 근로자집단의 동의를 받았는지를 제대로 확인하지 아니한 경우[94], 대출자금상환을 착오로 한 금융기관의 신용보증서담보설정의 해지 통지[95] 등은 그 대표적인 예이다.

(a) 부동산을 거래하면서 登記簿를 열람하지 아니한 것은 물론이지만, 공장부지를 매입 또는 임차하면서 그 관할관청으로부터 허가 여부를 알아보지 않고 매입 또는 임차한 것은 표의자의 重大한 過失이라고 볼 수 있는가.

판례는 피고가 이 사건 건물에 비닐생산공장의 설치허가를 받아 공장을 경영할 동기에서 그 건물을 임차하려고 하였다면 피고로서는 먼저 그 건물에 그가 경영하고자 하는 공장의 신설이 가능한지를 관할관청에 알아보아야 할 주의의무가 있고, 또한 이와 같이 알아보았더라면 쉽게 그 건물에 대한 공장신설허가가 불가능하다는 사실을 알 수 있었다고 보이므로 피고가 이러한 주의의무를 다하지 아니한 채 건물에 대한 임대차계약을 체결한 것에는 표의자에 중대한 과실이 있다고 보아야 하는 것이라고 하여 긍정한다.[96]

(b) 중개인을 신뢰하여 매매목적물을 오인한 경우 매수인의 중대한 과실이 있다고 볼 수 있는가. 판례는 부동산중개업자에게 중개를 의뢰하여 매매계약을 체결한 매수인으로서는 부동산중개업자가 전문적인 지식과 경험을 가진 것으로 신뢰하고 그의 개입에 의한 거래조건의 지시, 설명에 과오가 없을 것이라고 믿고 거래하는 것이 보통이고, 매매목적물을 현장에서 확인하여야 할 의무가 있다거나 중개인이 매매목적물을 혼동한 상태에 있는지의 여부까지 미리 확인하고 주의를 촉구할 의무는 없다고 할 것이므로 매수인이 매매목적물을 오인하였다고 하더라도 이러한 과실을 민법 제109조 제1항 단서에서 정한 중대한 과실에 해당한다고 할 수 없는 것이라고 한다.[97]

다만, 전문건설공제조합이 계약보증서를 발급함에 앞서 조합원으로부터 입

93) 대판 2003.4.11, 2002다70884; 2000.5.12, 2000다12259; 1998.2.10, 97다44737; 1997.9.30, 97다26210; 1992.11.24, 92다25830・25847.
94) 대판 1995.12.12, 94다22453.
95) 대판 2000.5.12, 99다64995.
96) 대판 1992.11.24, 92다 25830; 1993.6.29, 92다38881.
97) 대판 1997.11.28, 97다32772(본소), 97다32789(반소).

찰결과통보서 등을 제출받거나 도급인에게 도급금액 등을 조회하여 도급금액이 조합원의 도급한도액 범위 내인지 여부를 확인하는 것을 게을리 하여 조합원이 제출한 계약보증신청서만 믿고서 계약보증서를 발급한 것이 중대한 과실에 해당하는가에 관하여 판례는 부정한다.[98)]

(ㄴ) 重大한 過失이 있다는 입증책임은 표의자로 하여금 그의 의사표시를 취소하지 못하게 하려는 상대방이 부담한다.

(ㄷ) 착오인 법률행위가 착오자의 重大한 過失에 기인하는 때라도 상대방이 惡意인 경우에는 제109조 제1항 단서 규정을 원용하지 못한다. 왜냐하면, 제109조 제1항 단서는 착오자의 취소에 따른 상대방보호를 위한 것이므로 상대방이 이를 알고 이를 이용한 경우에는 신의성실의 원칙에 배치되기 때문이다.[99)]

다만, 자신의 過失로 인하여 표의자의 착오를 야기한 자가 표의자의 重過失을 원용하여 취소를 제한할 수 있는가. 예컨대 甲의 乙(은행)에 대한 채무를 위한 근저당권을 설정하여 주기로 한 丙이 근저당권설정에 필요한 서류를 작성하는 과정에서 乙에 제출한 서류가 근저당권설정에 요구되는 서류인 줄 알고 서명·날인하였으나 연대보증서류에도 서명·날인하여 丙이 착오를 이유로 보증계약의 취소를 구하는 소송에서 판례는 丙이 이와 같은 착오에 빠지게 한 것은 乙의 丙에 대한 설명의무위반에 있고 또한 乙로서는 丙의 이와 같은 착오에 빠져있는 것을 알았거나 알 수 있었다고 봄이 상당하다고 전제하고, 이와 같이 자신의 과실로 인하여 표의자의 착오를 야기한 자가 도리어 표의자에 중대한 과실이 있다는 점을 원용하여 의사표시의 취소를 방해하는 것은 착오제도의 목적과 신의성실의 원칙에 반하여 허용할 수 없는 것이라고 한다.[100)]

(나) 가타 원인에 의한 제한 민법상 취소제한과 무관하게 착오로 표시한 의사표시가 표의자에게 더 유리한 경우, 상대방이 표의자의 내심의 의사에 따른 효과를 발생시키는 것에 동의한 경우, 취소권배제의 특약이 있는 경우, 화해계약(§733) 등 특수한 법률행위의 경우에는 취소권이 배제된다.

(7) 錯誤인 法律行爲의 효력

(가) 의사표시의 취소 법률행위내용의 중요부분에 착오가 있는 때에는 그

98) 대판 1997.8.22, 97다13023.
99) 대판 1955.11.10, 4288민상321.
100) 서울지판 2000.6.14, 99나21300.

의사표시를 취소할 수 있다(§109 ① 본문). 따라서 법률행위내용에 착오가 있는 경우에도 중요부분에 착오가 없으면 취소하지 못한다.

(ㄱ) 표의자가 법률행위 내용에 중요한 착오가 있고 그 착오인 의사표시에 기하여 취소하면 그 법률행위는 소급하여 무효로 된다.

착오를 이유로 취소한 법률행위가 소급적으로 무효로 된다고 할 때 그 취소로 인하여 무효로 되는 것은 의사표시 자체인가, 아니면 그것을 요소로 하는 법률행위인가. 전자로 이해하면 청약 또는 승낙이 취소됨으로써 성립한 계약 자체가 구성요소(의사표시)를 결하게 되어 효력을 잃게 되는데 반하여,[101] 후자로 이해하면 일단 법률행위가 성립하면 그 구성요소인 의사표시는 독립성을 잃게 되고 법률행위만이 존재하게 되므로 취소되는 것은 곧 법률행위라고 한다.[102] 그러나 법률행위를 취소하는 것이라고 하더라도 결국 그 취소원인은 착오자의 착오인 의사를 전제로 취소하는 것이어야 할 것이므로 양자는 구별할 실익이 없다. 왜냐하면 민법 제109조 제2항은 의사표시의 취소를 규정하고 있을 뿐만 아니라, 법률행위 자체를 취소하는 것이라고 하면 법률행위가 착오로서 요건을 갖추는 이상 상대방도 취소할 수 있다는 결과가 될 수 있기 때문이다.

(ㄴ) **取消와 遡及效制限**: 착오에 의한 의사표시의 취소는 선의의 제3자에게 대항하지 못한다(§109 ②). 여기서 "제3자·선의·대항할 수 없다" 등은 모두 허위표시의 경우와 동일하고, 선의냐 악의냐는 새로운 이해관계가 생겼을 때를 표준으로 하여 결정한다.

또한, 착오로 인한 법률행위의 취소는 소급효를 가지나 계속적 법률관계에는 소급효가 제한되므로 解除에서와 같이 해지에 관한 법리를 유추 적용하여, 이를 취소하는 경우에도 소급효를 제한함이 타당하다.[103]

그 외에도 매매에서와 같이 채권계약으로 物權의 履行이 이루어진 법률행위를 착오를 원인으로 취소하는 경우 그 물권의 회복은 물권행위의 독자성·무인성과 관련하여 결정된다.

(나) 착오자의 과실과 배상책임 표의자가 착오를 이유로 법률행위를 취소하고 이로써 상대방이 손해를 받은 경우 상대방은 착오자에 그 손해의 배상을

101) 이영준 390면.
102) 이은영 527면; 송덕수, 민법주해(2) 504면.
103) 이영준 364면.

청구할 수 있는가. 표의자의 과실 없는 착오로 취소한 경우에는 착오자의 보호란 측면에서 상대방은 손해배상을 청구할 수 없을 것이라는데 의문이 없다.

다만, 표의자의 輕過失에 의한 착오로 법률행위를 취소한 경우 상대방은 그 손해배상을 청구할 수 있는가. 독일민법은 착오를 이유로 취소한 표의자는 과실 유무를 묻지 않고 이른바 신뢰이익을 배상할 의무가 있다고 규정(동법 §122)하여 상대방을 보호하고 있으나, 민법은 이를 규정하지 아니하므로 민법 제535조 계약체결상 과실책임에 관한 규정을 유추 적용하여 신뢰이익배상을 청구할 수 있는가. 다수설은 표의자와 그 상대방의 이익형평과 자기책임의 원칙에 입각하여 긍정할 것이라고 한다. 그러나 판례는 소극적 태도를 취하였다.

이에 대하여 개정 민법(안)은 상대방보호란 측면에서 제109조의 2를 신설하여 제1항은 "제109조의 규정에 의하여 의사표시를 취소한 자는 그 착오를 알 수 있었던 경우에는 상대방이 그 의사표시의 유효함을 믿었음으로 인하여 받은 손해를 배상하여야 한다. 그러나 그 배상액은 의사표시가 유효함으로 인하여 생길 이익을 넘지 못한다."라고 하고, 제2항은 "상대방이 표의자의 착오를 알았거나 알 수 있었을 경우에는 이를 적용하지 아니한다."라고 하여 착오자의 배상책임을 규정한다.

또한, 표의자의 輕過失에 의한 취소는 상대방에 不法行爲를 구성하는가. 불법행위성립에 행위자의 고의 또는 과실 외에 위법성을 요하는 점에서 문제된다.

판례는 전문건설공제조합이 계약보증서를 발급하면서 조합원이 수급할 공사의 실제 도급금액을 확인하지 아니한 과실이 있다고 하더라도 민법 제109조에서 중과실이 없는 착오자의 착오를 이유로 한 의사표시의 취소를 허용하고 있는 이상 전문건설공제조합이 과실로 인하여 착오에 빠져 계약보증서를 발급한 것이나 그 착오를 이유로 보증계약을 취소한 것이 위법하다고 할 수는 없는 것이라고 하여 불법행위 성립을 부정한다.[104)]

(8) 錯誤의 적용범위

(가) 재산적 법률행위와 착오 민법상 착오는 재산적 법률행위의 의사표시에 적용된다. 그러나 재산적 법률행위의 의사표시이더라도 법률관계의 확실성 거래의 안전성의 목적에서 착오적용이 제한된다.

104) 대판 1997.8.22, 97다13023.

(ㄱ) **契約의 成立 및 解除**: 계약의 성립 및 해제에는 계약관계의 확실성을 고려하여 민법상 착오에 관한 일반이론이 적용되지 않는다. 따라서 계약의 성립에 착오가 있는 때에는 언제나 계약의 불성립으로 되며, 착오문제는 발생하지 않는다. 따라서 계약의 성립에 비록 숨은 불합의가 있는 경우에도 계약은 불성립으로 되고 착오문제는 발생하지 않는다.

또한, 계약해제·해지권의 행사에 착오가 있는 경우라도 착오로 인한 취소는 인정되지 않는다.

(ㄴ) **定型的 去來行爲, 團體的 行爲**: 재산행위이나 외형을 신뢰하여 행하여지는 정형적 거래행위(어음행위)나 일반사회에 영향이 많은 단체적 행위에 있어서는 거래안전을 고려하여 민법 제109조의 적용이 제한되는 경우가 많다. 특히 상법은 주식의 인수에 관하여 이 취지를 규정한다(상법 §320).

(ㄷ) **和解契約**: 화해계약은 착오를 이유로 하여 취소하지 못한다. 그러나 화해당사자의 자격 또는 화해목적인 분쟁 이외의 사항에 착오가 있는 때에는 그러하지 아니한다(§733 후단).

판례는 화해계약은 착오를 이유로 취소하지 못하고, 다만 화해 당사자의 자격 또는 화해의 목적인 분쟁 이외의 사항에 착오가 있는 때 한하여 취소할 수 있으므로 그 취소 여부는 당사자가 합의한 사항이 화해 목적인 분쟁의 대상으로 되었는지, 아니면 분쟁의 전제 또는 기초가 된 사항으로서 상호 양보의 내용으로 되지 않고 다툼이 없는 사실로 양해된 사항인지 여부를 가려 착오 주장의 당부를 판단하여야 할 것이라고 한다.[105]

(나) 신분행위와 착오　*身分行爲*에 착오가 적용되는가. 특칙(§815, §883)이 있는 경우를 제외하고는 긍정할 것이라는 견해가 있으나,[106] 다수설은 당사자의 진의가 절대적으로 존중되어야 한다는 가족법상 특질에 근거하여 적용을 부정한다. 그리하여 민법 제815조(혼인무효), 제883조(입양무효)는 이를 명문으로 규정한 것이라고 한다.

(다) 공법상 행위와 착오

(ㄱ) **訴訟行爲**: 소송행위는 일반 사법상 행위와 달리 내심의 의사보다 그 표시를 기준으로 효력을 정할 것이므로 착오를 이유로 취소하지 못한다.

---

105) 대판 1994.9.30, 94다11217.
106) 이은영 512면.

그리하여 판례는 訴의 取下에 착오 또는 사기로 인한 취소를 부정한다. 訴取下는 소송절차의 안정과 명확성이 요청되는 소송행위이므로 그 취하가 착오에 의한 것이거나 사태 변화가 발생하였다고 하여 영향을 미칠 것은 아니라고 하고,[107] 또한 민사소송에 있어 訴 또는 訴의 取下는 하자 있는 의사표시로 취소할 수 없는 것이라고 한다.[108]

(ㄴ) **行政處分**： 행정처분의 착오에는 제109조 적용이 배제된다.[109]

(9) 錯誤와 他制度와 관계

甲은 주택건축을 위하여 乙로부터 토지 100평을 평당 10만원에 매입하였다. 그런데 알고 보니 그 토지는 畓이었고 시가도 평당 1만원에 불과하였다.

이때 甲으로서는 어떤 구제책을 행사할 수 있는가.

(가) 착오와 사기의 관계　착오가 타인의 기망행위에 기하여 발생한 때에는 착오와 사기가 경합한다. 따라서 이때에는 그 어느 쪽이든 요건을 입증하여 주장할 수 있고,[110] 또한 중요부분의 착오가 없는 경우에도 사기에 의한 취소는 가능하다.

(나) 착오와 담보책임과의 관계　매매목적물에 하자가 있음을 알지 못하고 매수한 경우 착오와 담보책임에 관한 청구권이 경합하는가.

다수설은 담보책임에 관한 민법 제570조의 규정은 착오에 대한 특별규정으로 보아 청구권경합을 부정한다.[111] 그러나 소수설은 착오와 담보책임은 그 요건과 효과를 달리하므로 담보책임으로 원만히 해결되지 않는 착오의 경우에는 민법 제109조에 의하여 해결할 것이라고 한다.[112]

판례 또한 민법 제569조가 타인권리의 매매를 유효로 규정한 것은 선의 매수인의 신뢰이익을 보호하기 위한 것이므로, 매수인이 매도인의 기망에 의하여 타인물건을 매도인의 것으로 잘못 알고 매수한다는 의사표시를 한 것이고 만일 타인물건인 줄 알았더라면 매수하지 아니하였을 사정이 있는 경우 매수인은 민

---

107) 대판 1971.7.27, 71다741.
108) 대판 1997.10.24, 95다11740, 1970.6.30, 70후7.
109) 대판 1956.3.29, 4288민상448.
110) 대판 1969.6.24, 68다1749.
111) 김용한 302면, 고상룡 438면, 이영준 369면, 백태승 429면, 송덕수 민법강의(상) 176면.
112) 이은영 526면, 김주수 383면, 김상용 504면.

법 제110조에 의하여 매수의 의사표시를 취소할 수 있다고 할 것이라고 하여 청구권경합을 취한다.113)

따라서 매매계약을 체결함에 있어 매수인의 착오로 하자 있는 목적물을 매수한 경우 소수설·판례에 의하면 착오로 인한 법률행위의 취소와 별개로 매매로 인한 하자담보책임을 물을 수 있게 된다.

위 사례에서 甲은 농지를 대지로 잘못 알고 매수한 것이므로 동기의 착오문제이고, 또한 토지용도가 매매계약의 내용을 이루고 있었다면 매매목적물인 토지에 하자가 있는 것이어서 이에 대한 乙의 담보책임을 물을 수 있는가 문제이다.

(1) 위에서 甲의 착오는 토지시가와 토지용도에 관한 것인데 시가의 착오는 통상 연유의 착오에 불과한 것으로서 중요부분의 착오가 아니라고 보는데 반하여(대판 1959.1.29, 4291민상39), 토지의 용도·경계 및 현황에 대한 착오는 긍정함이 판례(대판 1974.4.23, 74다54)이므로 甲의 착오는 일단 중요부분에 관한 것이 되고, 상대방의 예견가능성은 다수설이 이를 요건으로 하고 있지 않지만, 소수설에 의하더라도 동기가 표시된 경우에는 상대방의 예견가능성이 있었다고 보여 지므로 양설의 결론은 동일하다. 따라서 甲은 토지용도를 乙에게 표시하여 매매계약의 내용으로 삼았다면 매매계약내용의 착오가 된다. 다만 甲이 대지를 매입함에 있어 부동산등기부를 열람하지 않고 畓을 垈地로 알고 매입한 것이 표의자의 중대한 과실로 되는가. 긍정하는 판례의 태도에 의하면 사실상 甲의 취소가 제한된다(대판 2000.5.12, 2000다12259; 1993.6.29, 92다38881; 1992.11.24, 92다25830·25847).

(2) 甲은 乙에 대하여 착오로 인한 법률행위의 취소와 별개로 매매로 인한 하자담보책임을 부담한다. 사례에서와 같이 토지 용도가 매매계약의 목적이 되었다면 매매목적물인 토지에 하자가 있음은 물론이지만, 다만 이때 하자가 물건의 하자인가 권리의 하자인가. 다툼이 있으나 일반적으로 권리의 하자로 다루어진다.

목적물상 권리의 하자로 계약목적을 달성할 수 없는 경우에는 계약을 해제할 수 있고, 매매목적을 달성할 수 없는 정도의 중대한 것이 아닌 때에는 甲은 손해배상을 청구할 수 있을 뿐이다. 다만 그 매매목적은 매수인이 주관적으로 의도하고 있는 것만으로는 부족하고 그 매매목적물의 성질 기타 계약체결시의 사정으로부터 객관적으로 이해할 수 있는 것이어야 한다(목적의 인식성).

또한, 이때 손해배상청구권의 성질이 신뢰이익의 배상인가, 이행이익의 배상인가 또는 이들의 병존적 성질인가, 아니면 대가적 제한인가. 하자담보책임은 일부불능의 경우에 부담하고 민법 제535조의 계약체결상 과실책임은 원시적 전부불능의 경우에 발생하는 책임이나, 무과실책임으로서 담보책임의 범위를 계약체결상 과실책임보다 무겁게 배상토록 함은 형평에 맞지 않다는 점에서 제535조 제1항 단서를 유추하여 이행이익을 넘지 않는 범위의 신뢰이익배상이라고 해석한다.

113) 대판 1973.10.23, 73다268.

(다) 채무불이행과 담보책임의 관계　채무자의 채무불이행을 이유로 해제한 계약에 착오가 있는 경우 이와는 별도로 착오를 이유로 취소할 수 있는가. 판례는 매도인이 매수인의 중도금지급채무불이행을 이유로 매매계약을 적법하게 해제한 후라도 매수인으로서는 상대방이 한 계약해제의 효과로서 발생하는 손해배상책임을 지거나 매매계약에 따른 계약금의 반환을 받을 수 없는 불이익을 면하기 위하여 착오를 이유로 한 취소권을 행사하여 위 매매계약 전체를 무효로 돌리게 할 수 있는 것이라고 하여 양자의 경합을 긍정한다.[114]

(10) 動機의 錯誤

---

(1) 甲은 현재 그린벨트로 되어 있는 토지가 멀지 않아 주택지로 개발될 것이라는 소문을 듣고 그 그린벨트지역 안에 있는 乙소유 토지가 앞으로 상당히 가격이 오를 것이라고 생각하여, 乙소유 토지를 매수하였다. 그러나 사실은 개발계획이 없는 것으로 밝혀졌다. 甲·乙간의 법률관계는?

(2) 농업협동조합중앙회는 주식회사 리더스밴드봉만실업에서 재정단기운영자금으로 5천만원을 대출하였고 이를 신용보증기금이 보증하였다. 그러나 채무자 봉만실업이 위 대출금에 대하여 변제하지 못하자 채권자 농협중앙회가 보증인 신용보증기금에 대하여 보증채권의 이행을 청구하자 피고인 신용보증기금을 관계규정에 따라 금융기관의 대출금을 빈번히 연체하고 있는 기업에 대하여는 신용보증을 제한하는데 채무자인 봉만실업은 위 대출금 외에 채권자에 대한 다른 대출금의 이자채무를 연체한 사실이 있었고, 이는 신규보증을 제한하는 범위에 속하는 것인데 보증인의 요청에 따라 채권자가 작성한 채무자 회사에 대한 거래상황 확인서에는 그러한 연체사실의 기재가 없었다. 이에 보증인은 그 거래상황확인서를 진실한 것으로 믿고 보증한 것인바, 보증인이 그러한 사실을 알았더라면 보증하지 않았을 것이므로 위 보증은 법률행위내용의 중요부분의 착오가 있는 것으로 취소를 주장하였다. 정당한가.

(가) 동기착오의 의의　動機의 錯誤란 의사표시를 하게 된 동기에 착오가 있는 경우, 즉 의사형성과정에서 착오가 있는 경우를 말한다. 예컨대, 고속도로가 부설되는 예정지라고 오신하고서 토지를 고가로 매입한 경우가 이것이다.

(나) 동기의 착오와 법률행위의 착오　動機의 錯誤도 착오로 되는가. 우리 민법은 제109조에서 착오로 인한 의사표시는 표의자에게 중대한 과실이 없고 그 착오가 법률행위내용의 중요한 부분인 경우에 한하여 취소할 수 있는 것으

---

114) 대판 1991.8.27, 91다11308.

로 규정한 것과 관련하여 문제된다. 즉 착오인 법률행위로서 취소할 수 있기 위해서는 먼저 착오가 법률행위내용의 착오이어야 한다. 따라서 법률행위 동기의 착오는 법률행위내용의 착오로서 취소할 수 있는 법률행위로 되는가.

動機表示說은 동기는 법률행위내용을 이루는 것은 아니므로 동기의 착오만을 이유로 취소할 수는 없지만 동기가 표시되어 상대방이 알고 있는 때에는 의사표시의 내용이 되므로 취소할 수 있는 것이라고 한다(곽윤직 238면, 김기선 272면).

動機包含說은 중요부분에 관한 동기의 착오는 그 표시 여부에 관계없이 제109조에 의하여 취소할 수 있고 이를 취소할 수 있기 위해서는 취소의 일반요건으로서 상대방이 인식 가능한 것이라야 하는 것이라고 한다(김용한 297면, 고상룡 477면, 김주수 373면, 이은영 518-9면).

類推適用說은 동기의 착오를 민법상 통상 착오와 동일시할 수는 없으나 동기 중 거래에서 중요한 사람 또는 물건의 성질에 관한 착오 및 이에 준하는 착오에는 민법 제109조를 유추 적용할 것이라고 한다(이영준 340면, 김상용 484면, 백태승 414면)

動機除外說은 증여와 같은 무상계약에는 동기가 적용되나 매매와 같은 유상계약에서는 동기의 진실에 대한 위험부담은 스스로 부담하여야 할 것이므로 동기를 법률행위의 내용으로 만들지 않는 한 비록 동기가 표시되어 상대방이 알고 있더라도 제109조에 의하여 고려될 것은 아니라고 한다[김학동 343면, 김준호 370면, 송덕수 민법강의(상) 165-6면, 동 주석(2) 431-6면].

통설은 착오개념을 표시상 효과의사와 내심적 효과의사의 불일치로 보는 動機表示說을 취하여 동기의 착오는 표시상 효과의사는 문제되지 않고 다만 효과의사의 결정과정에서 문제가 있을 뿐이므로 본질적으로 동기의 착오는 민법 제109조의 착오는 될 수 없다고 전제한다. 그러면서도 表示說을 취하지 아니할 수 없는 이유는 보통 외부에 표시되지 않는 동기를 고려하여 법률행위에 효력을 미치게 한다면 거래안전을 위협할 뿐만 아니라, 특히 동기의 착오로 인하여 발생하는 위험 내지 불이익을 표의자 스스로 부담함이 타당할 것이지만, 그 동기가 표시된 때에는 상대방은 이를 알 수 있으므로 착오인 동기를 이유로 그 법률행위에 영향을 미치게 하여도 무방할 것이란 점을 든다.

그러나 반대설은 내용의 착오와 동기의 착오 내지 목적물의 동일성에 관한 착오와 목적물의 성상에 관한 착오는 그 구별이 미묘한데 양자의 법률효과를 명백히 구별함은 대단히 어렵고, 표시상 착오나 내용의 착오도 동기의 착오와 마찬가지로 표의자의 내심의 의사를 문제 삼고 있으므로 거래안전을 위협하기는 마찬가지이며, 또한 착오는 성질상 동기를 표시한다는 것과 상응하지 않으며 실제거래에 있어서는 동기의 착오가 압도적인데도 불구하고 表示說에 의하게 하는 것은 거래 실제를 외면하는 것이라고 한다. 그러나 견해에 따라서는 表示說과 動機包含說은 법률구성상 차이가 있을 뿐이지 결과에 있어서는 큰 차이가 없다고 한다. 즉 表示說은 동기의 표시가 명시적인 것에 한하지 않고 묵시적인 것도 무방하다고 함으로서 동기의 착오도 쉽게 법률행위의 내용의 착오로 될 수 있는 반면 動機包含說에 의하여도 동기의 착오가 제109조의 '중요부분의 착오'에 해당하고 또한 착오자에게 과실이 없는 때에만 대상이 되므로 사실상 그 적용범위는 넓지 못하다고 한다.[115]

그리하여 최근의 다수설은 동기의 착오로 취소할 수 있기 위해서는 동기가 법률행위에 미치는 중요성의 정도 및 표의자의 중과실 여부에 의해 정할 것이라는 입장을 취하여, 특히 그 동기가 계약내용으로서 의미를 가지는 때에는 그 표시 여부를 묻지 않고 취소할 수 있는 것으로 하고 있다.

이에 대하여 판례는 동기의 착오가 법률행위 내용의 중요부분의 착오에 해당함을 이유로 표의자가 법률행위를 취소하려면 그 동기를 당해 의사표시의 내용으로 삼을 것을 상대방에게 표시하고 의사표시의 해석상 법률행위 내용으로 되어 있다고 인정되면 충분하고 당사자들 사이에 별도로 그 동기를 의사표시의 내용으로 삼기로 하는 합의까지 이루어질 필요는 없지만, 그 법률행위 내용의 착오는 보통 일반인이 표의자의 입장에 섰더라면 그와 같은 의사표시를 하지 아니하였으리라고 여겨질 정도로 그 착오가 중요한 부분에 관한 것이어야 하는 것이라고 하고,[116] 또한 상대방을 토지소유자의 적법한 상속인인 것으로 잘못 알고 토지소유권을 환원시켜주기로 하는 합의에 이른 것이라면 상대방이 적법한 상속인이라는 점은 그와 같은 합의를 하게 된 동기에 해당하고, 만약 이러한 동기가 그 합의 당시에 표시되었다면 이는 합의내용의 중요부분에 착오가 있는 경우에 해당하는 것으로 보아야 하는 것이라고 하여 중요부분의 착오와 결부시켜 동기표시설을 취한다.[117]

생각건대, 착오문제는 법률행위 내용의 착오이냐 아니냐의 문제이며, 이는 결국 의사표시의 착오문제로서 의사표시의 심리과정의 문제라고 할 것이다. 따

115) 곽윤직 239면.

116) 대판 2000.5.12, 2000다12259; 1998.2.10, 97다44737; 1997.9.30, 97다26210; 1996.3.26, 93다55487.

117) 대판 1994.9.30, 93다11217.

라서 동기는 효과의사, 즉 의사표시내용에 관련되는 것은 사실이지만, 그 자체가 법률행위를 이루는 것은 아니므로 제109조와 동일하게 다룰 수는 없고, 이로서 민법 제109조는 동기의 착오를 포함하지 않는 것은 분명하다. 그러나 법률행위의 동기가 의사표시내용에 영향을 미치는 것은 부정할 수 없는 것이므로 이를 착오의 범주에서 배제하는 것은 더욱 타당하지 못하다. 그런 의미에서 보면 다수설과 같이 표시된 동기는 물론이지만 비록 표시되지 아니한 동기라고 할지라도 상대방이 이를 알거나 알 수 있었던 때에도 제109조의 요건을 갖추는 한 동조를 적용토록 하여 표의자와 거래의 안전보호를 동시에 꾀하도록 함이 타당할 것이다.

그러나 최근의 입법은 동기의 착오가 착오인 법률행위의 대다수를 이루는 점을 고려하여 동기의 착오를 민법상 착오로서 명문화하려고 한다. 그리하여 개정 민법(안)은 제109조 제2항을 신설하여 "당사자, 물건의 성상, 그 밖에 법률행위의 동기에 착오가 있는 때에는 그 착오가 표의자의 의사표시에 거래상 본질적인 사정에 관한 것인 경우에는 제1항을 준용한다."라고 하여 동기의 착오를 법률행위 내용의 착오를 준용토록 한다.

(다) 동기의 착오와 법률행위의 취소 　동기의 착오를 이유로 취소할 수 있기 위해서는 먼저 그 동기의 착오가 거래의 본질적인 사정에 관한 것이어야 하고, 또한 그 동기의 착오로 인한 법률행위 내용의 중요부분의 착오로 되는 것이어야 한다.

(ㄱ) 동기의 착오가 착오인 법률행위로 되기 위해서는 법률행위의 내용을 이루는 것이어야 한다.

(a) 表示된 動機 : 어떤 형식의 표시가 법률행위상에 표시된 동기로 되는가. 표의자가 그 동기를 당해 의사표시의 내용으로 삼을 것을 상대방에게 표시하고 의사표시의 해석상 법률행위의 내용으로 되어 있다고 인정되면 충분하다. 따라서 당사자들 사이에 별도로 그 동기를 의사표시의 내용으로 삼기로 하는 합의까지 이루어져야 할 것은 아니다.[118]

판례는 수급할 공사의 실제 도급금액에 관한 착오는 동기의 착오에 속하는 것이라고 하고, 전문건설공제조합이 계약보증서를 발급하면서 도급금액을 명시

---

118) 대판 1995.11.21, 95다5516.

하였다면 전문건설공제조합으로서는 그 동기를 당해 의사표시의 내용으로 삼을 것을 상대방에게 표시함으로써 의사표시의 해석상 법률행위의 내용으로 되었다고 보아야 할 것이라고 한다.[119)]

그리하여 판례는 당사자간에 특히 그 동기를 계약내용으로 삼은 때(대판 1984.11.23, 83다카1187), 진정한 상속인인 것으로 잘못 알고 토지를 환원하기로 합의한 때(대판 1994.9.30, 93다11217), 매매대상 토지 중 20~30평 정도만 도로에 편입될 것이라는 중개인의 말을 믿고 주택신축을 위하여 토지를 매수하였고 그와 같은 사정이 계약체결과정에서 현출되어 매도인도 이를 알고 있었는데 실제로는 전체 면적의 약 30%에 해당하는 197평이 도로에 편입된 경우(대판 2000.5.12, 2000다12259)에는 동기의 착오로서 취소할 수 있는 것이라고 하였다.

그러나 토지매매에 있어서 시가에 관한 착오(대판 1985.4.23, 84다카890; 1959.1.29, 4291민상139 : 1955.7.7, 4288민상66), 토지의 매매에 있어서 평수의 착오(대판 1956.2.23, 4288민상558·559)는 토지를 매수하려는 의사를 결정함에 있어 연유의 착오에 불과할 뿐 법률행위의 중요부분에 관한 착오라고 할 수 없는 것이라고 하고, 또한 판결선고 전에 단지 예상한 데 지나지 않던 판결결과를 예상하여 법률행위를 하였는데 선고된 판결 결과가 그 예상을 뒤엎는 경우(대판 1972.3.28, 71다2193), 부동산매매계약에 있어 계약금으로 지급받은 연수표가 부도되었다는 사실(대판 1962.11.29, 62다646), 환매권자가 환매권의 양도계약체결시에 목적부동산이 군용지로 사용되지 않고 있고, 국가가 원소유자(환매권자)에게 환매할 것이라는 사실을 몰랐기 때문에 시가보다 저렴한 가격으로 양도계약을 체결한 것(대판 1984.4.10, 81다239)은 의사결정의 동기의 착오는 될 수 있을지언정 법률행위의 중요부분의 착오가 있는 경우로는 볼 수 없는 것이라고 하였다.

위 사례 (1)에서 다수설에 의하면 甲은 매매계약시 그 동기, 즉 그 토지가 주택지로 개발된다는 소문에 대하여 乙에게 말한 바가 없으면 그의 의사표시를 취소할 수 없다. 그러나 甲이 이를 乙에게 밝혔다면 그것은 의사표시의 내용으로 되고, 이로써 민법 제109조의 요건을 충족하느냐에 의해서 그 취소 여부를 결정하게 된다. 그러나 소수설에 의하면 甲이 매매계약시 그 동기를 乙에게 표시하였는가의 여부를 불문하고서 착오에 의한 의사표시로써 취소가 가능하다. 다만 그 착오가 중요부분에 관한 것이고, 甲에게 중대한 과실이 없어야 하고, 그 여부는 구체적 사안을 검토해서 결정하게 될 것이므로 甲의 취소가 반드시 용이하지는 않게 된다.

다만, 법률행위의 동기가 未必的인 將來不確實한 事實에 관한 것이라도 되는가. 판례는 매도인의 대리인이 매도인이 납부하여야 할 양도소득세 등의 세액이 매수인이 부담하기로 한 금액뿐이므로 매도인의 부담은 없을 것이라는 착오

119) 대판 1997.8.22, 97다13023.

를 일으키지 않았더라면 매수인과 매매계약을 체결하지 않았거나 아니면 적어도 동일한 내용으로 계약을 체결하지는 않았을 것임이 명백하고, 나아가 매도인이 그와 같이 착오를 일으키게 된 계기를 제공한 원인이 매수인 측에 있을 뿐만 아니라 매수인도 매도인이 납부하여야 할 세액에 관하여 매도인과 동일한 착오에 빠져 있었다면, 매도인의 위와 같은 착오는 매매계약의 내용의 중요부분에 관한 것에 해당하는 것이라고 하여 착오가 미필적인 장래의 불확실한 사실에 관한 것이라도 민법 제109조 소정의 착오에서 제외되는 것은 아니라고 한다.[120)]

(b) 誘發된 動機 : 동기가 상대방의 적극적 행위에 의하여 유발되거나 상대방으로부터 제공된 경우에는 그 동기가 상대방에게 표시되어 있지 않아도 법률행위의 중요부분에 해당하고, 표의자에 중대한 과실이 없으면 제109조를 적용하여 착오로 인한 취소요건을 경감한다.

그리하여 판례는 시가 산업기지개발사업을 실시하기 위해 토지를 취득함에 있어 일부가 그 사업대상토지에 편입된 토지는 무조건 잔여지를 포함한 전체 토지를 협의매수하기로 하여 지주들에게는 잔여지가 발생한 사실 등을 알리지 아니한 채 전체 토지에 대한 손실보상협의 요청서를 발송하고 매수협의를 진행함에 따라 지주들이 그 소유 토지 전부가 사업대상에 편입된 것 등으로 잘못 판단하고 시의 협의매수에 응한 경우,[121)] 건물에 대한 매매계약 체결 직후 건물이 건축선을 침범하여 건축된 사실을 알았으나 매도인이 법률전문가의 자문에 의하면 준공검사가 난 건물이므로 행정소송을 통해 구청장의 철거지시를 취소할 수 있다고 하여 매수인이 그 말을 믿고 매매계약을 해제하지 않고 대금지급의무를 이행한 경우라면 매수인이 건물이 철거되지 않으리라고 믿은 것은 매매계약과 관련하여 동기의 착오라고 할 것이지만, 매수인과 매도인 사이에 매매계약의 내용으로 표시되었다고 볼 것이고, 나아가 매수인뿐만 아니라 일반인이면 누구라도 건물 중 건축선을 침범한 부분이 철거되는 것을 알았더라면 그 대지 및 건물을 매수하지 아니하였으리라는 사정이 엿보이므로, 결국 매수인이 매매계약을 체결함에 있어 그 내용의 중요 부분에 착오가 있는 때에 해당하고, 한편 매도인의 적극적인 행위에 의하여 매수인이 착오에 빠지게 된 점, 매수인이 그 건물의 일부가 철거되지 아니할 것이라고 믿게 된 경위 등 제반 사정에

120) 대판 1994.6.10, 93다24810.
121) 대판 1991.3.27, 90다카27440; 1978.7.11, 78다719; 1970.2.24, 69누83.

비추어 보면 착오가 매수인의 중대한 과실에 기인한 것이라고 할 수 없는 것이라고 한다.[122)]

(ㄴ) 동기가 표시되어서 법률행위의 내용이 된다고 하더라도 동기의 착오가 민법 제109조의 '법률행위 내용의 중요부분의 착오'가 되어야만 취소할 수 있다. 이와 관련하여 민법 제109조의 입법취지는 착오로 의사표시를 한 표의자의 보호하는 동시에 상대방 및 거래의 안전의 조화를 꾀하려는데 있으므로, 동조의 "법률행위내용의 중요부분의 착오"라고 하기 위해서는 주관적 요건과 객관적 요건을 갖추어야 한다. 즉 표의자가 그러한 착오가 없었더라면 그 의사표시를 하지 않았으리라고 생각될 정도로 중요한 것이어야 하고(주관적 요건) 동시에 보통 일반인도 표의자의 입장에 섰더라면 그러한 의사표시를 하지 않았으리라고 생각될 정도로 중요한 것이어야 한다(객관적 요건).

위 사례 (2)는 판례사례로서 원고는 피고의 신용보증에 있어 보증대상기업의 신용 유무는 피고 보증에 관한 의사표시의 중요한 결정 동기를 이루는 것인데 피고는 보증제한기업에 해당하는 소외 회사(채무자)를 원고(채권자)의 잘못된 통보내용에 따라 보증제한기업이 아닌 것으로 오신하고 원고에 소외회사에 대한 신용보증을 한 것이고 이는 피고가 보증의 의사표시 동기에 착오를 일으킨 것으로서 이러한 피고의 동기의 착오는 피고의 위 신용보증의 중요부분에 관한 것이라고 봄이 상당하다고 하였다(서울고판 1991.9.18, 91나2489).

이에 대하여 원고는 상고이유에서 보증제도는 주채무자의 '무자력위험'에 대비하여 채권자에게 만족을 주기 위한 이행을 약속하는 것으로 설사 주채무자가 신용이나 자력이 있는 줄 알고 보증을 하였다고 하더라도 그러한 보증행위에 동기의 착오는 고려될 수 없고, 특히 피고(보증기금)는 보증료를 받고 보증하는 것이므로 다른 무상보증에 비해 그 보증책임의 범위를 넓게 인정하여야 할 뿐만 아니라 소외 회사(봉만실업)의 이자채무에 대한 연체는 신용보증을 결정함에 있어서 1% 내지 5%에 이르는 미미한 점수가 배점되어 있고 과거 연체대출금을 지고 있는 다른 회사에 대하여도 신용보증한 일이 있음을 주장하였고 또한 동기의 착오가 상대방에 의해 유발된 경우에는 객관적으로 그러한 착오가 없었더라면 그러한 의사표시를 하지 아니할 정도로 중요한 사항에 관한 것이어야만 취소할 수 있는 것인데 이 건에 관하여는 그러한 연체사실이 다만 참작되는 정도임에 비추어 볼 때 그 보증의 동기가 보증행위의 중요부분에 해당되는 것이라고 볼 수 없는 것이라고 항변하였다.

이에 대하여 대법원은 원심의 판결을 인용하고 또한 금융기관 연체대출금의 보유 여부는 거래신뢰도를 측정하기 위한 사항의 하나로서 전체 배점 중 5%의

122) 대판 1997.9.30, 97다26210.

점수가 배정되어 있다고 하여도 이러한 사정만으로는 피고가 위 신용보증을 함에 있어 그 동기에 관한 착오가 중요한 부분에 해당한다는 원심의 인정을 뒤집기에는 부족한 것이라고 하였다(대판 1992.2.25, 91다28419).

(라) 쌍방 공통인 동기의 착오에 의한 계약수정권 쌍방에 공통하는 동기의 착오가 있는 경우 이를 이유로 계약의 수정권을 인정할 것인가.

主觀的 行爲基礎理論에 의하여 해결하려는 견해는 당사자 사이에 공통하는 결정적인 관념 또는 확실한 기대는 주관적 행위기초를 이루는데, 여기에 착오를 일으킨 당사자를 계약에 묶어두는 것은 신의성실의 원칙에 반한다고 한다. 따라서 이러한 경우는 당사자들이 착오가 없었더라면 합의하였을 내용으로 계약을 수정하는 것이 원칙이나 그러한 수정이 자신에게 불이익한 당사자는 계약으로부터 벗어날 권리, 즉 '탈퇴권'이 인정되어야 하고 이때 탈퇴권은 원칙적으로는 소급적인 효력을 가지는 해제권이나, 계속적인 채권관계에서는 장래에 향하여만 효력이 있는 해지권이라고 한다(이상민, 당사자 쌍방의 착오, 민사판례연구, 제18권 53면 이하).

法律行爲의 補充的 解釋에 의하여 해결하려는 견해는 먼저 법률행위의 보충적 해석을 통해 당사자 상방에게 공통하는 동기의 착오가 없었더라면 당사자들이 합의하였을 내용으로 계약을 수정하지만 이것이 불가능한 경우에는 당초 계약에 의해 불이익을 입은 자가 민법 제109조의 요건 하에 의사표시를 취소할 수 있는 것이라고 한다(윤진수, 자기소유물건을 취득하기로 하는 계약의 효력, 고시계 1999.9. 30면 이하).

이에 대한 판례는 매매계약을 체결하면서 매도인이 부담해야 할 양도소득세를 당초 쌍방이 예상한 금액의 한도에서 매수인이 부담하기로 특약을 하였는데 사실은 쌍방이 착오에 빠졌던 관계로 이를 초과한 세금이 부과된 사안에서, 매도인이 착오를 일으키게 된 원인을 매수인측이 제공하였으므로 매도인이 착오를 이유로 위 계약을 취소할 수 있는 것이라고 하여 보충적 해석론에 가까운 태도를 보이고 있다.

[사례연구] 동기의 착오인 법률행위

甲은 골동품가게에서 골동품을 구입하는데 그때 골동품가게 주인 乙의 친구인 丙이 진품이 틀림없다고 평가해 주었다. 그런데 그 후 그것은 모조작으로 판명되었다. 甲의 구제책은 ?

甲은 乙상점으로부터 골동품을 진품으로 생각하고 구입하였다. 그러나 모조작이기 때문에 물건의 성상에 대하여 甲의 착오가 있었던 것이 된다. 그러므로 甲에 대한 구제방법으로서는 우선 착오에 의한 취소(§109)를 생각할 수 있다. 또한

甲이 이를 구입하였을 때 乙의 친구 丙이 진품이라고 말하였으므로, 사기에 의한 취소도 생각될 수 있다.

(1) 甲의 錯誤成立 여부 : 甲이 乙의 상점으로부터 골동품을 진품으로 믿고 구입하였으나 모조작으로 판명된 경우 甲의 착오가 성립하는가. 동기의 착오문제이며, 통설은 동기의 착오가 있었던 때 불과한 경우에는 그 동기가 표시되었어야 비로소 의사표시의 내용에 착오가 있는 것으로 된다. 따라서 설문과 같은 골동품의 거래에 있어서 그 거래의 실정 또는 성질을 생각하면, 진품인 것이 조건으로 되거나 혹은 명시적으로 표시된 경우에 한하여 착오로 된다고 해석한다. 그러므로 진품이라는 것을 명시적으로 표시한 경우라든가 진품임을 보증한 경우와 같이 특별한 사정이 없는 한, 甲은 착오에 의한 취소를 주장할 수 없는 것이 된다. 다만 甲·乙이 거래할 때 乙의 친구인 丙이 진품이라는 말을 한 것에 의하여, 그것이 위의 특별 사정과 동시할 수 있는 경우에는 甲은 乙에 대하여 착오에 의한 취소를 주장할 수 있다.

(2) 乙·丙의 詐欺成立 여부 : 착오와는 별개로 사기에 의한 취소는 가능할 것인가. 우선 乙은 그 골동품이 모작품인 것을 乙에게 알리지 않았다고 생각되므로, 乙이 모작품인 것을 알고 있으면서도 그것을 묵비하고 있던 것이 사기에 있어서의 기망행위에 해당하는가. 골동품거래의 실정이나 성질로부터 생각해 보면, 乙은 모작품인 것을 甲에게 고지해야 할 의무는 없다. 따라서 乙이 모작품이라고 밝히지 아니한 것만으로는 사기는 성립되지 않는다고 할 것이다.

문제는 丙의 사기성립이 문제된다. 만일 丙이 모작품인 것을 알고 있으면서도 진품이라고 말했다면, 그것이 사기의 기망행위가 되는 것은 분명하다. 그러므로 甲은 丙의 말만 믿고 그 골동품을 구입했다면 丙의 사기는 성립하지만, 그와 같은 인과관계가 인정되지 않는 경우에는 丙의 사기는 성립하지 않는다. 여기서 丙의 사기가 성립한다고 보는 경우에는 乙은 그 사실을 알고 있는 것으로 생각되기 때문에, 甲은 사기에 의한 취소를 할 수 있다(§110).

(3) 사안에서 甲이 착오에 의한 취소와 사기에 의한 취소를 할 수 있는 경우에, 양자의 관계를 어떻게 이해할 것인가. 이와 같은 경우는 착오에 의한 취소와 사기에 의한 취소의 두 요건을 모두 갖추는 경우로서, 甲은 이를 선택적으로 주장할 수 있는 것으로 해석한다. 다만 양자를 동시에 주장하는 것은 적어도 논리적으로는 모순되기 때문에, 어느 한편을 예비적으로 주장하게 된다.

또한, 甲의 착오로 인한 취소와는 달리, 특히 乙 또는 丙에 사기가 성립하는 경우, 甲은 취소로 인하여도 아직 손해가 잔존하는 경우에는 乙과 丙에 대하여 불법행위(§750)에 기한 손해배상을 청구할 수 있고 취소를 하지 않고 모작품으로 인한 손해배상을 청구할 수도 있다. 또한 乙과 丙의 사기를 몰랐던 것으로 인하여 甲이 취소할 수 없는 경우에도 甲은 丙에 대하여 손해배상을 청구할 수 있다.

[98] Ⅲ. 詐欺·强迫에 의한 意思表示

1. 詐欺·强迫에 의한 意思表示의 개념

(1) 意思表示가 완전히 유효하기 위해서는 자유로운 의사에 기한 것이어야 한다. 그러나 때로는 표의자의 자유이어야 할 의사가 타인의 위법한 간섭으로 인하여 자유로이 행하여지지 못한 경우가 있다. 예컨대 詐欺에 의한 의사표시와 强迫에 의한 의사표시가 이것이다.

(가) 사기에 의한 의사표시 詐欺에 의한 意思表示란 표의자가 타인의 기망행위로 인하여 착오에 빠지고 그 결과로서 한 의사표시를 말한다. 여기서 詐欺란 고의로 사람을 기망하여 착오에 빠지게 하는 위법행위이며, 의사표시 자체의 착오는 아니라고 할지라도 적어도 동기의 착오에 의한 의사표시란 점에서 보통의 착오와 같으나 타인의 사기행위에 의하여 착오에 빠지는 점에서 법률행위내용의 중요부분에 착오가 없는 경우에도 보호된다.[123)]

다만, 제3자의 기망해위를 인하여 표시상 착오를 유발한 경우 詐欺에 의한 법률행위를 적용할 것인가.

詐欺에 의한 意思表示란 타인의 기망행위로 인하여 착오에 빠지게 된 결과 어떠한 의사표시를 하게 된 경우를 의미하므로, 예컨대 제3자의 기망행위에 의하여 신원보증서면에 서명날인 한다는 착각에 빠진 상태로 연대보증서면에 서명 날인한 경우에는 의사와 표시에 불일치가 없고 단지 의사형성과정에 착오(동기의 착오)로서의 소위 강학상 서명날인의 착오인 이른바 표시상 착오에 해당하므로 착오에 관한 법리만을 적용하여야 하고 사기에 의한 법리를 적용할 것은 아니다. 그리하여 판례는 비록 위와 같은 착오가 제3자의 기망행위에 의하여 일어난 것이라 하더라도 여기에서는 사기에 의한 의사표시에 관한 법리, 특히 상대방이 그러한 제3자의 기망행위 사실을 알았거나 알 수 있었을 경우가 아닌 한 의사표시자가 취소권을 행사할 수 없다는 민법 제110조 제2항의 규정을 적용할 것이 아니라 착오에 의한 의사표시에 관한 법리만을 적용하여 취소권 행사여부를 가려야 하는 것이라고 한다.[124)]

---

123) 대판 1969.6.24, 68다1749.
124) 대판 2005.5.27, 2004다43824.

(나) 강박에 의한 의사표시 强迫에 의한 意思表示란 타인의 강박행위에 의하여 공포심을 가지게 되고, 그 해악을 피하기 위하여 마음에 없이 행한 행위를 말한다. 즉 강박에 의한 의사표시는 의사와 표시의 불일치에 관하여 표의자 스스로가 알고 있는 점에서 착오 및 사기에 의한 의사표시와 다르고, 비진의표시와 허위표시에 가깝다.

强迫에 의한 意思表示는 표시에 의하여 추단되는 효과의사에 대응하는 내심의 의사가 존재하는 것이 보통이며, 다만 그 내심의 의사결정 과정에 타인의 부당한 간섭이라는 하자가 있는 경우로서 보호된다.

(2) 詐欺 · 强迫에 의한 意思表示는 의사와 표시가 불일치한 착오로 인한 의사표시와 구별된다. 錯誤로 인한 意思表示는 의사표시 자체에 착오가 있거나 아니면 적어도 그러한 의사표시를 하게 되는 동기에 착오가 있음을 원인으로 취소케 하는 것이지만, 詐欺 · 强迫으로 인한 意思表示는 동기에 착오가 있거나(사기에 의한 의사표시의 경우) 아니면 동기의 착오도 없음에도(강박에 의한 의사표시의 경우) 단지 의사표시 결정에 하자(의사형성과정, 즉 동기에 착오가 있는 것에 불과)가 있음을 이유로 취소할 수 있게 한 것이며,[125] 사적자치에 입각한 당사자의 의사표시 자유를 확보하기 위한 민법상 배려이다.

(가) 詐欺에 의한 意思表示가 법률행위의 중요부분에 착오가 생긴 때에는 민법 제109조가 동시에 적용된다. 따라서 제109조와 제110조와의 관계에서 민법 제110조의 詐欺에 의한 意思表示란 표의자가 상대방 혹은 제3자의 기망행위로 말미암아 착오에 빠지고 그 결과로서 한 의사표시이다. 이것이 錯誤에 의한 意思表示라는 점에서는 제109조의 보통의 착오의 경우와 다르지 않다. 다만 詐欺에 의한 意思表示는 타인의 사기행위에 의하여 착오에 빠진 것이므로 법률행위내용의 중요부분에 착오가 없더라도 사기에 의한 의사표시로서 표의자는 보호되게 된다. 그러므로 사기에 의한 법률행위의 중요부분에 착오가 생긴 때에는 제109조가 경합 적용된다.

다만, 실제상 錯誤를 주장하려면 법률행위내용의 중요부분의 착오임을 증명하기가 어렵고, 詐欺를 주장하려면 사기자의 고의라는 주관적 요건을 증명하기

125) 대판 2005.5.27, 2004다43824.

가 용이하지 않다. 그러나 표의자는 제109조 · 제110조 어느 쪽이든 그 요건을 증명하여 선택적 주장이 가능하고 상대방은 표의자가 주장하지 않는 쪽을 주장하여 반대하지 못한다. 그 이유는 민법 제109조 · 제110조 모두가 표의자보호를 위한 제도이기 때문이다.

(나) 强迫에 의한 意思表示는 그 강박의 정도에 따라 민법 제103조의 위반행위로도 된다. 따라서 强迫에 의한 의사표시가 취소되는 것에 그치지 아니하고 나아가 무효로 되기 위해서는 그 강박의 정도가 강하여 표의자의 의사결정의 자유가 완전히 박탈되는 정도에 이를 것이어야 한다.[126]

2. 詐欺 · 强迫에 의한 意思表示의 성립

(1) 詐欺에 의한 意思表示의 성립

詐欺란 고의로 사람을 기망하여 착오에 빠지게 하는 위법행위를 말하며, 표시에 의하여 추단되는 효과의사(표시상의 효과의사)에 대응하는 내심의 의사는 존재하지만 그 내심의 의사결정 · 성립과정에 하자가 있는 것으로서, 다음의 요건을 갖추어야 한다.

(가) 사기자의 고의　사기에 의한 의사표시가 성립하기 위해서는 먼저 詐欺者의 故意가 있을 것이어야 한다.

여기서 詐欺者의 故意란 먼저 표의자를 기망하여 착오에 빠지게 하는 고의와 다시 그 착오에 기하여 표의자로 하여금 의사표시를 하게 하려는 2단의 고의를 요하며, 이때 故意의 입증책임에는 표의자가 상대방의 기망 또는 그 진술을 의사표시의 수단으로 한 사실을 동시에 입증하여야 한다.

견해 중에는 2단의 고의만 있으면 족하고 악의까지를 요하는 것은 아니라고 하나,[127] 고의를 악의와 특별히 구별할 것은 아니다.

또한, 사기자에는 표의자의 상대방인 경우와 기타 제3자인 경우가 있다. 다만, 기망행위를 한 자가 대리인 등 본인의 행위로 되는 경우는 물론이지만 기망행위를 한 자가 상대방의 피용자인 경우에도 제3자의 기망행위로 되는가.

의사표시의 상대방이 아닌 자로서 기망행위를 하였으나 민법 제110조 제2항

126) 대판 1996.10.11, 95다1460; 1974.2.26, 73다1143.
127) 송덕수 민법강의(상) 178면.

에 해당하지 아니한다고 보기 위해서는 그 의사표시에 관한 상대방의 대리인 등 상대방과 동일시 할 수 있는 자만을 의미하고 단순히 상대방의 피용자이거나 상대방이 사용자의 책임을 져야 할 관계에 있는 자는 상대방과 동일시할 수 있는 자라고 볼 수 없으므로 제3자에 해당한다.[128)]

(나) 위법한 기망행위

(ㄱ) 欺罔行爲가 있을 것이어야 한다. 여기서 기망행위란 표의자에게 그릇된 관념을 갖게 하거나, 그러한 관념을 강화·유지하려는 모든 용태를 말한다.

또한, 기망행위는 작위에 의한 적극적 기망행위는 물론, 부작위에 의한 기망을 포함한다. 그러나 이들의 행위가 사기인 행위로 되기 위해서는 그 기망행위가 상대방의 의사결정에 영향을 주는 것이어야 한다.

다만, 단순한 沈默도 포함하는가. 단순한 침묵은 원칙적으로 기망행위라고 할 것은 아니지만 침묵된 사정에 관하여 행위자에 설명의무가 있는 때에는 긍정할 것이라고 하고, 판례 또한 동일하다. 그리하여 판례는 일방당사자가 자기가 소유하는 목적물의 시가를 묵비하여 상대방에게 고지하지 아니하거나, 허위로 시가보다 높은 가격을 시가라고 고지하였다고 하더라도 이는 상대방의 의사결정에 불법적인 간섭을 한 것이라고 할 수 없는 것이라고 하여 사기 성립을 배척한다.[129)]

(ㄴ) 詐欺가 違法한 것이어야 한다. 여기서 違法하다고 함은 신의칙에 반한 행위를 의미한다.

(a) 過大廣告가 위법한 기망행위로 되는가. 통상의 경우에는 부정할 것이지만 신의칙과 거래관념에 비추어 신중히 판단할 것이다. 판례는 상품의 선전·광고에 있어 다소의 과장이나 허위가 수반되는 것은 그것이 일반 상거래의 관행과 신의칙에 비추어 시인할 수 있는 한 기망성이 결여된다고 하겠으나, 거래의 중요한 사항에 관하여 구체적 사실을 신의성실의 의무에 비추어 비난받을 정도의 방법으로 허위로 고지한 경우에는 기망행위에 해당하는 것이라고 하여 긍정한다.[130)]

(b) 露店이나 古物商에서의 진술은 통상 사기에 의한 행위로 되지 않는다. 따라서 노점이나 고물상에서의 기망행위는 위법성이 조각된다.

---

128) 대판 1998.1.23, 96다1496.
129) 대판 2002.9.4, 2000다54406·54413; 1997.11.28, 97다26098.
130) 대판 2001.5.29, 99다55601·55618; 1993.8.13, 92다52665.

토지공유자 甲이 그 토지 전부에 대하여 제3자와 평당 100만원에 매도하고 그 전매차익을 얻을 목적에서 공유자 乙에 대하여 이를 숨긴 채 사실과 다르게 그 시가가 평당 70만원 정도에 불과하다고 말하여 자기가 매도한 가격보다 현저히 저렴한 가격에 매수한 경우 乙은 사기를 들어 그 매매계약을 취소할 수 있는가.

판례는 위와 같은 행위는 적극적으로 乙을 기망한 것으로서 위법성이 있다고 보아야 하고, 한편 위 가격의 차이가 평당 금 280,000원으로 매도단가에 비하여 적지 않은 금액이며, 乙의 소유 지분의 가격차액 총액이 금 279,720,000여원에 이르는 사정에 비추어 보면, 만약 그와 같은 사정을 乙이 알았더라면 위 매매계약을 체결하지 않았을 것이라고 짐작하기에 어렵지 않으므로, 甲의 사기를 이유로 乙이 甲과 乙 사이의 위 매매계약을 취소할 수 있는 것이라고 한다(대판 1997.11.14, 97다36118).

(다) 인과관계　표의자가 錯誤에 빠지고 그 착오에 기하여 의사표시를 하였어야 한다. 즉 착오와 의사표시의 사이에 인과관계가 있어야 한다.

(ㄱ) 詐欺成立의 因果關係란 객관적인 것이어야 하는가. 착오성립의 인과관계는 피기망자의 인식을 중심으로 원인과 결과의 관계가 성립하면 족하고 반드시 객관적인 관계가 성립하여야 하는 것은 아니다. 즉 주관적으로 족하다. 따라서 표의자가 진실한 사실관계를 안 경우에는 기망행위와 착오 간에 인과관계는 존재하지 않지만, 표의자가 거래상 요구되는 주의를 게을리 하여 이를 알지 못한 경우에는 인과관계가 성립한다.

(ㄴ) 錯誤는 내심적 효과의사를 결정하는 동기에 관한 것으로 족하다. 따라서 사기에 의한 의사표시는 법률행위의 중요부분에 착오가 없는 경우에도 이를 취소할 수 있다.[131] 법률행위내용의 중요부분에 착오가 있는 때에는 동시에 민법 제109조가 적용된다.

① 위법한 기망행위로 본 사례
　㉠ 타인의 물건을 매도인의 물건으로 알고 매수한 경우(대판 1973.10.23, 73다268)
　㉡ 상품판매가격을 실제보다 높게 책정하고 세일하여 정상가격으로 판매한 변칙세일(대판 1993.8.13, 92다52665)
② 위법한 기망행위가 아니란 사례 : 매수인이 목적물의 시가를 알면서도 낮추어 말한 경우(대판 1959.1.29, 4291민상139)

(2) 强迫에 의한 意思表示의 성립

(가) 강박자의 고의　민법 제110조의 强迫에 의한 意思表示가 성립하기 위한

131) 대판 1969.6.24, 68다1747.

요건은 대체로 詐欺의 경우와 같다. 즉 타인으로 하여금 공포심을 가지게 하고, 또한 그 공포심으로 인하여 의사표시를 하게 한다는 2단의 고의를 요한다.132)

법률행위의 취소원인이 될 강박이 있다고 하기 위해서는 표의자로 하여금 공포심을 생기게 하고 이로 인하여 법률행위 의사를 결정하게 할 고의로써 불법으로 장래의 해악을 통고할 경우라야 한다.133)

판례는 사무실에서 농성하고 대통령을 비롯한 관계요로에 폭로하겠다는 등 공갈협박하면서 업무진행을 방해함은 강박에 해당하는 것이라고 한다.134)

(ㄱ) 强迫에 의한 意思表示는 피강박자의 의사를 결정하게 하려는 강박자의 의사를 요건으로 함으로 강박자는 적어도 이러한 것을 분별할 수 있는 의사능력 내지 인지능력을 가져야 하나 강박자의 위법성 인식 및 비난 가능성은 그 요건이 아니다.

강박자는 표의자의 相對方 또는 第三者를 불문한다. 따라서 강박자가 직접 표의자와 법률행위를 한 경우는 물론이고 제3자의 강박에 의하여 상대방과 법률행위를 한 경우를 묻지 않는다.

(ㄴ) 犯罪行爲로 공포심을 일으켜 의사표시를 하게 하거나, 目的의 不法은 물론, 목적과 수단이 개별적으로는 위법하지 않더라도 양자가 결합됨으로써 불법한 경우, 예컨대 손해배상을 받기 위한 과거 범죄사실의 신고·고지에는 위법성을 가진다. 그러나 이들의 행위가 강박에 의한 의사표시로서 취소할 수 있기 위해서는 상대방의 의사결정에 절대적인 영향을 주는 것이어야 한다.

(나) 강박행위로 인한 의사표시

(ㄱ) 强迫行爲란 고의로 害惡을 주겠다고 위협하고 공포심을 일으키게 한 위법행위이며, 害惡의 種類를 불문한다. 따라서 적극적 행위는 물론 소극적 행위, 즉 단순한 침묵·부작위도 강박이 된다.

(a) 恐怖의 정도는 표의자의 자유를 완전히 잃을 정도이어야 하는 것은 아니다. 그러나 강박의 정도가 극심하여 표의자의 의사결정의 자유가 완전히 박탈될 정도이면 그 强迫에 의한 意思表示는 효과의사에 대응하는 내심의 의사가

---

132) 강박에 의한 의사표시를 “3단의 고의”로 분석하는 견해가 있다. 즉 강박에 의한 의사표시로서 강박행위를 하려는 고의, 강박행위에 의한 상대방으로 하여금 공포심을 일으키려는 고의, 공포심에 의하여 일정한 의사표시를 하게 한 고의로 분석한다(이은영, 민법강의 99면).

133) 대판 1992.12.24, 92다25120.

134) 대판 1972.1.31, 71다1688.

없으므로 그 법률행위는 불성립 또는 무효로 된다.[135]

(b) 상대방이 진실로 해악을 고지하려 한 것이 아니더라도 표의자가 이를 진실로 믿고 공포심을 야기한 때에는 해악으로 된다. 판례는 해악의 고지가 위법하고 표의자가 이에 대하여 주관적으로 공포를 느꼈다고 인정되는 경우에는 이로 인한 의사표시는 강박에 의한 것이라고 한다.[136]

또한, 害惡은 강박자의 의사에 의하여 좌우될 수 있는 것이어야 한다.

(ㄴ) 强迫行爲가 違法일 것이어야 한다. 强迫의 違法性은 대체로 사기와 동일하다.[137] 따라서 강박의 수단과 목적을 상대적으로 고찰하여 행위 전체로서의 위법성의 유무를 판단하여야 한다.

다만, 상대방에 害惡을 告知하는 行爲가 위법한 강박으로 되는가. 일반적으로 부정행위에 대한 고소·고발은 정당한 권리행사로서 위법한 강박이라고 할 것은 아니다. 그러나 그것이 부정한 이익을 목적으로 하는 것인 때에는 위법한 강박이 된다. 예컨대 간통으로 고소하지 않기로 하는 등의 대가로 금원을 합의금을 받았다고 하여 그것만으로 상간자의 배우자가 부정한 이익을 목적으로 위법한 강박행위를 한 것으로 볼 수 없으나,[138] 피해자 아닌 자가 일정한 금품을 요구하면서 형사고발을 고지하는 것은 위법한 강박이 된다.

이에 대하여 판례는 어떤 해악을 고지하는 강박행위가 위법하다고 하기 위해서는, 강박행위 당시의 거래관념과 제반 사정에 비추어 해악의 고지로써 추구하는 이익이 정당하지 아니하거나 강박의 수단으로 상대방에게 고지하는 해악의 내용이 법질서에 위배된 경우 또는 어떤 해악의 고지가 거래관념상 그 해악의 고지로써 추구하는 이익의 달성을 위한 수단으로 부적당한 경우 등에 해당하여야 하는 것이라고 한다.[139]

(다) 공포로 인한 의사표시 공포심은 주관적으로 족하고 객관적임을 요하지 않는다. 따라서 그 강박의 여부는 피강박자의 심리적 상태를 따라 정하여야 하고 개별적으로 정할 것이므로 동일한 强迫이라고 할지라도 표의자의 체질에

135) 대판 1974.2.26, 73다1143.
136) 대판 1957.5.16, 4290민상58.
137) 특히, 독일민법은 강박의 위법성에 관하여 違法한 强迫(widerrechtliche Drohung)이라고 표현한다(동법 §123).
138) 대판 1997.3.25, 96다47951.
139) 대판 2010.2.11, 2009다72643; 2000.3.23, 99다64049.

따라 정할 것은 아니다.

(라) 인과관계 표의자가 공포에 빠지고 그 恐怖에 기하여 意思表示를 하였어야 한다. 즉 공포와 의사표시의 사이에 인과관계가 있어야 하고, 그 성립은 대체로 사기에서와 같다.

3. 詐欺·强迫에 의한 意思表示의 효력

한정치산자 甲이 후견인 乙을 기망하여 그 동의를 얻어 자기소유 주식을 丙에게 매각하였다. 그 후 주식시세가 폭등한 것을 보자 甲은 후견인 乙이 사기를 이유로 동의를 취소하였으므로 동의가 없었던 것으로 된다고 주장하면서 주식의 매매를 취소하고 그 반환을 청구하였다. 그 반환청구는 정당한가.

(1) 取消할 수 있는 行爲로서의 효과

(가) 상대방 사기·강박의 경우 표의자가 상대방의 사기나 강박으로 의사표시를 한 경우 표의자는 그 의사표시를 취소할 수 있다(§110 ①). 따라서 표의자는 그 상대방에 대한 의사로 언제나 취소할 수 있다.

표의자가 取消하지 않는 한 비록 형법상 범죄행위를 구성한 경우에도 사법상효력은 그대로 유효하다.

(나) 제3자 사기·강박의 경우 제3자의 사기나 강박으로 상대방 없는 의사표시를 한 때 표의자는 언제든지 그 의사를 취소할 수 있다. 그러나 상대방 있는 의사표시를 한 경우에는 그 의사표시의 상대방이 제3자에 의한 사기나 강박의 사실을 알거나 알 수 있었을 때에 한하여 취소할 수 있다(§110 ②).

여기서 '알 수 있었을 경우'란 과실에 의한 否知를 말하고, 선의·악의나 과실의 유무는 모두 행위 당시를 표준으로 정한다.

토지거래허가를 받지 않아 유동적 무효인 상태에 있는 거래계약에 관하여 사기 또는 강박에 의한 계약의 취소를 주장할 수 있는가.

유동적 무효인 상태에 있는 계약이라고 하더라도 확정적 무효로 되지 않고 의사표시 자체에 하자가 있는 이상 의사표시의 일반원칙에 의하여 일종의 철회로서 취소할 수 있는 것은 당연하다(박종두, 유동적무효인계약의법률관계, 중앙법학 제9집 제3호(2007) 293면 이하). 그리하여 판례는 「국토의 계획 및 이용에 관한 법률」상 규제구역 내에 속하는 토지거래에 관하여 관할 도지사로부터 거래허가를 받지 아니한 거래계약은 처음부터 위 허가를 배제하거나 잠탈하는 내용의 계약이 아닌 한 허가를 받기까지는 유동적 무효의 상태에 있고 거래당사자는 거래허가를 받기 위하여 서로 협력할 의무가 있으나, 그 토지거래가 계약당사자의 표시와 불일치한 의사(비진의표시, 허위표시 또는 착오) 또는 사기, 강박과 같은 하자 있는 의사에 의하여 이루어진 경우에는, 이들 사유에 의하여 그 거래의 무효 또는 취소를 주장할 수 있는 당사자는 그러한 거래허가를 신청하기 전 단계에서 이러한 사유를 주장하여 거래허가신청협력에 대한 거절의사를 일방적으로 명백히 함으로써 그 계약을 확정적으로 무효화시키고 자신의 거래허가절차에 협력할 의무를 면할 수 있는 것이라고 한다(대판 1997.11.14, 97다36118).

(ㄱ) 민법 제110조 제2항에서 정한 '第3者에 해당되지 아니한 자'란 그 의사표시에 관한 상대방의 대리인 등 상대방과 동일시할 수 있는 자만을 의미하고, 단순히 상대방의 피용자이거나 상대방이 사용자책임을 져야 할 관계에 있는 자는 상대방과 동일시할 수는 없어 동조 규정의 제3자에 해당한다.[140)]

또한, 第3者를 위한 契約에서와 같이 타인의 의사표시로부터 직접 권리를 취득하는 경우 그 타인이 제3자의 사기·강박을 알거나 알 수 있었을 때에는 상대방이 이를 알지 못하였고 그 알지 못하는데 과실이 없더라도 표의자는 그 의사표시를 취소할 수 있다고 해석한다.

(ㄴ) 詐欺·强迫에 의한 意思表示의 취소는 표의자가 사기·강박에 의한 의사표시를 한 그 직접 상대방에 대한 의사표시로 하여야 하고, 전득자는 그 상대방이 아니다. 따라서 전득자에 대하여는 원인행위의 무효로 이전된 재산권의 반환을 청구할 수 있는데 불과하다.

위 사례에서 한정치산자 甲이 후견인 乙을 기망하여 제3자 丙에게 처분한 것이다. 문제는 한정치산자가 후견인을 기망하여 동의를 받아 제3자 丙에 처분한 법률행위를 후견인 乙의 하자있는 의사표시란 이유로 취소할 수 있는가. 그것은 하자있는 동의가 한정치산자 甲에 주어진 것인가, 아니면 제3자 丙에게 주어진 것인가에 의하여 판단된다.

乙의 동의가 無能力者 本人에 주어진 경우에는 丙은 취소의 상대방이 되지 못하고 乙은 甲에 대한 의사로만 취소할 수 있고(§110 ①), 다만 제3자 丙이 선의인 경우에는 대항하지 못하는데 불과하다(동조 ③). 그러나 乙의 동의가 第3者 丙에게 주어진 경우에는 丙이 甲의 乙에 대한 사기의 사실을 알고 있었는가. 또한 알고 있지 않았다고 하더라도 그 부지가 丙의 과실에 기인한 것인가에 의하여 취소여부가 결정된다.

사안은 한정치산자 甲이 후견인 乙을 기망하여 제3자 丙과 주식매매계약을 체결한 것이므로 乙의 동의권은 일단 甲에 대한 의사로 수여된 것으로 이해된다.

140) 대판 1998.1.23, 96다41496.

그러므로 乙은 甲에 대한 의사로만 취소할 수 있고(§110 ①), 다만 이때 제3자 丙이 선의인가만 문제된다.

⑵ 取消制限(제3자에 대한 관계)

㈎ 하자있는 의사표시의 취소는 선의의 제3자에게 대항하지 못한다(§110 ③). 따라서 하자있는 의사표시로서의 취소효과는 선의의 제3자 범위에서 제한된다.

(ㄱ) 第3者・善惡・對抗하지 못한다. 등은 모두 허위표시・착오에서와 동일하다. 따라서 善意란 그 의사표시가 하자 있는 것임을 알지 못하는 것이고 선의에 대한 과실 유무는 묻지 않는다. 또한 그 판정기준시는 第三者로서 이해관계를 취득한 때이다.

(ㄴ) 第三者란 당사자와 그 포괄승계인 이외의 자로서 사기・강박에 의한 의사표시로 생긴 법률관계를 기초로 그 법률행위의 취소 전 새로운 이해관계를 가진 자, 예컨대 전득자・담보권자・제한물권자・압류채권자・임차권자 등을 말한다.

다만, 취소 후 그 외형의 제거 전, 즉 무효인 법률관계의 외형을 믿고 거래한 제3자를 포함하는가. 견해가 대립한다.

制限說은 민법 제110조 제3항의 제3자의 범위를 취소의 의사표시가 있기 전에 이해관계를 가진 자에 국한한다고 하며 이론적으로 원인행위(유인행위) 또는 물권행위(무인론)의 취소에 의하여 당연히 물권이 복귀된다는데 근거한다.

無制限說은 민법 제110조 제3항에서의 제3자의 범위를 원인행위 또는 물권행위의 취소에 의한 말소등기가 행하여지는 시기를 기준으로 하여 그 시기까지 취소의 의사표시가 있었음을 알지 못하고 새로운 이해관계를 맺은 자에 국한할 것은 아니라고 한다.

다수설은 어떤 법률행위가 취소된 경우 그 외형이 제거되기 전에는 그 취소 여부를 외부에서는 알 수 없고, 또한 동조 규정의 의미는 취소로 무효된 법률관계에서 그 실익을 가진다는 점을 들어 無制限說을 취한다.

판례 또한 민법 제110조 제3항의 범위는 원인행위 또는 물권행위에 의한 말소등기가 행하여지는 시기를 기준으로 하여 그 시기까지 취소의 의사표시가 있었음을 알지 못하고 새로운 이해관계를 가진 자로 새기는 것이 타당할 것이라고 하고,[141] 또한 표의자가 사기에 의한 법률행위의 의사표시를 취소하면 취소의 소급효로 인하여 그 행위의 시초부터 무효인 것으로 되는 것이므로 취소를

141) 대판 1975.12.23, 75다533.

주장하는 자와 양립되지 아니하는 법률관계를 가졌던 것이 취소 이전 또는 이후를 가릴 것 없이 사기에 의한 의사표시 및 그 취소 사실을 몰랐던 모든 제3자에 대하여는 그 의사표시의 취소를 대항하지 못하는 것이라고 한다.[142)]

(ㄷ) 善意는 추정되므로 악의를 들어 취소하려는 자가 입증하여야 한다.[143)]

(ㄹ) 선의의 제3자로부터 전득하는 자는 악의라도 완전한 권리를 취득한다. 왜냐하면 악의의 전득자이나 선의인 권리자의 권리를 승계한 것이기 때문이다.

- ① 전득자 · 담보권자 · 제한물권자 · 압류채권자 · 임차권자 등
- ② 선의에 대한 과실의 유무에 불문한다(통설).
- ③ 판단시기 – 이해관계의 성립시
- ④ 입증책임 – 하자를 이유로 취소를 주장하는 자(대판 1970.11.24, 70다2155)

(ㅁ) 당사자간에는 취소의 효과가 발생하지만 第三者에 대하여는 취소의 효과, 즉 의사표시의 소급적 무효를 주장할 수 없다는 의미이므로 선의의 제3자가 스스로 취소를 주장하는 것은 무방하다.

위 사례에서 후견인 乙의 동의가 한정치산자 甲에 주어진 것인 때에는 일단 취소할 수 있으나 다만 그 취소는 이해관계 있는 선의의 제3자에게 대항하지 못하므로(§110 ③), 특히 후자의 경우에는 이해관계 있는 제3자 또는 제3자의 선악이 문제된다.

그렇다면, 사안에서의 丙은 이해관계 있는 제3자에 해당하는가. 우선 丙은 동의의 당사자이거나 포괄승계인이 아님은 명백하고 또한 丙은 乙의 동의를 근거로 甲과 주식매매계약을 체결하였으므로 이해관계를 가지게 된 자로서 동의의 취소로 손해를 입게 될 자이므로 민법 제110조 제3항의 이해관계 있는 제3자에 해당한다. 다만 丙은 선의인가 문제되나 사안의 내용에서 보아 선의로 추정된다.

결국, 乙의 동의가 무능력자 甲에게 주어진 경우에는 비록 민법 제110조 제1항에 의해 그 의사표시를 취소할 수 있더라도 丙이 민법 제110조 제3항의 선의의 제3자에 해당하므로 그 취소는 丙에게 대항할 수 없다. 따라서 甲은 동의취소를 이유로 주식의 매매를 취소할 수 없고 그 반환청구는 부당한 결과가 된다.

⑶ 强迫에 의한 意思表示와 無效로서의 효과

(가) 강박에 의한 의사표시는 無效로서의 효력도 가지는가. 긍정하고, 특히

142) 대판 1975.12.23, 75다533.

143) 대판 1970.11.24, 70다2155; 착오의 의사표시로 인한 매수인으로부터 부동산상 권리를 취득한 제3자는 특별한 사정이 없는 한 선의로 추정할 것이므로 사기로 인하여 의사표시를 한 부동산의 매도인이 제3자에 대하여 착오에 의한 의사표시를 취소하려면 제3자의 악의를 입증할 책임이 있다할 것이라고 한다.

판례는 강박에 의한 법률행위가 하자 있는 의사표시로서 취소되는 것에 그치지 않고 나아가 무효로 되기 위해서는, 강박의 정도가 단순한 불법적 해악의 고지로 상대방으로 하여금 공포를 느끼도록 하는 정도가 아니고, 표의자로 하여금 의사결정을 스스로 할 수 있는 여지를 완전히 박탈한 상태에서 의사표시가 이루어져 단지 법률행위의 외형만이 만들어진 것에 불과한 정도이어야 하는 것이라고 한다.144)

(나) 법률행위의 성립과정에서 강박이 사용된 경우 그 법률행위는 반사회질서 행위로서 무효로 되는가. 민법 제103조에 의하여 무효로 된 되는 반사회질서 행위는 법률행위의 목적인 권리의무의 내용이 선량한 풍속 기타 사회질서에 위반되는 경우뿐만 아니라, 그 내용 자체는 반사회질서적인 것이 아니라고 하여도 법률적으로 이를 강제하거나 그 법률행위에 반사회질서적인 조건 또는 금전적 대가가 결부됨으로써 반사회질서적 성질을 띠게 되는 경우 및 표시되거나 상대방에게 알려진 법률행위의 동기가 반사회질서적인 경우를 포함하지만 단지 법률행위의 성립 과정에서 강박이라는 불법적 방법이 사용된 데 불과한 때에는 그 강박에 의한 의사표시의 하자나 의사의 흠결을 이유로 그 효력을 논의할 수는 있을지언정 반사회질서의 법률행우로서 무효라고 할 것은 아니다.145)

또한, 강박행위의 주체가 국가의 공권력이고 그 공권력의 행사내용이 기본권을 침해하는 것인 때에는 반사회적 행위로서 무효로 되는가.

판례는 설사 공권력의 행사내용이 기본권을 침해하는 것이라고 하여 그 강박에 의한 의사표시가 항상 반사회성을 띠게 되어 당연히 무효로 되는 것은 아니라고 하여 부정한다.146)

(4) 詐欺・强迫에 의한 법률행위취소와 物權의 복귀

乙은 甲을 기망하여 甲의 토지를 매입하고 이전등기를 경료 받았으나 후일 甲은 사기를 이유로 매매계약을 취소하였다. 그런데 乙은 아직 등기명의가 자기에 있음을 이용하여 그 토지를 丙에게 매각, 이전하였다. 甲・乙・丙의 법률관계는 어떻게 되는가.

민법 제141조는 "취소한 법률행위는 처음부터 무효인 것으로 본다." 라고 하

144) 대판 2002.12.10, 2002다56031; 1998.2.27, 97다38152; 1997.3.11, 96다49353; 1996.12.23, 95다40038; 1996.10.11, 95다1460.

145) 대판 1996.10.11, 95다1460.

146) 대판 1996.12.23, 95다40038

여 取消에 법률행위효과의 소급적 소멸을 규정한다. 따라서 동조 규정은 하자 있는 의사표시로 인한 표의자를 보호하기 위한 규정이며, 동조 규정에 의하여 이행된 부분은 부당이득의 반환청구권에 의하여 처리된다(§741 이하). 그러나 이와 같은 법률관계는 단순한 채권관계를 발생하는 것으로 그치지 않고, 무효인 행위에 의하여 취소권자로부터 이전된 물권이 제3취득자에 이전된 경우에는 물권변동의 일반이론과 관련하여 문제된다. 즉 물권행위의 법률적 성질에 有因性을 취하는 경우에는 원인행위인 채권행위의 취소로 처음부터 물권변동을 일으키지 않았던 것으로 되므로 취소권자는 소유권을 원인으로 한 회복청구가 가능하게 된다. 그러나 無因性을 취하는 경우에는 물권행위는 원인행위인 채권행위의 취소에 영향을 받지 않고 단지 취소권자는 부당이득의 반환청구권을 취득할 뿐이고 부당이득반환청구권의 행사에 의해 그 회복(인도 또는 등기이전)이 현실적으로 이루어 진 때 비로소 회복되게 된다. 따라서 물권행위의 無因性을 취하는 경우에는 취소권자의 취소 전에 물권을 이전받은 제3자(전득자)는 선·악을 묻지 않고 소유권을 취득하게 되지만, 물권행위의 有因性을 취하는 경우에는 무권리자로부터 취득이어서 제3자가 선의인 때에는 동조 제3항에 의하여 보호받게 되나 악의인 때에는 보호받지 못한다.

이에 대하여 최근의 다수설은 물권행위의 유인성을 취하고, 판례는 또한 불변적인 태도를 취함으로써 사기·강박으로 인한 법률행위에 표의자가 자기의사를 취소하는 경우에는 취소권자와 그 상대방의 계약관계청산이라는 테두리를 넘어서 제3자에 대한 자기소유권을 추급하게 된다.

위 사례에서 물권행위의 無因說에 의하면 乙의 취소에 의하여 물권은 당연히 복귀되지 않고 甲이 부당이득반환청구권에 의하여 乙로의 등기가 甲으로 이전등기가 경료된 때 비로소 복귀하게 된다. 따라서 소유권의 명의가 乙에 잔존한 상태에서 丙이 乙로부터 매수한 경우 丙은 권리자로부터 취득한 것이므로 丙의 선악을 묻지 않고 소유권을 취득하게 되고 이로써 甲은 乙에 대하여만 부당이득에 의한 가액반환 또는 불법행위로 인한 손해배상청구권만을 갖게 된다.

그러나 물권행위의 有因說에 의하면 乙의 취소로 물권은 당연히 甲에 복귀되고 乙에게 잔존한 등기는 무효인 등기에 불과하다. 따라서 乙의 무효인 등기에 바탕하여 취득한 丙은 무권리자로부터 취득한 것이어서 민법 제110조 제3항에 의하여만 보호받게 된다. 그러므로 丙이 악의인 경우 甲은 丙에게 소유권의 반환을 청구할 수 있고 丙은 乙에 대하여만 부당이득 또는 불법행위에 의한 손해배상청구권을 취득할 뿐이다. 그러나 선의인 때에는 甲은 丙에 대하여 반환을 청구할 수 없고 물권행위 무인성의 경우와 같이 甲·乙간의 법률관계로만 잔존한다.

(1) 物權行爲無因性의 경우

┌ 丙의 선·악을 묻지 않고 소유권취득
└ 乙의 甲에 대한 책임 ┌ 부당이득에 의한 가액반환의 책임
　　　　　　　　　　 └ 불법행위로 인한 손해배상책임

(2) 物權行爲有因性의 경우

┌ 丙의 선의인 경우 — 소유권의 취득
│　　乙의 甲에 대한 책임 ┌ 부당이득에 의한 가액반환의 책임
│　　　　　　　　　　　 └ 불법행위로 인한 손해배상책임
└ 丙의 악의인 경우 — 甲에 대한 소유물의 반환책임
　　乙의 丙에 대한 책임 — 매도인의 하자담보책임
　　┌ 매매계약해제권행사에 의한 원상회복의무로서 매매대금의 반환의무
　　└ 손해배상청구권의 행사 불가

4. 詐欺·强迫에 의한 意思表示의 적용범위 및 他制度와 관계

(1) 詐欺·强迫에 의한 意思表示의 적용범위

(가) 가족법상 행위 　당사자의 진의가 절대적으로 존중되는 가족법상 신분행위에는 적용되지 아니하며, 독자적 입장에서 특칙을 두고 있다(§816, §823, §884 참조). 또한 외형을 신뢰하여 신속·대량으로 행하여지는 행위에 관하여는 착오에 있어서와 같은 제한이 있다.

(나) 대량적 거래행위 　財産行爲로서 외형을 신뢰하여 신속히 대량적으로 행하여지는 경우에는 착오에서와 같이 적용이 제한된다. 상법상 신주인수(동법 §320)와 어음행위·법인설립행위 등이다.

(다) 행정상 처분행위 　귀속재산의 불하처분취소와 같은 행정처분에는 민법 제110조가 적용되지 않는다.147) 그러나 국가소유의 잡종재산을 국유재산법과 동시행령에 의하여 매각하는 행위는 그 성질이 사법상 행위에 지나지 아니하므로 국유재산법 제27조 제1항에 의한 매각행위취소의 효력은 민법 제110조 제3항의 선의의 제3자에 미치지 않는다.148)

(라) 소송행위 　소송행위에는 제110조의 적용되지 않는다. 판례는 訴 또는 항소의 취하가 사기나 착오로 인한 것이라고 하여도 정당한 당사자에 의하여

147) 대판 1970.10.1, 4292민상124.
148) 대판 1997.10.10, 96다35484; 1970.6.30, 70다708.

이루어진 이상 특별한 사정이 없는 한 사기 또는 강박을 이유로 이를 취소할 수 없는 것이라고 한다.[149]

⑵ 他制度와의 관계

(가) 착오와 관계 착오가 기망에 기하여 생기는 때에는 민법 제109조와 제110조의 선택적 취소가 가능하다. 그러나 중요부분에 준할 수 없는 動機의 錯誤는 사기에 기한 취소만 가능하다. 따라서 거래에 있어서 중요한 사람 또는 물건의 성질에 관한 착오나 이에 준할 착오가 기망에 의하여 생기는 때에는 법률행위내용의 중요부분의 착오에 준하여 취소할 수 있다고 할 것이므로 이러한 경우 표의자는 민법 제109조 또는 제110조에 의한 취소를 선택적으로 행사할 수 있다.[150]

(나) 담보책임과의 관계 기망에 의한 하자있는 물건의 매매에는 담보책임과 사기가 경합하며, 선택적 행사가 가능하다. 예컨대 매매목적물에 대한 흠이 있음에도 불구하고 이를 속이고 매도한 경우 매수인은 사기로 인한 의사표시로 취소할 수 있고 또한 매도인의 담보책임을 물을 수 있다.[151] 이것은 착오와 그 성립요건·효과를 달리하고 또한 사기·강박으로부터 표의자의 자유의사를 보호하여야 하기 때문이다.

(다) 불법행위와 관계 사기·강박에 의한 의사표시와 불법행위에 기한 손해배상청구권이 경합한다. 또한 사기·강박과 계약체결상 과실책임에 기한 손해배상청구권이 경합한다. 판례는 법률행위가 詐欺에 의한 것으로서 취소되는 경우 그 법률행위가 동시에 불법행위를 구성하는 때에는 취소의 효과로 생기는 부당이득반환청구권과 불법행위로 인한 손해배상청구권은 경합하여 존재하는 것이므로 채권자는 어느 것이라도 선택하여 행사할 수 있지만 중첩적으로 행사할 수는 없는 것이라고 한다.[152]

또한, 제3자에 의한 詐欺行爲로 계약을 체결한 경우 그 계약을 취소하지 않고 그 제3자에 대한 不法行爲로 인한 損害賠償을 청구할 수 있는가. 판례는 제3자의 사기행위로 인하여 피해자가 주택건설사와 사이에 주택에 관한 분양계약을 체결하였다고 하더라도 제3자의 사기행위 자체가 불법행위를 구성하는

149) 대판 1970.11.24, 69다8; 1964.9.15, 64다92.
150) 이영준 369면.
151) 대판 1973.10.23, 73다268.
152) 대판 1993.4.27, 92다56087.

이상 제3자로서는 그 불법행위로 인하여 피해자가 입은 손해를 배상할 책임을 부담하는 것이므로, 피해자가 제3자를 상대로 손해배상청구를 하기 위하여 반드시 그 분양계약을 취소할 필요는 없는 것이라고 하여 긍정한다.[153]

[선의, 선의 · 무과실과 입증책임]

	선의 또는 선의 · 무과실	입증책임
선의만을 요하는 경우	허위표시의 무효	무효를 주장하는 자가 제3자 악의를 입증
	착오에 의한 의사표시의 취소	취소의 효과를 주장하는 자가 제3자가 악의를 입증하나, 취소제한으로서 중과실은 의사표시의 상대방이 입증
	사기 · 강박에 의한 의사표시	취소효과를 주장하는 자가 제3자 악의를 입증
선의 · 무과실을 요하는 경우	진의 아닌 의사표시의 유효	표의자가 상대방의 악의 또는 유과실을 입증
	제3자의 사기 · 강박에서 취소 제한	무효를 주장하는 자가 상대방의 악의 또는 과실을 입증
	표현대리성립의 상대방	본인이 상대방의 악의 또는 유과실을 입증
	무권대리인의 상대방에 대한 책임	무권대리인이 상대방의 악의 또는 과실을 입증

제 4 절 意思表示의 效力發生

[99] Ⅰ. 意思表示의 效力發生槪觀

1. 相對方있는 意思表示의 효력발생

(1) 意思表示는 하나의 전달과정이다. 의사표시 가운데에서도 상대방 없는 의사표시는 원칙적으로 표시행위가 종료한 때 효력이 발생하게 되므로 특별한 문제가 없다. 그러나 상대방 있는 의사표시는 그것이 단독행위이든 계약이든 언제나 상대방에 알린다는 것이 중요하므로, 상대방 없는 의사표시와 동일하게

153) 대판 1998.3.10, 97다55829.

다룰 수 없고, 특히 상대방의 입장에서 고려할 필요가 있다. 그리하여 상대방 있는 의사표시가 상대방의 입장에서 고려되는 대표적인 것이 의사표시의 效力發生始期問題이고, 또 다른 하나는 상대방의 受領能力問題이다.

(2) 우리 민법 제111조 제1항은 상대방 있는 의사표시는 그 통지가 상대방에 도달한 때로부터 효력이 생긴다고 규정하고, 동조 제2항은 "표의자가 그 통지를 발한 후 사망하거나 행위능력을 상실하여도 의사표시의 효력에는 영향을 미치지 아니한다."라고 규정한다. 따라서 동 규정의 의미로 보아 의사표시가 효력을 발생하기 위해서는 적어도 통지와 도달을 요건으로 한다.

(가) 동조에서 到達이란 표의자가 의사표시를 상대방에 발송하는 행위이며, 도달에 선행하는 필요적 행위이다. 여기서 도달한 의사표시가 표의자의 통지행위에 의한 것인 때에는 문제되지 않지만, 표의자가 통지할 의사가 없었으나 제3자가 임의로 통지한 경우에도 의사표시로서 성립하고 효력이 발생하는가.

통설은 긍정한다. 그러나 소수설은 의사주의를 강조하며 부정한다.[154)]

(나) 의사표시의 主觀的 要素는 통지한 시점을 기준으로 판단된다. 즉 표의자의 행위능력, 의사표시의 착오, 사기·강박의 유무 또는 어떤 사정의 知·不知, 동기의 불법, 선량한 풍속 기타 사회질서 위반 여부 등은 모두 통지한 시점을 기준으로 판단된다.

2. 相對方없는 意思表示와 효력발생

법률관계는 결국 인간과 인간의 관계이므로 절대적으로 상대방이 없는 법률행위는 없다. 그러나 의사표시가 처음부터 특정인에 대하여 행하여지지 않는 경우, 즉 상대방의 특정성에 큰 영향이 없는 법률행위, 예컨대 유언·재단법인 설립행위·권리의 포기 등은 상대방에 도달이란 무의미할 것이므로 이러한 의사표시는 언제 효력이 발생하는가.

학설은 그 의사표시의 성립·유효요건을 갖출 때 효력이 발생하는 것으로 해석한다. 따라서 표의자가 의사표시로써 외부에 표백한 때 효력을 발생한다.

---

154) 이영준 395면, 이은영 555면.

[100] Ⅱ. 意思表示의 效力發生時期

1. 有體的 意思의 효력발생시기

(1) 立法主義

(가) 의사표시의 효력발생시기 결정에 관한 입법주의에는 그 의사표시의 전달과정에 따라 표백주의, 발신주의, 도달주의, 요지주의가 있다.

(ㄱ) **表白主義**(Äusserungstheorie) : 의사표시가 성립한 때, 즉 외형상 존재를 가진 때 효력이 생긴다는 주의이다. 예컨대 서면의 작성이 끝난 때 의사표시의 효력이 발생한다. 따라서 표백주의는 상대방이 전혀 알지 못하는 때 효력이 발생하므로 표의자의 입장에 기울어진 입법주의이다.

(ㄴ) **發信主義**(Übermittelungstheorie) : 의사표시가 외형적 존재를 가지고 표의자의 지배를 떠나서 상대방에 발신한 때 효력이 생긴다는 주의이다. 예컨대 서면이 우편함에 투입된 때 의사표시의 효력이 발생한다.

發信主義는 역시 표의자에 기울어진 입법주의이나 의사표시의 효력발생시기를 획일적으로 정할 수 있다는 장점을 가지는 점에서 민활·신속을 요하는 거래나 특히 다수인에 동일 사항을 통지할 경우에 적용한다. 따라서 상법상 거래에서는 발신주의 원칙을 취한다.

(ㄷ) **到達主義**(Empfangstheorie) : 의사표시가 상대방에 도달한 때, 즉 상대방의 '지배권내 들어간 때' 효력이 생긴다는 주의이다. 예컨대 서면이 상대방에 도달된 때로서 당사자의 이익을 가장 적절히 조화한다.

(ㄹ) **了知主義**(Vernehmungstheoie) : 상대방이 의사표시의 내용을 요지한 때 의사표시의 효력이 발생한다는 주의이다. 예컨대 도달한 서면을 읽을 때 의사표시의 효력이 발생한다. 따라서 요지주의는 상대방보호에 기울어진 입법주의일 뿐만 아니라, 상대방이 요지한 시기를 입증하기 곤란한 결점을 지닌다.

(나) 이상의 입법주의 중 어느 주의를 채용하는가는 표의자보호냐, 상대방보호냐의 문제이다.

독일민법은 일반원칙으로서 도달주의를 취하고(BGB §130), 이태리민법은 요지주의를 취한다(동법 §1326, §1334). 또한 스위스채무법(동법 §10)은 계약의 성립에 발신주의를 취한다. 그러나 대부부의 입법은 到達主義에 의한다. 그렇지만 도달주의는 의사표시의 효력발생시기를 정확히 정할 수 없고, 연착·불착의 불이익을 표의자가 전적으로 부담하는 결점을 가진다는 점에서 오히려 현대 입법은 거래의 민활·신속을 확보할 필요와 결부하여 발신주의 입법을 증가시키고 있다.

(2) 民法의 태도

우리 민법은 到達主義原則을 취한다(§111 ①). 이와 같이 민법은 상대방 있는 의사표시는 도달주의를 취함이 원칙이나 예외적으로 발신주의 또는 그 효력발생시기를 개별적으로 정한 경우도 있다.

발신주의의 원칙을 취한 것으로는 상법상 격지자간의 청약의 구속력(§52), 청약에 관한 낙부통지(§53), 매도인의 목적물공탁 및 경매통지(§67), 대리상의 대리 또는 중개한 경우 본인에의 통지(§88), 주주총회의 통지 및 공고(§363) 및 민법상 각종 최고, 예컨대 무능력자 상대방의 최고(§15), 무권대리 상대방의 최고(§131), 채무인수 승낙여부 최고(§455)의 효력발생이 이것이다.

또한, 민법이 법률관계의 각 구체적 경우에 그 효력발생시기를 정한 것으로는 법인의 성립(§33), 조건성취의 효력(§147), 승낙의 효력(§528, §529), 상속포기의 효력(§1042), 유언의 효력(§1073)발생이다.

특히, 민법은 의사표시로서 승낙의 효력발생에 발신주의를 취함으로써 계약성립시기에 관하여 학설이 대립하나, 개정 민법(안)은 이러한 다툼을 불식하기 위하여 도달주의로 일원화 하고 있다.

2. 無體的 意思의 효력발생시기

의사표시의 도달주의에 관하여 의사표시가 어떠한 내용을 가지고 도달하였는가에 관하여는 아무런 규정을 두고 있지 아니한다.

여기서 有體的 意思表示는 표시내용대로 상대방에 도달함에 반하여 無體的 意思表示는 비록 상대방이 오해하였다고 하더라도 상대방이 了知한 대로 도달된다. 따라서 유체적 의사표시, 즉 書面에 의한 意思表示는 서면의 내용대로 효력이 발생하고 단지 의사표시의 해석문제가 남게 되는데 반하여, 무체적 의사표시, 즉 口頭의 意思表示는 상대방이 표의자의 음향에 따라 정확하게 이해한 때 상대방에 도달된다. 그러므로 무체적 의사표시가 使者에 의하여 비록 잘못 전달된 경우에도 수령사자가 잘못된 것으로 명확히 요지한 이상 이해한 대로 효력이 발생하고 이로 인한 불이익은 상대방이 부담한다. 그러나 수령사자가 무체적 의사표시를 부정확하게 요지한 경우이면 그 의사표시는 상대방에 도달하지 않는 것으로 된다.

3. 相對方없는 意思表示의 효력발생

相對方 없는 意思表示에도 도달주의의 적용이 있는가. 민법은 상대방 없는 의사표시의 효력발생에 관하여 특별히 규정하고 있지 아니한다. 그러므로 의사표시의 효력발생에 관한 일반원칙에 따라 상대방 없는 의사표시의 효력발생에도 도달주의가 적용된다. 그러나 그 구체적인 효력발생의 시기는 상대방 없는 의사표시의 특질상 표백한 때이다.

[101] Ⅲ. 意思表示의 到達

1. 到達의 要件

(1) 客觀的 要件

도달의 요건에 관하여 민법은 아무런 규정을 두고 있지 아니한다. 따라서 민법상 到達로서 의미를 갖기 위해서는 의사표시가 '상대방 영역에 진입하는 것' 만으로 족한가, 아니면 상대방이 '了知할 수 있는 상태'가 있음을 요하는가.

進入說은 의사표시의 도달은 상대방의 영역에 진입하는 것(예컨대, 주소지에 투입 또는 사서함에의 투입)만으로 족하고 사회통념상 상대방이 의사표시의 내용을 알 수 있는 상태가 존재함을 요하는 것(예컨대, 특히 사서함투입의 경우 상대방의 회수)은 아니라 한다. 즉 도달의 의미를 객관적으로 상대방영역 내 진입하였는지 여부에 의하여만 판단하여야 하고, 상대방이 의사표시를 알 수 있는 상태에 있었는가의 여부는 기한내 도착하였는가의 문제로 파악할 것이라고 한다(이영준 399면, 이은영 557면).

了知狀態說은 의사표시의 도달은 의사표시가 상대방의 지배권내에 들어가 사회통념상 일반적으로 요지할 수 있는 상태가 생겼을 때를 요한다고 한다. 도달은 사회통념상 채무자가 요지할 수 있었다고 인정되는 상태 또는 채권양도의 통지는 사회통념상 채무자가 그 통지내용을 알 수 있는 객관적 상태에 놓여 있는 것을 요한다.

다수설은 了知狀態說을 취한다. 따라서 민법상 도달의 의미를 갖기 위해서는 상대방의 지배권 내 들어가 사회통념상 일반적으로 요지할 수 있는 상태가 생겼다고 인정되는 것이어야 한다. 예컨대 서면이 수신함에 투입된 때, 또는 동거하는 친족·가족이나 동거인이 수령한 때이고, 비록 상대방이 여러 가지 이유로 요지하지 못한 경우에도 그러한 사정은 고려되지 않는다. 그러므로 상대방이 수령을 거절한 경우도 정당한 이유가 없는 한 표의자의 의사에 기하여 상대방을 향하여 발신된 이상 도달의 효력이 생긴다. 다만 이미 轉居하고 있으면 도달되지 않으나 전 주소의 거주자를 통하여 수령하였으면 도달이 인정된다.

판례는 채권양도의 통지와 같은 준법률행위의 도달은 의사표시와 마찬가지로 사회통념상 채무자가 통지의 내용을 알 수 있는 객관적 상태에 놓여졌을 때를 지칭하고, 그 통지를 채무자가 현실적으로 수령하였거나 그 통지내용을 알았을 것까지는 필요하지 않은 것이라고 하고,[155] 나아가 채권양도의 통지서가 들어 있는 우편물을 채무자의 가정부가 수령한 직후 한집에 거주하고 있는 통지인인 채권자가 바로 회수해 버렸다면 그 우편물의 내용이 무엇인지를 그 가정부가 알고 있었다는 등의 특별한 사정이 없었던 이상 그 채권양도의 통지는 사회통념상 채무자가 그 통지내용을 알 수 있는 객관적 상태에 놓여 있는 것이라고 볼 수 없으므로 그 통지는 피고에게 도달되었다고 볼 수 없을 것이라고 한다.[156]

다만, 우편물이 수취인 가구의 우편함에 투입된 사실만으로 수취를 추단할 수 있는가. 판례는 우편물의 분실 등 이유로 수취인 수중에 들어가지 않을 가능성이 적지 않은 현실에 비추어 우편함의 구조 등 우편물이 수취하였음을 추정할 특별한 사정이 없는 이상 부정할 것이라고 한다.[157]

또한, 판례는 보통우편의 방법으로 발송된 사실만으로는 발송일로부터 상당한 기간 내 도달하였다고 인정하기는 부족한 것이라고 하고,[158] 다만 우편물이 등기취급방법으로 송달된 경우에는 특별한 사정이 없는 한 그 무렵 수취인에게 배달되었다고 할 것이라고 한다.[159]

---

155) 대판 1983.8.23, 82다카439; 1960.12.15, 4293민상455.
156) 대판 1983.8.23, 82다카439.
157) 대판 2006.3.24, 2005다66411
158) 대판 2002.2.5, 2001다70559; 2002.7.26, 2000다25002; 1993.11.26, 93누17; 1993.5.11, 92다2530.
159) 대판 2000.10.27, 2000다20052; 1997.2.25, 95다38322; 1992.3.27, 91누3819.

이에 대하여 소수설은 우리나라 통설·판례가 주장하는 의사표시의 도달을 상대방의 지배권내 들어가 사회통념상 일반적으로 요지할 수 있는 상태를 상대방의 영역(주소지)에의 투입과를 구별하여, 특히 前者의 경우를 상대방이 '了知할 수 있는 상태'로 파악하여 구별한다. 그리하여 그 구별할 예로써 상대방의 주소지가 특정 사서함인 경우 만일 기한의 마지막 날 서신이 상대방 사서함에 투입되었을 때에는 거래통념상 그 서신을 회수하는데 하루가 소요되므로 현행 학설·판례에 의하면 그 익일에 도달한 것이 되므로 투입 후 회수 전이면 원시적 불능 또는 철회 가능한 것으로 되어 부당하다고 한다.

또한, 그 입증책임도 의사표시가 기간 내 도달해야 하는 경우에는 상대방이 알 수 있는 상태를 고려해야 하므로 그 효력을 주장하는 자가 져야 한다. 그러나 상대방영역의 진입만을 요건으로 하는 경우에는 도달의 효력을 주장하는 자는 그 영역에의 진입만 입증하면 되고 요지할 수 있는 상태에 있지 않았다는 입증책임은 그 효력을 부정하는 자가 져야 할 것이라고 한다.[160]

그렇다면, 판례·통설이 들고 있는 상대방의 지배권 내에 들어가 사회통념상 일반적으로 요지할 수 있는 상태와 상대방 영역에의 진입을 성질상 구별할 수 있는가. 먼저 소수설이 주장하는 '상대방의 영역에의 進入'이 무엇을 의미하는가는 명백하지 않으나 설명으로 보아 相對方의 住所地에 투입을 의미하는 것으로 보인다. 그렇다면 통설·판례가 말하는 '상대방의 지배권 내 들어가 사회통념상 일반적으로 요지할 수 있는 상태'란 무엇을 의미하는가. 예컨대 우편이 수신함에 투입된 때, 또는 동거하는 친족·가족이나 고용인이 수령한 때를 의미하고, 비록 상대방이 어떤 사정으로 아직 요지하지 않고 있더라도 도달한 것으로의 효력이 생기는 것이라고 한다.

이상을 종합해 보면, 통설·판례가 말하는 '사회통념상 일반적으로 了知할 수 있는 상태'란 결국 '상대방의 주소지에의 투입'을 뜻하는 것으로 보며, 소수설과 같이 양자를 구별하여 파악할 것은 아니다.

(2) 主觀的 要件

(가) 도달하는 의사가 도달한 경우 그 도달의 효과발생은 표의자의 예상과 무관하다. 그러나 표의자의 의사에 의하여 상대방을 향하여 발신되어야 한다.

---

160) 이영준 431면.

(ㄱ) 도달한 의사표시가 表意者의 의사에 반하여 제3자가 발신한 것인 경우 도달의 효과가 발생하는가. 의사주의론에 따르면 무효이지만, 표시주의론에 따르면 의사를 표백하였으면서 발신할 의사가 없는 것이므로 비진의표시(§107)에 준하여 해결해야 한다.

(ㄴ) 등기우편의 우편물이 수취인 불명으로 전달하지 못한 경우에는 의사표시가 도달하였다고 할 수 없으나, 다만 상대방이 수령을 거절하여 전달하지 못한 경우에는 수취거절에 정당한 이유가 없는 한 도달한 것으로 본다.

또한 수취거절에 정당한 이유가 있는 경우라고 할지라도 수취인이 그 의사표시의 내용을 이미 알거나 내용을 예상하여 거절한 경우에는 無體的 到達에 의하여 상대방에 도달한 것으로 한다.161)

(나) 도달방해(Verhinderung des Zugangs), 즉 상대방이 도달을 방해하여 의사표시가 도달하지 아니한 경우 도달을 주장할 수 있는가. 이에 대하여 到達의 妨害를 넓게는 우편물의 분실 등을 포함하여 의사표시의 도달장애가 상대방의 고의·과실에 의한 경우뿐만 아니라 상대방의 영역 내 장애사유로 인한 경우에는 표의자가 그 장애사유가 없었더라면 도달할 수 있었던 시점에서 의사표시의 도달을 주장할 수 있을 것이다.162)

2. 意思表示의 수령능력

(1) 受領能力의 의의

(가) 표의자의 의사표시가 유효하기 위해서는 상대방에 도달이 있어야 할 뿐만 아니라, 상대방이 수령능력을 가져야 한다. 따라서 到達은 객관적으로 상대방의 지배권 내 들어가 사회통념상 了知할 수 있는 상태가 성립하는 것이지만, 또한 주관적으로 의사표시의 수령자에게 了知할 만한 能力이 요구된다.

(나) 의사표시의 受領能力이란 타인의 의사표시의 내용을 이해할 수 있는 능력을 말하며, 행위능력이 스스로 의사를 결정·표시할 수 있는 능력이란 점에서 행위능력보다 그 정도가 낮다. 그러나 민법은 무능력자를 보호하기 위하여 민법상 모든 무능력자를 의사표시의 수령무능력자로 규정한다(§112). 따라서 민

161) 이영준 431면.
162) 동지, 이영준 435면.

법 제112조의 규정은 무능력자의 보호를 위한 특별규정이며, 의사표시가 무능력자에 도달하더라도 표의자는 그 의사표시의 도달을 주장하지 못한다.

(2) 受領無能力者에 대한 의사표시의 효력

(가) 무능력자의 경우 의사표시를 수령한 상대방이 무능력자인 경우 표의자는 그 의사표시로써 대항하지 못한다(§112 전단). 그러나 수령무능력자가 도달을 주장함은 무방하다. 다만 도달의 效力要件主義에 의하면 표의자의 철회의 의사가 없는 한 도달의 주장이 가능하나, 成立要件主義에 의하면 성립 자체가 부정되므로 인정되지 않는다.

(ㄱ) 의사표시의 상대방이 금치산자는 아니지만 의사표시 당시 의식을 상실하였거나 심신상실에 있는 경우에 도달을 주장할 수 있는가. 의사무능력의 일반이론에 의하면 아무런 효력도 생기지 않지만, 도달의 進入說에 의하면 의사표시가 도달하여 효력이 발생하고 단지 상대방은 그 정신상태를 입증하여 그 무효를 주장할 수 있을 뿐이다.

또한 17세 미성년자는 민사소송법상 서면을 당사자를 대신하여 수령할 수 있는가. 판례는 비록 17세에 이른 자라고 하더라도 송달의 취지를 이해하고 교부받은 서류를 소송당사자 또는 그 대리인에게 교부할 것은 기대할 수 있는 지능을 가졌다고 할 것이라고 하여 긍정한다.[163)]

(ㄴ) 相對方없는 意思表示 및 발신주의를 취하는 契約締結에도 민법 제112조가 적용되는가. 이를 부정하는 견해[164)]와 발신주의를 취하는 계약체결의 경우에는 계약의 성립시기가 승낙을 발송할 때일 뿐이며 그 성립은 정상적인 도달을 요건으로 하므로 제112조가 그대로 적용된다는 견해[165)]가 대립한다. 그러나 상대방 없는 의사표시의 본질상 부정할 것이다.

(ㄷ) 미성년자 · 한정치산자라고 하더라도 특정행위와 관련하여 行爲能力이 인정되는 경우에는 그 범위에서 수령능력도 당연히 인정된다.

(나) 법정대리인의 경우 상대방이 무능력자이더라도 그의 법정대리인이 의사표시의 도달을 안 경우이면 표의자는 그 의사표시로써 대항할 수 있다(§112

163) 대판 206.3.10, 2006다3844.
164) 이영준 440면.
165) 이은영, 민법강의 71면.

단서). 즉 의사표시의 도달 내지 효력발생을 주장할 수 있다.

3. 到達의 效果

(1) 到達과 法律行爲

의사표시의 到達이 법률행위 成立要件인가, 效力要件인가. 견해가 대립한다.

效力要件說은 우리 민법이 도달한 때 효력이 생긴다고 규정한 점을 든다.

成立要件說은 상대방 있는 의사표시에서 도달이 없으면 의사표시는 상대방에 대한 관계에서 법적으로 존재하는 것이라 볼 수 없다는 점과 또한 그 입증책임과 관련하여 실무상 그 입증책임을 그 효력발생을 주장하는 자에 주고 있다는 점을 든다(이영준 392면, 이은영 533면).

통설은 우리 민법 제111조가 "상대방 있는 의사표시는 그 통지가 상대방에 도달한 때 그 효력이 생긴다."라고 규정한 점에서 효력요건이라고 본다. 그러나 견해 중에는 우리 민법이 마치 효력요건인 것으로 규정하고 있으나, 상대방 있는 의사표시는 도달이 없으면 상대방과 관계에서 법적으로 존재하는 것이라고 볼 수 없고, 또한 양자 구별이 成立要件이라면 의사표시의 효력을 주장하는 자가 도달의 입증책임을 부담하고, 效力要件이라면 의사표시의 무효를 주장하는 자가 불도달의 입증책임을 부담하게 되나 소송실무에서는 의사표시의 유효를 주장하는 자에게 입증책임이 있는 것으로 취급하고 있는 점 외에도 의사표시는 성립과 동시에 효력이 생기는 것이 원칙이므로 민법이 비록 "도달한 때부터 효력이 생긴다."라고 규정하여도 도달을 성립요건으로 보는데 아무런 지장이 없는 것이라고 한다.[166]

그러나 이와 같은 주장은 수용하기 어렵다. 왜냐하면 민법은 도달을 효력발생요건으로 규정하고 있을 뿐만 아니라, 소송실무상 도달 또는 불도달의 입증책임이 입법을 구속할 것은 아니기 때문이다.

(2) 到達의 拘束力

상대방 있는 의사표시는 그 의사표시가 상대방에 도달한 때 효력이 생긴다(효력요건설). 따라서 표의자는 의사를 임의로 변경할 수 없는 구속력을 가진다.

도달주의의 결과 발신 후라도 도달하기 전에는 그 의사표시를 임의로 철회

166) 이영준 424면.

할 수 있다. 그러나 철회의 의사표시는 늦어도 먼저 발신한 의사표시와 동시에 도달해야 한다(§130 ① 후단 참조).

다만, 계약의 請約에는 특별한 구속력이 인정되고(§527, §529), 연착한 승낙에 관하여 청약으로서 효력을 부여한다(§530). 즉 기간을 정한 청약은 그 기간동안, 기간을 정하지 아니한 청약은 상당한 기간동안 철회하지 못한다.

(3) 意思表示의 不着 및 延着

(가) 도달주의를 취하는 결과 의사표시의 不着·延着은 모두 표의자의 불이익으로 된다.

(ㄱ) 의사표시의 도달은 이미 성립한 의사표시의 객관적인 효력발생요건이므로 도달하고 있는 한 발신 후 표의자가 사망하거나 또는 행위능력을 상실하여도 그 의사표시의 효력에는 아무런 영향을 미치지 않는다(§111 ②).

代理權과 같은 의사표시를 할 권한을 상실한 경우에도 동일하다. 그러나 도달을 의사표시의 成立要件으로 보는 견해에 의하면 의사의 발신 후 도달 전에 생긴 사유는 원칙적으로 도달하는 의사에 영향을 미친다고 할 것이지만, 이 경우에도 그 能力의 여부는 의사표시를 한 때를 기준으로 정할 것으로 하면 양자는 동일한 결과로 된다.

(ㄴ) 表意者의 能力여부와는 달리 당사자 死亡의 경우에는 어느 경우에나 그 상속인의 상속능력문제로 되며, 상속인이 그 권리를 승계할 능력을 가진 경우에만 도달하는 의사에 영향을 미치지 아니한다.

(나) 到達의 입증책임은 일반원칙에 따라서 도달을 주장하는 자에 있다. 그러나 판례에는 내용증명의 우편으로 발송한 우편물이 특단의 사정이 없는 한 일정한 시기에 배달되었다고 볼 것이라고 하고,[167] 또 다른 판례는 매도인이 전대금지급채무를 이행하지 아니하는 매수인을 계약서상 기재된 주소지로 찾아가 보았으나 그 곳에는 그러한 번지가 없었고 달리 매수인을 만날 길도 없어 계약서상 매수인의 주소지로 이행최고서 및 해제통지서를 발송하였다면 이 이행최고서 및 해제통고서가 매수인에게 도달되었으리라는 추정은 번복되는 것이라고 하였다.[168]

---

167) 대판 1992.3.27, 91누3819; 1969.3.25, 69다2449.
168) 대판 1980.12.23, 80다2003.

(다) 一定時期 이후에 하여야 할 의사표시는 그 시기 이후에 행한 것이어야 한다. 그러나 비록 의사표시가 그 시기 전에 발신된 것이더라도 도달이 그 시기 이후이면 그 시기에 발신한 것으로 되지만, 이와 반대로 어느 일정 시기 이전에 해야 할 의사표시는 그 시기까지 도달하지 아니하면 도달의 효력은 발생하지 않는다.

[민법상 도달주의의 예외]

- (1) 民法의 例外的 規定
  - ㉠ 제15조 ①, ②… 확답을 발하지 아니한 때에는 추인한 것으로 본다.
  - ㉡ 제15조 ③… 확답을 발하지 아니한 때에는 취소한 것으로 본다.
  - ㉢ 제131조 · 제455조 ②… 확답을 발하지 아니한 때에는 거절한 것으로 본다.
  - ㉣ 제531조… 승낙의 통지를 발한 때 성립한다.
- (2) 民法이 별도로 效力發生時期를 규정한 경우
  - ㉠ 법인의 설립… 주무관청의 허가를 얻어 이를 법인으로 할 수 있다(§33).
  - ㉡ 정지조건부 법률행위… 조건이 성취한 때(§147)
  - ㉢ 상속의 포기… 상속이 개시된 때 소급하여(§1042)
  - ㉣ 유 언… 유언자가 사망한 때(§1073 ①)
  - ㉤ 정지조건이 있는 유언… 그 조건이 유언자의 사망 후에 성취한 때(§1073 ②)

4. 到達主義의 適用

(1) 無體的 意思와 도달주의의 적용

의사표시의 도달주의원칙의 적용에 관하여 구민법은 '격지자에 대한 의사표시'에 한정하였으나(구민법 §97) 현행 민법 제111조는 "상대방 있는 의사표시는 그 통지가 상대방에 도달한 때부터 그 효력이 생긴다."라고 규정하고 있다. 따라서 상대방 있는 의사표시가 격지자간인 때에는 물론이나 對話者간에도 적용되는가.

다수설은 민법 제111조는 단순히 상대방이 있는 의사표시에 관하여 규정할 뿐이고, 그 상대방이 격지자이냐 대화자이냐를 구별하지 않는 점에서 민법상 도달주의 원칙은 격지자나 대화자를 불문하고 적용되는 것이라고 한다. 그러나 반대설은 民法 제111조는 여전히 격지자간의 효력발생을 규정한 것뿐이고 대화자간에는 요지주의로서 특히 無體的 意思表示는 상대방의 음향에 따라 정확하게 이해한 때 한하여 이해한 대로의 효력, 즉 了知한 대로의 效力이 생긴다고 하고, 만일 이때 상대방이 귀를 막고 듣지 않거나 수화기를 멀리하여 듣지 않는 때에는 도달방해의 법리를 적용해야 한다고 한다.[169)]

생각건대, 현행 민법은 구민법과는 분명히 태도를 달리하여 격지자와 대화자를 구별하지 않고 '相對方있는 意思表示'라고 함으로써 입법론적 해석으로는 대화자를 포함하는 것으로 해석된다. 이에 반대설은 특히 無體的 意思表示의 특질을 들어 상대방이 "정확히 了知한 대로 效力이 생긴다."라고 하고 상대방이 了知하지 아니하므로 생기는 불이익은 표의자가 부담할 것이라고 하나, 민법이 특히 了知主義를 규정하지 않은 이상 요지주의를 주장할 근거는 없고 대화자간의 의사표시라도 상대방 있는 의사표시로서 도달주의만으로 필요요건을 갖춘 것이고 성질상 요지가 도달과 동시에 일어난다고 할지라도 了知를 요건으로 할 것은 아니다.

또한, 반대설은 표의자가 의사표시를 하였으나 상대방이 잘못 了知한 때 그 불이익은 표의자가 부담하게 되고, 특히 상대방이 귀를 막고 듣지 않거나 수화기를 멀리한 때에는 도달방해의 법리를 적용할 것이라고 하나 방해의 개념상 到達의 妨害란 외부적 장애를 의미하는 것이고 상대방의 요지거절은 대화자의 성격상 수령의 거절로 되고 결국 수령거절의 법리에 따라 해결할 것이다.

⑵ 對話者와 隔地者의 구별

격지자 · 대화자의 구별은 거리적 · 장소적 관념이 아니라 시간적 관념이다. 그러나 양자 모두 동일 원칙에 좇아야 할 것이라고 하면 구별의 실익은 없다. 실제상 도달이 문제되는 것은 격지자간이고 대화자간에는 표백하므로 족하다.

[102] Ⅳ. 意思表示의 公示送達

1. 公示送達의 의의

의사표시는 도달에 의하여 효력을 발생하므로 표의자가 상대방을 알 수 없거나 또는 그 주소를 알 수 없을 경우에는 의사표시의 효력을 발생시킬 수 없

---

169) 이영준 403면, 김상용 578면.

다. 그러므로 이러한 불편을 제거하기 위하여 공시방법에 의한 의사표시, 즉 공시송달의 방법이 인정된다.

2. 公示送達의 요건 · 절차

(1) 公示送達의 요건

(가) 相對方을 알지 못하거나 또는 상대방의 住所를 알지 못하여야 한다. 예컨대 상대방이 사망하여 그 상속인이 누구인지 알지 못하거나 또는 백지위임장을 교부함으로써 수임인이 누구인지 알지 못하는 경우가 전자의 예이고, 행방불명의 경우는 후자의 예이다.

(나) 상대방 또는 그 주소를 알지 못하는데 表意者에게 過失이 없어야 한다. 따라서 그 알지 못하는데 대한 표의자에 과실이 있는 때에는 공시송달하지 못한다. 판례는 구민사소송법 제171조의 2 제2항에서 말하는 '달리 송달할 장소를 알 수 없는 때에 한하여'란 상대방에게 주소보정을 명하거나 직권으로 주민등록표 등을 조사할 필요까지는 없지만 적어도 기록에 현출되어 있는 자료로 송달할 장소를 알 수 없는 경우에 한하여 등기우편에 의한 발송 송달할 수 있음을 뜻하는 것이라고 한다.[170]

(2) 公示送達의 절차

공시송달의 방법은 민사소송법이 정하는 바에 의한다(민소법 §113). 즉, 법원사무관 등이 송달할 서류를 보관하고 그 사유를 법원게시판에 게시함으로써 한다(민소법 §195).

또한, 법원은 공시송달이 있는 사실을 신문에 공고할 것을 명할 수 있다(동조 ②). 그러나 외국에서 할 송달에 관하여는 재판장이 그 국에 주재하는 대한민국의 대사 · 공사 · 영사 또는 그 국의 관할공무소에 공시송달이 있는 사실을 등기우편으로 통지하여야 한다(동조 ③).

170) 대판 2001.8.24, 2001다31592; 회사 대표이사가 송달장소가 변경된 사실을 법원에 신고하지 아니하여 종전 송달장소로의 송달이 불능이 되자 기록에 있는 법인 등기부상의 본점 소재지나 대표이사의 주소지로 송달해 보지 아니한 채 막바로 발송송달을 한 사안에서 판례는 그 발송송달의 효력을 부정하였다.

3. 公示送達의 효력

공시송달에 의한 최초의 의사표시는 게시한 날로부터 2주일이 경과함으로써 효력이 생긴다. 즉 게시한 날로부터 2주일이 경과한 때에 상대방에 도달한 것으로 간주된다(민소법 §196 ① 본문). 그러나 동일 당사자에 대한 그 후의 공시송달은 게시한 익일부터 그 효력이 생기고(동항 단서), 외국에서 할 공시송달은 2월이 경과함으로써 효력이 생긴다(동조 ②).

또한, 위 기간은 단축하지 못한다(동조 ③).

제 4 장 法律行爲의 代理

제 1 절 代理制度總說

[103] Ⅰ. 代理制度의 槪念

1. 代理制度의 의의와 구별개념

(1) 代理制度의 의의

대리제도(Stellvertretung)란 대리인이 본인을 대신하여 법률행위를 하고 그 효과를 직접 본인에 귀속토록 하는 제도, 즉 어떤 자 甲(본인)과 일정한 관계에 있는 乙(대리인)이 甲을 위하여 제3자 丙(상대방)과 의사표시를 하거나 또는 그 것을 받음으로써 그 행위의 법률효과가 직접 甲에 발생하는 제도를 말한다.

代理制度는 전적으로 근대사회의 소산이며, 로마법은 이를 인정하지 않았다. 중세 로마법에서 개인간의 법률관계는 당사자 중심의 법률관계로 형성할 뿐이었고 제3자에 대한 법률관계의 형성은 고려하지 않았다. 그러나 근대에서 사람의 생활관계는 다양화·복잡화되고, 또한 그 범위가 확대됨에 따라 이제 법률관계의 형성도 당사자 아닌 제3자에 요구되고 이것이 자연 발생적으로 제3자를 위한 계약으로 이루어졌다. 그러나 第三者를 위한 契約은 제3자의 개별적 수익의사를 요하는 것으로 오늘날 의미의 대리제도와 같은 것은 아니다.

현대법상 소위 진정한 의미의 대리제도는 로마법이 독일에 계수된 후 17세기경에 이르러 제3자를 위한 계약이론을 발전·확장시킴으로써 정착된 것이며, 19세기 이후의 각국 입법은 예외 없이 독립된 제도로써 채택한다.

(2) 代理制度와 구별개념

(가) 사 자　使者란 본인이 결정한 내심적 의사표시를 표시 또는 전달함으로써 표시행위의 완성에 협력하는 자를 말한다.

使者와 代理를 어떻게 구별할 것인가. 그것은 의사결정의 관계를 본인을 기준으로 정할 것인가, 상대방에 대한 표시를 기준으로 정할 것인가 문제로서 다수설은 本人關係基準說을 취하여 양자를 구별한다. 따라서 使者 의사결정의 관계를 본인을 표준으로 정하나 代理는 대리인을 표준으로 정하다.

(ㄱ) 使者에는 본인의 의사를 전달하는데 불과한 전달기관으로서의 사자와 본인이 완성한 의사를 표시하는 표시기관으로서의 사자가 있다. 여기서 특히 表示機關으로서의 使者는 상대방과 관계에서는 사실상 구별이 용이하지 않다.

또한, 使者는 본인의 의사를 표시하게 하는 사자, 즉 능동사자와 상대방의 의사표시를 수령하는 수동사자가 있다.

(ㄴ) 사자와 대리의 구별에 본인관계설을 취하면 使者는 본인이 결정한 의사를 전달하거나 표시하는데 불과하므로 사자 자신은 의사결정의 능력이 없고 오로지 본인의 의사에 의하여 결정된다. 따라서 의사결정의 여러 요건, 즉 능력·하자결정 등은 모두 본인을 표준으로 정하고 사자를 표준으로 정할 것은 아니다. 그러나 사자도 본인이 완성한 의사를 상대방에게 전달하거나 표시하는 과정을 가짐으로써 그 과정에서 발생할 수 있는 하자는 법률행위의 효력에 영향을 줄 수 있고, 특히 전달의 잘못은 의사표시의 불도달의 문제가 생긴다. 그러므로 사자는 법률요건의 충족문제를 주로 대리인에 관하여 판단하는 대리와는 달리 본인과 사자를 함께 고려하여 정할 것이므로 대리행위의 하자에 관한 민법 제116조 제1항의 규정은 사자에는 준용되지 않는다.

또한, 대리는 법률행위에 관한 것이지만 사자는 법률행위는 물론이지만 사실행위에도 가능하다.

(ㄷ) 사자가 본인의 취지와 다른 의사표시를 한 경우 어떤 법리를 적용할 것인가. 사자의 선·악에 따라 달리한다.

(a) 사자가 善意인 경우, 즉 사자가 본인의 의사를 과실로 잘못 표시한 경우에도 그 의사표시는 일단 유효하다. 그러나 의사와 표시가 불일치하고 그것을 표의자가 알지 못하는 경우에 해당하므로 본인은 착오를 원인으로 취소할 수 있게 된다. 그러나 계약체결상과실책임이 성립하는 범위에서는 본인 또는 사자는 상대방의 신뢰이익을 배상하여야 한다.

(b) 사자가 惡意인 경우에는 본인은 원칙적으로 책임을 지지 않는다. 다만 表見代理에 관한 규정이 준용되는가.

否定說은 사자의 사실행위대행에 동조 규정을 유추 적용하는 것은 대리제도의 취지에 반하는 것이라고 한다. 그러나 다수설은 사자에서도 대리권과 유사한 외관이 형성되고 상대방보호의 필요성은 동일함으로 동조 규정을 유추 적용할 것이라고 하고, 판례 또한 대리인이 아니고 사실행위를 위한 사자라고 하더라도 외견상 그에게 어떠한 권한이 있는 표시 내지 행동이 있어 상대방이 그를 믿었고 또한 그를 믿은데 정당한 사유가 있는 경우 표현대리의 법리에 의하여 본인에게 책임이 있는 것이라고 하여 동조 규정을 준용한다.[1]

결국, 민법 제126조의 기본대리권을 법률행위에 한정할 것인가 문제로서 동조 규정의 기본대리권을 사실행위에까지 확대하는 것은 대리제도의 본지에 반하는 것이지만 법률행위의 사자에는 동조 규정의 준용을 배척할 것은 아니다.

[사자와 대리의 관계]

	대 리(代理)	사 자(使者)
의사결정	대리인	본 인
능 력	대리인을 중심으로 결정하나 대리인의 능력유무에 불문	본인을 중심으로 결정
하자결정	대리인을 표준으로 결정하나 악의의 경우에는 본인을 고려	본인의 의사와 사자의 표시와를 비교하여 결정
사실행위	불성립	성 립

(나) 법인의 대표　　법인과 법인의 대표의 관계를 어떻게 볼 것인가. 법인본질론에 관한 문제이며, 법인대표를 법인의 기관으로 보는 통설(법인실재설)에 의하면. 법인의 대표인 理事는 법인의 기관(구성분자)으로서 대표자의 행위는 곧 법인의 행위로 되며, 이로써 법인은 법률행위효과의 귀속은 물론, 그 외 법인의 사실행위와 불법행위도 성립한다. 따라서 법률효과귀속의 면에서는 양자는 동일하지만 代理가 법률행위에만 성립하는 것과는 구별된다.

다만, 민법 제59조 제2항은 "법인의 대표에 관하여는 대리에 관한 규정을 준용한다."라고 하여 법인과 대표와 관계에서 법인의 대표를 법인의 대리인으로 본다. 그러나 組合의 代表者는 조합의 직무집행이며, 임의대리의 일종이다.

(다) 간접대리　　間接代理란 위탁판매인·중개인 등과 같이 행위자가 자기의 이름으로 법률행위를 하고 그 효과를 본인에게 이전할 의무를 부담하는 관계로서 소위 委任으로서 간접대리를 말한다.

(ㄱ) 委任과 代理는 구별되는가. 代理는 타인(대리인)의 독립된 의사표시에 의하여 본인에게 직접적으로 법률효과를 취득케 하는 제도이다. 그런데 이러한

1) 대판 1962.2.28, 61다192.

대리인의 지위(대리권)는 대리인이 본인에 대하여 일정한 법률행위를 하여야 할 의무를 부담하는 경우에 그 이행수단으로 주어지는 경우가 많다. 그리하여 종래에는 대리권을 대리인이 본인에 대하여 부담하는 특정 의무에 부수하는 지위에 지나지 않는 것으로 생각하였다. 또한 이러한 의무가 본인·대리인간의 계약에 의하여 생길 때에는 보통 그것은 위임관계이므로 代理는 위임의 대외관계라고 보았다. 그러나 오늘날 다수설은 본인·대리인 사이의 기초적 내부관계와 대리관계는 그 본질상 별개의 것으로 파악한다.

통상은 내부관계에서 대리인이 본인에 대하여 일정한 법률행위를 할 의무를 부담하고 그 이행수단으로서 대리권을 수여받아 대리행위를 하게 된다. 그러나 이 경우에도 대리권은 하나의 자격이지 의무는 아니며, 대리인이 법률행위를 하여야 할 의무를 부담하는 것은 그 기초되는 내부관계에 근거하는 것이다. 그리하여 이러한 내부관계가 契約에 의한 때에는 위임관계인 것이 보통이지만 이것에 국한하지 않고 고용계약(§655)·도급계약(§664)·조합계약(§703) 등 다양하다.

(ㄴ) 委任關係에는 대리관계가 따르는 것이 보통이지만 위임과 대리가 반드시 결합하는 것은 아니다. 즉 중개업(상법 §933)·위탁매매(상법 §101) 등과 같이 위임이면서 대리를 수반하지 않는 것도 있다. 따라서 代理는 위임과 같은 본인·대리인간의 내부(대내)관계와 개념상 구별된 독립된 제도이며, 대리권은 내부관계인 권리·의무와 관계없는 독립된 지위이다.

판례는 "위임과 대리권의 수여는 별개의 독립된 행위로서 委任은 수임자와 수탁자간의 내부적 채권계약을 말하고 代理權은 대리인행위의 효과가 본인에 미치는 대외적 자격을 말한다."라고 하여 대리와 위임을 구별한다.[2)]

(다) 제3자를 위한 계약　第三者를 위한 契約이란 요약자와 낙약자가 제3자를 위하여 계약을 체결하고 제3자가 이에 기한 수익의 의사표시를 함으로써 그 법률효과가 귀속되는 계약을 말한다. 따라서 代理와 第三者를 위한 계약은 다음의 점에서 구별된다.

(ㄱ) 代理는 대리인의 대리행위에 의하여 법률효과가 본인에 당연히 귀속하나 제3자를 위한 계약은 원칙적으로 제3자가 수익의 의사표시를 함으로써 귀속한다.

(ㄴ) 第三者를 위한 契約의 표의자는 계약당사자로서 권리·의무를 취득한다.

---

2) 대판 1962.5.24, 4294민상251·252.

(ㄷ) 법률효과귀속의 근거에서 第三者를 위한 계약은 계약내용에 따라 第三者에 귀속하나(직접효과설) 代理는 법률의 규정에 의한다.

2. 代理制度의 기능

(1) 대리제도는 근대 이후의 사회적 필요에 의하여 확립된 인위적·법률적 제도로서, 그 존재 의미는 대체로 다음 두 가지 점에서 찾고 있다.

(가) 사적자치의 확장 근대법에서 사적자치원칙은 개인의 자유로운 의사에 의하여 법률관계를 형성할 것을 인정하지만, 개인의 활동능력에는 스스로의 한계가 있다. 특히 오늘날과 같이 거래관계가 기술화·전문화하고 또한 광범위하게 전개되는 경제조직에서는 자기만의 활동으로 모든 거래관계를 처리한다는 것은 거의 불가능한 실정에 있다. 그리하여 이제 개인은 자기 아닌 타인으로 하여금 자신의 법률관계를 직접 처리하는 방안을 강구하게 되며, 이로써 자기 활동범위를 확대한다. 이것이 임의대리의 존재이유이며, 특히 기업활동에서 불가피하게 된다.

(나) 사적자치의 보충 근대법상 모든 자연인은 당연한 권리능력자이지만, 의사능력이 없는 자는 스스로 법률행위를 할 수 없고, 원만한 법률효과의 귀속을 기대할 수 없다. 이러한 자가 사회 공동생활관계의 일원으로서 활동을 갖고, 권리능력자로서의 원만한 효과를 거둘 수 있기 위해서는 부득이 타인의 조력에 의하지 아니할 수 없다. 이것이 법정대리의 존재이유이며, 특히 무능력자의 행위능력을 보충한다.

- ① 사적자치의 확장 ┌ 인간능력 한계 탈피 / └ 임의대리의 의미 ┐ 본래적 기능
- ② 사적자치의 보충 ┌ 무능력자의 능력보충 / └ 법정대리의 의미 ┐ 부차적 기능

(2) 대리제도는 사적자치의 확장·보충이라는 개인의 유한성을 탈피하기 위한 제도로서 기능을 가진다. 그러나 대리제도의 보다 본질적 작용은 어디까지나 私的自治의 擴張이라는 기능이며, 사적자치를 보충하려는 기능은 부차적 기능에 지나지 않는다.

[104] Ⅱ. 代理制度의 本質

1. 代理의 本質論

(1) 代理의 本質論에 관한 전통적 견해

代理는 일반 법률관계와는 달리 3면관계로 성립하는 점에서 그 행위자와 효과귀속자를 달리한다. 따라서 대리행위의 당사자를 누구로 볼 것인가. 대리행위에 미친 하자 유무결정의 표준을 정할 필요와 관련하여 문제된다.

법률행위로서의 의사표시에 관하여 의사주의가 지배하였던 19세기 독일보통법학에서도 대리의 본질론에 관하여 심한 논쟁이 있었다. 당시 의사주의는 법률행위에 의한 법률효과가 행위자의 의사로부터 직접 발생한다는 사고에 의하였으므로, 그 결과 행위자의 의사는 표의자만을 구속할 뿐이고 타인을 구속한다는 것은 예상하지 않았다. 따라서 당시 의사주의 아래에서는 도대체 어떤 이유로 대리인이 행한 의사표시의 법률효과가 직접 본인에게 발생하는가. 특히 任意代理에 있어서 본인의 의사와 대리인의 의사는 대리행위와 어떤 관계가 있는가. 견해가 대립하였다.

代理否定說은 본인이 타인(대리인)에 대하여 의무를 부담하는 것은 불가능하므로 대리를 일반적인 법제도로서는 인정할 수 없는 것이라고 한다(Puchta).

本人行爲說은 대리행위에서 행위를 하는 자는 본인이고 대리인은 단지 본인의사의 소지자에 불과하므로 본인과 상대방을 본래의 행위당사자로 본다. 따라서 대리인은 본인의 기관, 즉 대리인의 행위를 본인의 행위로 의제한 것으로 법률행위의 여러 요건(행위능력, 의사흠결 등)은 본인을 표준으로 정할 것이라고 한다(Savigny).

代理人行爲說은 대리인은 본인을 표상 내지 대표하는 자로서 대리인이 그 행위의 효과를 직접 본인에게 귀속시키려는 의사로서 현실적으로 행하는 법률행위의 당사자로 본다(Jhering, Windscheid).

共同行爲說은 대리행위는 본인의 수권에 따라 본인의 지시대로 본인과 공동으로 행하고, 그 공동행위로부터 법률효과가 발생하는 것이라고 하고, 법률행위의 여러 요건은 그 관련 정도에 따라 정할 것이라고 한다(Dernbrug, L.Mitteis).

實定法說은 법률행위의 원인과 효과는 분리될 수 있으므로 대리인행위의 법률효과가 본인에 발생하는 것이라고 한다(대리인행위설을 실정법적으로 순화시킨 독일의 대리론).

결국, 대리의 본질론을 정하는 실익은 대리행위의 당사자는 누구를 표준으로 정할 것인가. 즉 대리행위에 미친 하자의 유무를 누구를 표준으로 정할 것인가 문제이다. 그리하여 本人行爲說에 의하면 본인을 표준으로 정하는데 반하여 代

理人行爲說은 대리인을 표준으로 정하지만 共同行爲說에 의하면 양자를 함께 고려하여 정하게 된다.

통설·판례는 代理人行爲說을 취하며, 대리행위의 효력은 본인의 효과의사를 대리하는 것이 아니라 대리인의 효과의사에 기하여 법률행위를 하는 것이라고 한다. 즉 대리는 意思의 代理가 아니라 法律行爲를 행함에서의 代理라고 하며, 대리행위에서 법률요건은 모두 대리인에 의하여 실현되나 그 효과는 본인에 귀속되는 것이라고 한다. 그리하여 그 이론적 근거로서 법률행위를 하는 대리인의 효과의사가 그것을 의욕하고 있다는데 있을 뿐만 아니라, 민법 제114조 이하의 규정(대리행위의 효력 등)이 이러한 효과의사를 적법한 것으로 인정하여 그 효과의사대로 법률효과가 발생하도록 협력하고 있기 때문이라고 하며, 민법 제116조 제1항의 대리행위하자의 규정은 그 실정법적 근거라고 한다.

(2) 代理의 本質論에 관한 새로운 견해

이와 같이 통설·판례는 대리행위의 본질을 代理人行爲說을 취하면서 그 행위의 효과가 본인에 귀속하는 근거를 法律의 規定에서 구한다. 그러나 代理人行爲修正說은 대리의 효과귀속근거를 대리의 효과의사로부터 구할 것이라고 하고, 그 논거로서 대리의 효과가 직접 본인에 발생하는 것은 대리인이 본인을 위하여 법률행위를 하려는 代理人의 效果意思에 의하여 그에 따른 효과가 주어지는 것에 지나지 않는 것, 즉 대리는 의사표시의 내용이 되는 효과의사가 특수한 것인데 있고 이것은 계약자유가 인정되는 이상 그러한 효과도 유효하기 때문이라고 한다.

결국, 代理的 效果意思說은 대리행위의 효과가 본인에 귀속하는 것은 대리인의 대리적 효과의사(대리의사)에 의한 것이라고 한다.[3] 그러나 歸屬性說은 대리행위의 효과귀속의 근거를 대리인의 대리적 효과의사에 두게 되면 대리행위의 효과발생에 본인의 작용을 소외시킨 것이 되어 무권대리의 경우 대리권이 없다고 하더라도 대리의사는 존재하게 되므로 본인에 효력이 발생하여야 한다는 부당한 결과를 가져온다고 지적하고 대리행위의 효과귀속의 근거를 規律에서 찾는다. 즉 법률행위는 規律의 側面과 규율에 도달하기 위한 과정으로서 行爲의 側面이 있다고 하여 대리는 이들이 분리되는 대표적인 것이라고 한다. 그리하

3) 곽윤직 254면.

여 행위로서의 법률행위는 대리인의 것이고 규율로서의 법률행위는 본인에 속한 것으로서 대리인의 행위로서의 법률행위는 대리인이 본인을 위하여 행하는 행위임을 표시하였고 그 행위의 권능은 본인으로부터 부여받은 것이므로 그 행위의 결과는 결국 본인의 법률행위로 되는 것이라고 설명한다.4)

또한, 統合要件說은 대리행위는 본인의 수권행위와 대리인의 대리행위가 적법한 대리를 위한 통합요건, 즉 행위와 규율의 분리론에서와 같이 수권행위와 대리행위가 합체하여 하나의 행위가 되는 것이 아니라 각각 별개로 법률요건이 되는 것이라고 한다.5)

그렇다면, 이와 같은 논거들은 타당한 것이라고 볼 수 있는가. 代理的 效果意思說은 주로 임의대리에 치우친 점이 있고, 統合要件說은 법정대리에는 무리한 점이 지적된다. 그러나 법정대리이든 임의대리이든 대리인의 행위가 본인에 효과가 귀속하는 것은 대리권에 바탕한 대리인의 본인을 위한 행위란 점을 간과하여서는 아니 된다. 결국 대리인행위의 효과가 본인에 귀속하는 근거는 대리권에 바탕한 본인을 위한 행위에 있고 이를 굳이 통합요건이라고 한다면 부정할 것은 아니다.

2. 代理本質論의 결과

민법은 대리행위의 당사자 결정에 대리인행위설을 취하므로 그 대리행위에 미친 하자 유무의 결정은 모두 대리인을 표준으로 정한다. 따라서 대리행위에 미친 사기·강박, 선의·악의 등의 결정은 모두 대리인을 표준으로 정하나(§116 ①), 다만 악의의 경우에는 본인도 함께 고려하여 정한다. 그러므로 비록 대리인이 선의이더라도 본인이 악의이면 그 법률관계는 악의로 다루어진다(동조 ②).

다만, 판례는 일방 당사자가 대리인을 통하여 계약을 체결하는 경우에 계약의 상대방이 대리인을 통하여 본인과 사이에 계약을 체결하려는데 의사가 일치하면 대리인의 대리권의 존부와는 관계없이 상대방과 본인이 그 계약의 당사자가 되는 것이라고 한다.6)

---

4) 이영준 420면, Flume §45 Ⅱ. I, 784.
5) 김상용 539면, 이은영 578면, 김주수 400면, 백태승 454면.
6) 대판 2003.12.12, 2003다44059.

[105] Ⅲ. 代理의 種類

1. 任意代理와 法定代理

(1) 구별표준

임의대리·법정대리의 구별에 관하여 종래 이래 견해가 다양하다. 예컨대 대리권의 범위를 중심으로 법률의 규정에 의하는가, 본인의 수권행위에 의하는가. 대리권발생을 중심으로 대리인의 선임이 본인의 의사인가, 법률의 규정인가. 대리권수여에 대리인의 승낙을 요하는가. 등 여러 가지 기준에 의하여 분류한다. 그러나 오늘날 일반적 견해는 그 구별의 실익과 관련하여 양자를 대리권발생을 기준으로 정한다.

(2) 任意代理와 法定代理의 구별

(가) 대리권의 발생이 본인의 신임과 의사에 의하는 것이 任意代理이고, 그 외의 대리, 즉 법률의 규정 등 본인의 신임과 의사에 의하지 않을 경우가 法定代理이다.

(ㄱ) 法定代理는 주로 법률의 규정에 의하여 대리권이 발생하는 것으로서, 무능력자를 위한 능력보충기관 내지 보호기관에 해당하는 자의 대리관계는 그 대표적인 것이다. 그러나 이것에 국한하지 않고 그밖에 부재자를 위한 재산관리인·상속재산관리인도 일종의 법정대리라고 보는데 다툼이 없다.

① 법률의 직접규정 ― 친권자(§911, §920)·법정후견인(§932, §333)
② 본인 이외 자의 지정 ― 지정후견인(§931)·지정유언집행자(§1093, §1094)
③ 법원의 선임 ― 부재자재산관리인(§23, §24)·상속재산관리인(§1023, §1040, §1044, §1047, §1053 등), 유언집행자(§1096)

(ㄴ) 財產管理人 중 법률의 규정에 의하여 당연히 재산관리권을 가지는 자는 법정대리라는데 의문이 없다. 다만 법원의 선임에 의한 재산관리인도 법정대리인가. 대체로 긍정한다. 그러나 견해 중에는 법원의 선임에 의한 재산관리인은 통상 대리에서처럼 어떤 특정인과 관련한 것이 아니라 특정재산에 대한 이해관계를 가진 사람에 대해 관리하는 관계란 점에서 擬制的 代理, 즉 대리로서가 아니라 관리인의 자격에서 자기 이름으로 관리행위를 하고 본인은 재산귀속자라는 지위에서 그 효과를 받는데 불과한 일종의 재산관리라고 한다.[7]

(나) 임의대리와 법정대리의 구별은 주로 대리인의 복임권 및 대리권의 소멸에서 실익을 가진다. 즉 任意代理에서의 복임권은 원칙적으로 부인되나 法定代理에서의 복임권은 언제나 인정된다. 또한 임의대리권의 소멸은 본인의 수권행위의 철회에 의하나 법정대리권의 소멸은 법률의 규정에 의한다.

[임의대리 · 법정대리의 비교]

	법 정 대 리	임 의 대 리
사회적 작용	사적자치의 보충	사적자치의 확장
대리권발생	① 법률규정, 일정자의 지정, 법원의 선임에 의해 발생 ② 일정 법률관계에 기하여 당연히 발생하는 대리관계	① 본인의 수권에 의해 발생 ② 거래중심인 전적으로 계약관계에 의하여 발생하는 대리관계(위탁 · 고용 · 도급 · 조합계약 등)
대리권범위	① 법규의 해석(§25, §910이하. §94이하, §1040②. §1047②, §1053②, §1101등), 또는 법률의 직접규정(§25, §913)에 의하나, 임의대리에서 보다 대체로 넓다. ② 자기계약, 쌍방대리의 금지, 공동대리의 적용	① 본인의 수권범위에서 결정되나 권한의 범위가 불명한 때에는 관리권의 범위에 미친다. ② 자기계약, 쌍방대리의 금지, 공동대리의 적용
대리권소멸	공통소멸사유 외에 각개 규정에 의해 소멸(§22②, §23, §924, §925, §927, §937, §939, §597)	공통소멸원인 외에 원인된 법률관계의 종료, 수권행위의 철회, 본인의 파산 등에 의해 소멸
대리행위	① 대리의사표시에 관한 현명주의(§114, §115), 대리행위하자(§116), 대리인능력(§117)에 관한 설명은 임의대리, 법정대리에 공통적으로 적용된다. ② 법정대리에는 대리인의 능력(무능력자)을 제한하는 개별적 규정을 두는 경우가 있다(§937, §964).	
대리효과	법률효과의 본인에의 귀속(§114), 본인의 능력에 관한 설명은 임의대리, 법정대리 쌍방에 모두 공통적으로 적용된다.	
복임권	① 언제나 복임권이 인정된다(§112 본문). ② 복대리인의 행위에 관하여는 선임 · 감독의 과실유무를 불문하고 전적으로 책임을 지나(§122). 다만 부득이한 사유로 인한 경우 책임이 경감된다(§121②, §122).	① 본인의 승낙이 있거나, 부득이한 사유가 있을 때에 한하여 인정된다(§120). ② 본인에 대하여 그 선임 · 감독에 관한 책임을 지나(§121 ①), 다만 본인의 지명에 따라 선임한 때에는 그 부적임 · 불성실에 대한 통지 또는 해임을 게을리 한 때 한하여 책임을 진다(§121②).
무권대리	제126조, 제129조의 표현대리는 양자 모두 적용되나, 제125조의 표현대리는 법정대리에 그 적용이 없다고 봄이 다수설이다. 또한 협의의 무권대리에 관하여도 양자에 구별 없이 적용된다.	

7) 곽윤직 447면.

2. 기타 代理의 분류

⑴ 能動代理와 受動代理

(가) 능동대리와 수동대리는 대리의 모습에 의한 분류로써, 본인을 위하여 제3자에 대하여 의사표시를 하는 대리가 能動代理(적극대리)이며, 본인을 위하여 제3자의 의사표시를 수령하는 대리를 受動代理(소극대리)라고도 한다.

(나) 대리는 특별한 제한이 없는 한 이들 양자의 대리를 겸하는 대리권을 가지며, 양자의 구별은 현명주의의 적용 여부에 그 실익이 있다.

⑵ 有權代理와 無權代理

(가) 유권대리와 무권대리는 대리인으로서 행동하는 자가 정당한 대리권을 가지는가 여부에 따른 분류이다. 대리란 통상 유권대리를 의미할 것이지만 민법은 이것에 국한하지 않고 대리제도의 신용유지와 거래의 안전보호란 측면에서 무권대리에 관하여도 일정한 요건 하에 그 효력을 정하고 있다.

(나) 유권대리와 무권대리의 구별은 법률효과의 귀속, 본인의 책임 등에 그 실익이 있다.

⑶ 單獨代理와 共同代理

(가) 단독대리, 즉 各自代理는 수인의 대리인이 있는 경우 단독으로 대리할 수 있는 대리이고, 共同代理는 수인의 공동으로 행하는 대리를 말한다.

(나) 민법상 대리는 원칙적으로 각자 대리함이 원칙이나, 그 대리권제한으로서 공동대리하게 할 수 있다.

[106] Ⅲ. 代理의 成立範圍

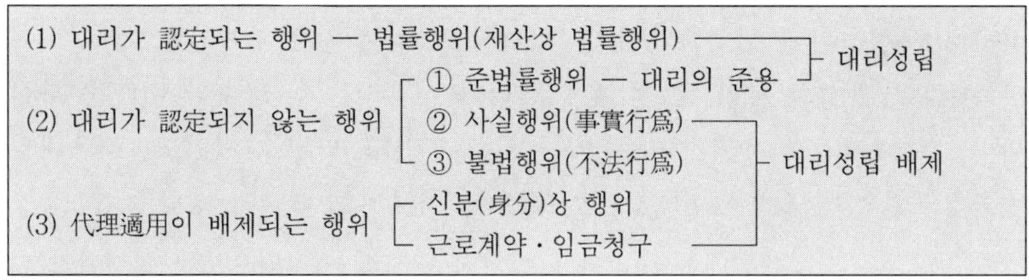

1. 代理가 認定되는 범위

(1) 민법에서 이른바 대리는 意思表示에만 인정된다(§114). 따라서 대리는 法律行爲에만 인정되고, 법률행위 이외의 행위에는 원칙적으로 인정되지 않는다.

(2) 代理가 인정되는 法律行爲는 본인이 의사표시를 하는 것(능동대리)은 물론이고, 상대방이 하는 의사표시를 받는 것(수동대리)을 포함한다.

2. 代理가 認定 또는 適用되지 않는 행위

(1) 代理가 認定되지 않는 행위

(가) 불법행위　대리제도는 본인을 위한 제도이므로 위법행위인 불법행위에는 대리제도의 본질상 대리가 인정되지 않는다.

代理人의 不法行爲는 언제나 대리인 자신의 불법행위로 되고 본인의 불법행위로 되지 않는다. 따라서 本人은 대리인의 불법행위에 대한 책임을 부담하지 아니하나, 사용자로서의 책임은 별개 문제로 된다.

민법 제35조 제1항은 법인은 이사 기타의 대표자가 그 직무에 관하여 타인에게 행한 불법행위에 대하여 손해배상책임을 규정하고 있지만, 여기에서 이사 기타 법인의 대표자는 법인의 대표기관으로서의 책임을 규정한 것이지 대리행위에 관한 것은 아니다.

(나) 준법률행위　準法律行爲도 의사표시가 아니므로 역시 대리가 인정되지 않는다. 그러나 준법률행위 가운데에서도 의사통지(예컨대, 최고 · 거절) 또는 관념통지(예컨대, 각종 통지 · 승낙, 채무의 승인)는 의사표시에 준하므로 대리를

유추 적용할 것이라고 함이 통설이다.

(다) 사실행위　事實行爲도 의사표시가 아니므로 대리는 성립되지 않는다. 따라서 사실행위에 제3자의 협력이 있더라도 이것은 보조행위에 지나지 아니한다. 다만 占有의 移轉, 즉 引渡에 대리가 허용되는가. 現實의 引渡는 사실행위이므로 대리가 허용되지 않는 데는 의문이 없다. 다만 간이인도・점유개정・반환청구권의 양도에 의한 인도, 즉 觀念的 引渡에는 대리가 성립할 수 있는가.

> 肯定說은 사실행위에는 대리가 인정되지 않지만 예외적으로 사실행위가 의사표시와 밀접히 결합하여 법률행위를 구성하는 경우 예컨대 동산양도계약, 질권설정계약에서의 물건의 인도에는 대리를 허용할 것이라고 하거나(이영섭 337면, 김현태 328면), 관념적 인도는 당사자 의사표시 내지 계약이 필요하고 또한 그것이 있으면 자동적으로 점유이전의 효력이 생기므로 대리의 성립이 가능한 것이라고 한다(김기선 287면, 김상용 533면, 이은영 567면, 이영준 411면, 고상용 475면).
>
> 否定說은 대리인의 물건의 인도는 점유보조관계에 불과하고 대리라고 할 것은 아니라고 한다. 즉 점유취득이라는 사실행위의 대리가 가능한 것이 아니라 본인은 이들을 통해 점유를 취득하거나 이전하는 것이라고 한다[곽윤직 255면, 김용한 325면, 김주수 400면, 백태승 455면, 송덕수 민법강의(상) 191면].

소수설은 대리인에 의한 의사표시나 계약이 있으면 점유이전이 있게 된다는 점을 들어 긍정한다. 그러나 다수설은 의사표시를 요소로 하지 않는 사실행위에는 대리가 인정될 수 없고, 동산양도계약・동산질권설정계약에서 물건의 인도와 같이 제3자의 협력이 있더라도 그것은 대리가 아니라 보조행위에 불과한 것이라고 한다.

생각건대, 긍정설은 대리인의 의사표시에 점유이전이 있게 된다고 하지만 이것은 점유이전의 효과가 생기는 것이고 인도의 효과가 생기는 것을 두고 대리인에 의한 인도라고 할 것은 아니다. 따라서 물건의 인도에는 현실의 인도이든 관념적 인도이든 대리는 성립하지 않는다.

(1) 표현행위	① 의사통지	대리의 성립 가능
	② 관념통지	대리의 성립 가능
	③ 감정표시	대리의 성립 불가능
(2) 비표현행위	① 순수사실행위	대리의 성립 불가능
	② 혼합사실행위	대리의 성립 불가능

(2) 代理가 適用되지 않는 행위

(가) 신분상 행위　혼인・유언・인지행위 등 신분행위에는 당사자의 진의가

절대적으로 요청되므로 대리는 적용되지 아니한다. 그러나 신분행위이지만 재산관계를 내용으로 하는 경우, 예컨대 부양청구권의 행사에는 적용이 가능하다.

(나) 특별법상 제한 근로계약·임금청구 등 특별법에 의하여 대리가 제한된다. 근로기준법은 未成年者의 근로계약·임금청구에 대리를 제한한다(근로기준법 §53 ①, §54). 따라서 未成年者의 근로계약·임금청구는 대리하지 못한다.

다만, 이 규정에 의한 제한은 限定治産者를 포함하는가. 소수설은 동법률이 미성년자만을 규정하고 있으므로 한정치산자는 제외되는 것이라고 한다. 그러나 다수설은 한정치산자의 능력은 미성년자의 능력범위와 전혀 동일하므로 동법률의 제한 규정에는 한정치산자를 당연히 포함하는 것이라고 한다. 따라서 한정치산자의 근로계약·임금청구는 한정치산자의 후견인이 대리하지 못한다.

결국, 미성년자와 한정치산자의 근로계약·임금의 청구는 법정대리인이 대리하지 못한다.

3. 代理가 成立되는 범위

대리는 법률행위에만 인정하나, 다만 身分上 法律行爲는 성질상 적용이 배척되고, 재산상 법률행위이지만 勤勞契約·賃金請求는 특별법(근로기준법)상 대리가 제한된다. 또한 準法律行爲는 대리가 인정되지 않지만 의사통지·관념통지에는 대리가 유추 적용된다고 봄이 통설이다.

따라서 결국 대리가 성립될 수 있는 범위는 근로계약·임금청구를 제외한 재산상 법률행위와 준법률행위로서 의사통지·관념통지 및 신분상 법률행위이지만 실질이 재산관계의 변동을 내용으로 하는 행위, 예컨대 상속재산분할청구에는 대리가 성립된다.

제 2 절 代理의 法律關係

代理의 3面關係 ┌ ① 제1면관계 = 대리권관계
│ ② 제2면관계 = 대리행위관계
└ ③ 제3면관계 = 대리의 효과귀속관계

[107] Ⅰ. 代理權關係

1. 代理權의 의의와 성질

(1) 代理權의 의의

(가) 代理權이란 타인(대리인)이 본인의 이름으로 의사표시를 하거나 또는 의사표시를 받음으로써 직접 본인에게 법률효과를 귀속시킬 수 있는 타인(대리인)의 본인에 대한 法律上 地位 또는 資格을 말한다. 그러므로 그것은 본래 의미의 권리는 아니다.

(나) 본인이 대리인에 代理權을 부여함은 대리인의 행위에 의하여 본인에 효과 귀속을 위한 수단으로 파악한다. 따라서 대리권은 行爲로서 법률행위를 대리인이 행하고 規律로서의 법률행위를 본인의 것으로 만드는 정당성의 근거로 파악된다.

(2) 代理權의 법률적 성질

(가) 대리권의 법률적 성질에 관하여 종래 이래 견해가 대립하여 왔다.

形成權說은 재산관리권에 속하는 일종의 권리, 즉 대리인의 일방적 의사표시로서 당연히 그 본인에 효력을 발생하는 것(장경학 460면), 또한 규률로서의 법률행위를 본인의 것으로 하는 무실체성의 것이라고 한다(이영준 349면).

代理權否定說은 본인과 대리인간의 내부관계를 떠난 독립된 대리권의 존재는 불가능하다고 보아 대리권을 부정하고 대리를 위임으로 파악한다.

資格說(能力說)은 대리권은 법률상 일정한 법률관계를 발생케 하는 능력 또는 자격이라고 하거나(김기선 300면, 김용한 336면, 이영섭 333면, 김증한·안이준 323면), 대리의 권한이라고 한다(곽윤직 259면, 백태승 459면).

위 학설 중 形成權說은 대리권을 형성권으로 파악함으로써 능동대리에는 가능하나 수동대리에는 불가능하게 되고 또한 대리권은 일반적으로 어떤 법률상 이익을 내용으로 하는 것은 아닌 점에서, 代理權否定說은 현행 민법이 위임과 대리를 구별하고 있는 점에서 각각 결점이 지적된다.

그리하여 통설은 資格說을 취하여 대리권을 법률상 일정한 법률관계를 발생케 하는 능력 또는 자격이라고 파악한다. 그러나 대리권을 能力 또는 資格으로 파악할 때 이제 대리권에 의해 성립되는 능력은 행위능력과 전혀 관계없는 다른 영역에 속하는 것으로 되며, 그 결과 대리제도는 법률상 제도로만 파악되는 결점을 가지게 된다.

이에 대하여 새로운 견해는 대리권을 '대리의 권한'[8] 또는 '제2차적 권한'이라고 하거나,[9] 본인의 행위 내지 행위영역을 확대할 수 있는 가능성으로서의 법적인 힘이라고 한다.[10] 또한 법률행위를 行爲로서의 법률행위와 規律로서의 법률행위로 구별하고 대리인의 행위로서의 법률효과가 본인에 귀속하는 것은 대리적 효과의사 때문이 아니라 대리권의 효력 때문인 것, 즉 대리권은 규율로서의 법률행위를 본인의 것으로 정당화하는 무실체성의 것이라고 한다.[11]

그러나 대리의 기능을 중심으로 파악하면 대리권은 법률상 일정한 법률관계를 발생케 하는 권한 또는 자격이라고 할 것이다.

(나) 대리관계는 본인·대리인 사이의 기초적 내부관계로부터 개념상 독립된 것으로 파악한다. 예컨대 수임인이 본인을 代理하여 매도인과 매매계약을 체결한 경우 위임과 대리관계는 외형상 단일한 실체로 존재한다고 하더라도 이론상으로는 대리관계는 위임관계로부터 분리·독립된 관계로 파악한다. 그리하여 통상은 委任과 代理는 서로 결합되는 것이지만 언제나 그런 것은 아니다. 예컨대 중개업(상법 §93)·위탁매매업(상법 §101) 등에서는 위임은 있으나 대리가 수반하지 않는데 반하여, 고용(§655)·도급(§646)·組合(§703) 등에서는 위임은 아니지만 대리를 수반하므로 양자는 구별된다.

또한, 법률행위에 의하여 수여된 代理權의 概念과 대리권수여의 원인이 된

---

8) 장경학 533면, 송덕수 민법강의(상) 193-4면.
9) Miiller-Freienfels, Vertretung, S. 35.
10) 김상용 555면, 그러면서도 대리권개념의 설명에서는 자격이라고 설명한다.
11) Flume §45, Ⅱ. I, 784.; 이영준 439면.

法律關係의 槪念은 구별하여 사용된다(§128 본문).

이것은 대리권수여행위와 기초적 내부관계를 발생케 하는 법률행위를 구별한 것이므로 대리관계의 기초적 법률관계로부터 독립을 선언한 것이라고 해석되며, 이러한 구별은 수권행위의 개념 및 성질에서 명백히 나타난다.

2. 代理權의 발생

甲은 무능력자 乙에게 사기를 당하여 자기소유 토지를 처분하여 주도록 위임장과 등기서류를 교부하였다. 乙은 당해 토지를 丙에게 매각하고 소유권이전 등기를 경료하였으나 후일 甲은 乙이 무능력자인 사실을 알고 사기를 이유로 위임계약을 취소하여 토지의 반환을 청구하려고 한다.

甲의 청구는 인정되는가.

---

(1) 任意代理權의 발생

(가) 수권행위의 개념　　任意代理權은 그것을 수여하는 본인의 행위, 즉 본인의 의사에 기한 이른바 수권행위에 의하여 발생한다.

(ㄱ) 授權行爲의 槪念을 인정할 것인가. 민법 제128조 전단은 "법률행위에 의하여 수여된 대리권은 원인된 법률관계의 종료에 의하여 소멸한다."라고 규정한 것과 관련하여 견해가 대립하나, 다수설은 동조 규정을 해석문제로 파악한다. 그리하여 동조 규정은 대리권소멸의 원칙을 규정한 것에 불과한 것으로 보아 대리권은 기초적 내부관계로부터 독립하여 본인의 수권행위에 의하여 발생하는 것이라고 하여 수권행위의 개념을 긍정한다.

(ㄴ) 授權行爲는 기초적 내부관계를 발생케 하는 행위, 즉 대리권수여의 원인된 법률관계와 구별되는가. 수권행위의 독자성·무인성의 문제로 된다.

(ㄷ) 授權行爲는 임의대리인으로서 자격·지위·권능만을 부여하는 것을 목적으로 하는 법률행위이다. 따라서 본인의 수권행위에 의하여 대리인이 가지는 代理權은 그 내부적 기초관계로부터 독립됨으로써 代理人은 그 대리권의 범위에서 本人을 위하여 독립적으로 법률행위를 할 수 있고, 때로는 그 背任的 法律行爲를 한 경우에도 그 행위의 효과는 본인에 발생하는 것으로 된다.

(나) 수권행위의 법률적 성질　　수권행위는 契約인가 單獨行爲인가.

單獨行爲說은 거래의 안전보호의 필요와 대리인에 행위능력을 요하지 않는 점 및 수권행위를 내부적 기초관계로부터 분리하고 있는 점을 든다.

無名契約說은 본인·대리인간의 무명계약으로 보고, 그 근거로써 수권행위가 단독행위라는 명문 규정이 없고, 또한 구민법은 대리권수여행위는 위임계약을 통하여만 발생함을 규정함을 든다(김기선 286면).

融合契約說은 대리권은 위임 기타의 내부적 계약관계에 의해 직접 대리권이 발생하는 것으로 내부관계를 설정하는 계약과는 별개, 독자의 수권행위라는 개념을 특별히 생각할 필요는 없고 민법 제128조는 곧 이러한 취지를 명문으로 규정한 것이라고 한다(김용한 336면).

수권행위의 법률적 성질은 수권의 의사표시에 흠결이 있는 경우, 예컨대 무능력, 의사의 흠결, 사기·강박 등이 수권행위의 효력에 어떤 영향을 미치는가 여부에 의하여 결정된다. 즉 대리권의 발생에는 언제나 수권의 의사표시가 있어야 하므로 본인의 수권의 의사표시에 흠결이 있는 경우에는 그 수권행위의 효력에 당연히 영향을 주게 되지만, 대리인이 될 자에 대하여는 승낙의 의사표시를 필요로 하는가 여부에 따라 달리하게 된다.

즉, 無名契約說과 融合契約說에 따르면 승낙의 의사표시를 요하므로 대리인의 승낙의 의사표시에 흠이 있으면 수권행위에 영향을 미치게 되지만, 單獨行爲說에 따르면 승낙의 의사표시를 요하지 아니하므로 이런 문제는 발생하지 않는다.

다수설은 대리권수여의 법률적 성질에 無名契約說 또는 融合契約說을 취하면 대리권수여계약은 채권계약으로 이해하여야 하나 채권계약의 객체는 언제나 급부이어야 하는데 대리행위의 결과 본인에게 법률효과가 귀속하는 것은 법률규정에 의하고 급부의 직접효과는 아니므로 수권행위는 급부를 목적으로 한다고 볼 수 없고, 더욱 우리 민법 제128조 단서가 본인이 수권행위를 철회할 수 있음을 규정한 것을 설명할 수 없을 뿐만 아니라, 대리인의 행위능력을 규정한 민법 제117조는 대리행위에만 적용되므로 본인이 무능력자인 대리인과 대리권계약을 체결한 경우 후일 무능력자인 대리인이 무능력을 이유로 수권행위를 취소하면 대리인의 대리행위가 무권대리로 되어 거래의 안전을 해한다는 점을 들어 單獨行爲說을 취한다.[12]

그리하여 다수설은 대리권의 수여가 대리인에 대하여 대외적 지위 또는 자격을 부여하는데 불과하고 어떤 권리·의무를 취득 또는 부담시키는 것이 아니므로 대리인이 될 자의 승낙을 요할 필요가 없을 뿐만 아니라, 본인과 대리인간의 내부적 사정으로 대리행위의 상대방인 제3자에게 영향을 가능한 피하여

---

12) 단독행위설은 독일의 Laband가 委任과 代理를 분리하여 대리권의 독립성을 확인한 후 통설이며, 독일 민법이 명문으로 규정하고 있다.

거래의 안전을 꾀한다거나, 수권행위의 독자성을 인정하는 이상 그것은 단독행위일 수밖에 없고, 더욱 민법 제117조는 수권행위가 단독행위임을 뒷받침한 것이라고 한다.

> 위 사례에서 타인의 대리행위는 능력자임을 요하지 아니하므로(§117) 甲은 乙의 무능력을 이유로 乙의 丙에 대한 대리행위인 당해 토지의 매각행위를 취소할 수 없다. 그러나 설문에서의 甲은 乙자신이 행위능력자라는 사기에 빠져 위임장과 등기서류를 교부한 것이므로 甲·乙간에 체결된 위임계약은 제110조에 의하여 대리행위의 효과도 무효로 되는가.
>
> 融合契約說에 의하면 위임계약 자체로부터 대리권이 발생한다고 봄으로 乙의 대리권은 소급적으로 소멸되어 乙의 丙에 대한 대리행위는 소급적으로 무권대리가 된다. 그러나 이 견해에 의하여도 일부무효의 법리에 의하여 위임계약이 실효되어도 이미 행하여진 대리행위는 소멸하지 않는다.
>
> 한편, 單獨行爲說·無名契約說과 같이 수권행위의 독자성을 인정하고 무인성을 취하면 원인관계의 무효·취소 등에 의하여 수권행위에 영향을 주지 아니하므로 乙의 丙에 대한 대리행위는 유효하다. 따라서 甲의 청구는 인정되지 않는다. 그러나 有因性을 취하면 수권행위는 소급적으로 소멸되고 그 결과 乙의 丙에 대한 매각행위도 소급적으로 무권대리행위로 되어 丙은 甲에 대하여 반환의무를 지게 되고 乙에 대하여 제135조에 의한 책임을 물을 수밖에 없다. 그러나 수권행위의 有因性을 취하는 경우에도 수권행위는 대리인의 대리행위를 통하여 상대방에도 그 효력이 미친다는 점을 고려하면 丙은 표현대리규정의 적용 내지 유추하여 보호받을 수 있을 것이라고 한다[고상용, 대리권수여행위의법적성질, 고시연구(1989.7) 218면].

(ㄱ) 수권행위를 단독행위로 볼 때 相對方의 受領을 요하는가. 견해 중에는 대리권의 수여는 대리인에 대한 하나의 대외적 지위 또는 자격을 부여하는데 불과하고 어떤 권리 또는 의무를 부담시키는 것이 아니라는 점을 들어 대리인이 될 자의 승낙을 요하지 않는 것이라고 한다. 그러나 다수설·판례는 상대방의 수령을 요하는 본인의 단독행위라고 한다.

(ㄴ) 수권행위에 상대방의 수령을 요하는 단독행위라고 할 때 授權行爲의 相對方은 누구로 되는가. 즉 대리권의 발생에 外部的 授權을 인정할 것인가.

원래, 수권행위는 본인이 대리인에게 대리권을 수여하는 행위, 즉 內部的 授權行爲로 대리권이 발생하고 내부적 수권이 있는 이상 당연히 상대방에 효력이 발생하는 것으로 하였다. 그러나 견해 중에는 대리행위의 상대방에 대하여 표시하는 外部的 授權行爲에 의하여도 발생한다고 하고, 더욱이 대리제도는 본인에 대해서가 아니라 상대방에 기능하는 것이므로 진정한 의미의 수권행위는 외부적 수권행위라고 한다. 예컨대 대리권의 부여를 수권증서에 의하는 경우 외부적 수권은 이를 상대방에 제시한 때 발생하므로 이 증서를 상대방에 제시하지 않고 있는 한 본인에 대한 관계에서만 법적 의미를 가질 뿐 상대방에 대하여는 아무런 효력이 없는 것이라고 한다.[13] 그리하여 이 이론은 특히 표현대리가 성립한 경우 내부적 수권은 없지만 외부적 수권행위가 있었거나(제125조의 표현대리), 아니면 적어도 외부적 수권이 잔존(제126조, 129조의 표현대리)하는 것이라고 하여 그 효과를 무권대리이지만 본인이 책임을 지는 것으로 보지 않고 유권대리로 파악한다.

통설은 外部的 授權說이 독일민법 제167조 제1항이 "대리권의 수여는 대리인으로 될 자 또는 대리행위의 상대방이 되는 제3자에 대한 의사표시로써 행하여진다."라고 규정하고 있는 점을 근거로 하나, 우리 민법은 이와 같은 규정을 두고 있지 않는다는 점을 들어 부정하고 內部的 授權만을 인정한다. 따라서 민법상 대리권수여의 상대방은 대리인이 되고, 대리권의 발생은 본인이 대리인에 대한 의사표시로 하여야 하고 대리인이 이를 수령함으로써 발생한다.

(ㄷ) 수권의 의사표시는 默示的 意思表示로도 할 수 있는가. 수권행위는 不要式行爲이므로 묵시적으로도 할 수 있다. 그러나 대리인에게 위임장을 주는 것이 관례이며, 보통 위임장은 위임계약 또는 수권행위의 증서는 아니며 대리권수여의 증거에 지나지 않는다. 따라서 위임장 없이도 수권하는 것은 가능하며 반대로 위임장이 있다고 해서 언제나 정당한 수권행위가 있다고 할 수 없고, 다만 이 경우 상대방은 민법 제125조의 보호를 받는데 불과하게 된다.

판례는 본인이 인장을 교부한 경우 대체로 어떤 대리권을 교부한 것이라고 하며,[14] 또한 부동산처분에 관한 소요 서류를 교부하는 것은 특단의 사정이 없는 한 부동산처분에 관한 대리권을 준 것이라고 한다.[15] 그러나 해외출장 중 인장을 아버지에 맡겼다는 사실만으로는 대리권을 수여했다고 볼 수 없는 것이라고 하고,[16] 또한 부동산관리인에게 인감을 보관시켰다고 하여 처분의 권한을 수여하였다고 볼 수 없는 것이라고 한다.[17]

---

13) 이영준 449면, 백태승 460-1면.
14) 대판 1965.3.30, 65다44.
15) 대판 1959.7.2, 4291민상329.
16) 대판 1964.5.26, 63다455.
17) 대판 1973.6.5, 72다2617.

(ㄹ) 委任狀을 白紙로 하여 수권한 경우 백지보충권을 가지나 대리인이 그 보충권을 남용한 경우 본인은 책임을 부담하는가. 백지보충권의 남용문제로 된다.

[白紙委任狀에 의한 수권]

(1) 일반적으로 법률행위의 대리에서는 수권행위가 있게 되는데 委任狀은 수권행위를 표시한 서면으로서 대리에 의한 거래를 원활하게 하기 위하여 본인이 대리인에게 교부하는 것이 거래의 관행이다.

委任狀은 대리인의 성명과 위임사항을 기재하는 것이 보통이다. 그러나 이를 공백으로 하여 교부하는 경우 이를 白紙委任狀이라고 하며, 피교부자는 후에 이 공백부분을 보충하여 법률행위를 대리하게 된다. 이 경우 백지위임장의 남용이 문제될 수 있고, 표현대리와 관련하여 문제된다.

특히, 白紙委任狀에 의한 수권행위(청약)는 상관습상 철회할 수 없고, 또한 본인이 사망하더라도 그 효력에는 영향을 받지 않는다(§111 ② 참조).

(2) 白紙委任狀의 교부에 의한 법률관계의 대리에서 그 백지보충이 남용되었을 경우 표현대리가 성립하는가. 민법 제125조와 제126조 적용의 문제로 된다.

(가) 민법 제125조는 선의·무과실의 제3자에 대하여 타인에게 대리권을 수여함을 표시한 자는 그 대리권의 범위 내에서 행한 그 타인과 제3자간의 법률행위에 대하여 책임이 있음을 규정한다. 따라서 대리권의 수여에 백지위임장을 교부하였으나 대리권 자체에 흠결이 있는 경우와 위임장의 교부 당시 예정되어 있지 않던 상대방과 거래를 하였을 경우 또는 백지위임장을 대리인을 한정하여 교부하였는데 그 위임장의 전득자가 공백을 보충하여 대리행위를 한 경우 등이 이에 해당된다.

(나) 민법 제126조는 대리인이 그 권한 외의 법률행위를 한 때 제3자가 그 권한이 있다고 믿을 만한 정당한 이유가 있는 경우 본인은 그 행위에 대하여 책임이 있음을 규정한다. 여기서 백지위임장의 피교부자가 위임사항을 남용 보충해서 대리를 한 경우나, 위임장이 전전할 것을 예상하고 교부된 경우 그 전득자가 백지를 남용 보충하여 제3자와 거래하였다면 이 경우에 해당한다.

(3) 백지위임장의 형태와 행사, 예컨대 백지위임장의 직접적 교부자인 乙이 위임사항의 공백을 남용하여 부동산을 매각한 경우와 백지위임장의 전득자가 공백부분을 남용하여 대리한 경우가 있다.

먼저, 전자인 直接型, 즉 본인으로부터 표시 위탁을 받지 않은 사항을 대리권의 내용으로 보충한 경우 그 효력을 어떻게 할 것인가. 학설은 백지위임장의 위임사항이 위조된 것, 즉 정당한 위임장이 아니므로 이때에는 민법 제125조를 적용하지 못하고 제126조가 적용되는 것이라고 한다. 원래 백지위임장의 피교부자, 즉 백지보충권자는 일정범위의 대리권이 수여되어 있는 것이므로 위의 백지보충권남용에 의한 대리행위는 민법 제126조의 대리권한을 넘은 표현대리가 성립하는 외에, 교부 당시 예정되어 있지 않은 상대방과 거래한 때에는 백지위임장에 의하여 민법 제125조의 수권표시가 있는 것으로 인정할 것이라고 하며, 이 경우 상대방의 보호는 선의·무과실 여부에 달려 있는 것이라고 한다.

이에 대하여 후자인 間接型은 본인이 대리인에게 백지위임장을 교부할 때 이미 본인인 교부자는 그 위임장이 전전 유통할 것을 예견하고 있다고 할 것이고, 또한 외견상 대리권이 있는 것으로 믿을 수 있다고 할 것이므로 이 경우에는 민법 제125조와 제126조가 동시에 적용되는 것이라고 한다.

(다) 수권행위의 독자성·무인성

(ㄱ) 授權行爲의 獨自性: 수권행위의 독자성을 인정할 것인가. 수권행위의 법률적 성질과 관련하여 대립한다.

獨自性否定說은 대리권은 위임 기타 내부적 계약관계에 의하여 직접 발생하므로 내부관계를 설정하는 계약과 별개 독립된 수권행위란 인정할 수 없는 것이라고 한다(김용한 336면, 김기선 300면).

獨自性肯定說은 민법 제128조의 해석상 수권행위의 개념을 인정하고, 이를 원인된 법률관계와 독립된 개념으로 파악한다.

獨自性否定說은 수권행위의 법률적 성질을 融合契約說을 전제로 당사자간에 내부관계를 발생시키는 계약 없이 단지 수권행위만 부여하거나 또한 내부관계를 소멸·변경시키지 않고 수권행위만을 철회하는 것은 현실적으로 생각할 수도 없는 것이라고 하고, 대리권은 내부적인 계약관계에 의하여 발생하고 그 변경·소멸에 따라 대리권의 내용도 변경·소멸한다고 보며, 민법 제128조는 이러한 취지를 규정한 것이라고 한다.

이에 대하여 無名契約說과 單獨行爲說은 우리 민법은 위임과 대리를 구별하고 있는 점에 근거하여 수권행위의 독자성을 인정하고, 특히 無名契約說은 수권행위가 위임계약과 전혀 별개의 것이지만 다른 의사표시와 합체할 수 있으므로 하나의 계약으로 대리관계를 발생시킬 수 있고, 이로써 수권행위를 독립시킬 것인가 문제는 입법정책과 법률행위해석의 문제라고 한다.

다수설은 單獨行爲說을 전제로 우리 민법 제128조가 "법률행위에 의하여 수여된 대리권은 … 그 원인된 법률관계의 종료에 의하여 소멸한다."라고 규정하고 있으므로, 동규정의 해석상 수권행위의 개념이 인정되고, 또한 이를 원인 된 법률관계, 즉 대리권을 발생시키는 기초적 법률관계(예컨대 위임·고용·조합·도급 등)로부터 독립된 별개의 개념으로 파악한다. 그러나 판례는 위임과 대리권 수여는 별개의 독립된 행위로서 위임은 위임자와 수임자간의 내부적인 채권·채무관계를 말하고 대리권은 대리인 행위의 효과가 본인에게 미치는 대외적 자격을 말하는 것이므로 위임계약에 대리권수여가 수반되는 일은 있으나 위임계약만으로는 그 효력은 위임인과 수임인 이 외에 미치는 것이 아니므로 구민법 제655조의 취지는 위임종료의 사유는 이를 상대방에 통지하거나 상대방이 이를 안 때가 아니면 위임인과 수임인간에는 위임계약에 의한 권리·의무관계가 존속한다는 취지에 불과하고 대리권관계와 무관한 것이라고 하여 수권행위의 독자성을 인정한다.18)

한편 판례는 법률행위에 의하여 수여된 대리권은 그 원인된 법률관계의 종료에 의하여 소멸하는 것이므로 특별한 다른 사정이 없는 한 그 부동산을 매수할 권한을 수여 받은 대리인에게 그 부동산을 처분할 대리권도 있다고 볼 수 없는 것이라고 하여 원칙적으로 수권행위의 기초적 법률관계와 대리권을 결부시키고 있다.19)

결국, 수권행위의 독자성 인정 여부는 그 대리권수여의 기초가 된 원인된 법률관계로부터 분리하여 취급함으로써 거래의 안전을 꾀할 것이라는 문제와 관련하여 논의되나, 수권행위의 실제는 그 기초적 내부관계를 발생케 하는 행위와 구별하기는 용이하지 않다. 그러나 다수설은 수권행위는 본인과 대리인 사이의 내부관계를 발생케 하는 행위 그 자체는 아니며, 그것과 독립하여 대리권의 발생만을 목적으로 하는 행위라고 하여 수권행위의 독자성을 인정한다.

다만, 수권행위의 독자성을 인정한다고 하더라도 그 범위는 상대방이 대리인과 법률행위를 함에 있어 대리권 유무의 조사의무를 지지 않게 한다는 범위에서만 인정하는 한계를 가진다. 또한 그것은 수권행위와 기초적 행위가 언제나 독립한 행위 또는 개별의 행위로 행하여져야 한다는 것을 의미하지는 않으며, 양자가 외형상 하나의 행위로 합체하여 행하여지는 것은 무방하며, 오히려 그러한 것이 보통이다.

(ㄴ) **授權行爲의 無因性**: 수권행위의 독자성을 부정하면 논할 여지는 없으나 수권행위의 독자성을 인정할 경우 다시 수권행위의 법률적 성질을 유인행위라고 할 것인가, 무인행위라고 할 것인가. 예컨대 기초적 법률관계가 무효·취소 등 기타 사유로 실효되는 경우에는 수권행위도 영향을 받을 것인가. 견해가 대립한다.

---

18) 대판 1962.5.24, 4294민상251.
19) 대판 1993.1.15, 92다39365; 1991.2.12, 90다7364.

有因行爲說은 민법 제128조에 근거하여 수권행위는 그 기초적 법률관계와 운명을 같이하는 것이라고 한다(곽윤직 261면, 고상룡 485면, 김상용 561면, 이은영 602면).

無因行爲說은 수권행위의 독자성을 강조하여 수권행위효력을 그 기초적 법률관계와 절연 내지 단절되는 것이라고 한다(김주수 410면, 김학동 393면, 백태승 463면).

外部的 授權區別說은 수권행위를 내부적 수권행위와 외부적 수권행위로 구별하고, 내부적 수권은 그 기초적 법률관계와 운명을 같이 하지만 외부적 수권은 원칙적으로 기초적 법률관계와 독립되므로 외부적 수권 그 자체에 무효사유가 없는 한 유효하게 존속한다고 한다(이영준 449면).

위 학설에서 有因行爲說에 따르면 기초적 법률행위의 失效는 당연히 수권행위를 실효케 하는 까닭에 전자가 무능력으로 취소되면 후자도 소급적으로 실효하게 됨이 논리적 귀결이라고 한다. 즉 민법 제128조는 철회와 달리 소급효가 있게 되며, 이로써 취소 전에 이미 행해진 대리행위는 무권대리가 되고, 이때 상대방 보호는 표현대리의 법리에 의한다. 그러나 이러한 결론은 거래의 안전을 해하게 되므로 이러한 결과를 피하기 위해 유인론자들도 수권행위가 실효하는 경우에 거래안전 또는 민법 제117조를 원용하여 대리권은 장래에 향하여서만 소멸하고 이미 행하여진 대리행위에는 영향이 없다고 한다.[20] 그러나 비소급효의 근거에는 정확한 근거를 제시하지 못한다.

그리하여 견해 중에는 授權行爲를 내부적 수권과 외부적 수권으로 구분하여 內部的 授權은 민법 제128조에 의하여 有因性을 선언한 것이고, 外部的 授權은 상대방에 대한 관계에서 소위 대리권내용은 상대방에 대한 대리권수여의 표시만을 파악하여 결정되므로 원칙적으로 기초적 법률관계로부터 독립된 無因이나 수권에 의해 성립된 대리권이 기초적 법률관계에 비추어 정당하지 않다고 하는 것을 상대방이 알거나 알 수 있었던 경우에는 이 外部的 授權의 정당성을 부인함으로써 그 실질에서는 무인성론과 다름이 없이 처리하려고 한다.

이에 대하여 종래 다수설은 수권행위가 그 원인된 기초적 행위와는 관념상 별개의 행위라는 것을 강조하여 無因說을 취한다. 그리하여 유인설이 들고 있는 민법 제128조는 내부관계의 종료로 대리권이 소멸하는 원칙을 규정한 것뿐이며, 대리권의 절대적 소멸을 규정한 것은 아니라고 한다. 따라서 대리권은 수권의 내부관계를 그대로 두면서 대리권만 소멸케 할 수 있고 또한 내부관계의 종료 후에도 대리권만 존속케 할 수 있는 것이라고 한다. 즉 無因行爲說에 따

20) 장경학 537면, 방순원 235면, 곽윤직(1989) 455면.

르면 기초적 내부관계는 수권행위 자체의 효력에는 영향이 없으나 보통은 기초적 내부관계가 종료하면 수권행위의 철회가 있는 것으로 보게 되며, 민법 제128조는 이를 규정한 것이라고 한다.

요컨대, 민법 제128조는 有因說의 근거로도 제시되지만 無因說의 입장에서 보면 원인된 법률행위가 취소되었는데 대리관계는 존속하는가에 대한 수권행위해석의 표준적·보충적 규정을 제시함에 불과한 것으로 된다. 왜냐하면 대리관계가 계약관계와 어떠한 결합관계에서든 간에 그것은 항상 계약관계에 대한 수단인 지위에 있기 때문이다. 어떻든 無因說의 입장에서는 기초적 내부관계의 종료는 민법 제128조에 의해 수권행위가 철회될 따름이지 취소되지는 않는다는 것이다. 즉 소급효가 없으므로 이미 행해진 대리행위는 무권대리가 되지는 않는다.

결국, 학설은 수권행위의 유·무인성을 민법 제128조(임의대리권의 종료)를 주축으로 구성할 것인가(유인론). 민법 제117조(대리인의 행위능력)를 중심으로 구성할 것인가 문제이나 수권행위의 유·무인성의 근거는 민법 제128조를 중심으로 파악함이 타당할 것이다. 그리하여 동조 규정을 중심으로 해석하여 유인성을 취하는 경우에도 거래의 안전상 이미 행하여 진 대리행위는 유효한 것으로 해석하면 양설은 결과에 차이가 없고 또한 거래안전은 의사표시에 관한 선의자 보호규정(§107 내지 §109 ②, §110 ③ 및 §135,)에 의하여 처리되고, 다만 무능력을 이유로 취소되는 경우에만 문제되지만 이 경우에도 민법 제129조를 유추 적용할 법리를 구성할 수 있을 것이라고 본다.

(라) 수권행위의 하자 민법은 수권행위와 대리행위를 구별한다. 그리하여 민법은 代理行爲의 瑕疵 유무는 민법 제116조 제1항에 의하여 규율하고, 수권행위의 의사하자는 민법 제107조 이하의 일반규정에 의하여 규율한다.

이와 같이 授權行爲와 代理行爲는 법률상 구별되는 개념이지만 기능면에서는 모두 대리인이 한 법률행위의 효과를 본인에게 귀속시키기 위한 과정이라는 점에서 상호 관련성을 가진다. 따라서 수권행위의 하자는 대리행위에 어떠한 영향을 미치는가. 대리인 또는 본인의 관계로 나누어 파악된다.

(ㄱ) 代理人의 無能力 또는 瑕疵를 원인으로 하는 경우: 대리인의 代理行爲는 능력자임을 요하지 아니한다. 따라서 대리인의 무능력 또는 수권행위의 하자를 이유로 취소할 수 있는가.

無名契約說은 그 수권계약이 대리인에게 아무런 구속이나 불이익도 주는 것이 아니라는 것을 이유로 미성연자나 한정치산자는 이를 취소하지 못하나(§5, §10), 금치산자에 관하여는 이러한 이론을 적용할 수 없으므로(§13), 대리행위는 소급적으로 무권대리가 되고 상대방 등의 보호는 표현대리의 법리에 의하는 것이라고 한다.[21] 그러나 單獨行爲說에 의하면 미성년자・한정치산자는 물론이고 금치산자도 이를 취소하지 못한다.

(ㄴ) **수권행위가 本人의 能力 또는 瑕疵를 원인으로 하는 경우**: 대리권의 발생에 본인의 수권을 요하므로 본인이 무능력 또는 수권행위에 하자가 있는 경우에는 그 수권행위의 무효 또는 취소로 대리행위에 영향을 미치게 된다.

(a) 본인의 無能力을 원인으로 하는 경우 : 민법 제117조는 대리인에 관하여만 적용되고 본인에는 적용되지 아니하므로 본인이 무능력자인 경우에는 본인의 무능력을 이유로 수권행위를 취소할 수 있고 수권행위의 취소로 대리인의 대리행위는 무권대리행위로 된다.[22]

(b) 非眞意表示 및 虛僞表示의 경우 : 수권행위가 본인의 비진의 또는 허위표시에 의한 경우 내・외부적 수권행위로 파악하여 이론을 구성하는 견해가 있다. 그리하여 內部的 授權行爲는 대리인을 표준으로 수권행위가 비진의표시라는 것을 대리인이 알았거나 알 수 있었을 때(§107 ①), 또는 본인과 대리인이 허위의 수권행위를 합의한 때에는 무효로 된다(§108 ①). 그러나 外部的 授權行爲는 상대방을 표준으로 상대방이 알았거나 알 수 있었을 때, 즉 상대방이 선의・무과실인 경우에는 민법 제129조(대리권소멸후의 표현대리)를 준용하여 본인은 상대방에 대하여 수권행위의 무효를 주장할 수 없는 것으로 해석한다. 따라서 외부적 수권행위에는 내부적 수권행위에서와 같이 의사표시에 관한 민법 제107조 제2항, 제108조 제2항을 개입시킬 필요는 없다.[23]

(d) 錯誤의 경우 : 본인의 착오에 의한 수권행위는 취소할 수 있고, 그 취소는 대리인 또는 법률행위를 한 상대방에 대한 의사로 하여야 한다. 여기서 수권행위의 취소를 相對方에 대한 의사로 한 때에는 문제가 없으나, 代理人에 대한 의사로 취소한 때에는 상대방이 알지 못하고 있는 경우와 관련하여 문제된

21) 김기선 296면.
22) 곽윤직 273면, 고상룡 522면.
23) 이영준 487면.

다. 그러나 이 경우 견해는 민법 제129조를 유추 적용하여 상대방이 이를 알았거나 알 수 있었던 때에 한하여 취소의 효과를 주장할 수 있는 것이라고 한다. 그러나 통설은 외부적 수권은 인정하지 않는다.

또한, 수권행위가 취소되면 상대방은 본인에 대하여 계약체결상 과실책임을 이유로 한 신뢰이익의 배상을 청구할 수 있는 것으로 해석한다.

(e) 詐欺·强迫의 경우 : 본인의 사기·강박에 의한 수권행위는 취소할 수 있다. 取消權의 行使에 관하여 代理人의 사기·강박의 경우에는 민법 제110조 제1항에 의하여 취소할 수 있으나 그 대리행위에는 동조 제3항에 의하여 상대방이 알거나 알 수 있었던 때 한하여 무권대리를 주장할 수 있고, 第三者의 사기·강박의 경우에는 민법 제110조 제2항에 의하여 대리인이 알거나 알 수 있었던 경우에만 취소할 수 있고 역시 그 대리행위에는 동조 제3항에 의하여 상대방이 알거나 알 수 있었던 때 한하여 무권대리를 주장할 수 있게 된다. 그러나 이와 같이 적용하면 특히 詐欺로 인한 취소의 경우에는 부당한 결론에 도달하게 된다는 주장이 있다. 즉 수권행위가 대리인의 이익을 위하여 행하여진 경우를 제외하고는 본인은 대리인이 이러한 사실의 지·부지를 불문하고 취소할 수 있는 것으로 해석할 것이라고 한다.[24]

(ㄷ) **授權行爲瑕疵의 效果** : 수권행위의 하자는 주로 본인의 무능력 또는 수권행위의 하자를 원인으로 취소하게 되고 이로써 대리인의 대리행위에 어떠한 형태로든 영향을 미치게 되나 그 상대방보호와 관련하여 견해가 대립한다.

無權代理說은 수권행위가 본인의 무능력을 이유로 취소된 때에는 대리권이 소급적으로 소멸하게 됨으로써 대리인의 행위는 무권대리로 되는 것이라고 한다(곽윤직 273면, 고상룡 522면).

瑕疵主張制限說은 대리행위가 행하여 진 후 본인의 능력 또는 하자를 이유로 수권행위를 실효케 하는 것은 일단 수권행위에 의하여 자기행위를 정당화 시켰던 대리행위를 부정하는 것이 되므로 이러한 결과는 형평에 반하는 것이라고 하여 하자 주장을 제한할 것이라고 하거나(이영준 452면), 수권행위의 결함이 대리행위의 내용에 직접적인 영향을 미치는 경우에만 예외적으로 취소를 긍정할 것이라고 한다(백태승 465면).

遡及效制限說은 수권행위에 무효사유이든 취소사유이든 그 주장은 인정하되 수권행위의 무인성론에 따라 소급효를 제한할 것이라고 한다[송덕수, 민법강의(상) 198면].

一般法的 保護說은 수권행위가 무효로 되거나 취소되면 그 대리권에 기한 대

24) 이영준 453-4면.

리행위도 무권대리로 되고 그에 따른 상대방보호는 개개의 보호규정에 의하거나 민법 제131조 이하 특히 제135조에 의하여 보호되는데 불과한 것이라고 한다(김상용 562면).

생각건대, 수권행위의 하자로 그 수권행위가 무효 또는 취소되는 것은 수권행위가 의사표시를 바탕으로 하는 점에서 당연한 결과이지만, 다만 본인의 무능력을 이유로 하는 때와 기타 하자있는 의사표시로 인한 때와 구별되는 것이라고 보아야 한다.

먼저, 수권행위가 本人의 無能力을 이유로 취소하는 때에는 그 수권행위는 소급적으로 무효로 되고 이때 비록 대리행위의 상대방이 선의라고 하더라도 그 대리행위는 무권대리행위로 되고, 무권대리인의 상대방에 대한 책임은 대리인이 무능력자가 아닌 이상 민법 제135조에 의한 책임을 지게 되나, 본인은 아무런 책임을 지지 않게 되는 불합리한 점이 생긴다. 그러나 기타 意思의 欠缺, 詐欺·强迫 등을 원인으로 하는 경우에는 본인이 수권행위를 취소할 수 있는 범위에서 대리인과 상대방의 법률관계는 하자있는 의사표시에 따른 보호 등에 관한 규정(§107 내지 §109 ②, §110 ③)에 의하여 처리되고, 이때 특히 선의·무과실의 상대방은 표현대리에 관한 민법 규정(§125, §126, §129)에 의하여 보호받는데 불과한 것으로 된다고 보아야 할 것이다.

⑵ 法定代理權의 발생

(가) 법정대리인의 대리권은 法律의 規定에 의하여 발생한다. 그러나 그 대리권 발생의 직접적 근거는 구체적 법정대리에 따라 법률의 직접규정 또는 일정자의 지정, 법원의 선임에 의한다. 예컨대 본인에 대하여 일정한 지위에 있는 자가 당연히 대리인이 되는 친권자·후견인, 본인 이외의 일정한 자의 지정으로 대리인이 되는 지정후견인·지정유언집행자 및 법원이 선임하는 자가 대리인이 되는 선임후견인·부재자재산관리인·상속재산관리인·유언집행자 등은 모두 법정대리인이 된다.

(나) 부부간은 일상가사권의 범위에서 상호 대리권을 가진다. 따라서 이 경우 상호 대리권은 법정대리임이 명백하다. 다만 일상가사권의 범위를 넘은 행위도 법정대리로서의 권한을 넘는 표현대리로 되는가. 판례는 일상가사권의 범위에 속하는 것이라고 보기 어려운 이례적인 행위에는 별도의 수권행위가 있어야 하

고 비록 부부의 일방이 의사불명의 상태에 있어 사회통념상 대리관계를 인정할 필요가 있다고 하더라도 그러한 사정만으로 그 배우자가 당연히 채무부담행위를 포함한 모든 법률행위에 대리권을 갖는 것은 아니라고 하여 제126조에 의한 표현대리의 성립을 부정한다.25) 따라서 배우자간의 대리권은 일상가사권의 범위에서는 법정대리로서 성질을 가지지만, 일상가사권의 범위를 넘은 행위의 대리행위는 임의대리로서 성질을 가진다.

3. 代理權의 範圍

(1) 任意代理權의 범위

(가) 임의대리권의 범위는 그 授權行爲에 의하여 정하여진다. 즉 본인은 일정 사항을 한정 또는 포괄적으로 수여하거나, 특정 상대방을 한정하여 대리권을 수여할 수 있다. 그러므로 대리권의 범위는 수권행위의 범위에서 정하여 진다.

(ㄱ) 부동산소유자로부터 매매계약을 체결할 대리권을 부여받은 대리인은 그 매매계약에 따른 대금액의 수령 및 대금지급기일을 연기하여 줄 수 있는가. 판례는 특별한 사정이 없는 한 그 매매계약에서 정한 바에 따른 중도금이나 잔금을 수령할 수도 있고, 또한 매매계약체결과 이행에 관하여 포괄적으로 대리권을 수여받은 대리인은 특별한 사정이 없는 한 상대방에 대하여 약정된 매매대금지급기일을 연기하여 줄 권한도 가졌다고 보아야 할 것이라고 한다.26)

다만, 계약체결의 권능을 가진 대리인은 그 계약관계를 解除할 권한도 가지는가. 판례는 특별한 사정이 없는 한 본인을 대리하여 금전소비대차 내지 그를 위한 담보권설정계약을 체결할 권한을 수여받은 대리인에게 본래 계약관계를 해제할 대리권까지 있다고 볼 수 없는 것이라고 하여 부정한다.27)

(ㄴ) 연주활동에 종사하는 자의 매니저는 연주공연계약에 대한 대리권이 있는가. 판례는 통칭 매니저 대리권의 범위를 연주자의 연주활동의 주선이나 연주에 관한 공연장 확보, 공연비용 또는 출연료결정, 연주일정확정 등에만 미칠 뿐 공연계약에는 대리권이 없는 것이라고 한다.28)

---

25) 대판 2000.12.8, 99다37856.
26) 대판 1992.4.14, 91다43107.
27) 대판 1993.1.15, 92다29365.
28) 대판 1993.5.14, 93다4618 · 4625.

(나) 대리권이 존재함이 명백하나 그 範圍가 不明한 경우 대리권은 관리권의 범위에만 미친다(§118). 여기서 管理行爲란 보존행위(재산의 가치를 현상 그대로 유지케 하는 행위, 가옥의 수선·소멸시효의 중단 등)·이용행위(재산의 이익을 꾀하는 행위)·개량행위(사용가치 또는 교환가치의 증가행위)를 의미한다.

대리인의 관리행위 중 이른바 保存行爲는 무제한 인정되나, 利用行爲·改良行爲는 그 성질을 변하지 아니하는 범위에서만 가능하다.

(ㄱ) 代理權의 範圍가 분명한 경우나 表見代理가 성립하는 경우에는 제118조(대리권의 범위)는 적용되지 않는다.[29] 또한 동조는 임의대리권에 당사자의 의사를 추정하여 규정한 것이지만 이에 국한하지 않고 法定代理의 일반적 대리권의 범위에도 적용한다(§25, §1023 ② 참조).

(ㄴ) 민법 제118조 管理權의 範圍는 추상적으로 행위의 종류에 따라 결정되어지고 본인의 이익 여부에 따라 결정되는 것은 아니다. 즉 제118조의 관리행위에 속하는 행위가 우연히 실제상 본인의 불이익으로 돌아가는 결과가 되더라도 그 행위가 대리권범위 내 행위라는 것에는 영향을 미치지 않는다. 또한 반대로 정당한 범위 밖의 利用·改良行爲는 비록 본인의 이익으로 되더라도 대리권 내 행위로 되지 않고, 무권대리행위로서 본인의 추인문제로 된다.

(ㄷ) 任意代理人에 비록 처분권이 수여된 경우에도 본인의 사무처리를 위한 범위에서 처분·관리권을 가진다. 그러므로 法定代理人이 본인의 능력 전반에 대한 관리권을 가지는 것과는 구별된다. 따라서 임의대리인은 법정대리에서 보다 대체로 대리권의 범위가 좁은 것이 원칙이다.

[관리행위의 내용과 범위]

	내 용	허 용 범 위
보존행위	가옥의 수선행위, 소멸시효중단행위, 미등기 가옥의 등기행위, 기한이 도래한 채무의 변제행위, 부재자재산관리인의 보존행위를 위한 소추행위(대판 1960.9.8, 4292민상885) 등	무제한 행사 가능
이용행위	금전의 이자부대여, 가옥의 대여행위, 황무지의 경작행위	권리나 물건의 성질을 변경하지 않는 범위에서만 행사 가능
개량행위	사용가치·교환가치의 증가행위, 가옥의 장식·설비, 田地의 垈地로 변경 등	

29) 대판 1964.12.8, 64다968.

⑵ 法定代理權의 범위

법정대리권의 범위는 각종 법정대리권의 규정, 즉 수권법규에 의하여 정하여진다. 그러나 현행 민법상에는 법정대리인의 대리권의 범위를 정하는 일반규정을 두고 있지 아니한다. 따라서 법정대리인의 대리권의 범위는 민법 제118조(대리권의 범위)의 적용을 받게 된다(§25, §1023 ② 참조).

법정대리인이 處分行爲를 함에는 法院의 許可를 받아야 하고 이 경우 법원의 허가를 받지 않고 행한 처분행위는 무효이다. 그러나 절대무효인 것은 아니고 본인이 능력자가 된 후 이를 추인한 때에는 유효한 것으로 된다.

4. 代理權의 제한

⑴ 미성년자 甲의 父 乙은 선친으로부터 증여받은 甲의 부동산을 사업자금에 충당하기 위하여 甲을 대리하여 丙에 저당권을 설정하고 1,000만원을 차용하였다. 丙의 저당권은 유효한가.

⑵ A은행장 甲은 乙의 부탁을 받고 자기 부동산에 대물변제예약을 체결하고 은행으로부터 1,000만원을 융자하여 주었다. 그러나 乙은 기한이 도래하여도 변제하지 못하자 은행은 甲의 부동산을 실행하여 대물변제예약을 완결하고 그 부동산인도와 등기이전을 청구하였다. 이에 甲은 위 계약을 민법 제124조 위반을 이유로 무효를 주장하였다. 甲의 주장은 정당한가.

⑴ 自己契約·雙方代理의 금지

㈎ 자기계약·쌍방대리의 의의　自己契約이란 대리인이 한편으로 본인을 대리하고, 다른 한편으로는 자기 자신의 자격으로 대리인 단독으로 체결하는 본인·대리인간의 계약을 말한다. 예컨대 甲이 대리인, 乙이 본인인 경우 甲과 乙간의 계약을 체결하는 경우이며, 구체적으로는 채권자가 미성년자인 子를 대리하여 子의 재산을 자기에게 양도하는 계약을 체결하거나(§921 참조), 法人의 대표이사가 법인을 대표하여 자신의 급료 인상을 청약하고 스스로 법인에 대하여 승낙하는 것이다.

또한, 雙方代理란 대리인이 한편으로는 본인을 대리하고 다른 한편으로는 상대방을 대리하여 체결하는 계약을 말한다. 예컨대 法人의 대표이사가 동시에 어떤 금치산자의 후견인인 경우 그 금치산자를 대리하여 금치산자의 재산을 法

人에게 증여하는 계약을 체결한 경우, 또는 부동산등기에 관하여 법무사가 일방은 등기권리자를, 그 타방은 등기의무자를 대리하여 등기신청을 한 것이다.

그렇다면, 이와 같은 自己契約·雙方代理는 이론상 대리로서 다루어질 수 있는가. 견해가 대립한다.

代理肯定說은 대리에서 3면관계가 성립한다는 것은 현실적인 3인격자를 요하는 것은 아니고 관념상 또는 법률상 3인격의 주체를 요한다는 의미일 뿐이므로 이론상 부정할 것은 아니라고 한다(곽윤직 264면).

代理否定說은 자기계약·쌍방대리는 대리라는 형식을 빌린다고 하더라도 계약을 성립시킬 수 없음이 당연하고, 여기서 계약이란 2인 이상의 자가 의사결정에 의하여 하나의 법적 계약을 형성하는데 본질이 있으므로 자기계약·쌍방대리에 의한 계약은 계약이 아니라 본인의 허락에 의하여 계약과 동일하게 된다는 것을 선언한데 불과한 것이라고 한다(이영준 472면).

종래에는 의사표시 및 계약의 본질에 비추어 이론상 불가능한 것을 주의적으로 규정한 것에 불과하다고 보았으나, 오늘날 다수설은 대리의 본질이 대리행위자 이외에 타인(본인)에 법률행위의 효력을 귀속시키는 제도인 점에서 자기계약·쌍방대리의 경우에도 이와 같은 효력은 가능하고, 또한 민법이 대리라는 용어를 명백히 하고 있으므로 대리를 부정할 것은 아니라고 한다.

생각건대, 민법은 자기계약·쌍방대리에 본인의 허락이 없으면 금지되는 것으로 하고 있을 뿐만 아니라, 자기계약·쌍방대리가 본인의 허락이 있는 경우에만 유효한 것은 아니므로 이를 배척하고 본인의 허락을 계약으로 의제하는 것은 부당하다. 따라서 자기계약·쌍방대리는 이론상 불가능한 것은 아니지만 이를 아무런 제한 없이 인정한다면 대리인이 자기재량을 악용하여 임의로 본인 또는 일방의 이익을 해할 염려가 있으므로 본인의 이익보호를 위하여 입법정책상 금지시키는 것에 불과하다.

(나) 금지되는 자기계약·쌍방대리 自己契約·雙方代理는 본인의 이익을 해칠 염려가 있으므로 원칙적으로 금지되며, 다음의 요건을 갖추어야 한다.

(ㄱ) 自己契約이거나 쌍방을 위한 代理行爲일 것이어야 한다. 따라서 법률행위가 아니거나 쌍방을 위한 대리행위가 아닌 경우에는 적용되지 않으며, 또한 회사설립행위와 같이 合同行爲이거나 단순한 합의내용의 기재와 같이 事實行爲인 경우에도 적용되지 않는다.

(ㄴ) 새로운 利害關係를 창출할 것이어야 한다. 통설은 자기계약·쌍방대리

금지의 해석기준으로 그 대리행위에 의하여 새로운 이해관계가 창조되는지 여부만을 들고 있으나, 견해 중에는 동 대리금지규정의 본질상 그 밖에 본인을 해할 것을 추구하는 것이어야 하는 것이라고 한다. 그러나 동조 규정이 본인의 이익보호를 위한 규정일 뿐이고 본인을 해할 목적이어서 금지하는 것은 아니다.

(ㄷ) 本人의 承諾 또는 追認이 없을 것이어야 한다. 민법 제124조 본문의 반대해석 및 입법취지 등에 비추어 본인의 승낙 또는 추인이 있는 경우 새로운 이해관계를 창조하는 자기계약·쌍방대리가 허용되는 것이라고 보며, 이 경우 승낙이나 추인은 명시적인 것은 물론이고 거래관행상 묵시적 경우를 포함한다.

(ㄹ) 債務履行이 아닐 것이어야 한다. 채무이행은 새로운 이해관계를 창조하는 것이 아니라, 이미 성립하고 있는 법률관계를 결제할 뿐이어서 본인의 이익을 해할 염려가 없는 점에서 민법은 명문으로 규정한다(§124 단서). 따라서 채무의 이행이 아니라도 새로운 이익의 교환이 아닌 행위, 예컨대 주식의 명의개서나 부동산의 이전등기신청 등은 채무이행과 동일시할 수 있는 것이므로 이에 포함된다고 해석한다. 그러나 代物辨濟나 다툼이 있는 債務辨濟와 같이 새로운 이해관계를 생기게 하는 행위는 포함되지 않는다.

(다) 자기계약·쌍방대리금지위반의 효과　자기계약·쌍방대리 금지위반의 행위는 당연 무효로 되는가.

當然無效說은 민법 제124조의 법적 성질을 강행규정으로 보아 이 규정에 위반된 것은 당연 무효라고 하나, 無權代理說은 민법 제124조의 입법취지는 본인의 이익보호를 위한 임의규정으로 보아 이에 위반된 행위는 당연 무효가 아니라 무권대리행위로 되는 것이라고 한다.

통설은 동조 위반의 행위는 無權代理行爲로서 무권대리인은 상대방의 선택에 좇아 계약의 이행 또는 손해배상의 책임을 지는 것이라고 한다(§135 ①). 또한 본인의 추인이 있는 경우에는 유권대리행위로 될 수 있으나, 다만 쌍방대리의 경우에는 쌍방 본인이 모두 추인함으로써 유권대리행위로 된다.

다만, 쌍방 당사자가 다같이 무권대리행위의 상대방이라는 이유로 민법 제134조의 철회권을 행사할 수 있는가. 자기계약·쌍방대리는 동일인을 대리인으로 하므로 민법 제116조(대리행위의 하자)와 제134조 단서(무권대리임을 안 때 철회제한) 적용에 의하여 제134조 본문 적용은 부정된다.

다만, 판례는 부동산입찰절차에서 동일물건에 관하여 이해관계가 다른 2인

이상의 대리인이 된 경우에는 그 대리인이 한 입찰은 쌍방대리를 들어 무효라고 한다.[30]

위 사례 (1)에서 甲의 대리인 乙이 자기의 사업자금을 확보하기 위하여 丙에 저당권을 설정한 것이므로 소위 대리권제한으로서 자기계약에 해당한다.

학설은 제124조의 규정을 강행규정으로 보아 당연무효란 설과 본인의 보호를 위한 임의규정으로 보아 무권대리행위가 되는데 불과하다는 설이 대립하나 후설이 통설이며, 판례 또한 당연무효가 아니라 후일 본인에 의하여 추인 가능한 것이라고 한다. 따라서 甲은 능력자로 된 후 父 乙의 저당권설정행위를 추인할 수 있고 그 추인으로 丙은 유효한 저당권을 취득하게 된다.

(다) 금지규정의 법적성격 自己契約·雙方代理禁止規定의 법적 성질은 강행규정인가. 견해가 대립한다.

强行規定說은 자기계약·쌍방대리금지 규정은 본인의 이익보다 공익의 보호를 목적으로 하는 규정이므로 강행법규라고 해석하고 이에 위반한 행위는 본인의 승낙·추인의 유무를 불문하고 무효라고 한다.

任意規定說은 자기계약·쌍방대리금지 규정은 본인의 이익보호를 목적으로 하므로 임의규정으로 해석하고 이에 위반한 행위는 당연 무효가 아니라 무권대리로 됨에 불과하고 이로써 본인이 미리 동의하거나 추인하면 유효한 대리행위가 되는 것이라고 한다.

다수설은 자기계약·쌍방대리의 금지는 본인의 이익보호에 있고, 또한 민법이 '본인의 허락이 없으면'이라고 규정하고 있는 점으로 보아 임의규정임이 명백한 것이라고 한다.

판례 또한 제소 전 화해의 신청인이 피신청인의 소송대리인을 선임한 것이 피신청인의 위임에 의하여 이루어진 것이라면 그것은 유효한 것이고 쌍방대리의 원칙에 따라 무효인 행위라고 할 수 없는 것이라고 한다.[31] 또한 사채알선업자는 채권자를 대할 때에는 채무자의 대리인이고 채무자를 대할 때에는 채권자의 대리인이라고 하며, 이로써 채무자가 사채알선업자에게 변제한 때에는 채권자에 변제한 것으로 효력이 발생하는 것이라고 하여 임의규정설을 취한다.[32]

(라) 자기계약·쌍방대리의 적용범위

(ㄱ) 자기계약·쌍방대리이더라도 당사자 사이의 이해의 충돌이 없는 경우

---

30) 대판 2004.2.13, 2003마44.

31) 대판 1990.12.11, 90다카27853.

32) 대판 1981.2.24, 80다1756; 1979.10.20, 79다425.

에는 본인의 이익을 해할 염려가 없으므로 적용이 제한된다.

(ㄴ) 자기계약·쌍방대리의 금지에 관한 민법 제124조는 법정대리·임의대리를 불문하고 적용된다. 그러나 法定代理에 관해서는 법정대리인과 본인의 이해상반행위에 관하여 대리권이 없다는 취지의 특별규정(§64, §921, §951, 상법 §398)을 두고 있으므로 그 범위에서 적용이 제한된다.

(ㄷ) 自己契約禁止는 계약의 대리는 물론이나 상대방 있는 單獨行爲의 代理에도 적용되는가. 대체로 긍정하나 이를 구체적 경우로 나누어 파악하는 견해가 있다.[33] 예컨대 대리인의 형성권을 본인에 행사하는 경우, 즉 대리인 甲이 본인 乙에 대한 의사표시를 하고 동시에 乙의 대리인으로서 수령하는 경우 또는 대리인의 본인을 위한 대리인에 대한 단독행위에 본인은 불리하고 대리인에 유리한 때에는 제124조를 적용할 것이라고 한다. 그러나 대리인의 본인을 위한 단독행위를 제3자에 행사하여 대리인에 불리한 경우에는 본인과 대리인간의 이익이 상반되므로 민법 제124조는 적용되지 않고 대리인이 이를 행사하지 않는 경우 본인은 내부적 의무위반을 이유로 손해배상책임을 질뿐이다.

(ㄹ) 민법 제124조는 능동대리와 수동대리에 불문하고 적용된다.

(ㅁ) 자기계약·쌍방대리금지의 형식적 요건은 충족하지만 실질적으로는 본인과 대리인간에 이해의 충돌이 없는 경우에도 민법 제124조가 적용되는가. 이를 긍정하는 견해가 있으나, 다수설은 동조의 입법취지를 실질적 의미로 파악하여 그 적용을 완화할 것이라고 하고, 판례 또한 형식적으로는 제124조의 금지에 저촉되지 않더라도 실질적으로 이해의 충돌이 생기는 경우에는 동조를 확장·적용한 태도로 보아 제124조의 적용 여부는 본인의 실질적 이익보호란 측면에서 고려할 것이라고 한다.

(2) 共同代理

(가) 공동대리의 의의　수인의 대리인이 공동으로 할 수 있는 대리를 共同代理라고 한다. 즉 수인 공동으로 대리행위를 하지 않으면 대리의 효과가 생기지 않는 경우의 대리이다. 예컨대 대리인의 1인이 대리행위에 참여하지 않거나 1인의 행위에 의사의 흠결, 기타 결함이 있는 때에는 대리행위 자체에 하자를 가지게 되며, 이때 그 하자의 성질은 각 대리인의 대리권제한으로 된다.

---

33) 이영준 475면; 손지열, 주해(3) 83면.

(ㄱ) **各自代理의 原則**: 본인의 대리행위에 대리인이 수인 있는 때 各自代理함을 원칙으로 한다(§119, §59). 그러나 법률의 규정 또는 수권행위에 다른 정함이 있는 때에는 그에 따른다(§119 단서). 따라서 본인이 수권행위로 공동대리를 정한 때에는 공동대리 하여야 한다.

(ㄴ) **共同의 意味**: 공동대리에서의 共同의 意味는 의사결정의 공동인가, 의사표시의 공동인가. 견해가 대립한다.

意思決定共同說은 공동의 의사결정으로 충분하고 그 실행행위는 일부 대리인이 행하여도 무방하다고 한다. 즉 부모 공동대리의 경우 부모의 동의가 있으면 족하고 공동명의로 대리행위를 하여야 하는 것은 아니라고 한다.

意思決定制限說은 의사의 공동뿐만 아니라 행위의 공동도 고려할 것이라고 한다. 즉 공동대리인 중 1인이 공동대리행위로 표시한 경우에는 다른 공동대리인의 의사표시가 있어야 대리행위가 성립하고, 단독대리행위로 표시한 때에는 단독으로 대리할 수 있는 수권을 본인으로부터 받은 때에는 유효하지만 그러한 수권이 없는 때에는 무권대리행위가 되는 것이라고 한다(이영준 479면, 이은영 617면).

다수설은 意思決定共同說을 취하여 의사결정의 공동으로 족하고 그 실행은 일부대리인이 하여도 무방할 것이라고 한다. 그러나 意思決定制限說은 획일적으로 정할 것이 아니라 공동대리인의 공동대리 의사표시의 형태에 따라 적용을 달리할 것이어서, 특히 공동의 의사결정 없는 공동행위로의 표시는 상대방에 대하여 무권대리로 되는 것이 아니라 표현대리로 되는 것이라고 한다.

결국, 공동대리에서의 공동의 의미는 행위의 공동은 의미하지 않지만 적어도 의사의 공동은 물론이고 表示의 共同도 고려하여야 할 것이다.

(나) 공동대리위반의 효과　공동대리위반, 즉 1인의 단독대리가 권한을 넘은 표현대리(§126)가 되는가, 무권대리로 되는가. 공동대리에서 공동의 의미와 관련하여 견해가 대립한다.

無權代理說은 공동대리임을 표시한 경우에는 무권대리이나 표현대리문제는 발생할 여지가 없고, 또한 단독대리임을 표시한 경우에도 수권이 있는 이상 표현대리문제는 없는 것이라고 한다[곽윤직 265면, 송덕수 민법강의(상) 203면].

制限的 無權代理說은 공동대리인 중 1인이 단독대리행위로 표시한 경우에만 무권대리로 된다고 한다(이영준 480면, 이은영 618면).

통설은 無權代理說을 취하여 공동대리에서 공동의 의미는 공동대리인 1인의 의사표시에 대한 타인의 보완적 의사표시로 파악하여 공동대리에서의 1인의 단독대리행위는 대리권의 하자로서 무권대리행위로 되는 것이라고 한다. 그러나 공동대리에서 1인의 단독행위는 권한 밖의 무권대리이지만 상대방이 공동대리의 제한이 없는 것으로 알고 대리에 응하거나 대리인이 공동의 의사를 표시하고 상대방이 이를 믿은 때에는 그 범위에서는 표현대리, 즉 제126조의 표현대리 성립이 가능할 것이다.

결국, 공동대리에서의 공동의 의미는 表示의 共同도 고려하여야 하고 이로써 의사의 공동을 취하지 아니하였으나 표시의 공동으로 대리행위를 하였다면 상대방이 공동대리로서 믿을 정당한 이유가 있는 범위에서 표현대리로 성립하는 것이라고 보아야 한다.

(다) 공동대리의 적용범위 　공동대리로서의 대리권제한은 수동대리에도 적용되는가. 즉 受動代理에도 공동대리 하여야 하는가.

適用肯定說은 상법(동법 §12 ②)이 수동대리에 단독대리를 규정하고 있으나, 민법은 공동대리를 능동대리에 한정하지 않는다는 점에서 역시 공동으로 수령하여야 하는 것이라고 한다.[34] 그러나 다수설은 상대방보호와 거래의 편의를 들고, 특히 독일민법(§28 ②)은 이를 규정하고 있는데 근거하여 적용을 부정한다.

결국, 수동대리의 공동대리는 그 상대방보호인가 본인의 보호인가 문제이나, 공동대리의 수동대리에서도 본인에 효과귀속은 능동대리에서와 다름이 없고, 또한 공동대리에서 공동의 의미를 意思의 共同으로 파악하면 공동의 의사로 수령하면 족할 것이므로 본인의 보호에서 파악함이 타당할 것이다.

(3) 本人과 代理人간의 이익상반

甲은 처 乙소유 미등기건물을 丙女와 첩관계 유지를 위하여 자기 소유라고 일컫고 무단으로 丙에게 증여하여 거주하게 하였다. 그 얼마 후 乙은 정신병으로 금치산선고를 받게 되자 후견인이 된 甲은 丙에의 증여를 추인하였다.

乙이 금치산선고를 취소 받은 경우 丙으로부터 건물을 반환 받을 수 있는가.

대리제도는 원래 대리인의 본인을 위한 단독적 법률행위의 효과가 직접 본인에 귀속되는 제도이므로 대리인의 대리행위가 본인과 대리인 사이에 이익이 상반되는 경우에는 대리의 본질상 대리권이 제한됨은 당연하다.

다만, 利益相反行爲의 판단은 외형만으로 판단할 것인가, 아니면 실질적으로 판단하여 정할 것인가. 견해 중에는 거래의 안전보호란 점을 강조하여 외형만으

34) 곽윤직 266면.

로 판단하여야 할 것이라고 하나, 이익상반행위로서 대리권제한은 거래안전보다는 본인의 이익보호를 위한 것이므로 실질적 면에서 판단하여 정할 것이다.

(ㄱ) **利益相反의 效果** : 본인과 대리인간의 이익상반행위에 관하여는 대리의 본질상 당연히 대리권이 제한되고, 그 대리행위는 법원이 선임하는 특별대리인을 선임하여야 하나, 대리인이 수인인 경우에는 이익상반이 없는 잔여 대리인이 행사한다.

(ㄴ) **代理權違反의 效果** : 이익상반의 대리행위, 예컨대 친권자의 채무로 인한 子의 부동산에의 저당권을 설정한 경우 무효임이 원칙이나 절대무효인 것은 아니며 무권대리행위로 된다. 따라서 본인에 의한 추인 가능한 행위로 된다.

┌ 친권자의 단독행위로 행한 때 — 무권대리행위
└ 미성년자가 능력자로 되거나 특별대리인이 추인한 경우 — 유효

위 사례에서 후견인이 된 甲은 자신이 丙에 대한 행위를 추인한 바, 이때 후견인 甲이 행한 추인은 본인 乙과 이익상반행위에 해당하고(§921, §938), 이로써 甲의 丙에 대한 증여는 무권대리인행위로서 무효이다. 그런데 외형만으로 보면 추인에 의하여 불이익을 받은 자는 乙이고, 이익을 받은 자는 丙이며, 甲·乙간에 이익상반관계는 없는 것으로 볼 수 있다. 그러나 실질적으로 보면 甲은 첩관계를 유지하기 위하여 당해 건물을 丙에게 증여한 것이므로 추인에 의하여 丙만 이익을 받은 것이 아니라 甲도 丙과의 첩관계를 유지할 수 있는 이익을 갖는 것이라고 볼 수 있고, 더욱 사안에서 후견인 甲의 추인은 乙의 이익에 반한 행위로서 甲의 처분행위는 이익상반의 무권대리행위로 된다.

따라서 사안에서의 乙이 금치산선고를 취소 받은 후에 甲의 추인행위를 다시 추인하지 않는 한 甲의 丙에의 증여는 무효이고, 이로써 乙은 丙에 대하여 건물의 반환을 청구할 수 있게 된다.

⑷ 法定代理權制限의 특칙

(가) 친권자의 대리권제한 친권자의 법정대리권 제한으로 법정대리인인 친권자(§911, 친권을 행사하는 父 또는 母)와 그 子 사이에 이해상반행위를 함에는 친권자는 법원에 그 子의 특별대리인의 선임을 청구하여야 하고(§921 ①), 또한 법정대리인인 친권자와 그 친권에 복종하는 수인의 子 사이에 이해가 상반되는 행위를 함에는 그 子 일방의 특별대리인 선임을 청구하여야 한다(동조 ②).

친권자와 친권에 복종하는 子간의 이해상반행위를 친권자가 단독으로 한 행위는 무권대리행위로 된다. 따라서 미성년인 자가 후일 성년으로 되어 행위능력을 취득하거나 선임한 특별대리인이 추인하면 유권대리로서 효력이 생긴다.

(나) 후견인의 대리권제한 　후견인은 본인의 의사에 기하지 않고 대리인이 된 자이고, 父母 이외의 자인 것이 보통이어서(§932 참조), 피후견인의 이익을 침해할 염려가 있다. 따라서 후견인은 친권자에서보다 대리권제한이 가중된다. 즉 후견인이 피후견인에 갈음하여 영업행위, 借財 또는 保證, 부동산 또는 중요한 재산에 관한 권리의 득실변경을 목적으로 하는 행위, 소송행위를 하는 경우에는 친족회의 동의를 얻어야 한다(§950 ①).

후견인이 이를 위반하여 친족회의 동의를 받지 않고 행한 대리행위를 한 때에는 피후견인 또는 친족회에 의하여 취소 가능한 행위로 된다.

(다) 부재자재산관리인의 대리권제한 　법원이 선임한 재산관리인이 민법 제118조에 규정한 권한을 넘는 행위를 함에는 법원의 허가를 얻어야 한다(§25; 부재자가 정한 재산관리인의 경우 포함). 또한, 이는 상속재산관리인(§1023 ②), 분리된 상속재산의 관리인에도 준용된다(§1047 ②).

5. 代理權의 消滅

(1) 任意代理・法定代理에 공통한 소멸원인

(가) 본인의 사망 　본인의 사망으로 법정대리권은 당연히 소멸한다. 그러나 임의대리에서는 원칙적으로 소멸한다. 여기서 死亡이란 본래 의미의 사망뿐만 아니라 의제사망, 즉 실종선고는 물론이고 인정사망을 포함한다.[35]

또한, 법인의 소멸원인으로서 청산관계의 종료도 자연인의 사망에 준하여 대리권이 소멸한다.[36]

(ㄱ) 任意代理에 있어 그 기초되는 내부관계가 본인의 사망에도 존속하는 때에는 그 범위에서 대리권도 존속한다.

또한, 대리권존속의 특약, 예컨대 담보를 위하여 추심을 위임한 경우와 같이 대리인 측의 이익을 위하여 수여한 대리권과 같이 수권의 성질상 대리권존속의 특약이 있는 것으로 해석되고,[37] 급박한 사정이 있는 때에도 민법 제691조(위임종료시 긴급처리) 적용의 범위에서 대리권이 존속하는 것으로 해석한다.[38]

35) 대판 1987.3.24, 85다카1151.
36) 고상룡 517면; 지원림, 민법강의 254면.
37) 손지열, 주해(3) 184면; 지원림, 민법강의 254면.
38) 지원림, 민법강의 254면.

(ㄴ) 商行爲의 代理에는 그 신임관계가 기업중심의 신임관계이고 또한 거래의 안전을 위하여 본인의 사망으로 소멸하지 않는다.

상법 제50조는 "상행위의 위임에 의한 대리권은 본인의 사망으로 인하여 소멸하지 아니한다."라고 하여 이를 명문으로 규정한다.

```
┌ ① 법정대리 - 당연히 소멸
└ ② 임의대리 ┌ 원 칙 - 소 멸
             └ 예 외 ┌ ㉠ 내부관계의 존속의 경우 ┐
                     │ ㉡ 상사대리(상법 §50)      ├ 대리권의 존속
                     └ ㉢ 소송대리 ──────────────┘
```

(나) 대리인의 사망　　대리인의 사망으로 대리권은 당연히 소멸한다. 따라서 대리권의 상속은 인정되지 않는다.

(다) 대리인의 금치산 또는 파산　　임의대리인은 물론 법정대리인도 법률에 특별한 제한이 없으면 금치산자나 파산자도 대리인이 될 수 있다. 그러나 대리인이 된 자가 후일 금치산선고를 받거나 파산선고를 받게 되면 이로써 대리권은 당연히 소멸한다. 이것은 대리권발생의 기초가 된 본인·대리인 사이의 신임관계와 대리인의 경제적 신용을 고려하여 규정한 것이다(§127 2호).

⑵ 任意代理에 특유한 소멸원인

(가) 원인된 법률관계의 종료　　임의대리권은 그 원인된 법률관계의 종료에 의하여 소멸한다(§128 전단).

(ㄱ) 임의대리권소멸을 규정한 동조 규정은 임의규정이다. 따라서 수권행위는 본래 그 원인된 법률관계와 독립된 것이므로 본인은 원인된 법률관계가 종료한 후에도 대리권만 존속하게 할 수 있다.

(ㄴ) 원인된 법률관계의 종료에 의한 대리권소멸을 규정한 동조는 대리권 소멸의 원칙을 규정한데 불과하고 대리권의 절대적 소멸을 규정한 것은 아니다.

(나) 수권행위의 철회　　원인된 법률관계가 아직 존속하고 있더라도 본인은 수권행위를 철회하여 대리권을 소멸시킬 수 있다(§128 후단). 민법은 대리권철회의 상대방에 관하여는 규정하고 있지 않으나, 통설은 대리인 또는 대리행위의 상대방인 제3자에 대한 의사로 철회할 수 있는 것이라고 한다.

(ㄱ) 수권행위는 언제나 撤回할 수 있는가. 견해 중에는 민법 제689조(위임의 상호해지)를 유추하여 본인은 언제든지 철회할 수 있고 대리인도 언제나 포기할

수 있으나 당사자 쌍방이 부득이한 사유 없이 상대방에 불리한 시기에 철회 또는 포기하는 경우에는 그 상대방에 발생한 손해를 배상해야 할 것이라고 한다.[39] 그러나 동조 제2항(손해의 배상)의 적용은 대리인의 본인에 대한 경우는 몰라도 본인의 대리인에 대한 경우에는 대리제도의 본질상 허용될 수 없다.

(ㄴ) 수권행위의 철회에 관한 민법 제128조 후단의 규정은 임의규정이다. 따라서 원인된 법률관계의 종료 전 수권행위를 철회하지 않겠다는 당사자간의 특약은 유효하다.

(다) 본인의 파산과 임의대리권의 소멸 대리인의 선임 후 本人이 破産한 경우에도 임의대리권이 소멸하는가. 견해가 대립된다.

肯定說은 수권행위가 본인과 대리인간의 신뢰관계를 기초로 하는 점에서 위임과 비슷하므로 위임관계의 종료원인이 되는 파산은 임의대리권의 소멸원인이 된다고 하고, 그 근거로서 민법 제690조를 수권행위에 준용할 것이란 견해(김용한 362면, 김주수 424면), 파산법 제56조, 제38조 제6호는 그 소멸을 전제로 한 것이란 견해(이영준 485면, 고상룡 510면), 본인의 파산의 경우 임의대리권이 소멸하지 아니하면 파산관재인이라는 법정대리인과 임의대리인이 병존하는 현상이 생기게 되는 것이어서 부당하다는 견해(김상용 584면), 기초계약 없는 대리권은 인정되지 않고 또한 본인의 파산 후에 대리행위의 효력을 인정하여 본인에게 권리・의무를 발생시키는 것이 파산제도의 취지에 어긋나는 것이라고 한다(이은영 612면).

否定說은 민법 제128조 전단은 원인된 법률관계의 종료로 대리권은 소멸한다고 규정하고 있으므로 파산으로 원인된 법률관계가 종료하면 보통 대리권도 소멸하게 되므로 특별히 본인의 파산을 대리권 소멸원인으로 할 필요가 없는 것이라고 한다[곽윤직 267면, 김학동 412면, 송덕수 민법강의(상) 208-9면)].

다수설은 민법 제690조가 파산을 위임의 종료원인으로 하고 있는 점을 들어 임의대리권의 소멸을 긍정할 것이라고 한다.

생각건대, 양설의 차이점은 대리권이 소멸한다는 데에는 공통하나 일반적 소멸사유인가 개별적 소멸사유인가에 따른 차이에 불과하다. 그러나 파산법 제56조, 제38조 제6호는 본인의 파산에 의하여 당연히 대리권이 소멸하는 것을 전제로 한 규정이라고 해석되며, 이로써 본인의 파산으로 원인된 법률관계는 종료되고 이로써 대리권은 당연 소멸하는 것이라고 본다.

---

39) 지원림, 민법강의 256면.

⑶ 法定代理에 특유한 소멸원인

법정대리인의 대리권은 대리권의 공통소멸사유 외에도 법률의 특별규정에 의하여 소멸한다. 법률상 특별소멸원인으로는 다음과 같다.

(ㄱ) **辭 退**: 법정대리인인 친권자는 정당한 사유가 있을 때 법원의 허가를 얻어 그 법률행위의 대리권을 사퇴할 수 있다(§927).

(ㄴ) **任務의 終了**: 상속인의 존재가 분명하지 아니한 경우 상속재산의 재산관리인은 후일 상속인이 상속을 승인한 때 종료한다(§1055).

(ㄷ) **資格喪失**: 친권자로서의 법정대리인은 법원에 의한 자격상실의 선고, 즉 父 또는 母가 친권을 남용하거나 현저한 비행 기타 친권을 행사시킬 수 없는 중대한 사유가 있는 때에는 일정한 친족 또는 검사의 청구에 의하여 그 친권의 상실을 선고하므로 소멸한다(§924).

(ㄹ) **解 任**: 후견인인 법정대리인은 후견인에 현저한 비행 또는 부정행위 기타 임무를 감당할 수 없는 사유가 있는 경우 법원은 후견인 또는 일정 친족(§777), 예컨대 8촌 이내의 혈족, 4촌 이내의 인척, 배우자의 청구에 의하여 후견인을 해임할 수 있고, 법원의 해임으로 대리권은 소멸한다(§940).

(ㅁ) **改 任**: 부재자가 선임한 재산관리인에 대해 부재자의 생사가 불명한 경우 법원은 재산관리인, 이해관계인 또는 검사의 청구에 의하여 개임할 수 있고 법원의 개임으로 대리권은 소멸한다(§23).

⑶ 複代理人의 특유한 소멸원인

대리인이 선임한 복대리인은 대리인의 대리권소멸사유 외에도 대리인과 복대리인의 수권행위의 철회에 의하여도 소멸한다. 따라서 복대리권의 소멸은 대리권소멸의 일반적 사유에 의한 소멸에 의하여 소멸할 뿐만 아니라, 대리인의 대리권소멸과 복대리인과 대리인간의 대리권소멸로도 소멸한다.

대리인과 복대리인 사이의 수권관계의 소멸에 의한 소멸
대리인이 가지는 대리권의 소멸에 의한 소멸 — 본인의 사망, 복대리인의 사망, 금치산 및 파산

[108] Ⅱ. 代理行爲關係

1. 代理行爲의 성립

⑴ 代理行爲의 當事者

대리행위에서의 법률행위의 당사자를 누구로 보는가. 대리의 본질론의 문제이다. 다수설은 민법 제116조 제1항이 "의사표시의 효력이 의사의 흠결, 사기·강박 또는 어느 사정을 알았거나 과실로 알지 못한 것으로 인하여 영향을 받을 경우에 그 사실의 유무는 대리인을 표준으로 결정한다."라고 규정한 것을 근거로 代理人行爲說을 취하여 대리인과 상대방을 당사자로 본다. 따라서 대리행위의 성립에서 대리행위의 당사자는 대리인과 상대방이 된다.

⑵ 本人의 能力

대리관계에 있어서 의사표시를 하거나 또는 상대방의 의사표시를 받는 자는 대리인이며, 그 법률효과인 권리·의무가 귀속하는 주체는 본인이다. 따라서 의사표시의 효력에 영향을 미치는 모든 사정은 대리인의 대리행위 자체를 표준으로 판단하여야 한다. 그러므로 대리행위의 성립에서 본인의 능력은 문제되지 않는다.

⑶ 代理人의 能力

(가) 민법 제117조의 취지　　민법은 제117조는 "대리인은 행위능력자임을 요하지 아니한다."라고 하여 대리행위에 대리인의 行爲能力을 요하지 아니한다. 즉 대리행위를 함에 있어 비록 대리인이 무능력자일지라도 그 무능력을 이유로 본인은 물론 대리인 스스로 그 대리행위를 취소하여 대리행위의 효과가 본인에 발생하는 것을 저지할 수 없음을 규정한다.

민법이 이와 같이 대리행위에 대리인의 능력을 요하지 아니한 것은 대리행위는 대리인이 하지만 그 법률효과는 모두 본인에게 귀속하므로 법률행위효과의 귀속자가 아닌 대리인에게 행위능력을 요구할 필요가 없고, 또한 대리제도의 본래적 기능은 本人의 能力擴張에 있으므로 본인이 적격자라고 인정하여 대리인으로 선정한 이상 대리인의 무능력자으로 생기는 불이익은 모두 본인이 스스로 감수하여야 한다는데 있다.

(ㄱ) 동조 규정은 임의대리에서는 당연하지만 法定代理에도 적용되는가. 법정대리제도의 취지와 범위가 포괄적이라는 점을 들어 부정하는 견해가 있다.[40] 그러나 통설은 동조 규정이 법정대리를 구별하지 아니한 점을 들어 긍정한다. 따라서 민법 제117조의 규정은 법정대리에도 원칙적으로 적용된다.

(ㄴ) 동조 규정이 법정대리에도 적용되더라도 민법은 법정대리에 본인의 이익을 보호하기 위하여 일정한 제한규정을 두고 있으므로 이러한 개별적 제한규정이 있는 경우에는 그 범위에서 무능력자는 법정대리인이 되지 못한다. 따라서 미성년자는 후견인이 되거나(§937), 자 또는 미성년자의 친권대행(§910,§948) 및 유언의 집행(§1098)을 위한 본인의 대리인으로 되지 못한다.

(나) 민법 제117조의 적용범위 대리란 法律行爲 내지 意思表示를 하는 자와 그 법률효과를 받는 자를 분리한다는 법 현상, 다시 말하여 법률행위를 한 자가 법률효과를 받지 않고서 법률행위를 하지 않은 본인에게 법률효과가 귀속한다는 변칙적 법 현상을 어떻게 이론적으로 설명할 것인가.

本人行爲說에 따르면 본인과 상대방을 본래의 행위당사자로 간주하고 대리인은 본인의 기관에 지나지 않는다고 한다. 즉 대리인의 행위를 본인의 행위로 의제하며, 이 의제된 행위에 의해 본인이 효과를 받는 것이므로 법률행위의 여러 요건(행위능력 포함)은 행위자인 대리인을 표준으로 할 것이 아니라 본인을 표준으로 결정해야 하는 것이라고 한다(Savigny). 그러나 代理人行爲說에 따르면 대리인이 독자적으로 상대방과 법률행위를 하게 되므로 대리인은 적어도 행위능력은 가져야 할 것으로 된다.

한편, 민법 제116조 제1항은 "의사표시의 효력이 의사의 흠결, 사기·강박 또는 어느 사정을 알았거나 과실로 알지 못한 것으로 인하여 영향을 받을 경우에 그 사실의 유무는 대리인을 표준으로 하여 결정한다."라고 하여 代理人行爲說에 근거를 주고 있다. 따라서 동조와 관련하여 양설의 입장을 종합하면, 대리라는 법률행위의 여러 유효요건 가운데서 行爲能力은 본인행위설을 따르고, 나머지 의사의 흠결, 착오·사기·강박 등은 대리인행위설을 따른 것이 된다.

(다) 무권대리에의 적용 민법 제117조는 無權代理에도 적용되는가. 동조 규정의 취지는 반드시 대리권의 존재를 요건으로 하는 것은 아니므로 행위무능

40) 곽윤직 469면, 이태재 298면.

력자의 무권대리행위에도 동조 규정은 적용된다. 따라서 本人은 무능력자인 대리인의 무권대리행위를 추인할 수 있고, 추인에 의해 유효한 대리행위로 된다. 그러나 의사의 흠결, 착오·사기·강박 등은 대리인행위설을 따르므로 무능력자인 대리인의 무권대리행위의 상대방은 그 무권대리인인 무능력자에게 계약상 책임(이행 또는 손해배상; §135 ① 참조)을 추궁할 수 없게 된다.

2. 代理行爲의 방법

(1) 顯名主義의 의의와 본질

(가) 대리인의 행위가 대리행위로서 성립하려면 먼저 본인을 위한 것임을 표시하여, 즉 대리의사를 표시하여 하여야 한다(§114). 이를 대리의 顯名主義라고 한다. 따라서 대리인이 대리행위를 함에는 본인을 위한 의사표시, 즉 현명하여 행함을 요한다.

(나) 顯名의 本質은 대리적 효과의사를 상대방에 표시하는 대리적 의사의 표시인가, 의사의 통지인가. 견해가 대립한다.

代理的效果意思說은 대리행위의 효과가 본인에 귀속하는 것은 대리인의 대리적 효과의사 때문이고, 현명은 바로 대리적 효과의사를 상대방에게 표시하는 것이라고 한다(곽윤직 268면, 이은영 582면).

意思通知說(관념통지설)은 규율로서의 법률행위의 주체가 본인의 것임을 알림으로써 법률관계를 명료히 하고 상대방이 본인과 대리인간의 내부관계를 조사할 부담을 덜기 위한 하나의 법 기술에 불과한 것이라고 한다(이영준 487면, 김학동 413면, 김상용 587면).

결국, 양설의 차이는 대리인의 대리행위효과가 본인에 귀속하는 것은 대리권만에 의하는가, 아니면 대리권에 바탕하고 본인을 위한 의사에 의하는가 문제로서, 代理的意思說에 의하면 본인을 위한 의사를 대리적 효과의사라고 파악하는데 반하여 觀念通知說은 효과귀속 주체의 통지에 불과하다.

다수설은 意思通知說을 취하여, 대리인의 대리적 효과의사가 존재하지 않는 경우에도 현명이 있으면 민법은 표현대리·추인·추인거절·철회 등의 효과를 부여하고, 현명이 없으면 대리적 효과의사가 있더라도 대리인의 행위를 대리인 자신의 행위로 간주하는 법률효과를 부여하는 것을 든다.[41] 그러나 대리제도의

---

41) 이영준 487면.

존재이유는 본인의 능력보충 또는 능력 확장제도로서 의사표시에 바탕한 법률행위에만 인정하고 그 외에 의사표시가 준용되는 법률관계에 성립되는 법리에서 보면 대리인의 대리행위가 본인에 관하여 귀속하는 것은 적어도 대리인의 행위가 본인에 효과귀속을 위한 대리적 효과귀속의 표시가 있었기 때문이다.

意思通知說이 들고 있는 대리인의 대리적 효과의사가 존재하지 않는 경우에도 현명이 있으면 민법이 무권대리와 표현대리로서의 효력을 주는 것은 이러한 효과귀속의 표시는 있었으나 대리권이 없는데 대한 본인의 권한 또는 책임이며, 또한 현명하지 않으면 대리적 효과의사가 있다고 하더라도 대리인의 행위를 대리인 자신의 행위로 간주되는 것은 대리적 의사를 표시하지 아니한데 대한 본인에의 효과귀속의 배제를 의미하는 것이라고 봄이 타당하다.

결국, 현명의 본질은 독립된 의사표시는 아니지만 본인에 효과귀속으로서 대리행위를 이루는 의사의 표시라고 할 것이다.

⑵ 顯名의 要件

㈎ 본인을 위한 표시　현명한 행위이기 위해서는 '本人을 위한 것'임을 표시하여야 한다. 本人을 위한 것을 표시한다는 것은 본인에의 효과귀속의사를 표시함을 의미한다.

(ㄱ) 대리의 표시는 本人의 利益을 위한 표시가 아니다. 따라서 대리인 자신의 이익을 위한 배임적 행위에도 대리의사는 존재하고 또한 유효히 대리가 성립하고, 다만 상대방과의 관계에서 대리권남용의 문제로 된다.

(ㄴ) 代理的 意思는 表示되어야 한다. 그러나 대리적 의사의 표시는 반드시 명시되어야 하는 것은 아니다. 따라서 현명의 해석에 관하여는 규범적 해석이 적용되며 현명의 여부 및 내용은 모든 사정을 종합하여 객관적으로 판단한다.

㈏ 현명의 방법　대리적 의사의 표시방법에는 제한이 없다.[42] '甲 대리인 乙'이라고 표시하는 것이 보통이나 반드시 그런 것은 아니고, 주위사정으로 보아서 당해 법률행위의 타인성이 인정되는 것이면 족하다.[43]

판례는 위임장을 제시하고 매매계약을 체결하는 자는 특단의 사정이 없는 한 소유자를 대리하여 매매행위를 하는 것으로 보아야 하는 것이라고 한다.[44]

---

42) 대판 1964.2.1, 4278민상205.
43) 이영준 489면, 김용한 329면; 독일민법 제164조 제1항 제1문 참조.

(ㄱ) 本人의 이름만 표시한 경우에도 대리의사가 있는 것으로 본다. 따라서 본인 자신이 하는 것과 같은 외관을 갖는 경우에도 유효한 대리행위로 된다.

그리하여 판례는 매매계약서에 대리관계의 표시 없이 자신의 이름을 기재하였다고 하여 그것만으로 행위자 자신이 매도인으로서 타인 물건을 매매한 것이라고는 볼 수 없는 것이라고 한다.[45]

다만, 本人으로 행세하여 한 것도 대리행위로 인정될 수 있는가. 다시 말하여 대리인이 대리행위를 행함에 있어 단순히 현명을 결한 것과는 달리, 마치 대리인이 본인인 것처럼 행세하여 법률행위를 하는 경우에도 대리가 성립하는가.

대리의 3면관계론과 관련하여 의문이 있으나 대체로 학설은 대리인에게 대리의사가 인정되는 유효한 대리행위로 보아 대리행위를 인정한다. 그러나 그 이론구성에 있어 代理的效果意思說에 의하면 대리인이 본인 자신의 것처럼 행세한 경우 현명, 즉 대리의 효과의사가 표시되지 아니하였으므로 대리행위라고 볼 수 없고, 또한 상대방의 입장에서도 대리행위로서 인식이 결여되어 있으면서 대리의 효과를 부여하는 것은 대리인행위설과 모순되는 것이라고 한다.

이에 대하여 觀念通知說은 대리의 본질적 요소는 본인의 수권행위와 그에 따른 대리인의 법률행위이며 대리의 효과가 본인에 귀속하는 것은 본인의 자기결정(수권행위)에 따른 것이고 대리인의 행위에 의한 것이 아니라고 보는 견해, 즉 대리적 효과의사는 대리의 본질적 요소가 아니며, 여기서 현명은 의사표시도 아니라고 보아 본인의 수권행위가 있으면 대리인이 본인으로서 행세하더라도 그 법률효과는 본인에 귀속하는 것이라고 한다.[46]

판례는 임대차계약에서 임차인이 甲이 마치 乙인 것처럼 하게 하여 乙의 이름으로 체결한 계약은 대리를 적용할 수 없는 것이라고 하고,[47] 또한 민법 제126조의 표현대리는 대리인이 본인을 위한다는 의사를 명시 또는 묵시적으로 표시하거나 대리의사를 가지고 권한 밖의 행위를 하는 경우에 성립하고, 사술을 써서 위와 같은 대리행위의 표시를 하지 아니하고 단지 본인의 성명을 위용하여 마치 자기가 본인인 것처럼 기망하여 본인의 명의로 직접 법률행위를 한

44) 대판 1982.5.25, 81다1349, 81다카1209.
45) 대판 1976.12.14, 76다2191; 1968.3.5, 67다2297; 1963.5.9, 63다67.
46) 이영준 489면.
47) 대판 1973.6.11, 74다165.

경우에는 특별한 사정이 없는 한 위 법조 소정의 표현대리는 성립될 수 없는 것이라고 하여 성립을 부정한다.48)

(ㄴ) 本人名義를 유보한 것도 현명한 것이라고 볼 수 있는가. 현명한다는 것은 법률행위의 他人性을 표시하는 것이므로 현명에 의하여 그 법률행위가 타인을 위하여 하는 것임을 밝히면 족하고 반드시 본인의 이름을 밝혀야 하는 것은 아니다. 따라서 본인의 이름을 白紙로 한 경우에도 他人性만 표시되면 현명의 요건은 충족된다. 그러나 본인이 끝까지 성명을 밝히지 않는 경우에는 결국 무권대리인으로서 제135조에 의한 이행 또는 손해배상책임을 지게 된다.49)

(ㄷ) 미성년자의 법정대리인의 법률행위는 未成年者를 위하여 한 행위로 추정되는가. 판례는 긍정한다.50)

⑶ 顯名主義의 예외

(가) 민법 제115조는 受動代理에는 적용되지 않는다고 봄이 다수설이다. 그러나 상대방이 본인에 대한 의사로 하여야 함은 물론이다.

(나) 민활·신속이 요구되는 商行爲에는 기업활동의 비개인성이라는 특수성에서 현명주의의 원칙이 채용되지 않는다.

(다) 대리인 個人을 重視하지 않는 거래, 예컨대 특정영업주를 상대로 한 거래와 같이 대리인 개인을 중시하지 않는 거래에 현명주의의 예외를 인정할 것인가. 견해가 대립한다.

肯定說은 상법상 비현명주의의 정신을 민법상 거래에도 부분적으로 유추 적용해야 할 것이라고 한다(이영준 495면, 김학동 416면, 김상용 590면, 백태승 480면).

否定說은 스위스채무법(동법 §32 ③)과 같은 명문규정이 없는 우리 민법의 해석상 이러한 예외를 인정하는 것은 무리이며, 그러한 경우에는 대리의사의 표시가 있다고 할 수 있는 경우가 많으므로 예외를 인정할 실익이 없는 것이라고 한다(곽윤직 270면, 고상룡 514면, 김용한 331면, 김주수 429면, 이은영 587면).

다수설은 부정한다. 그러나 견해 중에는 현명주의의 예외를 인정할 근거로써 독일의 귀속행위이론(Geschäft für den, denes angeht)을 드는 견해가 있다.

歸屬行爲理論이란 요컨대 법률행위의 성질상 누구와 법률행위를 하는가는

48) 대판 2002.6.28, 2001다49814.
49) 이은영 587면, 동 민법강의 133면.
50) 대판 1962.12.27, 62다815.

무의미하고 당해 법률행위가 자기를 위해서가 아니고 타인을 위한다는 것이 주위 사정으로 보아 명백한 경우 이러한 행위를 이른바 귀속행위라고 칭하고, 이와 같은 귀속행위의 법률효과는 他人의 이름으로 행해지지 아니하였다고 하더라도 직접 타인에게 효력이 발생하는 것이라고 한다. 그리하여 귀속행위이론은 간접대리를 부분적으로 직접대리화 함으로써 일단 간접대리인에게 귀속되었다가 간접 본인에게 이전되는 이른바 통과취득(Durchgangserwerb)을 배제하여 간접 본인을 보호하자는 것을 그 실질적 논거로 한다.

그러나 이에 대한 다른 견해는 귀속행위이론이 이른바 소유권의 통과취득을 부정하여 간접 본인의 이익만을 강조함으로써 특히 간접대리인이 간접 본인에 대하여 반대급부청구권을 갖는 경우에는 간접대리인 및 간접대리인의 채권자를 보호하여야 하는 것을 간과하고 있는 것이라고 한다.[51]

(라) 日常家事代理에도 현명주의의 적용이 있는가. 일상가사대리권은 일종의 법정대리이지만, 법리적으로 보면 夫婦일방 또는 쌍방의 이름으로 행사한 일상가사에 관한 행위는 부부연대책임에 귀속함으로(§832) 보통의 대리와 같은 현명주의는 적용되지 않는다.

(4) 顯名하지 아니한 행위의 효과

(가) 대리인 자신을 위한 행위로의 효과 　대리인이 本人을 위한 것임을 표시하지 않고서 행한 의사표시는 그 대리인 자신을 위하여 한 것으로 본다(§115 본문). 따라서 대리인은 그 내심의 의사와 표시가 일치하지 않음을 이유로 착오를 주장하지 못한다.

(ㄱ) 상대방이 대리인으로서 행한 것임을 알았거나 알 수 있었을 때 그 의사표시는 대리행위로서 효력을 발생한다(동조 단서).

(ㄴ) 현명하지 아니하였으나 本人을 위한 행위로 한 때에는 대리인이 이를 입증하여야 한다.

(나) 본인으로 행세한 대리행위의 효과

(ㄱ) **有權代理의 경우 :** 대리인이 대리권의 범위 내에서 본인으로 행세하여 대리행위를 한 경우에는 상대방이 대리인으로서 한 것임을 알거나 알 수 있었을 때에는 당연히 현명에 준할 것이지만 상대방이 이를 알지 못하였을 경우에

---

51) Flume §44 II, 2 ; 이영준 495면.

도 상대방은 대리행위의 효과를 본인에게 발생하게 할 것을 부인할 정당한 실익이 없는 점에서 동일하게 다루어진다(다만, 인적 요소가 농후한 조합계약, 임대차계약은 정당한 이익을 가진다).

(ㄴ) **無權代理의 경우** : 대리권 없는 대리인의 본인으로의 행세가 표현대리의 요건을 갖춘 경우에는 표현대리로서 효과를 인정한다. 그러나 표현대리의 요건을 갖추지 못한 무권대리인의 본인을 행세한 대리행위는 무권대리의 규정에 따라 처리된다.

3. 代理行爲의 瑕疵

甲의 대리인 乙이 상대방 丙과 대리행위를 함에 있어 丙이 乙에게, 乙이 丙에게, 甲이 丙에게, 丙이 甲에게 각각 사기를 한 때 그 각각의 경우 대리행위의 효력을 설명하라.

---

(1) 瑕疵 유무의 결정기준

(가) 민법 제116조 제1항은 "의사표시의 상대방이 의사의 흠결, 사기·강박 또는 어느 사정을 알았거나 과실로 알지 못한 것으로 인하여 영향을 받을 경우에 그 사실의 유무는 대리인을 표준으로 정한다." 라고 하고, 동조 제2항은 "특정 대리행위를 위임한 경우에 대리인이 본인의 지시에 좇아 그 행위를 한 때에는 본인은 자기가 알고 있는 사정 또는 과실로 인하여 알지 못한 사정에 관하여 대리인의 부지, 또는 과실로 인한 부지를 주장하지 못한다."라고 규정한다. 따라서 대리행위의 당사자는 대리인과 상대방으로 되어 의사표시에 관한 의사의 흠결, 사기·강박 또는 어떤 사실의 지·부지 등의 요건은 모두 대리인을 표준으로 정한다. 그러나 대리에서 본인은 법률행위의 당사자는 아니지만 그 법률행위의 효과는 직접 본인에 귀속하므로 선의·악의가 법률행위의 효력에 영향을 미칠 때에는 본인도 고려하여 정하게 되므로 비록 대리인이 선의이더라도 본인이 악의이면 악의로서 효력이 생긴다.[52]

---

52) 대판 1998.2.27, 97다45532; 판례는 대리인이 본인을 대리하여 매매계약을 체결함에 있어서 매매대상 토지에 관한 저간의 사정을 잘 알고 그 배임행위에 가담하였다면, 대리행위의 하자 유무는 대리인을 표준으로 판단하여야 하므로, 설사 본인이 미리 그러한 사정을 몰랐거나 반사회성을 야기한 것이 아니라고 할지라도 그로 인하여 매매계약이 가지는 사회질서에 반한다는 장애사유가 부정되는 것은 아니라고 한다.

다만 동조 제2항의 '본인의 指示에 좇아' 라는 의미에 관하여 반드시 본인의 구체적 지시가 있었던 경우에 국한하지 않고 이를 광범위하게 해석하여 本人의 指示가 없었어도 본인이 어느 사정을 알면서 대리인으로 하여금 이 사정에 관계된 특정한 법률행위를 하게 한 경우에는 동항을 적용할 것이다.

또한, 무권대리의 경우에도 본인이 추인하면 민법 제116조 제2항이 적용되고, 이 경우 추인의 시점을 기준으로 하여 本人의 知·不知를 판정할 것이다.

(나) 동조 규정은 임의대리·법정대리를 불문하고 적용된다. 특히 민법 제116조 제2항은 임의대리를 전제로 규정하고 있지만 법정대리인이 본인의 지시에 따라야 하는 경우에는 법정대리인에 관하여도 이를 적용할 것이다.

(2) 代理行爲瑕疵의 태양과 代理行爲의 관계

(가) 비진의의사표시　비진의표시의 대리행위에 관하여 민법 제107조가 원칙적으로 적용되고 대리인 자신은 물론 상대방이 비진의표시를 한 경우에도 준하여 취급된다.

(나) 허위표시　허위표시의 대리행위에 대하여는 그 허위표시 당사자간의 관계에 따라 정한다.

(ㄱ) 本人과 상대방간에 통정이 있었으나 대리인이 알지 못하거나 알 수 없었던 경우에는 민법 제116조가 적용될 것이므로 대리인의 대리행위는 유효하나, 그 대리행위의 효력은 본인을 참작하게 되므로 수권행위가 대리인의 이익을 위하여 행하여진 경우를 제외하고는 무의미하게 된다. 따라서 이러한 경우에는 본인이 실질적 당사자로 되어 민법 제116조가 적용되지 않고 제108조가 적용된다.[53]

(ㄴ) 대리인과 상대방이 본인을 기망하여 가장행위를 한 경우 본인에 대하여는 원칙적으로 本人의 선·악을 묻지 않고 당연히 무효이고, 또한 본인은 선의의 제3자로서도 보호받을 수 없게 된다.

(다) 착 오　착오의 여부, 표의자 중과실의 유무는 모두 대리인을 표준으로 정할 것이지만, 그 법률행위의 효력은 本人에 귀속하는 것이므로 법률행위내용의 중요부분의 착오 여부는 본인을 표준으로 정한다.

(라) 사기·강박　사기·강박에 의한 대리행위는 그 사기·강박 당사자간

53) 이영준 554면.

의 관계에 따라 달리한다.

(ㄱ) 대리인이 相對方의 詐欺·强迫에 의하여 의사표시를 한 경우 本人은 민법 제110조 제1항에 의하여 그 의사표시를 취소할 수 있고, 그 유무는 제116조 제1항에 의하여 대리인을 기준으로 결정된다. 따라서 본인이 사기 또는 강박을 받았다고 하더라도 이에 의하여 대리인이 사기 또는 강박되지 아니하는 한 本人은 대리행위를 취소하지 못한다. 그러나 상대방이 代理人의 詐欺·强迫에 의하여 의사표시를 한 경우이면 상대방은 민법 제110조 제1항에 의하여 그 의사표시를 취소할 수 있고, 민법 제116조 제1항은 적용되지 않는다. 그러므로 본인이 대리인의 사기·강박을 알았는가의 여부를 묻지 아니하고 상대방은 언제나 대리인에 의한 법률행위를 취소할 수 있게 된다.

(ㄴ) 第三者가 상대방을 사기·강박한 경우에는 민법 제110조 제2항에 의하여 대리인이나 본인이 사기·강박행위를 알았거나 알 수 있었을 때에 한하여 그 법률행위를 취소할 수 있게 된다.

위 사례에서 상대방 丙이 대리인 乙에 대하여 사기를 하고 그것에 의하여 乙이 대리행위를 한 경우에 민법 제110조 제1항에 의하여 취소할 수 있다. 다만 취소권은 본인에 귀속하는 것이므로 乙도 취소권을 행사할 수 있는가.

본인 甲이 상대방 丙의 사기를 알고 있었던 경우에는 민법 제116조 제1항과 관계에서 문제되나 본인이 대리인을 조정할 수 있는 경우에는 취소권행사가 가능하게 된다. 반대로 대리인 乙이 상대방 丙에 사기를 행한 경우에는 민법 제116조 제2항의 문제는 아니며, 제110조 제1항 적용문제로 된다. 따라서 丙은 본인의 지·부지에 관계없이 언제나 취소할 수 있게 된다. 그러나 본인 甲이 상대방 丙에 사기를 행한 경우에는 민법 제116조 제2항이나 제110조 제2항의 문제도 아닌 제110조 적용 문제로서 본인의 지·부지에 관계없이 丙은 취소할 수 있다.

다만, 甲이 丙에 대하여 대리행위의 효과를 주장할 수 있었던 경우에는 사안에 따라 권리남용의 법리에 의하여 제한하는 것으로 이해된다.

또한, 상대방 丙이 본인 甲에 사기를 행한 때에는 대리인 乙이 사기를 받지 않은 이상 그 행위는 취소할 수 있는 것으로 되지 않는다.

4. 代理權을 남용한 代理行爲

A은행 지점장대리 B는 예금형식으로 사채를 끌어 모아 C에게 사업자금을 마련하여 줄 의도로 D로부터 거액의 예금을 유치하였다. 그런데 그 당시 D는 B의 그러한 의도를 알지 못하였지만 여러 사정을 비추어 볼 때 이를 알 수 있었다. 그 후 C의 기업이 도산하여 약정된 이자가 지급되지 않자 D는 A에게 예금액의 지급을 청구하였으나 A는 이를 거절하였다.

위 경우 A·B·C·D의 각각 법률관계를 설명하라.

---

(1) 代理權濫用과 문제점

대리인이 본인의 이익에 반하여 자기이익을 위하여 대리권을 악용한 경우도 그것이 대리권의 범위 내에서 행하여지는 한 본인에 대하여 효력이 발생하는 것이 원칙이다. 이것을 代理權의 濫用이라고 하고, 대리권은 내부적 기초관계에 기한 대리인의 본인에 대한 의무관계로부터 독립되어 있는데 근거한다. 그러나 이러한 대리인의 배임행위에 대하여도 본인에게 당연히 효력을 발생케 함은 가혹할 뿐만 아니라, 대리제도의 본래 취지에 반하게 된다.

따라서 대리권남용이론은 이러한 대리인의 배임행위로부터 본인을 보호하기 위하여 논의된다.

대리권남용은 이미 독일 보통법시대 이래 판례가 대리권의 내재적 한계를 제시하면서부터이며, 당시의 판례는 본인의사의 인식이 가능한 한 대리인은 본인의 의사에 반하는 의사표시를 할 수 없고 또한 이러한 의사표시로부터 본인에 대하여 어떠한 권리를 취득할 수 없다는 것과 상대방도 본인의 의사에 반한다는 것을 알았고 대리권이 남용된다는 것을 알 수 있으면 본인에 대하여 어떠한 권리를 취득할 수 없다고 하는 것은 수권의 개념과 법적 성질상 당연한 것이라고 판시하여 (RGZ, 52. 96) 대리인과 상대방이 공모한 경우에는 허용되지 않는 권리취득의 항변(eceptio doli praeteriti)을, 공모하지 않았더라도 상대방이 알았거나 알 수 있었을 경우에는 허용되지 않는 권리행사의 항변(eceptio doli praesentis)을 인정함으로써 대리권남용을 민법의 일반법리에 의하여 해결한다.

(2) 代理權濫用理論

대리제도에서 대리인의 代理行爲는 본인과 내부관계에서 부담하는 의무관계로부터 독립되어 있으므로 代理人이 본인의 의무에 반하는 容態(Verhalten)에 따른 위험부담은 본인이 부담한다. 따라서 비록 대리인이 대리권을 남용하여 대리행위를 한 경우에도 본인에 그 법률효과를 발생시키려는 의사가 존재하고 대리인의 이름으로 행하여진 이상 유효한 대리행위가 되며, 결국 본인에 관하여 효력이 발생하게 된다. 즉 대리권남용의 특징은 대리법이 요구하는 요건을 갖추고 있으면서 단지 '본인을 위한 의사가 결여'되어 있다는 것이어서 이러한 경우 대리권의 존재를 신뢰하는 경우가 많을 것이므로 거래의 안전이란 측면에서 대리행위의 효과를 본인에 귀속시킬 필요가 있다.

한편, 본인의 보호란 측면에서 보면 대리인이 본인을 배신하여 대리인 자신 또는 제3자의 이익을 목적으로 대리행위를 한다는 것은 단순한 월권대리에서보다 배임성이 크고 대리제도의 본질에도 반하므로 대리권남용으로부터 본인을 보호할 필요가 있다. 그러나 그 이론적 근거를 어디에서 찾을 것인가.

代理效果排除說은 대리인이 私利를 얻고자 권한을 남용해서 배임행위를 한 경우에도 대리의사는 있는 것이므로 대리효과는 발생할 것이지만, 다만 그러한 배임의사를 상대방이 알았거나 알 수 있었음을 본인이 입증한 때에는 민법 제107조 제1항 단서의 취지를 유추하여 대리행위의 효력을 부정할 것이라고 한다(곽윤직 233면, 김용한 286면, 장경학 556면).

信義則違反說(권리남용설)은 대리인의 대리권행사가 대리권남용임을 상대방이 알면서 대리의 효과를 주장하는 것은 신의칙에 반하여 대리권남용이 된다고 한다. 즉 대리인의 충실의무위반은 곧 대리권의 소멸을 초래하는 것은 아니므로 일단 본인에 귀속하지만 상대방의 주관적 태도에 따라 신의칙상 본인에 효과귀속을 주장할 수 없는 것이라고 한다[Heinrich Stoll; 고상용 501면, 동 대리권남용소고, 월간고시(1982.7) 21면; 송덕수, 대리행위와민법제107조, 고시연구(1990.7) 121면].[54]

代理權排除說(무권대리설)은 대리권이 본인에 대한 배임행위를 실현하는데 악용되어 거래의 안전과 사적자치의 용이한 실현이라고 하는 대리권독립성의 존재에 반하게 되는 경우 대리권은 그 악용으로서 부정되고 대리인의 대리행위는 무권대리로 되는 것이라고 한다(이영준 469면, 김상용 571면, 김주수 419면, 김학동 408면, 백태승 475면).

이상의 학설에서 대리권남용에 대한 이론적 흐름은 크게 두 가지로 대별된다. 즉 대리권남용의 해결을 대리법 외부에서 해결하려는 견해와 대리법 내부에서 해결하려는 견해이다. 우리나라 학설 중 민법 제107조 단서적용설과 신의칙위반설은 전자에 속하고 대리권배제설은 후자에 속한다.

여기서 대리법외적해결론은 일반조항으로서의 도피 또는 성질을 달리하는

---

54) 특히, Heinrich Stoll은 대리권남용을 목적위반 · 의무위반 · 신의위반으로 나누어 목적위반은 수권의 의미에 맞지 않는 경우 무효이고, 의무위반(특히 지시위반)은 대리효과에 영향을 미치지 않는 것이나, 신의위반은 대리권남용으로서 상대방의 본인에 대한 보호의무를 부담하는 것이라고 하여 무효라고 한다.

법리적용이란 문제점을 가지나 문제해결에 유연성을 가지는 장점을 가지는데 반하여, 대리법내적해결론은 대리법 내에서 무권대리에 관한 여러 규정을 적용하여 해결한다는 점에서 대리이론의 획일성을 기할 수 있는 장점을 가진다. 그러나 대리권남용의 문제는 대리법에서 서로 충돌하는 두 가지 이상, 즉 제3자 보호에 의한 거래의 안전과 법윤리적 책임에 의한 본인의 이익보호의 측면에서 발생하는 문제이며 이들을 어떻게 조화할 것인가에 귀착한다.[55)]

代理效果排除說은 대리인이 私利를 얻고자 권한을 남용해서 배임행위를 한 경우에도 대리의사는 있는 것이므로 그 행위는 대리행위로서 유효하게 성립하고 또한 그 효력이 발생함은 부인할 수 없으나, 다만 대리인의 그러한 배임의사를 상대방이 알았거나 알 수 있었음을 본인이 입증하는 때에는 민법 제107조 제1항 단서의 취지를 유추하여 대리행위의 효력을 부정하는 것이라고 한다.[56)] 그러나 동 학설은 대리의사는 엄격한 의미의 효과의사가 아니므로 대리인이 배임적 행위를 한 경우에도 대리행위로 유효하게 성립하는 것은 대리권이 내부적 기초관계에 기한 대리인의 본인에 대한 의무로부터 독립되어 있기 때문이며, 또한 대리행위의 효과가 본인에게 발생하는 것은 본인의 수권행위, 즉 대리인에 의하여 법률행위를 한다고 하는 본인의 사적자치 내지 자기결정과 이에 따른 대리인의 현명 때문인데 이 경우 이른바 '대리적 효과의사'와 '배임적 의사'가 상호 어떠한 관계에 있으며 배임적 의사의 실체가 무엇인지 명료치 않을 뿐만 아니라, 배임적 의사를 상대방이 알았거나 알 수 있었을 때에는 어떻게 그 존재의미를 달리하는 민법 제107조 제1항 단서를 유추 적용할 수 있는 것인지 그 근거가 명료하지 못하고,[57)] 또한 동조 적용으로 상대방은 대리인의 대리행위에 대한 대리권남용 여부를 조사할 의무를 부담하는 결과가 되어 대리제도의 본질에 반할 염려가 있다는 점이 지적된다.[58)]

---

55) Schott, Der Missbrauch der Vertretungsmacht, Acp. 171, S. 345.

56) 곽윤직 268면, 장경학 556면.

57) 이영준 469-70면.

58) 그 근거로서 「알 수 있었을 때」란 과실로 알지 못한 때를 말하고, 이처럼 상대방의 주의의무를 기준으로 하게 되면 상대방에게 대리권의 행사가 배임행위인가의 여부를 조사할 의무를 부과하게 되어 대리권을 본인에 대한 의무로부터 독립시킨 취지가 몰각되게 되고, 또한 그렇다고 해서 상대방이 배임행위를 안 경우에 한하여 대리권이 부정된다고 하면 안다고 하는 것은 주관적 사실로서 입증이 대단히 곤란하므로 대리권남용의 이론이 적용되는 범위가 너무 좁게 되어 배임적 대리권행사의 폐해를 줄일 수 없는 결과로 될 것이라고

信義則說은 대리권남용의 문제를 본인의 이익과 상대방의 이익이 대립하는 상황에서 권한남용의 위험을 누구에게 부담시킬 것인가의 문제로 이해하여, 대리인은 통상 본인의 지배권·이익권에 속하기 때문에 그 위험은 본인이 부담하여야 함이 원칙이지만, 상대방의 악의·중과실 등 주관적 태양에 따라 상대방의 권리행사가 신의칙에 반하는 사정이 있는 경우에는 상대방이 그러한 위험을 부담해야 하는 것이라고 한다.59) 그리하여 동 견해는 권리남용에 대해 탄력적으로 해결할 수 있다는 장점이 있으나 대리에 관한 문제를 권리남용이라는 일반조항으로의 도피라는 결점을 지적한다.

다수설은 이러한 방법론으로는 대리권남용문제를 근본적으로 해결하기 어렵다고 지적하고, 代理權排除說을 취하여 대리권남용의 문제를 대리권독립성의 내재적 한계에서 찾아야 한다고 한다. 즉 대리행위의 효과가 본인에게 발생하는 것은 대리의사와 그 표시 때문이 아니고, 대리권의 존재 때문이므로, 어떤 논리에 의하여든 대리권 자체를 부정하지 않고서는 대리행위의 효과가 본인에 발생하는 것을 저지할 수 없는 것이라고 한다. 그리하여 대리권이 본인에 대한 배임행위를 실현하는데 악용되어 거래의 안전과 사적자치의 용이한 실현이라고 하는 대리권독립성의 존재에 반하게 되는 경우에는 대리권은 그 악용으로서 부정되고 대리인의 대리행위는 무권대리로 되는 것이라고 함으로써 대리법의 테두리 내에서 해결해야 할 것이라고 한다.60)

판례는 획일적이지 못하여 제126조의 적용하거나,61) 신의칙을 적용한 것도 있다.62) 그러나 대체로는 민법제107조제1항단서적용설을 취한다.63) 그리하여 판례는 진의 아닌 의사표시가 대리인에 의하여 이루어지고 그 대리인의 진의가 본인의 이익이나 의사에 반하여 자기 또는 제3자의 이익을 위한 배임적인 것임

한다(이영준 상게).

59) Heinrich Stoll; 고상용 511면; 송덕수, 대리행위와민법제107조, 고시연구(1990.7) 121면.

60) 이영준 470면, 김상용 572면, 이은영 621면.

61) 대판 1975.3.25, 74다1452; 1987.11.10, 87다카1557.

62) 대판 1987.10.13, 86다카1552; 그러나 판례는 단기금융회사의 대표이사가 오로지 제3자의 자금조달을 용이하게 할 목적으로 그 제3자가 발행한 약속어음에 배서한 사건에 관하여 특히 중과실의 경우에는 대리행위의 효력을 주장하는 것이 신의칙에 반하는 권리남용이라 볼 수 없는 것이라고 한다.

63) 대판 2001.1.19, 2000다20694; 1999.1.15, 98다39602; 1998.2.27, 97다24382; 1996.4.26, 94다29850; 1987.11.10. 86다카371; 1987.7,86 다카371; 1975.3.25, 74다1452.

을 그 상대방이 알았거나 알 수 있었을 경우에는 민법 제107조 제1항 단서의 유추해석상 그 대리인의 행위에 대하여 본인은 아무런 책임을 지지 않는다고 보아야 하고, 그 상대방이 대리인의 표시의사가 진의 아님을 알았거나 알 수 있었는가의 여부는 표의자인 대리인과 상대방 사이에 있었던 의사표시 형성과정과 그 내용 및 그로 인하여 나타나는 효과 등을 객관적인 사정에 따라 합리적으로 판단하여야 하는 것이라고 한다.64)

생각건대, 대리인의 대리행위가 본인에 관하여 효력이 발생하는 것은 대리인의 대리의사, 즉 대리적 의사표시에 의한 것은 아니고 또한 代理權排除說에서와 같이 대리권 만에 의하여 발생하는 것도 아니다. 이와 같이 대리인의 대리행위의 효과가 본인에 직접 발생하는 것은 대리인의 대리권, 즉 대리인의 지위·자격에서 행한 행위가 본인에 귀속케 할 표시, 즉 대리적 의사의 표시에 의하여 법률상 직접 본인에 귀속하는 것이며 대리인이 본인을 위해 행한 대리행위이지만 현명하지 아니한 때에는 대리인 자신의 행위로 보는 것은 대리권이 배제되는 것은 아니나 그 효과귀속을 배제할 수 있는데 불과한 것으로 된다. 따라서 대리인이 대리권에 기하여 대리적 의사로 행한 이상 모두 본인에 관하여 효력이 발생할 것이지만, 다만 상대방이 본인의 의사에 반하여 대리인의 이익을 위하여 행함을 알고 있는 때에는 대리권 자체가 배제되는 것은 아니지만 대리인의 배임적 의사에 의하여 대리적 의사가 배제됨으로써 본인에 효과귀속이 배제되는 것이라고 봄이 옳을 것이다.

문제는 대리권남용이 되기 위한 요건으로서 반드시 상대방은 대리인이 본인의 이익에 반하여 대리인 자신의 이익을 위하여 행하는 행위임을 알거나 알 수 있었어야 할 것인가. 본래 權利濫用이란 권리행사자의 입장에서 고려되어야 할 것이고 그 상대방은 단순히 참작되는데 불과할 것인데, 다만 대리제도의 특질에서 대리인이 대리권을 남용하였으나 외형상 대리적 의사가 표시되었고 상대방이 이를 알지 못하는 한 본인에 관하여 발생할 것이란 점에서 상대방이 알거나 알 수 있었던 때를 그 요건으로 한다고 볼 수 있다. 따라서 대리권남용으로부터 본인의 보호를 위한 입장에서 반드시 상대방의 故意에 한정할 필요는 없고 객관적 입장에서 보아 대리권남용임이 명백한 때에는 본인에 관하여 그 효

64) 대판 2001.1.19, 2000다20694.

과를 배제할 수 있어야 할 것이다.

결론하여 대리권남용의 여부는 객관적 입장에서 다루어져야 하고 그 효과는 대리권의 배제가 아닌 본인에 관한 효과배제로 다루어져야 한다.

(3) 代理權濫用의 요건

(가) 대리권남용으로써 대리의 효과 또는 대리권이 배제되기 위해서는 다음의 요건을 갖추어야 한다.

(ㄱ) 背任的 意思 : 대리인의 대리권남용이기 위해서는 먼저 代理人의 背任行爲, 즉 대리인이 대리권에 기하여 본인의 이익에 반하여 대리인 자신의 이익을 위한 행위가 있어야 한다. 여기서 '本人의 利益에 반한다'라고 함은 대리인의 대리권에 기한 행위의 효과가 대리인 자신의 이익을 위한 의사로 행한 것은 물론이나 이에 국한하지 않고 상대방의 이익을 위한 의사를 포함한다.

또한, 利益이란 법률상 이익은 물론 사실상 이익을 포함한다.

(a) 대리인의 배임적 의사는 물론이나 상대방의 배임적 의사를 포함하는가. 상대방이 대리인의 배임적 행위에 가담(통정)한 때에는 물론이나 이에 국한하지 않고 단순히 상대방이 대리인의 배임적 행위를 알거나 알 수 있었던 때, 즉 정당한 이유 없이 알지 못하는 때를 포함하는 것이다.

다만, 여기서 상대방이 善意이나 過失이 있는 때에도 대리권남용이 되므로 결국 이로써 상대방에 대리인의 대리권남용의 여부에 조사 의무를 부담하는 결과가 되어 부당한 점이 있으나 이에 관하여는 후술한다.

(ㄴ) 故意·過失의 문제 : 대리권남용은 대리인의 배임적 의사이어야 하지만 상대방이 善意이고 過失이 없는 때에는 本人에 관하여 효력이 발생하므로 결국 대리권남용은 상대방을 기준으로 할 것이다. 그러므로 代理人의 故意 또는 過失은 그 요건이 아니다.

다만, 相對方의 故意·過失은 요구되는가. 우리 민법 제126조는 "제3자가 그 권한이 있다고 믿을 만한 정당한 이유가 있을 것"을 권한을 넘는 표현대리의 요건으로 규정한다. 이것은 대리권수여표시에 의한 표현대리(§125) 및 대리권소멸 후의 표현대리(§129)에 고의·과실 없을 것을 요건으로 규정하고 있는 것과 다르다. 이에 대하여 대리권배제설은 제126조 표현대리규정은 제125조와 제129조의 표현대리 전반에 적용되는 결과에서 동조 규정의 정당한 이유가 있는 때에는 正當한 理由에 의하여 무권대리가 표현대리를 매개로 하여 유권대리로 되고, 정당한 이유가 없는 때에는 유권대리가 대리권남용이론을 매개로 하여 무권대리로 되는 것이라고 한다.

여기서 '정당한 이유가 없는 때'란 이성적인 사람이라면 배임행위를 알 수 있었을 경우, 즉 주위사정에 의하여 배임행위임이 명백한 경우를 말하고, 배임행위임이 명백한가의 여부 판단은 代理效果排除說은 상대방이 알 수 있었던 때를 기준으로 하나, 代理權排除說에 의하면 상대방에게 조사 의무를 부과하지 않게 되어 상대방보호에 충실하고, 또한 대리인이 본인의 지시를 위반한 것도 상대방이 이러한 사실을 안 경우에는 대리권남용으로 된다.

(4) 代理權濫用의 효과

(가) 대리효과의 배제　　대리인의 배임행위, 즉 대리권남용이 성립되면 대리권남용의 본질론에 따라 효력을 달리하게 된다. 즉 代理效果排除說에 의하면 대리권 자체가 배제되는 것은 아니고 그 本人에의 효과귀속이 배제되는 것으로 되는데 반하여 代理權排除說에 의하면 무권대리행위로 된다.

- 민법 제107조 제1항 유추적용설
  - 대리효과의 배제
  - 상대방이 알거나 알 수 있었던 때를 기준
- 대리권배제설
  - 무권대리로서의 효과
  - 상대방에 조사의무 부과 배제(거래의 안전보호 결과)

(나) 표현대리의 성립문제　　대리권남용에서 무권대리로서 효과는 이른바 대리효과 배제 또는 무권대리에 머물 뿐이고 표현대리로 되는 것은 아니다.

왜냐하면, 정당한 이유의 유무는 이미 대리권남용의 요건에서 다루어질 뿐만 아니라 이 경우 다시 표현대리를 인정하면 모처럼 본인을 보호하여 구체적 타당성을 실현하려는 대리권남용이론의 목적이 몰각되기 때문이다.

(5) 代理權濫用의 적용범위

대리권남용은 任意代理에서는 물론이지만 法定代理에도 적용되는가. 대리인의 대리적 의사는 법정대리에서도 동일하므로 대리권남용으로서 배임적 의사는 법정대리인의 본인에 대한 대리적 의사를 배제하여 본인에의 효과귀속을 배제하는 것이 된다.

위 사례에서 A은행을 본인으로 한 대리인 B와 은행 본래취지를 벗어난 C의 이익을 위하여 D에 비진의의사표시를 하였으나 D가 이를 알 수 있었음에도 B의 의사에 응하여 출연하였으므로 D가 이에 관련하여 A은행에 대한 보통예금의 유효를 주장할 수 있는가. 대리권남용에 관련하여 B의 대리권의 배제 또는 대리효과의 배제를 주장할 것인가.

판례는 원심(서울고판 1987.5.27, 85나3037)이 원고와 피고은행 사이에 이 사건 예금계약이 적법하게 성립되었다고 판단한 것을 이 사건과 같은 피고은행 지점장대리와 원고와 3개월만기 정기예금계약의 형식을 빌어서 한 수기통장식 예금계약은 지점장대리의 대리권남용에 의한 계약이므로 그 정기예금계약은 피고가 책임을 질수 없는 것이어서 같은 계약을 원인으로 한 원고의 정기예금반환청구권은 유효하게 성립될 수 없는 것이라고 하였다(대판 1987.11.10, 87다카1557; 1987.8.18, 87다카1086 참조).

[109] Ⅲ. 代理의 效果關係

1. 代理效果의 귀속

(1) 대리인이 행한 대리행위의 효과는 모두 직접 本人에게 귀속한다(§114). 이와 같이 대리인이 행한 행위의 효과가 상대방에서 직접 본인에 귀속하는 근거를 어디에서 찾을 것인가.

顯名의 本質을 대리적 효과의사로 보면 대리인의 본인에의 효과귀속의 의사에 있다고 할 것이지만, 관념통지로 보면 법률의 규정에 근거하게 된다.

(2) 본인에게 직접 귀속하는 효과는 그 의사표시의 중심적 法律效果는 물론, 그밖에 의사표시에 따르는 非法律的 效果, 예컨대 대리인의 사기·강박에 의한 경우 법률행위의 취소권 등도 당연히 본인에 귀속한다.

[本人排除代理](verdrängte Vertretung)

본인배제대리라고 함은 대리권이 부여된 사항에 관하여 본인이 의사표시를 교부하거나 의사표시를 수령하지 아니하는 대리권을 말한다.

본인배제대리가 성립할 수 있는가. 수권행위의 독립성을 관철하면 가능하게 된다. 그러나 본인배제대리는 결과에서 개인의 자기결정의 자유를 박탈하고 본인이 자의에 의하여 이러한 수권행위를 한다고 하더라도 이는 선량한 풍속 기타 사회질서에 반하게 되므로 본인배제대리에 의한 대리행위는 본인에게 효력이 발생하지 않는다고 해석한다(Flume §45.II 4,; 이영준 450-1면).

2. 契約締結上 過失의 效果

(1) 代理人의 책임

대리행위가 불능 등의 사유로 무효인 경우 대리인이 그 사실을 알거나 알 수 있었던 때에는 본인이 원칙적으로 계약체결상 책임을 부담한다. 그러나 대리인이 스스로 인격을 투여하여 계약상대방에 대하여 신뢰를 부여하였거나 계약체결에 관하여 자신의 고유한 경제적 이익을 갖는 경우에는 대리인과 본인을 병행하여 체결상 과실책임을 부담한다.

- 계약책임설
  - 대리인의 상대방에 가한 손해 – 본인의 배상책임
  - 대리인의 책임 배제
- 불법행위책임설 – 계약체결상 과실책임에 관한 규정이 유추적용

다만, 불법행위책임으로 보는 견해에 의하여도 과실의 입증책임과 이행보조자에 대한 책임 등에 관하여 그 이해관계가 계약책임에서와 유사하므로 계약체결상 과실책임에 관한 규정이 유추 적용된다고 한다.

(2) 本人의 책임

대리인의 계약체결상 과실에 대하여 本人이 책임을 지는가. 계약체결상 과실책임의 법률적 성질의 문제이며, 債務不履行責任說에 의하면 계약상 책임으로 봄으로 당연히 본인의 책임에 귀속할 것이지만, 法定責任說에 의하면 계약은 성립하지 못하였으나 그 불성립으로 인한 상대방이 받은 손해에 대한 신의칙상 특별책임으로 본다. 그러나 견해 중에는 法定責任으로 보면서도 계약상 책임으로 본인의 책임을 긍정하여야 할 것이란 견해가 있다. 즉 본인이 제3자와 계약협의를 개시하게 되면 상대방에 대하여 광범위한 충실의무 및 보호의무를 부담하는 채권관계에 진입하게 되므로 이행보조자에 대한 책임에 관한 민법 제391조에 의하여 본인은 대리인의 계약체결상 과실에 대하여 자기 자신의 과실과 동일하게 책임을 지지 않으면 아니 되며, 이 책임은 대리의 법률효과가 아니고 민법 제391조에 의한 효과라고 한다.[65] 그러나 계약체결상 과실은 계약상 책임으로 구성할 필요가 있고 계약상 책임으로 보면 별다른 이론구성은 요하지 않

65) 이영준 510면.

고 당연히 본인의 책임으로 성립한다.

다만, 法定代理人이나 選任財産管理人(부재자재산관리인 · 상속재산관리인 · 유언집행자 · 파산관재인 등)의 과실에 대하여도 본인이나 파산재단은 계약체결상 과실에 의한 책임을 지는가.

본인의 책임을 부정하는 견해도 있으나 법정대리인이나 선임재산관리인은 현행 민법 제391조의 적용에서 임의대리인과 차이를 둘 이유가 없고, 본인이 계약체결에 있어서의 주의의무를 스스로 이해할 수 있는 지위에 있지 않더라도 그 의무불이행의 효과는 본인에게 발생한다고 하는 것이 민법 제391조의 정신에 부합한다. 따라서 법정대리인이나 선임재산관리인이 본인을 위하여 개시한 계약협의과정에서 충실의무 및 보호의무를 위반한 경우에도 본인은 체결상 과실책임의 원칙에 따라 책임을 져야 하는 것이다. 그러나 법정대리인의 체결상 과실도 계약상 책임으로 구성하면 당연히 본인의 책임으로 귀속하게 됨은 임의대리에서와 다를 바 없다.

3. 不法行爲 · 事實行爲에 대한 본인의 책임

대리는 法律行爲와 일정 범위의 準法律行爲에만 성립되고 불법행위와 사실행위에는 대리가 성립되지 아니하므로 대리인의 불법행위, 사실행위는 대리인 자신의 행위로만 귀속한다. 따라서 특히 代理人의 不法行爲는 대리의 본질상 언제나 대리인의 불법행위로만 성립된다. 그러나 기초적 내부관계(사용자와 피용자와의 관계)에 있어서 사용자로서의 책임은 별개의 문제(§756 참조)로서 본인의 책임에 귀속된다.

제 3 절 復 代 理

[110] Ⅰ. 復代理의 槪念

1. 復代理制度의 취지

(1) 본래 대리제도는 17세기경 독일에서부터 승인된 근대사회의 소산이며, 대리제도를 통한 사적자치를 확장·보충한다. 그러나 근대사회의 복잡해진 산업구조는 한층 더한 사적자치의 확장을 요청하고 제도는 이를 반영한다.

예컨대, 고용·위임·조합에 있어서 노동자·수임인·조합업무집행자는 이들로부터 수탁 받은 사무를 처리하여야 하고 그 사무는 원칙적으로는 스스로 처리하여야 할 것이지만, 특별히 위탁자로부터 허락을 받은 범위에서는 타인을 사용하여 처리하는 것을 금하지 않는다(§657 ②, §682 ①, §707). 이것은 곧 복대리제도의 제도적 의미이다.

(2) 복대리제도는 대리의 기본적 제도는 아니고 무권대리제도와 더불어 代理의 특수문제로서 다루어진다. 그리하여 독일민법은 총칙편의 대리규정에서 직접 규정하지 않고 고용·위임·조합에서 복임권을 규정하고 있다. 우리 민법은 총칙편의 대리에 관한 규정에서 복대리도 아울러 규정한다.

2. 復代理의 의의와 성질

(1) 復代理의 의의

復代理란 대리인이 그 대리권범위 내 행위를 하기 위하여 자기의 이름으로 선임한 본인의 대리인이다. 이때 복대리를 위해 선임된 자를 復代理人, 복대리인을 선임할 수 있는 권한을 復任權, 그 선임행위를 復任行爲라고 한다.

다만, 復任權은 대리권의 내용 자체이며 이와 별개의 권리나 권능이라고 볼 수 있는가. 이를 부정하는 견해가 있다.[66] 그러나 복임권을 법률의 규정에 의하여 인정되는 것으로 보면 부정할 것은 아니다.

---

66) 이영준 514면.

(2) 復代理의 법적 성질

(가) 복대리인은 本人의 代理人이다(§123). 따라서 대리인의 대리인은 아니며, 더욱 대리인의 단순한 사자나 보조자는 아니다.

(나) 복대리인은 代理人의 이름으로 선임한 자이다. 이 점에서 본인이 선임한 경우와 구별되며, 복대리인의 선임행위는 대리행위가 되지 않는다.

(다) 복대리인의 선임은 대리권의 양도인가. 학설은 복대리인을 선임한 후에도 대리인의 대리권은 그대로 존속하므로 그 이론구성에 견해가 대립한다.

一般的讓渡否定說 복대리인을 선임하더라도 대리인은 대리권을 보유하므로 복임행위는 대리권양도가 아니라고 한다[이영섭 358면, 방순원 239면, 김학동 430면, 송덕수 민법강의(상) 220면].

設定的讓渡說은 대리인의 복대리인에 대한 감독권·해임권을 고려하여 복대리인을 선임한 후에는 복대리인의 대리권의 범위에 속하는 사항에 관해서는 대리인이 다수 있게 되고, 다만 민법 제119조에 따라 각자가 원칙적으로 단독대리권을 갖는다고 한다(곽윤직 274면).

竝存的設定行爲說은 복임행위 전·후를 막론하고 대리인의 권한이 동일하므로 복임행위는 병존적 설정행위라고 하거나(김용한 389면, 정무동 376면), 본인의 수권행위와 동일하게 대리인이 본인을 위하여 대리행위를 할 수 있는 지위를 부여한 것으로서 계층적 대리를 가능케 하는 복수권행위라고 한다(고상용 538면, 김상용 673면, 이영준 555면, 이은영 624면).

종래 다수설은 대리인의 복대리인을 선임하더라도 각자 본인을 대리하므로 대리권의 양도가 아니라고 하였다. 그러나 이론적 근거가 불명함을 보완하는 의미에서 대리인의 복임권행사는 자기대리권의 설정적 양도 또는 설정적·병존적 양도라고 주장한다. 이에 대하여 유력설은 이와 같은 주장은 우리 민법이 대리권의 양도를 금지하는 실정규정에 부합하지 못하고, 특히 竝存的 設定的讓渡說은 대리인의 복대리인에 대한 감독권·해임권을 고려한 것이라고 하지만 이는 대리인이 복대리인을 자기책임 하에 선임·사용하는 데에서 오는 효과에 불과한 것이고 대리인의 대리권존속의 근거는 아니라고 하고, 대리인의 복대리인의 선임도 본인의 대리인에의 수권행위에 바탕한 대리인에 대한 복수권행위로서 계층적 대리의 성립이라고 한다.

그리하여 최근의 다수설은 대리인의 대리권은 타인에 양도할 수 있는 권리가 아니란 점에서 竝存的 設定行爲라고 보며, 특히 대리권의 의미를 하나의 권리가 아닌 지위·자격으로 이해하면 일종의 復授權行爲라고 한다.

[111] Ⅱ. 複代理人選任과 代理人의 責任

1. 複任權의 행사

(1) 대리인이 복대리인을 선임할 수 있는 권리 내지 자격을 復任權(Substitutionsbefugnis)이라고 하고, 그 법률적 성질은 본인·대리인 사이의 내부관계로부터 발생한 대리인이 가지는 법률상 일종의 權能이라고 한다.

(2) 대리인의 복대리인의 선임은 복임권에 바탕하여 행사하여야 하고, 구체적인 경우 대리인에 복임권이 있는가. 임의대리인과 법정대리인에 따라 다르다.

(가) 임의대리인의 복임권 任意代理人은 원칙적으로 대리권을 갖지 못하고, 본인의 승낙이 있거나 또는 부득이한 사유가 있는 때 한하여 복임권이 인정된다(§120).[67] 왜냐하면 任意代理에서의 복대리인의 선임 여부는 본인의 대리인 선임 여부 문제이기 때문이다. 그러나 판례는 대리의 목적인 법률행위의 성질상 대리인 자신에 의한 처리가 필요하지 않는 경우에는 본인이 복대리금지의 의사를 명시하지 아니한 이상 복대리인의 선임에 관하여 묵시적인 승낙이 있는 것으로 볼 것이라고 한다.[68]

(ㄱ) 대리인의 복대리인 선임에 따른 책임은 원칙적으로 선임·감독에 대한 책임을 진다(§121 ①). 다만 本人이 指名한 者를 선임한 경우에는 그 부적임·불성실의 고지의무를 해태한 경우에만 책임을 진다(동조 ②).

(ㄴ) 복임권 없는 대리인의 복임권행사에 의한 복대리인의 대리행위에 표현대리가 성립하는가. 민법 제120조는 본인과 대리인과의 위임관계가 불명확한 경우에 임의대리인의 복임권에 관한 보충규정일 뿐 복임권 없는 대리인에 의하여 선임된 복대리인의 대리행위는 어떠한 경우를 막론하고 소위 초과행위(권한을 넘는 표현대리)가 될 수 없는 성질의 행위라는 취지까지를 정한 것은 아니므로 긍정할 것이라고 보아야 하고, 판례 또한 표현대리의 성립을 긍정한다.[69]

(나) 법정대리인의 복임권 법정대리인은 언제나 복임권을 갖는다(§112 본문). 그 이유는 일반적으로 법정대리인에 있어서는 그 권한이 넓고, 또한 사임도 쉽

67) 대판 1969.10.14, 69다1384.
66) 대판 1996.1.26, 94다30690.
69) 대판 1967.11.21, 65다2197.

지 않을 뿐만 아니라, 본인의 신뢰관계로 대리인이 된 자가 아니기 때문이다.

다만, 복임권의 성질을 復授權行爲로 볼 때 그 이론적 근거가 문제되나 대리인의 복대리인에 대한 전적인 책임 속에 대리인의 복수권을 포함한 것으로 본다.

法定代理人은 복대리인의 행위에 관하여 代理人이 전적으로 책임을 지나(무과실책임), 부득이한 사유가 있을 경우에는 책임이 경감된다(§122 단서, §121 ①). 따라서 任意代理에서와 같이 선임·감독의 책임을 진다.

(다) 복대리인의 복임권 복대리인은 다시 복대리인을 선임할 수 있는가. 다수설은 긍정한다. 다만 복대리인을 대리인에서와 같이 복대리인의 대리인의 선임, 즉 복대리인의 복임권을 인정할 것인가.

否定說은 대리인의 복임권은 규정하고 있으나 복대리인의 복임권은 명문규정이 없음을 드나, 다수설은 복대리인은 다시 대리인을 선임할 필요가 있게 되므로 법정대리는 물론, 임의대리에서도 임의대리인과 동일한 조건으로 복대리인을 선임할 수 있는 것이라고 한다. 그러나 任意代理에서의 복임권이 본인의 허락이 있거나 부득이한 사유가 있는 경우에만 인정되는 점에서 보면 복대리인의 선임에도 동일하고 또한 복대리인의 선임에 부득이한 사유의 문제는 다시 대리인의 지위에서 결정될 문제일 뿐만 아니라, 특히 法定代理에서는 본인의 신뢰를 바탕으로 하지 않으면서도 복대리인의 복임권을 무한히 인정하면 법률관계가 지나치게 번잡해 질 것이어서 부정함이 타당하다.

(3) 대리인의 복임권에 바탕하지 않고 선임된 복대리인은 본인과 관계에서 본인의 대리인으로 되지 못하고, 동시에 복대리인이 제3자와 관계에서 행한 대리행위는 무권대리행위로 된다.

2. 複任權行使와 대리인의 本人에 대한 책임

(1) 任意代理人의 本人에 대한 책임

임의대리인은 대리인의 복대리인 선임에 따른 책임은 원칙적으로 선임·감독에 대한 책임을 진다(§121 ①).

다만, 本人이 指名한 者를 선임한 경우에는 그 부적임·불성실의 고지의무를 해태한 때에만 책임을 진다(동조 ②).

⑵ 法定代理人의 本人에 대한 책임

법정대리인은 복대리인의 행위에 관하여 전적으로 책임을 진다(무과실책임). 그러나 부득이한 사유가 있을 경우에는 책임이 경감된다(§122 단서, §121 ①). 따라서 임의대리에서와 같이 선임·감독의 책임을 진다.

⑶ 複代理人의 代理人에 대한 책임

복대리인이 복임권을 행사한 경우 복대리인의 대리인에 대한 책임은 대리인의 복임권행사에 따른 본인에 대한 책임과 동일하다. 따라서 임의대리에서의 복대리인의 대리인의 책임은 원칙적으로 선임·감독의 책임을 지나 법정대리에서 복대리인의 대리인에 대한 책임은 전적인 책임을 진다.

[112] Ⅲ. 複代理人의 地位

1. 代理人에 대한 지위

⑴ 複代理人은 대리인의 대리권의 범위에서 대리인의 신뢰와 이름으로 선임된 本人의 代理人이다. 따라서 대리인과 복대리인은 모두 本人을 대리한다.

또한 대리인의 대리권의 존속 및 범위에 의존한다.

(ㄱ) 대리인의 대리권의 범위 내에서 대리권을 가진다.

(ㄴ) 대리인의 대리권소멸로 복대리인의 대리권도 소멸한다(단, 소송대리 제외).

(ㄷ) 복대리인의 선임으로 대리인의 대리권은 소멸하지 않는다.

⑵ 복대리인은 대리인의 복임권에 기하여 선임되고 대리인의 대리권에 바탕한 것이므로 대리인의 감독을 받는다.

2. 相對方에 대한 지위

복대리인은 대리인에 의하여 선임된 자이지만, 본인의 대리인이므로 복대리인의 대리행위는 직접 본인의 이름으로 대리한다(§123 ①). 따라서 대리행위에 관한 민법 제115조(현명주의)·제116조(대리행위의 하자) 등의 규정은 복대리인의 대리행위에도 당연히 적용된다.

판례는 대리인이 대리권 소멸 후 복대리인을 선임하여 복대리인으로 하여금 상대방과 사이에 대리행위를 하게 한 경우에도 민법 제129조에 의한 표현대리가 성립하는 것이라고 한다.70)

3. 本人에 대한 지위

복대리인은 본인의 대리인이지만 본인의 의사에 의해 선임된 자가 아니므로 본인에 대한 특별한 내부관계는 존재하지 않는다. 그러나 본인은 복대리인의 대리행위에 의하여 대리인의 대리행위에 의하는 경우와 동일한 利害를 받게 되므로, 민법은 복대리인을 본인이나 제3자에 대한 관계에서 대리인과 동일한 권리·의무를 가지는 것으로 규정한다(§123 ②). 더욱 代理人이 수임인인 경우에는 복대리인도 本人에 대하여 수임인으로서의 권리·의무를 지게 된다.

여기서 민법 제123조 제2항이 "복대리인은 본인에 대하여 대리인과 동일한 권리·의무가 있다."라고 규정한 것이 무엇을 의미하는가.

權利關係擬制說은 민법 제123조 제2항에 의하여 본인·대리인간의 내부 기초적 법률관계가 본인·복대리인 간의 내부적 법률관계로 의제된다고 한다. 그러나 代理人同一資格說은 복대리인은 본인 및 제3자에 대하여 대리인과 동일한 자격이 있다고 하는 취지에 불과한 것이라고 한다.

생각건대, 민법 제123조 제2항이 들고 있는 '本人에 대한 受任人으로서의 地位'란 개념은 복대리인의 선임이 임의대리에서 본인의 허락 또는 법정대리의 기초적 법률관계가 당연히 의제된다고는 볼 수 없고 본인 및 제3자에 대하여 대리인과 동일한 자격이 부여되는 지위를 규정한 것으로 본다. 따라서 복대리인은 본인과 대리인 사이에서와 같은 내부관계로서 지위를 가진다(§123 ②).

70) 대판 1998.5.29, 97다55317.

[113] Ⅳ. 複代理權의 消滅

1. 復代理權의 소멸사유

복대리인은 본인에 대한 대리인이므로 대리권소멸의 일반적 사유에 의하여 소멸하게 됨은 물론이다. 또한 대리인에 의하여 선임되고 대리인의 대리권에 바탕을 둠으로 대리인과 복대리인 간의 수권행위의 철회 및 대리인의 대리권소멸에 의하여도 소멸한다.

다만, 本人의 死亡으로 복대리권이 소멸하는가. 복대리인은 임의대리의 일종이므로 임의대리인에서와 같이 당연 소멸사유로 되는 것은 아니며, 본인과 대리인간의 수권의 내부관계가 本人의 死亡에도 존속하는 때에는 복대리인의 대리권도 존속한다.

2. 復代理權消滅의 효과

복대리권의 소멸로 복대리인의 대리권은 소멸한다. 따라서 복대리권 소멸 후 복대리인의 대리행위는 무권대리로 된다. 그러나 그 유권대리로서의 표현을 갖추는 범위에서 表見代理가 성립한다.

판례 또한 민법상 표현대리에 관한 법리는 대리와 복대리 간에 차이가 있는 것은 아니라고 하여 이를 긍정한다.[71]

71) 대판 1962.10.18, 62다508.

제 4 절 無權代理

(1) 表見代理	① 대리권 수여표시에 의한 표현대리(§125) ② 권한을 넘은 표현대리(§126) ③ 대리권소멸 후의 표현대리(§129)
(2) 狹義의 無權代理(§130 이하의 무권대리)	

[114] Ⅰ. 無權代理의 概念

1. 無權代理의 의의

(1) 無權代理란 대리권 없이 행한 대리행위, 즉 대리행위의 다른 요건을 갖추고 있으나 대리권만이 없는 행위를 말한다.

無權代理行爲는 대리권이 없이 행한 것이므로 법률행위의 효력은 본인에 대하여는 물론, 대리적 효과의사로 행한 것이므로 무권대리인 자신에 관하여도 발생시킬 수 없고, 다만 무권대리인이 상대방에 대하여 불법행위법상 손해배상 책임을 지는데 불과함이 본래의 효과이다. 그러나 이와 같은 효과만으로써는 대리제도의 본래 기능을 다하기 어렵고, 특히 무권대리행위와 관련하여 정당한 대리인이라고 믿고 거래한 상대방의 기대를 저버리게 되는 결과를 가져오므로, 민법은 대리제도의 신용유지와 그 상대방 보호를 위하여 약간의 특별규정을 두고 있다. 즉 민법상 무권대리행위는 대리권 없는 행위이지만 본인과의 관계에 있어서는 완전히 무효로 하지 않고 본인의 추인에 의하여 대리의 효과를 발생시킬 수 있는 여지를 두는 것과 동시에 무권대리인에게 무거운 책임을 주고, 또한 본인과 무권대리인 사이에 어떤 긴밀한 관계가 있는 경우에는 본래 무권대리이어야 할 행위로 하여금 정당한 대리행위로서 효과를 발생시키고 있다. 전자를 통상 狹義의 無權代理, 후자를 表見代理라고 한다.

(2) 민법은 표현대리와 무권대리를 구분하여 전자는 민법 제125조·제126조·제129조에서, 후자는 민법 제130조 이하에서 각각 규정하고 있다.

이와 같이 우리 민법은 대리권 없는 대리에 표현대리와 무권대리를 현격히 구별하여 규정함으로써, 여기서 민법 제130조 이하의 무권대리가 대리권 없는 대리임은 명백하지만, 민법 제125조 이하에서의 표현대리도 무권대리의 일종으로 다룰 것인가.

통설은 외부적 수권을 부정하고, 표현대리를 무권대리의 일종이라고 본다. 따라서 표현대리는 무권대리이지만 대리제도의 신용유지와 거래의 안전을 보호하기 위한 필요에서 유권대리에서와 같은 본인의 책임을 규정한 것이라고 본다.

판례 또한 유권대리는 본인이 대리인에게 수여한 대리권의 효력에 의하여 법률효과가 발생하는 반면, 표현대리는 대리권이 없음에도 불구하고 법률이 특히 상대방보호와 거래의 안전유지를 위하여 본래 무효인 무권대리행위의 효과를 본인에게 미치게 한 것으로서 표현대리가 성립된다고 하여 무권대리의 성질이 유권대리로 전환되는 것은 아니라고 하고, 양자에 구성요건사실 즉 주요사실을 명확히 구별한다.[72)]

2. 無權代理의 태양

(1) 狹義의 無權代理

대리권 없는 대리, 즉 대리인에 전혀 대리권이 없으면서 행한 대리를 말하며, 민법이 정한 表見代理로서의 요건을 갖추지 못한 경우의 대리이다.

이와 같이 狹義의 無權代理는 대리인에 전혀 대리권이 없을 뿐만 아니라, 상대방의 입장에서도 무권대리인에 대리권이 있는 것이라고 볼 수 있는 외관도 존재하지 아니한 경우이므로 협의의 무권대리가 무권대리임에는 의문의 여지가 없다.

(2) 表見代理

협의의 무권대리와의 관계에서 表見代理는 무권대리인가. 즉 표현대리도 무권대리이지만 본인의 책임으로 볼 것인가, 아니면 본인의 외부적 수권에 의한 유권대리로 볼 것인가, 특히 표현대리의 본인에의 효과귀속의 근거와 관련하여 양자 관계의 이론구성을 달리한다.

---

72) 대판 1983.3.27, 83다카1489.

無權代理說은 표현대리는 무권대리의 일종이라 보나, 다만 무권대리인의 대리행위에 대하여 그 효과가 본인에 귀속되는 근거는 무권대리인의 표현대리행위에 대한 외관이 존재하고 또한 그러한 외관의 발생에 관하여 본인이 어느 정도 원인을 주고 있는데 따른 책임이라고 한다.

有權代理說은 대리권수여는 본인의 자기결정인 수권행위의 효과로서 내부적 수권행위에 의하여 내부적 수권이, 외부적 수권행위에 의하여 외부적 수권이 발생한다고 하고 통상적인 유권대리에 있어서는 양자가 함께 존재하지만 표현대리에 있어서는 내부적 수권이 없거나(§125), 소멸한 경우(§129) 또는 내부적 수권의 일부만 존재하는 경우(§126)로서 내부적 수권이 없는 경우에도 외부적 수권에 의하여도 대리권이 유효히 성립한다고 보며, 이 경우에는 표현대리가 유권대리로 설명되는데 대하여 협의의 무권대리는 내부적 수권도 외부적 수권도 존재하지 아니하는 진정한 무권대리로서 양자는 본질적으로 구별되는 것이라고 한다(이영준 524면).[73]

표현대리의 본질에 관하여 有權代理說은 대리이론에 있어 사적자치의 원칙을 부각시켜, 자기결정의 이론과 함께 내부적·외부적 수권의 구별을 통하여 유권대리·무권대리·표현대리의 차이를 이론적으로 명백히 하려고 한다. 그러나 無權代理說은 대리권존재의 외관과 이러한 외관을 창출한데 대한 본인의 책임으로 이해함으로써 결국 양설의 차이는 무권대리설이 외관 자체를 중시한데 대하여 유권대리설은 그러한 외관을 창출한 자기결정권을 중시하려는데 있다. 여기서 有權代理說이 자기결정의 측면을 중시하여 내부적 수권 없이 외부적 수권뿐인 표현대리를 유권대리로 의제한 점이 문제되고 또한 無權代理說은 그 법률상 효과 귀속에서 지나치게 무권대리로의 성격을 강조한다는 점에서 문제가 지적된다.[74]

통설은 외관책임설(법정책임설)에 근거하여 無權代理說을 취한다. 민법은 표현대리가 성립한 경우 유권대리로 된다거나, 유권대리와 같은 효과가 생긴다는 표현은 쓰지 않고 "본인은 … 책임이 있다."라고 규정한 입법취지로 보아 상대방 보호 또는 거래안전을 위한 법정책임이라고 본다. 따라서 무권대리설의 입장에서 표현대리란 대리인에게 대리권이 없음에도 불구하고, 마치 대리권이 있

73) 양 학설, 즉 무권대리설은 외관 자체를 중시하여 그 법률효과 귀속에 지나치게 무권대리를 강조함이 문제이고, 유권대리설은 그러한 외관을 창출한 자기결정권을 중시하나 내부적 수권없이 외부적 수권뿐인 표현대리를 유권대리로 의제함이 문제라 한다[구연창, 표현대리와 민법 제130~135조(고시계 1987.3) 96면].

74) 구연창, 표현대리와민법제130내지135조, 고시계(1987.3) 96면.

는 것과 같은 외관을 갖고, 또한 그러한 외관의 발생에 관하여 본인도 어느 정도의 원인을 주고 있는 경우에는 본인이 책임을 지게 함으로써 마치 유권대리에서와 같은 효과를 본인에 발생케 하는 제도라고 해석된다.

또한, 판례도 "대리권에 기한 대리의 경우나 표현대리의 경우 모두 제3자가 행한 대리행위의 효과가 본인에게 귀속된다는 점에서는 차이가 없으나, 유권대리에서는 본인이 수여한 대리권의 효력에 의하여 위와 같은 효과가 발생하는 반면, 표현대리에서는 대리권이 없음에도 불구하고 법률이 특히 거래의 상대방 보호와 거래안전의 유지를 위하여 본래 무효인 무권대리행위의 효과를 본인에게 미치게 한 것으로서 표현대리가 성립한다고 하여 무권대리의 성질이 유권대리로 전환되는 것은 아니어서 양자의 구성요건사실, 즉 주요사실은 서로 다르다고 볼 수밖에 없으므로 유권대리에 관한 주장 가운데 무권대리에 속하는 표현대리의 주장이 포함되어 있다고 볼 수 없으며, 따로이 표현대리에 관한 주장이 없는 한 법원은 나아가 표현대리의 성립 여부를 심리・판단할 필요가 없다."라고 하여 외관책임설에 따른 무권대리설을 명백히 하고 있다.[75]

이들을 종합할 때 결국 表見代理의 法律的 性質을 어떻게 볼 것인가는 자기결정의 책임이냐 외관책임이냐의 문제로서 통설인 無權代理說의 입장을 취한다고 하더라도 그 외관에 대한 책임은 대리권존재의 외관과 아울러 이러한 외관을 창출한데 본인의 책임 있는 경우에만 인정하는 점에서 순수한 외관이론에만 의하는 것은 아니어서 유권대리설이 주장하는 자기결정의 요소를 도외시 하는 것은 아니다. 그러나 민법은 표현대리의 성립에 따른 본인의 책임 형태로 규정하고 있는 점에서 보면 무권대리설을 취하고 있음은 명백하다.

3. 狹義의 無權代理와 表見代理의 관계

(1) 兩者의 관계

표현대리가 성립하면 처음부터 유권대리의 일종으로 보는 견해에서는 달리 문제될 여지가 없지만, 표현대리를 무권대리의 일종으로 보는 통설에 의하면 다시 민법 제130조 이하 협의의 무권대리와 표현대리의 관계가 문제된다.

즉, 표현대리를 무권대리의 일종으로 보면 광의의 무권대리를 어떻게 파악할

75) 대판 1983.3.27, 83다카1489.

것인가. 견해가 대립한다.

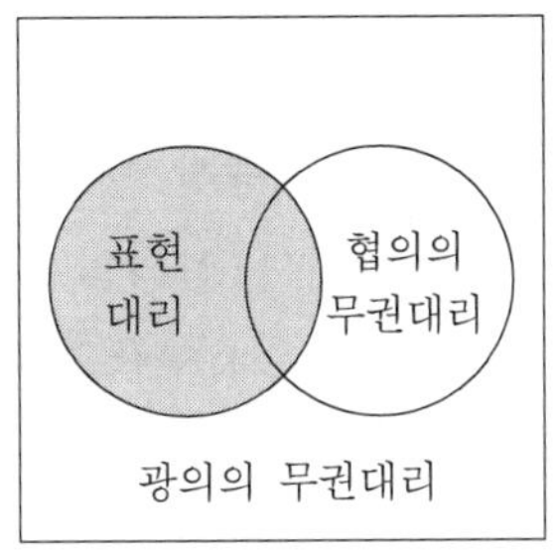

狹義의 無權代理를 광의로 보는 說은 협의의 무권대리가 무권대리 일반, 즉 광의의 무권대리이고 그 특별한 경우가 표현대리라고 본다(김용한 363면, 김주수 439면, 고상룡 534면).

狹義의 無權代理와 表見代理를 광의로 보는 說은 표현대리를 무권대리의 일종으로 보아 협의의 무권대리와 표현대리를 합한 것이 무권대리라고 한다.

위 학설에서 狹義의 無權代理를 광의로 보는 설은 표현대리가 성립하더라도 무권대리성을 잃지 아니하므로 민법 제130조 내지 제134조의 규정은 물론 제135조의 규정도 적용되고 이로써 상대방은 표현대리와 제135조에 의한 책임을 선택적으로 주장할 수 있는 것이라고 한다. 그러나 狹義의 無權代理와 表見代理를 광의로 보는 설은 표현대리제도는 상대방 보호·거래안전을 위하여 본인을 구속하는 제도에 지나지 않으며, 그 밖의 점에서는 무권대리의 성격을 가지므로 민법 제130조(추인권·최고권) 내지 제134조(철회권)의 적용을 인정하나 제135조(무권대리인의 책임)는 배척될 것이라고 한다. 그 결과 협의의 무권대리와 표현대리를 광의의 무권대리로 보는 견해, 즉 制限的適用說에 의하면 표현대리를 무권대리로 보면서 무권대리의 전형적 효과인 제135조의 적용을 부정하는 것은 논리적으로 모순이며, 또한 협의의 무권대리를 광의의 무권대리로 보는 견해, 즉 全面的適用說에 의하면 표현대리의 상대방으로 하여금 제135조에 의한 책임을 물을 수 있게 함으로써 표현대리의 상대방에 대하여 무권대리의 상대방보다 더 두터운 보호를 주게 되는 결과를 가져오게 된다.

이러한 결점은 표현대리 자체를 무권대리로 보지 않고 유권대리로 취급하게 되면 해결될 것이지만, 표현대리를 무권대리의 하나로 취급하면서 이를 어떻게 해결할 것인가. 새로운 견해는 민법 제130조 내지 제135조는 광의의 무권대리에 관한 일반규정으로 보고, 제125조 내지 제129조를 무권대리의 특별규정으로 보아 결국 제130조 내지 제135조는 표현대리를 제외한 협의의 무권대리에만 적용되는 것이라고 하여 양설의 결점을 제거하려고 한다.[76]

통설·판례는 표현대리를 무권대리의 일종으로 보아 협의의 무권대리와 표

76) 구연창, 전게논문 100면.

현대리를 합한 것이 광의의 무권대리라고 본다. 따라서 통설 · 판례에 의하면 표현대리는 광의의 무권대리를 이루는 것이어서 협의의 무권대리성도 가진다.

(2) 表見代理와 民法 제130조이하의 적용

표현대리와 협의의 무권대리는 별개의 것이고 표현대리가 성립하면 유권대리로 된다는 有權代理說에 의하면 표현대리에는 민법 제114조가 적용되고 제130조 이하의 규정은 적용되지 않는다. 그러나 협의의 무권대리와 표현대리를 합한 것이 광의의 무권대리로 보거나 협의의 무권대리가 광의의 무권대리이고 표현대리는 그 특별한 것이라고 보면 표현대리가 무권대리성을 갖게 되므로 협의의 무권대리에 관한 민법 제130조 이하의 규정은 표현대리에 어떻게 적용되는가. 견해가 대립한다.

補充的責任說은 광의의 무권대리 중 표현대리 이외의 것이 협의의 무권대리로서 표현대리는 무권대리로서의 성질을 잃지 아니하므로 무권대리에 관한 규정도 적용되나, 다만 제135조(상대방에 대한 책임)의 적용은 소극적이라고 한다[곽윤직 277면, 차한성, 주해(3) 94면].

責任選擇說은 협의의 무권대리가 무권대리일반, 즉 광의의 무권대리이며, 그 특별한 경우가 표현대리이므로 표현대리에는 협의의 무권대리와 표현대리에 관한 민법규정이 경합 적용되는 것이라고 한다(김용한 363면, 김주수 439면, 고상룡 534면).

獨立責任說은 협의의 무권대리와 표현대리의 관계를 민법 제130조 내지 135조는 광의의 무권대리에 관한 일반규정으로 보고, 제125조 내지 제126조를 무권대리의 특별규정으로 보아 결국 제130조 내지 제135조는 표현대리를 제외한 협의의 무권대리에만 적용되는 것이라고 한다[구연창, 표현대리와민법제130조내지제135조, 고시계(1987.3) 100면].

결국, 학설의 차이는 민법 제135조가 표현대리에 적용, 즉 민법 제135조에 의한 무권대리인의 책임을 묻기 위한 요건으로서 명문 규정은 없지만 해석상 '표현대리에 해당하지 않을 것'이라는 요건을 부가할 것인가 여부에 있다.

다수설은 補充責任說을 취하여 표현대리가 성립하면 무권대리에 관한 규정도 적용되므로 표현대리의 상대방도 무권대리성을 주장(특히, 철회권)할 수 있으나, 다만 표현대리로서 본인이 책임을 지는 이상 제135조(상대방에 대한 책임)의 적용은 신의칙상 배척되는 것이라고 한다.

생각건대, 표현대리제도는 표현대리에 해당하는 경우에도 상대방이 이를 주장하느냐, 않느냐의 자유를 가지는 까닭에 만일 표현대리를 주장하지 않는다면 그것도 협의의 무권대리가 된다. 또한 협의의 무권대리에서는 상대방이 대리의 효과를 주장하지 못하고 오직 본인만이 추인에 의해 유효한 대리행위로 할 수 있을 따름이며 그 효과는 대리행위가 계약이냐, 단독행위이냐에 따라 차이가 있다. 따라서 표현대리는 결국 무권대리성도 가지지만 협의의 무권대리와 동일시할 수 있는 것은 아니다.

[115] Ⅱ. 表見代理

1. 表見代理의 의의와 본질

(1) 表見代理의 의의

表見代理란 실제로 대리인에 대리권이 없지만 제3자에 대하여는 진정한 대리권이 있는 대리인의 행위로 믿게 할 만한 특별한 사정, 즉 민법 제125조·제126조·제129조가 정한 일정요건을 갖춘 경우 민법이 마치 정당한 대리에서와 같이 그 행위의 효력을 직접 본인에 귀속케 하는 경우의 대리를 말한다.

(2) 表見代理의 본질

표현대리가 성립하면 일단 본인에 관하여 유권대리와 같은 효력이 발생한다. 그렇다면 표현대리의 효력이 본인에 발생하는 근거는 어디에 있는가. 예컨대 표현대리를 有權代理로 보는 경우에는 그 행위에 대한 실질적 대리권이 존재하지 않는 것과 관련하여 문제되고, 또한 無權代理로 보는 경우에는 대리권이 없거나 대리권을 초과한 것이면서 왜 본인에 효력이 발생하는가. 표현대리 본질론의 문제이며 민법상 표현대리규정의 적용범위, 소송상 대리 및 입증책임 등과 관련하여 중요한 의미를 가진다.

意思表示責任說은 표현대리는 무권대리가 아니며 그 태양에 따른 책임, 즉 대리권수여표시의 효력, 다른 사항에 관한 대리권수여의 효력, 과거 대리권의 효력으로 본인이 지는 책임라고 하나,[77] 통설은 표현대리는 무권대리이지만 마치 유권대리와 같은 외관을 가지고 그 외관형성에 본인이 기여한 바 있으므로 상대방과 거래안전 보호를 위한 법정책임이라고 한다.

---

77) 이영준 608면.

2. 表見代理의 태양과 요건

(1) 제125조의 表見代理

甲은 乙에게 자기 소유부동산에 저당권을 설정하고 금전을 차용하라는 내용의 대리권을 수여하면서 수임자란과 위임사항란을 백지로 한 위임장을 교부하였다. 乙은 이를 기화로 사정을 알지 못하는 丙에게 위 부동산을 매각하고 이전등기를 경료하였다.

(1) 甲은 丙에 대하여 등기의 말소를 청구할 수 있는가.

(2) 乙이 그 위임장을 丁에 교부하여 丁이 위 부동산을 丙에게 매각하였다면 어떻게 되는가.

(가) 제125조의 표현대리의 의의 대리권수여표시에 의한 표현대리, 예컨대 甲이 乙에게 대리권을 준 뜻을 丙에 대하여 표시는 하였지만, 사실은 甲·乙간에 아직 대리권의 수여가 없는 경우 성립할 수 있는 표현대리이다.

민법 제125조는 "제3자에 대하여 타인에게 대리권을 수여함을 표시한 자는 그 대리권의 범위 내에서 행한 그 타인과 그 제3자간의 법률행위에 대하여 책임이 있다. 그러나 제3자가 대리권 없음을 알았거나 알 수 있었을 때에는 그러지 아니하다."라고 규정하여 이를 일명 제125조의 표현대리라고도 한다.

이와 같이 동조가 대리인에 대리권이 없음에도 그 타인과 제3자간의 법률행위를 본인의 책임으로 한 근거가 무엇인가. 다수설은 外觀의 法定責任으로 이해하는데 반하여 소수설은 수권론에 근거하여 본인과 대리인간의 내부적 수권은 없으나 본인과 제3자간의 외부적 수권이 존재하므로 이 外部的 授權에 따른 본인에의 효과귀속으로 이해한다. 따라서 본조 본문의 '대리권의 범위 내'에서란 바로 이 외부적 수권의 범위 내라고 하는 취지이고 본조 단서의 '대리권 없음'은 내부적 수권이 없음을 뜻하는 것이라고 한다.

(나) 제125조의 표현대리의 성립 동조 규정의 표현대리가 성립하기 위해서는 다음의 요건을 갖추어야 한다.

(ㄱ) 본인이 제3자에 대하여 타인에게 대리권을 수여함을 표시(통지)하여야 한다. 여기서 第3者란 대리행위의 상대방(丙)이 될 자를 가리키며 표시의 방법은 제한이 없고 불특정 제3자에 대하여도 무방하다.

또한, 이때 通知는 수권행위가 있었다는 이른바 관념통지인가, 대리권수여의

意思表示인가. 소수설을 외부적 수권론에 입각하여 제125조의 표시는 의사표시이며, 상대방에 대한 수권행위라고 하나, 다수설은 외관책임론에 입각한 관념통지로 이해한다.

판례는 민법 제125조가 규정하는 대리권수여의 표시에 의한 표현대리는 본인과 대리행위를 한 자 사이의 기본적인 법률관계의 성질이나 그 효력의 유무와는 관계없이 어떤 자가 본인을 위하여 제3자와 법률행위를 함에 있어 본인이 그 자에게 대리권을 수여하였다는 표시를 제3자에게 한 경우에 성립하는 것이고, 이때 서면을 교부하는 방법으로 민법 제125조 소정의 대리권수여의 표시가 있었다고 하기 위해서는 본인을 대리한다고 하는 자가 제출하거나 소지하고 있는 서면의 내용과 그러한 서면이 작성되어 교부된 경위나 형태 및 대리행위라고 주장하는 행위의 종류와 성질 등을 종합하여 판단할 것이라고 한다.[78]

그리하여 부동산처분에 관한 소요서류를 구비하여 타인에게 교부한 경우에 상대방을 특정하지 않은 때에는 타인에게 부동산처분에 관한 대리권을 수여한 취지를 표시한 것이라고 한다.[79] 그러나 甲이 주채무액을 알지 못한 상태에서 주채무자의 부탁으로 채권자와 보증계약체결 여부를 교섭하는 과정에서 채권자에게 보증의사를 표시한 후 주채무가 거액인 사실을 알고서 보증계약체결을 단념하였으나 甲의 도장과 보증용 과세증명서를 소지하게 된 주채무자가 임의로 甲을 대위하여 채권자와 사이에 보증계약을 체결한 경우, 甲이 채권자에 대하여 주채무자에게 보증계약체결의 대리권을 수여하는 표시를 한 것이라고 단정할 수 없는 것이라고 하였다.[80]

(a) 授權의 表示가 비록 타인의 기망에 의한 것이라도 제125조는 적용된다. 다만 백지위임장을 교부한 경우 이를 교부 받은 자가 백지부분을 보충하여 제3자에 제시한 내용이 본인으로부터 표시 위탁받은 내용과 상이한 경우에도 제125조가 적용되는가. 다수설은 백지보충권의 남용에 해당하지 않는 한 긍정할 것이라고 한다.[81]

(b) 夫婦간에도 授權行爲를 요하는가. 판례는 대리가 적법하게 성립하기 위

78) 대판 2001.8.21, 2001다31264.
79) 대판 1959.7.2, 4291민상329.
80) 대판 2000.5.30, 2000다2566.
81) 고상룡 569면.

해서는 대리행위를 한 자, 즉 대리인이 본인을 대리할 권한을 가지고 그 대리권의 범위 내에서 법률행위를 하였음을 요하며, 부부의 경우에도 일상의 가사가 아닌 법률행위에 배우자를 대리하여 행함에 있어서는 별도로 대리권을 수여하는 수권행위가 필요한 것이지, 부부의 일방이 의식불명의 상태에 있어 사회통념상 대리관계를 인정할 필요가 있다는 사정만으로 그 배우자가 당연히 채무의 부담행위를 포함한 모든 법률행위에 관하여 대리권을 갖는다고 볼 것은 아니라고 하여 긍정한다.[82]

(c) 타인에 대하여 자기명의의 사용을 허락하거나 묵인한 것도 대리권수여표시에 해당하는가. 특별한 사정이 없는 이상 긍정되고 판례 또한 동일하다.[83]

(ㄴ) 대리권수여의 의사표시를 받은 자와 간에 表示된 사항에 관하여 무권대리인이 대리행위를 하였을 것이어야 한다. 그러나 수권표시의 객관적 범위를 넘는 행위가 있는 때에는 그 초과부분에 대하여는 제126조가 적용된다.

(ㄷ) 상대방이 善意·無過失일 것이어야 하고, 선의 또는 무과실에 대한 입증책임은 본인에 있다.

위 사례에서 백지보충권의 남용으로 표현대리가 인정되는 경우는 주로 민법 제125조, 제126조의 표현대리가 관련된다.

사안에서 甲은 수임자란과 위임사항란을 백지로 하여 교부한 것이므로 백지위임장의 직접적 피교부자인 乙이 위임사항의 공백을 남용하여 부동산을 매각처분한 직접형의 위임남용에 해당하고 그 효력에 관하여 견해가 대립된다.

第126條適用說은 백지위임장의 위임사항 부분에서는 위조된 것이나 정당한 위임장이므로 이때에는 민법 제125조를 적용하지 못하는 것이라고 하고, 重複適用說은 백지위임장의 피교부자, 즉 백지보충권자(정당한 소지인)는 일정한 범위의 대리권이 수여되고 있는 것이므로 위의 백지보충남용에 의한 대리행위는 민법 제126조의 표현대리가 성립하는 외에, 교부 당시 예정되어 있지 않은 상대방과 거래한 때에는 그 상대방에 대하여는 백지위임장에 의한 민법 제125조의 수권표시가 있는 것으로 인정할 것이라고 하며, 이 경우 상대방 보호는 그의 선의·무과실의 여부에 있는 것이라고 한다. 그러나 통상의 경우 대리인이 백지부분을 보충할 때 그 남용이 있었다면 민법 제126조에 의한 표현대리가 성립한다.

그렇지만 설문 (2)에서와 같이 乙이 백지위임장을 丁에게 교부하고 丁이 백지를 보충하여 대리행위를 한 때에는 먼저 복대리의 문제로서 정당한 복대리로 성립한 경우이면 그 위임사항 보충권남용부분에 대하여만 월권대리로서 제126조가

82) 대판 2000.12.8, 99다37856.
83) 대판 1964.4.7, 63다638.

문제되나 정당한 복대리로 성립하지 않는 때에는 제125조의 문제로 되고, 또한 제125조 성립을 바탕으로 그 월권부분에 대하여는 제126조 적용문제로 된다.

⑴ 甲의 丙에 대한 登記抹消請求權 인정 여부[설문 (1) 경우]

甲이 乙에게 대리권을 수여하였으나 위임사항을 백지로 함에 따라 乙이 그 보충권을 남용한 것이므로 이는 제126조의 적용의 문제로서 丙의 선의·무과실인 때에는 표현대리가 성립한다. 따라서 사안에서 乙은 이를 알지 못하는 丙에 매각처분한 것이므로 丙은 자기의 과실이 없는 한 유효한 거래행위가 성립하고 甲으로부터의 소유권이전등기청구권을 행사할 수 있다.

⑵ 丁의 不動産賣却과 登記抹消請求權 인정 여부[설문 (2) 경우]

乙이 그 백지위임장을 丁에 교부하고 丁이 丙에 부동산을 매각한 경우는 백지위임장의 전득자인 丁이 백지부분을 남용하여 대리한 경우에는 간접적 남용의 경우이다. 이 경우에는 丁의 복대리 문제로서 乙·丁간에 특별한 사정이 없는 한 丁의 복대리가 성립하고, 丁의 甲에 대한 복대리인의 행위로서 제126조에 의한 丙의 소유권이전을 청구할 수 있으나 丁의 복대리가 성립하지 않으면 일단 제125조에 의한 표현대리로서 성립을 주장하고 그 월권사항에 대하여는 다시 제126조를 적용하여 丙은 甲에 대하여 소유권이전을 청구할 수 있다.

(다) 제125조의 표현대리의 적용범위　　민법 제125조가 적용되는 것은 任意代理에 적용된다.

(ㄱ) 동조는 法定代理에도 적용되는가. 즉 임의대리는 본인의 수권에 의한 책임이므로 당연하지만, 법정대리에는 본인의 수권행위가 존재하지 아니하므로 그 적용이 배제될 것인가. 견해가 대립한다.

適用否定說은 법정대리에는 본인의 수권행위가 존재하지 아니하므로 동조 규정은 임의대리에만 적용되고 법정대리에는 적용되지 아니하는 것이라고 한다[곽윤직 279면, 고상룡 562면, 김학동 441면, 백태승 497면, 송덕수 민법강의(상) 227면].

適用肯定說은 법정대리에도 유권대리와 같은 외관이 주어지는 경우, 예컨대 호적의 표시나 공고는 수권행위에 준할 뿐만 아니라 거래의 상대방을 보호할 필요는 임의대리와 다르지 않다는 점을 든다(김용한 375면, 김주수 459면, 장경학 586면, 김상용 626면) 또한, 경우를 나누어서 허위의 혼인신고, 인지신고는 동일한 것이라고 볼 수 있고, 특히 가사대리권은 혼인신고에 의하여 발생한 것이란 점에서 법정대리에도 동일한 것이라고 한다(이영준 531면, 이은영 636면).

동조 책임을 본인의 상대방에 대한 대리권을 수여 표시한데 대한 법정책임으로 보는 통설에 의하면, 법정대리인은 본인이 선임한 것이 아니어서 본인이 어떤 자에 법정대리권을 주었다고 하는 것은 무의미하므로 법정대리에는 적용을 배척하고 임의대리에만 적용되는 것이라고 한다. 판례 또한 미성년자가 호적상 망 甲의 장남으로 등재되어 있다고 하더라도 그 망 甲과의 사이에 실체상 혈족관계가 전혀 없는 경우에는 망 甲의 처인 乙은 미성년자에 대한 친권자가 아니므로 乙이 미성년자의 법정대리인으로서 변호사에게 소송을 위임하고 그 위임에 기하여 미성년자의 소송대리를 한 경우에는 법정대리권 및 소송대리권의 흠결이 있는 경우에 해당하는 것이라고 하여 동조 적용을 배척한다.[84]

또한, 適用肯定說이 법정대리에서도 이에 준하는 외관이 존재한다고 하지만 이것은 개별적 수권의 표시가 아니므로 동일한 법리를 적용할 것은 아니다.

(ㄴ) 동조는 復代理에도 동일하게 적용된다.

(ㄷ) 訴訟代理에 적용되는가. 판례는 소송행위에는 민법상 표현대리규정이 적용 또는 준용될 수 없다고 할 것이므로, 무권대리인의 촉탁에 의하여 작성된 공정증서는 채권자는 물론 합동법률사무소나 공증인이 대리권이 있는 것으로 믿은 여부나 믿을 만한 정당한 사유의 유무에 관계없이 채무명의로서 효력을 부정한다.[85]

(ㄹ) 他人에 대해 自己名義의 사용을 허락한 者도 동조 책임을 부담하는가. 다수설은 민법 제125조와 상법 제215조(자칭사원의 책임)의 취지를 확장하여 긍정하고, 나아가 상법 제24조(명의대여자의 책임)는 영미법상 금반언칙을 명문화한 것이라고 한다. 또한 판례는 타인에 대하여 어느 사안에 관하여 자기사업을 자기의 이름으로 대행할 것을 허용한 사람은 그 사안에 관하여 자기가 책임을 부담할 지위에 있음을 표시한 것이라고 할 것이고, 그 사업을 대행한 사람 또는 그 피용자가 그 사업에 관하여 한 법률행위에 관하여 제3자에 대하여 그 책임이 있는 것이라고 하여 긍정한다.[86]

(ㅁ) 동조 표현대리는 日常家事代理에도 적용되는가. 민법 제125조는 法定代理에는 적용되지 않는다고 함이 통설이다. 따라서 일상가사대리도 법정대리의 일종이므로 일상가사대리에는 민법 제125조는 적용되지 않는다. 그러나 일상가사권의 범위를 넘는 배우자 일방의 대리행위에는 동조 규정이 적용될 것이다.

---

84) 대판 1955.5.12, 4287민상208.
85) 대판 1984.6.26, 82다카1758.
86) 대판 1964.4.7, 63다638.

⑵ 제126조의 表見代理

㈎ 제126조의 표현대리의 의의　대리인에 현재 대리권이 존재하지만 대리인이 자기대리권 밖의 행위, 즉 대리권의 범위를 넘어 상대방과 대리행위를 한 경우이며, 일명 越權代理라고 한다.

㈏ 제126조의 표현대리의 성립　동조 규정의 표현대리가 성립하기 위해서는 다음의 요건을 갖추어야 한다.

(ㄱ) 代理人의 代理權이 존재할 것이어야 한다. 대리인이 그 월권행위에 관여하는 대리권이 없으나 그 외에 일정 범위에서는 대리권을 가질 것이어야 한다. 따라서 기본대리권이 없는 자는 동조 규정의 표현대리관계는 성립할 여지가 없다.[87] 그러나 그 권한을 벗어난 행위와 동종 또는 유사한 것임을 요하는 것은 아니다.[88]

(ㄴ) 대리인이 권한 밖의 행위를 하였을 것, 즉 대리인에 대리권이 있으나 그 월권행위에 관하여는 대리권이 없을 것이어야 한다. 따라서 처음부터 대리권이 존재하지 아니하는 때에는 동조 규정은 적용되지 않는다.

(a) 대리인의 기본대리권은 원래 의미에서의 대리권, 즉 法律行爲의 代理는 물론이지만 事實行爲 또는 準法律行爲에 관한 수권을 포함하는가. 소수설은 사실행위의 수권도 무방하다고 하거나,[89] 제126조를 유추할 것이라고 한다.[90] 그러나 판례는 민법 제126조의 표현대리가 성립하기 위해서는 무권대리인에게 법률행위에 관한 기본대리권이 있어야 하는 바 증권회사로부터 위임받은 고객유치, 투자상담 및 권유, 위탁매매약정실적의 제고 등의 업무는 사실행위에 불과하므로 이를 기본대리권으로 하여서는 권한초과의 표현대리가 성립할 수 없는 것이라고 하여 사실행위의 수권을 부정한다.[91]

(b) 登記申請의 代理權을 가진 자의 월권행위에도 동조 규정이 적용되는가. 판례는 기본대리권이 등기신청행위라고 할지라도 표현대리인이 그 권한을 넘

87) 대판 1962.3.23, 4294민상483 ; 1963.9.19, 63다383; 판례는 기본적인 어떤 대리권이 없는 자는 대리권한유월 또는 소멸후의 표현대리관계는 성립할 여지가 없는 것이라고 한다.
88) 대판 1969.7.22, 69다548.
89) 김증한・김학동 442면.
90) 차한성, 주해(3) 150면.
91) 대판 1992.5.26, 91다32190; 1970.2.24, 69다2011.

어 대물변제라는 사법행위를 한 경우에는 표현대리의 법리가 적용되는 것이라고 한다.[92)]

(c) 表見的 代理權限을 넘은 경우, 즉 대리권의 수여를 통지한 때 그 통지된 범위를 넘은 행위를 한 경우(즉, 민법 제125조의 요건을 넘는 경우)와, 이전에 존재하였으나 이미 소멸해 버린 대리권의 범위를 넘는 경우(즉, 민법 제129조의 요건을 넘는 경우)에도 본조의 적용이 있는가.

다수설·판례는 기본대리권의 존재시기가 권한을 넘는 표현대리행위가 있을 당시임을 요하지 않고, 또한 민법 제126조와 제129조가 경합하는 경우에도 상대방을 보호할 필요가 있음은 동일할 뿐만 아니라, 본인이 책임을 질 사정도 존재한다는 점을 들어 긍정한다.[93)]

(d) 使者나 複代理人을 통하여 권한 외의 대리행위를 한 경우에도 본조가 적용되는가. 판례는 대리인이 使者 내지 임의로 선임한 복대리인을 통하여 권한 외의 법률행위를 한 경우, 상대방이 그 행위자를 유권대리인으로 믿었고 또한 그렇게 믿은데 정당한 이유가 있는 때에는, 복대리인 선임권이 없는 대리인에 의하여 선임된 복대리인의 권한도 기본대리권이 될 수 있을 뿐만 아니라, 그 행위자가 사자라고 하더라도 대리행위의 주체가 되는 대리인이 별도로 있고 그들에게 본인으로부터 기본대리권이 수여된 이상, 민법 제126조를 적용함에 있어서 기본대리권의 흠결 문제는 생기지 않는 것이라고 하여 긍정한다.[94)]

(ㄷ) 상대방이 대리인에 대리권이 있다고 믿고, 또한 그렇게 믿을 만한 正當한 理由가 있어야 한다. 즉 월권행위에 관하여 상대방이 권한이 있는 것으로 오신하고, 그 오신에 대한 정당한 이유가 있어야 한다. 다만 正當한 理由의 판단에 상대방의 過失을 고려할 것인가. 견해가 대립한다.

相對方無過失說은 무권대리가 행하여 졌을 때 존재하는 여러 사정으로부터 객관적으로 관찰하여 보통사람이라면 대리권이 있는 것으로 믿는 것이 당연하다고 생각되는 것을 의미하고, 여기서 정당한 이유는 상대방의 선의·무과실을 의미하는 것이라고 한다(김기선 311면, 곽윤직 281면, 고상룡 577면, 김용한 378면, 김주수 464면, 김학동 445면).

客觀的判斷說은 과실은 주관적 의미를 갖는 반면 정당한 이유는 객관적 의미

---

92) 대판 1978.3.8, 78다282.

93) 대판 1970.2.10, 69다2149.

94) 대판 1998.3.27, 97다48982.

로서 이는 이성인을 기준으로 모든 사정을 고려하여 객관적으로 판단하여야 하고, 그 판단시기는 무권대리행위시를 묻지 않고 법관이 변론종결당시까지 존재하는 제반자료 및 사정을 참작하여 정할 것이라고 한다(이영준 540면, 이은영 641면, 백태승 499면).

다수설은 광의로 파악하여 상대방이 대리인의 권한을 믿었더라도 그 믿는데 과실이 있으면 정당한 이유는 없다고 한다.

판례는 선의·무과실로 이해하는 것,[95] 대리권을 주었다고 믿었음을 정당화할 만한 객관적인 사정이라고 하는 것,[96] 상대방의 악의 유무를 불문하고 객관적으로 보아 정당한 이유가 있다고 한 것[97]도 있어 획일적이지 못하다. 그러나 최근의 판례는 민법상의 표현대리에 관한 규정이 어음행위의 위조에 관하여 유추 적용되기 위하여서는 상대방이 위조자에게 어음행위를 할 권한이 있다고 믿거나 피위조자가 진정하게 당해 어음행위를 한 것으로 믿은 것만으로는 부족하고, 그와 같이 믿은데 정당한 사유가 있어야 하는 바, 이러한 정당한 사유는 어음행위 당시에 존재한 여러 사정을 객관적으로 관찰하여 보통인이라면 유효한 행위가 있었던 것으로 믿는 것이 당연하다고 보여지면 이를 긍정할 수 있지만, 어음 자체에 위조자의 권한이나 어음행위의 진정성을 의심하게 할 만한 사정이 있는데도 그 권한 유무나 본인의 의사를 조사·확인하지 아니하였다면 상대방의 믿음에 정당한 사유가 있다고 하기 어려운 것이라고 하고,[98] 다른 판례들도 동일한 태도를 취한 것이 많다.[99] 따라서 판례의 일반적 태도는 객관적 사정을 정당한 이유로 파악하여 그 판단의 기준은 이성인이 아니라 보통인을 기준으로 판단하고 상대방의 선의·무과실을 요한다.

판례가 상대방에 조사확인의무를 부여하고 있는 경우로는 무권대리행위가 비정상적이거나 이례적인 경우(대판 1995.9.26, 95다23743), 후견인으로부터 무능력자소유의 부동산을 매수하는 경우(대판 1997.6.27, 97다3828), 어음 자체에 위조자의 권한이나 어음행위의 진정성을 의심하게 할 만한 사정이 있는 경우(대판 2000.2.11, 99다47525), 대리권수여 여부를 본인에게 쉽게 확인할 수 있는 경우(대판 1992.11.27, 92다31842) 상대방이 금융기관인 경우(대판 1990.1.23, 88다카3250)에는 그 권한의 유무나

95) 대판 1992.6.23, 91다14987; 1992.6.9, 92다11473; 1989.4.11, 88다카13219; 1987.5.26, 88다카1821.
96) 대판 1998.7.10, 98다18988; 1981.8.25, 80다3204; 1970.3.10, 69다2218; 1968.11.26, 68다1727.
97) 대판 1970.10.30, 70다1812.
98) 대판 2000.2.11, 99다47525.
99) 대판 1999.1.29, 98다27470; 1994.5.27, 93다21521; 1991.6.11, 91다3994; 1990.10.23, 90다카13212; 1992.2.25, 91다490.

본인의 의사를 조사·확인할 의무가 있는 것이라고 하였다.

이에 반하여, 당해 대리행위에 필요한 일체서류를 소지하고 있는 경우(대판 1997.7.8, 97다9895), 동종의 거래가 반복되는 경우(대판 1989.5.23, 88다카22626), 인감증명서가 본인이 발급 받은 것이고 그 용도란에 보증보험연대보증용이라는 문언이 기재되어 있는 등 보증보험계약서상 연대보증인이 되겠다는 의사가 객관적으로 표명된 경우(대판 2002.3.26, 2002다2478)에는 조사·확인의무가 없는 것이라고 한다.

그 외에도 판례는 건설회사직원이 회사로부터 공사현장에서 공사수행에 필요한 일반행정사무와 관리업무수행에 대한 대리권을 수여 받고 대표이사의 직인을 보관하면서 위 업무를 처리하여 왔다면, 그 권한을 넘어서 토지의 처분행위를 한 경우, 당시 상대방으로서는 그에게 회사를 대리하여 토지를 처분할 권한이 있는 것으로 믿었고 이와 같이 믿는데 정당한 이유가 있었다고 할 것이므로, 위의 처분행위는 민법 제126조의 표현대리로서 회사에 대하여 그 효력이 있는 것이라고 하고(대판 1990.10.23, 90다카13212), 또한 본인으로부터 아파트에 관한 임대 등 일체의 관리권한을 위임받아 본인으로 가장하여 아파트를 임대한 바 있는 대리인이 다시 자신을 본인으로 가장하여 임대인에게 아파트를 매도하는 법률행위를 한 경우에는 권한을 넘은 표현대리의 법리를 유추 적용하여 본인에 대하여 그 행위의 효력이 미친다고 볼 수 있는 것이라고 하였다(대판 1993.2.23, 92다52436). 그러나 물품공급계약에 따른 거래로 말미암아 甲이 부담하게 될 채무에 대하여 乙의 대리인이라는 甲과 사이에 그 연대보증계약을 체결하면서 乙이 대리권을 수여하였는지의 여부를 확인하지 아니한 가운데 乙이 직접 발급받은 보증용 인감증명서와 재산세납부증명서를 소지하고 있었다는 사실만으로 甲에게 乙을 대리하여 연대보증계약을 체결할 권한이 있었다고 믿을 만한 정당한 이유가 있다고 볼 수 없는 것이라고 하여 배척한다(대판 1992.2.25, 91다490).

'정당한 이유' 유무의 판단은 대리행위 당시를 기준으로 정하고 그 이후의 시기는 고려하지 않는다.[100] 또한 그 입증책임에 관하여도 소수설은 동조가 다른 표현대리에서와는 달리 선의·무과실보다 엄격한 '정당한 이유'를 요건으로 한다는 점을 들어 상대방에 있다고 한다.[101] 그러나 다수설은 제125조 및 제129조와 달리 해석할 근거가 없다는 점을 들어 본인에 있는 것이라고 한다.

그밖에 第3者란 대리행위의 직접 상대방을 말하고, 전득자는 포함하지 않는다.

판례는 남편이 정신이상으로 장기간 입원하고 있고, 입원 전·후에 입원비·가족의 생활비 등을 준비하여 둔 바가 없었는데 처가 남편의 인장을 도용하여 남편 소유의 부동산을 적정가격으로 매도하고 이로써 입원비·생활비 등에 지출하였다고 하면 이러한 사유는 객관적으로 보아서 대리권이 있다고 믿을 만한 정당한 사유가 되는 것이라고 하고(대판 1970.10.30, 70다1812), 처가 그의 인장을 남편에

100) 대판 1997.6.27, 97다3828; 1987.7.7, 86다카2475; 1981.12.8, 81다322; 1981.8.20, 80다3247.
101) 김현태 374면, 이영준 540면.

게 보관시켰다면 특별한 사정이 없는 한 일응 일정 대리권을 준 것이라고 추측할 수 있는 것이라고 한다(대판 1967.3.28, 64 다1798). 그러나 예금계약의 체결을 위임받은 자가 가지는 대리권에 당연히 그 예금을 담보하여 대출을 받거나 이를 처분할 수 있는 대리권이 포함되어 있는 것은 아니므로(대판 1976. 7.13, 76다1156), 대리인이 예탁금 구좌를 개설하고 이자를 수령하며 예탁기금 만료 후 갱신을 해 왔고 질권설정시 본인의 도장을 소지하고 있었다는 사정만으로는 상대방의 믿음에 정당한 이유가 없는 것이라고 한다(대판 1995.8.22, 94다59042).

過失과 구별된 엄격한 의미로 보는 견해	過失(선의 · 무과실)로 보는 견해
오로지 객관적 기준으로 판단	주관적 의사도 고려하여 판단
이성인을 기준	보통인을 기준
사실심변론종결시를 기준으로 판단	무권대리행위시를 기준으로 판단
상대방 및 당해 무권대리행위와 관련된 모든 사항을 고려하여 판단	상대방을 표준

(ㄹ) 因果關係가 있을 것이어야 한다. 즉 대리권의 존재와 상대방의 신뢰와의 사이에는 일정한 인과관계가 있을 것이어야 한다.

[표현대리 성립에 정당한 이유가 있다고 한 사례]

① 매매와 인장 및 인감증명서 제시(대판 1969.10.11, 69다1213; 1967.9.5, 67다1394)
② 매매와 인장 · 권리문서 등의 소지(대판 1957.6.22, 4290민상204)
③ 매매와 위임장의 소지(대판 1948.1.6, 280민상2044)
④ 담보제공과 완전한 소유권이전등기소요서류의 소지(대판 1971.8.31, 71다1141)
⑤ 근저당설정계약과 본인의 재산을 관리하였던 사실(대판 1966.12.23, 66다1755)
⑥ 근저당설정계약과 보존등기신청대리권이 있었던 사실(대판 1957.4.4, 4290민상21)
⑦ 근저당설정행위와 위임인의 협력 등 사실(대판 1966.11.22, 55다1736)
⑧ 대물변제설정과 신탁등기명의 등(대판 1967.10.25, 67다1703)
⑨ 전세계약과 인감 등의 소지(대판 1965.6.29, 65다798)
⑩ 인장보관자의 수표발행과 전에 수표를 발행하였던 사실(대판 1969.12.23, 68다2186)
⑪ 무권한의 수표발행과 종전의 사채융통 사실(대판 1962.4.4, 4294민상1387)
⑫ 권한 없는 어음행위와 도취한 인장의 사용(대판 1969.9.30, 69다964)
⑬ 고용사장의 수표발행(대판 1960.10.27, 4293민상287)
⑭ 가사대리와 婦채무에 관하여 夫재산에 저당권설정(대판 1964.12.22, 64다124 · 125)
⑮ 가사대리와 별거중인 부부관계(대판 1968.8.30, 68다1051)
⑯ 가사대리와 입원한 夫치료비 등을 마련하기 위한 夫재산매매(대판 1970.10.30, 70다1812)

[정당한 이유가 없다고 한 사례]

① 매매계약과 단순한 관리(대판 1957.10.21, 4290민상461 · 462)
② 매매와 지료의 징수 · 관리한 사실(대판 1954.3.16, 4286민상215)
③ 연대보증계약과 인장의 부정사용(대판 1965.1.19, 64민상1138)

④ 가입전화임차인의 전화매매(대판 1971.5.24, 71다453)
⑤ 가사대리와 이례적인 법률행위(대판 1971.1.28, 70다2768).
⑥ 단순 날인한 점원의 물품대금지급보증 수표발행행위(대판 1972.6.27, 72다657).
⑦ 기초행위의 무효와 표현대리(대판 1963.1.17, 62다775)

(다) 제126조의 표현대리의 적용범위

甲·乙 부부의 외아들 丙은 자기가 甲이라고 칭하고 甲명의의 부동산을 丁에게 매각하고 甲의 실인과 필요한 서면을 갖추어 임의로 丁에 아전하고, 丁은 이를 다시 戊에게 매각하여 등기를 이전하였다.

후일 甲은 이 사실을 알고 戊에 대하여 반환청구를 하던 중 급사하였다. 이에 丙은 甲의 유언에 따라 위 부동산을 반환해 줄 것을 바라고 있다. 이 경우 관계자간의 법률관계는 어떻게 되는가.

(ㄱ) 제126조의 표현대리는 임의대리에 적용됨은 당연하다. 다만 동조는 法定代理에도 제한 없이 적용되는가. 견해가 대립한다.

適用肯定說은 동조 표현대리가 성립하기 위하여 본인의 과실이나 행위에 기할 것을 요하지 아니하므로 무능력자의 법정대리인에도 적용되는 것이라고 한다[곽윤직 282면, 김상용 637면, 김주수 467면, 백태승 503면, 김용한 379면, 송덕수 민법강의(상) 232면].

適用制限說은 무능력자를 보호하려는 무능력자제도의 목적에 비추어 법정대리인의 권한이 친족회동의를 요하는 경우(§950, §912) 법정대리인이 그 동의 없이 대리행위를 한 때에는 동조 적용이 없는 것이라고 한다(고상룡 581면, 김학동 451면, 이영준 545면, 이은영 642면).

통설은 동조 규정의 표현대리성립에 본인의 과실이나 행위에 기할 것을 요하지 아니하는 점을 들어 긍정하고, 판례 또한 민법 제126조 소정의 권한을 넘은 표현대리규정은 거래안전을 도모하여 거래의 상대방을 보호하려는데 그 취지가 있으므로 법정대리라고 하여 임의대리와 달리 그 적용이 없다고는 할 수 없고, 따라서 한정치산자의 후견인이 친족회의 동의를 얻지 않고 피후견인의 부동산을 처분한 행위를 한 경우에도 상대방이 친족회의 동의가 있다고 믿는데 정당한 사유가 있는 때에는 본인인 한정치산자에게 그 효력이 있는 것이라고 하여 긍정한다.[102]

(ㄴ) 동조의 표현대리는 日常家事代理에도 적용되는가. 즉 부부의 경우에도 일상가사가 아닌 법률행위를 배우자를 대리하여 행한 경우 일상가사대리권을

---

102) 대판 1997.6.27, 97다3828.

기본대리권으로 하여 민법 제126조의 월권대리가 적용되는가.

適用否定說은 일상가사대리제도는 대리권의 범위가 일상가사에 한정되는 것이므로 그 적용을 부정할 것이라고 한다(김학동 451면).

適用肯定說은 일상가사대리를 법정대리로 이해하여 긍정하고 일상가사의 범위 내의 행위라고 볼 수 있는 정당한 이유가 있는 경우에는 제126조를 적용할 것, 즉 법정대리를 기본대리권으로 하는 표현대리를 긍정할 것이라고 하거나[곽윤직(1987) 400-1면, 김상용 639면, 이영준 545면, 이은영 644면], 일상사사권의 범위를 넘는 행위에 대하여는 그 월권행위의 신뢰에 정당한 이유가 있는 경우, 즉 법정대리권을 기본대리권으로 한 임의대리에 표현대리를 긍정할 것이라고 한다(고상룡 582면).

制限的肯定說은 부부가 공동생활을 영위함에 있어 개별적·구체적 일상가사의 범위가 일반적·추상적 일상가사의 범위와 일치하지 않는 때, 즉 일반적·추상적 일상가사의 범위 내에서만 긍정할 것이라고 한다(김주수 468면, 동 친족상속법 164면).

민법 제827조의 가사대리권을 일종의 代表라는 특수한 권리로 이해하는 견해도 있으나 통설은 이를 법정대리권으로 보며, 또한 다수설은 일상가사권의 범위를 넘는 행위에 대하여는 법정대리를 기본대리권으로 하는 표현대리가 성립하는 것이라고 하고,[103] 판례 또한 동일한 태도를 취한다.[104]

그러면서도 판례는 妻가 夫소유 부동산을 타인에게 양도하거나 근저당권을 설정한 경우,[105] 처가 특별한 수권 없이 남편을 대리하여 보증한 경우,[106] 남편이 부담하는 사업상 채무에 대하여 남편이 처를 대리하여 연대보증한 경우,[107] 아내 또는 남편에게 가사대리권이 있다는 사실만으로 다른 사정이 없이 권한을 넘은 표현대리가 성립한다고 할 수 없는 것이라고 하고,[108] 제126조 표현대리 성립의 정당한 이유로서 별도의 기본대리권의 수여 또는 당해 행위에 관한 대리권을 주었다고 믿었음을 정당화할 만한 객관적인 사정을 들고 있다.

그리하여 판례는 일상가사대리권 외에 별도의 기본대리권이 있는 처가 근저당권설정등기에 필요한 각종 서류를 소지하고 있는데다가 그 인감증명서가 본

103) 다수설은 특히 제한적긍정설이 부부일방의 책임확장을 가져오고, 이로 인하여 부부일방은 불측의 손해를 입게 될 뿐만 아니라, 부부별산제도에 반하는 것이라고 한다.
104) 대판 1968.11.26, 68다1727·1728; 1970.3.10, 69다2218; 1980.12.23, 80다2077.
105) 대판 1968.11.26, 68다1727·1728; 1970.3.10, 69다2218; 1980.12.23, 80다2077.
106) 대판 1998.7.10, 98다18988.
107) 대판 1997.4.8, 96다54942.
108) 대판 2000.12.8, 99다37856; 1971.1.29, 70다2738; 판례는 부부의 경우에도 일상가사가 아닌 법률행위를 배우자를 대리하여 행함에 있어서는 별도 대리권을 수여하는 수권행위가 있어야 하는 것이라 한다(대판 2000.12.8, 99다37856).

인인 남편이 발급 받은 것이고, 남편이 스스로 인감을 보냈음을 추단할 수 있는 문서와 남편의 拇印이 찍힌 위임장 및 주민등록을 제시하는 등 남편이 妻에게 대리권을 수여하였다고 믿게 할 특별한 사정까지 있었다면 그 상대방으로서는 妻가 남편을 대리할 적법한 권한이 있었다고 믿는데 정당한 이유가 있는 것이라고 하고,[109] 처가 타인으로부터 금원을 차용하면서 승낙 없이 남편소유 부동산에 근저당권을 설정한 것을 알게 된 남편이 처의 채무변제에 갈음하여 아파트와 토지를 처가 금전을 차용한 자에게 이전하고 그 토지의 시가에 따라 사후에 정산하기로 합의한 후 그 합의가 결렬되어 이행되지 않았다고 하더라도 일단 처가 차용한 사채를 책임지기로 한 이상 남편은 처의 근저당권설정 및 금원 차용의 무권대리행위를 추인한 것이라고 하여 긍정하였다.[110] 그러나 妻가 夫소유 부동산을 타인에게 양도하거나 근저당권을 설정한 경우 표현대리가 성립하려면 그 아내에게 가사대리권이 있다는 것뿐만 아니라, 상대방은 남편이 아내에게 그 행위에 관한 대리권을 주었다고 믿었음을 정당화할 만한 객관적인 사정이 있었어야 하는 것이라고 한다.[111]

또한, 처가 특별한 수권 없이 남편을 대리하여 보증한 경우 판례는 타인의 채무에 대하여 보증하는 행위는 그 성질상 아무런 반대급부 없이 오직 일방적으로 불이익을 입는 점에 비추어 볼 때 남편이 처에게 타인의 채무를 보증함에 필요한 대리권을 수여한다는 것은 사회통념상 이례에 속하므로 처가 특별한 수권 없이 남편을 대리하여 위와 같은 행위를 하였을 경우 그것이 민법 제126조 소정의 표현대리가 되려면 처에게 일상가사대리권이 있었다는 것만이 아니라 상대방이 처에게 남편이 그 대리행위에 관한 대리의 권한을 주었다고 믿었음을 정당화할 만한 객관적인 사정이 있어야 하는 것이라고 한다.[112] 특히 처가 남편이 부담하는 사업상 채무를 남편과 연대하여 부담하기 위하여 남편에게 채권자와 채무부담약정에 관한 대리권을 수여한다는 것은 극히 이례적인 일이라고 할 것이고, 채무자가 남편으로서 처의 도장을 쉽사리 입수할 수 있었으며 채권자도 이러한 사정을 쉽게 알 수 있었던 점에 비추어 보면, 채무자가 채권자를

109) 대판 1995.12.22, 94다45098.
110) 대판 1995.12.22, 94다45098.
111) 대판 1968.11.26, 68다1727 · 1728; 1970.3.10, 69다2218; 1980.12.23, 80다2077.
112) 대판 1998.7.10, 98다18988.

자신의 집 부근으로 오게 한 후 처로부터 위임을 받았다고 하여 처 명의의 채무부담을 약정한 사실만으로는 채권자가 남편에게 처를 대리하여 채무부담약정을 할 대리권이 있다고 믿은 점을 정당화할 수 있는 객관적인 사정이 있다고 할 수 없다고 하여 민법 제126조의 표현대리의 성립을 배척하였다.[113]

그 외에도 판례는 夫의 직장관계로 별거중인 처가 보관중인 부의 인장 등을 사용하여 夫의 부동산에 저당권을 설정한 행위(대판 1967.8.29, 67다1125), 남편이 정신이상으로 장기간 입원하고 있고 입원 전후에 입원비·가족의 생활비 등을 준비하여 둔 바가 없었는데 妻가 남편의 인장을 사용하여 남편 소유의 부동산을 적정가격으로 매도하고 이로써 입원비·생활비 등에 지출한 경우(대판 1970.10.30, 70다1812) 표현대리의 성립을 인정하였다(다만 후자의 경우에는 표현대리를 적용하였다고 보기보다 긴급가사처분권으로 이해함이 옳을 것으로 생각된다).

그러나 夫가 군복무자로 나간 사이에 처가 夫의 인장을 조각하여 夫의 부동산을 매각한 행위에는 표현대리의 성립을 부정한다(대판 1966.7.19, 66다863).

[日常家事代理權의 의의와 적용범위]

日常家事라고 함은 부부공동생활관계로부터 생기는 통상의 사무를 가리키나, 추상적 개념이므로 그 구체적인 범위를 정하기는 용이하지 않다. 일반적으로는 부부의 사회적 지위·직업·자산·수입을 포함한 현실적 생활형태와 그 혼인공동체가 자리하고 있는 지역사회의 관행 기타 부부공동생활의 상태, 즉 동일 장소에서의 생활여부, 교통·통신의 난이성 등이 고려된다.

日常家事는 일반적으로 일용품·식료품·의류 등 생활필수품을 구입하거나, 가옥을 임차하는 행위, 가정부·가정교사의 고용 및 그 비용, 교육비·보건비·오락비, 납세 기타 사용료 등이 포함된다. 그러나 중요한 재산(거액의 금전 등)의 차재·매도담보·남편 소유부동산의 매각 또는 근저당권설정 등은 포함되지 않는다.

또한, 별거중인 경우에는 별거가 정당하거나 부득이한 경우에는 동거하는 경우와 구별하지 않지만 전쟁·군복무 등으로 통신이 부자유스럽거나 장기간 소요되는 경우에는 주로 남아 있는 妻(夫)에게 긴급한 가사처리권이 주어졌다고 추정하여 그 범위가 확장된다. 다만 이혼을 전제로 별거하는 경우에는 부부공동생활관계가 소멸하므로 일상가사대리의 문제는 없는 것으로 본다.

그 밖에도 事實婚에도 민법 제827조의 가사대리권이 적용될 것인가. 통설은 사실혼도 신고만을 제외하고는 법률혼과 동일한 부부공동생활의 실체가 있고 또한 선의의 제3자보호의 필요에서 동조 규정을 준용할 것이라고 한다.

(ㄷ) 상법상 商業使用人의 거래행위에도 동조 규정의 표현대리가 적용되는가. 판례는 특정된 사항에 관한 대리권이 있는 부분적 포괄대리권을 가진 상업사용인이라면 그 특정된 사항에 유사한 것이라는 이유만으로는 당연히 대리권

113) 대판 1997.4.8, 96다54942.

의 범위에 속한다고 할 수 없고 그 유사한 행위에까지 당연히 상인(본사)이 책임을 져야 한다고 할 수 없으며, 그 책임을 지려면 부분적 포괄대리권을 가진 상업사용인과 거래한 제3자가 그 상업사용인에게 그 권한이 있다고 믿을 만한 정당한 이유가 있는 때라야 하는 것이라고 하여 긍정한다.114)

또한, 어음行爲를 함에 있어 대리의 형식에 의하건 서명대리의 형식에 의하건 제3자가 이러한 방식에 의하여 어음행위를 실제로 한 자에게 그러한 어음행위를 할 수 있는 권한이 있다고 믿을 만한 사유가 있고, 본인에게 책임을 질 만한 사유가 있는 경우에는 거래의 안전을 위하여 표현대리에서와 같이 본인에게 책임이 있다고 할 것이라고 한다.115)

(ㄹ) 학교법인의 基本財産處分行爲에도 본조가 적용되는가. 판례는 학교법인을 대표하는 이사장이라고 하더라도 이사회의 심의·결정을 거쳐야 하는 이와 같은 재산의 처분 등에 관하여는 법률상 그 권한이 제한되어 이사회의 심의·결정 없이는 이를 대리하여 결정할 권한이 없는 것이라고 할 것이므로 이사장이 한 학교법인의 기본재산 처분행위에는 민법 제126조의 표현대리에 관한 규정이 준용되지 아니하는 것이라고 한다.116)

(3) 제129조의 表見代理

(가) 제129조 표현대리의 의의　대리권이 소멸하여 이미 대리인이 아닌 자가 대리행위를 행한 경우 선의·무과실로 거래한 제3자에 본인의 무권대리 주장을 제한한 표현대리이다.

민법 제129조는 "대리권의 소멸은 선의의 제3자에게 대항하지 못한다. 그러나 제3자가 過失로 인하여 그 사실을 알지 못한 때에는 그러하지 아니하다."라고 규정한다. 따라서 동조가 규정한 "대리권소멸은 선의의 제3자에게 대항하지 못한다."는 의미를 외관책임론에 대한 본인의 책임인가, 외부적 수권의 존속에 대한 본인에 효과귀속인가, 표현대리의 이론구성의 문제이다.

(나) 제129조 표현대리의 성립　동조의 표현대리가 성립하기 위해서는 다음의 요건을 갖추어야 한다.

---

114) 대판 1966.1.31, 65다2295.
115) 대판 1971.5.24, 71다471.
116) 대판 1983.12.27, 83다548.

(ㄱ) 대리인이 이전에는 대리권이 있었으나 대리행위 당시에는 그 代理權이 消滅하였을 것이어야 한다. 따라서 당초부터 전혀 대리권이 없었던 경우에는 동조는 적용되지 않는다.[117]

다만, 대리인이 정당하게 작성된 매도증서와 위임장·인감증명서 등 등기신청에 필요한 서류를 소지하면서 대리권의 소멸을 주장할 수 있는가. 판례는 특별한 사정이 없는 한 대리권이 있다고 믿을 만한 정당한 사유가 있다고 할 것이라고 보아 대리권소멸을 주장할 수 없는 것이라고 한다.[118]

대리인의 대리권소멸 후 선임한 複代理人의 行爲에도 동조 규정이 적용되는가. 표현대리의 법리는 거래의 안전을 위하여 어떠한 외관적 사실을 야기한 데 원인을 준 자는 그 외관적 사실을 믿음에 정당한 사유가 있다고 인정되는 자에 대하여는 책임이 있다는 일반적인 권리외관이론에 그 기초를 두고 있는 것인 점에 비추어 볼 때, 대리인이 대리권소멸 후 직접 상대방과 사이에 대리행위를 하는 경우는 물론 대리인이 대리권소멸 후 복대리인을 선임하여 복대리인으로 하여금 상대방과 사이에 대리행위를 하도록 한 경우에도, 상대방이 대리권소멸 사실을 알지 못하여 복대리인에게 적법한 대리권이 있는 것으로 믿었고 그와 같이 믿은데 과실이 없다면 민법 제129조에 의한 표현대리가 성립할 수 있는 것이라고 본다.[119]

(ㄴ) 대리인이 權限內 行爲를 하였어야 한다. 그러나 대리행위가 소멸된 대리권의 내용과 동일한 것이어야 함은 요하지 않고, 다른 종류의 행위인 때에는 제129조와 제126조가 중복 적용된다.[120]

(ㄷ) 상대방이 善意·無過失일 것이어야 한다. 본조에서 善意란 대리권의 존속을 믿는 것을 말하며, 상대방이 대리권소멸을 알지 못하는데 과실이 없어야 한다. 이때 선의·무과실의 입증은 모두 본인이 부담한다는 견해[121]와, 선의의 입증책임은 상대방에 있고 무과실의 입증책임은 본인에 있다는 견해[122]가 대립한다. 그러나 판례는 선의·무과실의 입증은 모두 본인이 부담할 것이라고

117) 대판 1962.3.23, 4294민상483 ; 1963.9.19, 63다383.
118) 대판 1962.10.18, 62다535.
119) 대판 1998.5.29, 97다55317
120) 대판 1970.2.10, 69다2141.
121) 곽윤직 282면, 김용한 381면, 김주수 474면, 백태승 508면, 김준호 445면.
122) 이영준 548면, 이은영 645면. 고상룡 586면, 김상용 643면, 김학동 453면.

한다.[123)]

(ㄹ) 대리권이 이전에 존재하였다는 것과 상대방의 신뢰와의 사이에 因果關係가 있어야 하는가. 부정설이 있으나,[124)] 다수설은 긍정한다. 그러나 대리권의 소멸 전에 대리인과 거래한 사실은 요하지 않는다.

(다) 제129조 표현대리의 적용범위　　동조는 임의대리·법정대리에 불문하고 적용된다. 다만 견해 중에는 무능력자의 법정대리에 관하여 제129조의 표현대리를 인정하여 무능력자를 보호하려는 취지에 반하는 결과로 되는 때에는 그 적용을 부정할 것이라고 한다.[125)]

(ㄱ) 민법 제129조의 표현대리가 성립되는 경우 제125조, 제126조의 표현대리도 중복 적용된다. 판례는 농업협동조합장이 보관하고 있던 조합원의 도장을 사용 차용증서를 위조하여 소비대차계약을 체결한 경우 도장을 맡겨 농자금을 차용하던 관례가 있는 때에는 대리권소멸 후의 월권대리에 해당하는 것이라고 한다.[126)]

(ㄴ) 동조 규정의 표현대리는 日常家事代理에도 적용되는가. 민법 제129조는 법정대리에도 적용되므로, 예컨대 부부관계가 해소된 후 일상가사권의 범위 내 대리행위 또는 그 범위를 넘는 대리행위에 본조가 적용될 수 있게 된다.

[기본대리권의 존재를 긍정한 사례]

① 영업허가를 위한 인감도장의 교부(대판 1965.3.30, 65다44)
② 신원보증을 위한 인감의 교부(대판 1967.5.23, 67다62)
③ 회사 사무집행상 필요한 인장의 교부(대판 1968.11.5, 68다1542)
④ 융자를 위한 인감·등기권리증의 교부(대판 1965.10.18, 65다1542; 1962.2.8, 4294민상721)
⑤ 이장 겸 리농협장의 영농자금을 받기 위한 농민들의 도장임치(대판 1971.11.30, 71다2166).
⑥ 신원보증을 위한 인감의 교부와 연대보증계약(대판 1972.11.28, 72다1534)
⑦ 현장 대리인으로 신고 및 행세(대판 1971.5.31, 71다847)
⑧ 미성년자인 子의 재산에 대한 父의 대리(대판 1970.10.30, 70다1177)

[기본대리권의 존재를 부정한 사례]

① 子로부터 포괄적 대리권의 위임과 子의 재산처분(대판 1971.2.3, 70다2916)
② 단순한 원금 및 이자의 전달(대판 1965.6.22, 65다545)
③ 도용한 인감에 의한 등기이전 후 자기소유로의 매각(대판 1972.12.26, 72다1531)
④ 등기원인사실을 조작한 자기 소유로 매각(대판 1972.12.12, 72다1530)

---

123) 대판 1986.8.19, 86다카529.
124) 이영준 549면.
125) 이영준 549면.
126) 대판 1970.2.10, 69다2141.

⑤ 위조문서에 의한 소유권이전 후 자기명의로 저당권설정(대판 1972.5.23, 71다545)
⑥ 저당권설정등기신청서의 위용(대판 1970.6.30, 70다723)
⑦ 처가 타인을 남편으로 위장시켜 한 법률행위(대판 1974.4.9, 74다223)
⑧ 본인을 위용한 법률행위(대판 1974.4.9, 74다78)

3. 表見代理成立의 효과

(1) 本人과 相對方의 관계

(가) 본인에의 효과귀속 표현대리의 요건이 성립하면 표현대리인이 한 법률행위의 효과는 본인에게 발생한다.

(ㄱ) 效果歸屬의 근거 : 본인에 관하여 발생하는 효과는 本人의 法定責任인가 아니면 有權代理의 일종으로서 효과인가. 표현대리의 본질론과 관련하여 견해가 대립한다.

本人責任說은 표현대리는 무권대리이지만 마치 유권대리와 같은 외관을 가지고 그 외관형성에 본인이 기여한 바 있으므로 이는 본인의 책임, 즉 무권대리효과로서 본인이 지는 책임이라고 한다.

有權代理效果說은 무권대리가 민법상 표현대리로서의 요건이 충족되면 일종의 유권대리로 되고, 따라서 표현대리의 효과는 모두 본인에 관하여 발생하는 것이라고 한다[이영준 549면].

有權代理效果說은 본인책임설에서와 같이 무권대리로서의 성질을 가지나 본인을 구속하는데 불과하다고 하게 되면 동일한 하나의 표현대리가 상대방에 있어서는 유권대리, 本人에 있어서는 무권대리로 인정되는 결과가 되어 논리에 맞지 않다고 하고, 무권대리의 태양에 따라 즉 대리권수여표시의 효력, 다른 사항에 관한 대리권수여의 효력, 과거 대리권의 효력으로 본인이 지는 책임이라고 한다.[127]

통설은 本人責任說을 취하여 무권대리를 우리 민법이 규정한 취지는 대리제도의 신용유지와 상대방보호에 있으므로 표현대리는 무권대리이지만 본인이 책임을 부담하는 것이라고 한다.

판례 또한 대리인이 권한을 넘어 본인을 채무자 및 물상보증인으로 하여 근저당권설정을 함에 있어 대리인의 제3자에 대한 기존채무와 위 근저당설정 당시 추가로 차용하는 채무의 합산액을 피담보채무로 정한 경우 표현대리의 효과

127) 이영준(1987) 608면.

는 위 기존채무에도 미친다고 하고,[128] 또한 대리권이 있다는 것과 표현대리가 성립한다는 것은 그 요건사실이 다르므로 유권대리의 주장이 있으면 표현대리의 주장이 당연히 포함되는 것은 아니고 이 경우 법원이 표현대리의 성립 여부까지 판단하여야 하는 것은 아니라고 하여 표현대리와 유권대리를 구별한다.[129]

생각건대, 민법은 통상 대리에 관하여 “직접 본인에게 대하여 효력이 생긴다”라고 규정한데 반하여(§114), 표현대리에 관하여는 본인이 표현대리행위에 대하여 ‘책임이 있다’라고 하고(§125, §126), 또한 대리권의 소멸은 상대방에 ‘대항하지 못한다.’라고 규정한 점과 유권대리효과설이 본인책임설을 취하게 되면 동일한 하나의 표현대리가 상대방에 있어서는 유권대리, 本人에 있어서는 무권대리로 인정되는 결과가 되어 논리에 맞지 않다고 하지만 이것은 협의의 무권대리에 本人이 추인한 경우에도 본인에 관하여 효력이 발생하는 것이나 유권대리로 치유되는 것이 아닌 것과 논리를 같이 한다고 볼 수 있다. 따라서 표현대리가 성립한다고 하여 유권대리로 되는 것은 아니고 유권대리에서와 같은 효력이 본인에 발생하는데 불과하다.

(ㄴ) **效果歸屬의 범위** : 표현대리의 성립으로 무권대리행위가 유권대리와 같은 효과가 본인에 발생한다. 따라서 무권대리인의 본인을 위한 행위는 모두 본인에 효력이 생긴다.

(a) 민법 제126조와 제129조의 표현대리는 무권대리행위의 범위에서 전적으로 책임을 부담하나, 이와 같은 효력은 제125조의 표현대리에도 적용되는가.

제125조의 표현대리는 본인이 상대방에 대리권 수여를 표시한데 따른 책임이므로 문제된다. 다수설은 동조 표현대리의 특질상 본인이 표시한 대리권의 범위 내에서 책임을 부담하는 것이라고 한다.

(ㄷ) **效果歸屬의 요건** : 무권대리인의 대리행위가 표현대리로서 효력이 본인에 발생하기 위해서는 상대방이 표현대리의 성립을 주장하고 또한 본인에 효력귀속을 주장하여야 한다.

다만, 표현대리가 성립하는 법률행위에 그 법률행위의 효력이 本人에 귀속하는 것이라고만 주장할 뿐 표현대리를 주장하지 않는 경우에도 법원은 표현대리

128) 대판 1980.12.23, 80다1416.
129) 대판 1990.3.27, 88다카181.

를 적용할 수 있는가. 예컨대 甲의 무권대리인 乙과 계약을 체결한 丙은 소송에서 그 계약의 효력이 甲에게 귀속하는 것이라고만 주장하는 것에는 표현대리의 주장을 포함하는 것으로 볼 수 있는가. 학설은 대립하나, 판례는 유권대리에 있어서는 본인이 대리인에게 수여한 대리권의 효력에 의하여 법률효과가 발생하는 반면 표현대리에 있어서는 대리권이 없음에도 불구하고 법률이 특히 상대방 보호와 거래안전 유지를 위하여 본래 무효인 무권대리행위의 효과를 본인에게 미치게 한 것으로서 표현대리가 성립된다고 하여 무권대리의 성질이 유권대리로 전환되는 것은 아니므로, 양자의 구성요건해당사실, 즉 주요사실은 다르다고 볼 수밖에 없어 유권대리에 관한 주장 속에 무권대리에 속하는 표현대리의 주장이 포함되어 있다고 볼 수 없는 것이라고 하고,[130] 나아가 표현대리제도는 대리권이 있는 것 같은 외관이 생긴데 대해 본인이 민법 제125조, 제126조 및 제129조 소정의 원인을 주고 있는 경우에 그러한 외관을 신뢰한 선의·무과실의 제3자를 보호하기 위하여 그 무권대리행위에 대하여 본인이 책임을 지게 하려는 것이고, 이와 같은 문제는 무권대리인과 본인의 관계, 무권대리인의 행위 당시 여러 사정 등에 따라 결정되어야 할 것이므로 당사자가 표현대리를 주장함에는 무권대리인과 표현대리에 해당하는 무권대리행위를 특정하여 주장하여야 하는 것이라고 한다.[131]

(나) 상대방의 철회권 표현대리의 상대방은 대리권 없음을 이유로 철회할 수 있고, 本人은 추인으로 철회권을 소멸시킬 수 있는가. 표현대리에의 협의의 무권대리의 적용문제로 된다.

(2) 表見代理人과 相對方의 관계

무권대리의 효과가 本人에 발생하므로 표현대리인과 상대방은 직접적인 법률관계가 없다. 그러나 협의의 무권대리가 무권대리 일반, 즉 광의의 무권대리이고 표현대리는 그의 특별한 경우라고 보는 입장에서는 표현대리에도 협의의 무권대리의 규정(§135)이 적용되므로 무권대리의 책임을 물을 수 있게 된다.

또한, 표현대리에도 過失相計가 적용되는가. 판례는 표현대리행위가 성립하는 경우에 그 본인은 표현대리행위에 의하여 전적인 책임을 져야 하고, 상대방

130) 대판 1983.12.13, 83다카1489.
131) 대판 1984.7.24, 83다카1819.

에게 과실이 있다고 하더라도 과실상계의 법리를 유추 적용하여 본인의 책임을 경감할 수 없는 것이라고 한다.[132]

⑶ 本人과 表見代理人의 관계

표현대리의 성립으로 본인과 표현대리인간에는 원칙적으로 법률관계가 없다. 다만, 본인의 상대방에 대한 책임으로 本人이 손해를 받은 경우 표현대리인에 대하여 불법행위의 책임을 추궁할 수 있고, 기타 부당이득·사무관리 등이 성립된다.

⑷ 表見代理效力의 특수문제

(가) 무권대리의 효과문제 표현대리는 유권대리와 같은 효과가 본인에 대하여 생기나 문제는 표현대리가 동시에 무권대리의 효과도 가지는가. 다시 말하여 민법의 표현대리가 성립하면 협의의 無權代理의 效果(§130-§134)도 주어지는가. 표현대리성립에 有權代理說을 취하면 표현대리는 유권대리의 일종이므로 제114조(대리행위의 효력)가 적용되고 제130조 이하의 무권대리의 규정은 적용되지 않는다. 그러나 外觀責任說을 취하면 표현대리도 무권대리의 일종이므로 표현대리와 무권대리의 관계문제로 된다.

適用排除說은 협의의 무권대리와 표현대리를 각각 독립된 것이라고 보아 표현대리의 성립으로 무권대리는 적용될 수 없는 것이라고 한다(이영준 551면).

全面的適用說은 협의의 무권대리를 광의의 무권대리, 즉 협의의 무권대리가 무권대리의 원칙인 것이고 표현대리는 무권대리의 특수한 것이라고 하고, 표현대리의 요건이 갖추어지면 상대방은 표현대리를 주장하여 본인의 책임을 묻거나 무권대리를 주장하여, 무권대리의 책임을 묻거나 또는 무권대리행위를 철회하여 그 법률관계로부터 이탈할 수 있는 방법 중 하나를 선택할 수 있는 것이라고 한다(김용한 386면, 김주수 376면, 고상룡 564면, 김학동 454면, 김준호 448면).

制限的適用說은 협의의 무권대리와 표현대리를 광의의 무권대리, 즉 협의의 무권대리와 표현대리를 합하여 광의의 무권대리로 보는 경우에도 표현대리가 무권대리성을 잃지 아니하므로 무권대리의 효과도 가지지만 제135조는 신의칙상 그 적용이 배척되는 것이라고 한다[곽윤직 280면, 김상용 616면, 백태승 497면 송덕수 민법강의(상) 227-8면].

위 학설에서 適用排除說을 취하면 표현대리의 성립으로 상대방이 무권대리성을 주장하여 그 효력을 배척할 수 없다는 불합리한 점이 있고, 制限的適用說

---

132) 대판 1996.7.12, 95다49554.

을 채택하면 무권대리의 전형적 효과인 제135조만의 적용을 배척하게 되어 논리적으로 부당하다. 또한 全面的適用說을 채택하면 표현대리의 상대방에 대하여 무권대리의 상대방에서보다 더 두터운 보호를 주게 되어 부당한 결과로 된다. 이러한 모순을 해결하기 위하여 새로운 견해는 민법 제130조 내지 제135조는 광의의 무권대리에 관한 일반규정이고, 제125조 내지 제129조는 무권대리의 특별규정으로 해석하여 그 적용을 배척할 것이라고 한다. 따라서 결국 表見代理는 무권대리의 일종이지만 협의의 무권대리에 관한 민법 제130조 내지 제135조는 表見代理에는 적용이 없는 것이라고 본다.

그리하여 다수설은 표현대리가 상대방보호·거래안전을 위하여 본인을 구속하는데 지나지 않고, 그밖의 점에서는 무권대리의 성질도 가지므로 상대방은 이를 무권대리행위로서 추인 여부의 확답을 최고할 수 있고 철회할 수 있으며(§131, §134), 이에 대응하여 본인이 추인하여 상대방의 철회를 봉쇄할 수도 있는 것이라고 한다(§130).[133]

(나) 표현대리의 중복 표현대리의 각 규정을 중복 적용하여 표현대리의 성립을 인정할 것인가. 즉 민법 제125조 또는 제129조의 표현대리권이 제126조의 기본대리권이 될 수 있는가.

견해 중에는 외부적 수권을 긍정하고 특히 민법 제125조 및 제129조의 경우에 내부적 수권은 존재하지 않지만 외부적 수권이 있으므로 이때 외부적 수권은 바로 기본대리권이 된다는 점을 들어 긍정할 것이라고 한다.[134] 다수설은 동조 규정들을 서로 관련된 유기적인 하나의 제도로 파악하여 긍정한다.

판례 또한 민법 제125조와 제126조에 관하여 목적물에 대한 매도증서·위임장·인감증명서를 교부한 것이 명백하다면 표현대리의 주장에 대하여 민법 제126조 소정의 표현대리만 해석하고, 민법 제125조 소정의 표현대리에 대한 심리·판단이 없음은 위법이라고 하고,[135] 또한 대리인이 使者 내지 임의로 선임한 복대리인을 통하여 권한 외의 법률행위를 한 경우, 상대방이 그 행위자를 대리권을 가진 대리인으로 믿었고 또한 그렇게 믿는데 정당한 이유가 있는 때에는 복대리인 선임권이 없는 대리인에 의하여 선임된 복대리인의 권한도 기본

133) 곽윤직 483면(1995).
134) 이영준 584면.
135) 대판 1963.6.13, 63다191.

대리권이 될 수 있을 뿐만 아니라, 그 행위자가 사자라고 하더라도 대리행위의 주체가 되는 대리인이 별도로 있고 그들에게 본인으로부터 기본대리권이 수여된 이상 민법 제126조를 적용함에 있어 기본대리권의 흠결 문제는 생기지 않는다는 것이라고 한다.[136)]

또한, 제129조와 제126조의 관계에 관하여도 판례는 본인으로부터 아파트에 관한 임대 등 일체의 관리권한을 위임받아 본인으로 가장하여 아파트를 임대한 바 있는 대리인이 다시 자신을 본인으로 가장하여 임차인에게 아파트를 매도하는 법률행위를 한 경우 권한을 넘은 표현대리의 법리를 유추 적용하여 본인에 대하여 그 행위의 효력이 미치는 것이라고 하고,[137)] 나아가 본법 제129조에 의하여 표현대리로 인정되는 경우에 그 권한을 넘는 대리행위가 있을 때에도 본조 소정의 표현대리가 성립할 수 있는 것이라고 한다.[138)]

[사례연구] 表見代理의 성립

甲은 乙로부터 부동산을 매각해 달라는 부탁을 받고 乙의 인감·인감증명서·위임장·매도증서 등을 교부받아 보관하고 있음을 기화로 乙의 부동산을 자기 처 丙앞으로 소유권이전등기를 경료한 후 丁에게 근저당권설정등기를 하여 주었고 그 후 이 근저당권실행으로 소유권이 戊에게 경락·이전되었다.

이에 乙은 이 근저당권설정등기는 甲의 불법행위에 의한 무효인 등기라고 주장하며 戊에게 부동산의 반환을 청구하였으나 戊는 甲의 근저당권설정행위는 민법 제126조의 표현대리행위로서 항변하였다. 乙의 청구는 정당한가.

위 사례에서 甲은 乙로부터 부동산을 매각하여 달라는 위임을 받았으나 甲은 乙의 위임에 반하여 乙의 부동산을 자기 처 丙의 앞으로 소유권이전등기를 한 후 이 부동산에 丁 앞으로 근저당권을 설정해 준 행위가 표현대리를 구성하는가.

사안의 내용으로서는 소유권을 이전 받은 丙이 丁에게 근저당권설정등기를 한 것인지, 아니면 甲이 丙을 대리하여 행한 것인지가 명확하지 않으나 설문에서는 戊가 甲의 근저당권설정이 민법 제126조의 표현대리성립을 항변하고 있는 점으로 보아 甲은 불법으로 자기의 처 丙에게 소유권을 이전하고 또 丙을 대리하여 丁에게 근저당권을 설정한 것으로 보인다. 그러나 사안을 넓혀 보면 이때 甲과 丙의 관계가 불명할 뿐만 아니라 또 丙과 丁의 관계도 명확하지 못하다.

---

136) 대판 1998.3.27, 97다48982; 1987.12.8, 85다카2340; 1984.10.10, 84다카780.
137) 대판 1993.2.23, 92다52436.
138) 대판 1970.2.10, 69다2141.

(1) 甲의 저당권설정과 表見代理의 성립

乙이 자기 부동산을 매각하여 달라고 甲에게 위임한 행위가 그 처분행위에 대한 대리권을 부여한 것으로 볼 수 있는가.

사안은 甲은 乙로부터 부동산을 매각하여 달라는 부탁을 받았고 그에 필요한 제반 서류를 구비하고 있었으므로 통상 이 위임행위에는 그 처분의 기본대리권을 부여된 것으로 볼 수 있고, 丁 또한 일응 乙로부터 이 부동산의 매각을 위임받은 甲이 처분권한이 있는 것으로 믿을 만한 정당한 이유가 있다고 볼 수 있다. 그러므로 甲이 丁과 체결한 근저당권설정계약의 효력은 표현대리로서 본인인 乙에게 귀속되어 유효하고, 또한 근저당권등기에 기인한 戊 앞으로의 소유권이전등기 역시 유효하다고 생각할 수 있다.

그러나 논점에서 이미 지적한 바와 같이 甲의 표현대리성립에는 몇 가지 문제점이 있다. 즉 甲이 乙의 부동산을 丙 앞으로 소유권이전등기를 한 다음 丁과 근저당권설정계약을 하였다면 이 근저당권설정계약의 당사자는 丙과 丁임이 명백하다고 할 것이므로 甲이 근저당권설정계약에서 대리한 것은 丙이라고 할 것이지 계약당사자도 아닌 乙을 대리하여 甲과 근저당권설정계약과 이에 따른 설정등기를 한 것이라고는 할 수 없다는 점이다. 이러한 점에서 보면 결국 甲은 丙의 대리인은 되어도 乙의 표현대리인은 될 수 없다고 할 것이므로 丁의 표현대리 주장은 인정될 수 없다.

(2) 乙의 표현대리성립과 戊의 소유권취득 여부

위 근저당권설정계약에서 甲이 대리한 것은 丙이지 乙이 아니라 할 것이므로 戊가 내세운 甲의 행위는 민법 제126조의 표현대리행위에 해당되므로 乙에게 효력이 발생한다는 주장은 인정될 수 없다. 따라서 甲과 丁사이의 근저당권설정등기는 무효인 등기라고 할 것이고, 이 근저당권에 기인한 戊의 부동산소유권취득도 무효라고 할 것이므로 戊는 乙에게 부동산을 반환하여야 한다.

(3) 甲의 丁.戊에 대한 책임

먼저, 丁・戊가 근저당권설정계약의 저당목적물이 丙의 소유가 아니므로 무효임을 이유로 甲・丙에 대하여 부당이득반환청구권을 가지게 됨은 의문이 없다.

문제는 甲이 丁・戊가 근저당권설정계약이 유효다고 믿었기 때문에 발생한 손해를 배상할 의무가 있는가. 甲은 근저당권설정계약 체결당시 목적이 불능함을 알고 있었으므로 민법 제535조(계약체결상 과실)에 의하여 상대방이 그 계약의 유효를 믿었음으로 인하여 받은 손해를 배상하여야 하고 그 범위는 신뢰이익에 한정된다.

甲종중의 대표자 乙은 사실은 개인사업자금을 충당하기 위해서 甲종중의 운영자금을 조달한다는 명목으로 규약에 위반하여 필요한 총회의 의결 없이 丙에 대하여 고가품인 유품을 국보급 문화재라고 기망하여 甲종중 대표자 乙명의로 매각하는 계약을 체결하였다. 이 경우 甲・乙・丙의 법률관계는 어떻게 되는가.

위 사례에서 甲은 종중이므로 먼저 종중의 법률적 성격이 문제된다. 즉 종중이 법인과 같이 불법행위능력을 가지는가. 또한 종중이 책임을 지는 경우 종원 개인도 책임을 지는가. 권리능력 없는 사단의 대내적·대외적 법률관계문제이다.

또한, 乙은 계약에 위배하여 개인적 이익을 위해 월권하여 丙과 거래행위를 한 것으로 이 경우 丙은 甲에 대하여 표현대리규정의 적용을 주장할 수 있는가. 민법 제35조 제1항과 제126조의 관련문제로 된다.

그 외에도 甲·乙간의 내부관계로서 乙의 채무불이행책임 및 불법행위책임에 있어서 甲·乙의 책임과의 관계 및 표현대리를 적용한 경우에 무권대리책임 등이 문제된다.

(1) 권리능력없는 社團의 법률관계와 甲 宗中의 책임

권리능력 없는 사단에 관하여는 민법의 사단법인에 관한 규정을 준용한다. 따라서 권리능력 없는 사단의 일종으로서 종중 대표자의 불법행위는 종중 자신의 불법행위로 된다.

다만, 이 경우 권리능력 없는 사단의 대표자가 자기 이익을 위해 권한을 남용하여 부정한 대표행위를 한 경우에 민법 제35조 제1항을 유추 적용하여 불법행위책임을 인정할 것인가, 아니면 사단에 대해서는 무효로 하지 않고 무권대리로서 표현대리규정인 민법 제126조를 적용할 것인가. 학설은 대립하나, 판례는 "행위의 외형상 법인 대표자의 직무행위라고 인정할 수 있는 것이라면 설사 그것이 대표자 개인의 私利를 도모하기 위한 것이거나 법령에 위반된 것이라도 위 직무에 관한 행위에 해당된다."라고 판시하여 표현대리의 법리에 의하지 않고 법인의 불법행위책임을 인정한다(대판 1966.8.26, 68다2320 ; 1975.8.19, 75다666).

(2) 甲과 乙·丙간의 법률관계

- ① 甲·丙간의 관계
  - 제126조우선적용설 — 표현대리책임(불법행위책임배제)
  - 선택적적용설 — 이행청구 또는 사기에 의한 취소 가능
- ② 甲·乙간의 관계 — 乙의 선관주의의무(§61)에 위반에 대해 손해배상책임
- ③ 乙·丙간의 관계
  - 제126조우선적용설 — 甲의 표현대리책임이 부인될 경우, 乙은 무권대리로서 丙에 대한 이행 및 손해배상책임(§135)
  - 선택적적용설 — 불법행위책임(甲과 불진정연대책임)을 지나, 다만 甲의 불법행위책임과 표현대리책임이 부인되는 경우 단독으로 이행 또는 손해배상책임(§135, §750).

[116] Ⅲ. 狹義의 無權代理

1. 狹義의 無權代理의 의의

(1) 狹義의 無權代理란 무권대리, 즉 대리인이 대리권 없이 행한 대리행위 중

표현대리라고 볼 수 있는 특별한 사정이 없는 경우의 무권대리를 말한다.

협의의 무권대리는 무권대리의 가장 본래적인 것이고, 본인에 대하여 아무런 책임도 발생하지 않는 점에서 표현대리와 구별된다.

(2) 狹義의 無權代理는 대리권이 존재하지 않고 또한 본인도 상대방에 대하여 책임을 부담할 원인을 준 것도 아니므로 무권대리인의 대리행위에 관하여 본인은 아무런 책임을 질 것은 아니다. 그러나 민법은 이 경우에도 무권대리인이 일단 본인의 이름으로 행한 것이란 점을 고려하여 절대무효인 행위로는 하지 않고 본인의 의사에 의하여 그 효력을 좌우토록 하였다.

2. 契約의 無權代理

(1) 本人과 相對方의 관계

(가) 본인에 대한 효과　　무권대리는 본인이 이를 추인하지 않는 한 본인에는 아무런 효과를 발생하지 않는다(§130). 그러나 본인은 추인으로 그 행위의 효과를 본인에 관하여 발생하게 할 수 있고 본인은 추인을 거절할 수도 있다.

(ㄱ) 本人의 追認權 : 본인은 무권대리행위를 추인할 수 있다. 追認의 법률적 성질은 단독행위이며, 형성권의 일종이나 효력이 불안정한 법률행위에 관하여 자기에게 직접 행위의 효력을 발생케 하는 점에서, 取消할 수 있는 행위의 추인과는 성질이 다르다. 즉 무권대리에서의 追認은 본인의 추인으로 무권대리가 유권대리로 치유되는 것은 아니다.

(a) 追認은 단독행위이므로 의사표시의 요건을 갖추어야 한다.

a) 追認의 方法에는 제한이 없다. 추인의 의사표시는 명시·묵시적임을 불문한다.[139] 판례는 처가 남편의 인감과 관계 서류를 위조하여 남편소유 부동산을 매도한데 대하여 남편이 처의 채권 등을 양도받고 처와 이혼하는 한편, 처의 위 처분행위와 이에 따른 사문서위조행위를 불문에 붙이기로 합의하였다면 남편은 처의 위 무권대리행위를 추인한 것으로 보아야 하는 것이라고 하고,[140] 또한 처가 타인으로부터 금원을 차용하면서 승낙 없이 남편소유 부동산에 근저당권을 설정한 것을 알게 된 남편이 처의 채무변제에 갈음하여 아파트와 토지

139) 대판 1967.12.26, 67다2448·2449.
140) 대판 1991.3.8, 90다17088.

를 妻가 금전을 차용한 자에게 이전하고 그 토지의 市價에 따라 사후에 정산하기로 합의한 후 그 합의가 결렬되어 이행하지 않았다고 하더라도 일단 처가 차용한 私債를 책임지기로 한 이상 남편은 처의 근저당권설정 및 금원 차용의 무권대리행위를 추인한 것이라고 한다.[141]

그 외에도 무권대리인이 상호신용금고로부터 금원을 대출받은 사실을 그 직후에 알고도 그로부터 3년이 지나도록 상호신용금고에 아무런 이의를 제기하지 아니하였으며, 그 동안 4회에 걸쳐 어음을 개서하여 지급의 연기를 구하고 자신의 이익을 위하여 직접 채무의 일부를 변제하기까지 하였다면 무권대리인에 대한 상호신용금고의 대출을 그 근저당권에 대한 피담보채무로 추인한 것으로 보아야 한다(대판 1991.1.25, 90다카26812).

한편, 권한 없이 宗中소유 부동산을 타인에게 매각처분한 사실을 알고도 종중 측이 10년이 넘도록 형사소송과 소유권회복을 위한 민사소송을 제기하지 않았다거나 門長을 비롯한 여러 종중원들이 그동안 종중부동산처분행위를 생활이 곤란해서 그런 것이라고 수차 이해하여 왔다는 등의 말을 했다는 사유만으로는 종중이 당해 부동산의 처분행위를 묵시적으로 추인하였다고 보기 어려운 것이라고 한다.[142]

b) 追認은 적극적이어야 한다. 무권대리인에 의한 계약의 추인은 본인이 계약의 상대방 또는 무권대리인에 대하여 추인의 의사표시를 함으로써 효력이 발생하는 것이고 단지 본인이 계약사실을 알고 이의를 하지 아니한 것만으로는 부족하다.[143]

c) 追認의 意思表示는 무권대리인 또는 상대방 어느 쪽이나 무방하다. 그러나 추인의 의사표시를 相對方에 하는 경우에는 추인의 의사표시로 완전한 효력이 생기지만, 無權代理人에 하는 경우에는 상대방이 추인의 사실을 알아야 하고 추인이 있었음을 알지 못하는 때에는 추인의 효력을 주장하지 못한다(§132). 따라서 추인의 효력이 발생하기 위해서는 상대방이 이를 알고 있어야 한다.

4) 追認의 意思表示는 발신주의를 취한다.

(b) 追認으로 무권대리행위가 유권대리행위였던 것과 같은 효과가 생긴다. 그러나 추인으로 무권대리행위가 유권대리행위로 치유되는 것은 아니다.

---

141) 대판 1995.12.22, 94다45098.
142) 대판 1991.5.24, 90도2190.
143) 대판 1955.2.10, 4287민상3.

(c) 추인은 다른 특별한 의사표시가 없는 한 소급효를 가지나 제3자의 권리를 해하지 못한다(§133 단서). 이 경우 第三者란 등기부상 권리자만을 말한다.[144]

무권대리행위의 상대방이 취득한 권리가 배타적 효력을 가지지 아니하나 제3자가 취득한 권리가 배타성을 가지는 경우 추인으로 인한 제3자의 권리를 침해하지 못한다. 따라서 무권대리행위의 상대방이 취득한 권리가 배타성이 없고 제3자가 취득한 권리도 배타성이 없는 경우에는 배타성을 갖춘 권리의 취득순위에 따라 결정되나, 무권대리행위의 상대방이 취득한 권리가 배타성이 있고 제3자가 취득한 권리도 배타성을 가진 경우에는 민법 제133조 단서, 즉 제3자 권리 침해금지가 적용된다. 예컨대 乙(무권대리인)이 甲(본인)의 丙(상대방)에 대한 채무변제를 수령한 후 甲의 채권자 丁(제3자)이 그 채권을 압류하여 전부명령을 얻은 경우 甲은 乙의 수령행위를 추인하여도 丁의 권리를 해하지 못한다.

(ㄴ) **本人의 追認拒絶** : 본인은 추인권과 더불어 추인거절권을 가진다. 본인의 추인거절로 무권대리행위의 법률관계는 더 이상 본인에는 발생하지 않는 것으로 확정된다.

追認여부는 본인의 자유이며, 본인은 적극적으로 추인의 의사를 표시하여 무권대리행위의 본인에 대한 효과귀속을 확정할 수 있고, 또한 본인에는 전혀 효력을 갖지 않는 것으로 확정할 수도 있다. 그러나 이때 본인의 추인거절권행사가 본인에 대하여 어떤 이익을 갖는 것은 아니다.

無權代理人의 지위와 本人의 지위가 동일인에 귀속한 경우, 즉 무권대리인이 본인을 상속한 경우에는 무권대리행위는 당연히 유효하게 되고 동시에 무권대리성도 가지나, 다만 本人의 地位에서 추인을 거절하지는 못한다.

또한, 본인이 무권대리인을 상속한 경우, 예컨대 무권대리인 甲이 乙의 부동산을 처분한 후 사망하여 乙이 甲을 상속한 경우에는 무권대리인의 상속인이 본인으로서 지위를 거절할 수 없을 것은 아니지만, 다만 본인은 무권대리인의 책임을 상속한다는 점에서 추인을 거절하지는 못한다.

(나) 상대방에 대한 효력　무권대리행위는 본인의 의사에 의하여 그 효력이 좌우되므로 상대방은 불완전한 지위에 놓이게 된다. 그리하여 민법은 상대방의 보호를 위한 최고권・거절권을 주고 있다.

144) 대판 1964.4.18, 62다223.

(ㄱ) **催告權**: 상대방은 本人에 대하여 무권대리행위에 대한 최고권을 가진다.

(a) 최고권은 일종의 독촉행위(의사통지)이며 무권행위이다.

(b) 상당한 기간을 정하여, 문제의 무권대리행위를 추인할 것인가, 거절할 것인가 여부를 묻는 의사로 하여야 한다. 이에 본인이 기간 내 확답을 발하지 않으면 추인을 거절한 것으로 본다(§131 단서).

(ㄴ) **撤回權**: 善意의 相對方은 본인의 추인이 있기 전에 무권대리행위에 관한 자기 의사를 철회할 수 있다.

(a) 撤回의 意思表示는 본인이나 무권대리인에 대한 의사표시로 하며(§134 본문), 선의의 상대방에만 인정된다. 따라서 계약 당시 무권대리행위임을 안 때에는 철회하지 못한다(동조 단서).

撤回權의 行使는 본인의 추인이 있기 전에 하여야 한다. 그러나 본인이 무권대리인에 대한 의사로 추인한 때에는 상대방이 이를 알지 못하는 동안이면 본인은 상대방에게 추인의 효과를 주장하지 못한다. 따라서 상대방은 본인의 추인을 알 때까지는 민법 제134조에 의한 철회를 할 수 있고 또한 무권대리인에게 추인이 있었음을 주장할 수 있다.[145)]

(b) 상대방의 철회권 행사로 무권대리행위는 확정적 무효로 되며, 이로써 불확정적인 법률행위의 효과를 처음부터 발생하지 않도록 하는 점에서 取消인 법률행위와 다르다.

⑵ 相對方과 無權代理人간의 관계

(가) 무권대리인의 책임　本人이 추인하지 않고 代理人이 대리권의 존재를 입증하지 못하면 상대방의 선택에 좇아 이행 또는 손해배상책임을 진다(§135 ①).

민법 제135조는 무권대리행위가 본인에 의하여 추인되지 않는 경우 상대방은 기대한 목적을 달성할 수 없어 불이익을 입게 되므로 상대방보호와 거래의 안전을 꾀하는 동시에 대리제도의 신용을 유지하기 위하여 무권대리인의 책임을 규정한다.

(나) 책임의 요건　무권대리인의 책임이 성립하기 위해서는 다음의 요건을 갖추어야 한다.

(ㄱ) 대리인이 代理權을 증명할 수 없을 것이어야 한다.

---

145) 대판 1981.4.14, 80다2314.

(ㄴ) 本人이 추인을 하지 않고 또한 표현대리로도 되지 않을 것이어야 한다. 본인이 추인을 거절하지 않고 있는 동안은 대리행위의 무효·유효 여부가 부동적이어서 제135조에 의한 책임이 발생하지 않기 때문이다. 그러나 다수설은 무권대리에 표현대리의 경합을 인정하고 표현대리가 성립하면 신의칙상 본조의 적용이 없다고 하고, 소수설은 표현대리가 성립하는 경우에도 제135조를 적용하면 상대방의 보호에 지나치게 치중하는 결과가 될 뿐 아니라, 특히 표현대리를 유권대리의 하나로 보아 표현대리가 성립하는 행위에 무권대리인의 상대방 책임을 인정하는 것은 부당하므로 표현대리가 성립하지 아니할 것이 무권대리인의 상대방에 대한 책임요건이라고 한다.[146]

(ㄷ) 相對方의 善意·無過失일 것이어야 한다. 민법 제135조 제1항의 책임은 대리행위 당시 상대방이 무권대리행위임을 알거나 알 수 있었을 때에는 발생하지 아니한다(§135 ②). 따라서 상대방은 본인이 추인하지 않는 한 본인에 대하여 법률행위의 효력은 발생하지 않는다.

(ㄹ) 무권대리인이 行爲能力者일 것이어야 한다. 무권대리인이 무능력자인 때에는 본조의 책임은 발생하지 않는다(§135 ② 단서). 다만 불법행위책임은 무권대리인에게 의사능력(변식능력)이 있는 한 지게 된다(§753).

(ㅁ) 무권대리행위에 相對方의 過失을 요하는가. 소수설은 무과실책임을 지우는 것은 무권대리인에게 너무 가혹하다는 점을 들어(특히, 법정대리의 경우) 이를 배척한다.[147] 그러나 다수설은 무권대리인이 대리권 결여를 안 경우와 알지 못한 경우를 묻지 않고 모두 이행이익을 전보토록 하여 무권대리인의 무과실책임을 인정한다.

판례는 본조 제2항의 규정은 무권대리인의 무과실책임원칙에 관한 규정인 제1항의 예외적 규정이라고 할 것이므로 상대방이 대리권이 없음을 알았다는 사실 또는 알 수 있었음에도 불구하고 알지 못하였다는 사실에 관한 입증책임은 무권대리인 자신에게 있는 것이라고 한다.[148]

(ㅂ) 相對方이 撤回權을 행사하지 않을 것이어야 한다.

---

146) 이영준 570면.

147) 이영준 570면; 예컨대 대리권수여가 의사의 하자로 인하여 취소되는 경우, 유언집행자의 유언의 무효·취소가 후발적으로 판명된 경우 이것을 안다고 하는 것이 유언집행자의 인식능력이나 판단능력 밖인 경우에는 제135조 제1항의 책임을 배척할 것이라고 해석한다.

148) 대판 1962.4.12, 4294민상1021.

(다) 책임의 내용 무권대리행위에 본인이 추인하지 않고 대리인이 대리권 있음을 입증하지 못하면 상대방에 대하여 이행 또는 손해배상책임을 진다(§135 ①).

(ㄱ) 무권대리인 상대방이 무권대리인에 청구하는 損害賠償의 範圍는 이행이익의 배상인가, 신뢰이익의 배상인가.

信賴利益包含說은 무권대리인의 책임요건으로 고의·과실, 악의 등을 요하지 않는 점에서 특히 상대방 보호를 위하여 그 손해배상의 범위를 확대해야 할 것이라고 한다.[149] 그러나 다수설은 민법 제135조 제1항이 이행과 손해를 나란히 규정하고 있을 뿐만 아니라 이행이익 외에 신뢰이익까지를 배상하면 결국 당사자가 의욕하지 아니한 이득을 취득하는 결과가 되는 것이라고 하여 履行利益賠償說을 취한다.

(ㄴ) 무권대리인의 相對方의 선택에 좇은 履行 또는 損害賠償責任을 질 경우 그 책임의 법률적 성질에 관하여 견해가 대립한다.

契約責任說은 무권대리인이 대리권 없이 계약을 체결한 것이므로 계약법상 체결상 과실책임이며, 신뢰이익의 배상책임을 질 것이지만, 무권대리에서의 책임은 이행이익을 내용으로 하는 것이라고 한다.

擔保契約說은 무권대리인은 상대방에 대하여 명시·묵시로 본인의 추인을 얻지 못하면 자기가 책임을 지겠다는 대리권의 존재에 관하여 담보계약을 체결한 것으로 의제한 것이라고 한다(Flume).

不法行爲責任說은 무권대리인이 대리권 없이 계약을 체결한 것은 계약상 과실이 아니라 일반불법행위상 책임이라고 한다.

法定責任說은 거래안전 및 상대방보호, 대리제도의 신용유지를 이상으로 하는 법률이 특별히 정한 법률상 무과실책임이라고 한다.

代理法上自己責任說은 대리인의 대리행위의 표시 내지 주장에 대한 책임, 즉 대리인이 현명하여 대리행위를 하는 경우에는 다른 의사표시가 없는 한 그 행위 속에는 이에 필요한 대리권을 갖고 있다고 하는 묵시적 주장이 내포되어 있으므로 대리인의 주장과 달리 대리권이 존재하지 아니하는 경우에는 대리인으로 하여금 대리권존재의 주장에 부응하는 책임을 져야 하고 이를 민법이 규정한 것이라고 한다(이영준 562면).

위 학설에서 契約責任說은 무권대리인이 아무런 대리권 없이 상대방과 체결한 행위가 계약상 과실문제로의 이론구성이 어려울 뿐만 아니라, 민법상 책임이 이행이익의 배상을 정하고 있는 점을 설명할 수 없고, 또한 不法行爲責任은 고의·과실에 의한 위법성을 요소로 하는 점에서 설명이 곤란하다.

---

149) 장경학 525면.

이에 대하여 통설은 法定責任說을 취하고, 판례 또한 동조 제2항과 달리 법정무과실책임이라고 한다.[150] 그러나 유력설은 법정책임설로 이해하면 사적자치와 자기책임의 원칙에 조화되지 않고, 또한 무권대리인의 책임을 상대방보호 또는 신용유지를 위한 법정무과실책임으로 보면서 제135조 제1항이 말하는 손해배상이 이행이익의 배상이라고 함은 모순이라고 하여 대리법상 자기책임, 즉 대리인의 대리행위 表示 내지 主張에 대한 책임이라고 한다.

(ㄷ) 상대방의 계약이행청구권이나 손해배상청구권의 소멸시효는 그 선택권을 행사할 수 있는 때로부터 진행한다.[151]

(라) 복대리에의 적용　민법 제123조 제2항은 "복대리인은 본인이나 제3자에 대하여 대리인과 동일한 권리·의무가 있다."라고 규정하고, 한편 복대리인의 복대리권은 대리인의 대리권을 바탕으로 하므로 대리인에 대리권이 없으면 복대리인의 복대리권도 없는 것으로 되므로 이때 복대리인은 대리인의 대리권 결여에 관하여도 민법 제135조에 의한 책임을 부담하게 된다. 그러나 이 경우 복대리인의 책임에 관하여 학설은 당초부터 복대리권을 수여 받지 아니한 경우와 복대리권을 수여 받았으나 대리인에 대리권이 없는 경우로 나누어, 당초부터 복대리인이 대리인으로부터 복대리권을 수여받지 않고 대리권을 행사한 경우에는 민법 제135조의 책임을 부담하지만 복대리권은 수여받았으나 대리인이 대리권이 없는 경우에도 제135조가 적용되는가.

유력설은 복대리인이 상대방에 대하여 복대리권에 기한 행위임을 표시한 때에는 복대리인은 단지 복대리권의 부존재에 대하여만 책임을 지나, 복대리인이 복대리권에 기한 행위임을 표시하지 아니한 때에는 복대리인은 대리인의 대리권 부존재에 대하여도 대리인과 동일하게 민법 제135조에 의한 책임을 지는 것이라고 하여 상대방보호와 복대리인의 보호를 동시에 고려한다.[152]

(3) 本人과 無權代理人간의 관계

(가) 본인이 추인하지 않는 경우　무권대리행위에 본인이 추인하지 않는 한

150) 대판 1962.4.12, 4294민상1021; 판례는 동조 제2항은 무권대리인의 무과실책임원칙에 관한 규정인 제1항의 예외적 규정이라고 할 것이므로 상대방이 대리권이 없음을 알았다는 사실 또는 알 수 있었음에도 불구하고 알지 못하였다는 사실에 관한 입증책임은 무권대리인 자신에게 있는 것이라고 하여 동조 제1항은 법정무과실책임이라고 한다.

151) 대판 1963.8.22, 63다323.

152) 이영준 628면.

本人에게는 아무런 효력이 귀속되지 않는다. 따라서 무권대리행위의 상대방은 본인에 대한 책임을 주장하지 못하며, 이로써 본인과 무권대리인의 관계에 있어서도 아무런 효력이 발생하지 않는다.

(나) 본인이 추인한 경우 무권대리행위에 본인이 추인한 경우 무권대리행위는 본인에 관하여 효력이 발생하고 이로써 본인과 무권대리인의 관계에 관하여도 본인을 위한 무권대리인의 事務管理가 성립된다.

또한, 고의・과실로 본인에게 손해를 가한 경우에는 무권대리인의 不法行爲가 성립하고, 기타 不當利得의 문제가 발생한다.

[계약의 무권대리의 법률관계]

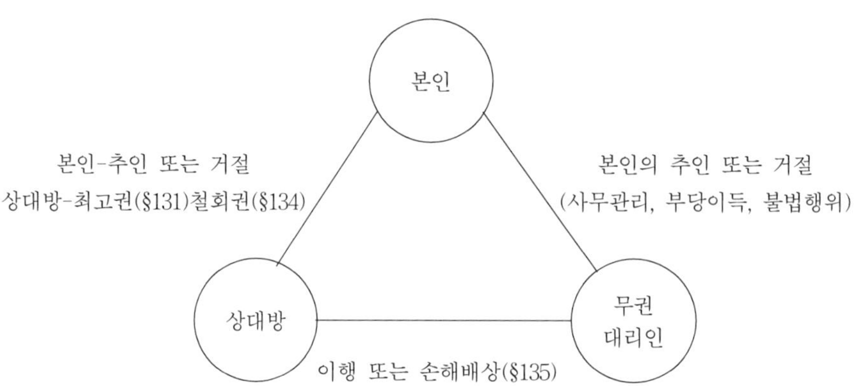

3. 單獨行爲의 無權代理

일방적 의사표시에 의하여 법률관계의 변동을 발생시키는 단독행위의 대리는 사적자치의 원칙에 대한 예외이므로 가능한 그것을 인정하지 않는 것이 바람직하다.

특히, 상대방 없는 단독행위에는 특정한 상대방이 없으므로 문제될 여지가 없지만, 상대방이 있는 단독행위에 관하여는 그것이 수동대리이든, 능동대리이든 상대방이 무권대리인에게 대리권이 있다고 믿을 만한 정당한 사유가 있는 한 이를 보호할 필요는 계약의 경우와 다를 바 없다. 따라서 민법은 단독행위의 무권대리에도 원칙적으로 계약에 관한 무권대리를 준용하게 하고 있다(§136).

(가) 무권대리행위가 相對方없는 單獨行爲인 때에는 그 법률행위는 언제나

무효이다(절대적 무효). 따라서 무권대리행위에 관한 본인의 추인문제, 무권대리인의 책임문제는 생기지 않는다.

(나) 무권대리행위가 相對方있는 單獨行爲인 때에는 원칙적으로 무효이다. 다만 능동대리에 있어서 상대방이 대리권 없는 행위에 동의를 하거나, 또는 대리권을 다투지 아니한 때에는 계약의 경우와 동일한 효력을 발생한다(§136 전단). 그러나 수동대리에 있어서는 무권대리인의 동의를 얻어 행한 때에 한하여 계약과 동일한 효력이 있게 된다(동조 후단).

4. 無權代理行爲와 本人의 상속

甲·乙간의 子인 丙은 甲의 실인과 소요서면을 소지하여 자기가 甲이라고 칭하고 甲명의 부동산을 丁에게 매각하고, 丁은 다시 戊에게 매각하였다.

甲은 이 사실을 알고 戊에 대하여 반환을 요구하였으나 甲은 急死하였다. 丙은 甲의 유지에 따라 위 부동산의 반환을 바라고 있다.

이 경우 관계자간의 법률관계는 어떻게 되는가.

---

(1) 無權代理相續의 법률관계

(가) 무권대리행위는 본인이 추인하지 않는 한 本人에 관하여는 아무런 효력이 발생하지 않고 무권대리인이 무능력자가 아닌 한 상대방에 대한 이행 또는 손해배상책임을 부담한다. 그러나 무권대리인이 무권대리행위를 하였으나 후일 本人의 死亡으로 本人을 상속한 경우, 즉 무권대리인의 지위와 본인의 지위가 동일인에게 귀속하게 되는 경우에 그 무권대리행위는 지위의 혼동으로 당연히 유효하게 되는가.

민법 제1005조는 "상속인은 상속인이 된 때로부터 피상속인의 재산에 관한 포괄적 권리·의무를 승계한다."라고 규정하여 상속인은 상속으로 인하여 피상속인의 재산에 관한 권리·의무를 포괄적으로 승계하므로 이 포괄적 재산권의 개념 속에 피상속인이 本人으로서 가지고 있던 추인권·추인거절권·목적물반환청구권 등도 포함하나, 다만 그 상속인이 무권대리인인 때에도 이러한 권리를 승계하여 행사할 수 있는가 견해가 대립된다.

當然有效說은 무권대리인의 본인상속으로 당연히 유효한 행위로 되는 것이라고 한다[곽윤직 285면, 김용한 368면, 김학동 460면, 송덕수 민법강의(상) 237면]. 그 이론적 근거로서 人格承繼說은 상속은 인격 내지 법률상 지위의 승계이므로 무권대리인이 본인을 상속하면 양자는 법률상 동일인이 되므로 무권대리행위는 당연히 유효로 된다고 하고, 追完說은 상속에 의해 처분권을 취득하면 그에 의해 무권대리행위는 그 흠결이 추완되고 유효로 된다고 한다. 또한 信義說은 무권대리인이 본인으로부터 완전한 추인권을 상속한 경우에 추인을 거절한다고 하는 것은 사적자치에 반하고 신의칙에도 반하므로 추인거절권을 부정하고 추인을 기다릴 것도 없이 무권대리행위는 유효로 되는 것이라고 하고, 資格融合說은 상속에 의해 본인과 무권대리인의 양 자격이 동일인에게 융화되어서 당연히 법률효과가 동일인격에게 귀속하는 것이라고 한다.

制限的當然有效說은 무권대리는 원칙적으로 유효한 행위로 되지만 공동상속을 한 때에는 상속인 전원의 추인이 있어야 하는 것이라고 한다(고상룡 544면, 김주수 448면, 김준호 457면).

無權代理併存說은 무권대리행위는 상속에 의해 당연히 유효로 된다고 보지 아니한다. 즉 무권대리인은 본인으로부터 추인권과 추인거절권을 승계하지만 신의칙상 추인거절은 행사할 수 없고 또 자신의 무권대리인으로서의 책임(§135)도 병존하는 것이라고 한다(이영준 562면, 김상용 649면, 백태승 512면).

위 학설 중 當然有效說은 단독상속을 전제로 하며, 인격승계설·자격융합설에 따르면 공동상속에 있어서 모든 공동상속인들의 추인거절의 기회가 박탈되어 그 이익이 부당히 침해된다. 또한 추완설에서도 공동상속의 경우에는 목적물의 처분권을 무권대리인이 취득하였다고 할 수 없고, 신의설도 신의칙상 추인을 거절할 수 없다면 그 자체에서 무권대리행위가 바로 유효가 된다는 결론에 이른 것은 이론상 난점이 있게 된다. 결국 당연유효설의 공통된 결점은 단독상속만을 전제로 했다는 점, 본인의 사망으로 당연히 철회권 행사(§134)의 기회가 없어지고 손해배상청구(§135)의 길도 막혀 버린다는 점이다.

다수설은 단독상속·공동상속을 묻지 않고 無權代理竝存說을 취할 것이라고 하고, 최근의 판례 또한 甲이 乙등 명의의 주식에 관하여 처분권한 없이 은행과 담보설정계약을 체결하였다고 하더라도 이는 일종의 타인권리의 처분행위로서 유효하다 할 것이므로 甲은 乙등으로부터 그 주식을 취득하여 이를 은행에게 인도하여야 할 의무를 부담한다고 할 것인데, 甲의 사망으로 인하여 乙등이 甲을 상속한 경우 乙등은 원래 그 주식의 주주로서 타인 권리에 대한 담보설정계약을 체결한 은행에 대하여 그 이행에 관한 아무런 의무가 없고 이행을 거절할 수 있는 자유가 있었던 것이므로, 乙등은 신의칙에 반하는 것으로 인정할 특별한 사정이 없는 한 원칙적으로는 위 계약에 따른 의무의 이행을 거절할 수 있는 것이라고 하여 무권대리성을 인정한다.153)

그렇다면, 이와 같은 다수설·판례의 태도는 타당하다고 볼 수 있는가. 다수설은 특히 공동상속의 경우 상대방보호란 측면에서 무권대리성도 갖는 것이라고 한다. 그러나 이와 같은 설명은 상속 및 대리제도 본래의 취지에 반한다. 따라서 무권대리인의 본인 상속으로 그 무권대리행위는 당연히 유효한 행위로 되고, 다만 공동상속인에 의하여 이행되지 못하는 부분은 담보책임의 법리에 의할 것이라고 본다.

(나) 본인이 무권대리인을 상속한 경우는 어떻게 되는가. 무권대리인이 본인을 상속한 경우와 견해가 일치하는 것은 아니다.

當然有效說은 본인의 무권대리인 상속으로 당연히 유효한 행위로 되고 본인은 추인을 거절하지 못하는 것이라고 한다(곽윤직 285면, 김용한 368면).

當然有效排斥說은 무권대리행위가 당연히 유효로 되지 않고 추인을 거절할 수 있는 것이라고 한다[이영준 562면, 김주수 448면, 김상용 650면, 백태승 512면, 김준호 458면, 송덕수 민법강의(상) 238면].

다수설은 當然有效排斥說을 취하여 본인의 추인 또는 추인거절권을 가지는 것이라고 한다.

생각건대, 본인이 무권대리인을 승계한 경우는 무권대리인이 본인을 상속한 경우와 달리 본인이 무권대리행위를 한 것은 아니므로 본인에 당연히 책임을 지도록 하는 것은 부당하다. 따라서 본인은 무권대리인을 상속한 경우에도 그 추인뿐만 아니라 추인거절권도 가지는 것이라고 본다.

(2) 상속 유형에 따른 無權代理人의 지위

(가) 단독상속의 경우 무권대리인이 본인을 단독상속한 경우에는 當然有效說을 취하면 추인을 거절할 수 없게 된다. 그러나 當然有效排斥說에 의하면 역시 신의칙상 추인은 거절할 수 없으나 그 외에 무권대리로서의 효과도 가지므로 상대방은 철회권·손해배상 및 그 이행을 청구할 수 있게 된다. 여기서 만약 상대방이 이행을 청구하는 경우에는 양설은 동일한 결과가 된다.

(나) 공동상속의 경우 무권대리인이 다른 상속인과 더불어 本人을 공동상

153) 대판 1994.8.26, 93다20191.

속하는 경우에는 그 상속재산이 상속인간에 共有 또 合有로 귀속하는가에 따라 달리한다.

(ㄱ) 상속재산의 共有說에 의하면 본인의 추인권과 추인거절권은 상속인간의 준공유로 귀속하게 되고(§278), 이때 추인권의 행사는 상속인 전원의 동의로만 행사할 수 있게 된다(§264 참조). 그러나 추인거절권의 경우에는 무권대리인인 공동상속인은 신의칙상 이를 인정할 수 없으나 다른 공동상속인에는 이를 거절할 이유가 없게 된다.

이에 대하여 무권대리행위의 상대방은 공동상속인 전원의 동의에 의한 추인이 있을 때까지 철회할 수 있고 또한 그 외에 무권대리에 관한 권리(§135)도 행사할 수 있다. 이때 특히 상대방이 이행을 청구하면 無權代理人은 자기 지분에 대하여는 이행이 가능하나 나머지 持分에 대하여는 이를 취득하여 이행할 의무를 부담하게 된다.

(ㄴ) 상속재산의 合有說에 의하면 본인의 추인권은 합유자 전원의 동의가 있어야 행사할 수 있고, 특히 상대방의 이행청구의 경우에도 共有에서와 달리 무권대리인이 자기 지분에 대하여도 이를 이행할 수 없는 것으로 된다.

[상속의 유형에 따른 무권대리인의 지위]

(1) 單獨相續의 경우

- 당연유효설의 입장 – 추인거절 불가
- 당연유효배척설 – 신의칙상 추인은 거절할 수 없으나, 그 외 무권대리 효과 부여가 가능하다.

※ 상대방이 이행을 청구하는 경우 양 학설은 동일한 결과로 된다.

(2) 共同相續의 경우

- 공유설의 입장 – 본인의 추인권과 추인거절권을 상속인간에 준공유로 귀속
  - 무권대리인
    - 추인권 – 상속인 전원의 동의로만 행사 가능(§264 참조)
    - 추인거절권 – 신의칙상 부정
  - 무권대리의 상대방
    - 철회권 및 무권대리에 관한 권리행사 가능
    - 이행을 청구한 경우 – 자기 지분권을 이행할 수 있으나, 다른 공유권의 지분은 취득하여 이전할 의무를 부담
- 합유설의 입장
  - 본인의 추인권 – 합유자 전원의 동의
  - 상대방의 이행청구 – 자기지분의 이행도 불가하다.

위 사례에서 먼저 丙의 甲의 實印과 소요서류를 소지하여 甲명의 부동산을 丁에 처분한 행위가 표현대리가 성립하는가.

만일 그 성립이 부정되면 무권대리행위로 될 것이나, 사안은 甲의 사망으로 무권대리인의 본인상속의 법률관계가 문제된다.

(1) 丙의 처분행위와 表見代理의 성립 여부

표현대리의 성립에는 本人의 過失은 필요하지 않지만, 다만 본인이 책임을 부담할 사정이 본인 측에 있지 않으면 아니 된다.

또한 판례가 인장의 도용 등의 경우 통상 표현대리를 인정하지 않고 있는 점에서 보면 표현대리의 성립은 인정되기 어렵다. 따라서 丙·丁간의 법률행위는 丙의 무권대리행위에 불과하다.

(2) 丙의 무권대리행위와 丙·丁·戊의 법률관계

(가) 甲·丙간의 관계　사안에서 丙의 행위는 무권대리행위이므로 甲의 추인이 있어야 유효하게 된다. 그러나 甲의 추인이 없으면 丙·丁간의 매매행위는 무효로 되고 丁의 소유권취득 역시 무효가 된다.

(나) 甲의 丁·戊의 관계　甲은 丁에게 부당이득반환청구권을 戊에게는 목적물반환청구권을 갖게 된다. 또한 戊에게는 제3자 보호규정이 배제되어 있으므로 甲은 戊의 선·악에 불문하고 목적물의 반환을 청구할 수 있다.

(다) 丁·戊의 입장　丁은 무권대리행위의 상대방이므로 甲에 대하여 최고권·철회권을 가지나, 사안에서는 丁은 戊에게 전득시켰으므로 이러한 주장을 할 수 없다. 다만 丙에게 매매계약의 해제, 채무불이행 또는 불법행위에 기한 손해배상청구가 가능하다. 또한 丙은 매도인으로서 담보책임을 지게 된다.

또한 戊는 丁에 대하여 매매계약의 해제 및 손해배상을 청구할 수 있다. 한편 戊가 선의인 때에는 매도인 丁은 戊에게 스스로 손해를 배상하고 계약을 해제할 수 있으나 악의인 경우 丁은 戊에게 권리가 이전되지 않음을 통지하고 역시 그 계약을 해제할 수 있다.

(3) 丙의 甲의 상속으로 인한 법률관계

무권대리인이 본인을 상속한 경우 當然有效說에 의하면 丙은 甲의 상속으로 부동산매매에 기한 이행책임을 그 상속분의 범위 내에서 인정해야 한다. 따라서 당해 부동산을 분할한 지분에 대하여 丙·丁·戊의 매매관계를 해결해야 한다. 다만 상속재산이 분할되기까지 合有라고 해석하면 그 타당성을 인정할 수 없게 된다.

(가) 乙의 丙에 대한 관계　乙은 甲의 공동상속인으로서 추인권과 추인거절권을 갖는다. 그러나 乙이 丙의 무권대리행위를 인지 묵인하였던 때에는 신의칙상 추인거절권을 행사할 수 없다. 그리고 상속재산분할의 협의상 당해 부동산이 전부 丙의 것으로 된 때에는 위의 권리는 행사할 수 없다.

乙은 丙에 대하여 자신의 상속분의 범위 내에서 丙이 행한 불법행위에 대한 손해배상청구권을 갖는다.

(나) 乙의 丁·戊에 대한 관계　乙이 추인거절권을 행사하면 丁 또는 戊에 대

하여 이전등기 또는 등기말소청구를 할 수 있다. 이 경우 丙은 丁에게 자기의 상속분에 한하여 이미 이행하였으므로 丁은 丙의 지분에 대해 소유권을 취득한다. 즉 丁은 乙과 함께 당해 부동산을 공유하게 된다. 따라서 전득자인 戊는 선의인 경우에도 보호받지 못한다. 따라서 선의의 戊 역시 부동산 전부에 대한 소유권은 취득하지 못한다.

또한, 丁은 부동산 전부를 매도하였지만 실제로 乙·丁이 당해 부동산을 분할하여 공유하게 되므로 丁은 戊에게 지분 2분의 1에 대한 민법 제572조의 매도인의 담보책임을 지게 된다.

[사례연구] 무권대리와 사무관리

甲은 자기 거주지로부터 멀리 떨어진 요양지에 별장 1동을 소유하고 이를 방치함에 따라 가옥이 노후하자 장마철을 대비하여 걱정하는 마을의 乙은 甲의 승낙없이 丙과 가옥수선계약을 체결, 丙은 계약에 따라 가옥을 수선하고 甲에 그 대금을 청구하였으나 이를 거절하였다. 이 경우 甲·乙·丙간의 법률관계를 설명하라.

위 사례에서 乙이 대리권 없이 丙과 수선계약을 체결하였으므로 乙의 무권대리행위임은 명백하다. 다만 무권대리의 경우에도 상대방에 대리권이 있는 것으로 믿을 만한 외관을 가졌을 때에는 甲의 책임 여부가 문제된다.

만일, 사안의 경우 표현대리가 성립할 경우에는 甲은 丙에 대하여 책임을 지고, 이로 인한 甲·乙간의 관계가 남는데 대하여 표현대리가 성립하지 아니할 경우에는 협의의 무권대리의 문제로서 甲의 추인 여부에 따라 정하여진다. 따라서 甲이 추인을 거절한 경우에는 乙·丙간의 문제로 되나, 다만 甲의 가옥에 대한 수선행위가 甲의 부당이득을 구성하게 되면 그 반환의 문제가 생긴다.

사안의 내용으로 보아 丙에 대하여 대리권이 있는 것으로 믿을 만한(§125, §126, §129) 사유가 있다고 보기 어렵다. 따라서 민법상 표현대리에 관한 규정의 적용은 없는 것으로 해석된다. 그러므로 乙의 행위는 무권대리행위로서 귀착되고 민법 제135조에 의해 해결될 것이지만, 이때 甲의 추인 여부에 관하여는 丙의 甲에 대한 수선비의 지급청구에 대하여 이미 그 지급을 거절하였으므로 甲에 대한 대리행위는 성립하지 않고 결국 乙·丙과 법률관계로 귀착된다.

(1) 乙과 丙간의 법률관계

丙이 선의·무과실인 경우에는 乙의 대리행위인 가옥수선계약은 무권대리행위로 甲의 추인 거절로 丙이 선의·무과실인 때에는 수선의 도급계약에 따른 보수지급 또는 손해배상을 청구할 수 있다. 그러나 丙이 악의이거나 과실이 있으면 이를 청구할 수 없다.

(2) 丙과 甲간의 법률관계

(가) 丙은 甲이 얻은 이익이 부당이득이므로 민법 제748조의 규정에 따라 부당이득의 반환청구를 할 수 있다. 乙과 丙간의 법률관계에서 丙이 乙에게 민법 제135조에 의한 책임을 물었다고 하여 甲에 대한 부당이득을 배척할 수는 없다.

왜냐하면, 민법 第135조와 제748조는 그 취지를 달리할 뿐만 아니라, 丙이 악의·과실로 乙에게 책임을 묻지 못할 때에는 甲에게 청구하도록 하기 위해서도 그러하다.

(나) 丙이 乙에 대하여 민법 제135조 제1항에 기하여 갖는 채권을 보전하기 위하여 乙이 甲에게 갖는 채권을 丙이 甲에게 대위 행사할 수 있다.

다만, 민법 제404조의 요건을 갖추고 있을 때 한한다. 문제는 丙이 甲에게 갖는 부당이득반환청구권과 丙이 乙을 대위하여 甲에게 갖는 대위청구권의 관계이다.

일반적으로 청구권경합으로 논의되는 채무불이행에 기한 손해배상청구권과 불법행위에 기한 손해배상청구권과의 관계에 대하여 학설이 대립되나 판례는 계약상 채무불이행책임과 불법행위로 인한 손해배상책임의 경합을 긍정한다(대판 1977.12.13, 75다107).

⑶ 甲과 乙간의 법률관계

甲과 乙 사이에는 사무관리가 성립하고 乙은 甲에게 민법 제739조 제2항에 의하여 乙이 丙에게 부담한 채무를 甲이 丙에게 변제하도록 요구할 수 있다.

제 5 장　法律行爲效力의 留保

제 1 절　法律行爲效力이 不完全한 態樣

(1) 법률행위의 무효·취소, 계약의 해제·해지 — 효력이 불완전한 전형적 형태
(2) 부관부법률행위 ┌ 광의의 부관
　　　　　　　　　└ 협의의 부관 ─┐
(3) 격지자의 의사표시 ┌ 효력요건설(통설) ─┘ 효력의 불완전한 한 형태
　　　　　　　　　　└ 성립요건설(소수설)

(1) 어떤 법률행위가 행하여진 경우, 행위자가 표시된 의사표시의 내용에 따라 일정한 법률관계의 변동을 법률적으로 보장하는 것을 지칭하여 일반적으로 그 법률행위는 효력을 가진다고 하거나, 유효하다는 것으로 표현한다. 그러나 경우에 따라서는 법률행위가 그 성립요건을 갖추어 성립하고 있기는 하였으나 그 법률행위에 상응한 정상적인 법률행위의 효력이 발생되지 않거나, 그 효력발생이 보류되는 경우가 없지 않다.

이러한 태양으로 법률행위의 無效·取消가 그 대표적인 것이지만 이것에 국한하지 않고 條件·期限附 法律行爲, 또는 계약의 解除權·解止權이 유보된 법률행위도 이에 속한다.

(2) 민법은 이와 같은 태양 가운데에서 법률행위 또는 의사표시의 無效와 取消에 관하여는 민법 제137조 내지 제146조에서 일반적 통칙규정을 두고, 條件·期限附 法律行爲에 관하여는 법률행위 부관으로서 제147조 이하에서 규정하고 있다. 또한 契約의 解除·解止에 관하여는 채권편 제543조 이하에서 각각 규정하고 있다.

따라서 민법총칙 편에서 규정한 法律行爲效力의 留保形態로는 법률행위의 무효·취소와 조건·기한으로서의 부관부법률행위가 있으며, 법률행위효력의 불완전한 태양에 속한다.

제 2 절 法律行爲의 無效와 取消

[117] Ⅰ. 法律行爲의 無效

(1) 本來的 無效(절대적 무효)
객관적 법질서 위반행위(§103, §104 위반 ; §746 적용)
(2) 例外的 無效(상대적 무효 원칙)
① 무능력자의 법률행위 — 절대적 무효(§141 적용)
② 비진의표시의 예외의 경우 ┐
③ 통정허위표시 당사자간의 효과 ┘ 상대적 무효(선의의 제3자에 대항금지)

1. 無效行爲의 개념

(1) 無效의 의의

(가) 法律行爲의 無效란 법률행위가 성립할 당초부터 법률상 당연히 그 효력이 발생하지 않는 것으로 확정되어 있는 것을 말한다.

無效는 절대적이며, 당연히 효력이 없고, 확정적이고 종국적이며, 時間의 경과로 보정되지 않는다. 따라서 법률행위가 무효인 경우에는 표시된 효과의사의 내용에 따른 법률효과를 승인할 수 없고, 또한 그 현상의 유지·변경을 주장하지 못한다.

(나) 무효인 법률행위도 법률행위로서 외형을 갖추고 있으므로 일단 법률행위로 다루어진다는 점에서 법률행위가 외형적으로도 존재하지 않는 不成立과 구별된다. 그러나 無效인 法律行爲는 사실적 현상으로 존재할 뿐 법적으로는 부존재한 것으로 파악한다.

이에 대하여 새로운 견해는 무효의 의미를 규범적 가치개념으로 파악하여 그 행위의 법률효과가 부여되지 않는 것으로만 파악한다.[1] 그리하여 무효인 법률행위도 그 무효사유에 따라서는 법질서가 허용되는 다른 효과가 부여되기도 한다. 예컨대 불능목적의 계약은 무효이지만 민법은 일정요건 하에 상대방에

1) 이영준 639면; 동 견해는 원래, 법률행위는 행위의 면과 규율의 면을 가진다고 하고, 여기서 이른바 무효는 규율의 면에만 관계되는 것이라고 한다.

책임(계약체결상 과실책임에 기한 손해배상청구권의 성립)을 부여한다. 따라서 무효인 법률행위는 단순히 사실적 현상이 아닌 당사자가 의욕한 규율만이 무효인 법률행위로 되는 것이라고 한다.

(2) 無效인 法律行爲와 取消할 수 있는 法律行爲의 관계

(가) 양자의 구별기준 민법상 無效와 取消는 다같이 有效要件을 충족하지 못한 것으로서 그 효력 발생을 배척할 수 있을 것이지만, 어떤 행위를 무효로 하고 또한 취소할 수 있는 행위로 할 것인가는 이론적·필연적 구별이 아닌 입법정책적 문제이며, 대체로는 보호법익을 중심으로 구별한다.[2)]

(ㄱ) 公益目的으로서의 無效: 무효인 법률행위는 대체로 공익적 이유, 즉 개개인의 행위를 법질서 전체의 이상에서 비추어 당연히 효력을 인정할 수 없다고 할 만한 객관적인 사유가 있는 때에는 개개인의 의사를 묻지 않고 무효로 한다. 왜냐하면 법률행위는 어디까지나 법률상 제도이므로 법률의 목적 내지 이상에 반하는 것이어서는 아니 되기 때문이다. 따라서 무효로 되는 행위는 그 기준을 추상적·획일적으로 정할 수 없고, 구체적·개별적으로 객관적 기준에 의해 결정된다.

(ㄴ) 個人的 利益保護로서의 取消: 법률행위성립의 의사표시에 하자가 있어 특정인의 의사에 따라 효력을 부인할 것으로 요구되는 경우, 즉 개인적 이익보호의 필요에서 취소할 수 있는 법률행위로 한다.

취소는 당연히 무효로 되는 법률행위와 달리 취소권자의 일방적 의사표시에 의하여 무효로 되므로 상대방은 심히 불안전한 지위에 놓이게 된다. 따라서 민법은 이를 제한하여 그 효력발생을 법률이 규정하고 있는 경우에만 인정한다. 그리하여 민법이 '본래 의미의 취소'로서 그 효력을 정하고 있는 것으로는 무능력자의 행위, 착오, 사기·강박으로 인한 법률행위에 국한한다.

(나) 양자의 차이

(ㄱ) 特定人의 주장: 無效인 法律行爲는 처음부터 당연히 효력이 없는 것이며, 효력의 배척을 위하여 특정인의 적극적인 행위가 있어야 할 필요는 없다. 그러나 取消할 수 있는 法律行爲는 취소권자라는 특정인의 적극적 의사표시가 있어야만 비로소 처음부터 소급하여 무효가 되고, 그 취소가 있을 때까지는 일

---

2) 동지, 곽윤직 289면, 이영준 586면, 김상용 663면.

단 유효한 것으로 다루어진다.

(ㄴ) **追認의 대상 :** 無效인 法律行爲는 원칙적으로 추인의 문제는 발생하지 않는다. 다만 당사자간에 의사의 흠결을 이유로 한 무효, 예컨대 비진의의사표시의 예외의 경우, 통정허위표시에는 추인이 인정된다. 그러나 이 경우에도 그 법률행위 자체가 치유되는 것이 아니라 단지 새로운 법률행위를 한 것으로 보는데 불과하다(§139).

그러나 取消할 수 있는 法律行爲는 추인에 의하여 유효한 것으로 확정된다. 또한 취소할 수 있는 법률행위에 대하여는 통념상 추인이 있다고 인정할 수 있는 일정한 사실이 있는 경우에는 취소권자의 추인의사의 유무를 묻지 않고 법률상 당연히 추인한 것으로 인정된다(법정추인).

(ㄷ) **期間의 經過와 補正 :** 無效인 法律行爲는 기간의 경과에 의하여서도 그 무효가 보정될 수는 없다. 그러나 取消할 수 있는 法律行爲는 그것을 방치한 채 일정한 기간을 경과하면 취소권은 소멸한다.

(ㄹ) **無效 · 取消의 原因 :** 取消原因은 법률의 규정이 있는 경우(예컨대, 무능력, 착오 · 사기 · 강박)에 한하여 인정되나, 無效原因은 법률의 규정이 없더라도 공익적 목적에서 효력이 배척될 객관적인 사유가 있는 것으로 족하다.

또한, 無效인 법률행위에는 전환의 문제가 생기나, 取消할 수 있는 법률행위는 일단 유효한 행위이므로 전환의 문제는 발생할 수 없고, 추인만 문제된다.

(다) 양자의 접근 無效인 법률행위는 처음부터 당연히 효력이 발생하지 않는다. 그러나 取消할 수 있는 법률행위는 취소권자가 취소하므로 법률행위가 소급적으로 무효로 된다. 따라서 양자는 무효인 점에서 공통한다.

또한, 법률행위의 일부분이 무효인 때에는 그 전부를 무효로 하나 그 무효부분이 없더라도 법률행위를 하였을 것이라고 인정되는 때에는 나머지 부분은 무효로 되지 아니한다(§137), 그러나 취소는 취소부분에 한하여 취소하더라도 원칙적으로 전부가 그대로 효력을 발생한다.

(ㄱ) 無效인 法律行爲는 처음부터 당연히 무효이나, 다만 무효인 법률행위에도 일정한 경우(§107 ②, §108 ②)에는 그 무효인 법률행위를 기초로 새로운 법률관계가 이루어지면 무효 주장이 제한된다. 즉 무효행위에 선의의 제3자가 개입하면 선의의 제3자에는 대항하지 못한다.

한편, 取消할 수 있는 法律行爲는 취소로 인한 선의의 제3자에 대항하지 못하는 상대적 무효가 원칙이다. 그러나 취소할 수 있는 법률행위 중 무능력자의 법률행위의 취소에는 선의의 제3자를 불문하고 대항할 수 있는 절대적 무효로서 효력을 가진다.

(ㄴ) 取消인 法律行爲에도 혼인 등 가족법상 법률관계 및 계속적 법률관계에는 소급효가 제한된다. 예컨대 혼인이 취소된 경우 그 혼인의 무효는 소급하지 않고 또한 할(월)부판매의 경우 중간의 현저한 가격변동은 이미 지급한 분할급에는 영향을 미치지 않는다.

[無效인 법률행위와 取消할 수 있는 법률행위의 비교]

	無　效	取　消
특정인의 주장과 효력	특정인의 주장을 요하지 않고, 당연 무효(누구에게나 무효)	특정인의 주장을 요하고, 상대적 무효(선의의 제3자에 대항금지)
추인대상	① 추인할 수 없음이 원칙 ② 비소급적 추인이나 예외적으로 채권적·소급적 추인 인정	① 추인으로 유효 ② 법정추인을 인정
기간경과와 보정	기간의 경과로도 효력불변(언제나 무효)	일정기간의 경과로 취소권행사 제한(유효한 행위로 확정)
발생원인	① 공익적 이유 ② 객관적 기준으로 결정	① 사익적 이유 ② 법률에 명문 규정
일부무효와 법률행위의 전환	① 일부무효 - 잔존부분유효 ② 무효행위의 전환이 존재	① 취소부분취소 - 전부유효 ② 전환의 문제는 없다.
반환의 범위	특칙은 없으나 반환청구 불가능	무능력자행위취소의 경우 현존이익반환 특칙(§141)

(라) 양자의 경합　取消에는 소급효가 있는 결과 무효와 취소가 공통하고 또한 경우에 따라서는 양자의 경합이 생긴다. 예컨대 금치산자 또는 미성연자가 어떤 법률행위를 할 때에 전혀 의사능력을 갖고 있지 않은 경우는 물론 사기·강박에 의하여 반사회적인 법률행위 또는 불공정한 법률행위를 한 경우나, 통정행위로서 요건을 갖춘 동시에 사해행위로서 요건을 갖추는 경우 등과 같이 구체적인 법률행위가 무효와 취소의 원인을 포함할 수도 있다.

이러한 경우 당사자는 각각 그 요건을 증명하여 無效 또는 取消를 주장할 수 있는가. 무효·취소경합의 문제이며, 견해가 대립한다.

二重效肯定說은 행위무능력자가 의사무능력상태에서 행한 법률행위에 심신상실 중의 행위인 것을 입증하면 무효로서 효력을 주장할 수 있다고 하고, 그 이론적 근거로서 법률개념은 形而下學的인 것, 즉 무효인 법률행위인가 취소할 수 있는 법률행위인가는 자연적 속성에 속하는 것이 아니라 단지 일정한 법률효과를 뒷받침하는 법률상 근거에 불과한 것이어서 무효행위의 취소 가능성을 인정할 수 있고, 또한 금치산선고를 받지 않은 정신병자나 만취자의 행위취소는 의사무능력을 이유로 하는 무효로서만 보호되나 동일한 의사무능력자이면서 금치산선고를 받아 행위무능력자로 된 자에게 무효를 주장할 수 없게 함은 상호 권형(權衡)을 잃게 되어 부당한 점을 든다.

二重效否定說은 의사무능력과 행위무능력의 경합을 부정하고, 그 이론적 근거로서 원래 행위무능력자제도는 의사무능력을 객관적으로 획일화한 제도이고, 또한 동일한 사실관계가 무효인 동시에 취소할 수 있다는 것은 모순될 뿐만 아니라, 원래 법률개념을 形而上學的으로 해석하면 무효인 행위는 無이기 때문에 취소가 존재할 수는 없고, 때로는 의사무능력자이고 행위무능력자인 자가 우연히 유리한 계약을 취소하지 않고 있는데 상대방이 의사무능력을 이유로 한 무효를 주장한다면 무능력자제도를 둔 취지에 반한다는 점을 든다.

折衷說은 무효 또는 취소를 주장할 수 있으나, 다만 관계자의 의사능력 유무를 문제 삼을 수 없는 거래분야에서는 의사무능력, 행위무능력으로 인한 무효·취소의 주장을 전적으로 배제할 것이라고 한다(김주수 104면, 장경학 192면).

다수설은 二重效否認說이 법률개념을 물체화하여 형이상학적으로 해석하는 것은 불합리할 뿐만 아니라, 절충설이 거래 분야를 따라 구별하는 것은 획일적이지 못한 점을 지적하고, 二重效肯定說을 취하고, 판례는 넓은 의미에서 무효·취소의 경합을 인정한다.

그리하여 판례는 학력을 속인 무효인 편입학행위를 취소할 수 있다고 하고,[3] 통정허위표시에 기한 가장매매도 채권자취소권의 대상이 되는 것이라고 하며,[4] 강박에 의한 법률행위라도 강박의 정도가 단순한 불법적 해악의 고지로 상대방으로 하여금 공포를 느끼도록 하는 정도가 아니라 표의자로 하여금 의사결정을 스스로 할 수 있는 여지를 완전히 박탈한 정도의 강박인 때에는 무효로

3) 대판 1989.4. 11, 87다카131; 학력을 속여 편입학허가를 받은 학생에 대하여 학교법인이 다시 취소한 사안에 관하여 판례는 학생에 대한 학교의 편입학허가, 대학교졸업인정, 대학원입학, 공업석사학위 수여 등이 그 자격요건을 규정한 교육법 제111조, 제112조, 제115조에 위반되어 무효라면 이와 같은 당연 무효의 행위를 학교법인이 취소하는 것은 그 편입학허가 등의 행위가 처음부터 무효이었음을 당사자에게 통지하여 확인시켜주는 것에 지나지 않으므로 여기에 신의칙 내지 신뢰의 원칙을 적용할 수 없고 그러한 뜻의 취소권은 시효로 인하여 소멸하지도 않으며 그와 같은 자격요건에 관한 흠은 학교법인이나 학생 또는 일반인들에 의하여 치유되거나 정당한 것으로 추인될 수 있는 성질의 것도 아니라고 하였다.

4) 대판 1975.2.10, 74다334; 1964.4.14, 63다827; 1961.11.9, 4293민상263; 판례는 특히 통정허위표시에 전득자가 있는 경우에만 취소대상이 되는 것은 아니라 하였다(대판 1975.2.10, 74다334).

되는 것이라고 한다.[5] 또한 매도인이 매수인의 중도금지급채무불이행을 이유로 매매계약을 적법하게 해제한 후라도 매수인으로서는 상대방이 한 계약해제의 효과로서 발생하는 손해배상책임을 지거나 매매계약에 따른 계약금의 반환을 받을 수 없는 불이익을 면하기 위하여 착오를 이유로 한 취소권을 행사하여 위 매매계약 전체를 무효로 돌리게 할 수 있는 것이라고 한다.[6]

더욱, 판례는 流動的 無效인 상태에 있는 토지거래계약이 당사자의 하자 있는 의사표시에 의하여 이루어진 경우의 효력에 관하여 그 토지거래가 계약당사자의 표시와 불일치한 의사(비진의표시, 허위표시 또는 착오) 또는 사기·강박과 같은 하자 있는 의사에 의하여 이루어진 경우에는 이들 사유에 의하여 그 거래의 무효 또는 취소를 주장할 수 있는 당사자는 그러한 거래허가를 신청하기 전 단계에서 이러한 사유를 주장하여 거래허가신청 협력에 대한 거절의사를 명백히 함으로써 그 계약을 확정적으로 무효화시키고 자신의 거래허가절차에 협력할 의무를 면할 수 있는 것이라고 한다.[7]

그 외에도 유동적 무효인 상태에 있는 계약을 채무불이행을 이유로 해제할 수 있는가. 판례는 국토이용관리법상 규제지역 내 토지의 매매계약이 관할관청으로부터 토지거래허가를 아직 받지 못하였다면, 그 계약내용 대로의 효력이 있을 수 없는 것이어서 당사자는 그 계약내용에 따른 의무를 부담하지 아니하므로 매매계약내용에 따른 채무불이행을 이유로 하여 계약을 해제할 수 없고(대판1995.1.24, 93다25875), 또한 거래계약의 당사자는 상대방이 그 거래계약의 효력이 완성되도록 협력할 의무를 이행하지 아니하였음을 들어 일방적으로 거래계약 자체를 해제할 수 없는 것이라고 하나(대판 1999.6.17, 98다40459), 다만 매매당사자 일방이 계약 당시 상대방에게 계약금을 교부한 경우 당사자 사이에 다른 약정이 없는 한 당사자 일방이 계약이행에 착수할 때까지 계약금 교부자는 이를 포기하고 계약을 해제할 수 있고, 그 상대방은 계약금의 배액을 상환하고 계약을 해제할 수 있

---

5) 대판 1998.2.27, 97다38152; 그러나 판례는 강박에 의한 법률행위가 하자 있는 의사표시로서 취소되는 것에 그치지 않고 나아가 무효로 되기 위해서는, 강박의 정도가 단순한 불법적 해악의 고지로 상대방으로 하여금 공포를 느끼도록 하는 정도가 아니고, 의사표시자로 하여금 의사결정을 스스로 할 수 있는 여지를 완전히 박탈한 상태에서 의사표시가 이루어져 단지 법률행위의 외형만이 만들어진 것에 불과한 정도이어야 하는 것이라고 한다.

6) 대판 1991.8.27, 91다11308.

7) 대판 1997.11.14, 97다36118. 그러나 협력의무를 면하는 것과 의사표시의 하자를 들어 계약의 무효·취소를 구하는 것은 별개문제로 보아야 하고 비록 유동적 무효안 상태의 법률행위라고 하여 그 성립을 부정할 것은 아니므로 그 효력 발생을 부정하지 않는 이상 협력의무를 면한다는 법리는 부당하다[박종두, 유동적 무효인 계약의 법률관계, 중앙법학(2007.11) 00면 참조]

음이 계약일반의 법리인 이상, 특별한 사정이 없는 한 구국토이용관리법상 토지거래허가를 받지 않아 유동적 무효인 상태의 매매계약에 있어서도 당사자 사이의 매매계약은 매도인이 계약금의 배액을 상환하고 계약을 해제함으로써 적법하게 해제되는 것이라고 한다(대판 1997.6.27, 97다9369).

2. 無效의 원인과 태양

(1) 無效의 원인

(가) 절대적 무효원인　일단 성립한 법률행위이더라도 그 목적이 확정·가능하지 못하고, 또한 적법·타당하지 못하면 무효이다. 따라서 법률행위내용의 불능, 반사회적 행위, 불공정한 법률행위(§103, §104)는 무효인 법률행위로 되고, 그 여부는 객관적 기준에 의하여 정하여 진다.

그 외에도 민법이 절대적 무효로서 그 효력을 정하고 있는 것으로는 의사무능력자의 법률행위, 권한 없는 법률행위, 불법조건부 법률행위도 무효임을 규정한다.

- ① 의사표시의 흠결
  - ㉠ 의사무능력자의 행위
  - ㉡ 심리유보의 예외의 경우(§107 단서)
  - ㉢ 통정허위표시(§108)
- ② 법률행위의 내용의 불능
- ③ 반사회적 행위 또는 불공정한 법률행위(§103, §104)
- ④ 강행법규 위반행위
- ⑤ 권한 없는 법률행위
  - ㉠ 단독행위의 무권대리(§136)
  - ㉡ 처분권 없는 자의 처분행위
- ⑥ 불법조건부 법률행위(§151)
- ⑦ 허가 또는 공시방법을 갖추지 아니한 행위
  - ㉠ 법인의 설립행위
  - ㉡ 농지소재지관서의 증명 없는 농지매매
  - ㉢ 등기·인도를 갖추지 아니한 물권변동행위
  - ㉣ 신고 없는 혼인·입양행위

(나) 상대적 무효원인　민법이 상대적 무효로서 그 효력을 규정한 것으로는 심리유보의 예외의 경우(§107 단서), 통정허위표시(§108)이다. 상대적 무효로서의 법률행위는 의사표시의 흠결을 요건으로 한다.

⑵ 無效의 태양

(가) 절대적 무효와 상대적 무효　　무효는 絶對的 無效인 것이 원칙이지만, 예외적으로 특정인에 대하여는 그 행위의 무효를 주장할 수 없는 경우가 있다. 이를 相對的 無效라고 한다. 예컨대 무능력자의 법률행위·반사회질서행위는 전자의 예이고, 비진의 의사표시·허위표시의 경우에는 후자에 속한다.

(나) 당연 무효와 재판상 무효　　무효는 법률상 당연한 것이므로 법률행위를 무효로 하기 위한 특별한 행위나 절차를 요하지 않는다. 이를 當然無效라고 한다.

이에 대하여 사회설립무효, 사회합병무효와 같이 무효의 결과가 일반 제3자에게 중대한 영향을 미치게 되는 때에는 법원의 선고를 기다려서 무효로 하는 경우가 있다. 이를 裁判上 無效라고 한다.

(다) 전부무효와 일부무효　　무효원인이 법률행위내용의 전부에 존재하여 그 법률행위 전부가 무효로 되는 경우를 全部無效라고 하고, 무효원인이 법률행위내용의 일부에만 존재하여 그 일부만이 무효로 되는 경우를 一部無效라고 한다.

(ㄱ) 법률행위가 전부가 무효인 때에는 언제나 무효이다. 다만 一部無效인 때 이를 법률상 어떻게 다룰 것인가. 즉 무효를 원칙으로 할 것인가. 잔존부분의 유효를 원칙으로 할 것인가. 당초 민법은 전부무효를 원칙으로 하였다. 그러나 개정 민법(안)은 잔존부분의 유효를 원칙으로 한다. (일부무효 참조)

(ㄴ) 양자 구별은 일부무효의 효력결정에 그 실익이 있다. 즉 全部無效는 언제나 무효이므로 구별할 실익이 없으나 一部無效는 원칙적으로 무효이나 언제나 무효는 아니므로 양자는 그 구별할 실익을 가진다.

(라) 확정적 무효와 유동적 무효　　確定的 無效란 성립된 법률행위가 처음부터 확정적·계속적으로 효력이 발생하지 않는 무효이고, 流動的 無效란 성립된 법률행위가 현재 상태로는 무효이나 장차 일정한 요건을 갖추게 됨으로써 유효한 행위로 될 수 있는 무효를 말한다.[8)]

(ㄱ) 確定的 無效는 처음부터 아무런 효력이 발생하지 않지만, 流動的 無效는 무효인 상태가 불확정적이어서 그 법률행위 자체의 효과는 발생하지 않는다. 따라서 流動的 無效인 법률행위의 당사자간에는 그 계약에 따른 이행을 청구하거

8) 원래, 유동적 무효는 독일 민법학에서 발전한 이론이나, 우리나라 판례가 토지거래 허가지역 내에서 허가를 받지 않고 체결한 토지매매계약의 효력에 이를 원용한데서 비롯한다(대판 1991.12.24, 90다12243; 1993.6.22, 91다21435).

나, 이미 지급된 계약금 등에 대하여 무효를 이유로 한 부당이득반환을 청구하지 못하지만 후일 인가를 얻지 못하여 확정적으로 무효가 되면 그 무효인 법률행위에 근거하여 이미 이행된 급부는 부당이득으로 되어 반환의무를 진다.[9)]

다만, 유동적 무효인 법률행위에 약정한 손해배상이나, 해제권을 행사할 수 있는가. 유동적 무효인 법률행위는 그 법률행위 자체의 효력은 발생하지 아니하므로 채무의무불이행을 이유로 한 거래계약은 해제하지 못한다. 그러나 판례 당사자 일방이 토지거래허가를 받기 위한 협력 자체를 이행하지 아니하거나 허가신청에 이르기 전에 매매계약을 철회하는 경우 일방에게 이러한 손해를 배상하기로 한 계약은 유효한 것이라고 하고,[10)] 또한 「국토의 계획 및 이용에 관한 법률」상 토지거래허가를 받지 않아 유동적 무효인 상태에 있는 매매계약에서도 매도인이 계약금의 배액을 상환하고 계약을 해제하였다면 이는 적법한 해제로 되는 것이라고 한다.[11)]

(ㄴ) 流動的 無效인 법률행위라고 하더라도 법률행위의 성립에 따른 신의칙상 충실의무는 부담한다. 예컨대 토지거래허가에서 당사자는 허가신청 등 이에 협력의무를 부담한다. 그리하여 판례는 허가를 받지 않고 있는 기간 동안은 계약에 기한 이행을 청구할 수 없지만, 후일 허가를 얻게 되면 그 계약은 소급적으로 유효로 되므로 허가 후에 새로이 거래계약을 체결할 필요는 없고, 이로써 허가를 전제로 거래계약을 체결한 당사자는 그 계약이 효력이 있는 것으로 완성될 수 있도록 서로 협력할 의무가 있는 것이라고 한다.[12)] 따라서 매수인은 이를 소로서 구할 수 있고, 또한 이 협력의무이행청구권은 채권자대위권 또는 처분금지가처분에 있어서 피보전권리로 되는 것이라고 한다.[13)]

다만, 협력의무불이행을 이유로 거래계약을 해제할 수 있는가. 판례는 부정한다.[14)]

---

9) 대판 2000.1.28, 99다40524; 1993.6.22, 91다21435; 판례는 국토이용관리법상 토지거래허가구역 내의 토지에 관한 거래계약은 관할관청으로부터 허가받기 전의 상태에서는 거래계약의 채권적 효력도 전혀 발생하지 아니하여 무효이므로 권리의 이전 또는 설정에 관한 어떠한 내용의 이행청구도 할 수 없고, 따라서 상대방의 거래계약상 채무불이행을 이유로 손해배상을 청구할 수도 없는 것이라고 한다(대판 2000.1.28, 99다40524).

10) 대판 1998.3.27, 97다36996.

11) 대판 1997.6.27, 97다9369.

12) 대판 1991.12.24, 90다12243.

13) 대판 2006.1.27, 2005다52047; 1996.10.25, 96다23825; 1998.12.22, 98다44376.

(ㄷ) 「국토의 계획 및 이용에 관한 법률」에 기한 허가의 법률적 성질은 일반적 금지해제로서 허가가 아니라, 허가 전 유동적 상태에 있는 법률행위의 효력을 완성시켜주는 '인가'이다. 또한 이때 허가는 반드시 양도 전에 받아야 하는 것은 아니고 양도 후에라도 허가를 받으면 그 양도계약은 소급하여 유효한 것으로 된다.15) 그러므로 허가 후 당사자는 새로이 거래계약을 체결할 필요는 없다.16) 그러나 양도계약이 처음부터 허가를 배제 또는 잠탈하는 내용의 것이거나 또는 양도계약 후 당사자 쌍방이 허가를 받지 않기로 하는 의사표시를 명백히 한 때에는 그 양도계약은 그로써 확정적으로 무효로 되어 더 이상 관할관청의 허가를 받아 유효한 것으로 될 여지는 없다.17)

(ㄹ) 「국토의 계획 및 이용에 관한 법률」상 토지거래허가구역으로 지정된 토지거래계약이 유동적 무효인 상태에서 그 토지에 대한 토지거래허가구역의 지정이 해제되거나 허가구역지정이 만료되었음에도 허가구역의 재지정이 없는 경우 그 계약은 확정적인 유효한 행위로 되는가.

판례는 긍정하고, 그 근거로서 토지거래허가구역의 지정은 투기적 토지거래의 성행과 이로 인한 지가의 급등을 막기 위한 공공의 이익을 위한 것이나 허가관청이 이를 해제하는 것은 이러한 공익적 목적의 달성에는 아무런 지장이 없다는 판단에 의한 것이어서 해제 또는 재지정하지 아니한 이상 사적자치의 실현을 제한할 것은 아니라는 것을 든다.18)

(마) 본래적 무효와 예외적 무효 무효인 법률행위는 법률행위가 성립하였으나 효력이 발생하지 않는다는 점에서 取消인 법률행위의 무효와 구별된다.

이와 같이 無效인 法律行爲는 법률행위가 성립하였으나 그 목적 또는 효력발생원인이 객관적으로 효력이 발생할 수 없는 것이어서 처음부터 확정적이고 절대적으로 효력을 발생하지 않는다. 따라서 무효인 법률행위는 아무리 당사자가 추인하여도 그 효력은 발생할 수 없는 것이어서 통상 이를 원칙적·절대적

14) 대판 2006.1.27, 2005다52047.
15) 대판(전) 1991.12.24, 90다12243.
16) 대판 2001.2.9, 99다26979.
17) 대판 2001.2.9, 99다26979; 2000.4.7, 99다68812.
18) 대판(전) 1999.6.17, 98다40459; 그러나 반대의견은 법률행위의 효력은 그 행위가 행하여질 당시의 법령에 의하여 결정되는 것이 원칙이며 허가구역 안의 토지에 관해 거래계약이 체결된 이상 그 후 허가관청이 허가구역을 해제하였다고 하더라도 그 거래계약은 허가를 받아야만 유효한 것이라고 한다.

무효라고 한다.

無效인 法律行爲가 이와 같은 객관적 법질서 위반 등의 사유로만 무효되는 것은 아니며, 그 외에도 당사자간의 사유, 즉 非眞意表示에서의 표의자의 진의 아님을 상대방이 알거나 알 수 있던 사정이거나(§107 단서), 通情한 虛僞表示로서 당사자간에 무효인 법률행위(§108)도 있다. 이를 전자에 대한 예외적·상대적 무효라고 하고, 여기에는 무효이지만 제3자보호가 고려되고, 또한 추인할 수 있고, 추인으로 새로운 법률행위로서의 효력을 갖게 된다.

3. 無效인 法律行爲의 효력

(1) 無效의 일반적 효과

(가) 법률효과의 불발생　법률행위가 무효이면 그 법률행위의 내용에 따른 법률효과가 생기지 않는다. 따라서 당사자 사이에서는 무효인 행위가 물권행위이면 물권변동이 일어나지 않고, 채권행위이면 채권은 발생하지 않는다.

(ㄱ) 무효인 법률행위는 그 법률행위가 성립한 당초부터 당연히 효력이 발생하지 않는 것이므로, 무효인 법률행위에 따른 법률효과를 침해하는 것처럼 보이는 위법행위나 채무불이행이 있다고 하여도 법률효과를 침해하는 일은 없으므로 법률효과의 침해로 인한 손해배상은 청구하지 못한다.[19]

(ㄴ) 무효인 법률행위에 기하여 이미 이행된 때에는 부당이득으로서 원상회복의 문제로 된다. 또한 무효인 법률행위는 법률행위 당초부터 효력이 발생하지 아니하나, 다만 다른 법률효과, 예컨대 계약체결상 과실책임(§535) 또는 부수적 효과를 발생시키는 것은 가능하고, 그 이행의 여부에 따라 달리한다.

(나) 무효의 절대성·항구성　법률행위의 무효는 원칙적으로 그 무효로써 모든 자에 대하여 주장할 수 있는 효력, 즉 절대적 효력을 가진다. 그러므로 무효행위에 기하여 외형상 생긴 물권이나 채권 기타 권리를 양수한 자에 대하여도 그 무효를 주장할 수 있고, 사실상 이행한 물건을 전득한 제3자에 대하여도 그 권리 없음을 주장할 수 있다. 또한 무효는 시간의 경과로도 보정되지 않는다.

(2) 無效行爲에 기한 그 이행과 반환

---

19) 대판 2003.3.28, 2002다72125.

무효인 법률행위는 이행청구권은 발생하지 않고 그 법률행위가 당초 행하여지지 아니한 것과 같은 효력이 생긴다.

다만, 무효인 법률행위에 이행이 이루어진 경우 부당이득의 규정에 의하여 처리되나 그 이행이 物權行爲인 경우에는 물권행위의 독자성·무인성론에 따라 그 이론구성을 달리한다.

(ㄱ) 物權行爲獨自性·無因性을 긍정하는 경우 채권행위가 무효이고 물권행위가 有效인 경우에는 부당이득반환청구권에 의한 소유물 또는 점유물의 반환을 청구하는데 불과하다. 그러나 채권행위와 물권행위가 모두 무효인 경우에는 원시적 무효인 경우와 후발적 무효인 경우에 따라 달리한다.

(a) 原始的 無效인 경우 : 이행에도 불구하고 처음부터 소유권이 채무자에 잔존하므로 상대방에 부당이득이 존재하지 않게 된다. 따라서 그 이전행위가 외형상 잔존하는 경우 채무자는 소유권에 기한 반환청구권을 가진다.

(b) 後發的 無效인 경우 : 원인행위의 무효로 이전된 소유권이 당연히 복귀한다는 물권적복귀설에 의하면 채무자는 소유권에 기한 소유물 및 점유물의 반환을 청구할 수 있다. 그러나 이전등기의 경료로 복귀한다는 채권적복귀설에 의하면 부당이득에 의한 반환청구권을 가진다.

(ㄴ) 物權行爲獨自性·無因性을 부정하는 경우, 즉 물권행위에 비독자성, 유인성을 인정하는 경우에는 채권행위가 무효이면 물권행위도 원칙적으로 무효이므로 채무자는 소유권에 기한 소유물 및 점유물의 반환을 청구할 수 있고, 동시에 부당이득반환청구권에 기한 청구권을 행사할 수 있는 것으로 된다.

⑶ 無效의 소급효와 그 제한

組合이나 社團과 같은 단체성이 강한 법률행위에는 소급효제한이 요구된다.

또한, 雇傭契約의 경우 이미 제공된 노무나 임금은 반환의무가 없고 단지 장래 노무 또는 임금청구권은 발생하지 아니한다. 따라서 근로자는 보수약정 자체가 불공정법률행위로서 무효로 되지 않는 한 이에 기한 보수를 청구할 뿐이고 부당이득을 이유로 한 노무반환청구는 인정되지 않고, 그 외에 책임경감에 관한 규정(§695)은 그 계약이 유효하다고 믿는 자에게만 적용된다.[20]

---

20) 이영준 662면.

[무효 주장의 제한]

주장방법 제한	① 재판상 무효 ② 회사법상 제한 — 회사 내 법률관계의 획일적 처리, 거래의 안전을 위한 원고적격, 출소기간제한 및 소에 의한 무효주장의 제한 또는 회사설립무효, 주주총회결의무효(동법 §380), 신주발행무효(§429 이하), 자본감소무효주장 제한(동법 §445) ③ 신분법상 무효(혼인무효; 당연무효설)
인적 범위제한	① 상대적 무효 — 통정허위표시에서의 당사자간에서의 무효 ② 공신원칙상 제한 — 표현대리(§125, §126, §129), 선의취득(§249)
시적 범위제한	① 원시취득 — 취득시효로 인한 원시취득의 경우 ② 무효행위추인의 경우 — 새로운 법률행위로서 효과

(4) 一部無效의 문제

(가) 법률행위의 一部無效(teilweise Nichtigkeit)는 원칙적으로 全部無效를 일으키는가. 민법 제137조는 "법률행위의 일부분이 무효인 때에는 원칙적으로 그 전부를 무효로 한다. 그러나 그 무효부분이 없더라도 법률행위를 하였으리라고 인정될 때에는 나머지 부분은 유효하다."라고 하여 전부무효를 원칙으로 한다. 그러나 개정 민법(안)은 동조 규정을 개정하여 "법률행위의 일부분이 무효인 때에는 그 나머지 부분은 효력이 있는 것으로 한다. 그러나 효력이 있는 부분만으로는 법률행위를 하지 아니하였을 것이라고 인정되는 때에는 그 전부를 무효로 한다."라고 하여 잔존부분의 유효를 원칙으로 하였다. 따라서 법률행위의 일부가 무효인 경우라고 하더라도 특별한 사정이 없는 이상 원칙적으로 잔존부분은 유효한 것으로 하려는 취지이며, 법률행위해석의 기본원칙에 근거한 판례를 반영한 것이다.

판례는 債權擔保의 목적으로 소유권이전등기를 한 경우 그 채권의 일부가 설사 무효라고 하더라도 나머지 채권이 유효한 이상 채무자는 그 변제함이 없이 말소등기절차를 구할 수 없는 것이라고 하고,[21] 1개의 채무를 담보하기 위하여 수개의 부동산에 근저당설정등기를 하였을 경우 근저당설정 당시 목적물의 일부가 멸실되었다고 하더라도 근저당권 자체가 무효라고 할 수 없는 것이라고 한다. 그 밖에 불하목적물의 일부가 行政財産인 경우 불하된 국유임야 중의 일부분이 처분할 수 없는 행정재산이라고 하더라도 잔여부분에 관하여 불하

21) 대판 1970.9.17, 70다1250.

할 세무서장의 처분의사가 엿보이고 매수인도 매수의사가 있었다고 인정되는 한 그 잔존부분에 관한 국유재산의 매매행위까지 무효라고 볼 것은 아니라고 한다.[22] 그리하여 판례는 매매계약 중 일부분만이 무효이고 나머지는 유효인 경우, 매도인은 매매계약 전부가 유효인 것으로 알고 있는 매수인에게 이행의 최고를 함에 있어서는 계약 전부 중 일부이행이 불능임을 알리고 이행이 가능한 나머지 부분의 이행을 제공하고 최고하여야 하고, 이를 부인하거나 무시하고 한 이행의 최고는 적법하다고 할 수 없고, 매수인으로서는 계약의 전부무효를 주장할 수 있는 경우에는 그 이행을 거부하는 것이 당연하다고 하겠으나 무효인 부분이 없더라도 계약을 유지하고자 할 경우에는 그에 상응한 자신의 채무는 이행하는 것이 옳고 그렇게 하지 아니하면 이행지체의 책임을 지는 것이라고 한다.[23]

또한, 법률이 무효 사유를 규정하면서 동시에 일부무효의 효과를 명시적으로 규정하고 있는 경우, 불능으로 인한 선택채권의 특정(§385), 법정기간을 넘은 환매기간(§591 ①) 및 임대차의 기간(§651 ①)은 물론, 법률이 약정내용을 스스로 수정하는 경우, 예건대 하자 있음을 알면서 고지하지 아니하거나 제3자에 권리를 설정 또는 양도한 경우 담보책임면제의 특약(§584) 등은 그에 의한다.

(5) 無效와 第三者保護

무효의 효과는 원칙적으로 절대적이다. 그러나 무효인 법률행위에도 거래안전, 제3자보호의 필요에서 일정한 제한이 필요하다.

(가) 일반적 보호방법 법률행위의 무효에 따른 제3자의 권리를 보호하는 제도로는 시효제도와 공시의 원칙 등이 있고, 이들의 제도를 통하여 제3자의 권리가 일반적으로 보호된다.

(나) 개별적 보호방법 무효로 인한 제3자 보호를 위한 개별적 보호방법으로는 비진의표시(§107 ②), 통정허위표시(§108 ②)에서 선의의 제3자 보호, 선의취득(§249), 양도금지특약에 반한 채권양도(§449 ②), 민법 제248조(소유권 이외의 재산권의 취득시효)의 요건을 충족한 계속적 급부를 목적으로 하는 채권의 취득시효, 채권의 준점유자 및 증권적 채권증권의 소지인 등에 대한 변제(§470, §471), 표현

22) 대판 1967.12.26, 67다2405.
23) 대판 1992.4.14. 91다카3527.

대리제도(§125, §126, §129) 등을 들 수 있다.

[無效와 제3자 보호방법]

일반적 보호방법	① 시효제도 ② 공시와 공신의 원칙
개별적 보호방법	① 비진의표시에서의 선의의 제3자 보호(§107 ②) ② 통정허위표시에서의 선의의 제3자 보호(§108 ②) ③ 선의취득(§249) ④ 민법 제248조(소유권 이외 재산권의 시효취득)의 요건을 충족한 계속적 급부를 목적으로 한 채권의 취득시효 ⑤ 양도금지특약에 반한 채권양도(§449 ②) ⑥ 채권의 준점유자, 영수증소지자, 증권적 채권에의 증서소지자에 대한 변제(§470 · §471) ⑦ 표현대리제도(§125 · §126 · §129)

4. 無效行爲의 추인

무효행위는 법률행위의 효과가 발생하지 않는 것으로 확정하고 있으므로, 이에 이르러 당사자가 그 행위를 유효하게 하려는 의사표시를 하더라도 유효한 행위로는 되지 않는다. 그러나 특별한 경우의 무효, 예컨대 객관적 법질서위반 행위로서의 무효가 아닌 소위 의사의 흠결에 의한 무효, 예컨대 비진의표시의 예외의 경우 및 통정허위표시의 경우에는 민법이 당사자의 의사를 추측하여 추인(Bestätigung)을 인정한다.

(1) 非遡及的 追認

당사자가 그 행위를 무효임을 알면서 이를 추인한 때에는 새로운 법률행위를 한 것으로 본다(§139 단서). 예컨대 가장매매의 경우 그 가장매매 행위가 강행법규나 반사회질서 행위 또는 불공정한 행위로 되지 않는 한 당사자가 추인하게 되면 그 추인한 때로부터 유효한 매매가 된다. 이를 무효행위의 비소급적 추인이라고 하고 취소에서 소급적 추인과 구별된다.

無效인 行爲의 追認이란 법률행위로서의 효과가 확정적으로 발행하지 아니하는 무효행위를 뒤에 유효하게 하는 의사표시를 말하는 것으로 원래 무효인 행위는 그 효과가 발생하지 않는 것으로 확정되어 있는 것이므로 그 후 어떠한 사유에 의해서도 이를 유효하게 할 수 없는 것이지만, 민법은 편의상 당사자의 의사를 추측하여 추인에 의하여 이를 새로운 행위를 한 것으로 보아 유효한 것으로 한다. 그러므로 이 경우의 추인은 무효행위를 사후에 유효로 하는 것이 아니라 새로운 의사표시에 의하여 새로운 행위가 있는 것으로 하여 그 때부터 유효하게 된다.[24)]

그리하여 판례는 무효인 법률행위는 당사자가 무효임을 알고 추인할 경우 새로운 법률행위를 한 것으로 간주할 뿐이고 소급효가 없는 것이므로 무효인 가등기를 유효한 등기로 전용키로 한 약정은 그때부터 유효하고 이로써 위 가등기가 소급하여 유효한 등기로 전환될 수 없는 것이라고 한다.[25)]

⑵ 遡及的 追認

무효인 법률행위는 추인으로써 그 행위를 한 때 소급하여 유효한 것으로는 할 수 없다(§139 본문). 그러나 그 추인의 효과가 당사자 사이에서만 미치거나, 또는 제3자의 권리를 해하지 않는 범위에서는 제3자에 대한 관계에 있어서도 소급적으로 추인할 수 있다. 이를 이른바 무효인 행위에서의 債權的 遡及的 追認이라고 하며, 계약자유의 원칙상 부정할 것은 아니다.[26)]

판례는 법률행위의 내용의 일부 또는 전부가 무효인 법률행위인 경우에 그 법률행위가 공서양속 또는 강행법규에 위반되지 않고, 오직 당사자 의사의 결여로 인하여 법률상 무효인 때에는 제3자의 이익을 해하지 않는 한 당사자간의 합의로써 이를 소급하여 추인할 수 있는 것이라고 하고,[27)] 타인 권리를 자기 이름으로 또는 자기의 권리로 처분한 후에 본인이 그 처분을 인정하면 특단의 사유가 없는 한 무권대리행위에 대한 본인의 추인과 같이 그 처분에 대한 효력이 발생하는 것이라고 한다.[28)]

또한, 입양 등의 신분행위에 있어 그 내용에 맞는 신분행위가 실질적으로 형성되어 당사자 쌍방이 이의 없이 그 신분관계를 계속하여 온 경우에는 추인의 소급효를 인정한다.[29)] 그리하여 판례는 민법 제139조는 재산법에 관한 총칙규

24) 대판 1983.9.27, 83므22.
25) 대판 1992.5.12, 91다26546.
26) 방순원 274면, 이영준 666면, 곽윤직 510면.
27) 대판 1956.3.3, 4288민상544; 1949.3.22, 4281민상361.
28) 대판 1981.1.13, 79다2151.
29) 대판 2000.6.9, 99므1633 · 1640.

정이고 신분법에 관하여는 그대로 적용될 수 없으므로 혼인신고가 한쪽 당사자가 모르는 사이에 이루어져 무효인 경우에도 그 후 양쪽 당사자가 그 혼인에 만족하고 그대로 부부생활을 계속한 경우에는 무효가 아니라고 한다.[30]

그 외에도 판례는 당사자간에 실권약관이 있고, 당사자 일방이 위약이 있음에도 불구하고 당사자간에 계약이행이 완료된 경우(대판 1962.8.2, 62다268), 상환완료 후에 매도인의 수분배자와 매수인간의 약정에 따라 이루어진 매수인명의의 소유권이전등기(대판 1970.12.29, 70다2484), 공매로 인한 매득금 중 체납세금과 체납처분비용으로 충당한 잔여액의 환불을 청구하고 이를 수령한 사실(대판 1973.6.8, 69다1228)은 유효한 추인이 있는 것이라고 한다.

그러나 공동상속인 중 1인이 권한 없이 다른 상속인들의 상속지분을 처분하여 제3자 명의로 소유권이전등기가 되었는데도 정당한 상속지분권자인 상속인이 제3자를 상대로 말소등기청구소송을 제기하지 않았다거나 소제기 후 취하하였다고 하여 권한 없이 한 처분행위를 묵시적 또는 명시적으로 추인하였다고 볼 수 없는 것이라고 하여 추인을 부정한다(대판 1992.11.10, 92다21425).

5. 無效行爲의 轉換

(1) 無效行爲轉換의 의의

(가) 無效行爲의 轉換이란, 예컨대 甲이라는 행위로는 무효인 법률행위가 乙이라는 유효한 행위로서 요건을 갖추고 있는 경우, 무효인 甲의 행위를 유효한 乙의 행위로서 효력을 인정할 것인가 문제이며, 무효인 행위에 특유한 이론이다.

(나) 무효행위의 전환이론은 追認과는 달리 무효인 법률행위에만 적용되는 것으로 그 인정여부가 문제된다. 그러나 이것은 법률행위해석의 당연한 임무이고, 거래의 유통성・신의칙에 합당한 것이라고 하여 이를 인정한다.

다만, 그 本質을 어떻게 파악할 것인가. 견해가 대립한다.

豫備的意思說은 무효인 행위에서 당사자가 일차적으로 들어낸 법률효과는 무효로 되나 예비적으로 의욕하였던 숨은 의사가 유효하게 살아나는 것이라고 한다(이은영 687면).

一部無效特殊適用說은 민법 제137조(법률행위의 일부무효)는 양적인 일부무효, 제138조(무효행위의 전환)는 질적인 일부무효를 규정한 것이므로 이 두 규정은 본질적으로 유사한 규정이라고 한다(곽윤직 295면, 고상용 609면, 이영준 614면).

다수설은 一部無效法理의 특수한 적용례로 설명하며, 원래 법률행위가 무효이면 의욕한 효과가 발생하지 않을 뿐이고 나머지 부분은 여전히 유효하여 무효행

30) 대판 1965.12.28, 65므61.

위의 전환이 인정되면 통상 무효인 것처럼 보이는 법률행위가 부분적으로는 유효하게 되는 것이므로 무효인 행위가 전환에 의하여 다른 법률행위로 효력을 발생한다는 것은 바로 그 나머지 부분의 법률효과를 의미할 것이며, 민법은 이를 명문으로 규정한 것이라고 한다. 그러면서도 무효행위의 전환이란 용어는 적절하지 않다고 한다. 왜냐하면 무효인 행위가 무효임에도 불구하고 그것이 유효한 행위로 이른바 轉移(Umwandlung)되는 것은 아니고 법률행위에 내재하고 있는 유효한 요소가 효력을 持續(Aufrechterhaltung)하는데 불과한 것이기 때문이라고 한다.[31] 그러나 민법은 "무효인 법률행위가 다른 법률행위로서 요건을 구비하고 당사자가 그 무효를 알았더라면 다른 법률행위를 하는 것을 의욕하였으리라고 인정될 때에는 다른 법률행위로서 효력을 가진다."라고 함으로써 동조 규정의 취지로 보아 단순한 효력의 지속을 의미하는 것으로는 보기 어렵다.

(2) 無效行爲轉換의 요건

(가) 계약인 법률행위의 전환　법률행위에 있어서 무효행위의 전환을 갖기 위해서는, 먼저 무효행위인 제1의 행위가 다른 법률행위의 요건을 갖추고 있고, 또한 당사자가 제1의 행위가 무효임을 알았더라면 제2의 행위를 하는 것을 의욕하였을 것이라고 인정되어야 한다(§138). 따라서 이때 제2의 행위는 어디까지나 상상적·가정적인 것으로서 법률해석의 문제에 불과하다.

(ㄱ) 무효행위인 제1의 행위가 다른 법률행위의 요건을 갖추고 있어야 한다. 그러나 전환되는 제2의 법률행위와의 관계에서 그 효력이 정하여 진다.

(a) 전환 후의 행위가 불요식 행위인 경우에는 전환 전의 행위가 요식·불요식 행위이거나를 묻지 않고 대체로 자유로운 전환이 인정된다. 예컨대 방식에 위배된 어음행위는 어음채무로서는 무효이나 통상 차용증서로의 효력은 생긴다.

(b) 전환 전의 행위가 불요식 행위이고 전환 후의 행위가 요식행위인 경우에는 전환이 인정될 가능성은 거의 없다.

(c) 전환 전의 행위가 요식행위이고 전환 후의 행위도 역시 요식행위인 경우에는 보통 일정한 형식 그 자체를 요하는 것으로는 전환할 수 없으나, 다만 확정적인 의사를 서면으로 나타내는 것이 요구되는 것으로의 전환은 인정한다.

예컨대, 판례는 婚姻外 子를 혼인 중의 자로 신고하면 무효이지만, 다만 認知

31) Flume §32, §90; 이영준 614면.

로서의 효력은 인정하고,[32] 他人 子를 자기의 출생자로 신고한 경우 입양의 효력을 인정한다.[33] 또한 상속포기신고가 상속포기로서 효력이 없는 경우에는 상속재산의 분할합의를 인정한다.[34]

그밖에, 秘密證書에 의한 遺言이 그 방식에 흠결이 있는 경우 그 증서가 자필증서의 방식에 적합한 때에는 이를 후자의 효력으로는 인정한다.

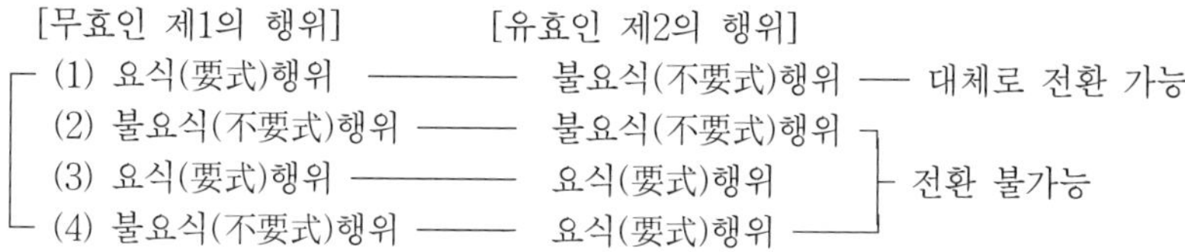

(ㄴ) 당사자가 그 無效를 알았더라면 다른 법률행위를 의욕 하였으리라고 인정되어야 한다. 당사자가 다른 法律行爲로서 의욕이란 법률행위의 보충적 해석에 의하여 인정되는 가상적 의사로 본다. 그러나 판례는 무효인 압류처분에 기한 공매처분 역시 당연 무효의 처분이고, 공매처분이 무효인 이상 이에 대한 이의신청 등을 제거하지 아니한 사실만 가지고 그 처분이 유효하게 되었다고 할 수 없는 것이라고 하여 전환을 배척한다.[35]

또한, 당사자의 의욕은 법률효과에서 원래의 법률행위보다 작은 것이어서 이에 내포될 수 있는 것이어야 한다. 따라서 '意慾하였으리라고 인정되는 다른 法律行爲'는 단지 의욕 한데 불과한 것이 아니라 이미 행하여진 이른바 무효인 법률행위에 내포되어 실행된 것을 의미한다. 그러므로 민법 제138조가 무효인 법률행위와 다른 법률행위를 개념상 대치시키고 있는 것은 반드시 정확한 표현은 아니다. 그러나 판례는 직권해임·휴직 및 징계해임은 모두 근로자에 불리한 신분적 조치를 규정한 것으로서 각 사유 및 절차를 달리하므로 어느 한 부분이 정당한 사유나 절차의 흠결로 인하여 무효인 경우 다른 처분으로서 정당한 사유 및 절차적 요건을 갖추었다고 하더라도 그 효력을 발생할 수 없는 것이라고 한다.[36]

32) 대판 1973.11.15, 71다1983.
33) 대판 2001.8.21, 99므2230; 2001.5.24, 2000므1493; 1991.12.13, 91므153; 1977.7.26, 77다492.
34) 대판 1989.9.12, 88누3305.
35) 대판 1991.6.28, 89다28133.
36) 대판 1993.5.29, 91다41750.

(나) 단독행위의 전환 무효인 행위의 전환을 인정하는 것은 계약자유의 원칙상 당사자의 의사를 존중하여 인정하려는 것이지만 일방적 의사로 효력이 발생하는 單獨行爲에 轉換을 인정할 것인가. 소수설은 단독행위의 성질상 부정할 것이라고 한다.[37] 그러나 다수설은 민법이 명문 규정을 두어 연착한 승낙과 변경을 가한 승낙은 새로운 청약으로 보며(§530, §534), 그 외에도 요건을 결한 비밀증서에 의한 유언의 자필증서로의 전환 등을 규정(§1071)한 점을 들어 긍정한다.[38]

① 연착한 승낙(§530), 변경을 가한 승낙(§543) — 새로운 청약
② 유언의 방식전환(§1071)
③ 혼인 외 출생자의 친생자로의 신고 — 인지로의 효과(판례)
④ 타인 子의 친생자로의 신고 — 입양으로의 효과(판례)
⑤ 즉시해제의 통상해제로의 효과

(3) 無效行爲轉換의 효과

(가) 다른 법률행위로서 효력 무효인 행위가 전환의 요건을 갖춘 때에는 본래 의욕한 법률효과와 다른 법률행위로서 효력을 가진다. 그러나 그 효력의 차이는 구체적인 전환의 예에 따라 달리한다.

① 행위 자체가 다른 경우 — 상속계약의 유언으로의 전환
② 행위 자체는 같으나 법률관계가 다른 경우 — 대물변제예약을 담보계약으로의 전환
③ 법률행위내용이 질적으로 저하하거나 감소되는데 불과한 경우 — 물건의 매매를 물건의 인도청구권의 매매로의 전환

(나) 전환의 개별문제

(ㄱ) 어음債務의 轉換: 방식에 위배된 어음행위에 의한 채무는 통상의 채무로 전환된다. 다만 나아가 증권에 화체된 채무는 아니지만 일종의 무인적 채무로 전환이 가능한가. 독일의 통설·판례는 이를 긍정하고 우리나라 학설도 이를 긍정하는 견해가 있다.[39]

(ㄴ) 社會設立約定의 轉換: 사회설립을 위한 약정이 상법상 허용되지 않는 경우 민법상 조합계약으로 전환될 수 있는가. 이를 긍정하는 판례(독일판례, BGHZ 19, 269)가 있으나 이를 긍정하면 보충적 해석이라고 하는 이름 아래 당사자에게 전혀 다른 법률효과를 강요하게 되는 결과가 된다는 점을 들어 부정한다.[40]

37) 곽윤직 295면, 장경학 633면. 김용한 399면, 백태승 529면.
38) 이영준 616면. 김주수 494면, 김준호 474면, 송덕수 민법강의(상) 254면.
39) 이영준 683면.
40) 이영준 684면.

[118] Ⅲ. 法律行爲의 取消

(1) 廣義의 取消 — 민법상 여러 취소(신분상 행위, 공법상 성질의 취소 포함)
(2) 狹義의 取消 ┌ ① 의사의 하자 ┐ ┌ ㉠ 무능력자의 법률행위
└ ② 소급적 효과 ┘ │ ㉡ 착오인 법률행위
└ ㉢ 사기 · 강박인 법률행위

1. 法律行爲取消의 개념

(1) 法律行爲取消의 의의

민법 제140조 이하에서의 취소란 일단 유효하게 성립된 법률행위를 무능력 또는 의사표시의 흠결을 이유로 취소함으로써 소급적으로 소멸케 하는 특정인의 의사표시를 말한다.

이와 같이 취소는 특정인의 일방적 의사표시에 의하여 법률관계의 변동을 가져오게 하므로 그 취소할 수 있는 지위는 취소권이란 권리에서 다루어지며, 그 성격은 형성권의 일종이다.

(2) 法律行爲取消와 구별개념

(가) 무효와 구별　無效는 법률행위의 성립 당초부터 당연히 효력이 발생하지 아니하므로 원칙적으로 절대적 무효로서의 의미를 가진다. 따라서 追認의 문제는 발생하지 않는다.

取消는 법률행위성립에 하자가 있으나 일단 유효한 법률행위의 효과를 소급적 소멸케 하므로 거래의 안전이 문제된다. 그리하여 민법은 선의의 제3자에 대항하지 못하게 하여 소급효를 제한함으로써 상대적 무효로서의 성질을 가진다. 또한 취소는 추인권의 행사로 취소권을 포기한다.

(나) 철회와 구별　撤回는 철회의 의사로 장래를 향하여 법률행위의 효력이 소멸하나, 取消는 취소권행사로 법률행위의 효력이 법률행위성립 당초부터 소급적으로 소멸한다.

(다) 취소와 해제의 구별　取消인 法律行爲는 법률행위 성립 자체의 취소원인에 기한 취소권자의 취소권 행사로 기존의 법률관계가 소급적으로 실효되는 제도이나, 解除는 완전한 계약이 일단 성립하고 그 효력이 발생한 후 해제권자

의 일방적 의사표시로서 그 효력을 소급적으로 소멸케 하는 제도이다.

(ㄱ) **兩者의 共通點**: 취소와 해제는 다같이 취소 또는 해제권자의 단독적 의사표시로서 형성권의 일종이며, 법률행위의 존재를 전제로 한 일종의 從된 權利로서 법률행위로부터 분리하여 독립적 양도가 불가능한 점에서 동일하다.

또한, 취소 또는 해제권의 행사로 그 법률효과의 소급적 소멸하는 점에서 본질적으로 동일하고, 第三者保護를 위한 제3자에의 대항금지규정을 두고 있는 점에서 동일하다(그러나 그 제한의 범위가 같은 것은 아니다).

(ㄴ) **兩者의 差異點**: 취소와 해제는 전자가 법률행위 일반의 제도인 점과 후자는 계약의 특수한 것을 본질적 차이로 하여 그 발생원인, 행사방법 등에 관하여 구체적 차이점을 갖는다.

[취소와 해제의 비교]

	취 소	해 제
인정분야	법률행위일반의 제도(총칙에서 규정)	계약에 특유제도(채권편에 규정)
발생원인	法律에서 규정한 경우에만 성립	법정해제권과 약정해제권이 존재
행사주체	무능력자, 착오, 하자있는 의사표시를 한 자 및 그의 대리인 또는 승계인	계약당사자 및 그의 대리인 또는 승계인(해제권만의 승계불가)
행사방법	형성권의 일종이므로 취소권자의 일방적 의사에 의하나, 명시·묵시, 재판상·재판 외를 불문한다.	① 계약당사자인 당초의 상대방 또는 지위를 승계한 자에 대한 일방적 의사표시로 행사(§543 ①) ② 재판·재판 외, 명시·묵시를 불문하나, 특히 해제의 의사표시에는 조건·기한을 붙이지 못한다.
추 인 및 해제권의 포기	취소할 수 있는 법률행위의 추인은 취소권의 포기를 의미하나, 법정추인의 경우에는 의사표시가 아니므로 취소권의 포기가 아니다.	해제권은 일종의 재산권이므로 상대방에 대한 의사로 포기할 수 있다.
효 과	취소된 행위의 내용에 따라 달리 하나, 이미 지급된 경우에는 부당이득반환청구권에 의해 해결된다.	부당이득반환에 대한 예외로서 원상회복의무(§548 ①)와 손해배상의무(§551)가 발생한다.
行使期間	단기소멸시효로 취소(추인)할 수 있는 날로부터 3년 내, 법률행위를 한 날로부터 10년 내 행사하여야 한다(§146).	형성권은 20년간 행사하지 아니하면 소멸하나 해제에 기한 원상회복의무가 10년이므로 결국 해제권도 10년간 행사하지 아니하면 소멸한다.

2. 法律行爲取消의 유형

(1) 광의의 取消

(가) 완전한 행위의 취소 의사의 하자를 원인으로 하지 않고 완전한 확정적인 법률행위이지만 취소권자의 취소에 의하여 소급적으로 소멸케 하는 점에서 公法상 行爲의 취소와 구별된다. 예컨대 미성년자에 대한 영업허가취소(§8②), 사해행위취소(§406), 부부간 계약취소(§828)는 그 대표적인 것이다.

(나) 가족법상 행위의 취소 가족법상 규정된 취소이며, 소급효가 제한되므로 민법 제140조 이하의 규정은 적용되지 않는다. 예컨대 혼인의 취소(§816)·이혼의 취소(§838)·입양취소(§884), 인지취소(§861), 친생자승인취소(§854), 부양관계취소(§978), 부담부 유언의 취소(§111) 등이다.

(다) 공법상 의미의 취소 민법상 취소란 용어를 사용하고 있으나 소급효가 제한된 철회의 일종으로서 취소를 말한다. 예컨대 한정치산선고취소(§11), 금치산선고취소(§14), 실종선고취소(§29), 부재자재산관리에 관한 명령취소(§22), 법인설립허가취소(§38) 등이다.

(2) 협의의 取消

(가) 협의의 法律行爲取消란 의사의 흠(하자)을 원인으로 하고, 취소에 소급효가 주어지는 취소를 말한다. 예컨대 무능력자의 법률행위(§5, §10, §13), 착오로 인한 법률행위(§109), 하자있는 의사표시(§110)이며, 본래의미의 취소이다. 따라서 협의의미의 취소는 법률행위 성립요소로서 의사의 흠을 원인으로 하는 점에서 완전한 법률행위의 취소와 구별되고, 또한 取消로서 처음부터 소급하여 효력이 상실되는 점에서 소급효가 없는 각종 공법상 또는 가족법상 취소와 구별된다.

(나) 민법상 협의의 취소, 즉 法律行爲의 取消에는 의사표시에 관한 규정이 적용된다(§107). 그러나 취소권자의 일방적 의사표시로서 조건을 붙이지 못한다.

(3) 取消의 적용

민법상 취소할 수 있는 법률행위란 狹義의 取消, 즉 의사표시의 흠결을 원인으로 그 취소의 효과가 소급하여 소멸하는 것을 말하며, 무능력 또는 착오·사기·강박에 의한 의사표시의 취소에 한한다. 따라서 민법이 널리 사용하고 있는 取消라는 용어는 이른바 협의(본래 의미)의 취소와는 다르며, 민법 제140조 이하의 규정은 적용되지 않는다.

3. 取消權의 행사

(1) 取消權者

(가) 민법 제140조는 취소할 수 있는 법률행위에 관하여 규정한다. 따라서 동조 규정에 의한 취소권자는 무능력자, 착오·사기·강박에 의한 의사표시를 한 자와 그 대리인 및 그 승계인이다.

(ㄱ) **無能力者 :** 무능력자는 자기가 행한 법률행위를 스스로 단독으로 취소할 수 있고, 그것으로 확정적 효력을 발생한다. 따라서 무능력자의 취소행위는 다시 취소할 수 있는 행위로 되지 않는다.

(ㄴ) **錯誤, 詐欺·强迫의 意思表示를 한 者 :** 하자있는 의사표시, 즉 사기·강박에 의한 의사표시를 한 자와 착오에 기한 의사표시를 한 자는 일정요건 하에 취소권을 가진다.

(ㄷ) **代理人 :** 취소도 의사표시이므로 대리인이 취소할 수 있음은 당연하다. 대리인은 무능력자와 착오·사기·강박에 의한 의사표시를 취소할 수 있다. 그러나 임의대리인이 취소하기 위해서는 취소권에 관한 특별수권을 가져야 한다.

(ㄹ) **承繼人 :** 무능력자나, 착오·사기·강박의 의사표시를 한 자로부터 취소권을 승계한 자이며, 포괄승계인에는 다툼이 없다.

다만, 特定承繼人을 포함하는가. 긍정하는데 의문을 가지는 견해가 있으나,[41] 다수설은 긍정한다. 그러나 취소권만을 그 기초가 되는 법률관계와 독립하여 특정승계 하는 것은 인정되지 않는다.

- 대리인
  - 임의대리인의 취소권 행사 – 본인의 동의
  - 친권을 공동행사 하는 부모 – 단독행사 가능(통설)
- 승계인
  - 취소권을 승계한 포괄승계인과 특정승계인을 의미
  - 보증인 – 승계인이 아니므로 본인의 취소권행사 배제(통설)

(나) 保證人은 取消權을 가지는가. 일반적 취소권자에 승계인이 포함되는 것과 관련하여 보증인의 취소권(§433, §435 참조)을 인정할 것인가.

肯定說은 민법 제433조 또는 제435조에 의하여 주채무자의 취소권행사로 인정할 것이라고 하거나(이영섭 385면, 김증한·안이준 378면), 보증채무의 부종성을 이유로 보증인은 주채무자의 취소권을 행사할 수 있는 것이라고 한다(김증한 411면).

肯定說은 보증채무는 종된 채무로서 주채무관계의 당사자가 아니므로 부정할 것이라고 한다(곽윤직 517-8면).

---

41) 김용한 405면, 김주수 498면.

다수설은 긍정하나, 민법 제433조는 "보증인은 주채무자의 항변으로 채권자에 대응할 수 있다."라고 한 것뿐이고, 한편 제435조는 "주채무자가 채권자에 대하여 취소권을 가지는 경우 그 취소권이 있는 동안은 보증인은 채무자에 대하여 채무이행을 거절할 수 있다"고 규정한 것에 불과하므로 취소권은 인정되지 않는 것이라고 보아야 한다.

⑵ 取消의 相對方

취소의 상대방이 정해져 있는 경우에는 그 상대방에 대한 의사표시로 하여야 한다(§142). 그러므로 그 법률관계에 의하여 취득된 권리가 비록 이전되어 있더라도 그 취소는 원래의 상대방에 대하여 하여야 하고, 전득자에 할 것은 아니다. 다만 전득자에 대하여는 그 효과를 주장할 뿐이다.

(가) 계약에서의 상대방 錯誤의 경우에는 계약상 담보책임과 법조경합관계에 있으므로 취소권이 제한된다. 詐欺·强迫에 의하여 체결된 계약에 의하여 직접 권리를 취득한 제3자도 취소의 상대방이 되는가. 소수설은 긍정하나 사기·강박에 의한 의사표시의 취소는 선의의 제3자에 대항할 수 없으므로 그 실익이 없는 것이라고 한다.[42] 그러나 다수설은 하자있는 의사표시의 그 직접 상대방에 대한 법률관계로만 할 수 있다는 점에서 이를 부정한다.

(나) 단독행위에서의 상대방 相對方있는 단독행위의 취소는 '그 상대방에 대한 의사표시'로 하여야 하고, 相對方없는 단독행위의 취소는 그 법률행위에 의해 '직접 이익을 취득하는 자'에 대한 의사로 하여야 한다.[43] 그러나 수권행위의 취소는 대리인 또는 그 상대방에 대한 의사로 하여야 한다.

(다) 수인인 관계에서의 상대방 법률행위의 일방 당사자가 수인인 경우 그 불가분성에 의하여 상대방 모두에 대한 의사로 하여야 한다. 그러나 그 일부에 대한 취소도 유효한가. 견해 중에는 취소의 의사표시를 한 상대방에 대한 법률관계를 구분할 수 없는 경우에는 당연히 무효이나 이를 구분할 수 있는 경우에는 일부무효의 법리(§137 본문)에 의하여 해결될 것이라고 한다.[44] 그러나 다수설은 계약해제·해지권의 불가분성을 규정한 민법 규정을 준용하여 부정한다.

---

42) 이은영 700면, 동 민법강의 103면.
43) 동지, 이영준 622면, 이은영 700면.
44) 이은영 상게

⑶ 取消權의 행사방법

(가) 취소권은 형성권이므로 권리자의 단독적 의사에 의하고, 이 취소의 의사표시는 특별한 방식을 요하지 아니한다. 따라서 묵시적 의사표시, 예컨대 등기말소청구・증서반환청구・손해배상청구 등도 무방하다. 그리하여 판례는 매매를 원인으로 한 소유권이전등기가 경료된 경우 그 등기원인이 되는 매매가 강박에 의한 것이라는 이유로 매도인이 매수인을 상대로 소유권이전등기를 구하는 소장을 제출한 때에는 따로 강박에 의한 의사표시를 취소한 일이 없다고 할지라도 위 매매행위를 취소한 것으로 볼 것이라고 한다.[45]

(ㄱ) 취소의 의사표시에는 取消의 原因을 摘示하여야 하는가. 부정하는 견해[46]와 취소원인을 명시적으로 진술하지 않더라도 적어도 상대방이 인식할 수 있도록 하여야 한다는 견해[47]가 대립한다. 그러나 판례는 강박을 이유로 증여의 의사표시를 취소함에는 그 상대방에 대하여 적어도 그 의사표시 자체에 하자가 있으므로 이를 취소한다거나 또는 강박에 의한 증여이므로 그 목적물을 반환하라는 취지가 어느 정도 명확하게 표명되어야 하는 것이라고 한다.[48]

(ㄴ) 法律行爲一部의 取消도 가능한가. 하나의 계약이라고 할지라도 가분성을 가지거나 그 목적물의 일부가 특정될 수 있다면 그 나머지 부분이라도 이를 유지하려는 당사자의 가정적 의사가 인정되는 경우 그 일부만의 취소도 가능하고 그 일부의 취소는 계약의 일부에만 효력이 생긴다.[49] 그러나 이는 어디까지나 어떤 목적 또는 목적물에 대한 법률행위가 존재함을 전제로 하는 것이므로, 예컨대 매매계약체결시 토지의 일정 부분을 매매대상에서 제외시키기로 특약한 경우 이것은 매매계약상 대상 토지를 특정한 것이어서 그 일정 부분에 대하여는 매매계약이 성립하였다고 볼 수 없으므로 비록 그 특약이 기망에 의한 것이라고 하더라도 그 특약만을 기망에 의한 법률행위로서 취소하지 못한다.[50]

---

45) 대판 1957.10.7, 4290민상518.
46) 김용한 408면.
47) 지원림, 민법강의 329면.
48) 대판 2002.9.24, 2002다11847.
49) 대판 2002.9.10, 2002다21509; 1999.3.26, 98다56607; 1990.7.10, 90다카7460; 판례는 채권자와 연대보증인 사이의 연대보증계약이 주채무자의 기망에 의하여 채결되어 적법하게 취소되었으나 그 보증책임이 금전채무로서 채무의 성질상 가분적이고 연대보증인에게 보증한도를 일정금액으로 하는 보증의사가 있었던 경우에 연대보증인의 연대보증계약의 취소는 그 일정금액을 초과하는 범위 내에서만 효력이 생기는 것이라고 한다(대판 2002.9.10, 2002다21509).

(나) 문제는 취소한 법률행위를 다시 追認할 수 있는가. 다수설은 계속적 법률행위, 예컨대 고용·조합과 같은 법률관계에서는 효력의 번복에 따른 법률관계의 영향을 고려하여 민법상 계약해지에 관한 법리를 유추하여 취소의 소급효를 제한할 것이라고 한다.[51] 그러나 판례는 취소한 후라도 무효행위 추인의 요건에 따라 추인할 수 있는 것이라고 한다.[52]

그리하여 판례는 취소한 법률행위는 처음부터 무효인 것으로 간주되므로 취소할 수 있는 법률행위가 일단 취소된 이상 그 후에는 취소할 수 있는 법률행위의 추인에 의하여 이미 취소되어 무효인 것으로 간주된 당초의 의사표시를 다시 확정적으로 유효하게 할 수는 없고, 다만 무효인 법률행위 추인의 요건과 효력으로서 추인할 수는 있으나, 무효행위의 추인은 그 무효원인이 소멸한 후 하여야 그 효력이 있는 것이라고 하고, 강박에 의한 의사표시임을 이유로 일단 유효하게 취소되어 당초 의사표시가 무효로 된 후 추인한 경우 그 추인이 효력을 가지기 위해서는 그 무효원인이 소멸한 후일 것을 요한다고 할 것인데, 그 무효원인이란 바로 위 의사표시의 취소 사유라고 할 것이므로 결국 무효원인이 소멸한 후란 것은 당초의 의사표시의 성립과정에 존재하였던 취소원인이 종료된 후, 즉 강박상태에서 벗어난 후라고 보아야 하는 것이라고 한다.[53]

(4) 取消權의 경합

무능력자가 상대방을 사기·강박을 하여 법률행위를 한 경우에도 무능력자는 무능력을 이유로 취소할 수 있는가. 즉 무능력자 상대방이 사기·강박을 이유로 취소하여 무효로 한 법률행위에도 무능력자는 다시 무능력을 이유로 취소할 수 있는가.

견해 중에는 상대방의 취소권행사로 무능력자가 무능력을 이유로 한 취소권행사를 부정하면 무능력자보호를 위한 민법 제141조 단서 적용의 실익이 없어진다는 점을 들어 긍정한다.[54] 그러나 민법은 무능력자보호와 함께 무능력자의 상대방을 보호하는 규정을 두고 있으므로 무능력자가 상대방을 사기·강박한

50) 대판 1999.3.26, 98다56607.
51) 송덕수, 주해(3) 505면; 지원림, 민법강의 331면.
52) 대판 1997.12.12, 95다38240.
53) 대판 1997.12.12, 95다38240.
54) 지원림, 민법강의 332면.

경우에는 민법 第17조를 준용하여 무능력자 측의 취소권이 처음부터 배척된다.

또한, 무능력자가 상대방으로부터 사기·강박을 당하여 법률행위를 한 경우 무능력자는 무능력을 이유로도 취소할 수 있고, 또한 사기·강박을 이유로도 취소할 수 있다. 그러나 민법은 무능력을 원인으로 한 취소의 효력 및 그 상환범위에 특칙을 두고 있으므로 사기·강박을 이유로 한 취소는 실익이 없고 또한 이를 인정하면 무능력자 보호를 위한 민법의 취지에 부합하지 못한다. 따라서 무능력자가 사기·강박을 당한 이상 무능력을 이유로만 취소할 수 있고 사기·강박으로 취소할 것은 아니다.

한편, 민법은 취소할 수 있는 법률행위의 추인과 관련하여 일방 당사자가 두개 이상의 취소원인이 있음을 알면서 추인한 때에는 취소권은 모두 소멸하고 법률행위는 유효한 것으로 확정되지만, 그 중 어느 하나만을 알고 추인한 때에는 다른 원인에 의한 취소권은 행사할 수 있는가. 긍정설[55]이 있으나 이 경우 역시 추인제도의 취지를 고려하면 구별할 것은 아니다.

4. 取消權行使의 효과

(1) 取消의 소급효

(가) 취소한 법률행위는 처음부터 무효인 것으로 간주된다(§141 본문). 즉 일단 발생한 효과는 소급해서 처음부터 무효인 것으로 다루어진다. 이를 取消의 遡及效라고 하고 취소의 본질적 효력이다.

(나) 취소의 소급효는 원칙이나 절대적인 것은 아니다. 민법상 본래의미의 취소 중 당사자의 무능력을 이유로 한 취소는 절대적이지만, 기타 원인에 의한 취소의 효과는 상대적인 것에 불과하다. 그리하여 민법은 착오, 사기·강박에 의한 의사표시의 취소(§109 ②, §110 ③)는 이로써 선의의 제3자 대항할 수 없는 것으로 하여 거래안전을 보호한다. 따라서 취소의 소급효 제한의 동조 규정은 등기에 공신력이 없는 우리 법제에서 중요한 의미를 가질 뿐만 아니라, 물권행위의 유인·무인성론에 근거를 제공한다.

또한, 취소의 소급효는 민법에서 명문으로 규정되어 있는 것이지만 이것은 취소의 본질적·필연적 효력은 아니며, 구체적 타당성의 범위에서 결정된다.

---

55) 지원림, 민법강의 328면.

예컨대 계속적 법률관계에는 오히려 소급효를 제한하는 것을 본칙으로 하여야 하고, 또한 혼인(§824)·입양의 취소(§897)와 같은 가족법상 행위에는 소급효가 없는 것을 원칙으로 한다.

⑵ 不當利得返還義務

취소된 법률행위는 처음부터 효력이 소멸하게 되므로 그 취소된 행위의 목적에 따른 이행이 전혀 없는 경우에는 문제될 여지가 없다. 그러나 그 행위에 기하여 이미 이행이 이루어진 경우에는 원상회복의 문제가 생긴다.

㈎ 반환의 범위 원상회복에 따른 당사자가 부담하는 의무내용은 부당이득반환의 의무이고, 민법에 특별규정을 두고 있지 아니하므로 통설은 부당이득의 일반법리에 따라 해결할 것이라고 한다.

(ㄱ) 一般受益者인 경우: 취소의 원인이 착오·사기·강박 등을 이유로 하여 취소하고 그 법률상 원인이 무효로 되므로 인하여 상대방에 부당이득이 구성하는 때 그 반환의 범위는 상대방의 선·악에 따라 반환의 범위를 달리한다(§748 참조). 즉 善意인 경우에는 현존이익의 범위에서 반환한다. 그러나 惡意인 경우에는 그가 받은 이익에 이자를 붙여 반환하여야 하고 또한 기타 손해가 있는 때에는 그 손해를 배상하여야 한다.

급부의 객체가 金錢 이외의 物件인 때, 즉 원물반환인 때에는 여러 문제가 생긴다. 즉 원물의 반환을 청구하는 소유자는 소유권에 기한 반환청구권과 부당이득(점유의 부당이득)반환청구권의 양자를 갖는가, 과실의 반환은 부당이득의 규정(특히, §748)에 의하는가, 점유권의 효력에 관한 제201조에 의하는가.

목적물의 멸실·훼손의 경우와 반환의무자가 목적물에 관하여 지출한 비용의 상환에 있어서도 문제가 생긴다.

(ㄴ) 無能力者인 경우: 취소의 원인이 무능력자임을 이유로 취소하고 그 법률상 원인이 무효로 되어 반환되는 부당이득의 범위는 상대방의 선의·악의를 불문하고 利得이 現存하는 한도에서 반환책임이 있다(§141 단서). 따라서 무능력자의 반환범위는 현존이익의 한도에서 제한된다. 다만 무능력자가 상대방으로부터 받은 이득은 특별한 사정이 없는 한 현존하는 것으로 추정된다.

(a) 무능력자의 반환범위를 제한한 민법의 특칙은 무능력자가 관여한 행위의 취소원인을 불문하고 적용되는가. 예컨대 무능력자가 상대방을 사기·강박하여 행한 법률행위에도 무능력자가 취소한 이상 본조의 특칙이 적용되는가.

適用否定說은 무능력을 원인으로 하는 취소에만 적용되는 것이라고 한다(김용한 410면, 장경학 647면).

適用肯定說은 상대방의 취소권행사로 무능력자의 무능력에 의한 취소권행사를 부정하면 무능력자보호를 위한 민법 제141조 단서의 실익이 없어지므로 양자를 경합시켜야 하고, 이때 반환은 언제나 현존이익의 범위로 되는 것이라고 한다(지원림, 민법강의 332면).

다수설은 適用否定說을 취하여 무능력을 원인으로 하는 취소의 경우에만 적용되는 것이라고 한다. 그리하여 그 근거로서 예컨대 무능력자가 상대방으로부터 사기·강박을 당하여 법률행위를 한 경우 청구권경합을 부정할 것은 아니지만 그 효력은 무능력자 보호라는 민법의 취지에서 언제나 무능력을 이유로 한 취소의 효력만이 발생하게 되어 문제될 여지가 없는 점을 든다.

(b) 다만, 무능력자가 상대방을 사기·강박을 하여 법률행위를 한 경우 문제되나, 이 경우에도 만약 양자의 청구권경합을 긍정하면 결국 그 청구권의 행사는 무능력을 원인으로 한 것이 되어 사기·강박에 의한 취소권행사에 제141조 단서를 적용할 실익이 없게 된다. 또한 오직 청구권경합을 부정하여 상대방이 사기·강박을 이유로 취소권을 행사한 경우 무능력자의 상환의무는 현존이익의 범위로 되는가. 문제된다. 그러나 민법은 이런 경우에까지 무능력자를 보호할 취지는 아니므로 동조 단서를 적용할 것은 아니다.

(나) 반환되는 시기 취소로 법률행위의 효력이 소급적으로 소멸하는 경우 그 이행으로써 이루어진 물권은 언제 복귀하는가. 예컨대 매매계약으로 소유권이 이전된 경우 그 매매계약이 취소되면 소유권은 언제 복귀하는가.

物權行爲의 有因性을 인정하면 매매계약의 취소로 물권행위도 무효로 되므로 이전된 소유권은 당연히 원소유자에 복귀되나, 物權行爲의 無因性을 인정하면 물권행위에는 영향을 미치지 아니하므로 소유권은 여전히 매수인에 존속하고, 이로써 매도인은 매수인에 대하여 부당이득반환청구권을 취득하게 되며, 이 부당이득반환청구권행사에 의한 소유권이전등기가 경료된 때 비로소 복귀하게 된다.

다수설·판례는 物權行爲의 有因性을 인정하고 매매계약의 취소로 이전된 소유권은 당연히 원소유자에 복귀되는 것이라고 한다.

(3) 取消의 부수적 효과

取消로 인하여 법률행위는 무효로 된다고 하더라도 당해 법률행위 자체가 無化하는 것이 아니라, 당해 취소사유에 관련하여서만 당사자가 의욕한대로 효력을 발생하지 않는데 불과하므로 取消되더라도 법률행위에 기하여 발생한 다른 청구권들은 여전히 존속하는 것으로 된다. 따라서 취소로 인하여 법률행위가 무효가 되더라도 부수적으로 다음의 법률효과가 발생한다.

(ㄱ) 詐欺·强迫을 이유로 의사표시를 취소한 경우에도 취소권자는 이에 관하여 過失이 있으면 계약체결상 과실책임을 부담하고, 또한 상대방에 不法行爲를 구성하는 때에는 불법행위에 의한 손해배상청구권을 행사하는 것에는 영향을 미치지 않는다. 또한 매수인이 詐欺·强迫을 이유로 매매계약을 취소하더라도 하자담보책임을 잃지 않는다.

(ㄴ) 錯誤로 인한 의사표시는 착오자의 고의·과실을 불문하고 취소할 수 있으므로 착오자의 過失이 없고 취소하는 경우에는 그 상대방에 대한 별개의 배상책임을 질 것은 아니지만, 특히 착오자의 輕過失이 있고 이로 인하여 취소하는 경우에는 상대방의 신뢰보호와 관계에서 착오자의 배상책임을 인정할 것인가.

당초 민법은 명문 규정을 두지 아니하여 학설이 대립하였다. 그러나 개정 민법(안)은 독일민법(§122)에 근거하여 제109조의 2를 신설, 제1항은 "제109조의 규정에 의하여 의사표시를 취소한 자는 그 착오를 알 수 있었던 경우에는 상대방이 그 의사표시의 유효함을 믿었음으로 인하여 받은 손해를 배상하여야 한다. 그러나 그 배상액은 의사표시가 유효함으로 인하여 생길 이익액을 넘지 못한다."라고 하고, 제2항은 "제1항의 규정은 상대방이 표의자의 착오를 알았거나 알 수 있었을 경우에는 이를 적용하지 아니한다."라고 하여 상대방의 선의·무과실을 조건으로 신뢰이익의 배상을 규정한다.

5. 取消할 수 있는 法律行爲의 追認

(1) 法律行爲追認의 의의

(가) 法律行爲의 追認이란 취소할 수 있는 법률행위를 취소하지 않겠다는 의사표시이며, 추인에 의하여 취소할 수 있는 행위는 확정적으로 유효하게 된다. 따라서 법률행위의 추인은 취소할 수 있는 행위에 의하여 발생한 불확정한 효

력을 取消할 수 없는 것으로 확정하는 취소권자의 단독행위를 말하며, 法定追認에 대한 任意追認이라고 한다.

(나) 법률행위의 추인은 추인권자의 추인의 의사표시에 의하여 取消할 수 있는 행위가 확정적으로 유효한 행위로 되므로 추인권자의 추인권의 행사는 곧 취소권의 포기를 의미한다.

⑵ 法律行爲追認의 요건

(가) 추인권자 취소할 수 있는 법률행위의 추인권자는 취소권자이다. 추인은 취소권의 포기를 의미하므로 취소권을 가지는 자가 행사하여야 한다(§143). 여기서 取消權者는 무능력자, 하자있는 의사표시를 한 자와 그 대리인 또는 승계인이나, 그렇다고 취소권자가 언제나 추인권을 갖는 것은 아니다.

(나) 취소원인의 종료

(ㄱ) 取消原因이 終了하여야 한다(§144). 따라서 무능력자는 능력자가 된 뒤에 하여야 하고, 착오·사기·강박의 경우에는 그들의 상태를 벗어난 후에 추인하여야 한다.[56] 그러나 무능력자이더라도 금치산자의 경우를 제외하고는 법정대리인의 동의를 얻어 유효한 추인을 할 수 있고, 법정대리인에는 제한이 없다.

취소원인이 종료하기 전의 추인행위의 효력에 관하여 판례는 강박에서 벗어나지 아니한 상태에 있으면 취소원인이 종료되기 전이므로 이때 한 추인은 그 효력이 없는 것이라고 한다.[57]

(ㄴ) 取消할 수 있는 것임을 알고 하여야 한다.[58] 추인방법은 취소의 경우와 같다. 또한 추인이 있으면 이제는 취소할 수 없고 유효한 법률행위로 확정된다.

取消할 수 있는 행위에 의하여 성립한 채무를 승인한다거나 화해청약을 하더라도 그 승인이나 청약이 당연히 추인으로 되는 것은 아니다. 다만 수개의 취소사유 중 그 일부만을 알고 추인한 때에는 그 행사된 일부에 관하여 추인의 효력이 생기는가. 학설은 그 취소사유에 관한 취소권만 소멸하고 나머지 알지 못한 취소권은 소멸하지 않는 것이라고 한다.[59]

---

56) 대판 1982.6.8, 81다107; 판례는 강박에 의하여 채무인수를 하고 그 상태를 벗어나지 못한 상태에서 한 근저당권설정계약서작성 및 교부행위는 취소의 원인이 종료되기 전에 한 추인에 불과하여 추인으로서의 효력은 없는 것이라고 하였다.

57) 대판 1982.6.8, 81다107.

58) 대판 1997.5.30, 97다2986.

(다) 추인권의 행사 추인의 의사표시는 상대방에 대한 一方的 意思表示, 즉 취소권의 포기로의 행사하고 명시·묵시를 불문한다.

(3) 法律行爲追認의 효력

(가) 법률행위의 추인으로 취소할 수 있는 법률행위는 취소할 수 없는 有效한 법률행위로 된다(§143).

(나) 법률행위가 처음부터 有效한 확정적인 행위로 치유된다. 이 점에서 처음부터 유효한 행위로 치유되지 않고, 다만 본인에 관하여 대리의 효과만이 本人에 관하여 발생케 하는 무권대리행위의 추인과 구별된다.

(4) 法定追認

(가) 법청추인의 의의 취소할 수 있는 법률행위에 관하여 통상 추인이라고 볼 수 있는 일정 사실이 있는 경우 민법은 취소권자의 취소권행사의 유무를 묻지 않고서 당연히 추인이 있었던 것으로 규정한다. 이를 法定追認이라고 하고(§145), 법률의 규정에 의한 점에서 의사표시에 의한 추인과 구별한다.

또한, 法定追認은 추인의 의사표시는 아니므로 취소권의 포기와는 구별된다. 따라서 법정추인은 취소권자의 일정 행위에 의하여 당연히 취소권이 배제되는 법적 의제이며 일종의 취소권의 제척이라고 볼 수 있다.

(나) 법정추인의 요건 법정추인이기 위해서는 다음 요건을 갖추어야 한다.

(ㄱ) 취소할 수 있는 법률행위에 관하여 다음의 사실 중 하나가 있어야 한다.

(a) 全部나 一部의 履行이 있을 것이어야 한다. 이 경우 이행은 취소권자의 이행은 물론 이행의 수령을 포함한다.

(b) 취소권자의 履行의 請求가 있어야 한다.

(c) 更改가 있을 것이어야 한다. 경개는 취소권자가 채권자이든 또는 채무자이든 이를 묻지 않는다.

(d) 擔保提供이 있을 것이어야 한다. 취소권자가 채무자로서의 담보제공 또는 채권자로서 담보제공의 수령을 포함한다.

(e) 취소할 수 있는 행위로 취득한 권리의 전부나 일부양도가 있을 것이라야 한다. 그러나 이때 양도는 취소권자가 양도한 것이어야 한다.

---

59) 이영준 699면, Flume §31, 7. 569.

(f) 强制執行이 있을 것이어야 한다. 취소채권자가 집행하는 경우는 물론이고, 취소권자가 채무자로서 집행을 받는 경우를 포함한다.

(ㄴ) 法定追認이기 위해서는 취소원인이 종료한 후에 행하여져야 하고 이의를 유보하지 않았어야 한다(§145).

여기서 異議의 留保란 자기에게 법률효과가 미치는 것을 배척하는 의사표시이므로 법정추인의 효과는 미치지 아니하는 것으로 해석한다.[60] 그러나 견해중에는 추인의 의사표시는 포함적 의사표시로서 명시적 의사표시와 전혀 동일한 표시가치를 갖는 것이므로 이러한 표시가치를 배제하기 위하여 취소권자가 청구를 하면서 추인을 하지 않는다는 이의를 유보하더라도 이러한 유보의 의사표시는 포함적 의사표시와 모순되는 것으로서 아무런 효력이 없는 것이라고 하여 입법적 의문을 제기한다.[61]

(다) 법정추인의 효력 　법정추인의 효과는 취소할 수 있는 법률행위를 추인한 것으로 보는 것이므로, 그 효과는 통상 추인의 경우와 동일하다.

6. 取消權의 소멸

(1) 取消權의 소멸원인

(가) 취소권은 취소권자의 취소권행사 또는 취소권을 포기함으로써 소멸한다.

(ㄱ) 취소권을 행사하면 법률행위는 확정적이고 소급적으로 무효가 되면서 취소권은 소멸한다. 또한 취소권도 포기할 수 있는 권리이므로 권리자의 일방적 의사표시에 의해 포기할 수 있다.

(ㄴ) 취소권의 포기와 같은 의미를 갖는 것이 취소할 수 있는 법률행위의 추인이다(§143). 따라서 취소권은 취소권자의 추인의 의사표시로 소멸한다.

또한, 추인의 의사표시는 명시·묵시를 불문하므로 추인이 묵시적으로 이루어진 경우 그 입증곤란을 보완하는 제도가 법정추인이라고 할 수 있고(§145), 민법은 법정추인제도를 두어 사실을 의사에 우선 시켜 취소권의 소멸을 인정한다.

(나) 취소권은 취소권의 단기소멸, 즉 기간의 경과로도 소멸한다. 취소권자의 취소권행사 또는 포기하거나 법정추인사유의 발생으로 취소권은 소멸하나, 만

60) 곽윤직 523면.
61) 이영준 703면.

일 이와 같은 행위 중 그 어느 경우도 일어나지 않았을 경우 민법은 상대방이나 제3자의 불안정한 지위를 고려하여 법률관계를 신속히 확정할 필요에서 취소권의 단기소멸을 규정한다(§146).

(2) 取消權의 短期消滅

취소할 수 있는 법률행위는 추인할 수 있는 날로부터 3년 내 또는 법률행위를 한 날로부터 10년 내 행사하여야 한다. 민법 제146조는 취소권에 단기의 소멸기간을 정하여 취소권은 추인할 수 있는 날로부터 3년 내 또는 법률행위를 한 날로부터 10년 내 행사하지 아니하면 소멸하게 하고 있다.

여기서 '추인할 수 있는 날'이란 취소원인이 종료한 날을 의미한다(§144 ①). 그리하여 판례는 추인할 수 있는 날이란 "취소원인이 종료되어 취소권행사에 장애가 없어져서 취소권자가 취소의 대상인 법률행위를 추인할 수도 있고 취소할 수도 있는 상태가 된 때"라고 한다.[62] 그러나 법정대리인의 경우에는 무능력자가 법률행위를 한 날로부터 기산된다.

(ㄱ) 동조 기간의 법률적 성질이 소멸시효기간인가, 제척기간인가. 동조는 단순히 '行使하여야 한다.'라고 하고 있어 문제되나, 학설·판례는 제척기간이라는데 대체로 일치한다.[63]

(ㄴ) 동조 규정의 취소권행사로 발생하는 원상회복청구권과 현존이익의 반환청구권의 존속기간은 어떻게 되는가. 견해가 대립하나 이 청구권의 행사기간을 취소권의 행사기간과 분리하여 이해하면 취소한 때로부터 다시 10년의 소멸시효가 적용되는 것이 된다.

이렇게 이해하면 동조가 취소권에 단기소멸을 인정한 제도적 의미가 몰각되는 결과를 가져온다. 그러므로 민법 제146조는 그러한 청구권의 행사기간도 아울러 규정한 것으로 보아야 할 것이다. 그러나 판례는 취소권행사에 관한 것은 없으나 환매권행사에 관하여 환매권을 행사한 때로부터 10년의 소멸시효에 걸리는 것이라고 하여 별도의 소멸시효를 적용한다.[64]

---

62) 대판 1997.6.27, 97다3828; 1998.11.27, 98다7421.
63) 대판 1996.9.20, 96다25371; 1993.7.27, 92다52795; 1964.3.31, 63다214.
64) 대판 1992.10.13, 92다4666; 1992.4.24, 92다4673; 1991.2.22, 90다13420.

⑶ 取消權消滅의 효과

취소할 수 있는 법률행위는 취소권자가 현실적으로 취소권을 행사하여 법률행위의 효력이 소멸하기까지는 일단 유효한 것으로 다루어지고 취소권자가 취소권을 포기한다든가 기간의 경과로 취소권이 소멸하면 그 법률행위의 효력은 소멸하지 않는 것으로 확정된다.

[법률행위와 소급효]

소급효 있는 경우	소급효 없는 경우
① 실종선고취소(§29)	① 미성년자의 영업허가취소(§8 ②)
② 무능력자법률행위취소(§5 ②, §10, §13)	② 한정치산선고취소(§11)
③ 착오에 의한 의사표시취소(§109)	③ 금치산선고취소(§14)
④ 사기·강박에 기한 의사표시취소(§110)	④ 부재자재산관리권의 취소(§22)
⑤ 무권대리행위의 추인(§133)	⑤ 법인설립허가취소(§38)
⑥ 소멸시효의 완성(§167)	⑥ 무효행위의 추인(§139)
⑦ 선택채권에서의 선택권행사(§386)	⑦ 부관부법률행위의 효력(§147, §152)
⑧ 상계(§493)	⑧ 혼인의 취소(§824)
⑨ 계약의 해제(§548)	⑨ 부부간의 계약취소(§828)
⑩ 이혼의 취소(§838)	⑩ 친생자승인의 취소(§854)
⑪ 인지(§860)	⑪ 인지의 취소(§861)
⑫ 상속재산의 분할(§1015)	⑫ 입양의 취소(§897)
⑬ 상속의 포기(§1042)	⑬ 부양관계취소(§978)
⑭ 하자있는 유언의 취소(§1111)	⑭ 계약의 해지(§550)

民法上 追認

민법상 追認에 관한 규정으로는 취소할 수 있는 행위의 추인(§143), 무권대리행위의 추인(§132), 무효행위의 추인(§139)이 있다. 이러한 추인은 각각 성질을 달리하며 그에 따른 법률효과도 다르다.

追認이란 본래 하자있는 법률행위에 대하여 후에 그 행위를 확정적으로 유효하게 하는 의사표시를 의미하며 취소할 수 있는 행위의 추인과 무권대리행위의 추인은 바로 이러한 성질의 것이다. 그러나 無效行爲의 追認은 추인시에 그 무효행위와 동일한 내용의 행위를 새로이 한 것으로 보고 장래에 향하여 그 효력을 발생하게 하는 점에서 본래의미의 추인과는 성질을 달리한다.

[민법상 각종 追認의 비교]

	취소할 수 있는 행위의 추인	무권대리행위의 추인	무효행위의 추인
의 의	취소할 수 있는 법률행위를 취소하지 않겠다는 의사표시	무권대리행위를 유권대리와 동일한 효력을 생기게 하는 본인의 의사표시	무효인 행위에 법률행위 효력의 발생을 원하는 새로운 의사표시
성 질	취소권의 포기를 의미	본인에 발생을 원하는 적극적 의사표시	새로운 의사표시
추인권자 상대방	취소권자(무능력자,착오,사기·강박의 의사표시를 한자와 그 대리인 또는 승계인)와 그 의사표시의 상대방	본인과 무권대리인 또는 무권대리행위의 상대방	무효주장자와 그 상대방
추인요건	취소할 수 있는 행위임을 알고, 또한 취소원인이 종료한 후 행사	본인의 일방적 의사로 행사	무효임을 알고 추인
추인방법	추인권자의 명시 또는 묵시(법정추인)의 단독적 의사표시로 행사(추인할 행위가 요식행위이더라도 그 추인에는 방식 불요)	단독적 의사료시로서의 요건(본인이 무권대리행위의 사실을 알고 이의를 제기하지 않는 것만으로는 추인배제)	
추인효과	추인으로 처음부터 유효한 법률행위로 치유	무권대리행위시에 소급하여 유권대리와 같은 효력(유권대리행위로서 치유불가)	비소급적 추인이나, 당사자 또는 제3자권리를 해하지 않는 범위에서 소급적으로 추인 인정

제 3 절 法律行爲의 附款

[119] Ⅰ. 附款付法律行爲槪念

(1) 廣義의 附款 ┌ 법률행위에 부수하는 約款의 총칭
└ 이자약관 · 담보약관 · 환매약관 · 면책약관 등
(2) 狹義의 附款
┌ 법률행위의 효과발생 또는 소멸을 제한하기 위하여 부과되는 약관,
└ 주된 의사의 효력이 부수된 의사의 성취여부에 따라 좌우되는 약관

1. 附款의 개념

(1) 附款의 의의

(가) 성립한 법률행위는 의사표시에 의하여 효력이 발생하고, 준법률행위는 법률의 규정에 의하여 효력이 발생한다. 그러나 때로는 그 발생하는 효력을 유보 또는 제한할 필요가 있고 이를 유보 또는 제한하기 위해서는 준법률행위인 경우에는 직접 법률이 정할 것이지만, 법률행위는 또 다른 의사로써 할 수 있게 된다. 이를 附款(Nebenbestimmung)이라고 한다.

(나) 민법상 附款에는 광의의 부관과 협의의 부관이 있다. 여기서 廣義의 附款이란 주된 의사에 덧붙인 부수적 의사의 총칭, 예컨대 조건 · 기한 · 부담을 말하고, 사적자치의 원칙상 원칙적으로 인정된다. 그러나 狹義의 附款이란 이들의 부관 중 "부수된 의사의 성취 여부에 따라 주된 의사의 효력이 좌우되는 부관"이며 條件 · 期限이 이것이다.

이와 같이 협의의미의 부관으로서의 條件과 期限은 이미 성립한 법률행위의 효력발생 또는 소멸을 그 부수된 의사로 부과된 장래 일정사실의 성취 여부에 따라 그 주된 의사의 효력이 자동 좌우토록 유보한 효과의사의 특수한 모습이며, 법률행위의 무효 · 취소와 더불어 법률행위효력이 불안정한 형태이다.

⑵ 附款에 관한 민법규정

(가) 민법상 법률행위의 부관에는 條件과 期限 및 負擔이 있다. 그 가운데에서 민법은 條件과 期限에 관해서만 일반적 규정을 두고, 負擔은 채권법 또는 가족법에서 특별규정을 두고 있을 따름이다. 예컨대 부담부증여(§561)·부담부유증(§1088)이 이것이며, 증여계약의 부담으로 규정한다.

따라서 민법총칙에서 '법률행위의 부관'이란 곧 條件 또는 期限만을 말하고, 條件(Bedingung)이 장래 발생 여부가 불확실한 사실에 의지한 것인데 반하여 期限(Zeitbestimmung)은 장래 발생이 확실한 사실인 것과 구별된다.

(나) 條件과 期限은 법률행위의 내용을 이루므로 條件·期限으로 된 사실, 그 效力 등은 모두 법률행위 해석문제로 된다.

2. 附款附法律行爲

⑴ 附款付法律行爲의 의의

(가) 조건과 기한을 함께 法律行爲의 附款(Nebenbestimmung)이라고 하고 조건부 또는 기한부법률행위를 附款附法律行爲라고 한다. 따라서 '부관부 법률행위'란 법률행위효력의 발생 또는 소멸이 장래 일정사실에 유보되어 있는 법률행위이다.

(나) 附款은 당해 법률행위를 구성하는 의사표시의 일체적인 내용을 이루는 것이므로 의사표시의 일반원칙에 따라 부관을 붙이고자 하는 의사가 표시되어야 하며, 비록 부관의 의사가 있더라도 이를 외부에 표시하지 아니하면 법률행위 동기에 불과하고 법률행위의 내용을 이루는 것은 아니다.

附款附法律行爲는 법률행위로서는 이미 성립되어 있으나, 다만 그 효력이 불확정한 법률행위이다. 따라서 條件 또는 期限은 곧 법률행위의 특별효력발생 또는 소멸요건이며 그 성취 또는 도래 여부에 의하여 결정된다.

⑵ 附款付法律行爲의 유효성

부관은 법률행위효과의 發生 또는 消滅을 장래의 일정한 사실관계에 의존시키고자 하는 당사자의 의사가 효과의사의 내용상 일부를 이루는 것이므로 사적자치 내지 계약자유의 원칙에서 이를 인정하여 당사자가 의욕한 대로의 효과가 발생하도록 조력하는 것이 당연하다. 여기서 민법은 법률효과의 발생과 소멸에 관한 법률행위 부관의 유효성이 인정된다.

민법은 조건부법률행위의 당사자가 장래 조건의 성취로 말미암아 권리를 취득하게 된다는 期待(Anwartschaftsrecht) 내지 希望(Hoffnungsrecht), 즉 浮動的 地位를 일종의 권리로 정하여 보호한다.

[장래의 권리]

附款附權利는 장래권리와 구별된다. 附款附權利는 일종의 기대권(Anwartschaftrecht)으로서 현재의 권리이나, 다만 그 권리로서의 완전한 효과 발생이 조건이란 부관의 성부에 의존할 따름인 불완전한 권리일 뿐이다. 그러나 將來權利는 장차 발생할 권리, 즉 기초적 법률관계에 기하여 발생이 예상 또는 예견되는 권리(기대 내지 희망보다는 그 개연성이 강하다)이다.

예컨대, 이미 성립된 기초적 법률관계로부터 장래에 발생이 예상되는 채권으로 물상보증인(§341), 보증인(§441), 연대채무자(§425)의 구상권 등과 취소권·해제권·환매권 등 형성권의 행사에 의하여 생기는 채권 등도 있다.

또한, 완전한 장래 채권, 예컨대 도급계약·임대차계약·소비대차계약에서 생기는 채권이다.

[120] Ⅱ. 附款付法律行爲의 條件

1. 條件付法律行爲의 개념

(1) 條件付法律行爲의 의의

條件은 법률행위효력의 發生 또는 消滅을 장래의 불확정한 사실의 成否에 의존케 하는 법률행위의 부관을 말한다.

조건부법률행위는 장래 사실의 成否가 객관적으로 불명확한 점에서 장래 到來가 객관적으로 명백한 期限과 구별된다.

(2) 條件付法律行爲의 性質

(가) 조건은 법률효과의 발생 또는 소멸에 관한 것이다. 따라서 조건은 적어도 법률행위의 성립에 관한 것은 아니다.

(나) 조건이 되는 사실은 장래의 객관적으로 불확실한 사실이어야 한다. 따라서 불확실성이 있더라도 사실성이 결여되거나(부진정조건), 현재 또는 과거의

사실에 의지하는 것은 조건이 되지 못한다.

(다) 조건은 법률행위의 내용의 일부이므로 당사자가 임의로 부가한 것이어야 한다. 이것은 법정조건과 구별되는 개념이다. 따라서 법정조건(예컨대, 법인설립에 있어서의 주무관청의 허가)은 조건이 아니다.

판례는 조건은 법률행위의 효력의 발생 또는 소멸을 장래의 불확실한 사실의 성부에 의존케 하는 법률행위의 부관으로서 당해 법률행위를 구성하는 의사표시의 일체적인 내용을 이루는 것이므로, 의사표시의 일반원칙에 따라 조건을 붙이고자 하는 의사 즉 조건의사와 그 표시가 필요하며, 조건의사가 있더라도 그것이 외부에 표시되지 않으면 법률행위의 동기에 불과할 뿐이고 그것만으로는 법률행위의 부관으로서의 조건이 되는 것은 아니라고 하였다.[65]

2. 條件의 종류

(1) 停止條件・解除條件

법률행위 효력의 발생을 장래의 불확실한 사실에 의존케 하는 조건이 停止條件이고, 효력의 소멸을 의존케 하는 조건이 解除條件이다.

예컨대, 평균 A 학점을 받게 되면 장학금을 지급하겠다는 것은 전자이고, 평균 A학점이 되지 아니하면 장학금의 지급을 중단하겠다는 것은 후자이다.

(2) 積極條件・消極條件

법률행위시를 기준으로 하여 조건이 되는 사실이 현상의 변경에 있는 경우가 積極條件이고, 현상의 불변경에 있는 경우를 消極條件이라고 한다.

예컨대, 내일 비가 온다면 이라고 한 것은 전자이고, 내일도 비가 온다면 이라고 한 것은 후자이다.

(3) 隨意條件・非隨意條件

(가) 수의조건　　隨意條件이란 조건의 성부가 당사자의 일방적 의사에만 의존케 하는 조건이며, 순수수의조건과 단순수의조건이 있다.

(ㄱ) '순수수의조건'은, 예컨대 "내 마음이 동하면 주겠다." 라는 것과 같이 당사자 일방의 의사에만 의존케 하는 조건이며, '단순수의조건'은, 예컨대 내가

65) 대판 2003.5.13, 2003.다10797; 2000.10.27, 2000다30349.

일본에 가면 만년필을 주겠다고 하는 것과 같이 당사자의 일방적 의사결정이 일정한 사실상태에 의거하는 경우의 조건이다.

(ㄴ) 단순수의조건은 유효하다. 다만 순수수의조건은 언제나 무효인가.

無效說은 "내 마음이 動하면 주겠다"라는 것과 같이 당사자의 일방적 의사에만 의존하는 조건은 당사자에 법률적 구속력을 생기게 하려는 의사가 없으므로 무효라고 한다(곽윤직 306면, 백태승 541면).

有效說은 매매계약체결에서 매도인이 환매권을 유보하였다가 자기가 원하는 때 환매권을 행사하는 것은 순수수의조건과 같은 취지이고, 또한 해제조건인 순수수의조건은 해제권의 유보와 유사하므로 일방 또는 쌍방적 법률행위를 불문하고 당사자가 원하는 경우에는 사적자치의 원칙상 가능한 것이라고 한다(이영준 647면, 이은영 724면).

다수설은 상대방의 지위를 지나치게 구속한다는 점에서 언제나 무효라고 한다. 그러나 期待權으로서 전혀 무의미한 것은 아니므로 일정한 법률관계로부터 주어진 경우에는 당사자가 그 조건을 붙인 사정이 어느 정도 객관성을 가지는 때에는 법적 의미를 가지는 것으로 보아 언제나 무효로 할 것은 아니다.

(나) 비수의조건 非隨意條件이란 조건의 성부가 당사자의 일방적 의사에 의하지 않는 조건이며, 우성조건과 혼성조건이 있다.

'우성조건'은 조건의 성부가 당사자의 의사에 관계없이 자연적 사실 또는 제3자의 의사나 행위에 의해 결정되는 조건, 예컨대 내일 눈이 온다면의 경우이며, '혼성조건'은 조건의 성부가 당사자의 일방적 의사나 그밖에 제3자의 의사에 의하여서도 결정되는 경우의 조건, 예컨대 내가 甲女와 혼인한다면 등의 경우이며, 유효하다.

(4) 假裝條件

(가) 형식적·외관상으로는 조건이지만 실질적으로 조건으로서의 효력이 인정되지 못하는 것을 널리 假裝條件이라고 한다.

(나) 假裝條件에는 법정조건·기성조건·불법조건·불능조건이 있다.

法定條件은 법률행위가 효력을 발생하기 위하여 요구되는 법률적 요건 내지 사실을 말하며 조건의 개념에 유추한다. 따라서 법정조건, 예컨대 법인설립에 있어서의 주무관청의 허가, 유언에서 유언자의 사망 등은 법률상 당연한 요건이며, 엄격한 의미의 조건은 아니다.

① 법인설립에 있어서의 주무관청의 허가
② 유언에 있어서의 유언자의 사망
③ 유증에 있어서의 수유자의 생존
④ 입양에 있어서의 신고

3. 條件附法律行爲의 성립

(1) 一般的 成立要件

(가) 당사자의 자유로운 의사표시 부관부법률행위로서 부수된 의사는 법률행위내용의 일부이므로 당사자가 임의로 부가한 것이어야 한다. 따라서 당사자의 자유로운 의사로서 가한 이상 계약자유의 원칙상 인정된다.

또한, 부수된 의사로서 부관은 법률행위에 있어서의 효과의사와 일체적인 내용을 이루는 의사표시 그 자체이므로 부관부 의사가 법률행위 내용으로 외부에 표시하여야 한다.66)

판례는 조건은 법률행위의 효력발생 또는 소멸을 장래의 불확실한 사실의 성부에 의존케 하는 법률행위의 부관으로서 당해 법률행위를 구성하는 의사표시의 일체적인 내용을 이루는 것이므로, 의사표시의 일반원칙에 따라 조건을 붙이고자 하는 의사, 즉 조건의사와 그 표시가 필요하며, 조건의사가 있더라도 그것이 외부에 표시되지 않으면 법률행위의 동기에 불과할 뿐이고 그것만으로는 법률행위의 부관으로서의 조건이 되는 것은 아니라고 한다.67)

(나) 장래의 사실 부관이 되는 사실은 장래 사실이어야 한다. 따라서 당사자가 부관으로 의지한 사실이 법률행위시를 기준으로 하여 현재 사실이거나, 또는 과거 사실에 의지하는 부관은 유효한 부관부법률행위로 성립되지 못한다.

(다) 장래 객관적으로 불명한 사실 부관이 되는 사실은 객관적으로 명확 또는 불명한 사실이어야 한다. 따라서 불확실성 또는 확실성이 있더라도 사실성이 결여되거나(부진정조건), 주관적으로 명확 또는 불명한 사실에 의지한 부관은 유효한 부관으로 성립하지 못한다.

조건이 되는 사실은 장래의 객관적으로 불확실한 사실에 의지한 부관은 條件이 되고, 명확한 사실에 의지한 부관은 期限이 된다. 다만 條件과 不確定期限

---

66) 대판 2003.6.13, 2003다10797; 2000.10.27, 2000다30349.
67) 대판 2003.6.13, 2003다10797.

의 구별에 관하여 판례는 부관이 붙은 법률행위에서 부관에 표시된 사실이 발생하지 아니하면 채무를 이행하지 아니하여도 된다고 보는 것이 상당한 경우에는 조건으로 보아야 하고, 표시된 사실이 발생한 때에는 물론 발생하지 아니하는 것이 확정된 때에도 그 채무를 이행하여야 한다고 보아야 하는 경우에는 불확정기한을 정한 것이라고 한다.[68]

⑵ 附款을 붙일 수 없는 법률행위

(가) 공익상 불허용 행위의 효과가 즉시 확정적으로 발생하여 존속할 것을 필요로 하는 법률행위에는 조건을 붙이지 못한다. 어음행위·수표행위는 그 대표적인 예이다(어음법 §1 ②, §75 ②, 수표법 §1 ②).

(ㄱ) 物權行爲에는 행위의 성립과 동시에 그 효과가 발생하는 것이 보통이기 때문에 여기에 조건을 붙일 수 있는가. 부동산등기법은 물권행위에 조건을 붙일 수 있다는 것을 전제로 하여 권리보전의 방법을 마련하고 있다(가등기).

(ㄴ) 條件을 붙이는 것이 강행법규·사회질서에 반하는 결과가 되는 경우 또는 家族法상 행위로서 혼인·인지·이혼·입양·파양, 상속의 승인·포기 등에는 조건을 붙이지 못한다.

(나) 사익상 불허용 條件을 붙임으로써 상대방의 지위를 현저하게 불리하게 하는 경우에는 조건을 붙이지 못한다. 예컨대 상계·취소·추인·시효원용·계약해제 등 상대방 있는 단독행위에는 원칙적으로 조건을 붙이지 못한다.

다만, 단독행위이라고 하더라도 상대방의 동의가 있거나, 채무면제·유증과 같이 상대방에게 이익만을 주는 행위에는 가능하다.

⑶ 附款을 붙일 수 없는 법률행위에 附款을 붙인 경우의 효력

(가) 전부무효로서의 효력 부관을 붙일 수 없는 법률행위에 부관을 붙인 때에는 원칙적으로 그 법률행위 전부가 무효로 된다. 따라서 조건 없는 법률행위로 되는 것은 아니다. 예컨대 혼인에 조건을 붙이거나 기한을 붙인 경우 또한 법정해제권 행사에 조건을 붙인 때에는 처음부터 혼인은 성립하지 않고, 또한 해제의 의사표시는 효력을 발생하지 않는다.

(나) 부관 없는 법률행위로서의 효력 부관을 붙일 수 없는 법률행위에 부

---

68) 대판 2003.8.19, 2003다24215.

관을 붙인 경우 처음부터 효력이 발생하지 않지만, 예외적으로 법률에 특별한 규정을 두어 그 효력을 정한 경우가 있다. 예컨대 어음·수표행위에 조건을 붙인 경우 동법에 의하여 그 어음·수표행위의 자체에는 영향을 미치지 않고 그 어음·수표행위에 가한 조건만이 무효로 된다(어음법 §12, 수표법 §15). 이것은 거래의 유통을 위한 특별규정이다.

4. 附款附法律行爲의 효력

(1) 條件成否確定前의 효력

조건부법률행위는 법률행위로서 유효히 성립하였으나, 다만 그 효력발생 또는 소멸 여부가 불확실한데 있다. 따라서 條件附法律行爲에서 조건의 성취 여부가 확정되지 아니한 동안에는 당사자가 목적으로 한 법률효과가 발생하지 않으나 당사자 일방은 조건의 성취로 이러한 이익을 얻게 될 것이라는 기대를 갖게 된다. 그리하여 민법은 이러한 조건부 법률행위의 조건성취 전의 효력 내지 중간적 효력으로서 期待 또는 希望을 일종의 권리(현재의 권리)로서 보호하여 일정한 효과를 인정한다(§148, §149). 이를 條件附權利(droit conditionnel)라고 한다.

(가) 소극적 보호　조건부권리의 의무자는 조건의 성취 여부가 미정인 동안에 조건의 성취로 인하여 생길 상대방의 이익을 해하지 못한다(§148 ②).

(ㄱ) 조건부 권리의 의무자가 故意 또는 過失로 조건부권리를 침해한 때에는 법률행위일반의 원칙에 좇아서 손해배상의 책임이 생긴다. 다만 現實損害는 조건의 성취 여부가 확정되어야 비로소 확정적으로 발생하므로 조건의 성부가 미정인 동안 조건부권리자는 손해배상청구권을 조건부로 가진다고 해석한다. 따라서 條件의 成否가 未定인 동안은 조건부권리자는 장차 발생할지도 모르는 손해배상청구권의 보전방법으로서 손해배상의 담보청구권이 인정될 뿐이다.

침해되는 조건부권리가 處分行爲인 경우 그 처분행위는 어떻게 되는가. 민법은 명문으로 규정하고 있지 않지만 조건부권리의 효력을 충분히 보장한다는 점과 제3자의 지위를 부당하게 침해할 염려가 없다는 점을 들어 그 침해행위는 그 조건부권리와 저촉되는 범위에서 무효라고 해석한다. 그러나 목적물이 動産인 경우에는 선의취득에 의하여 보호되는 것은 별개 문제로 된다.

(ㄴ) 조건부권리를 第3者로부터 侵害되는 경우에도 보호되는가. 민법 제148

조는 '조건 있는 법률행위의 당사자'라고 규정하고 있으나 조건부권리도 일종의 권리로 인정되는 이상 제3자라고 할지라도 이것을 침해할 수 없음은 당연하다. 따라서 第三者가 조건부권리를 불법으로 침해받는 경우에는 통상 권리에서와 같이 방해배제청구권 및 보전처분을 할 수 있고, 또한 불법행위의 일반원칙에 따라서 손해배상을 청구할 수 있다.[69]

(나) 적극적 보호 조건부권리・의무는 권리의 일반규정에 따라 이를 처분・상속・보존・담보로 할 수 있다(§149).

민법 제149조는 "조건의 성취가 미정인 권리・의무는 일반규정에 의하여 처분・상속・보존 또는 담보로 할 수 있다."라고 규정함으로써 조건부권리도 보통의 권리와 동일하게 취급할 것을 명백히 하고 있다.

(ㄱ) 條件附權利의 讓渡도 보통의 권리양도방법과 동일하다. 따라서 부동산물권에 대한 조건부권리의 양도도 등기해야 효력이 생긴다.

또한, 조건부권리도 원칙적으로 상속할 수 있다(§1035 ②, §1051, §1056 등 참조). 그러나 停止條件있는 遺贈은 유증자가 따로 정한 바가 없는 한, 수증자가 조건성취 전에 사망한 때에는 그 효력이 생기지 않는다(§1089 ②).

(ㄴ) 조건부권리자는 그 확정의 이익이 있는 한 確認의 訴를 제기할 수 있다. 조건부채권자는 장래 이행을 구하는 소(민소법 §229)를 제기할 수 있고, 파산절차에 참가 또는 조건부 부동산물권에 관하여는 가등기를 할 수 있다.

또한, 조건부권리는 그 본질상 소멸시효에 걸리지 않는다. 즉 조건부권리의 소멸시효는 조건이 성취되기까지는 진행하지 않는다.

(ㄷ) 조건부채권을 담보하기 위하여 보증인을 세우고 질권이나 저당권을 설정할 수 있다(§428 ② 참조).

(ㄹ) 조건부채권자는 조건의 성취시까지는 그 법률행위에 기한 이행, 소유권이전 또는 물건의 인수청구 등을 할 수 있다.

판례는 법인의 기본재산 처분에 서 주무부장관의 허가를 요한다고 하여도 그 인가를 얻는 것을 정지조건으로 체결된 매매계약은 유효한 것이라고 하

---

69) 이 경우 손해배상청구권의 법률적 성질이 무엇인가에 관하여 견해가 대립한다. 일반적으로는 불법행위로 인한 손해배상책임으로 이해하나(곽윤직 534면), 견해에 따라서는 법률행위 성립에 따른 보호의무・충실의무 위반인 채무불이행에 기한 손해배상책임이라 한다(이영준 722면 ; 고상용 643면).

고,[70] 또한 귀속재산에 관하여 그 불하 전에 장차 불하를 받은 자가 그 귀속재산을 자기가 불하받아 소유권을 취득하면 이를 제3자에게 매도하기로 하는 소위 정지조건부매매는 유효한 것이라고 한다.[71]

危險負擔에 있어서도 조건부법률행위가 쌍무계약이면 그 갖추어진 요건에 따라 위험부담의 일반법리에 의해 해결된다.

또한, 조건부채권에도 채권자취소권(§406)이 인정된다.

⑵ 條件成否確定後의 효력

조건부권리는 조건의 성취 전의 효력 내지는 중간적 효력이고 조건부법률행위 자체의 효력은 조건의 성취 후에 비로소 확정된다.

(가) 조건부 법률행위에 있어서 條件의 성부확정 후의 효력은 정지조건·해제조건에 따라 달리한다.

(ㄱ) 停止條件付法律行爲는 조건의 성취로 효력이 발생하고 조건이 성취하지 아니한 동안은 효력이 발생하지 않는다. 따라서 정지조건부매매계약에서 당사자가 미리 그 채무를 이행하여도 효력을 발생하지 않는다.[72] 그러나 당사자가 조건성취 전에 미리 조건이 성취될 것을 예견하여 그 채무이행에 해당하는 행위를 하였다고 하여 정지조건의 성립을 해하는 사유가 되는 것은 아니다.[73]

(ㄴ) 解除條件附法律行爲는 법률행위가 성립한 때부터 효력이 발생하고 다만 부관인 조건이 성취한 때로부터 효력이 소멸한다.

(나) 조건성취의 입증책임은 그 효력발생을 저지하려는 자에 있다.

판례는 어떤 법률행위가 정지조건부법률행위에 해당한다는 사실은 그 법률행위로 인한 법률효력발생을 저지하는 사유로서 그 법률행위효력발생을 다투려는 자에게 입증책임이 있는 것이라고 하고,[74] 정지조건부 채권양도에서 그 정지조건이 성취되었다는 사실은 채권양도의 효력을 주장한 자에게 그 효력이 있는 것이라고 한다.[75]

---

70) 대판 1971.6.29, 71다991.
71) 대판 1960.10.6, 4292민상824.
72) 대판 1963.7.25, 63다209.
73) 대판 1969.11.25, 66다1565.
74) 대판 1993.9.28, 93다20832.
75) 대판 1983.4.12, 81다카692.

(다) 條件成就의 效力은 원칙적으로 소급하지 않는다. 그러나 당사자의 의사표시로 소급효를 주는 것은 무방하다(§147 ③). 즉 당사자가 조건성취의 효력을 그 성취 전에 소급하게 할 의사를 표시한 때에는 그 의사에 의한다.

그 遡及時期에 대하여 통설은 조건성취시부터 법률행위성립시까지 사이의 어느 시점까지든지 소급시킬 수 있다고 해석한다. 그러나 이러한 소급효로 제3자의 권리를 해하지 못함은 물론이다.

- ① 정지조건부 법률행위
  - 조건의 성취 ― 법률행위 효력의 발생
  - 조건의 불성취 ― 효력의 불발생
- ② 해제조건부 법률행위
  - 조건의 성취 ― 법률행위 효력의 소멸
  - 조건의 불성취 ― 효력의 불소멸

(3) 條件成否擬制의 효과

(가) 조건의 성취 또는 불성취로 불이익을 받게 될 자가 신의성실에 반하여 조건을 성취케 하거나, 조건의 성취를 방해한 경우 그 상대방은 조건의 성취 또는 불성취를 주장할 수 있다(§150 ①②).

예컨대, 도급공사 완공을 정지조건으로 하여 공사대금채무를 부담한 경우 도급인이 수급인의 공사장 출입을 통제한 경우이다.[76]

(나) 조건의 성취를 주장할 수 있는 권리에 관하여 민법은 '주장할 수 있다'라고 규정한다. 그러나 통설·판례는 실체법상 주장할 수 있는 형성권으로 이해한다.[77]

또한, 상대방이 조건성취를 주장하는 경우 그 조건의 성취시점에 관하여 소수설은 조건성취를 주장하는 시점이라고 하나,[78] 다수설은 신의성실에 반하는 행위가 없었더라면 조건이 성취되었을 것이라는 시점이 되나 이러한 시점이 확정 불가능한 경우에는 조건의 성취가 방해된 시점이라고 한다[79].

(4) 假裝條件付法律行爲의 효력

(가) 가장조건부법률행위의 효력은 그 가장조건이 되는 원인에 따라 다르다.

---

76) 대판 1998.12.22, 98다42356 참조.

77) 곽윤직 309면; 대판 1990.11.13, 88다카29290; 그러나 견해 중에는 조건성취의 법률효과발생이 의제되는 것이라고 한다(이영준 660면).

78) 김주수 520면, 김상용 706면.

79) 이영준 660면, 김학동 496면, 김준호 506면, 송덕수 민법강의(상) 261면.

(ㄱ) **不法條件**: 조건이 선량한 풍속 기타 사회질서에 위반하는 것이며, 불법조건부법률행위는 무효이며(§151 ①),[80] 불법행위를 하지 않을 것을 조건으로 하는 것도 역시 불법조건이다.

(ㄴ) **旣成條件**: 조건의 내용인 사실이 법률행위의 성립 당시에 이미 확정되어 있는 것이며, 기성조건이 停止條件이면 조건 없는 법률행위가 되고, 解除條件이면 무효이다(§151 ②).

(ㄷ) **不能條件**: 조건의 내용인 사실이 법률행위성립 당시에 이미 객관적으로 성취불능으로 확정되어 있는 것이며, 不能條件이 정지조건으로 되어 있는 법률행위는 무효이고, 解除條件인 때에는 조건 없는 법률행위가 된다(§151 ③).

(ㄹ) **法定條件**: 법률행위의 효력을 발생하는데 필요한 것으로 법률에 규정된 요건 내지 사실을 말하며, 이러한 사실을 조건이라고 하는 것은 법률상 특별한 의미가 없다. 만일에 그 법정조건이 법률행위의 성립 당시에 구비되어 있을 것이 요구되는 경우에는 조건에 관한 규정의 적용은 전혀 문제가 되지 않는다. 그러나 법정조건이 법률행위의 효력요건인 때(예컨대, 농지매매에 있어서의 소재지관서의 증명서)에는 그 법률행위의 효력이 확정되지 않은 동안의 법률관계에는 조건에 관한 규정이 유추 적용된다.[81]

(나) 法定條件에 대하여는 조건의 개념을 유추한다.

- (1) 法定條件 — 법률행위의 효력에는 무영향
- (2) 旣成條件
  - ① 조건성취의 경우
    - 정지조건 — 조건없는 법률행위
    - 해제조건 — 무 효
  - ② 조건불성취의 경우
    - 정지조건 — 무 효
    - 해제조건 — 조건없는 법률행위
- (3) 不法條件 — 언제나 무효
- (4) 不能條件
  - 정지조건 — 무 효
  - 해제조건 — 조건없는 법률행위

---

80) 대판 2003.6.13, 2003다10791; 2000.10.27, 2000다30349.

81) 대판 1962.4.18, 4294민상603 참조.

[121] Ⅲ. 附款付法律行爲의 期限

1. 期限附法律行爲의 개념

(1) 期限의 의의

(가) 期限이란 법률행위의 당사자가 그 효력의 발생·소멸 또는 채무의 이행을 장래에 발생할 것이 확실한 사실에 의존케 하는 부관을 말한다. 예컨대 "1994년 1월 1일부터" 또는 "1995년 12월 31일까지" 등 일정 순간의 도달에 따른 법률행위 효력의 발생·소멸에 의지하는 부관을 말한다.

(나) 기한이 되는 사실이 장래사실이라는 점에서 條件과 같으나, 그 발생이 확정되어 있는 점에서 조건과 구별된다.

또한, 사실이 불발생으로 확정된 때에는 기한이 도래한 것으로 해석된다.

(2) 구별의 개념

期限은 시기와 종기가 도래한다는 것은 장래사실이라는 점에서 條件과 같지만 그 도래 여부가 확정적이란 점에 그 성립 여부가 불확실한 조건과 구별된다.

또한, 期限은 시간의 흐름을 의미하는 점에서 期間과 유사하나 기간은 일정시점에서 일정시점까지의 간격을 의미하나 期限은 순간을 의미하는 점에서 양자는 구별된다.

2. 期限의 종류

(1) 始期·終期

법률행위의 효력발생 또는 채무이행의 시기를 장래 확정적 사실의 발생에 의존케 하는 기한은 始期이며, 그 효력의 소멸에 의존케 하는 기한이 終期이다.

(2) 確定期限·不確定期限

기한으로 될 수 있는 사실은 장래 도래할 것이 확실한 사실이지만, 그 도래할 시기가 처음부터 확정되어 있는 경우(예컨대, 지금부터 1년)도 있고, 도래하는 것만은 확실하지만 언제 도래하는가가 불확실한 경우(예컨대, 내가 사망하면 또는 비가 오면 등)도 있다. 전자를 確定期限, 후자를 不確定期限이라고 한다.

3. 期限附法律行爲의 성립

(1) 一般的 成立要件

기한부 법률행위의 성립도 조건부법률행위의 성립과 동일하다. 따라서 기한부 법률행위에서의 기한도 법률행위 내용의 일부이므로 당사자가 임의로 부가한 것이어야 한다. 또한 期限이 되는 事實은 장래사실이어야 하고, 객관적으로 명확한 사실이어야 한다.

(2) 期限을 붙일 수 없는 행위

(가) 법률효과가 곧 발생할 것이 요구되는 법률행위에는 始期를 붙이지 못한다. 법률행위에 始期가 붙게 되면 그 효과가 곧 발생하지 않게 되므로 효과가 곧 발생하게 할 필요가 있는 법률행위에 始期를 붙이는 것은 허용되지 않는다.

예컨대, 혼인 · 이혼 · 입양 · 파양, 상속의 승인 · 포기 등의 가족법상 행위가 이것이다.

(나) 어음 · 수표행위에 始期를 붙이는 것은 가능하다. 그것은 始期를 붙여도 법률관계를 불확실하게 하지 않는 까닭이다. 그러므로 期限을 붙이지 못하는 법률행위와 條件을 붙이지 못하는 법률행위가 이와 같이 어음 · 수표행위에서는 차이가 있게 된다.

(다) 소급효가 인정되는 법률행위에는 始期를 붙이지 못한다. 소급효 있는 법률행위에 始期를 붙이는 것은 무의미하기 때문이다.

(라) 相計의 의사표시에는 條件과 期限을 붙이지 못한다. 민법은 상계의 의사표시는 각 채무가 상계할 수 있는 때 대등액에서 소멸한 것으로 봄으로 기한을 허용하지 않는다(§493 참조).

(마) 終期를 붙일 수 없는 법률행위는 解除條件에서와 대체로 같다. 그러나 이론상으로는 終期를 붙일 수 있는 것인데도 실제로는 종기를 붙이는 것이 무의미하거나 또는 그 행위의 목적을 달성할 수 없는 경우에는 종기를 붙일 수 없다.

예컨대, 약정담보물권에 종기를 붙이는 경우 그 종기가 피담보채권 소멸 후에 도래한 때에는 담보물권은 이미 소멸하고 있으므로 무의미하고 또한 피담보채권 소멸 전에 도래한 때에는 그 약정담보물권을 설정한 실제상 목적을 달성할 수 없는 것이 된다.

⑶ 期限에 親하지 않는 행위에 期限을 붙인 경우의 효력

개별법규에서 附款을 붙일 수 없다는 제한과 함께 그 위반의 효력을 규정한 경우는 그에 따른다(어음법 §2 ①, 수표법 §2 ①). 그러나 위반의 효력에 대한 규정이 없는 경우에는 다수설은 기한부 의사가 효과의사의 일체적 내용을 이룬다는 의미에서 법률행위 전체가 무효라고 한다. 그러나 期限은 效果意思의 내용을 구성하는 것이므로 구체적인 경우에 어떠한 사실이 기한으로 되어 있는가 또는 그 효력은 어떻게 되는가 등은 모두 법률행위해석의 문제로서 해석의 일반론에 따라서 해결될 것이며, 이들의 경우는 법률행위의 一部無效의 法理, 해석의 기준으로서 條理(신의성실의 원칙)가 크게 고려되어야 할 것이다.

4. 期限附法律行爲의 효력

⑴ 期限到來前의 효력

조건부 권리의 침해금지에 관한 민법 제148조와 조건부 권리의 처분 등에 관한 제149조를 기한부 법률행위에도 준용한다. 이것은 始期의 到來로 인하여 권리를 취득할 자 또는 終期의 到來로 인하여 권리를 회복할 자의 지위, 즉 기한부 권리를 가질 자의 지위는 조건부 권리자의 지위보다 더욱 확실한 것이기 때문이다.

또한, 기한부 권리를 처분・상속・보존 또는 담보로 할 수 있음은 물론이다.

⑵ 期限到來後의 효력

법률행위에 始期를 붙인 경우 그 법률행위는 기한이 도래한 때로부터 효력이 발생하고, 終期있는 法律行爲는 기한이 도래한 때로부터 효력을 잃는다.

특히, 期限의 效力에는 소급효가 없다. 이것은 절대적이며, 당사자의 특약에 의하여서도 이를 인정할 수 없다. 기한에 소급효를 인정하는 것은 기한을 붙이는 것과 모순되는 까닭이다.

5. 期限의 利益

⑴ 期限利益의 의의

期限의 利益이란 기한이 존재하는 것, 즉 기한이 도래하지 않음으로써 그 동안 당사자가 받는 이익을 말한다. 즉 始期附인 때에는 법률행위의 효력이 아직 발생하고 있지 않는데서 받는 이익 또는 이행기가 아직 도래하지 아니함으로써 받는 이익이, 終期附인 경우에는 법률행위의 효력이 아직 소멸하지 않는데서 얻는 이익이 이른바 기한의 이익이다.

(2) 期限利益의 귀속

(가) 期限의 利益을 누가 가지는가. 그 법률행위의 내용에 따라 결정된다. 예컨대 반환의 시기를 정하지 않은 無償任置가 이것이며, 임치계약이 무상인 경우 기한의 존재는 채권자인 임치인의 이익은 되어도 채무자인 수치인의 이익은 될 수 없으므로 채권자를 위하여 존재한다. 그러나 無利子消費貸借는 채무자가, 이자부 소비대차는 반환기의 도래까지 채무자인 借主는 반환청구를 당하지 아니할 이익을, 채권자인 貸主는 이자를 취득할 이익을 가진다.

(나) 期限의 利益은 법률행위의 성질상 반대의 취지가 존재하지 않는 한 채무자의 이익을 위한 것으로 추정한다(§153 ①). 따라서 민법은 기한의 이익은 債務者의 利益을 위한 것으로 추정하므로 기한의 이익이 채권자를 위하여 존재하는 때에는 채권자가 이를 입증하여야 한다.

(3) 期限利益의 포기

(가) 포기자유의 원칙 期限의 利益은 이를 포기할 수 있다.

포기는 상대방 있는 단독행위이므로 상대방에 대한 一方的 意思表示로 충분하고 이로써 기한이 도래한 것과 마찬가지의 법률효과가 발생한다. 따라서 기한의 이익이 포기되면 기한의 존재를 전제로 한 모든 법률효과는 당연히 소멸하나, 다만 기한의 성질상 소급효는 발생하지 않는다.

(ㄱ) 期限利益拋棄의 效果는 포기한 자뿐만 아니라 그 상대방을 위하여도 효력이 생긴다. 따라서 포기한 때로부터 채권자는 이행을 청구할 수 있고 채무자가 이에 응하지 않으면 이행지체의 책임을 진다.

(ㄴ) 拋棄의 對象은 기한의 이익이므로 期限의 利益을 갖는 者만이 포기할 수 있다. 따라서 포기권자는 법률행위의 성질상 또는 특약이 없는 한 채무자가 가지는 것으로 추정된다(§153 ① 참조).

(나) 포기제한 기한이익의 포기는 상대방의 이익을 해하지 못한다(§153 ②).

(ㄱ) 기한의 이익이 당사자 一方만을 위한 경우 그 利益의 귀속권자가 상대방에 대한 단독의 의사표시에 의하여 임의로 이를 포기할 수 있음은 의문이 없다. 예컨대 無利子의 借主는 언제든지 반환할 수 있고, '무상임치인'은 언제든지 반환을 청구할 수 있다. 만일에 '이자부 소비대차'에서 기한이 채무자만의 이익을 위한 것이면 기한까지가 아니라 변제시까지의 이자만을 붙여서 반환하므로 족하다. 다만 그로 인해 상대방이 손해를 입은 때에는 이를 배상하여야 한다.

(ㄴ) 기한의 이익이 相對方의 利益을 위하여도 존재하는 경우 이를 포기할 수 있는가. 당사자 쌍방의 합의가 없으면 기한부행위를 변경시켜 무기한부행위와 동일하게 할 수 없다는 점을 들어 이를 부정하는 견해가 있다. 그러나 다수설 · 판례는 상대방에 손해를 배상하고 포기할 수 있는 것이라고 한다.[82]

또한, 민법은 직접 규정을 두지 아니하나 개별적 규정, 예컨대 연대채무자 중 1인이 기한의 이익을 포기하여도 그 효력은 다른 연대채무자에 효력이 미치지 아니함을 규정하고(§423), 보증채무에 관하여도 주채무자의 이익포기는 보증인에게는 당연히 효력을 미치지 않게 하여 이를 포기할 수 있는 것으로 하였다.

(3) 期限利益의 상실

(가) 기한이익상실사유 기한의 이익을 채무자에 주는 것은 채무자를 신용하여 이행의 유예를 주는데 있다. 따라서 채무자가 경제적 신용을 상실하였다고 인정할 일정한 사유가 있는 경우에는 기한의 이익을 상실한다.

즉, 채무자가 담보를 훼손하거나 감소 또는 멸실하게 한 때, 채무자가 담보제공의 의무를 이행하지 않은 때, 채무자의 파산의 경우이며, 채권자의 기한 전의 청구를 거절하지 못한다.

① 채무자가 담보를 훼손하거나 감소 또는 멸실하게 한 때
② 채무자가 담보제공의 의무를 이행하지 않은 때
③ 채무자의 파산의 경우

(나) 기한이익상실의 특약 당사자는 기한이익상실을 약정할 수 있다. 기한이익상실의 특약은 그 내용에 의하여 일정한 사유가 발생하면 채권자의 청구

---

82) 대판 1982.12.14, 82다카861; 판례는 대금지급으로 받은 어음이 부도될 것으로 예상되더라도 이행기 전에 이행지체를 원인으로 한 계약해제는 상대방의 기한이익을 침해하는 것으로 되어 허용되지 않는 것이라고 한다.

등을 요함이 없이 당연히 기한의 이익이 상실되어 이행기가 도래하는 것으로 하는 停止條件附期限利益喪失特約과 일정한 사유가 발생한 후 채권자의 통지나 청구 등 채권자의 의사행위를 기다려 비로소 이행기가 도래하는 것으로 하는 形成權的期限利益喪失特約 두 가지로 대별할 수 있다.

기한이익상실의 특약이 위 양자 중 어느 것에 해당하는 가는 당사자의 의사해석의 문제이지만 일반적으로 기한이익상실의 특약이 채권자를 위하여 둔 것인 점에 비추어 명백히 정지조건부기한이익상실의 특약이라고 볼 만한 특별한 사정이 없는 이상 형성권적 기한이익상실의 특약으로 추정하여야 한다.[83)]

(다) 기한이익상실의 효과 　기한이익의상실로 期限의 到來가 의제되는 것이 아니라, 채무자가 기한의 이익을 주장하지 못함에 불과하다. 따라서 기한이익의 상실로 곧 이행기가 도래한 것이 되어 채권자는 그 선택에 따라 곧 이행을 청구할 수 있고 또한 이행을 거절하여 이행기까지의 利子를 청구할 수도 있게 된다. 그리하여 판례는 채무이행의 방법으로 교부한 어음의 지급기일에 지급불능이 예상된다고 하더라도 잔대금의 이행기일이 경과되지 아니한 이상 기한의 이익은 보유하고 있다고 할 것이므로 바로 잔대금의 지급을 최고하고 계약을 해제할 수는 없는 것이라고 한다.[84)]

83) 대판 2002.9.4, 2002다28340.
84) 대판 1982.12.14, 82다카861.

제 6 장　期間의 經過와 權利消滅

제 1 절　期間의 經過

[122]　Ⅰ. 期間의 槪念

1. 期間의 의의

(1) 期間이란 어느 기점에서 어느 기점까지 계속된 시간의 구분을 말한다. 바꾸어 말하면, 두 시점 사이의 시간의 흐름을 계속적으로 본 것이 기간이다.

(2) 일정한 법률관계의 발생·변경 등의 효과를 발생시키는 어느 時點으로부터 다른 時點까지의 계속되는 時間의 區分을 말하며, 보통 日로써 표시된다.

(기 간)
기산점 ———————————— 만료점 (기 한)

期間 = 일정시점에서 일정시점까지의 간격
期限 = 순간을 의미하여 보통 '日'로서 표시

2. 期間과 구별개념

(1) 期日(期限)과 구별

期日 또는 期限은 일정한 순간을 의미하며, 보통 日로써 표시되나 期間은 일정 순간에서 일정 순간까지의 간격을 의미하는 점에서 양자는 구별된다.

(2) 法律行爲의 附款과 구별

法律行爲의 附款은 법률행위의 효력발생 또는 소멸이 장래 도래가 객관적으로 명확(기한) 또는 불명확(조건)한 사실의 성부에 의존하는 약관이나, 期間을 일정한 법률관계의 발생·변경 등의 효과를 발생시키는 어느 시점에서 다른 시점까지 계속되는 時間의 區分을 말한다.

3. 期間의 법률적 성질

⑴ 期間은 여러 가지 법률관계에 있어서 중요한 의의를 가진다. 기간은 다른 법률사실과 결합하여 법률요건을 이루며 일정 법률효과를 발생한다.

⑵ 법률사실로서 기간은 이른바 事件에 속한다. 법률효과 발생으로서 期間만이 독자적으로 법률요건이 되지 못하지만 법률사실과 결합해서 법률요건이 된다. 예컨대 기간은 성년・최고기간・기한・시효 등 법률요건을 이루는 중요한 법률사실이 된다.

또한, 기간의 계산에 관한 민법 규정은 보충적 규정이다. 따라서 법률이나 재판상 처분 및 법률행위에 다른 정한 바가 있으면 그에 의한다.

[123] Ⅱ. 期間의 計算方法

1. 期間의 順次的 計算

⑴ 時・分・抄를 단위로 하는 기간의 계산

㈎ 短期間의 計算이며, 자연적 계산법에 의한다. 自然的 計算法은 자연적 시간의 흐름을 순간에서 순간까지 계산한다.

㈏ 卽時를 기산점으로 하여 계산하고(§156), 그 기간의 만료점은 그 정하여진 시・분・초가 종료한 때이다. 따라서 5월 1일 오전 10시부터 3시간이라고 하면 기산점은 오전 10시가 되고, 그 만료점은 오후 1시가 된다.

⑵ 日・週・月・年을 단위로 하는 기간의 계산

㈎ 長期間의 計算이며, 역법적 계산법에 의한다. 曆法的 計算法은 달력(월력)에 따라서 계산하는 방법이며, 장기간의 계산은 日을 기초단위로 하는 것이지만 日로서 환산하지 아니하고 월력에 따라 계산한다.

(ㄱ) 기간의 初日은 이를 산입하지 않는다(§157 본문). 그러나 기간이 오전 영(0)시부터 시작되는 경우와 연령계산에서는 그 예외가 인정된다.

(ㄴ) 期間末日의 종료로 기간은 만료한다(§159). 기간은 주・월・년으로 정한 때에는 이를 日로서 환산하지 않고서 달력(曆)에 의하여 계산한다(§160 ①). 따라

서 월이나 년의 일수의 장단은 문제 삼지 않는다.

주·월·년의 처음부터 계산하는 때에는 아무런 문제가 없으나, 그렇지 않을 때에는 최후의 주·월·년에서 기산일에 해당하는 날의 전일로 기간은 만료한다(동조 ②).

(ㄷ) 위의 계산에서 최종의 月에 해당 일이 없을 때에는 그 月의 末日로써 기일의 말일로 한다(동조 ③).

또한, 기간의 말일이 토요일 또는 공휴일인 때에는 그 다음날로 만료한다(§161). 그러나 기간의 초일이 공휴일이라고 하더라도 기간은 초일부터 기산하고,[1] 초일 산입의 당사자 약정은 무방하다.[2]

(나) 長期間의 計算에서 기간의 기산점은 언제나 오전 0시가 되고, 만료점은 오후 12시로 된다.[3] 예컨대 2003년 4월 15일부터 3개월이라고 하면, 기산점은 동년 4월 16일 오전 0시가 되고, 그 만료점은 7월 15일 오후 12시가 된다.

만약 7월 15일이 공휴일이면 그 익일인 16일 오후 12시로 만료하게 되고, 해당 일이 없는 경우에도 동일하다. 그러나 오전 0시로부터 기산하는 경우, 예컨대 오는 2003년 4월 15일부터 3개월이라고 하면 그 기산점은 동년 4월 15일 오전 0시가 되고, 만료점은 7월 14일 오후 12시가 된다.

또한, 생년월일의 계산에서 2003년 4월 15일에 출생한 자는 2023년 4월 14일 오후 12시로 성년이 된다.

[기간의 계산법]

계산 단위	계 산 법	기 산 점	만 료 점
단기간의 계산	자연적 계산법	즉시로부터 기산	그 시분초의 종료로 만료
장기간의 계산	역법적 계산법	초일은 산입하지 아니함이 원칙	그 기간의 말일로 만료

2. 期間逆算의 計算

(1) 기간계산의 방법은 기간이 일정한 기산일로부터 과거에 소급하여 계산되는 경우에도 준용한다.[4] 예컨대 사단법인의 사원총회를 1주일 전에 통지한다

---

1) 대판 1982.2.23, 81누203.
2) 대판 2007.8.23, 2006다62942.
3) 판례는 어떤 행위를 해야 하는 종기 또는 유효기간이 만료되는 시점을 시행일 또는 공고일이라 하여 日로 정하였다면 그 기간의 만료점은 그날 오후 12시가 되는 것이라고 한다(대판 1993.11.23, 93도662).

고 할 때, 총회일이 3월 15일이라면 그 전일인 14일을 초일로 하여 역으로 계산해서 8일이 말일이 되고, 그날의 오전 영(0)시에 기간이 만료한다. 따라서 늦어도 7일 중에 총회소집통지가 발송되어야 한다.

또한, 판례는 선거일 전 3년간이란 선거일 전날 24 : 00을 기산점으로 하고 소급하여 계산한 3년 사이를 의미한다고 한다.[5)]

⑵ 期間逆算의 기산점은 언제나 오후 12시가 되고, 만료점은 오전 0시가 된다. 왜냐하면 기간의 역산에서 만료점은 기간의 순차계산에서 기산점이 되므로 오전 0시이어야 하기 때문이다.

[124] Ⅲ. 期間計算法의 適用範圍

⑴ 민법상 期間의 計算에 관한 규정은 사법상 법률관계에 관한 통칙규정성을 가진다.

⑵ 기간의 계산에 관한 민법규정은 보충규정이다. 제155조는 "기간의 계산은 법령, 재판상의 처분 또는 법률행위에 다른 정한 바가 없으면 본조의 규정에 의한다."라고 하여 보충적 적용을 규정한다. 따라서 당사자간의 약정으로 본장의 적용을 달리하는 것은 무방하다.

⑶ 期間의 計算에 관한 민법 규정은 公法關係에서도 법률에 특별 규정이 없는 한 통칙적으로 적용된다.

판례는 "국제심판청구법상 기간의 계산은 민법의 규정에 따라 계산한다."라고 하고,[6)] 또한 "초일 불산입에 관한 민법 제157조의 원칙은 농지개혁사업정리에 관한 특별조치법 제11조(청구권의 소멸)의 기간계산에도 적용된다."라고 하여 이를 명백히 한다.[7)]

---

4) 대판 1968.3.19, 67누100; 1982.2.23, 81누204.
5) 대판 1979.3.27, 79슈1.
6) 대판 1967.5.23, 67누50.
7) 대판 1971.5.31, 71다787.

제 2 절 期間經過와 權利消滅

[125] Ⅰ. 時效制度概觀

1. 時效制度의 의의

⑴ 권리변동은 법률행위 외에도 일정한 기간의 경과에 의하여도 일어난다. 그 대표적인 것이 시효제도이다. 여기서 時效란 일정한 사실상태가 오랜 기간 계속되는 경우에 그것이 진실한 권리관계와 일치하는가 여부를 묻지 않고 그 사실상태를 그대로 권리관계로 확정되는 요건, 즉 일정한 사실상태가 일정한 기간동안 계속함으로써 법률상 일정한 효력을 발생시키는 법률요건이다.

⑵ 時效制度는 일찍이 로마법에서 유래한다. 동법은 취득시효와 소권의 소멸시효를 두었으나 이들은 각각 별개 제도로 발달하였다. 그 중 訴權의 消滅時效는 주석학파 및 교회법상 하나의 통일적 상위제도로 일괄되면서 권리의 취득시효와 소멸시효의 두 개념으로 대별되었다. 그러나 로마법상 소권의 소멸시효제도는 후일 Windscheid에 의하여 청구권의 소멸시효(Anspruchsverjährung) 관념으로 재구성하면서 이를 독일민법(BGB)이 규정한 것이다.

따라서 오늘날 소멸시효제도는 독일 고유법상 권리의 불행사에 의한 상실(Verschweigung)에서 온 것이 아니라 로마법상 소권의 소멸에서 유래한다.

2. 時效制度의 태양

⑴ 時效制度의 태양

(가) 취득시효 　취득시효(Ersitzung)란 권리자의 권리불행사란 사실상태를 근거로 타인에 새로운 권리를 인정하는 제도, 즉 타인의 물건을 일정기간 계속하여 占有하는 者에게 그 외관의 사실상태를 근거로 하여 그 물건의 소유권을 취득케 하는 제도를 말한다.

取得時效制度는 소멸시효제도와 상대적 개념이다. 그러나 민법은 취득시효 제도를 소멸시효제도와는 달리 독자적으로 규정한다. 민법은 취득시효를 물권편에 규정(§245-§247)하고, 소유권 이외의 재산권에 준용한다(§248).

(나) 소멸시효 소멸시효(Verjähung)란 권리의 불행사가 일정한 기간 계속됨으로써 권리를 소멸케 하는 제도를 말한다.

消滅時效制度는 권리의 일반적 소멸원인으로서 취득시효와는 달리 민법총칙편에서 규정한다. 다만 소멸시효의 효력에 관하여 견해가 일치하지 않지만, 다수설은 권리가 당연히 소멸하는 것이라고 본다. 따라서 소멸시효에서의 권리소멸은 취득시효의 반사작용으로서 효력은 아니다.

(2) 時效에 관한 입법태도

(가) 時效制度를 어떻게 반영하는가. 입법례에 따라 달리한다.

프랑스민법과 스위스민법은 취득시효와 소멸시효를 통일적으로 규정하여 동일원리에 따르게 한다. 그러면서도 프랑스민법은 권리 자체를 소멸시키지 않고 소권만 소멸케 하여 시효원용이론으로 확립한다(동법 §223). 그러나 독일민법은 취득시효와 소멸시효를 독립적으로 규정하여 소멸시효는 총칙편에, 취득시효는 물권편에서 규정한다.

또한, 소멸시효는 권리 그 자체로부터 발생한 청구권의 소멸을 가져오며, 시효원용의 문제는 일어나지 않는다.

[時效에 관한 입법비교]

	규 정	효 과	원 용
독 일	① 소멸시효 - 총칙편 ② 취득시효 - 물권편	① 소멸시효 -청구권의 소멸 ② 취득시효 -권리 그 자체에서 받는 취득	① 소멸시효-항변권 ② 취득시효-원용불요
스위스	양제도를 통일적으로 규정 (동채무법 §127이하, §661,§728이하)	권리 그 자체의 소멸 · 취득	① 소멸시효-원용 요 ② 취득시효-원용불요
프랑스	양제도를 통일적으로 규정 (총칙편 §2219 이하)	① 소멸시효 -소권의 소멸 ② 취득시효 -권리자체의 취득	① 소멸시효 -원용 요 ② 취득시효-원용불요
일 본	양제도가 제도상 동일(§144 이하)	권리 그 자체의 취득 · 소멸	원용을 요함
한 국	① 소멸시효 -총칙편(§162) ② 취득시효 -물권편	권리 그 자체의 취득 · 소멸	원용을 요하지 않음

(나) 우리 민법은 독일민법을 따라 양자를 구별하여 소멸시효는 총칙편(§162 이하), 취득시효는 물권편(§245 이하)에서 규정한다. 따라서 민법총칙편에서 시효

제도라고 하면 소멸시효만을 의미한다.

또한, 소멸시효는 권리 자체의 소멸을 가져오며 시효원용의 문제는 일어나지 않는다.

3. 時效의 법률적 성질

(1) 法律要件으로서의 시효

權利의 時效란 일정한 사실상태가 일정기간 영속함으로써 무권리자에 대하여 권리를 취득케 하거나 권리자의 권리를 박탈케 하는 제도, 즉 권리의 취득 또는 소멸의 법률상 효과를 일어나게 하는 법률요건이다.

(2) 時效規定의 강행성

時效制度는 사회적 공익적 이유로 인정된 제도이다. 따라서 시효제도에 관한 민법 규정은 강행규정이다. 그러나 단축·감경은 유효하다(§184; 준강행성). 즉 소멸시효완성을 방해하는 당사자 특약은 무효이다.

그리하여 판례는 특정 채무이행의 청구기간을 제한하고 그 기간이 도과한 경우 채무가 소멸하도록 한 약정은 유효한 것이라고 한다.[8)]

4. 權利消滅로서의 除斥期間

(1) 除斥期間의 의의

除斥期間은 법률이 예정한 존속기간의 만료로 일정 권리를 당연히 소멸케 하는 제도이다.

제척기간은 권리 그 자체의 박탈을 목적으로 하며 失效原則의 결과이다. 민법이 제척기간을 따로 두는 이유는 법률이 일정 예정기간을 두고 그 기간 내 권리를 행사하지 아니하는 때에는 권리자로부터 권리를 박탈하여 법률관계를 신속히 확정하려는데 있다. 즉 제척기간은 소멸시효와 달리 권리자의 권리박탈을 목적으로 하며, 특히 형성권에서 강하게 요구된다.

---

8) 대판 2006.4.14, 2004다70253.

⑵ 消滅時效와 비교

(가) 消滅時效의 효력에 대한 절대적소멸설에 따르면 기간의 경과로 권리가 당연히 소멸한다는 점에서 양자는 동일하다. 그러나 상대적 소멸설에 의하면 양자는 구별된다.

(나) 소멸시효와 제척기간은 다음의 점에서 구체적 차이점을 가진다.

(ㄱ) 소멸시효는 그 기산일에 소급하여 효력이 생기나, 제척기간은 기간이 경과한 때로부터 장래 향하여 권리가 소멸한다.

(ㄴ) 제척기간에 의한 권리의 소멸은 당사자가 이를 주장하지 않더라도 법원이 당연히 고려할 직권 조사사항이지만 소멸시효의 완성에 의한 권리소멸은 시효 완성으로 이익을 받을 자가 이를 원용하여야 한다.

[소멸시효와 제척기간의 비교]

	소 멸 시 효	제 척 기 간
존재이유	영속한 사실상태의 존중, 채증곤란의 구제 등 복합적 목적(권리행사의 간접적 촉구)	권리관계의 신속한 확정을 위한 권리 자체의 박탈을 목적(권리행사의 직접적 촉구)
인정범위	원칙적으로 청구권에 관하여 발생	주로 형성권에 관하여 발생
요 건	일정기간 경과와 함께 권리의 불행사라는 사실상태의 계속을 요건	기간의 경과를 요건
기산점	권리행사시(행사 가능한 때)	권리발생시
기 간	법률의 규정에 의한 기간	법률의 규정에 의하나 기간의 정함이 없는 형성권은 10년
중단 · 정지	중단 · 정지사유 존재	중단은 없고, 시효정지에 관한 규정만 준용할 것이란 소수설 있음.
소제기 효과	訴제기로 중단의 효력이 생기고 시효중단으로 경과한 기간은 무효로 된다.	訴제기로 권리는 소멸하지 않지만 중단의 효력은 생기지 않는다(다수설).
재판상 참작	변론주의원칙상 당사자의 원용이 있어야 재판에서 고려	당사자의 원용을 요하지 않고 법원의 직권에 의하여 판단
이익포기	시효기간완성 후 포기 인정	포기제도가 없다.
기간의 단축	당사자약정에 의한 단축 · 감경할 수 있다(§184 ②).	
효 력	절대적소멸설에 의하면 당연히 소멸하나, 상대적소멸설에 의하면 시효원용권이 생길 뿐이나 그 소멸은 소급적 효력을 가진다(§167).	기간의 경과로 권리는 소멸하고, 소급효는 문제가 되지 않는다.

	중단제도	기산점	권리소멸	소급효	원 용
제척기간	무	권리발생시	절대적	무	불요
소멸시효	유	권리행사시	포기가능	유	요

(ㄷ) 제척기간에는 소멸시효제도에 존재하는 시효중단사유는 적용되지 않는다.[9] 다만 消滅時效停止事由는 제척기간에도 준용되는가. 소수설은 정지사유 중 사변에 의한 정지만은 준용할 것이라고 하나,[10] 다수설은 부정한다.

다만, 당사자의 책임 없는 사유로 제척기간을 준수하지 못한 경우 이를 보완할 수 있는가. 제척기간은 불변기간이므로 그 기간이 지나면 당사자가 비록 책임질 수 없는 사유로 그 기간을 준수하지 못하였다고 하더라도 사후에 이를 보완하지 못한다고 보아야 하고, 판례 또한 동일하다.[11]

(ㄹ) 소멸시효이익은 포기할 수 있으나 제척기간은 이를 포기하지 못한다.

⑶ 除斥期間의 판단

㈎ 규정의 문언상 구별 성문화된 문언에 의한 구별, 즉 「時效로 인하여」라고 규정한 경우에는 소멸시효, 이런 문언이 없는 것은 제척기간이라고 본다. 그러나 특히 形成權에는 이러한 문언이 있는 경우에도 제척기간이라고 한다.

㈏ 권리의 성질에 따른 구별 규정의 문언이 '時效로 인하여'라고 규정한 경우에도 제도의 취지, 권리의 성질 등으로 보아 제척기간으로 해석해야 할 때도 있다. 즉 형성권 이외의 권리는 그 권리의 취지·성질에 따라 구체적으로 판단하여야 한다.

(ㄱ) 취소권과 같은 形成權은 권리의 불행사라든가, 시효중단과 같은 개념은 생각할 수 없으므로 제척기간으로 보아야 한다.

다만, 形成權에 존속기간이 정하여져 있는 경우, 그 기간은 제척기간인가 소멸시효기간인가. 區別否定說은 언제나 제척기간이라고 하나, 다수설은 제척기간의 개념을 소멸시효와 구별하려는 것은 제척기간에는 중단이 인정되지 않는다는 점에 있으나, 형성권은 권리자의 권리행사만으로 곧 효과가 발생하므로 권리자가 권리를 행사하였으나 의무자의 불이행으로 만족을 얻지 못하는 경우

9) 대판 2003.1.10, 2000다26425.
10) 김증한 336면, 고상용 719면, 김주수 506면, 장경학 702면.
11) 대판 2003.8.11, 2003스32.

는 없고 이로써 형성권에는 중단도 있을 수 없어 민법이 비록 '시효로 인하여' 라고 규정한 경우에도 언제나 제척기간이라고 한다.

(ㄴ) 수급인이 부담하는 담보책임에 관련된 해제권(§573) 및 대금감액청구권도 제척기간이다.

(ㄷ) 상속과 유증의 承認 내지 抛棄는 민법 제1024조 제2항에서 "時效로 인하여 소멸된다."라고 규정하고 있으나 다수설은 민법 제146조의 특칙에 불과한 것으로 보아 제척기간이라고 본다.

(ㄹ) 裁判上 行使해야 할 權利, 예컨대 혼인취소권 · 이혼취소권 등은 제척기간이며, 도품 등의 회수청구권(§250), 사용대차상 손해배상청구권(§617)은 시효라는 문언을 두고 있지 아니하여 제척기간이라는 견해가 있으나, 중단의 여지를 가지므로 소멸시효기간으로 보아야 한다.

⑷ 除斥期間의 保全

제척기간이 정해져 있는 권리에 어떤 행위가 있어야 권리가 보전되는가. 견해가 대립한다.

絶對的消滅說은 제척기간 내 어떤 권리행사 여부를 묻지 않고 기간의 경과로 언제나 소멸하는 것이라고 한다. 그러나 다수설은 裁判上行使說을 취하여 제척기간 내 재판상 행사가 있으면 권리가 보전되는 것이라고 한다. 즉 제척기간을 출소기간으로 본다.[12]

⑸ 形成權과 除斥期間의 적용

㈎ 존속기간이 정하여 진 경우　취소권 · 해제권과 같이 형성권에 존속기간이 정해져 있는 경우에는 그 기간의 경과로 권리는 소멸한다. 이와 같이 형성권에 그 행사기간을 정하고 있는 경우에는 그 기간의 성질을 제척기간으로 보든, 소멸시효로 보든 기간의 경과로 당연히 소멸한다.

다만, 존속기간 내 形成權의 行使로 발생한 권리, 예컨대 계약해제권의 행사로 인한 원상회복청구권 또는 손해배상청구권이 발생한 경우 그 원상회복청구권과 손해배상청구권의 행사기간은 어떻게 되는가.

학설은 채권이 발생한 때로부터 새로이 소멸시효가 진행된다고 보는 견해와

---

12) 김증한 · 안이준 408면, 곽윤직 549면.

형성권의 제척기간 내 행사하여야 한다는 견해가 대립한다. 그러나 다수설은 제척기간이 법률관계를 신속히 처리할 필요에서 둔 것이란 점에서 형성권의 제척기간은 그 형성권의 행사로 생기는 권리관계를 처리하여야 할 기간도 포함하는 것이라고 하고, 타당하다.

(나) 존속기간이 정해져 있지 아니한 경우 형성권으로 해석하나 민법이 그 행사기간을 정하고 있지 아니한 경우, 예컨대 지상권의 지상권갱신청구권·매수청구권(§283), 지료증감청구권(§286), 지상권소멸청구권(§287), 전세권의 전세권소멸청구권(§311) 등 그 행사기간이 문제된다.

이와 같은 형성권에 민법 제162조 제2항을 적용하면 20년으로 소멸하게 되나, 형성권의 제척기간을 적용하면 10년으로 된다.

다수설은 민법 제162조를 적용하면 이들 형성권 행사로 발생한 채권은 10년으로 소멸하면서 행사된 형성권만 존속하게 되는 법리적 모순에 근거하여 존속기간 없는 모든 형성권은 10년의 제척기간에 걸리는 것이라고 하나, 판례는 부정한다.

[126] Ⅱ. 消滅時效의 槪觀

1. 消滅時效制度의 의의

(1) 消滅時效制度는 일정 기간의 경과로 존재하던 권리가 당연히 소멸하는 제도, 즉 권리의 실효제도이다.

(2) 법률은 원래 정당한 권리관계를 유지함을 목적으로 하는 것이지만, 여기서 消滅時效制度는 오히려 일정한 사실상태에 의거하여 권리자로부터 권리의 실효를 가져오게 하는 제도로서 특질을 가진다.

2. 消滅時效制度의 존재이유

(1) 소멸시효제도는 정당한 권리관계를 유지함을 목적으로 하는 법 본래의 목적과 상치되는 제도이다 그렇다면 이와 같은 제도를 민법이 인정하는 이유는 무엇인가. 消滅時效制度의 存在理由의 문제이며, 다음과 같이 정리된다.

(가) 사회질서의 안전　일정한 사실상태가 오랫동안 계속하게 되면 사회 일반은 이러한 상태를 진실한 권리관계로 신뢰하여 이를 기초로 다수의 새로운 법률관계를 맺게 된다. 이러한 상태에서 그 기초된 사실관계가 정당하지 못하다는 이유로 종래의 권리관계로 돌이키게 되면 지금까지 형성된 법률관계가 모두 전복되는 결과를 가져오게 되어 거래안전과 법적 안정성을 해치게 된다.

여기서 법은 일정한 사실상태가 비록 진정한 권리관계가 아닌 상태라고 하더라도 그 현존상태 그대로를 일단 권리관계로 인정하여 법률관계를 정함으로써 거래의 안전과 법적 안정을 유지한다.

(나) 채증곤란의 방지　일정한 사실상태가 장기간 계속되면 그 경과된 사실상태로 인하여 과거 정당한 권리관계에 대한 증거를 마련하기 어렵게 된다.

예컨대 서면의 소실·증인사망·기억력 쇠퇴 등으로 과거 정당한 권리관계를 입증하여 현재 사실상태를 전복시킨다는 것은 거의 불가능하게 되고, 또한 비록 가능하다고 하더라도 노력과 경비가 필요 이상으로 요구된다.

따라서 이러한 결과는 민사소송의 이념에도 반하므로 민법은 시효제도를 인정하여 그 행사를 제한한다.

(다) 권리행사의 간접촉구　본래 권리는 권리자에게 귀속하고 그 행사 여부는 자유이다. 그러나 오랜 기간동안 자기의 권리를 주장하지 않는 자는 이른바 권리 위에 잠자는 자로서 법의 보호를 받을 가치가 없는 것으로 평가된다.

따라서 시효제도는 권리자의 권리행사를 간접적으로 촉구하여 권리관계를 신속히 확정하려는 사회정책적인 이유에도 기인한다.

(2) 소멸시효제도의 *存在理由*에 관하여 이상의 여러 근거가 주장된다. 그러나 통설은 이들 중 어느 하나의 이유에서 존재하는 제도로 보지 않고 이들을 종합적으로 파악한 개념으로 이해한다. 따라서 소멸시효제도의 존재이유는 곧 현존 법률관계의 존중, 증거보전의 곤란, 또는 권리의 간접적 촉구(과태벌적 입장)에서 찾는다.

이에 대하여 판례는 영속된 사실상태를 존중하고, 권리 위에 잠자는 자를 보호하지 않는다는 데에 있는 것이라고 하고, 특히 소멸시효에는 전자에서보다 후자가 더 강한 의미를 가지는 것이라고 한다.[13)]

---

13) 대판 1992.3.31, 91다32053.

생각건대, 소멸시효제도의 존재이유는 무엇보다 '권리자에 대한 권리행사의 간접적 촉구'로 이해해야 한다. 통설·판례는 이를 과태벌적 의미로 파악하나 이와 같은 표현은 적절한 것이라고 볼 수 없다.

권리의 불행사는 오로지 권리자의 포기의 연장이며, 시효제도는 그 결단의 선언에 불과한 것이다. 따라서 소멸시효제도의 본질적 이유는 권리자에 대한 권리행사의 간접적 촉구에 있고, 이에 더하여 현존 법률관계의 존중이나 증거보전의 곤란방지를 고려한 것에 불과하다.

3. 消滅時效制度의 특질

(1) 시효제도는 로마법 이래 모든 입법례가 인정해 온 것이며, 그 내용상 정도의 차이는 있을지라도 제도의 근본적인 취지는 모두 동일하다. 따라서 모든 입법례에 공통되는 시효제도의 특질은 다음과 같다.

(ㄱ) 時效는 일정한 사실상태가 계속하고, 또한 사실상태가 일정한 기간동안 계속할 것을 요건으로 한다.

(ㄴ) 財產權에 관한 것이다. 시효는 재산법, 특히 거래법에 인정되는 것이며, 신분관계는 시효에 친하지 않는다.

(ㄷ) 시효에 관한 규정은 強行規定이다. 시효는 사회적·공익적인 이유를 근거로 인정되기 때문이다.

(2) 시효는 除斥期間과 다르다. 소멸시효와 제척기간은 다같이 권리가 처음부터 소멸한다는 점에서는 동일하지만 除斥期間은 소멸시효제도의 목적과는 달리 일정기간 자기권리를 행사하지 않는 자에 대하여 그 권리를 박탈하게 하여 법률관계를 신속히 확정하려는 데에서 양자는 근본적으로 구별된다.

[127] Ⅲ. 消滅時效의 要件

消滅時效의 要件	① 목적물 — 소유권 이외의 재산권 ② 권리의 불행사(不行使) ③ 권리불행사의 법정기간 경과

1. 消滅時效의 目的物

(1) 消滅時效에 걸리는 권리

어떤 권리가 소멸시효의 목적이 되는가. 입법례에 따라서 달리한다. 대체로의 입법례는 債權 내지 請求權만을 소멸시효에 걸리게 하고 있다. 그러나 우리 민법 제162조 제1항은 "채권은 10년간 행사하지 아니하면 소멸시효가 완성한다."라고 하고, 동조 제2항은 "채권 및 소유권 이외의 재산권은 20년간 행사하지 아니하면 소멸시효가 완성한다."라고 하여 채권과 재산권이 소멸시효의 대상이 됨을 명백히 하고 있다.

(가) 채 권 　채권은 10년간 행사하지 아니하므로 시효 소멸한다(§162 ①). 따라서 통상의 채권은 물론, 그 외에 채권적 청구권으로서 성질을 가지는 권리는 모두 10년으로 소멸한다.

(나) 소유권 이외의 재산권 　소유권 이외의 재산권은 원칙적으로 소멸시효의 대상이 된다(§162 ②).

(ㄱ) 지상권·전세권·지역권 등 물권은 물론 지적소유권(무체재산권)도 소멸시효의 대상이 되며, 권리를 행사할 수 있는 때로부터 20년간 행사하지 아니함으로 소멸한다.

(ㄴ) 물권에 기한 청구권, 즉 物權的 請求權이 소멸시효에 걸리는가. 물권적 청구권의 태양에 따라 달리한다.

(a) 所有權에 기한 物權的 請求權이 소멸시효에 걸리지 않는다는데 학설은 대체로 일치한다. 판례 또한 매매계약이 합의해제 된 경우 매수인에게 이전되었던 소유권은 당연히 매도인에게 복귀하는 것이므로 합의해제에 따른 매도인의 원상회복청구권은 소유권에 기한 물권적 청구권으로서 이는 소멸시효의 대상이 되지 아니하는 것이라고 하여 동일한 태도를 취한다.[14)]

(b) 占有權에 기한 占有保護請求權은 민법이 별개의 제척기간을 두고 있다. 따라서 점유물반환청구권은 침탈을 당한 날로부터 1년, 방해제거 또는 방해예방청구권은 그 방해의 종료 또는 방해의 우려가 있는 날로부터 1년의 제척기간이 적용되고(§204 내지 §206), 소멸시효에 관한 민법 규정은 적용되지 않는다.

(c) 制限物權에 기한 物權的 請求權은 시효로 소멸하는가. 擔保物權은 피담보채권과 운명을 같이 하는 점에서 각각 소멸시효와 무관하지만, 用益物權, 즉 지상권·지역권·전세권에 관한 물권적 청구권은 시효로 소멸하는가.

消滅否定說은 물권적 청구권은 물권에 부종하는 권리이고, 제한물권에 관한 물권적 청구권은 소유권에 기한 물권적 청구권이 준용되므로 소유권에 기한 물권적 청구권이 소멸시효에 걸리지 아니한다는 전제하에 제한물권에 기한 물권적 청구권도 소멸시효에 걸리지 아니하는 것이라고 하거나, 소멸시효에 걸리는 권리는 물권뿐이고 물권적 청구권은 물권과 운명을 같이 하는 것이라고 한다(김증한·김학동, 물권법 29면; 권용우, 물권법 33면; 김상용, 물권법 55면; 이은영, 물권법 77면, 이상태, 물권법 34면).

消滅肯定說은 소유권 이외의 물권은 소멸시효에 걸리는 권리이므로 그로부터 도출되는 물권적 청구권도 소멸시효에 걸리는 것이라고 한다(곽윤직, 물권법 36면; 김용한, 물권법 50면, 이영준, 물권법 49-51면).

다수설은 부정설을 취한다. 그러나 소수설은 소멸시효를 긍정하고 이른바 狀態權에도 그 기산점은 최초로 물권의 침해상태를 안 때로부터라고 한다.

판례 또한 지상권과 관련하여 토지를 매수하여 그 명의로 소유권이전청구권 보전을 위한 가등기를 경료하고 그 토지상에 타인이 건물 등을 축조하여 점유·사용하는 것을 방지하기 위하여 지상권을 설정하였다면 이는 가등기에 기한 본등기가 이루어질 경우 그 부동산의 실질적인 이용가치를 유지·확보할 목적으로 전 소유자에 의한 이용을 제한하기 위한 것이라고 봄이 상당하다고 할 것이고, 그 가등기에 기한 본등기청구권이 시효완성으로 소멸하였다면 그 가등기와 함께 경료된 지상권 또한 그 목적을 잃어 소멸되었다고 봄이 상당한 것이라고 하여 소멸을 긍정한다.[15]

이에 대하여 유력한 견해는 양설의 모순을 지적하여 먼저 부정설에 의하면 제한물권이 20년간 행사하지 아니하여 소멸한다고 하더라도 바로 그 시점으로부터 물권적 청구권이 발생하여 영원히 행사할 수 있다는 결과가 되고, 또한

14) 대판1982.7.27, 80다2968.
15) 대판 1991.3.12, 90다카27570.

긍정설에 의하여도 제한물권이 소멸한 시점으로부터 20년간 물권적 청구권을 행사할 수 있다는 결과가 된다고 한다.[16] 그리하여 제한물권이 소멸시효에 걸리는 모습을 제한물권을 설정하고도 권리를 행사하지 않는 경우와 제3자의 침해 또는 방해가 있음에도 이를 배제하지 않는 경우로 나누어 전자는 물권 자체의 소멸로, 후자는 20년간 물권적 청구권의 불행사로 소멸할 것이라고 한다.

생각건대, 위에서 양설의 모순을 지적한 바와 같이 이를 긍정 또는 부정하는 어느 입장을 취하더라도 그 물권적 청구권의 본질에는 부합하지 못한다. 따라서 이러한 이론의 모순을 해결하기 위하여 대두된 이론이 消滅時效無用論이며, 전술에서와 같이 시효제도의 공익성·강행규정성을 그 권리의 본질에 반하여서까지 내세울 것은 아닌 것과 같이 制限物權에 관련하는 물권적 청구권도 그 본질에 반하여 인정할 것은 아니다. 따라서 물권적 청구권의 성질을 그 물권에 부종하는 권리로 보면 결국 그 물권과 운명을 같이 할 문제이지 별도로 소멸시효를 논할 것은 아니다.

(ㄷ) 登記請求權이 소멸시효에 걸리는가. 판례는 등기청구권은 채권적 청구권이며 10년간 행사하지 아니하면 시효로 소멸하지만 부동산의 매수인이 매매목적물을 인도 받아 사용·수익하고 있는 경우(매수인의 매매대금지급 또는 소유권이전등기에 필요한 서류의 교부 여부와 관계없이)에는 소멸시효가 진행되지 아니하는 것이라고 한다.[17] 그러나 매수인이 목적물을 매도하고, 그 점유를 상실하여 더 이상 사용·수익하고 있는 상태가 아니라면 점유상실 시점으로부터 매수인의 등기청구권에 관한 소멸시효가 진행한다.[18]

(ㄹ) 形成權에 消滅時效가 적용되는가. 형성권은 소유권 이외의 재산권이므로 소멸시효의 대상이 됨은 물론이다. 다만 민법은 소멸시효와 달리 제척기간을 규정하고 있으므로 결국 형성권의 소멸은 제척기간만을 적용받는가, 아니면 소멸시효의 적용도 받는 것인가. 견해가 대립한다.

否定說은 형성권에 관하여 그 존속기간이 정하여져 있는 경우에도 그것은 언제나 제척기간이라고 한다(김증한·안이준 415면, 곽윤직 557면, 이영준 748면).

16) 이영준 57면; 양창수, 소멸시효에걸리는권리, 고시연구(1990.6) 38면.

17) 대판 1991.3.22, 90다9797; 1988.9.13, 86다카2908; 1987.10.13, 87다카1093; 1980.1.15, 79다1799; 1976.11.6, 76다148.

18) 대판 1997.7.22, 95다17298; 1997.7.8, 96다53826; 1996.3.5, 95다34866; 1996.9.20, 96다68; 1995.12.5, 95다24241; 1992.7.14, 91다40924; 1990.11.13, 90다카25352.

肯定說은 형성권에 관하여 '시효로 인하여'라는 문언을 쓰고 있는 때에는 시효기간이지만 그렇지 않은 경우에는 제척기간이라고 한다(이영섭 461면).

다수설은 형성권은 성질상 권리의 불행사란 문제가 없고 권리자의 의사표시가 있으면 곧 법률효과가 발생하고, 권리가 행사되었으나 목적을 달성하지 못하는 상태는 법리상 생각할 여지가 없으므로 민법이 비록 '時效로 인하여'라고 규정하더라도 형성권인 이상 언제나 제척기간이라고 한다.

(ㅁ) 抗辯權은 상대방이 청구권을 행사하지 아니하면 구체적으로 발생하지 않는 권리이므로 성질상 상대방이 청구하지 않고 있는 이상 소멸시효에 걸리지 아니한다. 그러나 상대방이 청구권을 행사한 경우에는 시효로 소멸하는가.

다수설은 주로 恒久的 抗辯權을 중심으로 긍정한다. 그러나 소수설은 항변권은 그 기초되는 법률관계로부터 독립하여 존속할 이유가 없으므로 그 기초적 법률관계가 존속하는 한 독립하여 소멸하지 않는다고 한다.[19]

생각건대 우리 민법이 항구적 항변권을 일반적으로 인정하지 않는 점으로 보면 부정하여야 함이 타당하다.

(ㅂ) 公法上 權利, 즉 국세부과권과 징수권도 소멸시효의 대상이 된다.[20]

⑵ 消滅時效에 걸리지 아니하는 권리

㈎ 재산권이나 일정한 재산권은 성질상 소멸시효에 걸리지 아니한다.

(ㄱ) 所有權은 재산권이지만 소멸시효에 걸리지 않는다(§162 ②). 소유권은 물건에 대한 일반적 관념적 지배권으로 소유권의 불행사라는 개념이 용납될 수 없다는 점과 소유권절대의 사상에 근거한다.

다만, 소유권은 점유에 의한 시효취득의 대상이 되나 취득시효에 의한 소유권의 상실은 반사적 효과에 불과하다.

(ㄴ) 占有權은 언제나 사실적 지배를 수반하므로 권리의 불행사를 요건으로 하는 소멸시효제도는 적용되지 않는다.

또한, 占有를 수반한 일정한 財産權에 관하여도 소멸시효가 적용되지 않는다. 판례는 특히 토지매수인이 매수한 토지를 인도받아 점유해오고 있었다면 그 소유권이전등기청구권의 소멸시효는 진행되지 아니하는 것이라고 하여 등

---

19) 이은영 757면.
20) 대판 1984.12.26, 84다572.

기청구권에 소멸시효 적용을 배척한다.[21]

(ㄷ) 재산권이나 일정한 법률관계에 의존하는 권리, 예컨대 상린권·공유물 분할청구권·소유권에 기한 물권적 청구권과 피담보채권에 의존하는 담보물권은 그 피담보채권이 존속하는 한 소멸시효에 걸리지 않는다.

(나) 재산권이 아닌 권리, 즉 非財産權은 소멸시효에 걸리지 않는다.

(ㄱ) 身分權은 당사자의 진의가 절대적으로 존중되므로 소멸시효제도는 성질상 적용되지 않는다.

가족법상 권리지만 부부간의 재산에 관한 권리와 재산상속에 관한 권리는 실질이 재산권적 성질을 가진 권리이므로 민법 제162조의 적용을 받는다.

또한, 상속회복청구권은 3년 또는 10년(§999 ②), 상속의 승인과 포기는 채무 있음을 안 날로부터 3월의 제척기간을 두고 있다(§1019).

(ㄴ) 人格權은 권리의 주체와 분리할 수 없는 권리로서 권리주체에 의하여 언제나 배타적으로 지배되므로 소멸시효는 성질상 적용되지 않는다.

2. 權利의 不行使

할부금의 지급을 지체한 경우에는 기한의 이익을 상실한다는 취지의 특약을 한 할부채무에 있어서 할부금의 지급이 없었던 경우, 그 시효의 기산점은 언제인가.

---

(1) 권리의 不行使와 시효의 기산

(가) 소멸시효의 진행은 법률상 권리행사의 장애가 없음에도 불구하고 일정기간 그 不行使가 있을 것이어야 한다. 따라서 소멸시효는 권리를 행사할 수 있는 때로부터 진행하고(§166 ①), 권리의 발생만으로는 개시하지 않는다.

(나) 권리자가 '권리를 행사할 수 있는 때'란 법률상 행사할 수 없는 때를 의미하고 사실상 행사할 수 없는 경우는 포함하지 않는다.

판례는 '권리를 행사할 수 없는 때'란 그 권리행사에 법률상 장애사유, 예컨대 기간이 도래하지 않거나 조건의 불성취 등을 말하는 것이므로 권리자가 미성연자라든가, 사실상 장애 또는 법률지식의 부족, 그 권리의 존재나 권리행사 가능성을 알지 못하였거나 알지 못함에 있어 과실의 유무 등은 시효진행에 영

---

21) 대판 1987.10.13, 87다카1093 ; 1976.11.6, 76다148.

향을 미치지 않는 것이라고 한다.[22] 그러면서도 판례는 법인의 이사회결의가 존재하지 아니함에 따라 발생하는 제3자의 부당이득반환청구권처럼 법인의 내부적인 법률관계로 청구권자가 권리의 발생 여부를 객관적으로 알기 어려운 상황에서 청구권자가 과실 없이 이를 알지 못한 경우에도 청구권이 성립한 때부터 바로 소멸시효가 진행한다고 보는 것은 정의와 형평에 맞지 않을 뿐만 아니라 소멸시효제도의 존재이유에도 부합한다고 볼 수 없으므로, 이러한 경우에는 이사회결의부존재확인판결의 확정과 같이 객관적으로 청구권의 발생을 알 수 있게 된 때로부터 소멸시효가 진행되는 것이라고 한다.[23]

또한, 부동산이 순차로 전매되었으나 소유권이전등기를 경료하지 않고 점유를 승계하여 준 경우 등기청구권의 소멸시효가 진행하는가. 판례는 부동산매수인이 그 부동산을 인도받은 이상 이를 사용·수익하다가 그 부동산에 대한 보다 적극적인 권리행사의 일환으로 다른 사람에게 그 부동산을 처분하고 그 점유를 승계하여 준 것은 그가 그 부동산을 스스로 계속 사용·수익만 하고 있는 경우와 특별히 다를 바 없는 것이어서 소멸시효는 진행되지 않는 것이라고 한다.[24]

(2) 消滅時效의 기산점

(가) 確定期限附債權은 기한이 도래한 때이며, 특별한 문제가 없다. 판례는 부동산에 대한 매매대금채권이 소유권이전등기 청구권과 동시이행의 관계에 있다고 할지라도 매도인이 매매대금지급기간일 이후 언제라도 그 대금의 지급을 청구할 수 있는 것이며, 다만 매수인은 매도인으로부터 그 이전등기에 관한 이행의 제공을 받기까지 그 지급을 거절할 수 있는데 불과하므로 매매대금청구

22) 대판 1993.4.13, 93다3622; 1992.3.31, 91다32053; 1984.12.26(전), 84누572.

23) 대판 2003.4.8, 2002다64957; 2003.2.11, 99다66427.

24) 대판 1998.3.18, 98다32175; 이에 대한 반대의견은 부동산의 매수인이 매매목적물을 인도받아 이를 사용·수익하고 있는 동안에는 그 소유권이전등기청구권의 소멸시효가 진행하지 않는다고 보아야 할 것이나, 매수인이 목적물의 점유를 상실하여 더 이상 사용·수익하고 있는 상태가 아니라면, 매도인에 대한 관계에서 권리의 주장 내지 행사가 계속되고 있다고 볼 만한 사정이 없고, 비록 매수인이 그 부동산을 다른 사람에게 처분하고 인도하여 준 경우라고 하더라도 그 처분은 타인의 권리를 전매한 것에 불과할 뿐 그 소유권을 처분 내지 행사하였다고 볼 수는 없으며, 그 인도 또한 매수인이 새로운 매매계약에 따른 자신의 의무를 이행한 것에 지나지 아니할 뿐만 아니라 오히려 그 점유를 이전함으로써 목적물에 대한 사용·수익의 상태에서 벗어나게 된 것이어서 위 처분 내지 인도를 가리켜 매도인에 대한 관계에서 권리행사라고 볼 수도 없는 것이므로, 점유의 상실원인이 무엇이든지 간에 점유상실시점으로부터 그 이전등기청구권의 소멸시효가 진행한다고 봄이 상당한 것이라고 한다.

권은 그 지급기일 이후부터 소멸시효가 진행하는 것이라고 한다.[25]

(나) 不確定期限附債權은 채권의 기한이 객관적으로 도래한 때이다. 따라서 불확정기한부채권은 채권자의 기한도래에 대한 지·부지나 과실의 유무를 묻지 않고 기한이 도래한 때로부터 소멸시효가 진행한다.

(ㄱ) 채무이행에 기한을 정하지 않는 채권의 채무자는 원칙적으로 이행의 청구를 받은 때로부터 지체책임을 진다. 그러나 그 소멸시효의 기산점은 채권이 발생한 때이다.

(ㄴ) 債權 이외의 權利도 통상 권리가 발생한 때로부터 소멸시효가 진행한다. 따라서 물권은 물권이 발생한 때로부터 소멸시효가 진행한다.

┌ ① 채권(債權) — 채권이 발생한 때
│ ┌ 부당이득반환청구권 — 부당이득을 구성한 때
│ │ 채무불이행에 기한 손해배상청구권 — 본래채권을 행사할 수 있었던 때
│ └ 불법행위에 의한 손해배상청구권 — 불법행위시(권리가 객관적으로 발생한 때)
└ ② 물권(物權) — 일반적으로 권리가 발생한 때

(ㄷ) 債務不履行으로 인한 損害賠償請求權의 소멸시효는 채무불이행시로부터 진행한다.[26]

(ㄹ) 만기를 白紙로 하여 발행된 약속어음 백지보충권의 소멸시효기간 기산점은 어음상의 권리를 행사하는 것이 법률적으로 가능하게 된 때부터 진행하고,[27] 당사자 사이에 백지를 보충할 수 있는 시기에 명시적 또는 묵시적 합의가 있는 경우에는 그 합의된 시기로부터 백지보충권의 소멸시효가 진행한다.[28]

(다) 請求 또는 解止通告한 후 일정기간이나 상당한 기간이 경과한 후 행사할 수 있는 권리는 그 청구나 해지통고를 할 수 있는 때로부터 그 규정된 일정기간의 경과로 소멸시효가 진행한다.[29]

다만, 반환의 시기를 정하지 아니한 消費任置契約은 소비대차계약을 준용하나 소비대차와는 달리 임치인은 임치물의 반환을 언제든지 청구할 수 있으므로 그 소멸시효는 계약이 성립한 때로부터 진행한다(§387 ②).

┌ ① 반환의 기일의 정함이 없는 소비대차 — 기한을 정하여 최고하고, 최고기간의 경과

25) 대판 1991.3.22, 90다9797.
26) 대판 2005.1.14, 2002다57119; 1995.6.30, 94다54269; 1973.10.10, 72다2600; 1990.11.9, 90다카22513.
27) 대판 1997.5.28, 96다25050; 2001.10.23, 99다64018.
28) 대판 2003.5.30, 2003다16214.
29) 곽윤직 561~562면, 이영준 752면.

로 진행된다.
② 기간의 정함이 없는 임대차의 해지 — 당사자는 언제나 해지통고 할 수 있고, 통고를 받은 날로부터 일정기간의 경과로 진행한다.
┌ 토지 · 건물 · 공작물 — 임대인의 경우 6월, 임차인의 경우 1월
└ 동산의 경우 — 5일
③ 고용의 기간이 3년이 넘거나 종신계약의 해지 — 3년이 지나면 언제나 해지통고 할 수 있고, 통고를 받은 날로부터 3월이 경과하므로 진행된다.
④ 기한의 정함이 없는 고용계약의 해지 — 당사자간에 언제나 해지통고 할 수 있고, 통고를 받은 날로부터 1월이 경과하므로 진행된다.

(라) 割賦給債權은 1회의 불이행을 이유로 잔액 전부에 대한 이행을 청구할 수 있고, 그 이행의 청구한 때로부터 잔액 전부에 관한 소멸시효가 진행한다.

다만, 期限利益喪失約款, 즉 "기한의 이익을 상실한다."는 특약이 있는 경우 시효의 기산점은 채무자의 채무불이행시인가, 아니면 채권자가 청구한 때인가.

當然喪失說은 기한을 정하지 않은 채무의 경우에도 지체는 청구한 때부터 발생하고, 시효는 채권성립시로부터 진행한다는 것을 들어 기한의 이익상실사유가 발생한 이상 채권자는 즉시 기한의 이익을 상실시키고 잔액 전부의 변제를 청구할 수 있는 것이기 때문에 채권자의 청구를 기다리지 않고 잔액 전부에 대하여 시효가 진행하는 것이라고 한다. 그러나 다수설은 구체적 약관의 문언에 의하여 판단하여야 하지만, 대체로 약관에서 단지 "할부금의 지급을 지체한 때에는 기한의 이익을 상실한다."라고 한 경우에는 請求權喪失型으로 보아 원칙적으로 채무자측은 기한의 이익을 주장할 수 없다는 의미로 해석하고, 그 시효의 기산은 기한이익을 상실시키려는 "채권자의 의사표시가 있었던 시점"으로부터 잔액 전부에 대한 소멸시효가 진행하는 것이라고 한다.

판례는 할부금채권의 기한이익상실의 특약은 그 내용에 의하여 일정한 사유가 발생하면 채권자의 청구 등을 요함이 없이 당연히 기한이익이 상실되어 이행기가 도래하는 停止條件附期限利益喪失特約과 일정 사유가 발생한 후 채권자의 통지나 청구 등 채권자의 의사행위를 기다려 비로소 이행기가 도래하는 것으로 하는 形成權的 期限利益喪失特約의 두 가지로 대별할 수 있다고 하고, 이른바 형성권적 기한이익상실특약이 있는 경우 그 특약은 채권자의 이익을 위한 것으로서 기한의 이익이 발생하였다고 하더라도 채권자가 나머지 잔액을 일시에 청구할 것인가, 또는 종래 대로 할부변제를 청구할 것인가를 자유로이 선

택할 수 있으므로 이와 같은 기한이익상실의 특약이 있는 할부채무에서는 1회의 불이행이 있더라도 각 할부금에 대해 그 각 변제기의 도래시마다 그 때부터 순차로 소멸시효가 진행하고 채권자가 특히 잔존채무 전액의 변제를 구하는 취지의 의사를 표시한 경우에 한하여 전액에 대해 그 때부터 소멸시효가 진행하는 것이라고 한다.[30)]

위 사례에서 當然喪失型으로 보면 할부금의 지체는 당연히 잔액 전부에 대하여 소멸시효가 진행하나, 請求權喪失型에 의하면 할부금의 지체로 채무자의 채무불이행에 의한 기한이익의 상실로서 채권자는 이로써 나머지 채무 전부의 이행을 청구할 수 있고 채권자가 그 전부의 채무이행을 청구한 때로부터 소멸시효가 진행하게 된다.

일반적으로는 후자의 의미로 해석한다. 따라서 채무자는 할부금지급의 지체로 채무불이행이 되고 이로써 기한의 이익은 상실하나 그 채권은 채권자가 그 전부의 이행을 청구한 때로부터 소멸시효가 진행하게 된다.

(마) 停止條件附權利는 조건이 성취한 때로부터 진행한다.

(바) 不作爲債權은 위반행위를 한 때로부터 진행한다.

(사) 物權은 일반적으로 권리가 발생한 때, 즉 물권이 성립한 때로부터 진행한다. 다만 이전등기의무이행불능으로 인한 손해배상청구권의 소멸시효는 위 이행불능상태에 들어간 때로부터 진행한다.[31)]

(아) 不法行爲로 인한 損害賠償請求權은 '그 손해 및 가해자를 안 날', 즉 현실적으로 손해의 발생과 가해자를 알아야 할 뿐만 아니라 그 가해행위가 불법행위로서 이를 이유로 손해배상을 청구할 수 있다는 것을 안 때로부터 소멸시효가 진행한다.

또한, '계속적 위법행위'로 발생하는 손해배상청구권은 각 손해발생을 안 때로부터 각별로 소멸시효가 진행한다.[32)]

(자) 기타 債權, 즉 '구상권채권'은 그 권리가 발생되어 이를 행사할 수 있는 때,[33)] '동시이행의 항변권이 붙은 채권'은 이행기도래시,[34)] '퇴직금채권'은 퇴직

---

30) 대판 2002.9.4, 2002다28340; 1997.8.29, 97다12990.

31) 대판 1973.10.10, 72다2600; 판례는 토지를 매수한 때로부터 진행되어 시효가 완성되었다고는 할 수 없는 것이라고 한다.

32) 대판 1999.3.23, 98다30285.

33) 대판 1979.5.15, 78다528; 판례는 공동불법행위자 1인의 다른 공동불법행위자에 대한 구상금채권의 소멸은 구상권자가 현실로 피해자에게 손해금을 지급한 때로부터 10년이라고 한다.

한 익일부터,[35] '입원치료비'는 개개의 진료행위가 종료한 때(퇴원시가 아닌),[36] '보험금청구권'은 보험사고가 발생한 때이나 약관 등에 의하여 청구권행사에 특별한 절차를 요하는 때에는 그 절차를 마친 때 또는 채권자의 책임 있는 사유로 그 절차를 마치지 못한 때에는 그 절차를 미치는데 소요되는 상당한 기간이 경과한 때[37]로부터 각각 소멸시효가 진행한다.

또한, 무권대리인이 대리권을 증명하지 못하고 본인의 추인도 얻지 못한 경우 상대방의 계약이행청구권이나 손해배상청구권은 그 선택권을 행사할 수 있는 때로부터 소멸시효가 진행하고,[38] '징발보상청구권'은 징발보상 공고기간이 만료된 때로부터,[39] '환매권행사로 발생한 소유권이전등기청구권'은 환매권을 행사한 때로부터,[40] 계속적 물품공급계약에 의하여 발생한 '외상대금채권'은 채권이 발생한 때,[41] '만기를 백지로 한 약속어음의 백지보충권'은 어음상 권리행사가 법률적으로 가능한 때로부터 진행하고, 만기 이외의 어음요건이 백지인 약속어음의 백지보충권의 소멸시효의 기산점은 다른 특별한 사정이 없는 한 만기를 기준으로 한다.[42]

---

34) 대판 1991.3.22, 90다9797. 판례는 동시이행의 항변권이 붙어 있는 채권은 이행기 이후에 반대급부를 제공하면 언제라도 권리를 행사할 수 있으므로 이행기부터 소멸시효가 진행하는 것이라고 한다.

35) 대판 2001.10.30, 2001다24051; 판례는 소멸시효의 기산점인「권리를 행사할 수 있는 때」라고 함은 권리를 행사함에 있어서 이행기 미도래, 정지조건 미성취 등 법률상 장애가 없는 경우를 말하는 것인데 근로기준법 제36조 소정의 금품청산제도는 근로관계가 종료된 후 사용자로 하여금 14일 내에 근로자에게 임금이나 퇴직금 등의 금품을 청산하는 의무를 부과하는 한편 이를 불이행하는 경우 형사상 재제를 가함으로써 근로자를 보호하는 것이지 사용자에게 위 기간동안 임금이나 퇴직금지급의무의 이행을 유예하여 준 것이라고 볼 수 없으므로 이를 가려켜 퇴직금지급청구권의 행사에 대한 법률상 장애라고 할 수 없고, 따라서 퇴직금지급청구권은 퇴직한 다음날로부터 행사할 수 있다고 봄이 상당한 것이라고 한다.

36) 대판 2001.11.9, 2001다52568.

37) 대판 2006.1.26, 2004다19104; 2002.10.25, 2002다13614; 2001.4.27, 2000다31168; 다만 객관적으로 보험사고가 발생하였는지를 알 수 없는 특별한 사정이 있는 경우에는 보험금청구권자가 보험사고발생을 알았거나 알 수 있는 때로부터 진행하는 것이라고 한다.

38) 대판 1963.8.22, 63다323.

39) 대판 1970.3.10, 69다2014.

40) 대판 1992.4.24. 92다4673; 판례는 환매권행사로 발생한 소유권이전등기청구권은 제척기간과는 별도로 환매권을 행사한 때로부터 일반채권과 같이 민법 제162조 소정의 10년의 소멸시효기간이 진행하는 것이라고 한다.

41) 대판 1992.1.21, 91다10152; 판례는 계속적 물품공급계약에 의하여 발생한 외상대금채권은 특별사정이 없는 한 발생한 때로부터 3년이 경과함으로써 소멸시효가 완성된다고 볼 것이지 거래 종료일부터 기산하여야 한다고 볼 수 없는 것이라고 한다.

그 밖에도 근저당설정에 의한 '근저당권설정등기청구권'은 피담보채권과 별개로 소멸시효가 진행하는가. 원인채무의 성질에 따라 다르다. 예컨대 원인채무가 민사채무이고 저당권설정약정은 상행위(보조적 상행위)인 경우에는 각각 별개로 진행한다. 그러나 근저당권설정등기청구권의 행사가 그 피담보채권이 될 금전채권의 실현을 목적으로 하는 경우 근저당권설정등기청구의 소에는 그 피담보채권이 될 채권의 존재에 관한 주장이 포함되어 있는 것이므로 근저당권설정등기청구의 소의 제기는 곧 그 피담보채권의 재판상 청구에 준하는 것으로 되고 이로써 그 피담보채권에 대한 소멸시효는 중단된다. 그러므로 이 경우에는 사실상 양자에 독립하여 소멸시효가 진행하는 것은 아니다.[43]

3. 消滅時效期間의 경과

(1) 債權의 소멸시효기간

(가) 보통채권의 경우　　통상 채권의 소멸시효기간은 10년이다(§162 ①).

다만, 還買權의 행사로 발생한 소유권이전등기청구권은 제척기간의 적용을 받는가. 판례는 제척기간과는 별도로 환매권을 행사한 때로부터 10년의 소멸시효기간이 진행하는 것이라고 한다.[44]

(나) 단기소멸시효에 걸리는 채권　　채권이나 다음에 해당하는 채권은 특별히 단기소멸을 규정한다(§163, §164). 이를 채권의 短期消滅時效라고 한다.

(ㄱ) 3년의 時效에 걸리는 채권(§163)： (a) 이자・부양료・급료・사용료 그 밖의 1년 이내의 기간으로 정한 금전 또는 물건의 지급을 목적으로 하는 채권 (§163, 1호),

여기서 이자・부양료・급료・사용료 그 밖의 1년 이내의 기간으로 정한 금전 또는 물건의 지급의 목적으로 하는 채권이란 1년 이내의 정기에 지급되는 채권, 즉 정기급여채권을 말한다.[45] 따라서 변제기가 1년 이내라도 1회의 변제로써 소멸되는 소비대차의 원리금채권은 이에 포함하지 않고, 利子債權이라고 하여 모두 3년의 단기소멸시효에 걸리는 것이 아니라 1년 이내의 기간으로 정

42) 대판 2003.5.30, 2003다16214.
43) 대판 2004.2.13, 2002다7213.
44) 대판 1992.4.24, 92다4673.
45) 대판 1965.2.16, 64다1731; 1965.4.13, 65다220.

한 이자채권에 한한다.[46]

또한, 소비대차계약에 따른 遲延損失金은 금전채무의 이행지체로서 부담하는 손해배상금이지 이자가 아닐 뿐만 아니라 민법 제163조 제1호 소정의 1년 이내 기간으로 정한 이자에 해당하지 아니하고,[47] 은행이 영업행위로 한 대출금에 대한 변제기 이후의 遲延損害金은 민법 제163조 제1호 소정의 단기소멸시효의 대상인 이자채권이 아니어서 5년의 상사시효에 걸린다.[48] 그러나 근로기준법에 의한 退職金 및 예고 없는 解雇補償金請求權은 동법 제41조에서 말하는 임금채권에 해당하며 3년으로 소멸시효가 완성한다.[49]

地料債權은 그 지료가 확정되어 있지 않은 이상 지료청구권의 소멸을 논할 수 없으므로 단기소멸시효를 논할 수 없고,[50] 사용료 상당의 不當利得返還請求權에는 민법 소정의 단기소멸시효 규정은 적용되지 않는다.[51]

또한, '리스료'는 3년의 단기소멸시효에 걸리는 채권인가. 판례는 이른바 금융리스에서 리스료는, 리스회사가 리스이용자에게 제공하는 취득자금의 금융편의에 대한 원금의 분할변제 및 이자·비용 등의 변제의 기능을 갖는 것은 물론이거니와 그 외에도 리스회사가 리스이용자에게 제공하는 이용상 편익을 포함하여 거래관계 전체에 대한 대가로서의 의미를 지니는 것으로 리스료채권은, 그 채권관계가 일시에 발생하여 확정되고, 다만 그 변제방법만이 일정 기간마다 분할변제로 정하여진 것에 불과하므로(기본적 정기금채권에 기하여 발생하는 지분적 채권이 아니다) 3년의 단기소멸시효가 적용되는 채권이라고 할 수 없고, 한편 매회분의 리스료가 각 시점별 취득원가분할액과 그 잔존액의 이자조로 계산된 금액과를 합한 금액으로 구성되어 있다고 하더라도, 이는 리스료액의 산출을 위한 계산방법에 지나지 않는 것이므로 그 중 이자부분만이 따로 3년의 단기소멸시효에 걸린다고 할 것도 아니라고 한다.[52]

그 외에 계속적 물품공급계약에 기하여 발생한 外上代金債權은 특별한 사정

46) 대판 1996.9.20, 96다25302.
47) 대판 1991.5.14, 91다7156; 1989.2.28, 88다카214.
48) 대판 1980.2.12, 79다2169.
49) 대판 1965.7.6, 65다877.
50) 대판 1969.5.27, 69다353.
51) 대판 1966.10.28, 69다1247.
52) 대판 2001.6.12, 99다1949.

이 없는 한 발생한 때로부터 3년이 경과함으로써 소멸시효가 완성한다.[53]

給料 중 노역인과 연예인의 賃金은 3년의 소멸시효에 의하는 것이 아니라 1년의 단기소멸시효에 걸린다(§164, 3호).

使用料로서 전형적인 것이 부동산의 임료나 지료이다. 그러나 의복・침구・장구 기타 동산의 사용료는 역시 1년의 단기소멸시효에 걸린다.

또한, 사용료상당의 부당이득반환청구권은 계약관계를 전제로 하지 아니하므로 역시 3년의 소멸시효는 적용받지 않는다.[54]

(b) 의사・치과의사・한의사・수의사・조산사・간호사・약사 및 한의사의 치료・근로 및 조제에 관한 채권(§163, 2호),

(c) 도급을 받은 자, 기사 그 밖에 공사의 설계 또는 감독에 종사하는 자의 공사에 관한 채권(§163, 3호),

(d) 변호사・변리사・공증인・공인회계사・법무사・공인노무사・세무사・관세사 및 감정평가사에 대한 직무상 보관한 서류의 반환을 청구하는 채권(§163, 4호),

(e) 변호사・변리사・공증인・공인회계사・법무사・공인노무사・세무사・관세사 및 감정평가사의 직무에 관한 채권(§163, 5호),

(f) 생산자 및 상인이 판매하는 생산물 및 상품의 대가(§163, 6호),

여기서 '商人'이란 도매상인이 소비할 뿐만 아니라 전매를 목적으로 하는 자에 대하여 판매한 산물 및 상품의 대가에도 적용된다.[55]

(f) 수공업자 및 제조업자의 업무에 관한 채권(§163, 7호)

(ㄴ) 1년의 時效에 걸리는 채권(§164) : 여관・음식점, 대석・오락장의 숙박료・음식료・대석료, 입장료, 소비물의 대가 및 체당금의 채권, 의복・침구・장구 기타 동산의 사용료의 채권, 노역인・연예인의 임금 및 그에 공급한 물건의 대금채권, 학생 및 수업자의 교육・의식 및 유숙에 관한 교주・숙주(학원주)・교사의 채권은 1년으로 시효 소멸한다.

(다) 확정판결 있는 채권　판결 등에 의하여 확정된 채권은 단기의 소멸시효에 해당한 것이라도 그 소멸시효는 10년이다(§165 ①).

그 외에 파산절차에 의하여 확정된 채권 및 재판상의 화해・조정 기타 판결

53) 대판 1992.1.21, 91다10152.
54) 대판 1996.10.28, 69다1247.
55) 대판 1964.8.31, 64다35.

과 동일한 효력이 있는 것에 의하여 확정된 채권도 동일하다(동조 ②).

여기서 기타 '判決과 同一한 效力이 있는 것'에 의하여 확정된 채권이란 기판력을 가지는 것을 의미하며, 인낙조서에 의해 확정된 채권(민소법 §220), 지급명령이 확정된 채권(민소법 §474)이다.

이와 같이 확정판결이 있는 채권의 소멸시효기간을 10년으로 한 것은 단기소멸시효가 적용되는 채권이라도 판결에 의하여 채권의 존재가 확정되면 그 성립이나 소멸에 관한 증거자료의 멸실 등으로 인한 다툼의 여지가 없어지고 법률관계를 조속히 확정할 필요성도 소멸하여 채권자로 하여금 단기소멸시효 중단을 위해 여러 차례 중단절차를 밟도록 하는 것이 바람직하지 않기 때문이다.[56]

(ㄱ) 期限附債權에 관하여 기한이 도래하기 전에 확정판결을 받은 경우와 같이 확정될 당시에 아직 변제기에 도래하지 않은 채권에는 동조 규정은 적용되지 않는다(§165 ③).

(ㄴ) 公證된 약속어음채권은 확정판결 있는 채권과 동일한 효력을 가지는가.

판례는 약속어음이 공증된 것이라고 하여 이 약속어음이 판결과 동일한 효력이 있는 것에 의하여 확정된 채권이라고 할 수 없고, 이 약속어음을 민법 제165조 제2항 소정의 채권으로서 10년의 소멸시효에 걸린다고는 할 수 없는 것이라고 하여 부정한다.[57]

(ㄷ) 동조 적용의 효력은 당해 판결 등의 당사자 사이에 한하여 발생하는 효력이므로 보증인 등에 대하여는 별도의 초지를 취하지 아니하면 동조에 의하여 보호되지 않는다.

(2) 기타 財産權의 소멸시효기간

(가) 채권 및 소유권 이외의 재산권은 20년간 행사하지 아니하면 시효가 완성한다(§162 ②).

(나) 商行爲로 생긴 채권은 5년이다(상법 §64). 그러나 다른 法令에서 상사시효보다 단기의 시효규정이 있는 때에는 그 규정에 의한다.[58]

---

56) 대판 2006.8.24, 2004다26287 · 26294.

57) 대판 1992.4.14, 92다169.

58) 대판 1966.6.28, 66다790; 상사채권이란 당사자 쌍방이 상행위로 되는 채권뿐만 아니라 당사자 일방에 대하여만 상행위로 되는 채권은 물론이고, 또한 그 행위에는 상법 제46조 각 호

여기서 商行爲로 인한 債權이란 당사자 쌍방이 상행위로 인한 경우는 물론 당사자 일방에 대하여만 상행위로 되는 경우를 포함하고, 또한 상행위란 기본 상행위는 물론 보조적 상행위를 포함한다.[59)]

約束어음金債權의 발행인에 대한 소멸시효기간은 그 만기일로부터 3년이 경과함으로 소멸하고(어음법 §77 ①, 8호; §70 ①, §78 ①) 특히 만기를 백지로 하여 발행된 약속어음의 백지보충권의 소멸시효기간은 백지보충권을 행사할 수 있는 때로부터 3년으로 소멸한다.[60)]

(다) 不法行爲로 인한 손해배상청구권의 소멸시효는 불법행위를 한 날로부터 10년, 손해 및 가해자를 안 날로부터 3년으로 소멸한다(§766).

다만, 株式會社의 理事 또는 監事의 회사에 대한 임무해태로 인한 손해배상책임은 그 책임의 성질이 불법행위책임인가. 판례는 불법행위책임이 아니라 위임관계로 인한 채무불이행책임이므로 10년으로 소멸시효가 완성하는 것이라고 한다.[61)] 그러나 理事의 제3자에 대한 채권은 불법행위채권이며 단기소멸의 적용을 받는다.

(라) 公法上 債權은 5년으로 시효가 완성한다. 따라서 '징발보상청구권'은 국방부장관이 징발보상을 시행하겠다는 공고를 하여 그 공고기간이 만료된 때로부터 5년으로 소멸한다.[62)]

4. 時效의 援用

소멸시효가 완성하기 위해서는 이를 원용하여야 하는가. 시효완성의 효력 문제이며 상대적효력설에 의하면 시효완성으로 이익을 받을 자가 이를 원용함으로써 완성한다. 그러나 절대적효력설에 의하는 경우에도 소멸시효가 완성된 권리를 재판상 청구하기 위해서는 시효이익을 받을 자가 이를 원용하여야 한다.

이에 관하여는 후술한다. ([130] Ⅳ.3 (1) 참조)

에 해당하는 기본적 상행위뿐만 아니라 보조적 상행위도 포함한다(대판 2005.5.27, 2005다7863; 2000.5.12, 98다23195).

59) 대판 2005.5.27, 2005다7863; 2005.5.12, 98다23195.

60) 대판 2003.5.30, 2003다16214.

61) 대판 1985.6.25, 85다카1954.

62) 대판 1970.3.10, 69다2014.

[128] Ⅲ. 消滅時效의 中斷

1. 時效中斷制度의 의의

(1) 消滅時效의 中斷(Unterbrechung der Verjährung)이란 소멸시효의 진행 중 권리의 불행사라는 소멸시효의 기초가 되는 사실을 뒤집는 사정의 발생으로 그 때까지 경과한 시효기간을 법적으로 무의미한 것으로 하는 제도이다.

消滅時效制度는 권리자가 일정한 기간 권리를 행사하지 않는데 대한 제재를 가하여 권리행사를 간접적으로 촉구한다는 성격을 지니므로, 권리자가 권리를 행사하거나 의무자가 권리의 존재를 승인하는 경우에도 시효를 진행케 한다면 권리자에 불이익할 뿐만 아니라, 소멸시효제도의 본질에도 어긋나는 것이므로 법률은 이를 인정한다.[63]

(2) 소멸시효중단제도는 시효의 정지제도와 더불어 시효의 장애제도이며, 소멸시효에 한하지 않고 취득시효에도 인정된다(§247 ② 준용).

민법은 소멸사유의 중단사유로 청구·재산명시신청·압류 또는 가압류·가처분, 승인을 규정한다(§168)

2. 時效中斷事由

(1) 請 求

소멸시효의 중단사유로서 請求란 권리를 행사하는 것, 즉 권리자가 시효의 완성으로 이익을 얻은 자에 대하여 그의 권리내용을 주장하는 것이며, 재판상의 것이든 재판 외의 것이든 이를 묻지 않는다.

(가) 재판상 청구 재판상 청구가 중단의 효력을 발생하는 시기는 소를 제기한 때이다. 그러나 裁判上 請求가 시효중단사유가 되려면 그 청구가 채권자 또는 그 채권을 행사할 권능을 가진 자에 의하여 이루어졌어야 한다.[64]

---

63) 대판 1979.7.10, 79다569; 판례는 원래 시효는 법률이 권리 위에 잠자는 자의 보호를 거부하고 사회생활상 영속되는 사실상태를 존중하여 여기에 일정한 법적 효과를 부여하는 제도이므로 어떤 사실상의 상태가 계속 중 그 사실상의 상태와 상용할 수 없는 사정이 발생할 때는 그 사실상의 상태를 존중할 이유를 잃게 된다고 할 것이니 이미 진행한 시효기간의 효력을 상실케 하는 것이 이른바, 시효중단이라고 한다.

64) 대판 1963.11.28, 63다654.

(ㄱ) 원고의 소제기에 대하여 피고의 응소행위도 소멸시효 중단사유로 된다. 그리하여 개정 민법(안)은 원고의 본안에 대하여 피고가 응소하고, 그밖에 재판상 권리를 행사한 때에는 재판상 청구로서 시효중단의 효력이 생긴다(§170 ③ 신설안)라고 규정한다. 그러나 피고가 응소행위를 하였다고 하여 바로 시효중단의 효과가 발생하는 것은 아니고, 변론주의원칙상 당해 소송 또는 다른 소송에서의 응소행위로서 시효가 중단되었다는 주장을 하였어야 한다.[65]

다만, 원고의 청구에 대한 答辯書를 제출하는 것도 재판상 청구로서 시효중단의 효력을 가지는가. 취득시효로 인한 소송상 청구에 대한 답변으로서 원고의 주장을 부인하고 목적 부동산이 피고 소유라고 주장하는 것도 시효중단사유인 재판상 청구에 해당한다.[66]

또한, 소송상 補助參加도 시효중단의 효력을 가지는가. 판례는 보조참가는 피참가인을 보조하여 피참가인의 상대방과의 소송에서 승소를 목적으로 하는 소송행위로서 특단의 사정이 없는 한 보조참가인과 상대방 사이에서는 그 소송물에 관하여 어떤 효력이 직접 발생할 수가 없으므로 보조참가인과 그 상대방간의 채권의 소멸시효가 중단할 수 없는 것이라고 한다.[67]

(ㄴ) 시효중단사유로서 裁判上 請求에는 그 권리 자체의 이행청구나 확인청구를 하는 경우만이 아니라, 그 권리가 발생한 기본적 법률관계에 관한 확인을 통하여 권리관계를 실현할 수 있는 확인청구를 포함한다.[68]

(a) 개개의 권리가 그로부터 유출되는 기본적 법률관계에 관한 확인청구소송의 제기는 그 개개의 권리에 대한 시효중단사유가 된다. 예컨대 파면된 직원이 제기한 파면처분무효확인청구의 소는 그 파면 후의 임금채권에도 중단의 효력이 있고,[69] 또한 취득시효의 대상인 목적물의 인도 내지는 소유권의 존부확인이나 소유권에 관한 등기청구소송은 물론, 소유권침해의 경우 그 소유권을 기초로 하는 방해배제 및 손해배상 또는 부당이득반환청구에 대하여도 시효중단

---

65) 대판 2006.6.16, 2005다25632; 2007.1.11, 2006다33364; 2003.6.13, 2003다17927.; 판례는 시효를 주장하는 자가 원고가 되어 소를 제기한 것에 대하여 피고로서 응소하여 그 소송에서 적극적으로 권리를 주장하고 그것이 받아들여진 경우도 포함하는 것이라고 한다(2006.6.16, 2005다25632).

66) 대판 1971.3.23, 71다37.

67) 대판 2003.1.24, 2002다58747.

68) 대판 1992.3.31, 91다32053.

69) 대판 1978.4.11, 77다2509.

의 효력이 생긴다.[70]

다만, 물상보증인이 제기한 저당권설정등기의 말소등기절차이행청구소송에서 채권자 겸 저당권자의 응소행위가 피담보채권의 시효중단사유로 되는가. 판례는 타인 채무를 담보하는 물상보증인은 채권자에 대하여 유한책임을 지고 있으므로 소멸시효완성을 주장할 수 있지만 채권자에 대하여는 아무런 채무도 부담하고 있지 아니하므로 물상보증인이 그 피담보채무의 부존재 또는 소멸을 이유로 제기한 저당권설정등기의 말소등기절차이행청구소송에서 채권자 겸 저당권자가 청구기각판결을 구하고 피담보채권의 존재를 주장하였다고 하여도 이로써 직접 채무자에 대하여 재판상 청구한 것으로는 볼 수 없으므로 피담보채권의 소멸시효에 관하여 규정한 민법 제168조 제1호 소정의 청구에 해당하지 않는 것이라고 한다.[71] 그러면서도 한편 근저당권설정등기청구소의 제기는 그 피담보채권이 될 채권에 관한 권리행사가 있는 것으로 볼 수 있어 재판상 청구에 준하는 것으로써 소멸시효의 중단사유로 되는 것이라고 한다.[72]

(b) 刑事上 請求도 소멸시효중단의 효력이 있는가. 판례는 형사소송은 피고인에 대한 국가형벌권의 행사를 그 목적으로 하는 것이므로, 피해자가 형사소송에서 "소송촉진 등에 관한 특례법"에서 정한 배상명령을 신청한 경우를 제외하고는 단지 피해자가 가해자를 상대로 고소하거나 그 고소에 기하여 형사재판이 개시되어도 이를 가지고 소멸시효의 중단사유인 재판상 청구로 볼 수는 없는 것이라고 하여 부정한다.[73]

(c) 배당참가를 위한 債權의 申告는 그 신고시에 중단의 효력이 생긴다. 그러나 신고를 취소하거나 청구가 각하된 경우 중단의 효력을 잃는다(§171).

(d) 强制執行節次에서의 配當要求도 시효의 중단사유로 되는가. 판례는 부동산경매절차에서 집행력 있는 채무명의의 정본을 가진 채권자가 행사하는 배당의 요구는 민법 제168조 제2호의 압류에 준하는 것으로서 소멸시효중단의 효력이 생기는 것이라고 한다.[74] 그러나 경매개시결정의 통지로서의 우편송달(발송

70) 대판 1979.7.10, 79다569; 1997.3.14, 96다55211.

71) 대판 2004.1.16, 2003다30890.

72) 대판 2004.2.13, 2002다7213.

73) 대판 1999.3.12, 98다18124.

74) 대판 2002.2.26, 2000다25484; 판례는 집행력 있는 채무명의의 정본을 가진 채권자가 다른 채권자의 신청에 의하여 개시된 경매절차를 이용하여 배당요구를 신청하는 행위도 채무명

송달)이나 공시송달의 방법에서 채무자가 이를 알 수 없었던 경우에는 중단의 효력이 생기지 않는다.[75]

(e) 和議節次參加도 재판상 청구로서 시효중단의 효력을 가진다(화의법 §41).

(ㄷ) 재판상 청구로 시효중단의 효력이 미치는 범위는 재판상 기판력의 효력이 미치는 범위에 국한하지 않는다.[76] 따라서 재판상 청구는 청구된 권리와 관련성이 있는 범위에서 중단의 효력이 미친다.

(a) 청구원인을 변경한 경우에도 본래 청구에 중단의 효력이 미치는가. 판례는 약속어음의 소지인이 배서인으로서 지급을 구하였다가 청구원권인을 변경하여 발행인의 상속인으로서 어음금 중 상속분에 해당하는 돈의 지급을 구하는 경우에는 시효중단의 효력이 생긴다고 보기 어려운 것이라고 하여 부정한다.[77]

(b) 원인채권의 지급을 확보하기 위하여 수수된 어음상 채권에 대한 재판상 청구가 있는 경우,[78] 또는 어음채권을 피보전권리로 하여 채무자의 재산을 押留한 경우에도 원인채권에 대한 소멸시효가 중단한다.[79] 그러나 원인채권에 대한 재판상 청구는 그 어음채권에는 중단의 효력이 없다.[80]

다만, 時效로 消滅한 어음債權을 피보전권리로 하여 가압류한 경우 그 원인채권의 소멸시효가 중단되는가. 이미 소멸시효가 완성된 후에는 그 채권이 소멸하고 시효중단을 인정할 여지가 없으므로, 설사 시효로 소멸한 어음채권을 피보전권리로 하여 가압류하였다고 하더라도 이를 어음채권 내지는 원인채권을 실현하기 위한 적법한 권리행사로 볼 수 없고 또한 더 이상 원인채권에 관

의에 기하여 능동적으로 그 권리를 실현하는 점에서 강제경매의 경우와 동일하다고 할 수 있으므로 부동산경매절차에서 집행력 있는 채무명의 정본을 가진 채권자가 하는 배당의 요구는 민법 제168조 제2호의 압류에 준하는 것으로서 배당요구에 관련된 채무에 관하여 소멸시효를 중단하는 효력이 생기는 것이라고 한다.

75) 대판 1994.11.25, 94다26097; 1900.1.12, 89다카4946; 2002.10.8, 2001다76045.

76) 대판 1979.7.10, 79다569.

77) 대판 1993.3.23, 92다50942.

78) 대판 1999.6.11, 99다16378; 1961.11.9, 4293민상748.

79) 대판 2007.9.20, 2006다69902; 2002.2.26, 2002다25484.; 판례는 그 이유로서 이러한 어음은 경제적으로 동일한 급부를 위하여 원인채권의 지급수단으로 수수된 것으로서 그 어음채권의 행사는 원인채권을 실현하기 위한 것이고 어음수수 당사자 사이에서 원인채권의 시효소멸은 어음금 청구에 대하여 어음채무자가 대항할 수 있는 인적항변 사유에 해당하므로 채권자가 어음채권의 소멸시효를 중단하여 두어도 원인채권의 시효소멸로 인한 인적 항변에 따라 그 권리를 실현할 수 없게 되는 불합리한 결과가 발생하게 되기 때문이라 한다(대판 2007.9.20, 2006다69902).

80) 대판 1967.4.24, 67다75.

한 시효중단 여부가 어음채권의 실현에 영향을 주는 것도 아니므로 유효한 어음채권과는 달리 시효중단의 효력은 생기지 않는다.[81]

(c) 공동상속인 중의 1인이 자기상속분을 행사하여 승소판결을 얻은 경우 다른 상속인의 상속분에도 시효중단의 효력이 생기는가.

공유지분권의 성질상 부정할 것이고, 판례 또한 재산상 손해배상청구권을 공동상속인 중의 1인이 자기 상속분을 행사하여 승소판결을 얻었다고 하여 타인이 상속한 권리부분에까지 소멸시효중단의 효력이 있는 것은 아니라고 한다.[82]

(d) 一部만 請求한 債權도 그 청구의 취지로 보아 채권 전부에 판결을 구하는 것으로 해석되는 경우에는 그 전부에 관하여 중단의 효력이 미친다.[83]

또한, 채권자가 동일한 목적을 달성하기 위하여 복수의 채권을 가지는 경우 그 어느 하나에 청구권을 행사하면 다른 채권에 관하여도 소멸시효중단의 효력이 있는가. 채권자로서는 그 선택에 따라 권리를 행사할 수 있되, 그 중 어느 하나의 청구를 한 것만으로는 다른 채권 그 자체를 행사한 것으로 볼 수는 없으므로, 특별한 사정이 없는 한 그 다른 채권에 대한 소멸시효중단의 효력은 없다.[84] 나아가 판례는 채권자가 채무자를 상대로 공동불법행위자에 대한 구상금청구의 소를 제기하였다고 하여 이로써 채권자의 사무관리로 인한 비용상환청구권의 소멸시효가 중단될 수는 없는 것이라고 한다.[85]

(ㄹ) 裁判上 請求가 있더라도 소의 각하 또는 취하가 있으면 시효중단의 효력은 없다(§170 ①). 다만 訴 棄却의 경우에도 중단의 효력이 배척되는가. 민법은 이를 규정하고 있으나 개정 민법(안)은 이를 삭제하였다(동조 개정안).

소의 각하 또는 취하가 있더라도 6개월 내 재판상 청구, 파산절차참가, 지급명령신청, 재산명시신청, 압류 또는 가압류·가처분을 한 때에는 최초의 재판상 청구로 인하여 중단된 것으로 본다(동조 ② 개정안).

(나) 파산절차 참가 채권자가 파산재단의 배당에 참가하기 위하여 그의 채권을 신고하는 것이 파산절차참가이며, 채권자의 참가신고가 있으면 시효중단의 효력이 생긴다. 그러나 채권자가 그의 신고를 취소하거나 청구가 각하된 때

---

81) 대판 2007.9.20, 2006다68902.
82) 대판 1967.1.24, 66다2279.
83) 대판 2001.9.28, 99다72521; 1992.4.10, 91다43695.
84) 대판 2001.3.23, 2001다6145; 1999.6.11, 99다16378; 1994.12.2, 93다59922.
85) 대판 2001.3.23, 2001다6145.

에는 중단의 효력이 없다(§171).

(다) 지급명령의 신청　　지급명령은 독촉절차의 하나이다. 따라서 지급명령은 송달을 요건으로 동 신청서를 관할법원에 제출한 때 중단의 효력이 생기고, 그 신청이 각하 또는 취하된 때 효력을 잃는다(§172 개정안, 민소법 §434).

(라) 화해신청, 임의출석　　화해를 신청 또는 조정신청을 하면 和解의 申請時에 중단의 효력이 생긴다(§173, 민소법 §355). 그러나 법원이 상대방을 소환하였으나 상대방이 출석하지 않거나 출석하더라도 화해가 성립하지 않을 경우 화해신청인이 화해불성립조서등본의 송달을 받은 날로부터 1월내 소를 제기하지 않으면 중단의 효력은 없다(§173 본문).

또한, 任意出席의 경우 화해가 성립하지 아니한 때에도 동일하다(동조 단서).

(마) 최 고　　널리 催告란 채무자에 대하여 이행을 청구하는 채권자의 의사통지를 의미하며, 최고로써 시효중단의 효력이 생긴다. 그러나 최고 후 6월 내 전술한 재판상 청구, 파산절차참가, 지급명령신청, 화해신청, 임의출석, 재산명시신청 중 어느 것을 취하거나 또는 후술하는 압류·가압류·가처분의 보다 강력한 방법을 취하지 않으면 중단의 효력은 생기지 않는다(§174). 따라서 최고는 시효기간의 만료에 가까워져서 강력한 다른 중단방법을 취하려고 할 때 그 예비적 조치로서의 실익이 있을 뿐이다.

(ㄱ) 소멸시효의 중단사유로서의 催告는 특별한 방식을 요하지 않는다. 따라서 최고는 권리자의 권리행사를 주장하는 취지임이 명백한 것이면 족하고 최고 당시 당사자가 시효중단의 효과를 발생시킨다는 점을 알거나 의욕하지 않았다고 하더라도 무방하다.[86]

다만, 채권자가 채무자의 제3채무자에 대한 채권을 押留 및 송달시킨 推尋命令도 최고로서 소멸시효 중단사유에 해당하는가. 판례는 채권자가 확정판결에 기한 채권의 실현을 위하여 채무자의 제3채무자에 대한 채권에 관하여 압류 및 추심명령을 받아 그 결정이 제3채무자에게 송달이 되었다면 거기에 소멸시효 중단사유인 최고로서 효력을 갖는 것이라고 한다.[87] 그러나 그 송달방법에서 우편송달(발송송달) 이나 공시송달의 방법 어느 경우에도 채무자가 알 수 없었던 경우는 중단의 효력은 발생하지 않는다.[88]

86) 대판 2003.5.13, 2003다16238.
87) 대판 2003.5.13, 2003다16238.

(ㄴ) 6월의 기간은 재판상 청구 등을 중심으로 그 이전의 가장 가까운 최고를 기준으로 하면 되고, 수회의 최고 중 제일 최초의 최고시부터 6월을 계산할 것은 아니다.[89]

또한, 채권자의 이행청구에 채무자가 이행의무의 존부에 대하여 조사를 들어 그 유예를 청구한 때에도 채권자가 그 확답을 받을 때까지는 최고의 효력이 계속되는 것으로 보아야하므로 이 경우 6월의 기간은 채권자가 채무자로부터 확답을 받은 때로부터 기산된다.[90]

(2) 財産明示申請

(가) 재산명시신청은 대법원규칙에 의하여 채무자의 재산을 명시하는 제도이며, 채권자의 채권실현을 위한 민사집행법소정의 절차이다.

다만, 財産明示申請도 소멸시효중단의 효력이 생기는가. 종래 판례는 채권자가 확정판결에 의한 채권의 실현을 위하여 채무자를 상대로 민사집행법 소정의 재산관계명시신청을 하고 그 재산목록의 제출을 명하는 결정이 채무자에 송달되었다면 소멸시효중단사유인 최고로서 효력이 생기는 것이라고 하였다.[91] 그러나 개정민법(안)은 재산명시신청을 최고 아닌 시효중단사유로 규정한다(§175 ① 개정안).

(나) 재산명시신청으로 인한 시효중단은 민사집행법 제62조 제7항에 의하여 재산명시결정이 취소 재산명시신청이 각하된 경우, 6월 내 재판상청구, 파산절차참가, 지급명령의 신청 또는 압류한 때 그 시효는 최초의 재산명시신청으로 인하여 중단된 것으로 되고, 개정 민법(안)은 이를 규정한다(동조 ② 신설안).

(3) 押留 · 假押留 · 假處分

(가) 押留는 확정판결 기타 채무명의에 기하여 행하는 강제집행으로, 가장 강력한 권리의 실행행위이며, 假押留 · 假處分은 강제집행을 보전하는 수단으로 역시 권리의 실행행위로서 시효의 중단사유로 된다.

(ㄱ) 시효중단의 효력이 발생하는 시기에 관하여 집행행위를 한 때로 보는 견해가 있으나,[92] 다수설은 그 명령을 신청한 때에 중단의 효력이 생기는 것으

88) 대판 1994.11.25, 94다26097; 1900.1.12, 89다카4946; 2002.10.8, 2001다76045.
89) 대판 1970.3.10, 69다1151 · 1152.
90) 대판 2006.6.16, 2005다25632.
91) 대판 2001.5.29, 2000다32161; 1992.2.11, 91다41118.

로 보며, 집행보존의 효력이 존속하는 동안 중단의 효력이 생긴다.[93]

(ㄴ) 權利者의 請求에 의하여 또는 법률의 규정에 따르지 못하여 취소된 때에는 효력이 상실된다(§175). 또한 압류할 물건이 없어 집행 불능이 된 경우에도 중단의 효력은 상실되며, 그 외에 압류·가압류·가처분의 집행행위가 시효이익을 받을 자에 대하여 하지 않을 때에는 이를 그 자에게 통지한 후가 아니면 중단의 효력도 상실된다(§176).

(ㄷ) 可分債權의 일부분을 피담보채권으로 하여 가압류한 경우에는 그 피담보채권의 일부 만에 시효중단의 효력이 있다.[94]

(ㄹ) 압류 또는 가압류된 채무자의 제3채무자에 대한 채권에 대하여는 확정적인 시효중단의 효력이 생기는 것은 아니다. 따라서 채권자가 확정판결에 기한 채권을 실현하기 위하여 채무자의 제3채무자에 대한 채권에 관하여 압류 및 추심명령을 받아 그 결정이 제3채무자에 송달되면 소멸시효 중단사유인 최고로서 효력을 가진다.[95]

(나) 압류·가압류·가처분이 취소된 때 또는 그 집행행위가 시효의 이익을 받을 자에 대하여 하지 않을 때에는 이를 그 자에게 통지한 후가 아니면 중단의 효력이 생기지 않는다(§176).

(4) 承 認

(가) 承認이란 시효의 이익을 받을 당사자가 시효로 말미암아 권리를 잃은 자에 대하여 상대방의 권리를 인정하는 표시, 즉 관념통지로서 승인으로 시효중단의 효력이 생긴다(§177).

(나) 채권의 시효중단사유로서 承認은 시효이익을 받을 당사자인 채무자가 그 시효 완성으로 권리를 상실하게 될 자 또는 그 대리인에 대하여 하여야 하고, 적어도 그 권리가 존재함을 인식하고 있다는 뜻을 표시함으로 성립하고,[96] 그 승인의 통지가 상대방에 도달한 때 효력이 생긴다.[97] 그리하여 판례는 소멸

---

92) 김기선 388면, 방순원 334면.

93) 대판 2006.7.27, 2006다32781.

94) 대판 1969.3.4, 69다3.

95) 대판 2003.5.13, 2003다16238.

96) 대판 2010.4.29, 2009다99105; 2007.1.29, 2005다64552; 2001.11.9, 2001다52568; 2000.4.25, 98다63193; 1999.3.12, 98다18124.

97) 대판 1995.9.29, 95다30178.

시효 이익의 포기사유로서의 채무의 승인은 그 표시의 방법에는 아무런 제한이 없어 묵시적인 방법으로도 가능하기는 하지만, 적어도 채무자가 채권자에 대하여 부담하는 채무의 존재에 대한 인식의 의사를 표시함으로써 성립하게 되고, 그러한 취지의 의사표시가 존재하는지 여부의 해석은 그 표시된 행위 내지 의사표시의 내용과 동기 및 경위, 당사자가 그 의사표시 등에 의하여 달성하려고 하는 목적과 진정한 의도 등을 종합적으로 고찰하여 사회정의와 형평의 이념에 맞도록 논리와 경험의 법칙, 그리고 사회일반의 상식에 따라 객관적이고 합리적으로 이루어져야 하는 것이라 한다.[98]

(ㄱ) 將來債權을 미리 승인하는 것은 채권자가 권리의 존재를 인식하고서 한 승인이라고 볼 수 없어 승인의 효력은 생기지 않는다.[99]

(ㄴ) 채무자가 채권자에 대한 모든 채무를 변제한다고 하면서 정산을 요구하였으나 채권자의 잘못으로 그 일부를 누락하고 정산하여 변제 받은 경우, 그 누락된 잔존채무에도 승인의 효력이 미치는가.

판례는 채무자가 채권자에 대한 모든 채무를 변제한다고 정산을 요구한 것은 정산된 채무만이 전 채무이고 그 이상의 채무는 존재하지 않는다는 인식을 표시하거나 특정채무를 지정하여 그 일부의 변제를 한 것이 아니라 자신이 부담한 전 채무를 그대로 인정한다는 관념을 통지한 것이라고 하여 긍정한다.[100]

(다) 承認의 方法은 아무런 형식을 요하지 아니하고, 또한 명시적이든 묵시적이든 불문한다. 예컨대 증서의 교환, 이자의 지급, 다툼이 없는 일부변제,[101] 담보제공,[102] 면책적 채무인수[103] 등의 묵시적 승인도 가능하다. 다만 合意書를 제안한 것도 승인으로 되는가. 판례는 채무자가 채권자로부터 소멸시효가 완성된 연대보증채무의 이행청구를 받고 그 채무액의 일부를 지급하고 사건을 종결하자는 내용의 합의안을 제안하였다가 거절당한 사안에서 합의안 제안의 배경 등 제반사정에 비추어 채무자가 이 합의안을 제의한 사실만으로 채권자에게 연대보증채무를 부담하고 있다는 채무

98) 대판 2008.7.24, 2008다25299.
99) 대판 2001.11.9, 2001다52568.
100) 대판 2001.2.23, 2000다65864.
101) 대판 1996.1.23, 95다39854.
102) 대판 1997.12.26, 97다22676.
103) 대판 1999.7.9, 99다12376; 1969.10.14, 69다1497; 판례는 종전 채무를 인수한다는 제의가 있었다면 그 채무에 대한 소멸시효는 인수당시의 승인에 의하여 중단된 것으로 볼 것이라고 한다(대판 1969.10.14, 69다1497).

승인의 뜻을 확정적으로 표시한 것이라고 해석하기 어려운 것이라고 한다.[104]

(ㄱ) 묵시적 승인의 표시는 적어도 채무자가 그 채무의 존재 및 액수에 대하여 인식하고 있음을 전제로 하여 그 표시의 상대방으로 하여금 채무자가 채무를 인식하고 있음을 추단할 수 있는 방법으로 하여야 한다.[105]

(a) 계속적 물품공급계약에 의한 거래에서 추가로 물품공급을 주문한 행위는 기존채무에 대한 승인으로 되는가. 물품 등을 주문하고 공급하는 과정에서 미변제 채무에 대하여 서로 확인을 하거나 확인된 채무의 일부를 변제하는 등의 절차가 없는 한 기존채무의 존부 및 액수에 대한 당사자간의 인식이 같다고 볼 수 없으므로 묵시적 승인이 있었다고 할 것은 아니다.[106]

(b) 형사상 피의자신문조서에서 陳述도 채무승인의 효력이 주어질 수 있는가. 판례는 검사작성의 피의자신문조서는 검사가 피의자를 신문하여 그 진술을 기재한 조서로서 그 작성형식은 원칙적으로 검사의 신문에 대하여 피의자가 응답하는 형태를 취하여 피의자의 진술은 어디까지나 검사를 상대로 이루어지는 것이어서 그 진술기재 가운데 채무의 일부를 승인하는 의사가 표시되어 있다고 하더라도, 그 기재부분만으로 곧바로 소멸시효중단사유로서 승인의 의사표시가 있은 것으로는 볼 수는 없는 것이라고 하여 부정한다.[107]

(ㄴ) 승인은 적어도 시효가 개시된 후 그 완성 전에 하여야 한다.[108] 따라서 시효완성 후의 승인은 승인이 아니라 시효이익의 포기로 된다.

(라) 상대방의 권리에 관한 處分能力이나 權限 있음을 요하지 않는다(§177). 이것은 원래 상대방 권리의 존재를 인정하는데 불과하기 때문이다. 그러나 민법 제177조의 해석상 관리권한이 있어야 한다고 봄이 통설이다. 예컨대 무능력자는 법정대리인의 동의가 없는 한 단독으로 유효한 승인을 할 수 없다.

(마) 승인은 이를 할 권한 있는 자가 하여야 한다. 판례는 국가의 채권에 대하여 소멸시효중단사유인 승인은 이를 할 권한 있는 자가 적법한 절차에 의하여 하는 것이 아니면 효력이 없는 것이라고 한다.[109]

---

104) 대판 2008.7.24, 2008다25299.
105) 대판 2007.1.29, 2005다64552; 2005.2.17, 2004다59959.
106) 대판 2005.2.17, 2004다59959.
107) 대판 1999.3.12, 98다18124.
108) 대판 2001.11.9, 2001다52658.
109) 대판 1970.3.10, 69다401.

3. 時效中斷의 효력

(1) 時效經過期間의 실효

時效가 中斷되면 그 때까지 경과한 시효기간은 이를 산입하지 않는다(§178 전단). 즉 지금까지 경과한 시효기간은 소멸하고 새로이 시효가 진행된다. 따라서 時效의 停止가 소멸시효의 완성이 정지되는데 불과한 것과 구별된다.

(2) 時效中斷의 상대적 효력

(가) 시효중단의 效力은 당사자 및 승계인 사이에만 효력이 있다. 그러므로 제3자에 대하여는 효력이 없음이 원칙이다.

(ㄱ) 손해배상청구권을 공동상속한 자 중 1인이 자기 상속분을 행사하여 승소판결을 얻은 경우에도 다른 상속인의 상속분에 중단의 효력은 미치지 아니하고,[110] 공유자 1인이 보존행위로서 한 재판상 청구는 다른 공유자에 시효중단의 효력은 없다.[111] 또한 보증인의 재산에 대한 시효중단은 주채무자에는 효력이 미치지 아니하고, 확정판결에 의한 채권자의 주채무자간의 소멸시효기간의 연장은 보증채무에 영향을 미치지 않는다.[112]

그 밖에도 판례는 선박소유자에 대한 재판상 청구는 그 선박의 근저당권자에 대하여 그 우선특권에 관한 시효중단의 효력은 없는 것이라고 한다.[113]

(ㄴ) 시효중단의 효력이 미치는 承繼人이란 시효중단에 관하여 당사자로부터 중단의 효과를 받는 권리를 승계한 자를 말하고, 특정승계·포괄승계를 불문한다. 그러나 이 경우 승계는 중단사유가 발생한 후 이어야 하고 중단사유발생 전의 승계에는 인정되지 않는다.[114]

(나) 지역권·연대채무·보증채무 등에서는 그 법률관계의 특수성으로 말미암아 예외가 인정된다.

---

110) 대판 1967.1.24, 66다2279.

111) 대판 1979.6.28, 79다639.

112) 대판 2006.8.24, 2004다26287·26294; 2002.5.17, 2000다62476; 1977.9.13, 77다418; 판례는 보증채무에 대한 소멸시효가 중단되었다고 하더라도 이로써 주채무에 대한 소멸시효가 중단되는 것은 아니고 주채무가 소멸시효완성으로 소멸된 경우에는 보증채무도 그 채무 자체의 시효중단에도 불구하고 부종성에 따라 당연히 소멸하는 것이라고 한다(대판 2002.5.17, 2000다62476).

113) 대판 1978.6.13, 78다314.

114) 대판 1998.6.12, 96다26961.

(ㄱ) 요역지가 수인의 공유인 경우에 그 1인에 의한 지역권 소멸시효 중단 또는 정지는 다른 공유자를 위하여 효력이 있다(§296).

(ㄴ) 어느 연대채무자에 대한 이행청구는 다른 연대채무자에게도 효력이 있다(§416). 또한 주채무자에 대한 시효중단은 보증인에 그 효력이 있다(§440).

⑶ 中斷 후의 시효진행

시효가 中斷된 후 그 시효에 기초가 되는 사실상태가 다시 계속되면 그 때부터 새로이 시효기간이 진행한다. 즉 請求로 중단된 때에는 재판이 확정된 때(§178 ②), 압류·가압류·가처분으로 중단된 때에는 이들의 절차가 끝났을 때, 承認으로 중단된 때에는 승인이 상대방에 도달한 때부터 소멸시효가 진행한다.

① 재판상 청구의 경우 — 재판확정일로부터
② 압류·가압류·가처분의 경우 — 그 절차가 끝난 때
③ 승인의 경우 — 상대방에 도달한 때

[129] Ⅲ. 消滅時效의 停止

1. 時效停止制度의 의의

⑴ 消滅時效의 停止란 시효기간이 거의 완성할 무렵에 권리자가 중단행위를 하는 것이 불가능하거나 또는 대단히 곤란한 사정이 있을 경우, 그 시효기간의 진행을 일시적으로 멈추게 하고, 그러한 사정이 없어졌을 때에 다시 나머지 기간을 진행케 하는 것을 말한다. 즉 時效停止制度란 일정 사유의 발생으로 그 시효완성을 유예하는 제도이다.

⑵ 時效의 停止는 시효중단과 더불어 권리자를 보호하는 제도이지만, 정지는 정지사유가 그친 뒤에 일정한 유예기간이 경과하면 시효는 완성되는 것이며, 이미 경과한 기간이 살아 있는 점에서 중단과 구별된다.

2. 消滅時效停止事由

⑴ 無能力者를 위한 정지

㈎ 소멸시효의 기간만료 전 6월 내 무능력자의 법정대리인이 없는 때에는

그가 능력자로 되거나, 또는 법정대리인이 취임한 때로부터 6월내에는 소멸시효가 완성하지 않는다(§179).

(나) 재산을 관리하는 부·모, 또한 후견인에 대한 무능력자의 권리는 그가 능력자로 되거나, 후임의 법정대리인이 취임한 때로부터 6월내에는 소멸시효가 완성하지 않는다(§180 ②).

⑵ 婚姻關係의 만료에 의한 정지

부부 일방의 타방에 대한 권리는 혼인관계가 종료한 때로부터 6월내에는 소멸시효가 완성하지 않는다(§180 ②).

⑶ 相續財産에 관한 정지

상속재산에 속하는 권리나 상속재산에 관한 권리는 상속인의 확정, 관리인의 선임 또는 파산선고가 있는 때로부터 6월내에는 소멸시효가 완성하지 않는다(§181).

(4) 事變에 의한 정지

天災 기타 事變으로 말미암아 소멸시효를 중단할 수 없을 때에는 그 사유가 만료한 때로부터 1월내에는 그 소멸시효가 완성하지 않는다(§182).

여기서 事變이란 천재에 비할 수 있는 전란·폭동·교통두절 등 객관적인 것이어야 하고, 여행·질병 등 주관적 사유는 포함되지 않는다.

3. 消滅時效停止의 효력

⑴ 消滅時效完成의 유예효과

소멸시효진행의 효과는 정지사유 발생으로 소멸하여 무효로 되는 것은 아니고 정지기간이 경과함에도 소멸시효 중단행위를 행하지 아니하면 소멸시효완성으로 권리는 소급적으로 소멸된다.

⑵ 中斷行爲에 의한 停止效果의 확보

停止의 效果는 정지기간 중 권리자의 중단행위의 행사로 인하여 확보되는데 불과하다. 따라서 정지사유 자체만으로는 시효중단의 효력이 생기지 않는다.

[130] Ⅳ. 消滅時效의 效力

(1) 消滅時效完成의 意味 ┌ 절대적소멸설(통설)
└ 상대적소멸설

(2) 消滅時效完成의 範圍
┌ ① 시간적 범위 — 소멸시효완성의 소급효(상계가능)
│ ② 물적 범위 — 주된 권리소멸에 의한 종된 권리의 소멸
└ ③ 인적 범위 ┌ 통설 — 제3자의 소멸시효완성의 원용권행사(절대적소멸설)
└ 판례 — 권리소멸에 의해 직접이익을 받는 자에 국한

1. 權利消滅의 의미

(1) 소멸시효의 완성으로 그 기산일에 소급하여 권리가 소멸한다(§167). 그러나 소멸시효로 소멸하는 권리는 請求權의 소멸인가, 訴權의 소멸인가, 아니면 권리 자체의 소멸인가. 입법례에 따라 달리한다.

독일민법 (동법 §222 ①)과 그리스민법은 "청구권의 상대방에게 항변권이 생긴다."라고 하고, 프랑스민법(동법 §2223)과 스위스채무법(동법 §142)은 "소멸시효에 걸린다"라고 하였다. 그러나 해석상으로는 독일민법은 소송상 방어방법으로서 항변권이 생길 뿐이고 채무자는 시효를 원용함으로써 비로소 채무를 면하는 것이라고 하고, 스위스채무법 또한 항변권을 발생시킬 뿐이라고 한다.

(2) 우리 구민법은 일본민법을 본받아 "시효는 당사자가 이를 원용하지 않으면 법원은 이에 의하여 재판하지 못한다."라고 하여(동법 §145) 시효원용제도를 두었으나 현행 민법은 이를 삭제하였다. 따라서 현행 민법의 해석상 소멸시효는 권리 자체가 소멸하는 것이라고 본다.

2. 消滅時效完成의 의미

(1) 學說의 입장

(가) 현행 민법은 구민법과는 달리 소멸시효의 효력에 관하여 민법은 제162조를 비롯하여 제163조·제164조 등은 모두 "消滅時效가 完成한다."라고 규정할 뿐이고, 그밖에 완성한다는 의미, 즉 소멸시효 완성의 효과가 무엇을 의미하는가. 침묵하고 있다. 따라서 소멸시효에 대한 민법이 규정하는 消滅時效가 '完

成한다'라는 의미가 무엇인가. 견해가 대립한다.

絶對的消滅說은 권리가 절대적으로 소멸하는 것이라 본다. 그 이론적 근거로서, 현행 민법은 구 민법과 달라서 시효의 원용에 관한 규정을 두고 있지 않음과, 부칙 제8조를 비롯한 제369조·제766조 제1항 등에서 "… 본법에 의하여 … 소멸한 것으로 본다."라고 규정하는 것은 결국 권리가 절대적으로 소멸한다는 것을 의미하는 것이라고 한다.

相對的消滅說은 권리가 상대적으로 소멸, 즉 시효완성을 주장하므로 소멸하는 것이라고 한다. 그 이론적 근거로서, 절대적 소멸설을 취하면 당사자의 원용이 없어도 법원은 당연히 권리가 소멸한 것으로 재판하여야 하나 이것은 당사자가 소멸시효의 이익을 받기를 원하고 있지 않는 경우에는 그 의사를 존중하지 않는 결과가 되어 부당하고, 소멸시효완성 후에 채무자가 시효완성의 사실을 모르고 변제한 때에는 이른바 비채변제가 되므로 그 반환을 청구할 수 있는 것이 되어 사회관념에 적합하지 못하며, 특히 절대적소멸설은 시효이익포기의 법률적 성질을 설명하기 어렵고, 또한 채무자가 奸計를 써서 신의성실에 반하는 방법으로 채권자의 시효중단을 방해한 경우에도 그러한 채무자에게 시효이익을 귀속시키지 않을 수 없게 되어 사회일반의 정의관념에 반할 뿐만 아니라, 등기된 재산권은 등기가 존재함에도 단지 기간의 경과만으로 소멸한다고 봄이 불합리하다는 점을 들어 권리가 절대적으로 소멸하는 것이 아니라, 상대적으로 소멸하는데 불과한 것이라고 한다(김용한 482면, 김증한 351면, 김현태 478면).

法定證據說은 시효완성이란 하나의 증거방법에 불과하다고 한다. 따라서 모든 소송법상 증거와 같이 소송에 있어서 소송당사자가 이를 제출·원용함으로써만 법원은 이것을 증거로 하여 재판할 수 있다고 하거나, 소멸시효완성으로 청구권 소멸의 법정증거가 성립하며, 그것을 청구권에 대한 항변권으로서 사용하기 위해서는 법정증거의 제출, 즉 시효의 원용이 있어야 한다고 한다.

다수설은 현행 민법은 구민법과 달라서 시효원용에 관한 제도를 삭제한 입법취지에서 시효원용제도를 전제로 하는 상대적소멸설은 취하기는 어려운 것이라고 하고 당사자의 원용이 없어도 시효완성 사실로써 채무는 당연히 소멸하는 것이라고 하여 絶對的消滅說을 취한다.

이에 대하여 종래 판례는 당사자의 원용이 없어도 시효완성 사실로서 채무는 당연히 소멸하는 것이라고 하면서도,[115] 한편 "소멸시효의 이익을 받는 자가 소멸시효 이익을 받겠다는 뜻을 항변하지 않는 이상 그 의사에 반하여 재판할 수 없을 뿐이다."라고 하거나,[116] "시효완성 후 소송에서 시효완성으로 채권이 소멸되었음을 항변으로 주장하지 않는 한 직권으로 이를 인정하여 이익을

115) 대판 1979.2.13, 78다2157; 1969.6.24, 69도481; 1961.1.31, 65다2445.
116) 대판 1979.2.13, 78다2157.

부여할 수 없다."라고 하여,[117] 상대적소멸설을 취할 여지를 주었다. 그러나 이 경우에도 다수설은 상대적 소멸을 의미하는 것이 아니라, 재판상 구두변론주의의 결과로 이해한다.

이에 대하여 相對的消滅說은 입법의 변경과 해석론의 변경이 반드시 논리 필연적으로 일치해야 하는지 의문을 제기하고,[118] 시효원용제도가 없는 독일민법에서도 소멸시효완성의 효과는 항변권(Einrede)을 발생시키는데 불과하고, 또한 절대적소멸설이 '時效로 인하여'라고 문언을 들고 있지만 이는 단순한 용어의 불일치에 불과한 것으로서 더욱 우리 민법은 소멸시효와 취득시효는 별개의 제도로 규정하고 있으므로 그 효력에 관한 규정을 같은 뜻으로 이해할 수 없는 것이라고 한다.

法定證據說 또한 권리가 시효로 소멸하지만 이를 소송상 당사자가 제출·원용하여야만 법원이 증거로서 재판할 수 있다는 견해와 소멸시효완성으로 청구권소멸의 법정증거가 성립하며, 이것을 청구권에 대한 항변권으로 행사하기 위해서는 이를 원용하여야만 한다는 설이 대립하나, 전자는 절대적소멸설에 접근하는 이론이고, 후자는 상대적소멸설에 접근한 이론이나 소송상 변론주의를 적용하면 결국 이를 특별히 인정해야 할 실익이 없어진다. 그리하여 상대적소멸설은 소멸시효를 대인적 성질을 갖는 請求權 또는 債權에 한하여 인정하면 단지 상대방에게 항변권을 발생시킬 뿐이지만 우리 민법에서와 같이 채권과 물권 모두에 소멸시효를 인정하는 입법 하에서는 소멸시효완성의 효과로서 시효이익을 받을 자에게 권리부인의 형성권이 생기고, 이 형성권의 행사가 곧 消滅時效의 援用이라고 주장한다.

(나) 이상의 점에서 논리 구성상 양설은 모두 타당한 근거를 가지고 오히려 상대적소멸설이 우수한 면이 없지 않다. 그러나 우리 민법은 제정과정에서 상대적소멸설에 입각한 원용규정을 삭제하였고, 또는 물권이 시효 소멸한 경우 상대적소멸설에 의하면 상대적 물권관계가 존재하는 점을 고려하여 보면 권리관계의 명확성을 위하여도 절대적소멸설을 취할 여지는 명백하다.

---

117) 대판 1968.8.30, 68다1089; 1964.9.15, 64다488; 1962.10.11, 62다466.

118) 소멸시효는 대륙법계의 소산이지만 이들의 입법례에서는 소멸시효기간의 만료로 당연히 권리가 소멸하는 것이라고 하는 것은 이태리민법(§2934 ①)을 제외하고는 찾아보기 힘들뿐만 아니라, 우리 민법의 모범이 된 만주민법도 동일한 태도를 취하고 있는 것이라고 한다.

(2) 絶對的消滅說과 相對的消滅說의 비교

(가) 소멸시효가 권리의 소멸원인, 즉 하나의 法律要件이라는 점은 어느 설에 있어서나 동일하다. 다만 이 법률요건이 효력을 발생하기 위하여 소멸시효기간의 만료만으로 족한 것인가, 소멸시효완성의 원용이라는 요건이 있어야 하는가에 차이가 있을 뿐이다.

또한, 민법 제184조에 의하면 소멸시효완성 후에는 당사자가 時效利益을 포기할 수 있고(§184 ①), 당사자의 특약으로써 소멸시효를 단축 또는 경감하는 것을 허용하고 있으므로(동조 ②) 絶對的消滅說도 민법이 소멸시효제도에 당사자 의사 내지는 개인의 윤리관을 배척하는 것은 아니다.

(나) 절대적소멸설과 상대적소멸설은 시효원용권을 중심으로 다음의 차이점을 가진다.

(ㄱ) 法院의 考慮: 당사자의 원용이 없어도 법원은 직권으로써 소멸시효를 고려할 수 있는가. 相對的消滅說은 권리부인권이란 일종의 형성권으로 이 형성권 행사에 의하여 법원이 고려할 수 있을 뿐이라고 하고, 絶對的消滅說은 당사자의 주장과는 관계없이 법원이 직권으로 조사하여 재판하여야 할 것이지만 민사소송법은 당사자변론주의를 취하고 있으므로 이 구두변론주의의 결과로 소멸시효의 이익을 받을 자가 이를 원용하여야 고려되는 것이라고 한다.[119] 그러나 견해 중에는 소송법상 변론주의는 사실문제에 관한 것일 뿐이고 소멸시효의 적용, 즉 법규의 인식·적용은 어디까지나 법률문제로서 법관의 직무에 속하는 것이고, 또한 채무자 측에서 제출하는 시효소멸의 항변은 權利否認權의 抗辯이라는 점을 강조하여 이때 항변권은 협의의 항변권(Einrede)과는 달리 당사자의 주장이 없이 법원이 직권으로 고려할 것이라고 한다.

(ㄴ) 消滅時效完成 후 辨濟效力: 채무자가 소멸시효완성 후에 변제하면 그 변제는 비채변제로 되는가. 相對的消滅說에 의하면 소멸시효완성의 사실을 알았거나 알지 못하였거나를 불문하고 원용이 없는 동안 채권은 소멸하지 않은 것이므로 이때 변제는 유효한 채무변제로 된다. 그러나 絶對的消滅說에 의하면 언제나 비채변제로 되지만, 채무자가 소멸시효완성의 사실을 알고 있으면서 변제를 하면 시효이익의 포기가 되며, 민법 제742조 적용으로 부당이득의 법리로

119) 대판 1968.8.30, 68다1089.

도 그 반환을 청구하지는 못한다. 다만 소멸시효완성의 사실을 알지 못하고 변제한 경우에는 그 반환을 청구할 수 있게 되나, 이 경우에도 이른바 도의관념에 적합한 비채변제(§744)로 되어 그 반환은 청구할 수가 없게 된다.

- (1) 알고 변제한 경우
  - 절대적소멸설의 경우 — 유효한 변제가 될 수 없으나 악의의 비채변제가 되어 반환을 청구할 수 없다(§742).
  - 상대적소멸설의 경우 — 당연히 유효한 변제로 된다.
- (2) 알지 못하고 변제한 경우
  - 절대적소멸설의 경우 — 당연한 비채변제로 되나, 이 경우에도 도의관념에 적합한 변제라고 하여 부당이득의 반환청구를 부정한다(§744).
  - 상대적소멸설의 경우 — 당연히 유효한 변제로 된다.

(ㄷ) **時效利益의 抛棄**: 소멸시효이익의 포기를 이론상 어떻게 설명할 것인가. 相對的消滅說에 따르면 일단 발생한 권리부인권의 포기로 된다. 그러나 絶對的消滅說에 의하면 소멸시효완성의 이익을 받지 않겠다는 의사표시라고 하며, 이 의사표시로 이익이 생기지 않았던 것으로 되는 것이라고 한다. 그러나 소멸시효완성 후 시효이익을 받지 않겠다는 의사표시, 즉 포기의 효력이 왜 소급하여 발생하는지는 설명할 수가 없게 된다.

[절대적소멸설과 상대적소멸설의 비교]

	절대적소멸설	상대적소멸설
공통점	권리소멸의 법률요건	
소멸의 근거	시효완성에 의한 당연소멸	시효원용에 의한 소멸
법원의 고려	변론주의의 결과	원용권의 결과
변제효력	비채변제 성립	비채변제 불성립
시효이익포기	포기는 불가능하고 시효이익을 받지 않겠다는 새로운 의사표시	권리부인권(원용권)의 포기

3. 消滅時效完成의 효력

甲은 乙에 대하여 채무를 부담하고 있었으나 변제기에 변제하지 못하고 수년이 경과고 있던 중 그동안 경제사정이 호전되자 乙에 변제하기 위하여 丙에 그 전달을 부탁하였으나 丙은 이를 착복하고 거짓말로 乙에 전달하였다고 하였다.

甲은 유효히 변제된 것으로 믿고 있던 중 乙의 채권소멸시효기간이 경과되었다. 甲·乙간의 법률관계는 어떻게 되는가.

(1) 權利의 絶對的 消滅(인적 범위)

(가) 소멸시효의 완성으로 권리는 절대적으로 소멸한다. 따라서 당사자의 원용이 없어도 시효완성 사실로서 채무는 당연히 소멸한다.

(나) 소멸시효가 완성된 권리를 재판상 청구하기 위해서는 시효이익을 받을 자가 이를 원용하여야 한다. 따라서 소멸시효이익을 받는 자가 시효이익을 받겠다는 뜻을 항변하지 않는 이상 그 의사에 반하여 재판하지 못한다.[120]

(ㄱ) 절대적소멸설에 의하면 권리는 절대적으로 소멸하므로 시효이익을 받을 자는 제한이 없다. 그러나 판례는 절대적소멸설을 취하면서도 시효이익을 원용할 수 있는 자는 권리소멸에 의하여 직접 이익을 받는 자에 국한하는 것이라고 한다.[121]

권리소멸에 의하여 '직접 利益을 받을 者'로서 채무자는 물론이나, 이에 국한하지 않고, 가등기담보권이 설정된 부동산의 제3취득자,[122] 매매예약에 의하여 가등기가 경료된 부동산의 제3취득자[123]이다. 그러나 채무자에 대한 일반채권자,[124] 채권자대위소송에서 제3채무자[125]는 해당하지 않는다.

다만, 사해행위취소소송의 상대방이 된 詐害行爲의 受益者는 직접 이익을 받는 자로 되는가. 판례는 사해행위가 취소되면 사해행위에 의하여 얻은 이익을 상실하고 사해행위취소권을 행사하는 채권자의 채권이 소멸하면 그와 같은 이익의 상실을 면하는 지위에 있음을 들어 긍정한다.[126]

(ㄴ) 시효원용권자가 數人인 경우 그 중 一部가 時效援用權을 抛棄한 경우에도 나머지 채권자는 이를 원용할 수 있는가. 수인 중 일부가 시효이익을 포기하더라도 이것은 채권자와 그 시효원용권자 사이에만 효력이 있을 뿐이며, 이로써 다른 시효원용권자의 원용을 포기하는 것은 아니다. 따라서 시효원용권자는 독자적으로 시효완성을 원용할 수 있다.[127]

(ㄷ) 소멸시효의 원용에도 失效原則이 適用되는가. 판례는 채무자의 소멸시효

---

120) 대판 1979.2.13, 78다2157.
121) 대판 2007.11.29, 2007다54849.
122) 대판 1995.7.11, 95다12446.
123) 대판 1991.3.12, 90다카27570.
124) 대판 1997.12.26, 97다22676; 다만, 자기채권의 보전을 위하여 필요한 한도 내에서 채무자를 대위하여 소멸시효의 완성을 원용하는 것은 가능하다.
125) 대판 1998.12.8, 97다31472.
126) 대판 2007.11.29, 2007다54849.
127) 대판 1995.7.11, 95다12446.

에 기한 항변권의 행사도 우리 민법의 대원칙인 신의성실의 원칙과 권리남용금지원칙의 적용을 받는 것이어서 채무자가 시효완성 전에 채권자의 권리행사나 시효중단을 불가능 또는 현저히 곤란하게 하였거나 그러한 조치가 불필요하다고 믿게 하는 행동을 하였거나, 객관적으로 채권자가 권리를 행사할 수 없는 장애사유, 또는 일단 시효완성 후에 채무자가 시효를 원용하지 아니할 것 같은 태도를 보여 권리자로 하여금 그와 같이 신뢰하게 하였거나, 채권자 보호의 필요성이 크고, 같은 조건의 다른 채권자가 채무변제를 수령하는 등 사정이 있어 채무이행의 거절을 인정함이 현저히 부당하거나 불공평하게 되는 등 특별한 사정이 있는 경우에는 채무자가 소멸시효완성을 주장하는 것이 신의성실의 원칙에 반하여 권리남용으로서 허용될 수 없는 것이라고 하여 실효원칙 적용을 긍정한다.[128]

(2) 消滅時效完成의 소급효(시간적 범위)

(가) 소멸시효는 그 기산일에 소급하여 효력이 생긴다(§167). 소멸시효는 그 시효기간동안 계속된 사실상태를 보호하는데 있기 때문이다.

소멸시효완성의 소급효로서 소멸시효로 채무를 면하게 되는 자는 기산일 이후의 이자를 지급할 필요가 없다. 다만 시효로 소멸하는 채권이 그 소멸시효가 완성하기 전에 상계할 수 있었던 것이면 채권자는 이를 상계할 수 있다(§495).

(나) 소멸시효의 소급적 효력으로서 起算日이란 권리를 행사할 수 있는 때를 의미한다(§166 ①). 따라서 소멸시효로 인한 권리소멸의 효력은 그 권리를 행사할 수 있었던 때로 소급한다.

위 사례에서 소멸시효가 완성한 후 그 권리의 효과, 즉 소멸시효완성의 효과 문제로서 甲이 乙의 채무를 변제하려고 하였으나 丙의 사기로 변제하지 못하고 이로써 소멸시효가 완성된 경우 乙의 채권이 존속하는가.

(1) 소멸시효완성의 효과에 대하여 절대적소멸설과 상대적소멸설 외에도 소멸시효완성은 하나의 증거방법에 불과하다는 법정증거설에 따라 그 이론구성을 달리한다. 소멸시효의 학설 중 絶對的消滅說에 의할 때, 乙의 채권은 소멸시효가 완성된 때 완전히 소멸된다. 그러나 사안에서 甲이 그 채권을 변제하고자 했으나 丙에게 사기를 당해서 변제하지 못한 사정은 소멸시효완성에 어떤 영향을 미치는가. 즉 甲의 丙을 통한 乙에 대한 변제의사는 甲의 乙에 대한 채무승인으로서 의미를 가지는가. 아니면 甲은 시효이익을 포기한 것인가. 문제된다.

---

128) 대판 2002.10.25, 2002다32332.

(가) 甲의 丙에 대한 변제행위는 甲의 乙에 대한 시효이익을 포기한 것으로 되는가. 이를 부정한다. 왜냐하면 시효이익은 시효완성 전에는 포기하지 못하고 또한 포기는 상대방 있는 단독행위로서 적극적 의사표시를 요하므로(대판 1992.12.22, 92다46097 참조), 甲의 丙을 통한 변제행위는 아직 시효완성 전의 행위이고 또한 甲은 시효이익을 포기한다는 의사가 없었을 뿐만 아니라 비록 甲의 변제행위를 포기의사로 의제한다고 하더라도 그 의사는 아직 도달하지 않았기 때문이다.

(나) 甲의 丙을 통한 변제행위는 乙에 대한 채무승인으로 의미는 가지는가. 승인이란 채무자의 채권자에 대한 채무를 인정하는 관념통지이며 시효완성 전에 행한 것이면 족하고 그 방법에는 제한이 없다.

여기서 甲의 丙을 통한 변제의사는 채무승인의 의미로 볼 수 있을 것이지만 채무자 乙이 이를 알지 못하는 경우에도 시효중단으로서의 승인이 되는가. 관념통지에도 의사표시에 관한 규정이 준용되므로 이를 채무자가 알지 못하는 동안에는 효력이 발생한다고 볼 수 없고, 채무자가 알지 못하고 있는 동안 소멸시효가 완성되었다면 그 소멸시효완성을 방해하지 못한다. 따라서 甲의 丙을 통한 변제행위는 그에 대한 채무승인으로서의 효력도 생기지 않는다.

(2) 결국, 甲이 丙을 통한 乙에 변제행위는 丙의 장애로 인하여 목적을 달성하지 못하게 되고 동시에 乙은 채무승인으로서의 시효중단이나 甲의 乙에 대한 소멸시효이익의 포기로서 효과도 발생하지 아니한다. 따라서 통설인 절대적소멸설에 의하면 甲과 乙간의 채무는 소멸시효완성으로 소멸하게 되며, 이로써 후일 甲이 임의로 변제하지 않는 한 乙은 그 채무이행을 청구하지 못한다.

(3) 從된 權利에 대한 소멸시효의 효과(물적 범위)

主된 權利에 소멸시효가 완성한 때에는 從된 權利에도 그 효력이 미친다(§183). 따라서 주된 권리에 대한 시효이익의 포기는 그 종된 권리에도 포기의 효력이 미친다. 예컨대 원본채권이 시효소멸 하면 이자채권도 역시 시효로 소멸하게 되며, 이는 물건관계이론의 권리관계에의 준용의 결과이다.

① 원본채권 — 이자채권
② 피담보채권 — 담보물권
③ 혼인 — 부부재산계약

→ 主된 權利의 소멸로 從된 權利의 소멸

4. 消滅時效利益의 포기

(1) 時效利益拋棄의 의의

소멸시효제도는 권리를 행사할 수 있음에도 불구하고 권리불행사의 상태가 일정한 기간동안 계속함으로써 권리소멸의 효과가 생기게 하는 제도이다. 그러나 이러한 획일적·강행적이고, 공익적 제도에도 당사자 의사 내지는 사적자치가 배제되는 것은 아니다. 즉 절대적소멸설 · 상대적소멸설 어느 것에 의하더라도 모두 소멸시효완성 후 당사자의 시효이익포기는 인정되고(§184 ①), 또한 당사자의 특약에 의하여 소멸시효를 단축 또는 경감하는 것도 허용한다(동조 ②). 따라서 소멸시효기간 자체가 당사자의 특약에 의해 단축될 수 있을 뿐만 아니라 포기제도가 인정되는 이상 소멸시효가 완성된 후에도 권리가 소멸할 것인가 여부는 아직 미확정 상태에 있게 된다.

⑵ 時效利益拋棄의 이론구성과 유효성

㈎ 시효이익포기의 이론구성 소멸시효이익포기에 관한 이론구성은 절대적소멸설과 상대적소멸설에 따라 달리한다.

(ㄱ) 相對的消滅說의 입장 : 권리소멸의 효력은 소멸시효완성만으로는 아무런 변동이 없고 시효이익을 받을 자가 소멸시효완성을 주장함으로써 소멸하게 되므로 상대적소멸설에 의한 시효이익의 포기는 곧 소멸시효완성으로 일단 발생한 '권리부인권의 포기'를 의미한다. 따라서 시효기간완성 전의 포기는 시효원용권의 사전포기이나, 시효기간완성 후의 포기는 일단 발생한 권리부인권의 포기로 된다.

또한, 소멸시효이익의 포기, 즉 권리부인권의 포기는 '형성권'의 포기이다.

(ㄴ) 絶對的消滅說의 입장 : 권리소멸의 효과는 소멸시효의 완성과 더불어 절대적으로 발생한 것, 즉 시효이익이 이미 절대적으로 귀속된 것이므로 절대적소멸설에 의한 시효이익의 포기란 있을 수 없다. 따라서 절대적소멸설에 의한 소멸시효이익의 포기는 시효이익을 받을 자가 소멸시효이익을 받지 않겠다는 '새로운 의사표시'이며, 이 의사표시에 의하여 이익이 생기지 않았던 것으로 된다.

時效期間完成前의 拋棄는 실체법적으로는 시효이익 향수의 사전포기이고, 소송법적으로는 방어방법으로서 주장하는 것의 사전 포기이다. 그러나 시효기간완성 후 포기는 소멸시효완성의 이익을 받지 않겠다는 의사표시이며, 이 의사표시를 하면 이익이 생기지 않았던 것으로 된다.

그렇다면, 이 拋棄의 效力은 어떻게 소급할 수 있는가. 일반적으로 권리 또는 이익의 포기는 소급효를 갖지 못한다(상속의 경우는 예외 인정). 여기에 이 학설의 결정적인 난점이 있다.

(나) 시효이익포기의 유효성 양설은 시효이익의 포기가 '의사표시'라는 점에서는 일치하고, 민법 제184조 제1항의 반대해석으로 소멸시효가 완성된 후에 그 이익을 포기하는 것은 허용된다(프랑스민법 §220는 이를 명문으로 규정한다).

이러한 해석은 시효제도에서의 의사주의와 조화될 뿐만 아니라 시효중단에서 승인(§186의 3)과도 조화된다. 또한 소멸시효완성 전의 포기와 같은 폐단을 수반하지도 않기 때문이다.

(3) 抛棄權의 행사

(가) 시효이익의 포기는 상대방의 동의를 요하지 않는 상대방 있는 단독행위이며, 명시·묵시적 의사를 불문한다.

(ㄱ) 時效利益의 抛棄는 일종의 의사표시이므로 포기의 여부는 의사표시해석의 문제에 속한다.

판례는 채무자가 소멸시효완성 후 채무를 일부변제한 때에는 그 액수에 다툼이 없는 한 그 채무를 묵시적으로 승인한 것으로 보아야 하고, 이 경우 시효완성의 사실을 알고 그 이익을 포기한 것으로 추정되는 것이라고 한다.[129)]

(ㄴ) 소멸시효가 완성된 후에 延期證을 차입하거나 변제를 하는 것이 시효이익의 포기로 되는가.

판례는 延期證 등으로 변제할 의사를 분명히 표시한 때에는 특히 소멸시효의 이익을 포기하는 것이 아니라는 의사를 유보하지 않는 한, 시효완성 사실에 대한 지·부지에 관계없이 포기한 것으로 해석해야 할 것이라고 하고, 그 이유로서 시효제도는 공익적·획일적 제도이기는 하지만 당사자간에 그 의사표시 해석상 명백한 사실에까지 시효로 인한 소멸을 원용할 수 있도록 하는 것은 아니라는 점과 상대적소멸설에서 볼 때 원용이 없는 동안은 채무가 존재하는 것이므로 그 변제는 유효하고 변제의사의 표시는 채무의 존재를 확정적인 것으로 한다는 점을 든다.

그 외에도 판례는 시효완성 후에 채무를 승인한 때에는 시효완성의 사실을 알

---

129) 대판 2001.6.21, 2001다3580; 판례는 소멸시효가 완성된 채무를 피담보채무로 하는 근저당권이 실행되어 채무자 소유의 부동산이 경락되고 그 대금이 배당되어 채무의 일부변제에 충당될 때까지 채무자가 아무런 이의를 제기하지 아니하였다면 경매절차의 진행을 채무자가 알지 못하였다는 등 특별한 사정이 없는 한 채무자는 시효완성 사실을 알고 그 채무를 묵시적으로 승인하여 시효이익을 포기한 것으로 보아야 하는 것이라고 한다.

고 그 이익을 포기한 것이라고 추정할 수 있는 것이라고 하고(대판 1967.2.7, 66다2173), 또한 수표법상 소구권이 시효로 인하여 소멸된 후 수표상 채무를 승인한 경우(대판 1965.11.30, 65다1996), 소멸시효완성 후 채무자가 기한의 유예를 요청하는 것(대판 1965.12.28, 65다2133)은 시효이익을 포기한 것으로 추정되는 것이라고 한다.

그러나 소멸시효완성 후 채권자의 제소기간연장의 요청에 대한 채무자의 승인(대판 1987.6.23, 86가2107), 취득시효완성 후 매도하여 줄 것을 요청한 바 있으나 매수대금에 대한 견해 차이로 매수교섭이 결렬된 사실(대판 1991.2.22, 90다12977), 20년간 소유의 의사로 평온·공연하게 군 소유 임야를 점유한 자가 그 후 군과 사이에 임야에 대한 대부계약을 체결한 사실(대판 1992.12.22, 92다46097)만으로는 달리 적극적인 의사표시를 하지 않은 이상 취득시효완성의 이익을 포기한 것으로 보기 어려운 것이라고 한다.

(나) 時效利益의 抛棄權者는 시효완성의 이익을 받을 당사자 또는 대리인에 한정된다.

또한, 시효이익의 포기는 처분행위이므로 처분능력과 권한을 가져야 한다.

(4) 時效利益抛棄의 효과

(가) 시간적 범위　　시효기간진행 중 시효이익의 포기는 이미 경과한 기간의 포기로서만 유효하고 포기 이후 소멸시효진행에 영향을 미치지 않는다.

왜냐하면, 시효제도는 공익적제도이며 시효이익의 포기는 일종의 중단으로서 의미를 가지는 것으로 해석되기 때문이다.

(나) 인적 범위　　시효이익포기의 효과는 상대적이다.[130] 예컨대 시효이익을 가지는 자가 수인인 경우 그 1인의 포기는 타인에게 영향을 미치지 않는다.

이것은 시효원용의 효과가 상대적이라는 것과 동일한 취지이며 시효제도의 취지상 시효이익의 수령 여부는 각 당사자가 독립적 의사에 의해 결정되어져야 할 것이기 때문이다. 예컨대 연대채무에서 주채무자가 시효이익을 포기하더라도 보증인에는 효력을 미치지 않는다(§433 ②). 또한 연대채무자 중 1인의 시효이익 포기는 다른 연대채무자에 영향을 미치지 않는다(§423).

(다) 물적 범위　　금전채권의 경우와 같은 可分債務의 일부에 대하여 채무자가 행한 행위는 그 전부에 대한 포기로 볼 수 있는가. 구체적 사정을 따라 판단

---

130) 대판 1998.2.27, 97다53366; 판례는 시효완성의 이익포기의 의사표시를 할 수 있는 자는 시효완성의 이익을 받을 당사자 또는 대리인에 한정된다고 할 것이고, 그 밖의 제3자가 시효완성의 이익의 포기의 의사표시를 하였다고 하더라도 이는 시효완성의 이익을 받을 자에 대한 관계에서 아무런 효력이 없는 것이라고 한다.

할 것이지만 통상 그 전부에 대한 포기로 보아야 할 경우가 많을 것이다.

또한, 保證債務에 관한 시효이익의 포기는 그 범위에 주채무의 시효이익포기를 포함한다.

(5) 時效利益의 포기제한

(가) 소멸시효이익은 시효기간이 완성하기 전에 미리 포기하지 못한다(§184). 본래 시효제도는 영속한 사실상태를 존중하려는 公益的 制度이므로 개인의 의사에 의하여 미리 배척할 수 있게 하는 것은 부당할 뿐만 아니라, 채권자가 채무자의 궁박을 이용하여 미리 소멸시효이익을 포기하게 할 염려가 있기 때문이다.

소멸시효가 완성하기 전에 시효이익을 포기한다는 것은 그 소멸시효로 생기는 법률상의 이익을 받지 않겠다는 일방적 의사표시로서 그 성질은 絶對的消滅說에 의하면 실질적으로는 시효이익을 받을 권리의 사전포기이고, 소송법적으로는 예방방법 주장의 사전포기이다. 그러나 相對的消滅說에 의하면 시효효과 원용권의 사전포기가 된다.

여기서 '미리'란 시효기간의 완성 전이라는 뜻으로 시효개시 전에 포기특약을 하는 것이 전형적인 것이지만 시효진행 중이라도 동일하다. 즉 장래에 있을 시효완성에 대하여 그 효력의 불발생을 사전에 약속한다는 것은 민법 제184조 제1항에 의하여 허용될 수 없다. 다만 과거에 진행하여 왔던 기간에 대한 포기는 승인(§168 ③)으로서 시효중단의 효력을 일으킬 뿐이다.

(나) 소멸시효는 법률행위에 의하여 이를 배제·연장 또는 가중하지 못한다(§184 ②). 따라서 소멸시효완성을 곤란케 하는 특약, 예컨대 소멸시효제도를 전적으로 배제하고자 하는 의사표시는 물론이고, 시효기간을 연장하는 특약, 시효의 기산점을 연장하는 특약, 중단이나 정지 사유를 추가하는 특약 등은 무효이다(독일민법 §226 참조).

(다) 消滅時效를 법률행위에 의하여 단축 또는 경감하는 특약은 유효하다(§184 ②). 이것은 시효제도의 공익성에 반하지 않을 뿐만 아니라, 오히려 채무자에게 이익이 되는 까닭이다.

찾 아 보 기

[ㄱ]

可能權(Kannrecht) 49
可分債權 719
可分債務 735
假死制度 175
假押留 718
假押留債權者 450
假裝條件 670
假裝行爲 398, 444
家族權 47
假住所 161
假處分 718
各自代理 522
間接代理 514
監督者 226
감사(Aufsichtsrat) 240
感情表示 319
强迫 482, 488
强迫에 의한 意思表示 483
强迫行爲 487
强行法規 352
改良行爲 541
客觀的 不能 345
更改 661
居所 161
拒絶權 154
建物 284
검색의 항변권 49
結合的 合同行爲 332
輕過失 343, 469
耕者有田의 原則 289
經濟法 4
契約(Vertrag) 330, 413
계약목적불도달의 법리(the doctrine of frustration of contract) 73
契約締結上 過失 342
계약체결상 과실책임 66
雇傭契約 640
故意 271
公開統制理論 410
公共福利의 原則 31, 61
公共用物 304
共同代理 522, 546
公力救濟 97
公法 2
公法上 債權 711
公法人 194
公示送達 509
公用物 304
共有物 304
共益權 246
公益權 47
過大廣告 485
果實 296
過失相計 607
過失責任의 原則 26, 356
觀念的 引導 524
觀念通知 318, 319
管理人 170
慣習法 11
廣義의 契約 330

廣義의 附款 666
구성요건(Tatbestand) 309
權能 45
權利果實(Rechtsfrüchte) 297
權利濫用 84
權利能力(Rechtsfähigkeit) 108, 109, 215
權利能力者 110
權利能力平等의 原則 111
權利否認權의 抗辯 728
權利의 競合(Konkurrenz von Rechten) 53
權利의 衝突(Kollision der Rechte) 52
권리주체(Rechtssubjekt) 110
權限 45
歸屬行爲理論(Geschäft für den, denes angeht) 559
規範的 解釋(normative Auslegung) 401
規律(Regelung) 364
規則 11
금반언(estoppel)의 원칙 63
禁治産者 135, 146, 632
給料 709
期間 678, 684
기대권(Anwartschaft recht) 51, 668, 670
旣得權不可侵의 原則 37
欺罔行爲 157, 485
旣成權 51
旣成條件 677
企業(Unternehmen) 285
期限(Zeitbestimmung) 667, 678
期限의 利益 680, 681

[ㄴ]

內部的 授權行爲 530, 537
內容의 錯誤 459
農作物 289
能動代理 522

[ㄷ]

短期消滅時效 707
단독행위(Einseitiges Rechtsgeschäft) 329, 374, 413
單獨行爲에 轉換 648
單獨行爲의 代理 546
單獨虛僞表示 433
團束規定 327, 347
團束法規 348
單一物 302
擔保物權 698
擔保責任 56
當事者 35
當事者能力(Parteifähigkeit) 108
當然無效 636
代價危險 344
代理 515
代理權 507, 515, 526
代理權의 濫用 564
代理人 461, 579
대리제도(Stellvertretung) 512
代理行爲 564
代理行爲의 瑕疵 536
代物辨濟 544
對世權 51
代襲相續 116
到達 507
到達主義原則 500
獨立行爲 338
動機의 錯誤 459, 461, 473, 496
動産 286, 290
同時死亡 187

登記能力 274
登記簿 466
登記請求權 699

[ㄹ]

流動的 無效 636
理事(Vorstand) 231
臨時理事(provisiorischer Vorstand) 237

[ㅁ]

默示的 意思表示 429, 531
買受人 450
命令 11
命令・規則 10
明示的 意思表示 428
名義貸與 434
明認方法 289
矛盾行爲禁止原則(benire contra factum proprium) 77
無經驗 377
無過失 342, 452
無權代理 522, 561, 581, 587
無權代理行爲 581
無權代理人 614
無記名債權 290
無能力者 127
無償任置 681
無償行爲 336, 374
無利子消費貸借 681
無因行爲 337
無體的 到達 504
無體的 意思表示 500, 509
無效・取消二重效 147
無效인 法律行爲 629
無效行爲의 轉換 645
文理解釋 34
物件 279, 302
物件果實(Sachfrüchte) 297
物權 47, 52, 279, 705
物權法定主義 354
物權的請求權 58, 447, 697
物權行爲 335, 640, 658
物的擔保 100
未分離果實 288, 289
未成年者 525, 632
未採掘鑛物 286
民法의 有權解釋 34
民法의 解釋 33
民法典 6
民事特別法律 6

[ㅂ]

反射的 利益 45
法律關係 308
法律不遡及의 原則 37
法律事實 310
法律要件 309
法律의 錯誤 459
法律行爲 309, 318
法律行爲의 追認 152, 659
法律行爲의 解釋 389, 391
法律行爲自由의 原則 26
法源(source of law, Rechtsquellen) 7, 15
法律關係 39
法律關係形成의 自由 28
法律的 不能 345
法律行爲(Rechtsgeschäft) 316, 573
法律行爲의 附款(Nebenbestimmung) 667, 684

法律行爲의 瑕疵 325
法人登記 249
法人의 不法行爲能力 220
法人의 淸算 253
法人의 行爲能力 219
法定果實(juristische Früchte) 297, 301
法定代理 520
法定條件 677
法定追認 660, 661
法定追認制度 152
法定後見人 137
法條競合(Gesetzeskonkunenz) 57
法條競合關係 57
補助行爲 338
保存行爲 541
保證人 450, 652
保證債務 735
補充規定 9
補充의 原則 67
보충적 해석(ergänzende Auslegung) 403
復代理人 239
本人排除代理(verdrängte Vertretung) 571
本體的 方式 333
附加的 方式 333
不公正한 法律行爲 359, 369
附款(Nebenbestimmung) 330, 666
不能條件 677
負擔 667
負擔行爲(Verpfichtu-ngsgeschäft) 335, 338
復代理 574
復代理人 578
不文法主義 8
不法原因給付 446
不法原因給與 445
不法條件 677
不法行爲 573, 620
不法行爲責任 618
副産物 298
復授權行爲 575, 577
附隨義務 72
不融通物 304
復任權(Substitu tionsbefugnis) 574, 576
復任行爲 574
不作爲債權 705
不特定物 305
不確定期限 671, 678
不當利得 445, 620
不當利得返還請求權 447
不動産 286
불예견론(la theorie de imprēvision) 73
不在者 166
秘密證書 647
非法人社團 258
非遡及的 追認 643
非消費物 305
非隨意條件 669, 670
非信託行爲 337
非營利法人 197
非專屬權 51
非眞意 436

[ㅅ]

事件(Ereignis) 312, 319
私權 45, 46, 97
私權의 行使(Rechtsausübung) 59
詐欺 155, 482
詐欺에 의한 意思表示 482
社團 197, 267, 640
社團法人 188

私力救濟 97
死亡 173
事務管理 620
私法 2
私法의 公法化 4
私法人 194, 196
私所有權尊重의 原則 356
詐術 155
事實의 錯誤 460
事實인 慣習 406
사실적 계약(faktische Schuldverhaltnis) 131
事實的 不能 345
事實行爲 296, 524, 593
使用料 709
使用者 226
사원권(Mirgliederschaft) 47, 245
社員總會 243
私有財産權尊重의 原則 25
死因贈與 117
死因行爲 334
使者 512
私的自治 27, 28
事情變更의 原則(clausula sic rebus stantibus) 73
詐害行爲 368
射倖契約 363
社會秩序(öffentliche Ordnung) 357
相對權 51
相對方없는 單獨行爲 620, 653
相對方있는 單獨行爲 621, 653
商法 3
相續權 47, 279
商業登記 249
商業使用人 601
狀態權 698
商行爲의 代理 551
商化現像 4
生前行爲 334
善良한 風俗(gute Sitten) 357
善意 35, 438, 452, 492
選任管理人 168
選任財産管理人 573
選任後見人 137
設立登記 249
設立者組合 201
成年宣告制度 133
成文法主義 8
誠意訴訟(bonae fidei judicia) 63
消極條件 669
遡及的 追認 644
소멸시효(Verjähung) 689
消滅時效無用論 699
消滅時效의 停止 723
消滅時效의 中斷(Unterbrechung der Verjährung) 712
消費物 305
消費任置契約 703
訴訟代理 592
訴訟行爲能力 149
少數社員權 243
所有權 82, 700
訴의 取下 471
授權行爲 528, 535
受動代理 522, 548
受領能力 504
樹木의 集團 289
隨意條件 669
受贈者 301
純粹事實行爲 311, 318, 319
純粹隨意條件 670
承繼人 314, 722

承認 719
屍體 282
시카네금지 84
時效 688
時效援用權 730
身分權 105, 701
身分法上 行爲 325
身分上 法律行爲 525
身分上 行爲能力 132
身分行爲 147, 336, 470
紳士協定(gentlemans agreement) 40
新意思主義 419
新意思主義論 436
신의성실(Treu und Glauben) 62
信義誠實의 原則 359
信義則 63, 71, 408
信託行爲 337, 434, 441, 442
失踪宣告制度 115
實質的 意味의 民法 5
실효(Verwirkung)의 원칙 76
失效原則 690, 730
心身薄弱 134
心神喪失 135
雙方代理 542

[ㅇ]

押留 718
讓渡擔保 100
養子 137
嚴格解釋의 原則 409
年金擔保 355
連帶保證債務 99
例文解釋 65, 409, 411
誤表示無害의 原則(falsa demonstratio non nocet) 398
外國法人 199, 229
外國人 37, 120
外部的 授權 588
外部的 授權行爲 530, 537
外上代金債權 708
要物契約 414
用益物權 698
容態(Verhalten) 421, 564
元物 297
原始取得 313
越權代理 593
違法行爲 311
委任關係 515
危險負擔 343, 675
危險負擔의 轉嫁 344
遺 贈 117
有權代理 522, 560
流動的 無效 634
誘發된 動機 478
有償行爲 336
遺言 647
有因行爲 337
유질계약 372
有體物 280
有體的 意思表示 500
類推 34
類推解釋 34
留置權 100
融通物 303
隱匿行爲 441
義務 45
義務履行 45, 70
의무주체(Pflichts subjekt) 110
意思能力 122, 632
意思實現 430
의사의 실현(Willensvollzug) 424

意思의 瑕疵 651
意思通知 311, 318, 318
意思表示(Willenserklärung) 413
意思表示에 의한 形成權 49
擬制的 代理 520
理事 226
이사회(Vorstandsversammlung) 239
利用行爲 541
異議의 留保 662
利益相反行爲 548
利害關係人 174
離婚 144
인격(Persönlichkeit) 108
人格權 46, 105, 279, 701
因果關係 597, 604
人的擔保 99
人的擔保制度 99
認定死亡 172, 184
認定死亡制度 115
認知請求權 117
一般去來約款 394
一般的 拘束力 7
一般的惡意의 抗辯(eceptio doli generalis) 63
一部無效(teilweise Nichtigkeit) 636, 641
日常家事代理 560, 592, 598, 604
一時的 不能 345
一身專屬權 51
임밋시온(immission) 85
任意管理人 168, 170
任意規定 9
任意代理 517, 520
任意代理權 528
任意法規 352
任意法性 3
任意追認 660
任意解散 253

[ㅈ]

自己契約 542
自力救濟 101
自然部落 260
자연적 해석(natürliche Auslegung) 397, 400, 435
自益權 47, 246
自治法規 11
將來債權 720
財團 197
財團法人 188
再賣買豫約 101
財産(Vermögen) 284
財産管理人 520
財産權 46
財産明示申請 718
裁判上 無效 636
裁判上 請求 713
裁判上 形成權 49
裁判의 準則 16
財貨의 不動産化現像 291
抵當權 100
積極條件 669
嫡母 137
全部無效 636
絶對權 51
占有權 700
占有保護請求權 698
定款(Satzung) 202
定款補充 209
定住事實 160
定住意思 160
定着物 286, 287

第三者를 위한 契約 515
除斥期間 696
條件(Bedingung) 667
條件附權利(droit conditionnel) 673
조리(Natur der Sache) 15, 409, 680
條約 11
調停制度 98
組合 258, 267, 640
從된 行爲 338
從物 292
宗中 260
宗中·門中 274
主觀的 不能 345
主된 行爲 338
主物 292
住所 161
準物權 47
準物權行爲 336
準法律行爲 310, 316, 318, 523, 525, 573, 593
準不動産 290
準用 34
重過失 224, 271, 464, 467, 562
重要部分의 錯誤 462
重疊的債務引受 99
지급명령 717
支配權 104, 47, 54, 59
遲延損害金 708
地料債權 708
知的財産權 47, 279
指定後見人 137
職務 224, 271
眞意(wirklicher Wille) 422
質權 100, 300
集合物 284, 303
集合的 合同行爲 332

[ㅊ]

錯誤 326, 424, 461, 653
錯誤로 인한 意思表示 458
債權 47, 52
債權의 物權化 48, 315
債權者遲滯 343
債權者取消權 448
債權行爲 335
責任能力 126
處分權附與行爲 339
處分文書 402
處分行爲 339, 542, 673
天然果實 297
撤回 649
撤回權 616
請求 712
請求權 48, 59
請求權競合(Anspruchskonkurrenz) 54
청산인(Liquidation) 254
淸算節次 252
請約 507
總有 267, 272
總會 268
催告 153, 717
催告權 616
최고의 항변권 49
追認 383, 613, 655
推定 34
推定相續人 174
出捐行爲 336
취득시효(Ersitzung) 688
取消 649
取消權의 競合 655
取消權者 651, 660
取消인 法律行爲 649

取消할 수 있는 法律行爲 631
親權 60, 82, 136
親權者 136, 301
親族權 47, 279
沈默 485
沈默에 의한 意思表示 429

[ㅌ]

脫法行爲 353
脫法行爲理論 353
胎兒 115, 117
土地 286
통과취득(Durchgangserwerb) 560
通情한 虛僞表示 639
通情虛僞表示 433, 445
退職金 708
특별대리인(besonderer Vertreter) 238
特定物 305
特定承繼 313
特定承繼人 652

[ㅍ]

判例法 8, 17
包括承繼 313
包含的 意思表示 430
表見代理 581
表示된 動機 476
表示上 錯誤 458
表示意思(Erklärungswille) 418, 458
表示行爲(Erklärungshandlung) 420
表意者 504
表見代理 541, 580, 582, 587
被用者 226
필수계약(contract for necessary) 131

[ㅎ]

學理解釋 34
學說 18
限定治産者 133, 145, 525
割賦給債權 704
合同行爲(Gesamtakt) 203, 331, 375, 455
合成物 302
恒久的 不能 345
恒久的 抗辯權 700
抗辯權 104, 49, 60, 700
解雇補償金請求權 708
解釋規定 9
解除權 628
解除條件 679
解止權 628
行爲(Handlung) 310, 365
行爲規範 5
행위기초론(die Iehre von der Geschäftsgrundlage) 73
行爲能力 122, 215, 505
行爲無能力者 122
行爲意思(Handlungswille) 420
虛言 433
虛僞表示 326, 398, 440, 441, 454
憲法 8
憲法裁判所의 決定 18
顯名主義 556
現實의 引渡 524
現在地 161
血族 137
狹義의 契約 330
狹義의 無權代理 581, 582, 612
狹義의 附款 666
狹義의 取消 651
形成權 49, 59, 279, 693

形式的 意味의 民法 6
好意同乘關係 42
婚姻 143, 414
婚姻成年擬制制度 133
婚姻外 子 646
混合事實行爲 311, 318, 319
和解契約 470
確認의 訴 674
確定期限 678
確定期限附債權 702
確定的 無效 636
還買 100
效果意思(Erfolgswill) 416
效力規定 327, 348
後見人 137, 140

[著者紹介]
中央大學校 法科大學 및 同 大學院 卒業
法學博士
中央大, 忠北大, 警察大 등 講師歷任
日本 亞細亞大學 亞細亞硏究所 客員硏究員
司法試驗, 勞務士, 辨理士, 鑑定士, 仲介士 등 試驗委員
補償審議委員, 契約審議委員
韓國集合建物法學會 會長
現, 江南大學校 社會科學大學 法學科 教授

[著 書]
不動産私法槪論(1986. 博文閣)
民法講義(上)(下)(1995. 博文閣)
槪說民法總則(1999. 강남대학교출판부)
民法學原論(1999. 三英社)
民法學演習(1999. 三英社)
物權法(2010, 三英社)
債權法總論(2010. 三英社)
債權法各論(2010. 三英社)
集合建物法(共著)(2010, 三英社)
集合建物의 管理에 관한 法理硏究 등 論文多數

民法總則〔제3판〕

2005年 6月 30日 1版 1刷 發行
2006年 7月 30日 1版 2刷 發行
2008年 2月 25日 2版 1刷 發行
2008年 8月 10日 2版 2刷 發行
2010年 8月 25日 3版 1刷 印刷
2010年 9月 1日 3版 1刷 發行

著 者 朴 鍾 斗
發行者 高 德 煥
組 版 大 京 文 化 社

發行處
110-102
서울特別市 鍾路區 平洞 19番地의 1
圖書出版 三 英 社
登錄 제300-1972-1호
Tel. (02)737-1052, 734-8979 Fax. 739-2386

ⓒ 2010. 朴鍾斗(pjd@kangnam.ac.kr) 定價 35,000원

ISBN 978-89-445-0196-8-93360

복사는 지식재산권을 훔치는 범죄입니다.
저작권법 제136조(권리의 침해죄) ① 저작재산권 · · · 침해한 자는 5년 이하의 징역 또는 5천만원 이하의 벌금에 처하거나 이를 병과할 수 있습니다.